후보자와 정당을 위한

공직선거법 해설

오윤식 저

PnC publishing and culture
피앤씨미디어

우리 모두에게

머리말

선거는 '미래정권담당세력의 선택(選擇)'이자 '과거정권담당세력'에 대한 심판(審判)이다. 근대 이전에 이질적 세력 간 또는 비정상적 상황에서의 권력의 쟁취는 보통 전쟁(戰爭)이나 무력(武力)을 통해 이뤄지곤 했다. 근대 이전의 전쟁이나 무력에 의한 권력획득은 문명화가 이뤄지고 민주주의가 발전됨에 따라 비로소 '선거에 의한 권력쟁투'로 제도화되기에 이른 것이다. 따라서 선거에서는 칼이나 총을 쓰지 않을 뿐 권력을 쟁취하기 위하여 그 총이나 칼이 언어로 순치(馴致)된, 고소·고발이나 불법적인 네거티브 또는 흑색선전이 난무하기도 하고 때론 관권(官權)이나 금권(金權)에 의존한 선거가 횡행하기도 하기에, 선거는 승리를 위한 전쟁이기도 한 것이다. '선거가 전쟁이라는 것'은 이처럼 부정적 의미를 내포하기도 하지만, 그러한 전쟁을 치를 각오로 임하지 않으면 필시 패할 수밖에 없는 격전(激戰)의 현장이라는 의미를 함축하기도 하는 것이다. 그러므로 선거에서 승리하기 위해서는 전쟁에 임하는 각오로, 당선무효나 형사처벌의 위험을 자초하지 않을 '합법적인 범위 내'에서 가용 가능한 모든 수단을 동원하여 승리를 쟁취해야 한다. 이를 위해서는 모든 선거출마자와 그 핵심조력자인 선거사무장, 회계책임자 등이 현행 선거법이 규율하고 있는 '합법적인 범위 내'를 숙지하여 선거운동을 전개하는 것이 가장 이상적이나, 그 선거출마자 등이 법률전문가가 아니어서 그러한 숙지란 매우 어려운 것이 현실이다. 또한 현행 선거법이 변호사 등 법률전문가에게도 어려울 정도로 많은 조문을 담고 있고, 특히 선거운동에 대해서는 아주 촘촘하게 규제하고 있는 것이 현실이어서 더더욱 선거법의 이해를 어렵게 하고 있다. 본서는 우선 이러한 현실을 타개하여 선거출마자들이 원하는 '후환(後患)이 없는 안전한 당선'을 얻을 수 있도록 일조하기 위하여 쓰였다. 부디 이러한 목적으로 본서가 널리 이용되었으면 하는 마음 간절하다.

그리고 저자는 '올바른 정치개혁' 없이는 '어떠한 사회개혁'의 성취도 '어떤 경제개혁'의 완성도 어렵고, 설령 그것이 가능하더라도 '불완전한 미완의 개혁'에 머무를 수밖에 없다는 판단이다. 이처럼 올바른 방향의 정치개혁은 모든 개혁 중 으뜸의 과제라 할 수 있다. 이를 주도해 나갈 세력의 형성이 필수적인데, 그것은 이를 담당할 우리 국회 내의 탄탄한 세력의 구축일 수밖에 없다. 이는 우리 국회에서 법률이 만들어지는데, 크게는 우리나라가 나아갈 정책과 이슈가 법률로 집약되고, 작게는 우리 시민들의 세세한 생활을 규율하는 각종 법률이 생산되어 우리 사회 모든 기관이나 구성원은 그 법률의 지배를 받기 때문이다. 이와 같이 선거를 통하여 민주주의(民主主義)와 법치주의(法治主義)가 결합되는 것이다.

본서의 특징은 다음과 같다. 먼저, 선거 실전에서 귀중한 지침서로 활용될 수 있도록 '실전지침서'(實戰指針書)를 지향했다. 이를 위해 첫째, 후보자와 정당의 관점에서 서술에 강약(强弱)을 두고 책을 집필하였는데, 선거출마자와 정당의 관점에서 그들이 중요시해야 하는 사항은 자세하게 서술하고, 그렇지 않은 사항은 조문을 정리하는 수준에서 기술했다. 대표적으로 선거운동을 진행해야 하는 후보자 및 정당 입장에서 아주 중요한 부분인 '선거운동과 이에 대한 제한' 부분의 서술을 상세하게 하였는데, 이는 형사벌칙조항 중심으로 선거법을 기술한 기존 책과는 크게 다른 것이다. 또한 선거는 전쟁이고 이기기 위하여 불법적인 흑색선전이나 네거티브를 펼치기도 하는데 이러한 것에 대하여 효과적으로 대응하는 것 중 하나가 선거방송심의위원회 등을 통한 '불공정 언론에 대한 대응'인데, 본서에서는 그 대응에 중점을 두고 자세하게 기술하였다. 또 그러한 불법적인 흑색선전은 선거법상 허위사실공표죄에 해당하는데 이 부분에 대해서도 자세하게 기술하였다. 이처럼 자세한 기술이 있는 반면에, 후보자나 정당의 입장에서 볼 때는 중요하지 않은, 선관위가 주로 담당해야 할 선거관리집행의 분야인 '투표와 개표 부분'과 외국에서의 선거운동 등에 관하여 규제하는 '재외(在外)선거에 관한 특례조항'은 아예 서술하지 않았다. 둘째, 정당과 후보자가 원하는 당선에 일조하기 위하여 '실전팁'과 '실전사례'를 배치하여 후보자와 정당의 입장에서 어느 지점이 중요한지를 파악하도록 하였다. 이 부분은 그야말로 실전(實戰)에서 바로 쓰일 무기이자 지침으로 쓰일 수 있을 것이다. 셋째, 후보자와 선거사무장·회계책임자 등 선거사무관계자나 정당의 실무자 또는 간부들이 본서를 조금이나마 이해하는 데 도움을 주기 위하여 가급적 도표와 그림을 많이 넣어서 서술 내용을 정리하였다.

다음으로, 본서는 '실무서'(實務書)를 지향하였다. 기존 선거법에 관한 교과서형 책은 선거범죄에 대한 벌칙 중심이었다. 그러나 본서는 선거법 전체(위와 같은 서술 제외 부분 있음)를 망라하여 집필하면서 실무적 시각에서 내용을 서술하는데 역점을 두었다. 특히 실무적으로 아주 중요한 신청서나 작성례나 기재례를 실었고, 선거무효소송과 당선무효소송에서 소장의 견본도 작성하여 실었다.

끝으로 본서는 깊이 있는 '이론서'(理論書)도 지향하였다. 법학은 법해석학(Rechtsdogmatik) 중심이다. 본서가 그러한 본연의 모습에서 벗어나지 않으려고 많은 노력을 기울였다. 이 과정에서 참고할 만한 문헌이 많지 않아 상당한 어려움 속에서 해석론을 전개하기도 하였다. 또한, 우리 선거법이 지향해야 할 부분을 '선거제도 개혁론'으로 집약하였다. 이 선거제도 개혁론 부분은 우리 선거법이 지향해야 할 선거법인 독일 연방선거법 내용을 많이 참조하여 기술하였다. 이 독일 연방선거법은 선거운동에 관한 개념이 존재하지 않고 선거운동에 대하여 극히 예외적으로 규제하고 방임하는 법제이다. 심지어 선거비용에 관한 규제도 원칙적으로 존재하지 않아 그에 대한 규제는 정당간 자율적인 협약에 의하여 시행하고 있다. 선거가 대의민주주의를 움직이는 심장인 점을 고려하면 선거에서 국민의 참여는 아무리 강조해도 지나치지 않는다고 본다. 그럼에도 우리 선거법은 그러한 방향에서 일탈(逸脫)하여 국민의 선거참여에 대한 규제일변도의 체계를 유지하여 국민을 선거의 '구경꾼'으로 전락시키고 있다. 조속히 시정되어야 할 부분이라고 생각한다. 이러한 점에 미력하나마 도움을 주기 위해 상당한 시간을 투자하여 '독일 연방선거법' 전 조항과 그 부속법률인 '연방선거심사절차법' 전체를 번역하여 부록으로 실었다. 비교법적 선거법에 관심을 갖는 사람에게 도움이 되었으면 한다.

본서의 집필은 저자에게는 큰 도전(挑戰)이였다. 이제, 1년여 간의 고된 장정을 마치고 두려운 마음으로 본서를 세상에 내놓는다. 무엇보다도 살아 움직이는 선거판의 소중한 경험을 할 수 있게 해준 민병덕 변호사에게 깊은 사의를 표하며 향후 그의 건승을 기원한다. 아울러 지난 유의미한 선거에서 같이 협력하며 일한 모든 사람들의 우리 사회에 대한 헌신(獻身)과 역할을 기대하며 그들의 건승도 기원해 본다. 본서의 일부를 읽고 유익한 코멘트를 해준 이원구 변호사, 권정 변호사, 오광진 주무관에게 감사의 마음을 전하고, 본서의 서술에 도움이 된 자료 수집에 도움을 준 동기 판사에게도 감사의 마음을 전한다. 또 본서의 오탈자 교정과 논문 수집 등을 충직하게 수행한 전지현 과장에게도 고마움을 전하고자 한다. 어려운 출판계 사정에도 불구하고 흔쾌히 본서의 출판을 허락한 박노일 대표께도 깊은 고마움을 표하고자 한다.

또한 본서의 편집을 맡아 훌륭한 책으로 만들어주신 심성보 이사, 김인숙 과장에게도 고마움을 전하고자 한다.

20대 총선 예비후보자등록이 시작된 2015년 12월 15일 현재에도 국회에서는 헌법재판소 결정에 따라 올 연말까지만 효력을 가지는 국회의원선거구의 획정 문제에 대해 여야 간 한 치도 양보 없는 줄다리기가 계속되고 있다. 선거구획정 합의가 이뤄지면 공직선거법이 다시 개정되게 되는데, 출판 일정상 본서가 그 개정 내용까지 반영하는 것은 어려워 이를 '피앤씨미디어 홈페이지(http://www.pncmedia.co.kr)'에 추록 형태로 싣기로 하는바, 이에 대한 독자들의 이해를 구하고자 한다.

2015. 12.
어느새 눈 덮인
관악산을 마주하며
오윤식

차 례

제 1 편 선거법 총설

제 1 장 선거제도의 토대

제 2 장 선거법 총칙

제 3 장 선거에서 불공정 언론에 대한 대응

제 3 편 선거운동과 선거비용에 대한 제한

제 1 장 선거운동과 투표참여 권유활동

제 2 장 선거법상 선거운동과 이에 대한 제한

제 4 편 선거범죄에 대한 벌칙

제 1 장 선거범죄 총설

제 2 장 매수 및 이해유도행위에 대한 벌칙

제 3 장 선거의 자유방해행위에 대한 벌칙

제 5 편 당선인결정과 재선거, 보궐선거, 연기된 선거

제 1 장 당선인의 결정·공고·통지와 당선인결정의 무효·착오 등

제 6 편 선거범죄로 인한 제재와 선거수사, 선거재판 및 선거쟁송

제 1 장 선거범죄로 인한 제재

제 2 장 선거수사, 선거재판, 선거쟁송

제 7 편 「지방교육자치법」에 의한 교육감선거

제 1 장 교육감 일반론

제 2 장 교육감선거

일러두기

1. 「공직선거법」은 '선거법'으로, 「공직선거관리규칙」은 '선거규칙'으로, 「대한민국헌법」은 '헌법'으로, 「정치자금사무관리규칙」은 '정치자금규칙'으로, 「지방교육자치에 관한 법률」은 '교육자치법'으로, 「경찰관직무집행법」은 '경직법'으로 각각 약했고, 그 이외의 법령에 대하여는 「 」 안에 정식 명칭을 그대로 사용함
1. 괄호 안의 '법'은 위 '선거법'을, '규칙'은 위 '선거규칙'을 말함
1. '법§256④3의2호'는 선거법 제256조 제4항 제3의2호를, '법§256③2호가목'은 선거법 제256조 제3항 제2호 가목을, '규칙§45의3②'는 선거규칙 제45조의3의 제2항을 각각 의미함. 또 '법§49⑥1문전단'은 선거법 제49조 제6항 1문(文) 중 전단을, '법§49⑥1문후단'은 선거법 제49조 제6항 1문 중 후단을 가리킴
1. '선거관리위원회'는 선관위로 약했음(부록은 제외)
1. 선거법과 선거규칙 등 법령은 '2015년 12월 15일 현재' 공포되어 시행 중인 것을 기준으로 함

제 1 편

선거법 총설

제 1 장 선거제도의 토대
제 2 장 선거법 총칙
제 3 장 선거에서 불공정 언론에 대한 대응
제 4 장 선거권·피선거권, 선거기간과 선거일
제 5 장 선거인명부의 작성과 이에 대한 열람·불복

제 1 장 선거제도의 토대

The Public Official Election Act

Ⅰ. 민주주의와 선거

1. 민주주의의 의의

민주주의는 고대 그리스어에서 유래된 것으로서, '평범한 인민'을 의미하는 데모스(dēmos)와 '권력, 지배'를 의미하는 크라토스(kratos)의 결합으로 이루어진 말인데,[1] 민주주의가 구체적으로 무엇을 의미하는지와 관련하여 이를 가장 함축적으로 잘 표현한 것은, 링컨이 1863년 게티즈버그에서 한, '국민의 정부(government of the people), 국민에 의한 정부(government by the people), 국민을 위한 정부(government for the people)'라는 말일 것이다. 이는 민주주의 정의의 다양성을 응축한 말로도 볼 수 있는데, 민주주의를 국민'에 의한'(by the people) 정부를 중심으로 민주주의를 이해해야 하는지, 아니면 국민'을 위한'(for the people) 정부를 중심으로 이해해야 하는가 하는 대립과 갈등이 바로 그것이다. 이는 환언하자면, 민주주의를 하나의 '정치형태'나 '정치제도'로 본

1 헌재 2014. 12. 19. 2013헌다1 참조.

다면, 그와 같은 정치형태와 제도로부터 실제로 어떤 내용의 정책이 생겨날지라도 그것은 민주주의라고 할 수 있고, 반면, 만일 민주주의를 실현될 '정책의 목적 또는 내용'으로 본다면, 그와 같은 정책 내용을 실현시키기 위해서는 비록 어떤 방법과 수단이 취해진다고 하더라도 그것은 민주주의로 볼 수 있는 것[2] 사이의 갈등과 대립이다. 전자의 대표적인 내용으로 국민투표(Referendum) 등은 '직접민주주의'이고, 후자의 대표적인 내용으로 '파시즘'이나 '나치즘'이 여기에 해당하는 '전체주의적 민주주의'(totalitarian democracy)이다. 그만큼 민주주의를 넓고도 다양하게 이해할 수 있는 것이다.[3] 어느 저명한 정치학자는 '민주주의는 특별한 이념 혹은 지배체계에 대한 승인을 함축하는 '만세 hurrah!'보다도 더 많이 사용되었다'[4]고 평하지 않았던가!

하지만, 민주주의는 '인민'(국민)에 의한 '지배'(rule by the people)로 이해하는 것[5]이 보통이다. 무엇을 '인민(국민)에 의한 지배'로 간주할 것인가와 관련하여, Lively는 다음과 같이 이를 정리하기도 했다.[6]

i) 모든 사람이 통치해야 한다. 즉, 입법, 일반 정책의 결정, 법의 적용, 정부 행정에 모두가 관여해야 한다.

ii) 모든 사람이 중요한 의사 결정, 즉 일반 법률과 일반 정책 문제를 결정하는 데 직접 관여해야 한다.

iii) 지배자는 피지배자에게 책임을 져야 한다. 달리 말하면, 지배자는 피지배자에게 자신의 행위를 정당화할 의무를 지며, 피지배자에 의해 해임될 수 있어야 한다.

iv) 지배자는 피지배자의 대표들에게 책임을 져야 한다.

v) 지배자는 피지배자에 의해 선택되어야 한다.

vi) 지배자는 피지배자의 대표들에 의해 선택되어야 한다.

vii) 지배자는 피지배자의 이익을 위해 행동해야 한다.

---

2 이극찬, 『정치학』, 법문사, 2013, 499면.

3 '3대세습', 한나 아렌트가 전체주의의 강력한 징표로 본 '자국민에 대한 수용소의 운영', '인권보장과 법치주의가 실현되지 않는 1인 지배 체제' 등으로 인해 '전제봉건왕조체제'로 판명난 북한도 조선'민주주의'인민공화국이라는 국호를 사용하고 있다!

4 앤드류 헤이우드 저/조현수 역, 『정치학』, 성균관대출판부, 2014, 167~168면.

5 데이비드 헬드 저/박찬표 역, 『민주주의 모델들』, 후마니타스, 2010, 17면.

6 J. Lively, 『민주주의』, 30면; 데이비드 헬드 저/박찬표 역, 앞의 책, 19면에서 재인용.

아무튼, 민주주의는 독재자, 전제자 혹은 군주라는 1인 권력자가 인민 혹은 국민을 지배하는 독재체제, 전제체제, 군주제나 소수의 권력자들이 지배하는 귀족제와는 달리, 인민 혹은 국민이 스스로 자신을 지배하는 체제인 것이다.

2. 민주주의의 유형과 대의민주주의에서 선거의 기능

가. 민주주의의 유형

'국민주권의 표현 형태'에 따라 '직접민주주의', '간접민주주의', '혼합민주주의'로 나눌 수 있다.[7] 직접민주주의는 국민이 직접 국가의 의사결정 내지 정책결정에 참여하는 민주주의 형태를 말한다. 이러한 직접민주주의가 실현된 대표적인 경우로는 고대 아테네의 폴리스(polis)였고, 이 폴리스에서의 민주주의의 특징에 대해 아리스토텔레스는 다음과 같이 정리한 바 있다.[8]

i) 만인이 각 개인을 지배하고 또 각 개인은 자신의 차례가 되면 만인을 지배한다.

ii) 경험과 숙련을 필요로 하는 자리를 제외한 모든 공직을 추첨(제비뽑기)을 통해 임명.

iii) 공직을 갖는 데 있어서 아무런 재산상의 자격조건이 없거나 매우 낮음.

iv) 공직의 임기는 짧고 어떠한 사람도 동일한 공직을 두 번 이상 차지하지 못함(군대에서의 지위는 제외).

v) 모든 시민들로부터 뽑힌 배심원이 모든 주요 소송에 대해 판결을 내려야 함.

vi) 민회가 모든 문제에 있어서 최고권을 가져야 함.

vii) 민회에 참여하고 배심원과 치안판사로 일하는 사람들은 봉사에 따른 수당을 받아야 함.

---

7 허영, 『헌법이론과 헌법』, 박영사, 2013, 239면.
8 Rod Hague · Martin Harrop 저/김계동 외 4인 역, 『비교정부와 정치』, 명인문화사, 2013, 103면.

그러나 이러한 직접민주주의는 소규모 인구가 있는 공동체에서는 가능하였지만, 보통선거권의 보편화와 이에 따라 유권자의 범위가 광범위하게 확대되고, 과학기술의 발전과 더불어 각 부분사회가 다양화되며 사회전체적으로 전문화·고도화된 현대 대중사회에서는 전문적 지식과 역량을 갖춘 대표자에 의한 국가의 정책 내지 의사 결정이 이뤄지는 대의민주주의가 필연적으로 요청될 수밖에 없다. 이렇듯 직접민주주의는 근대 이래의 국가에서는 사실상 불가능한 민주주의 체제라고 하지 않을 수 없다. 다만, 오늘날에도 직접민주주의적 요소가 각국에서 시행되고 있다. 즉, 대통령 등 유권기관(有權機關)이나 국민에 의해 제안된 사항에 대해 국민이 각자 직접 의사를 표시하고 그 결과에 따라 국가의사를 결정하는 방법인 국민투표(referendum), 공동체에서 결정할 사항을 국민이 직접 제안하는 국민발안(initiative), 국가원수나 국민대표자를 임기 도중에 국민의 투표로 해임시키는 국민소환(recall)이 바로 그것이다.[9]

근대 이래 대부분의 국가에서는 간접민주주의를 시행하고 있다. 간접민주주의는 국민이 직접 국가의 정책결정에 참여하는 대신 '선거'를 통하여 대의기관으로 하여금 통치권을 담당하게 하고 이 대의기관의 통치권 행사를 여론 내지는 주기적 선거를 통해서 통제 내지 정당화시킴으로써, '국민주권'이 통치권의 담당자를 결정하고 그 통치권 행사를 정당화시키는 선거의 형태로 나타나는 민주주의의 유형을 말한다.[10] 간접민주주의는 대의민주주의라고도 한다.

혼합민주주의는 간접민주주의와 직접민주주의를 결합시킨 형태로, 현대의 혼합민주주의는 간접민주주의에 직접민주주의적 요소, 즉 국민투표, 국민발안, 국민소환을 가미시키는 형태이다.

나. 대의민주주의에서 선거의 기능

선거는 위와 같은 간접민주주의에서 대의기관을 선출하는 방식으로, 국민이 자신을 대표할 대표자 혹은 대의기관을 선출하는 행위를 말한다. 대의민주주의에 있어서의 대의관계는 '명령적 위임관계'가 아닌 '자유위임관계'인 까

---

9 정종섭, 『헌법학원론』, 박영사, 2012, 139~140면 참조.
10 허영, 『헌법이론과 헌법』, 241면.

닭에, 대의기관의 정책결정이나 정책수행이 설령 국민의 의사에 반한다고 하더라도 다음 선거에서 그 책임과 신임을 물을 때까지는 당연히 국민의 추정적 동의가 있는 것으로 간주되는 것이 특징이다.[11] 그러므로 대의민주주의에서는 선거를 통해 주권자인 국민으로부터 민주적 정당성이 대의기관에 부여되는 한편, 국민은 대의기관을 통제하게 되는 것이다. 이렇듯 독재체제나 전제체제 등에서 행해지는 요식적 선거를 제외하고, 선거는 말하자면 대의민주주의를 작동시키는 수단이자 원동력으로 민주주의의 심장(the heart of democracy)인 것이다. 즉, 선거는 ⅰ) 정치인의 충원, ⅱ) 정부의 형성, ⅲ) 대표성의 제공(providing representation), ⅳ) 정책에 대한 영향, ⅴ) 투표자에 대한 교육, ⅵ) 정당성(legitimacy)의 형성, ⅶ) 엘리트의 강화 등의 기능을 수행한다.[12]

3. 참여민주주의, 심의민주주의 대두와 민주주의 미래

이러한 대의민주주의에서의 선거의 중차대한 기능에도 불구하고, 오늘날 선거가 과연 국민주권을 제대로 구현하는 제도적 장치로 기능하고 있는지를 심각하게 의심하고 있는 사람들이 늘어가고 있다. 다시 말해 오늘날 선거는 '자유롭고 공정한' 선거가 아니며, 사실상 기득권 세력의 영구집권을 가능하게 하는 한낱 형식적인 메커니즘일 뿐이라고 다수의 지성들이 의심하고 있는 것이다.[13][14] 이러한 선거회의론이 헌법현실에 뿌리 깊게 자리잡은 이유는 다음과 같은 점에서 생각할 수 있을 것이다.[15] 첫째, 선거가 기본적 전제로 삼고 있는 '경쟁의 논리가 형해화'되어 가고 있다는 점이다. 둘째, '선거과정이 과점'되어 있으며, 국민의 힘은 수적 논리에 의해 형해화하고 있다는 점이다. 셋째 독점자본과 정권에 의해 장악된 '매스미디어에 의해 선거결과가 좌우'되고, 이로써

11 허영, 앞의 책, 242면.
12 앤드류 헤이우드 저/조현수 역, 앞의 책, 363~364면.
13 김종철, "삼척주민투표, 국민주권, 개헌", 2014. 11. 6. 한겨레신문 칼럼(http://www.hani.co.kr/arti/opinion/column/663287.html).
14 "선거로 진정한 사회변화가 가능하다면, 선거는 벌써 불법화되었을 것이다"라는 미국 작가 마크 트웨인의 말은 위와 같은 점을 극명하게 표현한 것이다.
15 김민배, "선거자금의 실태와 정당국고보조제도의 법적 문제점에 대한 실증적 접근", 민주법학 제12호(1997).

기회균등의 원칙은 붕괴될 뿐만 아니라 여론조작의 가능성에 그대로 노출되게 된다는 점이다.

이러한 대의민주주의하에서의 선거의 부정적 현실로 인하여 이에 대항하는 새로운 민주주의 이론이 출현하고 있는데, 대표적으로 심의(숙의)민주주의(deliberative democracy)와 참여민주주의(participatory democracy)가 바로 그것이다. 심의민주주의란 공동선(the common good)의 증진을 위해 민주적 의사결정 과정에 이성적 토론(reasoned discussion)을 결부시킨 것으로, 투표중심(vote-centric)에서 토론중심(talk-centric)으로 민주주의 이론을 전환시킨 이론이다.[16] 참여민주주의란 자유민주주의에서 개인은 자유롭고 평등하다는 도그마에 이의를 제기하면서, 자유·자기계발에 대한 평등한 권리는 '참여사회'— 정치적 효능감을 제고하고 집단적인 문제에 대한 관심을 키우며, 통치과정에 지속적 관심을 가질 수 있는 식견 있는 시민의 형성에 기여하는 사회 — 에서만 달성될 수 있다고 보는 이론이다. 이러한 참여민주주의는 선거를 통한 간접적 참여에 그치지 않고 정치과정에 대한 직접참여와 지역, 직장을 비롯한 사회의 주요 제도에 대한 참여를 강조한다.[17]

그럼에도, 선거를 통하여 대표자를 선출하고 그들로 하여금 국가대사를 결정하게 하는 대의민주주의가 현대의 대세가 된 근본 원인은 앞서 본 바와 같이, 유권자 범위의 광범위한 확대와 사회전체의 전문화·고도화를 들 수 있을 것이다. 참여민주주의나 심의민주주의가 대의민주주의를 전면적으로 폐기하는 데까지 나아가지 않은 것은 이러한 점에서 기인한 것으로 볼 수 있다.

그러나, 아테네의 폴리스처럼 직접민주주의가 가능하기 위해서는 소규모의 공동체일 것이 요구되지만, 인터넷, 사물인터넷,[18] 유비쿼터스[19](ubiquitous) 환경 조성 등 과학기술이 혁명적으로 발전한 미래사회의 국가는 과거의 아테

---

16 장동진, 『심의민주주의』, 박영사, 2012, 9면 이하 참조.

17 데이비드 헬드 저/박찬표 역, 앞의 책, 395~409면 참조.

18 사물인터넷(Internet of Things)은 인터넷 혹은 네트워크에 연결되어 있는 기기들이 사람과 사물, 사물과 사물 간에 서로 정보를 교류하고 상호 소통하는 처리하는 지능형 인프라 및 서비스 기술을 말한다(http://kin.naver.com/qna/detail.nhn?d1id=1&dirId=106&docId=205023798&qb=7IKs66y87J247YSw64S3&enc=utf8&section=kin&rank=3&search_sort=0&spq=1).

19 사용자가 네트워크나 컴퓨터를 의식하지 않고 장소에 상관없이 자유롭게 네트워크에 접속할 수 있는 정보통신 환경을 말한다(http://terms.naver.com/entry.nhn?docId=1221666&cid=40942&categoryId=32851).

네처럼 시공간(時空間)적으로 축소될 수도 있을 것이다. 이러한 미래사회에서 직접민주주의가 가능할 수 있도록 국가 중대사안에 관한 안건과 해당 분야의 권위 있는 전문가의 안건 설명이 언제 어디서든지 바로 눈앞의 가상공간을 통하여 볼 수 있게 실시간으로 모든 국민들에게 제공되고, 국민들은 이를 통하여 그 안건에 대하여 상세한 정보를 획득한 후 가상공간에 존재하는 투표시스템을 통해 극히 간단한 동작만으로도 언제 어디서든지 자유롭게 직접 결정하는 결정시스템이 구축될 수 있을지도 모른다. 이러한 정도로 과학기술이 발전된다면, 위와 같은 직접민주주의에서 요구되는 사항들이 극복될 수도 있을 것이다. 이러한 환경에서라면, 대의민주주의를 근본에서부터 의심하는 어느 지성이 주장한 바와 같이, 기존 국회 대신에 혹은 기존 국회와 나란히 별도의 '시민의회'를 구성하여 국가의 중대사에 관한 최종적인 의사결정은 반드시 '시민의회'의 동의를 거치도록 하고, '시민의회'의 멤버들은 '투표'가 아닌 능동적인 시민들 중에서 '무작위 제비뽑기'를 통해서 선출하는 새로운 정치체제에 기반을 둔 민주주의[20]가 가능할지도 모른다. 미래사회에서 위와 같이 국가 중대사안에 대한 결정을 국민이 직접 할 수 있게 된다면, 대의민주주의가 갖는 미덕은 종언을 고할 수도 있을 것이다. 하지만, 이런 미래사회의 민주주의하에서도 대의민주주의 미덕이 여전히 유효한 지점이 있다. 그것은 선거를 통해 선출된 대표자가 국가의사결정을 하도록 맡겨두고, 국민들은 일상에서 자신들의 삶을 평화롭게 영위하는 것이다. 이런 점에서 직접민주주의의 전면적 실현은 과학기술이 혁명적으로 발전한 미래사회에서도 불가능할지 모른다. 이는 직접민주주의가 대의민주주의를 보완하는 기능에 머물 수밖에 없는 이유이기도 한 것이다.

---

20 김종철, "민주정치의 재생, 어떻게?", 2015. 1. 1. 한겨레신문 칼럼(http://www.hani.co.kr/arti/opinion/column/671782.html).

Ⅱ. 정당과 선거

1. 정당의 의의와 기능

우리 헌법 제8조 제2항은 "정당은 그 목적·조직과 활동이 민주적이어야 하며, 국민의 정치적 의사형성에 참여하는 데 필요한 조직을 가져야 한다"고 규정하고 있다. 이처럼 우리 헌법은 정당과 관련하여 ⅰ) 국민의 정치적 의사형성에 참여할 것과 ⅱ) 그 참여에 필요한 조직을 갖출 것, ⅲ) 그 목적·조직과 활동이 민주적일 것을 규정하고 있다.[21] ⅰ), ⅱ)의 내용은 정당의 개념적 요소이자 정당의 헌법적 기능에 해당하며, ⅲ)의 내용은 정당의 '목적이나 활동'이 '민주적 기본질서'에 위배될 때 인정되는 '위헌정당해산제도'를 규정한 헌법 제8조 제3항과의 관계상 '정당의 개념적 요소'가 아닌 '정당의 헌법적 의무'를 규정한 것으로 이해해야 할 것이다.[22] 이러한 헌법에 근거한 「정당법」 제2조는 "'정당'이라 함은 국민의 이익을 위하여 책임있는 정치적 주장이나 정책을 추진하고 공직선거의 후보자를 추천 또는 지지함으로써 국민의 정치적 의사형성에 참여함을 목적으로 하는 국민의 자발적 조직을 말한다"고 규정하고 있다. 이처럼 정당은 후보자 추천 또는 정책 제시를 통해 각종 대의기관의 선거에 적극적으로 참가함으로써, 정권 획득 내지 정치적 영향 행사를 목적으로 하고 자발적으로 국민이 정치 의사형성에 참여하는 국민의 항구적 또는 계속적 결사체를 말한다.[23]

그리고 우리 헌법재판소는 정당의 기능[24]과 관련하여 "국민과 국가의 중

21 이와 관련하여, 헌법재판소는 "헌법 제8조 제1항에 의하여 정당의 자유가 보장됨을 전제로 하여, 그러한 자유를 누리는 정당의 목적·조직·활동이 민주적이어야 한다는 요청, 그리고 그 조직이 국민의 정치적 의사형성에 참여하는데 필요한 조직이어야 한다는 요청을 내용으로 하는 것으로서, 그러나 이에 나아가 정당의 자유의 헌법적 근거를 제공하는 근거규범으로서 기능한다고는 할 수 없다"고 하였다(헌재 2004. 12. 16. 2004헌마456).

22 한수웅, 『헌법학』, 법문사, 2014, 195~196면 참조. 정당의 개념요소로 보는 경우 정당의 사무를 관장하는 선관위의 행정처분에 의하여 정당이 취소될 수 있게 되지만, 정당의 개념요소로 보지 않고 정당의 헌법적 의무로 볼 경우 그와 같은 행정처분이 아닌 헌법재판소의 위헌정당해산 심판에 의해서만 해산된다.

23 허영, 앞의 책, 258면.

24 Rod Hague·Martin Harrop는 주요한 정당이 하는 네 가지 중요한 기능을 다음과 같이 정리한 바 있다. ⅰ) 집권당은 정부에게 방향을 제공하며 국가라는 배를 조종하는 중요한 역할 수행한다. ⅱ) 유권자들로 하여금 서로 다른 지도부와 종종 대립적 정책을 추구하는 여러 정당들

개자로서 정치적 도관(導管)의 기능을 수행하여 주체적·능동적으로 국민의 다원적 정치의사를 유도·통합함으로써 국가정책의 결정에 직접 영향을 미칠 수 있는 규모의 정치적 의사를 형성하고 있다. 이와 같이, 정당은 오늘날 대중민주주의에 있어서 국민의 정치의사형성의 담당자이며 매개자이자 민주주의에 있어서 필수불가결한 요소이기 때문에, 정당의 자유로운 설립과 활동은 민주주의 실현의 전제조건이라고 할 수 있다"고 판시한 바 있다(헌재 2006. 3. 30. 2004헌마246).

2. 정당, 민주주의 그리고 선거

가. 정당과 민주주의

현대 대중사회에서 민주주의는 정당 없이는 생각하기 어렵다. 이는 정당 없이는 민주주의가 제대로 작동할 수 없을 것을 의미하는 것이기도 하다. 보통선거권의 확립에 의하여 유권자의 범위가 대폭적으로 확대되고 과학기술의 발전과 더불어 사회전체가 고도화되고 전문화된 오늘날의 대중사회에서는 전문적 지식과 역량을 갖춘 대표자에 의한 국가의사결정이 이루어질 수밖에 없는 것이 현실이다. 이러한 대의민주주의하에서 정당은 공직후보자를 발굴하고 훈련시켜 충원하는 역할을 담당하고 또 정책을 집약하고 국민 의사를 결집시켜 국가의 정책결정과 의사결정을 하는 국가기관과 국민을 매개하고 중개하는 기능을 수행한다.

나. 정당과 선거

(1) 정당의 선거를 통한 역할

이처럼 정당은 다원화된 민의를 집약하고 여론화하여 국민과 국가기관 사이에서 중개적 기능을 수행함으로써 국민의 정치적 의사를 형성하는 것이

사이에서 하나의 정당을 선택할 수 있도록 함으로써 경쟁적 정당체제는 자유민주주의를 실현한다. iii) 정당들은 정치충원을 담당하는 대리인의 역할을 하며, 의회와 행정부에서 일할 공직후보자들을 훈련하고 충원한다. iv) 정당은 이익을 집약하는 장치 역할을 한다. 정당은 수많은 개별 요구를 걸러내어 처리하기 쉬운 제안으로 만들고 여러 정책들을 골라내고 통합하여 포괄적인 정책으로 바꾼다{Rod Hague·Martin Harrop 저/김계동 외 4인 역, 앞의 책, 244면}.

고, 이는 정당의 핵심적 역할일 수밖에 없다. 이와 같이 정당이 중개적 기능을 수행하는 것은, 여론형성에 영향력을 행사하는 방법 등 여러 가지 방법을 통하여 가능하지만, 국민의 정치적 의사를 무엇보다도 선거를 통하여 형성하고 표현한다는 점에서, 정당은 선거에 참여함으로써 국민의 정치적 의사형성과정에 영향을 미치는 것[25]이 될 수밖에 없다. 요컨대, 정당은 선거에 참여해서 유권자 다수의 지지를 획득함으로써 국가기관과 국민을 중개하여 국민의 정치적 의사를 형성하는 것이다.

(2) 정당의 선거에서의 역할과 이에 따른 제재

그러므로 선거에 참여할 의사나 그 능력이 없는 정당은 헌법이 정당에게 부여한 의무를 다하지 못하는 것이 된다. 이러한 점을 고려하여 「정당법」 제44조 제1항 제2호는 '최근 4년간 임기만료에 의한 국회의원선거 또는 임기만료에 의한 지방자치단체장선거나 시·도의회의원선거에 참여하지 아니한 때'를 정당등록취소의 사유로 규정하고 있는데, 이는 '국민의 정치적 의사형성에 참여할 진지한 의사나 능력을 갖추지 못한 정당을 자연스럽게 배제할 수 있는 장치'인 것이다. 또한 「정당법」 제44조 제1항 제3호는 '임기만료에 의한 국회의원선거에 참여하여 의석을 얻지 못하고 유효투표총수의 100분의 2 이상을 득표하지 못한 때'에도 정당등록취소사유로 규정하여 정당이 국회의원선거에 참여와 그 선거에서의 2% 이상의 득표를 정당의 유지·존속요건으로 정하고 있다. 다만 「정당법」 제44조 제1항 제3호는 정당의 자유를 침해할 여지가 있는데, 이는 선거에 참여해서 어느 정도의 성과를 이뤘는지는 위와 같은 정당의 선거 참여 의사 및 능력과는 직접적으로 관련이 없고 국민의 선택에 따른 결과로 봐야 하기 때문이다.

이와 관련하여 최근에 주목할 만한 헌법재판소의 결정이 나왔는데, 이는 다음과 같다.

25 한수웅, 앞의 책, 190면.

헌재 2014. 1. 28. 2012헌가19(녹색당 등 등록취소 사건)

□ 사건의 개요

- 진보신당, 녹색당, 청년당이 2012. 4. 11. 열린 제19대 국회의원선거에 참여하였으나, 의석을 얻지 못하고 유효투표총수의 100분의 2 이상을 득표하지 못하자(진보신당 1.13%, 녹색당 0.48%, 청년당 0.34%), 중앙선관위는 2012. 4. 12. 「정당법」 제44조 제1항 제3호에 따라 위 정당들의 중앙당 등록을 취소하고 이를 공고하였음.
- 이에 녹색당 등은 서울행정법원에 중앙선관위를 상대로 중앙당등록취소처분의 취소를 구하는 소송을 제기한 후 「정당법」 제44조 제1항 제3호에 대한 위헌법률심판제청신청을 하였고, 법원이 이를 받아들여 위헌법률심판을 제청한 사안임.

□ 결론과 이유

- 제44조 제1항 제3호는 헌법에 위반된다고 결정함.
- 헌법 제8조 제1항은 국민 누구나가 원칙적으로 국가의 간섭을 받지 아니하고 정당을 설립할 권리를 기본권으로 보장함과 아울러 복수정당제를 제도적으로 보장하고 있다. 따라서 입법자는 정당설립의 자유를 최대한 보장하는 방향으로 입법해야 하고, 헌법재판소는 정당설립의 자유를 제한하는 법률의 합헌성을 심사할 때에 <u>헌법 제37조 제2항에 따라 **엄격한 비례심사**</u>를 해야 한다. … 그런데 일정기간 동안 공직선거에 참여할 기회를 수회 부여하고 그 결과에 따라 등록취소 여부를 결정하는 등 기본권이 덜 제한받는 방법을 상정할 수 있고, 「정당법」에서 법정의 등록요건을 갖추지 못하게 된 정당이나 일정 기간 국회의원선거 등에 참여하지 아니한 정당의 등록을 취소하도록 하는 등 현재의 법체계 아래에서도 입법목적을 실현할 수 있는 다른 장치가 마련되어 있으므로, <u>정당등록취소조항은 침해의 최소성 요건을 갖추지 못하였다.</u> 나아가, 정당등록취소조항은 어느 정당이 대통령선거나 지방자치선거에서 아무리 좋은 성과를 올리더라도 국회의원선거에서 일정 수준의 지지를 얻는 데 실패하면 등록이 취소될 수밖에 없어 불합리하고, <u>신생·군소정당으로 하여금 국회의원선거에의 참여 자체를 포기하게 할 우려도 있어 법익의 균형성 요건도 갖추지 못하였다.</u>

(3) 정당의 정치자금과 선거와의 관련성

(가) 정치자금의 의의

어느 조직을 운영함에 있어 자금이 필요하듯이 정당 운영에도 자금이 필수적이다. 정치자금은 정당이나 정치인이 정치활동에 하는 데 필요한 비용을 말한다.[26] 이는 민주정치의 필요경비를 의미하며 자유선거(free election)의 원활한 수행에 있어 필수적인 것이다.[27] 이에는 당비, 후원금, 기탁금, 보조금, 정당의 당헌·당규 등에서 정한 부대수입, 그 밖에 정치활동을 위하여 정당 또는 공직선거의 후보자 또는 후보자가 되고자 하는 자 등에게 제공되는 금전이나 유가증권 그 밖의 물건과 그 자의 정치활동에 소요되는 비용이 포함된다(「정치자금법」§3조1호).

(나) 정당에 대한 국고보조의 필요성과 정치자금법상 국고보조의 내용

정당에 대해 국고보조의 필요성은 다음과 같이 볼 수 있다.[28] 첫째, 정당에 대한 국고보조는 후보자에게 기회균등을 보장할 수 있다는 것이다. 정치자금의 사적 조달에서 유래되는 추악한 결과와 정치적 도덕의 파괴가 가져오는 문제점을 인식하지 않는 한 현실에서는 정치적 도덕을 저당한 채 공직을 추구하는 야심가만이 의석경쟁에서 유리한 지위를 차지하게 되어 있다. 따라서 선거제도를 통해 시민의사를 실현하거나 공정한 경쟁을 내용으로 한 선거민주주의 이념이 개화할 수 있도록 보조해야 한다는 것이다. 둘째, 정당 국고보조제도는 시민에 의한 정당재정의 위기극복책으로 제시되고 있다. 정치자금은 정당정치의 필요경비이고, 팽창정도는 정당이나 후보자의 통제영역을 벗어나고 있다. 따라서 정당과 대헌금자 사이에서 야기될 수 있는 부패를 방지하기 위하여 정당에 대한 국고보조는 확대되어야 한다는 것이다

이러한 근거에 의해 우리 「정지자금법」에서도 정당에 대한 국고보조를 규율하고 있다. 즉, 「정치자금법」은 정당의 보호·육성을 위하여 국가가 정당에 지급하는 금전이나 유가증권을 국가보조금이라고 하고, 이에는 정당의 일상적인 운영을 보조하는 경상보조금과 선거 시 필요한 자금을 보조하는 선거보조금이 있다(「정치자금법」§27①). 1단계에서는 의석수 기준에 따라, 2단계에서는 국회의원 의석수 비율과 국회의원선거의 득표수 비율(비례대표국회의원선거와 지역구국회의원선거에서 당해 정당이 득표한 득표수의 비율의 평균을 말함[29])에

26 임성학, “정당과 정치자금”, 『현대정당 정치의 이해』, 백산서당, 2010, 280면.
27 정만희, “선거비용제한과 선거공영제”, 공법연구 제24집 제1권(2010), 115~116면.
28 김민배, “선거자금과 선거비용”, 민주법학 제5호(1992), 164면.
29 중앙선관위, 『정당·국회의원·후원회를 위한 정당·정치자금법규 운용자료』, 2012, 105면.

따라 경상보조금과 선거보조금을 배분하는데, 1단계에서는 '교섭단체 구성정당'에 균등하게 각 50%를 배분하고, 나머지 정당에 5% 내지 2%씩을 배분하고, 이러한 절차를 거치고 남은 잔여금에 대하여 '국회의원 의석수 비율'에 따라 그 50%를, 나머지는 '국회의원총선거의 득표수 비율'에 따라서 배분하고 있다(「정치자금법」§27①~③). 또한 이러한 국고보조금 배분 비율에 따라 기탁금도 배분한다(「정치자금법」§23①).

이와 같이 「정치자금법」은 국고보조금과 기탁금의 배분에 대해 선거와 밀접하게 연관시키고 있다. 다만 '국회의원 의원수'를 기준으로 국고보조금 등을 배분하는 것은 그 기준이 국민의 의사를 정확하게 반영시키지 못하는 흠이 있는 만큼, 국회의원총선거에서 '정당득표수 비율'에 의해서만 이를 배분하는 것이 합리적이라고 본다.

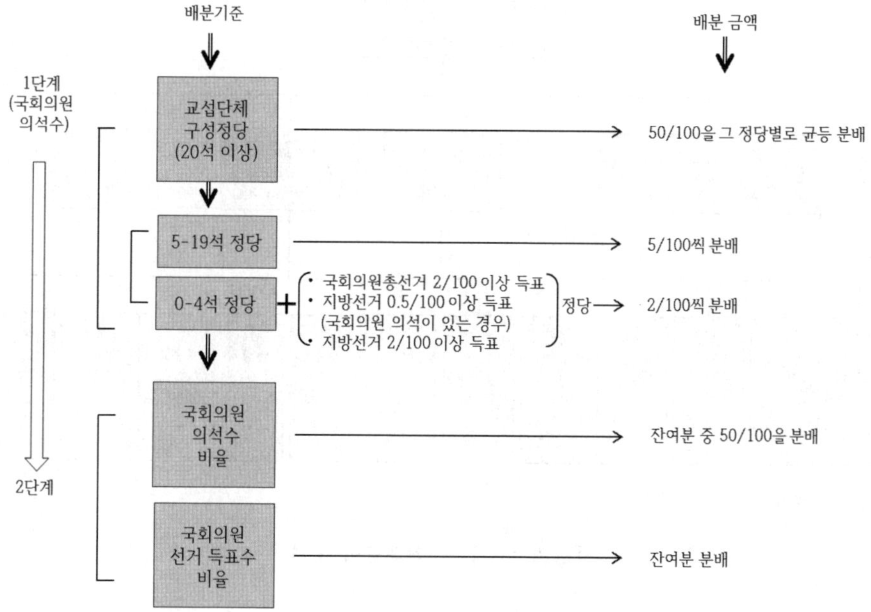

[그림 1-1] 국고보조금과 기탁금의 배분 흐름도

Ⅲ. 대표제와 선거

대표제는 대표의 결정방식으로 다수대표제, 소수대표제, 비례대표제, 혼합대표제, 직능대표제가 있으나(아래 선거제도 종류 그림 참조[30]) 오늘날 다수대표제냐 비례대표제냐 혹은 양자의 절충이냐 하는 문제로 귀착되고 있다.[31] 이는 기본적으로 입법부의 '의원'을 어떤 방식으로 선출할 것인지와 관련되어 있다. 의회 의석은 보통은 몇 백석에 이르기 때문에 다수대표제 이외에 비례대표제에 의한 선출이 가능하지만, '1인을 선출'하는 '대통령 등의 직'은 비례대표제에 의한 선출이 불가능하기 때문이다. 물론 상대다수제와 절대다수제는 대통령, 주지사, 시장 등 1인을 선출하는 직의 선거에도 그대로 적용될 수 있는 선거제도이다.

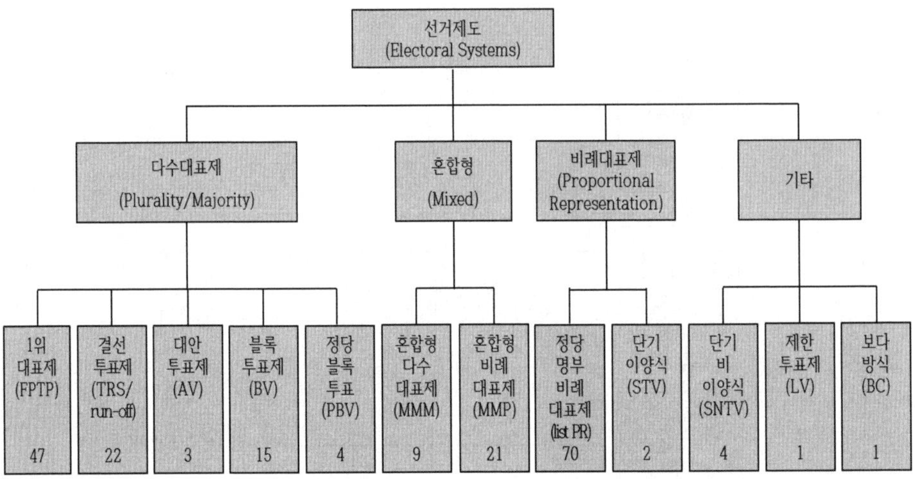

출처 : A. Reynolds et al. (2005) 재구성

[그림 1-2] 선거제도의 종류

---

30 Reynolds et al., 2005, *Electoral System Design: The New International IDEA Handbook*, International Institute for Democracy and Electoral Assistance(김형철, "선거와 민주주의", 『민주주의 강의 3 제도』, 민주화운동기념사업회, 2009, 67면에서 재인용; 그 그림에서 숫자는 그 제도를 채택하고 있는 국가의 숫자임).

31 성낙인, "선거제도와 선거운동", 저스티스 제130호(2012. 6), 12면.

1. 다수대표제와 비례대표제

가. 다수대표제

(1) 다수대표제의 종류와 장·단점

'다수대표제'(majority representation)는 선거구에서 다수의 득표를 한 사람이 대표자로 선출되는 선거제도를 말한다. 이에는 상대적으로 가장 많은 득표(plurality of vote)를 한 사람이 대표자가 되는 '상대다수대표제'(relative majority)와 무효투표를 제외한 유효투표수의 과반수 득표(absolute majority of vote)를 한 사람이 대표자로 선출되는 '절대다수대표제'(absolute majority)가 있다. 절대다수대표제에는 1회 투표에서 과반수 득표자가 없는 경우 2회에 걸쳐 투표(결선투표)를 실시하는 '2회투표제'(two-round system)가 있다. 또 이에는 투표는 1회만 실시하지만 그 투표에서 후보자의 선호순위(1,2,3,4…; 출마자 수까지 선호 순위)를 기재하게 하여(preferential voting) 1순위 표에서 최소 득표를 한 후보자부터 제거하여 '제거되는 후보자를 2순위로 선택한 각각의 후보자들'에게 '제거되는 후보자의 득표' 중에서 '제거되는 후보자를 2순위로 선택한 득표수만큼' 각각 이양(transfer)하는 절차를 반복하여 과반수에 이른 득표자를 결정하는 대안(선택)투표제[32](alternative vote system)가 있다.

상대다수대표제는 대표자 선출방식의 단순함(simplicity)에 그 우수성이 있으나, 당선자에 기여하지 못한 다수의 사표가 발생하고, 소수의 득표만으로 당선이 가능하여 대표성이 취약하다는 약점[33]이 있다. 절대다수대표제는 상대다수대표제에 비하여 대표성이 강화된다는 장점은 있으나, 여전히 다수의 사표가 발생하는 약점이 있다. 특히 2회투표제의 경우 선거를 2번 실시해야 하는 어려움이 있고, 대안투표제의 경우 유권자에게 선호하는 후보자의 순위를 기재하게 하는 부담을 주는 어려움과 이로 인한 다수의 무효표 발생의 우려가 있다.

---

32 이에 대한 자세한 내용은 데이비드 파렐 저/전용주 역, 『선거제도의 이해』, 한울아카데미, 2012, 92면 이하를 참조.

33 우리나라의 경우 13대 대통령선거에서 노태우 후보는 35.9%로 당선되었는데, 이는 약 1/3에 불과한 지지로 대통령에 당선된 것이다.

(2) 다수대표제와 선거구

상대다수대표제는 한 선거구에서 몇 명의 대표자를 선출하는지에 따라 소선거구제(1인 선출), 중선거구제(보통 2인~5인 선출), 대선거구제(5인 이상 선출)로 나눌 수 있다. 상대다수제가 소선구제와 결합하는 경우에는 1위 득표자만 승리하므로 거대정당이 선거에서 유리하여 '양당제도의 확립'과 '정국안정'을 꾀할 수 있다. 상대다수제가 중·대선거구와 결합하는 경우 1위 득표자뿐만 아니라 후순위 후보자도 당선되므로 소수정당도 당선자를 배출할 여지가 많아 소수세력 보호에 유리한 반면, 정국안정과 양당제도 확립은 상대적으로 약할 수밖에 없다.

한편 다수대표제는 선거구를 전제로 하므로 선거구 획정이 중요하게 된다. 특정 정당이나 후보자에게 유리하게 선거구를 획정하는 경우 불합리한 당선 결과가 나올 수 있기 때문이다. 이처럼 특정 후보자나 정당에 유리하게 선거구를 획정하는 문제를 게리맨더링(gerrymandering)이라 한다. 이 게리맨더링은 매사추세츠 주지사였던 엘브리지 게리(Elbridge Gerry)가 1812년에 자신에게 유리하게 만든 선거구에서 유래했는데, 게리 주지사 만든 선거구가 마치 도롱뇽(salamander)과 같은 모양처럼 길고 좁으며 구불거리는 모양이었다는 것에서 유래한 것이다.[34]

헌재 1995. 12. 27. 95헌마224(자의적 선거구획정 사건)

- 헌법재판소는 "선거구의 획정은 사회적·지리적·역사적·경제적·행정적 연관성 및 생활권 등을 고려하여 특단의 불가피한 사정이 없는 한 인접지역이 1개의 선거구를 구성하도록 함이 상당하며, 이 또한 선거구획정에 관한 국회의 재량권의 한계라고 할 것이다"고 판시하면서, 충북 옥천군을 사이에 두고 접경지역 없이 완전히 분리되어 있는 충북 보은군과 영동군을 '충북 보은군·영동군 선거구'라는 1개의 선거구로 획정한 것은 자의적 선거구획정으로서 위헌이라고 판단한 바 있음.

34 파렐 저/전용주 역, 앞의 책, 316면.

나. 비례대표제

비례대표제(proportional representation)는 '정당'이나 '후보자'에 대한 선거권자의 지지에 비례하여 의석을 배분하는 선거제도를 말한다. '비례대표제'에는 대표적으로 '정당명부식 비례대표제'(Party-list proportional representation)가 있는데, 이는 '후보자가 아닌 정당'에 투표하게 하여 그 득표율에 따라 비례적으로 의석수를 배분하는 대표제이다. 당선 순위에 대해 유권자가 영향을 미칠 수 없는 '폐쇄형' 정당명부식 비례대표제와 당선 순위에 대해 유권자가 영향을 미칠 수 있는 '가변형' 정당명부식 비례대표제가 있다. 또 비례대표제의 일유형으로 다소 생소한 '단기이양식 비례대표제'(single transferable vote system of proportional representation)가 있는데, 이는 '정당이 아닌 후보자'에게 투표하되 선호순위를 기재하게 하여(preferential voting) 당선기준수[35] 이상의 득표를 한 사람만을 당선시키는 방식이고, 의석수만큼 당선자가 나오지 않는 경우에는 일정한 '득표이양(transfer) 절차'[36]를 거친 후 의석수를 배분하는 제도이다.[37]

정당명부식 비례대표제는 득표율(정당이 유효투표수를 차지하는 비율)과 의석률(정당이 차지한 의석의 비율)이 간극(대표적으로 Bias현상[38]이 있음)이 거의 없고, 유권자의 정치적 의사가 대의기관 구성에 그대로 반영되는 장점이 있다(즉 사표가 거의 발생하지 않음). 특히 봉쇄조항이 없고 전국단위를 기준으로 의석수를 배분하는 순수한 정당명부식 비례대표제의 경우 사표가 발생하지 않는 우수함이 있다. 그러나 소수정당도 의석을 차지할 여지가 높아 군소정당이 난립하여 정국이 불안해질 우려가 있는데, 이러한 점을 방지하기 위하여 비례대표제를

35 드룹당선기준수를 사용하고, 이는 다음과 같다. 드룹당선기준수=(총 유효투표수/의석수+1)+1.

36 '당선기준수(quota) 이상의 잉여표'를 획득한 후보자를 2순위로 선택한 각각의 후보자에게 그 비율만큼 이양한 다음(1차 이양계산), 2차 이양계산부터는 1순위 최소 득표 후보자부터 차례대로 제거하여 그 후보자의 '득표수 전체'를 그 후보자의 2순위로 선택한 각각의 후보자에게 그 비율만큼 이양하는 절차를 의석수 모두가 정해질 때까지 반복하는 것이다.

37 우리에게 생소한 단기이양식 비례대표제에 대한 자세한 내용은 데이비드 파렐 저/전용주 역, 앞의 책, 191면 이하를 참조.

38 어느 정당이 다른 정당보다 '득표수'에는 앞섰으나, '의석수'에서는 뒤지는 현상을 말한다. 가장 대표적으로는 1974년 2월 영국 의회선거를 들 수 있다. 그 선거에서 노동당은 비록 득표에서 보수당에게 22만 6,000표를 뒤졌지만, 의석에서는 보수당보다 4개 의석을 더 많이 차지하여 소수당 정부를 구성한 것이다(Rod Hague·Martin Harrop 저/김계동 외 4인 역, 앞의 책, 218면).

취한 국가에서는 대개 봉쇄조항을 두고 있다. 이 봉쇄조항(Election threshold)은 정당이 의석을 배분받기 위해 얻어야 할 최소한의 기준을 말한다.

단기이양식 비례대표제의 경우 후보의 당선 여부를 결정하는 정당 엘리트의 권한을 제거하는 데 가장 효과적이고 선거구 대표(지역대표)를 가지는 장점이 있다고 소개된다.[39]

2. 그 밖의 선거제도

가. 혼합형 선거제도

혼합형 선거제도는 다수대표제와 비례대표제를 혼합한 선거제도를 말한다. 이에는 비례대표혼합제(MMP; Mixed Member Proportional)와 다수제적 혼합제(MMM; Mixed Member Majoritarian)가 있는데, 이를 설명하면 다음과 같다.[40] 전자는 한 표는 지역구 선거(대개 상대다수제를 사용함)에 사용되고 다른 한 표는 비례대표 경쟁(대개 정당명부제)에 사용되는데, 이 두 개 층이 서로 연결되어 전체적으로 비례적인 결과를 얻을 수 있다. 즉, '정당 투표'를 통해 '전체 의석수'가 결정되고 지역구에서 얻은 의석을 뺀 나머지 의석수만큼 비례대표의석이 배분되는 것이고, 정당 투표에 의해 의석수가 결정된다는 점에서 기본적으로 순수 비례대표제의 속성을 지니고 있다.[41] 후자는 비례적 혼합제와 유사하나, 2개 층이 분리되어 있으며, 전체적으로 비례적인 결과를 도출할 기제를 갖고 있지 않는 제도이다. 이러한 혼합제는 대개 상대다수대표제를 통해 지역대표성에 취약한 정당명부식 비례대표제를 보완하고, 정당명부식 비례대표제로 비례적 의석수 배분을 도모하여 상대다수제를 보완하는 선거제도이다.

나. 연기투표제(누적투표제)

연기투표제는 선거구에서 선출되는 의원정수와 동수의 투표수를 유권자에게 부여하여 그 투표수를 특정 후보자에게 누적하여 투표할 수 있는 투표제

39 파렐 저/전용주 역, 앞의 책, 236면.
40 Rod Hague · Martin Harrop 저/김계동 외 4인 역, 앞의 책, 216면.
41 강원택, 『한국의 정치개혁과 민주주의』, 인간사랑, 2005, 72면.

로, 특정 후보자에게 집중투표가 가능하여 그 후보자의 당선을 용이하게 하는 선거제도이다. 이에는 선거구에서 선출되는 의원정수와 동수의 투표수까지는 인정하지 않고 그 미만의 제한된 투표수를 인정하는 제한연기투표제가 포함된다.

3. 선거법상 선거제도

가. 대통령 선거와 지방자치단체장선거

대통령 선거와 지방자치단체장선거에는 상대다수대표제를 취하고 있다(대통령은 법§187①, 자치단체장은 법§191①).

나. 국회의원선거

지역구국회의원은 소선거구 상대다수대표제(법§21②,§188①)로 246명을 선출한다(별표 1). 비례대표의원의 경우 전국을 단일의 선거구로 하고(법§20①), 1인 2표제로 하여(법§146②), 폐쇄형 정당명부식 비례대표제로 54명을 선출하는 다수제적 혼합제인데(법§49②2문,§189④,§21①), 비례대표국회의원선거에서 '유효투표총수의 100분의 3 이상을 득표'하였거나 '지역구국회의원총선거에서 5석 이상의 의석을 차지'한 정당에게만 헤어/니마이어(Hare/Nimeyer) 방식에 해당하는 배분방법에 따라 비례대표의석수를 배분한다(법§189).

다. 지방의회의원선거

광역지방의회의원은 소선거구 상대다수대표제(법§26①,§190①)로 선출된다. 광역·기초비례대표의 경우 1인 2표제가 도입되어 있고(법§146②), 폐쇄형 정당명부식 비례대표제로 의원을 선출한다(법§49②2문,§190의2④). 특히 광역·기초비례대표의 경우 유효투표총수의 100분의 5 이상을 득표한 각 정당에게 헤어/니마이어(Hare/Nimeyer) 방식에 해당하는 배분방법에 따라 의석수를 배분하되(법§190의2①,②본문), 특정 정당이 비례대표의원의 2/3 이상을 차지할 수 없도록 100분의 5 봉쇄조항의 예외를 인정하고 있다(법§190의2②단서).

4. 선거제도 개혁론(비례대표제의 확대·강화)

가. 독일식 비례대표제의 개요

그럼 여기서 선거제도 개혁, 특히 대표제의 개혁과 관련해서 살펴본다. 이는 19대 총선 결과를 바탕으로 독일식 정당명부 비례대표제를 도입하는 경우를 가정해서 우리나라의 현행 선거제도 개혁의 필요성을 살펴보는 것이다.

19대 총선(유효투표총수: 21,332,061)에서 새누리당, 민주통합당, 통합진보당, 자유선진당이 각각 9,130,651표(42.80%)(새누리당), 7,777,123표(36.45%)(민주통합당), 2,198,405표(10.30%)(통합진보당), 690,754표(3.23%)(자유선진당)를 득표했고 그 이외의 정당은 3% 미만을 득표했다. 또 지역구국회의원선거에서 새누리당, 민주통합당, 통합진보당, 자유선진당이 각각 127석(새누리당), 106석(민주통합당), 7석(통합진보당), 3석(자유선진당)을 얻었고, 그 이외 정당은 지역구의석을 얻지 못했다.

여기서 먼저 독일의 비례대표제 등 선거제도에 대해 살펴본다.

독일연방의회(Bundestag)는 초과의석(Überhangmandat)과 보정의석(Ausgleichungsmandat)[42] 이 생기는 경우를 제외하고 총 598명으로 구성되는데, 그중 절반인 299명은 소선거구 상대다수제에 의한 지역구의원선거에서 선출되고, 나머지 의석수 절반은 연방을 하나의 선거구로 하되 주(Land)별로 작성되는 폐쇄형 비례대표후보자명부(Landesliste)에 의한 정당명부식 비례대표제에 의하여 선출된다. 유권자는 제1투표는 지역구의원후보자(Wahlkreisabgeordnete)에게, 제2투표는 주비례대표후보자명부(Landesliste)상의 정당에 각각 행사한다.[43]

의석분배와 관련하여 보면, 각 주가 연방전체에서 차지하는 인구수비율(Bevölkerungsanteil)에 따라 598 의석 전체를 주별로 배분하는 제1차 의석배분

---

42 보정의석은 초과의석이 발생했을 때 이를 상쇄되게 하기 위하여 초과의석이 발생하지 않은 정당에 분배되는 의석이다(제6조 제7항). 이는 독일헌법재판소가 2012. 7. 25. 초과의석에 관하여 규정한 연방선거법 제6조 제5항에 대해, 초과의석이 보정되지 않고 15석을 넘으면 비례대표제를 본질적 특성(비례적 의석 배분)으로 하는 독일선거제도의 성격을 훼손하는 것으로 평등선거원칙에 반한다고 하여 헌법불합치결정을 하자, 이러한 불비례성(disproportionality)의 문제 등을 시정하기 위하여 2013. 5. 3.부터 시행된 개정 연방선거법에 의해서 도입된 제도이다[김종갑, "2013년 독일 연방선거법 개정과 시사점", 이슈와 논점 제676호(2013. 6)].

43 연방선거법(Bundeswahlgesetz) 제1조, 제4조, 제5조(http://www.gesetze-im-internet.de/bwahlg/BJNR003830956.html).

과, 각 주별로 정해진 의석수에 대하여 다시 유효한 제2투표의 최소한 5%를 얻은 정당 또는 지역구의원선거에서 최소한 3석을 얻은 모든 정당[44]이 제2투표에서 얻은 연방차원의 득표비율에 따라 그 정당의 주비례대표후보자명부(Landesliste)에 의하여 의석분배와 당선자결정을 하는 제2차 의석배분이 있다.[45][46] 여기서 '연방차원의 득표비율'은 의석배분을 받을 특정 정당이 연방차원에서 얻은 총제2투표득표수를 그 정당이 각각 연방차원에서 얻은 총제2투표득표수의 합계로 나눈 비율을 의미한다.[47] 이와 같이 2단계에 걸쳐 의석배분과 당선자를 결정하는 것은 독일이 연방제 국가로 주단위로 비례대표후보자명부가 작성되기 때문이다.[48]

그런데 각 정당이 지역구선거에서 얻은 의석수는 위와 같이 배분될 각 정당의 의석수에서 공제되고, 지역구선거에서 각 정당이 얻은 의석은, 그것이 위와 같이 배분될 각 정당의 의석수를 넘는 경우에도, 그 정당에게 모두 귀속된다. 이처럼 각 정당에게 배분될 의석수를 넘는 지역구의석을 초과의석이라고 한다.[49] 이러한 초과의석은 각 정당에게 배분될 의석수를 각 정당의 득표비율에 따라 산정하고, 지역구선거에서 선출된 후보자의 당선은 우선적으로 보장하는 구조에서 발생하게 된다.[50] 예컨대 정당투표에 따라 갑정당에게 배분될 을주(州)의 전체의석수는 20석인데 지역구선거에서 당선된 의석수가 22석이면, 갑정당의 을주의 의석으로는 20석이 배분되어야 함에도 지역구선거에서 당선된 22석이 갑정당의 을주의 총의석수로 인정되고 비례대표의석수는 인정받지 못하게 되는데, 여기서 20석을 넘는 2석을 초과의석이라고 하는 것이다.[51][52]

---

44 우리 선거법은 이러한 정당을 '의석할당정당'이라고 표현하고 있다(법§189①,§190의2①).

45 연방선거법 제6조.

46 헤어/니마이어(Hare/Niemeyer) 방식이다.

47 연방차원의 득표비율=특정 정당의 총제2투표득표수/위 각 정당의 총제2투표득표수의 합계

48 독일 연방의회의 의석배분절차에 대한 보다 자세한 내용은 이부하, 『민주적 선거를 위한 선거제도 개편』, 피앤씨미디어, 2015, 138~142면 참조.

49 연방선거법 제6조 제4항, 제5항.

50 김진곤, "비례대표제선거제의 체계와 그 정당화 요건", 공법연구 제41집 제2호(2012), 335면 참조.

51 이 예에서 정당투표 결과에 따라 갑정당에게 배분될 의석수가 총 20석인데, 갑정당이 지역구선거에서 17석을 차지하였다고 한다면, 비례대표의석으로는 3석(20석－17석)이 배분되어 총 20석(지역구의석 17석＋비례대표의석 3석)이 인정되는 것이다.

52 이 초과의석의 문제점과 이에 대한 독일 연방헌법재판소의 판례 등에 관하여는 이부하, 앞의 논문, 147~150면 참조.

나. 독일식 비례대표제 도입에 의한 비례대표 확대·강화의 필요성

위와 같은 독일의 '인물선거가 가미된 비례대표선거제'(die mit der Personenwahl verbundenen Verhältniswahl)를 우리나라에서 도입하는 것을 가정하고 이를 19대 총선에서 각 정당이 얻은 득표비율에 따른 의석수배분을 19대 총선 당시의 의석수배분 결과와 비교할 필요가 있다. 즉, 독일식 비례대표제를 도입하고 지역구의석 150석, 비례대표의석 150석으로 조정된 것을 기준으로 그 변화 양상을 살펴보자.[53]

이 경우 각 정당 득표율을 기준으로 한 각 정당에 대한 전체 의석수(300석)는 다음과 같이 배분된다(배분방법에 대한 자세한 내용은 해당 부분 참조).

정당명	득표비율	의석 배분 계산	배분된 의석수
새누리당	9,130,651/19,796,933×100 =46.12%	150명×46.12% =138.36명	138석
민주통합당	7,777,123/19,796,933×100 =39.28%	150명×39.28% =117.84명	117석+1석 =118석
통합진보당	2,198,405/19,796,933×100 =11.10%	150명명×11.10% =33.3명	33석
자유선진당	690,754/19,796,933×100 =3.48%	150명×3.48% =10.44명	10석+1석 =11석

19대 총선에서 각 정당은 다음과 같이 지역구의석을 차지하였는데, 그 지역구의석과 다음 표에서 계산된 비례대표의석을 합산한 전체 의석은 아래와 같다. 다만, 지역구의석수가 19대 총석에서는 246석인데, 이 246석이 150석으로 줄어드는 것으로 가정한 다음, 이 150석을 기준으로 비례적으로 지역구의석수를 획득한 것으로 가정하여 계산한다. 다만, 무소속으로 3명이 당선된 것으로 하고, 그 계산 결과 정수까지 의석수를 각 정당에 인정하고 다만 단

53 지역구의석 200석, 비례대표의석 100석의 경우에는 초과의석이 많이 생겨날 우려가 있어 적절하지 않는 것으로 보인다. 예를 들면, 한 정당이 정당투표에서 30%를 득표하였다면, 전체 90석(300×0.3)이 주어져야 하지만, 그 정당이 지역구 의석 200석 중 120석을 차지한 경우라면, 무려 30석(120석−90석)의 초과의석이 생겨날 수 있는 것이다(강원택, 앞의 책, 73면).

수가 가장 큰 정당인 자유선진당에 대해서 의석을 1석을 추가적으로 인정하는 것으로 가정해서 의석을 계산하였다[새누리당: 77.43=127×150/246, 자유선진당: 2{1.8(=3×150/246)+1}].

구분	전체 의석수 (①)	지역구의석수 (②)	비례대표의석수 (③: ① - ②)	합계
새누리당	138석	77석	71석	138석
민주통합당	118석	64석	54석	118석
통합진보당	33석	4석	29석	33석
자유선진당	11석	2석	9석	11석
무소속	0석	3석	−3석	3석

위와 같은 방식에 따라 각 정당이 얻는 의석수와 실제 위 각 정당이 19대 총선에 얻은 의석수를 비교하면 다음과 같다. 새누리당에서 14석이, 민주통합당에서 9석이 각각 감소하고, 통합진보당에서 20석, 자유선진당에서 6석이 각각 증가하는 것을 알 수 있다. 이는 독일식 정당명부 비례대표제를 도입한 경우에 비하여 지금의 선거제도하에서 새누리당, 민주통합당은 그만큼 '과대대표'(overrepresentation)되고 있고, 통합진보당과 자유선진당은 그만큼 '과소대표(underrepresentation)'되고 있다는 것을 상징적으로 보여주는 것이다. 나아가 이는 현행 국회의원선거제도가 국민의 의사를 대변하지 못하고 오히려 왜곡할 수 있다는 점도 보여주는 것이다.

	19대 총선 당시 각 정당의 의석수(총 300석)	독일식 비례대표제 도입시 예상 각 정당의 의석수(총 300석)	증감
새누리당	152석	138석	−14석
민주통합당	127석	118석	−9석
통합진보당	13석	33석	+20석
자유선진당	5석	11석	+6석
무소속	3석	3석	0석

이처럼 독일식 비례대표제를 도입하는 경우 강력한 제3당이 출현할 수 있고, 이로 인한 긍정적 효과, 즉 강력한 제3당의 존재에 의한 제1당 및 제2당의 견제와 이로 인한 제1당 및 제2당의 건강성 회복, 제3당의 역할에 따른 타협의 정치 복원, 정치에서의 다양한 가치의 추구·실현과 이로 인한 우리 사회의 다양성 구현 등을 기대할 수 있다고 본다.[54]

현행 국회의원선거제도가 이와 같이 국민의 의사를 제대로 반영하지 못하는 민의를 왜곡하는 제도라는 점은, 1981년부터 2010년까지의 주요 국가의 총선 결과에서 나타난 다음과 같은 아렌트 레이파르트의 '불비례성 지수'[55](지수실제 의석수로 반영되지 못하는 유권자 표의 비중을 수치화한 지수)를 보면 명확하다.

20대 국회의원총선거를 위한 현재의 선거구획정 국면에서 다수의 양식있는 정치학자나 전문가는 비례대표의 확대 강화야말로 민의에 부합하는 선거

〈표 1-1〉 아렌트 레이파르트의 불비례성 지수 (단위: %)

국가	불비례성	선거제도
네덜란드	1.08	정당명부식 비례대표제
덴마크	1.60	정당명부식 비례대표제
스웨덴	1.95	정당명부식 비례대표제
오스트리아	2.02	정당명부식 비례대표제
독일	2.55	혼합형 비례대표제
핀란드	3.34	정당명부식 비례대표제
일본	10.50	혼합형 비례대표제(중대선거구제)
미국	13.35	단순다수제
프랑스	19.56	결선투표제
한국	21.97	단순다수제+일부 비례대표제

54 이는 통합진보당 지지 여부와는 무관하고 다만, 저자는 강력한 제3당의 존재가 제1당과 제2당의 분발을 촉구하고 그들의 기득권을 내려놓게 할 강력한 기제가 될 수 있다고 보는 것이다.
55 아렌트 레이파르트, 『민주주의의 양식』, 2012(경향신문 2015. 8. 5. 신문에서 재인용).

제도 개혁의 첫 번째 과제로 보고 있다. '바보야 문제는 비례대표 확대야!'라고 외치고 있는 것이다. 이번에야말로 진정 '민의(民意)를 제대로 구현하는 선거제도가 입법화되기를 소망해본다.

Ⅳ. 헌법상 선거의 기본원칙

1. 보통선거

보통선거는 원칙적으로 국민은 누구나 선거권과 피선거권을 가져야 한다는 원칙, 즉 국민이라면 누구나 선거에 참여할 수 있어야 하고 선거를 통하여 선출될 수 있어야 한다는 원칙을 말한다. 이는 제한선거에 반대되는 개념이다. 선거가 '주권은 국민에게 있고 모든 국가권력은 국민으로부터 나온다'는 국민주권원리를 실현하는 제도이므로, 국민주권원리 실현에 충실하려면 선거에 참여할 수 있는 의사능력을 지닌 모든 국민에게 선거권을 부여하는 것이 필요하다. 선거법은 선거일 현재 만 19세 이상의 국민에게 선거권을 부여하고 있다. 또한 40세 이상의 국민에게 대통령 피선거권을, 25세 이상의 국민에게 국회의원·지방자치단체장·지방의회의원의 피선거권을 부여하고 있다.

헌재 2014. 1. 28. 2012헌마409(수형자와 집행유예자의 선거권 사건)

□ 사건의 개요
- 구 선거법 제18조 제1항 제2호 중 '유기징역 또는 유기금고의 선고를 받고 그 집행이 종료되지 아니한 자'에 관한 부분(수형자), '유기징역 또는 유기금고의 선고를 받고 그 집행유예기간 중인 자'에 관한 부분(집행유예자), 구 「형법」 제43조 제2항 중 수형자와 집행유예자의 '공법상의 선거권'에 관한 부분에 대하여 헌법소원을 청구한 사안임.

□ 결론과 이유
- 헌법재판소는 아래의 집행유예자 부분에 대하여는 위헌결정을, 수형자 부분에 대하여는 헌법불합치결정을 각각 선고함.
- 심판대상조항은 집행유예자와 수형자에 대하여 전면적·획일적으로 선거권을

제한하고 있다. 심판대상조항의 입법목적에 비추어 보더라도, 구체적인 범죄의 종류나 내용 및 불법성의 정도 등과 관계없이 일률적으로 선거권을 제한해야 할 필요성이 있다고 보기는 어렵다. 범죄자가 저지른 범죄의 경중을 전혀 고려하지 않고 수형자와 집행유예자 모두의 선거권을 제한하는 것은 침해의 최소성원칙에 어긋난다. 특히 집행유예자는 집행유예 선고가 실효되거나 취소되지 않는 한 교정시설에 구금되지 않고 일반인과 동일한 사회생활을 하고 있으므로, 그들의 선거권을 제한해야 할 필요성이 크지 않다. 따라서 심판대상조항은 청구인들의 선거권을 침해하고, 보통선거원칙에 위반하여 집행유예자와 수형자를 차별취급하는 것이므로 평등원칙에도 어긋난다.

2. 평등선거

평등선거는 차등선거(불평등선거)에 대응하는 개념으로서 사회적 신분, 교육, 재산(납세액) 등을 이유로 특정의 선거인들에게 복수의 투표권을 부여하지 않고 1인 1표제를 원칙으로, 모든 선거인에게 투표의 수적가치 평등을 부여하는 원칙이다.[56] 이에 관하여 헌법재판소는 "투표의 수적(數的) 평등, 즉 복수투표제 등을 부인하고 모든 선거인에게 1인 1표(one man, one vote)를 인정함을 의미할 뿐만 아니라, 투표의 성과가치(成果價値)의 평등, 즉 1표의 투표가치가 대표자 선정이라는 선거의 결과에 대하여 기여한 정도에 있어서도 평등해야 함(one vote, one value)을 의미한다"고 한 바 있다(헌재 1995. 12. 27. 95헌마224). 평등선거는 나아가 후보자와 정당이 선거에서 균등한 기회를 가져야 한다는 '선거기회균등의 원칙'을 포괄한다.[57]

---

56 한국헌법학회, 『헌법주석[I]』, 박영사, 2013, 895면.
57 한수웅, 앞의 책, 154면 참조.

헌재 2014. 10. 30. 2012헌마192(국회의원선거구간 인구 편차 사건)

□ 사건의 개요
- 국회의원지역선거구를 정하고 있는 선거법 제25조 제2항 별표1 국회의원지역선거구구역표 부분 등에 대하여 헌법소원을 청구한 사안임.

□ 결론과 이유
- 헌법재판소는 인구편차 상하 50%(선거구간 인구비례 3:1)를 기준으로 국회의원지역선거구를 정하고 있는 선거법 제25조 제2항 별표1 국회의원지역선거구구역표 전체에 대하여 헌법불합치결정을 선고함.
- 그러나 다음의 점들을 고려할 때, 현재의 시점에서 헌법이 허용하는 인구편차의 기준을 인구편차 상하33$\frac{1}{3}$%, 인구비례 2:1을 넘어서지 않는 것으로 변경하는 것이 타당하다.
- 인구편차 상하 50%의 기준을 적용하게 되면 1인의 투표가치가 다른 1인의 투표가치에 비하여 세 배의 가치를 가지는 경우도 발생하는데, 이는 지나친 투표가치의 불평등이다. 더구나, 단원제하에서는 인구편차 상하 50%의 기준을 따를 경우 인구가 적은 지역구에서 당선된 국회의원이 획득한 투표수보다 인구가 많은 지역구에서 낙선된 후보자가 획득한 투표수가 많은 경우가 발생할 가능성도 있는바, 이는 대의민주주의의 관점에서도 결코 바람직하지 아니하다.
- 국회를 구성함에 있어 국회의원의 지역대표성이 고려되어야 한다고 할지라도 이것이 국민주권주의의 출발점인 투표가치의 평등보다 우선시될 수는 없다. 특히 현재는 지방자치제도가 정착되어 지역대표성을 이유로 헌법상 원칙인 투표가치의 평등을 현저히 완화할 필요성 또한 예전에 비해 크지 않다.
- 인구편차의 허용기준을 완화하면 할수록 과대대표되는 지역과 과소대표되는 지역이 생길 가능성 또한 높아지는데, 이는 지역정당구조를 심화시키는 부작용을 야기할 수 있다.

□ 선거구간 인구 편차에 관한 헌법재판소의 판례 동향
- 헌재는 1995. 12. 27. 95헌마224 사건에서 국회의원 선거구간 인구비례가 4:1을 넘어서는 안 된다는 기준을 제시한 후, 헌재 2001. 10. 25. 2000헌마92 사건에서 그 인구비례가 3:1을 넘으면 위헌이라고 판시한 바 있음.

3. 직접선거

직접선거는 선거 결과가 선거권자의 투표에 의하여 직접 결정될 것을 요구하는 원칙이다. 국민이 중간 선거인을 선출하고 그 중간선거인이 대의기관을 선출하는 간접선거에 반대되는 개념이다.

헌재 2001. 7. 19. 2000헌마91(국회의원 1인 1표 사건)

□ 사건의 개요

- '투표는 직접 또는 우편으로 하되, 1인 1표로 한다'고 규정한 구 선거법 제146조 제2항에 대하여 헌법소원을 제기한 사안임.

□ 결론과 이유

- 헌법재판소는 구 선거법 제146조 제2항 중 "1인 1표로 한다" 부분은 국회의원선거에 있어 지역구국회의원선거와 병행하여 정당명부식 비례대표제를 실시하면서도 별도의 정당투표를 허용하지 않는 범위에서 헌법에 위반된다고 선고함.
- 비례대표제를 채택하는 경우 직접선거의 원칙은 의원의 선출뿐만 아니라 정당의 비례적인 의석확보도 선거권자의 투표에 의하여 직접 결정될 것을 요구하는바, 비례대표의원의 선거는 지역구의원의 선거와는 별도의 선거이므로 이에 관한 유권자의 별도의 의사표시, 즉 정당명부에 대한 별도의 투표가 있어야 함에도 현행제도는 정당명부에 대한 투표가 따로 없으므로 결국 비례대표의원의 선출에 있어서는 정당의 명부작성행위가 최종적·결정적인 의의를 지니게 되고, 선거권자들의 투표행위로써 비례대표의원의 선출을 직접·결정적으로 좌우할 수 없으므로 직접선거의 원칙에 위배된다.

4. 비밀선거

비밀선거는 누구에게 선거했는지가 선거 당시 타인에게 공개되어서는 안 된다는 원칙을 말한다. 이는 공개선거에 반대되는 개념이다. 자신이 투표한 사람이 공개되는 경우에는 그로 인한 불이익과 압력 혹은 매수의 유혹을 받을 것이기 때문에, 그러한 문제를 원천 차단하기 위해 이 원칙이 요구되는 것이다.

헌법재판소는 부재자투표를 할 수 있는 사람과 부재자투표의 방법을 규정하면서, 해상에 장기 기거하는 선원들에 대해서는 부재자투표 대상자로 규정하지 않고 있으며, 이들이 투표할 수 있는 방법을 정하지 않고 있는 것이 그들의 선거권을 침해한다고 결정하면서, "비밀선거는 선거인이 누구를 선택하였는지 제3자가 알지 못하도록 하는 상태로 투표하는 것을 말하는데, 모사전송 시스템을 이용하여 선상에서 투표를 할 수 있는 방안이 마련된다면, 전송 과정에서 투표의 내용이 직·간접적으로 노출되어 비밀선거원칙이 침해될 우려가 있다는 지적이 있다. … 이는 국민주권 원리나 보통선거원칙에 따라 선원들이 선거권을 행사할 수 있도록 충실히 보장하기 위한 불가피한 측면이라 할 수도 있으므로, 이를 두고 섣불리 헌법에 위반된다 할 수 없다"고 판시하였다(헌재 2007. 6. 28. 2005헌마772).

5. 자유선거

자유선거는 국가기관이나 타인에 의해 방해받지 않고 자유롭게 선거를 해야 하는 원칙이다. 이는 유권자의 투표행위가 국가나 사회로부터의 강제나 부당한 압력의 행사 없이 이루어져야 한다는 것뿐만 아니라, 유권자가 자유롭고 공개적인 의사형성과정에서 자신의 판단과 결정을 내릴 수 있어야 한다는 것을 의미한다.

이와 관련하여 헌법 재판소는 "자유선거원칙을 명시적으로 언급하고 있지 않으나, 선거가 국민의 정치적 의사를 제대로 반영하기 위해서는, 유권자가 자유롭고 개방적인 의사형성과정에서 외부로부터의 부당한 영향력의 행사 없이 자신의 판단을 형성하고 결정을 내릴 수 있어야 한다. 따라서 자유선거원칙은 선출된 국가기관에 민주적 정당성을 부여하기 위한 기본적 전제조건으로서 선거의 기본원칙에 포함되는 것이다"고 판단한 바 있다(헌재 2004. 5. 14. 2004헌나1).

제 2 장 선거법 총칙

The Public Official Election Act

Ⅰ. 선거법상 기초 개념

1. 선거인, 유권자, 선거구민

'선거인'(選擧人)은 선거권이 있는 사람으로서 선거인명부 또는 재외선거인명부에 올라 있는 사람을 말하는데(법§3), 선거법상 선거범죄의 적용과 관련해서는 '선거인명부 또는 재외선거인명부를 작성하기 전'에는 그 '명부에 오를 자격'이 있는 사람을 포함한다(법§230①1호). 이 선거인이라는 용어는 선거법 곳곳에서 사용하고 있다(법§3,§6,§41,§57의2,§65,§72,§73,§82의2,§146,§147,§148,§151,§153,§154,§154의2,§155,§157,§158,§158의3,§159,§163,§166,§166의2,§167,§168,§179,§180,§212,§219,§222,§230,§231,§237,§241,§278).

선거법상 용어는 아니지만, '선거인'과 비슷한 '유권자'(有權者)를 들 수 있는데, 이는 법적인 용어가 아닌 정치학적·사회학적 용어로 흔히 쓰이는 용어이다. 이들과 구분되는 용어로 선거법에서 선거구민(選擧區民)이라는 용어가 사용되고 있다(법§8의8⑧,§49⑫,§66⑦,§86①1호,②2호,§89②,§93③,§105①2호,§107,§111①,③,§112①,②3호마목,§113①,§118,§141①,§230①3호). 이 선거구민은 '특정 선거구의 주민'을 의미하는 용어로 그 선거구의 선거인과 선거권이 없는 주민을 포함한다. 이는 선거법 제111조 제1항이 '선거구민(행정구역 또는 선거구역)의 변경으로 새로 편입된 구역의 선거구민을 포함한다'고 규정한 점에서 뒷받침되고 있다.

2. 총선거·동시선거

'총선거'는 국회의원의 4년 임기가 만료하는 때 국회의원 전원을 다시 선출하는 것을 말하고, 선거법에서는 '임기만료에 따른 지역구국회의원선거'라는 용어로 표현한다. '동시선거'는 선거구의 일부 또는 전부가 서로 겹치는 구역에서 2 이상의 다른 종류의 선거를 같은 선거일에 실시하는 것을 말한다(법 §202). 동시선거에 대해서는 선거법 제202조부터 제217조까지 그 특례가 규정되어 있다. 특히 임기만료일이 같은 지방의회의원 및 지방자치단체장의 선거를 4년의 임기만료에 따라 실시하는 경우를 '전국동시지방선거'라고 관용적으로 칭한다.

3. 선거구와 의원정수

가. 선거구

(1) 선거구의 의의와 각 선거구의 장·단점

선거구(election district)는 국회의원 등 대의기관을 선출하는 '지역적 단위구역'을 말한다. 1구 1인 대표인 경우에는 소선거구, 1구 2 내지 5인인 경우에는 중선거구, 1구 5인 이상인 경우에는 대선거구로 보고, 소선거구제에서 대표의 결정방식은 소수대표제나 비례대표제는 불가능하고 오로지 다수대표제만이 가능하다.[1]

대선거구제의 장점은 곧 소선거구제의 단점이 되고, 대선거구제의 단점은 소선거구의 장점이 되는데, 소선거구제의 장점(長點)은 다음과 같다.[2] 첫째,

---

1 성낙인(a), 앞의 논문, 10면.
2 성낙인(a), 앞의 논문, 11면.

선거에 있어서 군소정당의 후보보다는 양대 정당의 후보들 간의 경쟁으로 압축시키기 때문에 결과적으로 양당체제를 구축할 수 있게 되어, 다수당이 의회의 안정적 다수파를 확보할 수 있기 때문에 정국의 안정을 기하고 책임정치를 구현할 수 있다. 특히 절대적 다수대표제를 채택할 경우에는 다당제 국가의 경우 2차 투표에서 정책이 유사한 정당 후보자 간에 전국적으로 합종연횡이 행하여짐으로써 양극화현상을 통하여 정국의 안정을 기할 수 있다. 둘째, 선거구의 규모가 작기 때문에 선거비용이 적게 들고 선거관리가 용이하며, 선거단속이 용이하여 선거의 공정을 기할 수 있다. 셋째, 보궐선거나 재선거의 실시가 용이하다. 넷째, 유권자가 후보자에 대하여 충분한 정보를 파악할 수 있다. 다섯째, 유권자와 의원과의 사이에 긴밀한 유대가 형성될 수 있다.

소선거구제의 단점(短點)은 다음과 같다. 첫째, 사표를 지나치게 양산하게 되어 결과적으로 거대정당에게 유리하게 될 뿐만 아니라 평등선거의 원칙에도 어긋날 수 있다. 둘째, 인물선택의 범위가 좁기 때문에 전체 국민을 대표할 수 있는 유능한 전국적인 인물보다는 지역적인 인물이나 지방보스에 의해 지배되기 쉽다. 셋째, 선거에 대한 간섭, 정실과 인연의 개재, 선거인의 매수 등에 의한 부정선거의 위험성이 높다. 넷째, 선거인의 관심이 국가적인 이익보다는 지역적인 이익에 집착되기 때문에 지역할거(地域割據)주의가 등장하기 쉽다. 다섯째, 선거구획정에 있어서 불공정이 개입될 소지가 크다.

한편, 비례대표제에서도 선거구가 문제된다. 비례대표제는 '다인(多人)선거구'를 요구하는데 그 범위는 '2인선거구'부터 '단일의 전국선거구에서 의원 전부를 선출하는 것'에 이르기까지 다양하며, 이상적으로 말하면 비례대표제하에서 한 선거구의 총 의석수는 유권자수에 비례해야 한다.[3] 한 선거구에서 선출하는 의원수가 커질수록 정당득표율에 비례하게 의석이 배분될 여지가 커진다.[4] 대표적으로 단일의 전국선거구에서 비례대표를 뽑는 네덜란드가 세계에서 불비례성 지수가 가장 낮다.[5]

---

3 선학태, 『합의제 민주주의 동학』, 전남대학교출판부, 2015, 56면.

4 단일의 전국선거구에서 비례대표의원 전원을 선출하고 봉쇄조항도 없다면, '불비례성 지수가 1'에 가까워진다.

5 26면 참조.

〈표 2-1〉 선거종류별 선거구

선거의 종류	선거구
대통령 및 비례대표국회의원	전국
비례대표시·도의원의 선거구	당해 시·도
비례대표자치구·시·군의원	당해 자치구·시·군
지역구국회의원, 지역구지방의회의원	당해 의원의 선거구(선거구는 별표 1 내지 2)
지방자치단체장	당해 지방자치단체의 관할구역

(2) 현행 선거법상 선거구제

현행 선거법에 의하면, '대통령 및 비례대표국회의원'의 선거구는 전국이고, 비례대표시·도의원의 선거구는 당해 시·도이며, 비례대표자치구·시·군의원의 선거구는 당해 자치구·시·군이다(법§20①,②). 지역구국회의원, 지역구지방의회의원(지역구시·도의원 및 지역구자치구·시·군의원)의 선거구는 별표 1 내지 2로 정해진 당해 의원의 선거구이고(법§20③), 지방자치단체장의 선거구는 당해 지방자치단체의 관할구역이다(법§20④).

나. 의원정수

(1) 의 의

'의원정수'(議員定數)는 국회의원과 지방의회의원의 전체 정원(定員)의 숫자를 말한다(법§21~§23).

(2) 국회 의원정수

국회 의원정수는 지역구국회의원과 비례대표국회의원을 합하여 299인으로 하되, 각 시·도의 지역구 국회의원 정수는 최소 3인으로 한다. 다만, 세종특별자치시의 지역구국회의원 정수는 1인으로 한다(법§21,별표 1). 그러나 2012년 4월 11일에 실시된 19대 국회의원선거의 정수는 부칙에 따라 300명인데(선거법 법률 제11374호 부칙 §3), 지역구국회의원 246명과 비례대표국회의원 54명이다.

(3) 시·도의회 의원정수

시·도별 지역구시·도의원의 총 정수는 그 관할구역 안의 자치구·시·군(하나의 자치구·시·군이 2 이상의 국회의원지역선거구로 된 경우에는 국회의원지역선거구를 말하며, 행정구역의 변경으로 국회의원지역선거구와 행정구역이 합치되지 아니하게 된 때에는 행정구역을 말함)수의 2배수로 하되, 인구·행정구역·지세·교통, 그 밖의 조건을 고려하여 100분의 14의 범위에서 조정할 수 있다(법§22①본문). 다만, 자치구·시·군의 지역구시·도의원정수는 최소 1명으로 한다(법§22①단서).

이러한 규정에도 불구하고 「지방자치법」 제7조 제2항에 따라 시와 군을 통합하여 도농복합형태의 시로 한 경우에는 시·군통합 후 최초로 실시하는 임기만료에 의한 시·도의회의원선거에 한하여 해당 시를 관할하는 도의회의원의 정수 및 해당 시의 도의회의원의 정수는 통합 전의 수를 고려하여 이를 정한다(법§22②).

위와 같은 의원정수 기준에 의하여 산정된 의원정수가 19명 미만이 되는 광역시 및 도는 그 정수를 19명으로 한다(법§22③). 비례대표시·도의원정수는 선거법 제22조 제1항 내지 제3항의 규정에 의하여 산정된 지역구시·도의원정수의 100분의 10으로 하고, 이 경우 단수는 1로 본다(법§22④본문). 다만, 산정된 비례대표시·도의원정수가 3인 미만인 때에는 3인으로 한다(법§22④단서).

(4) 자치구·시·군의회 의원정수

시·도별 자치구·시·군의회 의원의 총정수는 별표 3과 같이 하며, 자치구·시·군의회의 의원정수는 당해 시·도의 총정수 범위 내에서 제24조의3의 규정에 따른 당해 시·도의 자치구·시·군의원선거구획정위원회가 자치구·시·군의 인구와 지역대표성을 고려하여 선거관리규칙이 정하는 기준에 따라 정한다(법§23①). 자치구·시·군의회의 최소정수는 7인이다(법§23②). 또한, 비례대표자치구·시·군의원정수는 자치구·시·군의원 정수의 100분의 10으로 하고, 이 경우 단수는 1로 본다(법§23③).

이에 따라 선거규칙 제4조 제1항은 자치구·시·군의회의 의원정수의 산정은 다음 각호에서 정하는 기준에 따른다(규칙§4①). 지역구자치구·시·군의원정수를 정함에 있어서는 자치구·시·군 안에서 지역선거구별로 의원 1인당 인구수의 편차가 최소화되도록 노력해야 한다(규칙§4②).

1. 자치구·시·군의회의 의원정수는 법 별표 3의 시·도별 자치구·시·군의회의원의 총정수의 범위 내에서 자치구·시·군별 **인구 비율**과 **읍·**

면·동수 비율 등을 고려하여 정한다. 이 경우 자치구·시·군의회의 의원정수 산정의 기준이 되는 인구 및 읍·면·동수의 기준일은 최근의 통계에 따라 선거법 제24조(선거구획정위원회) 제1항의 규정에 따른 해당 시·도의 자치구·시·군의원선거구획정위원회가 정한다.

2. 비례대표선거구자치구·시·군의회의원(이하 '비례대표자치구·시·군의원'이라 함)정수는 자치구·시·군의회의 의원정수에서 선거법 제23조 제3항의 규정에 따라 먼저 정하고, 지역선거구자치구·시·군의회의원(이하 '지역구자치구·시·군의원'이라 함) 정수는 그 나머지 인원으로 한다.

4. 투표구

투표구는 투표소를 설치되는 지역단위로, 읍·면·동에 투표구가 설치되며(법§31①), 투표구를 설치 또는 변경하거나 선거를 실시하는 때에는 구·시·군선관위는 선거규칙이 정하는 바에 따라 투표구의 명칭과 그 구역을 공고해야 한다(법§31③). 이 투표구는 선거인명부작성 단위(법§37①), 투표관리관 임명 단위(법§146의2①), 개표 및 득표수 계산 단위(법§178①), 개표한 투표지에 대한 유효·무효로 구분 단위(법§184)가 된다. 또한 선거의 일부무효 판결 또는 결정이 확정된 때에는 관할 선거구선관위는 선거가 무효로 된 당해 투표구의 재선거를 실시한 후 다시 당선인을 결정해야 하는데(법§197①), 선거일부무효시 재선거 단위가 된다.

Ⅱ. 공명선거의 구현

1. 공무원의 정치적 중립의무

가. 정치적 중립의무

공무원 기타 정치적 중립을 지켜야 하는 자(기관·단체를 포함)는 선거에 대한 부당한 영향력의 행사 기타 선거결과에 영향을 미치는 행위를 하여서는 아니된다(법§9①). 여기서 공무원은 「국가공무원법」과 「지방공무원법」상의 모든 공무원을 말하며, 선거법 제85조 제1항상의 공무원과 같은 의미이다. 다만, 본조항에 대한 벌칙은 규정되어 있지 아니하므로 본항의 공무원에서는 '의제공무원'은 제외된다고 본다. '정치적 중립을 지켜야 하는 자'에는 「상공회의소법」에 따른 상공회의소와 대한상공회의소가 있다(「상공회의소법」§55의2①).

이와 관련하여 헌법재판소는 "제9조의 '공무원'이란, 위 헌법적 요청을 실현하기 위하여 선거에서의 중립의무가 부과되어야 하는 모든 공무원, 즉 구체적으로 '자유선거원칙'과 '선거에서의 정당의 기회균등'을 위협할 수 있는 모든 공무원을 의미한다. 그런데 사실상 모든 공무원이 그 직무의 행사를 통하여 선거에 부당한 영향력을 행사할 수 있는 지위에 있으므로, 여기서의 공무원이란 원칙적으로 국가와 지방자치단체의 모든 공무원, 즉 좁은 의미의 직업공무원은 물론이고, 적극적인 정치활동을 통하여 국가에 봉사하는 정치적 공무원을 포함한다. 다만, 국회의원과 지방의회의원은 정당의 대표자이자 선거운동의 주체로서의 지위로 말미암아 선거에서의 정치적 중립성이 요구될 수 없으므로, 선거법 제9조의 '공무원'에 해당하지 않는다"고 하였고, "공직자가 공직상 부여되는 정치적 비중과 영향력을 국민 또는 주민 모두에 대하여 봉사하고 책임을 지는 그의 과제와 부합하지 않는 방법으로 사용하여 선거에 영향을 미친다면, 이는 선거에서 공무원에게 허용되는 정치적 활동의 한계를 넘은 것으로 선거에 부당한 영향력을 행사하는 것으로 보아야 한다"고 판시하면서, "대통령의 발언이 선거법 제9조를 위반했는지의 여부는 발언의 구체적 내용, 그 시기, 빈도수, 구체적 상황 등을 종합적으로 고려할 때, '대통령이 발언을 통하여 공직상 부여되는 정치적 비중과 영향력을 국민 모두에 대하여 봉사하는 그의 지위와 부합하지 않는 방법으로 사용함으로써 선거에 영향을 미쳤는지'의 판단에 달려 있다"고 판단한 바 있다(헌재 2004. 5. 14. 2004헌나1).

나. 검사 등의 선거범죄에 대한 수사의무

검사(군검찰관을 포함) 또는 국가경찰공무원(검찰수사관 및 군사법경찰관리를 포함)은 선거법의 규정에 위반한 행위가 있다고 인정되는 때에는 신속·공정하게 단속·수사를 해야 한다(법§9②).

2. 정당·후보자 등의 공정경쟁의무

가. 정당·후보자 등의 공정경쟁의무

공명선거를 구현하기 위하여, 선거법은 정당이나 후보자 등에게 공정경쟁의무를 부과하고 있다. 즉, 선거에 참여하는 정당·후보자(후보자가 되고자 하는 자를 포함) 및 후보자 등을 위하여 선거운동을 하는 자는 선거운동을 함에 있어 선거법을 준수하고 공정하게 경쟁해야 하며, 정당의 정강·정책이나 후보자의 정견을 지지·선전하거나 이를 비판·반대함에 있어 선량한 풍속 기타 사회질서를 해하는 행위를 하여서는 아니된다(법§7①). 다만, 이러한 의무에 대한 벌칙이나 과태료가 규정되지 않아, 위와 같은 의무는 법적인 의무라기보다는 도덕적 의무라고 보아야 한다.

나. 선관위의 정책선거 촉진 활동

그리고 각급 선관위(읍·면·동선관위는 제외)는 정책선거의 촉진을 위하여 필요한 사항을 적극적으로 홍보해야 하며, 중립적으로 정책선거 촉진활동을 추진하는 단체에 그 활동에 필요한 경비를 지원할 수 있다(법§7②).

3. 언론기관의 공정보도의무

가. 의 의

언론기관이 정당의 정강·정책이나 후보자나 후보자가 되고자 하는 자의 정견 기타사항에 관하여 보도·논평을 하는 경우와 정당의 대표자, 후보자, 후보자가 되고자 하는 자 또는 그의 대리인을 참여하게 하여 대담을 하거나 토론을 행하고 이를 방송·보도하는 경우에는 공정하게 해야 하는 의무를 말한다(법§8). 선거법 제8의2 내지 제8조의6이 불공정보도에 대한 구제를 규정하고, 동법 제256조 제2항이 그와 관련된 형사처벌을 규정하고 있으므로, 이러한 의무는 단순히 도덕적 의무를 떠나서 법적 의무이다. 이러한 의무는 언론이 선거에서 미치는 영향이 지대하기 때문에 특별히 규정된 것이다.

나. 내 용

(1) 주 체

방송·신문·통신·잡지 기타의 간행물을 경영·관리하거나 편집·취재·집필·보도하는 자와 선거법 제8조의5(인터넷선거보도심의위원회) 제1항의 규정에 따른 인터넷언론사(이에 대해서는 후술함[6])가 공정보도의무의 주체이다. '방송·신문·통신·잡지 기타의 간행물을 경영·관리하는 자'에는 선거법 제8의2에 따른 '방송사'와 제8조의3에 따른 '언론사'를 포함한다고 본다.

(2) 의무의 구체적 내용

먼저, 보도의 공정성 유지이다. 즉, i) 언론기관이 정당의 정강·정책이나 후보자(후보자가 되고자 하는 자를 포함)의 정견 기타사항에 관하여 보도·논평을 하는 경우, ii) 정당의 대표자나 후보자 등 또는 그의 대리인을 참여하게 하여 대담을 하거나 토론을 방송·보도하는 경우에 그 보도 등의 공정성을 유지해야 한다.

둘째, 언론사는 제82조에 따라 후보자 등을 초청하여 대담·토론회를 개최할 수 있는데, 그 개최 및 진행에 있어서 공정성을 유지하는 것이다.

다. 벌 칙

이 의무 자체의 위반에 대한 벌칙은 별도로 규정되어 있지 않다.

4. 선거권 행사 및 투표시간의 보장

가. 선거권 행사의 보장

(1) 선거권 행사를 위한 필요 조치

국가는 선거권자가 선거권을 행사할 수 있도록 필요한 조치를 취해야 한다(법§6①). 또한, 읍·면·동선관위를 제외한 각급 선관위는 선거인의 투표참여를 촉진하기 위하여 교통이 불편한 지역에 거주하는 선거인 또는 노약자·장애인 등 거동이 불편한 선거인에게 교통편의를 제공하거나, 투표를 마친 선거

6 90~92면 참조.

인에게 국공립 유료시설의 이용요금을 면제·할인하는 등의 필요한 대책을 수립·시행할 수 있다(법§6②1문). 이 경우 공정한 실시방법 등을 정당·후보자와 미리 협의해야 한다(법§6②2문).

(2) 공무원·학생·근로자에 대한 투표시간 등의 보장

(가) 주 체

공무원·학생 또는 다른 사람에게 고용된 자이다(법§6③). 다른 사람에게 고용된 자는 「근로기준법」상 근로자와 「민법」상 고용계약을 체결한 자이다. 이는 선거법 제6조의2와 동일하다.

(나) 보장되는 시간의 범위

공무원 등이 선거인명부를 열람하거나 투표하기 위하여 필요한 시간이다(법§6③전단). '선거인명부를 열람하기 위하여 필요한 시간'에는 선거인열람 장소에서 이를 열람하는 데 소요되는 시간과 그 장소까지 왕복시간 및 최소한의 범위 내에 이를 위한 사전준비시간도 포함된다고 본다. 또 투표하기 위하여 필요한 시간에는 투표장소에서 투표하는 데 실제 소요되는 투표시간뿐만 아니라 그 투표장소까지의 왕복시간과 최소한의 범위 내의 투표를 위한 사전준비시간도 포함된다고 본다. 이러한 시간은 유급으로 처리된다(법§6③후단의 "이를 휴무 또는 휴업으로 보지 아니한다"는 법문 참조).

(다) 선거권자의 선거권 행사 의무

선거권자는 성실하게 선거에 참여하여 선거권을 행사해야 한다(법§6④). 이러한 선거권자의 선거권 행사의무는 이에 대한 아무런 제재가 없어 도덕적 의무에 지나지 않는다.

(라) 유권자 날의 지정 등

선거법은 선거의 중요성과 의미를 되새기고 주권의식을 높이기 위하여 매년 '5월 10일을 유권자의 날'로, 유권자의 날부터 1주간을 유권자 주간으로 하고, 각급 선관위(읍·면·동선관위는 제외)는 공명선거 추진활동을 하는 기관 또는 단체 등과 함께 유권자의 날 의식과 그에 부수되는 행사를 개최할 수 있는 것으로 규정하고 있다(법§6③).

나. 투표시간의 보장

(1) 의 의

다른 자에게 고용된 사람이 사전투표기간 및 선거일에 모두 근무를 하는 경우에는 투표하기 위하여 필요한 시간을 고용주에게 청구할 수 있고, 고용주는 근로자가 투표하기 위하여 필요한 시간을 보장해 주어야 하는 것을 말한다(법§6의2①,②). 이는 2014. 2. 13.부터 시행된 개정 선거법에 따라 투표율 제고 차원에서 도입된 것이다.

(2) 내 용

(가) 투표시간의 보장

다른 자에게 고용된 사람, 즉 근로계약을 체결하고 있거나, 「민법」상 고용계약을 체결하고 있는 사람(후자는 흔하지 않으나 '골프장캐디'가 대표적인 예로 거론할 수 있음)이 그 청구권자이다. 「근로기준법」 제10조, 제110조 제1호에 의하여 「근로기준법」이 적용되는 근로자에게는 형사처벌조항에 의하여 강력하게 투표시간 보장이 인정되는데, 이를 선거법에 굳이 규정한 것은 「근로기준법」상 근로자뿐만 아니라 「민법」상 고용계약을 체결한 사람으로까지 그 적용범위를 확대하기 위한 것이라고 본다.

그리고 '투표하기 위하여 필요한 시간'에는 제6조상의 시간과 같다. 제6조 3항에 따라 투표시간은 유급으로 인정된다.

(나) 투표시간 보장에 대한 홍보

고용주는 고용된 사람이 투표하기 위하여 필요한 시간을 청구할 수 있다는 사실을 선거일 전 7일부터 선거일 전 3일까지 인터넷홈페이지, 사보, 사내게시판 등을 통하여 알려야 한다(법§6의2③). 이는 사전 홍보가 있어야 근로자가 고용주에게 투표시간 보장을 청구할 수 있기 때문에 규정된 것이다. 다만, 이에 대한 제재조항이 없어 그 실효성이 반감되고 있다.

다. 제 재

선거법 제6조의2 제2항을 위반하여 투표시간을 보장하여 주지 아니한 자에게는 1천만 원 이하의 과태료를 부과한다(법§261③1호). 이러한 자에게는 「근로기준법」상 사용자와 「민법」상 고용주를 모두 포함한다.

한편, 근로계약을 체결한 근로자로 「근로기준법」을 적용받는 자[7]는 “사용자는 근로자가 근로시간 중에 선거권, 그 밖의 공민권 행사 또는 공의 직무를 집행하기 위하여 필요한 시간을 청구하면 거부하지 못한다. 다만, 그 권리 행사나 공의 직무를 수행하는 데에 지장이 없으면 청구한 시간을 변경할 수 있다”는 「근로기준법」 제10조에 따라 투표시간을 청구할 수 있고, 이를 사용자가 거부하면 동법 제110조 제1호에 따라 2년 이하의 징역 또는 2천만 원 이하의 벌금에 처해진다. 그러므로 선거법상 과태료 조항이 실효성을 갖는 경우는 「근로기준법」 제10조의 적용을 받지 않는 가사사용인, 친족만을 사용하는 사업 또는 사업장의 근로자 또는 「민법」상 고용계약을 체결한 자(대표적으로 골프장캐디)에 대한 경우일 것이다.

5. 사회단체 등의 공명선거추진활동

가. 공명선거추진활동 가능 단체의 범위

사회단체 등은 선거부정을 감시하는 등 공명선거추진활동을 할 수 있다. 다만, 다음 각호의 어느 하나에 해당하는 단체는 그 명의 또는 그 대표의 명의로 공명선거추진활동을 할 수 없다(법§10①). 여기서 ‘공명선거추진활동’(公明選擧推進活動)은 유권자로서 선거의 공정성(公正性)을 유지·확보하기 위한 일체의 활동으로, 주로 부정선거 감시활동이 이에 해당할 것이다.

1. 특별법에 의하여 설립된 국민운동단체로서 국가 또는 지방자치단체의 출연 또는 보조를 받는 단체(바르게살기운동협의회·새마을운동협의회·한국자유총연맹을 말함)
2. 법령에 의하여 정치활동이나 공직선거에의 관여가 금지된 단체
3. 후보자(후보자가 되고자 하는 자를 포함. 이하 이 조에서 같음), 후보자의 배우자와 후보자 또는 그 배우자의 직계존·비속과 형제자매나 후보자의

7 「근로기준법」 제10조는 동법 제11조, 동법 시행령 제7조(별표 제1호)에 따라 1인 이상 근로자를 사용하는 사업 또는 사업장의 근로자에게 적용되고, 다만 가사사용인과 친족만을 사용하는 사업 또는 사업장에는 적용되지 않는다.

직계비속 및 형제자매의 배우자(이하 '후보자의 가족'이라 함)가 설립하거나 운영하고 있는 단체

4. 특정 정당(창당준비위원회를 포함. 이하 이 조에서 같음) 또는 후보자를 지원하기 위하여 설립된 단체
5. 선거운동을 하거나 할 것을 표방한 노동조합 또는 단체

특히, 위 2호의 정치활동이나 공직선거에의 관여가 금지된 단체는 <표 2-2>와 같다.

〈표 2-2〉 정치활동이나 공직선거에 대한 관여가 금지된 단체

구분	정치활동 금지 관련 조항	공직선거 관여 금지 관련 조항
공무원노동조합	「공무원의 노동조합 설립 및 운영 등에 관한 법률」 §4	
교원노동조합	「교원의 노동조합 설립 및 운영 등에 관한 법률」 §3	
국가유공자 등 단체[8]	「국가유공자 등 단체설립에 관한 법률」 §1,§14	
대한민국재향경우회	「대한민국재향경우회법」 §5④	
대한민국재향군인회	「대한민국재향군인회법」 §3①	
예비군	「향토예비군설치법」 §12②	동법 §12①
민방위대	「민방위기본법」 §31②	
농업조합 및 중앙회 등[9]		「농업협동조합법」 §7①
수산업조합 및 중앙회		「수산업협동조합법」 §7①
임업조합 및 중앙회		「산림조합법」 §7①
엽연초생산조합 및 중앙회	「엽연초생산협동조합법」 §5	
중소기업협동조합 및 사업조합·연합회 또는 중앙회	「중소기업협동조합법」 §8①	동법 §8②

8 대한민국상이군경회, 대한민국전몰군경유족회, 대한민국전몰군경미망인회, 광복회, 4·19민주혁명회, 4·19혁명희생자유족회, 4·19혁명공로자회, 재일학도의용군동지회, 대한민국무공수훈자회를 말한다.

9 지역농업협동조합, 지역축산업협동조합, 품목별·업종별 협동조합 등이 포함된다.

상호저축은행중앙회	「상호저축은행법」 §28①	
새마을금고 및 연합회	「새마을금고법」 §5	
신용협동조합 및 중앙회	「신용협동조합법」 §93	
소비자생활협동조합·소비자생활협동조합연합회·소비자생활협동조합전국연합회		「소비자생활협동조합법」 §7①
상공회의소·대한상공회의소	「상공회의소법」 §55②3호	「상공회의소법」 §55②1호~3호
군인공제회	「군인공제회법」 §5①	
경찰공제회	「경찰공제회법」 §4①	
대한소방공제회	「대한소방공제회법」 §4①	
대한지방행정공제회	「대한지방행정공제회법」 §4①	
지방문화원	「지방문화원진흥법」 §11①	
한국교육삼락회	「퇴직교원 평생교육활동 지원법」 §5②	

그리고 선거운동을 하거나 선거운동을 표방한 노동조합 및 단체는 그 자격이 없는데, '선거운동을 할 것을 표방(標榜)한다는 것'은 현재는 선거운동을 하지 않으나 장래에 이를 할 것을 밝힌 것을 말한다.

나. 공명선거추진활동시 유의사항

사회단체 등이 공명선거추진활동을 함에 있어서는 항상 공정한 자세를 견지해야 하며, 특정 정당이나 후보자의 선거운동에 이르지 아니하도록 유의해야 한다(법§10②). 각급 선관위(읍·면·동선관위를 제외)는 사회단체 등이 불공정한 활동을 하는 때에는 경고·중지 또는 시정명령을 해야 하며, 그 행위가 선거운동에 이르거나 선관위의 중지 또는 시정명령을 이행하지 아니하는 때에는 고발 등 필요한 조치를 해야 한다(법§10③). '불공정(不公正)한 활동을 하는 때'에는 선거운동에 이르지는 않으나 공명선거추진활동으로 보기는 어려운 활동으로, 특정 정당에 치우치거나 유리·불리한 활동을 말한다.

6. 선거부정감시단의 조직

선거부정감시단은 선거부정을 감시하기 위하여 읍·면·동선관위를 제외한 각급 선관위에 설치된 일시적인 선거 관련 단체이고(법§10의2), 사이버선거부정감시단은 인터넷을 이용한 선거부정을 감시하기 위하여 중앙선관위와 시·도선관위에 설치된 일시적인 선거 관련단체이다(법§10의3).

Ⅲ. 선거 관련 기구

1. 선관위

가. 선관위의 의의와 종류

선거관리원회(이하 '선관위'라 함)는 우리 헌법 제114조에 따라 '선거와 국민투표의 공정한 관리' 및 '정당에 관한 사무'를 관장하는 독립된 행정기관이다. 이에는 헌법기관인 중앙선관위와 법률에 따라 설치된 특별시·광역시·도선관위, 구·시·군선관위 및 읍·면·동선관위가 있다(「선관위법」§2). 또 특별한 선관위로 선거법 제218조에 따른 재외선관위가 있다. 중앙선관위는 선거법에 특별한 규정이 있는 경우를 제외하고는 선거사무를 통할·관리한다(법§12①전문).

나. 선관위의 선거구선거사무

(1) 선거구선거사무의 분배 원칙

위와 같은 선관위의 조직 구성에 따라 <표 2-3>과 같이 '선거구사무'를 수행하고 있고(법§13①), 이는 선거종류별 선거구와 행정구역을 기초로 해서 정해진 것이다. 여기서 '선거구선거사무'라 함은 선거에 관한 사무 중 후보자등록 및 당선인결정 등과 같이 '당해 선거구를 단위로 행해야 하는 선거사무'를 말한다(법§13②). 또한, 다음의 구·시·군선관위는 선거법 제29조(지방의회의원의 증원선거) 제3항 또는 「선관위법」 제2조 제6항의 규정에 의하여 선거구선거사무를 행할 구·시·군선관위가 지정된 경우에는 그 지정을 받은 구·시·군선관위를 포함한다.

〈표 2-3〉 선관위별 선거구선거사무의 내용

선관위의 종류	선거구선거사무의 내용
중앙선관위	대통령선거, 비례대표국회의원
시·도선관리위	특별시장·광역시장·특별자치시장·도지사('시·도지사'라 함)선거와 비례대표시·도의원
구·시·군선관위	지역구국회의원선거, 지역구시·도의원선거, 지역구자치구·시·군의원선거, 비례대표자치구·시·군의원선거, 자치구·시·군의 장선거

(2) 선거사무의 범위 조정과 대행

'선거구선관위' 또는 '직근(直近) 상급선관위'는 선거관리를 위하여 특히 필요하다고 인정하는 때에는 중앙선관위가 정하는 바에 따라 당해 선거에 관하여 관할 선거구안의 선관위가 행할 선거사무의 범위를 조정하거나 하급선관위 또는 그 위원으로 하여금 선거구선관위의 직무를 행하게 할 수 있다(법§13③). 여기서 '선거구선관위'는 당해 선거에 대하여 위와 같이 정해진 선관위를 말하고, '직근(直近) 상급선관위'는 당해 선거에 대하여 위와 같이 정해진 선관위에 대한 바로 위 상급선관위, 즉 '구·시·군선관위'에 대하여는 '시·도선관위', '시·도선관위'에 대하여는 중앙선관위이다. 이처럼 선거구선거사무를 행하는 하급선관위의 위원은 선거구선관위위원의 정수에 산입하지 아니하며, 선거구선관위의 의결에 참가할 수 없다(법§13④).

그리고 구·시·군선관위 또는 읍·면·동선관위가 천재·지변 기타 부득이한 사유로 그 기능을 수행할 수 없는 때에는 직근 상급선관위(즉, '읍·면·동선관위'에 대하여는 '구·시·군선관위', '구·시·군선관위'에 대하여는 '시·도선관위')는 직접 또는 다른 선관위로 하여금 당해 선관위의 기능이 회복될 때까지 그 선거사무를 대행하거나 대행하게 할 수 있다(법§13⑤1문). 다른 선관위로 하여금 대행하게 하는 경우에는 대행할 업무의 범위도 함께 정해야 한다(법§13⑤2문). 이처럼 선거사무를 대행하거나 대행하게 한 때에는 대행할 선관위와 그 업무의 범위를 지체 없이 공고하고, 상급선관위에 보고해야 한다(법§13⑥).

실전팁(선거에서 선관위를 활용하자!)

- 선관위는 실제 선거에서 선거운동을 전개함에 있어서 강력한 규제기관으로 기능함
- 따라서 선거에서 선거법위반으로 경고라도 받는 경우에는 큰 타격이 불가피하고, 경고 자체는 별거가 아니지만 큰 선거일수록 그 경고는 여론화되기 마련이고, 이는 상대방에 의해 더욱 부채질되어 자칫하면 여론의 십자포화에 노출될 수 있음
- 그러므로 선관위로부터 선거법 위반으로 지적당하는 것은 피해야 하고, 특히 그 위반의 정도가 중하여 고발이라도 되고 그것이 기소로 이어지는 경우에는 당선되더라도 큰 우환이 생김을 명심해야 함
- 선거에서 선관위는 선거법 안내자 역할을 충실히 하고 선거기간에는 휴일도 없이 비상근무를 하므로, 의심나는 사항일수록 선관위의 합법 여부를 문의하여 이를 기록으로 남겨둬야 함
- 선관위의 답변에 많은 시간을 기다리기 어려운 경우에는 관할 선관위로 '전화로' 문의하되 '가급적 전화녹음'을 해야 하고, 그 문의 이전에 정확하게 묻고자 하는 내용을 정리해서 묻는 것이 필요함
- 이렇게 문의를 하면 선관위 직원들이 간단한 것은 즉답을 하고 검토가 필요한 것은 검토를 해서 몇 시간만에 알려줌
- 이러한 문의는 행여라도 있을지 모르는 선거법 위반으로 인한 재판에 대비하는 것인데, '선관위 문의하고 선관위에서 안내한 내용 그대로' 선거운동을 하는 경우는 형법상 '정당한 금지착오'에 해당하여 처벌을 면할 수 있게 됨
- 또한, 선관위의 답변을 받는 데 어느 정도 시간적 여유가 있는 경우라면 중앙선관위 인터넷홈페이지에 접속하여 인터넷질의를 할 필요가 있음
- 이와 같은 질의내용에는 선거운동으로 행했거나 행할 사항이 불법적인 것은 피해야 함
- 왜냐하면 단속기관에 불법적인 선거운동을 하고 있다는 것을 알리는 결과가 될 수 있어 이를 피해야 하기 때문임. 선관위가 언제든 적으로 돌변할 수도 있음을 잊지 말자!

다. 선관위의 하급선관위의 처분에 대한 취소·변경권

상급행정청이 적법행정 보장의 원리상 하급행정청의 위법·부당한 처분을 시정할 수 있는 것과 마찬가지로, 선관위도 하급선관위의 위법·부당한 처분에 대하여 시정할 수 있는 권한이 있고, 이에는 취소권과 변경권이 있고(법

§12), 이는 <표 2-4>와 같다. 다만, 시·도지사선거와 비례대표시·도의원의 선거구사무는 시·도선관위가 담당하므로, 지방의회의원 및 지방자치단체장선거 중 특별시장·광역시장·도지사('시·도지사'라 함)선거와 비례대표시·도의원선거에 대한 위법·부당한 처분에 대하여는 중앙선관위가 담당한다고 본다.

〈표 2-4〉 선관위의 하급선관위의 취소·변경권

선관위의 종류	취소·변경의 대상
중앙선관위	하급선관위(투표관리관 및 사전투표관리관을 포함), 제218조에 따른 재외선관위와 제218조의2에 따른 재외투표관리관의 위법·부당한 처분
시·도선관리위	지방의회의원 및 지방자치단체의 장의 선거에 관한 하급선관위의 위법·부당한 처분
구·시·군선관위	당해 선거에 관한 하급선관위의 위법·부당한 처분

위와 같은 구·시·군선관위에는 그 성질에 반하지 아니하는 범위에서 세종특별자치시선관위가 포함된 것으로 본다(법§12④).

2. 선거방송토론위원회

가. 의 의

선거방송토론위원회는 읍·면·동선관위를 제외한 각급 선관위가 선거법상 대담·토론회 등을 공정하게 주관·진행하기 위하여 각각 설치한 선거관련기구이다(법§8의7①).

나. 설치의 주체와 목적

설치 주체는 읍·면·동선관위를 제외한 각급 선관위이다(법§8의7①1본문). 또한, 설치 목적은 제82조의2(선거방송토론위원회 주관 대담·토론회)의 규정에 의한 대담·토론회와 제82조의3(선거방송토론위원회 주관 정책토론회)의 규정에 의한 정책토론회의 공정한 주관·진행이다(법§8의7①).

다. 선거방송토론위원회의 구성 등

선거방송토론위원회의 구성과 설치단위는 <표 2-5>와 같고, 다만, 이 경우 선거방송토론위원회를 구성한 후에 국회에 교섭단체를 구성한 정당의 수가 증가하여 위원정수를 초과하게 되는 경우에는 현원을 위원정수로 본다(법§8의7②2문,§8조의2②). 또한, 정당의 당원은 선거방송토론위원회의 위원이 될 수 없다(법§8의7⑤). 또 그 위원회 임기는 3년이다(법§8의7②1문). 다만, 구·시·군선거방송토론위원회의 위원이 구·시·군선관위 위원을 겸하는 위원의 임기는 「선관위법」 제8조에 따른 재임기간으로 한다(법§8의7②2호2문).

〈표 2-5〉 선거방송토론위원회의 설치단위와 구성

구분	설치 단위	위원 구성
중앙선거방송토론위원회	중앙선관위	• 국회에 교섭단체를 구성한 정당과 공영방송사(한국방송공사와 「방송문화진흥회법」에 따른 방송문화진흥회가 최다출자자인 방송사업자를 말함. 이하 같음)가 추천하는 각 1명, 방송통신심의위원회·학계·법조계·시민단체가 추천하는 사람 등 학식과 덕망이 있는 사람 중에서 중앙선관위 또는 시·도선관위가 각각 위촉하는 사람을 포함하여 중앙선거방송토론위원회는 11명 이내 • 시·도선거방송토론위원회는 9명 이내의 위원
시·도선거방송토론위원회	시·도선관위	
구·시·군선거방송토론위원회	지역구국회의원선거구단위 또는 「방송법」에 의한 종합유선방송사업자의 방송권역단위	해당 구·시·군선관위의 위원장 및 정당추천위원을 포함한 위원 3명(정당추천위원의 수가 3명 이상인 경우에는 그 위원을 모두 포함한 수를 말함), 학계·법조계·시민단체·전문언론인 중에서 해당 구·시·군선관위가 위촉하는 사람을 포함하여 9명 이내의 위원

그리고 각급선거방송토론위원회에 위원장 1인을 두되, 위원장은 위원 중에서 호선한다(법§8의7③본문). 다만, 구·시·군선거방송토론위원회 위원장은 해당 구·시·군선관위 위원장이 겸한다(법§8의7③단서). 중앙선거방송토론위원

회에 상임위원 1인을 두되, 중앙선관위가 중앙선거방송토론위원회의 위원 중에서 지명한다(법§8의7④).

중앙선거방송토론위원회 또는 시·도선거방송토론위원회에 그 사무를 처리하게 하기 위하여 선관위 소속 공무원으로 구성하는 사무국을 둔다(법§8의7⑧).

라. 선거방송토론위원회의 권한 행사

중앙선거방송토론위원회는 대담·토론회 등의 주관·진행 기타 공정성을 보장하기 위하여 필요한 사항을 정하여 공표해야 한다(법§8의7⑥). 각급선거방송토론위원회는 대담·토론회 등의 업무수행을 위하여 필요한 때에는 공영방송사 또는 관련 기관·단체 등에 대하여 협조요구를 할 수 있으며, 그 협조요구를 받은 공영방송사는 우선적으로 이에 응해야 한다(법§8의7⑦). 또한, 선거방송토론위원회는 업무수행을 위하여 필요하다고 인정하는 때에는 관계 행정기관 또는 관련 기관·단체 등의 장과 협의하여 그 소속 공무원 또는 임·직원을 파견받거나 관계 행정기관 소속 공무원으로 하여금 위 사무국의 소속 공무원의 직을 겸임하게 할 수 있다(법§8의7⑨).

그리고 각급선거방송토론위원회의 구성·운영, 위원 및 상임위원의 대우, 사무국의 조직·직무범위 기타 필요한 사항은 선거규칙으로 정한다(법§8의7⑩).

3. 선거여론조사공정심의위원회

가. 의 의

선거여론조사공정심의위원회는 '공표 또는 보도를 목적으로 하는 선거에 관한' 여론조사의 객관성·신뢰성을 확보하기 위하여 중앙선관위나 시·도선관위에 설치된 기구이다(법§8의8). 이는 2014. 2. 13.부터 시행된 개정 선거법에 의해 도입된 것이다. 2015. 12. 9. 국회를 통과한 개정 선거법은 '정당에 대한 지지도나 당선인을 예상하게 하는 여론조사'에서 '공표 또는 보도를 목적으로 하는 선거에 관한' 여론조사로 개정하여 그 규제 범위를 확대하였다.

나. 설치 주체와 목적

설치 주체는 중앙선관위와 시·도선관위이다(법§8의8①). 그 설치 목적은 여론조사의 객관성·신뢰성의 확보이다.

다. 선거여론조사공정심의위원회 구성 등

선거여론조사공정심의위원회 설치 주체, 구성 등은 <표 2-6>과 같고, 다만, 이 경우 선거여론조사공정심의위원회를 구성한 후에 국회에 교섭단체를 구성한 정당의 수가 증가하여 위원정수를 초과하게 되는 경우에는 현원을 위원정수로 본다(법§8의8②2문,§8의2②). 정당의 당원은 선거여론조사공정심의위원회의 위원이 될 수 없다(법§8의8⑤).

〈표 2-6〉 선거여론조사공정심의위원회 설치 주체, 구성 등

<table>
<tr><th>구분</th><th>설치 주체</th><th>위원 구성</th><th>임기</th><th>관할 여론조사</th></tr>
<tr><td>중앙선거여론조사공정심의위원회</td><td>중앙선관위</td><td rowspan="2">국회에 교섭단체를 구성한 정당이 추천하는 각 1명과 학계, 법조계, 여론조사 관련 기관·단체의 전문가 등을 포함하여 중립적이고 공정한 사람 중에서 중앙선관위 또는 시·도선관위가 위촉하는 사람으로 총 9명 이내의 위원으로 각각 구성</td><td rowspan="2">3년</td><td>전국 또는 2 이상 시·도의 선거구민을 대상으로 하는 여론조사</td></tr>
<tr><td>시·도선거여론조사공정심의위원회</td><td>시·도선관위</td><td>해당 시·도의 선거구민을 대상으로 하는 여론조사</td></tr>
</table>

그리고 선거여론조사공정심의위원회에 위원장 1명을 두되, 위원장은 위원 중에서 호선한다(법§8의8③). 중앙선거여론조사공정심의위원회에 상임위원 1명을 두되, 중앙선관위가 중앙선거여론조사공정심의위원회의 위원 중에서 지명한다(법§8의8④).

선거여론조사공정심의위원회에 그 사무를 처리하기 위하여 선관위 소속 공무원으로 구성하는 사무국을 둘 수 있다(법§8의8⑪).

라. 선거여론조사공정심의위원회의 기능과 권한

선거여론조사공정심의위원회는 '선거법 제108조 제4항에 따른 이의신청에 대한 심의 및 같은 조 제7항에 따른 등록 처리', '공표 또는 보도된 선거에 관한 여론조사가 선거법 또는 선거여론조사기준을 위반하였는지 여부에 대한 심의의 직무를 담당한다(법§8의8⑦). 선거여론조사공정심의위원회가 심의하는 관할 여론조사는 <표 2-6>에서 보는 바와 같다(법§8의8⑧). 또한, 선거여론조사공정심의위원회는 선거에 관한 여론조사가 선거법 또는 선거여론조사기준을 위반하였다고 인정되는 때에는 그 위반행위를 한 자에게 시정명령·경고·정정보도문의 게재명령 등 필요한 조치를 하되, 그 위반행위가 선거의 공정성을 현저하게 해치는 것으로 인정되거나 시정명령·정정보도문의 게재명령을 불이행한 때에는 관할 선거구선거관리위원회에 통보해야 한다(법§8의8⑨).

중앙선거여론조사공정심의위원회는 공표 또는 보도를 목적으로 하는 선거에 관한 여론조사의 객관성·신뢰성을 확보하기 위하여 필요한 사항(이하 '선거여론조사기준'이라 함)을 정하여 선거일 전 200일까지 공표해야 한다(법§8의8⑥).

선거여론조사공정심의위원회는 업무수행을 위하여 필요하다고 인정하는 때에는 관계 공무원 또는 전문가를 초청하여 의견을 듣거나 관련 기관·단체 등에 자료 및 의견 제출 등 협조를 요청할 수 있다(법§8의8⑩). 또한, 선거여론조사공정심의위원회의 구성·운영, 위원 및 상임위원의 대우, 사무국의 조직·직무범위, 선거여론조사기준의 공표방법, 그 밖에 필요한 사항은 선거규칙으로 정한다(법§8의8⑫).

4. 선거구획정위원회

가. 의 의

선거구획정위원회는 '국회의원지역선거구'와 '자치구·시·군의원지역선거구'의 공정한 획정을 위하여 '중앙선관위'와 '시·도'에 설치된 독립된 기구이다(법§24①,§24의3①).

2015. 6. 19.부터 개정·시행된 선거법은 '국회의원선거구획정위원회'와 '자치구·시·군의원선거구획정위원회'를 별개의 조항으로 분리하여, 전자가 마련

한 선거구획정안에 대하여는 선거구획정기준에 명백하게 위반된다고 판단하는 경우 소관 위원회의 재적위원 2/3 이상의 찬성으로 1차례에 한하여 새로운 선거구획정안의 제출을 요구할 수 있는 것으로 규정하여 선거구획정안에 대한 '사실상 구속력'을 부여하였다.

나. 국회의원선거구획정위원회의 구성과 권한 등

(1) 설치목적·시기, 설치처와 그 위상

국회의원지역선거구의 공정한 획정을 위하여 임기만료에 따른 국회의원선거의 선거일 전 18개월부터 해당 국회의원선거에 적용되는 국회의원지역선거구의 명칭과 그 구역이 확정되어 효력을 발생하는 날까지 국회의원선거구획정위원회를 설치·운영한다(법§24①). 국회의원선거구획정위원회가 기존에는 국회에 설치되었으나 그 독립성을 높이고자 개정 선거법은 중앙선관위에 두는 것으로 개정되었다(법§24②). 또 그 직무에 관하여 독립의 지위를 가지는 것이 명문화되었다(법§24②).

(2) 선거구획정위원회의 구성 등

국회 소관 상임위 등은 의결로 그 위원으로 9명을 선정한 후 이를 중앙선관위위원장에게 통보하고, 그 통보를 받은 중앙선관위위원장이 그 9명을 위원으로 위촉하며, 위원장은 위원 중에서 호선한다. 즉, 국회의 소관 상임위원회 또는 선거구획정에 관한 사항을 심사하는 특별위원회(이하 이 조 및 제24조의2에서 '위원회'라 함)는 중앙선관위위원장이 지명하는 1명과 학계·법조계·언론계·시민단체·정당 등으로부터 추천받은 사람 중 8명을 의결로 선정하여 국회의원선거구획정위원회 설치일 전 10일까지 중앙선관위위원장에게 통보해야 하고(법§24④), 중앙선관위위원장이 9명에 대하여 그 위원회 위원으로 위촉함으로써, 그 위원회를 구성하는 것이다(법§24③). 국회의원선거구획정위원회 위원의 결원이 발생하는 때에는 중앙선관위위원장은 위원회에 위원을 선정하여 통보하여 줄 것을 요청해야 하고, 이 경우 위원의 선정 등에 관하여는 위 제4항을 준용한다(법§24⑤).

(3) 선거구획정위원회 위원의 임기, 자격 및 대우

국회의원선거구획정위원회 위원의 임기는 국회의원선거구획정위원회의

존속기간으로 한다(법§24⑥). 국회의원 및 정당의 당원(제1항에 따른 국회의원선거구획정위원회의 설치일부터 과거 1년 동안 정당의 당원이었던 사람을 포함)은 위원이 될 수 없는데(법§24⑦), 이는 그 선관위의 독립성과 공정성을 도모하기 위한 것이다. 그 위원은 명예직으로 하되, 위원에게 일비·여비 그 밖의 실비를 지급할 수 있다(법§24⑧).

국회의원선거구획정위원회 위원 또는 위원이었던 사람은 그 직무상 알게 된 비밀을 누설하여서는 안 될 비밀준수의무가 있다(법§24⑬1문).

(4) 선거구획정위원회 권한

국회의원선거구획정위원회는 제25조 제1항에 규정된 기준에 따라 작성되고 재적위원 3분의 2 이상의 찬성으로 의결한 선거구획정안과 그 이유 및 그 밖에 필요한 사항을 기재한 보고서를 임기만료에 따른 국회의원선거의 선거일 전 13개월까지 국회의장에게 제출해야 한다(법§24⑪). 이를 위해서, 국회의원선거구획정위원회로부터 선거구획정업무에 필요한 자료의 요청을 받은 국가기관 및 지방자치단체는 지체 없이 이에 따라야 한다(법§24⑨). 또 국회의원선거구획정위원회는 국회의원지역선거구를 획정함에 있어서 국회에 의석을 가진 정당에게 선거구획정에 대한 의견진술의 기회를 부여해야 한다(법§24⑩).

(5) 사무처 역할을 하는 지원조직의 설치

국회의원선거구획정위원회에 그 사무를 지원하기 위한 조직(이하 '지원 조직'이라 함)을 국회의원선거구획정위원회 설치일 전 30일부터 둘 수 있다(법§24⑫1문). 이 경우 지원 조직은 중앙선관위 소속 공무원으로 구성하되, 국회의원선거구획정위원회가 설치된 후 필요하다고 판단되면 국회의원선거구획정위원회위원장은 관계 국가기관에 그 소속 공무원의 파견을 요청할 수 있다(법§24⑫2문). 그 밖에 지원 조직의 운영 등에 필요한 사항은 선거규칙으로 정한다(법§24⑭).

국회의원선거구획정위원회 지원 조직의 직원 또는 직원이었던 사람은 그 직무상 알게 된 비밀을 누설하여서는 안 될 비밀준수의무가 있다(법§24⑬2문).

다. 국회의원지역선거구의 확정

(1) 확정 시기

국회는 국회의원지역선거구를 선거일 전 1년까지 확정해야 한다(법§24의2①).

(2) 확정 절차

국회의장은 제24조 제11항에 따라 제출된 선거구획정안을 선관위에 회부해야 한다(법§24의2②). 이에 따라 선거구획정안을 회부받은 선관위는 이를 지체 없이 심사하여 국회의원지역선거구의 명칭과 그 구역에 관한 규정을 개정하는 법률안(이하 '선거구법률안'이라 함)을 제안해야 한다(법§24의2③1문). 이 경우 선관위는 국회의원선거구획정위원회가 제출한 선거구획정안을 그대로 반영하되, 선거구획정안이 제25조 제1항의 기준에 명백하게 위반된다고 판단하는 경우에는 그 이유를 붙여 재적위원 3분의 2 이상의 찬성으로 국회의원선거구획정위원회에 선거구획정안을 다시 제출하여 줄 것을 한 차례만 요구할 수 있다(법§24의2③2문). 이러한 요구를 받은 국회의원선거구획정위원회는 그 요구를 받은 날부터 10일 이내에 새로이 선거구획정안을 마련하여 국회의장에게 제출해야 하고, 이 경우 선거구획정안의 선관위 회부에 관하여는 제2항을 준용한다(법§24의2④).

이러한 과정을 거쳐, 국회의장은 선거구법률안 또는 선거구법률안이 포함된 법률안이 제안된 후 처음 개의하는 본회의에 이를 부의해야 한다(법§24의2⑥1문). 이 경우 본회의는 「국회법」 제95조 제1항 및 제96조에도 불구하고 선거구법률안 또는 선거구법률안이 포함된 법률안을 수정 없이 바로 표결한다(법§24의2⑥2문).

(3) 체계와 자구에 대한 심사 특례

선거구법률안 중 국회의원지역선거구의 명칭과 그 구역에 한해서는 「국회법」 제86조에 따른 법제사법선관위의 체계와 자구에 대한 심사 대상에서 제외한다(법§24의2⑤).

라. 자치구·시·군의원선거구획정위원회의 구성과 권한 등

(1) 설치목적·시기, 설치처

자치구·시·군의원지역선거구(이하 '자치구·시·군의원지역구'라 함)의 공정한 획정을 위하여 시·도에 자치구·시·군의원선거구획정위원회를 둔다(법§24의3①). 국회의원선거구획정위원회와는 달리 그 설치 시기, 그 위원회의 독립성이 법에 명시되어 있지 않다.

(2) 선거구획정위원회의 구성 등

자치구·시·군의원선거구획정위원회는 11명 이내의 위원으로 구성하되, 학계·법조계·언론계·시민단체와 시·도의회 및 시·도선관위가 추천하는 사람 중에서 시·도지사가 위촉한다(법§24의3②).

(3) 선거구획정위원회 위원의 임기, 자격 및 대우

그 위원의 임기는 법률로 정해지지 않고 있다. 지방의회의원 및 정당의 당원은 자치구·시·군의원선거구획정위원회의 위원이 될 수 없는데(법§24의3③), 이는 그 위원회의 독립성과 공정성을 도모하기 위한 것이다. 그 위원은 명예직으로 하되, 위원에게 일비·여비 그 밖의 실비를 지급할 수 있다(법§24의3⑦,§24⑧).

(4) 선거구획정위원회 권한

자치구·시·군의원선거구획정위원회는 제26조 제2항에 규정된 기준에 따라 선거구획정안을 마련하고, 그 이유나 그 밖의 필요한 사항을 기재한 보고서를 첨부하여 임기만료에 따른 자치구·시·군의원선거의 선거일 전 6개월까지 시·도지사에게 제출해야 한다(법§24의3⑤). 이를 위해서 국회의원선거구획정위원회로부터 선거구획정업무에 필요한 자료의 요청을 받은 국가기관 및 지방자치단체는 지체 없이 이에 따라야 한다(법§24의3⑦,§24⑨). 또한 자치구·시·군의원선거구획정위원회는 선거구획정안을 마련함에 있어서 국회에 의석을 가진 정당과 해당 자치구·시·군의 의회 및 장에 대하여 의견진술의 기회를 부여해야 한다(법§24의3④).

위와 같은 과정을 거쳐 마련된 선거구획정안은 시·도의회가 자치구·시·군의원지역구에 관한 조례를 개정하는 때에 존중해야 한다(법§24의3⑥). 다만, 국회의원선거구획정위원회가 제출한 선거구획정안에 대하여 사실상 구속력이 있음에 반해, 그 선거구획정안에 대한 구속력은 인정되지 않는다.

자치구·시·군의원선거구획정위원회의 구성 및 운영, 그 밖에 필요한 사항은 중앙선관위규칙으로 정한다(법§24의3⑧).

〈표 2-7〉 국회의원선거구획정위원회와 자치구·시·군의원선거구획정위원회의 비교

구분	설치처	위원회 구성 주체	위원회 구성 방법	임기	선거구획정안의 구속력 여부
국회의원 선거구 획정위원회	중앙 선관위	• 위촉: 중앙선관위위원장 • 위원 선정: 국회 소관 상임위 등	국회 소관 상임위 등의 의결로 그 위원으로 선정된 9명에 대하여 중앙선관위위원장이 위촉하고, 위원장은 위원 중에서 호선	위원회의 존속기간	사실상 구속력 있음
자치구·시·군의원 선거구 획정위원회	시·도	시·도지사	11인 이내의 위원으로 구성하되, 학계·법조계·언론계·시민단체와 시·도의회 및 시·도선관위가 추천하는 자 중에서 위촉	법에 임기 규정 없음	구속력 없음

마. 선거구의 획정

(1) 국회의원지역구의 획정

국회의원지역선거구(이하 '국회의원지역구'라 함)는 시·도의 관할구역 안에서 인구·행정구역·지세·교통 기타 조건을 고려하여 이를 획정하되, 자치구·시·군의 일부를 분할하여 다른 국회의원지역구에 속하게 하지 못한다(법§25① 본문). 다만, 선거법 제21조(국회의 의원정수) 제1항 본문 후단의 요건을 갖추기 위하여 부득이한 경우에는 예외로 한다(법§25①단서).

이러한 선거구획정 원칙에 따라 정해진 국회의원지역구의 명칭과 그 구역은 **별표 1(국회의원지역선거구구역표)**과 같이 한다(법§25①). 다만, 현행 별표 1은 앞서 본 바와 같이[10] 위헌결정을 받았다(헌재 2014. 10. 30. 2012헌마192).

(2) 시·도의원지역구의 획정

시·도의회의원지역선거구(이하 '시·도의원지역구'라 함)는 인구·행정구역·지세·교통 그 밖의 조건을 고려하여 자치구·시·군(하나의 자치구·시·군이 2 이

10 29면 참조.

상의 국회의원지역구로 된 경우에는 국회의원지역구를 말하며, 행정구역의 변경으로 국회의원지역구와 행정구역이 합치되지 아니하게 된 때에는 행정구역을 말함)을 구역으로 하거나 분할하여 이를 획정하되, 하나의 시·도의원지역구에서 선출할 지역구시·도의원정수는 1명으로 하며, 그 시·도의원지역구의 명칭과 관할구역은 **별표 2**(시·도의회의원지역선거구구역표)와 같이 한다(법§26①). 이 경우 하나의 읍·면(「지방자치법」 제4조의2 제3항에 따라 행정면을 둔 경우에는 행정면을 말함)·동(「지방자치법」 제4조의2 제4항에 따라 행정동을 둔 경우에는 행정동을 말함)의 일부를 분할하여 다른 시·도의원지역구에 속하게 하지 못한다(법§26③).

(3) 자치구·시·군의원지역구의 획정

자치구·시·군의원지역구는 인구·행정구역·지세·교통 그 밖의 조건을 고려하여 획정하되, 하나의 자치구·시·군의원지역구에서 선출할 지역구자치구·시·군의원정수는 2인 이상 4인 이하로 하며, 그 자치구·시·군의원지역구의 명칭·구역 및 의원정수는 **시·도조례**로 정한다(법§26②). 이 경우 하나의 읍·면(「지방자치법」 제4조의2 제3항에 따라 행정면을 둔 경우에는 행정면을 말함)·동(「지방자치법」 제4조의2 제4항에 따라 행정동을 둔 경우에는 행정동을 말함)의 일부를 분할하여 다른 자치구·시·군의원지역구에 속하게 하지 못한다(법§26③). 또한, 자치구·시·군의원지역구는 하나의 시·도의원지역구 내에서 획정해야 하며, 하나의 시·도의원지역구에서 지역구자치구·시·군의원을 4인 이상 선출하는 때에는 2개 이상의 지역선거구로 분할할 수 있다(법§26④).

바. 선거제도 개혁론(선거구획정위원회 독립성 확립)

국회의원선거구획정위원회의 경우에 앞서 본 바와 같이, 그 위원회의 독립성이 명문화 되고 선거구획정안에 대하여 사실상의 구속력이 부여되는 등으로 상당한 독립성이 인정된 것이 사실이다. 그러나 이러한 개정에도 불구하고 다음에서 보는 바와 같은 문제점이 있으므로 이를 개혁하는 입법이 필요하다고 본다.

첫째, 국회의원선거구획정안이 '제25조 제1항의 기준에 명백하게 위반'된다고 판단하는 경우에는 1회에 한하여 국회 소관 상임위 등이 새로운 선거구획정안을 제출할 것을 국회의원선거구획정위원회에 요구할 있다. 그러나 이를 면밀하게 분석해보면 그 문제점이 여실히 드러난다. 즉, 선거구획정 기준으로 '인구·행정구역·지세·교통 기타 조건'이 제시되고 있는데, 이러한 기준 자체가 명확하지 않아서 그 기준에 명백하게 위반되는지 여부가 모호하고 이를 빌미로 국회가 새로운 선거구획정안을 요구할 여지가 충분히 있다. 이런 경우에 그 위원회의 독립적 위상은 흔들릴 수밖에 없다. 이러한 문제점 해소를 위해서는 선거구획정위원회가 마련한 선거구획정안을 국회가 고칠 수 없도록 개정할 필요가 있다. 이러한 개정 필요성은 그 위원회가 위와 같은 기준을 고려하여 작성하도록 되어 있는 선거구획정안이 그 기준을 명백하게 위반되는 경우는 현실적으로 상정하기 어렵다는 점을 보더라도 인정된다.

둘째, 선거구획정위원회를 국회의원선거구획정위원회와 자치구·시·군의원선거구획정위원회로 구별하여 전자에 대하여는 독립성과 그 위원회가 마련한 선거구획정안에 대하여도 사실상 구속력을 인정하지만, 후자에 대하여는 독립성도 그 구속력도 인정되지 않는 것으로 규정되어 있으나, 양자를 달리 볼 합리적 이유가 없다. 또 선거구획정위원회의 독립성 확립과 그 선거구획정안의 구속력 인정은 자치구·시·군의원선거구획정위원회에 대하여도 마찬가지로 인정해야 한다.

셋째, 새로운 선거구획정을 필요로 하는 주된 이유[11]는 인구수의 증감에 따른 투표의 성과가치의 평등을 유지하기 위해서이다. 이 투표의 성과가치의 평등과 관련하여 우리 헌법재판소는 '인구편차 상하33$\frac{1}{3}$%, 인구비례 2 : 1'이라는 기준을 제시하고 있으므로, 위 기준을 초과하는 경우에는 선거구획정위원회가 자동적으로 그 기준에 맞는 선거구획정안을 마련하도록 명시할 필요가 있다. 이와 관련하여 독일 연방선거법을 참조하면, 독일연방의회 지역선거구의 인구편차기준으로 '인구편차 상하 25%'(선거구간 인구비례 1.5 : 1)가 연방선거법에 명시되어 있고 이 기준을 넘어서면 지역선거구획정을 다시 하도록 규정되어 있다(독일 연방선거법§3①3호[12]). 이처럼 우리 선거법도 '인구편차 상하33

11 부수적으로 행정구역 변경에 따른 선거구획정의 필요성이 있고, 다른 이유에 의한 선거구획정 필요성은 상정하기 쉽지 않다.

12 3. Die Bevölkerungszahl eines Wahlkreises soll von der durchschnittlichen Bevölkerungszahl der Wahlkreise nicht um mehr als 15 vom Hundert nach oben oder unten abweichen;

$\frac{1}{3}$%, 인구비례 2 : 1'(장기적으로는 독일과 같이 '인구편차 상하 25%, 인구비례 1.5 : 1') 을 넘어서는 경우 자동적으로 선거구획정을 다시 하도록 규정할 필요가 있는 것이다.

넷째, 인구수 증감에 따른 선거구획정이 주된 이유임을 고려하면, 선거구획정위원회의 위원을 독일 연방선거법과 같이,[13] 그에 관한 소관중앙행정기관인 통계청장을 필수적으로 참여시킬 필요가 있고 또 선거구획정 문제가 선거법적, 행정적 문제라는 점을 고려하면 법률전문가, 통계전문가, 행정전문가 등의 참여를 의무화하여 그 전문성을 제고시킬 필요가 있다고 본다. 또한 선거구획정위원회를 선거에 임박하여 구성되는 임시기구가 아닌 상설기구로 이를 설치할 필요가 있고, 이는 위와 같은 인구수 증감에 따른 자동적 선거구획정이라는 측면에서 보더라도 인정된다고 본다.

---

beträgt die Abweichung mehr als 25 vom Hundert, ist eine Neuabgrenzung vorzunehmen(3. 지역선거구의 인구수는 지역선거구의 평균적 인구수에서 상하 15% 이상의 편차를 벗어나서는 안 된다. 상하 25% 편차를 벗어나는 경우에는 새롭게 선거구획정이 이뤄져야 한다).

13 독일 연방선거법 제3조 제2항. 독일 선거구획정위원회는 상설기구로 연방통계청장, 1명의 연방행정법원 판사와 5명의 기타 위원으로 구성되고, 그 위원은 연방대통령이 임명한다.

제 3 장 선거에서 불공정 언론에 대한 대응

The Public Official Election Act

Ⅰ. 선거방송심의위원회를 통한 대응

1. 직권에 의한 불공정 선거방송에 대한 대응

가. 선거방송심의위원회 설치의 주체

「방송통신위원회의 설치 및 운영에 관한 법률」 제18조 제1항에 따른 방송통신심의위원회이다(법§8의2①). 방송통신심의위원회는 방송 내용의 공공성 및 공정성을 보장하고 정보통신에서의 건전한 문화를 창달하며 정보통신의 올바른 이용환경 조성을 위하여 독립적으로 사무를 수행하기 위하여 「방송통신위원회의 설치 및 운영에 관한 법률」 제18조 제1항에 따라 설치되는 기구다.

나. 선거방송심의위원회의 설치 목적과 기간

선거방송심의위원회는 '선거방송의 공정성'을 유지하기 위하여 <표 3-1> 과 같은 기간 동안 설치된다(법§8의2①).

〈표 3-1〉 선거방송심의위원회의 설치 기간

선거의 종류	설치 기간
임기만료에 의한 선거	제60조의2 제1항에 따른 예비후보자등록신청개시일 전일부터 선거일 후 30일까지
보궐선거 등	선거일 전 60일(선거일 전 60일 후에 실시사유가 확정된 보궐선거 등의 경우에는 그 선거의 실시사유가 확정된 후 10일)부터 선거일 후 30일까지

다. 선거방송심의위원회의 구성 등

선거방송심의위원회는 국회에 교섭단체를 구성한 정당과 중앙선관위가 추천하는 각 1명, 선거법 제70조 제1항에 따른 방송시설을 경영 또는 관리하는 자인 방송사·방송학계·대한변호사협회·언론인단체 및 시민단체 등이 추천하는 사람을 포함하여 9명 이내의 위원으로 구성한다(법§8의2②1문). 이 경우 선거방송심의위원회를 구성한 후에 국회에 교섭단체를 구성한 정당의 수가 증가하여 위원정수를 초과하게 되는 경우에는 현원을 위원정수로 본다(법§8의2②2문).

이와 같이 구성되는 선거방송심의위원회의 위원은 정치적 중립 보장을 위하여 정당에 가입할 수 없다(법§8의2③). 따라서 정당원은 그 위원 자격이 없다.

라. 선거방송심의위원회의 권한

(1) 권한 개관

선거방송심의위원회는 '불공정 선거방송에 대한 제재조치권한'과 '인신공격·정책의 왜곡선전 등의 선거방송에 대한 반론보도결정권한'을 가지고 있다(법§8의2⑤,⑥,§8의4). 전자는 직권에 의하여 그 권한을 행사하는 경우(법§8의2⑤)와 후보자나 후보자가 되고자하는 자에 의한 신청에 의하여 그 권한을 행사하는 경우가 있다(법§8의2⑥).

선거방송심의위원회는 선거방송의 정치적 중립성·형평성·객관성 및 제작기술상의 균형유지와 권리구제 기타 선거방송의 공정을 보장하기 위하여 필요한 사항을 정하여 이를 공표해야 한다(법§8의2④). 또 선거방송심의위원회의 구성과 운영 그 밖에 필요한 사항은 「방송통신심의위원회규칙」으로 정하는데(법§8의2⑦), 「선거방송심의위원회의 구성 및 운영에 관한 규칙」, 「선거방송심의에 관한 특별규정」 등이 있다.

(2) 직권에 의한 불공정 선거방송에 대한 제재조치권한[1]

(가) 조사와 안건 상정

선거방송심의위원회는 선거방송의 불공정 여부를 직권으로 조사하는데, 소속 사무처에서 이를 행한 후 안건으로 상정하고, 그 위원회 위원도 안건 상정 권한이 있다(「선거방송심의위원회의 구성 및 운영에 관한 규칙」§10①,②).

(나) 선거방송심의위원회의 제재조치 의결

이러한 안건에 대하여 선거방송심의위원회는 선거방송의 내용이 심의기준에 위반된다고 판단하는 경우, 즉 '선거방송의 내용이 공정하지 아니하다고 인정되는 경우'(이에 대하여는 후술함[2])에는 「방송법」 제100조 제1항에 따른 제재조치를 정하여 이를 「방송통신위원회의 설치 및 운영에 관한 법률」 제3조 제1항에 따른 방송통신위원회에 통보해야 한다(법§8의2⑤, 위 규칙§11①). 다만, 선거방송심의위원회는 심의기준을 위반한 정도가 경미하다고 판단되는 경우 해당 사업자 또는 해당 방송프로그램의 책임자나 관계자에 대하여 권고를 하거나 의견을 제시할 수 있다(법§8의2⑤, 위 규칙§11②). 이 제재조치에는 '5천만원 이하의 과징금 부과'와 '법정제재'로, '해당 방송프로그램 또는 해당 방송광고의 정정·수정 또는 중지', '방송편성책임자·해당 방송프로그램 또는 해당 방송광고의 관계자에 대한 징계', '주의 또는 경고'가 있다(「방송법」§100①).

실무상 선거방송이 아닌 경우에는 각하결정을, 불공정성이 인정되지 않는 경우에는 기각결정을, 불공정 선거방송인 경우에는 인용결정을 각각 한다. 이러한 의결 과정에서 선거방송심의위원회가 제재조치 또는 시정요구를 정하고자 하는 경우에는 미리 당사자 또는 그 대리인에게 의견을 진술할 기회를 주어야 한다(위 규칙§12).

1 아래 (나) 및 (다) 절차는 당사자후보자나 후보자가 되고자 하는 자에 의한 신청에 의하여 그 권한을 행사하는 경우에도 마찬가지이다. 따라서 해당 부분에서는 중복되는 범위 내에서 이를 별도로 기술하지 않는다.

2 67면 참조.

(다) 방송통신위원회의 제재조치 명령

위와 같은 통보를 받은 방송통신위원회는 「방송법」 제100조에서 정하고 있는 절차에 따라 지체 없이 해당 방송사에 제재조치를 명해야 하고(법§8의2⑤, 위 규칙§13), 그 방송사는 처분을 이행한 후 이를 방송통신위원회에 보고해야 한다. 여기서 '방송사'는 선거법 제70조 제1항에 따른 '방송시설'을 경영 또는 관리하는 자를 말하는데(법§8의2②), 그 '방송시설'은 '텔레비전 및 라디오 방송시설'로, 「방송법」에 의한 방송사업자가 관리·운영하는 무선국 및 종합유선방송국(보도전문편성의 방송채널사용사업자의 채널을 포함)을 말한다. 따라서 '종합편성방송채널사용사업자(이른바 종편)'는 여기서 제외되는 것으로 법은 규정하고 있다. 그러나 방송광고를 하는 방송사의 범위와 시정요구의 대상이 되는 본조의 방송사의 범위를 반드시 같게 할 필요성이 없고 오히려 후자의 방송사의 범위를 보다 넓게 설정하여 '선거의 공정성'을 확보할 필요성이 있다는 점을 고려하면, '종합편성방송채널사용사업자'도 여기에 포함되는 방송사라고 본다.[3] 실무도 그렇게 보고 있다.[4]

2. 불공정 선거방송에 대한 대응으로서 후보자 등의 시정요구권

가. 의 의

이 시정요구권은 후보자나 후보자가 되려는 사람이 선거방송심의위원회가 설치된 때부터 선거방송의 내용이 불공정하다고 인정된 경우에는 선거방송심의위원회에 그 시정을 요구할 수 있는 권리를 말한다(법§8의2⑥).

나. 시정요구권의 내용

(1) 행사 요건 등

(가) 당사자

신청권자는 후보자, 후보자가 되고자 하는 자이고, 그 상대방은 방송사로,

3 선거법 제8조의2 제6항의 시정요구의 상대방, 동법 제8조의4의 제1항의 반론보도의 상대방에 종합편성사업자가 포함되는 것을 의미한다.

4 '2014년 제6회 전국동시지방선거 선거방송심의위원회 의결 현황' 등 참조(http://www.kocsc.or.kr/05_introduction/committee05_6.php).

종합편성방송채널사용사업자 등 「방송법」 제2조 제3호상 방송사업자이다(법§8의2②).

(나) 행사 요건

선거방송의 내용이 불공정하다고 인정된 경우이어야 한다(법§8의2⑥). 이는 i) 선거방송일 것,[5] ii) 그 내용이 불공정하다고 인정될 것으로 세분할 수 있다. 선거방송은 선거법이 정한 선거방송, 즉 각 대담·토론회에 대한 중계방송(법§82④,§82의2⑬), 정책토론회에 대한 중계방송(법§82의2②)과 후보자방송연설(법§71), 방송시설 주관 후보자연설(법§72), 경력방송(법§73), 방송시설 주관 경력방송(법§74) 등이 이에 해당하고, 또 '선거에 관련한 내용이 포함된 프로그램'의 방송도 선거방송에 포함된다(「선거방송심의에 관한 특별규정」§1).

(다) 신청 가능한 기간

선거방송심의위원회가 설치된, 예비자후보등록신청개시일 전일부터 또는 선거일 전 60일(선거일 전 60일 후에 실시사유가 확정된 보궐선거 등의 경우에는 그 선거의 실시사유가 확정된 후 10일)부터 그 신청이 가능하다(법§8의4①). 예비자후보등록신청개시일 전일부터 있었던 선거방송에 대하여도 선거방송위원회가 설치된 이후에 그 신청이 가능하다고 본다.

(라) 제척기간

특별히 규정되어 있지 않다.

---

5 「방송법」은 방송에 대하여 다음과 같이 정의하고 있다(동법§2).

1. '방송'이라 함은 방송프로그램을 기획·편성 또는 제작하여 이를 공중(개별계약에 의한 수신자를 포함하며, 이하 '시청자라 함)에게 전기통신설비에 의하여 송신하는 것으로서 다음 각목의 것을 말한다.

가. 텔레비전방송: 정지 또는 이동하는 사물의 순간적 영상과 이에 따르는 음성·음향 등으로 이루어진 방송프로그램을 송신하는 방송

나. 라디오방송: 음성·음향 등으로 이루어진 방송프로그램을 송신하는 방송

다. 데이터방송: 방송사업자의 채널을 이용하여 데이터(문자·숫자·도형·도표·이미지 그 밖의 정보체계를 말함)를 위주로 하여 이에 따르는 영상·음성·음향 및 이들의 조합으로 이루어진 방송프로그램을 송신하는 방송(인터넷 등 통신망을 통하여 제공하거나 매개하는 경우를 제외. 이하 같음)

라. 이동멀티미디어방송: 이동중 수신을 주목적으로 다채널을 이용하여 텔레비전방송·라디오방송 및 데이터방송을 복합적으로 송신하는 방송

(마) 행사 방법

위와 같은 신청권자는 별지 제1호서식(시정요구서)에 의하여 시정요구를 한다.

(2) 선거방송의 불공정성 판단기준

이에 대하여는 위 특별규정 제4조에서부터 제23조까지에서 규정되어 있다. 대표적으로 그 기준을 소개하면 다음과 같다.

선거방송의 불공정성 판단기준(위 규정)

□ 정치적 중립 위반 방송(위 규정§4)

① 선거의 후보자(후보자가 되고자 하는 자를 포함. 이하 '후보자'라 함)와 선거에 참여하는 정당(이하 '정당'이라 함)에 대하여 정치적 중립을 위반하는 방송

② 특정한 후보자나 정당의 주의·주장 또는 이익을 지지·대변하는 방송, 이를 옹호하는 방송

□ 공정성 위반 방송(위 규정§5)

① 선거에 관한 사항을 공정하게 다루지 않은 방송

② 방송프로그램의 배열과 그 내용의 구성에 있어서 특정한 후보자나 정당에게 유리하거나 불리하지 않도록 하는 것에 대하여 위반하는 방송

③ 선거법에 따른 선거일의 0시부터 투표마감시각까지 해당 선거결과에 영향을 미칠 수 있는 내용을 다루어서는 아니 되는 것에 위반하는 방송. 다만, 투표율, 투표 참여의 독려 또는 선거와 관련된 사건·사고 등의 방송은 제외

□ 형평성 위반 방송(위 규정§6)

① 선거방송에서 후보자와 정당에 대하여 실질적 형평의 원칙에 따라 공평한 관심과 처우를 제공하는 것에 대하여 위반하는 방송

② 선거방송에서 선거가 실시되는 방송구역 내의 각 지역을 균형있게 다루어야 하며, 여러 종류의 선거를 다룸에 있어서 적절한 균형을 유지하는 것에 대하여 위반하는 방송

□ 객관성 위반 방송(위 규정§8)

① 선거에 관련된 사실을 객관적으로 정확히 다루지 않은 방송

② 선거의 쟁점이 된 사안에 대한 여러 종류의 상이한 관점이나 견해를 객관적으로 다루지 않은 방송

(3) 선거방송심의위원회의 심의·의결

실무상 선거방송이 아니거나 신청권자가 아닌 경우에는 각하결정을, 불공정성이 인정되지 않는 경우에는 기각결정을, 불공정 선거방송인 경우에는 인용결정을 각각 한다.

3. 후보자 등의 반론보도청구

가. 의 의

반론보도청구권은 방송에 공표된 인신공격, 정책의 왜곡선전 등으로 피해를 받은 중앙당 또는 후보자나 후보자가 되고자 하는 자가 그 방송을 한 방송사에 반론보도의 방송을 청구할 수 있는 권리이다(법§8의4).

판례는 구 「정기간행물의 등록 등에 관한 법률」상 반론보도청구권과 관련하여, "반론보도청구권은 첫째, 언론기관이 특정인의 인격권을 침해한 경우 피해를 받은 개인에게도 신속·적절하고 대등한 방어수단이 주어져야 함이 마땅하고, 특히 공격내용과 동일한 효과를 갖게끔 보도된 매체 자체를 통하여 방어주장의 기회를 보장하는 것이 적절하고 형평의 원칙에도 잘 부합할 수 있으며, 둘째, 독자로서는 언론기관이 시간적 제약 아래 일방적으로 수집·공급하는 정보에만 의존하기보다는 상대방의 반대주장까지 들어야 비로소 올바른 판단을 내릴 수 있기 때문에 상대방의 반대주장의 기회를 보장하는 것이 진실발견과 올바른 여론형성을 위하여 중요한 의미를 가진다는 취지에서 인정된 것"이라고 판시한 바 있다(대법원 2006. 11. 23. 선고 2004다50747 판결).

나. 반론보도청구권의 내용

(1) 행사 요건 등

(가) 당사자

청구권자는 후보자, 후보자가 되고자 하는 자, 중앙당이고, 그 상대방은 방송사로, 종합편성방송채널사용사업자 등 「방송법」 제2조 제3호상 방송사업자이다(법§8의4①,§8의2②).

(나) 행사 요건

위 후보자 등이 방송에 공표된 **인신공격, 정책의 왜곡선전** 등으로 **피해**를 받은 경우이어야 한다(법§8의4①). 여기서 '인신공격'(人身攻擊)은 후보자나 후보자가 되고자 하는 자에 대한 근거 없는 비방·흑색선전·허위사실공표나 모욕·명예훼손 등 선거에서 불리하게 작용하게 하는 일체의 인격 관련 공격을 말하고, '정책(政策)의 왜곡선전(歪曲宣傳)'은 상대방의 정책에 대하여 의도적으로 왜곡하여 이를 홍보하거나 알리는 것을 말한다. 특히 위와 같은 인신공격이나 정책의 왜곡선전 등은 「언론중재 및 피해구제 등에 관한 법률」상 반론보도청구권과는 달리 사실적 주장으로 한정되지 않고, 의견 표명에 의한 경우도 포함한다.

(다) 신청 가능한 기간

선거방송심의위원회가 설치된 때부터 선거일까지 그 신청이 가능하다(법§8의4①). 예비자후보등록신청개시일 전일부터 있었던 선거방송에 대하여도 선거방송위원회가 설치된 이후에 그 신청이 가능하다고 본다.

(라) 제척기간

그 방송이 있음을 안 날부터 **10일** 이내, 그 방송이 있은 날부터 **30일** 이내에 그 청구를 제기해야 한다. 위 기간은 제척기간으로 해석되고, 먼저 도래하는 기간으로 제척기간이 만료된다.

(마) 「언론중재 및 피해구제 등에 관한 법률」상 반론보도청구권과의 관계

「언론중재 및 피해구제 등에 관한 법률」 제16조는 "사실적 주장에 관한 언론보도 등으로 인하여 피해를 입은 자는 그 보도 내용에 관한 반론보도를 언론사 등에 청구할 수 있다"고 규정하고 있고, 여기서 사실적 주장은 증거에 의하여 그 존재 여부를 판단할 수 있는 사실관계에 관한 주장을 말한다(동법§2조14호). 이러한 반론보도청구권과 선거법상 반론보도청구권의 관계가 <표 2-2>에서 보는 바와 같이 상이하게 규정되어 있어, 그 관계가 문제된다. 선거법상 반론보도청구권의 제척기간을 도과한 경우에는 그 후보자 등은 언론중재위원회에 언론중재 및 피해구제 등에 관한 법률상 반론보도청구권을 행사할 수 있다고 본다. 이런 경우에는 다만 선거방송에 대한 반론보도청구권

행사로는 취급되지는 않을 것이다.[6]

〈표 3-2〉 「언론중재 및 피해구제 등에 관한 법률」상 반론보도청구권과의 비교

구분	선거법상 반론보도청구권	「언론중재 및 피해구제 등에 관한 법률」상 반론보도청구권
청구권자	후보자, 후보자가 되고자 하는 자, 중앙당	언론보도 등으로 인한 피해자
피청구권자	「방송법」상 방송사업자	「방송법」상 방송사업자
신청 가능한 기간	예비자후보등록신청개시일 전일부터 선거일까지	–
신청 요건	방송에 공표된 **인신공격, 정책의 왜곡선전** 등으로 피해를 받은 경우	**사실적 주장**에 관한 언론보도 등으로 인하여 피해를 입은 경우
반론보도 신청의 제척기간	그 방송이 있음을 안 날부터 **10일** 이내, 그 방송이 있은 날부터 **30일** 이내(먼저 도래하는 기간으로 제척기간 만료)	언론보도 등이 있음을 안 날부터 **3개월** 이내, 해당 언론보도 등이 있은 후 **6개월** 이내(먼저 도래하는 기간으로 제척기간 만료)

(2) 반론보도청구의 절차·결정·집행

(가) 해당 방송사에 대한 반론보도청구와 그에 대한 협의

청구권자는 선거방송심의위원회가 설치된 때부터 선거일까지 제척기간 이내에 서면(별지 제3호서식 반론보도청구회부서)으로 당해 방송을 한 방송사에 반론보도의 방송을 청구할 수 있다(법§8의4①). 이 반론보도청구는 방송사의 대표자에게 서면으로 해야 하며, 청구서에는 피해자의 성명·주소·전화번호 등의 연락처를 적고, 반론의 대상인 방송보도 등의 내용 및 반론을 청구하는 이유와 청구하는 반론보도문을 명시해야 한다(법§8의4④, 「언론중재 및 피해구제 등에 관한 법률」§15①).

이러한 청구를 받은 방송사는 지체 없이 당해 정당, 후보자 또는 그 대리

6 선거법상 반론보도청구가 「언론중재 및 피해구제 등에 관한 법률」상 반론보도청구보다 더 실효적인 대응수단이 되는 것은 그 신속한 처리에 있다. 따라서 위와 같은 경우 그 신속한 구제는 기대하기 어렵다.

인과 반론보도의 내용·크기·횟수 등에 관하여 협의한 후, 이를 청구받은 때부터 48시간 이내에 무료로 반론보도의 방송을 해야 한다(법§8의4②). 다만, 방송사는 각호의 어느 하나에 해당하는 사유가 있는 경우에는 반론보도청구를 거부할 수 있다(법§8의4④, 「언론중재 및 피해구제 등에 관한 법률§15④」).

1. 피해자가 반론보도청구권을 행사할 정당한 이익이 없는 경우
2. 청구된 반론보도의 내용이 명백히 사실과 다른 경우
3. 청구된 반론보도의 내용이 명백히 위법한 내용인 경우
4. 반론보도의 청구가 상업적인 광고만을 목적으로 하는 경우
5. 청구된 반론보도의 내용이 국가·지방자치단체 또는 공공단체의 공개회의와 법원의 공개재판절차의 사실보도에 관한 것인 경우

(나) 선거방송심의위원회 심의·결정

위와 같은 협의가 이루어지지 아니한 때에는 당해 정당, 후보자, 방송사는 선거방송심의위원회에 지체 없이 이를 회부하고, 선거방송심의위원회는 회부받은 때부터 48시간 이내에 심의하여 각하·기각 또는 인용결정을 한 후 지체 없이 이를 당해 정당 또는 후보자와 방송사에 통지해야 한다(법§8의4③1문). 이 경우 반론보도의 인용결정을 하는 때에는 반론방송의 내용·크기·횟수 기타 반론보도에 필요한 사항을 함께 결정해야 한다(법§8의4③2문).

실무상 선거방송이 아닌 경우이거나 청구권자가 아닌 경우 또는 제척기간을 도과한 경우에는 각하결정을, **인신공격, 정책의 왜곡선전** 등으로 피해를 받은 것이 인정되지 않은 경우에는 기각결정을, 그 피해가 인정되는 경우에는 인용결정을 각각 한다.

(다) 협의되거나 결정된 반론보도의 집행

방송사가 하는 반론보도에는 원래의 보도 내용에 대해 반론보도를 하는 사실적 진술, 그 진술의 내용을 대표할 수 있는 제목과 이를 충분히 전달하는 데에 필요한 설명 또는 해명을 포함하되, 위법한 내용은 제외한다(법§8의4④, 「언론중재 및 피해구제 등에 관한 법률」§15⑤). 또한, 방송사가 하는 반론보도는 공정한 여론형성이 이루어지도록 그 사실공표 또는 보도가 이루어진 같은 채널

또는 장소에서 같은 효과를 발생시킬 수 있는 방법으로 해야 하며, 방송의 반론보도문은 자막(라디오방송은 제외)과 함께 통상적인 속도로 읽을 수 있게 해야 한다(법§8의4④, 「언론중재 및 피해구제 등에 관한 법률」§15⑥).

4. 벌 칙

선거법 제8조의2 제5항 및 제6항에 따른 제재조치 등, 동법 제8조의4 제3항에 따른 '반론보도의 결정'의 통보를 받고도 지체 없이 이를 이행하지 아니한 자는 2년 이하의 징역 또는 1천500만 원 이하의 벌금에 처한다(법§256②1호,3호).

5. 선거방송심의위원회를 통한 언론대응 종합

선거방송심의위원회를 통한 언론대응의 흐름을 종합적으로 도식화화면 [그림 3-1]과 같다.[7]

7 http://www.kocsc.or.kr/05_introduction/committee05_3.php

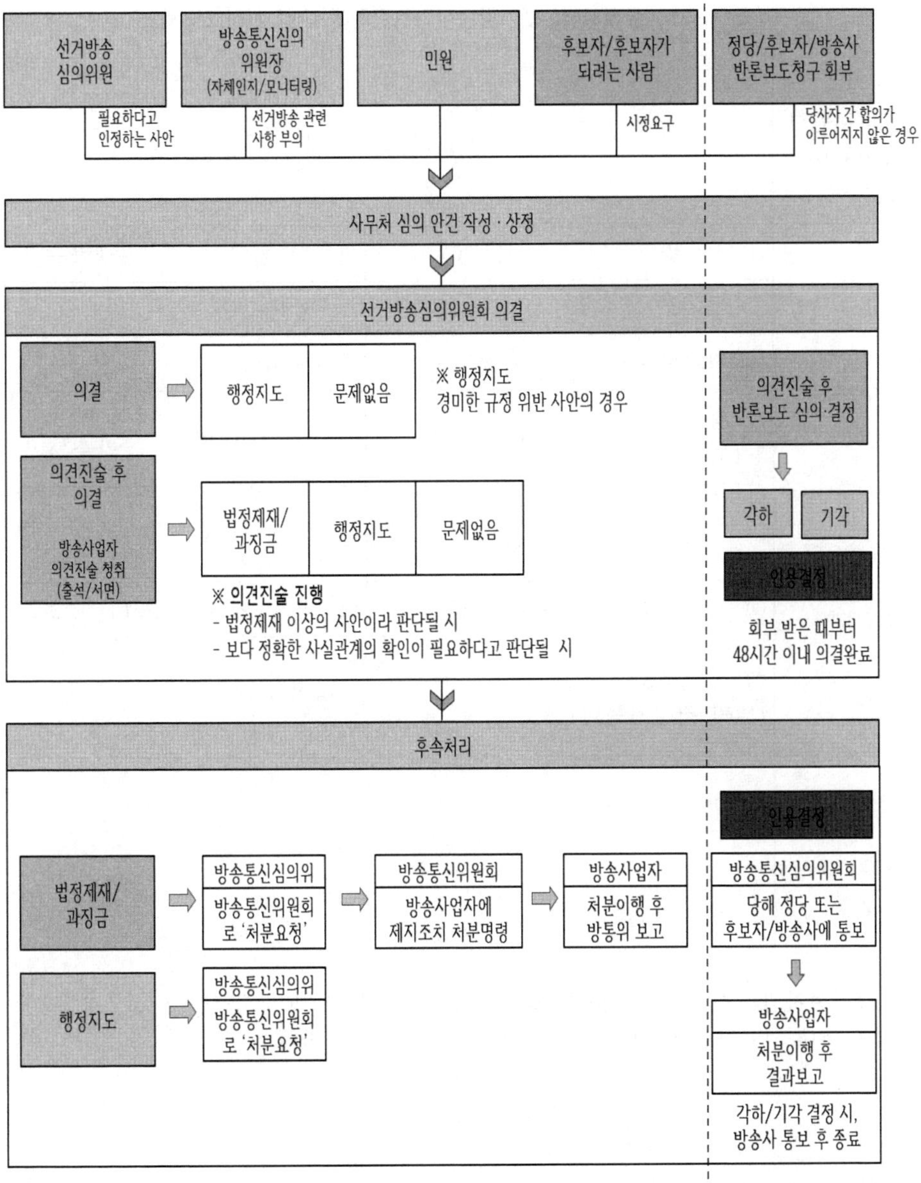

[그림 3-1] 선거방송심의위원회를 통한 언론대응의 흐름도

〈표 3-3〉 실전사례: 선거방송심의위원회에 대한 시정요구서

<table>
<tr><td>선거방송
심의위원회
(☎ 02−3219−5114)</td><td colspan="4">시 정 요 구 서</td></tr>
<tr><td rowspan="3">시정요구인</td><td>① 성 명</td><td>○○○</td><td>② 생년월일</td><td>−생략−</td></tr>
<tr><td>③ 주 소</td><td colspan="3">−생략−</td></tr>
<tr><td>④ 전화번호</td><td>−생략−</td><td>⑤ E−mail</td><td>−생략−</td></tr>
<tr><td rowspan="4">시정요구
대상</td><td>⑥ 방송사
(채널명)</td><td>○○ 방송</td><td>⑦ 대표자 성명</td><td>○○○</td></tr>
<tr><td>⑧ 주소 또는
소재지</td><td>서울시 영등포구
(이하 생략)</td><td>⑨ 전 화 번 호</td><td>−생략−</td></tr>
<tr><td>⑩ 프로그램명</td><td>8시 뉴스○○○</td><td>⑪ 방 송 일 시</td><td>2014. 5. 28.</td></tr>
<tr><td>⑫ 방송내용
(별지 작성가능)</td><td colspan="3">* 별지 작성</td></tr>
<tr><td>시정요구
내용
(별지 작성
가능)</td><td colspan="4">* 별지 작성</td></tr>
<tr><td colspan="5">「공직선거법」 제8조의2 제6항 및 「선거방송심의위원회의 구성 및 운영에 관한 규칙」 제14조의 규정에 의하여 위와 같이 시정을 요구합니다.

2014년 월 일

선거방송심의위원회 귀중</td></tr>
<tr><td colspan="4" rowspan="2"></td><td>수수료</td></tr>
<tr><td>없 음</td></tr>
</table>

별지

시정요구사항

1. 주식회사 OO방송은 아래의 정정보도문을 뉴스OOO 프로그램에서, 진행자가 통상적인 진행 속도보다 빠르지 않게 낭독하되, 낭독하는 동안 아래 정정보도문의 제목을 시청자들이 충분히 알아볼 수 있는 크기의 자막으로 계속 표시하며, 낭독 중 배경화면은 시정대상보도의 자료화면으로 한다.

〈정정보도문〉

가. 제목: 「서울시 '농약급식' 공방 … OOO "거짓말" OOO "부풀리기"」관련 정정보도문

나. 내용: 저희 ㅇㅇ은 지난 5월 28일 뉴스OOO에서 6. 4. 전국동시 지방선거 서울시장 후보에 대한 「서울시 '농약급식' 공방 … OOO "거짓말" OOO "부풀리기"」라는 제하의 방송보도에서, 서울시농수산식품공사 친환경유통센터를 통해 학교에 공급된 농산물 123건을 정밀조사한 결과 참나물과 근대에서 농약 '프로시미돈'이 검출된 것처럼 보이도록 보도하였습니다.
그러나 확인된 결과, 감사원에서 서울시에 통보한 감사원처분요구 어디에도 위 센터를 통해 학교에 공급된 농산물 123건을 정밀조사한 결과 참나물과 근대에서 농약 프로시미돈이 검출된 사실이 없음이 확인되었으므로, 이를 바로 잡습니다.

이 보도는 선거방송심의위원회의 시정명령에 따른 것입니다.

2. 주식회사 OO방송에게 경고하고, 뉴스OOO 방송편성책임자에 대하여 징계를 명한다.

시정요구이유

1. 당사자의 지위

－생략－

2. 보도내용의 허위성

가. 보도내용

주식회사 OO방송은 2014. 5. 28. 뉴스OOO 방송에서 OOO기자의 6. 4. 전국동시 지방선거 서울시장 후보에 대한 「서울시 '농약급식' 공방 … OOO "거짓말" OOO "부풀리기"」라는 제하로 아래와 같이 보도(이하, 이 사건 보도)하였다(증제1호증).

– 아래 –

□ 기자 보도내용: 감사원에서 서울시에 통보한 자료를 보면, 서울친환경센터를 통해 공급된 농산물에 대한 정밀검사에서 2건의 기준치 초과한 잔류 농약이 검출된 사실이 감사원 원본과 같게 적시되어 있다(증제1호증).

□ 배경화면: 상단에 "'농약급식' 공방과열", "서울시 통보본" 중앙에 "정밀검사를 의뢰한 123건" 그리고 하단에 다음과 같은 표를 통해 영상처리하여 보도하였다(증제2호증).

연번	검사일자	수거장소	생산지	생산자	인증번호	검체명	농약명	검출량
1	'12.11.16.	서울친환경 유통센터	경기도		9－1－	참나물	프리시미돈	0.172
2	'12.8.21.				13－1－	근대	프리시미돈	0.075

※ 이 중 수거장소, 생산지와 검체명, 농약명은 확대 및 붉은 색 테두리로 강조함(증제2호증).

○ 위 배경화면에 이은 ○○○, ○○○ 서울시장 후보자 대변인의 발언: "거짓말로 천만 서울시민들을 속이려는 무책임한 행동은 더 이상 하지 말아야 하겠습니다."

나. 이 사건 보도의 허위성과 불공정성

이 사건 보도내용은, ○○○ 기자의 보도를 통해 '서울친환경센터를 통해 학교에 공급된 농산물 123건에 대한 정밀검사를 실시해본 결과 참나물, 근대 2건에서 프리시미돈이라는 농약이 검출되었다'는 취지의 사실을 보도하고 있다.

위와 같은 보도 내용은 감사원 원본 27쪽 각주의 내용과 서울시 통보본 3면(감사원 원본 38면)에 근거한 것으로 보이는바, "감사원에서 서울시에 통보한 자료를 보면, 서울친환경센터를 통해 공급된 농산물에 대한 정밀검사에서 2건의 기준치 초과한 잔류 농약이 검출된 사실이 감사원 원본과 같게 적시되어 있습니다"라고 위 기자가 리포팅 하면서, 상단에 "'농약급식' 공방과열", "서울시 통보본" 중앙에 "정밀검사를 의뢰한 123건" 그리고 하단에 다음과 같은 표를 통해 영상처리하여 보도함으로써(증제2호증), 마치, 서울친환경센터를 통해 학교에 공급된 농산물 123건에 대한 정밀검사를 실시해본 결과 참나물, 근대 2건에서 프리시미돈이라는 농약이 검출된 것들이 서울시 유권자 등 시청자들이 오인할 수 있게 보도한 것이다.

그러나 앞서 본 바와 같이 참나물과 근대에서 미량의 프리미시돈이 검출된 것은, 감사원이 감사기간 동안(2014. 9. 25.~11. 1.)에 실시한 정밀감사를 통해 밝혀진 것이 아니라, 서울시가 2012. 8.과 2012. 11.에 자체적으로 센터에 공급된 친환경농산물에 대하여 서울보건환경연구원에 의뢰한 정밀검사를 통해 밝혀진 것이고, 또 그와 같이 프리미시돈이 검출된 농산물이 학교에 공급되었다는 구체적인 내용은 감사원 원본을 통해서나, 특히 서울시 통보본을 통해서도 이를 전혀 확인할 수 없고, 오히려 감사원 원본 26면에 의하면 위 농산물은 폐기처분되었다고 보아야 할 것이므로, 이 사건 보도는 허위의 보도이다.

설령 그렇지 않더라도, 이 사건 보도는 선거에 관한 사실, 즉 선거에서 쟁점이 되어 경쟁 후보자간에 연일 대변인 성명을 내는 등 중요한 선거에 관한 사실을 보도함에 있어 객관적으로 정확히 다루어야 함에도 그 객관성을 상실하였다(규정 제8조 위반). 또한, 센터를 통해 학교에 공급된 농산물에 기준치를 초과한 농약이 검출되었고, 이에 대하여 ○○○ 서울시장 후보자가 진실을 말하고 있는지 여부는 서울시 유권자의 서울시장 후보자에 대한 판단에 영향을 미칠 수 있는 중요한 사실임에도, 이를 과장·부각 또는 축소·은폐하는 등으로 왜곡하여 보도한 것이며(규정 제12조 위반), 배경화면을 통해 마치 프리미시돈이 검출된 농산물이 센터를 통해 학교에 공급되었다는 인식을 심어 줌으로써 확인되지 않은 내용을 보도한 것이고(규정 제17조 위반), 따라서 이는 결국 공정방송의무를 규정한 법 제8조를 위반한 불공정 방송보도라고 하지 않을 수 없다.

3. 결 론

– 생략–

Ⅱ. 선거기사심의위원회를 통한 대응

1. 직권에 의한 불공정 등 선거기사에 대한 대응

가. 선거기사심의위원회 설치의 주체

「언론중재 및 피해구제 등에 관한 법률」 제7조에 따른 언론중재위원회이다(법§8의3①). 이 언론중재위원회는 언론 등의 보도 또는 매개로 인한 분쟁의 조정·중재 및 침해사항을 심의하기 위하여 위 법률에 따라 설치된 기구이다.

나. 선거기사심의위원회의 설치 목적과 기간

선거기사심의위원회는 '선거기사의 공정성'을 유지하기 위하여 <표 3-4>와 같은 기간 동안 설치된다(법§8의3①).

〈표 3-4〉 선거기사심의위원회의 설치 기간

선거의 종류	설치 기간
임기만료에 의한 선거	제60조의2 제1항에 따른 예비후보자등록신청개시일 전일부터 선거일 후 30일까지
보궐선거 등	선거일 전 60일(선거일 전 60일 후에 실시사유가 확정된 보궐선거 등의 경우에는 그 선거의 실시사유가 확정된 후 10일)부터 선거일 후 30일까지

다. 선거기사심의위원회의 구성 등

선거기사심의위원회는 국회에 교섭단체를 구성한 정당과 중앙선관위가 추천하는 각 1명, 언론학계·대한변호사협회·언론인단체 및 시민단체 등이 추천하는 사람을 포함하여 9명 이내의 위원으로 구성한다(법§8의3②1문). 이 경우 선거기사심의위원회를 구성한 후에 국회에 교섭단체를 구성한 정당의 수가 증가하여 위원정수를 초과하게 되는 경우에는 현원을 위원정수로 본다(법§8의3②2문,§8의2②).

이와 같이 구성되는 선거기사심의위원회의 위원은 정치적 중립 보장을 위하여 정당에 가입할 수 없다(법§8의3⑥,§8의2③).

라. 선거기사심의위원회의 권한

(1) 권한 개관

선거기사심의위원회는 '불공정 선거기사에 대한 제재조치권한'과 '인신공격·정책의 왜곡선전 등의 선거기사에 대한 반론보도결정권한'을 가지고 있다(법§8의3③,⑥,§8의2⑥,§8의4). 전자는 직권에 의하여 그 권한을 행사하는 경우(법§8의3③)와 후보자나 후보자가 되고자 하는 자에 의한 신청에 의하여 그 권한을 행사하는 경우가 있다(법§8의3⑥,§8의2⑥).

선거기사심의위원회는 선거기사의 정치적 중립성·형평성·객관성 및 제작기술상의 균형유지와 권리구제 기타 선거기사의 공정을 보장하기 위하여 필요한 사항을 정하여 이를 공표해야 한다(법§8의3⑥,§8의2④). 또 선거기사심의위원회의 구성과 운영 그 밖에 필요한 사항은 「언론중재위원회규칙」으로 정하는데(법§8의3⑦), 「선거기사심의위원회규칙」, 「선거기사심의기준 등에 관한 규정」 등이 있다.

(2) 직권에 의한 불공정 선거기사에 대한 제재조치권한

선거기사심의위원회는 「신문 등의 진흥에 관한 법률」 제2조[8]에 따른 신문, 「잡지 등 정기간행물의 진흥에 관한 법률」 제2조 제1호[9]에 따른 잡지·정보간행물·전자간행물·기타간행물 및 「뉴스통신진흥에 관한 법률」 제2조 제1호[10]에 따른 뉴스통신(이하 '정기간행물 등'이라 함)에 게재된 선거기사의 공정

8 1. '신문'이란 정치·경제·사회·문화·산업·과학·종교·교육·체육 등 전체 분야 또는 특정 분야에 관한 보도·논평·여론 및 정보 등을 전파하기 위하여 같은 명칭으로 월 2회 이상 발행하는 간행물로서 다음 각 목의 것을 말한다.
가. 일반일간신문: 정치·경제·사회·문화 등에 관한 보도·논평 및 여론 등을 전파하기 위하여 매일 발행하는 간행물
나. 특수일간신문: 산업·과학·종교·교육 또는 체육 등 특정 분야(정치를 제외)에 국한된 사항의 보도·논평 및 여론 등을 전파하기 위하여 매일 발행하는 간행물
다. 일반주간신문: 정치·경제·사회·문화 등에 관한 보도·논평 및 여론 등을 전파하기 위하여 매주 1회 발행하는 간행물(주 2회 또는 월 2회 이상 발행하는 것을 포함)
라. 특수주간신문: 산업·과학·종교·교육 또는 체육 등 특정 분야(정치를 제외)에 국한된 사항의 보도·논평 및 여론 등을 전파하기 위하여 매주 1회 발행하는 간행물(주 2회 또는 월 2회 이상 발행하는 것을 포함)
2. '인터넷신문'이란 컴퓨터 등 정보처리능력을 가진 장치와 통신망을 이용하여 정치·경제·사회·문화 등에 관한 보도·논평 및 여론·정보 등을 전파하기 위하여 간행하는 전자간행물로서 독자적 기사 생산과 지속적인 발행 등 대통령령으로 정하는 기준을 충족하는 것을 말한다.

9 1. '정기간행물'이란 동일한 제호로 연 2회 이상 계속적으로 발행하는 간행물로서 「신문 등의 자유와 기능보장에 관한 법률」 제2조에 따른 신문을 제외한 다음 각 목의 것을 말한다.
가. 잡지: 정치·경제·사회·문화·시사·산업·과학·종교·교육·체육 등 전체분야 또는 특정분야에 관한 보도·논평·여론 및 정보 등을 전파하기 위하여 동일한 제호로 월 1회 이하 정기적으로 발행하는 책자 형태의 간행물
나. 정보간행물: 보도·논평 또는 여론 형성의 목적 없이 일상생활 또는 특정사항에 대한 안내·고지 등 정보전달의 목적으로 발행되는 간행물
다. 전자간행물: 통신망을 이용하지 아니하고 컴퓨터 등의 정보처리장치를 이용하여 읽거나 보고 들을 수 있도록 전자적으로 발행한 간행물
라. 기타간행물: 월 1회 이하 발행되는 간행물 중 책자 형태가 아닌 간행물

10 1. '뉴스통신'이란 「전파법」에 따라 무선국의 허가를 받거나 그 밖의 정보통신기술을 이용하

여부를 조사해야 하고, 조사결과 '선거기사의 내용이 공정하지 아니하다고 인정되는 경우'에는 해당 기사의 내용에 관한 사과문 또는 정정보도문의 게재를 결정하여 이를 언론중재위원회에 통보해야 하며, 언론중재위원회는 불공정한 선거기사를 게재한 정기간행물 등을 발행한 자(이하 '언론사'라 함)에 대하여 그 **사과문**[11] **또는 정정보도문**의 게재를 지체 없이 명해야 한다(법§8의3③).

실무상 위와 같은 언론사가 아니거나 선거기사 아닌 경우에는 각하결정을, 불공정성이 인정되지 않는 경우에는 기각결정을, 불공정 선거기사인 경우에는 인용결정을 각각 한다. 즉, 선거기사심의위원회는 선거기사의 내용이 선거법과 심의기준에 위반된다고 판단하는 경우에는 '사과문 게재', '정정보도문 또는 반론보도문 게재', '경고결정문 게재', '주의사실 게재', '경고 또는 주의'의 제재조치를 결정할 수 있다(「선거기사심의위원회규칙」§15①).[12] 또, 해당 기사의 내용이 심의기준을 위반한 정도가 경미하다고 판단되는 경우 이러한 제재조치 외에 권고 등 그 밖의 필요한 조치를 할 수 있다(「선거기사심의위원회규칙」§15②).[13]

이러한 심의 및 결정을 위해, 정기간행물 등을 발행하는 자가 선거법 제8조의3 제1항에 규정된 선거기사심의위원회의 운영기간 중에 「신문 등의 진흥에 관한 법률」 제2조 제1호 가목 또는 다목의 규정에 따른 일반일간신문 또는 일반주간신문을 발행하는 때에는 그 정기간행물 등 1부를, 그 외의 정기간행물 등을 발행하는 때에는 선거기사심의위원회의 요청이 있는 경우 1부를 지체 없이 선거기사심의위원회에 제출해야 한다(법§8의3④). 이러한 경우에 있어 기간행물 등을 제출한 자의 요구가 있는 때에는 선거기사심의위원회는 정당한 보상을 해야 한다(법§8의3⑤).

여 외국의 뉴스통신사와 뉴스통신계약을 체결하고 국내외의 정치·경제·사회·문화·시사 등에 관한 보도·논평 및 여론 등을 전파하는 것을 목적으로 하는 유무선을 포괄한 송수신 또는 이를 목적으로 발행하는 간행물을 말한다.

11 헌법재판소는 이와 관련하여, '사과문의 게재' 부분과 언론사가 사과문 게재 명령을 지체 없이 이행하지 않을 경우 그 발행인 등을 형사처벌하는 선거법 제256조 제2항 제2호 중 '제8조의3 제3항에 따른 사과문 게재' 부분이 언론사의 인격권을 침해한다고 하여 위헌결정을 선고하였다(헌재 2015. 7. 30. 2013헌가8).

12 다만, 선거법 제8조의3의 제3항에는 '사과문 또는 정정보도문'의 게재만을 규정하고 있다.

13 이러한 내용은 후보자 등이 시정요구권을 행사한 경우에도 마찬가지이다.

2. 불공정 선거기사에 대한 대응으로서 후보자 등의 시정요구권

가. 의 의

이 시정요구권은 후보자나 후보자가 되려는 사람이 선거기사심의위원회가 설치된 때부터 선거기사의 내용이 불공정하다고 인정되는 경우에는 선거기사심의위원회에 그 시정을 요구할 수 있는 권리를 말한다(법§8의3⑥,§8의2⑥).

나. 시정요구권의 내용

(1) 행사 요건 등

(가) 당사자

신청권자는 후보자, 후보자가 되고자 하는 자이고, 그 상대방은 위와 같은 언론사이다(법§8의3⑥,§8의2⑥).

(나) 행사 요건

선거기사의 내용이 불공정하다고 인정되는 경우이어야 한다(법§8의3⑥,§8의2⑥). 이는 i) 언론사의 선거기사일 것, ii) 그 내용이 불공정하다고 인정될 것으로 세분할 수 있다. 선거기사는 사설·논평·광고 그 밖에 선거에 관한 내용이 포함된 경우를 말한다(법§8의3①).

(다) 신청 가능한 기간

선거기사심의위원회가 설치된 예비자후보등록신청개시일 전일부터 또는 선거일 전 60일(선거일 전 60일 후에 실시사유가 확정된 보궐선거 등의 경우에는 그 선거의 실시사유가 확정된 후 10일)부터 그 신청이 가능하다(법§8의3⑥,§8의2⑥).

(라) 제척기간

특별히 규정되어 있지 않다.

(마) 행사 방법

위와 같은 신청권자는 별지 제3호서식(시정요구서)에 의하여 시정요구를 한다.

(2) 선거기사의 불공정성 판단기준

이에 대하여는 「선거기사심의기준 등에 관한 규정」 제2조부터 제7조까지에서 규정되어 있다.

선거기사의 불공정성 판단기준(위 규정)

□ 공정성 위반 기사(위 규정§4)

① 특정 정당(창당준비위원회를 포함. 이하 같음)이나 후보자(후보자가 되고자 하는 자를 포함. 이하 같음) 또는 특정 정당이나 후보자의 정견·주장·공약 등을 일방적으로 지지 또는 반대하는 기사

② 특정 정당이나 후보자에게 감정 또는 편견이 개입된 표현을 사용하여 지지하거나 반대하는 기사

③ 특정 정당이나 후보자에게 일방적, 의도적으로 유리 또는 불리한 영향을 미칠 수 있는 칼럼 또는 기고

④ 그 밖에 위 각호의 어느 하나에 준하는 기사

□ 형평성 위반 기사(위 규정§5)

① 선거기사의 편집 및 기사배열에 있어서 합리적 근거 없이 특정 정당 또는 후보자에 대한 내용을 확대, 과장, 누락, 축소 또는 사실과 다르게 변형한 기사

② 선거와 관련하여 정당, 후보자 또는 대리인들 간의 대담, 토론을 보도하면서 선거쟁점에 관한 논의가 균형을 이루지 못하고 의견이 다른 후보자나 이해당사자에게 균등한 기회를 제공하지 못한 기사

③ 그 밖에 위 각호의 어느 하나에 준하는 기사

□ 객관성 및 사실보도 위반 기사(위 규정§6)

① 선거의 쟁점이 된 사안에 대해 다양한 관점과 견해를 객관적으로 다루지 않은 기사

② 유권자의 판단에 영향을 미칠 수 있는 선거와 관련된 사실을 정확하게 보도하지 않고 과장·부각 또는 축소·은폐하거나 이와 관련하여 사실과 의견을 명백히 구별하지 않은 기사

③ 선거와 관련하여 특정 정당이나 후보자에 대한 허위의 사실이나 비방 발언을 취재를 통해 사실 여부를 확인하지 아니하고 그대로 전달하거나 허위 사실을 사실인 것처럼 보도하는 기사

④ 공직의 수행능력이나 자질과는 무관한 사실 또는 허위 사실을 적시하여 후보자, 그의 배우자 또는 직계존·비속이나 형제자매를 비방하는 기사

⑤ 정당한 근거없이 선거결과를 예측하는 기사

⑥ 정당이나 후보자의 정책이나 공약에 관한 비교평가결과를 보도하면서 정당이나 후보자별로 점수 부여 또는 순위·등급을 정하는 등의 방법으로 서열화하거나 비교평가를 하면서 평가주체, 평가단 구성·운영, 평가지표·기준·방법

등 평가의 신뢰성·객관성을 입증할 수 있는 내용을 함께 보도하지 않은 기사
⑦ 기사의 제목이 기사의 내용과 다르게 축소·과장 또는 왜곡된 기사
⑧ 그 밖에 위 각호의 어느 하나에 준하는 기사

□ 정치적 중립 위반 기사(위 규정§7)
① 특정 정당 또는 후보자의 이념, 정책이나 공약에 대해 정당한 근거 없이 비난 또는 비방하거나 미화하는 기사
② 그 밖에 위 1호에 준하는 기사

(3) 선거기사심의위원회의 심의·의결

실무상 위와 같은 언론사가 아닌 경우, 선거기사가 아닌 경우 또는 신청권자가 아닌 경우에는 각하결정을, 불공정성이 인정되지 않는 경우에는 기각결정을, 불공정 선거기사인 경우에는 인용결정을 각각 한다.

3. 후보자 등의 반론보도청구

가. 의 의

이 반론보도청구권은 정기간행물 등에 공표된 인신공격, 정책의 왜곡선전 등으로 피해를 받은 정당(중앙당에 한함) 또는 후보자나 후보자가 되고자 하는 자가 당해 기사를 기재한 언론사에 반론보도의 게재를 청구할 수 있는 권리이다(법§8의4).

나. 반론보도청구권의 내용

(1) 행사 요건 등

(가) 당사자

청구권자는 후보자, 후보자가 되고자 하는 자, 중앙당이고, 그 상대방은 언론사이다(법§8의4①).

(나) 행사 요건

위 후보자 등이 정기간행물 등에 공표된 인신공격, 정책의 왜곡선전 등으로 피해를 받은 경우이어야 한다(법§8의4①). 여기서 정기간행물 등의 범위에

대해서는 앞서 본 바와 같다.[14]

(다) 신청 가능한 기간

'선거기사심의위원회가 설치된 때부터 선거일'까지 그 신청이 가능하다(법§8의4①).

(라) 제척기간

그 기사게재가 있음을 안 날부터 **10일** 이내, 그 기사게재가 있은 날부터 **30일** 이내에 청구를 제기해야 한다(법§8의4①).

(마) 「언론중재 및 피해구제 등에 관한 법률」상 반론보도청구권과의 관계

이에 대해서는 앞서 본 바와 같다.[15]

(2) 반론보도청구의 절차·결정·집행

(가) 해당 언론사에 대한 반론보도청구와 그에 대한 협의

청구권자는 선거기사심의위원회가 설치된 때부터 선거일까지 제척기간 이내에 서면(별지 반론보도청구서)으로 당해 기사게재를 한 언론사에 반론보도의 기사게재를 청구할 수 있다(법§8의4①). 이 반론보도청구는 언론사의 대표자에게 서면으로 해야 하며, 청구서에는 피해자의 성명·주소·전화번호 등의 연락처를 적고, 반론의 대상인 언론보도 등의 내용 및 반론을 청구하는 이유와 청구하는 반론보도문을 명시해야 한다(법§8의4④, 「언론중재 및 피해구제 등에 관한 법률」§15①본문). 또, 인터넷신문 및 인터넷뉴스서비스의 언론보도 등의 내용이 해당 인터넷홈페이지를 통하여 계속 보도 중이거나 매개 중인 경우에는 그 내용의 정정을 함께 청구할 수 있다(법§8의4④, 「언론중재 및 피해구제 등에 관한 법률」§15①단서).

이러한 청구를 받은 언론사는 그 청구를 받은 때에는 지체 없이 당해 정당, 후보자 또는 그 대리인과 반론보도의 내용·크기·횟수 등에 관하여 협의한 후, 정기간행물 등에 있어서는 편집이 완료되지 아니한 같은 정기간행물 등의 다음 발행호에 무료로 반론보도문의 게재를 해야 한다(법§8의4②1문). 이 경우 정기간행물 등에 있어서 다음 발행호가 선거일 후에 발행·배부되는 경

14 79면 참조.
15 69~70면 참조.

우에는 반론보도의 청구를 받은 때부터 48시간 이내에 당해 정기간행물 등이 배부된 지역에 배부되는 「신문 등의 진흥에 관한 법률」 제2조(정의) 제1호 가목에 따른 일반일간신문에 이를 게재해야 하며, 그 비용은 당해 언론사의 부담으로 한다(법§8의4②2문). 다만, 언론사는 각호의 어느 하나에 해당하는 사유가 있는 경우에는 언론사는 반론보도청구를 거부할 수 있다(법§8의4④, 「언론중재 및 피해구제 등에 관한 법률」§15④).

1. 피해자가 반론보도청구권을 행사할 정당한 이익이 없는 경우
2. 청구된 반론보도의 내용이 명백히 사실과 다른 경우
3. 청구된 반론보도의 내용이 명백히 위법한 내용인 경우
4. 반론보도의 청구가 상업적인 광고만을 목적으로 하는 경우
5. 청구된 반론보도의 내용이 국가·지방자치단체 또는 공공단체의 공개회의와 법원의 공개재판절차의 사실보도에 관한 것인 경우

(나) 선거기사심의위원회 심의·결정

위와 같은 협의가 이루어지지 아니한 때에는 당해 정당, 후보자, 언론사는 선거기사심의위원회에 지체 없이 이를 회부하고, 선거기사심의위원회는 회부받은 때부터 48시간 이내에 심의하여 각하·기각 또는 인용결정을 한 후 지체 없이 이를 당해 정당 또는 후보자와 언론사에 통지해야 한다(법§8의4③1문). 이 경우 반론보도의 인용결정을 하는 때에는 반론보도문의 내용·크기·횟수 기타 반론보도에 필요한 사항을 함께 결정해야 한다(법§8의4③2문). 특히, 선거기사심의위원회는 회부된 반론보도청구를 심의하는 경우, 사실을 조사하고, 청구인과 언론사 등 양측 당사자 등의 의견을 청취한 후 반론보도의 내용과 방법을 결정해야 하고, 당사자 등이 선거기사심의위원회의 출석 통보를 받고도 출석하지 아니하거나 의견진술을 거부할 경우 해당 당사자 등의 의견청취 절차를 생략할 수 있다(「선거기사심의위원회규칙」§20①,②).

실무상 위와 같은 언론사가 아닌 경우, 선거기사가 아닌 경우, 청구권자가 아닌 경우 또는 제척기간을 도과한 경우에는 각하결정을, 인신공격, 정책의 왜곡선전 등으로 피해를 받은 것이 인정되지 않은 경우에는 기각결정을, 그 피해가 인정되는 경우에는 인용결정을 각각 한다.

(다) 협의되거나 결정된 반론보도의 집행

언론사가 하는 반론보도에는 원래의 보도 내용에 대해 반론보도를 하는 사실적 진술, 그 진술의 내용을 대표할 수 있는 제목과 이를 충분히 전달하는 데에 필요한 설명 또는 해명을 포함하되, 위법한 내용은 제외한다(법§8의4④, 「언론중재 및 피해구제 등에 관한 법률」§15⑤). 또한, 언론사가 하는 반론보도는 공정한 여론형성이 이루어지도록 그 사실공표 또는 보도가 이루어진 같은 지면 또는 장소에서 같은 효과를 발생시킬 수 있는 방법으로 해야 한다(법§8의4④, 「언론중재 및 피해구제 등에 관한 법률」§15⑥).

4. 벌칙 등 제재

선거법 제8조의3 제3항에 따른 '사과문 또는 정정보도문의 게재'(제8조의3 제6항에 따라 제8조의2 제6항이 준용하는 경우를 포함[16]), 동법 제8조의4 제3항에 따른 '반론보도의 결정'의 통보를 받고도 지체 없이 이를 이행하지 아니한 자는 2년 이하의 징역 또는 1천500만 원 이하의 벌금에 처한다(법§256②1호,2호,3호).

그런데 앞서 본 바와 같이 언론중재위원회는 선거기사심의위원회의 결정에 따라 '경고결정문 게재', '주의사실 게재' 등을 언론사에게 명령할 수 있는데, 선거법 제256조 제2항 제2호에서는 '경고결정문 게재', '주의사실 게재'의 불이행에 대한 벌칙이 제외된, '사과문 또는 정정보도문의 게재'명령에 대한 위반에 대해서 형사벌을 부과하고 있다. 여기서 언론중재위위원회에서 언론사에게 '경고결정문 게재'나 '주의사실 게재'를 명령하였는데, 그 언론사가 이를 이행하지 않는 경우에 동법 제256조 제2항 제2호 위반으로 처벌되는지가 문제되는데, 유추해석금지 원칙상 부정적으로 볼 것이다.

---

16 선거법 제8조의3 제6항은 동법 제8조의2 제6항상의 시정요구를 준용하도록 규정하고 있고, 동법 제8조의2 제6항상은 선거방송심의위원회의 심의·의결만을 규정하고 그 이후의 절차에 대하여서는 규정하고 있지 않다. 물론 이처럼 제8조의2 제6항을 적용하는 경우의 그 후속절차를 적용함에 있어 제8조의2 제5항상의 방송통신위원회에 대한 통보절차와 그 방송통신위원회의 방송사에 대한 제재조치 등 명령절차가 적용된다. 그런데, 선거법 제8조의3 제6항의 준용규정에 따른 동법 제8조의2 제6항상의 시정요구에 대한 후속절차에 대해서는 위와 같이 제8조의2 제5항을 적용하는 것이 아니라, 제8조의3 제3항에 따른 후속절차를 적용해야 한다. 이는 제8조의2와 제8조의3의 제재내용이 다르기 때문이다. 결국, 제8조의3 제6항에 따라 제8조의2 제6항이 준용되어 사과문 또는 정정보도문의 게재되는 경우도 벌칙에 포함되는 것이다.

선거법 제8조의3 제4항의 규정에 위반하여 정당한 사유없이 정기간행물 등을 제출하지 아니한 자에게는 100만 원 이하의 과태료를 부과한다(법§261⑧5호).

5. 선거기사심의위원회를 통한 언론대응 종합

선거기사심의위원회를 통한 언론대응의 흐름을 종합적으로 도식화하면 [그림 3-2]와 같다.[17]

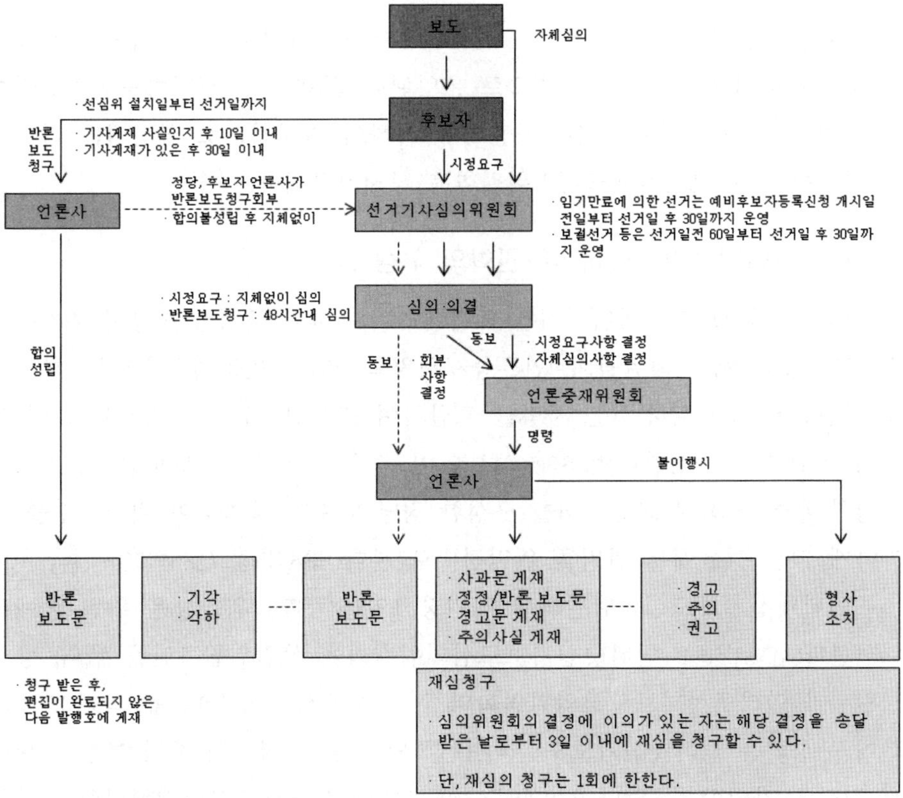

[그림 3-2] 선거기사심의위원회를 통한 언론대응의 흐름도

17 http://www.pac.or.kr/html/vote/vt_step.asp

Ⅲ. 인터넷선거보도심의위원회를 통한 대응

1. 직권에 의한 불공정 등 선거보도에 대한 대응

가. 인터넷선거보도심의위원회 설치의 주체

인터넷선거보도심의위원회 설치의 주체는 중앙선관위이다(법§8의5①).

나. 인터넷선거보도심의위원회의 설치 목적과 기간

인터넷선거보도심의위원회는 인터넷홈페이지에 게재된 '선거보도의 공정성'을 유지하기 위하여, '상시적'으로 운영된다(법§8의5①). 선거방송심의위원회와 선거기사심의의원회가 선거기간에 즈음하여 일시적으로 설치되는 기구임에 반하여, 인터넷선거보도심의위원회는 상시기구이다.

다. 인터넷선거보도심의위원회의 구성 등

인터넷선거보도심의위원회는 국회에 교섭단체를 구성한 정당이 추천하는 각 1명, 방송통신심의위원회, 언론중재위원회, 학계, 법조계, 인터넷언론단체 및 시민단체 등이 추천하는 사람을 포함하여 중앙선관위가 위촉하는 11인 이내의 위원으로 구성한다(법§8의5②1문). 이 경우 인터넷선거보도심의위원회를 구성한 후에 국회에 교섭단체를 구성한 정당의 수가 증가하여 위원정수를 초과하게 되는 경우에는 현원을 위원정수로 본다(법§8의5②2문,§8의2②).

인터넷선거보도심의위원회에 위원장 1인을 두되, 위원장은 위원 중에서 호선한다(법§8의5③). 인터넷선거보도심의위원회에 상임위원 1인을 두되, 중앙선관위가 인터넷선거보도심의위원회의 위원 중에서 지명한다(법§8의5④). 이와 같이 구성되는 인터넷선거보도심의위원회의 위원은 정치적 중립 보장을 위하여 정당에 가입할 수 없다(법§8의5⑤). 또 인터넷선거보도심의위원회의 사무를 처리하기 위하여 선관위 소속 공무원으로 구성하는 사무국을 둔다(법§8의5⑧).

그리고 인터넷선거보도심의위원회는 업무수행을 위하여 필요하다고 인정하는 때에는 관계 공무원 또는 전문가를 초청하여 의견을 듣거나 관련 기관·

단체 등에 자료 및 의견제출 등 협조를 요청할 수 있다(법§8의5⑦).

라. 인터넷선거보도심의위원회의 권한

(1) 권한 개관

인터넷선거보도심의위원회는 '불공정 선거보도에 대한 제재조치권한'과 '인신공격·정책의 왜곡선전 등의 선거보도에 대한 반론보도결정권한'을 가지고 있다(법§8의6①,③,④,⑥). 전자는 직권에 의하여 그 권한을 행사하는 경우(법§8의6①)와 후보자나 후보자가 되고자 하는 자, 또는 정당에 의한 신청에 의하여 그 권한을 행사하는 경우가 있다(법§8의6③).

인터넷선거보도심의위원회는 인터넷 선거보도의 정치적 중립성·형평성·객관성 및 권리구제 기타 선거보도의 공정을 보장하기 위하여 필요한 사항을 정하여 이를 공표해야 한다(법§8의5⑥). 또 인터넷선거보도심의위원회의 구성·운영, 위원 및 상임위원의 대우, 사무국의 조직·직무범위 기타 필요한 사항은 선거규칙으로 정하는데(법§8의5⑨), 「인터넷선거보도심의의위원회의 구성 및 운영에 관한 규칙」, 「인터넷선거보도 심의기준 등에 관한 규정」 등이 있다.

(2) 직권에 의한 불공정 선거보도에 대한 제재조치권한

인터넷선거보도심의위원회는 인터넷언론사의 인터넷홈페이지에 게재된 선거보도의 공정 여부를 조사해야 하며, 조사결과 '선거보도의 내용이 공정하지 아니하다고 인정되는 때'(이에 대하여는 후술함[18])에는 당해 인터넷언론사에 대하여 해당 선거보도의 내용에 관한 정정보도문의 게재 등 필요한 조치를 명해야 한다(법§8의6①).

실무상 인터넷언론사가 아니거나 선거보도가 아닌 경우에는 각하결정을, 불공정성이 인정되지 않는 경우에는 기각결정을, 불공정 선거보도인 경우에는 인용결정을 각각 한다. 즉, 인터넷선거보도심의위원회는 선거보도의 내용이 관련 법규 및 심의기준에 위반된다고 인정되는 때에는 해당 인터넷언론사에 정정보도문 게재, 경고문 게재, 경고, 주의 등 필요한 결정을 해야 한다. 인터넷선거보도심의위원회가 이러한 경고문의 게재를 결정한 때에는 해당 인터넷

---

18 92~93면 참조.

언론사의 인터넷홈페이지 초기화면에 게재하도록 해야 하며, 선거보도의 내용과 관련하여 경고문의 게재 또는 경고를 결정한 때에는 필요한 경우 해당 선거보도에 그 처분이 있음을 표시하게 할 수 있고, 이처럼 경고문의 게재 또는 경고 처분이 있음을 표시하도록 조치를 받은 인터넷 언론사는 지체 없이 이를 표시하여 해당 선거보도를 매개한 인터넷뉴스서비스사업자에게 재전송해야 하며, 인터넷뉴스서비스사업자는 해당 선거보도를 재전송 받은 선거보도로 지체 없이 대체해야 한다(「인터넷선거보도심의위원회의 구성 및 운영에 관한 규칙」§20①,②,③).

2. 불공정 선거보도에 대한 대응으로서 후보자 등의 이의신청권

가. 의 의

이의신청권은 정당이나 후보자 또는 후보자가 되려는 사람이 인터넷언론사의 선거보도가 불공정하다고 인정되는 때에는 그 보도가 있음을 안 날부터 10일 이내에 인터넷선거보도심의위원회에 서면으로 이의를 신청할 수 있는 권리이다(법§8의6②).

나. 이의신청권의 내용

(1) 행사 요건 등

(가) 당사자

후보자, 후보자가 되고자 하는 자 또는 정당이고, 그 상대방은 인터넷언론사이다(법§8의6②).

(나) 행사 요건

선거보도의 내용이 불공정하다고 인정되는 경우이어야 한다(법§8의6②). 이는 ⅰ) 인터넷언론사일 것, ⅱ) 선거보도일 것, ⅲ) 불공정하다고 인정될 것으로 세분할 수 있다. 여기서 '선거보도'는 사설·논평·사진·방송·동영상 기타 선거에 관한 내용이 포함된 경우를 말한다(법§8의5①).

그리고 '인터넷언론사'는 「신문 등의 진흥에 관한 법률」 제2조(정의) 제4

호에 따른 인터넷신문사업자 그 밖에 정치·경제·사회·문화·시사 등에 관한 보도·논평·여론 및 정보 등을 전파할 목적으로 취재·편집·집필한 기사를 인터넷을 통하여 보도·제공하거나 매개하는 인터넷홈페이지를 경영·관리하는 자와 이와 유사한 언론의 기능을 행하는 인터넷홈페이지를 경영·관리하는 자이다(법§8의5①). 「인터넷선거보도심의위원회의 구성 및 운영에 관한 규칙」 제2조는 다음과 같이 인터넷언론사의 범위를 정하고 있다. 이러한 기준에 따라 중앙선관위는 자신의 홈페이지에 인터넷언론사를 게시하고 있다.[19]

인터넷언론사의 범위(위 규칙§2)

① 법 제8조의5 제1항에 따른 인터넷언론사는 다음 각호의 어느 하나에 해당하는 인터넷홈페이지를 경영·관리하는 자를 말한다.

1. 독자적인 기사 생산과 지속적인 발행을 하는 「신문 등의 진흥에 관한 법률」 제2조 제4호의 인터넷신문사업자와 「인터넷 멀티미디어 방송사업법」 제2조 제5호의 인터넷 멀티미디어 방송사업자가 운영하는 인터넷홈페이지
2. 신문 및 방송사업자 등이 직접 운영하거나 별도 법인으로 운영하는 인터넷홈페이지로서 다음 각 목의 어느 하나에 해당하는 인터넷홈페이지
   가. 「신문 등의 진흥에 관한 법률」 제2조 제3호의 신문사업자가 운영하는 인터넷홈페이지
   나. 「방송법」 제2조 제3호의 방송사업자가 운영하는 인터넷홈페이지
   다. 「잡지 등 정기간행물의 진흥에 관한 법률」 제2조 제2호의 정기간행물 사업자가 운영하는 인터넷홈페이지
   라. 「뉴스통신 진흥에 관한 법률」 제2조 제3호의 뉴스통신사업자가 운영하는 인터넷홈페이지
3. 제1호 및 제2호의 인터넷언론사로부터 제공받은 기사를 인터넷을 통하여 계속적으로 제공하거나 매개하는 「신문 등의 진흥에 관한 법률」 제2조 제6호의 인터넷뉴스서비스사업자가 운영하는 인터넷홈페이지
4. 그 밖에 위 각호와 유사한 언론의 기능을 행하는 인터넷홈페이지를 경영·관리하는 자가 운영하는 인터넷홈페이지로서 심의위원회가 정하는 인터넷홈페이지

② 제1항에도 불구하고 다음 각호의 어느 하나에 해당하는 때에는 인터넷언론사의 인터넷홈페이지로 보지 아니한다.

---

19 http://www.iendc.go.kr/library/library02.php

1. 정당 또는 후보자(후보자가 되고자 하는 자를 포함. 이하 같음)가 설치·운영하는 인터넷홈페이지
2. 선거운동을 하는 기관·단체가 설치·운영하는 인터넷홈페이지
3. 그 밖에 심의위원회가 인터넷홈페이지에 게재된 보도내용 및 운영양태 등을 고려하여 인터넷언론사로 인정하지 아니하는 인터넷홈페이지

(다) 제척기간

앞서 본 시정요구권과는 달리, 그 보도가 있음을 안 날로부터 10일 이내에 제기해야 한다(법§8의6②).

(라) 행사 방법

위와 같은 신청권자는 별지 제3호서식(이의신청서)에 의하여 이의신청을 한다.

(2) 선거보도의 불공정성 판단기준

이에 대하여는 「인터넷선거보도 심의기준 등에 관한 규정」 제3조부터 제9조까지에서 규정되어 있고. 주요 내용은 다음과 같다.

선거보도의 불공정성 판단기준(위 규정)

□ 공정성(위 규정§3)

1. 특정 정당이나 후보자의 정견·주장·공약 등만을 일방적으로 지지 또는 반대하거나 계속적·반복적으로 전재하는 보도
2. 특정 정당이나 후보자를 감정 또는 편견이 개입된 표현을 사용하여 지지하거나 반대하는 보도
3. 특정 정당이나 후보자와 관련된 기사를 정당한 사유 없이 홈페이지의 특정 위치에 지속적으로 배치하거나 인터넷매체의 기술적 특성을 이용하여 부각하는 보도
4. 선거에 관한 대담·토론을 중계 또는 보도함에 있어 각 참여자간 논의가 균형을 이루지 못한 보도
5. 특정 정당이나 후보자에게 유리 또는 불리한 영향을 미칠 수 있는 칼럼·기고 등의 반복적 보도
6. 그 밖에 위 각호의 어느 하나에 준하는 보도

□ 객관성(위 규정§4)

1. 유권자의 판단에 영향을 미칠 수 있는 중요한 사실을 과장·부각 또는 축소·은폐하는 보도
2. 특정 정당이나 후보자에 관한 허위사실의 보도
3. 공직의 수행능력이나 자질과는 무관한 사실을 적시하여 후보자, 그의 배우자 또는 직계존·비속이나 형제자매를 비방하는 보도
4. 정당한 근거없이 선거결과를 예측하는 보도
5. 정당이나 후보자의 정책이나 공약에 관한 비교평가결과를 서열화하거나, 평가의 신뢰성·객관성을 입증할 수 있는 내용을 함께 보도하지 않은 보도
6. 보도의 제목이 보도의 내용을 축소·과장 또는 왜곡하여 전달할 수 있는 보도
7. 그 밖에 위 각호의 어느 하나에 준하는 보도

□ 여론조사 보도(위 규정§5)

여론조사 관련보도로서 불공정한 경우는 다음 각호와 같다.

1. 법령상 공표할 수 없는 기간 중에 실시한 선거관련 여론조사의 결과를 공표한 보도
2. 선거에 관한 여론조사의 결과를 보도하면서 조사의뢰자와 조사기관·단체명, 피조사자의 선정방법, 표본의 크기, 조사지역·일시·방법, 표본오차율, 응답률, 질문내용 등을 함께 공표하지 않은 보도
3. 여론조사의 결과를 해석함에 있어 정당이나 후보자간 차이가 표본오차한계 이내임에도 단정적으로 표현한 보도
4. 여론조사의 결과를 그 조사의 전제여건과 현저히 다른 여건을 가진 상황에 대하여 임의로 적용한 보도
5. 정당이나 후보자간 여론조사의 결과를 동영상·그래프·그림·표 등을 이용하여 그 차이를 과장 또는 축소하여 나타낸 보도
6. 피조사자가 조사대상의 전 계층을 대표하지 못하는 등 여론조사의 공정성이나 정확성에 상당한 의심이 있음에도 그 결과를 공표한 보도
7. 제1호부터 제6호까지의 규정을 위반한 여론조사보도를 인용한 보도

(3) 인터넷선거보도심의위원회의 심의·의결

실무상 인터넷언론사가 아닌 경우, 신청권자가 아닌 경우, 제척기간을 도과한 경우, 선거보도가 아닌 경우에는 각하결정을, 불공정성이 인정되지 아니하는 경우에는 기각결정을, 불공정 선거보도인 경우에는 인용결정을 각각 한다.

〈표 3-5〉 실전사례: 인터넷선거보도심의위원회에 대한 의견서

선거보도 여부에 관한 의견서

보 도 명	[확인] 金正日 앞에서 盧武鉉은 이렇게 말했다! *읽은 이들 경악: '너무 창피하고 화가 나서 다 읽을 수가 없었다'
시정요구신청인	문○○
시정요구피신청인	주식회사 ○○뉴스프레스

위 사건에 관하여 위 시정요구신청인(이하 '신청인', 시정요구피신청인은 '피신청인'이라 함)의 대리인은 본 보도가 선거보도인지 여부 등에 관한 의견서를 제출한다.

1. '선거보도'의 의미와 그 판단기준

가. 선거보도의 의미

선거법 제8조의5 제1항에서 선거보도에는 사설·논평·사진·방송·동영상 기타 선거에 관한 내용을 포함한다고만 규정하고 있을 뿐이고, 같은 법 및 「인터넷 선거보도 심의기준 등에 관한 규정」 등에서 '선거보도'의 의미에 관하여 명확하게 규정하고 있지 않다. 그러나 본 보도가 선거보도인지 여부에 관하여 판단함에 있어서 다음과 같은 점이 고려되어야 한다.

첫째, 선거법 제58조는, "이 법에서 '선거운동'이라 함은 당선되거나 되게 하거나 되지 못하게 하기 위한 행위를 말한다"고 규정하고 판례는 시민단체의 낙선운동도 선거운동에 포함된다고 판단하였다.

둘째, 위에서 본 바와 같이 「인터넷선거보도심의위원회의 구성 및 운영에 관한 규칙」 제2조의2 제1항은 "인터넷언론사는 선거와 관련된 보도를 하는 때에는 그 내용이 특정 정당이나 후보자에게 유리 또는 불리하지 않도록 공정하게 해야 한다"고 규정하고 있고, 「인터넷 선거보도 심의기준 등에 관한 규정」 제3조는 위 제2조의2 제1항을 구체화하여 "특정 정당이나 후보자를 감정 또는 편견이 개입된 표현을 사용하여 지지하거나 반대하는 보도", "특정 정당이나 후보자에게 유리 또는 불리한 영향을 미칠 수 있는 칼럼·기고 등의 반복적 보도" 등을 불공정보도로 예시하고 있다.

결국, 위와 같은 점을 고려할 때, '선거보도'란 '선거에 관한 내용이 포함되어 있는 사항으로서 선거의 쟁점이 되는 등 유권자의 판단에 영향을 미칠 수 있는 일체의 사실을 기사화한 보도'를 의미한다 할 것이고, 여기서 '선거에 관한 내용이 포함된다'는 것은 형식적으로 선거 자체가 내용인 보도뿐 아니라 실질적으로 선거에 영향을 미칠 수 있는 일체의 보도를 포함한다고 해석하는 것이 선거법의 취지에 부합하는 해석이라 할 것이다.

나. 본 보도가 선거보도인지 여부

신청인은 "유권자들은 대통령 후보와 관련된 정보를 다 알고 투표를 해야 후회 없는 선택을 할 수 있다"고 하면서, 아래와 같이 대선 정국에서 유권자들에게 큰 영향을 끼치고 있는 10. 4. 남북정상회담(이하 '정상회담'이라 함) 당시 노무현 전 대통령의 NLL 포기 발언이 기재된 대화록 공개를 촉구하였고, NLL 보도 후 여론조사에 따르면 문○○ 후보의 야권단일부호적합도가 8.9% 급락한 것(21쪽)으로, 민주통합당의 지지도가 36.7%에서 33.1%로 3.6%로 하락한 것(10쪽)으로 조사되었다.

그러므로, 노무현 전 대통령이 10. 4. 남북정상회담 중에 NLL을 주장하지 않겠다는 등으로 기사화한 본 보도는 선거법 제8조의5 제1항, 제8조의6 제1항에서 말하는 '선거보도'에 해당함이 명백하다.

2. 결 론

－생략－

2012. 12. 10.

위 신청인 문○○

인터넷선거보도심의위원회 귀중

3. 후보자 등의 반론보도청구

가. 의 의

이 반론보도청구권은 인터넷언론사의 '왜곡된 선거보도'로 피해를 받은 정당 또는 후보자나 후보자가 되고자 하는 자가 그 인터넷언론사에 반론보도의 방송 또는 반론보도문의 게재를 청구할 수 있는 권리이다(법§8의6④).

나. 반론보도청구권의 내용

(1) 행사 요건 등

(가) 당사자

청구권자는 후보자, 후보자가 되고자 하는 자, 정당이고, 그 상대방은 인터넷언론사이다(법§8의6④).

(나) 행사 요건

위 후보자 등이 인터넷언론사의 '왜곡된 선거보도'로 피해를 받은 경우이어야 한다(법§8의6④). 인터넷언론사에 대하여는 앞서 본 바와 같다.[20] '왜곡(歪曲)된 선거보도'는 선거에 관련된 어떤 사실에 관하여 전체적으로 보아서 선거인이 객관적 진실과 다르게 인식하도록 사실을 보도하는 것을 말하고, 그 태양으로는 일부 사실의 은폐나 일부 사실의 부가(附加) 또는 그 과장(誇張)·윤색(潤色) 등이 포함된다.

(다) 제척기간

그 기사게재가 있음을 안 날부터 **10일** 이내, 그 기사게재가 있은 날부터 **30일** 이내에 청구를 제기해야 한다(법§8의6④).

(라) 「언론중재 및 피해구제 등에 관한 법률」상 반론보도청구권과의 관계

<표 3-6>에서 보는 바와 같이 선거법과 「언론중재 및 피해구제 등에 관한 법률」의 인터넷언론사의 범위는 상이하게 규정되어 있는데, 전자의 경우는 선거의 공정성 확보하기 위하여 그 범위를 넓게 설정할 필요성이 있는 반면에, 후자의 경우는 언론보도 등으로 인한 중재 및 피해구제에 중점이 있어 그 범위를 확대하지 않은 것이다.

〈표 3-6〉 「언론중재 및 피해구제 등에 관한 법률」상 반론보도청구권과의 비교

구분	선거법상 반론보도청구권	「언론중재 및 피해구제 등에 관한 법률」상 반론보도청구권
청구권자	후보자, 후보자가 되고자 하는 자, 정당	언론보도 등으로 인한 피해자
피청구권자	위 인터넷언론사	선거법상 인터넷언론사 중 「신문 등의 진흥에 관한 법률」 제2조(정의) 제4호에 따른 인터넷신문사업자
신청 요건	'왜곡된 선거보도'로 피해를 받은 경우(사실적 주장에 한하지 않음)	**사실적 주장**에 관한 언론보도 등으로 인하여 피해를 입은 경우
반론보도 신청의 제척기간	그 선거보도가 있음을 안 날부터 **10일** 이내, 그 선거보도가 있은 날부터 **30일** 이내(먼저 도래하는 기간으로 제척기간 만료)	언론보도 등이 있음을 안 날부터 **3개월** 이내, 해당 언론보도 등이 있은 후 **6개월** 이내(먼저 도래하는 기간으로 제척기간 만료)

20 90~92면 참조.

(2) 반론보도청구의 절차·결정·집행

(가) 해당 인터넷언론사에 대한 반론보도청구와 그에 대한 협의

청구권자는 제척기간 이내에 서면(별지 제4호서식 반론보도청구서)으로 당해 기사게재를 한 인터넷언론사에 반론보도의 기사게재를 청구할 수 있다(법§8의6④). 이 반론보도청구는 인터넷언론사의 대표자에게 서면으로 해야 하며, 청구서에는 피해자의 성명·주소·전화번호 등의 연락처를 적고, 반론의 대상인 언론보도 등의 내용 및 반론을 청구하는 이유와 청구하는 반론보도문을 명시해야 한다(법§8의6⑦, 「언론중재 및 피해구제 등에 관한 법률」§15①본문). 또, 인터넷신문 및 인터넷뉴스서비스의 언론보도 등의 내용이 해당 인터넷홈페이지를 통하여 계속 보도 중이거나 매개 중인 경우에는 그 내용의 정정을 함께 청구할 수 있다(법§8의6⑦, 「언론중재 및 피해구제 등에 관한 법률」§15①단서).

이러한 청구를 받은 인터넷언론사는 그 청구를 받은 때에는 지체 없이 당해 정당이나 후보자 또는 그 대리인과 반론보도의 형식·내용·크기 및 횟수 등에 관하여 협의한 후, 이를 청구받은 때부터 12시간 이내에 당해 인터넷언론사의 부담으로 반론보도를 해야 한다(법§8의6⑤). 다만, 인터넷언론사는 각호의 어느 하나에 해당하는 사유가 있는 경우에는 인터넷언론사는 반론보도청구를 거부할 수 있다(법§8의6⑦, 「언론중재 및 피해구제 등에 관한 법률」§15④).

1. 피해자가 반론보도청구권을 행사할 정당한 이익이 없는 경우
2. 청구된 반론보도의 내용이 명백히 사실과 다른 경우
3. 청구된 반론보도의 내용이 명백히 위법한 내용인 경우
4. 반론보도의 청구가 상업적인 광고만을 목적으로 하는 경우
5. 청구된 반론보도의 내용이 국가·지방자치단체 또는 공공단체의 공개회의와 법원의 공개재판절차의 사실보도에 관한 것인 경우

(나) 인터넷선거보도심의위원회 심의·결정

반론보도 협의가 이루어지지 아니하는 경우에 당해 정당 또는 후보자는 인터넷선거보도심의위원회에 즉시 반론보도청구를 할 수 있으며, 인터넷선거보도심의위원회는 이를 심의하여 각하·기각 또는 인용결정을 한 후 당해 정당·후보자 및 인터넷언론사에 그 결정내용을 통지해야 한다(법§8의6⑥1문). 이

경우 반론보도의 인용결정을 하는 때에는 반론보도문의 내용·크기·횟수 기타 반론보도에 필요한 사항을 함께 결정해야 한다(법§8의6⑥2문). 특히, 인터넷선거보도심의위원회는 반론보도청구에 관한 심의를 위하여 필요하다고 인정되는 때에는 그 사실을 조사해야 하고, 이 경우 관련자 또는 관계 전문가의 의견을 청취할 수 있으며, 인터넷선거보도심의위원회는 그 인용 결정 통지를 한 때에는 해당 인터넷언론사에 대하여 그 이행여부를 확인하는 등 필요한 조치를 해야 한다(「인터넷선거보도심의위원회의 구성 및 운영에 관한 규칙」§23②,④).

실무상 선거보도가 아닌 경우, 인터넷언론사가 아닌 경우, 청구권자가 아닌 경우 또는 제척기간을 도과한 경우에는 각하결정을, 왜곡된 선거보도로 피해를 받은 것이 인정되지 않은 경우에는 기각결정을, 그 피해가 인정되는 경우에는 인용결정을 각각 한다.

(다) 협의되거나 결정된 반론보도의 집행

인터넷언론사가 하는 반론보도에는 원래의 보도 내용에 대해 반론보도를 하는 사실적 진술, 그 진술의 내용을 대표할 수 있는 제목과 이를 충분히 전달하는 데에 필요한 설명 또는 해명을 포함하되, 위법한 내용은 제외한다(법§8의6⑦, 「언론중재 및 피해구제 등에 관한 법률」§15⑤). 또한, 인터넷언론사가 하는 반론보도는 공정한 여론형성이 이루어지도록 그 사실공표 또는 보도가 이루어진 같은 장소에서 같은 효과를 발생시킬 수 있는 방법으로 해야 한다(법§8의4④, 「언론중재 및 피해구제 등에 관한 법률」§15⑥).

4. 벌 칙

선거법 제8조의6 제1항 또는 제3항에 따른 조치 또는 같은 조 제6항에 따른 반론보도의 결정의 통보를 받고도 지체 없이 이를 이행하지 아니한 자는 2년 이하의 징역 또는 1천500만 원 이하의 벌금에 처한다(법§256②4호).

5. 인터넷선거보도심의위원회를 통한 언론대응 종합

인터넷선거보도심의위원회를 통한 언론대응의 흐름을 종합적으로 도식화하면 [그림 3-3]과 같다.[21]

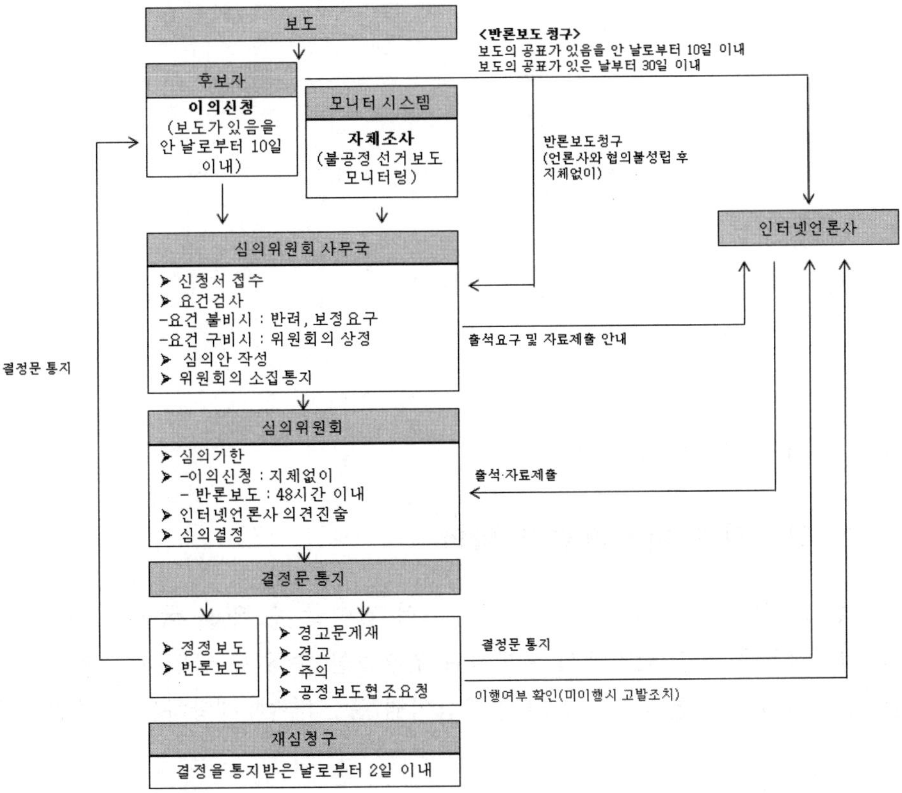

[그림 3-3] 인터넷선거보도심의위원회를 통한 언론대응의 흐름도

---

21 https://www.iendc.go.kr/information/information04.php

제 4 장 선거권·피선거권, 선거기간과 선거일

The Public Official Election Act

Ⅰ. 선거권과 피선거권

1. 선거권과 피선거권의 의의

선거권은 선거법상 선거에 주권자로서 참여할 수 있는 국민의 기본권이고, 피선거권은 각종 선거에서 후보자로 입후보할 수 있는 국민의 기본권을 말한다. 피선거권은 헌법 제27조의 공무담임권 중 일부에 해당하는 기본권이다.

2. 선거법상 선거권과 피선거권의 부여요건

현행 선거법은 <표 4-1>과 같이 선거권자와 피선거권자에 관하여 규정하고 있고, '지방자치단체장선거와 지방의회의원선거'에서의 '선거권'은 국민과 일정 요건의 외국인에게 부여하고 있고, 그 이외의 선거권과 각 선거의 피선거권은 국민에게만 부여하고 있다. 여기서 선거권자와 피선거권자의 연령은 선거일 현재로 산정한다(법§17).

〈표 4-1〉 선거법상 선거권과 피선거권

<table>
<tr><th rowspan="2">구분</th><th rowspan="2">대통령 선거</th><th colspan="2">국회의원선거</th><th rowspan="2">지방자치단체장선거/ 지방의회의원선거</th></tr>
<tr><th>비례대표국회의원</th><th>지역구국회의원</th></tr>
<tr><td>선거권 (법§15)</td><td>19세 이상의 국민</td><td>19세 이상의 국민</td><td>19세 이상의 국민으로,
• 「주민등록법」 제6조[1] 제1항 제1호 또는 제2호에 해당하는 사람으로서 해당 국회의원지역선거구 안에 주민등록이 되어 있는 사람
• 「주민등록법」 제6조 제1항 제3호에 해당하는 사람으로서 주민등록표에 3개월 이상 계속하여 올라 있고 해당 국회의원지역선거구 안에 주민등록이 되어 있는 사람</td><td>19세 이상의 사람으로 선거일명부작성기준일 현재,
• 「주민등록법」 제6조 제1항 제1호 또는 제2호에 해당하는 사람으로서 지방자치단체의 관할 구역에 주민등록이 되어 있는 사람
• 「주민등록법」 제6조 제1항 제3호에 해당하는 사람으로서 주민등록표에 3개월 이상 계속하여 있고 해당 지방자치단체의 관할구역에 주민등록이 되어 있는 사람
• 「출입국관리법」 제10조에 따른 영주의 체류자격 취득일 후 3년이 경과한 외국인으로서 같은 법 제34조에 따라 해당 지방자치단체의 외국인등록대장에 올라 있는 사람</td></tr>
<tr><td>피선거권 (법§16)</td><td>선거일 현재 5년 이상 국내에 거주하고 있는 40세 이상의 국민</td><td colspan="2">25세 이상의 국민</td><td>선거일 현재 계속하여 60일 이상(공무로 외국에 파견되어 선거일 전 60일 후에 귀국한 자는 선거인명부작성기준일부터 계속하여 선거일까지) 해당 지방자치단체의 관할구역에 주민등록이 되어 있는 주민으로서 25세 이상의 국민</td></tr>
</table>

1 제6조(대상자) ① 시장·군수 또는 구청장은 30일 이상 거주할 목적으로 그 관할 구역에 주소나 거소(이하 '거주지'라 함)를 가진 다음 각호의 사람(이하 '주민'이라 함)을 이 법의 규정

지방자치단체장선거 및 지방의회의원선거에서의 피선거권과 관련하여(즉 선거법 제16조 제3항 전단의 경우에) 지방자치단체의 사무소 소재지가 다른 지방자치단체의 관할 구역에 있어 해당 지방자치단체의 장의 주민등록이 다른 지방자치단체의 관할 구역에 있게 된 때에는 해당 지방자치단체의 관할 구역에 주민등록이 되어 있는 것으로 본다(법§16④). 대통령의 피선거권의 경우 선거일 **현재 5년** 이상 국내에 거주하고 있어야 하는데, 이 경우 공무로 외국에 파견된 기간과 국내에 주소를 두고 일정기간 외국에 체류한 기간은 국내거주기간으로 본다(법§16①). 이와 관련하여 중앙선관위는 「재외동포의 출입국과 법적 지위에 관한 법률」에 따른 국내거소신고 여부를 불문하고 생활의 근거지를 국내에 둔 기간을 의미한다고 하였다(2011. 3. 30. 중앙선관위 질의회답).

그리고 지역구국회의원선거에서의 선거권, 지방자치단체장선거 및 지방의회의원선거에서의 선거권과 피선거권에서 '주민등록이 되어 있는' 사람 또는 주민은 실제 거주까지 요건으로 하는 것은 아니다(대법원 1992. 9. 22. 선고 92우18 판결).

3. 주요국의 선거권과 피선거권 현황

주요국의 선거권과 피선거권 현황은 <표 4-2>와 <표 4-3>과 같다.[2]

에 따라 등록하여야 한다. 다만, 외국인은 예외로 한다.
1. 거주자: 거주지가 분명한 사람(제3호의 재외국민은 제외)
2. 거주불명자: 제20조 제6항에 따라 거주불명으로 등록된 사람
3. 재외국민: 「재외동포의 출입국과 법적 지위에 관한 법률」 제2조 제1호에 따른 국민으로서 「해외이주법」 제12조에 따른 영주귀국의 신고를 하지 아니한 사람 중 다음 각 목의 어느 하나의 경우
   가. 주민등록이 말소되었던 사람이 귀국 후 재등록 신고를 하는 경우
   나. 주민등록이 없었던 사람이 귀국 후 최초로 주민등록 신고를 하는 경우

② 제1항의 등록에서 영내(營內)에 기거하는 군인은 그가 속한 세대의 거주지에서 본인이나 세대주의 신고에 따라 등록하여야 한다.

2 중앙선관위, 『외국의 선거제도 비교분석집』, 2008, 101면(선거권) 및 118면(피선거권)에서 인용함.

〈표 4-2〉 주요국의 선거권 현황

구분 국가명	선거 연령	시민권 요건	국내 거주 요건	선거구 거주요건	해외 거주자 선거권	정신 박약자 선거권	수감자 선거권
영국	18세	○	×	3개월 (북아일랜드)	○	×	×
미국	18세	○	×	주마다 상이 (10일~50일)	○	×	× (중범죄, 선거범)
프랑스	18세	○	×	6개월	○	○	× (특정범죄)
독일	18세	○	3개월	×	○	○	○
일본	20세	○	×	× (지방선거3 개월)	○	○	× (특정범죄)
이탈리아	18세	○	×	×	○	○	×
스페인	18세	○	×	×	–	×	× (특정범죄)
스웨덴	18세	○	×	×	○	○	○
스위스	18세	○	×	×	○	×	○
캐나다	18세	○	×	×	○ (5년 동안)	○	× (2년 초과 형량)
멕시코	18세	○	×	×	○	○	×
브라질	16세(임의) 18세(의무)	○	×	×	○	×	×
필리핀	18세	○	1년	6개월	○	×	× (1년 이상 형량)
호주	18세	○	×	×	○	×	× (5년 이상 형량)

〈표 4-3〉 주요국의 피선거권 현황

구분 / 국가명	연령	시민권요건 거주요건
영국	21세	시민권자
미국	30세(상원) 25세(하원)	시민권 9년(상원) 시민권 7년(하원)
프랑스	30세(상원) 23세(하원)	시민권자
독일	18세	시민권자
일본	30세(참의원) 25세(중의원)	시민권자
이탈리아	40세(상원) 25세(하원)	시민권자
스페인	18세	시민권자
스웨덴	18세	시민권자
스위스	18세	시민권자
캐나다	30세(상원) 18세(하원)	시민권자
멕시코	30세(상원) 21세(하원)	시민권자 선거구 6개월 거주
브라질	35세(상원) 21세(하원)	출생국민 선거구거주
필리핀	35세(상원) 25세(하원)	출생국민 선거구 2년 거주
호주	18세	시민권자

4. 선거법상 선거권이 없는 자

가. 개 관

선거일 현재 다음 각호의 어느 하나에 해당하는 사람은 선거권이 없다(법 §18①).

1. 금치산선고를 받은 자
2. 1년 이상의 징역 또는 금고의 형의 선고를 받고 그 집행이 종료되지 아니하거나 그 집행을 받지 아니하기로 확정되지 아니한 사람, 다만, 그 형의 집행유예를 선고받고 유예기간 중에 있는 사람은 제외한다.
3. 선거범(선거법 벌칙에 규정된 죄와 「국민투표법」 위반죄를 범한 자), 「정치자

금법」 제45조[3](정치자금부정수수죄) 및 제49조[4](선거비용관련 위반행위에

3 제45조(정치자금부정수수죄) ① 이 법에 정하지 아니한 방법으로 정치자금을 기부하거나 기부받은 자(정당·후원회·법인 그 밖에 단체에 있어서는 그 구성원으로서 당해 위반행위를 한 자를 말함. 이하 같음)는 5년 이하의 징역 또는 1천만 원 이하의 벌금에 처한다. 다만, 정치자금을 기부하거나 기부받은 자의 관계가 「민법」 제777조(친족의 범위)의 규정에 의한 친족인 경우에는 그러하지 아니하다.
② 다음 각호의 어느 하나에 해당하는 자는 5년 이하의 징역 또는 1천만 원 이하의 벌금에 처한다.
1. 제6조(후원회지정권자)의 규정에 의한 후원회지정권자가 아닌 자로서 정치자금의 기부를 목적으로 후원회나 이와 유사한 기구를 설치·운영한 자
2. 제11조(후원인의 기부한도 등) 제1항의 규정을 위반하여 기부한 자와 제11조 제2항, 제12조(후원회의 모금·기부한도) 제1항·제2항 또는 제13조(연간 모금·기부한 도액에 관한 특례)제1항의 규정을 위반하여 후원금을 받거나 모금 또는 기부를 한 자
3. 제14조(후원금 모금방법) 내지 제16조(정치자금영수증과의 교환에 의한 모금) 제1항의 규정을 위반하여 고지·광고하거나 후원금을 모금한 자
4. 제22조(기탁금의 기탁) 제1항의 규정을 위반하여 선관위에 기탁하지 아니하고 정치자금을 기부하거나 받은 자
5. 제31조(기부의 제한) 또는 제32조(특정행위와 관련한 기부의 제한)의 규정을 위반하여 정치자금을 기부하거나 받은 자
6. 제33조(기부의 알선에 관한 제한)의 규정을 위반하여 정치자금의 기부를 받거나 이를 알선한 자
③ 제1항 및 제2항의 경우 그 제공된 금품 그 밖에 재산상의 이익은 몰수하며, 이를 몰수할 수 없을 때에는 그 가액을 추징한다.

4 「정치자금법」 제49조(선거비용관련 위반행위에 관한 벌칙) ① 회계책임자가 정당한 사유 없이 선거비용에 대하여 제40조(회계보고) 제1항·제2항의 규정에 의한 회계보고를 하지 아니하거나 허위기재·위조·변조 또는 누락(선거비용의 수입·지출을 은닉하기 위하여 누락한 경우를 말함)한 자는 5년 이하의 징역 또는 2천만 원 이하의 벌금에 처한다.
② 선거비용과 관련하여 다음 각호의 어느 하나에 해당하는 자는 2년 이하의 징역 또는 400만 원 이하의 벌금에 처한다.
1. 제2조(기본원칙) 제4항의 규정을 위반한 자
2. 제34조(회계책임자의 선임신고 등) 제1항·제4항 제1호 또는 제35조(회계책임자의 변경신고 등) 제1항의 규정을 위반하여 회계책임자·예금계좌를 신고하지 아니한 자
3. 제36조(회계책임자에 의한 수입·지출) 제1항·제3항·제5항의 규정을 위반한 자, 동조 제2항의 규정을 위반하여 신고된 예금계좌를 통하지 아니하고 수입·지출한 자와 동조 제4항의 규정을 위반하여 예금계좌에 입금하지 아니하는 방법으로 지급한 자
4. 제36조 제6항의 규정을 위반하여 선거비용의 지출에 관한 내역을 통지하지 아니한 자
5. 제37조(회계장부의 비치 및 기재) 제1항의 규정을 위반하여 회계장부를 비치·기재하지 아니하거나 허위기재·위조·변조한 자
6. 제39조(영수증 그 밖의 증빙서류) 본문의 규정에 의한 영수증 그 밖의 증빙서류를 허위기재·위조·변조한 자
7. 제40조 제4항 제3호의 규정을 위반하여 예금통장 사본을 제출하지 아니한 자
8. 제43조 제2항을 위반하여 선관위의 보고 또는 자료의 제출 요구에 정당한 사유없이 응하지 아니하거나 보고 또는 자료의 제출을 허위로 한 자
9. 제44조(회계장부 등의 인계·보존) 제1항의 규정을 위반한 자
③ 선거비용과 관련하여 다음 각호의 어느 하나에 해당하는 자는 200만 원 이하의 과태료에

관한 벌칙)에 규정된 죄를 범한 자 또는 대통령·국회의원·지방의회의원·지방자치단체장으로서 그 재임 중의 직무와 관련하여 「형법」(「특정범죄가중처벌 등에 관한 법률」 제2조에 의하여 가중처벌되는 경우를 포함) 제129조(수뢰, 사전수뢰) 내지 제132조(알선수뢰)·「특정범죄가중처벌 등에 관한 법률」 제3조(알선수재)에 규정된 죄를 범한 자로서, 100만 원 이상의 벌금형의 선고를 받고 그 형이 확정된 후 5년 또는 형의 집행유예의 선고를 받고 그 형이 확정된 후 10년을 경과하지 아니하거나 징역형의 선고를 받고 그 집행을 받지 아니하기로 확정된 후 또는 그 형의 집행이 종료되거나 면제된 후 10년을 경과하지 아니한 자(형이 실효된 자도 포함)

4. 법원의 판결 또는 다른 법률에 의하여 선거권이 정지 또는 상실된 자

나. 구체적 내용

(1) 금치산선고를 받은 자

'심신상실의 상태에 있는 자'에 대하여 금치산선고를 하게 되는데, 현재는 「민법」이 개정되어 금치산제도는 폐지되고, 그 대신에 '질병, 장애, 노령, 그 밖의 사유로 인한 정신적 제약으로 사무를 처리할 능력이 지속적으로 결여된 사람'에 대하여 성년후견개시의 심판을 선고하는 성년후견제도가 도입되었고(「민법」§9),[5] 그 성년후견의 대상이 되는 사람을 피성년후견인이라고 칭한다. 그럼에도 불구하고 선거법은 이러한 민법의 개정내용을 반영하여 '피성년후견인'이라는 용어 대신에 여전히 '금치산자'라는 용어를 사용하고 있다. 속히 시정되어야 할 입법의 지체(遲滯)라고 본다.

그런데, 선거법 제18조 제1항 제1호는 '금치산선고를 받은 자'는 선거권이

처한다.

1. 제34조 제1항·제3항 또는 제35조 제1항의 규정을 위반하여 회계책임자의 선임·변경·겸임신고를 해태한 자
2. 제34조 제4항 제2호의 규정에 의한 약정서를 제출하지 아니한 자
3. 제35조 제2항의 규정을 위반하여 인계·인수서를 작성하지 아니한 자
4. 제40조 제5항의 규정을 위반한 자

5 다만, 성년후견제도가 시행된 2013년 7월 1일 당시 이미 금치산 또는 한정치산의 선고를 받은 사람에 대하여는 종전의 규정을 적용하므로 과도기적으로 금치산자가 존재한다(「민법」 제10429호 부칙§1,2①).

없다고 규정하면서 선거권이 없는 기간의 종기를 규정하지 않고 있으므로 금치산 선고가 취소되지 않는 한(피성년후견인의 경우에는 성년후견 종료의 심판이 되지 않는 한) 선거권을 회복할 수 없다고 해석된다.[6]

(2) 금고 이상의 형의 선고를 받고 그 집행이 종료되지 아니하거나 그 집행을 받지 아니하기로 확정되지 아니한 자[7]

여기서 '집행이 종료되지 않은 자'는 금고 이상의 실형을 선고받고 복역 중에 있거나 가석방된 자로서 잔여형기[8]가 경과하지 않은 자를 말하고, 금고 이상의 **집행유예를 선고** 받은 자는 여기에 포함되지 않는다. 또한, '금고 이상의 형의 선고를 받고 그 집행을 받지 아니하기로 확정되지 아니한 자'에는 금고 이상의 실형을 선고 받은 자로서 형의 시효에 의하여 형의 집행이 면제될 때까지 사이의 자, 일반사면 또는 특별사면에 의하여 형의 선고의 효력을 상실하거나 형의 집행이 면제되기까지 사이의 자, 집행유예의 선고를 받은 경우에는 그 선고의 실효 또는 취소됨이 없이 유예기간을 경과하여 형의 선고의 효력이 잃게 되기까지 사이의 자 등이 포함된다(대법원 1998. 2. 13. 선고 97누18042 판결).

이와 관련하여 중앙선관위는 무기형을 선고받고 18년간 복역 중 20년형

6 홍남희, "피성년후견인의 선거권 등 제한에 대한 법적 고찰", 사회보장법연구 제4권 제1호(2015. 6), 39면. 이러한 해석과 관련하여 홍남희 변호사는, 정신적 제약으로 사무를 처리할 능력이 지속적으로 결여된 사람으로 하여금 사무처리에서의 도움(성년후견 개시)과 선거권 행사의 양자 중 하나를 선택하지 않을 수 없게 만드는 결과를 초래하고, 정신적 제약으로 사무를 처리할 능력이 없다고 하여 선거를 할 수 없는 것은 아니므로 성년후견이 개시되어도 선거권 행사에는 문제가 없는 사람들에게 선거권을 행사하고 싶으면 성년후견제도를 이용하지 말고 성년후견제도를 이용하고 싶으면 선거권을 지속적으로 포기하라고 하는 부당한 선택을 강요하는 것이라고 하여 부당하고 비판한다. 한편, 우리나라보다 10여 년 전에 성년후견제도를 도입한 일본도 금치산자에게 선거권을 부여하지 않는 공직선거법 규정 중 '금치산자'를 '피성년후견인'으로 명칭만 바꾸는 개정이 이루어진 채로, '피성년후견인'에게 선거권을 부여하지 않는 상황은 그대로 이어졌다. 그러던 중 2013년에 피성년후견인에게 선거권을 부여하지 않는 위 공직선거법 규정이 피성년후견인의 선거권을 침해하여 위헌이라는 주장이 소송을 통해 제기되었고, 이 소송의 1심을 담당한 도쿄 지방재판소는 위 공직선거법 규정을 위헌으로 판시하였고, 이 판결의 여파로 인하여 피성년후견인에게도 선거권을 인정하는 공직선거법 개정이 이루어졌다(홍남희, 앞의 논문, 15~19면 참조).

7 앞서 본 바와 같이 '수형자 부분'에 대하여는 헌법불합치 결정이, '집행유예자 부분'에 대하여는 위헌결정이 선고되었다. 이로써 수형자 부분(금고 이상의 형의 선고를 받고 그 집행이 종료되지 아니한 자)은 2015. 12. 31.을 시한으로 입법자가 개정할 때까지 계속 적용되나, 집행유예자 부분은 2014. 1. 28.부로 효력을 상실하였다.

8 무기형에 대하여는 10년, 유기형에 대해서는 남은 형기를 말한다(「형법」§73조의2).

으로 특별감형(93. 3. 6) 되어, 그 후 1996. 8. 15. 가석방으로 출소한 후 1998년 대통령 취임과 함께 특별사면된 경우에 무기징역의 판결을 받은 자는 「형법」 제43조에 따라 공법상의 선거권을 상실하고, 「사면법」 제5조 제2호 및 제4호에 따르면 형의 변경이 있거나 형의 언도의 효력을 상실케 하는 경우를 제외하고는 특별감형이나 특별사면은 형의 집행을 경감하거나 형의 집행을 면제하는 것에 그치므로 선거권을 행사할 수 없고, 다만, 「형의 실효 등에 관한 법률」 제7조 또는 「형법」 제81조에 따라 형이 실효되거나 「사면법」 제5조에 따라 일반사면 또는 복권이 되는 때에는 선거권을 회복하게 되므로 이후 선거에서는 선거권을 행사할 수 있을 것이라고 하였다(2008. 3. 3. 중앙선관위 질의회답).

(3) 선거법 등에 대한 일정한 형의 선고가 확정된 경우

(가) 주 체

선거범(선거법 벌칙에 규정된 죄와 「국민투표법」 위반죄를 범한 자), 「정치자금법」 제45조(정치자금부정수수죄) 및 제49조(선거비용관련 위반행위에 관한 벌칙)에 규정된 죄를 범한 자 또는 대통령·국회의원·지방의회의원·지방자치단체장으로서 그 재임 중의 직무와 관련하여 「형법」(「특정범죄가중처벌 등에 관한 법률」 제2조에 의하여 가중처벌되는 경우를 포함) 제129조(수뢰, 사전수뢰) 내지 제132조(알선수뢰)·「특정범죄가중처벌 등에 관한 법률」 제3조(알선수재)에 규정된 죄를 범한 자이다.

(나) 추가적인 선거권 상실 요건

100만 원 이상의 벌금형의 선고를 받고 그 형이 확정된 후 5년 또는 형의 집행유예의 선고를 받고 그 형이 확정된 후 10년을 경과하지 아니하거나 징역형의 선고를 받고 그 집행을 받지 아니하기로 확정된 후 또는 그 형의 집행이 종료되거나 면제된 후 10년을 경과하지 아니한 자(형이 실효된 자도 포함)이어야 한다. 위 벌금형 또는 집행유예의 경우 확정된 다음날부터 그 초일을 산입하여 5년 또는 10년을 경과하였는지를 따져야 할 것이다. 여기서 징역형의 '집행종료'는 실형을 선고받고 '만기출소'하거나 '가석방되어 잔여형기가 경과'한 경우를 말하고, 징역형의 '집행면제'는 집행되던 형을 도중에 더 이상 형의 집행을 하지 않기로 하는 조치를 말하며, 여기에는 재판확정 후 법률의 변경에

의하여 그 행위가 범죄를 구성하지 아니한 경우(「형법」§1③), 형을 선고한 판결이 확정된 자에 대하여 형의 시효의 완성된 경우(「형법」§77), 「사면법」에 따른 특별사면이 있는 경우(「사면법」§5①2호본문)가 포함된다.

(4) 법원의 판결 또는 다른 법률에 의하여 선거권이 정지 또는 상실된 자

「형법」에 의하면 사형, 무기징역 또는 무기금고의 판결을 받은 자는 선거권과 피선거권이 상실된다(「형법」§43①). 또 유기징역 또는 유기금고의 판결을 받은 자는 그 형의 집행이 종료되거나 면제될 때까지 선거권과 피선거권이 정지된다(「형법」§43②[9]). 특히 「국가보안법」 위반죄의 경우 유기징역형을 선고할 때에는 그 형의 장기 이하의 자격정지를 병과할 수 있다(「국가보안법」§14).

(5) 형의 분리선고

(가) 의 의

i) 선거범죄·정치자금부정수수죄·뇌물범 등과 다른 죄가 경합범인 경우이거나, ii) 선거사무장 등에 대하여 선거법 제263조 및 제265조에 규정된 죄와 선거법 제18조 제1항 제3호에 규정된 죄의 경합범으로 징역형 또는 300만 원 이상의 벌금형을 선고하는 경우에는 「형법」 제38조[10]에도 불구하고 이를 분리하여 선고하는 것을 말한다(법§18③). i)의 분리선고는 선거범죄가 아닌 다른 범죄가 선거관련범죄의 양형에 영향을 미치는 것을 차단함으로써 당선무효결정의 합리성을 보장하기 위한 것이다.[11] ii)의 분리선고는 선거사무장 등에 대하여 300만 원 이상의 벌금형 또는 징역형의 당선무효형의 선고가 있는 경우에 그 후보자의 당선이 무효로 되는데, 그 선거사무장 등에 대한 당

---

9 이와 관련하여 구 「형법」 제43조 제2항 중 수형자와 집행유예자의 '공법상의 선거권'에 관한 부분에 대하여 헌법불합치와 위헌결정이 있음은 앞서 본 바와 같다(27면 참조).

10 제38조(경합범과 처벌례) ① 경합범을 동시에 판결할 때에는 다음의 구별에 의하여 처벌한다.
1. 가장 중한 죄에 정한 형이 사형 또는 무기징역이나 무기금고인 때에는 가장 중한 죄에 정한 형으로 처벌한다.
2. 각 죄에 정한 형이 사형 또는 무기징역이나 무기금고 이외의 동종의 형인 때에는 가장 중한 죄에 정한 장기 또는 다액에 그 2분의 1까지 가중하되 각 죄에 정한 형의 장기 또는 다액을 합산한 형기 또는 액수를 초과할 수 없다. 단 과료와 과료, 몰수와 몰수는 병과할 수 있다.
3. 각 죄에 정한 형이 무기징역이나 무기금고 이외의 이종의 형인 때에는 병과한다.
② 전항 각호의 경우에 있어서 징역과 금고는 동종의 형으로 간주하여 징역형으로 처벌한다.

11 『선거사범의 처벌과 당선무효에 관한 비교법적 연구』, 형사정책연구원, 2006, 125면.

선무효형의 대상범죄로 규정된 이외의 범죄가 그 대상범죄의 양형에 미치는 것을 차단함으로써 역시 당선무효결정의 합리성을 보장하기 위한 것으로, 이는 아래 2008도4986 판결이 있은 다음인 2010. 1. 25. 입법화된 것이다.

요컨대, ⅰ)의 분리선고는 선거범죄와 비선거범죄 사이에 분리선고를, ⅱ)의 분리선고는 선거범죄 중에서 선거법 제263조 및 제265조에 규정된 죄와 기타 선거범죄에 대하여 분리선고하는 것이고, 그 이외의 경우에는 「형법」 제38조에 따라 경합범 가중을 하여 처벌을 해야 한다.

(나) 분리선거의 내용

㉮ 선거범죄 등과 다른 죄의 경합범에 대한 분리선고

「형법」 제38조에도 불구하고 제1항 제3호에 규정된 죄와 다른 죄의 경합범에 대하여는 이를 분리 선고한다(법§18③전단). 이와 관련하여, 어느 하나의 행위가 선거범죄와 비선거범죄에 해당하는 경우에 이는 과형상 일죄(상상적 경합)로 가장 중한 죄의 형으로 처벌되게 되는데(「형법」§40), 이런 경우에는 전체 범죄가 선거범죄로 취급되어야 할 것이다. 판례도 "선거범과 상상적 경합관계에 있는 다른 범죄에 대하여는 여전히 「형법」 제40조에 의하여 그중 가장 중한 죄에 정한 형으로 처벌해야 하고, 이때 「공직선거 및 선거부정방지법」에서 선거범을 달리 취급하는 입법 취지와 그 조항의 개정 연혁에 비추어 볼 때 그 처벌받는 가장 중한 죄가 선거범인지 여부를 묻지 않고 선거범과 상상적 경합관계에 있는 모든 죄는 통틀어 선거범으로 취급해야 할 것이다"고 판시한 바 있다(대법원 1999. 4. 23. 선고 99도636 판결[12]).

㉯ 선거범죄 사이에의 분리선고(= 선거사무장 등에 대한 분리선고)

선거사무장·선거사무소의 회계책임자(선거사무소의 회계책임자로 선임·신고되지 아니한 사람으로서 후보자와 통모하여 해당 후보자의 선거비용으로 지출한 금액이 선거비용제한액의 3분의 1 이상에 해당하는 사람을 포함) 또는 후보자(후보자가 되려는 사람을 포함)의 직계존비속 및 배우자에게 제263조 및 제265조에 규정된 죄와 선거법 제18조 제1항 제3호에 규정된 죄의 경합범으로 징역형 또는 300

12 본 판례에 대한 자세한 해설은, 이태종, "선거범과 상상적 경합관계에 있는 비선거범의 취급", 대법원판례해설 제32호(1999), 700면 이하 참조.

만 원 이상의 벌금형을 선고하는 때(선거사무장, 선거사무소의 회계책임자에 대하여는 선임·신고되기 전의 행위로 인한 경우를 포함)에는 이를 분리 선고해야 한다(법§18③후단[13]).

5. 선거법상 피선거권이 없는 자

가. 개 관

선거일 현재 다음 각호의 어느 하나에 해당하는 자는 피선거권이 없다(법§19).

1. 제19조(선거권이 없는 자) 제1항 제1호·제3호 또는 제4호에 해당하는 자
2. 금고 이상의 형의 선고를 받고 그 형이 실효되지 아니한 자
3. 법원의 판결 또는 다른 법률에 의하여 피선거권이 정지되거나 상실된 자
4. 「국회법」 제166조(국회 회의 방해죄)의 죄를 범한 자로서 다음 각 목의 어느 하나에 해당하는 자(형이 실효된 자를 포함)
   가. 500만 원 이상의 벌금형의 선고를 받고 그 형이 확정된 후 5년이 경과되지 아니한 자
   나. 형의 집행유예의 선고를 받고 그 형이 확정된 후 10년이 경과되지 아니한 자
   다. 징역형의 선고를 받고 그 집행을 받지 아니하기로 확정된 후 또는 그 형의 집행이 종료되거나 면제된 후 10년이 경과되지 아니한 자
5. 제230조 제6항의 죄를 범한 자로서 벌금형의 선고를 받고 그 형이 확정된 후 10년을 경과하지 아니한 자(형이 실효된 자도 포함)

---

13 위와 같은 분리선고 규정이 없을 때에 판례는, "판결이 확정되지 아니한 수개의 죄를 동시에 판결할 때에는 「형법」 제38조가 정하는 처벌례에 따라 처벌해야 하므로, 경합범으로 공소제기된 수개의 죄에 대하여 「형법」 제38조의 적용을 배제하고 위 처벌례와 달리 따로 형을 선고하려면 예외를 인정한 명문의 규정이 있어야 한다. 공직선거법 제18조 제3항은 선거범이 아닌 다른 죄와 선거범 사이에 따로 형을 선고하도록 규정하고 있을 뿐, 당선무효사유에 해당하는 선거범과 그 밖의 선거범을 분리하여 형을 선고하도록 규정하고 있지는 않고 달리 그와 같은 규정을 두고 있지도 아니하므로, 그 제265조가 정하는 선거범을 그 밖의 선거범과 분리하여 형을 선고할 수는 없고 다른 경합범과 마찬가지로 「형법」 제38조가 정하는 처벌례에 따라 형을 선고해야 한다"고 판시하였다(대법원 2009. 1. 30. 선고 2008도4986 판결).

나. 구체적 내용

(1) 제2호 사유

형의 실효란 형의 선고가 있었다는 사실에 따르는 불이익을 장래에 향하여 소멸시키는 제도로, 신청에 의한 형의 실효와 법률상 당연히 발생하는 형의 실효가 있다.[14] 전자의 경우에는 「형법」 제81조의 경우와 제82조의 경우가 있다. 즉, 징역 또는 금고의 집행을 종료하거나 집행이 면제된 자가 피해자의 손해를 보상하고 자격정지 이상의 형을 받음이 없이 7년을 경과한 때에는 본인 또는 검사의 신청에 의하여 그 재판의 실효를 선고할 수 있다(「형법」§81). 자격정지의 선고를 받은 자가 피해자의 손해를 보상하고 자격정지 이상의 형을 받음이 없이 정지기간의 2분의 1을 경과한 때에는 본인 또는 검사의 신청에 의하여 자격의 회복을 선고할 수 있다(「형법」§82). 후자의 경우로는 「형의 실효 등에 관한 법률」에 의한 경우가 있다. 즉 동법 제7조에 따르면, 수형인이 자격정지 이상의 형을 받지 아니하고 형의 집행을 종료하거나 그 집행이 면제된 날부터, 3년을 초과하는 징역·금고에 대하여는 10년, 3년 이하의 징역·금고에 대하여는 5년, 벌금에 대하여는 2년의 기간이 각각 경과한 때에 그 형은 실효된다. 다만, 구류와 과료는 형의 집행을 종료하거나 그 집행이 면제된 때에 그 형이 실효된다. 또한 하나의 판결로 여러 개의 형이 선고된 경우에는 각 형의 집행을 종료하거나 그 집행이 면제된 날부터 가장 무거운 형에 대한 제1항의 기간이 경과한 때에 형의 선고는 효력을 잃는다(동법§7②본문). 다만, 제1항 제1호 및 제2호를 적용할 때 징역과 금고는 같은 종류의 형으로 보고 각 형기를 합산한다(동법§7②단서).

위 기간의 경과와 관련하여 그 기간이 경과하기 이전에 자격정지 이상의 형의 선고를 받은 사실이 있는 경우에는 그 형을 기준으로 위 기간을 다시 산정해야 한다는 것이 중앙선관위의 판단이다(1991. 6. 17. 중앙선관위 질의회답). 또한 「특정범죄 가중처벌 등에 관한 법률」 위반(알선수재)죄로 2004. 6. 8. 징역 5년을 선고받고 그 판결이 2004. 10. 8. 확정되었으며, 2006. 8. 15. 특별감형되어 2007. 8. 15. 종료된 경우에는 금고 이상의 형의 선고를 받고 그 집행이 종

14 신동운, 『형법총론』, 법문사, 2011, 842면.

료되었으나 그 형이 실효되지 아니하였으므로 2008. 4. 9. 실시하는 제18대 국회의원선거의 선거권은 있으나 피선거권은 없는 자에 해당한다고 하였다 (2008. 1. 29. 중앙선관위 질의회답).

(2) 제4호 사유

국회선진화법에 따라 2013. 8. 13. 시행된 「국회법」은 국회에서의 폭력을 근절하기 위하여 국회회의방해죄를 제166조로 신설하였다. 즉, 동조 제1항은 "제165조를 위반하여 국회의 회의를 방해할 목적으로 회의장 또는 그 부근에서 폭행, 체포·감금, 협박, 주거침입·퇴거불응, 재물손괴의 폭력행위를 하거나 이러한 행위로 의원의 회의장 출입 또는 공무의 집행을 방해한 자는 5년 이하의 징역 또는 1천만 원 이하의 벌금에 처한다"고, 제2항은 "제165조를 위반하여 국회의 회의를 방해할 목적으로 회의장 또는 그 부근에서 사람을 상해하거나, 폭행으로 상해에 이르게 하거나, 단체 또는 다중의 위력을 보이거나 위험한 물건을 휴대하여 사람을 폭행 또는 재물을 손괴하거나, 공무소에서 사용하는 서류 기타 물건 또는 전자기록 등 특수매체기록을 손상·은닉 기타 방법으로 그 효용을 해한 자는 7년 이하의 징역 또는 2천만 원 이하의 벌금에 처한다"고 규정하고 있다.

이러한 「국회법」 제166조를 범한 자로서, 다음 각 목의 어느 하나에 해당하는 자(형이 실효된 자를 포함)는 피선거권이 없다.

가. 500만 원 이상의 벌금형의 선고를 받고 그 형이 확정된 후 5년이 경과되지 아니한 자
나. 형의 집행유예의 선고를 받고 그 형이 확정된 후 10년이 경과되지 아니한 자
다. 징역형의 선고를 받고 그 집행을 받지 아니하기로 확정된 후 또는 그 형의 집행이 종료되거나 면제된 후 10년이 경과되지 아니한 자

(3) 제5호 사유

제47조의2(정당의 후보자추천 관련 금품수수금지) 제1항 또는 제2항을 위반한 자는 5년 이하의 징역 또는 500만 원 이상 3천만 원 이하의 벌금에 처하는데 (법§230⑥), 이러한 범죄를 범한 자로서 벌금형의 선고를 받고 그 형이 확정된

후 10년을 경과하지 아니한 자(형이 실효된 자도 포함)도 선거권이 없다. 이는 동조 제1호에 의한 제18조 제3호에 대한 특칙이다.

Ⅱ. 선거기간, 선거운동기간

1. 선거기간

선거기간은 '대통령선거'에서는 '후보자등록마감일의 다음 날부터 선거일'까지로 **23일**이고, '국회의원선거'와 '지방자치단체의 의회의원 및 장'의 선거에서는 '후보자등록마감일 후 6일'부터 '선거일'까지로 **14일**이다(법§33). 이 선거기간을 기준으로 하여 선거법상 각종 규제 기간 등이 설정되어 있다.

2. 선거운동기간

선거운동기간은 선거법상 선거운동을 할 수 있는 기간으로, '선거기간개시일부터 선거일 **전일**'까지의 기간을 말한다(법§59). 선거기간은 선거일(투표일)을 포함하지만, 선거운동기간은 선거일이 제외된 기간이다.

Ⅲ. 투표와 선거일·투표일

1. 투 표

투표는 선거법상 각종 선거, 「지방교육자치에 관한 법률」상 교육감선거에서 특정 후보자를 지지하여 대의기관으로 선출하는 구체적 의사표시이다. 또, 헌법 제72조의 규정에 의한 외교·국방·통일 기타 국가안위에 관한 중요정책과 동법 제130조의 규정에 의한 헌법개정안에 대한 국민투표(「국민투표법」 §1), 주민에게 과도한 부담을 주거나 중대한 영향을 미치는 지방자치단체의 주요결정사항으로서 그 지방자치단체의 조례로 정하는 사항(「주민투표법」§7)과

지방자치단체의 폐치·분합 또는 구역변경, 주요시설의 설치 등 국가정책의 수립(「주민투표법」§8)에 관한 주민투표, 지방자치단체장 및 지방의회의원(비례대표 지방의회의원은 제외)의 소환 여부에 관한 주민투표(「지방자치법」§20, 「주민소환에 관한 법률」§1)에서 그에 대한 의사표시도 투표의 일종이다.

2. 선거일·투표일

가. 투표일

투표일은 선거일과 같은 용어로 흔히 일상생활에서 선거일보다 더 관례적으로 쓰는 용어이다.

나. 선거일

(1) 임기만료에 의한 선거일

임기만료에 의한 선거의 선거일은 다음 각호와 같다(법§34①). 다만 선거일이 국민생활과 밀접한 관련이 있는 민속절 또는 공휴일인 때와 선거일 전일이나 그 다음날이 공휴일인 때에는 그 다음주의 수요일로 한다(법§34②).

1. 대통령선거는 그 임기만료일 전 70일 이후 첫 번째 수요일
2. 국회의원선거는 그 임기만료일 전 50일 이후 첫 번째 수요일
3. 지방의회의원 및 지방자치단체장의 선거는 그 임기만료일 전 30일 이후 첫 번째 수요일

(2) 보궐선거 등의 선거일

보궐선거 등의 선거일은 다음과 같이 정해진다. 여기서 보궐선거 등은 선거법 제35조 제1항 내지 제3항과 제36조(연기된 선거 등의 선거일)의 규정에 의한 선거를 말한다(법§35④).

대통령의 궐위로 인한 선거 또는 재선거(선거법 제35조 제3항의 규정에 의한 재선거를 제외)는 그 선거의 실시사유가 확정된 때부터 60일 이내에 실시하되, 선거일은 늦어도 선거일 전 50일까지 대통령 또는 대통령권한대행자가 공고해야 한다(법§35①).

보궐선거·재선거(선거법 제35조 제3항의 규정에 의한 재선거를 제외)·증원선거와 지방자치단체의 설치·폐지·분할 또는 합병에 의한 지방자치단체장선거의 선거일은 다음 각호와 같다(법§35②).

1. 국회의원·지방의회의원 및 지방자치단체의 장의 보궐선거·재선거, 지방의회의원의 증원선거는 4월 중 첫 번째 수요일. 이 경우 선거일에 관하여는 제34조 제2항을 준용하고, 선거일 전 30일 후에 실시사유가 확정된 선거는 그 다음 보궐선거 등의 선거일에 실시한다.
2. 지방자치단체의 설치·폐지·분할 또는 합병에 따른 지방자치단체장선거는 그 선거의 실시사유가 확정된 때부터 60일 이내의 기간 중 관할 선거구선관위 위원장이 해당 지방자치단체장(직무대행자를 포함)과 협의하여 정하는 날. 이 경우 관할 선거구선관위 위원장은 선거일 전 30일까지 그 선거일을 공고하여야 한다.

그리고 제197조(선거의 일부무효로 인한 재선거)의 규정에 의한 재선거는 확정판결 또는 결정의 통지를 받은 날부터 30일 이내에 실시하되, 관할 선거구선관위가 그 재선거일을 정하여 공고해야 한다(법§35③).

한편, 선거법에서 '선거의 실시사유가 확정된 때'는 <표 4-4>에 해당하는 날을 말한다(법§35⑤).

〈표 4-4〉 선거의 종류별 선거의 실시사유가 확정된 때

선거의 종류	선거의 실시사유가 확정된 때
대통령의 궐위로 인한 선거	그 사유가 발생한 날
지역구국회의원의 보궐선거	중앙선관위가 그 사유의 통지를 받은 날
지방의회의원 및 지방자치단체장의 보궐선거	관할 선거구선관위가 그 사유의 통지를 받은 날
재선거	그 사유가 확정된 날(법원의 판결 또는 결정에 의하여 확정된 경우에는 관할 선거구선관위가 그 판결이나 결정의 통지를 받은 날) 이 경우 제195조(재선거) 제2항의 규정에 의한 재선거에서는 보궐선거의 실시사유가 확정된 때를 재선거의 실시사유가 확정된 때로 본다.
지방의회의원의 증원선거	새로 정한 선거구에 관한 별표 2 또는 시·도 조례의 효력이 발생한 날
지방자치단체의 설치·폐지·분할 또는 합병에 의한 지방자치단체장선거	당해 지방자치단체의 설치·폐지·분할 또는 합병에 관한 법률의 효력이 발생한 날
연기된 선거	제196조(선거의 연기) 제3항의 규정에 의하여 그 선거의 연기를 공고한 날
재투표	제36조의 규정에 의하여 그 재투표일을 공고한 날

(3) 연기된 선거 등의 선거일

선거법 제196조(선거의 연기)의 규정에 의한 연기된 선거를 실시하는 때에는 대통령선거 및 국회의원선거에서는 대통령이, 지방의회의원 및 지방자치단체장의 선거에서는 관할 선거구선관위위원장이 각각 그 선거일을 정하여 공고해야 하며, 제198조(천재·지변 등으로 인한 재투표)의 규정에 의한 재투표를 실시하는 때에는 관할 선거구선관위위원장이 재투표일을 정하여 공고해야 한다(법§36).

제 5 장 선거인명부의 작성과 이에 대한 열람·불복

The Public Official Election Act

Ⅰ. 선거인명부의 작성·확정·교부

1. 선거인명부의 의의와 작성

가. 선거인명부의 의의

'선거인명부'(選擧人名簿)는 국회의원선거 등 해당 선거의 선거권자가 등재된 명부로, 구·시·군의 장이 선거일 전 28일 또는 22일 현재 기준으로 그 관할 구역에 주민등록이 되어 있는 선거권자를 투표구별로 조사하여 선거시마다 작성한 명부이다(법§37①).

나. 선거인명부 작성

(1) 작성 주체

구(자치구가 아닌 구를 포함)·시(구가 설치되지 아니한 시를 말함)·군(이하 '구·시·군'이라 함)의 장이다(법§37①). 가령, 수원시의 경우에는 그 산하 장안구, 권선구, 팔달구, 영통구의 구청장이 그 작성 주체이고, 구가 설치되지 않은 남원시의 경우에는 남원시장이 작성 주체이다.

(2) 작성 시기

선거를 실시할 때마다 대통령선거에서는 선거일 전 28일, 국회의원선거와 지방자치단체의 의회의원 및 장의 선거에서는 선거일 전 22일(이하 '선거인명부작성기준일'이라 함)로부터 5일 이내(이하 '선거인명부작성기간'이라 함)에 이를 작성해야 한다(법§37①). 여기서 5일은 초일이 산입된 기간이다(1994. 7. 8. 중앙선관위 질의회답).

(3) 작성 대상

위 선거인명부작성기준일 현재 제15조에 따라 그 관할 구역에 주민등록이 되어 있는 선거권자가 그 대상이고, 지방자치단체의 의회의원 및 장의 선거의 경우 제15조 제2항 제3호에 따른 외국인을 포함하고, 제218조의13에 따라 확정된 재외선거인명부 또는 다른 구·시·군의 국외부재자신고인명부에 올라 있는 사람은 제외된다(법§37①).

(4) 작성 방식

위 작성 주체가 위 대상자를 투표구별로 조사하여 선거인명부작성기준일부터 5일 이내(이하 '선거인명부작성기간'이라 함)에 별지 제2호서식의(가)·(나)·(라)에 의하여 투표구별로 2통의 선거인명부를 작성해야 하되(법§37①1문, 규칙§10②), 누구든지 같은 선거에 있어 2 이상의 선거인명부에 오를 수 없게 작성해야 한다(법§37③). 이러한 선거인명부의 작성은 전산조직에 의할 수 있다(법§37⑥).

(가) 선거인명부 작성의 기준

구·시·군의 장이 선거인명부를 작성하는 때에는 '주민등록표'에 따라 엄정히 조사·작성해야 한다(규칙§10①본문). 다만, 천재·지변 기타 부득이한 사유로 주민등록표에 의하여 선거인명부를 작성할 수 없을 때에는 그 선거권자가 거주하는 '통·리의 장'과 그 통·리에 거주하는 '선거권자 2인 이상'의 '보증'으로 작성할 수 있다(규칙§10①단서). 또한, 천재·지변 기타 부득이한 사유로 외국인선거권자에 대한 선거인명부를 작성할 수 없는 경우에는 「출입국관리법 시행령」 제43조(등록외국인기록표 등의 작성 및 관리)의 규정에 따른 '등록외국인

기록표'에 의하여 체류지를 관할하는 '출입국관리사무소장 또는 출입국관리사무소출장소장의 확인'으로 작성할 수 있다(규칙§10⑤).

(나) 선거인명부의 기재사항과 기재순서

선거인명부에는 선거권자의 성명·주소·성별 및 생년월일 기타 필요한 사항을 기재해야 한다(법§37②). 이 경우 제218조의13에 따라 확정된 국외부재자신고인명부에 올라 있는 사람은 선거인명부의 비고란에 그 사실을 표시해야 한다(법§37①1문).

구·시·군의 장이 선거인명부를 작성하는 때에는 투표구별로 지방의회의원선거 및 지방자치단체의 장 선거에서는 '주민등록'이 되어 있는 선거권자, '외국인선거권자'의 순으로 각각 구분하여 작성하고, 국회의원선거에서는 선거권자 중 비례대표국회의원의 선거권만 있는 사람은 선거인명부의 비고칸에 "비례대표 선거권자"라고 적어야 한다(규칙§10③).

(다) 선거인명부의 편철

하나의 투표구의 선거권자의 수가 1천인을 넘는 때에는 그 선거인명부를 선거인수가 서로 엇비슷하게 분철할 수 있다(법§37⑤).

(5) 선거인명부 작성과 후속절차

자치구가 아닌 구를 관할하는 시장은 「출입국관리법」 제34조 제1항에 따라 송부받은 외국인등록표에 의하여 외국인선거권자를 조사하여 선거인명부 작성기준일 전일까지 관할 구청장에게 통보해야 한다(규칙§10④).

구·시·군의 장은 선거인명부를 작성한 때에는 즉시 별지 제9호서식의 (가)에 의하여 그 등본(선거인명부작성 전산자료 복사본을 포함) 1통을 관할구·시·군선관위에 송부해야 한다(규칙§10⑥).

다. 선거인명부 작성의 감독 등

(1) 감독 주체

선거인명부(후술하는 거소·선상투표신고인명부[1]를 포함. 이하 이 조에서 같음)의 작성에 관하여는 관할구·시·군선관위 및 읍·면·동선관위가 이를 감독한

1 133~135면 참조.

다(법§39①).

(2) 선거인명부작성에 종사하는 공무원 임명에 관한 협의 및 통보

선거인명부작성에 종사하는 공무원이 임면된 때에는 당해 구·시·군의 장은 지체 없이 관할구·시·군선관위에 그 사실을 통보해야 한다(법§39②). 이 경우 소속·직위 또는 직급·성명 및 임면연월일 등을 관할구·시·군선관위에 통보한다(규칙§12). 선거인명부작성기간중에 선거인명부작성에 종사하는 공무원을 해임하고자 하는 때에는 그 임면권자는 관할구·시·군선관위 또는 직근 상급선관위와 협의해야 한다(법§39③).

(3) 선거인명부작성에 종사하는 공무원 임명에 대한 선관위의 통제권

선거인명부작성에 종사하는 공무원이 정당한 사유없이 선거인명부작성에 관하여 관할구·시·군선관위 또는 읍·면·동선관위의 지시·명령 또는 시정요구에 불응하거나 그 직무를 태만히 한 때 또는 위법·부당한 행위를 한 때에는 관할구·시·군선관위 또는 직근 상급선관위는 임면권자에게 그 교체를 요구할 수 있다(법§39④). 이러한 교체요구가 있는 때에는 임면권자는 정당한 사유가 없는 한 이에 따라야 한다(법§39⑤).

(4) 선거인명부 작성에 영향을 주는 행위의 금지

누구든지 선거인명부작성사무를 방해하거나 기타 어떠한 방법으로든지 선거인명부작성에 영향을 주는 행위를 하여서는 안 된다(법§39⑧).

위와 같은 선거법 제39조 제8항(제218조의9 제3항에서 준용하는 경우를 포함)의 규정에 위반하여 선거인명부작성사무를 방해하거나 영향을 주는 행위를 한 자는 2년 이하의 징역 또는 400만 원 이하의 벌금에 처한다(법§256③2호가목).

2. 선거인명부의 열람, 이의신청과 이에 대한 결정 및 불복

가. 선거인명부의 열람

(1) 구·시·군의 장의 열람을 위한 조치

구·시·군의 장은 선거인명부작성기간 만료일의 다음 날부터 3일간 장소

를 정하여 선거인명부를 열람할 수 있도록 해야 한다(법§40①1문). 이 경우 구·시·군의 장은 해당 구·시·군이 개설·운영하는 인터넷홈페이지에서 선거권자가 선거인명부를 열람할 수 있도록 기술적 조치를 해야 한다(법§40①2문). 구·시·군의 장은 열람개시일 전 3일까지 제1항의 장소, 기간, 인터넷홈페이지 주소 및 열람방법을 별지 제6호서식에 의하여 공고해야 한다(법§40③, 규칙§13⑤).

(2) 선거권자의 열람의 범위

선거권자는 누구든지 선거인명부를 자유로이 열람할 수 있다(법§40②본문). 이 경우 열람의 범위는 자기의 정보뿐만 아니라 타인의 정보도 열람할 수 있다. 그러나, 제1항의 규정에 따른 인터넷홈페이지에서의 열람은 선거권자 자신의 정보에 한한다(법§40②단서).

(3) 선거인명부의 열람시간과 열람방법

선거인명부의 열람시간은 공휴일을 포함하여 매일 오전 9시부터 오후 6시까지이다(규칙§13②본문). 다만, 인터넷열람은 열람시간 제한 없이 가능하다(규칙§13②단서).

구·시·군의 장은 법 제40조 제1항에 따라 선거권자가 선거인명부를 열람하는 때에는 관계공무원을 참여시켜야 하며, 열람기간 중 선거권자가 해당 구·시·군이 개설·운영하는 인터넷열람을 하는 경우 본인임을 확인받은 후 열람할 수 있도록 하는 기술적 조치를 해야 한다(규칙§13①본문). 구·시·군의 장은 해당 구·시·군이 개설·운영하는 인터넷홈페이지의 초기화면에 선거인명부의 열람방법을 안내해야 한다(규칙§13③).

나. 선거인명부의 누락 등에 관한 이의신청

(1) 이의신청권자

선거권자이다(법§41①).

(2) 이의신청 대상

선거인명부에 누락 또는 오기가 있거나 자격이 없는 선거인이 올라 있다고 인정되는 경우이다(법§41①). 이 경우 자신뿐만 아니라 타인에 대한 사항에 대하여도 이의신청할 수 있다고 본다. 다만 타인에 대하여 이의신청을 하는 경우로는 위장전입 혐의가 인정되는 경우, 성명이나 생년월일의 오기 등이 있다.

(3) 이의신청의 기간 및 관할 기관

선거권자는 열람기간 내에 구술이나 서면 또는 구·시·군이 개설·운영하는 인터넷홈페이지를 이용하여 당해 구·시·군의 장에게 이의를 신청할 수 있다(법§41①). 특히 인터넷홈페이지를 이용한 이의신청과 관련하여, 구·시·군의 장은 법 제41조(이의신청과 결정) 제1항의 규정에 따른 이의신청을 해당 구·시·군이 개설·운영하는 인터넷홈페이지에서 할 수 있도록 하는 기술적 조치를 해야 한다(규칙§13④).

(4) 구·시·군의 장의 심사·결정에 의한 선거인명부의 정정

위와 같은 신청이 있는 때에는 구·시·군의 장은 그 신청이 있는 날의 다음 날까지 심사·결정하되, 그 신청이 이유있다고 결정한 때에는 즉시 선거인명부를 정정하고 신청인·관계인과 관할구·시·군선관위에 통지해야 하며, 이유없다고 결정한 때에는 그 뜻을 신청인과 관할구·시·군선관위에 통지해야 한다(법§41②). 여기서 '신청이 이유 있다고 인정하는 때'란 선거인명부에 누락된 경우, 인적 사항 등의 기재에 오류가 있는 경우 등이다. 다만, 위장전입의 경우는 그 사실이 결정기간인 2일 이내에 확인될 수 있는 성질의 것이 아니고 또 이는 담당 관할 기관의 '형식적 심사권'을 넘어서는 '실질적 심사권'에 관한 사항이어서 2일 이내에 위장전입이 확인될지라도 그에 대하여 정정결정을 할 수 없다고 본다.

다. 불복신청과 이에 대한 결정

(1) 불복신청

위와 같은 결정에 대하여 불복이 있는 '이의신청인'이나 '관계인'은 그 통지를 받은 날의 다음 날까지 관할구·시·군선관위에 서면으로 불복을 신청할 수 있다(법§42①). 여기서 관계인(關係人)은 선거권자로 등재되었거나 정당하게 등재될 자격이 있는 사람을 말한다. 예컨대 선거권자로 등재되지 않은 사람의 남편 등이 이의신청을 하는 경우에는 그 남편 등은 이의신청권자이지만 실제

등재되지 않은 사람은 관계인에 해당한다. 또 선거권자가 아님에도 선거권자로 등재된 오류가 있는 경우에 있어 그와 같이 선거권자로 등재된 사람이 관계인에 해당한다.

(2) 관할구·시·군선관위의 결정

이러한 불복신청이 있는 때에는 관할구·시·군선관위는 그 신청이 있는 날의 다음 날까지 심사·결정하되, 그 신청이 이유있다고 결정한 때에는 즉시 관계 구·시·군의 장에게 통지하여 선거인명부를 정정하게 하고 신청인과 관계인에게 통지해야 하며, 이유없다고 결정한 때에는 그 뜻을 신청인과 관계 구·시·군의 장에게 통지해야 한다(법§42②). 여기서 '신청이 이유 있다고 인정하는 때'란 선거인명부에 누락된 경우, 인적 사항 등의 기재에 오류가 있는 경우 등이다. 또한 여기서 위장전입의 경우도 포함된다고 본다. 관할 선관위는 실질적 심사권까지 심사할 권한이 있다고 보기 때문이다.

3. 선거인명부누락자의 구제

가. 신청권자

해당 선거권자 또는 구·시·군의 장이다(법§43①). 해당 선거권자는 구·시·군의 장의 착오 등의 사유로 인하여 선거인명부에서 누락된 사람이다.

나. 신청기간

선거법 제41조 제1항의 이의신청기간만료일의 다음 날부터 제44조 제1항의 선거인명부확정일 전일까지이다(법§43①).

다. 신청대상

구·시·군의 장의 착오 등의 사유로 인하여 정당한 선거권자가 선거인명부에 누락된 것이 발견된 경우이다(법§43①).

라. 신청의 방법과 그 관할기관

위 신청권자는 주민등록표등본 등 소명자료를 첨부하여 관할구·시·군선관위에 서면(별지 제8호서식)으로 선거인명부 등재신청을 할 수 있다(법§43①, 규칙§15).

마. 관할구·시·군선관위의 결정

이러한 신청이 있는 때에는 관할구·시·군선관위는 그 신청이 있는 날의 다음 날까지 심사·결정하되, 그 신청이 이유있다고 결정한 때에는 즉시 관계 구·시·군의 장에게 통지하여 선거인명부를 정정하게 하고 신청인에게 통지해야 하며, 이유없다고 결정한 때에는 그 뜻을 신청인과 관계 구·시·군의 장에게 통지해야 한다(법§43②).

4. 선거인명부의 확정과 효력

가. 확정의 시기

선거인명부는 선거일 전 12일에, 거소·선상투표신고인명부는 선거인명부 작성기간만료일의 다음 날에 각각 확정된다(법§44①).

나. 확정의 효력

확정된 선거인명부는 해당 선거에 한하여 효력을 가진다(법§44①). 따라서 해당 선거가 아닌 선거의 경우에는 별도의 선거인명부가 작성되어야 한다. 다만, 선거의 일부무효로 인한 재선거의 경우에는 당초 작성된 선거인명부를 그대로 사용할 수 있는 특칙조항이 있다(법§197②).

그리고 선거인명부에 등재된 사람(선거일에 선거권이 없는 사람 제외)과 선거법 제41조(이의신청과 결정) 제2항·제42조(불복신청과 결정) 제2항 또는 제43조(명부누락자의 구제) 제2항의 이유 있다는 결정통지서를 가지고 온 자만 투표할 수 있는데(법§156①), 그 구제자들을 제외하면 선거인명부에 등재된 사람만이 투표를 할 수 있게 된다. 따라서 해당 선거의 정당한 선거권자임에도 선거인명부에 등재되지 않은 사람은 투표할 수 없는 불이익을 받게 된다. 다만, 선거인명부가 선거권을 부여하는 형성적 효력을 가지는 것은 아니므로 선거일에 선거권이 없는 자는 선거인명부에 등재되어 있더라도 투표할 수 없다(법

§156②).

다. 확정된 선거인명부 내용에 대한 공지

구·시·군의 장은 선거권자가 선거인명부확정일의 다음 날부터 선거일의 투표마감시각까지 해당 구·시·군이 개설·운영하는 인터넷홈페이지에서 자신이 선거인명부에 올라 있는지 여부, 선거인명부 등재번호 및 투표소의 위치를 확인할 수 있도록 기술적 조치를 해야 한다(법§44②). 구·시·군의 장은 선거법 제40조 제3항에 따른 공고를 할 때 이러한 확인에 필요한 인터넷홈페이지 주소, 확인기간 및 확인방법을 함께 별지 제6호서식에 의하여 공고해야 한다(법§44③, 규칙§16⑤).

라. 확정된 선거인명부의 선관위에 대한 통보

구·시·군의 장은 법 제44조 제1항에 따라 선거인명부 및 거소·선상투표신고인명부가 확정된 후 지체 없이 그 확정상황을 별지 제9호서식의(나)·(다)에 따라 관할 구·시·군선관위에 통보해야 한다(규칙§16①1문). 이 경우 확정된 선거인명부 및 거소·선상투표신고인명부의 전산자료 복사본을 함께 송부해야 한다(규칙§16①2문). 이러한 송부를 함에 있어 구·시·군의 장은 거소·선상투표신고인명부에 올라 있는 자의 '신고서'를 그 명부등재번호순으로 정리·편철하여 그 명부확정 후 즉시 그 명부와 함께 관할 구·시·군선관위에 송부해야 한다(규칙§16②).

5. 통합선거인명부의 작성

가. 의 의

사전투표가 아닌 본투표는 주민등록이 되어 있는 투표구별로 작성된 선거인명부에 등재된 사람만이 그 투표구에서 투표를 할 수 있고(법§37①,§156①), 사전투표의 경우에는 전국적으로 설치되는 사전투표소 어디에서든 투표가 가능한데(법§158①), 이러한 전국적 사전투표를 위해 확정된 선거인명부의 전산자료 복사본을 이용하여 작성된 선거인명부가 통합선거인명부이고, 이를 위한 작성이 통합선거인명부의 작성이다(법§44의2①).

나. 작성 주체

중앙선관위이다(법§44의2①).

다. 작성 방법

통합선거인명부는 전산조직을 이용하여 작성하는데, 중앙선관위가 규칙 제16조 제1항 후단에 따라 송부 받은 선거인명부 전산자료 복사본을 이용하여 통합선거인명부를 작성한다(법§44의2③, 규칙§16의2①). 이 경우 같은 사람이 2회 이상 투표할 수 없도록 필요한 기술적 조치를 해야 한다(법§44의2②). 또한 중앙선관위는 읍·면·동선관위가 사전투표기간 종료후 관할구역의 투표구별로 사전투표소에서 투표한 사람의 투표사실이 표시되어 있는 선거인명부를 출력할 수 있도록 기술적 조치를 해야 한다(규칙§16의2②).

라. 통합선거인명부의 출력과 보관

읍·면·동선관위는 선거일에 투표소에서 사용하기 위하여 선거법 제148조 제1항에 따른 사전투표기간 종료 후 중앙선관위가 제2항에 따라 기술적 조치를 한 선거인명부를 출력한 다음 해당 읍·면·동선관위위원장이 이를 봉함·봉인하여 보관해야 하며, 그 보관과정에 정당추천위원이 참여하여 지켜볼 수 있도록 해야 하고, 이 경우 정당추천위원이 그 시각까지 참여하지 아니한 때에는 참여를 포기한 것으로 본다(법§44의2④). 이와 관련하여, 읍·면·동선관위는 위와 같이 출력한 선거인명부를 금고 등 안전한 곳에 보관해야 하며, 투표관리관에게 선거법 제151조 제1항에 따라 투표용지와 투표함을 인계하는 때에 그 선거인명부를 함께 인계해야 하고, 이러한 선거인명부의 출력·보관 및 인계 과정에 해당 읍·면·동선관위의 정당추천위원이 각각 참여하여 입회할 수 있도록 해야 하며, 이 경우 정당추천위원이 참여하지 아니한 때에는 입회를 포기한 것으로 본다고 선거규칙이 규정하고 있다(규칙§16의2③,④).

누구든지 제4항에 따라 출력한 선거인명부를 선거법에서 정하지 아니한 방법으로 열람·사용 또는 유출하여서는 안 된다(법§44의2⑤). 이러한 선거법

제44조의2 제5항을 위반하여 선거인명부를 열람·사용 또는 유출한 자는 2년 이하의 징역 또는 400만 원 이하의 벌금에 처한다(법§256③2호나목).

마. 선거인명부의 오류에 관한 통보

구·시·군의 장은 '선거인명부 확정 후' '오기' 또는 '선거권이 없는 자나 사망자가 있는 것'을 발견한 때에는 그때마다 '사전투표기간 종료 전'에는 관할 '구·시·군선관위'에, '사전투표기간 종료 후'에는 '관할 구·시·군선관위' 및 '읍·면·동선관위'에 별지 제7호서식의(나)에 따라 그 사실을 통보하고, 이를 통보받은 해당 구·시·군선관위는 통합선거인명부의 비고란에, 읍·면·동선관위는 위와 같이 출력한 선거인명부의 비고란에 그 사실을 기재해야 한다(규칙§16의2⑤1문). 이 경우 읍·면·동선관위가 선거인명부를 수정하는 때에는 정당추천위원의 참여하에 봉함·봉인을 해제하고 통보 사실을 기재한 후 다시 봉함·봉인하여 보관해야 하며, 정당추천위원이 참여하지 아니한 때에는 입회를 포기한 것으로 본다(규칙§16의2⑤2문). 다만, 읍·면·동선관위는 선거인명부를 투표관리관에게 인계한 후에 그 오기 등을 통보받은 때에는 지체 없이 이를 투표관리관에게 통보해야 하며, 이를 통보받은 투표관리관은 선거인명부의 비고란에 그 사실을 기재해야 한다(규칙§16의2⑦).

6. 선거인명부의 재작성

가. 의 의

천재지변, 그 밖의 사고로 인하여 선거인명부(거소·선상투표신고인명부를 포함. 이하 이 조에서 같음)가 멸실·훼손된 경우 선거의 실시를 위하여 필요한 때에는 구·시·군의 장이 다시 선거인명부를 작성하는 것을 말한다(법§45①본문).

나. 재작성의 예외

그러나, 선거법 제37조 제4항 및 제38조 제6항에 따라 송부한 선거인명부 등본이 있는 때에는 선거인명부를 다시 작성하지 아니할 수 있다(법§45①단서).

다. 재작성의 방식 등

위와 같은 선거법 제45조 제1항에 따른 선거인명부 재작성에 관하여는 법 제37조부터 제44조의2까지의 규정에 준하되, 부득이한 사유가 있는 경우에는 관할 구·시·군선관위의 의결로 선거인명부의 작성기준일·작성기간·열람기간·열람장소·이의신청 및 심사결정·유효기간과 확정 기타 선거인명부의 재작성에 관하여 필요한 사항을 따로 정할 수 있다(규칙§17①). 이 경우에 있어 선거인명부의 재작성에 관하여 필요한 사항을 따로 정한 때에는 구·시·군선관위는 이를 공고하고 당해 구·시·군의 장에게 통보해야 하며, 직근 상급선관위에 보고해야 한다(규칙§17②).

7. 선거인명부사본의 교부

가. 의 의

구·시·군의 장이 후보자[비례대표국회의원후보자 및 비례대표지방의회의원(비례대표시·도의원 및 비례대표자치구·시·군의원을 말함. 이하 같음)후보자를 제외]·선거사무장(비례대표국회의원선거 및 비례대표지방의회의원선거의 선거사무장을 제외) 또는 선거연락소장의 신청이 있는 때에는 작성된 선거인명부 또는 거소·선상투표신고인명부의 사본이나 전산자료복사본을 후보자별로 1통씩 24시간 이내에 신청인에게 교부하는 것을 말한다(법§46①). 이는 지역구의원후보자나 대통령선거후보자, 지방자치단체장선거후보자 측의 선거운동을 위해 필요한 선거인명부의 교부를 위해 규정된 것이다.

나. 교부신청의 방식과 그 교부

이러한 명부의 사본이나 전산자료복사본의 교부신청은 **'선거기간개시일'** 까지 해당 구·시·군의 장에게 서면[별지 제10호서식의(다)]으로 해야 한다(법§46②, 규칙§18③). 이러한 교부신청을 하는 자는 그 사본작성비용을 교부신청과 함께 납부해야 한다(법§46③).

선거인명부(거소·선상투표신고인명부를 포함. 이하 이 조에서 같음)의 사본 또는 전산자료복사본을 작성하는 경우 그 사본 또는 전산자료복사본의 앞표지는 별지 제10호서식의(가)에 의하고, 그 끝에는 별지 제10호서식의(나)에 의한 기재를 하여 원본과 틀림이 없음을 증명해야 한다. 이 경우 선거인명부사본은 전산자료에 의하여 출력한 사본으로 갈음할 수 있다(규칙§18①). 이 경우 구·시·군의 장은 선거인명부의 동일성이 유지되도록 전산자료복사본에 변조방지장치를 할 수 있다(규칙§18②). 이를 위해 구·시·군의 장은 선거인명부사본과 전산자료복사본의 작성비용을 선거인명부작성마감일까지 별지 제10호서식의(라)에 의하여 공시해야 한다(규칙§18④).

다. 선거인명부사본의 양도 등의 금지

누구든지 위와 같이 교부된 명부의 사본 또는 전산자료복사본을 다른 사람에게 양도 또는 대여할 수 없으며 재산상의 이익 기타 영리를 목적으로 사용할 수 없다(법§46④). 이와 관련하여, 선거법 제46조(명부사본의 교부) 제4항[제60조의3(예비후보자 등의 선거운동) 제5항 및 제111조(의정활동 보고) 제4항에서 준용하는 경우를 포함]의 규정을 위반하여 선거인명부 및 거소·선상투표신고인명부(전산자료복사본을 포함)의 사본이나 세대주명단을 다른 사람에게 양도·대여 또는 재산상의 이익 기타 영리를 목적으로 사용하거나 하게 한 자는 2년 이하의 징역 또는 400만 원 이하의 벌금에 처한다(법§256③2호다목).

Ⅱ. 거소·선상투표신고와 거소·선상투표신고인명부의 작성

1. 거소투표신고

가. 의 의

선거인명부에 오를 자격이 있는 국내에 거주하는 사람으로서 군인이나 교도소수용자 등 자신이 거주하는 '거소(居所)'에서 투표를 할 필요가 있는 사람이 선거인명부작성기간 중 구·시·군의 장에게 서면으로 거소투표사유 등 일정한 사항에 대하여 신고하는 것을 '거소투표신고'라 하고, 이러한 신고에 의하여 선거인명부의 일종으로 작성된 서류를 '거소투표신고인명부'라 한다(법§38①,⑥).

나. 거소투표신고권자

선거인명부에 오를 자격이 있는 국내에 거주하는 사람으로서 다음 각호에 해당하는 사람(제15조 제2항 제3호에 따른 외국인 제외)이다(법§38④).

1. 법령에 따라 영내 또는 함정에 장기기거하는 군인이나 경찰공무원 중 사전투표소 및 투표소에 가서 투표할 수 없을 정도로 멀리 떨어진 영내 또는 함정에 근무하는 자
2. 병원·요양소·수용소·교도소 또는 구치소에 기거하는 사람
3. 신체에 중대한 장애가 있어 거동할 수 없는 자
4. 사전투표소 및 투표소에 가기 어려운 멀리 떨어진 외딴 섬 중 선거규칙으로 정하는 섬에 거주하는 자
5. 사전투표소 및 투표소를 설치할 수 없는 지역에 장기기거하는 자로서 선거규칙으로 정하는 자

다. 거소투표신고의 방식

거소투표신고하려는 사람은 해당 신고서[별지 제3호서식의(가)]에 다음 각호의 사항을 적어야 하고, 제4항 제1호 및 제2호에 해당하는 사람은 소속기관이나 시설의 장의, 제4항 제3호에 해당하는 사람(「장애인복지법」 제32조에 따라 등록된 장애인은 제외)은 통·리 또는 반의 장의 확인을 받아야 한다(법§38③1문). 이 경우 구·시·군의 장은 선거인명부작성기준일 전 10일까지 제4항 제3호에 해당하는 사람 중에서 「장애인복지법」 제32조에 따라 등록된 장애인에게 거소투표신고에 관한 안내문과 거소투표신고서[별지 제3호서식의(라)]를 발송해야 한다(법§38③2문). 이 경우 우편에 의한 거소투표신고는 등기우편으로 처리하되, 그 우편요금은 국가 또는 해당 지방자치단체가 부담한다(법§38①).

1. 거소투표 또는 선상투표 사유
2. 성명, 성별, 생년월일
3. 주소, 거소

특히, 통·리 또는 반의 장은 법 제38조 제4항 제3호에 해당하는 사람(「장애인복지법」 제32조에 따라 등록된 장애인은 제외. 이하 이 항에서 같음)이 위와 같은 확인을 요청하는 경우에는 확인에 필요한 조치를 취해야 하며, 구·시·군의 장은 법 제38조 제4항 제3호에 해당하는 사람이 통·리 또는 반의 장의 확인을 받지 아니하고 거소투표신고를 한 경우라도 그 사람이 거소에서 투표할 수 있는 사람으로 확인된 때에는 제3항 본문에도 불구하고 거소투표신고인명부에 올릴 수 있다(규칙§11④).

그리고, 중앙선관위는 위와 같은 제38조 제4항 제5호에 따라 사전투표소 및 투표소를 설치할 수 없는 지역에 장기 기거하는 자로서 거소투표를 할 수 있는 자를 선거인명부작성기준일 전 10일까지 지정·공고해야 한다(규칙§11⑥).

2. 선상투표신고

가. 의 의

'대통령선거'와 '임기만료에 따른 국회의원선거'에서 선거인명부에 오를 자격이 있는 사람으로서 일정한 선박에 승선하고 있는 선원이 '사전투표소 및 투표소에서 투표할 수 없는 경우' 선거인명부작성기간 중 구·시·군의 장에게 해당 선박에 설치된 팩시밀리로 신고하는 것을 '선상투표신고'라 하고, 이러한 신고에 의하여 선거인명부의 일종으로 작성된 서류를 선상투표신고인명부라 한다(법§38①,⑥).

나. 선상투표신고권자와 그 신고 사유

'대통령선거'와 '임기만료에 따른 국회의원선거'에서 선거인명부에 오를 자격이 있는 사람으로서 다음 각호의 어느 하나에 해당하는 선박에 승선할 예정이거나 승선하고 있는 선원이 '사전투표소 및 투표소에서 투표할 수 없는 경우'이다(법§38②). 이 경우에 선거인명부작성기간 중 구·시·군의 장에게 서면(승선하고 있는 선원이 팩시밀리 신고를 하는 경우를 포함)으로 해당 선박에 설치된 팩시밀리로 선상투표신고를 할 수 있고, 이 경우 우편에 의한 방법으로 선상투표신고를 하는 경우에는 제1항 후단을 준용한다.

1. 다음 각 목의 어느 하나에 해당하는 선박으로서 대한민국 국민이 선장을 맡고 있는 「선박법」 제2조에 따른 대한민국 선박(대한민국국적취득조건부 나용선을 포함)
   가. 「원양산업발전법」 제6조 제1항에 따라 해양수산부장관의 허가를 받아 원양어업에 사용되는 선박
   나. 「해운법」 제4조 제1항에 따라 해양수산부장관의 면허를 받아 외항 여객운송사업에 사용되는 선박
   다. 「해운법」 제24조 제2항에 따라 해양수산부장관에게 등록하여 외항 화물운송사업에 사용되는 선박
2. 「해운법」 제33조 제1항에 따라 해양수산부장관에게 등록하여 선박관리업을 경영하는 자가 관리하는 외국국적 선박 중 대한민국 국민이 선장을 맡고 있는 선박

다. 선상투표신고의 방식

선상투표신고 하려는 사람은 해당 신고서[별지 제3호서식의(다)]에 다음 각 호의 사항을 적어야 하고, 해당 선박 소유자(제2항 제2호에 따른 선박의 경우에는 선박관리업을 경영하는 자를 말함) 또는 해당 선박 선장의 확인을 받아야 한다(법 §38③1문).

1. 거소투표 또는 선상투표 사유
2. 성명, 성별, 생년월일
3. 선박의 명칭과 팩시밀리 번호

3. 거소·선상투표신고인명부의 작성과 그 명부의 송부

거소투표신고 또는 선상투표신고가 있는 때에는 구·시·군의 장은 해당 신고서의 신고사항을 확인한 후 정당한 거소투표신고 또는 선상투표신고인 때에는 선거인명부에 이를 표시하고 거소투표신고인명부와 선상투표신고인명부(이하 '거소·선상투표신고인명부'라 함)를 각각 따로 작성해야 하되(법§38⑤), 별

지 제2호서식의(가)·(다)·(라)에 따라 투표구별로 2통씩을 각각 작성해야 한다(규칙§11⑤). 이 경우 그 명부는 전산조직에 의할 수 있다(법§38⑦,§37⑥).

그리고 선거법 제38조 제1항부터 제3항까지에 따라 구·시·군의 장이 거소투표신고 또는 선상투표신고를 받은 때에는 별지 제3호서식의(나)의 거소·선상투표신고서 접수부에 적은 후 신고요건을 갖춘 사람은 거소투표신고인명부 또는 선상투표신고인명부에 올려야 하며, 신고요건을 갖추지 못한 사람은 그 사유를 거소·선상투표신고서 접수부의 비고란에 적고 본인에게 그 뜻을 지체 없이 알려야 한다(규칙§11③본문). 다만, 팩시밀리로 선상투표신고를 한 선원 중에서 신고요건을 갖추지 못한 선원에게는 지체 없이 선상투표신고서에 기재된 해당 선박의 팩시밀리로 별지 제4호서식에 따라 그 사실을 알려 선상투표신고서를 보완하여 다시 전송하게 하고, 보완이 없는 때에는 그 사실을 거소·선상투표신고서 접수부의 비고란에 적는다(규칙§11③단서). 이 경우 구·시·군의 장이 거소투표신고 또는 선상투표신고를 받은 때에는 해당 신고서에 기재된 거소투표사유 또는 선상투표사유와 선거법 제38조 제3항에 따른 확인자를 확인하여 거소투표사유 또는 선상투표사유에 해당하지 아니하거나 거소투표사유 또는 선상투표사유와 확인자의 직명·성명의 표시 또는 그 날인이 맞지 아니하는 때에는 동조 제3항에 준하여 신고요건을 갖추지 못한 사람으로 처리해야 한다(규칙§11⑦). 또 거소·선상투표신고인명부에 올릴 때에는 선거인명부의 비고란에 '거소투표자' 또는 '선상투표자'로 적고, 국회의원선거에서 거소투표신고인 또는 선상투표신고인이 선거규칙 비례대표국회의원의 선거권만 있는 사람인 때에는 선거인명부와 거소·선상투표신고인명부에 각각 '비례대표 선거권자'로 적어야 한다(규칙§11⑧). 또한, 우체국 또는 구·시·군의 장은 다른 구·시·군의 장에게 송달되어야 할 거소투표신고서 또는 선상투표신고서(팩시밀리로 신고한 선상투표신고서를 제외하고, 이하 이 항에서 '거소·선상투표신고서'라 함)를 배달받았으나 부득이한 사유로 선거인명부작성기간 만료일의 마감시각까지 해당 구·시·군의 장에게 도달시킬 수 없는 때에는 우선 팩시밀리로 송부하고, 그 원본을 지체 없이 송부해야 하고, 이 경우 당해 구·시·군의 장은 팩시밀리로 도달된 거소·선상투표신고서를 접수하여 거소·선상투표신고서 접수부에 기재하고 거소·선상투표신고인명부에 등재할 수 있되, 거소·선상투표신고서 원본을 받아 이를 확인해야 하고, 모사전송된 거소·선상투표신고서와 그 원본을 함께 거소·선상투표신고서철에 편철해야 한다(규칙§11⑨). 또 구·시·군의 장이 선거인명부작성기간 만료일의 마감시각이 지난 후에 선박에 설치된 팩시밀리로 보낸 선상투표신고를 받은 때에는 해당 선거권자는 선상투표신고인명부에 올리지 아니한다(규칙§11⑩).

구·시·군의 장은 이처럼 거소·선상투표신고인명부를 작성한 때에는 즉시 그 등본(전산자료 복사본을 포함) 각 1통을 관할구·시·군선관위에 송부해야 한다(법§38⑥).

제 2 편

정당의 당내경선과 후보자의 입후보

제 1 장 정당의 후보자 추천을 위한 당내경선

The Public Official Election Act

Ⅰ. 당내경선의 의의와 유형 및 이에 대한 규제

1. 의 의

이미 본 바와 같이 정당은 각종 선거에서 자당의 후보자를 추천하고 공약을 발표하여 그에 대한 유권자의 지지를 얻음으로써 정권을 획득하거나 국민에 대한 정치적 영향력을 행사하게 된다. 따라서 선거는 그러한 목적 달성을 위해 정당에게 없어서는 안 될 수단이자 원천이다. 말하자면 선거제도와 정당제도를 바탕으로 대의민주주의가 작동하는 것이다. 그러므로 대의민주주의를 국민의 의사에 충실하게 제대로 작동시키기 위해서는 정당의 공직후보자 선출이 민주적으로 이루어져야 하고, 이런 경우 그 공직후보자의 선출행위가 무엇보다도 중요하게 된다. '3김시대'로 상징되던 민주화 이전의 시대에서는 대개는 당내 보스가 자신에게 충성하는 사람에게 시혜를 베풀 듯 공직후보자를 결정하곤 했다. 그런데 우리 사회의 민주화가 심화되고 진척되자 공직후보자에 대한 민주적 선출 여론이 비등하게 되었고, 이러한 여론이 선거에 출마할

후보자 선출을 위한 당내경선 제도로 이어지게 되었다.[1]

이와 같은 방향에서 2005. 8. 4.부터 시행되는 선거법은 '정당의 후보자 추천을 위한 당내경선'의 장을 신설하여 당내경선과 당내경선운동을 규율하게 되었다. 이처럼 정당이 공직선거후보자를 추천하기 위하여 정당활동의 일환으로 행하는 경선을 '당내경선'(堂內競選)이라 한다(법§57의2①).

2. 경선후보자 등의 의미와 당내경선의 유형

가. 경선후보자 등의 의미

'경선후보자'는 특정 정당의 당내경선의 후보자로 당헌과 당규에 따라 등록이 적법하게 마쳐진 사람을 말하고, '경선후보자가 되고자 하는 자'는 당헌과 당규에 따라 등록이 적법하게 마쳐지기 전의 사람을 말하고, '후보자가 되고자 하는 자'와 마찬가지로 입후보의사가 확정적으로 외부에 표출된 사람뿐만 아니라 그 신분·접촉대상·언행 등에 비추어 선거에 입후보할 의사를 가진 것을 객관적으로 인식할 수 있을 정도에 이른 사람[2]을 포함한다.

나. 선거법이 규율하는 당내경선의 범위

선거법이 규율하고 있는 당내경선은, 2명 이상[이는 경선[3](競選)이라는 용어에 내포된 것임]의 후보자가 당내경선의 후보자로 등재된 후 경선을 실시하는 것을 말한다. 따라서 2 이상의 후보자가 당내경선 후보자로 등재를 하였으나 실제 경선 이전에 후보자가 1명만 남아 그 사람이 후보자로 확정되거나 그 사람에 대해 찬반 형식으로 진행되는 경우에도 당내경선에 포함된다. 또한 정당의 당헌·당규 또는 경선후보자간의 서면합의에 따라 실시한 당내경선을 대체

---

1 한국 정당의 당내민주화 내지 공직후보자 선출의 개방화 관련해서 볼 때 획기적인 사건은 2002년 실시된 새천년민주당의 국민참여경선이다. 이 경선에서 총 7만 명의 선거인단을 구성했는데, 20%는 당내 대의원으로, 30%는 일반당원으로, 나머지 50%는 일반국민 가운데 공모를 통해 참여하도록 했다. 그 참가를 희망한 유권자수가 184명에 이르렀고, 이 경선에서 노무현 전 대통령이 후보자로 선출되었다(강원택, "정당의 공직후보 선출과 당내민주화", 『현대정당정치의 이해』, 백산서당, 2010, 246~247면).

2 대법원 2005. 12. 22. 선고 2004도7116 판결 참조.

3 둘 이상의 후보자가 경쟁하는 것을 말한다.

하는 '여론조사'도 포함된다(법§57의2②). 다만, ⅰ) 면접 또는 후보자간의 토론회 방법(2005. 12. 2. 중앙선관위 질의회답), 1인만이 경선후보자로 등재된 후 그 후보자에 대해 찬반을 묻는 형식으로 진행하는 경우(2010. 4. 7. 중앙선관위 질의회답)는 당내경선에 포함되지 않는다는 것이 중앙선관위의 태도이다.

다. 당내경선의 유형

당내경선은 선거법상 유의미한 분류로 당원이 아닌 자에게도 투표권을 부여하는 '개방형' 당내경선과 당원에게만 투표권을 부여하는 '폐쇄형' 당내경선으로 분류할 수 있다. 개방형의 경우 당원과 당원 아닌 자에게 투표권을 부여하는 유형이고,[4] 이 경우 선거법상 '당내경선운동'의 규제대상이 된다(법§57의3①).

3. 당내경선사무의 위탁

「정치자금법」 제27조(보조금의 배분)의 규정에 따라 보조금의 배분대상이 되는 정당은 당내경선사무 중 경선운동, 투표 및 개표에 관한 사무의 관리를 당해 선거의 관할 선거구선관위에 위탁할 수 있다(법§57의4①). 이 경우 관할 선거구선관위가 당내경선의 투표 및 개표에 관한 사무를 수탁관리하는 경우에는 그 비용은 국가가 부담하고, 다만 투표 및 개표참관인의 수당은 당해 정당이 부담한다(법§57의4②). 이러한 선관위의 당내경선사무 위탁사무 수행을 위하여 「당내경선 위탁사무 관리규칙」이 중앙선관위규칙으로 제정되어 있다.

4. 당내경선 실시의 효과

가. 원칙(= 당해 선거의 같은 선거구의 후보자로 등록의 금지)

정당이 당내경선(경선후보자를 대상으로 정당의 당헌·당규 또는 경선후보자간의 서면합의에 따라 실시한 당내경선을 대체하는 여론조사를 포함)을 실시하는 경우

---

4 당원 아닌 자에게만 투표권을 부여하는 경우도 이론적으로는 생각할 수 있지만, 이는 사전선거운동의 성격이 뚜렷하여 선거법상 허용되지 않은 유형이라고 할 것이다.

경선후보자로서 당해 정당의 후보자로 선출되지 아니한 자는 **당해 선거의 같은 선거구**에서는 후보자로 등록될 수 없다(법§57의2②본문). 이에 위반하여 후보자등록을 한 경우 그 후보자등록은 무효가 된다(법§52①8호). 여기서 '당해 선거'는 '같은 종류'의 선거를 의미하고, '같은 선거구'는 '같은 종류 선거 내에서 동일한 선거구'를 말한다. '같은 종류의 선거'는 '동일한 시기에 임기가 만료하는 동일한 직(職)을 가지는 선거'를 말하고, 대통령선거, 국회의원선거, 기초자치단체장선거, 광역자치단체장선거, 기초의원선거, 광역의원선거는 각각 같은 종류의 선거가 된다. 따라서 갑지역 국회의원선거구에 대한 후보자경선에서 탈락한 후보자는 다른 지역구 선거에서는 출마할 수 있다. 이와 관련하여 중앙선관위는 당내경선의 후보자로 등재된 이후에는 경선에 참여하지 않겠다는 의사표시를 서면으로 제출하더라도 위와 같은 규정의 적용을 받는다고 하였다(2006. 4. 4. 중앙선관위 질의회답).

나. 당해 선거의 같은 선거구의 후보자로 등록이 허용되는 경우

그러나, 후보자로 선출된 자가 '사퇴·사망·피선거권 상실 또는 당적의 이탈·변경' 등으로 **그 자격**을 **상실**한 때에는 당해 선거의 같은 선거구에서도 후보자로 등록될 수 있다(법§57의2②단서). 여기서 '피선거권 상실'은 선거일 기준으로 피선거권이 상실된 경우이다. 당적의 이탈·변경에는 '제명'된 경우도 포함된다고 본다.

이와 관련하여 중앙선관위는 당내경선 과정에서 중대하고도 명백한 절차상의 하자 또는 경선결과와 다른 결과가 발생하였을지도 모른다고 인정될 만한 정도의 부정행위가 있었음을 이유로 당선·당규에 따라 그 경선을 무효로 하는 때에도 위와 같은 예외에 해당한다고 보았다(2006. 5. 15. 중앙선관위 질의회답).

다. 당내경선에 의한 후보자 선출이 무효로 되는 경우

이와 관련하여 대법원 2015. 2. 12. 선고 2014수39 판결은, "정당에 당내경선의 실시 여부에 관한 자율성을 부여하는 한편 당내경선을 실시한 경우에는 경선에서 선출된 자를 후보자로 추천하도록 하고 후보자로 선출되지 아니한 경선후보자의 후보자 등록을 제한함으로써 당내경선의 결과를 보호하고 나아가 정당의 공직선거후보자 추천이 민주적 절차와 방식에 따라 이루어지도록 하려는 데 있다. … 이와 같은 공직선거법의 내용, 형식 및 입법 취지 등과 아울러, 어느 정당 내부의 비례대표 지방의회의원 후보자 선출과정에서의 하자를 이유로 특정 후보자 선출의 효력을 부정하면 그 정당의 비례대표 지방의회의원 후보자명부를 부분적으로 교체하는 결과를 가져와 정당과 이미 제출·등록된 비례대표 지방의회의원 후보자명부를 기초로 하여 이루어진 선거인들의 정치적 의사가 선거에 의하지 않고 변경되게 되므로 공직선거법에 규정된 당선무효 사유는 그 문언에 따라 엄격하게 해석해야 하는 점 등을 종합적으로 고려할 때, 정당이 당헌·당규에 따라 당내경선을 실시하고 후보자를 선정하였다면, 정당이 민주적 절차에 의하여 공직선거후보자를 추천하여야 한다고 규정한 선거법 제47조 제2항의 입법 취지를 형해화하고 일반적인 선거원칙의 본질을 침해할 정도로 후보자선정이 객관적으로 합리성과 타당성을 현저히 잃은 것으로 평가할 수 있는 등의 특별한 사정이 없는 이상 후보자선정과 이에 따른 후보자등록을 무효라고 볼 수 없다"고 판시한 바 있다. 이러한 판결은 당내경선에 의한 후보자 선출을 무효화시키는 범위를 넓게 보는 경우 선거법이 규정하지 않은 등록무효사유를 인정하는 결과를 낳는 문제점이 있고, 한편으로는 '선거원칙의 본질을 침해할 정도로 후보자선정이 객관적으로 합리성과 타당성을 현저히 잃은 경우'까지 후보자 선출을 유효로 보는 것은 어렵다는 것을 조화시켜 판결한 것으로, 타당한 판결이라 본다.

5. 당내경선에서 당원 등 매수금지

누구든지 당내경선에 있어 후보자로 선출되거나 되게 하거나 되지 못하게 할 목적으로 경선선거인(당내경선의 선거인명부에 등재된 자) 또는 그의 배우자나 직계존·비속에게 명목 여하를 불문하고 금품 그 밖의 재산상의 이익 또는 공사의 직을 제공하거나 그 제공의 의사를 표시하거나 그 제공을 약속하는 행위를 할 수 없다(법§57의5①본문). 그러나, 선거규칙이 의례적으로 정하는 다음과 같은 행위는 이에서 제외된다(규칙§25의3).

1. 경선후보자의 경선운동기구를 방문하는 자나 경선운동기구의 개소식에 참석한 자에게 통상적인 범위 안(1인에게 제공할 수 있는 음식물 또는 음료의 금액범위는 **식사류는 1만 원 이하로, 다과류는 3천 원 이하로, 음료는 1천 원 이하**)을 제공하는 행위
2. 경선후보자와 함께 다니는 자와 경선운동기구에서 경선사무에 종사하는 자를 합하여 다음 각 목에 해당하는 수[법 제10조(사회단체 등의 공명선거추진활동) 제1항 제3호의 규정에 따른 가족은 그 수에 산입하지 아니함] 이내에서 통상적인 범위 안(1인에게 제공할 수 있는 음식물 또는 음료의 금액범위는 식사류는 1만 원 이하로, 다과류는 3천 원 이하로, 음료는 1천 원 이하)의 식사류의 음식물을 제공하는 행위
   가. 대통령선거의 당내경선에서는 30인
   나. 시·도지사선거의 당내경선에서는 15인
   다. 국회의원선거, 자치구의 구청장 및 시장·군수(이하 '자치구·시·군의 장'이라 함)선거의 당내경선에서는 10인
   라. 지방의회의원선거의 당내경선에서는 5인
3. 그 밖에 위 각호의 어느 하나에 준하는 것으로서 중앙선관위가 정하는 행위

그리고 누구든지 당내경선에 있어 후보자가 되지 아니하게 하거나 후보자가 된 것을 사퇴하게 할 목적으로 후보자(후보자가 되고자 하는 자를 포함)에게 제1항의 규정에 따른 이익제공행위 등을 하여서는 아니 되고, 후보자는 그 이익이나 직의 제공을 받거나 제공의 의사표시를 승낙하여서는 안 된다(법§57의5②). 이러한 행위에 관하여 지시·권유 또는 요구를 하여서는 아니 된다(법§57의5③).

위와 같은 선거법 제57조의5의 제1항 내지 제2항에 위반하는 자는 3년 이하의 징역 또는 1천만 원 이하의 벌금에 처해지고(법§230⑦), 동조 제3항에 위반하는 자는 5년 이하의 징역 또는 3천만 원 이하의 벌금에 처한다(법§230⑧).

Ⅱ. 당내경선운동

1. 의 의

'당내경선운동'은 위와 같은 '당내경선'에서의 특정 당내경선후보자가 '후보자'로 선출되도록 하기 위한 정당활동을 말한다. 선거운동은 뒤에서 자세하게 살펴보겠지만, 특정후보자의 당선 또는 낙선을 위하여 필요하고도 유리한 모든 행위로서 당선 또는 낙선을 도모한다는 목적이 객관적으로 인정될 수 있는 능동적·계획적인 행동을 말한다.

가. 당내경선운동의 분설

(1) '당내경선'에서의 특정 당내경선후보자가 '후보자'로 선출되도록 하기 위한 활동

당내경선에서 특정한 '당내경선후보자'가 당해 선거구선거의 후보자로 선출되는 것을 도모하는 활동이다. 여기서 '당해 선거구선거'는 앞서 본 바와 같이 '같은 종류의 선거'의 '같은 선거구'를 말한다.[5] 그러므로 비례대표국회의원후보자를 선출하기 위한 당내경선을 실시한 경우 비례대표국회의원선거가 당해 선거구선거가 된다. 또 그 후보자로 선출되도록 하기 위한 활동으로, 여기에는 선거운동에서 당선 또는 낙선과 같이 '공천'(公薦)을 위한 활동과 '낙천'(落薦)을 위한 활동이 있다. 공천을 위한 활동에는 자신 또는 제3자의 활동이 있고, 낙천을 위한 활동에는 제3자의 활동이 있다.

(2) 당내경선에서의 정당활동

당내경선은 공직선거후보자를 추천하기 위하여 정당이 벌이는 경선을 말하는 것이므로, 당내경선운동도 본질적으로 정당활동의 일환으로 진행되는 것이다. 다만, 당원이 아닌 자에게 투표권을 부여하여 경선을 진행하는 경우도 있고, 이러한 경우에는 비당원인 자들에게까지 정당활동이 확대된 것으로 볼 수 있다.

---

5 142면 참조.

나. 당내경선운동과 선거운동의 관계

당내경선은 공직선거후보자 추천을 위한 정당의 경선이고 이러한 경선은 선거 준비활동의 일환으로서 행해지는 것으로 볼 수 있다. 그런 면에서 보면 당내경선운동은 선거운동의 일환으로 볼 수 있고, 이러한 점은 비당원에게 투표권을 부여하여 행하는 당내경선의 경우에 더욱 두드러진다. 한편, 당내경선운동은 제6장의2로 규정된 것으로 제7장에서 규정된 선거운동과는 별개로 규정된 점에 주목해서 보면, 당내경선운동은 선거운동과는 별개의 활동으로 볼 수 있다.

이와 관련하여 대법원 2013. 5. 9. 선고 2012도12172 판결은, "선거법(이하 '법'이라 함) 제58조 제1항 본문과 제2조 및 제57조의2 제1항과 제57조의3 제1항 본문의 내용, 체제, 입법 취지 등을 종합하면, '선거운동'은 공직선거에서의 당선 또는 낙선을 위한 행위를 말하고, 공직선거에 출마할 정당 추천 후보자를 선출하기 위한 당내경선에서의 당선 또는 낙선을 위한 행위는 '선거운동'에 해당하지 아니하며, 다만 당내경선에서의 당선 또는 낙선을 위한 행위라는 구실로 실질적으로는 공직선거에서의 당선 또는 낙선을 위한 행위를 하는 것으로 평가할 수 있는 예외적인 경우에 한하여 그 범위 내에서 선거운동으로 볼 수 있다. 나아가 법 제57조의3 제1항은 '정당이 당원과 당원이 아닌 자에게 투표권을 부여하여 실시하는 당내경선에서는 다음 각호의 어느 하나에 해당하는 방법 외의 방법으로 경선운동을 할 수 없다'고 규정함으로써 제한적으로나마 당내경선 과정에서 당원뿐만 아니라 경선선거인단으로 등록될 가능성이 있는 당원 아닌 일반 유권자를 상대로 한 경선운동을 허용하고 있는 점을 고려하면, 당내경선에서의 당선 또는 낙선을 위한 행위에 **부수적으로** 공직선거에서의 당선 또는 낙선을 도모하고자 하는 의사가 포함되어 있다는 사정만으로 그와 같은 행위가 '선거운동'에 해당하는 것으로 섣불리 단정하여서는 아니된다"고 당내경선운동이 원칙적으로 선거운동에 해당하지 않음을 선언한 바 있다.[6]

생각건대, 선거법은 대의민주주의의 핵심인 국민의 선거기회 참여를 보

6 대법원 2013. 5. 9. 선고 2013도2681 판결; 대법원 2013. 11. 14. 선고 2013도6620 판결.

다 확대하는 한편, 소수 권력자가 아닌 국민의 의사를 정당의 공직선거 후보자 추천 절차에 직접적으로 반영한다는 의도하에, 널리 당원이 아닌 사람도 당내경선에 참여할 수 있는 이른바 '국민경선'에 관한 절차를 본래적 의미의 공직선거에 관한 절차와 별개로 마련한 것으로 보아야 할 것이다.[7] 비록 비당원에게 투표권을 부여하여 당내경선을 실시하는 경우 그 자에 대하여 특정 당내경선후보자를 홍보하거나 선전하는 당내경선운동은 그 당내경선후보자가 후보자로 선출되는 경우에 있어 어느 정도 사전선거운동적 성격이 있음을 부인하기 어려우나, 그것은 어디까지나 후보자로 선출되는 경우이고, 후보자로 선출되지 않은 경우에는 그런 성격을 인정하기 어렵다. 또 우리 선거법이 비당원인 자에게 투표권을 허용하는 당내경선을 허용하는 체제인 만큼, 당내경선운동이 비당원인 자들에 대하여 선거운동적 성격을 지니는 것은 부득이하게 용인할 수밖에 없는 것이라고 할 것이다. 나아가 뒤에서 살펴보겠지만, 우리 선거법이 국민의 선거참여를 어렵게 할 정도로 지나치게 선거운동에 대해 포괄적이고도 광범위한 규율체계를 가지고 있는 만큼, 경선운동을 선거운동으로 보는 경우에는 그러한 규율체계를 확대하는 것이고, 이는 바람직하다고 할 수 없을 것이다. 결국 당내경선운동은 선거운동과는 별개의 개념으로 보는 것이 타당하다.[8]

2. 당내선거운동에 대한 규제

가. 당내경선 '선거인의 자격'에 대한 규제

「정당법」 제22조(발기인 및 당원의 자격)의 규정에 따라 당원이 될 수 없는 다음과 같은 자는 당내경선의 선거인이 될 수 없다(법§57의2③).

1. 「국가공무원법」 제2조(공무원의 구분) 또는 「지방공무원법」 제2조(공무원의 구분)에 규정된 공무원. 다만, 대통령, 국무총리, 국무위원, 국회의원, 지방의회의원, 선거에 의하여 취임하는 지방자치단체장, 국회 부의

---

7 김승주, "당내경선에서의 당선을 위한 행위가 공직선거법상 '선거운동'에 해당하는지 여부", 판례해설 제96호(2013. 상반기), 863면.

8 양자 간의 관계에 대한 보다 자세한 논의는 김승주, 앞의 논문, 852~866면 참조.

장의 수석비서관·비서관·비서·행정보조요원, 국회 상임위원회·예산결산특별위원회·윤리특별위원회 위원장의 행정보조요원, 국회의원의 보좌관·비서관·비서, 국회 교섭단체대표의원의 행정비서관, 국회 교섭단체의 정책연구위원·행정보조요원과 「고등교육법」 제14조(교직원의 구분) 제1항·제2항에 따른 교원은 제외한다.

2. 「고등교육법」 제14조 제1항·제2항에 따른 교원을 제외한 사립학교의 교원
3. 법령의 규정에 의하여 공무원의 신분을 가진 자

하지만, 다른 정당의 당원도 당내경선의 선거인이 될 수 있다는 것이 중앙선관위의 태도이다(2011. 3. 23. 중앙선관위 질의회답). 또한, 현행 선거법은 당내경선의 선거인의 범위를 당해 선거구의 선거권자로 제한하고 있지 않으므로 당내경선에 다른 선거구의 선거권자도 그 당내경선에 참여할 수 있다. 다만, 입법론적으로는 당내경선의 선거인의 범위를 당해 선거구의 선거인으로 제한할 필요가 있다. 이렇게 제한하는 것이 '당내민주화'와 '주민자치의 견지'에서 바람직하기 때문이다.

나. 당내경선운동 주체에 대한 규제(= 공무원 등의 당내경선운동 금지)

선거법 제60조 제1항에 따라 선거운동을 할 수 없는 사람은 당내경선에서 경선운동을 할 수 없다(법§57의6①본문). 다만, 소속 당원만을 대상으로 하는 당내경선에서 당원이 될 수 있는 사람이 경선운동을 하는 경우에는 경선운동을 할 수 있다(법§57의6①단서).

그리고, 공무원은 '그 지위를 이용하여' 당내경선운동을 할 수 없으나(법§57의6②), 지위를 이용하지 않은 경우에는 당내경선운동을 할 수 있다. 여기서 '지위(地位)를 이용(利用)'한다는 것은 공무원이 순수한 사인(私人)으로서가 아니라 자신이 가지고 있는 직을 기반으로 행위를 하는 경우를 말한다. 공무원이 직함을 명시하여 행위를 하는 경우가 대표적이다.

다. 당내경선운동 방법에 대한 규제

선거법 제57조의3 제1항은 '당원과 당원 아닌 자'에게 투표권을 부여하는 당내경선운동에 대하여 다음과 같은 방법 이외의 방법으로 경선운동을 할 수 없는 것으로 규정하고 있다. 이처럼 규제하는 취지와 관련하여 판례는 "당내경선운동의 과열을 막아 질서 있는 경선을 도모함과 아울러 당내경선운동이 선거운동으로 변질되어 실질적으로 사전선거운동 금지규정 등을 회피하는 탈법적 수단으로 악용되는 것을 막기 위한 것이다. 따라서 당내경선기간 이전이라 할지라도 특정후보자의 당선을 위하여 선거법이 허용하는 범위를 넘어서 경선운동을 한 경우에는 당내경선운동 위반행위에 해당한다"고 판단하였다(위 2008도6232 판결). 요컨대 당원 아닌 자에게 투표권을 부여하는 당내경선운동은 필연적으로 그 사람에 대한 사전선거운동을 내포하기 때문에, 일정한 방법으로 제한할 수밖에 없다.

선거법상 허용되는 당내선거운동 방법(법§57의3①)

1. 제60조의3 제1항 제1호·제2호에 따른 방법
2. 정당이 경선후보자가 작성한 1종의 **홍보물**(이하 이 조에서 '경선홍보물'이라 함)을 1회에 한하여 **발송**하는 방법
3. 정당이 **합동연설회 또는 합동토론**회를 옥내에서 **개최**하는 방법(경선후보자가 선거규칙으로 정하는 바에 따라 그 개최장소에 경선후보자의 홍보에 필요한 현수막 등 시설물을 설치·게시하는 방법 포함)

□ 제60조의3 제1항 제1호·제2호

1. 제61조(선거운동기구의 설치) 제1항 및 제6항 단서의 규정에 의하여 **선거사무소**를 **설치**하거나 그 선거사무소에 **간판·현판 또는 현수막**을 **설치·게시**하는 행위
2. 자신의 성명·사진·전화번호·학력(정규학력과 이에 준하는 외국의 교육과정을 이수한 학력을 말함. 이하 제4호에서 같음)·경력, 그 밖에 홍보에 필요한 사항을 게재한 길이 9센티미터 너비 5센티미터 이내의 **명함**을 **직접 주거나 지지를 호소**하는 행위. 다만, 지하철역구내 그 밖에 선거규칙으로 정하는 다수인이 왕래하거나 집합하는 공개된 장소에서 주거나 지지를 호소하는 행위는 그 예외이다.

경선후보자가 자신의 **명함을 직접 주거**나 **지지를 호소**하는 방법의 경선운동에 대하여 당내 경선의 '선거일 투표개시시각부터 투표마감시각'까지는 이를 할 수 없다(규칙§25의2①). 또 선거법 제57조의3 제1항 제2호의 규정에 따른 **경선홍보물**의 작성 및 발송에 대해 다음과 같이 정하고 있다(규칙§25의2②).

1. 경선홍보물은 해당 정당이 정한 경선선거인수에 그 100분의 3에 상당하는 수를 더한 수 이내의 수량으로 작성해야 한다. 이 경우 작성할 수 있는 총수량의 단수가 100 미만인 때에는 100매로 한다.
2. 경선홍보물은 길이 27센티미터 너비 19센티미터 이내에서 4면(대통령 및 시·도지사선거의 당내경선의 경우에는 8면) 이내의 규격으로 작성해야 한다.
3. 경선홍보물에는 작성근거, 인쇄소의 명칭·주소·전화번호를 표시해야 하며, 앞면에는 "경선후보자 홍보물"이라 표시해야 한다.
4. 정당이 경선홍보물을 발송하고자 하는 경우에는 별지 제15호의2서식의(가)에 의한 발송용 봉투를 사용해야 하며, 「우편법 시행령」 제25조(우편요금 등의 별납)의 규정에 따라 우편요금 등을 따로 납부하는 방법으로 해야 한다.
5. 정당이 경선홍보물을 발송하고자 하는 때에는 발송일 전 2일까지 경선후보자별 홍보물 4부씩을 첨부하여 별지 제15호의2서식의(나)에 의하여 관할 선거구선거구선관위에 신고해야 한다.

그리고 선거법 제57조의3 제1항 제3호에 따라 **합동연설회** 또는 **합동토론회**와 관련하여, 경선후보자는 그 합동연설회 등이 개최되는 시설의 입구나 담장 또는 그 구내(옥외를 말함)에, '대통령선거는 20제곱미터 이내', '국회의원선거·지방의회의원선거 및 지방자치단체장선거는 10제곱미터 이내'의 규격과, '합동연설회 또는 합동토론회 개최일 전일부터 개최일까지'의 설치·게시 기간으로 한 자신의 홍보에 필요한 **현판**과 **현수막**을 각 2개 이내에서 설치·게시할 수 있고, 다만, 애드벌룬이나 기구류를 이용한 방법으로는 설치·게시할 수 없다(규칙§25의2③). 합동연설회 또는 합동토론회를 개최하는 때에는 개최일 전일까지 관할 선거구선관위에 별지 제15호의2서식의(다)에 의하여 신고해야 하고, 이 경우 신고사항에 변경이 있는 때에는 개최시각 전까지 그 변경사항을 신고해야 한다(규칙§25의2④).

그리고 경선후보자가 **문자나 이메일**로 경선에 필요한 범위 내에서 '경선운동정보'를 전송하는 것은 무방하다고 본다. 다만, 예비후보자가 아닌 경선후보자는 자동 동보통신에 의한 문자전송과 전자우편 전송대행업체에 위탁한 전자우편 전송은 할 수 없다.

당내선거운동 방법(중앙선관위 질의회답)

- 선거법 등의 규정 취지에 비추어 볼 때 정당의 공천신청자가 순수하게 **당내경선의 준비 활동을 위한 사무소를 개설**하는 정도는 무방하고, 이 경우 그 사무소에 간판 등 시설물을 설치·게시하거나 사무소 개소식을 하는 등의 행위는 경선활동으로 간주되어 선거법에 위반될 것임(2006. 3. 22)
- 청소·다과접대·차량운행·경선후보자 경호 등 단순노무에 종사하는 자에게 그 역무제공에 대한 정당한 대가를 지급하는 것은 무방할 것이나, 경선운동의 기획·전략수립·공약개발 등 **경선운동과 관계된 업무에 종사하는 자**에게 **대가를 제공**하는 것은 선거법 제230조 제7항 제2호에 위반될 것임(2007. 1. 19)
- 당해 정당 또는 후보자가 되고자 하는 자를 선전하거나 지지를 권유함이 없이 당헌·당규에 따른 **선거인단 구성에 필요한 범위 안**에서 전화·자당의 인터넷홈페이지 광고·포털사이트 광고의 방법으로 당내경선 선거인단을 모집하는 것은 무방할 것이나, 그 내용·시기·방법·대상 등이 선거인단 모집을 위한 범위를 벗어나거나 전화를 이용하여 선거인단을 모집함에 있어 선거권자의 지지성향을 조사하거나 정당 또는 후보자가 되고자 하는 자를 지지·추천하는 등 선거운동 또는 선거에 영향을 미치는 행위에 이르는 때에는 선거법 제93조 또는 제254조 등에 위반될 것임(2007. 4. 12)
- **당내경선선거사무소**와 **예비후보자선거사무소**를 다른 장소에 **각각 설치**하거나 같은 장소에 공동으로 설치할 수 있을 것임(2007. 4. 19)
- 정당이 당내경선일과 투표소, 합동토론회의 일시·장소 등을 신문광고, 방송광고, 인터넷포털사이트광고, 문자메시지 고지, 전화 고지, 전자우편 고지, 중앙당이나 시·도당 인터넷홈페이지 게재, 소속 국회의원 홈페이지 게재, 당보게재, 중앙당이나 시·도당 당사에 현수막 게시의 방법으로 경선선거인에게 단순히 고지하는 것은 무방할 것이나, **거리에 현수막**을 게시하는 방법으로 선

거일 전 180일부터 선거일까지 고지하는 것은 선거법 제90조에 위반될 것임 (2007. 7. 31)

- 현직 기초자치단체장이 당해 선거구의 기초자치단체장 선거의 출마를 위하여 그 직을 유지한 채 당내경선에 후보자로 참여할 수 있고 이 경우 단체장의 권한(업무)에 대한 선거법상 제한은 없음(2009. 12. 11)
- 예비후보자가 명함에 당내경선 선거인단 모집방법을 게재하여 배부하는 것은 무방할 것이나, 선거인단 모집을 위해 그 밖의 인쇄물을 배부하는 경우에는 행위양태에 따라 선거법 제93조 또는 제254조에 위반될 것임(2012. 2. 18)

제 2 장 후보자, 예비후보자, 후보자가 되고자 하는 자

The Public Official Election Act

Ⅰ. 후보자

1. 의 의

후보자는 국회의원선거 등 선거법상 선거에 출마(出馬)한 사람으로, 그 선거에 관하여 관할 선거구선관위에 대한 자신의 후보자등록 신청이 적법하게 수리된 사람이다(법§49①).

2. 후보자로 되는 시기와 후보자 상실 시기

선거법 제49조 제8항과 동법 제52조(등록무효사유)에 해당에 해당하지 않는 경우에는 그 신청을 수리한 때에 적법하게 후보자 자격을 취득하며, 그에 해당하는 경우에는 그 후보등록신청이 마쳐진다고 하더라도 적법하게 후보자로 되는 것은 아니다.

또 적법하게 취득한 후보자의 신분은 후보자 사퇴서를 신고한 때(법§54)와 그 선거의 관할 선거구선관위가 당선인을 결정하는 때에 후보자지위를 상실한다. 후자의 경우에는 관할 선거구선관위의 당선인 공고·통지 또는 당선증 교부 시가 아닌, 관할 선거구선관위가 당선인으로 결정하는 때부터 후보자 신분에서 당선인 신분으로 전환되는 것이다.[1]

3. 정당의 후보자추천과 선거권자의 무소속후보자추천

가. 정당의 후보자추천

(1) 의 의

정당이 국회의원선거 등 선거법상 선거에서 선거구별로 선거할 정수범위 안에서 그 소속당원을 자당의 후보자로 추천하는 것을 말한다(법§47①본문).

(2) 후보자추천 방법

정당은 당내경선 등 민주적인 절차에 따라서, 선거구별로 선거할 정수범위 안에서 그 소속당원을 정당추천후보자로 추천할 수 있으되, 비례대표자치구·시·군의원의 경우에는 그 정수 범위를 초과하여 추천할 수 있다(법§47①단서). 정당은 비례대표국회의원선거 및 비례대표지방의회의원선거에 후보자를 추천하는 때에는 그 후보자 중 100분의 50 이상을 여성으로 추천하되, 그 후보자명부의 순위의 매 홀수에는 여성을 추천해야 하는데(법§47③), '비례대표지방의회의원선거'에서 이를 위반하는 경우에는 등록거부사유이자 등록무효사유가 되므로(법§49⑧,§52①2호), 이러한 여성우대의무는 '법적 의무'이다. 그러나 '비례대표국회의원선거'의 경우 등록무효사유로 규정되어 있거나 이에 위반하는 경우 기타 법적 제재가 규정되어 있지 않으므로, '법적 의무'라기보다 '정치적 의무'에 가까운 것이다. 다만, 여성우대의 정치적 효과를 노리고 비례대표국회의원선거에서도 각 정당은 이를 대체로 잘 준수하고 있다.

그리고, 정당이 임기만료에 따른 지역구국회의원선거 및 지역구지방의회의원선거에 후보자를 추천하는 때에는 각각 전국지역구총수의 100분의 30 이상을 여성으로 추천하도록 노력할 의무를 부과하고 있으며, 이는 법적 의무가 아닌 순수한 정치적 의무라고 보아야 한다(법§47④). 그러나, 정당이 임기만료

1 정병욱, 『공직선거법』, 박영사, 2006, 297면 참조.

에 따른 지역구지방의회의원선거에 후보자를 추천하는 때에는 지역구시·도의원선거 또는 지역구자치구·시·군의원선거 중 어느 하나의 선거에 국회의원지역구(군지역을 제외하며, 자치구의 일부지역이 다른 자치구 또는 군지역과 합하여 하나의 국회의원지역구로 된 경우에는 그 자치구의 일부지역도 제외)마다 1명 이상을 여성으로 추천해야 할 법적 의무가 있고(법§47⑤), 이를 위반하는 경우 등록무효사유가 된다(법§52②).

(3) 후보자추천의 취소·변경의 금지

정당은 후보자등록 후에는 등록된 후보자에 대한 추천을 취소 또는 변경할 수 없으며, 비례대표국회의원후보자명부(비례대표지방의회의원후보자명부를 포함)에 후보자를 추가하거나 그 순위를 변경할 수 없다(법§50①본문). 이는 그 취소나 변경으로 인한 선거의 혼란을 미연에 방지하기 위한 규정이다. 다만, 후보자등록기간 중 정당추천후보자가 사퇴·사망하거나, 소속정당의 제명이나 중앙당의 시·도당창당승인취소 외의 사유로 인하여 등록이 무효로 된 때에는 예외로 하되, 비례대표국회의원후보자명부에 후보자를 추가할 경우에는 그 순위는 이미 등록된 자의 다음으로 한다(법§50①단서).

(4) 정당의 후보자추천 관련 금품수수금지

누구든지 정당이 특정인을 후보자로 추천하는 일과 관련하여 금품이나 그 밖의 재산상의 이익 또는 공사의 직을 제공하거나, 그 제공의 의사를 표시하거나, 그 제공을 약속하는 행위를 하거나, 그 제공을 받거나, 그 제공의 의사표시를 승낙할 수 없다(법§47의2①1문). 이 경우 후보자(후보자가 되려는 사람을 포함)와 그 배우자(이하 '후보자 등'이라 함), 후보자 등의 직계존비속과 형제자매가 선거일 전 150일부터 선거일 후 60일까지 「정치자금법」에 따라 후원금을 기부하거나 당비를 납부하는 외에 정당 또는 국회의원[「정당법」 제37조(활동의 자유) 제3항에 따른 국회의원지역구 또는 자치구·시·군의 당원협의회 대표자를 포함하며, '국회의원 등'이라 함], 국회의원 등의 배우자, 국회의원 등 또는 그 배우자의 직계존비속과 형제자매에게 채무의 변제, 대여 등 명목 여하를 불문하고 금품이나 그 밖의 재산상의 이익을 제공한 때에는 정당이 특정인을 후보자로 추천하는 일과 관련하여 제공한 것으로 본다(법§47의2①2문). 또 누구든지 이러한 행위에 관하여 지시·권유 또는 요구하거나 알선하여서는 아니 된다(법§47의2②). 이를 위반하는 자는 5년 이하의 징역 또는 500만 원 이상 3천만 원 이하의 벌금에 처한다(법§230⑥).

대법원 2009. 5. 14. 선고 2008도11040 판결(친○연대 비례대표국회의원 추천 관련 금품수수 사건)

□ 사건의 개요

- 친○연대라는 정당의 대표자가 특정인들을 비례대표 국회의원 후보로 추천하는 행위와 관련하여 그들로부터 금원을 제공받고 그들을 비례대표로 추천한 사안임

□ 결론과 이유

- 선거법 제47조의2 제1항, 제230조 제6항을 적용하여 위 정당의 대표자와 금품제공자를 처벌함
- 선거법 제230조 제6항, 제47조의2 제1항의 의미·내용이 분명하여 처벌규정으로서의 명확성을 지니는 것이어서 헌법 제12조의 죄형법정주의의 명확성의 원칙에 위배된다고 할 수 없다.
- 선거법 제230조 제6항, 제47조의2 제1항은 공직선거에 있어서 후보자 추천 단계에서부터 금권의 영향력을 원천적으로 봉쇄함으로써 궁극적으로는 공명정대한 선거를 만들기 위하여 마련된 것이라는 점에서 그 입법 목적의 정당성이 인정된다. 나아가 그 제한은 공직선거의 자유와 공정을 보장하기 위한 제도적 장치로서의 의미가 있고, 공직선거에 있어서 '정당이 특정인을 후보자로 추천하는 일과 관련하여'라는 전제 아래 그 제한이 이루어지며, 공직선거의 후보자 추천과 관련하여 금품 등을 제공하거나 제공받는 것을 금지하는 것 외에 폐해 방지를 위한 효과적 수단을 상정하기 어렵다. 이러한 점들을 종합하여 볼 때, 정당의 공직선거와 관련하여 금품이나 재산상 이익 등을 수수하는 행위를 처벌한다고 하여 그것이 헌법상 보장된 정당 활동 자유의 본질적인 내용을 침해하여 비례의 원칙에 위배된다고 할 수 없다.

나. 선거권자의 무소속후보자추천

(1) 의 의

무소속후보자가 되고자 하는 자는 선거법 제52조 제3항에 따라 추천장을 후보자등록 신청서에 첨부하여 제출해야 하는데, 관할 선거구 안에 주민등록

이 된 선거권자는 각 선거(비례대표국회의원선거 및 비례대표지방의회의원선거 제외)별로 정당의 당원이 아닌 자를 당해 '무소속후보자'로 추천할 수 있는 것을 말한다(법§48①).

(2) 절차와 방법

무소속후보자가 되고자 하는 자는 관할 선거구선관위가 후보자등록신청개시일 전 5일(대통령의 임기만료에 의한 선거에서는 후보자등록신청개시일 전 30일, 대통령의 궐위로 인한 선거 등에서는 그 사유가 확정된 후 3일)부터 검인하여 교부하는 추천장[별지 제11호서식의(가)]을 사용하여 <표 2-1>과 같이 선거권자의 추천을 받아야 한다(법§48②, 규칙§19③). 이 추천장의 검인·교부신청은 서류[별지 제11호서식의(나)]를 이용하여 공휴일에도 불구하고 매일 오전 9시부터 오후 6시까지 할 수 있다(법§48④, 규칙§19③).

이 경우 검인되지 아니한 추천장에 의하여 추천을 받거나 추천선거권자수의 상한수를 넘어 추천을 받아서는 아니 된다(법§48③). 전자의 경우는 그 추천을 확실하게 담보하기 위한 규정이고, 후자의 경우는 추천을 받는 행위가 사전선거운동이 되는 것을 방지하기 위한 규정이다.

〈표 2-1〉 선거종류별 무소속후보자 추천인수

선거종류	추천인수
대통령선거	5 이상의 시·도에 나누어 하나의 시·도에 주민등록이 되어 있는 선거권자의 수를 700인 이상으로 한 3천500인 이상 6천인 이하
지역구국회의원선거 및 자치구·시·군의 장 선거	300인 이상 500인 이하
지역구시·도의원선거	100인 이상 200인 이하
시·도지사선거	당해 시·도안의 3분의 1 이상의 자치구·시·군에 나누어 하나의 자치구·시·군에 주민등록이 되어 있는 선거권자의 수를 50인 이상으로 한 1천인 이상 2천인 이하
지역구자치구·시·군의원선거	50인 이상 100인 이하. 다만, 인구 1천인 미만의 선거구에서는 30인 이상 50인 이하

다. 선거제도 개혁론(정당의 공직후보자 추천의 제도화 및 민주화)

아주 예외적인 경우를 제외하고 무소속후보자는 정당후보자에 비하여 선거에서 경쟁력을 지니기 어렵다. 특히 영호남 등 지역주의가 심한 지역에서는 정당후보자로 공천을 받는 것은 곧 당선을 의미하기도 한다. 그럼에도 불구하고 선거법 제47조 제2항은 정당이 공직후보자를 어떻게 선출할 것인지와 관련하여 "정당이 제1항의 규정에 따라 후보자를 추천하는 때에는 민주적인 절차에 따라야 한다"고 규정하고 있을 뿐, 무엇이 '민주적인 절차'인지에 대하여는 침묵하고 있다. 정당후보자로 공천이 '당선확실'을 의미하거나 '당선'을 의미하는 경우가 많은 현실에 비춰 볼 때, 위 '민주적인 절차'를 구체화하여 정당의 공직후보자 추천을 선거법에서 그 요강(要綱)을 정하고 자세한 사항은 정당의 자율에 맡길 필요가 있다고 본다.

여기서 다시 독일 연방선거법을 살펴본다. 독일 연방선거법 제21조 제1항은 "다른 정당의 당원이 아닌 사람으로서 지역구의원후보자 선출을 위한 당원총회나 이를 위한 특별대의원대회 또는 일반대의원대회에서 선출된 사람만이 정당후보자로서 지역구의원후보자로 공천될 수 있다. 지역구의원후보자 선출을 위한 당원총회는 그 집회시점 기준으로 해당 지역선거구에서의 독일연방의회 선거권자인 정당의 당원들의 집회이다. 특별대의원대회는 이러한 당원총회에 의하여 당원 중에서 선출된 대표자들의 집회이다. 일반대의원대회는 정당법 제6조상의 정당의 당헌에 따라 이러한 당원총회에 의하여 당원 중에서 차기선거를 위해 일반적으로 선출된 인사들의 집회이다[2]"고 규정하고 있다. 또한 동조 제3항은 "지역구의원후보자와 대의원대회의 대표자는 비밀투표로

---

2 §21 Aufstellung von Parteibewerbern

(1) Als Bewerber einer Partei kann in einem Kreiswahlvorschlag nur benannt werden, wer nicht Mitglied einer anderen Partei ist und in einer Mitgliederversammlung zur Wahl eines Wahlkreisbewerbers oder in einer besonderen oder allgemeinen Vertreterversammlung hierzu gewählt worden ist. Mitgliederversammlung zur Wahl eines Wahlkreisbewerbers ist eine Versammlung der im Zeitpunkt ihres Zusammentritts im Wahlkreis zum Deutschen Bundestag wahlberechtigten Mitglieder der Partei. Besondere Vertreterversammlung ist eine Versammlung der von einer derartigen Mitgliederversammlung aus ihrer Mitte gewählten Vertreter. Allgemeine Vertreterversammlung ist eine nach der Satzung der Partei (§6 des Parteiengesetzes) allgemein für bevorstehende Wahlen von einer derartigen Mitgliederversammlung aus ihrer Mitte bestellte Versammlung.

선출된다. 이 경우 그 총회 또는 대의원대회의 투표권이 있는 모든 참가자는 지역구의원후보자를 추천할 권리가 있다. 지역구의원후보자들은 자신과 후보자공약(Programm der Versammlung)에 대해 상당한 시간 동안 발표할 기회를 부여받아야 한다. 지역구의원후보자 선거는 빨라도 독일연방의회의 회기 개시 후 32개월째에, 대의원대회의 대표자 선출은 일러도 독일연방의회의 회기 개시 후 29개월째에 실시될 수 있다. 그 회기가 조기에 종료된 경우에는 그러하지 아니하다[3]"고 규정하고 있다. 나아가 "대의원대회의 대표자의 선출에 관한 세부사항, 지역구의원후보자 선출을 위한 절차 등 당원총회 또는 대의원대회 소집 및 의결정족수(Beschlußfähigkeit)에 관한 세부사항은 정당에서 당헌으로 정한다[4]"고 규정하고 있는 것이다.[5] 그리고 동법 제27조 제5항에 의하여 이러

---

3 (3) Die Bewerber und die Vertreter für die Vertreterversammlungen werden in geheimer Abstimmung gewählt. Jeder stimmberechtigte Teilnehmer der Versammlung ist hierbei vorschlagsberechtigt. Den Bewerbern ist Gelegenheit zu geben, sich und ihr Programm der Versammlung in angemessener Zeit vorzustellen. Die Wahlen dürfen frühestens 32 Monate, für die Vertreterversammlungen frühestens 29 Monate nach Beginn der Wahlperiode des Deutschen Bundestages stattfinden; dies gilt nicht, wenn die Wahlperiode vorzeitig endet.

4 (5) Das Nähere über die Wahl der Vertreter für die Vertreterversammlung, über die Einberufung und Beschlußfähigkeit der Mitglieder- oder Vertreterversammlung sowie über das Verfahren für die Wahl des Bewerbers regeln die Parteien durch ihre Satzungen.

5 그 이외에 다음과 같은 조항이 있다. 다만, 아래 제4항은 비례대표후보자를 정하는 경우에 준용되지 않는다.

④ 주당의 지도부 또는 주당이 없는 경우에 지역선거구 내에 있는 직하(直下)지구당의 지도부나 이를 위해 당헌에서 규정된 기타 기관은 당원총회나 대의원대회의 결정에 대하여 이의(Einspruch)를 제기할 수 있다. 이러한 이의에 의하여 표결이 다시 시행되어야 한다. 그 결과는 더 이상 번복될 수 없다.[(4) Der Vorstand des Landesverbandes oder, wenn Landesverbände nicht bestehen, die Vorstände der nächstniedrigen Gebietsverbände, in deren Bereich der Wahlkreis liegt, oder eine andere in der Parteisatzung hierfür vorgesehene Stelle können gegen den Beschluß einer Mitglieder- oder Vertreterversammlung Einspruch erheben. Auf einen solchen Einspruch ist die Abstimmung zu wiederholen. Ihr Ergebnis ist endgültig].

⑥ 집회의 장소 및 일시, 소집 형식, 출석한 당원의 수와 표결 결과에 관한 진술이 기재된 지역구의원후보자 선출에 관한 의사록의 정본(Ausfertigung der Niederschrift)은, 지역구의원후보자공천서와 함께 제출되어야 한다. 이 때 당원총회나 대의원대회의 의장과 이 결정에 참여한 2명은 지역구선거관리위원장에게 선서에 갈음하여, 제21조 제3항 제1문 내지 3문에 따른 요건이 준수되었다는 점을 보증해야 한다. 지역구선거관리위원장은 그러한 선서에 갈음하는 보증을 인수함으로써 그 주무관청이 된다; 이로써 그는 형법전 제156조상의 관청으로 간주된다[(6) Eine Ausfertigung der Niederschrift über die Wahl des Bewerbers mit Angaben über Ort und Zeit der Versammlung, Form der Einladung, Zahl der erschienenen Mitglieder und Ergebnis der Abstimmung ist mit dem Kreiswahlvorschlag einzureichen.

한 조항은 비례대표의원후보자를 정하는 경우에도 준용된다.

요컨대 독일 연방선거법은 당원총회나 당원총회에서 위임을 받은 대의원대회에서 당원들의 의사로 공직후보자를 선출한다.

여기서 정당에서 공직후보자를 당원들의 의사로 선출해야 하는지, 아니면 일반 국민도 이 공직후보자 선출에 참여할 수 있는지 하는 문제를 생각해 본다. 공직후보자 선출에 일반 국민도 참여하는 이른바 '국민경선제'는 낮은 경선 참여율로 인한 대표성 왜곡, 후보자들 간의 거친 상호 비방과 조직 동원, 당 밖의 지지 획득 경쟁으로 인한 당내 구성원들 사이의 결속과 연대의 약화, 인물 중심의 국민경선에 따른 정당 간 이념 및 정책의 차별성의 둔화 등 여러 문제점이 발생하고, 특히 핵심적인 문제는 대의민주주주의의 골간인 '정당의 대표성과 책임성'을 약화시킨다는 데 있다.[6] 그러므로, 정당의 공직후보자는 정당의 책임 아래 당원들이 이를 결정하는 것이 바람직하다고 본다. 여기서, 독일 연방선거법과 같이 '당원총회'나 '대의원대회'에서 일률적으로 공직후보자를 선출하도록 하는 것은 '정당의 자율성'을 훼손하는 것이 아닌가 하는 의문이 있을 수 있다. 하지만, 정당의 책임 아래 당원들의 총의(總意)로 공직후보자를 선출하는 것은 정당민주주의를 심화시키기 위한 것이므로 정당의 자율성을 훼손하지 않는다고 본다. 다만, 그렇다고 하더라도 정당의 자율성을 증진시키기 위한 차원에서 일반 국민도 그 공직후보자 선출에 참여할 수 있는 길을 터놓는 것이 필요하다고 본다.

결국, 당내경선을 규율하고 있는 선거법 제57조의2를 다음과 같이 개정할 필요가 있다고 본다. 또 비례대표의원 공천에서 여성에 대한 우대조항(법§47③~⑤)을 전제로 한 조항(예컨대, 법§52①2호,§52② 등)은 모두 삭제하거나 개정할 필요가 있다.

Hierbei haben der Leiter der Versammlung und zwei von dieser bestimmte Teilnehmer gegenüber dem Kreiswahlleiter an Eides Statt zu versichern, dass die Anforderungen gemäß Absatz 3 Satz 1 bis 3 beachtet worden sind. Der Kreiswahlleiter ist zur Abnahme einer solchen Versicherung an Eides Statt zuständig; er gilt als Behörde im Sinne des §156 des Strafgesetzbuches].

6 최태욱, 앞의 책, 304~305면.

현행 선거법	개정 선거법
제47조(정당의 후보자추천) ① 정당은 선거에 있어 선거구별로 선거할 정수범위 안에서 그 소속당원을 후보자(이하 '정당추천후보자'라 함)로 추천할 수 있다. 다만, 비례대표자치구·시·군의원의 경우에는 그 정수범위를 초과하여 추천할 수 있다.	제47조(민주적인 절차에 의한 정당의 후보자추천 등) ① 현행과 동일
② 정당이 제1항의 규정에 따라 후보자를 추천하는 때에는 민주적인 절차에 따라야 한다.	② 정당은 공직선거후보자를 추천하기 위하여 당내경선 등 민주적인 절차를 거쳐야 한다.
<현행 제3항 내지 제5항 삭제, 제3항 신설>	③ 제2항의 민주적인 절차라 함은 공직선거후보자 선출을 위하여 개최된 집회로, 당해 선거구의 당원이 참여하는 당원총회 또는 당원총회에서 당원 중에서 비밀투표에 의해 선출된 대표자가 참여하는 대의원대회에서 비밀투표를 거친 경우를 말한다. 이 경우 정당의 당헌에 정해진 소정절차에 따라 당원 아닌 자에게 당원총회 또는 대의원대회에 대한 투표권을 부여하는 경우에는 그 당원 아닌 자도 비밀투표에 참여할 수 있다. 당내경선은 선거구별로 선거할 정수범위를 초과하여 정당추천후보자의 신청이 있는 경우 신청 후보자들을 대상으로 하여 위와 같은 절차를 거치는 것을 말한다.
<현행 제3항 내지 제5항 삭제, 제4항 신설>	④ 제3항에서 투표권을 가진 자는 당해 선거구의 선거인으로 하되, 그 범위와 투표권을 가진 당원 아닌 자의 비중, 당원 아닌 자에게 투표권을 부여하는 소정절차, 그 당원총회 또는 대의원대회의 소집절차·의결정족수, 그 대표자 선출 방식, 당내경선 실시

	여부·사유 등 당내경선에 관한 사항으로 선거법이 정하지 않은 사항, 그 밖에 필요한 사항은 정당의 당헌으로 정한다.
第57조의2(당내경선의 실시) ① 정당은 공직선거후보자를 추천하기 위하여 경선(이하 '당내경선'이라 함)을 실시할 수 있다.	第57조의2(당내경선의 실시) ① 현행과 동일
② 정당이 당내경선[당내경선의 후보자로 등재된 자(이하 '경선후보자'라 함)를 대상으로 정당의 당헌·당규 또는 경선후보자간의 서면합의에 따라 실시한 당내경선을 대체하는 여론조사를 포함]을 실시하는 경우 경선후보자로서 당해 정당의 후보자로 선출되지 아니한 자는 당해 선거의 같은 선거구에서는 후보자로 등록될 수 없다. 다만, 후보자로 선출된 자가 사퇴·사망·피선거권 상실 또는 당적의 이탈·변경 등으로 그 자격을 상실한 때에는 그러하지 아니하다.	② 정당이 당내경선을 실시하는 경우 경선후보자로서 당해 정당의 후보자로 선출되지 아니한 자는 당해 선거의 같은 선거구에서는 후보자로 등록될 수 없다. 다만, 후보자로 선출된 자가 사퇴·사망·피선거권 상실 또는 당적의 이탈·변경 등으로 그 자격을 상실한 때에는 그러하지 아니하다.

4. 후보자등록

가. 의 의

후보자의 등록은 대통령선거에서는 선거일 전 24일, 국회의원선거와 지방자치단체의 의회의원 및 장의 선거에서는 선거일 전 20일(후보자등록신청개시일)부터 2일간(후보자등록기간) 관할 선거구선관위에 서면으로 신청하는 것을 말한다(법§49①).

나. 후보자등록 신청권자와 신청기간

(1) 신청권자와 제출서류

(가) 정당추천후보자의 경우

대통령선거와 비례대표국회의원선거 및 비례대표지방의회의원선거에서 정당추천후보자의 등록신청권자는 그 추천정당이고, 지역구국회의원선거와 지역구지방의회의원 및 지방자치단체장의 선거에서는 등록신청권자는 정당추천후보자가 되고자 하는 자이다(법§49②1문). 이 경우 추천정당의 당인 및 그 대표자의 직인이 날인된 추천서와 본인승낙서(대통령선거와 비례대표국회의원선거 및 비례대표지방의회의원선거에 한함)를 등록신청서에 첨부해야 하고, 이 경우 비례대표국회의원후보자와 비례대표지방의회의원후보자의 등록은 추천정당이 그 순위를 정한 후보자명부를 함께 첨부해야 한다(법§49②2문, 규칙§20⑦).

(나) 무소속후보자의 경우

정당추천을 받지 못한 무소속후보자의 경우는 무소속후보자 본인이 등록신청권자이다. 무소속후보자가 되고자 하는 자는 제48조에 따라 선거권자가 기명하고 날인(무인을 허용하지 아니함)하거나 서명한 추천장(단기 또는 연기로 하며 간인을 요하지 아니함)[별지 제11호서식의(가)]을 등록신청서에 첨부해야 한다(법§49③, 규칙§19③).

(2) 신청기간과 신청방식

후보자의 등록은 대통령선거에서는 선거일 전 24일, 국회의원선거와 지방자치단체의 의회의원 및 장의 선거에서는 선거일 전 20일(후보자등록신청개시일)부터 각각 2일간(후보자등록기간) 관할 선거구선관위에 후보자등록신청서[<표 2-2>와 같은 별지 제12호서식의(나)]를 제출하여 신청한다(법§49①, 규칙§19③). 후보자등록신청서에 후보자의 성명을 한글로 기재함에 있어서는 해당후보자의 가족관계증명서에 기록된 성명을 그대로 기재하여야 하며, 관할 선거구선관위가 후보자등록신청서에 한글로 기재된 후보자의 성명이 가족관계증명서에 기록된 성명과 일치하지 아니한 것을 발견한 때에는 이를 후보자등록을 신청한 자에게 보완하게 하거나 직권으로 정정할 수 있다(§규칙20⑧).

〈표 2-2〉 실전사례: 후보자등록신청서[7]

후보자등록신청서

1. 선 거 명(선거구명) : □□구의원선거(□□구가선거구)
2. 소속정당명 : □□□당
3. 성 명 : 홍 길 동(한자 : 洪 吉 童)
4. 주민등록번호 : 5□0831-1234567
5. 주소(전화번호, 휴대전화번호) : 서울시 ○○구 △△로 □□
(043)123-4567, 010-1234-5678
6. 직 업 : 정당인
7. 학 력 : ○○대학교 □□학과 졸업
8. 경 력 : (전) 제○대 ○○시의회의원
(현) 주식회사 ○○ 대표이사

2014년 6월 4일 실시하는 ○○구의회의원선거에서 후보자로 등록을 신청합니다.

2014년 월 일
신청인 후보자 ○ ○ ○ ㊞

○ ○ ○ 선관위 귀중

※ 덧붙임 서류
(1) 정당의 후보자추천서 또는 선거권자의 후보자추천장 1통(○○매)
(2) 가족관계증명서 1통
(3) 사직원접수증 또는 해임된 것을 증명하는 서류 1통(해당자에 한함)
(4) 주민등록표 초본 1통
(5) 재직증명서 1통(선거법 제16조 제4항에 해당되는 지방자치단체장에 한함)
(6) 등록대상재산에 관한 신고서 1통
(7) 병역사항에 관한 신고서 1통
(8) 최근 5년간 세금납부·체납증명에 관한 신고서 1통
(9) 전과기록증명에 관한 제출서 1통
(10) 정규학력 증명에 관한 제출서 1통
(11) 공직선거 후보자등록 경력신고서
(12) 인영신고서 ○매

7 서울특별시선관위, 『정당·후보자를 위한 선거사무안내』, 2014, 134면. 이하 공직후보자재산신고서·병역신고서도 마찬가지이다. 그 이외의 작성요령과 그 이외의 서류 및 그에 대한 작

실전팁(후보자등록신청시 사전 준비와 점검)

- 후보자등록신청은 2일이라는 짧은 기간에 많은 서류를 작성해서 이를 관할 선거구선관위에 접수해야 함
- 따라서 그 서류가 갖춰지지 않거나 기탁금 등 법적 요건을 갖추지 못한 경우 후보자등록신청이 거부되거나 일단 수리되더라도 나중에 그 등록신청이 무효화되는 불이익을 받을 수 있음
- 이론적으로는 그 거부처분과 등록무효처분에 관하여 행정소송을 제기하는 등으로 다툴 수 있지만, 그 행정소송의 결과는 선거일 전에 나오기가 거의 불가능하므로 본인이 출마하려고 하는 선거에는 출마가 원천적으로 불가능할 수 있어, 그 행정소송의 제기의 실익은 거의 없다고 보아야 함
- 따라서 후보자등록기간 훨씬 이전부터 등록신청에 필요한 서류를 준비하고, 등록신청에 필요한 각종 서류의 작성요령을 숙지할 필요가 있음
- 그 작성요령은 후보자등록신청기간 동안에 관할 선거구선관위가 후보자용으로 배부하는 위와 같은 '선거사무안내' 책자를 필히 참조하여 숙지할 필요가 있음
- 이렇게 함으로써 후보자등록이 무효가 되거나 등록 지체 등으로 불이익을 받지 않도록 할 필요가 있다. 그 서류에 기재요령이 상세하게 설명되어 있다.
- 아울러 평소 출마 예상지의 관할 선거구선관위 직원과 자연스럽게 친분을 쌓을 필요도 있을 것임

다. 후보자등록 신청시 제출서류

후보자가 되고자 하는 자는 후보자 등록신청하기 위해서는 다음과 같은 서류와, 정당추천후보자추천서[별지 제12호서식의(다)]와 본인승낙서(대통령선거와 비례대표국회의원선거 및 비례대표지방의회의원선거에 한함)[별지 제12호서식의(바)], 무소속후보자가 되고자 하는 자는 제48조에 따라 선거권자가 기명하고 날인한 추천장[별지 제11호서식의(가)]를 제출해야 한다(법§49④, 규칙19§③,§20⑦).

성요령은 후보자등록신청기간 동안에 관할 선거구선관위가 배부하는 위와 같은 '선거사무안내' 책자를 필히 참조하여 그 하자로 인하여 후보자등록이 무효가 되거나 등록 지체 등으로 불이익을 받지 않도록 할 필요가 있다. 그 서류에 기재요령이 상세하게 설명되어 있다. 지면관계상 이들 서류의 핵심적인 작성례를 싣는다.

후보자등록 신청시 제출 서류(법§49④)

1. 선거규칙이 정하는 피선거권에 관한 증명서류
2. 「공직자윤리법」 제10조의2(공직선거후보자 등의 재산공개) 제1항의 규정에 의한 등록대상재산에 관한 신고서[공직자윤리법의 시행에 관한 중선위 규칙 별지 제1호서식의(나)]
3. 「공직자 등의 병역사항신고 및 공개에 관한 법률」 제9조(공직선거후보자의 병역사항신고 및 공개) 제1항의 규정에 의한 병역사항에 관한 신고서[공직선거후보자의 병역사항 신고 및 공개에 관한 규칙 별지 제1호서식]
4. 최근 5년간의 후보자, 그의 배우자와 직계존비속(혼인한 딸과 외조부모 및 외손자녀를 제외)의 소득세(「소득세법」 제127조 제1항에 따라 원천징수하는 소득세는 제출하려는 경우에 한정)·재산세·종합부동산세의 납부 및 체납(10만원 이하 또는 3월 이내의 체납은 제외)에 관한 신고서[별지 제12호서식의(자)]. 이 경우 후보자의 직계존속은 자신의 세금납부 및 체납에 관한 신고를 거부할 수 있다.
5. 벌금 100만 원 이상의 형의 범죄경력(실효된 형을 포함하며, 이하 '전과기록'이라 함)에 관한 증명서류[별지 제12호서식의(차)]
6. 「초·중등교육법」 및 「고등교육법」에서 인정하는 정규학력(이하 '정규학력'이라 함)에 관한 최종학력 증명서와 국내 정규학력에 준하는 외국의 교육기관에서 이수한 학력에 관한 각 증명서(한글번역문을 첨부)[별지 제12호서식의(카)]. 이 경우 증명서의 제출이 요구되는 학력은 제60조의3 제1항 제4호의 예비후보자홍보물, 제60조의4의 예비후보자공약집, 제64조의 선거벽보, 제65조의 선거공보(같은 조 제9항의 후보자정보공개자료를 포함), 제66조의 선거공약서 및 후보자가 운영하는 인터넷홈페이지에 게재하였거나 게재하고자 하는 학력에 한한다.
7. 대통령선거·국회의원선거·지방의회의원 및 지방자치단체장의 선거와 교육의원선거 및 교육감선거에 후보자로 등록한 경력[선거가 실시된 연도, 선거명, 선거구명, 소속 정당명(정당의 후보자추천이 허용된 선거에 한정), 당선 또는 낙선 여부를 말함]에 관한 신고서[별지 제12호서식의(타)]

후보자등록을 신청하는 때에는 법 제49조 제2항부터 제4항까지의 규정에 따른 등록신청관계서류 외에 **피선거권에 관한 증명서류**로서 후보자가 되려는 사람의 **주민등록표 초본**, 「가족관계의 등록 등에 관한 법률」 제15조 제1항 제1호에 따른 **가족관계증명서**(손자 또는 외손자 중 병역사항 신고대상자가 있는 때에는 그 손자 또는 외손자가 기록된 가족관계증명서를 포함) 및 **재직증명서**(법 제16조

제4항의 경우에 해당되는 지방자치단체장에 한함)를 첨부해야 하고, 이 경우 주민등록표 초본의 제출은 대통령선거, 지방의회의원선거 및 지방자치단체의 장선거에 한한다(규칙§20①). 또 선거법 제53조 제1항부터 제3항까지 또는 제5항 본문에 따라 그 직을 그만두고 입후보하려는 사람은 사직원접수증 또는 해임된 것을 증명하는 서류를 첨부해야 한다(규칙§20②). 또 관할 선거구선관위가 선거법 제49조 제8항 단서에 따라 후보자의 피선거권에 관한 조사(금치산선고 여부, 수형 사실 등)를 함에 있어서는 「가족관계의 등록 등에 관한 법률」 제10조 제1항에 따른 후보자의 등록기준지를 관할하는 구청장·시장(구가 설치되지 아니한 시의 시장을 말함)·읍장·면장과 해당 선거구를 관할하는 검찰청의 장에게 조회하되, 선거법 제49조 제10항 후단에 따라 전과기록을 조회하는 때에 함께할 수 있다(규칙§20③). 후보자가 되고자 하는 자 또는 정당은 선거기간개시일 전 150일부터 본인 또는 후보자가 되고자 하는 소속 당원의 **전과기록**을 국가경찰관서의 장에게 조회할 수 있으며, 그 요청을 받은 국가경찰관서의 장은 지체 없이 그 전과기록을 회보해야 하고, 이 경우 회보받은 전과기록은 후보자등록 시 함께 제출해야 하며 관할 선거구선관위는 그 확인이 필요하다고 인정되는 후보자에 대하여는 후보자등록마감 후 지체 없이 해당 선거구를 관할하는 검찰청의 장에게 그 후보자의 전과기록을 조회할 수 있고, 당해 검찰청의 장은 그 전과기록의 진위 여부를 지체 없이 회보해야 한다(법§48⑩).

그리고 선거법 제49조 제1항부터 제3항까지의 규정에 따른 후보자등록신청서, 정당의 추천서, 비례대표국회의원후보자 및 비례대표지방의회의원후보자의 명부, 대통령후보자·비례대표국회의원후보자 및 비례대표지방의회의원후보자의 본인승낙서는 별지 제12호서식의(나) 내지 (바)에 의하고, 동법 같은 조 제10항 전단에 따른 전과기록의 조회신청은 별지 제12호서식의(사)에 의하며, 동법 같은 조 제8항 단서 및 제10항 후단에 따른 피선거권에 관한 범죄경력 및 전과기록의 조회는 별지 제12호서식의(아)에 의하고, 동법 같은 조 제4항 제4호부터 제6호까지의 규정에 따른 세금의 납부 및 체납에 관한 신고서, 전과기록에 관한 증명서류, 학력에 관한 증명서의 제출은 별지 제12호서식의 (자) 내지 (카)에 의한다(규칙§20⑦).

〈표 2-3〉 실전사례: 재산신고서

<table>
<tr><td colspan="7">공직선거후보자재산신고서</td></tr>
<tr><td rowspan="4">등록의무자 후보자</td><td rowspan="2">① 성명</td><td>(한글)
홍 길 동</td><td>② 소속정당</td><td>□□□당</td><td>③ 선거명</td><td>□□구의원선거</td></tr>
<tr><td>(한자)
洪 吉 童</td><td>④ 생년월일
(성별)</td><td>195□. 8. 31
(남)</td><td>⑤ 선거구명</td><td>□□구가선거구</td></tr>
<tr><td rowspan="2">⑥ 주소</td><td>자택</td><td colspan="4">우편번호 (1××−0×9) 서울시 ○○구 △△로 □□길</td></tr>
<tr><td>직장</td><td colspan="4">우편번호 (1××−05×) 서울시 ○○구 △△로 □□길</td></tr>
<tr><td colspan="7">⑦ 신고사항 (해당항목에 “✔”자 표시)</td></tr>
<tr><td colspan="6">재 산 신 고 사 항</td><td>기타사항</td></tr>
<tr><td colspan="6">☑ 부 동 산 ☑ 부동산에 관한 규정이 준용되는 권리와
☑ 현금·수표 자동차·건설기계·선박 및 항공기
☑ 채 권 ☑ 예 금 ☑ 증 권
☑ 보 석 류 ☑ 채 무 ☑ 금·백금
☑ 지식재산권 ☑ 골동품·예술품 ☑ 회 원 권
☑ 합병회사·합자회사·유한회사출자지분 □ 재산신고사항 없음</td><td>☑비영리 법인에 출연재산</td></tr>
<tr><td colspan="7">본인은 공직선거의 후보자로서의 명예와 양심에 따라 성실하게 신고할 것을 서약하며 「공직자윤리법」 재10조의2 제1항의 규정에 의해 신고 대상재산을 별지와 같이 작성·제출합니다.

2014 년 월 일
위 후보자 : 홍 길 동 (서명 또는 날인)

○○○선관위 귀중</td></tr>
</table>

주: 1. 무소속호부자는 “② 소속정당”란에 “무소속”이라 표시함
2. 지방자치단체의 장선거에서는 “⑤ 선거구명”란은 작성하지 아니함
3. “⑥ 주소”란은 도로명까지만 기재함

〈표 2-4〉 실전사례: 병역사항신고서

<table>
<tr><td colspan="7">공직선거후보자병역사항신고서</td></tr>
<tr><td rowspan="5">후
보
자</td><td rowspan="2">① 성명</td><td>(한글)
홍 길 동</td><td>② 소속
정당명</td><td>□□□당</td><td>③ 선거명</td><td>□□구의원선거</td></tr>
<tr><td>(한자)
洪 吉 童</td><td>④ 생년월일
(성별)</td><td>195□. 8. 31
(남)</td><td>⑤ 선거구명</td><td>□□구가선거구</td></tr>
<tr><td rowspan="2">⑥
주소</td><td>자택</td><td colspan="4">우편번호 (1××-0×9) 서울시 ○○구 △△로 □□길</td></tr>
<tr><td>직장</td><td colspan="4">우편번호 (1××-05×) 서울시 ○○구 △△로 □□길</td></tr>
<tr><td>⑦ 등록
기준지</td><td colspan="5">충청북도 ○○시 △△로</td></tr>
<tr><td colspan="7">⑧ 첨부서류 : ☑ 본인 및 직계비속의 병역사항(별지)
☑ 병적증명서 3부(본인, 장남 및 차남)
☑ 복무확인서 1부(삼남)</td></tr>
<tr><td colspan="7">본인은 「공직자 등의 병역사항 신고 및 공개에 관한 법률」 제9조 제1조항의 규정에 의해 병역사항을 별지와 같이 신고합니다.

2014년 월 일
위 후보자 홍 길 동 (인)

○○○선관위 귀중</td></tr>
</table>

주: 1. 무소속호부자는 "② 소속정당"란에 "무소속"이라 표시함.
2. 지방자치단체의 장선거에서는 "⑤ 선거구명"란은 작성하지 아니함.
3. "⑥ 주소"란과 "⑦ 등록기준지"란은 도로명까지만 기재함
4. "본인 및 직계비속의 병역사항(별지)"은 발급받은 "병적증명서" 또는 "복무확인서"에 의하여 작성해야 함.

라. 기탁금의 납부

(1) 기탁금의 의의

기탁금은 국회의원선거 등 선거법상 선거에 후보자로 등록신청을 한 사람 또는 예비후보자로 등록신청을 한 사람이 관할 선거구선관위에 납부해야 하는 금전을 말한다(법§56①,§60의2②). 이 기탁금은 무분별한 후보난립을 방지하고 불성실한 입후보를 차단하는 제재금 예납의 의미, 선거법 위반행위에 대한 과태료(過怠料)와 불법시설물 등에 대한 대집행비용과 선전벽보 및 선거공보의 작성비용에 대한 예납의 의미를 가지고 있다(헌재 1996. 8. 29. 95헌마108).

그러나 그 기탁금액이 너무 고액으로 책정된 경우에는 선거에 대한 입후보를 어렵게 하여 피선거권을 침해할 우려가 있다. 이와 관련하여 헌법재판소는 대통령선거의 기탁금 5억 원에 대하여는 헌법불합치를(헌재 2008. 11. 27. 2007헌마1024), 국회의원선거 기탁금 2천만 원에 대하여는 평균적인 일반국민의 경제력으로는 피선거권 행사를 위하여 손쉽게 조달할 수 없는 금액으로 위헌이라고 판시한 바 있다(헌재 2001. 7. 19. 2000헌마112). 반면 시·도지사선거는 5천만 원, 자치구·시·군의 장선거는 1천만 원, 시·도의회의원선거는 300만 원, 자치구·시·군의원선거는 200만 원을 각 후보자가 기탁금을 납부하도록 선거법 제56조 제1항 제3호 내지 제6호에 대해 합헌이라고 판단하였다(헌재 2004. 3. 25. 2002헌마383·396; 헌재 1996. 8. 29. 95헌마108).

(2) 기탁금 액수와 납부방법

후보자등록을 신청하는 자는 등록신청 시에 후보자 1명마다 <표 2-5>와 같은 기탁금을 관할 선거구선관위에 납부해야 한다. 이 경우 예비후보자가 해당 선거의 같은 선거구에 후보자등록을 신청하는 때에는 제60조의2 제2항에 따라 납부한 기탁금을 제외한 나머지 금액을 납부해야 한다(법§56①). 이 기탁금의 납부는 선거구선관위가 기탁금의 예치를 위하여 개설한 금융기관(우체국을 포함)의 예금계좌에 후보자등록 또는 예비후보자등록을 신청하는 자의 명의로 계좌입금하고 해당 금융기관이 발행한 입금표를 제출하는 것으로 하되, 다만, 부득이한 사유가 있는 경우에는 현금(금융기관이 발행한 자기앞수표를 포함)으로 납부할 수 있다(규칙§24).

〈표 2-5〉 선거종류별 기탁금 액수

선거종류	기탁금 액수
대통령선거	3억 원
국회의원선거	1천500만 원
시·도의회의원선거	300만 원
시·도지사선거	5천만 원
자치구·시·군의 장 선거	1천만 원
자치구·시·군의원선거	200만 원

(3) 기탁금의 효과

기탁금에 대하여는 체납처분이나 강제집행의 대상이 되지 않는다(법§56②). 선거법 제261조에 따른 과태료 및 제271조에 따른 불법시설물 등에 대한 대집행비용은 이러한 기탁금에서 부담한다(법§56③).

(4) 기탁금의 반환

(가) 반환 시기·액수 등 반환 원칙

관할 선거구선관위는 다음 각호의 구분에 따른 금액을 선거일 후 30일 이내에 기탁자에게 반환하고, 이 경우 반환하지 아니하는 기탁금은 국가 또는 지방자치단체에 귀속한다(법§57①).

기탁금 반환사유(법§57①)

1. 대통령선거, 지역구국회의원선거, 지역구지방의회의원선거 및 지방자치단체장 선거
   가. 후보자가 **당선**되거나 **사망**한 경우와 유효투표총수의 **100분의** 15 이상을 득표한 경우에는 기탁금 **전액**
   나. 후보자가 유효투표총수의 **100분의** 10 이상 **100분의** 15 미만을 득표한 경우에는 기탁금의 **100분의** 50에 해당하는 금액
   다. **예비후보자**가 **사망**하거나 제57조의2 제2항[8] 본문에 따라 **후보자로 등록될 수 없는 경우**에는 제60조의2 제2항에 따라 납부한 기탁금 **전액**
2. 비례대표국회의원선거 및 비례대표지방의회의원선거 당해 후보자명부에 올라

있는 후보자중 당선인이 있는 때에는 기탁금 전액. 다만, 제189조 및 제190조의2에 따른 당선인의 결정 전에 사퇴하거나 등록이 무효로 된 후보자의 기탁금은 제외한다.

(나) 반환 방법

선거법 제56조 제3항에 따라 기탁금에서 부담해야 할 비용(**대집행비용 등**)은 제1항에 따라 기탁금을 반환하는 때에 **공제한 금액**을 기탁자의 금융기관 예금계좌에 무통장입금하고(다만, 부득이한 사유로 현금이나 금융기관이 발행한 자기앞수표로 반환하는 경우에는 영수증을 받음) 공제명세서를 해당 기탁자에게 송부하는 방식으로 하여 반환한다(법§57②1문, 규칙§25①).

(나) 부담비용액 납부고지와 그 징수

그러나, 선거법 제56조 제3항상 부담비용이 반환할 기탁금을 넘는 사람은 그 차액을, 기탁금 전액이 국가 또는 지방자치단체에 귀속되는 사람은 그 부담비용 전액을 해당 선거구선관위의 고지에 따라 그 고지를 받은 날부터 10일 이내에 납부해야 한다(법§57②후단). 관할 선거구선관위는 고지를 받은 날부터 10일까지 해당자가 그 금액을 납부하지 아니한 때에는 관할세무서장에게 징수를 위탁하고, 관할세무서장은 국세 체납처분의 예에 따라 이를 징수하여 국가 또는 해당 지방자치단체에 납입해야 하고, 이 경우 선거법 제271조에 따른 불법시설물 등에 대한 대집행비용은 우선 당해 선거구선관위가 지출한 후 관할세무서장에게 그 징수를 위탁할 수 있다(법§57③). 관할선거구선관위는 선거법 제57조 제2항에 따라 납부하여야 할 부담비용을 선거일 후 15일까지 해당 기탁자에게 고지하여야 하며, 해당 기탁자가 이를 납부하지 아니하여 관할세무서장이 이를 징수하는 때의 국가 또는 지방자치단체에의 납입절차에 관하여는「국고금관리법 시행규칙」또는 지방자치단체의 지방세 부과징수에 관한 관계규정을 준용한다(규칙§25③).

---

8 정당이 당내경선[당내경선의 후보자로 등재된 자(이하 '경선후보자'라 함)를 대상으로 정당의 당헌·당규 또는 경선후보자간의 서면합의에 따라 실시한 당내경선을 대체하는 여론조사를 포함한다]을 실시하는 경우 경선후보자로서 당해 정당의 후보자로 선출되지 아니한 자는 당해 선거의 같은 선거구에서는 후보자로 등록될 수 없다.

마. 후보자등록 신청에 대한 수리불가사유와 그 수리시의 효과

(1) 수리불가사유

후보자가 되고자 하는 자가 후보자등록 신청시 **등록신청서·정당의 추천서와 본인승낙서·선거권자의 추천장·기탁금** 및 선거법 제49조 제4항 **제2호 내지 제5호의 규정에 의한 서류**를 갖추지 아니하거나 선거법 제47조 제3항의 규정에 따른 여성후보자 추천의 비율과 순위(비례대표지방의회의원선거에 한함)를 위반한 등록신청은 이를 수리할 수 없다(법§49⑧1문후단). 이와 같은 경우에 해당하지 않는 경우는 그 신청을 즉시 수리한다(법§49⑧1문전단). 다만, 이러한 후보자의 피선거권에 관한 증명서류가 첨부되지 아니한 경우에는 관할 선거구선관위는 이를 수리하되, 그 선거구선관위가 그 사항을 조사해야 하며, 그 조사를 의뢰받은 기관 또는 단체는 지체 없이 그 사실을 확인하여 당해 선거구선관위에 회보해야 한다(법§49⑧단서). 이 경우 「가족관계의 등록 등에 관한 법률」 제10조 제1항에 따른 후보자의 등록기준지를 관할하는 구청장·시장(구가 설치되지 아니한 시의 시장을 말함)·읍장·면장과 해당 선거구를 관할하는 검찰청의 장에게 조회하되, 법 같은 조 제10항 후단에 따라 전과기록을 조회하는 때에 함께할 수 있다(규칙§20③).

위와 같은 후보자등록신청 수리요건을 흠결한 경우 관할 선거구선관위는 그 신청을 받아 주지 않는다. 다만, 그 요건이 흠결되었음에도 착오로 이를 수리한 경우와 관련하여 보면, 위 **제2호 내지 제5호**의 규정에 의한 서류의 경우는 선거법 제52조 제1항 제3호에서 이를 무효로 하고 있으므로, 그 수리를 불문하고 무효라고 할 것이다(**수리불가사유이자 등록무효사유**). 한편, 등록신청서·정당의 추천서와 본인승낙서·선거권자의 추천장·기탁금의 요건을 흠결한 경우에는 이를 등록무효사유로 규정하고 있지 않아 문제[9]인데(**수리불가사유**), "<u>선거구선관위가 등록신청서류를 수리하여 등록하고 공고한 후에는 법규가 정한 경우를 제외하고는 원칙적으로 그 등록을 취소 또는 무효로 할 수 없다고 해석</u>할 것이니 명문으로 등록무효사유로 규정되지 아니한 사유가 원인이 되어 그 등록마감 기일이 경과한 뒤 그 등록이 취소 또는 무효로 처리된다면 그 후

9 수리불가사유로 규정되어 있으므로 그 서류가 흠결되었음에도 이를 수리하는 경우란 실제로 거의 없다고 보아야 할 것이다. 다만, 이론적으로는 착오에 기하여 수리가 있을 수 있다.

보자는 그 선거에서 등록을 보완할 기회를 일실하게 되어 회복할 수 없는 피해를 입게 되므로 보완불능이 명백한 때와 같은 특단의 사정이 있는 경우에 한하여 예외적으로 취소할 수 있다"는 판례의 태도에 비춰 볼 때, 그 수리는 보완불능이 명백한 때와 같은 특단의 사정이 있는 경우 이외에는 취소가 불가하여 그 수리는 **적법**한 것으로 볼 것이다(대법원 2000. 5. 12. 선고 99우24 판결).

(2) 후보자등록 신청 수리시의 효과

선거법 제52조(등록무효사유)에 해당에 해당하지 않는 경우에는 관할 선거구선관위가 그 신청을 수리한 때부터 후보자의 지위를 취득한다. 동법 제49조 제8항상 수리불가사유에 해당함에도 이를 수리한 경우로서 그 보완불능이 명백한 때와 같은 특단의 사정이 있는 경우에는 그 수리를 직권취소한 때부터는 후보자지위가 상실된다. 후보자지위를 취득하거나 그 지위가 유지되는 경우에는 **대통령선거**의 후보자는 후보자의 등록이 끝난 때부터 개표종료시까지 사형·무기 또는 **장기 7년** 이상의 징역이나 금고에 해당하는 죄를 범한 경우를 제외하고는 현행범인이 아니면 체포 또는 구속되지 아니하며, 병역소집의 유예를 받는다(법§11①). 또한, 국회의원선거, 지방의회의원 및 지방자치단체장의 선거의 후보자는 후보자의 등록이 끝난 때부터 개표종료시까지 사형·무기 또는 **장기 5년** 이상의 징역이나 금고에 해당하는 죄를 범하였거나 **선거범죄**를 범한 경우를 제외하고는 현행범인이 아니면 체포 또는 구속되지 아니하며, 병역소집의 유예를 받는다(법§11②).

바. 후보자등록 신청 서류의 공개 등

유권자 누구든지 선거기간 중 관할 선거구선관위가 제10항의 규정에 의하여 회보받은 전과기록을 당해 선거구선관위가 선관위 사무소 등 장소를 지정하는 방법으로 열람할 수 있다(법§49⑪, 규칙§20⑤). 또 관할 선거구선관위는 선거규칙이 정하는 위와 같은 피선거권에 관한 증명서류를 제외한 '제49조 제4항 제2호부터 제7호까지의 서류와 제10항의 규정에 의하여 제출받거나 회보받은 '전과기록을 선거구민이 알 수 있도록 선관위 인터넷홈페이지 게시 등 선거구민이 쉽게 알 수 있는 방법으로 공개해야 하되(법§49⑫, 규칙§20⑥), 선거일 후에는 이를 공개하여서는 아니 된다(법§49⑫단서).

사. 추가등록과 후보자등록 신청의 철회·변경의 가부

(1) 대통령선거에서 추가등록

대통령선거에서 **정당추천후보자**가 후보자등록기간 중 또는 후보자등록기간이 지난 후에 **사망**한 때에는 후보자등록마감일 후 5일까지 제47조(정당의 후보자추천) 및 제49조(후보자등록 등)의 규정에 의하여 후보자등록을 신청할 수 있다(법§51).

(2) 후보자등록 신청의 철회·변경의 가부

독일 연방선거법 제23조는 '지역구의원후보자공천의 철회'라는 표제하에 "지역구의원후보자공천은, (제26조에 따른) 그에 대한 승인이 결정되기 이전에는 명부관리인과 그 직무대리자의 공동의 서면에 의한 의사표시로 철회될 수 있다[10]"고 규정하여 그 지역구의원후보자공천서가 해당지역구선거관리위원장에게 제출한 이후에도 철회될 수 있음을 밝히고 있는 것과는 달리(위 규정은 제27조 제5항에 의하여 주비례대표후보자명부의 철회에도 준용됨), 우리 선거법에서는 후보자등록신청이 철회될 수 있는지에 관하여 아무런 언급이 없다. "제2항에 따라 제출된 선거벽보는 정정 또는 철회할 수 없다"고 규정한 선거법 제64조 제5항과 같은 규정이 없으므로,[11] 후보자등록신청을 철회하거나 변경할 수 있는 것으로 해석될 여지가 있다. 그러나, 후보자등록신청은 후보자가 선거에 참여하겠다는 의사를 밝히는 것으로 이를 바탕으로 후보자의 선거 참여 절차가 개시되는데, 그 철회나 변경을 허용하는 경우 그러한 절차의 안정이 훼손될 우려가 있다. 또 후보자등록 신청의 철회나 변경의 일종으로 볼 수 있는 추가등록에 대해서는 위와 같이 대통령선거에서만 특별히 규정하고 있는 점을 고려하면, 그 철회나 변경은 허용되지 않는 것으로 보는 것이 타당하다.

---

10 § 23 Zurücknahme von Kreiswahlvorschlägen
Ein Kreiswahlvorschlag kann durch gemeinsame schriftliche Erklärung der Vertrauensperson und der stellvertretenden Vertrauensperson zurückgenommen werden, solange nicht über seine Zulassung entschieden ist.

11 다만, 선거법 제50조 제1항은 후보자등록 후 후보자추천에 대한 정당의 취소(철회) 또는 변경 금지를, 동조 제2항은 선거권자의 후보자추천의 취소(철회) 또는 취소 금지를 각각 규정하고 있을 뿐이다.

만일, 그 철회변경이 허용된다고 하는 경우, 예컨대 후보자등록기간 중에 철회가 가능하다고 본다면, 무소속후보자로 등록할 수 없다는 것을 간과한 당원인 어느 후보자가 등록 이후에 그 사실을 인지하고 그 다음날에, 그 무소속후보자로서 한 등록신청을 철회한다는 것을 명시한 다음 소속 정당의 후보자추천을 받아 '다른 지역구'에 출마하기로 한 사람이 출마를 하지 않거나 사망한 사정 등으로 인하여 그 자를 대신하여 소속 정당의 후보자추천을 받아 정당추천후보자로 등록신청을 하는 경우를 생각할 수 있는데, 이러한 경우에 있어 그 철회를 할 수 없다고 보는 때에는 선거법 제52조 제1항 제3호, 제49조 제6항에 따라 첫 번째 후보자등록은 무효가 되고, 두 번째 후보자등록신청도 선거법 제52조 제3항에 따라 무효가 되지만, 그 철회가 가능하다고 보는 경우에는 다시 정당추천후보자로 등록할 수 있고 그 후보자등록은 적법하게 된다.

아. 후보자등록의 무효

(1) 후보자등록무효제의 의의

앞서 본 바와 같이 후보자등록은 2일간의 후보자등록기간에 실시되는 반면, 후보자가 제출하거나 구비해야 할 법적 서류·요건은 상당히 복잡하고 많은 것이 사실이다. 이러한 관계로 일정한 사유에 해당하는 사실이 발견되거나 일정한 사유에 해당하는 사실이 발생하는 때에 그 등록을 무효화시키는 제도를 후보자등록무효제라고 한다(법§52①~③).

(2) 후보자등록무효사유

(가) 개 관

선거법 제52조 제1항상의 후보자등록무효사유는 다음과 같다.

후보자등록무효사유(법§52①)

1. 후보자의 피선거권이 없는 것이 **발견**된 때
2. 제47조(정당의 후보자추천) 제1항 본문의 규정에 위반하여 선거구별로 선거할 정수범위를 넘어 추천하거나, 비례대표지방의회의원선거에 있어 같은 조 제3항의 규정에 의한 여성후보자 추천의 비율과 순위를 위반하거나, 제48조

(선거권자의 후보자추천) 제2항의 규정에 의한 추천인수에 미달한 것이 **발견**된 때
3. 제49조 제4항 제2호부터 제5호까지의 규정에 따른 서류를 제출하지 아니한 것이 **발견**된 때
4. 제49조 제6항의 규정에 위반하여 등록된 것이 **발견**된 때
5. 제53조 제1항부터 제3항까지 또는 제5항을 위반하여 등록된 것이 **발견**된 때
6. 정당추천후보자가 당적을 이탈·변경하거나 2 이상의 당적을 가지고 있는 때(후보자등록신청시에 2 이상의 당적을 가진 경우를 포함), 소속정당의 해산이나 그 등록의 취소 또는 중앙당의 시·도당창당승인취소가 있는 때
7. 무소속후보자가 정당의 당원이 된 때
8. 제57조의2 제2항 또는 제266조 제2항·제3항을 위반하여 등록된 것이 **발견**된 때
9. 정당이 그 소속 당원이 아닌 사람이나 「정당법」 제22조에 따라 당원이 될 수 없는 사람을 추천한 것이 **발견**된 때
10. 다른 법률에 따라 공무담임이 제한되는 사람이나 후보자가 될 수 없는 사람에 해당하는 것이 **발견**된 때
11. 정당 또는 후보자가 정당한 사유 없이 제65조 제9항을 위반하여 후보자정보공개자료(점자형 후보자정보공개자료는 제외)를 제출하지 아니한 것이 **발견**된 때

그리고 위와 같은 후보자등록무효사유가 발견되거나 그 사유가 발생하는 때의 기준시점은 '**후보자등록 후부터 당선인결정 전**'까지이고, 당선인이 결정되면 등록무효사유는 당선무효사유가 되기 때문이다. 여기서 그 시기(始期)는 선거법 제52조 제1항이 '후보자등록 후'로 명시하고 있고, 그 종기(終期)는 다만, ⅰ) 정당의 당원인 자가 무소속후보자로 등록하는 경우(법§52①4호,§49⑥1문전단), ⅱ) 정당추천후보자가 당적을 이탈·변경하는 경우(법§52①4호,§49⑥1문후단 또는 법§52①6호전단), ⅲ) 정당추천후보자가 2 이상의 당적을 가지고 있는 경우(법§52①4호,§49⑥1문후단 또는 법§52①6호전단)에는 '**후보자등록신청기간부터 당선인결정 전까지**'이다.[12]

12 선거법 제49조 제6항이 '후보자등록신청기간 중(후보자등록신청시 포함)'으로 그 (始期)를 특별히 규정하고 있다.

(나) 구체적 후보자등록무효사유

㉮ 피선거권이 없는 경우

제1호의 '후보자의 피선거권이 없는 것이 발견된 때'(법§52①1호)에는 선거법 제19조에 따른 피선거권이 없는 자뿐만 아니라, 후보자가 사망한 경우도 포함하고(부산고등법원 2006. 10. 20. 선고 2006수17 판결), '피선거권이 없는 것'에 대한 판단기준 시점은 선거법 제19조가 선거일 기준으로 피선거권 유무를 판단하므로 '선거일'이다. 따라서 후보자등록 신청시에는 선거권이 없었으나 선거일에는 선거권이 회복된 경우, 그 등록을 거부할 수 없다. 다만, 이 경우에는 제출된 서류나 선관위가 조사할 수 있는 자료에 의하여 선거권 회복이 확실하게 예상될 수 있는 경우이어야 한다. 가령 후보자등록신청시에는 피선거권 상실기간이 도과하지 않았으나 선거일에는 피선거권 상실기간이 도과하는 경우이다. 그러나 후보자등록신청 후 선거일 이전에 사면 실시와 그 사면에서 피선거권의 회복이 예상되는 것만으로는 이에 해당한다고 볼 수 없다.

㉯ 후보자추천 관련 등록무효사유

선거법 제47조(정당의 후보자추천) 제1항 본문의 규정에 위반하여 선거구별로 선거할 정수범위를 넘어 추천하거나, 비례대표지방의회의원선거에 있어 같은 조 제3항의 규정에 의한 여성후보자 추천의 비율과 순위를 위반하거나, 제48조(선거권자의 후보자추천) 제2항의 규정에 의한 추천인수에 미달한 것이 발견된 때에는 등록이 무효가 된다(법§52①2호).

그리고, 제47조 제5항을 위반하여 등록된 것이 발견된 때에는 그 정당이 추천한 해당 국회의원지역구의 지역구시·도의원후보자 및 지역구자치구·시·군의원후보자의 등록은 모두 무효로 한다(법§52②본문). 다만, 제47조 제5항에 따라 여성후보자를 추천해야 하는 지역에서 해당 정당이 추천한 지역구시·도의원후보자의 수와 지역구자치구·시·군의원후보자의 수를 합한 수가 그 지역구시·도의원 정수와 지역구자치구·시·군의원 정수를 합한 수의 100분의 50에 해당하는 수(1 미만의 단수는 1로 봄)에 미달하는 경우와 그 여성후보자의 등록이 무효로 된 경우에는 예외이다(법§52②단서). 이러한 '제47조 제5항을 위반하여 등록된 것이 발견된 때'라 함은 정당이 선거법 제47조 제5항에 규정된 여성후보자 추천의무를 다하지 아니한 경우를 의미한다고 해석되고, 정당으로부터 추천받은 여성후보자가 스스로 그 등록을 하지 아니한 경우는 이에 포함되지 않는다는 것이 판례의 태도이다(대법원 2011. 7. 14. 선고 2011우19 판결).

정당이 그 소속 당원이 아닌 사람이나 「정당법」 제22조[13]에 따라 당원이 될 수 없는 사람을 추천한 것이 **발견**된 때도 등록무효사유가 된다(법§52①9호).

㈐ 후보자등록 신청시 제출해야 할 서류를 제출하지 않는 경우

선거법 제49조 제4항 제2호부터 제5호까지의 규정에 따른 서류를 제출하지 아니한 것이 **발견**된 때에는 등록이 무효가 된다(법§52①3호). 후보자등록신청시 필요적으로 제출해야 하는 서류 중 '피선거권에 관한 증명서류'와 '학력에 관한 증명서'는 이를 제출하지 않더라도 등록무효사유가 아닌바, 전자는 당해 선거구선관위가 조사를 할 수 있으므로 이를 제외한 것이고, 다만 후자는 정책적으로 이를 제외한 것으로 보인다. 이와 관련하여 대법원 2005. 2. 18. 선고 2004수78 판결, "「공직선거 및 선거부정방지법」 제52조 제1항 제3호에서 정한 '「공직자윤리법」 제10조의2 제1항의 규정에 의한 등록대상재산에 관한 신고서를 제출하지 아니한 것'이라 함은 그 신고서 자체를 제출하지 아니한 경우는 물론, 형식상으로는 그 신고서를 제출하였더라도 등록대상재산을 등록하지 아니한 정도가 중대하여 국민에 대한 봉사자로서의 공직자 윤리의 확립과 선거권자의 알권리 및 선거권행사의 보장을 본질적으로 침해하는 것으로 볼 수 있어 실질적으로 신고서를 제출하였다고 볼 수 없는 경우까지를 포함하는 것으로 봄이 상당하고, 후보자가 등록대상재산을 등록하지 아니한 것이

---

13 제22조(발기인 및 당원의 자격) ① 국회의원 선거권이 있는 자는 공무원 그 밖에 그 신분을 이유로 정당가입이나 정치활동을 금지하는 다른 법령의 규정에 불구하고 누구든지 정당의 발기인 및 당원이 될 수 있다. 다만, 다음 각호의 어느 하나에 해당하는 자는 그러하지 아니하다.

1. 「국가공무원법」 제2조(공무원의 구분) 또는 「지방공무원법」 제2조(공무원의 구분)에 규정된 공무원. 다만, 대통령, 국무총리, 국무위원, 국회의원, 지방의회의원, 선거에 의하여 취임하는 지방자치단체의 장, 국회 부의장의 수석비서관·비서관·비서·행정보조요원, 국회 상임위원회·예산결산특별위원회·윤리특별위원회 위원장의 행정보조요원, 국회의원의 보좌관·비서관·비서, 국회 교섭단체대표의원의 행정비서관, 국회 교섭단체의 정책연구위원·행정보조요원과 「고등교육법」 제14조(교직원의 구분) 제1항·제2항에 따른 교원은 제외한다.
2. 「고등교육법」 제14조 제1항·제2항에 따른 교원을 제외한 사립학교의 교원
3. 법령의 규정에 의하여 공무원의 신분을 가진 자

② 대한민국 국민이 아닌 자는 당원이 될 수 없다.

「공직선거 및 선거부정방지법」 제49조 제4항 제2호 및 「공직자윤리법」 제10조의2 제1항의 규정에 의한 등록대상재산 신고서를 제출하지 아니한 것에 해당하는지 여부는 등록대상재산의 내용과 종류 및 성질, 등록대상재산을 등록하지 아니한 경위와 방법, 등록하지 않은 재산의 범위와 규모 등을 종합하여 개별적으로 판단해야 한다"고 판시한 바 있다.

㉣ 당적의 이탈·변경이나 2 이상의 당적 보유 또는 당적상실 등 정당관련사유

i) 정당의 당원인 자가 무소속후보자로 등록하는 경우(법§52①4호,§49⑥1문전단), ii) 정당추천후보자가 당적을 이탈·변경하는 경우(법§52①4호,§49⑥1문후단 또는 법§52①6호전단), iii) 정당추천후보자가 2 이상의 당적을 가지고 있는 경우(법§52①4호,§49⑥1문후단 또는 법§52①6호전단), iv) 정당추천후보자가 소속정당의 해산이나 그 등록의 취소 또는 중앙당의 시·도당창당승인취소가 있어 당원자격을 상실한 경우(법§52①4호,§49⑥2문 또는 §52①6호후단)가 그 사유이다. 여기서의 소속정당의 해산에는 헌법재판소의 위헌정당해산심판에 의한 '정당해산결정'에 따른 경우도 포함되는데, 이 경우에도 당원자격을 상실한다는 점에서는 동일하게 때문이다.

위 i) 사유 내지 iii) 사유의 발생시기는 후보자등록기간 이후이고, 후보자등록신청 전인 경우에는 해당하지 않는다. 따라서 후보자등록기간이 되기 전에 특정 정당을 탈당하여 무소속으로 출마하거나 다른 정당후보자로 출마하는 것은 선거법 제57조의2상의 당내경선을 실시한 경우가 아닌 이상 이에 해당하지 않는다. 또한, 이에 관하여 규정한 선거법 제49조 제6항 2문이 그 시기를 제한하고 있지 않은 점을 고려하면, iv) 사유는 후보자등록기간 전후인지를 불문한다고 본다.

그리고 '당해 선거[14]'의 범위와 관련하여 보면, 본 조항의 취지가 정당의 후보자추천을 보호하고 당적의 변경으로 인한 입후보사무 및 선거의 혼란을 방지하고자 하는 데 그 목적이 있다고 볼 수 있으나, 그 범위를 너무 넓게 설정하면 입후보자의 피선거권이 침해될 소지가 있으므로, 당해 선거는 '같은 날 실시되는 같은 종류의 선거'를 의미한다고 보고, 여기서 '같은 종류의 선거'는

14 선거법 제49조 제6항은 '당해 선거'를 규율하고 있지만, 선거법 제52조 제1항 제6호의 경우에는 당해 선거를 규율하고 있지 않다.

'동일한 시기에 임기가 만료하는 동일한 직(職)을 가지는 선거'(대통령선거, 국회의원선거, 기초자치단체장선거, 광역자치단체장선거, 기초의원선거, 광역의원선거는 각각 같은 종류의 선거가 됨)이다. 예컨대 동시지방선거에서 광역의원으로 입후보한 사람이 후보자등록기간 중에 당적을 이탈하여 무소속으로 기초의원으로 입후보하거나 기초자치단체장 또는 광역자치단체장으로 입후보하는 것은 허용되지만, 지역구광역의원후보자로서 다른 선거구에 입후보하거나 비례대표광역의원후보자로 입후보하는 것은 허용되지 않는다고 볼 것이다.

이와 관련하여, '후보자등록 후'에 소속정당으로부터 '제명'됨으로써 당적을 이탈한 때에는 그 등록은 무효가 된다는 것이 판례의 태도이다(대법원 1968. 5. 23. 선고 67수2 전원합의체 판결[15]).

㈒ 무소속후보자가 정당의 당원이 된 때

무소속후보자가 정당의 당원이 된 때에도 등록무효사유이다(법§52①7호). 정당법에 의하면, 당원이 되고자 하는 자는 서명 또는 날인을 한 입당원서를 '시·도당 또는 그 창당준비위원회'에 제출하여 입당신청을 해야 하고(「정당법」§23①), 시·도당 또는 그 창당준비위원회는 이러한 입당원서를 접수한 때에는 당원자격 심사기관의 심의를 거쳐 입당허가 여부를 결정하여 당원명부에 등재하고, 시·도당 또는 그 창당준비위원회의 대표자는 당원증을 발급해야 하며, 이 경우 **입당의 효력**은 '입당신청인이 **당원명부에 등재된 때**'에 발생한다(「정당법」§23②). 다만, 입당신청인은 시·도당 또는 그 창당준비위원회가 '입당원서의 접수를 거부하거나' 또는 '정당한 사유 없이 입당심의를 지연하거나 입당을 허가하지 아니하는 경우'에는 중앙당 또는 그 창당준비위원회에 입당원서를 제출할 수 있으며, 중앙당 또는 그 창당준비위원회는 입당허가 여부를 심사하여 입당을 허가함이 상당하다고 인정하는 때에는 해당 시·도당 또는 그 창당준비위원회에 입당신청인을 당원명부에 등재하도록 명해야 하고, 이 경우 입당의 효력은 '입당원서가 중앙당 또는 그 창당준비위원회에 접수한 때'에 발생한다(「정당법」§23③).

---

15 '후보자등록 후에 후보자의 피선거권이 없는 것이 발견되거나, 후보자의 소속정당이 해산하거나 후보자가 당적을 이탈·변경한 때에는 그 등록을 무효로 한다'고 규정된 조항에 관한 판결이다.

이와 같이 입당의 효력이 발생하는 '입당신청인이 당원명부에 등재된 때' 또는 '입당원서가 중앙당 또는 그 창당준비위원회에 접수한 때'를 기준으로 후보자등록 후인지 여부를 판단한다. 결국 무소속후보자가 '후보자등록 이후 정당의 당원이 된 때'에 본호의 등록무효사유에 해당한다. 정당의 당원인 사람이 그 사실을 숨긴 채 무소속후보자로 후보자등록을 한 경우에는 본호의 등록무효사유가 아니라 앞서 본 제4호 중 '정당의 당원인 자가 무소속후보자로 등록하는 경우의 등록무효사유에 해당한다.

㉥ 공무원 등의 입후보제한 시기 위반

선거법 제53조는 공무원 등에 관한 입후보제한 시기 등 입후보제한에 관하여 규율하고 있는데, 이 제한에 위반하는 경우도 등록무효사유가 된다(법§52①5호). 그 제한에 대하여는 후술한다.[16]

㉦ 피선거권에 대한 제한규정 위반

먼저, 정당이 당내경선[당내경선의 후보자로 등재된 자(이하 '경선후보자'라 함)를 대상으로 정당의 당헌·당규 또는 경선후보자간의 서면합의에 따라 실시한 당내경선을 대체하는 여론조사를 포함]을 실시하는 경우 경선후보자로서 당해 정당의 후보자로 선출되지 아니한 자는 '당해 선거의 같은 선거구'에서는 후보자로 등록될 수 없는데(법§57의2의②), 이러한 제한 규정에 위반하는 경우에도 등록무효사유가 된다(법§52①8호전단). 그러나 후보자로 선출된 자가 사퇴·사망·피선거권 상실 또는 당적의 이탈·변경 등으로 그 자격을 상실한 때에는 이러한 입후보제한을 받지 않으므로, 이러한 경우 후보자등록을 하더라도 이는 등록무효사유가 아니다. 여기서 '자격을 상실할 때'는 후보자로서의 자격을 잃는 경우를 의미하므로 선거법 제52조상의 등록무효사유를 포함하는 의미이다.

다음으로, '선거법 제263조 또는 제265조에 따라 당선이 무효로 된 사람'(기소 후 확정판결 전에 사직한 사람을 포함) 또는 '당선되지 아니한 사람(후보자가 되고자 하는 자를 포함)으로서 제263조 또는 제265조에 규정된 선거사무장 등의 죄로 당선무효에 해당하는 형이 확정된 사람'은 '당선인의 당선무효로 실시사유가 확정된 재선거(당선인이 그 기소 후 확정판결 전에 사직함으로 인하여 실시사유

16 185면 이하 참조.

가 확정된 보궐선거를 포함)'의 후보자가 될 수 없는데, 이러한 제한에 위반되는 경우도 등록무효사유이다(법§52①8호후단,§266②). 또 다른 공직선거(교육의원선거 및 교육감선거를 포함)에 입후보하기 위하여 임기 중 그 직을 그만둔 국회의원·지방의회의원 및 지방자치단체의 장은 그 사직으로 인하여 실시사유가 확정된 보궐선거의 후보자가 될 수 없는데, 이러한 제한에 위반되는 경우도 등록무효사유이다(법§52①8호후단,§266③).

㉵ 다른 법률에 의한 공무담임권과 피선거권 제한 규정 위반

「지방자치법」 제95조는 "지방자치단체의 장의 임기는 4년으로 하며, 지방자치단체의 장의 계속 재임(재임)은 3기에 한한다"고 규정하고 있는데, 이러한 규정에 위반하여 계속하여 4기로 당해 지방자치단체장으로 입후보 하는 경우가 이에 해당한다. 다만, 그 재임이 연속되지 않거나 다른 지방자치단체장으로 재임하는 것은 이에 해당하지 않는다. 따라서 성남시장으로 3기 연속하여 재임한 자가 4기로 성남시장에 입후보하는 것은 불가하지만 경기도지사로 입후보하는 것은 무방하다.

한편, 「한국은행법」상 금융통화위원(비공무원임)은 '재직 중 국회의원 또는 지방의회의원의 직'을 겸할 수 없고, 위원은 「정당법」 제6조의 규정에 불구하고 정당에 가입할 수 없으며, 정치운동에 관여할 수 없는데(「한국은행법」§20제1호,§19), 금융통화위원이 그 직을 유지한 채 국회의원 직에 입후보하는 경우 등록무효사유에 해당한다고 볼 여지가 전혀 없는 것은 아니나, 위와 같이 해석하는 경우 지나치게 피선거권을 제한할 우려가 있고, 또 금융통화위원이 출마하여 당선되지 않거나 당선되더라도 그 선출직 임기 개시전에 그 위원직을 사임하는 경우에는 재임 중 국회의원 등 의원 겸직하는 것은 아니라는 입론이 가능하고, '정치운동'과는 선거에 입후보하는 것은 다른 것이므로 등록무효사유에 해당하지 않는다고 본다.

㉶ 후보자정보공개자료의 미제출

정당 또는 후보자가 정당한 사유 없이 선거법 제65조 제9항을 위반하여 후보자정보공개자료를 제출하지 아니한 것이 **발견**된 때에도 등록이 무효가 된다(법§52①11호). 다만 입법론적으로는 이를 굳이 등록무효로 삼는 것은 바람

직하다고 볼 수 없어 제외하는 것이 타당하다고 본다.

㉵ 후보자가 같은 선거의 다른 선거구나 다른 선거의 후보자로 등록한 때

후보자가 '같은 선거'의 '다른 선거구'나 '다른 선거'의 후보자로 등록한 때에는 그 등록은 모두 무효가 된다(법§52③). '같은 선거'라고 하는 것은 '같은 종류의 선거'로, '동일한 시기에 임기가 만료하는 동일한 직(職)을 가지는 선거'(대통령선거, 국회의원선거, 기초자치단체장선거, 광역자치단체장선거, 기초의원선거, 광역의원선거)를 말한다.

(3) 등록무효사유의 통지와 이에 대한 대응

후보자의 등록이 무효로 된 때에는 관할 선거구선관위는 지체 없이 그 후보자와 그를 추천한 정당에 등록무효의 사유를 명시하여 이를 통지해야 한다(법§52④). 그러한 통지를 받은 후보자나 정당은 그 무효에 관하여 행정쟁송으로 다툴 수는 있겠지만, 등록후보자가 아니어서 당해 선거에는 참여하지 못하게 되므로, 그 다툼의 큰 실익은 없다.

자. 후보자사퇴의 신고

후보자가 사퇴하고자 하는 때에는 자신이 **직접** 당해 선거구선관위에 가서 서면(별지 제15호서식)으로 신고하되, 정당추천후보자가 사퇴하고자 하는 때에는 추천정당의 사퇴승인서를 첨부해야 한다(법§54). 이 경우 정당은 '중앙당'을 의미한다(대법원 1965. 2. 18. 선고 63수16 판결). 또 사퇴신고서를 작성하여 본인이 직접 동 사퇴신고서를 선거구선관위에 제출하고 그 선관위가 이를 공고해야 비로소 사퇴의 효력이 발생하며 위 사퇴신고와 사퇴공고에 관한 선거법의 규정은 강행규정에 속한다는 것이 판례의 입장이다(대법원 1958. 8. 19. 선고 4291선재1 판결).

차. 후보자등록 등에 대한 공고

후보자가 등록·사퇴·사망하거나 등록이 무효로 된 때에는 당해 선거구선관위는 지체 없이 이를 공고하고, 상급선관위에 보고해야 하며, 하급선관위에 통지해야 한다(법§55).

카. 예비후보자로서의 지위의 겸직

위와 같이 적법하게 후보자등록 신청을 한 사람은 후보자등록신청의 적법한 수리시부터 선거기간개시일 전일까지 예비후보자로서의 지위도 같이 인정된다(법§60의2⑦). 따라서 후보자는 선거운동기간개시일 전일까지는 예비후보자로서 선거법 제60조의3이 정하는 예비후보자 선거운동을 할 수 있다.

5. 공무원 등의 입후보의 제한

가. 의 의

공무원 등은 그 직무에 전념할 의무가 있는데 그 공무원이 선거에 출마하는 경우에 그 직무에 전념하기 어렵고, 또 공무원은 그가 가지는 지위의 영향력으로 인하여 선거의 공정성을 해칠 우려가 있으므로, 선거법 제53조는 일정한 시기에 공무원 직 등을 그만두도록 규정하고 있는데, 이를 공무원 등의 입후보 제한이라 한다.

이와 관련하여 헌법재판소는 "이 사건 조항은 선거의 공정성과 직무전념성을 추구하는 효과가 있으므로 입법목적의 정당성과 수단의 적합성이 인정된다. 공무원이 그 직을 유지한 채 공직후보자로서 선거에 참가할 수 있다면 부적절하게 지위와 권한을 행사하거나 선거구민들에게 유리한 편파적인 행정이나 법집행을 행할 소지가 있다. 입법자가 선거일 전 60일부터는 공직선거에 입후보하고자 하는 공무원을 현직에서 배제시킨 것이 과도한 공무담임권 제한이라고 볼 수 없다"고 하여 선거법 제53조 제1항의 합헌성을 확인한 바 있다(헌재 2008. 10. 30. 2006헌마547).

나. 입후보 제한을 받는 공무원 등의 범위와 그 사직 시기

(1) 입후보 제한을 받는 공무원 등

(가) 개 관

다음과 같은 사람들이 입후보 제한을 받는다(법§53①).

입후보 제한의 대상 공무원 등(법§53①)

1. 「국가공무원법」 제2조(공무원의 구분)에 규정된 국가공무원과 「지방공무원법」 제2조(공무원의 구분)에 규정된 지방공무원. 다만, 「정당법」 제22조(발기인 및 당원의 자격) 제1항 제1호 단서의 규정에 의하여 정당의 당원이 될 수 있는 공무원(정무직공무원을 제외)은 그 예외이다.
2. 각급 선관위위원 또는 교육위원회의 교육위원
3. 다른 법령의 규정에 의하여 공무원의 신분을 가진 자
4. 「공공기관운영법」 제4조 제1항 제3호에 해당하는 기관 중 정부가 100분의 50 이상의 지분을 가지고 있는 기관(한국은행을 포함)의 상근 임원
5. 「농업협동조합법」·「수산업협동조합법」·「산림조합법」·「엽연초생산협동조합법」에 의하여 설립된 조합의 상근 임원과 이들 조합의 중앙회장
6. 「지방공기업법」 제2조(적용범위)에 규정된 지방공사와 지방공단의 상근 임원
7. 「정당법」 제22조 제1항 제2호의 규정에 의하여 정당의 당원이 될 수 없는 사립학교교원
8. 대통령령으로 정하는 언론인
9. 특별법에 의하여 설립된 국민운동단체로서 국가 또는 지방자치단체의 출연 또는 보조를 받는 단체(바르게살기운동협의회·새마을운동협의회·한국자유총연맹을 말하며, 시·도조직 및 구·시·군조직을 포함)의 대표자

(나) 구체적 내용

㉮ 공무원

「국가공무원법」 제2조[17]상의 국가공무원과 「지방공무원법」 제2조에 규정

---

17 「국가공무원법」상 국가공무원의 다음과 같고, 「지방공무원법」상 지방공무원의 구분도 국가공무원처럼 '경력직공무원'(일반직공무원, 특정직공무원), '특수경력직공무원'(정무직공무원, 별정직공무원)으로 구분되고, 그 범위가 국가공무원과 약간 다를 뿐이다(제2조).
제2조(공무원의 구분) ① 국가공무원(이하 '공무원'이라 함)은 경력직공무원과 특수경력직공무원으로 구분한다.
② '경력직공무원'이란 실적과 자격에 따라 임용되고 그 신분이 보장되며 평생 동안(근무기간을 정하여 임용하는 공무원의 경우에는 그 기간 동안을 말함) 공무원으로 근무할 것이 예정되는 공무원을 말하며, 그 종류는 다음 각호와 같다.
1. 일반직공무원: 기술·연구 또는 행정 일반에 대한 업무를 담당하는 공무원
2. 특정직공무원: 법관, 검사, 외무공무원, 경찰공무원, 소방공무원, 교육공무원, 군인, 군무원, 헌법재판소 헌법연구관, 국가정보원의 직원과 특수 분야의 업무를 담당하는 공무원으로서 다른 법률에서 특정직공무원으로 지정하는 공무원
③ '특수경력직공무원'이란 경력직공무원 외의 공무원을 말하며, 그 종류는 다음 각호와 같다.
1. 정무직공무원
가. 선거로 취임하거나 임명할 때 국회의 동의가 필요한 공무원

된 지방공무원은 선거운동을 할 수 없고, 여기에는 정무직공무원도 포함된다. 다만, 「정당법」 제22조(발기인 및 당원의 자격) 제1항 제1호 단서의 규정에 의하여 정당의 당원이 될 수 있는 공무원은 입후보 제한을 받지 않는데, 이에는 국회 부의장의 수석비서관·비서관·비서·행정보조요원, 국회 상임위원회·예산결산특별위원회·윤리특별위원회 위원장의 행정보조요원, 국회의원의 보좌관·비서관·비서, 국회 교섭단체대표의원의 행정비서관, 국회 교섭단체의 정책연구위원·행정보조요원과 「고등교육법」 제14조(교직원의 구분) 제1항·제2항에 따른 교원(총장, 학장, 교수·부교수·조교수 및 강사를 말함)이 포함된다.

㉯ 선관위위원과 교육위원

「선관위법」상 각급 선관위위원인 중앙선관위위원, 특별시·광역시·도선관위위원, 구·시·군선관위위원 및 읍·면·동선관위위원이 그 대상이다(동법 §2). 또한 「지방교육자치에 관한 법률」 제4조에 따라 시·도의회에 교육·학예에 관한 의안과 청원 등을 심사·의결하기 위하여 교육위원회를 설치하는데, 그 위원회의 위원도 역시 입후보 제한 대상이다.

㉰ 법령에 의하여 공무원 신분을 가진 자

「국가공무원법」이나 「지방공무원법」 이외의 법령에 의하여 공무원 신분을 가진 자도 입후보 제한 대상이다. 예컨대, 「진실·화해를 위한 과거사정리기본법」 제4조에 따라 진실·화해를 위한 과거사정리위원회 위원장 및 위원은 정무직공무원으로 보는데, 이들은 이에 해당하는 것이다. 또 이에는 '공익법무관'(「공익법무관에 관한 법률」§3), '징병검사전담의사'(「병역법」§34의2), '공중보건의'(「농어촌 등 보건의료를 위한 특별조치법」§3), '국제협력의사'(「국제협력요원에 관한 법률」§2의2), '공중방역수의사'(「공중방역수의사에 관한 법률」§3) 등이 있다.

㉱ 정부가 50% 이상의 지분을 가지고 있는 공공기관의 임원

「공공기관운영법」 제4조 제1항 제3호에 해당하는 기관 중 정부가 100분

나. 고도의 정책결정 업무를 담당하거나 이러한 업무를 보조하는 공무원으로서 법률이나 대통령령(대통령비서실 및 국가안보실의 조직에 관한 대통령령만 해당함)에서 정무직으로 지정하는 공무원

2. 별정직공무원: 비서관·비서 등 보좌업무 등을 수행하거나 특정한 업무 수행을 위하여 법령에서 별정직으로 지정하는 공무원

의 50 이상의 지분을 가지고 있는 기관(한국은행을 포함)의 상근 임원은 입후보 제한 대상이다. 다만, 그 지분은 수시로 변동할 수 있으므로 후보자가 되고자 하는 자가 이를 사전에 확인해야 하는데, 이는 '공공기관 경영정보공개시스템'(http://www.alio.go.kr/home.html)으로 들어가 상단의 경영공시⇒기관별 공시⇒대상기관 검색⇒대상기관의 항목별 보고서⇒주요사업 및 성과사업⇒'자본금 및 주주현황'에서 이를 확인할 수 있다.

한편, 「공공기관운영법」에 의하여 폐지된 「정부투자기관관리기본법」상 직원에 대해서도 위와 같은 입후보 제한을 규정한 구 선거법에 대하여 헌법재판소는 그 직원의 평등권과 공무담임권을 침해하는 위헌이라고 결정한 바 있다(헌재 1995. 6. 12. 95헌마172).

㉲ 농업협동조합법 등에 의한 조합의 상근 임원과 그 중앙회장 등

「농업협동조합법」·「수산업협동조합법」·「산림조합법」·「엽연초생산협동조합법」에 의하여 설립된 조합의 상근 '임원'과 이들 조합의 중앙회장은 입후보 제한 대상이다.

㉳ 지방공기업법상 지방공사와 지방공단의 상근 임원

「지방공기업법」 제2조(적용범위)에 규정된 **지방공사**와 **지방공단**의 상근 임원도 그 제한 대상이다. 즉, 지방자치단체는 「지방공기업법」 제49조 제1항, 제76조 제1항에 따라 동법 제2조의 사업을 효율적으로 수행하기 위하여 법인으로 지방공사와 지방공단을 설립할 수 있고, 그 임원으로는 사장을 포함한 이사(상임이사와 비상임이사로 구분) 및 감사가 있는데(동법 §58①,§76②), 입후보 제한을 받는 대상은 사장을 포함한 **상임이사와 감사**이다. 다만, 지방자치단체는 「지방공기업법」 동법 제5조에 따라 제2조의 사업을 수행하기 위하여 지방직영기업도 설치할 수 있는데, 그 지방직영기업 소속 근무자는 원칙적으로 공무원이므로(동법 §7②,§10의2), 이들을 본목의 규제대상으로 삼을 필요가 없어, 본목에서는 이에 관하여는 규율하고 있지 않다.

㉴ 정당의 당원이 될 수 있는 사립학교교원

「고등교육법」 제14조(교직원의 구분) 제1항·제2항에 따른 교원(총장, 학장, 교수·부교수·조교수 및 강사를 말함)이 이에 해당한다.

㉴ 일정한 언론인

이에 관하여는 선거규칙이 정하고 있는데, 선거법 제53조 제1항 제8호에서 '중앙선관위규칙으로 정하는 언론인'이라 함은 다음 각호의 1에 해당하는 언론인을 말하는 것으로 규정하고 있다.

1. 「신문 등의 진흥에 관한 법률」 제9조에 따라 등록한 신문 및 인터넷신문과 「잡지 등 정기간행물의 진흥에 관한 법률」 제15조에 따라 등록하거나 같은 법 제16조에 따라 신고한 정기간행물(분기별 1회 이상 발행하는 것으로 등록된 것만 해당) 중 다음 각 목의 어느 하나에 해당하는 것을 제외한 신문, 인터넷신문 및 정기간행물을 **발행·경영**하는 자와 이에 상시 고용되어 **편집·취재 또는 집필**의 업무에 종사하는 자
   가. **정당의 기관지**와 「고등교육법」 제2조의 규정에 의한 대학, 산업대학, 교육대학, 전문대학, 원격대학, 기술대학 및 각종학교의 **학보**
   나. 산업·경제·사회·과학·종교·교육·문화·체육 등 전문분야에 관한 **순수한 학술 및 정보**의 제공·교환을 목적으로 발행하는 것
   다. **기업체**가 소속원에게 그 동정 또는 공지사항을 알리거나 기업의 홍보 또는 제품의 소개를 위하여 발행하는 것
   라. **법인·단체** 등이 소속원에게 그 동정이나 공지사항을 알릴 목적으로 발행하는 것
   마. **정치**에 관한 **보도·논평**의 목적없이 발행하는 것
   바. 기타 **여론형성**의 목적없이 발행하는 것
2. 「방송법」에 의한 방송사업(방송채널사용사업은 **보도**에 관한 전문편성을 행하는 방송채널사용사업에 한함)을 **경영**하는 자와 이에 상시 고용되어 **편집·제작·취재·집필 또는 보도**의 업무에 종사하는 자

이와 관련하여 중앙선관위는, 이사회는 회사의 업무집행에 관한 의결권을 가진 주식회사의 필요적 기관이고, 이사는 이사회를 구성하는 일원으로서 회사의 업무집행에 대한 의사결정에 참여하는 권한을 가진 기관인바, 주식회사 서울방송 이사회는 회사 업무에 관한 중요사항의 의결권과 회사의 경영정책을 심의·의결하는 상임이사회의 설치권, 대표이사 등의 임원선임권을 가지

고 있으므로 방송국의 기본적 의사를 결정하는 기관으로 볼 수 있다는 점을 들어, 그 구성원인 이사(상근 및 비상근)는 방송국을 경영하는 자라고 판단하였다(1991. 11. 28. 중앙선관위 질의회답). 다만, 중앙선관위는 방송문화진흥회의 이사, 감사는 이에 해당하지 않은 것으로 보았다.

㉶ 바르게살기운동협의회·새마을운동협의회·한국자유총연맹의 대표자

바르게살기운동협의회는 「바르게살기운동조직 육성법」에 따라 설치된 단체이고(동법§2), 새마을운동협의회는 「새마을운동조직 육성법」에 따라 조직된 단체이고(동법§2), 한국자유총연맹은 「한국자유총연맹 육성에 관한 법률」에 따라 지원을 받는 단체이다(동법§2).

(3) 사직 시기

위와 같이 입후보 제한을 받는 직에 있는 사람으로서 후보자가 되려는 사람은 선거일 전 **90일**까지 그 직을 그만두어야 하고(법§53①본문), 이러한 사직은 그 소속기관의 장 또는 소속위원회에 사직원이 접수된 때를 기준으로 판단한다(법§53④).

이러한 원칙에도 불구하고, **대통령선거와 국회의원선거**에서 **국회의원**이 그 직을 가지고 입후보하는 경우와 **지방의회의원선거**와 **지방자치단체장**의 선거에 있어서 **당해 지방자치단체의 의회의원이나 장**이 그 직을 가지고 입후보하는 경우에는 사직을 하지 않아도 된다(법§53①단서). 따라서 국회의원이 대통령선거와 국회의원선거에 입후보하는 경우와, 당해 지방자치단체장이 그 지방자치단체장선거에 입후보하는 경우와 당해 지방의회의원이 그 지방의회의원선거에 입후보하는 경우에는 사직을 하지 않아도 된다. 다만, 당해 지방자치단체장과 지방의회의원이 교차하여 그 지방선거에 입후보하는 경우에는 선거일 전 90일까지 그 직을 사직해야 한다. 이와 같이 사직을 하지 않고 그 직을 유지한 채 입후보하는 것을 허용하는 것은, 국회의원, 지방의회의원, 지방자치단체장은 선거로 선출되어 그 임기가 보장된 국민의 대표기관인데, 그들이 같은 후보자나 다른 후보자로 입후보한다고 해서 사직하게 하는 것은 대의민주주의 원리에 반하고, 그 행정 등 기능의 연속성을 확보하기 위한다는 점이 고려된 입법이다. 또한, 지방의회의원이 '같은' 지방자치단체의 장 또는 의회의

원이 아닌 '다른' 지방자치단체장 지방의회의원에 입후보하는 경우 선거법 제53조 제2항 제4호에 따라 후보자등록신청 전까지 사직해야 한다.

그런데 위와 같은 선거법 제53조 제1항 단서에도 불구하고, **비례대표국회의원**이 지역구국회의원 보궐선거 등에 입후보하는 경우 및 **비례대표지방의회의원**이 해당 지방자치단체의 지역구지방의회의원 보궐선거 등에 입후보하는 경우에는 **후보자등록신청 전**까지 그 직을 그만두어야 한다(법§53③). 이는 임기만료에 의한 '국회의원총선거' 또는 '전국동시지방선거'가 아닌 '보궐선거나 재선거'는 예외적인 현상인데, 이러한 선거에서 비례대표의원이라는 프리미엄을 다소라도 줄이기 위한 규정이다.

나아가, 선거법 제53조 제1항 본문에도 불구하고 다음 각호의 어느 하나에 해당하는 경우에는 **선거일 전 30일**까지 그 직을 그만두어야 한다(법§53②).

1. 비례대표국회의원선거나 비례대표지방의회의원선거에 입후보하는 경우
2. 보궐선거 등에 입후보하는 경우
3. 국회의원이 지방자치단체장의 선거에 입후보하는 경우
4. 지방의회의원이 다른 지방자치단체의 의회의원이나 장의 선거에 입후보하는 경우

다. 지방자치단체장에 대한 특칙

지방자치단체장은 선거구역이 당해 지방자치단체의 관할구역과 같거나 겹치는 지역구국회의원선거에 입후보하고자 하는 때에는 당해 선거의 **선거일 전 120일**[18]까지 그 직을 그만두어야 한다(법§53⑤본문). 이는 지방자치단체장 관할구역이 겹치거나 같은 지역에 출마하는 경우에는 그 지위를 이용하여 선거의 공정성을 해칠 우려가 있기 때문에 인정된 것이다. 다만, 그 지방자치단체장이 임기가 만료된 후에 그 임기만료일부터 90일 후에 실시되는 지역구국회의원선거에 입후보하려는 경우에는 위와 같은 조항이 적용되지 않는다(법§53⑤단서).

18 구 선거법은 180일 전에 사직하도록 되어 있었는데, 이에 대하여 헌법재판소는 지방자치단체장의 평등권과 공무담임권을 침해하여 위헌결정을 하였다(헌재 2003. 9. 25. 2003헌마106). 위와 같은 규정은 그 후에 개정된 것이다.

라. 입후보 제한의 주체·시기별 정리

입후보 제한의 주체·시기별로 이를 정리하면 <표 2-6>과 같다.

〈표 2-6〉 입후보 제한의 주체·시기

<table>
<tr><th colspan="2">원칙</th><th colspan="2">예외</th><th colspan="2">예외의 예외</th></tr>
<tr><th>주체 및 입후보</th><th>사직 시기</th><th>주체 및 입후보</th><th>사직 여부</th><th>주체 및 입후보</th><th>사직 시기</th></tr>
<tr><td rowspan="4">입후보 제한받는 직에 있는 사람/선거법상 선거에 입후보 예정</td><td rowspan="4">선거일 전 90일까지</td><td>• 국회의원이 대통령선거와 국회의원선거에서 그 직을 가지고 입후보하는 경우</td><td>사직하지 않음</td><td>• 비례대표국회의원이 지역구국회의원 보궐선거 등에 입후보하는 경우</td><td rowspan="2">후보자등록신청 전까지</td></tr>
<tr><td>• 지방의회의원선거와 지방자치단체장선거에 있어서 당해 지방자치단체의 의회의원이나 장이 그 직을 가지고 입후보하는 경우</td><td>사직하지 않음</td><td>• 비례대표지방의회의원이 해당 지방자치단체의 지역구지방의회의원 보궐선거 등에 입후보하는 경우</td></tr>
<tr><td>• 비례대표국회의원선거나 비례대표지방의회의원선거에 입후보하는 경우
• 보궐선거 등에 입후보하는 경우
• 국회의원이 지방자치단체장의 선거에 입후보하는 경우
• 지방의회의원이 다른 지방자치단체의 의회의원이나 장의 선거에 입후보하는 경우</td><td>선거일 전 30일까지 사직</td><td colspan="2"></td></tr>
<tr><td>지방자치단체장이 선거구역이 당해 지방자치단체의 관할구역과 같거나 겹치는 지역구국회의원선거에 입후보하고자 하는 경우</td><td>당해 선거의 120일까지 사직</td><td colspan="2"></td></tr>
</table>

Ⅱ. 예비후보자

1. 예비후보자

가. 의 의

예비후보자는 국회의원선거 등 선거법상 선거에 후보자가 되기 위해 그 선거에 관하여 관할 선거구선관위에 대한 자신의 예비후보자등록 신청이 적법하게 수리된 사람이다(법§60의2①).

나. 예비후보자로 되는 시기와 예비후보자 상실 시기

선거법 제60조의2 제2항 1문(예비후보자 수리불가사유)과 동조 제4항(예비후보자 등록무효사유)에 해당에 해당하지 않는 경우에는 그 신청을 수리한 때에 적법하게 후보자 자격을 취득하며, 그에 해당하는 경우에는 그 후보등록신청이 마쳐진다고 하더라도 적법하게 후보자로 되는 것은 아니다.

예비후보자는 앞서 본 후보자등록신청이 적법하게 수리된 때에는 후보자 지위를 상실하고 예비후보자로 전환되는 것이 원칙이다. 그러나 선거법 제60조의2 제7항이 "제49조에 따라 후보자로 등록한 자는 선거기간개시일 전일까지 예비후보자를 겸하는 것으로 본다"는 특별히 규정하고 있으므로, 후보자와 예비후보자의 지위를 동시에 겸유하게 된다. 이는 후보자가 선거기간개시일 전일까지 예비후보자로서 선거운동을 하게 하기 위한 특별 규정이다.

2. 예비후보자등록

가. 등록신청 시기와 방법

비례대표국회의원선거 및 비례대표지방의회의원선거는 제외한 선거에서 예비후보자가 되려는 사람은 <표 2-7>과 같은 날(그 날 후에 실시사유가 확정된 보궐선거 등에서는 그 선거의 실시사유가 확정된 때)부터 관할 선거구선관위에 예비후보자등록을 서면[별지 제12호서식의(나)]으로 신청해야 한다(법§60의2①, 규칙§26③). 이러한 예비후보자등록을 신청하는 때에는 '주민등록표 초본'(대통령선거, 지방의회의원선거 및 지방자치단체의 장의 선거에 한함), '가족관계증명서', '재직증명서'(선거법 제16조 제4항의 경우에 해당되는 지방자치단체의 장에 한함), '사직원접수증 또는 해임증명서류'(법 제53조 제1항부터 제3항까지 또는 제5항 본문에 해당하는 사람에 한정함)를 첨부해야 한다(규칙§26①). 또 각급 선관위에 대하여 행하는 예비후보자와 관련된 신청·신고·제출 등은 일반직 국가공무원의 정상근무일의 오전 9시부터 오후 6시까지 하여야 하되, 예비후보자등록신청 개시일에는 토요일 또는 공휴일에도 불구하고 오전 9시부터 오후 6시까지 이를 할 수 있다(규칙§26⑧).

〈표 2-7〉 선거종류별 예비후보자등록 시기

선거의 종류	예비후보자등록 시기
대통령선거	선거일 전 240일
지역구국회의원선거 및 시·도지사선거	선거일 전 120일
지역구시·도의회의원선거, 자치구·시의 지역구의회의원 및 장의 선거	선거기간개시일 전 90일
군의 지역구의회의원 및 장의 선거	선거기간개시일 전 60일

나. 예비후보자등록 신청시 제출서류와 전과 및 당적의 조회 등

(1) 신청시 제출서류

예비후보자등록을 신청하는 사람은 선거규칙으로 정하는 피선거권에 관한 증명서류, 전과기록에 관한 증명서류, 선거법 제49조 제4항 제6호에 따른 학력에 관한 증명서(한글번역문을 첨부함)를 제출해야 한다(법§60의2②전문). 여기서 '최종학력증명서'라 함은 재학증명서·재적증명서·졸업증명서(이를 발행할 수 없는 경우에는 졸업증 원본을 포함)·수료증명서(이를 발행할 수 없는 경우에는 수료증원본을 포함) 기타 학교의 장이 발행한 최종학력을 증명할 수 있는 서류를 말한다(규칙§26④,§20⑨).

(2) 전과기록 조회와 피선거권에 관한 조사

예비후보자가 되고자 하는 자는 선거기간개시일 전 150일(대통령선거의 경우 예비후보자등록신청개시일 전 60일을 말함)부터 본인 또는 후보자가 되고자 하는 소속 당원의 **전과기록**을 국가경찰관서의 장에게 조회할 수 있으며, 그 요청을 받은 국가경찰관서의 장은 지체 없이 그 전과기록을 회보해야 하고, 이 경우 회보받은 전과기록은 후보자등록시 함께 제출해야 하며 관할 선거구선관위는 그 확인이 필요하다고 인정되는 후보자에 대하여는 후보자등록마감 후 지체 없이 해당 선거구를 관할하는 검찰청의 장에게 그 후보자의 전과기록을 조회할 수 있고, 당해 검찰청의 장은 그 전과기록의 진위 여부를 지체 없이 회보해야 한다(법§60의2⑧,§49⑩).

그리고, 관할 선거구선관위가 선거법 제49조 제8항 단서에 따라 예비후보자의 피선거권에 관한 조사를 함에 있어서는 「가족관계의 등록 등에 관한 법률」 제10조 제1항에 따른 예비후보자의 등록기준지를 관할하는 구청장·시장(구가 설치되지 아니한 시의 시장을 말함)·읍장·면장과 해당 선거구를 관할하는 검찰청의 장에게 조회하되, 동법 같은 조 제10항 후단에 따라 전과기록을 조회하는 때에 함께할 수 있다(규칙§26②,§20③).

(3) 당적 보유의 조회

예비후보자등록신청을 받은 선관위는 중앙선관위가 정하는 기준에 따라 해당 예비후보자의 '당적보유 여부'를 정당에 요청하여 조회할 수 있고, 이 경우 시·도선관위가 일괄하여 조회할 수 있으며. 그 요청을 받은 정당은 이를 확인하여 지체 없이 해당 선관위에 회보하여야 한다(법§60의2⑨, 규칙§26⑤).

(4) 서류의 공개

관할 선거구선관위는 위와 같이 제출받거나 회보받은 서류인 전과기록에 관한 증명서류, 학력에 관한 증명서를 선거구민이 알 수 있도록 선관위의 인터넷홈페이지에 게시하는 등 선거구민이 쉽게 알 수 있는 방법으로 하여 이를 공개하여야 하되, 후보자등록신청 개시일 이후에는 이를 공개하지 않고, 선거법 제49조 제12항에 따라 공개하는 경우는 제외한다(법§60의2⑩). 이 경우 법 제49조 제4항 제3호·제5호·제6호 및 제7호의 서류의 공개는 「공직선거후보자의 병역사항 신고 및 공개에 관한 규칙」 별지 제1호서식과 이 규칙 별지 제12호서식의(차)·(카)·(타)에 따른 신고서·제출서(첨부서류는 제외)를 공개하는 것으로 갈음할 수 있다(규칙§26⑥,§20⑥2문).

(5) 예비후보자등록신청 서류

선거법 제49조 제1항부터 제3항까지의 규정에 따른 후보자등록신청서, 정당의 추천서, '비례대표국회의원후보자 및 비례대표지방의회의원후보자의 명부, 대통령후보자·비례대표국회의원후보자 및 비례대표지방의회의원후보자의 '본인승낙서'는 별지 제12호서식의(나) 내지 (바)에 의하고, 동법 같은 조 제10항 전단에 따른 '전과기록의 조회신청'은 별지 제12호서식의(사)에 의하며, 동법 같은 조 제8항 단서 및 제10항 후단에 따른 '피선거권에 관한 범죄경력 및 전과기록의 조회'는 별지 제12호서식의(아)에 의하고, 동법 같은 조 제4항 제4호부터 제6호까지의 규정에 따른 '세금의 납부 및 체납에 관한 신고서, 전과기록에 관한 증명서류, 학력에 관한 증명서'의 제출은 별지 제12호서식의(자) 내지 (카)에 의한다(규칙§26④,§20⑦).

다. 기탁금의 납부

예비후보자등록을 신청하는 사람은 후보자등록시의 기탁금 100분의 20에 해당하는 금원을 납부해야 한다(법§60의2②후문). 그 납부방법은 후보자등록시와 같다(규칙§24).

라. 예비자후보자등록 신청에 대한 수리불가사유와 그 수리시의 효과

(1) 수리불가사유

기탁금과 전과기록에 관한 증명서류를 갖추지 아니한 등록신청은 수리할 수 없다(법§60의2③1문). 그 이외의 경우에는 등록신청을 받은 선관위는 지체 없이 이를 수리하되, 피선거권에 관하여 확인이 필요하다고 인정되는 예비후보자에 대하여는 관계기관의 장에게 필요한 사항을 조회할 수 있으며, 그 조회를 받은 관계기관의 장은 지체 없이 해당 사항을 조사하여 회보해야 한다(법§60의2③2문). 그 조회와 회보의 방식은 후보자등록시와 같다(규칙§26④).

(2) 예비후보자등록 신청 수리시의 효과

위와 같은 수리불가사유와 선거법 제60조의2 제4항의 예비후보등록 무효사유에 해당에 해당하지 않는 경우에는 관할 선거구선관위가 그 신청을 수리한 때부터 예비후보자의 지위를 취득한다.

마. 예비후보자등록무효사유

예비후보자등록 후에 다음 각호의 어느 하나에 해당하는 사유가 있는 때에는 그 예비후보자의 등록은 무효로 한다(법§60의2④). 후보자가 같은 선거의 다른 선거구나 다른 선거의 후보자로 등록된 때에 그 등록은 모두 무효로 한다(법§60의2⑤,§52③).

예비후보자 등록무효사유(법§60의2④)

1. 피선거권이 없는 것이 발견된 때
1의2. 제2항 제2호에 따른 전과기록에 관한 증명서류를 제출하지 아니한 것이 발견된 때
2. 제53조 제1항부터 제3항까지 또는 제5항에 따라 그 직을 가지고 입후보할 수 없는 자에 해당하는 것이 발견된 때
3. 제57조의2 제2항 본문 또는 제266조 제2항·제3항에 따라 후보자가 될 수 없는 자에 해당하는 것이 발견된 때
4. 다른 법률에 따라 공무담임이 제한되는 사람이나 후보자가 될 수 없는 사람에 해당하는 것이 발견된 때

바. 예비후보자 사퇴

예비후보자가 사퇴하고자 하는 때에는 직접 당해 선거구선관위에 서면(별지 제15호서식)으로 신고해야 한다(법§60의2⑥, 규칙§26③).

사. 예비후보자 등록·사퇴·사망시 공고

관할 선거구선관위는 예비후보자가 등록·사퇴·사망하거나 등록이 무효로 된 때에는 이를 공고하여야 한다(규칙§26⑦).

3. 예비후보자의 선거운동과 공약집

이에 대하여는 선거운동의 개념을 살핀 후 후술한다.[19]

---

19 250면 이하 참조.

Ⅲ. 후보자가 되고자 하는 자

1. 의 의

후보자가 되고자 하는 자는 국회의원선거 등 선거의 후보자가 되려고 하는 자로서, 후보자가 되기 이전의 선거출마 의욕자(意欲者)를 말한다. 선거법은 후보자가 되고자 하는 자에 대하여도 선거법상 제한을 가하고 있는데(대표적으로 선거법 제113조의 기부행위 제한), 이는 후보자가 되기 이전부터 선거의 공정성을 기하고자 인정된 개념이다.

선거법 제113조의 기부행위 제한상 '후보자가 되고자 하는 자' 부분의 위헌 여부와 관련하여, 헌법재판소는 "'후보자가 되고자 하는 자'가 당해 선거에서 후보자가 되고자 하는 자로 한정되는지 아니면 그 이후 선거에서의 후보자가 되고자 하는 자도 포함하는지, 여러 가지의 선거가 겹치는 경우 어느 것을 기준으로 하여 '후보자가 되고자 하는 자'를 정하는 것인지 여부도 문제되는 당해 선거를 기준으로 하여 기부행위 당시 후보자 의사를 인정할 수 있는 객관적 징표 등을 고려하여 판단하면 될 것이므로, 이 사건 심판 대상 조항이 규정하는 '후보자가 되고자 하는 자' 부분이 형벌 규정의 명확성의 원칙에 위배된다고 단정하기 어렵다"고 하여 합헌이라고 판시하였다. 그러나, 그 결정에서 4인의 재판관은 소수의견으로 "선거의 후보자, 즉 기부행위시부터 시기적으로 가장 근접한 선거의 후보자를 의미한다면, 그 선거가 국회의원선거, 지방의회선거, 지방자치단체장선거 중 가장 근접한 선거 하나만을 말하는지, 아니면 각 선거별로 가장 근접한 선거를 말하는지가 명확하지 않다. 더구나 당해 선거의 후보자로 한정하지 않는다면, 차차기(次次期) 선거를 포함한 장래의 각종 선거가 이에 포함됨으로써, 선거법이 규제하는 기부행위를 한 자는 영원히 선거 후보자가 될 수 없다는 모순에 도달하게 된다. 이처럼 공직선거는 그 종류가 다양할 뿐 아니라 반복적·지속적으로 이루어지기 때문에, 아무런 제한없이 단순히 '후보자가 되고자 하는 자'라고 규정한 것은, 수범자인 일반 국민으로 하여금 금지 또는 처벌하고자 하는 행위의 시기적·종류적 범위를 예측하기 어렵게 하고, 법집행기관의 자의적 해석·집행의 가능성을 열어 놓음으로써, 헌법상 명확성의 원칙에 위배된다고 할 것이다"고 판단하였다. 사견으로는 선거법 제113조의 경우 '다만, 후보자가 되고자 하는 자와 그 배우자는 당해 선거와 그 차기선거에 관하여 기부행위를 할 수 없다'는 단서를 신설하여 그 적용범위를 한정함으로써 명확성을 확보할 필요가 있다고 본다.[20]

2. 후보자가 되고자 하는 자로 되는 시기와 그 상실 시기

가. 후보자가 되고자 하는 자로 되는 시기

후보자가 되고자 하는 자로 되는 시기와 관련하여, 2004. 1. 17. 제17대 국회의원선거의 후보자 경선에서 사퇴할 의사를 명백히 한 다음, 2004. 1. 20. 피고인이 이 사건 기부행위를 한 사안에서, 대법원 2005. 12. 22. 선고 2004도7116 판결은 "제113조의 '후보자가 되고자 하는 자'에는 선거에 출마할 예정인 사람으로서 정당에 공천신청을 하거나 일반 선거권자로부터 후보자추천을 받기 위한 활동을 벌이는 등 입후보의사가 확정적으로 외부에 표출된 사람뿐만 아니라 그 신분·접촉대상·언행 등에 비추어 선거에 입후보할 의사를 가진 것을 객관적으로 인식할 수 있을 정도에 이른 사람도 포함된다"고 판시한 바 있다. 여기서 '입후보의사가 확정적으로 외부에 표출된 사람'은 신문이나 방송에서 그 출마를 확실히 한 사람 또는 예비후보자로 등록신청을 한 사람이나 이를 등록하지 않았지만 당내경선에 참여한 사람 등을 말하고, 평소에 내심 출마의사를 가진 사람이 출마하기로 결심한 후 출마예정지의 선거구민을 다양하게 접촉하면서 선거에 관해 언급하며 지지호소성 발언을 하거나 하는 경우에는 '신분·접촉대상·언행 등에 비추어 선거에 입후보할 의사를 가진 것을 객관적으로 인식할 수 있을 정도'에 이른 사람에 포함된다고 본다. 그러나 단순히 당선 여부를 알아보는 점(占)을 본다거나 선출직 공무원이 꿈이라고 소규모 범위의 주변 사람에게 단순히 발언하는 등의 경우에는 이에 포함되지 않

20 국회의원·지방의회의원·지방자치단체장·정당의 대표자·후보자(후보자가 되고자 하는 자를 포함하되, 이 경우 그 당해 선거와 그 차기선거에 한함)와 그 배우자는 당해 선거구 안에 있는 자나 기관·단체·시설 또는 당해 선거구의 밖에 있더라도 그 선거구민과 연고가 있는 자나 기관·단체·시설에 기부행위(결혼식에서의 주례행위를 포함)를 할 수 없다. 다만, 후보자가 되고자 하는 자와 그 배우자는 당해 선거와 그 차기선거에 관하여 기부행위를 할 수 없다.

는다고 본다. 당해 선거일에서 멀어지면 멀어질 수로 후보자가 되고자 하는 경우로 보기 어렵게 된다. 또 선거법상 선출직 공무원으로 출마예상지를 관리하고 있거나, 선거법상 선출직 공직에 출마하여 낙선한 사람으로 출마예상지를 관리하고 있는 사람은 선출직 공직 진출에 대한 포기(抛棄)의사를 명백하고도 객관적인 방법으로 표시하지 않는 한 후보자가 되고자 하는 자에 포함된다고 본다(대법원 2008. 10. 23. 선고 2008도6776 판결 참조).

나. 후보자가 되고자 하는 자의 상실 시기

그리고 후보자가 되고자 하는 자의 지위 상실 시기는 후보자로 등록신청하여 적법하게 수리된 때이다. 이는 예비후보자를 거친 경우라도 마찬가지인데, 이 경우 예비후보자후보등록 신청이 수리된 때가 아닌 후보자등록 신청을 하여 그 신청이 적법하게 수리된 때이다. 이와 같이 보지 않으면, 선거법 제113조의 경우에 예비후보자는 예비후보자등록 수리시부터 후보자등록 수리시까지 후보자가 되고자 하는 자에 포함되지 않아 불합리하기 때문이다.

실전팁(선거 출마를 결심한 이후의 행동거지)

□ 선거 출마를 결심한 후의 유의사항

- 자신이 공직후보자로 출마를 결심한 이후에 그 출마의사가 대외적으로 객관적으로 표시된 경우에는 후보자가 되고자 하는 자에 포함되므로 자신의 행동에 특히 유의할 필요가 있음
- 가령 그 경우에는 상가집에서 조기(弔旗)가 아닌 조화나 조의금을 보낸다든지(조기는 소모되는 것이 아니고 이를 회수하는 것이므로 기부행위의 핵심적 표지인 무상성이 결여되어 기부행위 제한 대상이 아님), 평소에 다니던 교회 또는 사찰에 통상의 예를 벗어나 지나치게 많은 헌금(獻金) 또는 시주를 한다든지 하는 경우에는 모두 기부행위 제한에 해당함(아래와 같은 법§112②2호가목, 나목, 바목 및 아목 각 참조).
- 그러므로 이런 경우에는 법에 맞게 조기(弔旗)만을 보내고, 통상적으로 의례적인 범위 내에서 헌금을 하는 것이 상책(上策)일 것임
- 경우에 따라서는 부의금 또는 축의금이 적힌 명단이 적힌 방명록을 압수하여 조의금이나 축의금을 낸 후보자가 되고자 하는 사람을 처벌하려고 달려들 수

있음

- 그러나 그 출마의사가 대외적으로 객관화되기 이전이라면, 조의금 등을 내고 통상 이상의 헌금이나 시주를 할 수 있을 것임
- 다만, 이 경우에도 향후 상대방 후보자로부터 고발을 당하는 등의 문제를 피하기 위해서 그런 행위를 미담(美談)으로 소개하는 것은 자제하는 것이 필요함
- 이는 '그 입후보의사가 대외적으로 객관화된 때'에 대한 판단이 명확한 것이 아니고, 이현령비현령(耳懸鈴鼻懸鈴)이 될 소지가 있어 처벌에 노출될 수 있기 때문임
- 심지어 후보자가 되고자 하는 자는 자신과 가족의 관혼상제에 참석한 하객이나 조객 등에게 통상적인 범위 내에서 음식물 또는 답례품을 제공하는 행위만이 허용되지 이를 벗어나는 기부행위도 금지된다는 점을 명심할 필요가 있음(법§112②2호파목).

□ 선거법상 허용되는 축의·부의금품

- 「민법」 제777조(친족의 범위)의 규정에 의한 친족의 관혼상제의식 기타 경조사에 **축의·부의금품**을 제공하는 행위(법§112②2호가목)
  - 정당의 대표자가 중앙당 또는 시·도당에서 근무하는 해당 유급사무직원(중앙당 대표자의 경우 시·도당의 대표자와 상근 간부를 포함)·그 배우자 또는 그 직계존비속이 결혼하거나 사망한 때에 통상적인 범위에서 **축의·부의금품**(화환 또는 화분을 포함)을 제공하는 행위(법§112②2호나목)
  - 기관·단체·시설의 대표자가 소속 상근직원(「지방자치법」 제6장 제3절과 제4절에서 규정하고 있는 소속 행정기관 및 하부행정기관과 그 밖에 명칭여하를 불문하고 이에 준하는 기관·단체·시설의 직원은 제외)이나 소속 또는 차하급기관·단체·시설의 대표자·그 배우자 또는 그 직계존비속이 결혼하거나 사망한 때에 통상적인 범위에서 **축의·부의금품**(화환 또는 화분을 포함)을 제공하는 행위(법§112②2호아목)
  - 심지어, 후보자가 선거구 내 거주자에 대한 결혼축의금으로서 선거규칙이 정한 금액인 **금 30,000원을 초과하여 금 50,000원**을 지급한 사유가 후보자의 모친상을 당했을 때 그로부터 받은 같은 금액의 **부의금에 대한 답례취지**이었다 하더라도 그것이 미풍양속으로서 **사회상규에 위배되**지 않는다고 볼 수 없고, 기부행위금지규정에 위반된다는 것이 판례의 태도임(대법원 1999. 5. 25. 선고 99도983 판결)

□ 선거법상 허용되는 시주·헌금 등 축의·부의금품(법§112②2호바목)

- 종교인이 평소 자신이 다니는 교회·성당·사찰 등에 통상의 예에 따라 헌금(물품의 제공을 포함)하는 행위

제 3 편

선거운동과 선거비용에 대한 제한

제 1 장 선거운동과 투표참여 권유활동

The Public Official Election Act

Ⅰ. 선거운동

1. 선거의 자유의 의의 및 선거의 공정성과의 관계

가. 문제점

독일연방공화국기본법(이하 '기본법') 제38조 제1항은 "독일연방하원의원은 보통·직접·자유·평등·비밀선거로 선출된다"고, 제28조 제1항은 "주, 상급자치단체(Kreisen) 및 기초자치단체(Gemeinden)에 있어서 주민은 보통·직접·자유·평등·비밀선거에 의하여 선출된 대표자를 가져야만 한다"고 각각 규정[1]하여 자유선거의 원칙을 명시하고 있는 반면, 우리 헌법 제41조 제1항은 국회의원선거에 대한 보통·평등·직접·비밀선거 원칙을, 제67조 제1항은 대통령선거에 대한 동일한 원칙을 규정하고 있을 뿐, 자유선거의 원칙에 대하여는 명

1 "Die Abgeordneten des Deutschen Bundestages werden in allgemeiner, unmittelbarer, freier, gleicher und geheimer Wahl gewählt."(제38조 제1항), "In den Ländern, Kreisen und Gemeinden muß das Volk eine Vertretung haben, die aus allgemeinen, un-mittelbaren, freien, gleichen und geheimen Wahlen hervorgegangen ist."(독일연방공화국기본법 제28조 제1항; http://www.gesetze-im-internet.de/gg/BJNR000010949.html).

시적으로 규정하고 있지 않다. 그럼에도 자유선거의 원칙을 헌법상 원칙으로 부인하는 학자는 찾기 어렵고, 우리 헌법재판소도 자유선거의 원칙을 헌법상 선거원칙으로 인정하고 있다.[2] 한편, 우리 헌법 제116조 제1항은 "선거운동은 각급 선관위의 관리하에 법률이 정하는 범위 안에서 하되, 균등한 기회가 보장되어야 한다"고 하여 선거운동은 법률의 범위 내에서 인정됨을 선언하고 있다. 이러한 조항과 관련하여, 선거운동의 자유의 원칙이 채택되는 경우 선거운동에 대한 기회균등이 지켜질 수 없어 평등선거 원칙이 침해될 위험성이 있다고 판단했기 때문에, 우리 헌법은 '선거운동의 자유원칙'을 배척하고 있다는 견해도 있다.[3]

이처럼 우리 헌법이 자유선거의 원칙을 명시하지 않는 대신 선거운동에 대한 규제주의를 채택하고 있는데, 이는 선거의 자유 내지 선거운동의 자유를 헌법적 가치로 부정하는 것은 아닌지 하는 의문이 있다. 환언하자면 우리 헌법체제하에서 자유선거의 원칙 혹은 선거의 자유보다는 위 제116조 제1항에 근거한 선거의 공정성이 우선하는 것은 아닌지, 또 선거의 자유에 대한 포괄적인 제한이 그 조항을 근거로 합리화되는 것은 아닌지 문제된다.

---

2 "헌법 제41조 제1항 및 제67조 제1항은 각 국회의원선거 및 대통령선거와 관련하여 선거의 원칙을 규정하면서 자유선거원칙을 명시적으로 언급하고 있지 않으나, 선거가 국민의 정치적 의사를 제대로 반영하기 위해서는, 유권자가 자유롭고 개방적인 의사형성과정에서 외부로부터의 부당한 영향력의 행사 없이 자신의 판단을 형성하고 결정을 내릴 수 있어야 한다. 따라서 자유선거원칙은 선출된 국가기관에 민주적 정당성을 부여하기 위한 기본적 전제조건으로서 선거의 기본원칙에 포함되는 것이다."(헌재 2004. 5. 14. 2004헌나1).

3 허영, 『한국헌법론』, 1027면; 이와 유사한 견해로, 김경제 교수는 헌법 제116조 제1항을 '기본권 형성적 법률유보'로 이해하여, 선거운동의 자유는 구체적인 법률이 보장하는 바에 따라 정해지며, 이에 대한 제한은, 피해의 최소성과 법익의 균형성도 검토하는 '기본권 제한적 법률유보'와는 달리, 목적의 정당성과 방법의 적절성만 검토하면 된다고 한다[김경제, "선거운동의 자유", 공법연구 제32권 제5호(2004. 6), 569~573면]. 이에 반하여, 강태수 교수는 헌법 제116조는 선거운동이 헌법상 기본권임을 전제로 해서 선거운동의 자유를 실질적으로 보장하기 위하여 국가가 선거를 관리하는 선거공영제를 천명하고 있는 조항으로 이해한다[강태수, "선거운동의 자유에 대한 제한의 문제점과 개선방향", 세계헌법연구 제14권 제2호(2008), 7면]. 또 이성환 교수는 위 조항을 선거운동의 허용범위를 아무런 제약없이 입법자의 재량에 맡기는 것으로 해석하기보다는, 선거운동이 국민주권 행사의 일환일 뿐 아니라 정치적 표현의 자유의 한 형태로 민주사회를 구성하고 움직이게 하는 요소인 점을 고려하여 그 제한 입법도 엄격한 심사기준을 적용할 것을 정하고 있는 것으로 해석해야 한다고 본다[이성환, "선거관리의 공법적 문제", 공법연구 제28집 제4권 제1호(2000), 83면].

나. 선거의 자유와 선거의 공정성과의 상호관계

(1) 선거의 자유의 의의와 선거의 공정성의 의의

'자유선거의 원칙'을 '투표에 있어' 선거권자의 의사형성의 자유와 이를 실현할 자유나,[4] '선거권'을 자유로이 행사할 수 있는 것으로 좁게 이해하는 견해도 있다.[5] 그러나 자유선거의 원칙은 일차적으로 투표의 내용을 자유롭게 결정할 수 있는 자유, 특정한 내용으로 투표할 것을 강요받지 아니할 자유를 보호하고자 하는 것이지만, 누구나 자유롭게 공직선거 후보자로서 입후보할 수 있고, 후보자·정당·사회단체 등이 자유롭게 선거운동을 할 수 있다는 것을 포괄하는 것으로 이해하는 것이 타당하다고 본다.[6][7] 이는 선거가 주권자인 국민에 의한 주권의 구현 과정이므로 이를 보다 넓게 이해하는 것이 선거에서 주권자의 의사를 보다 충실히 반영할 수 있다고 보기 때문이다. 이처럼 자유선거의 원칙을 이해하는 경우에는 이 원칙은 선거의 자유와 동일한 의미로 이해하게 된다.

이 자유선거의 원칙 혹은 선거의 자유의 내용으로는, i) 선거권자가 자유롭게 투표의 내용을 결정하고 이를 실현할 수 있는 자유인 '투표의 자유', ii) 입후보의 자유를 비롯한 선거의 준비나 시행 과정에 선거권자와 후보자가 불합리한 제약 없이 참여할 수 있는 자유인 '선거과정 참여의 자유', iii) 후보자나 선거권자가 자신 또는 자기가 지지하는 후보자를 당선시키거나 지지하지 않은 후보자에 대해 반대하기 위해 자유로이 선거운동을 전개할 수 있는 자유인 '선거운동의 자유'가 있다. 그리고 '투표의 자유'와 '선거운동의 자유'는 동전의 양면처럼 서로 불가분의 관계를 맺는다고 본다. 이는 선거권자가 자신의 자유의사에 기초하여 투표에 관한 의사결정을 하고 이를 실현하기 위해서

---

4 정종섭, 앞의 책, 895면.

5 허영, 『헌법이론과 헌법』, 910면.

6 헌법재판소도 "자유선거의 원칙은 선거의 전 과정에 요구되는 선거권자의 의사형성의 자유와 의사실현의 자유를 말하고, 구체적으로는 투표의 자유, 입후보의 자유, 나아가 선거운동의 자유를 뜻한다"고 하거나, "자유선거원칙이란, 유권자의 투표행위가 국가나 사회로부터의 강제나 부당한 압력의 행사 없이 이루어져야 한다는 것뿐만 아니라, 유권자가 자유롭고 공개적인 의사형성과정을 통하여 자신의 판단과 결정을 내릴 수 있어야 한다는 것을 의미한다"고 하여(헌재 1994. 7. 29. 93헌가4 등), 같은 견해이다.

7 한수웅, 앞의 책, 164~165면; 조재현, "자유선거의 원칙", 공법연구 제30집 제4호(2002. 6), 96면 이하.

는, 선거에 입후보한 후보자, 그가 속한 정당 또는 그들이 추구하는 정책이나 공약에 대한 정확하고도 충분한 정보 제공과 후보자나 정당 또는 그들이 내세우는 정책 또는 공약 대한 찬반 등 자유로운 의견개진이 보장되어야 하며, 이는 선거운동의 자유의 보장에 의해서 가능하기 때문이다.

한편, 선거의 공정성은 투표를 비롯한 선거의 시행 제반 과정에 대한 공정성이 유지되어야 하는 것을 말한다. 이는 금권, 관권, 폭력 등에 의한 선거부정을 방지하고 선거운동의 균등한 기회를 보장하는 것이다. 이 선거의 공정성은 헌법 제116조 제1항에서 파생하는 것이다.[8]

(2) 선거의 자유와 선거의 공정성의 상호관계 내지 우열관계

대의제도의 기능을 정상적으로 유지하고 국민으로 하여금 대표자를 올바로 선출할 수 있게 하기 위해서는 선거에서의 평온과 공정이 요구되는데, 입후보한 자의 활동도 대의민주주의의 기능을 올바로 유지하게 하고 선거가 대의민주주의에서 요구하는 본래의 기능을 할 수 있게 하는 데 있다는 점을 들어 선거제도의 본래의 기능과 선거권행사의 평온 및 공정이라는 가치보다 후보자의 당선을 위한 활동의 자유가 우선할 수 없다고 하여, 선거의 자유보다 선거의 공정성에 더 무게를 두는 듯한 견해가 있다.[9] 이에 비하여, 선거의 궁극적 목적은 선거의 공정성을 확보하는 데 있는 것이 아니라 국민의 정치적 의사를 대의기관의 구성에 정확하게 반영하는 데 있고, 선거의 공정성은 그 자체로 자기목적이나 독자적인 목적이 아닌, 국민의 정치적 의사를 정확하게 반영하는 자유선거를 실현하기 위한 수단일 뿐이라고 하여, 선거의 자유를 우선시하는 견해가 있다.[10] 그리고, 선거의 자유는 국민주권의 원리와 민주주의 원리에서 그 헌법적 근거를 찾을 수 있으며 선거과정에서의 활동의 자유는 정치적 표현의 자유로서 보장되고, 반면, 선거의 공정성이라는 이념은 평등선거

8 황성기, "인터넷과 선거운동", 헌법실무연구 제11권(2010), 239면.
9 정종섭, 앞의 책, 1339면.
10 한수웅, 앞의 책, 179. 같은 취지의 견해로 조소영, "인터넷 선거운동의 헌법적 쟁점에 관한 검토; 헌재 2011. 12. 29. 2007헌마1001등 결정을 중심으로", 헌법실무연구 제13권(2012. 12), 274~275면; 정만희, "정치관계법의 근본문제와 개정방향", 헌법학연구 제13권 제3호(2007. 6), 67~68면; 홍석한, "선거운동의 자유와 규제에 관한 헌법적 고찰; 헌법재판소 판례에 대한 평가를 중심으로", 헌법학연구 제19권 제4호(2013. 12), 132면; 이성환, 앞의 논문, 84~86면; 김종서, "인터넷 선거운동의 주요 쟁점 검토", 헌법학연구 제18권 제2호(2012. 6), 33~34면.

의 원칙과 선거운동의 기회균등보장의 원칙으로부터 도출할 수 있는데, 선거의 자유와 선거의 공정성은 선거법이 추구하는 목적으로써 어느 하나의 가치에 희생을 명령하고 다른 하나의 가치를 우선시할 수 없는 동등하고 평등한 선거법의 근본이념 내지 목적이라고 보아야 할 것이라는 견해도 있다.[11]

우리 헌법재판소는 "선거는 주권자인 국민이 주권을 행사하는 행위이므로 국민이 선거에 참여하여 그 의사를 표현할 기회와 자유는 최대한 보장되어야 한다. 대의민주제의 기초인 선거는 동시에 공정하게 행하여지지 않으면 안된다. 금권·관권 등으로 인한 타락선거를 막고 과열된 선거운동으로 인한 사회경제적 손실과 부작용을 최소화하며 국민의 진정한 의사를 반영하기 위하여는 선거는 공정하게 치루어져야 한다. 선거의 공정성 없이는 진정한 의미에서의 선거의 자유도 보장되지 아니하므로 선거의 공정성 확보를 위하여는 선거운동에 어느 정도의 규제는 불가피한 것이다"고 하여, 선거의 공정성의 우위를 인정한다.[12]

생각건대, 현행 선거법이 지나치다 할 정도로 선거운동의 자유에 대하여 광범위하고도 포괄적인 제한은 가하고 있는 것은, 우리 선거 문화와 현실이 불법과 부정부패나 타락으로 얼룩진 과거에 대한 반성적 고려에서 기인한 측면이 매우 크다. 우리 헌법재판소가 선거의 자유에 대한 선거 공정성의 우위를 인정하고 이에 근거하여 선거운동의 자유를 제한하는 선거법 규정에 대하여 합헌판단을 하는 것도 그러한 우리 선거의 현실을 반영한 측면이 크다고 본다. 그러나, 비록 부족한 점이 없지 않으나, 선거에 대한 후보자나 유권자들의 인식이 많이 개선되었으며 선거의 부정 또는 부패도 권위주의 시절에 비하여 현저하게 줄어든 것이 현실이다. 그리고 선거의 혼탁이나 과열현상은 오히려 선거운동을 지나치게 제한함으로써 정치참여에 관한 국민의 정당한 욕구와 정치의사형성 과정의 자연스런 흐름을 막고 있기 때문에 발생하는 현상이라고 볼 수 있고, 그동안 선거운동의 자유를 엄격히 제한하여 왔음에도 과열 혼탁선거를 벗어나지 못하고 있다는 점은 선거운동의 과열현상을 선거운동에

---

11 박진우, "선거의 자유와 공정의 측면에서 바라본 현행 공직선거법의 문제점", 경원법학 제2권 제1호(2009), 105면.

12 헌재 1995. 5. 25. 95헌마105; 헌재 1997. 10. 30. 96헌마94; 헌재 1999. 11. 25. 98헌마141 등. 이러한 헌법재판소의 태도에 대한 상세한 비판으로는 한수웅, 앞의 책, 185~187면 참조.

대한 규제로써는 궁극적으로 해결할 수 없다는 것을 말해주는 것이다.[13] 우리 선거법이 선거의 자유에 대한 포괄적인 규제를 가하여 선거의 공정성을 확립하려고 한 지가 반세기가 넘었음[14]에도 선거의 공정성이 확립되었다고 할 수 없는데, 이는 역설적이게도 선거의 자유를 과도하게 제한하여 선거의 주체가 되어야 할 국민을 수동적이고 형식적인 거수기로 취급하고 선거가 소수의 명망가가 헤게모니를 쥐고 있는 기득권 정당의 게임으로 전락한 점에서 비롯되었다는 점[15]을 고려하면, 이제는 선거의 공정성에 대한 선거운동의 자유의 우위를 확립하여 선거의 자유를 최대한으로 확대·보장하여 선거의 공정성을 기하려는 발상의 전환이 필요한 때라고 본다.

그리고, 우리 헌법 제2조가 선언하고 있듯이 대한민국의 주권은 국민에게 있는 민주공화국이고, 대의민주주의를 근간으로 하는 우리 헌법체제에서 국민의 주권 행사의 근본은 선거일 수밖에 없으므로, 선거에서 자유로운 참여가 보장되지 않은 한 그 선거의 민주적 정당성은 약화될 수밖에 없다. 즉, 대의민주주의를 채택하고 있는 이상 정당과 후보자가 정견이나 정책들을 마련하여 유권자들에게 홍보하고 설득하는 행위에 대한 자유, 그리고 유권자들이 정치적 의사를 형성하여 타인의 간섭 없이 이를 표현하고 전달하는 행위에 대한 자유를 제한할 수 있는 근거는 상대적으로 취약할 수밖에 없는 것이다.[16] 또한, 선거의 공정성은 당해 선거의 궁극적 목적 가치가 아니라 선거의 민주적 정당성을 확보하거나 이를 제고하기 위한 수단적 가치일 수밖에 없는바, 선거는 대의민주주의에서 주권자의 의사를 구현하는 과정이므로 주권자의 의사를 충분하고도 왜곡되지 않게 정확하게 반영하는 것이 선거의 궁극적 가치일 수밖에 없기 때문이다. 따라서 선거의 자유가 선거의 공정성에 우선할 수밖에

---

13 한수웅, 앞의 책, 179면.

14 송석윤 교수에 따르면, 사전선거운동의 금지가 명문으로 규정되는 등 선거운동에 대한 포괄적인 규제 장치가 본격적으로 도입된 것은 1958년의 민의원의원선거법과 참의원의원선거법이고, 이는 1925년에 제정된 일본의 중의원선거법을 모델로 한 것이었으며, 1958년의 선거법상 포괄적인 규제 장치는 현재의 선거법까지 줄곧 이어졌다고 한다[송석윤, "선거운동 규제 입법의 연원; 1925년 일본 보통선거법의 성립과 한국 분단체제에의 유입", 법학 제46권 제4호(2005. 12), 29~30면, 44~50면].

15 강태수, 앞의 논문, 24~25면. 동일 취지로 김종서, 앞의 논문, 33면.

16 조진만, "선거운동의 자유와 규제, 그리고 민주주의 공고화", 선거관리 제55호(2009. 12), 70~71면 참조.

없고, 우리 헌법 제116조를 근거로 선거의 자유에 대한 포괄적이고도 광범위한 제한을 합리화할 수도 없다.

2. 선거운동의 의의

가. 선거운동의 개념

선거법 제58조 제1항은 "'선거운동'이라 함은 당선되거나 되게 하거나 되지 못하게 하기 위한 행위를 말한다"고 규정하고 있다. 국회의원선거 등 선거법상 선거에서 출마한 후보자나 후보자를 추천한 정당은 선거권자의 지지를 얻으려는 여러 활동을 펼치게 되는데, 상대방 후보자 또는 정당에 대해서는 자신 또는 자당이 우월하거나 보다 선거권자를 위한 정강·정책이나 공약을 가지고 이를 실현할 의사가 있음을 선전하거나 홍보하는 활동을 펼치게 된다. 또 상대방 후보자 또는 정당에 대하여 선거권자의 지지를 잃게 하기 위하여 후보나 정당에 대하여 흠집을 내거나 심하면 헐뜯거나 흑색선전(matador[17])을 하는 등 각종 부정적 유권자 인식활동, 즉 네거티브(negative) 선거활동을 펼치기도 한다.

이처럼 선거법상 '선거운동'(選擧運動)은 특정선거에서 선거권자의 지지를 얻거나 잃게 함으로써 어느 후보자를 당선되거나 되게 하거나 낙선되게 할 목적으로 펼치는 긍정적이거나 부정적인 선거관련행위를 말한다. 이와 관련하여 판례는 "공직선거에서의 당선 또는 낙선을 위하여 필요하고도 유리한 모든 행위로서 당선 또는 낙선을 도모한다는 목적의사가 객관적으로 인정될 수 있는 능동적·계획적인 행위를 말하는 것이므로, … 구체적으로 어떠한 행위가 선거운동에 해당하는지 여부를 판단함에 있어서는 단순히 그 행위의 명목뿐만 아니라 그 행위의 태양, 즉 그 행위가 행하여지는 시기·장소·방법 등을 종합적으로 관찰하여 그것이 특정 후보자의 **당선 또는 낙선을 도모하는 목적의지를 수반하는 행위**인지 여부를 판단"해야 한다고 판시한 바 있다(대법원 2010. 6.

---

17 투우에서 소를 유인하여 찔러 죽이는 주연 투우사를 지칭하는 말에서 유래한 것으로 근거 없는 사실을 조작하고 중상모략하여 상대방을 곤경에 처하게 하는 정치적 술책을 가리키는 용어로 사용된다.

24. 선고 2010도3935 판결).

나. 선거운동의 개념 분설

위와 같은 선거법상 선거운동을 분설하면 다음과 같다.

(1) 선거 및 후보자의 특정(선거 및 후보 관련 요건)

당선이나 낙선은 어느 선거와 유의미한 관련이 있는 것이므로, 국회의원 선거 등 선거법상 선거가 특정되어야 한다.

그런데, 선거에서 정당이 주요한 선거의 행위자이지만, '정당'에 대한 '지지'나 '반대'는 있을 수 있어도 '정당'의 '당선'이나 '낙선'의 개념은 있을 수 없다(정당명부식 비례대표도 정당에 대한 투표를 통한 정당 소속 후보자가 당선되는 시스템임). 그러므로 당선이나 낙선은 어느 후보자의 당선 또는 낙선을 의미하는 것이다. 이처럼 선거운동에서 당선(當選) 또는 낙선(落選)은 특정한 후보자의 당선 또는 낙선을 의미하는 것일 수밖에 없으므로 '후보자가 전제되지 않는' '특정 정당에 대한 지지나 추천 또는 반대'는 선거운동의 개념으로 포섭하기 어렵다. 이는 '후보자가 전제되지 않는' 경우라면, 정당에 대한 지지·추천 또는 반대가 후보자에 대한 지지·추천 또는 반대로 귀결되지 않기 때문이다. 예컨대, 대통령선거에서 어느 정당후보자나 무소속후보자도 결정되는 않는 상황이라면, 특정 정당에 대한 지지나 반대는 후보자에 대한 지지나 반대라고 할 수 없으므로, 선거운동이라고 할 수 없다.[18] 또한, 대통령선거나 국회의원선거에서 후보자가 1인이라도 선출되거나 예비후보자가 있는 경우라면, 그 후보자 등이 소속된 정당에 대한 지지나 반대는 후보자에 지지나 반대로 직결되므로, 선거운동에 포섭시킬 수 있고, 다만, 그 후보자 등이 소속되지 않은 정당에 대한 지지나 반대는 그 정당 후보자 등이나 다른 정당의 후보자 등에 대한 지지나 반대로 직결되는지를 따져서 선거운동으로 포섭 여부를 결정해야 한다. 그렇다고 하더라도, 특정한 후보자는 1인에 한정되는 것이 아니라, 수인을 지칭하는 것일 수 있다. 정당명부식 비례대표선거나 중대선거구제인 기초지역의원선거에서는 수인의 당선자가 있고, 또한 수인을 추천한 정당의 경우 후보자를

---

18 서울고등법원 2005. 2. 9. 선고 2014노2820 판결(국정원 대선 개입 사건) 참조. 이 사건과 선거에 영향을 미치는 행위에 관하여는 후술한다.

중심으로 보면 당해 선거구는 1인의 후보자이지만 정당을 중심으로 보면 수인의 후보자이기 때문이다.

(2) 선거권자의 지지를 얻거나 잃게 함으로써(방법적 요건)

선거권자의 지지를 얻게 하는 방법은 정강·정책의 홍보나 공약의 선전, 후보자의 학력 및 경력 선전 등을 통한 지지호소 등 다양하게 있을 수 있고, 선거권자의 지지를 잃게 하는 방법도 역시 상대방 후보나 정당의 정강·정책·공약에 대해 반대 또는 폄하하거나 상대방 후보자에 대한 흑색선전이나 네가티브 활동 전개 등 다양하게 있을 수 있다.

(3) 후보자를 당선되거나 되게 하거나 낙선되게 할 목적으로(목적적 요건)

특정 후보자를 당선시키기 위한 활동에는 후보자와 후보자 이외의 자의 당선활동이 있고, 특정후보자를 낙선시키기 위한 활동에는 후보자와 추천정당의 낙선활동은 실제로는 있을 수 없고, 후보자와 추천정당 이외의 상대방 후보자 등 제3자의 낙선활동[19]이 있다. '어느 후보자를 당선되게 하거나 낙선하게 할 목적'은 그러한 당선활동 또는 낙선활동임이 객관적으로 외부로 드러나는 능동적이고도 계획적인 경우를 말한다.

이러한 능동적이고도 계획적인 행위인지 여부에 관한 판단과 관련하여, 첫 번째로 고려할 것은 당해 행위의 **'방법'**이다. 즉, 당해 행위에 정당 또는 후보자에 대한 지지·추천하거나 반대하는 내용이 직접적으로 있거나, 그러한 지지·추천 또는 반대를 간접적으로 유추할 수 있는 내용이 있는 경우에는 이를 선거운동으로 볼 여지가 높은 것이다(**내용의 정도·강도**). 또 문제되는 내용이 어느 정도의 범위에서 전파되었는지도 중요한 고려요소가 되고(**전파의 범**

---

19 판례는 낙선운동과 관련하여, "피고인들과 같은 후보자 편 이외의 제3자가 당선의 목적 없이 오로지 특정 후보자의 낙선만을 목적으로 하여 벌이는 낙선운동은 특정인의 당선을 목적으로 함이 없이 부적격 후보자의 낙선만을 목적으로 하고 있다는 점에서 특정인의 당선을 목적으로 경쟁후보가 당선되지 못하게 하는 선거운동과 의미상으로는 일응 구별되기는 하지만, 그 주관적인 목적과는 관계없이 실제의 행동방식과 효과에 있어서는 다른 후보자의 당선을 위하여 하는 선거운동과 다를 것이 없다"고 하였다(대법원 2004. 4. 27. 선고 2002도315 판결). 또 "시민단체가 같은 법을 위반하여 특정 후보자에 대한 낙선운동을 한 행위는 그 낙선운동으로 인하여 후보자가 낙선하였는지 여부에 관계없이 후보자의 위와 같은 합리적인 기대를 침해한 것이고, 이러한 기대는 인격적 이익으로서 보호할 가치가 있다 할 것이므로, 그로 인하여 후보자가 입은 정신적 고통에 대하여 위자료를 지급할 의무가 있다"고 하였다(대법원 2004. 11. 12. 선고 2003다52227 판결).

위), 여기서 중요하게 고려될 것이 당해 행위가 어떤 매체를 통해 전파되었는지 하는 것이다(**전파매체의 종류·성격**). 인터넷이나 SNS를 이용한 선거운동이 점차 활발하게 행해지는 것이 시대적 추세이므로, 당해 선거운동이 행해지는 방식, 즉 온라인에서 행해졌는지, 아니면 오프라인에서 행해졌는지, 오프라인에서 행해졌더라도 어떤 매체로 그 행위가 이루어졌는지가 고려요소인 것이다. 두 번째로 고려할 것은 당해 행위의 '**시기**'이다. 선거운동인지 문제되는 어느 행위가 선거일에 가까워지는 시기에 행해질수록 그 행위는 '선거'와의 관련성이 높아지는 것이 보통이므로, 그 행위가 행해지는 시기는 선거운동과 높은 관련성을 가지게 된다. 세 번째로 고려할 수 있는 것이 당해 행위가 행해지는 **장소**이다. 이는 다수의 선거권자가 모이거나 인식할 수 있는 장소에서 행해진 선거관련성 행위는 그렇지 않은 행위에 비하여 선거운동으로 볼 여지가 커지는 것이다.

(4) 긍정적 또는 부정적 선거관련행위(행위관련 요건)

A와 B가 관련이 있다고 하는 것은 양자 사이의 어떤 연결성 또는 연관성이 존재하거나 양자가 어떤 식으로 관계가 있는 경우를 말한다고 할 것이므로, 선거관련행위는 당해 행위가 선거와 어떤 연관성 또는 연결성이 있는 행위를 말한다. 따라서 선거와 관련성이 없는 순수한 직무 또는 업무상 행위나 의례적·일상적·관례적 행위는 선거관련행위가 아니다. 선거운동에서 문제되는 선거관련행위는 선거관련행위 중에서 낙선 또는 당선을 위한 행위이므로 이는 위 목적적 요건에서 살펴본 낙선 또는 당선을 목적으로 하는 행위로 환언되게 된다. 그 행위는 긍정적이거나 부정적으로 행해질 수 있으며, 전자는 당선활동과 관련된 것이고, 후자는 주로 낙선활동과 관련된 것이다. 다만 소선거구 상대다수제하에서는 상대방에 대한 부정적 활동이 곧 나의 당선을 위한 긍정적 활동으로 이어지므로 양자의 구분이 명확한 것은 아니다. 또 이러한 점은 정당명부식 비례대표제나 중대선거구제에서 정도의 차이는 있을지라도 기본적으로 같다.

보통 범죄에서 행위는 에너지의 적극적인 투입이 있는 작위(作爲)와 그렇지 않은 부작위(不作爲)로 구분된다. 선거운동은 '능동적'인 활동을 말하는 것이므로 부작위에 의한 선거운동은 원칙적으로 선거법상 선거운동에 해당하지 않는다.

(5) 선거운동의 주체(주체적 요건)

선거운동은 주로 후보자 또는 정당과 이에 관련된 사람들이 펼치는 것이 보통이지만, 선거운동의 주체는 이에 한정시킬 필요가 없다. 일반 국민도 얼마든지 특정 후보자의 당선을 목적으로 지지활동을 하거나 낙선을 목적으로 하는 활동을 펼칠 수가 있고, 이러한 행위도 선거운동에 포함된다.

3. 선거운동이 아닌 행위

가. 개 관

선거법 제58조 제1항 단서는 다음 각호의 어느 하나에 해당하는 행위는 선거운동으로 보지 아니한다고 규정하고 있다.

선거운동이 아닌 행위(법§58①단서)

1. 선거에 관한 단순한 의견개진 및 의사표시
2. 입후보와 선거운동을 위한 준비행위
3. 정당의 후보자 추천에 관한 단순한 지지·반대의 의견개진 및 의사표시
4. 통상적인 정당활동
6. 설날·추석 등 명절 및 석가탄신일·기독탄신일 등에 하는 의례적인 인사말을 문자메시지로 전송하는 행위

나. 구체적 내용

(1) 선거에 관한 단순한 의견개진 및 의사표시

선거에 관한 단순한 의견개진(意見開陳)이나 의사표시(意思表示)는 '특정 후보자에 대한 지지·추천이나 반대'에 관한 '구체성이 결여된 표현'을 단순하게 사용하거나, 선거운동에 이르지 않을 정도로 정당 또는 후보자에 대하여 지지·추천이나 반대의 의견 또는 의사를 표현하는 것이다. 후보자가 전제되

지 않은 '특정 정당에 대한 지지·추천이나 반대'는 그에 대한 구체성이 있다고 하더라도, 앞서 본 바와 같이 선거운동 자체로 포섭하기 어렵기 때문에 선거운동이 아니다. 대표적으로 '이번 선거에 꼭 참여하여 심판하겠다'고 하거나 '나는 어느 정당을 지지한다'는 등을 말하는 것이다. 또 가족이나 친지·친구 등 소규모의 범위 내에서 주변 사람들과 특정 정당 또는 후보자의 정견·정책·공약 등에 대해 의견을 나누거나 그 선호(選好)나 불호(不好)를 말하는 것은, 이러한 의사표현을 그 소규모 단위로 해서 조직적으로 전개하지 않는 이상, 그 의견이나 표현이 '단순한 표현'을 넘어서는 것이라도 그 전파의 협소(狹小)함으로 인해 선거운동으로 보기 어렵다.

이와 관련하여 대법원 2006. 3. 24. 선고 2005도2209 판결[20]은, "어떤 행위가 위 조항에서 금지하고 있는 특정 정당 또는 후보자를 지지 혹은 반대하는 행위에 해당하는지 여부를 판단함에 있어서는 단순히 행위자가 행위의 명목으로 내세우는 사유뿐만 아니라 그 행위의 태양, 즉 그 행위가 행하여진 시기·장소·동기·방법·행위의 구체적인 내용 등을 종합적으로 관찰하여 그것이 위 조항에서 금지하고 있는 특정 정당 또는 후보자를 지지 혹은 반대하기 위한 목적의지를 수반하는 행위인지 여부를 판단해야 한다"고 판시한 다음, 전교조가 총선을 앞두고 기획·시행한 교사 서명운동 및 시국선언문이 비록 특정 정당을 직접 지칭하지는 않았다고 하더라도, 그 기획 과정, 추진 방법, 참가 범위, 구체적인 표현 등에 비추어, 기존 정치세력에 반대하고 대안 세력으로서의 특정 정당을 지지하려는 목적의사가 객관적으로 인정될 수 있는 능동적이고 계획적인 행위로서 선거법이 정한 '선거에 관한 단순한 의견개진 또는 의사표시'의 범위를 넘어선 선거운동으로 판단하여 유죄를 인정하였다. 또한 판례는, "피고인들이 확성장치 사용, 연설회 개최, 불법행렬, 서명날인운동, 선거운동기간 전 집회 개최 등의 방법으로 특정 후보자에 대한 낙선운동을 함으로써 「공직선거 및 선거부정방지법」에 의한 선거운동제한 규정을 위반한 피고인들의 같은 법 위반의 각 행위는 위법한 행위로서 허용될 수 없는 것이고,

20 본 판결에서 선거법 제60조 제1항, 제93조 제1항, 제107조, 「국가공무원법」 제65조 제2항의 위반 여부가 문제되었는데, 제60조 제1항, 제107조는 선거운동 개념을 사용하고 있어, 위와 같은 행위가 선거운동에 해당하는지가 사안의 쟁점이 되었다.

피고인들의 위 각 행위가 시민불복종운동으로서 헌법상의 기본권 행사 범위 내에 속하는 정당행위이거나 형법상 사회상규에 위반되지 아니하는 정당행위 또는 긴급피난의 요건을 갖춘 행위로 볼 수는 없다"고 판단하였다(대법원 2004. 4. 27. 선고 2002도315 판결).

한편, 중앙선관위가 선거에 관한 단순한 의견개진 및 의사표시에 해당한다고 보아 허용된다고 보는 경우는 다음과 같다.

선거에 관한 단순한 의견개진 및 의사표시(중앙선관위 질의회답)

- 대·중소기업 상생협회가 대통령선거 입후보예정자들로부터 중소기업정책을 서면으로 제출받은 후 약 1만 개 중소기업업체를 대상으로 각 입후보예정자들의 정책에 대한 설문조사를 실시하여 그 결과를 지지·추천이나 반대 내용이 없이 당 협회의 홈페이지에 게시 및 언론사에 보도자료로 통보하는 경우(2007. 9. 6)
- 교회가 특정 정당 또는 후보자가 되고자 하는 자를 지지·선전하거나 반대함이 없이 후보자가 되고자 하는 자의 소속 교인을 대상으로 한 통상의 종교행사(간증 및 리더십 강의)를 개최하는 경우(2007. 8. 14)
- 특정 정당 또는 후보자(후보자가 되고자 하는 자를 포함)와 관련이 없는 단체가 인터넷홈페이지를 이용하여 무보수 선거운동자원봉사자를 모집하여 선거에 참여하는 모든 정당후보자에게 공정한 방법으로 그 자원봉사자가 자원봉사하기를 원하는 정당이나 후보자에게 소개하는 경우(2004. 3. 25)
- 고등학교 홈페이지의 동문페이지 코너에 종전부터 행하여 오던 방법과 범위 안에서 동문들의 동정을 알리기 위한 일환으로 공직선거에 입후보한 사실을 부각되지 아니하게 게시하는 경우(2002. 5. 1)
- 학교설립에 관한 사항을 선거공약에 반영하여 주도록 후보자들에게 단순히 요청하는 행위(2000. 3. 22)
- 서울시지방공사의 노동조합협의회 명의로 서울시장 후보자들에게 각 공사의 제도, 인사, 예산 등 경영전반에 관한 사항과 노동조합 전분야에 대한 입후보자의 계획이나 견해를 서면으로 질의하여 회답을 받거나, 그 노동조합에 관련된 노조간부들이 직접 시장후보를 만나서 질의서 내용과 투자기관 6개 공사에 대한 계획 등 경영전반에 관한 내용 등에 대하여 대화를 하는 경우(1998. 5. 22)
- 소속신도들의 동정을 알리는 난에 통상의 방법으로 단순히 소속신도의 입후보사실을 알리는 경우(1996. 2. 29)

반면, 인터넷언론사가 후보자가 되고자 하는 자의 **장점**을 알리기 위한 캠페인을 실시하는 경우(2007. 6. 19. 중앙선관위 질의회답), 신자들을 대상으로 후보자가 되고자 하는 자인 선출직공무원의 공약실천도를 조사하거나 그 결과를 기관지에 게재하여 신자들에게 알리는 행위(1999. 6. 28. 중앙선관위 질의회답)는 모두 이에 해당하지 않는다고 보았다.

(2) 입후보와 선거운동을 위한 준비행위

입후보(立候補)를 위한 준비행위(準備行爲)는 선거법상 정해진 입후보에 필요한 행위나 사실상 입후보에 필요한 행위를 준비하는 행위로, 이에는 입후보에 필요한 서류를 준비하는 행위, 기탁금이나 기타자금을 마련하는 행위, 정당의 후보자추천을 위해 정당간부 등 정당관계자와 합법적인 방법으로 접촉·교섭하는 행위, 무소속후보자의 경우 선거구민과 접촉하여 자신에 지지호소 없이 입후보에 필요한 추천을 부탁하며 추천을 받는 행위 등이 포함된다. 또 공무원이나 선거법 제53조의 입후보 제한을 받는 사람이 입후보를 위해 사직을 하는 행위나 지자체단체장이 통상적인 기자회견으로 출마를 발표하거나, 시정 계획·성과 등에 관하여 기자의 질의에 단순하게 답변하는 행위도 여기에 포함된다(2006. 3. 14. 중앙선관위 질의회답). 또한 중앙선관위는 인터넷홈페이지를 통하여 선거에서 사용할 로고송과 선거유니폼을 공모한 후, 수상작을 가리기 위하여 응모자 등 제한된 범위안의 관계자를 대상으로 내부 평가회(경연대회)를 개최하는 것은 선거준비행위로 허용된다고 보았다(2007. 11. 15. 중앙선관위 질의회답). 그러나 특정 정당의 비례대표후보자로 추천받기 위해서 해당 정당에 제출하기 위하여 자신의 정견·정책을 담은 서신과 자신의 사진, 특정 정당의 명칭 등이 포함된 추천서 양식을 다수의 선거구민에 발송하는 행위는 이에 해당하지 않는다고 보았다(2007. 2. 15. 중앙선관위 질의회답).

그리고 선거운동을 위한 준비행위는 선거운동을 위한 인적·물적 준비를 하는 내부적·절차적 행위이다. 이에는 다음과 같은 행위가 이에 포함된다. 즉, i) 선거기획사나 선거컨설팅사와 자문계약을 체결하는 행위, ii) 선거기획사나 선거컨설팅사와 자문계약을 체결한 후 그에 따른 자문을 실제로 받는 행위, iii) 선거사무장 및 회계책임자, 선거사무원을 물색하여 내부적으로 그 직책에 구두로만 임명하는 행위(임명장 수여나 명함 배부는 제외), ⅳ) 선거운동에서 자원봉사자들을 이끌 책임자를 물색하여 내부적으로 그 직책에 구두로만 임명하는 행위(임명장 수여나 명함 배부는 없음), ⅴ) 선거사무실을 물색하여 임대차계약을 체결하는 행위, ⅵ) 선거사무실에 필요한 집기 및 시설·설비 등에 대한 계약을 체결하거나, 더 나아가 그 집기 등을 실제 공급받아 보관하는 행위, ⅶ) 유세차나 확성장치, 운동복이나 어깨띠 등 선거운동에 필요한 도구에 관하여 공급계약을 체결하는 행위, ⅷ) 위 ⅶ) 행위에서 더 나아가 그 도구를 공급받아 일정장소에 보관하는 행위 등이 이에 포함된다. 이러한 행위는 '**입후보를 위한 준비행위**'와 더불어 예비후보자등록기간 전에도 가능하다는 것이 선관위의 태도이다.

(3) 정당의 후보자 추천에 관한 단순한 지지·반대의 의견개진 및 의사표시

정당의 후보자 추천에 관한 단순한 의견개진(意見開陳)이나 의사표시(意思表示)는 '특정 입후보예정자에 대한 지지·추천이나 반대'에 관한 '구체성이 결여된 표현'을 단순하게 사용하거나, 선거운동에 이르지 않을 정도로 정당 또는 입후보예정자에 대하여 지지·추천이나 반대의 의견 또는 의사를 표현하는 것이다. 여기서 '추천'(推薦)은 후보자 등에 대한 찬성 의사표현을 넘어서 후보자 또는 당선자로서의 자격 있음을 적극적으로 알리는 행위이고, '지지'(支持)는 후보자 등에 대해 찬성하는 의사표현을 말한다.

정당이 선거에서 공직후보자를 추천하고 정책이나 공약을 내세워 선거권자의 지지를 얻는 것은 대의민주주의를 실현하는 근간이므로, 특정 정당의 공직후보자로 누가 되는지는 그 대의민주주의를 구현하는 중요한 요소이고, 특히 정당이 선거에서 결정적 영향을 갖는 오늘날의 정당국가적 민주주의하에서는 무소속후보자는 대표자로 선택될 가능성이 사실상 희박하다. 따라서 정당의 공직후보자 추천에 관하여 지지하거나 반대하는 의견을 자연스레 개진하는 것은 민주주의 실현 측면에서도 당연하게 요청되는 것이자 자연스런 현상이기도 하다. 그러나 한편으로는 후보자 추천에 대해서 단순한 의견·의사를 넘어서 노골적으로 기타 선거운동에 이를 정도로 지지·반대하는 의사를 표시하는 것은 선거의 공정성을 해칠 우려가 있어, 이를 규제할 필요성이 있

다. 이러한 측면을 모두 고려하여 선거법 제58조의 제3호는 정당의 후보자 추천에 관한 '단순한' 지지·반대의 의견개진 및 의사표시는 선거운동으로 보지 않고 이를 허용하고 있는 것이다.

선거에 관한 단순한 의견개진 및 의사표시와 마찬가지로, 무엇이 단순한 지지·반대의 의견개진 및 의사표시인지는 행위의 명목상 사유, 행위의 시기·장소·동기·방법과 행위의 구체적인 내용 등을 종합적으로 고려하여 특정 후보자나 입후보예정자의 당선 또는 낙선을 위한 목적의지를 수반하는 행위인지 여부로 판단하되, 그 행위의 내용의 정도·강도나 그 전파의 범위를 우선적으로 고려해야 할 것이다. 공천반대 인사명단을 기자회견 등을 통해 공표하는 행위와 공천철회 대상 인사명단을 당해 정당에 전달하거나 공천철회를 요청하는 행위, 공천확정자에 대한 정보를 수집하여 당해 정당에 제공하는 행위 등은 정당의 후보자 추천에 관한 단순한 지지·반대의 의견개진 및 의사표시로 본다.[21] 또 단체가 설립목적과 밀접한 관련이 있는 사항에 관하여 자신의 정치적·정책적 주장을 개진하거나 그러한 정책에 동조하는 정당이나 후보자를 지지한다는 일반적 논평을 내는 경우도 이에 포함된다(헌재 1995. 5. 25. 95헌마105).

한편, 중앙선관위가 정당의 후보자 추천에 관한 단순한 의견개진 및 의사표시에 해당한다고 보아 허용된다고 보는 경우는 다음과 같다.

정당의 후보자 추천에 관한 단순한 지지·반대의 의견개진 및 의사표시(중앙선관위 질의회답)

- 단체가 정당의 공천반대자 명단 또는 낙선대상자 명단을 기자회견의 방법으로 단순히 공표하는 행위(2004. 3. 12)
- 어느 단체의 여성특별위원회가 「여성발전기본법」 등 관계 법령의 규정에 근거하여 여성의 정치참여 확대를 지원하는 정책의 일환으로 여성입후보예정자가 여성계의 지지를 받을 수 있도록 유도하는 행위로 입후보예정자가 특정되지 않는 경우(1998. 10. 22)

21 대검찰청, 『공직선거법 벌칙해설』, 2014, 79면.

(4) 통상적인 정당활동

(가) 정당의 자유와 선거에서 정당활동의 보장

앞서 본 바와 같이 정당은 후보자 추천 또는 정책 제시를 통해 각종 대의기관의 선거에 적극적으로 참가함으로써, 정권 획득 내지 정치적 영향 행사를 목적으로 하고 자발적으로 국민이 정치 의사형성에 참여하는 국민의 항구적 또는 계속적 결사체를 말한다. 우리 헌법 제8조 제1항은 정당과 관련하여, "정당의 설립은 자유이며, 복수정당제는 보장된다"고 규정하고 있다. 이는 현대적 정당국가적 민주주의에 있어서는 정당의 존재가 필수적으로 전제되어야 하므로 헌법은 정당설립의 자유를 보장하고 있는 것이다.[22] 또한 이러한 제8조 제1항은 '정당설립의 자유'뿐만 아니라 정당의 조직형태를 선택할 '정당조직선택의 자유' 및 그와 같이 선택된 조직을 결성할 자유인 '정당조직의 자유'와 '정당활동의 자유'를 포함하는 '정당의 자유'를 정하고 있는 것이다.[23]

위와 같은 정당의 개념에서 보듯이 정당의 가장 큰 목적은 '선거 참여를 통한 정권의 획득'에 있고, 따라서 선거에서의 정당활동의 보장은 정당활동의 보장과 관련하여 가장 중요한 정당의 존재기반을 보장하는 길이다. 그럼에도 정당의 자유를 선거에서 아무런 제약 없이 허용하면 정당이 가지는 막강한 정치력 영향력으로 인하여 무소속 후보자와 형평성, 거대 정당과 군소정당 간의 불균등성의 초래와 이로 인한 선거의 공정성 시비를 낳을 여지가 있다. 이러한 점을 감안하여 현행 선거법은 선거에서의 정당활동에 대하여 일정한 제약을 가하고 있다. 즉 선거법 제58조 제1항 제4호는 통상적인 정당활동을 선거운동으로 보지 않는다고 규정하고 있다. 또한 포괄적이고도 광범위한 선거운동에 관한 대표적 규제조항인 선거법 제90조의 제2항 제1호는, '선거에 영향을 미치게 하기 위한 행위'인 시설물 설치 등 금지의 예외로 "선거기간이 아닌 때에 행하는 「정당법」 제37조 제2항에 따른 통상적인 정당활동"을 규정하고 있다. 또 포괄적이고도 광범위한 선거운동에 관한 대표적 규제조항인 선거법 제93조의 제2항 제2호도 '선거에 영향을 미치게 하기 위한 행위'인 탈법방법에 의한 문서·도화의 배부·게시 등 금지의 예외로 "선거기간이 아닌 때에 행하

22 한국헌법학회, 앞의 책, 243면.
23 정종섭, 앞의 책, 145면.

는 「정당법」 제37조 제2항에 따른 통상적인 정당활동"을 규정하고 있다. 나아가 선거와 관련 있는 정당활동의 규제장인 선거법 제9장은 정강·정책의 신문광고 등 제한 등 다양한 정당활동에 대해서 규제를 하고 있다. 이들 조항에 대하여는 관련 부분에서 후술한다.[24] 여기서 '통상적인 정당활동'은 선거법 제58조 제1항 제4호에 따라 '선거운동'에 포함되지 않으므로, 이러한 선거법 제90조 제2항 제2호, 제93조 제2항 제2호가 위와 같은 예외를 인정함에 있어서 '**선거기간이 아닌 때**'의 통상적인 정당활동으로 그 범위를 제한할 필요가 있는지 의문이 제기되기도 한다. 그러나, 후술하는 바와 같이 '선거운동'보다는 '선거에 영향을 미치기 위한 행위'가 그 범위가 넓으므로, '선거에 영향을 미치기 위한' 시설물 등의 설치 금지 및 '선거에 영향을 미치기 위한' 탈법방법에 의한 문서·도화의 배부 금지의 예외를 위와 같이 '**선거기간이 아닌 때**'로 그 범위를 규정하고 있는 것이다.

(나) 통상적인 정당활동의 의미와 그 범위

'통상적(通常的)인 정당활동'(政黨活動)은 정당이 정권획득과 정치적 영향력 행사를 통한 정치·사회적 지위를 유지·존속하기 위하여 일상적이거나 보통으로 행하는 각종 활동을 말한다. 정당의 가장 큰 존재 의의가 선거참여를 통한 정권획득에 있으므로 선거에서 그 목적 달성을 위하여 펼치는 선거운동과 선거에 영향을 미치는 정당활동도 당연하게도 통상적인 정당활동의 범주에 포함되므로, 위와 같은 선거법 제58조 제4호 등은 이러한 내용을 주의적으로 규정한 것이라고 해석할 여지가 상당하다. 즉 선거에서 정당이 행하는 선거운동과 선거에 영향을 미치는 정당활동은 정당의 자유상 제약없이 자유롭게 허용되어야 한다고 볼 수 있는 것이다. 하지만, 이는 입법론적으로 검토할 수는 있지만 현행 선거법의 체제상 수긍하기 어려운 해석으로 판단된다. 현행 선거법은 선거에서의 정당활동에 대하여 위와같이 비교적 폭넓게 규제하고 있기 때문이다. 그럼에도 정당의 가장 큰 존재 목적이 선거참여를 통한 정권획득에 있다는 점을 고려하면, 정당의 자유가 보장될 수 있도록 통상적(通常的)인 정당활동의 범위를 보다 유연하고도 탄력적으로 해석할 필요는 있다.

이러한 통상적인 정당활동과 관련하여 헌법재판소는, "통상적인 정당활

---

24 388면 이하, 400면 이하, 551면 이하 각 참조.

동은 정당이 그 목적을 달성하기 위하여 행하는 당원의 모집, 정책의 개발·보급, 당원교육 등 선거시기에 관계없이 정당이 존속하는 한 지속적으로 추진해야 하는 정당 본연의 활동으로서, 우리 헌법상의 정당제 민주주의 관련 조항과 정당의 중요한 공적 기능에 비추어 볼 때 이는 자유로이 허용"된다고 판시한 바 있다(헌재 2001. 10. 25. 2000헌마193). 또한, 중앙선관위가 통상적인 정당활동으로 보아 허용된다고 보는 경우는 다음과 같다.

통상적인 정당활동(중앙선관위 질의회답)

- 지구당후보자의 공개모집(1995. 1. 13)
- 시·도지부 결성대회 개최(1995. 5. 9)
- 정당이 소속당원에게 정당활동과 관련한 의례적인 내용의 인사문을 발송하는 행위(1996. 3. 12)
- 정당의 지구당 대표자가 선거기간 전에 당원교육용 홍보물을 제작하면서 당해 정당의 정강·정책에 대한 내용을 수록하고 일부지면을 할애하여 자신에 관한 사항을 게재하는 행위(2000. 2. 17)
- 정당이 지역의 현안문제를 해결하기 위하여 선거운동의 목적 없이 선거법이 허용하는 방법으로 캠페인을 실시하는 행위(2001. 4. 12)

그러나, 정당이 지역의 현안문제를 해결하기 위하여 선거운동의 목적 없이 선거법이 허용하는 방법으로 캠페인을 실시하는 것은 통상적인 정당활동으로 보아 무방할 것이나, 이를 계속·반복적으로 실시하거나 지역 현안문제가 아닌 사안의 해결을 명목으로 캠페인을 실시하는 것은 당해 정당 및 소속입후보예정자의 지지를 유도하여 선거에서의 득표를 유리하게 하는 행위로서 선거운동기간위반죄의 규정에 저촉될 것이라고 하였다(2001. 4. 12. 중앙선관위 질의회답). 또, **정강·정책구호**·사무소소재지·전화번호 기타 지구당에 관한 **안내·홍보사항**, 지구장위원장의 사진·학력·경력·현직·정견 기타 위원장에 관한 안내·홍보사항 등을 적은 입당원서를 일반 선거구민에게 배부하는 것은 당해 지구당위원장의 사진 등 안내·홍보사항의 게재 여부를 불문하고 후보자가 되고자 하는 자인 당해 지구당위원장을 선전하거나 지지를 유도하는 것이 되어 그 행위의 시기 및 양태에 따라 「공직선거 및 선거부정방지법」 제254조

(선거운동기간위반죄), 선거일 전 180일부터는 같은 법 제93조(탈법방법에 의한 문서·도화의 배부·게시 등 금지), 선거기간 중에는 같은 법 제144조(정당의 당원모집 등의 제한) 제1항의 규정에 각각 위반될 것이라고 하였다(1999. 8. 4. 중앙선관위 의회답).

(5) 의례적인 인사말을 문자메시지로 전송하는 행위

설날·추석 등 명절 및 석가탄신일·기독탄신일 등에 인사말을 건네는 행위는 의례적·관례적·사교적 행위의 대표적인 경우이다. 그러므로 이에 대한 판단은 아래 (6)과 같이 행위자와 상대방의 사회적 지위, 그들의 관계, 행위의 동기, 방법, 내용과 태양 등 여러 사정을 종합하여 사회통념에 비추어 판단해야 한다.

(6) 선거와 무관한 직무 또는 업무상 행위나 의례적·사교적 또는 일상적·관례적 행위

이는 비록 선거법 제58조 제1항 단서가 규정하고 있지는 않으나, 앞서 본 바와 같이 당연하게도 인정되는 것이다. 여기서 직무는 공무원이 행하는 업무로, 직무(職務)상 행위에는 어느 직무수행에 필요한 행위, 직무수행과 밀접하게 관련되거나 부수적으로 직무수행에 필요한 행위를 말한다. 또 업무(業務)상 행위는 사회생활의 지위에 기하여 계속적·반복적으로 행하는 행위를 말하고, 이에는 업무수행에 필요한 행위, 업무수행과 밀접하게 관련되거나 부수적으로 업무수행에 필요한 행위가 포함된다. 의례적(儀禮的)·사교적(社交的) 행위는 사회생활이나 사회적 교류(交流)·교분(交分)에 필요하거나 요구되어지는 행위를 말하고, 일상적(日常的)·관례적(慣例的) 행위는 우리의 일상생활에 필요하거나 요구되어지는 행위나 관행적(慣行的) 예의(例義)상 필요하거나 요구되어지는 행위를 말한다.

이와 관련하여 대법원 2011. 7. 14. 선고 2011도3862 판결 등은 "일상적·의례적·사교적인 행위는 여기에서 제외되고, 일상적·의례적·사교적인 행위인지는 행위자와 상대방의 사회적 지위, 그들의 관계, 행위의 동기, 방법, 내용과 태양 등 여러 사정을 종합하여 사회통념에 비추어 판단해야 한다"고 판시하였다. 또한 대법원 2002. 7. 26. 선고 2002도1792 판결은 "인천광역시 부평구청장에 당선되어 같은 해 7. 1.부터 부평구청장으로 재직해 오면서 특별한 사

정이 없는 한 다음 구청장선거에 당연히 출마할 것이 예상되었던 피고인이 산하 각 동사무소의 전입담당자를 통하여 전입신고하러 온 구민들에게 배부한 '부평구 전입안내'란 제목의 전입안내문에 부평구에 새로 전입한 구민들에게 필요한 정보인 부평구의 일반 현황, 행정정보, 청사이용안내, 생활민원안내 및 민원실 등 주요전화번호 등의 내용에 더하여, '본 안내서가 여러분들이 부평에서 생활하는 데 도움을 주는 자료가 되기를 기대하고, 전입을 환영합니다'라는 취지의 문구와 함께 '부평구청장 피고인입니다' 또는 '부평구청장 피고인'이라는 피고인의 직명과 성명을 기재함과 아울러 피고인의 사진을 게재"한 행위에 대하여 직무상 행위라고 판단하였다. 또 대법원 1996. 4. 26. 선고 96도138 판결은, "피고인은 보은군 출신으로서 충청북도 지방공무원 교육원에서 교관으로 근무하던 중 고향 후배로서 위 교육원에 교육생으로 온 몇몇 면장들이 자신을 찾아오자 반가운 마음에 식사 제의를 하게 되어 원심 판시와 같은 읍면장들과의 식사 자리를 마련하였고, 당시 명예퇴직원을 제출하여 퇴직을 앞두고 있던 피고인이 수십 년간 몸담았던 공직을 떠나는 서운함과 불안감에서 장차 피고인이 무슨 일을 하더라도 피고인이 현직에 있을 때와 마찬가지로 호의를 가지고 대하여 달라는 취지에서 고향 후배인 위 읍면장들에게 '명예퇴직원을 제출하였으니 도와 달라'는 발언을 한 것임을 알 수 있는바, 사정이 이와 같다면 피고인의 위와 같은 발언은 일상적·의례적인 행위"라고 판단하였다.

그러나 판례는 다음과 같은 사안은 일상적·의례적·사교적 행위가 아니라고 판단하였다.

판례상 의례적·사교적·일상적·관례적 행위가 아닌 경우

- 중구청장 피고인 1 명의로 중구 거주민들에게 인사말이 담긴 문자메시지, 생일축하 전보, 쾌유기원 전보를 발송한 행위(대법원 2011. 7. 14. 선고 2011도3862 판결)
- 국회의원 예비후보자의 선거사무실 개소식을 알리는 내용의 문자메시지[25]를

25 현재는 선거일이 아닌 때에 음성·화상·동영상 등을 제외한 문자 발송의 경우 허용되어 있다(법§59제2호).

위 후보자나 개소식과 직접 관련없는 사람들을 포함한 수천 명의 선거구민들에게 대량으로 발송한 행위(대법원 2009. 5. 28. 선고 2009도1937 판결)
- 피고인이 투표소 앞에서 투표를 하기 위하여 대기하고 있던 선거구민 10여 명과 일일이 고개를 숙여 인사하면서 악수한 행위(대법원 2007. 10. 11. 선고 2007도3468 판결)
- 초청장 발송, 벽보 부착, 이름방송 자막광고, 문자메시지 발송 등의 행위(대법원 2007. 8. 23. 선고 2007도3940 판결)
- 피고인이 선거구 내 국민기초생활수급권자들 중 600여 명에게 전화한 행위(대법원 2006. 12. 7. 선고 2006도6966 판결)
- 피고인이 '지난번 선거에서는 도와주지 않았는데 이번 선거에서는 도와 달라'고 말한 행위(대법원 2006. 11. 23. 선고 2006도5019 판결)
- 불특정다수의 일반 선거구민 15,000여 명을 대상으로 컴퓨터용 전화 자동송신장치를 이용한 신년인사(대법원 2001. 6. 29. 선고 2001도2268 판결)
- 선거구 관내 지면이 없는 주민에게 연하장을 발송하고, 선거구 관내 경로잔치에 참석하여 인사와 찬조를 한 행위(대법원 1992. 9. 25. 선고 92도1085 판결)

한편, 중앙선관위가 직무 또는 업무상 행위나 의례적·사교적·일상적·관례적 행위라고 판단한 사례는 다음과 같다.

직무 또는 업무상 행위나 의례적·사교적·일상적·관례적 행위 (중앙선관위 질의회답)

- 대한상공회의소가 그 설립목적의 범위 안에서 통상의 예에 따라 선거와 무관하게 정부각료를 초청하여 간담회를 개최하는 행위(2004. 2. 4)
- 현직 지방자치단체장이 아닌 입후보예정자가 지방자치단체와 사회단체 등에서 개최하는 각종 행사에 입후보예정자가 행사장마다 참석하여 의례적인 인사로서 다수의 참석자들과 일일이 악수를 나누는 행위(2002. 3. 19)
- 지방자치단체가 시행하는 공원사업의 조성경위 및 규모 등으로 보아 준공비를 설치하고 그 준공비에 지방자치단체장의 직명·성명을 게재하는 것이 관례에 의하여 일반화된 경우에 그 직명·성명을 부각되지 아니하게 게재하는 행위(2001. 12. 28)
- 국회의원이 선거기간개시일 전에 선거운동의 목적없이 의정활동에 필요한 자료수집 또는 현안문제와 관련된 의견수렴의 목적범위 안에서 일회성으로 선거구민과의 대화를 위한 모임을 개최하는 행위(2001. 6. 23)

그러나, 특정 선거구역을 주된 배부지역으로 발행되는 신문에 그 지역에서 후보자가 되고자 하는 자가 집필하는 법률상담기사를 그의 직·성명 등을 밝혀 연재하는 것은 언론기관의 통상적인 취재·보도의 범위를 넘어 그 후보자가 되고자 하는 자의 선전행위에 이를 것으로 허용되지 않는다고 하였다(1999. 9. 20. 중앙선관위 질의회답). 또한 연하장이란 새해를 축하하는 글이나 그림이 담긴 서장(편지)으로서 평소 지면이나 친교가 있는 자 중 직접 찾아가 새해인사를 할 수 없는 자에게 서면으로 새해인사를 하기 위하여 발송하는 것이 상례라 할 것인바, 연하장에 후보자가 되고자 하는 자의 **사진**을 게재하여 배부하는 것은 의례적인 연하장이라기보다는 자신을 선전하는 행위로서 허용되지 않는다고 하였다(2000. 2. 10. 중앙선관위 질의회답).

Ⅱ. 투표참여 권유활동

1. 의의와 입법취지

2014. 5. 14.부터 시행된 개정 선거법 제58조의2는 "누구든지 투표참여를 권유하는 행위를 할 수 있다"고 하여 투표참여 권유활동을 규정하고 있는데, '투표참여(投票參與) 권유활동(勸誘活動)'은 선거에서 유권자로 하여금 투표에 참여할 것을 권유(勸誘)·호소(呼訴)·독려(督勵)하는 활동을 말한다. 이에는 '선거법상 허용된 투표참여 권유활동'과 '선거법상 금지된 투표참여 권유활동'이 있다. 전자는 특정 정당 또는 후보자를 지지·추천하거나 반대하는 내용이 없거나 이를 유추하는 내용이 없는 등으로 선거운동이나 선거에 영향을 미치지 않는 투표참여 권유활동이고(법§58의2본문), 후자는 특정 후보자 등을 지지·추천하거나 반대하는 내용이 있거나 이를 유추하는 내용이 있는 등 선거운동이 되거나 선거에 영향이 미치는 투표참여 권유활동을 말한다(법§58의2단서).

이러한 투표참여 권유활동은 "특정 정당 또는 후보자를 지지·추천하거나 반대하는 내용 없이 투표참여를 권유하는 행위는 선거운동으로 보지 않기 때문에, 정당 또는 후보자의 명의가 표시된 현수막 등을 사용한 투표참여 권유

행위가 무분별하게 이루어져 투표참여 권유행위를 빙자한 선거운동이 실시되고 있다는 문제점이 지적되고 있어, 정당의 명칭이나 후보자의 성명을 표시하는 등의 방법으로 투표참여를 권유하는 행위를 일정부분 금지"하여 선거의 공정성을 제고하기 위하여 도입된 것이다.

2. 투표참여 권유활동의 분설

가. 선거 관련 요건

선거운동이 특정한 선거 및 후보자와 관련을 가질 것을 요건으로 하나, 투표참여 권유활동은 보통 특정한 선거 및 후보자와 관련을 가질 수 있고 그러한 경우가 보통일 것이지만, 후보자 또는 선거가 반드시 특정될 것을 요하는 것은 아니다. 따라서 특정한 선거 또는 후보자와 무관하게 일반적으로 투표에 참여할 것을 권유하는 것도 이에 포함된다. 다만, 앞서 본 바와 같이 투표는 선거법 이외에 국민투표법이나 주민투표법 등에서 인정되는 것이지만, 선거법상 투표참여 권유활동은 선거를 전제로 하는 것이다.

나. 투표참여 요건

유권자로 하여금 투표에 참여할 것을 권유하거나 호소하거나 독려하는 행위이다. 이러한 행위를 넘어서 그 참여를 압박하거나 강요하는 등 상대방의 투표참여에 관한의사결정의 자유를 침해하는 경우는 이에 포함되지 않는다.

또한 투표참여 권유활동은 선거에서 '유권자'가 선거, 후보자, 정당, 정책·공약, 투표 등에 관한 의견을 개진하고 투표에 참여할 것을 호소하거나 독려하는 일체의 활동을 의미하는 유권자활동의 일환으로 행해지는 것이 보통이나, 유권자가 아닌 선거권이 없는 사람도 그에 관한 의견 개진 등을 할 수 있다는 점에서 반드시 유권자활동으로 이루어지는 것은 아니다.

3. 선거법상 금지된 투표참여 권유활동

가. 개 관

다음 각호의 어느 하나에 해당하는 경우의 투표참여 권유활동은 금지되어 있다(법§58의2단서).

선거법상 금지된 투표참여 권유활동(법§58의2단서)

1. 호별로 방문하여 하는 경우
2. 사전투표소 또는 투표소로부터 100미터 안에서 하는 경우
3. 특정 정당 또는 후보자(후보자가 되려는 사람을 포함)를 지지·추천하거나 반대하는 내용을 포함하여 하는 경우
4. 현수막 등 시설물, 인쇄물, 확성장치·녹음기·녹화기(비디오 및 오디오 기기를 포함), 어깨띠, 표찰, 그 밖의 표시물을 사용하여 하는 경우(정당의 명칭이나 후보자의 성명·사진 또는 그 명칭·성명을 유추할 수 있는 내용을 나타내어 하는 경우에 한정)

나. 구체적 내용

(1) 호별방문

호별방문으로 하는 투표참여 권유활동은 은밀성(隱密性) 내지 사생활 침해의 가능성이 있는 호별방문의 성격으로 인해 선거의 공정성이 훼손될 우려가 있기 때문에 금지된다. 호별(戶別)은 선거법 제106조 제1항 및 제3항상 호별과 같은 의미이다. 판례는, "호별방문의 대상이 되는 '호'는 일상생활을 영위하는 거택에 한정되지 않고 일반인의 자유로운 출입이 가능하도록 공개되지 아니한 곳으로서 널리 주거나 업무 등을 위한 장소 혹은 그에 부속하는 장소라면 이에 해당할 수 있다 할 것인데, 그 구체적인 해당 여부는 선거운동을 위하여 공개되지 않은 장소에서 조합원을 만날 경우 생길 수 있는 투표매수 등 불법·부정선거 조장 위험 등을 방지하고자 하는 호별방문죄의 입법 취지와 보호법익에 비추어 주거 혹은 업무용 건축물 등의 존재 여부, 그 장소의 구조, 사용관계와 공개성 및 접근성 여부, 그에 대한 조합원의 구체적인 지배·관리

형태 등 여러 사정을 종합[26]적으로 고려하여 이루어져야 한다"고 판시한 바 있다(대법원 2010. 7. 8. 선고 2009도14558 판결). 대법원 2015. 9. 10. 선고 2014도17290 판결은 "일상생활을 영위하는 거택은 물론이고 널리 주거나 업무 등을 위한 장소 혹은 그에 부속하는 장소라면 공직선거법 제106조 제1항의 호에 해당하나, 다만 호에 해당하더라도 일반인의 자유로운 출입이 가능하여 다수인이 왕래하는 공개된 장소라면 같은 조 제2항에 따라 선거운동 등을 위하여 방문할 수 있다"고 하면서, 위 2009도14558 판결을 원용하면서, **학교**의 경우는 민원 업무를 주로 하지 않고 출입할 수 있는 사람도 교직원과 학생, 학부모 등으로 한정되고 일반인의 출입이 원칙적으로 제한되어 있으며 업무를 위한 장소이므로 '다수인이 왕래하는 공개된 장소'가 아니라고 판단하였고, 또 '제천지원장 및 제천지청장 부속실'은 사전 동의 등의 절차를 거치지 아니하고 일반인의 통상적인 출입이 허용되어 있다고 볼 수 없으므로 '다수인이 왕래하는 공개된 장소'가 아니다고 판시하였으며, 기타 관공서 사무실 역시 '다수인이 왕래하는 공개된 장소'라고 인정하기 위해서는 일반인의 출입 가능성만이 아니고, 사무실이 민원인을 위하여 설치되거나 그 안에 민원 사무 처리를 위한 전용 공간이 설치되어 있는 경우 등과 같이 내부 공간의 용도와 구조 및 접근성에 비추어 일반적·통상적으로 민원인을 위하여 개방된 장소나 공간이라고 구체적으로 인정될 수 있어야 한다고 판시하였다.[27]

요컨대, '불특정인 또는 다수인의 자유로운 출입이 제한되는지 여부'에 따라, 호별방문 금지의 호에 해당하는지가 결정되고, 일정한 목적(예컨대 병실 방문, 업무차 사무실 방문 등)을 가진 사람에게만 그 출입이 허용된 경우에는 불특정인 또는 다수인의 출입이 제한된 경우이다. 구체적으로 보면, **집(주택·주거용 오피스텔** 포함), **병실, 아파트형공장, 학교, 출입에 사전동의를 필요로 하는 관공서 사무실** 등은 금지되는 호별방문의 대상에 해당하나, **영업장, 영업사무실, 관공서의 민원실** 등은 이에 해당하지 않는다고 본다.

---

26 본 판례는 「농업협동조합법」상의 선거에 관한 판시이나, 이는 선거법상 선거에도 적용될 수 있다고 본다.

27 피고인이 단양교육지원청 교육지원과 등 단양군 및 제천시 소재 학교와 위와 같은 관공서 사무실 24곳을 호별로 방문하여 지지를 호소한 사안으로, 원심은 이를 호별방문에 해당하지 않는다고 하였으나, 대법원은 위와 같은 이유 원심을 파기한 사건이다.

실전팁(선거법상 호별방문의 규제)

- 선거법상 호별방문을 제한하는 규정은 위와 같은 투표참여 권유활동 제한규정 이외에도, 선거운동을 위하여 또는 선거기간 중 입당의 권유를 위한 호별방문(법§106①), 선거기간 중 공개장소에서의 연설·대담의 통지를 위한 호별방문(법§106③), 선거공약서 배부제한으로서 호별방문(법§66⑤)이 있음
- 자신의 방문지가 일정한 목적을 가진 사람에게만 그 출입이 허용된 경우인 경우에는 금지되는 호별방문이나, 일정한 목적 유무를 불문하고 불특정인 또는 다수인의 출입이 널리 허용된 경우에는 호별방문이 아님(‘**누구나 가능**’하면 호별방문이 아니지만, ‘**일정한 사람만 가능**’하면 ‘호별방문’에 해당)
- 이것도 명확하지 않으므로 사전에 방문할 곳이 금지대상이 되는지는 선관위에 문의하여 확인할 필요성이 있음

(2) 사전투표소 또는 투표소로부터 100미터 안에서 하는 경우

투표소 또는 사전투표소 100미터 안에서 하는 투표참여 권유활동은 유권자들의 투표행위의 평온(平穩)을 깨뜨려 선거에 영향을 미칠 우려가 있고, 이는 곧 선거의 공정성을 해칠 우려가 있기 때문에 금지되는 것이다.

(3) 특정 정당 또는 후보자에 대한 지지·추천 또는 반대 내용이 있는 경우

이러한 경우에는 선거운동이 되기 때문에 금지하는 것이다. 동조 제4호와의 균형상 직접적으로 특정 정당 또는 후보자에 대한 지지·추천 또는 반대 내용이 있는 경우는 물론 특정 정당 또는 후보자에 대한 지지·추천 또는 반대 내용을 **유추**할 수 있는 경우도 포함된다고 본다.

(4) 정당 또는 후보자를 유추할 수 있는 내용이 있는 현수막 등 사용

정당의 명칭이나 후보자의 성명·사진 또는 그 명칭·성명을 유추할 수 있는 내용을 나타내어 하는, 현수막 등 시설물, 인쇄물, 확성장치·녹음기·녹화기(비디오 및 오디오 기기를 포함), 어깨띠, 표찰 및 그 밖의 표시물을 사용하여 하는 경우에는 선거에 영향을 미쳐 선거의 공정성을 해칠 우려가 있기 때문에 허용되지 않는 것이다. 현수막이나 시설물의 개념은 선거법 제61조 이하에 나오는 현수막 등과 동일한 개념이다.

실전팁(자원봉사자를 이용한 효율적인 투표독려운동)

□ 선거운동요령

- 후보자나, 선거사무원 등(자원봉사자는 제외)이 어깨띠를 두르거나 유니폼 등을 착용하고 선거운동을 할 수 있음(법§68)
- 정당이나 후보자를 명확하게 나타내는 어깨띠나 유니폼을 착용한 이러한 사람들의 바로 옆에서, 그러한 착용 없이 **자원봉사자**(또는 선거사무원 중에서 어깨띠나 유니폼 등을 하지 않는 사람)가 정당 또는 후보자에 대한 지지·추천 또는 반대 내용 없는 투표참여 독려 유인물을 선거일을 제외한 기간에 배부하여도 위 조항에 저촉되지 않음(아래 질의회답 참조).
- 따라서 위와 같은 방식으로 사전투표나 투표를 독려하는 투표참여 캠페인을 대대적으로 벌이는 것이 득표활동에 상당한 도움이 될 것임

□ 2014. 5. 24. 중앙선관위 질의회답

1. 후보자와 그 배우자, 선거사무장, 선거연락소장, 선거사무원, 후보자와 함께 다니는 활동보조인 및 회계책임자가 후보자나 정당의 표기가 되어 있는 어깨띠 또는 윗옷을 착용한 상태에서,
   ① 정당이나 후보자를 지지·추천하거나 반대하는 내용이 포함되거나, 정당이나 후보자를 성명·사진 또는 그 명칭·성명을 유추할 수 있는 내용이 있는 유인물·인쇄물을 배포하여 사전투표 권유활동을 할 수 있는지 여부
   ⇒ 귀 문의 경우 불가함
   ② 정당이나 후보자를 지지·추천하거나 반대하는 내용이 없거나, 정당이나 후보자를 성명·사진 또는 그 명칭·성명을 유추할 수 있는 내용이 없는 유인물·인쇄물을 배포하여 사전투표 권유활동을 할 수 있는지 여부
   ⇒ 귀 문의 경우 가능함
2. 후보자나 정당의 표기가 되어 있는 어깨띠 또는 윗옷을 착용한, 선거사무장, 선거연락소장, 선거사무원 또는 후보자와 함께 다니는 활동보조인·회계책임자의 바로 옆에서 자원봉사자가,
   정당이나 후보자를 지지·추천하거나 반대하는 내용이 없거나, 정당이나 후보자를 성명·사진 또는 그 명칭·성명을 유추할 수 있는 내용이 없는 유인물·인쇄물을 배포하여 또는 손팻말 등 선거법 제68조상 휴대가능한 그 밖의 소품을 이용하여 사전투표 권유활동을 할 수 있는지 여부
   ⇒ 귀 문의 경우 가능함. 다만, 선거법 제68조의 소품 등은 선거사무장·선거연락소장·선거사무원·활동보조인·회계책임자가 사용할 수 있음

(5) 일정한 재산상 이익 등 제공하기로 하는 투표참여 권유의 경우

선거법 제230조 제1항은 '선거법 투표를 하게 하거나 하지 아니하게 할 목적으로 선거인(선거인명부 또는 재외선거인명부 등을 작성하기 전에는 그 선거인명부 또는 재외선거인명부 등에 오를 자격이 있는 사람을 포함)에게 금전·물품·차마·향응 그 밖에 재산상의 이익이나 공사의 직을 제공하거나 그 제공의 의사를 표시하거나 그 제공을 약속한 자'를 '투표인에 대한 매수 및 이해유도죄'로 처벌하도록 규정하고 있다. 이러한 규정과 관련하여 중앙선관위는 '투표를 하게 할 목적'을 '특정 정당이나 후보자를 위하여 투표하게 할 목적'으로 제한적으로 해석하는 것은 비정파적 입장의 순수한 투표독려운동을 촉진할 수 있으나, 이 경우 동조항의 이어지는 '당선되게 할 목적'과 의미가 동일하게 되어 이를 사문화시킨다는 점을 들어 이러한 해석에 반대하고 있다.[28] 따라서 투표를 독려하면서 투표한 인증샷을 올리면 특정 물품이나 재산상 이익을 제공하겠다는 투표독려운동은 현행법상 허용되지 않는다.

다. 벌 칙

선거법에 규정되지 아니한 방법으로 제58조의2 단서를 위반하여 투표참여를 권유하는 행위를 한 자는 2년 이하의 징역 또는 400만 원 이하의 벌금에 처한다(법§256③3호).

Ⅲ. 선거운동, 선거에 영향을 미치는 행위, 선거에 관한 행위의 관계

1. 개 념

가. 선거에 영향을 미치는 행위

선거에 영향을 미치는 행위는 선거의 공정성을 해쳐 선거 결과에 영향을 끼치는 일체의 행위를 말한다. 이는 선거운동보다 넓은 개념으로, 후보자의 특정을 요구하는 선거운동과는 달리 후보자의 특정을 요하지 않는다. 다만,

28 중앙선관위, 『현안자료』, 2011, 97면.

선거 결과에 영향을 끼칠 것이 요구되므로 선거는 특정되어야 한다. 선거에 영향을 미치는 행위는 '선거운동에 해당하는 선거에 영향을 미치는 행위'와 '선거운동에 해당하지 않는 선거에 영향을 미치는 행위'로 구분할 수 있다. 전자는 선거운동에 해당하므로 선거운동에 관한 조항을 적용할 수 있다.

이러한 선거에 영향을 미치는 행위와 관련하여 판례는 "선거에 영향을 미치는 행위'는 선거운동보다 넓은 개념으로 선거운동에까지 이르지 아니하였다고 하더라도 선거에 간접적으로 영향을 미쳐 선거의 공정을 해함으로써 선거에 영향을 미칠 우려가 있는 행위도 포함되는 것이다"고 하면서, "따라서 비록 표면적으로는 선거와 무관한 것처럼 보이는 행위라 할지라도 그 행위가 이루어진 시기, 동기, 방법 등 제반 사정을 종합하여 선거에 영향을 미칠 우려가 있는 행위로 평가된다면 위 조항에서 정한 선거에 영향을 미치는 행위로 보아야 하는 것이다"고 판단한 바 있다(대법원 2006. 6. 27. 선고 2005도303 판결).

선거에 영향을 미치는 행위가 규정된 조항으로는 선거법 제85조(공무원 등의 선거관여 등 금지) 제1항, 제86조(공무원 등의 선거에 영향을 미치는 행위금지), 제89조(유사기관의 설치금지) 제2항, 제90조(시설물설치 등의 금지), 제93조(탈법방법에 의한 문서·도화의 배부·게시 등 금지), 제101조(타연설회 등의 금지), 제103조(각종집회 등의 제한)가 있다.

나. 선거에 관한 행위

광의의 선거에 관한 행위란, 선거와 어떤 연관성이 있는 선거와 관련된 일체의 행위를 말한다. 협의의 선거에 관한 행위란, 선거와 어떤 연관성이 있는 행위 중 선거의 자유나 공정을 해칠 우려가 있는 일체의 행위를 말하며, 이는 선거운동이나 선거에 영향을 미치는 행위로 볼 수 있어 선거법상 규제의 대상이 되는 행위이다. 이와 관련하여 헌법재판소는, "'선거운동과 관련하여'란 의미는 '선거운동에 즈음하여, 선거운동에 관한 사항을 동기로 하여'라는 의미이다. '선거운동과 관련하여'는 '선거운동을 위하여'보다 광범위하며, 선거운동의 목적이나 선거에 영향을 미치게 할 목적이 없었다 하더라도 그 행위 자체가 선거의 자유·공정을 침해할 우려가 높은 행위를 규제할 필요성에서 설정한 것이다"고 설시한 바 있다(헌재 2002. 4. 25. 2001헌바26). 또한 판례는 "선거법 제237조 제1항 소정의 '선거에 관하여'라 함은 '특정한 선거에 있어서 투표 또는 선거운동, 당선 등 선거에 관한 사항을 동기로 하여'라는 의미"라고 판시한 바 있다(대법원 2006. 11. 23. 선고 2006도5019 판결).

이러한 선거에 관한 행위에는 선거운동이나 선거에 영향을 미치는 행위이어서 선거법상 규제의 대상이 되는 행위와 선거운동이나 선거에 영향을 미치는 행위가 아니어서 선거법상 규제의 대상이 되지 않는 행위로 구분할 수 있다. 따라서 이는 선거운동이나 선거에 영향을 미치는 행위보다 그 범주가 넓은 개념이 된다. 선거법은 선거에 관한 행위나 선거에 관련된 행위 자체를 규정하고 있지는 않으나, '선거에 관하여'라는 문언을 사용하여 특정 행위와 선거와의 관련성을 언급하고 있다. 이에 관한 대표적인 규정이 선거법 제96조(허위논평·보도 등 금지) 제1항 제1호, 제108조(여론조사의 결과공표금지 등) 제1항, 제3항, 제114조(정당 및 후보자의 가족 등의 기부행위 제한) 제1항, 제115조(제3자의 기부행위 제한), 제116조(기부의 권유·요구 등의 금지) 등이다.

2. 선거운동, 선거에 영향을 미치는 행위, 선거에 관한 행위의 관계

선거운동,[29] 선거에 영향을 미치는 행위, 선거에 관한 행위의 관계를 살펴보면, '선거운동'이 가장 좁은 개념이고, '선거에 영향을 미치는 행위'는 '선거운동'을 포괄하여 그보다 더 넓은 개념이며, '선거관련행위'(선거에 관한 행위)는 '선거에 영향을 미치는 행위'와 선거 또는 정당의 후보자추천에 관한 단순한 의견개진·의사표시 등 '선거운동이 아닌 행위' 및 '투표참여 권유활동'을 포괄하는 개념이다.

이들의 관계를 그림으로 표시하면 [그림 1-1]과 같다.

29 '선거운동을 위한 행위'를 상정할 수 있는데, 이는 '선거운동의 목적을 지닌 행위'라고 할 수 있고, 이는 결국 특정 후보자의 '당선 또는 낙선을 도모하는 목적의지를 수반하는 행위'라는 선거운동과 동일한 의미가 된다. 따라서 '선거운동을 위하여'는 '선거운동의 목적으로'라 동일한 의미라고 볼 수 있다.

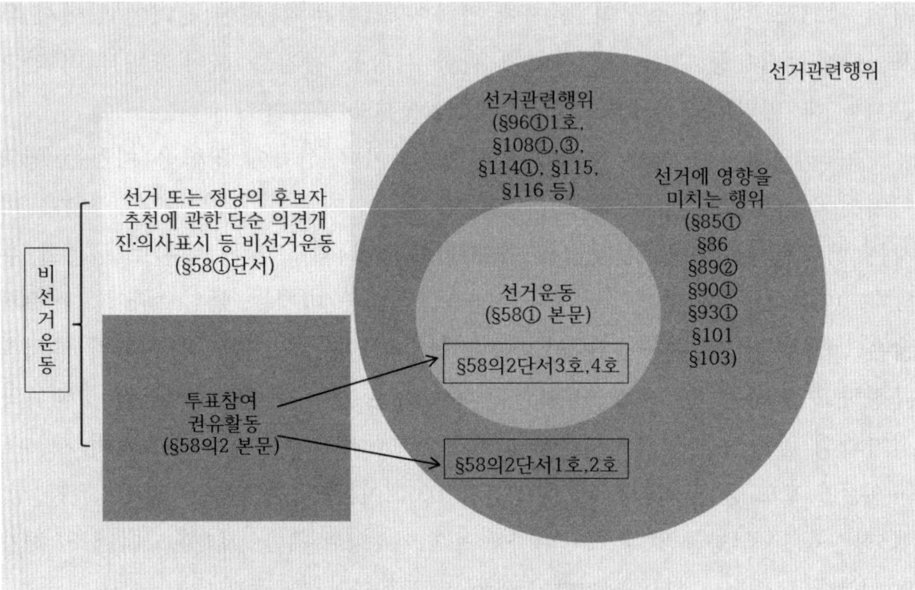

[그림 1-1] 선거운동과 그 유사개념의 관계도

제 2 장 선거법상 선거운동과 이에 대한 제한

The Public Official Election Act

Ⅰ. 선거운동 제한에 대한 개관

선거법은 선거의 공정성 확보라는 이념적 토대 위에서 선거 시기에 관한 제한, 선거 주체에 관한 제한, 선거운동 방법에 관한 제한 등 광범위한 제한을 가하고 있다. 이러한 포괄적이고도 광범위한 제한으로 인해 국민이나 유권자의 선거운동의 자유가 제한되는 측면이 매우 크다. 그럼에도 아직까지는 우리 사회가 선거에 관한 규제를 대폭적으로 풀 정도로 성숙하였다고 보기 어려워 아직까지 광범위하고도 포괄적인 선거운동의 자유에 대한 제한을 유지하고 있다. 다만, 멀지 않는 장래에 선거에 관한 국민 의식이 대폭적으로 성숙된다면, 금품 등 기부행위에 관한 제한, 공무원이나 공직유관기관종사자의 선거개입에 관한 제한, 특정한 지위 관련 또는 직무이용 선거운동에 관한 제한 등을 제외하고는 그 규제를 혁명적으로 풀어 선거운동의 자유를 크게 신장시킬 필요가 있다고 본다.

선거운동에 관한 자유를 전체적으로 개관하면 [그림 2-1]과 같다.

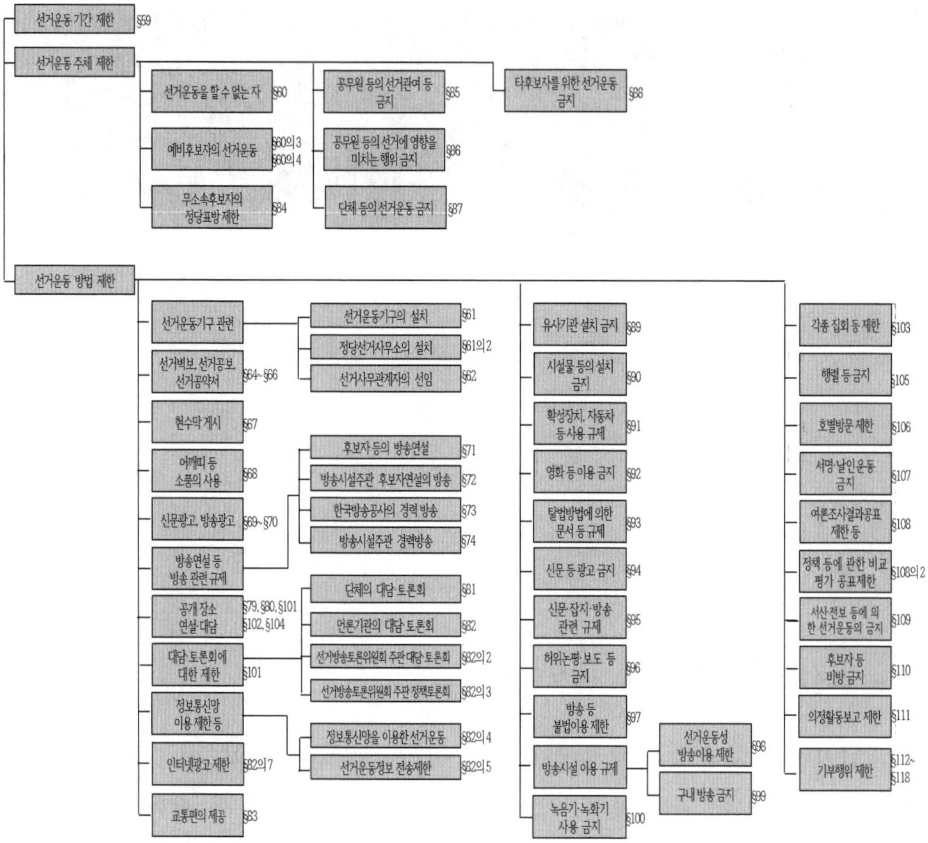

[그림 2-1] 선거운동 규제의 체계

Ⅱ. 선거운동 시기 관련 제한

1. 의 의

우리 선거법은 앞서 본 바와 같이, 선거운동을 할 수 있는 시기를 선거운동기간으로 정하고 있고,[1] 예외적으로 그 시기 이외에도 할 수 있는 선거운동 방법을 정하고 있다(법§59).

1 114면 참조.

이와 관련하여, 헌법재판소는 "기간의 제한없이 선거운동을 무한정 허용할 경우에는 후보자간의 지나친 경쟁이 선거관리의 곤란으로 이어져 부정행위의 발생을 막기 어렵게 된다. 또한 후보자간의 무리한 경쟁의 장기화는 경비와 노력이 지나치게 들어 사회경제적으로 많은 손실을 가져올 뿐만 아니라 후보자간의 경제력 차이에 따른 불공평이 생기게 되고 아울러 막대한 선거비용을 마련할 수 없는 젊고 유능한 신참 후보자의 입후보의 기회를 빼앗는 결과를 가져올 수 있다"고 판단한 바 있다(헌재 2005. 9. 29. 2004헌바52).

2. 내 용

가. 개 관

선거운동은 선거기간개시일부터 선거일 전일(이를 선거운동기간이라 함)까지에 한하여 할 수 있다. 다만, 다음 각호의 어느 하나에 해당하는 경우에는 그 예외이다.

선거운동기간 이외에도 할 수 있는 선거운동방법(법§59단서)

1. 제60조의3(예비후보자 등의 선거운동) 제1항 및 제2항의 규정에 따라 예비후보자 등이 선거운동을 하는 경우
2. 선거일이 아닌 때에 문자(문자 외의 음성·화상·동영상 등은 제외)메시지를 전송하는 방법으로 선거운동을 하는 경우. 이 경우 컴퓨터 및 컴퓨터 이용기술을 활용한 자동 동보통신의 방법으로 전송할 수 있는 자는 후보자와 예비후보자에 한하되, 그 횟수는 5회(후보자의 경우 예비후보자로서 전송한 횟수를 포함)를 넘을 수 없으며, 매회 전송하는 때마다 선거규칙에 따라 신고한 1개의 전화번호만을 사용해야 한다.
3. 선거일이 아닌 때에 인터넷홈페이지 또는 그 게시판·대화방 등에 글이나 동영상 등을 게시하거나 전자우편(컴퓨터 이용자끼리 네트워크를 통하여 문자·음성·화상 또는 동영상 등의 정보를 주고받는 통신시스템을 말함. 이하 같음)을 전송하는 방법으로 선거운동을 하는 경우. 이 경우 전자우편 전송대행업체에 위탁하여 전자우편을 전송할 수 있는 사람은 후보자와 예비후보자에 한한다.

나. 구체적 내용

(1) 선거사무소의 간판 등의 게시와 명함에 의한 지지호소

선거법 제60조의3 제1항 및 제2항의 규정에 따라 예비후보자 등은 선거운동 중 선거사무소를 설치하고 이에 간판·현판·현수막을 게시 등을 할 수 있고, 일정한 양식의 명함을 직접 주거나 지지를 호소하는 행위가 가능하다. 이에 대하여는 후술한다.[2]

(2) 문자 이용한 선거운동

선거일을 제외하고 또 문자 음성·화상·동영상 등은 제외한 문자메시지를 전송하는 방법으로 선거운동을 하는 경우에는 선거운동기간의 제한이 없다. 이와 관련하여 중앙선관위는 인터넷 문자메시지 **유료전송서비스**를 이용하여 동시에 같은 내용의 문자메시지를 전송하는 것은 20건 이하라도 전송횟수가 제한되는 자동 동보통신 방법에 해당할 것이나, 마일리지를 사용하는 등 **무료전송서비스**를 이용하여 **20인 이하**에게 전송하는 것은 자동 동보통신에 해당하지 않는다고 하였다(2010. 2. 26. 중앙선관위 질의회답). 따라서 유료전송서비스를 이용하거나 무료이라도 20인 이상에게 보내는 것(규칙§25의4①2호 반대해석)은 자동 동보통신에 해당하므로, 후보자 또는 예비후보자만이 관할 선거구선관위에 신고한 후 할 수 있다. 또, 음성, 화상 등 사진, 동영상 또는 음성파일을 보내는 것은 선거운동기간 제한을 받는다. 다만, 특정 URL(universal resource locator; 인터넷상의 파일 주소) 주소를 문자로 보내는 것은 그 URL에 의해 화상 등으로 연결된다고 하더라도 단순히 문자를 보내는 것에 해당한다(대법원 2015. 8. 19. 선고 2015도5789 판결).

요컨대, '후보자가 되고자 하는 자' 또는 '예비후보자'가 '예비후보자등록기간 이전'에 '자동동보 통신 이외의 방법'에 의하여 '20인 이하의 수신인'(수신인은 당원, 비당원 등을 포함한 일반 선거인임) 등에게 화상이나 동영상 등을 제외한 문자로, 다가오는 총선이나 기타 선거의 '본선거 또는 경선'에 입후보 사실, 자신의 경력·이력, 선거구호나 선거캐치프레이즈, 공약의 핵심 내용, 기타 지지호소성 글을 보내는 것이 가능하다. 이처럼 **선거법 제59조 제2호를 준수하**

---

2 250면 이하 참조.

여 문자를 보내는 행위는 그 시기가 '**선거일 전 180일부터 선거일**'까지 사이의 기간이더라도 공직선거법 제93조 제1항에 따른 '**이와 유사한 것**'의 '배부나 살포'에 해당하지 않는다고 본다. 이러한 점에 대해 선관위도 마찬가지로 본다.

컴퓨터나 인터넷 등을 이용하여 자동으로 다량으로 보내는 문자전송방법을 자동 동보통신이라고 하는데, '후보자와 예비후보자'에 한하여 '총 5회' 이내에서 매회 전송하는 때마다 전송일 전일까지 별지 제15호의2서식의(라)(자동 동보통신을 이용한 문자메시지 전송용 전화번호 신고서)에 따라 관할 선거구선관위에 신고사전 1개의 전화번호만을 사용해야 한다(규칙§25의4②).

(3) 인터넷 등 이용한 선거운동

(가) 헌법재판소의 한정위헌 결정에 따른 선거법 개정

헌법재판소는 2011. 12. 29. 선거법 제93조 제1항 등의 '기타 이와 유사한 것' 부분에 '정보통신망을 이용하여 인터넷홈페이지 또는 그 게시판·대화방 등에 글이나 동영상 등 정보를 게시하거나 전자우편을 전송하는 방법'이 포함된다고 해석한다면, 선거운동의 자유를 침해한다고 하여 아래와 같이 한정위헌결정을 하였다.

인터넷 등 이용한 선거운동 한정위헌 선고 사건(헌재 2011. 12. 29. 2007헌마1001)

☐ 사건의 개요

- 청구인들은 2007. 12. 19. 실시된 대통령 선거와 관련하여 자신들이 지지하거나 반대하는 후보자 또는 정당에 대해 이른바 UCC(User-Created Contents; 이용자제작콘텐츠)에 지지·추천·반대 등의 내용을 담아 이를 각종 포털사이트 또는 미니 홈페이지, 블로그 등 인터넷상에 게시하고자 한 사람들로, 선거법 제93조 제1항 등이 명확성의 원칙에 위배되고 자신들의 정치적 의사 표현의 자유를 침해하는 것이라는 이유로, 그 위헌확인을 구하는 이 사건 헌법소원심판을 청구한 사안임

☐ 결론과 이유

- 선거법 제93조 제1항 및 제255조 제2항 제5호 중 제93조 제1항의 각 '기타 이와 유사한 것' 부분에 '정보통신망을 이용하여 인터넷홈페이지 또는 그 게시판·대화방 등에 글이나 동영상 등 정보를 게시하거나 전자우편을 전송하는

방법'(이하 '인터넷'이라 함)이 포함된다고 해석한다면, 과잉금지원칙에 위배하여 정치적 표현의 자유 내지 선거운동의 자유를 침해한다고 결정함
- 인터넷은 누구나 손쉽게 접근 가능한 매체이고, 이를 이용하는 비용이 거의 발생하지 아니하거나 또는 적어도 상대적으로 매우 저렴하여 선거운동비용을 획기적으로 낮출 수 있는 정치공간으로 평가받고 있고, 오히려 매체의 특성 자체가 '기회의 균형성·투명성·저비용성의 제고'라는 선거법의 목적에 부합하는 것이라고도 볼 수 있는 점, … 인터넷의 경우에는 정보를 접하는 수용자 또는 수신자가 그 의사에 반하여 이를 수용하게 되는 것이 아니고 자발적·적극적으로 이를 선택(클릭)한 경우에 정보를 수용하게 되며, 선거과정에서 발생하는 정치적 관심과 열정의 표출을 반드시 부정적으로 볼 것은 아니라는 점 등을 고려하면, 선거의 평온과 공정을 해하는 결과의 방지 등을 위한 입법목적 달성을 위하여 적합한 수단이라고 할 수 없음
- 정당의 정강·정책 등에 대한 지지, 반대 등 의사표현을 금지하는 것은 일반국민의 정당이나 정부의 정책에 대한 비판을 봉쇄하여 정당정치나 책임정치의 구현이라는 대의제도의 이념적 기반을 약화시킬 우려가 있다는 점 등을 감안하면, 최소침해성의 요건도 충족하지 못함

요컨대, 헌법재판소는 '인터넷은 오프라인의 현실세계와는 유리(遊離)된 가상의 사이버세계이므로, 이를 이용한 사이버세계에서의 선거운동을 대폭적으로 허용한다고 하더라도, 그 자체만으로는 현실세계의 선거운동이 과열되거나 혼탁해지지는 것은 아니다'는 점(인터넷을 이용한 선거운동이 과열되거나 혼탁해지는 것은 그것이 현실세계로 나올 때임)을 고려하여 위와 같이 한정위헌 결정을 선고한 것이다.

위와 같은 헌재결정 후 선거법이 개정되어 위와 같이 인터넷을 이용한 선거운동이 대폭 확대된 것이다.

(나) 구체적 내용

인터넷이나 전자우편을 이용한 선거운동으로 선거일을 제외한 날이다. '**카카오톡**'이나 '**네이버밴드**' 등은 인터넷을 이용한 서비스이므로 이에 포함된다고 본다. 이와 관련하여 중앙선관위도 '카카오톡과 같은 모바일 메신저'는 선거법 제59조 제3호상의 '컴퓨터이용자끼리 네트워크 통하여 문자·음성·화상 또는 동영상을 등의 정보를 주고받는 통신시스템'에 해당한다고 보았다

(2012. 1. 19. 중앙선관위 질의회답). 다만, 모바일어플리케이션을 이용하여 후보자 및 그의 선거공약에 지지도를 조사하고 결과를 발표하거나, 선거운동을 위하여 인터넷홈페이지에 광고를 하는 행위는 허용되지 않는다.[3] 이는 각각 선거법 제108조와 제82의7에 저촉되기 때문이다.

이와 관련하여 중앙선관위는 선거운동을 할 수 있는 자가 예비후보자홍보물, 선거운동용 명함, 선거공보를 스캔하여 인터넷홈페이지의 게시판에 게시하거나 전자우편(SNS, 모바일메신저 포함)을 이용하여 전송하거나 전달(리트윗)하는 것은 무방하다고 하였으며(2012. 3. 5. 중앙선관위 질의회답), 대통령선거 후보에 대한 직·간접적 홍보가 가능한, 특정 후보의 긍정적인 부분만 활용하고 상대후보의 비방이나 네거티브 정보는 활용하지 않는 스마트폰용 게임 어플리케이션을 만들어 대통령선거 후보에게 통상적인 거래가격으로 판매하는 것도 허용된다고 보았다(2012. 10. 4. 중앙선관위 질의회답).

다. 선거운동정보의 명시

예비후보자 또는 후보자가 제59조 제2호·제3호에 따라 선거운동 목적의 정보(이하 '선거운동정보'라 함)를 자동 동보통신의 방법으로 문자메시지로 전송하거나 전송대행업체에 위탁하여 전자우편으로 전송하는 때에는 다음 각호의 사항을 선거운동정보에 명시해야 한다(법§82의5②).

1. 선거운동정보에 해당하는 사실
2. 문자메시지를 전송하는 경우 그의 전화번호
4. 수신거부의 의사표시를 쉽게 할 수 있는 조치 및 방법에 관한 사항

3. 벌 칙

위와 같은 내용에 반하여, 선거일에 투표마감시각전까지 선거운동을 한 자는 3년 이하의 징역 또는 600만 원 이하의 벌금에 처해지고(법§254①), 선거운동기간 전에 선거법에 규정된 방법을 제외하고 선전시설물·용구 또는 각종 인쇄물, 방송·신문·뉴스통신·잡지, 그 밖의 간행물, 정견발표회·좌담회·토

---

3 중앙선관위, 『정치관계법 사례예시집』, 2014, 20면.

론회·향우회·동창회·반상회, 그 밖의 집회, 정보통신, 선거운동기구나 사조직의 설치, 호별방문, 그 밖의 방법으로 선거운동을 한 자는 2년 이하의 징역 또는 400만 원 이하의 벌금에 처한다(법§254②).

그리고 선거법 제59조 제2호 단서를 위반하여 후보자 또는 예비후보자가 아닌 자로서 자동 동보통신의 방법으로 문자메시지를 전송한 자, 같은 조 같은 호 단서를 위반하여 5회를 초과하여 자동 동보통신의 방법으로 문자메시지를 전송한 자, 같은 조 제3호 단서를 위반하여 후보자 또는 예비후보자가 아닌 자로서 전송대행업체에 위탁하여 전자우편을 전송한 자는 2년 이하의 징역 또는 400만 원 이하의 벌금에 처한다(법§256③1호나목). 또한, 제82조의5(선거운동정보의 전송제한) 제2항의 규정을 위반하여 선거운동정보에 해당하는 사실 등을 선거운동정보에 명시하지 아니하거나 허위로 명시한 자는 1년 이하의 징역 또는 100만 원 이하의 벌금에 처한다(법§255④).

실전팁(문자, 인터넷, 이메일을 이용한 선거운동)

□ 문자의 경우
- 선거일에는 후보자 지지·추천 또는 반대 없이 투표참여 권유하는 문자만을 보냄
- 인터넷을 이용한 문자를 보내는 경우에는 유료인지 무료인지를 확인함
- 후보자, 예비후보자 이외의 선거사무원 등은 문자를 **20인 이하**로 **끊어서** 전송하고, **유료**인 **인터넷전송서비스 업체**를 이용하여 문자를 보내는 경우도 마찬가지임
- 문자로 화상이나 동영상 등을 보내지 말고 그와 연결된 **URL 주소**를 문자로 보냄
- 자동 동보통신의 경우 총 **5회** 이내에 그 문자를 전송하기 전에 관할 선거구선관위에 신고함
- 자동 동보통신의 경우에는 선거법에 따라 선거운동정보임을 명시하고 특히 수신거부 조치할 수 있고 그 방법을 명시해서 보냄
- 문자를 이용한 선거운동은 전화와는 달리 시간 제약이 없고, 전화의 경우 **23시**부터 다음날 **06시**까지 금지됨(법§109②)

□ 인터넷과 이메일을 이용한 경우
- 선거일에는 후보자 지지·추천 또는 반대 없이 투표참여 권유하는 문자만을 보냄
- 카카오톡이나 텔레그램, 네이버 밴드 등 인터넷망을 이용한 선거운동을 선거

일 이외에 적극적으로 하고, 텔레그램이나 바이버 등 **서버가 외국에 있어 보안이 좋은 수단**을 이용함
- 이메일 발송대행업체에 위탁하여 이메일을 발송하는 경우에는 선거법에 따라 선거운동정보임을 명시하고 특히 수신거부 조치할 수 있고 그 방법을 명시해서 보냄
- 이메일 발송대행업체에 위탁하여 이메일을 발송하는 경우에는 관한 선관위에 신고할 필요가 없음
- 인터넷이나 이메일을 이용한 선거운동은 전화와는 달리 시간 제약이 없고, 전화의 경우 23시부터 다음날 06시까지 금지됨(법§109②)

Ⅲ. 선거운동 주체 관련 제한

1. 선거운동을 할 수 없는 자

가. 의 의

우리나라의 경우 관권(官權)선거의 역사가 상대적으로 깊은 편이다. 관권선거의 경우 선거의 공정성이 침해될 우려가 대단히 크다고 할 수 있는데, 선거법은 이와 관련하여 공무원과 이와 유사한 지위에 있는 공직유관기관종사자의 선거운동을 금지하고 있다. 또 미성년자, 선거권이 없는 자 등의 선거운동을 금하고 있다.

나. 선거운동을 할 수 없는 자의 범위

(1) 개 관

다음 각호의 어느 하나에 해당하는 사람은 선거운동을 할 수 없다(법§60①본문). 다만, 제1호에 해당하는 사람이 예비후보자·후보자의 배우자인 경우와 제4호부터 제8호까지의 규정에 해당하는 사람이 예비후보자·후보자의 배우자이거나 후보자의 직계존비속인 경우에는 선거운동을 할 수 있다(법§60①단서). 판례는 지방의회의원이자 시새마을회 대표자의 지위를 겸하고 있는 경우에도 본조에 따라 선거운동을 할 수 없다고 하였다(대법원 2009. 5. 13. 선고 2009도327 판결).

선거운동을 할 수 없는 자(법§60①본문)

1. 대한민국 국민이 아닌 자. 다만, 제15조 제2항 제3호에 따른 외국인이 해당 선거에서 선거운동을 하는 경우에는 그 예외이다.
2. 미성년자(19세 미만의 자를 말함. 이하 같음)
3. 제18조(선거권이 없는 자) 제1항의 규정에 의하여 선거권이 없는 자
4. 「국가공무원법」 제2조(공무원의 구분)에 규정된 국가공무원과 「지방공무원법」 제2조(공무원의 구분)에 규정된 지방공무원. 다만, 「정당법」 제22조(발기인 및 당원의 자격) 제1항 제1호 단서의 규정에 의하여 정당의 당원이 될 수 있는 공무원(국회의원과 지방의회의원 외의 정무직공무원을 제외)은 그 예외이다.
5. 제53조(공무원 등의 입후보) 제1항 제2호 내지 제8호에 해당하는 자(제4호 내지 제6호의 경우에는 그 상근직원을 포함)
6. 향토예비군 중대장급 이상의 간부
7. 통·리·반의 장 및 읍·면·동주민자치센터(그 명칭에 관계없이 읍·면·동사무소 기능전환의 일환으로 조례에 의하여 설치된 각종 문화·복지·편익시설을 총칭. 이하 같음)에 설치된 주민자치위원회위원(주민자치센터의 운영을 위하여 조례에 의하여 읍·면·동사무소의 관할구역별로 두는 위원회를 말함. 이하 같음)
8. 특별법에 의하여 설립된 국민운동단체로서 국가 또는 지방자치단체의 출연 또는 보조를 받는 단체(바르게살기운동협의회·새마을운동협의회·한국자유총연맹을 말함)의 상근 임·직원 및 이들 단체 등(시·도조직 및 구·시·군조직을 포함)의 대표자
9. 선상투표신고를 한 선원이 승선하고 있는 선박의 선장

그러나, 중앙선관위는 선거운동을 할 수 없는 자라도 정당의 내부적인 선거사무에 자원봉사하는 행위(예컨대, 대외적 선거운동이 아닌 선거대책기구의 회의에 참석하거나 단순한 의견을 개진하는 행위) 또는 정당연설회에 내빈으로 초청되어 단순히 참관하거나 후보자 또는 연설원의 소개에 응하는 것은 허용된다고 하였다(2002. 11. 29. 중앙선관위 질의회답).

(2) 구체적 내용

(가) 대한민국 국민이 아닌 자

대한민국 국민인지 여부는 「국적법」에 따라 정해진다.[4] 우리나라의 경우

4 대한민국의 국적은 크게 '원시적 국적 취득'과 '국적 재취득'에 의해 부여되고, 전자는 '출생

부모의 혈통에 따라 국적이 부여되는 이른바 속인주의(屬人主義)를 원칙으로 하고 있다.[5]

(나) 미성년자

선거일 현재 19세 미만의 미성년자도 선거운동을 할 수 없다(법§17,§60①2호). 이와 관련하여, 중앙선관위는 미성년자가 직업적 또는 단순한 모델로서 출연하여 촬영된 사진이나, 예비후보자가 과거에 미성년자와 함께 찍은 활동사진을 게재하는 것은 허용된다고 보았다(2011. 12. 30. 중앙선관위 질의회답).

(다) 선거권이 없는 자

선거일 현재 선거권이 없는 자(법§18①)도 선거운동을 할 수 없다. 어떤 사람이 선거권이 없는 자에 해당하는지는 이미 살펴본 바와 같다.

(라) 공무원

「국가공무원법」 제2조상의 국가공무원과 「지방공무원법」 제2조에 규정된 지방공무원은 선거운동을 할 수 없고, 여기에는 '국회의원과 지방의회의원'을 제외한 정무직공무원도 포함된다. 다만, 「정당법」 제22조(발기인 및 당원의 자격) 제1항 제1호 단서의 규정에 의하여 정당의 당원이 될 수 있는 공무원은 선거운동을 할 수 있는데, 이에는 국회 부의장의 수석비서관·비서관·비서·행정보조요원, 국회 상임위원회·예산결산특별위원회·윤리특별위원회 위원장의 행정보조요원, 국회의원의 보좌관·비서관·비서, 국회 교섭단체대표의원의 행정비서관, 국회 교섭단체의 정책연구위원·행정보조요원과 「고등교육법」 제14조(교직원의 구분) 제1항·제2항에 따른 교원(총장, 학장, 교수·부교수·조교수 및 강사를 말함)이 포함된다.

이와 관련하여 헌법재판소는, "선거법이 공무원 또는 공무원에 준하는 사

에 의한 국적 취득', '인지에 의한 국적 취득'(「국적법」§3), '귀화에 의한 국적 취득'(「국적법」§4)로 구분되며, 후자는 '국적회복에 의한 국적 취득'(「국적법」§9)이 있다.

5 제2조(출생에 의한 국적 취득) ① 다음 각호의 어느 하나에 해당하는 자는 출생과 동시에 대한민국 국적(국적)을 취득한다.
1. 출생 당시에 부 또는 모가 대한민국의 국민인 자
2. 출생하기 전에 부가 사망한 경우에는 그 사망 당시에 부가 대한민국의 국민이었던 자
3. 부모가 모두 분명하지 아니한 경우나 국적이 없는 경우에는 대한민국에서 출생한 자
② 대한민국에서 발견된 기아는 대한민국에서 출생한 것으로 추정한다.

람들의 선거운동을 금지하고 있는 이유는, 그들이 그 직을 그대로 유지한 채 선거운동을 할 수 있는 경우 자신들의 지위와 권한을 특정 개인을 위한 선거운동에 남용할 소지가 많게 되고, 직무를 통하여 얻은 여러 가지 정보를 선거에 활용할 수 있을 뿐 아니라 자신의 부하직원을 선거운동에 동원할 염려도 있으며, 자신의 선거운동에 유리한 방향으로 편파적으로 직무를 집행하거나 관련 법규를 적용할 가능성도 있는 등 그로 인한 부작용과 폐해가 선거결과에 지대한 영향을 미치게 될 것이기 때문으로서, 선거의 형평성과 공정성을 보장하기 위하여 공무원이나 이에 준하는 공공단체의 구성원들로 하여금 선거운동에 관여하지 못하도록 하는 것은 입법자의 불가피한 조치라고 할 것이다"라고 판시하였다(헌재 2008. 4. 24. 2004헌바47).

(마) 공직유관기관종사자 등

제53조(공무원 등의 입후보) 제1항 제2호 내지 제8호에 해당하는 자(제4호 내지 제6호의 경우에는 그 상근직원을 포함)도 역시 선거운동을 할 수 없다. 이에 대하여는 해당 부분에서 이미 전술한 바와 같다.

(바) 향토예비군 중대장급 이상의 간부

「향토예비군설치법」에 따른 지역예비군과 직장예비군이 설치되는데(동법 §3의2), 전자는 연대·대대·중대·소대 또는 분대로 편성되고(동법 시행령§5②), 후자는 여단·연대·대대·중대·소대 또는 분대로 편성된다(동법 시행령§5⑤). 이들 부대의 여단·연대·대대·중대의 장은 선거운동을 할 수 없다.

(사) 통·리·반의 장과 주민자치위원회위원

통장·이장·반장과 주민자치위원회위원은 선거운동을 할 수 없다. 특히 주민자치위원회위원은 읍·면·동주민자치센터(그 명칭에 관계없이 읍·면·동사무소 기능전환의 일환으로 조례에 의하여 설치된 각종 문화·복지·편익시설을 총칭함)에 설치된, 그 주민자치센터의 운영을 위하여 조례에 의하여 읍·면·동사무소의 관할구역별로 두는 위원회인 주민자치위원회의 위원을 말한다. 이에 해당하는지가 모호한 경우가 있는데, 그러한 경우에는 관할 선거구선관위에 적극적으로 문의해야 할 것이다.

(아) 바르게살기운동협의회 · 새마을운동협의회 · 한국자유총연맹 상근 임·직원 및 대표자

바르게살기운동협의회·새마을운동협의회·한국자유총연맹의 상근 임·직원 및 대표자(시·도조직 및 구·시·군조직을 포함)는 선거운동이 금지된다. 그 단체에 대한 설명은 이미 기술한 바와 같다.

(자) 선 장

선거법 제38조에 따라 선상투표신고를 한 선원이 승선한 선박의 선장 역시 선거운동이 금지된다.

다. 주민자치위원회위원 등의 활동보조인 등 업무 수행시 사직

각급 선관위위원·향토예비군 중대장급 이상의 간부·주민자치위원회위원 또는 통·리·반의 장이 선거사무장, 선거연락소장, 선거사무원, 제62조 제4항에 따른 활동보조인, 회계책임자, 연설원, 대담·토론자 또는 투표참관인이나 사전투표참관인이 되고자 하는 때에는 선거일 전 **90일**(선거일 전 90일 후에 실시사유가 확정된 보궐선거 등에서는 그 선거의 실시사유가 확정된 때부터 5일 이내)까지 그 직을 그만두어야 하며, 선거일 후 6월 이내(주민자치위원회위원은 선거일까지)에는 종전의 직에 복직될 수 없다(법§60②1문). 그 사직시기는 그 소속기관의 장 또는 소속위원회에 사직원이 접수된 때에 그 직을 그만둔 것으로 본다(법§60②2문,§53④).

라. 벌 칙

선거법 제60조(선거운동을 할 수 없는 자) 제1항의 규정에 위반하여 선거운동을 하거나 하게 한 자 또는 같은 조 제2항에 위반하여 선거사무장 등으로 되거나 되게 한 자는 3년 이하의 징역 또는 600만 원 이하의 벌금에 처한다(법§255①2호).

2. 예비후보자의 선거운동

가. 개 관

예비후보자는 다음 각호의 어느 하나에 해당하는 방법으로 선거운동을 할 수 있다(법§60의3).

예비후보자가 할 수 있는 선거운동(법§60의3)

1. 제61조(선거운동기구의 설치) 제1항 및 제6항 단서의 규정에 의하여 선거사무소를 설치하거나 그 선거사무소에 간판·현판 또는 현수막을 설치·게시하는 행위
2. 자신의 성명·사진·전화번호·학력(정규학력과 이에 준하는 외국의 교육과정을 이수한 학력을 말함. 이하 제4호에서 같음)·경력, 그 밖에 홍보에 필요한 사항을 게재한 길이 9센티미터 너비 5센티미터 이내의 명함을 직접 주거나 지지를 호소하는 행위. 다만, 지하철역구내 그 밖에 선거규칙으로 정하는 다수인이 왕래하거나 집합하는 공개된 장소에서 주거나 지지를 호소하는 행위는 그 예외이다.
4. 선거구 안에 있는 세대수의 100분의 10에 해당하는 수 이내에서 자신의 사진·성명·전화번호·학력·경력, 그 밖에 홍보에 필요한 사항을 게재한 인쇄물(이하 '예비후보자홍보물'이라 함)을 작성하여 관할 선거구선관위로부터 발송대상·매수 등을 확인받은 후 선거기간개시일 전 3일까지 선거규칙이 정하는 바에 따라 우편발송하는 행위. 이 경우 대통령선거 및 지방자치단체장선거의 예비후보자는 표지를 포함한 전체면수의 100분의 50 이상의 면수에 선거공약 및 이에 대한 추진계획으로 각 사업의 목표·우선순위·이행절차·이행기한·재원조달방안을 게재해야 하며, 이를 게재한 면에는 다른 정당이나 후보자가 되려는 자에 관한 사항을 게재할 수 없다.
5. 선거운동을 위하여 어깨띠 또는 예비후보자임을 나타내는 표지물을 착용하는 행위
6. 전화를 이용하여 송·수화자 간 직접 통화하는 방식으로 지지를 호소하는 행위

나. 선거운동의 주체

선거법 제60조의2에 의하여 적법하게 예비후보자등록 신청이 마쳐진 자이다. 다만, 비례대표의원선거에서는 예비후보자등록을 할 수 없으므로 예비후보자로 선거운동을 할 수 없다(법§60의2①).

예비후보자의 '명함을 직접 주거나' '예비후보자에 대한 지지'를 호소할 수 있는 사람은 예비후보자 이외에도 '예비후보자의 배우자와 직계존비속', '예비후보자와 **함께 다니는** 선거사무장·선거사무원 및 제62조 제4항에 따른 활동보조인', '예비후보자 또는 그의 배우자가 그와 **함께 다니는** 사람 중에서 지정한 각 1명'이다(법§60의3②).

이와 관련하여, 헌법재판소는 '예비후보자의 배우자가 그와 함께 다니는 사람 중에서 지정한 1명' 부분 위헌 여부와 관련하여, "명함 고유의 특성이나 가족관계의 특수성을 반영하여 단독으로 명함교부 및 지지호소를 할 수 있는 주체를 예비후보자의 배우자나 직계존·비속 본인에게 한정하고 있는 이 사건 1호 법률조항에 더하여, 배우자가 그와 함께 다니는 사람 중에서 지정한 1명까지 보태어 명함교부 및 지지호소를 할 수 있도록 하여 배우자 유무에 따른 차별효과를 크게 한다. 더욱이 배우자가 그와 함께 다니는 1명을 지정함에 있어 아무런 범위의 제한을 두지 아니하여, 배우자가 있는 예비후보자는 독자적으로 선거운동을 할 수 있는 선거운동원 1명을 추가로 지정하는 효과를 누릴 수 있게 된다. 이것은 명함 본래의 기능에 부합하지 아니할 뿐만 아니라, 선거운동 기회균등의 원칙에 반하고, 예비후보자의 선거운동의 강화에만 치우친 나머지, 배우자의 유무라는 우연적인 사정에 근거하여 합리적 이유 없이 배우자 없는 예비후보자를 차별 취급하는 것"이라고 하여 위헌결정하였다(헌재 2013. 11. 28. 2011헌마267).

다. 선거운동의 방법

(1) 현수막 등의 게시

예비후보자의 선거사무소에 간판·현판·현수막을 설치·게시할 수 있다. '간판'(看板)은 회사나 가게 따위에서, 사람들의 눈에 잘 뜨이게 상호·상표명·영업 종목 등을 써서 내건 표지(標識)를 말하고, '현판'(懸板)은 이러한 간판과 유사한 것으로서 주로 높은 곳에 내건 형태를 말한다. 특히 현수막의 설치나 게시에 대해서는 후보자의 현수막 게시의 방법이 그대로 적용된다(법§61⑥). 이에 대하여는 후술한다.[6] 이와 관련하여 중앙선관위는 합성사진을 현수막 등

6 330면 이하 참조.

에 게시하는 것은 허위사실의 공표에 해당하여 허용되지 않는다고 하였다(2008. 1. 30. 중앙선관의 질의회답).

(2) 명함의 직접 교부 등

명함을 **직접 주거나 지지를 호소**하는 행위가 가능하다(법§60의3①2호). 따라서 명함을 우편으로 발송하는 등 '간접적'으로 주는 방법은 허용되지 않는다. 또 명함을 주지 않으면서 지지호소만 하는 것도 가능하다. 다만, 지하철역 구내 등 '다수인이 왕래하거나 집합하는 공개된 장소'에는 이러한 행위가 허용되지 않고, 이러한 장소는 '선박·정기여객자동차·열차·전동차·항공기의 안과 그 터미널구내', '병원·종교시설·극장의 안'이다(규칙§26의2①). 이러한 명함에 타인과 함께 찍은 사진을 게재하는 것이 가능하고 또 선거사무소 현수막·간판·현판에 대통령 당선인과 함께 찍은 사진의 게시가 가능하다는 것이 중앙선관의의 입장이므로(2008. 1. 7. 중앙선관위 질의회답, 2008. 1. 15. 중앙선관위 질의회답), '영향력이 큰 인물(대통령, 시도지사 등)'과 같이 찍은 사진을 담은 명함의 직접 교부도 가능하다고 본다. 자신의 정치적 입장을 같이하는 시도지사나 대통령의 이름과 그 관계를 사실 범위 내에서 적시하는 것도 가능하다(2011. 12. 21. 중앙선관위 질의회답). 그러나, 예비후보자 명함을 **3가지 종류로 제작**하여 예비후보자가 거리에서 그 3가지 종류의 명함을 동시에 1명의 선거구민에게 **배부**하는 행위는 허용되지 않는다고 하였다(2008. 2. 19. 중앙선관위 질의회답).

예비후보자는 선거법 제60조의3 제2항에 따라 그의 명함을 줄 수 있는 그의 배우자와 직계존비속('예비후보자의 배우자 등'이라 함)을 별지 제16호서식의 (나)에 의하여 관할 선거구선관위에 신고해야 하며, 그 신고를 받은 관할 선거구선관위는 지체 없이 표지[별지 제16호서식의(다)]를 교부해야 한다(규칙§26의2⑪). 예비후보자의 배우자 등은 제11항에 따라 교부된 그 표지를 늘 잘 보이도록 달고 선거운동을 해야 한다(규칙§26의2⑫).

(3) 예비후보자홍보물

(가) 수량, 규격과 게재 내용

선거구안에 있는 **세대수의 100분의 10**에 해당하는 수 이내에서 가능하다. 예비후보자홍보물에는 자신의 사진·성명·전화번호·학력·경력, 그 밖에 홍보에 필요한 사항을 게재한다(법§60의3①4호). 이와 관련하여 “정당투표, 민주노동당에 투표해 주십시오! 4랑해요! 민주노동당”이라고 기재한 것은 ‘그 밖에 홍보에 필요한 사항’에 포함되지 않아 선거법 제93조 등에 위반된다는 것이 중앙선관위의 태도이다(2006. 5. 10. 중앙선관위 질의회답).

예비후보자홍보물은 1종으로 하되, 크기 길이 27센티미터 너비 19센티미터 이내로, 면수 대통령선거는 16면 이내, 지역구국회의원선거와 지역구지방의회의원선거 및 지방자치단체의장선거는 8면 이내로 해야 한다. 또한 앞면 명칭(‘예비후보자홍보물’이라 적음), 선거명, 선거구명, 예비후보자의 성명, 소속 정당명(정당의 당원이 아닌 사람은 ‘무소속’이라 적음)과, 맨 뒷면 작성근거(‘이 예비후보자홍보물은 선거법 제60조의3 제1항 제4호에 따라 제작한 것입니다.’라고 적음), 인쇄사의 명칭·주소·전화번호를 기재해야 한다(규칙§26의2②).

(나) 발송 방법

예비후보자홍보물을 관할 선거구선관위로부터 발송대상·매수 등을 확인받은 후 선거기간개시일 전 3일까지 우편발송(우체국전자우편제도를 이용한 발송도 가능함: 2007. 3. 12. 중앙선관위 질의회답)을 하되, 별지 제15호의3서식의(가)(예비후보자홍보물 발송용 봉투)에 의한 발송용 봉투를 사용해야 하며, 「우편법 시행령」 제25조(우편요금 등의 별납)의 규정에 따라 우편요금 등을 따로 납부하는 방법으로 해야 한다(규칙§26의2④). 또 예비후보자홍보물을 발송하려는 때에는 발송일 전 2일까지 예비후보자홍보물 2부 또는 그 전자적 파일을 붙여 발송수량·발송대상 등의 내용을 적은 별지 제15호의3서식의(나)(예비후보자 홍보물 발송신고서)에 따라 관할 선거구선관위에 신고해야 하고, 이 경우 수회에 걸쳐 예비후보자홍보물을 발송하려는 때에는 최초 신고시에 일괄신고할 수 있다(규칙§26의2⑤). 예비후보자는 세대주의 주소·성명의 오기 등 착오나 그 밖의 사유로 인하여 발송한 홍보물이 반송된 경우에는 이를 해당 세대주에게 다시 발송할 수 있다(규칙§26의2⑦).

발송대상은 선거구민이 일반적이나, 이에 한정되지 않고 시민사회단체의 대표자나 종사자도 가능하다(2008. 2. 13. 중앙선관위 질의회답).

(다) 대통령선거 및 지방자치단체장선거의 특칙

대통령선거 및 지방자치단체장선거의 예비후보자는 표지를 포함한 전체 면수의 100분의 50 이상의 면수에 **선거공약 및 이에 대한 추진계획**으로 각 사업의 목표·우선순위·이행절차·이행기한·재원조달방안을 게재해야 하며, 이를 게재한 면에는 **다른 정당**이나 **후보자가 되려는 자**에 관한 사항을 게재할 수 없다(법§60의3①4호2문). 이와 관련하여 중앙선관위는 지방자치단체장선거의 예비후보자가 제출하는 예비후보자홍보물의 선거공약 및 이에 대한 추진계획을 게재하는 면에 선거공약 및 그 추진계획과 관련이 있는 '예비후보자 본인'의 활동사진을 부수적으로 게재하는 것이라면 허용된다고 하였다(2010. 2. 23. 중앙선관위 질의회답). 다만, 예비후보자 본인의 활동사진이 아닌 일반인들이 공약을 지지하는 내용이 사진이거나 예비후보자 본인은 사진 속에 없고 다른 일반인들로만 된 사진을 게시하는 것은 허용되지 않는다는 것이 선관위의 실무의 태도이다. 따라서 예비후보자홍보물이 선거법에 맞게 제대로 제작되었는지는 시안을 가지고 선관위의 사전 검토를 받을 필요가 있다.

(라) 세대주명단 교부

예비후보자홍보물을 우편발송하고자 하는 예비후보자는 후보자등록기간 개시일 전 5일까지 서면으로 그 작성비용을 함께 납부하여, 그 발송통수 이내의 범위 안에서 선거권자인 세대주의 성명·주소(이하 '세대주명단'이라 함)의 교부를 구·시·군의 장에게 신청할 수 있으며, 신청을 받은 구·시·군의 장은 다른 법률의 규정에 불구하고 지체 없이 그 세대주명단을 작성·교부해야 한다(법§60의3③,④). 이와 같이 교부된 세대주명단의 사본 또는 전산자료복사본을 다른 사람에게 양도 또는 대여할 수 없으며 재산상의 이익 기타 영리를 목적으로 사용할 수 없다(법§60의3⑤,§46④).

선거법 제60조의3 제3항에 따라 예비후보자가 선거권자인 세대주의 성명·주소가 기재된 명단(이하 '세대주명단'이라 함)의 교부를 신청하는 때에는 그 대상을 지역별·연령별·성별 등으로 정해야 하고, 이 경우 교부신청은 별지 제15호의4서식의(가)(세대주명단 교부 신청서)에 의한다(규칙§26의2⑬). 구·시·군의 장은 예비후보자가 신청한 발송대상의 범위 안에서 행정구역순, 지번순으로 세대주를 선정하여 세대주명단을 작성·교부해야 하고, 이 경우 그 앞표지는 별지 제15호의4서식의(나)(세대주명단)에 의한다(규칙§26의2⑭).

(4) 어깨띠 등 착용

예비후보자가 선거운동에 이용할 수 있는 대표적인 것이 어깨띠와 그 밖의 표지물이다(법§60의3①5호). '어깨띠'는 길이 240센티미터 너비 20센티미터 이내로, '표지물'은 길이 100센티미터 너비 100센티미터 이내로 한다(규칙§26의2⑧). 그 밖의 표지물에는 '상의'나 '유니폼'이 대표적이다. 이와 관련하여 중앙선관위는 위 규격 범위 내에서 입고 다니는 상의(점퍼나 유니폼)에 표지물 대신 아예 글귀를 새겨서 입고 다니며 선거운동을 하는 것도 가능하다고 하였다(2010. 2. 5. 중앙선관위 질의회답).

(5) 전화 직접 통화

예비후보자 본인만이 전화를 이용하여 송수화자 간 **직접 통화**하는 방식에 의한 선거운동이 가능하다(법§60의3①6호). 판례도 "위 제6호에 따른 행위를 엄격하게 제한하지 않으면 타인을 채용하여 불특정 다수의 유권자를 상대로 전화하여 선거운동의 과열과 혼탁을 초래할 위험성이 높은 점에 비추어 볼 때, 위 제6호에 따른 선거운동은 예비후보자 본인이 직접 하는 경우에만 적용된다"고 판시하여 같은 입장이다(대법원 2013. 7. 25. 선고 2013도1793 판결). 따라서 그 배우자나 직계존비속 등 선거법 제60조의3의 제2항상의 사람들도 이를 할 수 없다. 또 이 선거운동은 23시부터 다음 날 06시까지는 할 수 없다(법§109조②).

(6) 예비후보자공약집

(가) 의 의

대통령선거 및 지방자치단체장선거의 예비후보자는 선거공약 및 이에 대한 추진계획으로 각 사업의 목표·우선순위·이행절차·이행기한·재원조달방안을 게재한, 도서의 형태로 발간된 공약집 1종을 발간·배부할 수 있는데(법§61의4①1문), 이를 '예비후보자공약집'이라 한다.

(나) 배부방법의 제한

예비후보자가 이를 배부하려는 때에는 통상적인 방법으로 판매해야 하고,

방문판매의 방법으로 판매할 수 없다(법§61의4①2문). 여기서 '통상적인 방법에 의한 판매'는 일반 서적처럼 합리적 가격을 정하고 그 가격에 따라 판매하는 것을 말한다. 중앙선관위는 선거일 전 90일부터 선거일까지 선거구민을 대상으로 이를 광고하는 것은 선거법 제93조에 위배되며, 선거사무소 앞 등 거리에 가판대를 두고 판매하거나 선거사무소를 방문하는 선거구민에게 판매하는 것은 통상적인 방법에 의한 판매가 아니고, 선거일 전 90일 전에 통상적인 방법으로 출판기념회를 여는 것은 가능하다고 하였다(2008. 5. 2. 중앙선관위 질의회답). 또 예비후보자가 우편으로 발송하여 이를 배포하거나 서적판매에 관한 사업자등록을 한 자 이외의 자가 그 공약집의 주문이 가능한 배너를 게시하는 방법에 의한 판매도 허용되지 않는다고 보았다(2009. 3. 20. 중앙선관위 질의회답). 다만, 예비후보자가 자신의 홈페이지에 그 공약집 내용을 그대로 PDF 파일로 게시하는 것은 허용된다고 하였다(2008. 7. 7. 중앙선관위 질의회답).

(다) 게재내용 제한

예비후보자가 선거공약 및 그 추진계획에 관한 사항 외에 자신의 사진·성명·학력(정규학력과 이에 준하는 외국의 교육과정을 이수한 학력을 말함)·경력, 그 밖에 홍보에 필요한 사항을 예비후보자공약집에 게재하는 경우 그 게재면수는 표지를 포함한 전체면수의 100분의 10을 넘을 수 없으며, **다른 정당**이나 **후보자가 되려는 자**에 관한 사항은 예비후보자공약집에 게재할 수 없다(법§61의4②). 이와 관련해서는 대통령선거와 지방자치단체장선거에서의 예비후보자 홍보물에서 본 바와 같다.

그리고 대통령선거 및 지방자치단체장선거의 예비후보자가 발간·배부하는 예비후보자공약집에는 다음 각호의 사항을 적어야 한다(규칙§26의3①).

1. 앞면 명칭('예비후보자공약집'이라 적음), 선거명, 예비후보자의 성명, 소속정당명(정당의 당원이 아닌 사람은 '무소속'이라 적음)
2. 맨 뒷면 작성근거('이 예비후보자공약집은 선거법 제60조의4 제1항에 따라 제작한 것입니다'라고 적음), 판매가격, 출판사(출판사를 이용하지 아니하고 발간한 경우에는 그 인쇄사를 말함)의 명칭·주소·전화번호

(라) 관할 선거구선관위에 대한 예비후보자공약집의 제출

예비후보자가 예비후보자공약집을 발간하여 판매하려는 때에는 발간 즉시 관할 선거구선관위에 2권을 제출해야 하고, 이는 별지 제15호의5서식에 따른다(법§61의4③, 규칙§26의3③).

라. 기호의 사용

선거법 제59조 제2호·제3호에 따라 문자메시지·전자우편으로 전송하는 선거운동정보와 법 제60조의3 제1항 제2호부터 제5호까지에 따른 명함, 예비후보자홍보물, 어깨띠·표지물과 예비후보자공약집에는 법 제150조에 따른 기호가 결정되기 전이라도 기호를 알 수 있는 때에는 그 기호를 게재할 수 있는데(규칙§26의2⑩,§26의3②), 이는 선거법 제150조 제3항, 제4항, 제5항에 따라 기호가 결정되기 때문이다. 정당후보자의 경우 국회에서의 '다수의석순'으로 결정되므로(법§150⑤1호), 그 기호 순위를 알 수 있는 것이다.

마. 벌 칙

선거법 제254조 제2항은 선거운동기간 전에 선거법에 규정된 방법을 제외하고 선전시설물·용구 또는 각종 인쇄물, 방송·신문·뉴스통신·잡지, 그 밖의 간행물, 정견발표회·좌담회·토론회·향우회·동창회·반상회, 그 밖의 집회, 정보통신, 선거운동기구나 사조직의 설치, 호별방문, 그 밖의 방법으로 선거운동을 한 자는 2년 이하의 징역 또는 400만 원 이하의 벌금에 처한다고 규정하고 있다. 동법 제60조의3 제1항상 **예비후보자**가 할 수 있는 선거운동에 위반하는 자는 이러한 **사전선거운동죄**로 처벌된다.

그리고, 제60조의3 제1항 제4호 후단을 위반하여 예비후보자홍보물을 작성한 자, 대통령선거 및 지방자치단체장선거의 예비후보자가 아닌 자로서 선거법 제60조의4 제1항의 예비후보자공약집을 발간·배부한 자, 같은 항을 위반하여 1종을 넘어 예비후보자공약집을 발간·배부한 자, 같은 항을 위반하여 예비후보자공약집을 통상적인 방법으로 판매하지 아니하거나 방문판매의 방법으로 판매한 자, 같은 조 제2항을 위반하여 예비후보자공약집을 발간·배부한 자는 2년 이하의 징역 또는 400만 원 이하의 벌금에 처한다(법§255②1호,1의2호).

한편, 제60조의4 제3항을 위반하여 예비후보자공약집을 제출하지 아니한 자에게는 100만 원 이하의 과태료를 부과받는다(법§261⑧2의2호가목).

3. 무소속후보자의 정당표방 제한

가. 의 의

정당의 후보자추천을 받은 후보자는 그 사실을 유권자들에게 알려 이들의 지지를 획득하는 데 유용한 수단으로 활용할 수 있다. 반면, 정당의 후보자추천을 받지 못한 무소속후보자가 특정 정당의 후보자추천 사실을 표방하는 것은 그 정당의 세력이나 영향력 등에 편승(便乘)하는 것이므로 이를 규제할 필요성이 있다(법§84).

이와 관련하여 헌법재판소도 "후보자가 소속 정당으로부터 지지·추천 받은 사실을 표방하는 것은 유권자들에게 자신의 자질과 능력이 소속 정당에 의해 검증되었고 자신의 정치적 신념, 지향하는 정책노선과 실천적 복안 등이 소속 정당이 내세운 정강·정책과 궤를 같이한다는 사실을 알리면서 동시에 자신을 지지해 달라는 의사를 표현하기 위한 것이다"고 판시하며, '기초의회의원선거 후보자'로 하여금 특정 정당으로부터의 지지 또는 추천 받음을 표방할 수 없도록 한 구 선거법 제84조 중 '자치구·시·군의회의원선거의 후보자' 부분이 정치적 표현의 자유를 침해한다고 하여 위헌결정을 하였다(헌재 2003. 1. 30. 2001헌가4).

나. 내 용

(1) 정당표방 제한의 원칙

무소속후보자는 특정 정당으로부터의 지지 또는 추천받음을 표방할 수 없다(법§84본문). 이와 관련하여 판례는 "구체적으로 어떠한 행위가 같은 조가 금지하는 정당표방행위에 해당하는지 여부를 결정함에 있어서는 그 표현행위가 행하여지는 시기적, 지리적 여건과 행위자의 의도 등을 종합적으로 고려하여 그 시기, 그 선거구의 일반적인 유권자들이 그 표현을 접할 때에 특정 정당이 당해 후보자를 지지하고 있거나, 혹은 특정 정당이 당해 후보자를 추천하였다는 뜻을 표시하고 있는 것으로 받아들일 것인지 여부에 따라야 할 것이다"고 판시하여 그 판단기준을 제시한 바 있다(대법원 1999. 10. 8. 선고 99도2314 판결).

(2) 정당표방 제한의 예외

정당의 당원경력을 표시하는 행위가 허용된다(법§84조1호). 당원경력 표시인지, 아니면 정당표방인지의 판단과 관련하여, 자유민주연합 정당의 상징마크를 새기고 그 상징마크 밑에 '자민련'이라고 기재한 현수막 2개를 게시하고, 피고인의 명함 후면에 자유민주연합 정당의 상징마크를 새기고 그 아래에 '자민련 시부위원장'이라고 게재한 사안에서, 판례는 "위 현수막과 명함의 외관, 거기에 표시된 내용과 표현방식 등 그 전반적인 형태를, 당시가 선거운동기간 중이고, 피고인이 출마한 선거구의 일반적인 유권자들이 자유민주연합 정당에 대하여 매우 높은 지지성향을 보이고 있었던 점 등 여러 사정에 비추어 종합적으로 고려해 볼 때"에 대하여 정당표방에 해당한다고 판단하였다(대법원 2000. 5. 30. 선고 2000도734 판결). 또 자치구의원선거에 입후보한 후보자가 선전벽보의 후보자 이름 바로 위에 **다른 경력의 기재**보다 **큰 글자**로 특정 정당의 지방자치위원장이라고 기재하고 그 둘레에 색을 넣어 박스처리한 경우(대법원 1999. 1. 15. 선고 98도3648 판결), 선거벽보와 선거공보, 명함의 각 경력란에 **다른 경력기재의 글씨**보다 **크게** '한나라당 중앙수산해양위원회 부위원장'이라고 기재한 경우(대법원 2003. 5. 16. 선고 2003도928 판결)도 모두 정당표방에 해당한다고 보았다.

그리고, 정당이 해당 선거구에 자당의 후보를 추천하지 않고 무소속후보자를 지지하는 경우 무소속후보자가 그 사실을 표방하는 행위는 허용된다(법§84조2호).

다. 벌 칙

선거법 제84조를 위반하여 특정 정당으로부터의 지지 또는 추천받음을 표방한 자는 2년 이하의 징역 또는 400만 원 이하의 벌금에 처한다(법§256③1호라목).

4. 공무원 등의 선거관여 등 금지

가. 의 의

공무원 등 일정한 지위에 있는 자가 그 지위를 이용하여 선거운동을 하거나 선거에 영향을 미치는 행위가 금지되는 것을 말한다(법§85①). 이는 공무원관계나 특수한 신분관계에 있는 사람이 그 지위를 이용하여 선거에 부당하게 영향을 끼치는 것을 금하는 것으로, 신설 2014. 2. 13.부터 시행된 규정이다. 본 조항은 선거법 제85조 제2항의 '공무원의 지위를 이용한 선거운동의 금지'와 제86조의 '공무원 등의 선거에 영향을 미치는 행위금지'를 포괄하는 일종의 총칙적 규정이다. 특히 제86조에 대한 포괄적·일반적 규정이므로, 제86조를 적용할 수 없는 공무원 등의 선거에 영향을 미치는 행위는 본 조항에 의하여 규제할 수 있게 되었다.

우리 사회는 4·19 혁명의 원인이 된 자유당 시절의 '3·15 부정선거'를 비롯하여 최근의 국가정보원의 18대 대선 개입에 이르기까지 '공무원들의 중립의무에 반하는 선거에 개입'이라는 뼈아픈 역사를 가지고 있다. 이러한 오욕의 역사를 다시는 되풀이하지 않기 위해 본 규정은 제86조와 더불어 중요한 조항이 아닐 수 없다.

나. 내 용

(1) 공무원 등의 선거에 영향을 미치는 행위의 금지

(가) 주 체

공무원 등 법령에 따라 정치적 중립을 지켜야 하는 자이다(법§85①). 여기서 공무원은 「국가공무원법」과 「지방공무원법」상의 모든 공무원을 말한다. "공무원이 아닌 위원회의 위원 또는 직원은 「형법」 그 밖의 법률에 의한 **벌칙의 적용**에 있어서는 **이를 공무원으로 본다**"고 규정한 「진실·화해를 위한 과거사정리 기본법」 제44조와 같이 공무원 신분을 취득하는 자(의제공무원)는 여기에 포함되는 공무원이다. 또한, '법령에 정치적 중립을 지켜야 하는 자'에는 대표적으로 「상공회의소법」에 따른 '상공회의소와 대한상공회의소'가 있다(「상공회의소법」§55의2①).

(나) 시 기

상시이다(법§85①).

(다) 금지되는 행위

직무와 관련하여 또는 지위를 이용하여 선거에 부당한 영향력을 행사하는 등 선거에 영향을 미치는 행위이다(법§85①). '직무(職務)와 관련한다는 것'은 공무원이 자신의 직무와 어떤 관련성을 가지고 행위를 하는 것, 즉 당해 행위가 직무를 행사하는 행위이거나 직무 행사의 일환인 행위 또는 직무를 이용하는 등의 행위인 경우를 말한다. '지위(地位)를 이용(利用)'한다는 것은 공무원 등이 순수한 사인(私人)으로서가 아니라 자신이 가지고 있는 직(職)을 기반으로 행위를 하는 것이다. 또 '선거에 부당한 영향력을 행사하는 등 선거에 영향을 미치는 행위'는 중립의무에 반하여 선거의 공정성을 해치거나 해칠 우려가 있는 일체의 행위를 말한다. 이는 선거법 제9조 제1항상의 '공무원의 중립의무'에서 본 바와 같고, 이에 대하여는 헌재 2004. 5. 14. 2004헌나1 결정이 자세하게 설시한 바 있다.

(라) 벌 칙

선거법 제85조 제1항을 위반한 자는 1년 이상 10년 이하의 징역 또는 1천만 원 이상 5천만 원 이하의 벌금에 처한다(법§255⑤).

(2) 공무원의 지위를 이용한 선거운동의 금지

(가) 주 체

공무원은 「국가공무원법」과 「지방공무원법」상의 '모든 공무원'을 말하고, 앞서 본 '의제공무원'도 포함된다. 정당법에 따라 '정당의 당원이 될 수 있는 공무원'도 비록 선거운동을 할 수는 있지만 선거의 공정성을 해칠 우려 있는 행위를 할 수 있는 권한을 부여받은 것은 아니므로, 여기서 말하는 공무원에 포함되고, 이는 선거법 제9조 제1항 및 제85조 제1항도상의 공무원도 마찬가지이다.

(나) 시 기

상시이다(법§85②).

(다) 금지되는 행위

그 지위를 이용한 선거운동이다(법§85②1문). '지위(地位)를 이용(利用)'한다는 것은 공무원이 순수한 사인(私人)으로서가 아니라 자신이 가지고 있는 직을 기반으로 행위를 하는 경우를 말한다. 공무원이 직함을 명시하여 행위를 하는 경우가 대표적이다. 이 경우 공무원이 그 소속직원이나 제53조 제1항 제4호부터 제6호까지에 규정된 기관 등의 임직원 또는 「공직자윤리법」 제17조에 따른 사기업체 등의 임·직원을 대상으로 한 선거운동은 그 지위를 이용하여 하는 선거운동으로 본다(법§85②2문).

이와 관련하여 판례는 공무원이 그 지위를 이용한다 함은 공무원이, 즉 직무를 집행함에 즈음하여 선거운동을 하는 경우는 물론, 외견상 그 직무에 관련한 행위에 편승하여 선거운동을 함으로써 공무원의 지위에 있음으로 말미암아 선거구민에게 영향력을 줄 수 있는 경우도 포함된다고 하였다(대법원 2006. 12. 21. 선고 2006도7814 판결).

국정원의 2012년 대선 개입

□ 사건의 개요

- 국정원 소속 심리전단(이하 '심리전단') 소속 사이버팀 수십 명의 직원은 국정원장인 원○○, 차장, 심리전단장으로 이어지는 지휘 체계에 따라 '주요 이슈와 대응 논지'를 하달받아, 2009. 2. 14.경부터 2012. 12. 13.경까지 사이에 2,125회에 걸쳐 다수 인터넷 사이트에서 특정 정당 또는 정치인들을 지지·찬양하거나 반대·비방하는 글을 작성하여 게시하고, 2012. 1. 3.경부터 2012. 12. 13.경까지 사이에 114회에 걸쳐 다수 인터넷 사이트에서 대선과 관련하여 특정 정당 또는 후보자를 지지하거나 반대하는 글을 작성하여 게시하고, 2011. 1. 12.경부터 2012. 12. 19.경까지 사이에 특정 정당 또는 정치인들을 지지·찬양하거나 반대·비방하는 글을 786,698회에 걸쳐 트윗 내지 리트윗하고, 2012. 1. 24.경부터 2012. 12. 19.경까지 사이에 대선과 관련하여 특정 정당 또는 후보자를 지지하거나 반대하는 글을 446,844회에 걸쳐 트윗 내지 리트윗함으로써, 그 직위를 이용하여 정치관여 범죄행위를 실행함과 아울러 선거운동이 금지된 공무원으로서 특정 정당과 정치인에 대한 낙선 목적의 선거운동을 함으로써 그 지위를 이용하여 선거개입 범죄행위를 실행하였음

□ 법원의 판단

- 1심 재판부는 원○○ 등에 대하여 「국정원법」 위반죄(동법§18①,§9①,②2호)[7]는 유죄로, 선거법위반죄(법§255③2호,§86②)는 무죄를 선고하였음[서울중앙지방법원 2014. 9. 11. 선고 2013고합577, 1060(병합) 판결]
- 반면, 2심 재판부는 선거법위반죄에 대해서도 유죄를 인정하였는데(서울고등법원 2015. 2. 9. 선고 2014노2820 판결), 그 핵심적 이유는 다음과 같음[8]
- 즉, 2심 재판부는 선거법 제86조 제2항은 헌법상의 공무원의 선거에서의 정치적 중립이라는 헌법상 요청을 실현하기 위한 규정이다.
- 여당인 새누리당의 대통령후보가 선출된 2012. 8. 20. 이후는 선거 과정에서 요구되는 공무원의 정치적 중립의무의 헌법적 가치를 보다 무겁게 인식하고, 종래의 사이버 활동이 선거 과정에서 실제 의미하게 될 바를 엄격하게 점검하고 통제해야 할 시점이다.
- 그런데, 2012. 8. 20. 이후에는 종래 해오던 내용의 정치관여 사이버 활동도 병행하면서도 후보자 확정 시점 이전과는 명백히 구별될 정도로 선거 관련 사이버 활동의 규모를 증대시켰고, 이는 치밀한 준비를 거쳐 조직적·체계적으로 사이버 활동의 실행이다.
- 그러므로 2012. 8. 20. 이후 위와 같은 심리전단의 활동은 '특정 후보자의 낙선 또는 당선을 도모하기 위한 목적 의지가 수반'된 선거운동이고, 또 이는 국정원 직원이 자신의 지위를 이용하여 한 것이다.

---

7 제18조(정치관여죄) ① 제9조 제1항을 위반하여 정당이나 그 밖의 정치단체에 가입하거나 정치활동에 관여하는 행위를 한 사람은 7년 이하의 징역과 7년 이하의 자격정지에 처한다.
① 원장·차장과 그 밖의 직원은 정당이나 정치단체에 가입하거나 정치활동에 관여하는 행위를 하여서는 아니 된다.
제9조(정치관여 금지) ① 원장·차장과 그 밖의 직원은 정당이나 정치단체에 가입하거나 정치활동에 관여하는 행위를 하여서는 아니 된다.
② 제1항에서 정치활동에 관여하는 행위란 다음 각호의 어느 하나에 해당하는 행위를 말한다.
1. 정당이나 정치단체의 결성 또는 가입을 지원하거나 방해하는 행위
2. 그 직위를 이용하여 특정 정당이나 특정 정치인에 대하여 지지 또는 반대 의견을 유포하거나, 그러한 여론을 조성할 목적으로 특정 정당이나 특정 정치인에 대하여 찬양하거나 비방하는 내용의 의견 또는 사실을 유포하는 행위

8 이러한 원심에 대하여 유무죄의 실체판단 없이 '주요 이슈와 대응 논지'에 관한 중요 증거 인정 여부에 관하여 다음과 같은 법리로써 대법관 13명의 전원일치로 원심을 파기환송하였고(대법원 2015. 7. 16. 선고 2015도2625 전원합의체 판결), 이러한 판단이 여권 및 야당을 인식한 다분히 정치적 판결이라는 비판이 일기도 하였다.
"상업장부나 항해일지, 진료일지 또는 이와 유사한 금전출납부 등과 같이 범죄사실의 인정 여부와는 관계없이 자기에게 맡겨진 사무를 처리한 내역을 그때그때 계속적, 기계적으로 기재한 문서는 사무처리 내역을 증명하기 위하여 존재하는 문서로서 「형사소송법」 제315조 제2호에 의하여 당연히 증거능력이 인정된다. 그리고 이러한 문서는 업무의 기계적 반복성으

(라) 벌 칙

선거법 제85조 제2항을 위반하여 선거운동을 한 사람은 5년 이하의 징역에 처한다(법§255③2호).

(3) 직업적 관계 등에 기한 선거운동 등의 금지

(가) 주 체

누구든지이다(법§85③).

(나) 시 기

상시이다(법§85③).

(다) 금지되는 행위

누구든지 교육적·종교적 또는 직업적인 기관·단체 등의 조직 내에서의 직무상 행위를 이용하여 그 구성원에 대하여 선거운동을 하거나 하게 하거나, 계열화나 하도급 등 거래상 특수한 지위를 이용하여 기업조직·기업체 또는 그 구성원에 대하여 선거운동을 하거나 하게 하는 행위이다(법§85③).

이와 관련하여 판례는 "교육적·종교적 또는 직업적인 기관·단체 등의 조직 내에서의 직무상 행위를 이용하여 그 구성원에 대하여 선거운동을 하는 것'을 금지하고 있는데, 구체적으로 어떠한 행위가 '조직 내에서의 직무상 행위를 이용한 것'인지를 판단할 때에는, 조직에서 차지하고 있는 지위에 기하여

로 인하여 허위가 개입될 여지가 적고, 또 문서의 성질에 비추어 고도의 신용성이 인정되어 반대신문의 필요가 없거나 작성자를 소환해도 서면제출 이상의 의미가 없는 것들에 해당하기 때문에 당연히 증거능력이 인정된다는 것이 「형사소송법」 제315조의 입법 취지인 점과 아울러, 전문법칙과 관련된 「형사소송법」 규정들의 체계 및 규정 취지에 더하여 '기타'라는 문언에 의하여 「형사소송법」 제315조 제1호와 제2호의 문서들을 '특히 신용할 만한 정황에 의하여 작성된 문서'의 예시로 삼고 있는 「형사소송법」 제315조 제3호의 규정형식을 종합하여 보면, 「형사소송법」 제315조 제3호에서 규정한 '기타 특히 신용할 만한 정황에 의하여 작성된 문서'는 「형사소송법」 제315조 제1호와 제2호에서 열거된 공권적 증명문서 및 업무상 통상문서에 준하여 '굳이 반대신문의 기회 부여 여부가 문제되지 않을 정도로 고도의 신용성의 정황적 보장이 있는 문서'를 의미한다. 나아가 어떠한 문서가 「형사소송법」 제315조 제2호가 정하는 업무상 통상문서에 해당하는지를 구체적으로 판단함에 있어서는, 「형사소송법」 제315조 제2호 및 제3호의 입법 취지를 참작하여 당해 문서가 정규적·규칙적으로 이루어지는 업무활동으로부터 나온 것인지 여부, 당해 문서를 작성하는 것이 일상적인 업무 관행 또는 직무상 강제되는 것인지 여부, 당해 문서에 기재된 정보가 취득된 즉시 또는 그 직후에 이루어져 정확성이 보장될 수 있는 것인지 여부, 당해 문서의 기록이 비교적 기계적으로 행하여지는 것이어서 기록 과정에 기록자의 주관적 개입의 여지가 거의 없다고 볼 수 있는지 여부, 당해 문서가 공시성이 있는 등으로 사후적으로 내용의 정확성을 확인·검증할 기회가 있어 신용성이 담보되어 있는지 여부 등을 종합적으로 고려하여야 한다."

취급하는 직무 내용은 물론 행위가 행하여지는 시기·장소·방법 등 여러 사정을 종합적으로 관찰하여 직무와 관련된 행위인지를 판단해야 한다"고 판시하였다(대법원 2011. 4. 28. 선고 2011도1925 판결).

(라) 벌 칙

선거법 제85조 제3항에 위반한 행위를 하거나 하게 한 자는 3년 이하의 징역 또는 600만 원 이하의 벌금에 처한다(법§255①9호).

(4) 교육적 특수관계에 기한 선거운동 등의 금지

(가) 주 체

누구든지이다(법§85④).

(나) 시 기

상시이다(법§85④).

(다) 금지되는 행위

교육적인 특수관계에 있는 선거권이 없는 자에 대하여 교육상의 행위를 이용하여 선거운동을 하는 행위이다(법§85④). 학교나 학원의 학생에 대하여 수업시간을 이용하여 선거운동을 하는 경우가 대표적일 것이다.

(라) 벌 칙

선거법 제85조 제4항에 위반한 행위를 하거나 하게 한 자는 3년 이하의 징역 또는 600만 원 이하의 벌금에 처한다(법§255①9호).

5. 공무원 등의 선거에 영향을 미치는 행위 금지

가. 의 의

공무원과 공직유관기관종사자 등이 특정 정당이나 후보자의 업적을 홍보하는 행위 또는 자신의 지위를 이용하여 선거운동의 기획에 참여하거나 그 기획의 실시에 관여하는 행위 등 선거에 영향을 미치는 행위를 금지하는 것을 말한다(법§86).

이와 관련하여 헌법재판소는 "공무원의 선거에서의 정치적 중립의무, 공무원의 선거운동제한, 공무원의 지위를 이용한 선거운동의 금지를 규정하는 것에서 더 나아가 제86조에서 소위 관권선거나 공적 지위에 있는 자의 선거 개입의 여지를 철저히 불식시키기 위하여 공무원이 선거운동의 기획에 참여하는 등 선거에 영향을 미치는 행위를 하는 것도 아울러 금지하고 있다. 이는 선거의 공정성을 확보하기 위한 방안으로 공무원 등 선거에 영향을 미칠 수 있는 특수한 지위에 있는 자가 선거 결과에 불공정한 영향을 미칠 우려가 큰 행위를 하지 못하도록 하는 것이다. … 선거법 제86조는 특정 정당이나 후보자의 득표나 당선을 목적으로 하는 행위가 아니기 때문에 위에서 말한 선거운동의 요건을 충족하지 못하지만 공무원이 특정 정당이나 후보자에게 유리 또는 불리하게 영향력을 행사함으로써 선거의 공정성을 해하는 것을 방지하기 위하여 공무원이 선거에 영향을 미칠 수 있는 행위를 하는 것을 금지하고 있다"고 판시한 바 있다(헌재 2005. 6. 30. 2004헌바33).

나. 내 용

(1) 주 체

(가) 공무원

국회의원과 그 보좌관·비서관·비서 및 지방의회의원을 제외한 공무원이다. 여기서 공무원은 「국가공무원법」 제2조상의 국가공무원과 「지방공무원법」 제2조에 규정된 지방공무원으로, 이러한 국회의원과 지방의회의원 등을 제외하고 정무직공무원을 포함한 공무원을 말한다. 입후보 제한을 받는 공무원의 범위보다 그 범위가 넓게 설정되어 있다.

(나) 선 장

선상투표신고를 한 선원이 승선하고 있는 선박의 선장이 이에 해당한다.

(다) 정부가 50% 이상의 지분을 가지고 있는 공공기관의 상근 임원

「공공기관운영법」 제4조 제1항 제3호에 해당하는 기관 중 정부가 100분의 50 이상의 지분을 가지고 있는 기관(한국은행을 포함)의 상근 임원이 이에 포함된다.

(라) 농업협동조합법 등에 의한 조합의 상근 임원과 그 중앙회장 등

「농업협동조합법」·「수산업협동조합법」·「산림조합법」·「엽연초생산협동조합법」에 의하여 설립된 조합의 상근 '임원'과 이들 조합의 중앙회장도 역시 이에 포함된다.

(마) 지방공기업법상 지방공사와 지방공단의 상근 임원

「지방공기업법」 제2조(적용범위)에 규정된 지방공사와 지방공단의 상근 임원도 선거에 영향을 미치는 행위의 금지대상자이다.

(바) 통·리·반의 장과 주민자치위원회위원

통장·이장·반장과 주민자치위원회위원도 이에 포함된다.

(사) 향토예비군 중대장급 이상의 간부

「향토예비군설치법」에 따른 여단·연대·대대·중대의 장이 이에 해당한다.

(아) 바르게살기운동협의회·새마을운동협의회·한국자유총연맹 상근 임·직원 및 대표자

바르게살기운동협의회·새마을운동협의회·한국자유총연맹의 상근 임·직원 및 대표자(시·도조직 및 구·시·군조직을 포함)가 이에 해당한다.

(2) 금지되는 행위

(가) 개 관

다음과 같은 행위가 선거에 영향을 미치는 행위로 금지된다(법§86①).

제86조 제1항에 의해 금지되는 행위

1. 소속직원 또는 선거구민에게 교육 기타 명목 여하를 불문하고 특정 정당이나 후보자(후보자가 되고자 하는 자를 포함. 이하 이 항에서 같음)의 업적을 홍보하는 행위
2. 지위를 이용하여 선거운동의 기획에 참여하거나 그 기획의 실시에 관여하는 행위
3. 정당 또는 후보자에 대한 선거권자의 지지도를 조사하거나 이를 발표하는 행위
5. 선거기간 중 국가 또는 지방자치단체의 예산으로 시행하는 사업 중 즉시 공사를 진행하지 아니할 사업의 기공식을 거행하는 행위
6. 선거기간 중 정상적 업무외의 출장을 하는 행위
7. 선거기간 중 휴가기간에 그 업무와 관련된 기관이나 시설을 방문하는 행위

(나) 구체적 내용

㉮ 정당 또는 후보자에 대한 업적 홍보행위

업적(業績)은 어떤 일에 있어서 쌓아올린 공적(功績)을 의미하는데, 특정 정당 또는 후보자(후보자가 되고자 하는 자 포함)가 쌓은 공적으로 선거에 유리하게 작용하는 일체의 것을 말한다. 특정 국회의원의 의정활동 내용 등을 수록한 책자 220권을 금천구청 관내 동사무소 및 구청 각 부서에 무료로 배포하고 야당의 금천지구당의 연말불우이웃돕기 사실을 1996. 1. 10.자 금천구청 소식지에 게재한 것이 업적 홍보에 해당하는지와 관련하여 문제된 사안에서, 대법원 1997. 4. 25. 선고 97도320 판결, "'특정 정당이나 후보자의 업적을 홍보하는 행위' 중 업적이라 함은 선거에서 긍정적 평가자료가 될 수 있는 일체의 사회적 행위로 해석함이 상당하고, 미담사례를 발굴·소개하려는 취지이었다 하여 위 홍보에 해당되지 않는다고 볼 수 없다"고 판시하였다. 또 대법원 2011. 4. 28. 선고 2010도17828 판결은, "구 선거법(2010. 1. 25. 법률 제9974호로 개정되기 전의 것, 이하 '선거법'이라 함) 제60조 제1항 제4호, 제85조 제1항, 제86조 제1항 제1호, 제255조 제1항 제10호의 입법 취지 및 규정 내용과 문언의 형식 등에 비추어 보면, 선거법 제86조 제1항 제1호 및 제255조 제1항 제10호는 공무원 등 공적 지위에 있는 자가 선거에 영향을 미치는 행위를 하는 것을 금지하려는 것으로서 그 주체가 '공무원 등 공적 지위에 있는 자'라는 점에 주안점을 두고 있는 것이지, '공무원 등 공적 지위에 있는 자'로 하여금 선거에 영향을 미치는 행위를 하게 하는 행위 주체까지 '공무원 등 공적 지위에 있는 자'로 한정하는 것은 아니라고 보는 것이 타당하다. 따라서 공무원 등 공적 지위에 있는 자로 하여금 소속직원 또는 선거구민에게 특정 정당이나 후보자(후보자가 되고자 하는 자를 포함)의 업적을 홍보하는 행위를 하게 한 자는 공무원 등 공적 지위에 있는지를 불문하고 누구든지 선거법 제86조 제1항 제1호 및 제255조 제1항 제10호에 따라 처벌된다"고 판시한 바 있다.

㉯ 선거운동의 기획에 참여하거나 그 실시에 관여하는 행위

'지위(地位)를 이용(利用)'한다는 것은 공무원 등이 순수한 사인(私人)으로서가 아니라 자신이 가지고 있는 직을 기반으로 그 행위를 하는 것이다. '선거

운동의 기획(企劃)에 참여한다'는 것은 선거운동을 계획(計畫)하는 것에 참여하는 것이고, 여기서 선거운동을 계획하는 것은 선거운동에 대한 전반적인 흐름과 방향 또는 세부계획에 대한 대강의 틀거리를 잡는 것을 말한다. 또한 선거운동 실시(實施)에 관여하는 행위는 선거운동의 실제 시행에 관련자로 참여하는 것을 말한다. 이에 대하여 헌법재판소는 "'선거운동의 기획에 참여하거나 그 기획의 실시에 관여하는 행위'란 공무원이 선거운동의 효율적 수행을 위한 일체의 계획 수립에 참여하는 행위 또는 그 계획을 직접 실시하거나 실시에 관하여 지시·지도하는 행위를 함으로써 선거에 영향을 미치는 행위"를 말한다고 판시한 바 있다(헌재 2008. 5. 29. 2006헌마1096).

이와 관련하여 대법원 2007. 3. 29. 선고 2006도9392 판결은, "선거법 제86조에서는 공무원 등 공적 지위에 있는 자들에 대해서 선거운동에 이르지 아니하여도 선거에 영향을 미칠 우려가 있는 행위를 금지하면서, '선거운동'보다 개념이 넓은 '선거에 영향을 미치는 행위' 유형을 예시하여 규정하고 있으므로, 선거운동의 목적을 요하지 아니하며 공무원 등에 의하여 위와 같은 행위가 있을 때 바로 본조에 해당된다 할 것이고, 같은 법 제86조 제1항 제2호의 '선거운동의 기획에 참여하는 행위'라 함은 선거운동의 효율적 수행을 위한 일체의 계획 수립에 참여하는 것이라고 해석함이 상당하다 할 것이다"고 설시하였고, "'지위를 이용하여'라는 개념은 공무원이 개인의 자격으로서가 아니라 공무원의 지위와 결부되어 선거운동의 기획에 참여하거나 그 기획의 실시에 관여하는 행위를 뜻하는 것으로, 공무원의 지위에 있기 때문에 특히 선거운동의 기획행위를 효과적으로 할 수 있는 영향력 또는 편익을 이용하는 것을 의미하고, 구체적으로는 그 지위에 수반되는 신분상의 지휘감독권, 직무권한, 담당사무 등과 관련하여 공무원이 직무를 행하는 사무소 내부 또는 외부의 사람에게 작용하는 것도 포함되고(헌재 2008. 5. 29. 2006헌마1096)"라고 판시하였다(대법원 2011. 5. 13. 선고 2011도2996 판결).

판례는 i) 공무원이 후보자의 홍보물 파일의 수정안 초안을 작성하고 검토하는 행위(대법원 2004. 3. 25. 선고 2003도2932 판결), 후보자의 연설문·인터뷰자료·선거공약·토론회자료·보도자료·당선소감 등을 작성하여 이를 후보자에게 건네 준 행위(대법원 2005. 1. 28. 선고 2004도6008 판결), iii) 제주도 소속 공무원들이 선거에 출마한 현직 제주도지사인 후보자의 방송사 토론회 대담자료를 작성하고 예행연습을 한 행위(대법원 2007. 11. 15. 선고 2007도3061 전원합의체 판결), ⅳ) 소속 공무원들이 선거에 출마한 현직 단체장인 후보자의 인터뷰 자료와 토론회 자료의 작성에 관여하거나 선거용 프로필을 작성한 행위(대법원 2007. 10. 25. 선고 2007도4069 판결)는 이에 해당한다고 판단하였다. 하지만, 위 2007도3061 전원합의체 판결은 "공무원이 자신을 위한 선거운동의 기획에 다른 공무원이 참여하는 행위를 단순히 묵인하였다거나 소극적으로 이익을 누린 사실만으로는 위 조항에 의한 처벌대상이 되지 않는다"고 판단한 바 있다.

㉰ 정당이나 후보자에 대한 선거권자의 지지도를 조사·발표하는 행위

정당 또는 후보자 등에 대한 선거권자의 지지도(支持度)를 조사하거나 이를 발표하는 행위가 금지된다. 이와 관련하여 중앙선관위는 여성특별위원회가 여성의 정치참여 확대를 지원하는 정책의 일환으로 여성입후보예정자가 여성계의 지지를 받을 수 있도록 유도하는 행위는 입후보예정자가 특정되지 않는 한 무방하다고 하였다(1998. 10. 22. 중앙선관위 질의회답).

㉱ 즉시 공사를 진행하지 아니할 사업의 기공식을 거행하는 행위

선거기간 중에 국가 또는 지방자치단체의 예산으로 시행하는 사업 가운데서 즉시 공사를 진행하지 아니할 사업의 기공식을 거행하는 행위도 역시 금지된다. 이른바 선심행정에 의한 선거영향을 차단하기 위한 것이다. 다만, 즉시 진행하는 공사의 기공식은 본호의 규제대상이 아니다.

㉲ 선거기간 중 정상적 업무 외의 출장을 하는 행위

'정상적 업무 외의 출장'은 정상적 출장을 빙자(憑藉)하여 선거에 영향을 미치는 행위로, 외관상·명목상 출장이지만, 실질상 업무수행으로 인정되지 않는 경우를 말한다. 이와 관련하여 대법원 2005. 8. 19. 선고 2005도2690 판결은, "「공직선거 및 선거부정방지법」 제86조 제1항 제6호의 선거에 영향을 미치는 공무원 등의 행위라고 하여 금지하고 있는 선거기간 중 '정상적 업무 외의 출장행위'에 해당하기 위해서는 그 행위가 명목상, 형식상이나마 당해 공무원 등의 업무와 관련한 출장행위의 외관을 지니고 있음을 전제로, 그 실질에 있어서 통상적인 업무수행의 일환으로 인정되지 아니하는 경우라야 한다"고

판시한 바 있다.[9]

㉥ 선거기간 중 휴가기간에 그 업무와 관련된 기관이나 시설을 방문하는 행위

본호에서 규제하는 대상은 i) 선거기간 중 휴가기간일 것, ii) 그 업무와 관련된 기관이나 시설을 방문하는 행위일 것이 요구된다. 따라서 선거기간이나 휴가기간이 아니거나 업무관련성이 없는 경우는 본호에 해당하지 않는다.

6. 지방자치단체장 등의 선거에 영향을 미치는 행위금지

가. 지방자치단체장의 선거영향행위의 금지

(1) 의 의

본 규정은 지방자치단체장이 선거에 영향을 미칠 수 있는 다양한 행정력을 동원하여 광범위하게 선거에 개입하는 것을 차단하기 위한 규정이다(법§86②).

(2) 주 체

지방자치단체장이고, 다만 본항 제4호의 경우 소속 공무원을 포함된다(법§86②).

(3) 시 기

선거일 전 60일(선거일 전 60일 후에 실시사유가 확정된 보궐선거 등에 있어서는 선거의 실시사유가 확정된 때)부터 선거일까지이다(법§86②).

(4) 금지되는 행위의 개관

다음과 같은 행위가 지방자치단체장의 선거에 영향을 미치는 행위로 금지된다(법§86②).

---

9 第86조 제1항 제5호 내지 제7호의 규정취지는, 노골적인 선거운동에까지 이르지 아니하는 공무원의 행위라 해도, 그것이 정상적인 업무수행에 해당하지 아니함에도 업무를 빙자하거나 업무상 관련 있는 선거인 혹은 단체를 선거기간 중에 접촉하는 불요불급한 행위를 통해 실질적으로 그 상대방의 공정한 선거권행사에 지장을 초래하고 관권선거의 시비를 불러일으킬 우려가 있음을 감안하여, 이를 불식시키고자 그중 종래부터 문제되어 온 전형적인 행위를 열거한 것으로 볼 수 있다고 하였다[천대엽, "공직선거 및 선거부정방지법 제86조 제1항 제6호에서 규제하는 '정상적 업무 외의 출장행위'의 개념에 '업무 관련성'이 요구되는지 여부", 대법원판례해설 통권 제59호(2006년), 529면].

제86조 제2항에 의해 금지되는 행위

2. 정당의 정강·정책과 주의·주장을 선거구민을 대상으로 홍보·선전하는 행위. 다만, 당해 지방자치단체의 장의 선거에 예비후보자 또는 후보자가 되는 경우에는 그 예외이다.
3. 창당대회·합당대회·개편대회 및 후보자선출대회를 제외하고는 정당이 개최하는 시국강연회, 정견·정책발표회, 당원연수·단합대회 등 일체의 정치행사에 참석하거나 선거대책기구, 선거사무소, 선거연락소를 방문하는 행위. 다만, 해당 지방자치단체의 장선거에 예비후보자 또는 후보자가 된 경우와 당원으로서 소속 정당이 당원만을 대상으로 개최하는 정당의 공개행사에 의례적으로 방문하는 경우에는 그 예외이다.
4. 다음 각 목의 1을 제외하고는 교양강좌, 사업설명회, 공청회, 직능단체모임, 체육대회, 경로행사, 민원상담 기타 각종 행사를 개최하거나 후원하는 행위
   가. 법령에 의하여 개최하거나 후원하도록 규정된 행사를 개최·후원하는 행위
   나. 특정일·특정시기에 개최하지 아니하면 그 목적을 달성할 수 없는 행사
   다. 천재·지변 기타 재해의 구호·복구를 위한 행위
   라. 직업지원교육 또는 유상(有償)으로 실시하는 교양강좌를 개최·후원하는 행위 또는 주민자치센터가 개최하는 교양강좌를 후원하는 행위. 다만, 종전의 범위를 넘는 새로운 강좌를 개설하거나 수강생을 증원하거나 장소를 이전하여 실시하는 주민자치센터의 교양강좌를 후원하는 행위를 제외한다.
   마. 집단민원 또는 긴급한 민원이 발생하였을 때 이를 해결하기 위한 행위
   바. 가목 내지 마목에 준하는 행위로서 선거규칙으로 정하는 행위
5. 통·리·반장의 회의에 참석하는 행위. 다만, 천재·지변 기타 재해가 있거나 집단민원 또는 긴급한 민원이 발생하였을 때에는 그 예외이다.

(5) 금지되는 행위의 구체적 내용

(가) 정당의 정강·정책 등을 홍보·선전하는 행위

당해 지방자치단체의 선거구민에게 정당의 정강·정책 등을 선전하거나 홍보하는 행위가 금지되고, 그 선전·홍보의 방법은 구술이든, 서면이든, 오프라인이든 온라인이든 불문한다. 특히 인터넷홈페이지 등을 통하여 정당의 정강·정책 등을 선전하거나 홍보하는 경우에는 그 선전 또는 홍보는 다른 지방자치단체의 선거구민뿐만 아니라 당해 지방자치단체의 선거구민에 대하여도 행해지므로, 당해 지자체 이외의 다른 선거구민만 대상으로 선전이나 홍보를

하는 것으로 볼 수 있는 특단의 사정이 없는 한, 원칙적으로 본호에서 금지하는 행위가 될 것이다. 다만, 자신이 후보자 또는 예비후보자가 되는 경우는 예외인데(법§86②2호단서), 그 시기는 후보자 또는 예비후보자 등록신청이 적법하게 마쳐진 때이다.

(나) 정당이 개최하는 정치행사에 참석하거나 선거사무소 등을 방문하는 행위

정당이 개최하는 시국강연회, 정견·정책발표회, 당원연수·단합대회 등 일체의 정치행사에 참석하거나 선거대책기구, 선거사무소, 선거연락소를 방문하는 행위가 금지된다. 다만, i) 창당대회·합당대회·개편대회 및 후보자선출대회에 참가하는 행위, ii) 해당 지방자치단체의 장선거에 예비후보자 또는 후보자가 된 경우, iii) 당원으로서 소속 정당이 당원만을 대상으로 개최하는 정당의 공개행사에 의례적으로 방문하는 경우에는 그 규제대상이 아니다. 특히 iii)의 경우는 당원만을 대상으로 개최하는 정당의 공개행사이어야 하는데, 정당의 내부행사나 회의로 그 공개가 '일반인이나 언론'에 이뤄지지 않은 경우에는 공개행사라 할 수 없다. 또한, 의례적이라고 하는 것은 당원으로서 당과의 교류·교분상 행해지는 행위이거나 당과 당원에 대한 최소한의 예의를 갖추기 위한 경우를 말한다.

(다) 각종 행사를 개최하거나 후원하는 행위

교양강좌, 사업설명회, 공청회, 직능단체모임, 체육대회, 경로행사, 민원상담 기타 각종 행사를 개최하거나 후원하는 행위가 금지된다. 그 행사에 지방자치단체가 단순히 '후원명의만'을 밝힌 경우에도 이에 해당한다. 또한 지방자치단체장뿐만 아니라 소속 공무원도 금지 주체에 포함된다. 다만, 다음과 같은 행위는 예외이다. 특히 ㉥ 내지 ㉨의 경우는 선거규칙 제47조 제2항이 규정하고 있다.

㉮ 법령에 의하여 개최하거나 후원하도록 규정된 행사를 개최·후원하는 행위

'법령에 의한다는 것'은 법령에 의하여 직접적인 근거가 있거나, 중앙행정기관이 법령상 근거로 해서 만든 각종 지침에 근거한 경우도 포함된다.

㉯ 특정일·특정시기에 개최하지 아니하면 그 목적을 달성할 수 없는 행사

일년 중 특정일 또는 특정시기에 그 개최가 예정되어 있어 그 시기를 놓

치면 행사의 목적을 달성하기 어려운 경우이다. 계절에 따라 열리는 지역문화 축제나 지역문화제가 대표적일 것이다. 이와 관련하여 중앙선관위는 i) 지방자치단체의 **구·시·군(읍·면·동)민의 날 행사**의 경우 조례에 규정되어 있는지 여부를 불문하고, 오래전부터 계속하여 그 시기에 개최하여 온 경우에는 선거법 제86조 제2항 제4호 나목의 '특정일·특정시기에 개최하지 아니하면 그 목적을 달성할 수 없는 행사'로 볼 수 있다고 하였고, ii) **조례**에 의하여 설치된 **예술단의 공연행위**는 문화체육관광부의 '문화예술·체 육·관광 지역 진흥시책 기본지침'의 범위 안에서 세부시행계획을 수립하고 그 계획에 따라 실시하는 경우에는 시기에 관계없이 개최할 수 있다고 하였다(중앙선관위, 『선거법 제86조 제2항 내지 제7항 운용자료』).

㉰ 천재·지변 기타 재해의 구호·복구를 위한 행위

천재·지변 등 자연현상으로 인한 재해와 화재·붕괴·폭발·교통사고·화생방사고·환경오염사고 등에 의한 사회적 현상에 의한 재해를 포함한다.[10]

㉱ 직업지원교육 또는 교양강좌를 개최·후원하는 행위

지방자치단체는 「직업교육훈련 촉진법」 제4조에 따라 직업훈련교육 등에 대한 행정상·재정상의 지원시책을 시행해야 하고, 「산업교육진흥 및 산학협력촉진에 관한 법률」 제4조에 따라 산업교육 등에 대한 세부 실천 계획을 수립·시행해야 하며, 「평생교육법」 제4조에 따라 평생교육진흥정책을 수립·추진해야 할 의무를 부담한다. '직업지원교육'은 이러한 법률들에 직접 근거하거나 조례에 근거하여 시행하는 직업교육을 지원하는 교육이다. '유상(有償)으로 실시하는 교양강좌'는 수강료 등 강좌에 대한 대가를 지급받고 시행하는 강좌

---

10 「재난 및 안전관리 기본법」 제2조 참조.

1. '재난'이란 국민의 생명·신체·재산과 국가에 피해를 주거나 줄 수 있는 것으로서 다음 각 목의 것을 말한다.
   가. 자연재난: 태풍, 홍수, 호우(豪雨), 강풍, 풍랑, 해일(海溢), 대설, 낙뢰, 가뭄, 지진, 황사(黃砂), 조류(藻類) 대발생, 조수(潮水), 화산활동, 그 밖에 이에 준하는 자연현상으로 인하여 발생하는 재해
   나. 사회재난: 화재·붕괴·폭발·교통사고(항공사고 및 해상사고를 포함)·화생방사고·환경오염사고 등으로 인하여 발생하는 대통령령으로 정하는 규모 이상의 피해와 에너지·통신·교통·금융·의료·수도 등 국가기반체계의 마비, 「감염병의 예방 및 관리에 관한 법률」에 따른 감염병 또는 「가축전염병예방법」에 따른 가축전염병의 확산 등으로 인한 피해

를 말한다. 이러한 직업지원교육 또는 교양강좌를 개최·후원하는 행위는 그 금지의 예외이다. 또한 주민자치센터가 개최하는 교양강좌를 후원하는 행위도 마찬가지이다.

㉮ 집단민원·긴급민원을 해결하는 위한 행위

민원인이 행정기관에 대하여 처분 등 특정한 행위를 요구하는 사항을 '민원'(또는 민원사항)이라 하는데(「민원사무 처리에 관한 법률」§2[11]), '집단민원'(集團民願)은 그 민원을 제기하는 민원인이 집단적으로 존재하는 민원이고, 여기서 집단이라 함은 최소한 3인의 민원인이 존재하는 경우를 말한다고 본다. '긴급민원'(緊急民願)은 다른 민원보다 그 처리가 신속하게 이뤄져야 하거나 처리시기가 긴급을 요하는 경우를 말한다(「민원사무 처리에 관한 법률」§5,§6 참조).

㉯ 국가유공자의 위령제 등 기념행사를 개최·후원하는 행위

국가유공자의 위령제, 국경일의 기념식, 「각종기념일 등에 관한 규정」 제2조(기념일 등)에 의하여 시행되는 기념행사를 개최·후원하는 행위도 예외로서 허용된다.

㉰ 사업설명회를 개최하는 행위

법령·조례에 의하여 주민의 동의를 필요로 하는 사업의 시행을 위하여 사업설명회를 개최하는 행위는 예외로서 허용된다.

㉱ 정기적인 종합주민체육대회나 전래적인 고유축제를 개최·후원하는 행위

종합주민체육대회는 ⅰ) 읍·면·동 이상의 행정구역 단위의 행사일 것, ⅱ) 정기적으로 개최될 것이 요구된다. '전래적인 고유축제'는 예전부터 전통으로 내려오는 해당 지역의 고유한 축제를 말한다.

㉲ 정부가 주관하는 공공행사에 인력·시설·장비 등을 지원하는 행위

정부가 주관하는 공공행사에 '행정응원'이나 법령상 의무로서 인력·시설·장비 등을 지원하는 행위가 이에 포함된다.

---

11 이 법에서 사용하는 용어의 뜻은 다음과 같다.
1. '민원인'이란 행정기관에 대하여 처분 등 특정한 행위를 요구하는 개인·법인 또는 단체를 말한다.
2. '민원사무'란 민원인이 행정기관에 대하여 처분 등 특정한 행위를 요구하는 사항(이하 '민원사항'이라 함)에 관한 사무를 말한다.

(라) 통·리·반장의 회의에 참석하는 행위

통장·이장·반장 회의에 참석하는 행위가 금지된다. 다만, 천재·지변 기타 재해가 있거나 집단민원 또는 긴급한 민원이 발생하였을 때에는 그 예외인데, 집단민원이나 긴급민원의 의미는 위에서 본 바와 같다.

나. 홍보물 발행행위에 대한 특칙

(1) 주 체

지방자치단체장 또는 소속 공무원이다(법§86⑤).

(2) 금지되는 행위

다음 각호의 어느 하나에 해당하는 경우를 제외하고는 지방자치단체의 사업계획·추진실적 그 밖에 지방자치단체의 활동상황을 알리기 위한 홍보물(홍보지·소식지·간행물·시설물·녹음물·녹화물 그 밖의 홍보물 및 신문·방송을 이용하여 행하는 경우를 포함)을 분기별로 **1종 1회**를 초과하여 발행·배부 또는 방송하는 행위이다(법§86⑤). 또한 당해 지방자치단체의 장의 선거의 선거일 전 180일(보궐선거 등에 있어서는 그 선거의 실시사유가 확정된 때)부터 선거일까지는 홍보물 자체를 발행·배부 또는 방송하는 행위이다(법§86⑤).

1. 법령에 의하여 발행·배부 또는 방송하도록 규정된 홍보물을 발행·배부 또는 방송하는 행위
2. 특정사업을 추진하기 위하여 그 사업과 이해관계가 있는 자나 관계주민의 동의를 얻기 위한 행위
3. 집단민원 또는 긴급한 민원이 발생하였을 때 이를 해결하기 위한 행위
4. 기타 위 각호의 1에 준하는 행위로서 선거규칙이 정하는 행위

이러한 위임에 근거하여 선거규칙 제47조 제4항은 다음과 같이 규정하고 있다.

1. 소속직원의 직무교육이나 업무추진을 위한 홍보물
2. 각종 통계·정보 등을 알리기 위하여 정기적으로 발행하는 백서·연감 또는 총람 등의 홍보물

3. 지방자치단체가 개최하는 사업설명회·교양강좌·공청회·체육대회·기념일·고유축제 등 각종행사를 안내하기 위한 홍보물(지방자치단체의 장의 성명·사진·활동상황·공약실천사항 기타 업적이 게재된 홍보물을 제외. 이하 이 항에서 같음)
4. 환경·의료·교통·조세·건축 등에 대한 민원안내서 또는 반상회보 등 주민의 일상생활에 필요한 정보제공을 위한 홍보물
5. 역사·지리·문화·특산물·관광명소 등을 안내하기 위한 홍보물
6. 재난관리·안전사고의 예방을 위한 홍보물
7. 지방자치단체의 청사의 입구, 외벽면 또는 담장에 게시하는 홍보물(지방자치단체의 장의 직명이 게재된 홍보물을 제외)
8. 그 밖에 위 각호의 어느 하나에 준하는 것으로 중앙위원회가 정하는 홍보물

선거법 제86조 제5항의 적용범위[12]

□ 홍보 지역에 따른 적용범위
- 선거법 제86조 제5항은 지방자치단체장(소속 공무원을 포함)이 선거구민을 대상으로 활동상황 등을 알리기 위한 홍보물을 설치·배부·방송하는 경우 선거에 미치는 영향이 크기 때문에 선거의 공정을 위하여 분기별 1종 1회에 한하여 허용하는 규정이라 할 것이므로, 선거구 밖에 홍보물을 설치·배부하는 것은 동 규정의 적용대상이 아님
- 선거구 밖이라고 하더라도 선거구민의 왕래가 빈번한 같은 생활권역에 홍보물을 설치·배부하는 것은 동법 제86조 제5항의 적용대상이 됨
- 관광객 유치·투자촉진 등 그 성질상 홍보대상이 선거구 밖에 있는 자인 경우 전국을 방송·배부권역으로 하는 방송·신문에 광고하는 것은 지방자치단체의 활동상황에 관한 홍보라고 하더라도 법 제86조 제5항에 따라 1종 1회로 제한되는 홍보물로 보지 아니함. 다만, 제7항에 따라 지방자치단체의 장은 명목여하를 불문하고 광고에 출연할 수 없음

□ 홍보내용에 따른 적용범위
- 선거법 제86조 제5항의 규정에 따라 지방자치단체의 사업계획·추진실적·활동상황이 게재되는 홍보물은 당해 지방자치단체장의 성명·사진 등이 게재되지

12 중앙선관위, 『선거법 제86조 제2항 내지 제7항 운용자료』에서 인용함

아니하더라도 분기별 1종 1회에 한하여 발행·배부 또는 방송할 수 있으며, 홍보물의 내용이 사업계획 등에 해당되는지 여부는 개별 사안에 따라 구체적으로 판단해야 함
- 선거규칙 제47조 제4항 제3호 내지 제7호의 각종 행사, 정보제공 등을 위한 홍보물은 인쇄물·시설물·녹음물·녹화물 등 다양한 매체를 활용할 수 있으며, 당해 지방 자치단체장의 성명·사진 등이 게재되는 경우(제7호의 홍보물은 직명이 포함되는 경우도 포함)에는 1종 1회로 제한되는 홍보물에 해당됨
- 동사무소·사업소·도서관 등 「지방자치법」에 규정된 지방자치단체의 소속행정기관 및 하부행정기관의 청사는 선거규칙 제47조 제4항 제7호에 따라 지방자치단체 명의의 홍보물을 게시할 수 있는 청사에 포함됨

□ 1종 1회의 개념
- 법 제86조 제5항의 홍보물의 종수의 산정시 '1종'이란 '홍보매체 또는 제작형태·규격·배열방법 등이 모두 동일한 것'을 말함
- 횟수 산정시 '1회'란 홍보매체별로,
- 인쇄물을 이용하는 경우 '그 발행·배부계획에 따라 당해 분기 내에서 주민별로 1회 이내에서 배부하는 것'을 말하고,
- 시설물을 이용하는 경우 '하나의 시설물을 한 장소에 설치하는 것'을 말하며,
- 전광판을 이용하는 경우 '동일한 시간대에 1회 방영하는 것'을 말하고,
- IPTV의 경우 특정 채널에 1종의 영상홍보물을 게시하여 두는 것을 말하며,
- 신문·방송에 광고하는 경우 '선거법 제69조(신문광고) 제1항 후단 및 제70조(방송광고) 제1항 후단의 규정에 따라 산정한 1회'를 말함

다. 각종 행사 참석행위에 대한 특칙

(1) 주 체

지방자치단체장이다(법§86⑥).

(2) 시 기

당해 지방자치단체의 장의 선거의 선거일 전 180일(보궐선거 등에 있어서는 그 선거의 실시사유가 확정된 때)부터 선거일까지이다(법§86⑥).

(3) 금지되는 행위

주민자치센터가 개최하는 교양강좌에 참석할 수 없으며, '근무시간 중'에 공공기관이 아닌 단체 등이 주최하는 행사(해당 지방자치단체의 청사에서 개최하

는 행사를 포함)에는 참석행위이다. 다만, 선거법 제86조 제2항 제3호에 따라 참석 또는 방문할 수 있는 행사의 경우에는 예외이다. 또한, 공공기관이 주최하는 행사라 하더라도 직원체육대회 등 내부적 행사는 근무시간 중에 참석할 수 없다(중앙선관위, 『선거법 제86조 제2항 내지 제7항 운용자료』). 한편, 선거규칙 제47조 제5항은 위 공공기관의 범위를 다음과 같이 규정하고 있다.

1. 국가기관·지방자치단체
2. 「공공기관운영법」 제4조에 따라 기획재정부장관이 지정한 공공기관
3. 「공공기관의 정보공개에 관한 법률」 제2조 및 같은 법 시행령 제2조에 따른 기관
4. 한국은행
5. 「농업협동조합법」·「수산업협동조합법」·「산림조합법」·「엽연초생산협동조합법」에 따라 설립된 조합과 그 중앙회
6. 「지방공기업법」에 의한 지방공사 및 지방공단
7. 특별법에 의하여 설립된 국민운동단체로서 국가 또는 지방자치단체의 출연 또는 보조를 받는 단체(바르게살기운동협의회·새마을운동협의회·한국자유총연맹을 말하며, 시·도조직 및 구·시·군조직을 포함)
8. 법령·조례에 의하여 지방자치단체의 장이 당연직으로 대표자 또는 임원으로 되는 기관
9. 중앙행정기관의 장 또는 지방자치단체의 장이 임원을 선임하거나 선임의 승인을 하는 기관
10. 그 밖에 위 각호의 어느 하나에 준하는 기관

선거법 제86조 제6항의 적용범위13

□ 연가기간 중 또는 점심시간에 사적 행사 참석
– 연가기간(반가 포함)과 점심시간은 법 제86조 제6항에 규정된 '근무시간'에 포함되지 아니함

13 중앙선관위, 『선거법 제86조 제2항 내지 제7항 운용자료』에서 인용함

□ 선거구 밖에서 개최되는 사적(私的) 행사
- 법 제86조 제6항은 해당 지방자치단체장의 선거를 전제로 하고 있으므로 정규근무시간에 선거구 밖에서 개최되는 사적행사에 참석하는 행위는 동 규정에 위반되지 아니함. 다만, 선거구민 또는 선거구민과 연고가 있는 자를 주된 구성원으로 하여 개최하는 행사라면 참석이 금지됨

□ 예비후보자 또는 후보자로서 참석하는 사적(私的) 행사
- 법 제86조 제6항은 지방자치단체장이 선거에 임박하여 그 지위를 가지고 사적행사에 참석하는 것이 선거에 부당한 영향을 미치므로 이를 방지하고, 직무에 전념하도록 하기 위하여 행사 참석을 금지하는 것임. 다만, 후보자 또는 예비후보자로서 선거운동을 위하여 사적행사에 참석하는 행위는 금지되지 아니함

라. 광고출연행위 금지에 대한 특칙

(1) 주 체

지방자치단체장이다(법§86⑦).

(2) 시 기

상시이다(법§86⑦).

(3) 금지되는 행위

소관 사무나 그 밖의 명목 여하를 불문하고 방송·신문·잡지나 그 밖의 광고에 출연하는 행위이다(법§86⑦).

선거법 제86조 제7항의 적용범위14

□ 광고주체에 따른 적용범위
- 지방자치단체장이 조례 등에 따라 법인·단체의 임원을 겸임하고 있어 그 법인·단체를 위하여 광고에 출현하는 경우에도 동 규정이 적용됨

□ 광고대상(지역)에 따른 적용범위
- 선거구 외의 광고 또는 전국단위의 광고, 해외지역 광고 등 홍보지역 범위와 무관하게 동 규정이 적용됨

□ 광고방법에 따른 적용범위
- 방송·신문·잡지, 시설물, 인터넷홈페이지·블로그, 모바일, 트위터·페이스북,

녹음·녹화물, 홍보용품 등 특정 내용을 불특정 또는 다수인에게 널리 알리는 목적으로 사용되는 광고물은 모두 해당됨

마. 벌 칙

선거법 제86조 제1항 제1호부터 제3호까지·제2항 또는 제5항을 위반한 사람 또는 같은 조 제6항을 위반한 행위를 한 사람은 3년 이하의 징역 또는 600만 원 이하의 벌금에 처한다(법255①10호). 동법 제86조 제1항 제5호부터 제7호까지 또는 제7항을 위반한 행위를 한 사람은 2년 이하의 징역 또는 400만 원 이하의 벌금에 처한다(법§256③1호바목).

7. 단체 등의 선거운동 금지

가. 의 의

일정한 기관 또는 단체의 경우 기관 또는 단체의 명의나 그 대표자 명의로 선거운동을 할 수 없거나, 선거운동을 위하여 사조직 기타 단체를 설립 또는 설치하는 것이 금지되는 것을 말한다(법§87).

이와 관련하여 헌법재판소는, 단체의 선거운동을 허용할 경우 ⅰ) 정당정치의 약화 내지 퇴행, ⅱ) 선거의 과열 내지 혼탁 발생, ⅲ) 단체의 지원을 받은 후보자와 그렇지 못한 후보자간의 불평등 발생, ⅳ) 단체이기주의 발호, ⅴ) 단체 구성원들의 의견이 반영되지 않은 선거운동의 경우 여론의 오도 등 문제점이 발생하므로, 선거법 제81조는 이를 차단하여 선거의 공정성을 확보하고자 규정된 것으로 보면서 단체 등의 선거운동금지를 규정한 선거법 제87조가 단체의 평등권 및 정치적 의사표현의 자유를 침해하는 것은 아니라고 결정한 바 있다(헌재 1995. 5. 25. 95헌마105).

---

14 중앙선관위, 『선거법 제86조 제2항 내지 제7항 운용자료』에서 인용함

나. 단체·기관 명의 또는 그 대표자 명의의 선거운동금지

(1) 개 관

다음 각호의 어느 하나에 해당하는 단체·기관은 그 **단체·기관의 명의** 또는 그 **대표의 명의**로 선거운동을 할 수 없다(법§87①). 여기서 '기관(機關)'은 특정 역할과 목적을 위하여 설치한 조직을 지칭하기 위하여 사용된 용어이다.

그리고, 동조항은 괄호 안에서 '그 대표자와 임직원 또는 구성원을 포함한다'고 적시하고 있으므로, 그 대표자·임직원·구성원이 순수한 개인 자격이 아닌 한, 그 단체의 임직원 등이 자신의 직명(職名)(예컨대 호남향우회 서울시관악지부장 ○○○)을 밝혀서 선거운동을 할 수는 없다. 이러한 견해와는 달리 선거운동금지단체의 임직원이거나 구성원 등인 경우에는 그 자체만으로 선거운동이 금지된다고 해석할 여지도 없지 않으나, 본항에서 사적모임도 그 금지대상으로 삼고 있는데, 동호회 등 사적모임에 가입된 모든 사람에 대하여 그 가입 사실만으로 선거운동을 금지하는 것은 지나친 과잉입법이므로, 그렇게 해석하기는 어렵다. 결국, 선거운동이 금지된 단체 등에 가입된 사람이라고 하더라도, 그 사람이 선거운동이 금지된 개인이 아닌 한, 선거운동을 단체 등과 무관하게 개인적으로는 할 수 있다고 보아야 한다.

선거운동금지 단체·기관(법§87①)

1. 국가·지방자치단체
2. 제53조(공무원 등의 입후보) 제1항 제4호 내지 제6호에 규정된 기관·단체
3. 향우회·종친회·동창회, 산악회 등 동호인회, 계모임 등 개인 간의 **사적모임**
4. 특별법에 의하여 설립된 국민운동단체로서 국가 또는 지방자치단체의 출연 또는 보조를 받는 단체(바르게살기운동협의회·새마을운동협의회·한국자유총연맹을 말함)
5. 법령에 의하여 정치활동이나 공직선거에의 관여가 금지된 단체
6. 후보자 또는 후보자의 가족(이하 이 항에서 '후보자 등'이라 함)이 임원으로 있거나, 후보자 등의 재산을 출연하여 설립하거나, 후보자 등이 운영경비를 부담하거나 관계법규나 규약에 의하여 의사결정에 실질적으로 영향력을 행사하는 기관·단체
8. 구성원의 과반수가 선거운동을 할 수 없는 자로 이루어진 기관·단체

대법원 2007. 3. 30. 선고 2006도3025 판결, "구 「공직선거 및 선거부정방지법」(2005. 8. 4. 법률 제7681호로 개정되기 전의 것)에서 정한 다른 선거운동 방법상의 제한은 별론으로 하고 같은 법 제87조 제1항에서 정한 기관·단체가 아닌 경우(선거운동 금지 단체가 아닌 경우를 말함)에는 내부적인 의사결정 과정을 거쳤는지 여부를 불문하고 그 명의 또는 그 대표의 명의로 선거운동을 한다고 하더라도 같은 법 제255조 제1항 제11호, 제87조 제1항에 따라 처벌할 수는 없다"고 함으로써, 위와 같은 선거운동 금지 단체에 해당하지 않아 대표자 명의 등으로 선거운동을 할 수 있는 단체이더라도, "허용단체는 총회 등 단체의사를 결정할 수 있는 절차를 거쳐 그 지지·반대의 의사를 결정한 다음 이를 단체구성원에게 유인물을 통하여 배포할 수 있을 뿐이라고 보아야 할 것"이라는 대법원 2003. 4. 25. 선고 2003도782 판결[15]을 실질적으로 변경하였다.

(2) 구체적 내용

(가) 제2호 단체(공공기관 등)

「공공기관운영법」 제4조 제1항 제3호에 해당하는 기관 중 정부가 100분의 50 이상의 지분을 가지고 있는 기관(한국은행을 포함), 「농업협동조합법」·「수산업협동조합법」·「산림조합법」·「엽연초생산협동조합법」에 의하여 설립된 조합과 이들 조합의 중앙회, 「지방공기업법」 제2조(적용범위)에 규정된 지방공사와 지방공단이 위 제2호상 기관·단체이다. 이러한 기관·단체에 관하여는 이미 기술한 바와 같다.

(나) 제3호 단체(개인 간의 사적모임)

위 제3호에서는 '사적**모임**'을 규정하고 있는데, 여기서 선거법 제87조 제2항이 사**조직** 기타 단체를 설립하는 것을 금지하고 있다는 점을 고려하면, 동조 제1항 제3호의 '사적모임'은 단체나 조직에 비하여 그 구성원 간의 결합 정도가 낮고 그 결합이 계속성을 지니지 않고 **일시적·임시적**인 경우로, 모임차원에서 결정된 의사결정이 구성원에게 관철되는 정도가 미약한 경우를 말한다고 본다. 요컨대, **구성원의 결합 정도 및 결합의 지속성, 구성원에 대한 의**

15 본 판례에 대한 해설은 김승표, "공직선거 및 선거부정방지법 제87조 단서 소정의 단체의 선거운동허용범위", 대법원판례해설 제45호(2004), 726면 이하 참조.

사관철 정도를 기준으로 '조직'(또는 '단체')인지, '모임'인지를 구분한다. **사적**(私的)모임은 개인 간의 친분이나 친목을 다지거나 그 교류를 위한 것으로 프라이버시 차원에서 보호를 받아야 할 모임을 말한다.

이와 관련하여 중앙선관위는 「범PC방 생존권 비상대책위원회」는 향우회·종친회·동창회, 산악회 등 동호인회, 계모임 등 개인 간의 사적모임에 해당되지 아니하므로 같은 법조에 의한 선거운동을 할 수 없는 단체에 해당되지 않는다고 하였다(2007. 10. 24. 중앙선관위 질의회답).

(다) 제4호 단체(새마을운동협의회 등)

바르게살기운동협의회·새마을운동협의회·한국자유총연맹을 말한다. 이들 단체에 대해서는 이미 기술한 바와 같다.

(라) 제5호 단체(법령상 정치활동 또는 선거관여 금지 단체)

법령에 의하여 정치활동이나 공직선거에의 관여가 금지된 단체는 선거법 제9조에서 살펴본 바와 같다. 이와 관련하여 중앙선관위는 '「비영리민간단체지원법」에 따라 국가기관에 등록된 단체'는 선거운동을 할 수 있는 단체이고(2012. 9. 11. 중앙선관위 질의회답), '대학생학생회'도 마찬가지로 보았다(2010. 5. 12. 중앙선관위 질의회답).

(마) 제6호 단체(후보자 등의 지배하의 단체)

후보자나 그 가족이 연구소나 특정 목적의 단체를 설립하여 운영 중인데, 이를 선거운동을 위하여 이용하는 것을 금지하는 것이다. 이는 그 단체가 선거운동 단체로 전락하는 것을 방지하고 선거의 공정성을 기하기 위한 것이다. 이러한 단체에는 후보자나 그 가족이 임원 재직, 재산 출연 또는 운영비 부담을 통하여 의사결정에 실질적으로 영향력을 행사하는 기관·단체이거나, 관계법규 또는 규약에 의하여 의사결정에 실질적으로 영향력을 행사하는 기관·단체를 말한다.

(바) 제8호 단체(과반수가 선거운동을 할 수 없는 자로 구성된 단체)

구성원의 과반수가 선거운동을 할 수 없는 자(법§60)로 이루어진 기관·단체를 말한다.

(3) 선거운동을 할 수 있는 단체의 경우

선거운동을 할 수 있는 단체나 기관은 단체 등의 명의나 그 대표자 명의로 선거운동을 할 수 있으나(법§87① 반대해석), 그렇다고 하다라도 단체 등의 구성원에게 특정 정당 또는 후보자에 대한 지지·추천 또는 반대를 강요하는 정도에 이르는 것은 허용되지 않는다. 여기서 '강요에 이르는 정도'는 「형법」상 강요죄로 처벌되는 경우뿐만 아니라 폭행이나 협박이 없다고 하더라도, 압박의 정도가 단체 등 구성원의 자유의사를 제압하거나 혼란하게 하여 '의사결정의 자유가 침해'되는 정도에 이르는 경우를 포함한다. 이와 관련하여 중앙선관위는 그 단체가 선거운동기간 중에 기관지·내부문서 등 통상적으로 행하여 오던 고지·안내방법으로 소속회원에게 특정 정당이나 후보자에 대한 지지·반대의 의사를 알리거나, 언론기관의 취재·보도를 행하는 자를 대상으로 성명서·보도자료 제공 또는 기자회견을 통하여 지지·반대의 의사를 표명하는 것은 허용된다고 보았다(2002. 5. 31. 중앙선관위 질의회답).

그리고, 판례는 "노동조합이 그 내부통제권을 행사함에 있어서는 구성원인 조합원이 일반 국민으로서 가지는 헌법상의 기본적 권리의 본질적인 내용이나 다른 헌법적 가치를 침해하지 않아야 할 내재적 한계가 존재하는 것이고, 특히 대의민주주의를 기본으로 하는 현대의 자유민주주의 정치체제 아래에서 선거는 주권자인 국민의 민주적 정치참여를 위한 가장 기본적이고도 본질적인 수단이므로 국민의 주권행사를 의미하는 선거과정에의 참여행위, 그 중에서도 어느 정당이나 후보자를 지지할 것인지에 관한 정치적 의사의 결정은 다른 어떠한 이유에 의해서도 방해받거나 제한될 수 없는 선거권의 본질적 내용이라고 할 수 있으므로, 정치활동을 고유의 목적으로 삼는 정치적 결사체도 아닌 노동조합이 비록 선거법 제87조에 의하여 총회의 결의 등을 거쳐 지지하거나 반대하는 정당이나 후보자를 결정하고 그 명의로 선거운동을 할 수 있다고 하더라도 그 구성원인 조합원 개개인에 대하여 노동조합의 결의 내용에 따르도록 권고하거나 설득하는 정도를 넘어서 이를 강제하는 것은 허용되지 아니한다"고 판시하면서, 노동조합이 선거법 제237조 제1항 제3호에 정하여진 '업무·고용 기타의 관계로 인하여 보호·지휘·감독하에 있는 자'에 해당한 다음, 노동조합이 그 조합원에 대하여 특정 정당이나 후보자를 지지·반대하거나 지지·반대할 것을 권유하거나 설득하는 정도를 넘어서 노동조합 총회의 결의 내용을 따르지 아니하는 조합원에 대하여는 노동조합의 내부적인 통제권에 기초하여 여러 가지 불이익을 가하는 등 강력하게 대처하겠다는 내용의 속보를 제작·배포한 행위가 조합원인 근로자 각자의 공직선거에 관한 의사결정을 방해하는 정도의 강요행위에 해당한다고 판단하였다(대법원 2005. 1. 28. 선고 2004도227 판결). 그러나 이 판례는 노동조합이 선거법 제237조 제1항 제3호에 정하여진 '업무·고용 기타의 관계로 인하여 보호·지휘·감독하에 있는 자'에 해당한다고 보았으나, 노동조합과 조합원의 관계는 조합원을 보호하거나 지휘 또는 감독하는 관계가 아닌 '수평적 의사체계관계'이므로, 위 판례의 타당성은 의문이다.

다. 선거운동을 위한 사조직 기타 단체의 설립 또는 설치금지

(1) 의 의

누구든지 선거에서 후보자(후보자가 되고자 하는 자를 포함)의 선거운동을 위하여 연구소·동우회·향우회 등 그 명칭이나 표방하는 목적 여하를 불문하고 사조직 기타 단체를 설립하거나 설치할 수 없는 것을 말한다(법§87②).

(2) 내 용

(가) 주 체

후보자, 후보자 가족 등 누구든지 이에 포함된다.

(나) 금지되는 사조직 및 행위의 의미

연구소·동우회·향우회·산악회·조기축구회, 정당의 외곽단체 등 그 명칭이나 표방하는 목적 여하를 불문하고 후보자나 후보자가 되고자 하는 자의 '선거운동을 위한' 조직이다. 그리고 '설치(設置)나 설립(設立)'은 그러한 조직을 만드는 것을 말하므로 사조직을 '이용하는 행위'는 본항에서 말하는 해당하지 않고, 따라서 기존 합법적인 조직을 선거운동을 위하여 이용하는 것은 본항에 해당하는 것이 아니라, 선거법 제89조 제1항에 해당한다.

이와 관련하여 판례는 "후보자간 선거운동기구의 형평성을 유지하고, 각종 형태의 선거운동기구의 난립으로 인한 과열경쟁 및 낭비를 방지하기 위한 규정이고, 위 조항에서 설립 내지 설치를 금지하는 사조직은 선거에 있어서 후보자나 후보자가 되고자 하는 자를 위하여 그 명칭이나 표방하는 목적 여하를 불문하고 법정 선거운동기구 이외에 설립하거나 설치하는 일체의 사조직을 의미하므로, 설사 회칙이 없고 조직과 임원 및 재정 등에 관하여 구체적으로 정한 바가 없더라도 위 조항에서 말하는 사조직에 해당한다"고 판시하면서, "이 조항에서는 사조직의 설립 또는 설치 행위만을 금지하고 있을 뿐 이미 설립된 사조직을 이용하는 행위에 대해서는 금지하고 있지 않으므로, 특정 선거 후보자의 지시나 공모 없이 회원들이 자발적으로 모여 사조직을 만들었다면, 그 조직의 설립 후에 특정 후보자가 여러 차례 모임에 참석하였다는 사실만으로는 그 후보자가 사조직을 설립 또는 설치하였다거나 그에 공모하였다고 인정할 수 없다"고 판단하였다(대법원 2008. 3. 13. 선고 2007도7902 판결).

나아가, 인터넷 카페와 연결된 오프라인상의 모임이 선거법 제89조 제2항상 사조직에 해당하는지와 관련하여, 대법원은, "인터넷 공간에서의 선거활동을 목적으로 하여 인터넷 카페 등을 개설하고 인터넷 회원 등을 모집하여 일정한 모임의 틀을 갖추어 이를 운영하는 경우에, 이러한 인터넷상의 활동은 정보통신망을 통한 선거운동의 하나로서 허용되어야 하며, 이를 두고 선거법상 사조직에 해당한다고 보기 어렵다. 나아가 위와 같은 인터넷 카페 개설을 위하여 별도로 준비 모임을 갖거나 카페 개설 후 일부 회원들이 오프라인에서 모임을 개최하였다 하더라도, 그러한 모임이 인터넷 카페 개설 및 그 활동을 전제로 하면서 그에 수반되는 일시적이고 임시적인 성격을 갖는 것에 그친다면 역시 선거법상 사조직에 해당한다고 단정할 수 없고, 이를 넘어서서 인터넷상의 카페 활동과 구별되는 별도의 조직적인 활동으로서 선거법상 사조직을 갖춘 것으로 볼 수 있는지 여부는 해당 인터넷 카페의 개설 경위와 시기, 구성원 및 온라인과 오프라인상 활동 내용 등 제반 사정들을 종합하여 판단해야 한다. 그리고 이와 같은 해석은 특정 선거와 관련하여 후보자 또는 후보자가 되고자 하는 자를 위하여 인터넷상에 카페를 개설하는 경우에도 마찬가지이다"고 판결하였다(대법원 2013. 11. 14. 선고 2013도2190 판결).

실전팁(후보자 팬클럽 결성 및 활동시 유의사항)

□ 팬클럽 결성

- '선거운동 등 후보자나 후보자가 되고자 하는 자를 위하여' **팬클럽을 결성**하는 것은 선거법 제87조 제2항이나 제89조 제1항에 해당할 소지가 큼
- 그러나 이런 경우에도 **구성원의 결합 정도 및 결합의 지속성, 구성원에 대한 의사관철 정도**를 기준으로 보았을 때, 팬모임이 **임시적이고 일시적 성격**을 가지는 경우에는 그 조항에 해당하기 어려움
- 선거운동 등 후보자를 위하여 결성되는 것과 달리 '후보자가 좋아서 **자연스럽게**' 인터넷모임을 기초로 모임이 결성되거나, 후보자를 추종하는 사람들이 친목도모나 취미활동 또는 학술이나 연구를 위해서 팬클럽을 결성하는 것은 금지되는 사조직 결성에 해당한다고 보기 어려움(**결성 목적의 중요성**).
- **인터넷 카페상 팬모임을 기본**으로 하여 인터넷 카페모임을 지원하기 위한 **임시적이고 일시적으로 오프라인 모임**을 가질 필요가 있음. 다만 오프라인 활동을 주된 목적으로 하거나, 인터넷 카페 활동과 구분되는 별도의 모임이 되어서는 안 됨(위 2013도2190 판결).
- **당원만**을 대상으로 하는 **당내경선**에서 경선후보자를 지원하거나 당헌·당규에서 정한 경선운동을 하기 위하여 팬클럽을 결성하는 것도 사조직 결성에 해당하지 않음[16]

□ 팬클럽 활동

- **팬클럽 명의**나 그 **대표자 또는 구성원 명의**로 문자메시지, 인터넷(SNS 포함), 이메일로 선거운동을 하는 것은 금지됨(법§87①4호)
- 따라서 **선거운동기간** 중에는 **팬클럽과 무관하게 개별회원**이 개인적으로 **인터넷, 문자메시지, 이메일(SNS 포함)로 후보자를 지원하는 선거운동**(후보자 동정 안내, 연설문 전파, 정강·정책 또는 공약의 홍보·선전 및 전파, 후보자의 경력·학력 등 장점·강점 홍보·전파 등)을 펼칠 필요가 있음
- **선거기간** 중 선거에 영향을 미치기 위하여 동창회나 그 밖의 **집회 또는 모임**이 **금지**되므로(법§103③), 선거기간 중에 선거에 영향을 미치기 위한 행동으로 볼 여지가 큰 출정식·전진대회·단합대회를 갖지 않고, 부득이하게 모임이 필요하다면, **선거와의 무관한 모임**을 가질 필요가 있음
- **선거기간** 중에 선거와 무관하게 모임을 갖더라도, 모임 **주최자나 주도자**가 후보자에 대한 **연호나 선전구호를 외치는** 등의 행위를 하는 것은 선거와의 관련성을 드러내므로, 이는 하지 않아야 됨. 다만, 회원들이 **자연발생적**으로 이를 **우연하게** 하는 것까지 선거와의 관련성을 드러낸다고는 할 수 없음

---

16 중앙선관위, 『정치관계법 사례예시집』, 154면.

라. 벌 칙

선거법 제87조(단체의 선거운동금지) 제1항의 규정을 위반하여 선거운동을 하거나 하게 한 자 또는 동조 제2항의 규정을 위반하여 사조직 기타 단체를 설립·설치하거나 하게 한 자는 3년 이하의 징역 또는 600만 원 이하의 벌금에 처한다(법§255①11호).

8. 타후보자를 위한 선거운동금지

가. 의 의

선거법 제88조는 후보자, 선거사무원 등, 연설원, 대담·토론자는 다른 정당이나 선거구가 같거나 일부 겹치는 다른 후보자를 위한 선거운동을 할 수 없도록 규정하고 있다. 이러한 조항의 입법취지와 관련하여 헌법재판소는 '후보자간의 담합행위 및 매수가능성을 사전에 차단하여 선거권자의 판단에 혼선을 가져오지 않게 하기 위한 규정'이라고 한 바 있다(헌재 1999. 1. 28. 98헌마172).

나. 내 용

(1) 주 체

후보자, 선거사무장, 선거연락소장, 선거사무원, 회계책임자, 연설원, 대담·토론자이다.

(2) 금지되는 경우와 그 예외

다른 정당이나 **선거구의 동일 또는 중복이 있는** 다른 후보자를 위한 선거운동을 할 수 없다. 여기서 선거구는 앞서 본 바와 같이 국회의원 등 대의기관을 선출하는 '지역적 단위구역'을 말하고,[17] '선거구가 일부 겹치는 경우'는 같

17

선거의 종류	선거구
대통령 및 비례대표국회의원	전국
비례대표시·도의원의 선거구	당해 시·도
비례대표자치구·시·군의원	당해 자치구·시·군
지역구국회의원, 지역구지방의회의원	당해 의원의 선거구(선거구는 별표 1-2)
지방자치단체장	당해 지방자치단체의 관할구역

거나 다른 종류의 선거[18]에서 선거구가 일부 지역에서 중복되는 경우를 말한다. '선거구가 같은 경우'는 선거구가 일치하여 같거나 다른 종류의 선거에서 선거구가 지역적으로 일치하는 경우를 말한다. 이와 관련하여, 중앙선관위는 국회의원후보자가 다른 선거구 다른 정당 소속 지역구국회의원선거 후보자의 공개장소 연설·대담을 지원하기 위하여 선거법 제79조 제2항에 따라 연설·대담을 할 수 있는 자로 지정을 받고, 지원연설을 하는 것은 허용된다고 하였다(2012. 4. 2. 중앙선관위 질의회답).

그러나, ⅰ) 정당이나 후보자를 위한 선거운동을 함에 있어서 그 일부가 다른 정당이나 후보자의 선거운동에 이른 경우, ⅱ) 같은 정당이나 같은 정당의 추천후보자를 지원하는 경우, ⅲ) 선거법의 규정에 의하여 공동선임된 선거사무장 등이 선거운동을 하는 경우에는 예외를 인정하고 있다(법§88단서). ⅰ)의 경우는 자당이나 자신이 일하고 있는 후보자를 위한 선거운동이 '주된 것'이지만, '부수적으로' 타당이나 다른 후보자를 선거운동에 이른 경우를 말한다. ⅱ)의 경우는 정당활동의 자유상 허용된 것으로, 이 부분이 무소속후보자와 정당후보자를 차별하는지에 대하여 헌법재판소는 "무소속후보자에게는 정당의 후보추천자에 비하여 선거운동의 자유가 상대적으로 제한되었다고 볼 수도 있으나 그러한 차별은 앞에서 본 바와 같이 정당의 본질적 기능과 기본적 활동을 보장하기 위한 합리적이고 상대적인 차별이라 할 것"이라고 한 바 있다(위 98헌마 172). 이러한 연장선상에서 국회의원선거에서 지역구후보자가 같은 정당의 지역구후보자의 선거사무장 선거사무원이 될 수 있다(2004. 4. 7. 중앙선관위 질의회답).

---

18 '같은 종류의 선거'는 '동일한 시기에 임기가 만료하는 동일한 직(職)을 가지는 선거'를 말하고, 대통령선거, 국회의원선거, 기초자치단체장선거, 광역자치단체장선거, 기초의원선거, 광역의원선거는 각각 같은 종류의 선거가 된다. 따라서 대통령선거, 국회의원선거, 기초자치단체장선거, 광역자치단체장선거, 기초의원선거, 광역의원선거의 '상호간'은 다른 종류의 선거가 된다.

실전팁(정당후보자 간 후보단일화 및 지지표명과 무소속후보 지원)
(중앙선관위 질의회답 및 의결 등)

- 여론조사나 선거인단 모집 방식에 의한 후보단일화가 가능함(2010. 3. 22).
- 정당이 각 정당의 후보자들이 참여한 토론회를 개최한 다음 이를 기초로 한 여론조사의 결과에 따라 후보자를 단일화하는 것도 가능(대법원 2004. 5. 31. 선고 2003수26 판결)
- 2 이상의 정당이 후보자를 단일화하기 위하여 그 정당의 인터넷홈페이지를 통하여 자발적으로 신청한 선거인단을 대상으로 휴대전화를 이용하여 투표하는 방법으로 후보자를 결정하는 경우 그 선거인에게 해당 정당 또는 후보자가 되고자 하는 자를 선전하는 등 선거운동에 이르는 행위가 부가되지 아니하고 선거법 제108조 제2항에도 위반되지 아니하는 방법으로 하는 것은 무방함(2007. 11. 6)
- 통상적인 방법으로 실시한 여론조사의 결과를 단일후보결정을 위한 내부자료로 활용하는 것은 무방할 것이나, 여론조사의 결과공표가 금지되는 기간중에 언론매체에 그 결과를 공표하는 것은 허용되지 않음(2008. 4. 3)
- 정당소속 후보자(입후보예정자 포함)와 무소속 후보자 또는 타정당 후보자가 후보 단일화를 위하여 제한된 범위의 제3자가 참여하는 후보 단일화 추진위원회를 구성하고 그 목적 범위 안에서 활동하는 경우 또는 후보 단일화를 위하여 필요한 규모의 기구를 구성하고 그 기구에 단일화의 진행에 관한 사항을 의뢰하는 경우는 모두 유사기관 설치가 아니어서 가능함(2009. 9. 25)
- 단일화가 된 경우 그 단일후보자가 선거사무소 외벽, 후보자명함, 선거공보 등에 단일화에 참여한 다른 정당의 지지를 받고 있다는 것을 선전하는 것도 가능함(위 2010. 3. 22)
- 정당의 정강·정책홍보물(법§138), 정책공약집(법§138의2), 정당기관지(법§139)에는 단일화 여부와 단일화에 참여한 다른 정당의 지지 여부를 표시하는 것은 허용되지 않음(2011. 10. 7)
- 정당 간 또는 정당과 무소속 후보자 간 단일화가 된 경우 사퇴한 후보자나 그 정당의 대표자 또는 간부 등이 단일후보자나 그 정당의 선거대책기구의 간부나 구성원 또는 연설원이 되는 것은 선거법 제88조, 제84조에 해당하지 않음(2007. 12. 6. 의결)
- 정당의 당사나 정당선거사무소에 무소속 후보자의 선거연락소를 설치하는 경우 정당의 당사나 정당선거사무소와 구획하여 별도의 선거연락소를 설치하는 것이 가능함(위 2007. 12. 6. 의결)
- 정당이 국고보조금을 무소속후보자에게 지원하거나 당비를 지원하는 것은 정치자금법 위반임(위 2007. 12. 6. 의결)

- 정당이 무소속후보자의 선거운동을 위하여 당해 정당이 행한 활동에 소요된 경비를 당해 정당의 경비로 지출할 수 있음(위 2007. 12. 6. 의결)
- 정당의 당원이 무소속후보자의 자원봉사자 또는 선거사무원이 되거나, 해당 선거구에 후보자를 추천하지 아니한 정당이 무소속후보자를 지지하거나 지원하는 경우 정당의 대표자 또는 간부가 무소속후보자의 선거사무장 또는 선거연락소장이 되는 것도 허용됨(2011. 10. 14)
- 정당이 선거운동기간 중에 선거법 제59조를 준수하여 무소속후보자를 위하여 전화·문자메시지·인터넷홈페이지 또는 트위터를 이용하여 무소속후보자를 위한 선거운동을 하는 것은 허용됨(위 2011. 10. 14)

다. 벌 칙

선거법 제88조(타후보자를 위한 선거운동금지) 본문의 규정에 위반하여 다른 정당이나 후보자를 위한 선거운동을 한 자는 3년 이하의 징역 또는 600만 원 이하의 벌금에 처한다(법255①12호).

Ⅳ. 선거운동 방법 관련 제한

1. 선거운동기구의 설치

가. 의 의

'선거운동기구'라 함은 선거운동 기타 선거에 관한 사무를 처리하기 위하여 정당 또는 후보자, 예비후보자가 설치한 선거사무소 등 선거관련 기구(機構)를 말한다(법§61①,§61의2①).

이와 관련하여 대법원은 "선거사무소 또는 선거연락소라 함은 그 명칭 여하를 불문하고 선거운동 기타 선거에 관한 사무를 처리하는 일체의 고정된 장소적 설비를 가리킨다고 할 것이고, 이러한 선거사무소 또는 선거연락소의 수를 제한하는 취지가 재력·위력 또는 권력 등에 의하여 좌우되지 아니하는 공정한 선거를 도모하고자 함에 있"다고 판시한 바 있다(대법원 1999. 3. 9. 선고 98도3169 판결).

나. 내 용

(1) 선거운동기구의 종류와 그 제한

정당 또는 후보자가 설치하는 '선거사무소'와 '선거연락소', 예비후보자가 설치하는 '선거사무소', 정당이 중앙당 및 시·도당의 사무소에 설치하는 '선거대책기구'가 있다. 특히 정당 또는 후보자가 설치하는 선거사무소와 선거연락소는 <표 2-1>과 같다(법§61①).

〈표 2-1〉 선거종류별, 선거대책기구의 설치주체·종류·수

선거의 종류	설치 주체	선거대책기구의 종류 및 수
대통령선거	정당 또는 후보자	**선거사무소** 1개소, 시·도 및 구·시·군(하나의 구·시·군이 2 이상의 국회의원지역구로 된 경우에는 국회의원지역구를 말함)마다 **선거연락소** 1개소
지역구국회의원 선거	후보자	당해 국회의원지역구 안에 **선거사무소** 1개소. 다만, 하나의 국회의원지역구가 2 이상의 구·시·군으로 된 경우에는 선거사무소를 두지 아니하는 구·시·군마다 **선거연락소** 1개소
비례대표 국회의원선거, 비례대표 지방의회의원선거	정당	**선거사무소** 1개소(비례대표시·도의원선거의 경우에는 비례대표시·도의원후보자명부를 제출한 시·도마다, 비례대표자치구·시·군의원선거의 경우에는 비례대표자치구·시·군의원후보자명부를 제출한 자치구·시·군마다 선거사무소 1개소)
지역구지방의회 의원선거	후보자	당해 선거구 안에 **선거사무소** 1개소
시·도지사선거	후보자	당해 시·도 안에 **선거사무소** 1개소, 당해 시·도 안의 구·시·군마다 **선거연락소** 1개소
자치구·시·군의 장 선거	후보자	당해 자치구·시·군 안에 **선거사무소** 1개소. 다만, 자치구가 아닌 구가 설치된 시에 있어서는 선거사무소를 두지 아니하는 구마다 **선거연락소** 1개소를 둘 수 있으며, 하나의 구·시·군이 2 이상의 국회의원지역구로 된 경우에는 선거사무소를 두지 아니하는 국회의원지역구마다 **선거연락소** 1개소

(2) 선거운동기구의 설치 가능 시기

예비후보자의 선거사무소는 예비후보자로 등록한 이후이고, 후보자의 선거사무소는 후보자로 등록한 이후이다. 선거연락소의 설치시기에 대하여는 명시적으로 선거법이 규율하고 있지는 않으나, **선거연락소**는 본격적인 선거운동을 위한 기구이므로 선거운동기간개시 이후에 설치될 수 있고, 중앙선관위 등 실무에서도 그렇게 해석하고 있다.[19] 정당이 중앙당 등에 설치한 **선거대책기구**의 설치 가능 시기에 대하여 선거법이 특별히 규율하고 있지 않으므로, 정당이 당헌·당규에 따라 그 시기는 **자주적**으로 정할 수 있다는 것이 선관위의 태도이다.

선거준비사무소, 선거사무소 및 선거연락소에 관하여 비교하면 <표 2-2>와 같다. 특히 실무에서는 선거준비사무소의 설치는 1개만 가능한 것으로 보는데, 이는 선거법 제61조 제1항이 선거대책기구, 선거사무소를 각 1개씩 설치하는 것으로 규정한 것에 근거한 해석으로 보인다.

〈표 2-2〉 선거준비사무소, 선거사무소, 선거연락소의 설치 시기와 그 업무범위

명칭	설치 법적 근거	설치 가능 시기	업무 범위
선거준비 사무소	명시적으로 근거 없으나, 해석상 법§58①2호	**'후보자가 되고자 하는 자'**가 선거준비에 필요한 '임의의 시기'에 설치 가능	입후보 및 선거운동 준비 행위
선거사무소	법§61	후보자는 후보자등록 이후부터 선거일까지	후보자는 선거운동 및 그 밖의 선거에 관한 사무처리 가능
		예비후보자는 예비후보자 등록 이후부터 후보자등록 시까지	예비후보자는 예비후보자가 할 수 있는 선거운동에 한함
선거연락소	법§61	**선거운동개시일**부터 선거일[20]까지	선거운동 및 그 밖의 선거에 관한 사무처리 가능

19 선거운동기간 전에 i) 선거연락소를 임차하여 그곳에 집기·설비·비품을 들여놓는 등 준비하는 행위, ii) 선거사무장 내정자 등이 선거전략을 수립하고 선거운동이 시작되었을 때 임무 등을 부여하는 행위, iii) 선거벽보·선거공보를 기획하고 준비하는 행위, iv) 선거공약서를 기획하고 준비하는 행위, v) 기타 선거준비행위로 볼 수 있는 행위 등은 가능하지만, 선거연락소에서 선거운동은 할 수 없으며, 현수막·간판·현판 등을 설치할 수 없다는 것이 중앙선관위 등 실무의 해석이다.

20 선거연락소 또는 선거사무소가 선거일에 활동이 가능하더라도, 그것은 선거운동을 제외한 선

(3) 선거운동기구의 설치 장소

선거사무소 또는 선거연락소는 시·도 또는 구·시·군의 사무소 소재지가 다른 시·도 또는 구·시·군의 구역 안에 있는 때에는 선거법 제61조 제1항의 규정에도 불구하고 그 시·도 또는 구·시·군의 사무소 소재지를 관할하는 시·도 또는 구·시·군의 구역 안에 설치할 수 있다(법§61②). 또한, 정당·정당추천후보자 또는 정당소속 예비후보자의 선거사무소와 선거연락소는 그에 대응하는 정당[제61조의2(정당선거사무소의 설치)의 규정에 의한 정당선거사무소를 포함]의 사무소가 있는 때에는 그 사무소에 둘 수 있다(법§61③). 그리나, 선거사무소와 선거연락소는 '고정된 장소 또는 시설'에 두어야 하며, 「식품위생법」에 의한 식품접객영업소 또는 「공중위생관리법」에 의한 공중위생영업소 안에 둘 수 없다(법§61⑤). 따라서 이동하는 차량이나 선박 등에 이를 설치할 수 없다.

(4) 선거운동기구에 현수막 등의 설치

선거사무소, 선거연락소 및 선거대책기구에는 선거규칙으로 정하는 바에 따라 선거운동을 위한 간판·현판 및 현수막, 제64조의 선거벽보, 제65조의 선거공보, 제66조의 선거공약서 및 후보자의 사진을 첩부할 수 있다(법§61⑥본문). 다만, 예비후보자의 선거사무소에는 간판·현판 및 현수막에 한하여 설치·게시할 수 있다(법§61⑥단서). 이와 관련하여 중앙선관위는 현수막에 발광소재를 사용하는 것도 허용된다고 본 바 있다(2007. 11. 2. 중앙선관위 질의회답).

선거사무소, 선거연락소 및 선거대책기구에 설치·게시하는 간판·현판·현수막에는 법 제150조(투표용지의 정당·후보자의 게재순위 등)의 규정에 따른 기호가 결정되기 전이라도 정당 또는 후보자(예비후보자 포함)가 자신의 기호를 알 수 있는 때에는 그 기호를 게재할 수 있다(규칙§27③). 이러한 간판·현판 및 현수막과 선거벽보·선거공보·선거공약서 및 후보자의 사진은 선거사무소, 선거연락소 및 선거대책기구가 있는 건물이나 그 담장을 벗어난 장소에 또는 애드벌룬을 이용한 방법으로 설치·게시할 수 없다(규칙§27④).

그리고 정당·후보자·선거사무장 또는 선거연락소장이 선거법 제61조 제6항에 따라 선거사무소와 선거연락소에 첩부할 수 있는 선거벽보·선거공보

거사무 처리를 위해서이다.

및 선거공약서의 매수(책자형 선거공보 및 선거공약서의 경우에는 부수를 말함)와 선거사무소와 선거연락소에 첩부할 수 있는 후보자의 사진의 매수·규격은 ＜표 2-3＞과 같다(규칙§27⑤,⑥). 후보자 사진 매수에 있어서 비례대표국회의원과 비례대표시·도의원의 경우는 후보자마다 각 10매이고, 그 규격은 선거벽보의 규격(비례대표국회의원후보자 및 비례대표지방의회의원후보자의 사진규격은 선거규칙 제29조 제1항 제2호에 따른 선거벽보의 규격을 말함)의 2배 이내의 크기로 하되, 그 후보자만의 사진이어야 한다(규칙§27⑥).

〈표 2-3〉 선거종류별 선거벽보·선거공보 및 선거공약서 등의 매수

선거의 종류	선거벽보·선거공보 및 선거공약서	후보자 사진의 매수
대통령, 비례대표국회의원과 비례대표시·도의원 및 시·도지사의 선거의 **선거사무소**	각각 50매	50매 이내
지역구국회의원 및 자치구·시·군의 장의 선거의 **선거사무소**와 대통령 및 시·도지사의 선거의 **선거연락소**	각각 30매	30매 이내
지역구국회의원 및 자치구·시·군의 장의 선거의 **선거연락소**와 지역구시·도의원선거 및 자치구·시·군의원선거의 **선거사무소**	각각 20매	20매 이내

(5) 예비후자에 대한 특례

예비후보자가 제49조(후보자등록 등)의 규정에 의하여 후보자등록을 마친 때에는 당해 예비후보자의 선거사무소는 후보자의 선거사무소로 간주되므로(법§61④), 선거법 제63조에 따른 별도의 선거사무소 설치 신고를 하지 않아도 된다.

그리고 예비후보자가 그 신분을 상실한 때에는 제1항의 규정에 의하여 설치한 선거사무소를 폐쇄해야 하며, 이를 폐쇄하지 아니한 경우 선거구선관위는 당해 예비후보자에게 즉시 선거사무소의 폐쇄를 명해야 한다(법§61⑦). 여기서 그 신분을 상실할 때라 함은 예비후보자가 후보자로 등록한 이후 후보자 지위를 잃는 일체의 경우를 말한다.

다. 설치 등의 신고

정당·후보자 또는 예비후보자가 선거사무소와 선거연락소를 설치·변경한 때에는 지체 없이 관할 선거구선관위에 서면[별지 제16호서식의(가)]으로 신고해야 하는데(법§63①, 규칙§28①), 그 내용은 <표 2-4>와 같다. 또한 선거사무소의 신고권자는 정당, 후보자이고, 선거연락소의 신고권자는 후보자, 선거사무장이라는 것이 실무의 태도이다.[21]

〈표 2-4〉 선거종류별 선거사무소·선거연락소의 신고기관

선거의 종류	신고기관
대통령선거 및 비례대표국회의원선거의 **선거사무소**의 설치·변경	중앙선관위
대통령선거의 **시·도선거연락소**의 설치·변경, 비례대표시·도의원선거 및 시·도지사선거의 **선거사무소**의 설치·변경	시·도선관위
지역구국회의원·지방의회의원(비례대표 시·도의원을 제외) 및 자치구·시·군의 장의 선거의 **선거사무소**의 설치·변경	구·시·군선관위
대통령 및 지역구국회의원의 선거와 시·도지사 및 자치구·시·군의 장의 선거의 **구·시·군선거연락소**의 설치·변경	구·시·군선관위

라. 벌칙 등 제재

선거법 제61조(선거운동기구의 설치) 제1항의 규정에 위반하여 선거운동기구를 설치하거나 이를 설치하여 선거운동을 한 자는 3년 이하의 징역 또는 600만 원 이하의 벌금에 처한다(법§255①3호). 또한 동법 제61조(선거운동기구의 설치) 제1항의 규정에 위반한 자로 후보자 또는 후보자가 되려는 사람을 위하여 이른바 유사기관(이에 대하여는 후술함[22])을 설치한 자는 동법 제89조 제1항의 유사기관 설치금지에도 해당하고, 양 죄는 상상적 경합관계에 있다고 본다.

그리고 동법 제61조(선거운동기구의 설치) 제5항[제61조의2(정당선거사무소의

21 이와 같이 볼 명확한 법적 근거는 없으나, 서울시선관위 등은 이와 같이 해석한다(서울특별시선관위, 『정당·후보자를 위한 선거사무안내』, 55면).

22 383면 이하 참조.

설치)제7항에서 준용하는 경우를 포함]의 규정에 위반하여 선거사무소나 선거연락소를 설치한 자와, 동법 제61조(선거운동기구의 설치) 제7항의 규정에 의하여 선거사무소의 폐쇄명령을 받고도 이를 이행하지 아니한 자는 1년 이하의 징역 또는 200만 원 이하의 벌금에 처한다(법§256⑤2호,2호의2). 나아가 동법 제61조 제6항을 위반하여 선거사무소, 선거연락소 또는 선거대책기구에 간판·현판·현수막을 설치·게시하거나 하게 한 자에게는 100만 원 이하의 과태료를 부과한다(법§261⑧2호가목).

2. 정당선거사무소의 설치

가. 의 의

정당사무소는 대통령선거, 국회의원선거 등 당해 선거에 관한 '정당의 사무'를 처리하기 위하여 설치하는 사무소를 말한다(법§61의2①). 선거법 제61조 제1항에서 설치하는 선거대책기구는 중앙당과 시·도당 차원에서 선거를 총괄·조정하기 위한 성격의 대책기구인 반면, 본 조항의 정당사무소는 지역 단위에서 선거연락 등 선거에 관한 정당의 사무를 처리하기 위한 사무소라는 점에서 구별된다.

판례는 정당사무소와 선거사무소·선거연락소의 구별에 관하여, "「공직선거 및 선거부정방지법」 제61조 제1항 제2호에서 말하는 선거사무소 또는 선거연락소라 함은 그 명칭 여하를 불문하고 선거운동 기타 선거에 관한 사무를 처리하는 일체의 고정된 장소적 설비를 가리킨다고 할 것이고, 이러한 선거사무소 또는 선거연락소의 수를 제한하는 취지가 재력·위력 또는 권력 등에 의하여 좌우되지 아니하는 공정한 선거를 도모하고자 함에 있는 점을 감안할 때, 선거사무소·선거연락사무소가 「정당법」 제3조 단서 소정의 정당연락소와 구별되는 차이점은 결국 그 장소에서 취급하는 사무의 내용이 특정의 선거에 관하여 특정 후보자의 당선을 목적으로 표를 얻거나 얻게 하기 위하여 직접 또는 간접으로 필요하고도 유익한 선거운동 기타 선거에 관한 것인지 여부에 달려 있다고 할 것이고, 어떠한 구체적인 행위가 선거운동 기타 선거에 관련된 것인지 여부를 판단함에 있어서는 단지 그 행위의 명목에 의하여 형식적으로 결정하여서는 아니 되고, 그 행위가 행하여진 시기·장소·방법·대상 등을 종합적으로 파악하여 그것이 특정 후보를 위한 투표획득에 직접 또는 간접으로 필요하고도 유리한 행위인지 여부를 실질적으로 판단해야 한다"고 판시한 바 있다(대법원 1998. 7. 10. 선고 98도477 판결).

나. 내 용

(1) 설치 시기 및 개수

<표 2-5>와 같은 날(그 날 후에 실시사유가 확정된 보궐선거 등에 있어서는 그 선거의 실시사유가 확정된 때)부터 선거일 후 30일까지 선거구 안에 있는 구·시·군(하나의 구·시·군이 2 이상의 국회의원 지역구로 된 경우에는 국회의원지역구)마다 1개소의 정당선거사무소를 설치할 수 있다(법§61의2①). 정당은 선거일 후 30일이 지난 때에는 이러한 정당선거사무소를 즉시 폐쇄해야 한다(법§61의2⑥).

〈표 2-5〉 선거종류별 정당사무소의 설치 시점

선거의 종류	설치 시점(始點)
대통령선거	선거일 전 240일
국회의원선거 및 시·도지사선거	선거일 전 120일
지방의회의원선거 및 자치구·시·군의 장선거	선거기간개시일 전 60일

(2) 정당선거사무소의 설치 장소

정당선거사무소는 고정된 장소 또는 시설에 두어야 하며, 「식품위생법」에 의한 식품접객영업소 또는 「공중위생관리법」에 의한 공중위생영업소 안에 둘 수 없다(법§61의2⑦,§61⑤).

그리고 정당선거사무소는 시·도 또는 구·시·군의 사무소 소재지가 다른 시·도 또는 구·시·군의 구역 안에 있는 때에는 선거법 제61조의2 제1항의 규정에 불구하고 그 시·도 또는 구·시·군의 사무소 소재지를 관할하는 시·도 또는 구·시·군의 구역 안에 설치할 수 있다(법§61의2⑦,§61②).

(3) 정당선거사무소의 인적 구성과 권한

정당선거사무소에는 당원 중에서 소장 1인을 두어야 하며, 2인 이내의 유급사무직원을 둘 수 있다(법§61의2②). 이 정당선거사무소의 소장은 선거법 또는 다른 법률의 규정에 의한 신고·신청·제출·보고·추천 등에 관하여 당해 정당을 대표한다(법§61의2⑤).

(4) 정당선거사무소에 현수막 등의 설치

정당선거사무소에는 선거규칙으로 정하는 바에 따라 정당의 홍보에 필요한 사항을 게재한 간판·현판·현수막을 설치·게시할 수 있는데, 이러한 간판·현판·현수막에는 후보자(후보자가 되고자 하는 자를 포함)의 성명·사진 또는 그 성명을 유추할 수 있는 내용을 게재하거나 후보자를 지지·추천하거나 반대하는 내용을 게재하여서는 안 되고(규칙§27의2③), 또한 정당선거사무소가 있는 건물이나 그 담장을 벗어난 장소에 또는 애드벌룬을 이용한 방법으로 설치·게시할 수 없다(규칙§27의2④).

다. 설치 등의 신고

중앙당 또는 시·도당의 대표자는 정당선거사무소를 설치하는 때에는 지체 없이 관할 선관위에 '설치연월일', '사무소의 소재지와 명칭', '소장의 성명·주소·주민등록번호', '사무소인(印)'을 서면[별지 제16호서식의(마)]으로 신고해야 한다(법§61의2③1문, 규칙§27의2①). 이 경우 신고사항의 변경이 있는 때에는 지체 없이 그 변경사항을 신고해야 한다(법§61의2③2문).

그리고, 정당이 정당선거사무소를 설치·운영하는 중에 보궐선거 등을 실시하게 되는 때에는 당해 보궐선거 등의 선거일 후 30일까지 이미 설치된 정당선거사무소 외에 별도의 정당선거사무소를 설치할 수 없다(규칙§27의2②1문). 이 경우 이미 설치된 정당선거사무소는 보궐선거 등에 있어서 법 제61조의2 제3항의 규정에 따라 신고된 정당선거사무소로 본다(규칙§27의2②2문).

라. 벌칙 등 제재

정당(당원협의회 포함)이, 선거법 제61조의2(정당선거사무소의 설치) 제1항의 규정을 위반하여 정당선거사무소를 설치하거나, 동조 제2항의 규정을 위반하여 소장 또는 유급사무직원을 두게 한 때에는 해당 정당에 대하여는 1천만 원 이하의 벌금에 처하고, 해당 정당의 대표자·간부 또는 소속 당원으로서 위반행위를 하거나 하게 한 자는 2년 이하의 징역 또는 400만 원 이하의 벌금에 처한다(법§256④10호).

그리고 동법 제61조의2(정당선거사무소의 설치) 제4항의 규정을 위반하여 정당선거사무소에 간판·현판·현수막을 설치 또는 게시하거나 하게 한 자에게는 100만 원 이하의 과태료를 부과한다(법§261⑧2호나목).

3. 선거사무관계자의 선임

가. 의 의

'선거사무관계자의 선임'은 선거사무소, 선거연락소를 설치하는 경우 이곳에서 근무하며 선거운동이나 선거에 관한 사무를 처리할 인원을 배치하는 것을 말한다(법§62①).

그리고 선거사무관계자의 종류로는 협의의 선거사무관계자, 광의의 선거사무관계자, 최광의의 선거사무관계자가 있다. '**협의의 선거사무관계자**'는 선거법 제62조상의 '**선거사무소장**, **선거연락소장**, **선거사무원** 및 **활동보조인**'을 말한다. 또한, '**광의의 선거사무관계자**'는 이 협의의 선거사무관계자에 선거법 제61조의2에 따라 설치되는 '정당선거사무소'에 근무하는 '**정당선거사무소장, 유급사무직원**', 「정치자금법」에 따라 선임되는 '후보자나 예비후보자'의 '**회계책임자**'를 포함하는 경우를 말한다. 또 **최광의의 선거사무관계자**는 '광의의 선거사무관계자'에 선거법이 규율하고 있지 않은 '**자원봉사자**'를 포함한 경우이다.

이에 비하여 '**선거운동관계자**'는 선거사무 등 선거운동에 관여하는 자로서, 이러한 최광의의 선거사무관계자에, 선거법 제60의3 제2항에 따라 예비후보자 등의 지정을 받거나 동법 제93조 제1항 제1호에 따라 후보자 등의 지정을 받은 사람, 동법 제79조 제2항에 따라 후보자 등이 선거운동을 할 수 있는 자 중에서 지정한 사람, 동법 제82조 제1항에 따라 후보자가 선거운동을 할 수 있는 자 중에서 지정한 사람, 동법 제82조의2 제1항 및 제2항에 따라 정당의 대표자가 비례대표의원후보자 또는 선거운동을 할 수 있는 사람 중에서 지정한 사람, 동법 제82조의3 제1항에 따라 정당의 대표자가 지정한 사람 등이 포함된 범주의 사람을 지칭하는 경우이다.

나. 내 용

(1) 선거사무소장 등의 선임

선거사무소와 선거연락소를 설치한 자(즉 후보자, 예비후보자, 정당)는 선거운동을 할 수 있는 자' 중에서 선거사무소에 선거사무장 1인을, 선거연락소에 선거연락소장 1인을 두어야 한다(법§62①). '선거운동을 할 수 있는 자' 중에서 선거사무소장 등을 선임하는 것은 이들이 하는 업무가 주로 선거운동이기 때문이다. 다만, 같은 선거에 있어서는 2 이상의 정당·예비후보자 또는 후보자가 동일인을 함께 선거사무장·선거연락소장으로 선임할 수 없다(법§62⑦).

이와 같이 선거사무장을 두지 아니한 경우에는 후보자(선거법 제62조 제2항 제1호·제3호·제5호 및 제8호의 경우에는 정당의 회계책임자) 또는 예비후보자가 선거사무장을 겸한 것으로 본다(법§62⑥).

(2) 유급선거사무원의 선임

후보자의 선거사무장 또는 선거연락소장은 선거에 관한 사무를 처리하기 위하여 선거운동을 할 수 있는 자 중에서 <표 2-6>과 같이 선거법 제135조 제1항 본문에 따른 수당과 실비를 지급받는 선거사무원인 유급선거사무원을 둘 수 있다(법§62②). 다만, 같은 선거에 있어서는 2 이상의 정당·예비후보자 또는 후보자가 동일인을 함께 유급선거사무원으로 선임할 수 없다(법§62⑦).

선거법 제135조 제1항 단서의 규정[23]에 의하여 수당을 지급받을 수 없는 정당의 유급사무직원, 국회의원과 그 보좌관·비서관·비서 또는 지방의회의원은 선거사무원이 된 경우에도 제2항의 선거사무원수에는 산입하지 아니한다(법§62⑤). 따라서 정당의 유급사무직원, 국회의원과 그 보좌관·비서관·비서 또는 지방의회의원에 대해서 실비만을 보상하게 하고 그 수만큼 유급사무원은 더 두는 방식으로 유급사무원을 배치하는 것이 선거운동의 측면에서 도움이 될 것으로 본다. 이와 관련하여 중앙선관위는 '국회 인턴보좌관과 국회 교섭

---

23 ① 선거사무장·선거연락소장·선거사무원·활동보조인 및 회계책임자(이하 이 조에서 '선거사무장 등'이라 함)에 대하여는 수당과 실비를 지급할 수 있다. 다만, 정당의 유급사무직원, 국회의원과 그 보좌관·비서관·비서 또는 지방의회의원이 선거사무장 등을 겸한 때에는 실비만을 보상할 수 있으며, 후보자등록신청개시일부터 선거기간개시일 전일까지는 후보자로서 신고한 선거사무장 등에게 수당과 실비를 지급할 수 없다.

〈표 2-6〉 선거종류별 유급선거사무원의 수

선거의 종류	유급선거사무원의 수
대통령선거	• 선거사무소: 시·도수의 6배수 이내 • 시·도선거연락소: 당해 시·도 안의 구·시·군수 이내(하나의 구·시·군이 2 이상의 국회의원지역구로 된 경우에는 국회의원지역구를 말하고, 그 구·시·군수가 10 미만인 때에는 10인임) • 구·시·군선거연락소: 당해 구·시·군안의 읍·면·동수 이내
지역구국회의원선거 및 자치구·시·군의 장선거	• 선거사무소와 선거연락소를 두는 구·시·군 안의 읍·면·동수의 3배수에 5를 더한 수 이내(선거연락소를 두지 아니하는 경우에는 선거연락소에 둘 수 있는 선거사무원의 수만큼 선거사무소에 더 둘 수 있음)
비례대표국회의원선거	• 선거사무소: 시·도수의 2배수 이내
지역구시·도의원선거	• 선거사무소: 10인 이내
비례대표시·도의원선거	• 선거사무소: 당해 시·도안의 구·시·군의 수 이내(산정한 수가 20 미만인 때에는 20인)
시·도지사선거	• 선거사무소: 당해 시·도안의 구·시·군의 수 이내(그 구·시·군수가 10 미만인 때에는 10인) • 선거연락소: 당해 구·시·군안의 읍·면·동수 이내
지역구자치구·시·군의원선거	• 선거사무소: 8인 이내
비례대표자치구·시·군의원선거	• 선거사무소: 당해 자치구·시·군 안의 읍·면·동수 이내

단체의 정책연구위원'은 위와 같은 선거사무원수에 산입되지 않는 보좌관 등이 아니라고 하였다(2007. 11. 25. 중앙선관위 질의회답).

반면, 예비후보자는 선거운동을 할 수 있는 자 중에서 선거사무장을 포함하여 <표 2-7>과 같이 선거사무원을 둘 수 있다(법§62③).

〈표 2-7〉 선거종류별 예비후보자가 둘 수 있는 유급선거사무원의 수

선거의 종류	유급선거사무원의 수
대통령선거	10인 이내
시·도지사선거	5인 이내
지역구국회의원선거 및 자치구·시·군의 장선거	3인 이내
지역구지방의회의원선거	2인 이내

한편, 대법원 2005. 1. 27. 선고 2004도7511 판결은 관할 선관위에 신고를 해야 유급선거사무원의 신분을 취득하는 것으로 보았다. 이와 관련하여, 서울고등법원 1985. 6. 28. 선고 81노2596 판결은 "선거사무장 선임신고는 일반 도달주의의 법리에 따라 그 신고서가 당해 행정기관에 제출된 때에 도달이 완성되어 그 효력이 발생하는 것이고, 그 담당공무원이 행정기관내부의 사정으로 당해 신고서 접수사실을 접수대장에 기재한 여부나 그에 따른 선거사무장신분증명서를 발부한 여부는 위 신고의 효력발생에 아무런 소장(消長)을 가져오는 것이 아니라 할 것이므로 선거사무장선임신고서가 위 선관위에 제출된 1981. 3. 9. 20:00경에 법률상 선거사무장의 신분을 취득하였다 할 것이다"고 판단하였다.

(3) 활동보조인의 선임

선거규칙으로 정하는 장애인 예비후보자·후보자는 그의 활동을 보조하기 위하여 선거운동을 할 수 있는 사람 중에서 1명의 활동보조인(이하 '활동보조인'이라 함)을 둘 수 있고, 이 경우 활동보조인은 제2항 및 제3항에 따른 선거사무원수에 산입하지 아니한다(법§62④).

이에 따라 선거규칙 제27조의3 제1항은 활동보조인을 둘 수 있는 장애인 예비후보자·후보자는 「장애인복지법」 제32조에 따라 등록된 장애인으로서 「장애인복지법 시행규칙」 별표 1에 따른 장애인의 장애등급표 중 '청각장애인 및 언어장애인'의 경우 '모든 등급'의 사람, '그 밖의 장애인'의 경우 '장애등급 제1급부터 제3급까지'의 사람에 해당하는 사람으로 한다(규칙§27의3①). 이처럼 장애인 예비후보자·후보자가 활동보조인을 두려는 경우에는 선거법 제63조

제1항에 따라 활동보조인의 선임신고를 하는 때에 「장애인복지법」 및 「장애인복지법 시행규칙」에 따른 장애인등록증의 사본이나 장애인증명서 그 밖에 관공서가 발행한 것으로 제1항 위와 같은 장애인임을 증명할 수 있는 서류를 제출해야 한다(규칙§27의3②).

(4) 선거에서 자원봉사자의 활용

(가) 자원봉사자의 의의

'자원봉사자'라 함은 주로 선거운동기간 중에 정당 또는 후보자를 위하여 선거운동에 대한 대가를 받지 아니하고 자발적으로 선거운동을 하거나 선거에 관한 사무를 보조하는 자를 말한다.

(나) 자원봉사자의 자격

거주요건 제한 등 자원봉사자에 대한 자격 제한으로 특별히 정해진 것은 없고, 선거운동을 할 수 있는 자는 누구든지 자원봉사자로 참여할 수 있다.

(다) 자원봉사자의 모집 시기 및 방법

'선거운동기간 전'에는 ⅰ) 예비후보자나 선거사무관계자가 자신의 예비후보자홍보물·명함이나 선거사무소의 현수막을 이용하거나 자신의 전자우편을 이용하거나, 자신 또는 추천정당에서 관리하는 홈페이지의 팝업창에 게시하거나 또는 게시문 중에 기재하는 방법, ⅱ) 후보자나 선거사무장 등 선거사무관계자가 자원봉사자를 모집하는 문구를 후보자나 정당에서 관리하는 홈페이지의 팝업창에 게시하거나 또는 게시문 중에 기재하는 방법, ⅲ) 후보자나 예비후보자가 아닌 선거운동을 할 수 있는 자가 특정 (예비)후보자를 위하여 선거일을 제외하고, 인터넷 홈페이지 또는 그 게시판·대화방 등에 글이나 동영상 등을 게시하거나, 전자우편을 전송(전자우편 전송대행업체에 위탁하는 방법 제외), 문자메시지를 전송(컴퓨터 및 컴퓨터 이용기술을 활용한 자동 동보통신이 아닌 방법)하여 자원봉사자를 모집하는 방법이 가능하다. 실무의 태도도 같고, 특히 ⅲ)의 방법은 예비후보자등록 전에도 가능하다. 또 ⅳ) '선거운동을 할 수 있는, 후보자가 되려는 자'가 '예비후보자등록 기간 전'에 자신과 친교가 있는 소규모 범위 내의 주변사람에 대해 자원봉사자 참여 여부 의사를 타진하는 방법(예컨대, '다가오는 총선에 출마하려고 하는데 자원봉사자로 참여해서 도와줄 생각이 있나요?'라고 그 주변사람에 대해 문의하는 방법)으로, 사조직 등 단체의 설립·설치에 이르지 않는 범위 내 등 선거운동에 이르지 않은 범위 내에서, 모집하는 방법도 가능하다고 본다.

그리고 '선거운동기간 중'에는 법정선거운동방법과 문자나 인터넷홈페이지 또는 이메일을 통하여 일반인이 특정 후보자를 위한 자원봉사자를 모집하는 방법이 가능하다. 여기서 법정선거운동방법에는 i) 법정홍보물(선거벽보, 선고공보, 선거공약서) 이용하여 모집하는 방법, ii) 현수막 이용에 의한 모집하는 방법, iii) 신문광고·방송광고·인터넷광고를 이용하여 모집하는 방법, iv) 공개장소에서의 연설·대담시 확성장치 등을 이용하여 모집하는 방법, v) 공개장소에서의 연설·대담시 녹음기·녹화기를 사용·광고하여 모집하는 방법, vi) 전화를 이용한 모집하는 방법(자동 동보통신의 방법으로 문자메시지로 전송하는 경우에는 후보자나 예비후보자만 할 수 있음) 등이 있다.

나아가, '선거운동기간 중인지를 불문하고, 다음과 같은 행위에 의한 자원봉사자 모집은 허용되지 않는다. 즉, i) 자원봉사자 가입신청서나 이와 유사한 인쇄물에 가입신청을 받는 방법, ii) 자원봉사자에게 임명장을 주거나 자원봉사자에 대한 자격확인서 등을 발급하며 모집하는 방법, iii) 대학가 또는 거리에서 대자보나 이와 유사한 것을 이용·광고하여 자원봉사자를 모집하는 방법, iv) 거리나 공개 장소에서 한손으로 들 수 없는 손팻말 등을 이용·광고하여 모집하는 방법, v) 자원봉사자 지원이나 활동에 대가나 이익을 제공하거나 이를 약속하는 등에 의한 방법, vi) 선거법 제79조 제2항상의 공개장소에서의 연설대담 이외의 장소(동법 제80조 등의 장소)'에서 확성장치나 휴대용확성장치를 이용하여 자원봉사자를 모집하거나, 연설·대담용 차량이 정차한 장소(선거법 제79조 제2항 장소임) 이외의 지역에서 휴대용확성장치를 이용하여 자원봉사자모집을 광고하여 이를 모집하는 방법(예를 들어서 연설·대담용 차량은 시장 주변의 도로가에 정차시키고 그 차량과 떨어진 곳에 있는 시장에 들어가 후보자나 위 선거사무원 등이 휴대용확성장치를 이용하여 자원봉사자모집을 광고하여 이를 모집하는 방법) 등이 허용되지 않는 것이다.

실전팁(자원봉사자를 이용한 선거운동방법 요령)

□ 선거기간개시일 이전

- 예비후보자 또는 그의 배우자가 그와 함께 다니는 사람 중에서 지정한 1인으로서 예비후보자의 명함을 교부할 수 있음
- 문자메시지로 선거운동정보를 전송가능함(동영상 및 화상, 음성파일 제외)
- **자동 동보통신의 방법**으로 문자메시지를 전송하는 것은 불허됨
- 전화기 자체 프로그램을 이용하거나 인터넷문자메시지 무료전송서비스를 이용하여 동시에 전송하는 경우로서 그 수신대상자의 수가 20인 이하인 경우에는 자동 동보통신의 방법으로 보지 않음
- 인터넷 홈페이지(그 게시판·대화방 등) 및 전자우편(트위터, 페이스북 등 SNS 등 포함)을 전송하는 방법으로 선거운동이 가능함
- **전송대행업체에 위탁**하여 전자우편을 전송은 불허됨
- 인터넷 등을 이용하여 후보자 등에 대한 **지지도를 조사·공표**하는 행위는 불허됨
- 선거운동을 위하여 **인터넷 광고**를 하는 행위는 불허됨

□ 선거기간개시일부터 선거일 전일까지

- 공개장소 연설·대담시 후보자·선거사무장·선거연락소장·선거사무원으로부터 지정되어 **연설·대담**을 하는 행위(법§79)
- 전화를 이용하여 **송·수화자간 직접 통화**하는 방식으로 선거운동을 하는 행위(법§82의4)
- 후보자가 함께 다니는 자 중에서 지정된 자원봉사자 1명이 되어 후보자의 **명함**을 직접 주거나 지지호소를 하는 행위(법§93①1호)
- 다만, '후보자 이외의 명함'을 배부하는 것과 후보자의 자원봉사자가 후보자 명의를 게재(○○○후보자 정책특보△△△)한 명함을 사용하는 행위는 허용되지 않음
- 선거운동을 위하여 다수의 **선거구민**에게 **인사**하거나 **연호**하는 등 행위(법§105)
- 관혼상제의 의식이 거행되는 장소 및 도로·시장·점포·다방·대합실 기타 다수인이 왕래하는 공개된 장소에서 정당 또는 후보자에 대한 **지지호소**를 하는 행위(법§106)
- 자원봉사자는 **어깨띠, 윗옷·표찰·수기·마스코트**, 그 밖의 소품을 이용하여 **선거운동을 할 수 없음**(법§68)

□ 선거일

- 정당의 사무소·선거사무소·선거연락소에서 선거운동 또는 선거에 관한 사무처리를 보조하는 행위가 선거운동에 이르지 않은 경우

(5) 선거운동을 하는 사람에 대한 모집의 제한

누구든지 선거법에 규정되지 아니한 방법으로 인쇄물·시설물, 그 밖의 광고물을 이용하여 선거운동을 하는 사람을 모집할 수 없다(법§62⑧).

다. 선임신고 등 절차

정당·후보자·예비후보자·선거사무장 또는 선거연락소장이 선거사무장·선거연락소장·선거사무원 또는 활동보조인(선거사무장 등이라 함)을 선임하거나 해임 또는 교체한 때에는 지체 없이 <표 2-8>과 같이 관할 선거구선관위에 서면[별지 제16호서식의(나)]으로 신고해야 한다(법§63①1문, 규칙§28①1문). 이 경우 교체선임할 수 있는 선거사무원수는 최초의 선임을 포함하여 선거법 제62조 제2항 또는 제3항에 따른 선거사무원수의 2배수를 넘을 수 없다(법§63①2문). 또 후보자의 배우자 및 직계존비속(이하 '후보자의 배우자 등'이라 함)의 신고는 별지 제16호서식의(나)에 의한다(규칙§28①1문). 선거법 제62조 제5항에 규정된 사람을 선거사무장 등으로 선임·신고하는 때에는 그 사람의 신분증명서 사본을 첨부해야 한다(규칙§28①2문).

〈표 2-8〉 선거종류별 선거사무관계자의 신고기관

선거의 종류	신고기관
대통령선거의 선거사무장 및 선거사무소에 두는 선거사무원의 선임 등의 신고, 비례대표국회의원선거의 선거사무장 및 선거사무원의 선임 등의 신고	중앙선관위
대통령선거의 시·도선거연락소장 및 시·도선거연락소에 두는 선거사무원의 선임 등의 신고와 비례대표시·도의원선거 및 시·도지사선거의 선거사무장 및 선거사무소에 두는 선거사무원의 선임 등의 신고	시·도선관위
지역구국회의원·지방의회의원(비례대표 시·도의원을 제외함) 및 자치구·시·군의 장의 선거사무장 및 선거사무소에 두는 선거사무원의 선임 등의 신고	구·시·군선관위
대통령 및 지역구국회의원의 선거와 시·도지사 및 자치구·시·군의 장의 선거의 구·시·군선거연락소장 및 구·시·군선거연락소에 두는 선거사무원의 선임 등의 신고	구·시·군선관위

그리고 각 선거의 선거사무소장의 신고권자는 후보자(비례대표의원선거의 경우 정당)이고, 각 선거의 선거연락소장의 신고권자는 후보자나 선거사무장이며, 각 선거의 유급선거사무원의 신고권자는 선거사무소의 경우는 선거사무장이, 선거연락소의 경우는 선거연락소장이라는 것이 실무의 태도이다.[24]

나아가 선거사무장 등(회계책임자 포함)은 해당 선관위가 교부하는 표지를 패용하고 선거운동을 해야 한다. 즉, 선거법 제63조 제2항에 따른 표지의 규격과 그 게재사항은 별지 제16호서식의(다)에 의하며, 제1항의 선거사무장 등의 선임신고와 후보자의 배우자 등의 신고는 표지의 교부신청을 겸한 것으로 본다(규칙§28③1문). 이 경우 관할 선관위는 선거법 제63조 제1항에 따른 신고가 있는 때에는 신고된 선거사무장 등(회계책임자 포함)과 후보자의 배우자 등의 수에 해당하는 표지를 교부해야 한다(규칙§28③2문).

그리고, 예비후보자가 선거법 제49조에 따라 해당 선거의 같은 선거구에 후보자등록을 마친 때에는 선거규칙 제26조의2 제11항에 따라 신고된 예비후보자의 배우자 등은 이 조에 따라 신고된 후보자의 배우자 등으로 보아 따로 신고하지 아니할 수 있으며, 후보자의 배우자 등은 이 조 제3항에 따라 교부된 표지를 늘 잘 보이도록 달고 선거운동을 해야 한다(규칙§28④).

한편, 선관위는 위 표지의 교부신청을 받은 때에는 즉시 이를 교부해야 한다(법§63③). 또한, 선거사무장 등과 후보자의 배우자 등이 위 표지를 분실한 때에는 분실일시와 장소, 분실사유 등을 적고 분실한 자와 그 선임권자가 함께 서명 또는 날인하여 해당 선관위에 별지 제16호서식의(라)에 따라 표지의 재교부를 신청할 수 있으며, 해당 선관위는 분실한 것으로 인정되는 때에는 표지의 빈 자리에 '재교부'라고 표시하여 교부해야 한다(규칙§28⑤).

라. 회계책임자의 선임 신고 등

회계책임자의 선임이나 변경 신고 등에 대하여는 선거법이 아닌 「정치자금법」이 규율하고 있다. 이를 분설하면 다음과 같다.

---

24 서울시선관위 등은 이와 같이 해석한다(서울시선관위, 『정당·후보자를 위한 선거사무안내』, 62면).

(1) 회계책임자의 선임신고

(가) 선임권자와 신고방식

'공직선거의 후보자·예비후보자'(선거사무소 및 선거연락소의 회계책임자를 선임하는 경우를 말하고, 이 경우 대통령선거의 정당추천후보자, 비례대표국회의원선거 및 비례대표지방의회의원선거에 있어서는 그 추천정당이 선임권자가 되며, 그 선거사무소 및 선거연락소의 회계책임자는 각각 정당의 회계책임자가 겸함)와 선거연락소장(선거연락소의 회계책임자에 한함)(이하 '선임권자'라 함)은 정치자금의 수입과 지출을 담당하는 회계책임자 1인을 공직선거의 선거운동을 할 수 있는 자 중에서 선임하여 지체 없이 관할 선관위에 서면(정치자금규칙 별지 제27호서식)으로 신고해야 한다(「정치자금법」§34①). 또한 이러한 점은 대통령선거경선후보자도 마찬가지이다.

공직선거의 후보자·예비후보자 또는 그 선거사무장이나 선거연락소장은 회계책임자를 겸할 수 있고, 이 경우 그 뜻을 지체 없이 관할 선관위에 서면(정치자금규칙 별지 제27호서식)으로 신고해야 한다. 이는 회계책임자를 겸하는 경우에도 마찬가지이다(「정치자금법」§34③).

위와 같이 회계책임자를 신고하는 때에는 '정치자금의 수입 및 지출을 위한 예금계좌', '선거비용제한액 한도 내에서 회계책임자가 지출할 수 있는 금액의 최고액을 정하고 회계책임자와 선임권자가 함께 서명·날인한 약정서'(선거사무소의 회계책임자에 한함)를 첨부해야 한다(「정치자금법」§34④). 즉, 「정치자금법」 제34조(회계책임자의 선임신고 등) 제4항 제1호의 규정에 의한 예금계좌의 신고는 예금통장 사본을 첨부하는 것으로 갈음할 수 있고, 이 경우 예금계좌의 변경이 있는 때에는 지체 없이 변경신고를 해야 하며, 예금계좌의 신고 및 변경신고는 별지 제29호서식에 의한다(정치자금규칙§34①). 또 위 약정서는 정치자금규칙 별지 제30호서식에 의한다(정치자금규칙§34②).

(나) 신고 시기

위와 같은 회계책임자의 선임 또는 겸임신고는 '공직선거의 후보자·예비후보자 후보자·예비후보자의 등록신청시'(다만, 예비후보자가 후보자등록을 신청하는 때에 회계책임자의 선임신고를 하지 아니하는 경우에는 예비후보자의 회계책임자를 선거사무소의 회계책임자로 봄)나 '선거연락소 선거연락소의 설치신고'시이다(정치자금규칙§32②). 또한 대통령선거경선후보자의 경우 그 경선후보자등록신청 후 지체 없이 이를 신고해야 한다(정치자금규칙§32②).

(2) 회계책임자의 변경신고

위와 같은 선임권자는 회계책임자의 변경이 있는 때에는 지체 없이(대통령선거경선후보자의 경우는 14일 이내에) 관할 선관위에 서면(정치자금규칙 별지 제27호서식)으로 변경신고를 해야 한다(「정치자금법」§35①). 이처럼 회계책임자의 변경신고를 하는 때에는 인계·인수서(정치자금규칙 별지 제28호서식)를 함께 제출해야 한다(「정치자금법」§35③).

위와 같이 회계책임자의 변경이 있는 때에는 인계자와 인수자는 지체 없이 인계·인수서를 작성하여 서명·날인한 후 재산, 정치자금의 잔액과 회계장부, 예금통장·신용카드 및 후원회인(후원회인)·그 대표자 직인 등 인장 그 밖의 관계 서류를 인계·인수해야 한다(「정치자금법」§35②).

마. 벌칙 등 제재

선거법 제62조 제1항부터 제4항까지의 규정을 위반하여 선거사무장·선거연락소장·선거사무원 또는 활동보조인을 선임한 자는 3년 이하의 징역 또는 600만 원 이하의 벌금에 처한다(법§255①4호). 또한 동법 제62조 제7항을 위반하여 선거사무장·선거연락소장 또는 선거사무원을 선임한 자 또는 같은 조 제8항을 위반하여 선거운동을 하는 자를 모집한 자, 동법 제63조(선거운동기구 및 선거사무관계자의 신고) 제1항 후단의 규정에 위반하여 선거사무원수의 2배수를 넘어 두거나 두게 한 자는 1년 이하의 징역 또는 200만 원 이하의 벌금에 처한다(법§256⑤3호,4호).

그리고 선거법 제63조 제2항을 위반하여 표지를 패용하지 아니하고 선거운동을 하거나 하게 한 자에게는 100만 원 이하의 과태료를 부과한다(법§261⑧2호다목).

4. 선거벽보, 선거공보, 선거공약서

가. 선거벽보

(1) 의 의

'선거벽보'는 후보자의 사진·성명·기호·소속정당명·경력·학력·정견 및 소속정당의 정강·정책 그 밖의 홍보에 필요한 사항을 게재하여 건물의 외벽 등에 첩부하는 대표적인 선거운동홍보물이다(법§64①).

(2) 내 용

(가) 작성·제출 주체

선거법 제64조 제1항에 따른 선거벽보의 작성·제출 주체는 비례대표국회의원후보자와 비례대표지방의회의원후보자를 제외한 후보자와 대통령선거에 있어서 정당추천후보자의 경우에는 그 추천정당이다(법§64②).

(나) 게재 가능한 내용

사진·성명·기호·소속정당명·경력·학력·정견 및 소속정당의 정강·정책 그 밖의 홍보에 필요한 사항이다(법§64①). 다만, 지역구국회의원선거에 있어서는 비례대표국회의원후보자명단을, 지역구시·도의원선거에 있어서는 비례대표시·도의원후보자 명단을, 지역구자치구·시·군의원선거에 있어서는 비례대표자치구·시·군의원후보자명단을 포함하며, 후보자 외의 자의 인물사진은 제외된다.

특히, 학력을 게재하는 경우에는 **정규학력**과 이에 준하는 외국의 교육과정을 이수한 학력 외에는 게재할 수 없고, 이 경우 정규학력을 게재하는 경우에는 졸업 또는 수료당시의 학교명(중퇴한 경우에는 수학기간을 함께 기재해야 함)을 기재하고, 정규학력에 준하는 외국의 교육과정을 이수한 학력을 게재하는 때에는 그 교육과정명과 수학기간 및 학위를 취득한 때의 취득학위명을 기재해야 하며, 정규학력의 최종학력과 외국의 교육과정을 이수한 학력은 제49조 제4항 제6호에 따라 학력증명서를 제출한 학력에 한하여 게재할 수 있다(법§64①). 이러한 규제는 선거공보에도 마찬가지이다. 이러한 정규학력의 의미에 대하여 헌법재판소는 "'정규학력'이라 함은 사전적 의미 그대로 '정식의 규정에 의하여 수학한 이력'을 뜻하므로, 「초·중등교육법」, 「고등교육법」(각 부칙에 의하여 구

「교육법」을 포함)의 규정에 의한 학교 즉 유치원, 초등학교(국민학교)·공민학교, 중학교·고등공민학교, 고등학교·고등기술학교, 특수학교, 대학·산업대학·교육대학·전문대학·방송통신대학·기술대학, 대학원, 각종 학교를 졸업·중퇴·수료·수학하거나 재학 중인 이력만을 말한다"고 판시하였다(헌재 2009. 11. 26. 2008헌마114). 이와 관련하여 주목할 점은 **'정규학력 이외의 학력'**(**최고위과정, 최고경영자과정** 등)을 **'경력'**으로도 기재할 수 없다는 것이 중앙선관위의 태도이다.

선거벽보상 학력·경력 등의 기재(중앙선관위 질의회답)

– 아래와 같은 학력은 「교육법」에서 인정하는 정규학력 외의 공개강좌 기타 교육과정을 수학한 내용으로 상기 예시한 가군, 나군의 내용 그대로를 후보자의 학력 및 경력란에 게재할 수 없음(1997. 4. 18)

(가군)
○○대학교 경영대학원 총동문회장(역임)
○○대학 최고관리자과정 제1기 동문회 고문(현)
○○대학교 산업대학원 제1기 고문
○○대학교 산업대학원 제1기 원우회 회장
○○대학교 경영대학원 최고경영자과정 총학생회장
(나군)
○○대학교 정책대학원 수료
○○대학교 경영대학원 수료

– 1998년 9월부터 1999년 8월까지 미 하버드대 초청연구원으로 재직한 자가 선전벽보·선거공보에 그 연구기간 및 연구과정을 게재하는 것은 무방함(2000. 3. 29)

– 「사관학교설치법」, 「단기사관학교설치법」 및 동법 부칙 제3항의 규정에 의하여 대학 또는 초급대학졸업자격이 인정된 자는 선거벽보 등에 이를 학력으로 게재할 수 있을 것이나, 단기사관학교 졸업자로서 「단기사관학교설치법」(1974. 12. 21. 법률 제2703호) 부칙 제3항의 규정에 의한 초급대학졸업자격이 인정되지 아니하는 수학 사실은 학력 또는 경력으로 게재할 수 없을 것임. 다만, 육군보병학교 졸업은 군복무 경력으로 게재할 수 있을 것임(2001. 7. 30)

– 학력에 대한 학력증명서를 제출한 경우 선거벽보·선거공보에 명예졸업사실을 수학기관과 함께 게재하는 것은 무방함[예, ○○대학교 ○○학과 3년 제적(명예졸업)](2005. 12. 29)

• 「학점인정 등에 관한 법률」의 규정에 의한 학력과정 이수 중인 경우에도 그 증명서를 제출하는 경우 이를 선거벽보 등에 게재할 수 있는데, "「학점인정

등에 관한 법률」의 규정에 의한 동아대학교 부설 사회교육원 경영학사과정 이수중" 또는 "「학점인정 등에 관한 법률」의 규정에 의한 경영학사과정 이수중"으로 게재할 수 있을 것임

- 다수의 교육기관에서 학점을 인정받아 학사학위를 취득한 경우로, 대학이 학위를 수여한 때에는 "「학점인정 등에 관한 법률」의 규정에 의한 동아대학교 부설 사회교육원 경영학사학위 취득" 또는 "「학점인정 등에 관한 법률」의 규정에 의한 경영학사학위 취득"으로, 교육인적자원부장관이 수여한 때에는 "「학점인정 등에 관한 법률」의 규정에 의한 경영학사학위 취득"으로 게재할 수 있을 것임(2006. 2. 21)

– 3년제 고등공민학교 졸업을 선거벽보 등 홍보물 학력란에 기재할 수 있을 것임(2006. 4. 24)
– 「초·중등교육법」의 규정에 의한 정규학교를 수학한 이력이 있는 경우에는 학력 또는 경력란에 '**독학**'으로 게재할 수 없을 것임(2006. 4. 28), 다만 실제 독학한 경우에는 학력란에 독학으로 기재해도 무방함(2006. 4. 24)
– '국제변호사'는 선거벽보 등에 경력으로 기재할 수 없을 것임(2006. 5. 3)
– 방송통신대학교 법학과 1학년에 재학 중인 경우 선전벽보나 선거공보에 "방송통신대학교 재학중"이라고만 기재하는 것은 무방함(2007. 11. 26)
– 의과대학 예과를 수료한 경우 학력은 수료 당시의 학교명과 수학기간을 함께 게재해야 함(2008. 2. 27)

(다) 첩부 매수

선거벽보는 동에 있어서는 인구 500명에 1매, 읍에 있어서는 인구 250명에 1매, 면에 있어서는 인구 100명에 1매의 비율을 한도로 작성·첩부한다. 다만, 인구밀집상태 및 첩부장소 등을 감안하여 선거규칙으로 정하는 바에 따라 인구 1천명에 1매의 비율까지 조정할 수 있다(법§64①).

(3) 선거벽보 제출 및 첩부 절차

(가) 선거벽보 수량의 공고

관할 선거구선관위는 후보자가 작성하여 보관 또는 제출할 선거벽보의 수량을 선거기간개시일 전 10일까지 공고해야 한다(법§64③). 이 경우 일정한 수량을 가산할 수 있는데, 이는 다음과 같다. 즉, 정당 또는 후보자가 제출할 선거벽보의 수량은 구·시·군선관위(지역구지방의회의원선거에 있어서는 관할 선거구)별로 제2항에 따라 산출한 수량에 그 100분의 5에 상당하는 매수를 더한

수량으로 하며, 보완첩부용으로 보관할 수량은 제2항에 따라 산출한 수량의 100분의 30에 상당하는 매수로 하고, 이 경우 법 및 이 규칙의 규정에 의하여 작성할 수 있는 총수량의 단수가 10 미만인 때에는 10매로 한다(규칙§29③).

(나) 선거벽보의 종류·규격과 그 제출 시기·장소 및 첩부시기

선거벽보의 종류(후보자마다 1종임)·규격, 선거벽보 제출 시기·장소와 첩부시기는 <표 2-9>와 같다(법§64②1문, 규칙§29①).

정당 또는 후보자가 선거법 제64조 제2항에 따라 관할구·시·군선관위에 선거벽보를 제출하는 때에는 별지 제17호서식의(나)(선거벽보제출서)에 의하되, 관할구·시·군선관위는 법 같은 조 제3항에 따라 공고된 수량의 범위 안에서 미리 읍·면·동선관위별로 제출할 매수와 장소를 정하여 정당 또는 후보자로 하여금 그 지정장소에 제출하게 할 수 있다(규칙§29④).

후보자 등이 선거벽보의 일부를 제출하지 아니할 때에는 선거벽보를 첩부하지 아니할 지역(투표구를 단위로 함)을 지정하여 선거벽보의 제출시에 서면[별지 제17호서식의(나)]으로 신고해야 하고, 선거벽보를 첩부하지 아니할 지역을 신고하지 아니한 때에는 해당 구·시·군선관위가 그 지역을 지정한다(법§64②2문, 규칙§29④).

〈표 2-9〉 선거종류별 선거벽보의 종류·규격과 제출 시기·장소 등

선거의 종류	선거벽보의 종류 및 규격	선거벽보 제출 시기·장소	첩부시기
대통령선거	길이 76센티미터 너비 52센티미터	후보자등록마감일 후 3일(제51조에 따른 추가등록의 경우에는 추가등록마감일 후 2일 이내를 말함)까지/첩부할 지역을 관할하는 구·시·군선관위	선거벽보 제출마감일 후 3일
지역구국회의원선거·지역구지방의회의원선거 및 지방자치단체장선거	길이 53센티미터 너비 38센티미터	후보자등록마감일 후 5일까지/첩부할 지역을 관할하는 구·시·군선관위	선거벽보 제출마감일 후 2일(단 산간오지는 3일)

그리고 후보자가 제2항에 따른 제출마감일까지 선거벽보를 제출하지 아니한 때와 규격을 넘거나 미달하는 선거벽보를 제출한 때에는 그 선거벽보는 첩부하지 아니한다(법§64④).

(다) 선거벽보 첩부방법

선거벽보는 선거인의 통행이 많은 곳의 통행인이 보기 쉬운 건물 또는 게시판 등에 첩부해야 하고, 이 경우 선거벽보를 첩부할 마땅한 장소가 없는 때에는 지역구지방의회의원 및 지방자치단체의 장의 선거에 있어서는 해당 지방자치단체가, 대통령 및 지역구국회의원의 선거에 있어서는 관할 구·시·군선관위가 선거벽보를 첩부할 벽보판을 제작·설치해야 한다(규칙§29⑤).

후보자는 관할구·시·군선관위가 첩부한 선거벽보가 오손되거나 훼손되어 보완첩부하고자 하는 때에는 제3항에 따라 공고된 수량의 범위에서 그 선거벽보 위에 덧붙여야 한다(법§64⑨).

(라) 선거벽보 제출의 효과

제출된 선거벽보는 정정 또는 철회할 수 없다(법§64⑤본문). 다만, 후보자는 선거벽보에 게재된 후보자의 성명·기호·소속 정당명과 경력·학력·학위·상벌(이하 '경력 등[25]'이라 함)이 거짓으로 게재되어 있거나 선거법에 위반되는 내용이 게재되어 있음을 이유로 해당 선거구선관위에 서면으로 정정 또는 삭제를 요청할 수 있으며, 그 요청을 받은 선거구선관위는 제2항에 따른 선거벽보 제출마감일까지 그 내용을 정정 또는 삭제하게 할 수 있다(법§64⑤단서). 이 경우 해당 내용을 정정 또는 삭제하는 외에 새로운 내용을 추가하거나 종전의 배열방법·색상·규격 등을 변경할 수 없다. 이러한 선거벽보의 정정·삭제요청은 별지 제17호서식의(라)(선거벽보정정·삭제 요청서)에 의한다(법§64⑤단서, 규칙§29⑩).

관할구·시·군선관위는 선거법 제64조 제1항부터 제4항까지(종수·규격·수량 및 제출기한을 말함)의 규정에 위반하지 아니하는 한 선거벽보의 접수를 거부할 수 없으며, 동법 제64조 제6항에 따른 이의제기나 같은 조 제7항에 따른 고발은 선거벽보의 제출·접수 또는 첩부의 계속진행에 영향을 주지 아니한다(규칙§29⑨).

25 선거법에서 '경력 등'을 사용한 조항은 제64조 제6항, 제65조 제12항, 제138조, 제145조, 제250조이고, 그 의미는 모두 동일하다.

(마) 선거벽보 내용에 대한 이의제기 등

누구든지 선거벽보의 내용 중 경력 등에 관한 거짓 사실의 게재를 이유로 이의제기를 하는 때에는 해당 선거구선관위를 거쳐 직근 상급선관위에 서면 [별지 제17호서식의(마)]으로 해야 하고, 이의제기를 받은 상급선관위는 후보자와 이의제기자에게 그 증명서류의 제출을 요구할 수 있으며, 이 경우 그 선관위로부터 이의제기에 대한 증명서류의 제출을 요구받은 이의제기자·정당 또는 후보자는 그 요구를 받은 날부터 3일 이내에 관련증명서류를 제출해야 한다(규칙§29⑦). 또한 그 증명서류의 제출이 없거나 거짓 사실임이 판명된 때에는 그 사실을 공고해야 한다(법§64⑥3문). 이 경우 직근 상급선관위가 선거법 제64조 제6항에 따라 경력 등의 허위게재사실을 공고한 때에는 그 공고문사본을 관할 선거구선관위에 송부해야 하며, 관할 선거구선관위는 직근 상급선관위로부터 허위게재사실의 공고문사본을 송부받은 경우에는 그 공고문사본을 통행인이 쉽게 알아볼 수 있도록 길이 53센티미터 너비 38센티미터로 작성하여 투표구마다 5매를 첩부하되, 선거일에는 투표소의 입구에 1매를 추가로 첩부한다(규칙§29⑧1문). 이 경우 상급선관위 및 해당 선거구선관위의 청인날인은 생략할 수 있다(규칙§29⑧2문). 또한, 관할 선거구선관위가 선거벽보에 다른 후보자, 그의 배우자 또는 직계존·비속이나 형제자매의 사생활에 대한 사실을 적시하여 비방하는 내용이 선거법에 위반된다고 인정하는 때에는 이를 고발하고 공고해야 하고, 이 경우 첩부방법은 허위게재사실의 공고문사본을 첩부방법과 같다(법§64⑦, 규칙§29⑧).

(바) 선거벽보 관련 의무

선거벽보를 인쇄하는 인쇄업자는 제3항의 선거벽보의 수량 외에는 이를 인쇄하여 누구에게도 제공할 수 없다(법§64⑧). 선거법 제64조 제1항 선거벽보를 첩부하는 경우에 첩부장소가 있는 토지·건물 그 밖의 시설물의 소유자 또는 관리자는 특별한 사유가 없는 한 선거벽보의 첩부에 협조해야 한다(법§64⑩).

(4) 벌 칙

선거벽보에 허위의 내용을 기재한 자는 과실로 그 기재를 하는 등 특별한 사정이 없는 한 그 행위에 관한 당선목적성도 인정되므로 선거법 제250조 제1

항상의 당선목적 허위사실공표죄가 성립하여 5년 이하의 징역 또는 3천만 원 이하의 벌금에 처해지는데, 이 조항은 '학력을 게재하는 경우 제64조 제1항의 규정에 의한 방법으로 게재하지 아니한 경우'를 허위사실공표의 일유형으로 명시하고 있다.

그리고 정당한 사유없이 선거법에 의한 벽보·현수막 기타 선전시설의 작성·게시·첩부 또는 설치를 방해하거나 이를 훼손·철거한 자는 2년 이하의 징역 또는 400만 원 이하의 벌금에 처한다(법§240①). 또 선관위의 위원·직원 또는 선거사무에 관계있는 공무원이나 경찰공무원(사법경찰관리 및 군사법경찰관리를 포함)이 제1항에 규정된 행위를 하거나 하게 한 때에는 3년 이하의 징역 또는 600만 원 이하의 벌금에 처한다(법§240③). 또한 선거법 제64조 제1항·제9항을 위반하여 선거벽보를 선거운동을 위하여 작성·사용하거나 하게 한 자는 2년 이하의 징역 또는 400만 원 이하의 벌금에 처한다(법§255②1의3호). 동법 제64조 제8항을 위반하여 선거벽보의 수량을 넘게 인쇄하여 제공한 자는 1년 이하의 징역 또는 200만 원 이하의 벌금에 처한다(법§256⑤5호).

나. 선거공보

(1) 의 의

'선거공보'는 후보자나 소속정당이 선거운동을 위하여 제작한 것으로 사진·성명·학력·경력을 기재한 선거홍보물로, 선거벽보와 더불어 유권자에게 후보자의 공약, 정책 등을 알리는 대표적인 선거운동수단이다.

(2) 내 용

(가) 작성 주체

후보자이다. 다만, '대통령선거'에 있어서 '정당추천후보자'와 '비례대표국회의원선거' 및 '비례대표지방의회의원선거'의 경우에는 '추천정당'이 그 주체가 된다(법§65①). 이와 관련하여 중앙선관위는 책자형 선거공보를 공동작성하는 경우에는 배부대상이 동일해야 할 것이므로 책자형 선거공보 1종에 모든 비례대표자치시·군의원 후보자의 성명, 사진, 경력 등을 게재하는 방법으로 비례대표**도의원** 책자형 선거공보와 비례대표자치시·**군의원** 책자형 선거공보를 공동으로 작성할 수 없다고 하였다(2006. 5. 8. 중앙선관위 질의회답). 다만, 동시지방선거에서 시·도지사선거의 후보자가 자신의 책자형 선거공보에 같은 정당의 후보자추천을 받은 비례대표시·도의원선거 후보자를 홍보하는 내용을 게재하는 것은 무방하다고 하였다(2006. 5. 16. 중앙선관위 질의회답).

(나) 기재 가능한 내용

선거법 제65조 제1항은 '선거운동을 위하여'라고 규정하고 있을 뿐, 그 게재 가능한 내용을 명시하지는 않았으나, 제64조 제1항을 고려할 때, 사진·성명·기호·소속정당명·경력·학력·정견 및 소속정당의 정강·정책 그 밖의 홍보에 필요한 사항을 선거공보에 적시할 수 있다고 본다. 특히 학력은 선거벽보에서 서술한 바와 같다. 또 비례대표국회의원선거 및 비례대표지방의회의원선거에서는 해당 정당이 추천한 후보자 모두의 사진·성명·학력·경력을 게재하되, 사진·성명·학력·경력은 추천순위에 따라 게재하고, 후보자명부에 있는 내용을 그대로 기재한다(규칙§30⑩).

(다) 선거공보의 종류·규격·수량

선거공보의 종류·규격·수량은 <표 2-10>과 같이 1종이고(법§65①,②,③,④,⑦ 규칙§30①,②,③,⑤), 다만, 중앙선관위는 책자형 선거공보를 면수 및 규격의 범위 안에서 '접이식(병풍식)'으로 제작하는 것도 무방하다고 하였다(2008. 5. 3. 중앙선관위 질의회답). 특히 정당 또는 후보자가 제출할 선거공보 등의 수량은 선거법 제2조에 따른 인구의 기준일 현재 구·시·군선관위(지역구지방의회의원선거의 경우에는 선거구를 말함)별 세대수 등을 기준으로 다음 표에 적시한 선거공보의 수에 각각 그 100분의 5를 더한 수로 한다(규칙§30③1문). 이 경우 제출할 수량의 단수가 10 미만인 때에는 10매로 하고, 선거법과 선거규칙에 따라 작성할 수 있는 총수량의 단수가 100 미만인 때에는 100매로 한다(규칙§30③2문).

〈표 2-10〉 선거공보의 종류·규격·수량

<table>
<tr><th>선거공보의 종류</th><th colspan="2">선거공보의 면수</th><th>선거공보의 규격</th><th>선거공보의 수량</th><th>기재사항</th></tr>
<tr><td rowspan="3">책자형 선거공보</td><td>대통령 선거</td><td>16면</td><td rowspan="3">27센티미터 너비 19센티미터 이내</td><td rowspan="3">당해 선거구 안의 세대수와 예상 거소투표신고인수 및 군인 등 책자형 선거공보 발송신청 예상 신청자수를 합한 수</td><td rowspan="4">책자형 선거공보와 전단형 선거공보의 앞면에 명칭 기재(‘책자형 선거공보’ 또는 ‘전단형 선거공보’라 적음), 선거명, 선거구명</td></tr>
<tr><td>국회의원 선거 및 지방자치단체장선거</td><td>12면</td></tr>
<tr><td>지방의회의원</td><td>8면</td></tr>
<tr><td>전단형 선거공보(대통령선거에서만 가능)</td><td colspan="2">1매(양면에 게재할 수 있음)</td><td>길이 38센티미터 너비 27센티미터 이내 또는 길이 54센티미터 너비 19센티미터 이내</td><td>당해 선거구 안의 세대수에 상당하는 수</td></tr>
<tr><td>점자형 선거공보</td><td colspan="2">책자형 선거공보의 면수 이내</td><td>27센티미터 너비 19센티미터 이내</td><td>선거법 제65조 제7항에 따라 통보된 시각장애인(시각장애인은 「장애인복지법 시행규칙」 별표 1에 따른 장애등급 제1급 내지 제4급에 해당하는 자) 선거인수</td><td>점자형 선거공보의 앞면에 선거명, 선거구명, 후보자성명 기재(한글과 점자 병기)</td></tr>
<tr><td>후보자정보 공개자료</td><td colspan="2"></td><td>27센티미터 너비 19센티미터 이내</td><td>제출해야 할 책자형 선거공보의 매수에서 제출한 책자형 선거공보의 매수를 뺀 수</td><td></td></tr>
</table>

앞의 점자형 선거공보와 관련해서 보면, 대통령선거·지역구국회의원선거 및 지방자치단체의 장선거의 후보자는 점자형 선거공보를 작성·제출하여야 하되, 책자형 선거공보에 그 내용이 음성으로 출력되는 전자적 표시를 하는 것으로 갈음할 수 있고, 중앙선관위는 후보자가 제65조 제4항 단서에 따른 전자적 표시를 할 수 있도록 기술적 조치를 하여야 한다(법§65④단서, 규칙§30④). 또 구·시·군의 장은 시각장애선거인과 그 세대주의 성명·주소를 조사하여 선거기간개시일 전 20일까지 관할 구·시·군선관위에 통보해야 한다(법§65⑦).

그리고, 선거법 제65조 제5항에 따른 '책자형 선거공보'의 발송신청은 별지 제17호서식의(바)에 따르고, 같은 조 제6항에 따라 정당 또는 후보자가 관할구·시·군선관위에 '선거공보' 등을 제출하는 경우에는 별지 제17호서식의 (나)에 의하되, 관할 구·시·군선관위는 미리 매세대에 발송할 선거공보 등은 읍·면·동선관위별로 제출할 매수와 장소를 정하여 정당 또는 후보자로 하여금 그 지정장소에 제출하게 할 수 있으며, 거소투표신고인명부 확정 및 선거법 제65조 제5항에 따른 책자형 선거공보 발송신청 접수 결과 거소투표신고인 및 신청자에게 발송하여야 할 '선거공보' 등의 수량이 제3항에 따른 제출수량을 초과하는 때에는 정당 또는 후보자에게 그 초과수량을 제출하게 할 수 있다(규칙§30⑤1문). 이 경우 우편에 의한 '책자형 선거공보'의 발송신청은 등기우편으로 처리하되, 그 우편요금은 국가 또는 지방자치단체가 부담한다(규칙§30⑤2문).

(라) 선거공보의 수량 공고와 선거공보 제출·발송

관할 선거구선관위는 후보자가 작성하여 보관 또는 제출할 선거공보의 수량을 선거기간개시일 전 10일까지 공고해야 한다(법§65⑫,§64③). 선거종류별 선거공보의 제출시기·장소 등은 <표 2-11>과 같다.

〈표 2-11〉 선거종류별 선거공보의 제출시기·장소 등

<table>
<tr><th>선거의 종류</th><th colspan="2">제출 시기</th><th>제출 장소</th><th>발송</th></tr>
<tr><td rowspan="2">대통령선거</td><td>책자형 선거공보(점자형 선거공보 포함)</td><td>후보자등록마감일 후 6일(제51조에 따른 추가등록의 경우에는 추가등록마감일 후 2일)까지</td><td rowspan="3">배부할 지역을 관할하는 구·시·군 선관위</td><td>• 관할구역 안의 매세대에는 제출마감일 후 3일까지 우편으로 발송
• 군인 등 책자형 선거공보 발송신청자에는 선거일 전 10일까지 우편으로 발송
• 거소투표신고인명부에 올라 있는 선거인에게는 거소투표용지를 발송하는 때에 동봉하여 발송</td></tr>
<tr><td>전단형 선거공보</td><td>후보자등록마감일 후 10일까지</td><td>• 제153조(투표안내문의 발송)의 규정에 따른 투표안내문을 발송하는 때에 이를 동봉하여 발송
• 선거인명부 확정결과 책자형 선거공보를 발송하지 아니한 세대가 있는 때에는 그 세대에 이를 전단형 선거공보와 함께 추가로 발송</td></tr>
<tr><td>국회의원선거·지방의회의원선거 및 지방자치단체장선거</td><td colspan="2">후보자등록마감일 후 7일까지</td><td>• 제153조(투표안내문의 발송)의 규정에 따른 투표안내문을 발송하는 때에 이를 동봉하여 발송
• 군인 등 책자형 선거공보 발송신청자에는 선거일 전 10일까지 우편으로 발송
• 거소투표신고인명부에 올라 있는 선거인에게는 거소투표용지를 발송하는 때에 동봉하여 발송</td></tr>
</table>

후보자는 선거법 제65조 제12항(관할 선거구선관위가 후보자가 작성하여 보관 또는 제출할 선거벽보의 수량을 선거기간개시일 전 10일까지 공고)에 따라 공고한 책자형 선거공보 제출수량의 전부 또는 일부를 제출하지 아니하는 때에는 '후보자정보공개자료'를 별도로 작성하여 위와 같은 '책자형 선거공보의 제출마감일'까지 제출해야 하며, 제출받은 후보자정보공개자료는 위와 같은 책자형 선거공보를 발송하는 때에 함께 발송한다(법§65⑨1문). 이 경우 별도로 작성한 후

보자정보공개자료를 그 제출마감일까지 제출하지 못한 정당한 사유가 있는 때에는 '책자형 선거공보의 발송 전'까지 이를 제출할 수 있으며, 점자형 선거공보의 전부 또는 일부를 제출하지 아니하는 때에는 '점자형 선거공보의 제출마감일'까지 '점자형 후보자정보공개자료'를 별도로 작성하여 제출할 수 있다(법§65⑨2문). 이 경우 후보자가 작성하는 후보자정보공개자료 및 점자형 후보자정보공개자료의 작성방법은 아래에서 적는 후보자정보공개자료의 기재 방법을 준용한다(규칙§30⑨).

그리고, 선거법 제65조 제1항의 규정에 불구하고 관할 선거구선관위는 후보자로 하여금 '책자형 선거공보 원고'를 제49조의 규정에 따라 후보자등록을 신청하는 때에 당해 선관위가 제공하는 서식에 따라 '컴퓨터의 자기디스크 그 밖에 이와 유사한 매체'에 기록하여 제출하게 하거나 당해 선관위가 지정하는 인터넷홈페이지에 입력하는 방법으로 제출하게 한 후 제150조(투표용지의 정당·후보자의 게재순위 등)의 규정에 따라 투표용지에 게재할 후보자의 기호순에 따라 선거공보를 1책으로 작성하여 발송할 수 있다(법§65⑩1문). 이 경우 선거공보의 인쇄비용은 후보자가 부담해야 한다(법§65⑩2문).

위와 같이 후보자가 제출마감일까지 선거공보를 제출하지 아니한 때와 규격을 넘는 선거공보를 제출한 때에는 그 선거공보는 발송하지 아니한다(법§65⑫,§64④).

(마) 선거공보 제출의 효과

제출된 선거공보는 정정 또는 철회할 수 없다(법§65⑫,§64⑤본문). 다만, 후보자는 선거공보에 게재된 후보자의 성명·기호·소속 정당명과 경력 등이나 후보자정보공개자료이 거짓으로 게재되어 있거나 선거법에 위반되는 내용이 게재되어 있음을 이유로 해당 선거구선관위에 서면으로 정정 또는 삭제를 요청할 수 있으며, 그 요청을 받은 선거구선관위는 제2항에 따른 선거공보 제출마감일까지 그 내용을 정정 또는 삭제하게 할 수 있다. 이 경우 해당 내용을 정정 또는 삭제하는 외에 새로운 내용을 추가하거나 종전의 배열방법·색상·규격 등을 변경할 수 없다. 이러한 선거공보의 정정·삭제요청은 별지 제17호 서식의(라)(선거공보정정·삭제 요청서)에 의한다(법§65⑫,§64⑤단서, 규칙§30⑫,§29⑩).

관할 구·시·군선관위는 위와 같은 종수·규격·수량 및 제출기한에 관한 선거법 제65조의 규정에 위반하지 아니하는 한 선거공보의 접수를 거부할 수 없으며, 위와 같은 이의제기 또는 따른 고발은 선거공보의 제출·접수 또는 발송의 계속진행에 영향을 주지 아니한다(규칙§30⑫,§29⑨).

(바) 후보자정보공개자료의 기재 방법

대통령선거, 지역구국회의원선거, 지역구지방의회의원선거 및 지방자치단체의 장선거에서 책자형 선거공보(점자형 선거공보를 포함)를 제출하는 경우에는 별지 제17호서식의(다)에 따라 <표 2-12>와 같은 후보자정보공개자료를 그 둘째 면에 게재해야 하며, 후보자정보공개자료에 대하여 소명이 필요한 사항은 그 소명자료를 함께 게재할 수 있다(법§65⑧1문, 규칙§30⑦). 이 경우 그 둘째 면에는 후보자정보공개자료와 그 소명자료만을 게재해야 하며, 점자형 선거공보과 똑같아야 한다(법§65⑧2문). 이러한 후보자정보공개자료에는 후보자

〈표 2-12〉 후보자정보공개자료의 기재사항 및 기재방법

항목	기재사항
재산상황	후보자, 후보자의 배우자 및 직계존·비속(혼인한 딸과 외조부모 및 외손자녀를 제외)의 각 재산총액
병역사항	후보자 및 후보자의 직계비속의 군별·계급·복무기간·복무분야·병역처분사항, 병역처분사유[「공직자 등의 병역사항 신고 및 공개에 관한 법률」 제8조(신고사항의 공개) 제3항의 규정에 따라 질병명 또는 심신장애내용의 비공개를 요구하는 경우에는 이를 제외]
최근 5년간 소득세·재산세·종합부동산세 납부 및 체납실적	후보자, 후보자의 배우자 및 직계존·비속(혼인한 딸과 외조부모 및 외손자녀를 제외)의 연도별 납부액, 연도별 체납액(10만 원 이하 또는 3월 이내의 체납은 제외함), 완납시기[제49조(후보자등록 등) 제4항 제4호의 규정에 따라 제출한 원천징수소득세를 포함하되, 증명서의 제출을 거부한 후보자의 직계존속의 납부 및 체납실적은 제외]
전과기록	죄명과 그 형 및 확정일자
직업·학력·경력 등 인적사항	후보자등록신청서에 기재된 사항

정보공개에 게재하는 후보자정보공개자료의 내용은 책자형 선거공보에 게재하는 내용자료에는 선거벽보·선거공보·선거공약서 및 후보자가 운영하는 인터넷홈페이지에 적었거나 적고자 하는 학력을 2개 이내로 적으며, 후보자정보공개자료에 관한 소명내용의 글자수는 구두점과 그 밖의 문장부호를 포함하여 100자를 넘을 수 없다(규칙§30⑧).

구·시·군선관위는 위와 같은 기재방법을 위반하여 책자형 선거공보(점자형 선거공보는 제외)에 후보자정보공개자료를 게재하지 아니하거나, 책자형 선거공보의 둘째 면이 아닌 다른 면(둘째 면이 부족하여 셋째 면에 연이어 게재한 경우는 제외)에 후보자정보공개자료를 게재하거나, 그 둘째 면에 후보자정보공개자료와 그 소명자료 외의 다른 내용을 게재하거나, 선거공보의 규격·제출기한을 위반한 때에는 이를 접수하지 아니한다(법§65⑪).

(사) 군인 등의 책자형 선거공보 발송의 신청

사전투표소에서 투표할 수 있는 선거인 중 법령에 따라 영내 또는 함정에 장기 기거하는 군인이나 경찰공무원은 선거인명부작성기간 중 관할 구·시·군선관위에 자신의 거주지로 책자형 선거공보를 발송해 줄 것을 서면[별지 제17호서식의(바)]이나 중앙선관위 홈페이지를 통하여 신청할 수 있다(법§65⑤1문, 규칙§30⑤). 이 경우 부대장·경찰관서의 장은 선거인명부작성기간 개시일 전일까지 소속 군인·경찰공무원에게 선거공보의 발송 신청을 할 수 있다는 사실을 알려야 한다(법§65⑤2문).

(아) 선거공보 내용에 대한 이의제기 등

누구든지 선거공보의 내용 중 경력 등에 관한 거짓 사실의 게재를 이유로 이의제기를 하는 때에는 해당 선거구선관위를 거쳐 직근 상급선관위에 서면[별지 제17호서식의(마)]으로 해야 하고, 이의제기를 받은 상급선관위는 후보자와 이의제기자에게 그 증명서류의 제출을 요구할 수 있으며, 이 경우 그 선관위로부터 이의제기에 대한 증명서류의 제출을 요구받은 이의제기자·정당 또는 후보자는 그 요구를 받은 날부터 3일 이내에 관련증명서류를 제출해야 한다(규칙§30⑫,§29⑦). 또한 그 증명서류의 제출이 없거나 거짓 사실임이 판명된 때에는 그 사실을 공고해야 한다(법§65⑫,§64⑥3문, 규칙§30⑫,§29⑦1문). 이 경우 직근 상급선관위가 경력 등의 허위게재사실을 공고한 때에는 그 공고문사본을 관할 선거구선관위에 송부해야 하며, 관할 선거구선관위는 직근 상급선관위로부터 허위게재사실의 공고문사본을 송부받은 경우에는 그 공고문사본을 통행인이 쉽게 알아볼 수 있도록 길이 53센티미터 너비 38센티미터로 작성하여 투표구마다 5매를 첩부하되, 선거일에는 투표소의 입구에 1매를 추가로 첩부한다(규칙§30⑫,§29⑧). 이 경우 상급선관위 및 해당 선거구선관위의 청인날인은 생략할 수 있다(규칙§30⑫,§29⑧). 또한, 관할 선거구선관위가 선거공보에 다른 후보자, 그의 배우자 또는 직계존·비속이나 형제자매의 사생활에 대한 사실을 적시하여 비방하는 내용이 선거법에 위반된다고 인정하는 때에는 이를 고발하고 공고해야 하고, 이 경우 첩부방법은 허위게재사실의 공고문사본을 첩부방법과 같다(규칙§65⑫,§64⑦).

(3) 벌 칙

선거공보에 허위의 내용을 기재한 자는 과실로 그 기재를 하는 등 특별한 사정이 없는 한 그 행위에 관한 당선목적성도 인정되므로 당선목적 허위사실공표죄가 성립하여 5년 이하의 징역 또는 3천만 원 이하의 벌금에 처하는데, 이 조항은 '학력을 게재하는 경우 제64조 제1항의 규정에 의한 방법으로 게재하지 아니한 경우'를 허위사실공표의 일유형으로 명시하고 있다.

그리고 선관위의 위원·직원 또는 선거사무에 종사하는 자가 선거법 제65조의 선거공보(같은 조 제9항의 후보자정보공개자료를 포함) 부정하게 작성·첩부·발송하거나 정당한 사유없이 이에 관한 직무를 행하지 아니한 때에는 3년 이하의 징역 또는 600만 원 이하의 벌금에 처한다(법§240③). 또 동법 제65조 제1항·제2항을 위반하여 선거공보를 선거운동을 위하여 작성·사용하거나 하게 한 자 2년 이하의 징역 또는 400만 원 이하의 벌금에 처한다(법§255②1의3호). 또한, 동법 제64조 제8항(제65조 제12항에서 준용하는 경우를 포함)을 위반하여 선거공보 수량을 넘게 인쇄하여 제공한 자는 1년 이하의 징역 또는 200만 원 이하의 벌금에 처한다(법§256⑤5호).

다. 선거공약서

(1) 의 의

'선거공약서'는 대통령선거 또는 지방자치단체장선거에서 후보자 등이 선거운동을 위하여 선거공약 및 그 추진계획을 게재한 인쇄물을 말한다(법§66①). 이는 후보자 또는 그 정당의 선거공약의 타당성과 그 실현 여부를 가늠할 수 있는 중요한 선거홍보물이다.

(2) 내 용

(가) 작성 주체

대통령선거 또는 지방자치단체장선거에서 후보자이되, 대통령선거에서 정당추천후보자의 경우에는 추천정당이다(법§66①).

(나) 선거공약서의 수량 공고

선거공약서의 수량은 해당 선거구 안에 있는 **세대수의 100분의 10**에 해당하는 수 이내로 한다(법§66④). 관할 선거구선관위는 후보자가 작성하여 작성할 선거공약서의 수량을 선거기간개시일 전 10일까지 공고해야 한다(법§66⑧,§64③).

(다) 선거공약서의 작성 방법 및 수량·규격과 점자형 선거공약서

선거공약서에는 선거공약 및 이에 대한 추진계획으로 각 사업의 목표·우선순위·이행절차·이행기한·재원조달방안을 게재해야 하며, 다른 정당 또는 후보자에 관한 사항을 게재할 수 없다(법§66②1문). 이 경우 후보자의 '성명·기호'와 '선거공약' 및 '그 추진계획에 관한 사항' 외의 후보자의 '사진·학력·경력', '그 밖에 홍보에 필요한 사항'은 제3항에 따른 면수 중 1면 이내에서 게재할 수 있다(법§66②2문). 이러한 선거공약서의 앞면에는 '선거공약서'라고 표시하고, 선거명, 후보자성명, 정당추천후보자의 소속정당명(무소속후보자는 '무소속'이라 표시함)을 한글로 게재해야 하며, 선거공약서의 뒷면에는 '이 선거공약서는 선거법 제66조의 규정에 따른 것입니다'라고 표시하고, 인쇄소의 명칭·주소·전화번호를 게재해야 한다(규칙§31②).

그리고 선거공약서는 대통령선거에 있어서는 32면 이내로, 시·도지사선거에 있어서는 16면 이내로, 자치구·시·군의 장선거에 있어서는 12면 이내로

작성한다(법§66③). 또 선거공약서(점자형 선거공약서를 포함)는 길이 27센티미터 너비 19센티미터 이내로 작성해야 한다(규칙§31①).

후보자는 위와 같은 선거공약서 외에 시각장애선거인(선거인으로서 「장애인복지법」 제32조에 따라 등록된 시각장애인을 말함)을 위한 선거공약서(이하 '점자형 선거공보'라 함) 1종 선거법 제65조 제2항에 따른 책자형 선거공보의 면수 이내에서 작성할 수 있다(법§66⑧,§65④본문). 다만, 대통령선거·지역구국회의원선거 및 지방자치단체의 장선거의 후보자는 점자형 선거공보를 작성·제출하여야 하되, 책자형 선거공보에 그 내용이 음성으로 출력되는 전자적 표시를 하는 것으로 갈음할 수 있다(법§66⑧,§65④단서).

(라) 선거공약서의 배부와 인터넷을 통한 공개

후보자와 그 가족, 선거사무장, 선거연락소장, 선거사무원, 회계책임자 및 후보자와 함께 다니는 활동보조인은 선거공약서를 배부할 수 있다(법§66⑤1문). 따라서 자원봉사자는 선거공약서를 배부할 수 없다. 다만, 우편발송(점자형 선거공약서는 제외)·호별방문이나 살포(특정 장소에 비치하는 방법을 포함)의 방법으로 선거공약서를 배부할 수 없다(법§66⑤2문). 후보자가 '점자형 선거공약서'를 우편으로 발송하려는 경우에는 별지 제17호의2서식의(다)에 의한 발송용 봉투를 사용해야 하며, 「우편법 시행령」 제25조에 따라 우편요금 등을 따로 납부하는 방법으로 해야 한다(규칙§31③). 이 점자형 선거공약서를 우편으로 발송하려는 후보자는 선거일 전 5일까지 구·시·군의 장에게 시각장애선거인과 그 세대주의 성명·주소의 교부를 신청할 수 있으며, 신청을 받은 구·시·군의 장은 지체 없이 이를 교부해야 한다(규칙§31④1문). 이 경우 시각장애선거인의 범위는 「장애인복지법 시행규칙」 별표 1에 따른 장애등급 제1급 내지 제4급에 해당하는 자이다(규칙§31④2문,§30⑥).

이처럼 후보자가 선거공약서를 배부하고자 하는 때에는 배부일 전일까지 2부를 첨부하여 작성수량·작성비용 및 배부방법 등을 관할 선거구선관위에 서면[별지 제17호의2서식의(가)]으로 신고해야 하며, 배부 전까지 배부할 지역을 관할하는 구·시·군선관위에 각 2부를 제출해야 한다(법§66⑥, 규칙§31⑤).

그리고 관할 선거구선관위는 선거공약서를 선관위의 인터넷홈페이지에

게시하는 등 선거구민이 알 수 있도록 이를 공개할 수 있으며, 당선인 결정 후에는 당선인의 선거공약서를 그 임기만료일까지 선관위의 인터넷홈페이지 또는 중앙선관위가 지정하는 인터넷홈페이지에 게시할 수 있다(법§66⑦1문). 이 경우 후보자로 하여금 그 전산자료 복사본을 제출하게 하거나 그 내용을 요약하여 제출하게 할 수 있다(법§66⑦2문). 이러한 선거공약서의 전산자료복사본 또는 그 요약본의 제출은 별지 제17호의2서식의(나)에 의한다(규칙§31⑥).

(마) 선거공약서 관련 의무

선거공약서를 인쇄하는 인쇄업자는 제3항의 선거공약서의 수량 외에는 이를 인쇄하여 누구에게도 제공할 수 없다(법§66⑧,§64⑧).

(3) 벌 칙

선거공약서에 허위의 내용을 기재한 자는 과실로 그 기재를 하는 등 특별한 사정이 없는 한 그 행위에 관한 당선목적성도 인정되므로 당선목적 허위사실공표죄가 성립하여 5년 이하의 징역 또는 3천만 원 이하의 벌금에 처하는데, 이는 선거벽보 및 선거공보에서 본 바와 같다. 다만, 공약과 그 이행계획은 장래에 관한 계획으로서 사실 여부를 따질 수 없으므로, 이에서 제외된다.

선거법 제66조 제1항부터 제5항까지를 위반하여 선거공약서를 선거운동을 위하여 작성·사용하거나 하게 한 자는 2년 이하의 징역 또는 400만 원 이하의 벌금에 처한다(법§255②1의3호). 또 동법 제64조 제8항(제66조 제8항에서 준용하는 경우를 포함)을 위반하여 선거공약서의 수량을 넘게 인쇄하여 제공한 자는 1년 이하의 징역 또는 200만 원 이하의 벌금에 처한다(법§256⑤5호).

실전팁(선거벽보·선거공보·선거공약서에 학력 등 기재요령)

□ 기재요령

- 선거벽보·선거공보·선거공약서는 방송을 이용한 선거운동과 대담·토론회, 공개장소에서의 연설·대담 등과 더불어 선거운동의 중추를 이루는 수단으로, 그 파급력도 상당함
- 이는 선거벽보 등에 후보자의 학력·경력, 사진 등 당락에 영향을 미치는 후보자에 대한 기본적인 정보가 수록되기 때문임

- 후보자는 당선에 도움이 되는 학력·경력 등에 대하여는 이를 과장하려는 욕망이, 당선에 해(害)가 되는 사항에 대하여는 숨기려는 욕망에 사로잡히기 쉬움
- 그러나 이러한 욕망의 발로로 그 사항에 대하여 허위의 사실을 기재하면, 당선목적 허위사실공표죄로 당선무효형을 선고받을 수 있으므로 이를 선거법에 입각하여 사실대로 기재해야 함
- 정규학력 이외의 학력(최고위과정, 최고경영자과정 등)은 학력사항뿐만 아니라 경력사항으로도 기재할 수 없음
- 정규학력을 게재하는 경우에는 졸업 또는 수료당시의 학교명(중퇴한 경우에는 수학기간을 함께 기재)을 기재함
- 정규학력에 준하는 외국의 교육과정을 이수한 학력을 게재하는 때에는 그 교육과정명과 수학기간 및 학위를 취득한 때의 취득학위명을 기재함
- 정규학력의 최종학력과 외국의 교육과정을 이수한 학력은 '학력증명서'를 제출한 학력에 한하여 게재할 수 있음
- 선거벽보에는 후보자만의 사진을 게재하고, 선거공보에는 타인과 함께 찍은 사진도 게재할 수 있음
- 선거벽보 등에 '작은 글씨는 사실에 부합'하게, '큰 글씨는 사실과 다르게' 기재하는 경우에도 원칙적으로 허위사실의 기재임
- '과거의 경력'을 '현재의 경력'으로 기재하는 것도 허위사실의 기재임

□ 제출요령
- 제출마감일 18:00를 경과하여 제출한 후보자나 정당에 대해서는 과태료가 부과되고, 마감일 24:00를 넘겨 제출할 때에는 선관위가 선거벽보 등의 접수를 거부하므로, 늦지 않게 제출해야 함
- 선거공보의 경우 500부 단위로 구분되도록 묶거나 간지를 넣어 제출함

5. 현수막의 게시

가. 의 의

후보자 또는 정당이 선거운동을 위하여 당해 선거구안의 읍·면·동마다 1매의 현수막을 게시하는 것을 말한다(법§67①). 이 현수막은 후보자와 정당이 자신의 공약, 정책, 후보경력 등을 선전하거나 홍보할 수 있는 선거에서 중요한 수단으로, 선거사무소·선거연락소·선거대책기구에 게첩(揭帖)하는 현수막(법§61⑥), 정당선거사무소에 게시하는 현수막(법§61의2의④), 정당의 당사에 게

시하는 현수막(법§145), 선거에 영향을 미치는 시설물 등의 예외로서의 현수막(규칙§47의2), 경선후보자가 게시하는 현수막(규칙§25의3③)과는 달리 인정된 것이다.

나. 내 용

(1) 게시 주체

비례대표국회의원후보자 및 비례대표지방의회의원후보자를 제외한 후보자이다. 다만, 대통령선거에 있어서 정당추천후보자의 경우에는 그 추천정당이다(법§67①).

(2) 현수막의 재질과 규격게시 방법

현수막(懸垂幕)은 천으로 제작하되, 그 규격은 10제곱미터 이내로 한다(규칙§32①). '막'(幕)이라는 용어가 원래 천이라는 말을 함축한 것이므로 천 이외의 재질, 즉 비닐이나 금속재질 등은 현수막으로 사용할 수 없다. 실무도 같은 태도이다(1995. 1. 13. 중앙선관위 질의회답, 2008. 3. 26. 중앙선관위 질의회답). 이러한 점은 아래 비교대상이 되는 현수막도 마찬가지이다.

(3) 현수막의 게시 방법

현수막은 일정한 장소·시설에 고정하여 내걸어야 하며, 다음 각호의 어느 하나에 해당하는 방법으로는 내걸 수 없다(규칙§32④). 특히 아래 제2호 내지 제3호는 교통에 방해가 되기 때문에 이를 규제하는 것이고, 제4호의 경우에는 그 게시가 투표에 영향을 미치기 때문에 규제하는 것이다.

1. 애드벌룬·네온사인·형광 그 밖에 전광으로 표시하는 방법
2. 다른 후보자의 현수막이나 「도로교통법」 제2조에 따른 신호기 또는 안전표지를 가리는 방법
3. 「도로교통법」 제2조에 따른 도로를 가로지르는 방법
4. 선거일에 투표소가 설치된 시설의 담장이나 입구 또는 그 안에 내걸리게 하는 방법

현수막의 게시 방법(중앙선관위 질의회답)

- 현수막은 법정수량의 범위 내에서 장소를 옮겨 게시할 수 있으나, 게시한 채로 이동할 수는 없음(1994. 12. 30)
- 선거운동을 위한 현수막은 「옥외광고물 등 관리법」 제3조 따른 시장 등의 신고나 허가를 하지 않아도 무방함(1995. 4. 25, 2014. 5. 15)
- 도로에 설치된 육교에는 현수막을 게시할 수 없음(2006. 5. 13)
- '양면 현수막'으로 앞뒤에서 다 볼 수 있도록 같은 크기, 같은 도안, 같은 내용으로 제작하여 떨어지지 않도록 박음질로 누벼서 한 장의 현수막처럼 제작한 현수막은 1매로 보아 무방함(2008. 3. 19)
- 전국 재래시장 내 천정에 고정시킨 후 전기 모터를 사용하여 프로파일 롤러봉을 구동시켜 설치된 현수막을 상하 운동시킴으로써 보는 이로 하여금 노출의 효과를 극대화시키는 현수막도 무방함(2010. 4. 7)

후보자나 위 추천정당은 현수막을 내걸기 전에 관할 구·시·군선관위에 별지 제18호서식(표지교부신청서)에 따라 그 표지를 신청해야 하며, 현수막을 내거는 때에는 관할 구·시·군선관위가 내어준 별지 제19호의3양식의 표지를 붙여야 한다(규칙§32②1문). 이 경우 내건 현수막을 바꿀 때에는 종전의 현수막에 붙였던 표지를 새로운 현수막에 붙여야 한다(규칙§32②2문). 또 후보자가 제2항에 따른 표지를 잃어버린 때에는 관할 구·시·군선관위에 별지 제18호의2서식(현수막 등 표지 재교부신청서)에 따라 표지를 다시 신청할 수 있다(규칙§32③).

다. 비교대상 현수막

선거사무소·선거연락소·선거대책기구에 게첩(揭帖)하는 현수막(법§61⑥), 정당선거사무소에 게시하는 현수막(법§61의2의④), 정당의 당사에 게시하는 현수막(법§145), 선거에 영향을 미치는 시설물 등의 예외로서의 현수막(규칙§47의2), 경선후보자가 게시하는 현수막(규칙§25의3③)이 있다.

(1) 정당의 당사에 게시하는 현수막

이는 선거법 제61조 제1항에 따라 '해당 정당의 사무소에 선거대책기구를 설치한 정당을 제외한 정당'이 선거기간 중 구호, 그 밖에 정당의 홍보에 필요한 사항과 당해 당부(黨部)명 및 그 대표자 성명, 해당 정당이 추천한 후보자의 기호·성명·사진·경력 등에 관한 사항을 게재한 현수막을 선거규칙으로 정하는 바에 따라 당해 당사의 외벽면 또는 옥상에 설치·게시하는 것을 말한다(법§145①).

(2) 선거에 영향을 미치는 시설물 등의 예외로서의 현수막

ⅰ) 정당(창당준비위원회를 포함)이 정강·정책구호 기타 정당의 홍보에 필요한 사항과 당해 정당명 및 그 대표자 성명을 게재한 것으로, 중앙당과 시·도당의 당사의 건물이나 그 담장에 설치·게시할 수 있는 현수막(규칙§47의2제1호가목), ⅱ) 정당이 소속당원만을 대상으로 당원집회를 개최하는 때에 주최 당부명의로 동집회장소임을 알리기 위해 설치·게시하는 현수막(규칙§47의2제1호마목), ⅲ) 정당이 자연보호활동 또는 대민봉사활동 등을 하면서 그 행사장소에 정당명과 행사명을 게재한 현수막(규칙§47의2제1호사목), ⅳ) 지방자치단체의 장이 선거일 전 60일(선거일 전 60일 후에 실시사유가 확정된 보궐선거 등에 있어서는 그 선거의 실시사유가 확정된 날) 전에 법 제86조(공무원 등의 선거에 영향을 미치는 행위금지) 제2항 제4호에 규정된 행사를 개최하면서 그 행사장소에 개최자의 직명을 표시한 현수막(규칙§47의2제2호가목), ⅴ) 국회의원 및 지방의회의원이 자신의 직무 또는 업무를 수행하는 상설사무소에 그 직명·성명과 업무에 관한 안내사항을 게재한 현수막(규칙§47의2제2호라목). ⅵ) 정당 또는 기관·단체·시설의 장의 이·취임식장이나 이들의 하급당부(정당선거사무소를 포함)나 기관·단체·시설방문시에 그 방문 행사장소에 직·성명을 표시한 현수막(규칙§47의2제3호나목) 등이 있다.

라. 벌 칙

선거법 제67조의 규정에 위반하여 현수막을 게시한 자는 2년 이하의 징역 또는 400만 원 이하의 벌금에 처한다(법§256③1호가목).

6. 어깨띠 등 소품의 사용

가. 의 의

후보자와 그 배우자 등이 선거운동기간 중 후보자의 사진·성명·기호 및

소속 정당명, 그 밖의 홍보에 필요한 사항을 게재한 어깨띠·윗옷(上衣)·표찰(標札)·수기(手旗)·마스코트, 그 밖의 소품을 붙이거나 입거나 지니고 선거운동을 하는 것을 말한다(법§68①).

나. 내 용

(1) 사용 주체

후보자와 그 배우자(배우자 대신 후보자가 그의 직계존비속 중에서 신고한 1인을 포함), 선거사무장, 선거연락소장, 선거사무원, 후보자와 함께 다니는 활동보조인 및 회계책임자이다(법§68①). 주의할 것은 선거사무원으로 신고하지 않은 '**자원봉사자**'는 사용 주체가 아니라는 것이다. 이러한 사람들을 제외하고 누구든지 선거운동기간 중 어깨띠, 모양과 색상이 동일한 모자나 옷, 표찰·수기·마스코트·소품, 그 밖의 표시물을 사용하여 선거운동을 할 수 없다(법§68②).

(2) 어깨띠 등 소품의 규격 또는 금액

어깨띠 등 소품의 규격 또는 금액은 <표 2-13>과 같다(법§68③, 규칙§33).

〈표 2-13〉 어깨띠·윗옷·마스코트·표찰·수기 등 규격·금액

	규격	금액
어깨띠	길이 240센티미터 이내 너비 20센티미터 이내	제한 없음
윗옷	제한 없음	선거규칙 제59조 제1항 제5호에 따른 선거사무원 수당의 기준금액(3만 원) 이내
마스코트, 표찰·수기 그 밖의 소품	옷에 붙이거나 사람이 입거나 **한 손으로 지닐 수 있는 정도의 크기**	제한 없음

어깨띠 등 소품의 사용(중앙선관위 질의회답)

- 선거법 제91조 제1항에 따르면 누구든지 공개장소에서의 연설·대담장소 또는 대담·토론회장에서 연설·대담·토론용으로 사용하는 경우를 제외하고는 선거운동을 위하여 확성장치를 사용할 수 없으므로 동법 제68조의 규정에 따른 어깨띠에는 확성장치나 마이크폰을 부착할 수 없을 것임(2006. 3. 22)
- 마라톤 등번호 같이 가슴과 등에 부착되는 형태의 어깨띠도 무방함(2006. 4. 26)
- 옷이나 어깨띠, 장갑, 조끼, 피켓 등에 유권자들에게 식별이 가능하도록 LED로 제작하여 선거 용품에 부착하여 후보자를 알리는 데 사용하는 방법은 선거법상 무방함(2010. 2. 3)
- 약 2미터 내외 크기의 방수천, 섬유, 고무류 기타 재질로 사람 모양, 지역 상징물, 기타 동물 모형을 만들어 사람이 입고 공기를 주입하는 방식의 마스코트(마스코드에 기호, 정당, 성명, 캐치프레이즈 등 게재)를 입고 선거운동을 하는 것은 무방함(2010. 4. 8)
- 한 손으로 지닐 수 있는 정도의 전광홍보판을 사용하는 것은 다른 법률에 위반되는지 여부는 별론으로 하고 같은 선거법상 무방함(2010. 4. 8)
- 선거사무원이 선거운동기간 중에 LED 화면이 부착된 배낭 또는 허리띠를 선거운동용 소품으로 사용하는 것은 무방하고, 이 경우 부착된 배낭 또는 허리띠의 임차비용은 보전대상 선거비용에 해당될 것임(2012. 11. 6)
- 후보자나 선거사무원 등이 선거운동기간 중에 소품이나 디지털선거운동원증을 지니고 다니면서 유권자가 그 디지털선거운동원증 등에 스마트폰으로 태그하는 경우 후보자의 모바일 웹 또는 모바일 앱으로 연결하게 하는 방법으로 선거운동을 하는 것은 선거법 제68조에 따른 소품을 이용한 선거운동으로 보아 무방할 것이나, 그 외의 자원봉사자가 상기와 같은 방법으로 선거운동을 하거나, 후보자가 선거구민인 자원봉사자에게 디지털선거운동원증을 발급·배부하는 것은 동법 제68조 제2항 또는 제93조 제3항에 위반될 것임(2013. 12. 12)

다. 벌 칙

선거법 제68조 제2항 또는 제3항(어깨띠의 규격을 말함)을 위반하여 어깨띠, 모자나 옷, 표찰·수기·마스코트·소품, 그 밖의 표시물을 사용하여 선거운동을 한 사람은 3년 이하의 징역 또는 600만 원 이하의 벌금에 처한다(법§255① 5호).

7. 신문광고, 방송광고

가. 신문광고

(1) 의 의

'신문광고'는 후보자나 정당이 선거기간개시일부터 선거일 전 2일까지 소속정당의 정강·정책이나 후보자의 정견, 정치자금모금(대통령선거에 한함) 기타 홍보에 필요한 사항을 일간신문에 게재하는 것을 말한다(법§69①).

(2) 내 용

(가) 광고 주체와 광고 매체

'대통령선거'에서는 '정당추천후보자', '비례대표국회의원선거'의 경우에는 '후보자 추천정당', 시·도지사선거에서는 '후보자'가 각각 신문광고의 주체이다(법§69①). 따라서 지역구국회의원선거, 기초단체장선거, 지방의회의원선거에서 후보자나 정당은 신문광고를 할 수 없고, 대통령선거에서는 무소속후보자도 신문광고를 할 수 없다. 또한 광고 매체가 되는 신문은 「신문 등의 진흥에 관한 법률」 제2조 제1호 가목 및 나목에 따른 일간신문이다(법§69①).

(나) 광고 시기

'광고 시기'는 '선거기간개시일부터 선거일 전 2일까지'이다(법§69①).

(다) 광고 내용과 광고 횟수

소속정당의 정강·정책이나 후보자의 정견, 정치자금모금(대통령선거에 한함), 기타 홍보에 필요한 사항을 말한다(법§69①1문).

〈표 2-14〉 선거종류별 광고 횟수

선거의 종류	광고 횟수
대통령선거	총 70회 이내
비례대표국회의원선거	총 20회 이내
시·도지사선거	총 5회 이내. 단, 인구 300만을 넘는 시·도에 있어서는 300만을 넘는 매 100만까지마다 1회를 더함

그리고 광고 횟수는 <표 2-14>와 같고, 일간신문에의 광고 횟수의 계산에 있어서는 하나의 일간신문에 1회 광고하는 것을 1회로 본다(법§69①2문). 같은 날에 발행되는 일간신문이 배달되는 지역에 따라 각각 다르게 발행일자가 표시되었더라도 그 신문에 게재된 광고의 횟수는 1회로 본다(규칙§34④).

위와 같은 횟수 관련해서 중앙선관위는 아래와 같은 게재절차를 위반하여 한 신문광고도 선거운동을 위한 신문광고의 목적을 달성했으므로 횟수에 산입한다고 하였다(1987. 12. 14. 중앙선관위 의결). 또 신문제호·등록번호·발행인 등이 동일한 조간 및 석간 신문의 경우는 각각 1개의 일간신문으로 보아야 한다고 하였다(1992. 11. 24. 중앙선관위 질의회답).

(라) 광고 방법

신문광고에는 광고근거와 광고주명을 표시해야 하고(법§69②), '이 신문광고는 선거법 제69조의 규정에 따른 광고입니다'라고 표시해야 한다(규칙§34①).

그리고 시·도지사선거에 있어서 같은 정당의 후보자추천을 받은 2인 이상의 후보자는 합동으로 광고를 할 수 있다. 이 경우 광고 횟수는 해당 후보자가 각각 1회의 광고를 한 것으로 보며, 그 비용은 해당 후보자 간의 약정에 의하여 분담하되, 그 분담내역을 광고계약서에 명시해야 한다(법§69③).

(마) 광고 절차

후보자가 광고를 하고자 하는 때에는 광고 전에 선거법에 의한 광고임을 인정하는 관할 선거구선관위의 인증서를 교부받아 광고를 해야 하며, 일간신문을 경영·관리하는 자 또는 광고업무를 담당하는 자는 인증서가 첨부되지 아니한 후보자의 광고를 게재하여서는 안 된다(법§69⑤). 이러한 인증서의 교부신청은 별지 제18호의3서식(신문광고게재인증서의 교부신청서)에 따르고, 인증서의 서식은 별지 제20호서식의(나)에 따른다(규칙§34②).

(바) 비용부담관계

신문광고를 게재하는 일간신문을 경영·관리하는 자는 그 광고비용을 산정함에 있어 선거기간 중에 같은 지면에 같은 규격으로 게재하는 상업·문화 기타 각종 광고의 요금 중 최저요금을 초과하여 후보자에게 청구하거나 받을 수 없다(법§69⑧).

(3) 벌칙 등 제재

선거법 제69조 제1항의 횟수에 관한 규정을 위반하지 아니하였으나 같은 조 제5항을 위반하여 광고한 사람은 1년 이하의 징역 또는 200만 원 이하의 벌금에 처한다(법§256⑤6호).

나. 방송광고

(1) 의 의

'방송광고'는 후보자 또는 정당이 선거운동기간 중 소속정당의 정강·정책이나 후보자의 정견 그 밖의 홍보에 필요한 사항을 텔레비전 및 라디오 방송시설을 이용하여 선거인에게 널리 알리는 것을 말한다(법§70①).

(2) 내 용

(가) 방송광고의 주체와 방송광고의 내용

'대통령선거'에서는 '정당추천후보자', '비례대표국회의원선거'의 경우에는 '후보자 추천정당', 시·도지사선거에서는 '후보자'가 각 주체이다. 지역구국회의원선거, 기초단체장선거, 지방의회의원선거에서 후보자나 정당은 방송광고를 할 수 없고, 대통령선거에서는 무소속후보자는 방송광고를 할 수 없다.

방송광고의 내용은 선거운동기간 중 소속정당의 정강·정책이나 후보자의 정견 그 밖의 홍보에 필요한 사항이다. 그 밖에 홍보에 필요한 사항은 후보자의 학력·경력·이력이나 선거에서의 주의·주장, 자신의 신앙·신조 등 후보자 홍보에 관한 것으로 선거운동을 위한 일체의 사항을 말한다.

(나) 방송광고를 할 수 있는 방송시설

방송광고를 할 수 있는 **방송시설**은 '텔레비전 및 라디오 방송시설'이고, 여기서 '방송시설'은 보도전문편성의 방송채널사용사업자의 채널을 포함하여, 「방송법」에 의한 방송사업자가 관리·운영하는 **무선국 및 종합유선방송국**을 말한다. 그러므로 무선국 및 종합유선방송국을 이용하여 방송사업을 하는 '지상파방송사업자', '종합유선방송사업자' 및 '위송방송사업자'만이 이 조항에 포함되게 된다.[26] 따라서 이른바 JTBC(중앙일보), TV조선(조선일보), MBN(매일경제

26 □ 「방송법」 제2조
제2호 '방송사업'이라 함은 방송을 행하는 다음 각목의 사업을 말한다.

신문), 채널A(동아일보)의 4개 '**종편**(종합편성방송채널사용사업자)'은 이 조항상 '무선국' 또는 '종합유선방송국'에 해당하지 않으므로 방송광고를 할 수 없다.[27] 중앙선관위도 같은 태도이다(2012. 2. 8. 중앙선관위 질의회답). 또한 중앙선관위는 IPTV(Internet Protocol Television; 인터넷 망을 통한 양방향 텔레비전 서비스)의 VOD(video on demand; 주문형 비디오 서비스)를 이용하여 방송광고를 할 수 없다고 하였다(2010. 5. 12. 중앙선관위 질의회답).

(다) 방송광고의 횟수와 분량

'대통령선거'에서는 텔레비전 및 라디오 방송별로 각 **30회** 이내, '비례대표국회의원선거'에서는 텔레비전 및 라디오 방송별로 각 **15회** 이내, '시·도지사선거'에서는 지역방송시설을 이용하여 텔레비전 및 라디오 방송별로 각 **5회** 이내에서 각각 방송광고를 하되, 광고시간은 **1회 1분**을 초과할 수 없다(법§70

가. **지상파방송사업**: 방송을 목적으로 하는 지상의 **무선국**을 관리·운영하며 이를 이용하여 방송을 행하는 사업
나. **종합유선방송사업**: **종합유선방송국**(다채널방송을 행하기 위한 유선방송국설비와 그 종사자의 총체를 말함. 이하 같음)을 관리·운영하며 전송·선로설비를 이용하여 방송을 행하는 사업
다. **위성방송사업**: 인공위성의 무선설비를 소유 또는 임차하여 **무선국**을 관리·운영하며 이를 이용하여 방송을 행하는 사업
라. **방송채널사용사업**: 지상파방송사업자·종합유선방송사업자 또는 위성방송사업자와 **특정채널의 전부 또는 일부 시간에 대한 전용사용계약**을 체결하여 그 채널을 사용하는 사업
3. '방송사업자'라 함은 다음 각목의 자를 말한다.
가. 지상파방송사업자: 지상파방송사업을 하기 위하여 제9조 제1항의 규정에 의하여 허가를 받은 자
나. 종합유선방송사업자: 종합유선방송사업을 하기 위하여 제9조 제2항의 규정에 의하여 허가를 받은 자
다. 위성방송사업자: 위성방송사업을 하기 위하여 제9조 제2항에 따라 허가를 받은 자
라. **방송채널사용사업자**: 방송채널사용사업을 하기 위하여 제9조 제5항의 규정에 의하여 등록을 하거나 승인을 얻은 자
마. 공동체라디오방송사업자: 공중선전력 10와트 이하로 공익목적으로 라디오방송을 하기 위하여 제9조 제11항의 규정에 의하여 허가를 받은 자
□ 제9조 제5항
방송채널사용사업·전광판방송사업 또는 음악유선방송사업을 하고자 하는 자는 미래창조과학부장관에게 등록해야 한다. 다만, **종합편성**이나 보도에 관한 전문편성을 행하는 **방송채널사용사업을 하려는 자는 방송통신위원회의 승인**을 받아야 하고, 상품소개와 판매에 관한 전문편성을 행하는 방송채널사용사업을 하려는 자는 미래창조과학부장관의 승인을 받아야 한다.

27 이러한 내용은, 제71조(후보자 등의 방송연설) 제1항, 제72조(방송시설주관 후보자연설의 방송) 제1항, 제74조(방송시설주관 경력방송) 제1항, 제82조(언론기관의 후보자 등 초청 대담·토론회) 제1항, 제137조의2(정강·정책의 방송연설의 제한) 제1항상의 각 '방송시설'에도 그대로 적용된다.

①1문). 이 경우 광고 횟수의 계산에 있어서는 재방송을 포함하되, 하나의 텔레비전 또는 라디오 방송시설을 선정하여 당해 방송망을 동시에 이용하는 것은 1회로 본다(법§70①2문).

(라) 방송광고의 방법

방송광고는 「방송법」 제73조(방송광고 등) 제2항을 적용하지 아니하므로(법§70④), 방송광고의 종류[28]에 따른 허용범위·시간·횟수·방법에 관한 「방송법」상 제한을 받지 않고 광고를 할 수 있다. 또한 광고판매대행업자 및 「방송광고판매대행 등에 관한 법률」 제5조의 규정을 적용하지 아니하므로(법§70④), 한국방송광고진흥공사 등 방송광고판매대행업자를 거치지 않고 한국방송공사(KBS), 문화방송(MBC), 한국교육방송공사(EBS) 등에 방송광고를 할 수 있다.

방송시설을 경영 또는 관리하는 자는 제1항의 방송광고를 함에 있어서 방송시간대와 방송권역 등을 고려하여 모든 후보자에게 공평하게 해야 하며, 후보자가 신청한 방송시설의 이용일시가 서로 중첩되는 경우에 방송일시의 조정은 선거규칙이 정하는 바에 의한다(법§70⑤). 이에 관하여 선거규칙 제35조 제3항은 후보자가 신청한 방송시설의 이용일시가 서로 중첩되는 경우에 방송일시의 조정은 당해방송시설을 경영 또는 관리하는 자가 '**신청을 받은 순서**'에 의하고, 신청순서가 같을 때에는 그 방송시설의 '이용횟수'(계약이 이루어진 횟수를 포함)가 '적은 신청인의 순서'에 의하며, 신청순서와 이용횟수가 같을 경우에는 신청인 또는 그 대리인의 참여하에 '추첨'에 의하여 정하는 것으로 정

28 한편, 「방송법」 제73조 제2항이 정하는 방송광고의 종류는 다음과 같고, 그 방송광고에 관한 허용범위·시간·횟수·방법 등에 대한 제한은 동법 시행령 제59조, 제59조의2, 제59조의3이 상세하게 정하고 있다.

1. 방송프로그램광고: 방송프로그램의 전후(방송프로그램 시작타이틀 고지 후부터 본방송프로그램 시작 전까지 및 본방송프로그램 종료 후부터 방송프로그램 종료타이틀 고지 전까지를 말함)에 편성되는 광고
2. 중간광고: 1개의 동일한 방송프로그램이 시작한 후부터 종료되기 전까지 사이에 그 방송프로그램을 중단하고 편성되는 광고
3. 토막광고: 방송프로그램과 방송프로그램 사이에 편성되는 광고
4. 자막광고: 방송프로그램과 관계없이 문자 또는 그림으로 나타내는 광고
5. 시보광고: 현재시간 고지시 함께 방송되는 광고
6. 가상광고: 방송프로그램에 컴퓨터 그래픽을 이용하여 만든 가상의 이미지를 삽입하는 형태의 광고
7. 간접광고: 방송프로그램 안에서 상품을 소품으로 활용하여 그 상품을 노출시키는 형태의 광고

하고 있다.

(마) 절 차

광고를 실시하는 방송시설의 경영자는 방송광고의 일시와 광고내용 등을 별지 제21호서식에 따라 그 광고의 방송·방영일 전일까지 관할 선거구선관위에 통보해야 한다(법§70③, 규칙§35①). 방송광고를 실시하는 방송시설의 경영자는 관할 선거구선관위로부터 그 방송광고내용의 녹음·녹화물의 제출요구가 있는 때에는 이에 협조해야 한다(규칙§35②).

(바) 비용부담관계

방송광고를 행하는 방송시설을 경영·관리하는 자는 그 광고비용을 산정함에 있어 선거기간 중 같은 방송시간대에 광고하는 상업·문화 기타 각종 광고의 요금 중 최저요금을 초과하여 후보자에게 청구하거나 받을 수 없다(법§70⑧).

(3) 과태료 처분

선거법 제70조 제3항의 규정을 위반한 자에게는 300만 원 이하의 과태료를 부과한다(법§261⑥1호).

8. 방송연설 등 방송 관련 규제

가. 방송연설

(1) 의 의

'방송연설'은 후보자나 후보자가 지명하는 연설원은 소속정당의 정강·정책이나 후보자의 정견 기타 홍보에 필요한 사항을 발표하기 위하여 선거운동기간 중 텔레비전 및 라디오 방송시설 또는 지역방송시설을 이용하여 연설을 하는 것을 말한다(법§71①).

(2) 내 용

(가) 방송연설의 주체와 방송연설의 내용

'기초지역구의원·비례대표기초의원을 제외한' 선거의 후보자 또는 후보자가 지명한 연설원이 방송연설의 주체이다(법§71①).

방송연설의 내용은 선거운동기간 중 소속정당의 정강·정책이나 후보자의 정견 그 밖의 홍보에 필요한 사항이다(법§71①). 그 밖에 홍보에 필요한 사항은 후보자의 기호·성명·학력·경력·이력이나 선거에서의 주의·주장, 자신의 신앙·신조 등 후보자 홍보에 관한 것으로 선거운동을 위한 일체의 사항을 말한다.

(나) 방송연설을 할 수 있는 방송시설

'대통령선거와 비례대표국회의원선거'에서는 '텔레비전 및 라디오 방송시설'이고, 이는 선거법 제70조 제1항에서 본 바와 같다. '지역구국회의원선거' 및 '자치구·시·군의 장 선거', '비례대표시·도의원선거' 및 '시·도지사선거'에서는 '지역방송시설을 이용한' 텔레비전 및 라디오 방송시설이다(법§71①). 여기서 '지역방송시설'이란 해당 시·도의 관할구역 안에 있는 방송시설(도의 경우 해당 도의 구역을 방송권역으로 하는 인접한 특별시 또는 광역시 안에 있는 방송시설을 포함)을 말하며, 해당 시·도의 관할 구역 안에 지역방송시설이 없는 시·도로서 서울특별시에 인접한 시·도의 경우 서울특별시 안에 있는 방송시설을 말한다(법§71②). 이 경우 '지역방송시설'과 관련하여 관할구역 안에 「방송법 시행령」 제1조의2(용어의 정의) 제1호의 규정에 따른 지상파텔레비전방송사업자(이하 '지상파텔레비전방송사업자'라 함)의 방송시설이 없는 광역시의 경우 해당 광역시의 구역을 방송권역으로 하는 인접한 특별시 또는 도의 안에 있는 지상파텔레비전방송사업자의 방송시설을 포함하는 것으로 본다(규칙§36⑨).

이와 관련하여 중앙선관위는 후보자가 방송연설을 외부 프로덕션의 중계차를 이용해서 생방송으로 제작하여 이를 KBS에서 생방송으로 송출만 할 것을 요청할 경우 그 요청에 따라 방송하는 것이 가능한지 여부에 관하여, 방송연설은 「방송법」에 의한 방송사업자가 관리·운영하는 무선국 또는 종합유선방송국(보도전문편성의 방송채널사용사업자의 채널 포함)이 제작하여 방송해야 할 것이므로, 이는 허용되지 않고, 다만, 방송연설을 다른 방송사(MBC)의 방송시설에서 생방송으로 제작하면서 이를 KBS에서 생방송으로 송출만 할 것을 요청할 경우 그 요청에 따라 방송하는 것은 가능하다고 보았다(2008. 1. 14. 중앙선관위 질의회답).

(다) 방송연설의 횟수와 분량

방송연설와 횟수와 분량은 <표 2-15>와 같다(법§71①). 이 경우 연설횟수의 계산에 있어서는 재방송을 포함하되, 하나의 텔레비전 또는 라디오 방송시설을 선정하여 당해 방송망을 동시에 이용하는 것은 1회로 본다(법§71③,§70①2문).

〈표 2-15〉 선거종류별 방송연설의 횟수·분량

선거의 종류	횟수와 분량
대통령선거	후보자와 후보자가 지명한 연설원이 각각 1회 20분 이내에서 텔레비전 및 라디오 방송별 각 11회 이내
비례대표국회의원선거	정당별로 비례대표국회의원후보자 중에서 선임된 대표 2인이 각각 1회 10분 이내에서 텔레비전 및 라디오 방송별 각 1회
지역구국회의원선거 및 자치구·시·군의 장 선거	후보자가 1회 10분 이내에서 **지역방송시설을 이용**하여 텔레비전 및 라디오 방송별 각 2회 이내
비례대표시·도의원선거	정당별로 비례대표시·도의원선거구마다 당해 선거의 후보자 중에서 선임된 대표 1인이 1회 10분 이내에서 **지역방송시설을 이용**하여 텔레비전 및 라디오 방송별 각 1회
시·도지사선거	후보자가 1회 10분 이내에서 **지역방송시설을 이용**하여 텔레비전 및 라디오 방송별 각 5회 이내

(라) 방송연설의 시행방법

텔레비전 방송시설을 이용한 방송연설을 하는 경우에는 후보자 또는 연설원이 연설하는 모습, 후보자의 성명·기호·소속 정당명(해당 정당을 상징하는 마크나 심벌의 표시를 포함)·경력, 연설요지 및 통계자료 외의 다른 내용이 방영되게 하여서는 아니 되며[앞뒤 시그널 음악 또는 배경음악 등을 사용하는 것은 허용된다고 함(2007. 10. 30. 중앙선관위 질의회답)], 후보자 또는 연설원이 방송연설을 녹화하여 방송하고자 하는 때에는 당해 방송시설을 이용해야 한다(법§71④).

후보자(정당추천후보자는 그 추천정당을 말함)가 신청한 방송시설의 이용일시가 서로 중첩되는 경우에는 중앙선관위가 방송연설신청서 제출마감일 후

2일 이내에 다음과 같은 방법으로 그 일시를 정하되, 그 일시는 모든 후보자에게 공평해야 한다(법§71⑧1문, 규칙§36③). 이 경우 후보자가 그 지정된 일시의 24시간 전까지 방송시설이용계약을 하지 아니한 때에 당해 방송시설을 경영·관리하는 자는 그 시간대에 다른 방송을 할 수 있다(법§71①2문). 또 중앙선관위가 방송연설일시와 순서를 결정한 때에는 지체 없이 이를 공고하고 당해 정당 또는 후보자와 당해 방송시설을 경영 또는 관리하는 자에게 통지해야 한다(법§71⑨, 규칙§36④).

1. 방송연설일시가 중첩되지 아니하는 때에는 그 신청한 일시로 한다.
2. 방송연설의 일시가 중첩되는 경우 일시의 조정은 다음 각목에 의한다.
   가. 텔레비전방송시설과 라디오방송시설별로 후보자와 연설원을 구분(후보자와 연설원 간에 중첩되는 경우에는 후보자가 우선함)하여 먼저 후보자의 방송연설일시를 모두 지정한 다음 연설원의 방송연설일시를 지정한다.
   나. 중첩되는 시간대의 방송연설 일시의 조정은 선거일에 가까운 일자부터 일자별로 중첩되는 시간대에 연설할 자를 추첨으로 우선 지정하고, 지정받지 못한 자의 방송연설 일시는 같은 방송시설의 같은 일자의 다른 이용가능한 시간대를 배정함을 원칙으로 하되 지정받지 못한 자와 같은 일자의 다른 이용가능한 시간대가 각 복수로서 동일수인 경우에는 추첨에 의하여 각 시간대를 배정하고, 지정받지 못한 자의 수가 다른 이용가능한 시간대의 수보다 적을 때에는 이용가능한 시간대를 추출하여 지정받지 못한 자의 수와 동일하게 한 뒤 추첨에 의하여 각 시간대를 배정하며, 지정받지 못한 자의 수가 다른 이용가능한 시간대의 수보다 많을 때에는 신청일과 가장 가까운 일자(신청일자의 후일자를 우선함)의 이용가능한 시간대를 추출하여 지정받지 못한 자의 수와 동일하게 한 뒤 추첨에 의하여 각 시간대를 배정한다.
   다. 나목의 추첨이 모두 끝난 후 당해방송시설의 이용가능한 시간대가 부족하여 방송연설일시를 지정받지 못하는 자가 있는 때에는 이들로부터 방송시설별로 방송연설신청을 다시 받아 나목에 의한 추첨 방법에 따라 지정한다.

라. 나목과 다목의 추첨은 후보자 기호순에 의하여 추첨순위를 추첨하고 추첨순위에 의하여 시간대를 추첨한다. 이 경우 추첨순위는 모든 후보자를 대상으로 일회 추첨에 의하여 정한다.

마. 나목과 다목의 추첨에 있어 후보자가 그 대리인으로 하여금 추첨하게 하는 때에는 위임장을 제출해야 하며, 추첨개시시각까지 후보자 또는 그 대리인이 참여하지 아니하는 경우에는 중앙선관위위원장이 지명하는 자가 그 후보자를 대리하여 추첨할 수 있다.

다만, 국회의원과 비례대표시·도의원 및 지방자치단체장의 선거에 있어서 방송연설일시가 중첩되는 경우의 일시와 순서의 조정은 방송시설을 경영 또는 관리하는 자가 정하되, 모든 후보자에게 공평하게 해야 한다(규칙§36⑧).

나아가 방송시설을 경영 또는 관리하는 자는 방송시설을 이용한 연설에 협조해야 하며, 방송시간대와 방송권역 등을 고려하여 모든 후보자에게 공평하게 해야 한다(법§71⑪).

그리고, 대통령선거에서 정당 또는 후보자가 연설원을 교체하고자 하는 때에는 그 연설원의 방송연설일 전 2일까지 중앙선관위에 별지 제22호서식의 (다)(방송연설원교체신고서)에 의하여 신고해야 하며, 중앙선관위는 이를 당해방송시설을 경영 또는 관리하는 자에게 통지해야 한다(규칙§36⑤). 대통령선거에서 후보자 또는 연설원이 지정된 방송연설일시에 방송연설을 하지 아니한 경우에도 그 횟수로 산입한다(규칙§36⑥).

위와 같은 내용과 관련하여, 중앙선관위는 선거운동기간 중에 당해 방송사에서 방송한, 다른 방송내용과 같은 방법으로 후보자의 방송연설을 자신이 운영하는 인터넷홈페이지에 저장하여 두고 다시보기 또는 주문형 비디오(VOD)의 서비스를 제공하는 것은 무방하고, 선거운동기간 중에 후보자나 전기통신사업자가 자신의 인터넷홈페이지 등 컴퓨터통신의 정보저장장치에 후보자의 연설방송을 게시하여 두고 선거구민이 열람하게 하는 것은 허용된다고 하였다(2001. 12. 26. 중앙선관위 질의회답).

(마) 절 차

방송시설을 경영 또는 관리하는 자는 후보자 또는 연설원의 연설을 위한 방송시설명·이용일시·시간대 등을 별지 제22호서식의(가)에 의하여 선거일 전 30일(보궐선거 등에서는 후보자등록신청개시일 전 3일)까지 관할 선거구선관위에 통보해야 한다(법§71⑤, 규칙§36①). 이 경우 방송시설을 경영 또는 관리하는 자는 특별한 사유가 없는 한 통보한 내용을 변경할 수 없다(규칙§36①). 관할 선거구선관위는 후보자등록신청개시일 전 3일(보궐선거 등에서는 후보자등록신청개시일 전일)까지 제1항의 규정에 의한 연설에 이용할 수 있는 방송시설과 일정을 선거구단위로 미리 지정·공고하고 후보자등록신청시 후보자에게 통지해야 한다(법§71⑥).

대통령선거에서 후보자가 방송시설을 이용한 연설을 하고자 하는 때에는 이용할 방송시설명·이용일시·연설을 할 사람의 성명·소요시간·이용방법 등을 기재한 신청서를 후보자등록마감일 후 3일(추가등록의 경우에는 추가등록마감일)까지 별지 제22호서식의(나)(방송시설을 이용한 연설신청서)에 의한다(법§71⑦, 규칙§36②본문). 다만, 추가등록의 경우에는 당해정당이 추천하였던 종전의 후보자의 방송연설신청에 의하고, 종전의 후보자의 방송연설신청이 없었던 때에는 다른 후보자가 신청하여 확정된 방송연설일시와 중첩되지 아니하는 범위안에서 추가등록마감일까지 방송연설을 신청할 수 있다(규칙§36②단서). 국회의원선거, 비례대표시·도의원선거, 지방자치단체장선거에서 후보자가 방송시설을 이용한 연설을 하고자 하는 때에는 당해 방송시설을 경영 또는 관리하는 자와 체결한 방송시설이용계약서 사본을 첨부하여 이용할 방송시설명·이용일시·소요시간·이용방법 등을 방송일 전 3일까지 당해 선거구선관위에 서면[별지 제22호서식의(라)]으로 신고해야 한다(법§71⑩, 규칙§36⑦).

한편, 후보자 등 방송연설을 실시하는 방송시설의 경영자는 관할 선거구선관위로부터 그 방송연설내용의 녹음·녹화물의 제출요구가 있는 때에는 이에 협조해야 한다(규칙§36⑪,§35②).

(바) 종합유선방송사업자 등의 중계방송

「방송법」에 따른 종합유선방송사업자(보도전문편성의 방송채널사용사업자를 포함)·중계유선방송사업자 및 인터넷언론사는 후보자 등의 방송연설을 중계방송할 수 있고, 이 경우 방송연설을 행한 모든 후보자에게 '공평하게' 해야 한다(법§71⑫).

(사) 비용부담관계

방송연설를 행하는 방송시설을 경영·관리하는 자는 그 연설비용을 산정함에 있어 선거기간 중 같은 방송시간대에 연설하는 상업·문화 기타 각종 연설의 요금 중 최저요금을 초과하여 후보자에게 청구하거나 받을 수 없다(법§71③,§70⑧).

(3) 벌칙 등 제재

선거법 제71조(후보자 등의 방송연설) 제12항의 규정에 위반한 자, 즉 방송연설을 행한 모든 후보자에 대해 공평하게 그 중계방송을 하지 않은 자는 2년 이하의 징역 또는 400만 원 이하의 벌금에 처한다(법§252②).

그리고 선거법 제71조 제10항의 규정을 위반한 자에게는 300만 원 이하의 과태료를 부과한다(법§261⑥1호).

나. 방송시설주관 후보자연설의 방송

(1) 의 의

이는 텔레비전 또는 라디오 방송시설을 관리·경영하는 자가 선거운동기간 중 정당 또는 후보자를 선거인에게 알리기 위하여 후보자(비례대표국회의원선거 및 비례대표지방의회의원선거에서는 그 추천정당이 당해 선거의 후보자 중에서 선임한 자를 말함. 이하 제3항에서 같음)의 연설을 방송하고자 하는 때에는 내용을 편집하지 아니한 상태에서 방송하는 것을 말한다(법§72①).

(2) 내 용

(가) 후보자연설방송의 주체와 그 내용

텔레비전 및 라디오 방송시설을 관리·경영하는 자이다(법§72①). 이와 관련하여 중앙선관위는 중계유선방송[29]은 본조항의 방송시설이 아니라고 하였

29 「방송법」 제2조 제4호
'중계유선방송'이라 함은 지상파방송(방송을 목적으로 하는 지상의 무선국을 이용하여 행하는 방송을 말함. 이하 같음) 또는 이 법에 의한 한국방송공사 및 특별법에 의하여 설립된 방

다(1998. 5. 19. 중앙선관위 질의회답).

후보자방송연설의 내용은 '정당 또는 후보자를 선거인에게 알리기 위한 사항'이다(법§72①). 이러한 사항은 선거운동기간 중 소속정당의 정강·정책이나 후보자의 정견 그 밖의 홍보에 필요한 사항이다. 그 밖에 홍보에 필요한 사항은 후보자의 기호·성명·학력·경력·이력이나 선거에서의 주의·주장, 자신의 신앙·신조 등 후보자 홍보에 관한 것으로 선거운동을 위한 일체의 사항을 말한다고 본다.

(나) 후보자연설방송의 시행방법

그 내용을 편집하지 아니한 상태에서 방송해야 하며, 선거구단위로 모든 정당 또는 후보자에게 공평하게 해야 하고, 다만, 정당 또는 후보자가 그 연설을 포기한 때에는 그렇지 않을 수 있다(법§72①). 또 후보자 연설의 방송에서는 청각장애선거인을 위하여 수화 또는 자막을 방영할 수 있다(법§72②).

(다) 절 차

방송시설을 경영 또는 관리하는 자가 후보자의 연설을 방송하고자 하는 때에는 그 방송일 전 2일까지 방송시설명·이용일시·시간대와 후보자 1인의 방송연설시간을 정하여 선거구단위로 모든 후보자(비례대표국회의원선거 및 비례대표지방의회의원선거에서는 후보자를 추천한 정당을 말함)에게 통지해야 한다(법§72③). 이 경우 그 실시통보는 별지 제23호서식에 의한다(규칙37②).

방송시설주관 후보자연설의 방송을 실시하는 방송시설의 경영자는 관할 선거구선관위로부터 그 후보자연설 내용의 녹음·녹화물의 제출요구가 있는 때에는 이에 협조해야 한다(규칙37③,§35②).

(라) 종합유선방송사업자 등의 중계방송

「방송법」에 따른 종합유선방송사업자(보도전문편성의 방송채널사용사업자를 포함)·중계유선방송사업자 및 인터넷언론사는 후보자 등의 방송연설을 중계방송할 수 있고, 이 경우 그 방송연설을 행한 모든 후보자에게 '공평하게' 해야

송사업자가 행하는 위성방송(인공위성의 무선국을 이용하여 행하는 방송을 말함. 이하 같음)이나 대통령령이 정하는 방송을 수신하여 중계송신(방송편성을 변경하지 아니하는 녹음·녹화를 포함)하는 것을 말한다.

한다(법§72④,§71⑫).

(마) 비용부담관계

텔레비전 또는 라디오 방송시설을 관리·운영하는 사업자이다(법§72①).

(3) 벌칙 등 제재

선거법 제71조(후보자 등의 방송연설) 제12항[제72조(방송시설주관 후보자연설의 방송) 제4항에서 준용하는 경우를 포함]의 규정에 위반한 자는 2년 이하의 징역 또는 400만 원 이하의 벌금에 처한다(법§252②).

그리고 선거법 제72조 제3항의 규정을 위반한 자에게는 300만 원 이하의 과태료를 부과한다(법§261⑥1호).

다. 한국방송공사의 경력방송

(1) 의 의

이는 한국방송공사가 대통령선거·국회의원선거 및 지방자치단체장선거에서 선거운동기간 중 텔레비전과 라디오 방송시설을 이용하여 후보자마다 매회 2분 이내의 범위 안에서 관할 선거구선관위가 제공하는 후보자의 사진·성명·기호·연령·소속정당명(무소속후보자는 '무소속'이라 함) 및 직업 기타 주요한 경력을 선거인에게 알리기 위하여 방송하는 것을 말한다(법§73①).

(2) 내 용

(가) 경력방송의 주체와 그 내용

그 주체는 한국방송공사이다(법§73①1문). 다만, 국회의원선거 및 지방자치단체장에서는 한국방송공사의 지역방송시설을 이용하여 실시할 수 있다(법§73①2문).

그 내용은 관할 선거구선관위가 제공하는 후보자의 사진·성명·기호·연령·소속정당명(무소속후보자는 '무소속'이라 함) 및 직업 기타 주요한 경력이다.

(나) 경력방송의 시행방법

경력방송 횟수는 '대통령선거'에서는 각 8회 이상, '국회의원선거 및 자치구·시·군의 장 선거'에서는 각 2회 이상, '시·도지사선거'는 각 3회 이상을 텔레비전 및 라디오 방송별로 실시한다(법§73②). 또 경력방송을 하는 때에는 그 횟수와 내용이 선거구 단위로 모든 후보자에게 공평하게 해야 한다(법§73③). 또한 후보자연설방송에서는 청각장애선거인을 위하여 수화 또는 자막을 방영할 수 있다(법§73④,§72②).

한국방송공사가 후보자의 경력방송을 하는 때에는 선거구단위로 하되, 후보자의 기호순에 의해야 한다(규칙§38⑤). 후보자가 관할 선거구선관위에 제출하는 경력방송원고의 자수는 300자(텔레비전방송용은 100자)를 넘을 수 없으며, 그 넘는 부분은 이를 방송하지 아니할 수 있고, 이 경우 텔레비전방송용 원고자수에는 구두점 기타 문장부호도 자수로 산입한다(규칙§38③).

(다) 절 차

한국방송공사는 지역방송국을 이용한 경력방송을 하고자 하는 때에는 선거구단위로 경력방송을 행할 지역방송국을 지정하여 후보자 등의 연설을 위한 방송시설명·이용일시·시간대 등을 통보하는 때에 함께 별지 제24호서식의(가)에 의하여 중앙선관위에 통보해야 한다(규칙§38①). 후보자는 경력방송의 원고를 후보자등록마감일까지(대통령선거에서 추가등록의 경우에는 추가등록과 동시에) 별지 제24호서식의(나)[경력방송원고(텔레비전용·라디오용)제출서]에 의하여 관할 선거구선관위에 제출해야 하며, 관할 선거구선관위는 후보자등록마감일 후 3일(대통령선거에서 추가등록의 경우에는 추가등록 마감일의 다음날)까지 한국방송공사(지역방송국을 이용하는 때에는 지역방송국을 말함)에 송부해야 하고, 이 경우 후보자가 '사진을 제출하지 아니한 때'에는 그 후보자는 사진의 방영을 포기한 것으로 본다(규칙§38②). 또한 후보자가 경력방송의 원고제출마감일까지 경력방송의 원고를 제출하지 아니한 때에는 관할 선거구선관위가 후보자등록신청서에 의하여 경력방송원고를 작성하여 한국방송공사에 송부해야 하고, 이 경우 후보자가 '사진을 제출하지 아니한 때'에는 그 후보자는 사진의 방영을 포기한 것으로 본다(규칙§38④).

한국방송공사는 후보자의 경력방송의 일정을 결정한 때에는 이를 별지 제24호서식의(다)에 의하여 관할 선거구선관위에 통보해야 하되, 한국방송공사는 경력방송의 일정을 시·도단위로 일괄통보하는 때에는 시·도선관위에, 전국단위로 일괄통보하는 때에는 중앙선관위에 통보할 수 있다(규칙§38⑥). 또한 관할 선거구선관위는 후보자가 사퇴·사망하거나 등록이 무효로 된 때에는 지체 없이 이를 한국방송공사에 통보해야 한다(규칙§38⑦).

그리고 경력방송을 실시하는 방송시설의 경영자는 관할 선거구선관위로부터 그 경력방송 내용의 녹음·녹화물의 제출요구가 있는 때에는 이에 협조해야 한다(규칙§38⑧,§35②).

(라) 종합유선방송사업자 등의 중계방송

「방송법」에 따른 종합유선방송사업자(보도전문편성의 방송채널사용사업자를 포함)·중계유선방송사업자 및 인터넷언론사는 경력방송을 중계방송할 수 있고, 이 경우 경력방송을 행한 모든 후보자에게 '공평하게' 해야 한다(법§73④,§71⑫).

(마) 비용부담관계

한국방송공사가 그 비용을 부담한다(법§73③).

(3) 벌칙 등 제재

선거법 제71조(후보자 등의 방송연설) 제12항[제73조(경력방송) 제4항에서 준용하는 경우를 포함]의 규정에 위반한 자는 2년 이하의 징역 또는 400만 원 이하의 벌금에 처한다(법§252②).

그리고 선거법 제73조 제1항(관할 선거구선관위가 제공하는 내용에 한한다) 및 제2항의 규정을 위반한 자에게는 300만 원 이하의 과태료를 부과한다(법§261⑥1호).

라. 방송시설주관 경력방송

(1) 의 의

이는 대통령선거·국회의원선거 및 지방자치단체장선거에서 한국방송공사 이외의 텔레비전 및 라디오 방송시설을 통해 후보자의 경력을 방송하는 것을 말한다(법§74①).

(2) 내 용

(가) 경력방송의 주체와 그 내용

그 주체는 한국방송공사 이외의 텔레비전 및 라디오 방송시설을 관리·경영하는 자이다(법§74①). 그 내용은 관할 선거구선관위가 후보자로부터 제출받아 이를 그 방송시설에 제공하는 **경력방송의 원고**이고, 이에는 **후보자의 사진**도 포함된다(규칙§39①,§38②,③,④ 참조).

(나) 방송시설주관 경력방송의 시행방법

위와 같이 관할 선거구선관위가 제공하는 내용으로 하되, 선거구단위로 모든 후보자에게 공평하게 해야 한다(법§74①). 또 경력방송에서는 청각장애선거인을 위하여 수화 또는 자막을 방영할 수 있다(법§74②,§72②).

(다) 절 차

관할 선거구선관위는 한국방송공사 이외의 방송시설을 경영 또는 관리하는 자로부터 선거법 후보자의 경력방송을 위한 원고의 제공을 요청받은 때에는 지체 없이 선거규칙 제38조(한국방송공사의 경력방송) 제2항 또는 제4항의 규정에 의한 경력방송의 원고를 당해방송시설을 경영 또는 관리하는 자에게 제공해야 한다(규칙§39①). 선거법 제74조 제2항[선거법 제72조(방송시설주관 후보자연설의 방송) 제3항을 준용하는 경우를 말함]의 규정에 의한 방송시설주관 경력방송실시의 관할 선거구선관위에 대한 통보는 별지 제24호서식의(다)에 준한다(규칙§39②).

그리고 경력방송을 실시하는 방송시설의 경영자는 관할 선거구선관위로부터 그 경력방송 내용의 녹음·녹화물의 제출요구가 있는 때에는 이에 협조해야 한다(규칙§39③,§35②).

(라) 비용부담관계

텔레비전 또는 라디오 방송시설을 관리·운영하는 사업자이다(법§74①).

(마) 종합유선방송사업자 등의 중계방송

「방송법」에 따른 종합유선방송사업자(보도전문편성의 방송채널사용사업자를 포함)·중계유선방송사업자 및 인터넷언론사는 경력방송을 중계방송할 수 있고, 이 경우 경력방송을 행한 모든 후보자에게 '공평하게' 해야 한다(법§74②,§71⑫).

(3) 벌칙 등 제재

선거법 제71조(후보자 등의 방송연설) 제12항[제74조(방송시설주관경력방송) 제2항에서 준용하는 경우를 포함]의 규정에 위반한 자는 2년 이하의 징역 또는 400만 원 이하의 벌금에 처한다(법§252②).

그리고 선거법 제72조 제3항(제74조 제2항에서 준용하는 경우를 포함)의 규정을 위반한 자에게는 300만 원 이하의 과태료를 부과한다(법§261⑥1호).

9. 공개 장소 연설·대담

가. 의 의

비례대표국회의원후보자와 비례대표지방의회의원후보자를 제외한 후보자는 선거운동기간 중에 소속 정당의 정강·정책이나 후보자의 정견, 그 밖에 필요한 사항을 홍보하기 위하여 공개장소에서의 연설·대담을 하는 것을 말한다(법§79①). 이러한 연설·대담은 집회 및 시위에 관한 법률상 집회의 개념에 해당하지만, 그 법의 적용은 받지 않는다는 것이 중앙선관위의 태도이다(1997. 12. 29. 중앙선관위 질의회답).

나. 내 용

(1) 연설·대담을 위한 공개장소

도로변·광장·공터·주민회관·시장 또는 점포와 선거규칙이 '**다수인이 왕래하는 공개장소**'로 정한 장소인 '공원·운동장·주차장·선착장·방파제·대합실(검표원에게 개표하기 전의 대기장소를 말함)' 또는 '경로당 등 누구나 오갈 수 있는 공개된 장소'를 말한다(법§79②, 규칙§43①). 여기서 '다수인이 왕래하는 공개된 장소'는 다수의 일반인이 오고가거나 불특정인의 출입이 제한되지 않은 장소를 말한다.

그러나 다음 각호의 1에 해당하는 시설이나 장소에서는 이러한 연설·대담을 할 수 없다(법§80). 따라서 병원·연구소나 연구시설 등 내에 있는 노동조합사무실에서도 연설·대담을 할 수 없다. 지하철역구내와 관련해서 개찰구를 넘어서 들어간 지역은 이러한 장소에 포함되지만, 그 이전까지의 지하철역사내는 이에 포함되지 않는다는 것이 선관위의 입장이다.

1. 국가 또는 지방자치단체가 소유하거나 관리하는 건물·시설. 다만, 공원·문화원·시장·운동장·주민회관·체육관·도로변·광장 또는 학교 기타 다수인이 왕래하는 공개된 장소는 그 예외이다.
2. 선박·정기여객자동차·열차·전동차·항공기의 안과 그 터미널구내 및 지하철역구내
3. 병원·진료소·도서관·연구소 또는 시험소 기타 의료·연구시설

(2) 연설·대담의 의미

후보자나 선거사무원 등과 그들이 선거운동을 할 수 있는 사람 중에서 지정한 사람이 위와 같은 공개장소에서 정당이나 후보자에 대한 지지를 호소하는 연설을 하거나 청중의 질문에 대답하는 방식으로 대담하는 것을 말한다(법§79②). 연설·대담용차량의 이동 중에도 연설을 할 수 있다(2007. 11. 20. 중앙선관위 질의회답).

(3) 확성장치와 휴대용 확성장치의 사용의 제한

공개장소에서의 연설·대담을 위하여 <표 2-16>과 같이 '자동차'와 '이에 부착된 확성장치' 및 '휴대용 확성장치'를 각각 사용할 수 있다(법§79③,⑤). 이와 관련하여 판례는, "특정 자동차에 확성장치를 장착하고 선전벽보 등을 붙인 채 공개 장소에서의 연설·대담을 위한 이동 및 연설·대담 등에 상시 사용하고 있는 상태에서, 다른 자동차 또는 확성장치를 공개 장소에서의 연설·

〈표 2-16〉 선거종류별 자동차·확성장치의 수량과 확성나발 개수

선거의 종류	사용가능한 자동차·확성장치의 수량	확성나발 개수
대통령선거	후보자와 시·도 및 구·시·군선거연락소마다 각 1대·각 1조	자동차에 부착된 확성장치의 확성나발의 수 1개
지역구국회의원선거 및 시·도지사선거	후보자와 구·시·군선거연락소마다 각 1대·각 1조	상동
지역구지방의회의원선거 및 자치구·시·군의 장선거	후보자마다 1대·1조	상동

대담을 위한 도구로 직접 사용하였다면, 특별한 사정이 없는 한 자동차와 이에 부착된 확성장치의 수를 제한한 선거법 제79조 제3항의 규정을 위반하여 연설·대담한 경우에 해당한다"고 판단한 바 있다(대법원 2008. 12. 11. 선고 2008도8859 판결).

확성장치는 연설·대담을 하는 경우에만 사용할 수 있으며, 휴대용 확성장치는 연설·대담용 차량이 정차한 외의 다른 지역에서 사용할 수 없고, 이 경우 차량 부착용 확성장치와 동시에 사용할 수 없다(법§79④). 휴대용 확성장치는 연설·대담용 차량이 정차한 곳을 상당히 벗어나서 사용할 수 없고 그 인근에서만 사용해야 한다. 이처럼 규제를 하는 것은 소음공해를 차단하기 위함이다. 이와 관련하여 헌법재판소는 위 조항에서 소음의 한도(dB)를 구체적으로 정하지 않은 입법부작위는 위헌이 아니라고 한 바 있다(헌재 2008. 7. 31. 2006헌마711). 또한, 여기서 '휴대용 확성장치'는 말 그대로 휴대하여 사용할 수 있는 확성장치를 말한다고 할 것이므로 개인이 휴대할 수 없을 정도로 크거나 무거워서 자전거와 오토바이 등에 싣고 다니는 확성장치는 휴대용으로 볼 수 없으며, 다만 지게나 배낭을 이용하여 스스로의 힘으로 휴대할 수 있을 때에는 휴대용으로 인정한다고 하였다(1995. 5. 19. 중앙선관위 질의회답). 또 차연설·대담용차량 대신에 말이 끄는 마차를 사용할 수 있다고 하였다(2006. 5. 8. 중앙선관위 질의회답).

그리고 시·도 및 구·시·군선거연락소의 자동차와 확성장치는 당해 시·도 및 구·시·군선거연락소의 관할구역 안에서 사용해야 한다(규칙§43⑦).

(4) 연설·대담용차량에 하는 설비와 표지 등의 부착

자동차와 확성장치에는 제64조의 선거벽보, 제65조의 선거공보, 제66조의 선거공약서 및 후보자 사진을 붙일 수 있다(법§79⑥2문).

연설·대담용차량에 하는 설비(중앙선관위 질의회답)

- 로봇이 효과음·연설 등의 소리를 내거나 연설·대담을 하지 아니하는 때에 인사를 하는 등의 동작을 하는 경우에는 선거법 제90조(시설물설치 등의 금지) 또는 제100조(녹음기 등의 사용금지)의 규정에 위반됨(2004. 3. 25)
- 연설·대담용차량에 전기·전광에 의한 방법으로 설비하는 것도 가능함(1996. 3. 21)
- 춤추는 인형을 연설·대담용차량에 홍보사항 게재용으로 설비하는 것은 같은 법상 무방할 것이나 애드벌룬·기구류(氣球類)의 형태에 이를 때에는 같은 법 제90조(시설물설치 등의 금지)의 규정에 위반될 것임(2000. 3. 13)
- 선거운동기간 중에 공개장소에서의 연설·대담용차량에 문자 LED의 설치하는 것은 무방함(2008. 2. 27)
- 연설·대담용 차량(자동차) 대신에 자전거를 사용하는 것은 가능하나, 이 자전거에 트레일러와 같은 별도의 시설물을 설치하여 견인하도록 제작·사용하여서는 안 됨(2000. 3. 28)

선거법 제79조 제3항에 따른 자동차·확성장치 및 같은 조 제10항에 따른 녹음기·녹화기에는 정당 또는 후보자의 홍보에 필요한 사항을 표시하거나 연설·대담을 위하여 필요한 설비를 할 수 있다(규칙§43②1문). 이 경우 자동차, 확성장치, 녹음기 및 녹화기에는 별지 제19호의3양식에 따른 표지를 붙여야 하며, 그 표지는 별지 제18호서식에 따라 다음 각호의 관할 선관위에 신청하되, 교부받은 표지를 잃어버리거나 못쓰게 된 때에는 관할 선관위에 별지 제18호의2서식에 따라 표지를 다시 신청할 수 있다(규칙§43②2문).

(5) 녹음기·녹화기의 사용

(가) 의 의

후보자 등이 공개장소에서의 연설·대담을 하는 때(후보자 등이 연설·대담을 하기 위하여 제3항에 따른 자동차를 타고 이동하거나 해당 자동차 주위에서 준비 또는 대기하고 있는 경우를 포함)에는 후보자와 선거연락소(대통령선거, 지역구국회의원선거, 시·도지사선거의 선거연락소에 한정)마다 각 1대의 녹음기 또는 녹화기(비디오 및 오디오 기기를 포함)를 사용하여 선거운동을 위한 음악 또는 선거운동에 관한 내용을 방송하는 것을 말한다(법§79⑩1문). 이 경우 녹음기 및 녹화기에는 선거규칙으로 정하는 바에 따라 표지를 부착하여야 한다(법§79⑩2문).

이러한 녹음기 또는 녹화기의 사용은 "누구든지 선거기간 중 이 법의 규정에 의하지 아니하고는 녹음기나 녹화기(비디오 및 오디오기기를 포함)를 사용하여 선거운동을 할 수 없다"고 규정한 선거법 제100조의 예외이다.

(나) 방송 내용

선거운동을 위한 음악(당가 등 소속정당이나 후보자를 홍보하는 내용의 음악) 또는 **선거운동에 관한 내용**, 즉 소속정당의 정강·정책, 후보자 또는 소속정당의 공약·선거구호·캐치프레이즈, 후보자의 성명·기호·경력·학력·학위·상벌이나 정견·활동상황, 기타 선거운동에 필요한 사항을 방송할 수 있다(법§79⑩1문).

(다) 녹음기·녹화기의 사용 시간 제한과 규격 제한 등

이러한 녹음기 또는 녹화기의 사용은 21시부터 07시까지는 그 사용이 금지된다(법§102②).

그리고 공개장소에서의 연설·대담에서 사용할 수 있는 녹화기 화면의 규격은 대통령선거에 있어서 후보자가 사용하는 녹화기 외에 다음 각호에 의한다(규칙§43⑧).

1. 대통령선거의 시·도선거연락소용 및 시·도지사선거의 후보자용: 10제곱미터 이내
2. 대통령선거와 지역구국회의원선거 및 시·도지사선거의 구·시·군선거연락소용, 지역구국회의원선거 및 자치구·시·군의 장선거의 후보자용: 5제곱미터 이내
3. 지역구지방의회의원선거의 후보자용: 3제곱미터 이내

녹음기 또는 녹화기의 사용(중앙선관위 질의회답)

– 녹음기 또는 녹화기 음량이 작은 경우 연설·대담용차량 부착용 확성장치 또는 휴대용 확성장치에 연결하여 소리를 크게 할 수는 있으나, 녹음기 또는 녹화기의 음량이 적은 경우 공개장소 연설·대담차량 부착용 확성장치나 휴대용 확성장치 외의 별도의 확성장치를 녹음기·녹화기에 설치하여 사용할 수는 없

음(2006. 5. 15)
- 애드빔(ADBEAM)을 선거기간중에 공개장소에서의 연설·대담용 녹화기로 사용하는 경우는 무방함(2000. 1. 8)
- 멀티비전 모니터, 전광판, 영사기를 녹화기로 사용하는 것은 무방함(2004. 4. 7)
- 후보자의 연설·대담 내용을 무궁화 인공위성의 "다지점 중계통신망('skylife 위성방송'과는 무관함)"을 이용하여 후보자 연설·대담용차량과 시·도 및 구·시·군 선거연락소마다 사용하는 공개장소 연설·대담차량의 녹음기·녹화기를 통하여 동시에 생중계하는 것은 무방함(2007. 10. 15)
- 후보자 등은 녹화기를 여러 장소에서 동시에 사용할 수 없을 것이며, 지역구국회의원선거의 녹화기 화면의 규격은 그 장소에서 사용되는 화면의 규격을 모두 합하여 5제곱미터 이내이어야 함(2012. 3. 16)
- 후보자나 선거사무원 등 이외에 선거운동을 할 수 있는 사람(자원봉사자도 포함)이 녹화기에 출연하여 소속정당의 정강·정책이나 후보자의 경력·정견·활동상황을 홍보하는 영상물을 녹화기로 방영하는 것은 무방함(2013. 9. 16. 선거법 운용기준)

위와 같은 시·도 및 구·시·군선거연락소의 녹음기 및 녹화기는 당해 시·도 및 구·시·군선거연락소의 관할구역 안에서 사용하여야 한다(규칙§43⑦).

(6) 옥내모임에서의 연설·대담

후보자 등은 다른 사람이 개최한 옥내모임에 일시적으로 참석하여 연설·대담을 할 수 있으며, 이 경우 그 장소에 설치된 확성장치를 사용하거나 휴대용 확성장치를 사용할 수 있다(법§79⑦). 여기서 옥내는 천장과 사방이 폐쇄된 공간을 말한다.

(7) 연설·대담의 포괄적 금지

누구든지 선거기간 중 선거에 영향을 미치게 하기 위하여 선거법의 규정에 의한 연설·대담을 제외하고는 다수인을 모이게 하여 개인정견발표회·시국강연회·좌담회 또는 토론회 기타의 연설회를 개최할 수 없다(법§101).

(8) 연설·대담의 시간적 제한

공개장소에서의 연설·대담은 22시부터 다음날 07시까지는 이를 할 수 없고, 공개장소에서의 연설·대담에 있어서 휴대용 확성장치만을 사용하는 경우에는 23시부터 다음날 06시까지는 이를 개최할 수 없다(법§102①).

다. 벌 칙

선거법 제79조 제10항에 따른 녹음기 또는 녹화기의 사용대수를 초과하여 사용한 사람은 2년 이하의 징역 또는 400만 원 이하의 벌금에 처한다(법§256③1호다목). 또 동법 제79조 제1항·제3항부터 제5항까지·제6항(표지를 부착하지 아니한 경우는 제외)·제7항을 위반하여 공개장소에서의 연설·대담을 한 자는 1년 이하의 징역 또는 200만 원 이하의 벌금에 처한다(법§256⑤8호).

그리고 선거법 제79조 제6항 또는 제10항 후단을 위반하여 자동차, 확성장치, 녹음기 또는 녹화기에 표지를 부착하지 아니하고 연설·대담을 한 사람에게는 100만 원 이하의 과태료를 부과한다(법§261⑧2호라목).

실전팁(공개장소에서의 연설·대담 요령)

- 흔히 유세라고 불리는 공개장소에서의 연설·대담은 선거운동의 가장 중요한 수단임. 지난 미증유의 '세월호 사건' 이후 애도정국에서 진행된 '6.4 지방선거'와 같이 특별한 사정이 없는 한, 이른바 연설·대담용차량(일명 유세차) 이용한 연설·대담을 주요한 선거운동을 활용할 수밖에 없고,[30] 특히 이는 대통령선거와 같이 큰 선거의 경우에는 자신의 정책이나 공약 등을 널리 알리기 위한 수단으로서 필요불가결한 것임
- 유세차와 이에 부착된 확성장치, 휴대용확성장치를 사용할 수 있는데, 그 차량의 크기나 톤수는 제한이 없고, 확성장치의 출력의 제한도 그로 인한 소음의 한도도 제한이 없음
- 다만, 휴대용 확성장치는 연설·대담용 차량이 정차한 곳을 상당히 벗어나서 사용할 수 없고 그 인근에서만 사용해야 함
- 애드빔(ADBEAM), 멀티비젼 모니터, 전광판, 영사기를 녹화기로 사용하는 것은 무방하므로 이를 적극 활용할 필요가 있음
- 후보자 등은 '**다른 사람이 개최한 옥내모임**'(참석 의사 타진을 벗어나는, '**개최에 관한 상호 협의**'가 있거나 '**공동 개최**'하는 옥내모임은 제외)에 일시적으로 참석하여 연설·대담을 할 수 있으며, 이 경우 그 장소에 설치된 확성장치를 사용하거나 휴대용 확성장치를 사용할 수 있음

30 그 당시 박원순 서울시장 후보자는 그러한 애도 분위기로 인하여 유세차에 의한 선거운동을 포기하고, 등산베낭을 메고 시민들 속으로 걸어 들어가서 선거운동을 하는 새로운 실험을 하기도 하였다.

10. 대담·토론회에 대한 제한

가. 단체의 후보자 등 초청 대담·토론회

(1) 의 의

선거운동금지 단체가 아닌 단체에서 후보자 등 1인 또는 수인을 초청하여 소속정당의 정강·정책이나 후보자의 정견 기타사항을 알아보기 위한 대담·토론회를 옥내에서 개최하는 것을 말한다(법§81①).

(2) 내 용

(가) 주체와 초청 대상·방식

선거운동금지 단체가 아닌 단체이다. 이에 대한 자세한 내용은 선거법 제87조 제1항에 대한 해설 부분에서 이미 기술한 바와 같다.[31] 다만, 선거운동을 하거나 할 것을 표방한 노동조합 또는 단체는 대담·토론회를 개최할 수 없다(법§81①단서,§10①6호). 이와 관련하여 중앙선관위는 「정치자금법」상 **후원회**(2004. 10. 16. 중앙선관위 질의회답). 전국시시도지사협의회(2007. 4. 5. 중앙선관위 질의회답), 부산광역시교원단체총연합회(법§87①8호에 해당, 2010. 4. 23. 중앙선관위 질의회답)는 모두 대담·토론회를 개최할 수 없다고 하였다.

모든 선거에서 '후보자'(비례대표국회의원선거 및 비례대표지방의회의원선거에서는 그 추천정당이 당해 선거의 후보자 중에서 선임한 자를 말함, 규칙§44①), 1인이나 수인을 초청할 수 있고, **대통령선거 및 시·도지사선거**의 경우에는 '후보자' 1인이나 수인 또는 '**대담·토론자**' 1인 또는 수인을 각각 초청할 수 있다(법§81①본문). 여기서 대담·토론자는 정당 또는 후보자가 선거운동을 할 수 있는 자 중에서 선거사무소 또는 선거연락소마다 지명한 1인을 말한다(법§81①본문).

대담·토론은 모든 후보자에게 공평하게 실시해야 하므로(법§81⑤), 모든 후보자나 대담·토론자를 초청해야 한다. 다만, 후보자 측이 그 초청을 수락하지 아니한 경우에는 초청에 응한 후보자 등을 상대로 대담토론회를 개최할 수 있다. 이와 관련하여, 단체가 선거법 제81조 제1항의 규정에 의한 후보자 등 초청 대담·토론회를 개최하고자 하는 때에는 법 같은 조 제5항의 규정에 따

31 281면 이하 참조.

라 선거구단위로 모든 후보자 등(비례대표국회의원선거 및 비례대표지방의회의원선거에서는 그 추천정당을 포함)에게 미리 통지하여 참석할 수 있는 기회를 주어야 하며, 다만, 하나의 단체가 특정 후보자 등만을 계속적으로 초청하여 대담·토론회를 개최하는 것은 후보자간의 형평을 잃은 것으로 본다고 규정하고 있다(규칙§44③).

(나) 대담·토론회의 방식과 방법

'대담'이라 함은 1인의 후보자 또는 대담자가 소속정당의 정강·정책이나 후보자의 정견 기타사항에 관하여 사회자 또는 질문자의 질문에 대하여 답변하는 것을 말하고, '토론'이라 함은 2인 이상의 후보자 또는 토론자가 사회자의 주관하에 소속정당의 정강·정책이나 후보자의 정견 기타사항에 관한 주제에 대하여 사회자를 통하여 질문·답변하는 것을 말한다(법§81②).

대담·토론회는 옥내에서 개최할 수 있고(법§81①본문), 여기서 옥내는 사방(四方)과 천장(天障)이 폐쇄된 공간을 말한다. 대담·토론회의 개최장소는 공개되어야 하며, 그 개최장소에는 특정 정당이나 후보자를 지지·추천하거나 반대하는 내용의 시설물·인쇄물 기타의 선전물을 설치·게시 또는 첩부할 수 없다(규칙§44⑤).

대담·토론회를 개최하는 단체는 대담·토론이 공정하게 진행되도록 해야 하고, 대담·토론을 하는 때에는 질문과 답변의 횟수와 시간은 대담·토론에 참석한 모든 후보자 등에게 공정하게 해야 한다(법§81⑤, 규칙§44③). 대담·토론회에서 사회자는 참가한 후보자 등이 선량한 풍속 기타 사회질서를 해하는 발언을 하거나 선거법 제110조(후보자 등의 비방금지)의 규정에 의하여 금지된 허위사실의 공표나 사생활에 대한 비방을 하는 때에는 이를 제지하고 재발방지를 위한 경고를 해야 한다(규칙§44⑥).

그리고 대담·토론회를 개최하는 단체는 그 비용을 후보자에게 부담시킬 수 없다(법§81⑦).

(다) 절 차

대담·토론회를 개최하고자 하는 단체는 주최단체명·대표자성명·사무소소재지·회원수·설립근거 등 단체에 관한 사항과 초청할 후보자 또는 대담·

토론자의 성명, 대담 또는 토론의 주제, 사회자의 성명, 진행방법, 개최일시와 장소 및 참석예정자수 등을 개최일 전 2일까지 관할 선거구선관위 또는 그 개최장소의 소재지를 관할하는 구·시·군선관위에 서면[별지 제30호서식의(가)]으로 신고해야 한다(법§81③1문, 규칙§44①). 이 경우 초청할 후보자 또는 대담·토론자의 참석승낙서[별지 제30호서식의(나)]를 첨부해야 한다(법§81③2문, 규칙§44①). 단체가 법 제81조 제1항의 규정에 의한 후보자 등 초청 대담·토론회를 개최함에 있어서 선거구단위로 모든 후보자 등을 초청하여 개최하지 아니하고 1인 또는 2인 이상의 후보자 등을 먼저 초청하여 대담·토론을 실시한 다음에 나머지 후보자 등을 초청하거나 1회에 1인 또는 2인 이상의 후보자씩 순번에 따라 후보자 등을 초청하여 대담·토론회를 개최하고자 하는 때에는 당해단체의 후보자 등 초청 대담·토론회 개최계획을 맨 먼저 개최할 후보자 등 초청 대담·토론회의 개최신고시에 함께 제출해야 한다(규칙§44④).

그리고, 대담·토론회를 개최하는 때에는 제1항에 의한 대담·토론회임을 표시하는 표지를 게시 또는 첩부해야 하는데, 대담·토론회임을 표시하는 표지는 2개 이내로 하되, 그 규격과 게재사항은 별지 제31호 양식에 의한다(법§81④, 규칙§44②).

(라) 대담·토론회의 중계방송

「방송법」에 따른 종합유선방송사업자(보도전문편성의 방송채널사용사업자를 포함)·중계유선방송사업자 및 인터넷언론사는 후보자 등의 대담·토론회를 중계방송할 수 있고, 이 경우 방송연설을 행한 모든 후보자에게 공평하게 해야 한다(법§81⑧,§71⑫).

(3) 벌 칙

선거법 제81조(단체의 후보자 등 초청 대담·토론회) 제1항의 규정에 위반하여 후보자 등 초청 대담·토론회를 개최한 자는 3년 이하의 징역 또는 600만 원 이하의 벌금에 처한다(법§255①7호). 또한 동법 제81조 제7항의 규정에 위반하여 대담·토론회를 개최한 자는 3년 이하의 징역 또는 600만 원 이하의 벌금에 처한다(법§255①8호). 또 동법 제81조(단체의 후보자 등 초청 대담·토론회) 제3항 또는 제4항의 규정에 위반하여 대담·토론회의 개최신고를 하지 아니하거나 표지를 게시 또는 첩부하지 아니한 자는 1년 이하의 징역 또는 200만 원 이하의 벌금에 처한다(법§256⑤9호).

그리고 선거법 제81조 제6항은 정당, 후보자, 대담·토론자, 선거사무장, 선거연락소장, 선거사무원, 회계책임자 또는 제114조(정당 및 후보자의 가족 등의 기부행위 제한) 제2항의 후보자 또는 그 가족과 관계있는 회사 등은 제1항의 규정에 의한 대담·토론회와 관련하여 대담·토론회를 주최하는 단체 또는 사회자에게 금품·향응 기타의 이익을 제공하거나 제공할 의사의 표시 또는 그 제공의 약속을 할 수 없다고 규정하고 있는데, 이러한 선거법 제81조(단체의 후보자 등 초청 대담·토론회) 제6항[제82조(언론기관의 후보자 등 초청 대담·토론회) 제4항에서 준용하는 경우를 포함]의 규정을 위반한 자 5년 이하의 징역 또는 1천만 원 이하의 벌금에 처한다(법§257①2호).

나. 언론기관의 후보자 등 초청 대담·토론회

(1) 의 의

일정한 언론기관이 선거운동기간 중 후보자 또는 대담·토론자에 대하여 후보자의 승낙을 받아 1인 또는 수인을 초청하여 소속정당의 정강·정책이나 후보자의 정견, 그 밖의 사항을 알아보기 위한 대담·토론회를 개최하고 이를 보도하는 것을 말한다(법§82①).

(2) 내 용

(가) 주체와 초청 대상·방식

다음과 같은 언론기관은 대담·토론회를 개최할 수 있다. 여기서 인터넷언론사는 제8조의5상의 인터넷언론사와 같고 그 범위는 이미 그 조항에서 살펴본 바와 같다.[32] 언론기관과 시민단체가 공동으로 주최하는 것도 가능하다(2002. 4. 8. 중앙선관위 질의회답).

---

32 90~92면 참조.

실전팁(대담·토론회 개최 가능한 언론사)

□ 제82조상 주체

- 텔레비전 및 라디오 방송시설(방송사업자가 관리·운영하는 무선국 및 종합유선방송국, 보도전문편성의 방송채널사용사업자의 채널을 포함하고 '종편'은 제외)
- 「신문 등의 진흥에 관한 법률」 제2조 제3호에 따른 신문사업자
- 「잡지 등 정기간행물의 진흥에 관한 법률」 제2조 제2호에 따른 정기간행물사업자(정보간행물·전자간행물·기타간행물을 발행하는 자를 제외함)
- 「뉴스통신진흥에 관한 법률」 제2조 제3호에 따른 뉴스통신사업자 및 인터넷언론사

□ 중앙선관위 질의회답

- 티유미디어는 위성방송사업자로 가능함(2007. 7. 16)
- 복지TV(장애인전문 채널사용사업자)는 언론기관에 해당하지 않음(2007. 11. 27)
- 뉴스토마토는 인터넷언론사로 가능함(2012. 2. 15)
- 인터넷손바닥TV는 인터넷언론사가 아니므로 가능하지 않음(2012. 3. 8)

후보자 또는 대담·토론자(후보자가 선거운동을 할 수 있는 자 중에서 지정하는 자를 말함)에 대하여 후보자의 승낙을 받아 1명 또는 여러 명을 초청할 수 있고, 당선가능성이 있는 후보자만을 초청하는 것도 가능하다고 본다(1995. 2. 24. 중앙선관위 질의회답). 그러나 언론기관은 대담·토론회에 있어서 특정후보자 또는 그 대담·토론자 1인만을 계속적으로 초청하여서는 안 된다(규칙§45①).

(나) 대담·토론회의 방식과 방법

본 조에서의 대담·토론회는 선거법 제81조의 그것과 동일하다. 즉, '대담'이라 함은 1인의 후보자 또는 대담자가 소속정당의 정강·정책이나 후보자의 정견 기타사항에 관하여 사회자 또는 질문자의 질문에 대하여 답변하는 것을 말하고, '토론'이라 함은 2인 이상의 후보자 또는 토론자가 사회자의 주관하에 소속정당의 정강·정책이나 후보자의 정견 기타사항에 관한 주제에 대하여 사회자를 통하여 질문·답변하는 것을 말한다(법§82④,§81②). 대담·토론회에서 논의되는 주제는 소속정당의 정강·정책이나 후보자의 정견, 그 밖의 사항이다(법§82①본문). 대담·토론의 진행은 공정해야 한다(법§82③).

그리고 대담·토론회를 보도할 수 있는데, 이 경우 방송시설이 대담·토론

회를 개최하고 이를 방송하고자 하는 때에는 내용을 편집하지 않은 상태에서 방송해야 한다(법§82①2문). 그 방송에는 생방송과 녹화방송이 모두 포함된다(1995. 4. 26. 중앙선관위 질의회답). 또한 선거일 전 60일 전에 정당이 개최하는 당내 경선후보자의 정책토론회를 보도하는 것은 허용된다(1997. 11. 19. 중앙선관위 질의회답).

(다) 개최시기

그 개최시기는 원칙적으로 선거운동기간 중이나, **대통령선거**에서는 선거일 전 **1년**부터, 국회의원선거 또는 지방자치단체의장선거에서는 선거일 전 60일부터 선거기간개시일 전일까지 후보자가 되고자 하는 자를 초청하여 대담·토론회를 개최할 수 있다(법§82①단서).

(라) 절 차

언론기관은 대담·토론회를 개최하는 때에는 그 대담·토론회에 참가하는 후보자 또는 대담·토론자(이하 '토론자'라 함)별로 주제발표시간(주제발표를 하게 하는 경우에 한함) 및 맺음말을 하는 시간(맺음말을 하게 하는 경우에 한함), 질문과 답변 또는 보충질문과 보충답변의 시간, 질문 및 답변의 순서, 사회자의 선정방법 기타 그 대담·토론회의 공정한 진행을 위한 절차와 방법을 토론자에게 알려야 한다(규칙§45②). 또한 방송시설을 경영 또는 관리하는 자가 대담·토론회의 방송일시와 진행방법 등을 통보하는 때에는 별지 제31호의2서식(대담·토론회개최통보서)에 의하여 대담·토론회의 개최일 전일까지 관할 선거구선관위(대통령선거에 있어서 지역방송시설이 대담·토론회를 개최하는 때에는 관할시·도선관위를 포함)에 통보해야 한다(규칙§45④).

그리고 대담·토론회를 방송하는 방송시설의 경영자는 관할 선거구선관위로부터 그 방송 내용의 녹음·녹화물의 제출요구가 있는 때에는 이에 협조해야 한다(규칙§45⑤,§35②).

(마) 비용부담관계

대담·토론회를 개최하는 언론사는 그 비용을 후보자에게 부담시킬 수 없다(법§82④,§81⑦).

(바) 종합유선방송사업자 등의 중계방송

「방송법」에 따른 종합유선방송사업자(보도전문편성의 방송채널사용사업자를 포함)·중계유선방송사업자 및 인터넷언론사는 대담·토론회를 중계방송할 수 있고, 이 경우 대담·토론회를 행한 모든 후보자에게 '공평하게' 해야 한다(법§82④,§71⑫). 이 경우 수화 또는 자막을 방영할 수 있다(법§82④,§72②).

(3) 벌 칙

선거법 제81조 제6항은 정당, 후보자, 대담·토론자, 선거사무장, 선거연락소장, 선거사무원, 회계책임자 또는 제114조(정당 및 후보자의 가족 등의 기부행위 제한) 제2항의 후보자 또는 그 가족과 관계있는 회사 등은 제1항의 규정에 의한 대담·토론회와 관련하여 대담·토론회를 주최하는 단체 또는 사회자에게 금품·향응 기타의 이익을 제공하거나 제공할 의사의 표시 또는 그 제공의 약속을 할 수 없다고 규정하고 있는데, 이 조항은 본조에 준용된다(법§82④). 이러한 규정을 위반한 자는 5년 이하의 징역 또는 1천만 원 이하의 벌금에 처한다(법§257①2호).

또한 선거법 제82조(언론기관의 후보자 등 초청 대담·토론회) 제4항의 준용에 의한 제81조 제7항의 규정에 위반하여 대담·토론회를 개최한 자는 3년 이하의 징역 또는 600만 원 이하의 벌금에 처한다(법§255①8호). 또 동법 제71조(후보자 등의 방송연설) 제12항[제82조(언론기관의 후보자 등 초청 대담·토론회) 제4항에서 준용하는 경우를 포함한다]의 규정에 위반한 자는 2년 이하의 징역 또는 400만 원 이하의 벌금에 처한다(법§252②).

다. 선거방송토론위원회 주관 대담·토론회

(1) 의 의

각급 선관위 산하의 각급선거방송토론회가 선거운동기간 중에 후보자를 초청하여 대담·토론회를 개최하는 것을 말한다(법§82의2①~③).

(2) 내 용

(가) 개최기관, 초청대상 등

각 선거에서 대담·토론회 개최기관, 개최횟수, 초청방법 및 초청대상은 <표 2-17>과 같다.

〈표 2-17〉 선거종류별 선거방송토론위원회 주관 대담·토론회의 내용

선거의 종류	개최기관	개최 횟수	초청방법	초청대상
대통령 선거	중앙선거방송토론위원회	3회 이상	후보자 중에서 1인 또는 수인을 초청	• 5석 이상의 정당추천후보자 • 총선거 등에서 유효투표총수의 100분의 3 이상을 득표한 정당후보자 • 여론조사결과를 평균한 지지율이 100분의 5 이상인 후보자
비례대표 국회의원 선거	중앙선거방송토론위원회	2회 이상	해당 정당의 대표자가 지정하는 1명 또는 여러 명을 초청	• 5석 이상의 정당의 후보자 • 총선거 등에서 유효투표총수의 100분의 3 이상을 득표한 정당의 후보자 • 여론조사결과를 평균한 지지율이 100분의 5 이상인 정당대표의 지정후보자
비례대표 시·도의원 선거	시·도선거방송토론위원회	1회 이상	해당 정당의 대표자가 지정하는 1명 또는 여러 명을 초청	상동
시·도지사 선거	시·도선거방송토론위원회	1회 이상	후보자 중에서 1인 또는 수인을 초청	• 5석 이상의 정당추천후보자 • 총선거 등에서 유효투표총수의 100분의 3 이상을 득표한 정당후보자 • 총선거 등에 입후보하여 유효투표총수의 100분의 10 이상을 득표한 후보자 • 여론조사결과를 평균한 지지율이 100분의 5 이상인 후보자

지역구국회의원선거 및 자치구·시·군의 장 선거	구·시·군 선거방송토론위원회	1회 이상	후보자 초청	상동

※ 비례대표국회의원선거에서는 비례대표국회의원후보자 또는 선거운동을 할 수 있는 사람(지역구국회의원후보자는 제외) 중에서 지정하는 1인 또는 수인임

※ 비례대표시·도의원선거에서는 비례대표시·도의원후보자 또는 선거운동을 할 수 있는 사람(지역구시·도의원후보자는 제외) 중에서 지정하는 1인 또는 수인임

※ 언론기관이 선거기간개시일 전 30일부터 선거기간개시일 전일까지의 사이에 실시하여 공표한 여론조사를 말함

각급선거방송토론위원회는 위 초청대상에 포함되지 아니하는 후보자를 대상으로 대담·토론회를 개최할 수 있고, 이 경우 대담·토론회의 시간이나 횟수는 선거규칙이 정하는 바에 따라 제4항의 초청대상 후보자의 대담·토론회와 다르게 정할 수 있다(법§82의2⑤).

(나) 대담·토론회의 방식과 방법

각급선거방송토론위원회로부터 초청받은 후보자는 정당한 사유가 없는 한 그 대담·토론회에 참석해야 하는데, 이에 반하여 정당한 사유 없이 대담·토론회에 참석하지 아니한 초청 후보자가 있는 때에는 각급선거방송토론위원회는 그 사실을 선거인이 알 수 있도록 당해 후보자의 소속 정당명(무소속후보자는 '무소속'이라 함)·기호·성명과 불참사실을 제10항 또는 제11항의 중계방송을 시작하는 때에 방송하게 해야 한다(법§82의2⑥). 또 각급선거방송토론위원회가 대담·토론회(합동방송연설회를 포함)를 개최하는 때에는 공정하게 해야 한다(법§82의2⑦). 또한, 각급선거방송토론위원회위원장 또는 그가 미리 지명한 위원은 대담·토론회에서 후보자가 선거법에 위반되는 내용을 발표하거나 배정된 시간을 초과하여 발언하는 때에는 이를 제지하거나 자막안내하는 등 필요한 조치를 할 수 있다(법§82의2⑧).

그리고 각급선거방송토론위원회위원장 또는 그가 미리 지명한 위원은 대담·토론회장에서 진행을 방해하거나 질서를 문란하게 하는 자가 있는 때에는

그 중지를 명하고, 그 명령에 불응하는 때에는 대담·토론회장 밖으로 퇴장시킬 수 있다(법§82의2⑨).

(다) 개최시기

그 시기는 선거운동기간 중이다(법§82의2①~③).

(라) 비용부담관계

국가 또는 지방자치단체가 그 비용을 부담한다(법§122의2③4호).

(마) 중계방송

'공영방송사'는 '그의 부담'으로 대담·토론회를 텔레비전방송을 통하여 중계방송해야 하되, 대통령선거에서 중앙선거방송토론위원회가 주관하는 대담·토론회는 오후 8시부터 당일 오후 11시까지의 사이에 중계방송해야 한다(법§82의2⑩본문). 다만, 지역구국회의원선거 및 자치구·시·군의 장선거에서 전국을 방송권역으로 하는 등 정당한 사유가 있는 경우에는 중계방송을 하지 않을 수 있다(법§82의2⑩단서). 이 경우 구·시·군선거방송토론위원회는 지역구국회의원선거 및 자치구·시·군의 장선거에서 공영방송사가 중계방송을 할 수 없는 때에는 국가 또는 당해 지방자치단체가 부담으로 다른 '지상파방송사업자'나 '종합유선방송사업자'의 방송시설을 이용하여 대담·토론회를 텔레비전방송을 통하여 중계방송하게 할 수 있다(법§82의2⑪). 또한 「방송법」 제2조(용어의 정의)의 규정에 의한 방송사업자·중계유선방송사업자 및 인터넷언론사는 자신의 부담으로 대담·토론회를 중계방송할 수 있고, 이 경우 편집없이 중계방송해야 한다(법§82의2⑬).

그리고 각급선거방송토론위원회는 대담·토론회를 개최하는 때에는 청각장애선거인을 위하여 자막방송 또는 수화통역을 할 수 있다(법§82의2⑫).

(3) 벌칙 등 제재

선거법 제82조의2(선거방송토론위원회 주관 대담·토론회) 제13항 후단의 규정에 위반한 자는 2년 이하의 징역 또는 400만 원 이하의 벌금에 처한다(법§252②).

선거법 제82조의2 제4항 각호 외의 부분 후단을 위반하여 정당한 사유 없이 대담·토론회에 참석하지 아니한 사람에게는 400만 원 이하의 과태료를 부과한다(법§261⑤).

라. 선거방송토론위원회 주관 정책토론회

(1) 의 의

중앙선거방송토론위원회가 정당이 방송을 통하여 정강·정책을 알릴 수 있도록 하기 위하여 **임기만료에 의한 선거**(대통령의 궐위로 인한 선거 및 재선거를 포함)에서 일정한 정당의 대표자 등을 초청하여 토론회를 개최하는 것을 말한다(법§82의3①).

(2) 내 용

(가) 개최기관, 초청대상 등

개최기관은 중앙선관위 산하의 중앙선거방송토론위원회이다(법§82의3①). 초청대상은 국회에 **5인** 이상의 소속의원을 가진 정당과 직전 대통령선거, 비례대표국회의원선거 또는 비례대표시·도의원선거에서 전국 유효투표총수의 **100분의 3** 이상을 득표한 정당의 대표자 또는 그가 지정한 자이다.

(나) 개최횟수와 개최시기

개최횟수는 월 1회 이상이고, **임기만료에 의한 선거**(대통령의 궐위로 인한 선거 및 재선거를 포함)의 선거일 전 90일(대통령의 궐위로 인한 선거 및 재선거에 있어서는 그 선거의 실시사유가 확정된 날의 다음 달)부터 후보자등록신청개시일 전일까지이다(법§82의3①).

(다) 대담·토론회의 방식과 방법

중앙선거방송토론위원회가 정책토론회를 개최하는 때에는 공정하게 해야 한다(법§82의3②,§82의2⑦). 또한, 중앙선거방송토론위원회위원장 또는 그가 미리 지명한 위원은 정책토론회에서 후보자가 선거법에 위반되는 내용을 발표하거나 배정된 시간을 초과하여 발언하는 때에는 이를 제지하거나 자막안내하는 등 필요한 조치를 할 수 있다(법§82의3②,§82의2⑧).

그리고 중앙선거방송토론위원회위원장 또는 그가 미리 지명한 위원은 정책토론회장에서 진행을 방해하거나 질서를 문란하게 하는 자가 있는 때에는 그 중지를 명하고, 그 명령에 불응하는 때에는 정책토론회장 밖으로 퇴장시킬 수 있다(법§82의3②,§82의2⑨).

(라) 비용부담관계

국가 또는 지방자치단체가 그 비용을 부담한다(법§122의2③5호).

(마) 중계방송

'공영방송사'는 '그의 부담'으로 대담·토론회를 텔레비전방송을 통하여 중계방송해야 하되, 대통령선거에서 중앙선거방송토론위원회가 주관하는 정책토론회는 오후 8시부터 당일 오후 11시까지의 사이에 중계방송해야 한다(법§82의3②,§82의2⑩본문). 또한「방송법」제2조(용어의 정의)의 규정에 의한 방송사업자·중계유선방송사업자 및 인터넷언론사는 그의 부담으로 정책토론회를 중계방송할 수 있고, 이 경우 편집없이 중계방송해야 한다(법§82의3②,§82의2⑬).

그리고 중앙선거방송토론위원회는 정책토론회를 개최하는 때에는 청각장애선거인을 위하여 자막방송 또는 수화통역을 할 수 있다(법§82의3②,§82의2⑫).

(3) 벌 칙

선거법 제82조의3(선거방송토론위원회 주관 정책토론회) 제2항에서 준용하는 제82조의2(선거방송토론위원회 주관 대담·토론회) 제13항 후단의 규정에 위반한 자는 2년 이하의 징역 또는 400만 원 이하의 벌금에 처한다(법§252②).

마. 선거법상 대담·토론회 이외의 대담·토론회 개최 금지

(1) 의 의

앞서 본 선거법에 의한 대담·토론회를 제외하고는 다수인을 모이게 하여 대담·토론회를 개최할 수 없는 것을 말한다(법§101).

(2) 내 용

(가) 주 체

누구든지이다.

(나) 금지되는 대담·토론회

선거기간 중 선거에 영향을 미치게 하기 위하여 선거법상 대담·토론회를 제외하고는 다수인을 모이게 하여 대담·토론회를 개최할 수 없다(법§101).

이와 관련하여, 중앙선관위는 케이블 텔레비전 여성채널인 동아텔레비전이 방송프로그램공급을 위하여 방송프로그램제작 목적 범위 안에서 중앙당의 여성국장을 참여하게 하여 정당의 여성에 관한 정강·정책에 관한 대담·토론을 행하게 하는 것은 프로그램공급을 위한 영업행위로서 무방할 것이나, 선거기간 중에 방송프로그램공급과 무관하게 다수의 선거구민을 대상으로 특정정당의 정책 등을 발표하게 하는 세미나를 개최하는 것은 선거에 영향을 미치게 하기 위한 집회의 개최에 해당될 것이므로 제101조(타연설회 등의 금지)의 규정에 위반될 것이라고 하였고(1995. 6. 14. 중앙선관위 질의회답), 사회단체가 선거기간 중에 후보자의 공약평가발표회를 개최하는 것은 선거에 영향을 미치게 하기 위한 행위가 되어 선거법 제101조에 위반될 것이라고 하였다(2007. 9. 3. 중앙선관위 질의회답).

(3) 벌 칙

선거법 제101조(타연설회 등의 금지)의 규정에 위반하여 타연설회 등을 개최하거나 하게 한 자는 2년 이하의 징역 또는 400만 원 이하의 벌금에 처한다(법§256③1호자목).

바. 선거법상 대담·토론회의 시간 제한

방송시설을 이용한 경우를 제외하고 대담·토론회는 23시부터 다음날 06시까지는 이를 할 수 없다(법§102①). 이를 위반하여 대담·토론회를 개최한 자는 2년 이하의 징역 또는 400만 원 이하의 벌금에 처한다(법§256③1호차목).

11. 정보통신망 이용 제한 등

가. 전화에 의한 선거운동

(1) 주 체

선거운동을 할 수 있는 자이다. 선거운동을 할 수 있는 자는 선거사무원 등 신고된 사람뿐만 아니라 순수한 자원봉사자나 일반인도 포함된다(법§82의4①). 보통 선거캠프가 차려지면, 이른바 '콜센터'를 설치해서 다수의 유급선거사무원을 동원하여 전화를 이용한 선거운동을 한다.

(2) 선거운동 방법

선거운동을 할 수 있는 자는 선거운동기간 중에 전화를 이용하여 **송·수화자 간 직접 통화**하는 방식으로 선거운동을 할 수 있다(법§82의4①). 따라서 후보자 등 선거운동을 할 수 있는 사람이 후보자의 정견, 공약 등에 관하여 통화연결 후 시종일관 음성으로 녹음한 것을 들려주는 방식으로 하거나, ARS 등 자동 방식에 의하여 전화로 선거운동을 할 수는 없다.

전화를 이용한 선거운동(중앙선관위 질의회답)

- 선거사무원 또는 유명연예인의 목소리를 녹음하여 전화대기음 또는 통화연결음으로 사용하는 것은 무방하고, "○○○후보 선거사무소입니다", "안녕하십니까? 연기자 ○○○입니다. □□□후보에게 많은 응원 부탁드립니다", "안녕하십니까? 연기자 ○○○입니다. □□□후보와 함께 좋은 하루 되시기 바랍니다"으로 그 내용을 할 수 있음(2006. 3. 13, 2010. 5. 14)
- 후보자가 자신의 로고송을 전화 통화연결음으로 사용하거나 이를 홈페이지 등에 설정·게시하여 두면 선거운동원 및 지지 유권자가 자율적 판단에 의하여 자신의 전화 통화연결음으로 사용할 수 있게 하는 것도 무방함(2006. 3. 30)
- 전화상담원이 유권자와 통화 중에 지지호소를 하면서 상대방의 동의를 받고 후보자의 육성 메시지나 로고송을 들려주는 것은 직접 통화에 부수되는 행위로 보아 무방할 것이나, 상대방의 동의 없이 후보자의 육성 메시지나 로고송을 배경음악의 형태로 들려주는 것은 선거법 제100조 및 제109조에 위반될 것임(2010. 5. 10)

(3) 시간상 제한

전화를 이용한 선거운동은 23시부터 다음날 06시까지 이를 할 수 없다(법§109②).

(4) 벌칙 등 제재

선거법 제109조 제1항 또는 제2항을 위반하여 서신·전보·모사전송·전화 그 밖에 전기통신의 방법을 이용하여 선거운동을 하거나 하게 한 자는 3년 이하의 징역 또는 600만 원 이하의 벌금에 처한다(법§255①19호).

나. 허위사실 등의 유포 금지

(1) 주 체

누구든지이다(법§82의4②).

(2) 금지의 대상

「정보통신망 이용촉진 및 정보보호 등에 관한 법률」 제2조 제1항 제1호에 따른 정보통신망(이하 '정보통신망'이라 함)을 이용한 것으로, 후보자(후보자가 되려는 사람을 포함), 그의 배우자 또는 직계존·비속이나 형제자매에 관하여 허위의 사실을 유포하는 행위와 공연히 사실을 적시하여 이들을 비방하는 행위이고, 다만, 진실한 사실로써 공공의 이익에 관한 때에는 예외적으로 허용된다(법§82의4②). 이에 관하여는 선거법 제250조 및 제251조에 관한 해설 부분에서 자세하게 설명한다.

(2) 벌 칙

이러한 행위를 하는 경우 허위사실공표죄와 후보자비방죄로 처벌된다(법§250~§251). 이에 관하여는 후술한다.[33]

다. 선관위의 선거법 위반 정보에 대한 취급제한 등의 조치

(1) 주 체

읍·면·동선관위를 제외한 각급 선관위 또는 후보자이다(법§82의4③).

(2) 취급 제한 등 조치의 요건

선거법에 위반되는 정보가 인터넷홈페이지 또는 그 게시판·대화방 등에 게시되거나, 정보통신망을 통하여 전송되는 사실을 발견한 때이다. 선거법에 위반되는 정보는 선거법위반죄로 처벌되거나 과태료 등 행정제재의 대상이 되는 선거법 위반 정보이다(법§82의4③).

(3) 취급 제한 등 조치의 절차

위와 같은 때에 각급 선관위는 당해 정보가 게시된 인터넷홈페이지를 관리·운영하는 자에게 해당 정보의 삭제를 요청하거나, 전송되는 정보를 취급

33 662면 이하 참조.

하는 인터넷홈페이지의 관리·운영자 또는 「정보통신망 이용촉진 및 정보보호 등에 관한 법률」 제2조 제1항 제3호의 규정에 의한 정보통신서비스제공자(이하 '정보통신서비스제공자'라 함)에게 그 취급의 거부·정지·제한을 요청할 수 있다(법§82의4③1문). 이처럼 각급 선관위가 정보의 취급의 거부·정지·제한을 요청하는 때에는 다음 각호의 사항을 기재한 서면[「선관위 사무관리규칙」 제3조(정의) 제5호의 규정에 의한 전자문서를 포함]으로 한다(규칙§45의3).

1. 법에 위반되는 정보가 게시된 인터넷홈페이지나 그 게시판·대화방 등의 주소 또는 전송되는 전자우편의 주소
2. 법에 위반되는 정보의 내용
3. 요청근거 및 요청내용
4. 요청사항의 이행기간
5. 불응시 조치사항
6. 이의신청의 절차와 방법 등

후보자는 위와 같은 경우에 있어 인터넷홈페이지 관리·운영자 또는 정보통신서비스 제공자가 후보자의 요청에 따르지 아니하는 때에는 해당 후보자는 관할 선거구선관위에 서면으로 그 사실을 통보할 수 있으며, 관할 선거구선관위는 후보자가 삭제요청 또는 취급의 거부·정지·제한을 요청한 정보가 선거법의 규정에 위반된다고 인정되는 때에는 해당 인터넷홈페이지 관리·운영자 또는 정보통신서비스 제공자에게 삭제요청 또는 취급의 거부·정지·제한을 요청할 수 있다(법§82의4③2문). 후보자(후보자가 되려는 사람을 포함)가 위와 같은 정보의 삭제 또는 취급의 거부·정지·제한을 요청하는 때에는 별지 제32호의3서식의(가)[위법게시물 등의 (삭제)·(취급의 거부·정지·제한) 요청서]에 따르고, 관할 선거구선관위에 통보하는 때에는 별지 제32호의3서식의(나)[선거법위반 게시물 삭제 등 요청상황 통보서]에 따른다(규칙§45의3②).

위와 같은 선관위로부터 요청을 받은 인터넷홈페이지 관리·운영자 또는 정보통신서비스제공자는 지체 없이 이에 따라야 한다(법§82의4④).

(4) 이의절차

선관위로부터 요청을 받은 인터넷홈페이지 관리·운영자 또는 정보통신서비스제공자는 그 요청을 받은 날부터, 해당 정보를 게시하거나 전송한 자는 당해 정보가 삭제되거나 그 취급이 거부·정지 또는 제한된 날부터 3일 이내에 그 요청을 한 선관위에 이의신청을 할 수 있다(법§82의4⑤). 그 이의신청은 '이의신청인의 성명·주소·직업·생년월일', '이의신청 내용'을 기재하여 기명하고 날인한 서면으로 해야 한다(규칙§45의3③).

이러한 이의신청에 대하여, 선관위는 위 3일의 이의신청기간을 지난 때에는 그 이의신청을 각하하고, 이의신청서에 제3항에 따른 기재사항이나 기명 또는 날인이 누락되었거나 명확하지 아니하다고 인정되는 경우에는 해당 이의신청인에게 보정기간을 정하여 보정을 요구할 수 있으며, 이의신청이 이유 있다고 인정되는 때에는 해당 인터넷홈페이지 관리·운영자 또는 정보통신서비스제공자에 대한 선거법 같은 조 제3항의 요청을 철회하고 이의신청인 및 관계선관위에 그 처리결과를, 이유없다고 인정되는 때에는 이를 기각하고 이의신청인 및 관계선관위에 그 뜻을 각각 통지해야 한다(규칙§45의3④).

(5) 벌칙 등 제재

선거법 제82조의4 제4항에 따라 선관위로부터 2회 이상 요청을 받고 이행하지 아니한 자는 2년 이하의 징역 또는 400만 원 이하의 벌금에 처한다(법§256③1호마목).

그리고 선거법 제82조의4 제4항을 위반하여 선관위의 요청을 이행하지 아니한 자(2회 이상 요청을 받고 이행하지 아니한 자는 제외)에게는 300만 원 이하의 과태료를 부과한다(법§261⑥4호).

라. 선거운동정보 전송제한

(1) 선거운동정보에 대한 전송제한

누구든지 정보수신자의 명시적인 수신거부의사에 반하여 선거운동 목적의 정보를 전송하여서는 아니된다(법§82의5①). 따라서 수신인이 수신거부 의사를 밝힌 문자나 이메일을 다시 발송하거나 전송해서는 안 된다.

그리고 누구든지 숫자·부호 또는 문자를 조합하여 전화번호·전자우편주소 등 수신자의 연락처를 자동으로 생성하는 프로그램 그 밖의 기술적 장치를 이용하여 선거운동정보를 전송하여서는 안 된다(법§82의5⑥).

(2) 선거운동정보의 명시의무

예비후보자 또는 후보자가 선거법 제59조 제2호·제3호에 따라 선거운동 목적의 정보(이하 '선거운동정보'라 함)를 자동 동보통신의 방법으로 문자메시지로 전송하거나 전송대행업체에 위탁하여 전자우편으로 전송하는 때에는 다음 각호의 사항을 선거운동정보에 명시해야 한다(법§82의5②). 이 경우 선거운동정보를 전송하는 경우에는 그 제목이 시작되는 부분에 '선거운동정보'라고 표시해야 한다(규칙§45의4).

1. 선거운동정보에 해당하는 사실
2. 문자메시지를 전송하는 경우 그의 전화번호
4. 수신거부의 의사표시를 쉽게 할 수 있는 조치 및 방법에 관한 사항

(3) 선거운동정보 관련한 기타 조치의무

선거운동정보를 전송하는 자는 수신자의 수신거부를 회피하거나 방해할 목적으로 기술적 조치를 해서는 안 되고(법§82의5④), 또한 선거운동정보를 전송하는 자는 수신자가 수신거부를 할 때 발생하는 전화요금 기타 금전적 비용을 수신자가 부담하지 아니하도록 필요한 조치를 해야 한다(법§82의5⑤).

(4) 벌 칙

선거법 제82조의5 제1항의 규정을 위반하여 선거운동정보를 전송한 자, 동조 제2항의 규정을 위반하여 선거운동정보에 해당하는 사실 등을 선거운동정보에 명시하지 아니하거나 허위로 명시한 자, 동조 제4항의 규정을 위반하여 기술적 조치를 한 자, 동조 제5항의 규정을 위반하여 비용을 수신자에게 부담하도록 한 자, 동조 제6항의 규정을 위반하여 선거운동정보를 전송한 자는 1년 이하의 징역 또는 100만 원 이하의 벌금에 처한다(법§255④).

마. 인터넷언론사 게시판·대화방 등의 실명확인

(1) 의 의

인터넷언론사가 선거운동기간 중 당해 인터넷홈페이지의 게시판·대화방 등에 정당·후보자에 대한 지지·반대의 문자·음성·화상 또는 동영상 등의 정보를 게시할 수 있도록 하는 경우에는 행정자치부장관 또는 「신용정보의 이용 및 보호에 관한 법률」 제2조 제4호에 따른 신용정보업자가 제공하는 실명인증 방법으로 실명을 확인받도록 하는 기술적 조치를 해야 하는 것을 말한다(법§82의6①).

이와 관련하여 헌법재판소는, "선거운동기간 중 인터넷언론사 게시판 등을 통한 흑색선전이나 허위사실이 유포될 경우 언론사의 공신력과 지명도에 기초하여 광범위하고 신속한 정보의 왜곡이 일어날 수 있으므로, 실명확인조항은 이러한 인터넷언론사를 통한 정보의 특성과 우리나라 선거문화의 현실 등을 고려하여 입법된 것으로 선거의 공정성 확보를 위한 것이다. 실명확인조항은 실명확인이 필요한 기간을 '선거운동기간 중'으로 한정하고, 그 대상을 '인터넷언론사 홈페이지의 게시판·대화방' 등에 '정당·후보자에 대한 지지·반대의 정보'를 게시하는 경우로 제한하고 있는 점, 인터넷이용자는 실명확인을 받고 정보를 게시할 것인지 여부를 선택할 수 있고 실명확인에 별다른 시간과 비용이 소요되는 것이 아닌 점, 실명확인 후에도 게시자의 개인정보가 노출되지 않고 다만 '실명인증' 표시만이 나타나는 점 등을 고려하면, 실명확인조항이 게시판 이용자의 정치적 익명표현의 자유, 개인정보자기결정권 및 인터넷언론사의 언론의 자유를 침해한다고 볼 수 없다"고 하여 선거운동기간 중 인터넷언론사 게시판 등에 정당·후보자에 대한 지지·반대의 정보를 게시하려고 할 경우 실명확인을 받도록 한 선거법 제82조의6 제1항, 제6항, 제7항, 제261조 제1항 제1호에 대하여 합헌이라고 결정하였다(헌재 2015. 7. 30. 2012헌마734).[34]

---

34 이에 비하여 다음과 같은 4인의 위헌의견이 있다.
"… 유해한 익명표현뿐만 아니라 유익한 익명표현까지 사전적·포괄적으로 규제하는 것은 정치적 의사표현을 위축시켜 선거의 공정이라는 입법목적 달성에 오히려 장애가 된다. 적어도 선거운동기간 동안만은 국민의 정치적 의사표현의 자유를 최대한 보장할 필요가 있는데도, 이 사건 법률조항은 정치적 의사표현을 자유롭게 할 수 있는 핵심적 기간이라 볼 수 있는 선

(2) 내 용

(가) 주 체

인터넷언론사이다(법§82의6①). 이는 「신문 등의 진흥에 관한 법률」 제2조(정의) 제4호에 따른 인터넷신문사업자 그 밖에 정치·경제·사회·문화·시사 등에 관한 보도·논평·여론 및 정보 등을 전파할 목적으로 취재·편집·집필한 기사를 인터넷을 통하여 보도·제공하거나 매개하는 인터넷홈페이지를 경영·관리하는 자와 이와 유사한 언론의 기능을 행하는 인터넷홈페이지를 경영·관리하는 자를 말한다(법§8의5①).

(나) 기술적 조치의 요건과 그 내용

선거운동기간 중 당해 인터넷홈페이지의 게시판·대화방 등에 정당·후보자에 대한 지지·반대의 문자·음성·화상 또는 동영상 등의 정보를 게시할 수 있도록 하는 경우이다(법§82의6①본문). 이러한 경우에는 인터넷언론사는 행정자치부장관 또는 「신용정보의 이용 및 보호에 관한 법률」 제2조 제4호에 따른 신용정보업자가 제공하는 실명인증방법으로 실명을 확인받도록 하는 기술적 조치를 해야 한다. 다만, 인터넷언론사가 「정보통신망 이용촉진 및 정보보호 등에 관한 법률」 제44조의5에 따른 본인확인조치를 한 경우에는 그 실명을 확인받도록 하는 기술적 조치를 한 것으로 본다(법§82의6①단서). 이러한 경우에 인터넷언론사는 실명인증을 받은 자가 정보 등을 게시한 경우 당해 인터넷홈페이지의 게시판·대화방 등에 '실명인증' 표시가 나타나도록 하는 기술적 조치를 해야 한다(법§82의6④). 다만, 인터넷언론사는 당해 인터넷홈페이지의 게시판·대화방 등에서 정보 등을 게시하고자 하는 자에게 주민등록번호를 기재할 것을 요구하여서는 안 된다(법§82의6⑤).

거운동기간 중에 익명표현의 자유를 제한하고 있어, 사실상 선거와 관련한 익명의 의사표현을 불가능하게 하고 있다. 그리고 정당이나 후보자에 대한 지지·반대의 글이 게시될 '가능성'만 있으면 모두 규제대상이 될 수 있도록 하고 있어 사실상 모든 게시판 및 대화방이 규제대상이 되므로 규제의 공간적 범위가 지나치게 넓다. 인터넷을 이용한 선거범죄에 대하여는 명예훼손죄나 후보자비방죄 등 여러 제재수단이 이미 마련되어 있다. 중앙선관위도 선거게시판 감시활동을 통하여 불법게시물에 대한 검색과 그에 대한 대응활동을 하고 있다. 현재 기술수준에서 사후적으로 게시물 표현자의 신원을 확인하는 방법이 불가능한 것도 아니다. 이처럼 사후 규제수단이 마련되어 있음에도 불구하고, 수사편의 및 선거관리의 효율성이라는 기술적 편리성에만 치우쳐 사전적·예방적 규제를 통하여 익명표현 자체를 제한하는 것은 국민을 잠재적 범죄자로 취급하는 것으로 침해의 최소성 원칙에 위반된다."

나아가, 인터넷언론사는 당해 인터넷홈페이지의 게시판·대화방 등에 '실명인증'의 표시가 없는 정당이나 후보자에 대한 지지·반대의 정보 등이 게시된 경우에는 지체 없이 이를 삭제해야 한다(법§82의6⑥). 또한 인터넷언론사는 정당·후보자 및 각급 선관위가 그 정보 등을 삭제하도록 요구한 경우에는 지체 없이 이에 따라야 한다(법§82의6⑦).

(다) 정당 또는 후보자의 경우

정당이나 후보자는 자신의 명의로 개설·운영하는 인터넷홈페이지의 게시판·대화방 등에 정당·후보자에 대한 지지·반대의 정보 등을 게시할 수 있도록 하는 경우에는 제1항의 규정에 따른 기술적 조치를 할 수 있는데(법§82의6②), 이는 인터넷언론사와 달리 의무적 규정이 아니고 선택적 사항이다.

(라) 행정자치부장관과 신용정보업자의 의무

행정자치부장관 및 신용정보업자는 위와 같이 제공한 실명인증자료를 실명인증을 받은 자 및 인터넷홈페이지별로 관리해야 하며, 중앙선관위가 그 실명인증자료의 제출을 요구하는 경우에는 지체 없이 이에 따라야 한다(법§82의6③).

(3) 제 재

선거법 제82조의6 제1항을 위반하여 기술적 조치를 하지 아니한 자에게는 1천만 원 이하의 과태료를 부과한다(법§261③3호). 또 동법 제82조의6 제6항을 위반하여 실명인증의 표시가 없는 문자·음성·화상 또는 동영상 등의 정보를 삭제하지 아니한 자에게는 300만 원 이하의 과태료를 부과한다(법§261⑥3호).

12. 인터넷광고 제한

가. 의 의

인터넷광고는 후보자 또는 추천정당이 인터넷언론사의 인터넷홈페이지에 선거운동을 위해 게재하는 광고를 말한다(법§82의7①). 인터넷을 통한 선거운동을 위한 광고는 인터넷언론사의 인터넷홈페이지만을 통해서 하도록 하고 있는데, 이는 인터넷을 통한 선거광고의 과열이나 혼탁을 방지하기 위한 것이다.

나. 내 용

(1) 주 체

그 주체는 후보자이되, 대통령선거의 정당추천후보자와 비례대표국회의원선거 및 비례대표지방의회의원선거에 있어서는 후보자를 추천한 정당이다(법§82의7①). 따라서 대통령선거에서 무소속후보자는 이를 할 수 없다.

(2) 광고 방법

인터넷광고에는 광고근거와 광고주명을 표시해야 하고(법§82의7②), '선거광고'라고 표시해야 한다(규칙§45의5). 같은 정당의 후보자추천을 받은 2인 이상의 후보자는 합동으로 제1항의 규정에 따른 인터넷광고를 할 수 있고, 이 경우 그 비용은 당해 후보자간의 약정에 따라 분담하되, 그 분담내역을 광고계약서에 명시해야 한다(법§82의7③).

(3) 인터넷광고의 포괄적 금지

누구든지 선거법 제87조의7 제1항에 의한 인터넷광고를 제외하고는 선거운동을 위하여 인터넷광고를 할 수 없다(법§82의7⑤).

인터넷광고(중앙선관위 질의회답)

- 인터넷포털 사이트에서 키워드를 구매하여 키워드검색으로 '충청남도지사후보'를 검색시 '충청남도지사후보'가 검색되고 이곳을 클릭하였을 때 후보자의 홈페이지로 이동되는 키워드광고는 인터넷광고에 해당함(2006. 4. 18)
- 네이트온은 선거법 제82조의7에 따른 인터넷언론사의 인터넷홈페이지로 볼 수 있으므로 정당 또는 후보자의 선거운동을 위한 인터넷광고를 할 수 있음(2010. 4. 28)
- 인터넷언론사의 인터넷홈페이지에 게시되는 기사를 동일하게 보여주는 모바일어플리케이션을 이용하여 선거운동을 위한 광고를 하는 것은 무방함(2010. 4. 28, 2013. 12. 13)
- 인터넷손바닥TV는 인터넷언론사가 아니므로 인터넷광고를 할 수 없음(2012. 3. 8)

다. 벌칙 등 제재

선거법 제82조의7 제5항의 규정에 위반한 자는 방송·신문 등 부정이용죄로 3년 이하의 징역 또는 600만 원 이하의 벌금에 처한다(법§252①).

그리고 선거법 제82조의7(인터넷광고) 제3항 후단의 규정에 위반하여 그 분담내역을 광고계약서에 명시하지 아니한 자에게는 200만 원 이하의 과태료를 부과한다(법§261⑦2호마목).

13. 교통편의 제공

가. 의 의

대통령선거에서 한국철도공사가 선거운동기간 중에 선거운동용으로 계속하여 사용할 수 있는 전국용 무료승차권 50매를 각 후보자에게 발급하는 것을 말한다(법§83①).

나. 내 용

(1) 선거의 종류와 교통편의의 내용

대통령선거에서만 교통편의가 제공된다. 이는 다른 선거에 비하여 대통령선거는 전국단위의 선거이기 때문이다(법§83①). 한국철도공사사장이 선거운동기간 중에 선거운동용으로 계속하여 사용할 수 있도록 각 후보자에게 발급하여 제공되는 전국용 무료승차권 50매이다(법§83①). 다만, 이러한 전국용 무료승차권을 발급받은 후보자가 사퇴·사망하거나 등록이 무효로 된 때에는 그 후 이를 사용할 수 없으며, 한국철도공사사장에게 지체 없이 반환해야 한다(법§83②). 이를 위해 중앙선관위는 대통령후보자가 사퇴·사망하거나 등록이 무효로 된 때에는 한국철도공사사장에게 이를 통지해야 한다(규칙§46③).

(2) 그 제공 절차

전국용 무료승차권을 발급받고자 하는 대통령후보자는 중앙선관위의 인증을 받아 한국철도공사사장에게 서면으로 신청해야 한다(규칙§46①). 이 전국용 무료승차권의 발급신청과 중앙선관위의 인증은 별지 제32호서식(선거운동용 무료승차권발급신청서)에 의한다(규칙§46②).

14. 유사기관 설치 금지

가. 의 의

선거사무소 등 법정선거기구 이외에 후보자 등을 위하여 연구소 등 또는 이와 유사한 기관·단체·조직 또는 시설(유사기관)을 새로이 설립·설치하거나 기존의 그 조직 등을 이용할 수 없는 것을 말한다(법§89).

이와 관련하여 헌법재판소는 "법정 선거운동기구 이외의 선거운동기구의 난립으로 야기될 과열경쟁과 낭비를 방지하고 후보자간에 선거운동의 균등한 기회를 보장함으로써 선거의 공정성을 확보하기 위한 규정"이라고 설시한 바 있다(헌재 1999. 1. 28. 98헌마172).

나. 내 용

(1) 주 체

후보자, 후보자의 가족, 선거사무관계자 등 누구든지 이에 포함된다(법§89①).

(2) 유사기관의 의미와 금지되는 행위의 태양

(가) 유사기관

'유사기관'(類似機關)은 선거사무소(선거준비사무소 포함), 선거연락소, 정당사무소, 선거대책기구의 법정선거운동기구와 후원회 이외의 기관·단체·조직 또는 시설로 '후보자 또는 후보자가 되고자 하는 자를 위한 것'을 말한다. 여기서 '후보자 등을 위한다는 것'은 후보자 등의 선거운동이나 후보자의 당선 또는 선거에서 유리한 상황이나 여건 조성의 의도를 지니는 것을 말한다. 이러한 유사기관에는 선거를 위한 선거추진위원회·후원회·연구소·상담소기관가 대표적이다. 여기서 '단체(團體)·기관(機關) 또는 조직(組織)'은 특정한 목적을 위하여 설립된 계속적 결사체를 말하는 것이고, '시설(施設)'은 특정 목적으로 설치된 물적(物的) 결합체나 그 결합체의 일부분으로, 도구, 기계 등 물건 중심으로 바라본 개념이다.

이러한 유사기관에 해당하는지에 관하여 판례는, "어떠한 기관·단체·시설이 본조에서 금하는 유사기관에 해당하는지는 선거운동 목적의 유무에 의하여 결정되므로, 특정 후보자의 선거운동을 목적으로 설치된 것이 아니라면 본조의 금지에 위반되는 것은 아니며, … 만일 후보자가 되고자 하는 자가 선거운동의 목적이 아닌 순수한 선거 준비행위의 차원에서 선거인에게 영향을 미치지 않는 내부적 행위로서 기관·단체 또는 시설을 설립하거나 설치하였다면 이는 본조 소정의 유사기관의 설치금지 위반에 해당하지 않는다"고 판시하였고(대법원 2005. 1. 27. 선고 2004도7511 판결), "후보자가 되고자 하는 자가 내부적 선거 준비행위의 차원을 넘어 선거인에게 영향을 미칠 목적으로 단체 등을 설립하였다면 이는 위 조항에서 정한 유사기관에 해당한다"고 판시하였다(대법원 2013. 2. 28. 선고 2012도15689 판결). 또한 특정 후보자를 위한 자원봉사자들의 교육장소(대법원 1997. 3. 11. 선고 96도3220 판결), 관할 선거구선관위에 신고한 공간과 구획·내부시설·출입문 등이 명확히 구분되어 있어 그 장소와 전혀 다른 공간인 장소로, 건물의 같은 층에 있는 장소(대전고등법원 2006. 10. 13. 선고 2006노344 판결)도 모두 유사기관에 해당한다고 보았다.

(나) 유사기관의 종류와 그 해당 여부

위와 같은 유사기관을 새로이 설치하거나 설립하는 행위가 금지되는데(법§89①), 이를 '**원시적 유사기관**'이라 칭하기로 한다. 여기서 **설치**(設置)하거나 **설립**(設立)하는 것은 유사기관을 만드는 것을 의미한다. 또한, 이러한 유사기관이 아닌 것으로 기존의 합법적인 기관·단체·조직 또는 시설을 후보자 또는 후보자가 되고자 하는 자를 위하여, 즉 선거운동을 위하여 이를 **이용**하는 행위가 금지되는데(법§89①), 이를 '**후발적 유사기관**'이라 칭하기로 한다. 여기서 '이용'과 관련하여 대법원 2007. 3. 30. 선고 2006도3025 판결[35]은, "행위자의 행위가 외관상 후보자를 위하여 기존의 기관·단체·조직 또는 시설을 이용하는

35 본 사건에 대한 보다 자세한 내용은 김재환, "구 공직선거 및 선거부정방지법 제87조 제1항에 의하여 그 명의 또는 그 대표의 명의로 선거운동이 금지되는 단체에 해당하지 않는 단체의 선거운동 방법 및 제255조 제1항 제13호, 제89조 제1항에 의해 처벌대상이 되는 유사기관의 설립·설치행위 내지 기존의 기관·단체·조직 또는 시설을 이용하는 행위의 의미", 대법원 판례해설 제70호(2008. 상반기), 354면 이하 참조.

것처럼 보인다 할지라도 실질적으로 기존의 기관·단체·조직 또는 시설을 위 법률에서 규정한 선거사무소 또는 선거연락소처럼 이용하는 정도에 이르지 아니하는 것이라면 위 조항에 의한 처벌대상이 될 수 없다"고 판시하면서, 의사로서 국회의원 선거에 출마한 후보자의 당선을 위하여 대한의사협회 간부들이 **자신의 전화**를 이용하여 의사들에게 위 후보자의 **지지를 부탁**하고 **유세장에 참석**한 정도의 행위가 기존 대한의사협회를 실질적으로 선거활동이나 기타 선거에 관한 사무를 처리하는 선거사무소나 연락소처럼 이용한 것에 해당한다고 보기는 어렵다고 한 바 있다. 이 후발적 유사기관에는 정당 또는 후보자(후보자가 되고자 하는 자 포함)가 설립·운영하는 유사기관이 있고, 그에 대한 특칙이 있다(법§89②). 이러한 선거법 제89조 제2항상의 유사기관에 대하여는 아래 (3)항에서 살펴본다.

원시적 유사기관에 해당하는지에 관해서 보면, 중앙선관위는 **정당**이 노동조합·시민단체와 공동으로 선거업무 조율을 위한 **공동기구**를 공동으로 구성하는 하는 경우(2009. 3. 17. 중앙선관위 질의회답)는 유사기관의 설치에 해당한다고 보았다. 또, 정당소속 후보자(입후보예정자 포함)와 무소속 후보자가 후보단일화를 위하여 제한된 범위의 제3자가 참여하는 **후보 단일화 추진위원회**를 구성하고 그 목적 범위 안에서 활동하는 경우 또는 후보 단일화를 위하여 필요한 규모의 기구를 구성하고 그 기구에 단일화의 진행에 관한 사항을 의뢰하는 경우는 유사기관 설치가 아니라고 판단하였다(2009. 9. 25. 중앙선관위 질의회답).

후발적 유사기관에 해당하는지에 관하여 보면, 판례는 기존 조직의 일부 **인적 조직**을 **이용**하여 선거운동을 하는 것은 유사기관의 이용에 해당한다고 판단하였다(서울고등법원 2004. 9. 7. 선고 2004노1343 판결). 또한, 중앙선관위는 선거사무소 또는 선거연락소로 신고되지 아니한 후보자의 집에 선거운동을 위한 **전화**를 **증설**하고 증설된 전화를 이용하여 선거운동 자원봉사자가 선거운동을 하는 경우에 유사기관이라고 판단하였다(1995. 1. 27. 중앙선관위 질의회답). 그러나 단체가 선거운동기간 중에 특정 정당 또는 후보자의 선거운동을 하면서 필요한 경우 그 단체의 사무소를 **단순히** 선거운동을 위한 단체구성원의 **연락**의 **장소**로 이용하는 경우에는 유사기관이 아니라고 하였다(2000. 4. 5. 중앙선관위 질의회답).

(다) 유사기관 금지 시기

위와 같은 유사기관이 금지되는 시기는 후보자가 되고자 하는 자가 성립된 때(= 입후보할 의사를 가진 것을 객관적으로 인식할 수 있을 정도에 이른 때) 이후부터 상시이다. 후보자가 되고자 하는 자로 보기 어렵다면, 개념상 유사기관의 설치·설립 또는 이용으로 보기 어렵기 때문이다.

(라) 유사기관의 예외

후보자 또는 예비후보자의 선거사무소에 설치되는 1개의 선거대책기구 및 「정치자금법」에 의한 후원회는 유사기관으로 보지 않는다(법89①단서). 여기서 '선거대책기구'라 함은 선거운동이나 선거에 관한 사무를 처리하기 위한 이른바 '선거캠프'를 지칭하는 것이다. 또한, 선거법 제89조 제1항은 '제61조 제1항·제2항에 따른 선거사무소, 선거연락소 및 선거대책기구'만을 명시적으로 유사기관에서 제외하고 있지만, 선거법의 체계적 해석상 동법 제61조의2상의 정당선거사무소도 유사기관에 해당하지 않는다고 본다.

(3) 후보자 등이 설립한 단체 등에 대한 특칙

(가) 의 의

정당이나 후보자(후보자가 되려는 사람을 포함)가 설립·운영하는 기관·단체·조직 또는 시설이 선거일 전 180일부터 선거일까지 선거에 영향을 미치는 행위 등을 금지하는 것을 말한다(법§89②).

이와 관련하여 헌법재판소는 "정당이나 후보자가 설립·운용하는 기관·단체 등을 이용한 과당경쟁과 낭비를 방지하고 선거운동의 균등한 기회를 보장함으로써 선거의 공정성을 확보하고자 하는 것"이라고 하였다(헌재 2001. 10. 25. 2000헌마193).

(나) 내 용

㉮ 주 체

정당이나 후보자 또는 후보자가 되려는 사람이다.

㉯ 제한시기

선거일 전 180일(보궐선거 등에서는 그 선거의 실시사유가 확정된 때)부터 선거일까지이다.

㉰ 금지되는 행위의 태양

ⅰ) 위 주체가 설립·운영하는 기관·단체·조직 또는 시설은 당해 선거구민을 대상으로 선거에 영향을 미치는 행위, ⅱ) 그 기관·단체 또는 시설의 설립이나 활동내용을 선거구민에게 알리기 위하여 정당 또는 후보자의 명의나 그 명의를 유추할 수 있는 방법으로 벽보·현수막·방송·신문·통신·잡지 또는 인쇄물을 이용하거나 그 밖의 방법으로 하는 선전행위가 금지된다. ⅰ) 선거에 영향을 미치는 행위는 앞서 본 바와 같다.[36] ⅰ)와 관련하여 판례는 "'그 명의를 유추할 수 있는 방법으로' 선전하는 행위라 함은, 단체 등이 그 설립이나 활동내용을 벽보 등의 매체를 이용하여 선전하면서 정당이나 후보자의 명의를 직접 명시하지 않아도 그 선전에 사용된 특정 문구나 기호, 이미지, 영상 등에 의하여 또는 그러한 정보들을 종합함으로써 일반 선거인들이 그 정당이나 후보자의 명의를 쉽게 유추할 수 있다고 인정되는 경우를 의미하고, 위와 같이 벽보 등을 이용한 단체 등의 선전행위가 정당이나 후보자의 명의를 쉽게 유추할 수 있는 방법에 해당하는지 여부는 그 단체 등의 회원이 아닌 일반 선거구민을 기준으로 판단해야 한다"고 판시하였다(대법원 2011. 3. 10. 선고 2010도16996 판결).

㉱ 예 외

「정치자금법」 제15조(후원금 모금 등의 고지·광고)의 규정에 따른 모금을 위한 고지·광고는 위와 같은 적용을 받지 않는다(법§89②단서).

다. 벌 칙

선거법 제89조(유사기관의 설치금지) 제1항 본문의 규정에 위반하여 유사기관을 설립·설치하거나 기존의 기관·단체·조직 또는 시설을 이용한 자는 3년 이하의 징역 또는 600만 원 이하의 벌금에 처한다(법§255①13호). 또 동법 제89조(유사기관의 설치금지) 제2항의 규정에 위반하여 선거에 영향을 미치는 행위 또는 선전행위를 하거나 하게 한 자는 2년 이하의 징역 또는 400만 원 이하의

---

36 233~234면 참조.

벌금에 처한다(법§256③1호사목).

15. 시설물 등의 설치 금지

가. 의 의

선거일 전 **180일**부터 선거에 영향을 미치기 위한 '광고물이나 광고시설을 설치·진열·게시·배부하는 행위', '표찰이나 그 밖의 표시물을 착용 또는 배부하는 행위', '후보자를 상징하는 인형·마스코트 등 상징물을 제작·판매하는 행위'가 포괄적으로 금지되는 것을 말한다. 이는 선거법 제93조(탈법방법에 의한 문서·도화의 배부·게시 등 금지) 등과 더불어 선거운동의 자유에 관한 대표적인 포괄적 규제 조항이다(법§90①).

이와 관련하여 헌법재판소는 "제90조 전문은 선거일 전 180일부터 선거에 영향을 미치게 하기 위하여 법정 방법 이외의 방법으로 시설물설치 등을 하는 것을 금지한 규정으로서, 이는 선거의 부당한 과열경쟁으로 인한 사회경제적 손실을 막고 후보자 간의 실질적인 기회균등을 보장함과 동시에 탈법적인 선거운동으로 인하여 선거의 공정과 평온이 침해되는 것을 방지하고자 일정 범위의 선거운동방법에 대하여는 그 주체, 시간, 태양을 불문하고 일률적으로 이를 금지하는 것"이라고 판시한 바 있다. 또한 대법원은 "이러한 제한은 폐해방지에 필요한 최소한의 정도를 넘지 아니하여 표현의 자유 등을 침해한다고 할 수 없고, 설치가 허용되는 간판의 규격과 같은 세부적이고 기술적인 사항을 중앙선관위 규칙에서 정하도록 위임하였다 하여 이를 죄형법정주의와 포괄위임금지의 원칙에 어긋난다고 볼 수도 없다"고 판단한 바 있다(대법원 2005. 1. 13. 선고 2004도7360 판결).

나. 내 용

(1) 주 체

누구든지이다(법§90①).

(2) 시 기

선거일 전 180일(보궐선거 등에서는 그 선거의 실시사유가 확정된 때)부터 선거일까지이다(법§90①).

(3) 금지되는 행위

선거에 영향을 미치게 하기 위하여 다음 각호의 어느 하나에 해당하는 행위를 할 수 없다(법§90①1문). 이 경우 정당(창당준비위원회를 포함)의 명칭이나 후보자(후보자가 되려는 사람을 포함)의 성명·사진 또는 그 명칭·성명을 유추할 수 있는 내용을 명시한 것은 선거에 영향을 미치게 하기 위한 것으로 본다(법§90①2문). 이러한 '선거에 영향을 미치기 위한 것'과 관련하여, 중앙선관위는 정당의 당사나 선거사무소의 내부에서 당직자나 관계자 등이 해당 후보자의 성명과 기호가 새겨진 종이컵을 사용하는 경우에는 무방할 것이라고 하였는데(2007. 11. 30. 중앙선관위 질의회답), 이는 '선거에 미치는 영향'이 없기 때문이다.

1. 화환·풍선·간판·현수막·애드벌룬·기구류 또는 선전탑, 그 밖의 **광고물**이나 **광고시설**을 설치·진열·게시·배부하는 행위
2. 표찰이나 그 밖의 **표시물**을 착용 또는 배부하는 행위
3. 후보자를 상징하는 인형·마스코트 등 **상징물**을 제작·판매하는 행위

위와 같은 내용과 관련하여, 대법원은 선거준비사무소의 유리창에 선팅지를 이용하여 붙인, 후보자의 이름과 선거사무소를 병기한 문구는 간판에 해당한다고 판단하였다(대법원 2005. 1. 13. 선고 2004도7360 판결). 또 대전고등법원 2003. 11. 7. 선고 2003노438 판결은 위 광고물의 해석과 관련하여, "「옥외광고물 등 관리법」은 옥외광고물의 표시방법 등에 관하여 필요한 사항을 규정함으로써 미관풍치와 미풍양속을 유지하고 공중에 대한 위해를 방지하며 건강하고 쾌적한 생활환경을 조성함을 목적으로 하는 것임에(위 법 제1조) 반해, 「공직선거 및 선거부정방지법」은 선거가 국민의 자유로운 의사와 민주적인 절차에 의하여 공정히 행하여지도록 하고 선거와 관련한 부정을 방지함으로써 민주정치의 발전에 기여함을 목적으로 하고 있고(위 법 제1조), 이에 따라 「공직선거 및 선거부정방지법」 제90조는 선거에 영향을 미치기 위한 광고물이나 광고시설 등의 설치·배부 등을 금지함으로써 선거분위기의 과열을 방지하고 탈법적인 선거운동을 규제하며 후보자간의 공정경쟁과 기회균등을 보장하기 위

한 것이어서, 그 입법취지가 전혀 다른 점, 특히 「공직선거 및 선거부정방지법」 제90조는 '화환·풍선'을 광고물의 하나로 예시하고 있는데 이는 「옥외광고물 등 관리법」상의 광고물에 대한 정의에 따를 경우 광고물에 해당한다고 볼 수 없는 점 등에 비추어 보면, 「공직선거 및 선거부정방지법」 제90조 소정의 '기타 광고물'을 「옥외광고물 등 관리법」 제2조 제1호 소정의 '옥외광고물'에 대한 정의 규정에 따라 해석할 수는 없다고 할 것이다"고 판시한 바 있다.

그리고 대법원 2004. 10. 28. 선고 2004도4355 판결은 이른바 노사모의 '희망돼지' 저금통이 위 광고물 내지 상징물에 해당하는지와 관련하여, "특정 물건의 본래 용도가 사적인 장소에 비치되어 사용되는 것이더라도 선거에 영향을 미치게 할 의도로 이를 대량으로 제작하여 일반 공중에게 배부함으로써 특정 후보자를 일반 공중에게 널리 알려 그 인지도를 상승시키고 이미지를 고양시키는 데에 사용되었다면 그 물건은 법 제90조의 광고물 또는 법 제256조 제2항 제1호 아목의 선전물에 해당한다 할 것이며(대법원 2004. 4. 23. 선고 2004도1242 판결 참조), 법 제90조의 상징물이라 함은 후보자 개인의 외형적 이미지를 형상화한 것에 국한되는 것이 아니라 널리 후보자의 사고와 주장을 표상할 수 있는 물건까지 포함하는 것으로서, 후보자의 외형적·내면적 이미지를 형상화하여 일반 공중에게 후보자를 연상시킬 수 있는 물건을 말한다(대법원 2004. 7. 22. 선고 2004도1550 판결 참조)"고 판시한 다음, '희망돼지' 저금통이 법 제90조의 광고물과 상징물에 해당한다고 인정한 원심의 판단은 위의 법리에 비추어 정당하다고 판단한 바 있다.

(4) 금지되는 행위에 대한 예외

선거법 제90조 제2항은 '선거기간이 아닌 때에 행하는 「정당법」 제37조 제2항에 따른 통상적인 정당활동', '의례적이거나 직무상·업무상의 행위 또는 통상적인 정당활동으로서 선거규칙으로 정하는 행위'는 선거에 영향을 미치게 하기 위한 행위로 보지 않는다고 규정하여 위와 같은 시설물 등의 설치 금지의 예외를 인정하고 있다. 이러한 위임에 따라 선거규칙 제47조의2는 다음과 같이 그 예외를 설정하고 있다. 다만, 집회나 행사의 안내 등을 위하여 시설물 등을 설치·게시한 경우 동 집회나 행사의 종료 후 지체 없이 이를 철거하지 아니한 때에는 예외에 포함되지 않는다고 규정하고 있다(규칙§47의2단서).

(가) 통상적인 정당활동과 관련한 행위

「정당법」 제37조 제2항은 "정당이 특정 정당이나 공직선거의 후보자(후보자가 되고자 하는 자를 포함)를 **지지·추천하거나 반대함이 없이** 자당의 **정책**이나 **정치적 현안**에 대한 입장을 인쇄물·시설물·광고 등을 이용하여 **홍보**하는 행위와 **당원을 모집**하기 위한 활동(호별방문 제외)은 **통상적인 정당활동**으로 보장되어야 한다"고 규정하여 통상적인 정당활동의 관하여 규율하고 있다. 선거기간이 아닌 때에 행하는 이러한 통상적인 정당활동은 시설물설치 등의 금지의 예외로 규정되어 있다(법§90②1호). 여기서 '지지'(支持)는 후보자 등에 대해 찬성하는 의사표현을, '반대'(反對)는 후보자 등에 대해 찬성하지 않고 거스르는 의사표현을, '추천'(推薦)은 후보자 등에 대한 찬성 의사표현을 넘어서 후보자 또는 당선자로서의 자격 있음을 적극적으로 알리는 행위이다. 이러한 '통상적인 정당활동'에는 자당이나 상대당 또는 자당·상대당의 후보자(후보자 되고자 하는 자 포함)에 대한 지지·추천 또는 반대 없이 자당의 정책 또는 정치적 현안에 관한 입장을 인쇄물·시설물·광고 등을 이용하여 홍보하는 행위, 정책·공약의 연구개발과 이에 대한 세미나·강연·강좌 등 집회나 기타 수단을 통한 전파·보급, 당원을 모집하는 행위가 포함된다. 또 이에는 정당을 설립하거나 확장하거나 이를 개편하는 행위 등을 포함하여 정당을 내부적으로 관리·운영하는 행위, 당원만을 대상으로 정당 내 또는 다른 옥내 장소에서 하는 당원교육·세미나·행사 등 집회도 포함된다.

그리고 통상적인 정당활동으로서 선거규칙이 정하는 행위도 역시 시설물설치 등의 금지의 예외로 규정되어 있고(법§90②2호), 선거규칙은 그 행위에 대하여 다음과 같이 정하고 있다(규칙§47의2제1호). 아래에서 '간판'과 '현판'의 차이는 '간판'은 '계속적'으로 내걸 필요가 있어 내건 것이고, '현판'은 '일시적'으로 내걸 필요가 있어 내건 것을 말한다.

시설물 설치 등 금지의 예외에 해당하는 통상적인 정당활동(규칙§47의2제1호)

가. 정당(창당준비위원회를 포함)이 정강·정책구호 기타 정당의 홍보에 필요한 사항과 당해 정당명 및 그 대표자 성명을 게재한 **간판·현판 또는 현수막**(이하 이 조에서 '간판 등'이라 함)을 중앙당과 시·도당의 당사의 건물이나 그 담장에 설치·게시하는 행위. 다만, 후보자(후보자가 되고자 하는 자를 포함)의 사진을 게재하거나 후보자를 지지·추천하거나 반대하는 내용을 게재하는 행위를 제외한다. 이하 마목에서 같다.

다. 정당이 민원상담을 행하는 당사에 민원상담에 관한 안내사항과 정당명을 게재한 **간판 등**을 게시하는 행위

라. 정당의 업무용 **자동차**에 **정당명·전화번호·정책구호** 등을 **표시**하여 운행하는 행위

마. 정당이 소속당원만을 대상으로 당원집회를 개최하는 때에 동집회장소임을 알리는 **현수막**을 주최 당부(黨部)명의로 설치·게시하는 행위 부서

바. 정당이 책임있는 정치적 주장을 펴기 위하여 정강·정책의 설명회·토론회·강연회(선거기간 중에는 법에 규정된 방법에 한함)를 개최하면서 **현판·현수막**을 주최 당부명의로 개최장소에 설치·게시하는 행위

사. 정당이 자연보호활동 또는 대민봉사활동 등을 하면서 그 행사장소에 정당명과 행사명을 게재한 **현수막**을 설치·게시하는 행위

아. 정당의 당원이 소속정당의 **배지**(달고 다닐 수 있도록 배지형태로 제작된 소형의 상징마크나 마스코트를 포함)를 달고 다니는 행위

그리고 중앙선관위는 위와 같은 통상적인 정당활동에 대하여 다음과 같이 판단하였다.

시설물 설치 등의 금지의 예외에 해당하는 통상적인 정당활동(중앙선관위 질의회답)

– '정당의 공직선거후보자 선출을 위한 **당내경선 선거인단 모집**에 필요한 홍보', '정당의 **당명개정을 위한 현상공모** 고지를 위한 홍보', '정당의 **공직선거후보자 지망생 모집**을 위한 홍보', '정당이 **정책토론회**를 개최하는 경우 토론회 개최 사실 홍보'에 대하여, 정당이 선거일 전 180일부터 선거기간개시일 전일까지 정당명의(로고 포함)의 **현수막을 거리**에 **게시**하는 방법으로 하는 것은, 「정당법」 제37조 제2항에 따른 통상적인 정당활동의 범위를 벗어난 행위로서 선거법 제90조에 위반될 것임. 다만, 정책이나 정치적 현안에 대한 입장을 홍

보하면서 부수적으로 위와 같은 사항을 홍보하는 것과, '정당의 당원모집을 위한 홍보', '정당이 정책으로 추진하여 국회에서 의결된 법률안 홍보'를 위와 같은 방법으로 하는 것은 무방함(2010. 2. 26)

- 정당이 선거기간이 아닌 때에 「정당법」 제37조 제2항에 따라 특정 정당이나 공직선거의 후보자(후보자가 되고자 하는 자를 포함)를 지지·추천하거나 반대함이 없이 자당의 정책을 홍보하는 현수막을 게시하는 것은 무방할 것이며, 이 경우 수량제한은 없음(2011. 3. 12)

(나) 직무상·업무상 행위

직무(職務)상 행위에서의 직무는 공무원이 행하는 업무로, 직무상 행위에는 일정한 직무수행에 필요한 행위, 직무수행과 밀접하게 관련되거나 부수적으로 직무수행에 필요한 행위를 말한다. 업무(業務)상 행위는 사회생활의 지위에 기하여 계속적·반복적으로 행하는 행위를 말하며, 이에는 업무수행에 필요한 행위, 업무수행과 밀접하게 관련되거나 부수적으로 업무수행에 필요한 행위가 포함된다. 이러한 직무상·업무상 행위 중 다음과 같은 행위는 시설물 설치 등의 금지의 예외이다(규칙§47의2제2호).

시설물 설치 등의 금지의 예외에 해당하는 직무상·업무상 행위

가. 지방자치단체의 장이 선거일 전 60일(선거일 전 60일 후에 실시사유가 확정된 보궐선거 등에 있어서는 그 선거의 실시사유가 확정된 날) 전에 법 제86조(공무원 등의 선거에 영향을 미치는 행위금지) 제2항 제4호에 규정된 행사를 개최하면서 그 행사장소에 개최자의 직명을 표시한 **현판·현수막**을 설치·게시하는 행위

나. 특정 정당이나 후보자를 지지·추천하거나 반대함이 없이 개최하는 학술·문화·체육·예술·종교 기타 이에 준하는 각종집회를 개최하면서 그 개최장소에 주관단체명 또는 그 단체대표자의 직명을 표시한 **간판 등**을 설치·게시하는 행위

다. 직업상의 사무소나 업소에 그 대표자의 성명이 표시된 **간판**을 게시하는 행위

라. 국회의원 및 지방의회의원이 자신의 직무 또는 업무를 수행하는 상설사무소에 그 직명·성명과 업무에 관한 안내사항이 게재된 **간판 등**을 게시하는 행위

민주노총 산하 각 단위 사업장에 민주노동당 후보를 지지하는 현수막을 게시하는 행위가 직무상·업무상 행위 등에 해당하여 허용되는지 관련하여, "피고인이 게시한 현수막을 볼 수 있는 사람들 중에는 노동조합원이 아닌 사람들도 있고 노동조합원이라고 하더라도 그들이 전부 민주노동당원이라거나 민주노동당 지지자들이라고 단정할 수 없고, 현수막을 사업장 내 또는 외벽에 게시하는 것은 선거법 제90조에 의하여 금지되는 행위이며, 그 조 단서에서 말하는 의례적이거나 직무상·업무상 행위 또는 통상적인 정당활동으로서 선거규칙으로 정하는 행위에 해당하지 않는다"고 판단하였다(창원지방법원 진주지원 2004. 9. 10. 선고 2004고합83 판결).

그리고 중앙선관위는 위와 같은 직무상·업무상 행위에 대하여 다음과 같이 판단하였다.

시설물 설치 등의 금지의 예외에 해당하는 직무상·업무상 행위(중앙선관위 질의회답)

- 국회의원의 **출판기념회** 개최장소에 행사명·주최자명 등 행사개최·진행에 필요한 사항을 게재한 현수막 또는 포스터 등을 게시·첩부하는 것은 무방할 것이나, 후보자가 되고자 하는 자를 홍보·선전하는 내용을 게재하여서는 아니될 것임(2003. 7. 7)
- 국회의원이 자신의 직무를 수행하는 상설 사무소에 그 직·성명, 주소, 전화번호와 업무에 관한 안내사항이 게재된 간판 등을 게시하는 것은 무방할 것이나, 후보자가 되고자 하는 국회의원을 선전하는 **구호와 캐리커처**를 게재한 **간판**을 게시하는 것은 후보자가 되고자 하는 자를 선전하는 행위가 될 것이므로 선거일 전 180일 전에는 선거법 제254조(선거운동기간위반죄)의 규정에, 선거일 전 180일부터 선거일까지는 같은 법 제90조(시설물설치 등의 금지)의 규정에 위반될 것임(2003. 11. 11)
- 국회의원사무소 간판의 **조명시설** 설치에 대하여는 선거법이 제한하고 있지 아니하고(2004. 9. 12), LED(녹화기가 아닌 단순 글자만 지나감)에 법률 개정안 발의 사실을 표시하는 것은 무방함(2102. 7. 6)
- 국회의원사무소에 게시하는 현수막에 국회의원의 의정활동에 관한 **평가결과**에 대해 평가주체를 알 수 있는 방법으로 표시하여 선거일 전 180일 전에 게시하는 경우에는 선거법상 무방할 것이나, 선거일 전 180일 이후에는 같은 내용의 현수막이라도 선거에 영향을 미치게 하기 위한 시설물에 해당되어 그러

한 시설물의 설치·게시를 금지하고 있는 같은 법 제90조에 위반될 것임(2009. 1. 15)

- 영업행위를 위하여 사업자등록(이에 표시된 상호는 '권기균의 교육과학문화연구소'임)에 표시된 **성명이 포함된 상호**를 통상적인 간판에 게재하여 게시하는 것은 직업상의 사무소에 간판을 게시하는 행위로서 무방할 것이나, 입후보하고자 하는 선거구에 설치하는 사무소의 간판에 '**공학박사** 권○○의 교육과학문화연구소' 또는 다른 단체의 명칭을 함께 게재하거나, 연구소의 운영형태 등을 종합적으로 살펴볼 때 직업상의 사무소로 볼 수 없는 경우에는 후보자가 되고자 하는 자를 선전하기 위한 행위가 될 것이므로 행위시기에 따라 선거법 제90조 또는 제254조에 위반될 것임(2009. 2. 4)
- 노동조합이 선거일 전 180일 전부터 선거일까지 후보자를 지지·추천하는 내용이 포함되어 있거나 정당의 명칭 또는 후보자의 성명을 나타내는 현수막이나, 포스터, 대자보, 소식지 등 인쇄물을 노조회의실, 노조사무실 외벽, 족구장 등에 게시하는 것은 그 양태에 따라 선거법 제90조, 제93조 등에 위반될 것임(2009. 4. 27)

(다) 의례적인 행위

의례적(儀禮的)행위는 사회생활이나 사회적 교류(交流)·교분(交分)에 필요하거나 요구되어지는 행위, 그 밖의 사교적(社交的) 행위를 말한다. 이러한 의례적 행위 중 다음과 같은 행위는 시설물 설치 등의 금지의 예외이다(규칙§47의2제3호).

시설물 설치 등의 금지의 예외에 해당하는 의례적인 행위(중앙선관위 질의회답)

가. 민속절·국경일 그 밖에 기념일, 사무소의 개소·이전 그 밖에 관계있는 행사나 사업의 축하 등을 위하여 정당·기관·단체·시설이 그 명의(정당의 경우 그 대표자의 성명을 포함)를 표시한 **간판 등**을 해당 사무소에 설치·게시하는 행위

나. 정당 또는 기관·단체·시설의 장의 이·취임식장이나 이들의 하급당부(정당선거사무소를 포함)나 기관·단체·시설방문시에 그 방문 행사장소에 직·성명을 표시한 **현수막**을 설치·게시하는 행위

이와 관련하여 중앙선관위는 위와 같은 의례적인 행위에 대하여 다음과 같이 판단하였다.

시설물 설치 등의 금지의 예외에 해당하는 의례적인 행위(중앙선관위 질의회답)

- • 국회의원이 명절을 맞아 자신의 사무실 외벽에 **귀향환영 현수막**을 게시하는 것은 무방할 것이며, 그 규격에 대하여는 선거법상 제한하고 있지 아니함. 다만, 동 현수막에 후보자가 되고자 하는 국회의원의 사진을 게재하거나 국회의원을 지지·선전하는 문구를 게재하는 때에는 행위 시기에 따라 선거법 제90조 또는 제254조의 규정에 위반될 것임
  • 지역사안과 관련하여 지역단체 또는 개인이 의원에게 감사 현수막을 게시하는 행위는 국회의원을 선전하는 행위가 될 것이므로 행위 시기에 따라 선거법 제90조 또는 제254조의 규정에 위반될 것임(2006. 9. 5)
- 지역구내에 정부출연기관 등 공공기관이 설립되거나 이전되어 오는 경우 혹은 지하철역이 개통되거나 이를 착공하는 시기에 맞춰 축하하는 현수막을 지역구 내에 국회의원 명의로 게시하는 것은 행위 시기에 따라 선거법 제90조 또는 제254조에 위반될 것이나, **당원협의회**가 특정 정당이나 후보자(후보자가 되고자 하는 자를 포함)를 지지·추천하거나 반대함이 없이 정당의 계획에 따라 정당의 경비로 지역 현안 성사에 따른 의례적인 내용의 축하 현수막을 제작하여 선거기간이 아닌 때에 관할구역에 게시하는 것은 무방할 것임(2011. 3. 3)
- 국회의원이 평소 지면이나 친교가 있는 사람(그의 자녀 포함)의 **결혼식장**에 해당 국회의원의 직·성명을 표시한 **축기**(祝旗)를 게시하는 것은 의례적인 행위로 보아 무방할 것임(2013. 6. 21)
- 비례대표국회의원이 평소 친분이 있는 사람의 **회갑연, 고희연 등의 축하연**에 직·성명을 표시한 **축기**(祝旗: 일반적인 근조기 규격과 형태에 '축하합니다'라는 문구 기재)를 설치하고, 식을 마치면 회수하는 방식으로 축기를 설치하는 행위와, 개업식, 체육행사 등의 장소에 축기를 설치하는 행위는 사회통념상 행하여지고 있는 의례적인 범위를 벗어나 후보자가 되려는 자신을 선전하는 행위가 될 것이므로 그 행위 시기에 따라 선거법 제90조 또는 제254조에 위반될 것임(2013. 12. 4)

다. 벌 칙

선거법 제90조(시설물설치 등의 금지)의 규정에 위반하여 선전물을 설치·진열·게시·배부하거나 하게 한 자 또는 상징물을 제작·판매하거나 하게 한

자는 2년 이하의 징역 또는 400만 원 이하의 벌금에 처한다(법§256③1호아목).

이와 관련하여 대법원 2004. 4. 23. 선고 2004도1242 판결(노사모의 '희망돼지' 저금통이 위 광고물 내지 상징물에 해당하는지와 관련한 판결임), "법 제256조 제2항 제1호 (아)목의 선전물이라 함은 법 제90조에 규정된 광고물, 광고시설, 표찰 기타 표시물을 포함하는 개념으로서, 반드시 후보자의 성명이나 외모가 기재·묘사되거나 특징 등이 화체되어 있지 아니하더라도 선거운동에 있어 특정 후보자의 인지도를 상승시키거나 이미지를 고양시키기 위하여 사용되는 제반 시설물과 용구를 총칭하는 것으로 보아야 하고(대법원 2004. 3. 11. 선고 2003도6650 판결 참조), 특정 물건의 본래 용도가 사적인 장소에 비치되어 사용되는 것이더라도 선거에 영향을 미치게 할 의도로 이를 대량으로 제작하여 일반 공중에게 배부함으로써 특정 후보자를 일반 공중에게 널리 알려 그 인지도를 상승시키고 이미지를 고양시키는 데에 사용되었다면 그 물건은 법 제90조의 광고물 또는 법 제256조 제1항 제2호 (아)목의 선전물에 해당한다 할 것이다"고 판시하였다.

16. 확성장치, 자동차 등 사용 제한

가. 의 의

선거법이 정한 경우를 제외하고 선거운동을 위하여, 확성장치 사용이 금지된 것과 자동차 사용이 금지된 것을 말한다(법§91①,③).

이와 관련하여 헌법재판소는 "선거법 제91조 제1항, 제3항은 선거운동을 함에 있어 확성장치와 자동차의 무제한적 사용은 심각한 소음 공해와 도로교통의 무질서 등 공공의 안녕과 질서에 직접적인 위해를 가져오고 또한 선거비용의 과다 지출을 가져오므로 후보자 등 한정된 범위에 한하여서만 일부 허용하고 그 외의 사용은 이를 제한하고 있는 규정"이라고 판시한 바 있다(헌재 2001. 12. 20. 2000헌바96).

나. 내 용

(1) 확성장치 사용제한

누구든지 선거법의 규정에 의한 공개장소에서의 연설·대담장소 또는 대담·토론회장에서 연설·대담·토론용으로 사용하는 경우를 제외하고는 선거운동을 위하여 확성장치를 사용할 수 없다(법§91①). 공개장소에서의 연설·대담장소 또는 대담·토론회장에서 연설·대담·토론용으로 사용하는 경우는 앞서 본 바와 같다[37](법§79③~⑦,§81~§82의3[38]).

(2) 자동차 등의 사용제한

누구든지 자동차를 사용하여 선거운동을 할 수 없다(법§91③본문). 다만, 제79조에 따른 연설·대담장소에서 자동차에 승차하여 선거운동을 하는 경우와 같은 조 제6항에 따른 선거벽보 등을 자동차에 부착하여 사용하는 경우에는 이러한 제한을 받지 않는다(법§91③단서).

그리고, 정당·후보자·선거사무장 또는 선거연락소장은 위와 같이 선거법 제79조에 따른 경우 외에 <표 2-18>과 같이 관할 선관위가 교부한 표지를 부착한 자동차와 선박에 제64조의 선거벽보, 제65조의 선거공보 및 제66조의 선거공약서를 부착하여 운행하거나 운행하게 할 수 있다(법§91④).

〈표 2-18〉 선거종류별 선거용자동차 등의 허용 대수

선거의 종류	허용 대수
대통령선거와 시·도지사선거	선거사무소와 선거연락소마다 각 5대·5척 이내
지역구국회의원선거, 자치구·시·군의 장 선거	후보자마다 각 5대·5척 이내
지역구시·도의원선거	후보자마다 각 2대·2척 이내
지역구자치구·시·군의원선거	후보자마다 각 1대·1척

37 354~355면 참조.

38 선거법 제81조 내지 제82의3에서는 확성장치 사용여부에 대하여 명시적으로 언급하지 않고 있는데, 대담·토론시 본조항에 의하여 확성장치의 사용이 허용된다고 할 것이다.

선거벽보·선거공보 및 선거공약서(이하 '선거벽보 등'이라 함)를 부착하여 운행하는 자동차와 선박에는 별지 제19호의3양식에 의한 표지를 부착해야 한다(규칙§48①). 정당·후보자·선거사무장 또는 선거연락소장은 선거벽보 등을 자동차와 선박에 부착하여 운행하고자 하는 때에는 관할 선관위에 별지 제18호서식에 따라 그 표지의 교부를 신청해야 하며, 자동차와 선박에 부착할 수 있는 선거벽보 등의 수량은 자동차 1대마다 각 5매 이내와 선박 1척마다 각 10매 이내로 한다(규칙§48②). 한편, 정당·후보자·선거사무장 또는 선거연락소장은 교부받은 표지를 잃어버리거나 못쓰게 된 때에는 관할 선관위에 별지 제18호의2서식에 따라 표지를 다시 신청할 수 있다(규칙§48③).

다. 벌 칙

선거법 제91조(확성장치와 자동차 등의 사용제한) 제1항·제3항의 규정에 위반하여 확성장치나 자동차를 사용하여 선거운동을 하거나 하게 한 자는 2년 이하의 징역 또는 400만 원 이하의 벌금에 처한다(법§255②4호).

그리고 제91조(확성장치와 자동차 등의 사용제한) 제4항의 규정에 위반하여 표지를 부착하지 아니하고 자동차 또는 선박을 운행한 자에게는 100만 원 이하의 과태료를 부과한다(법§261⑧2호마목). 여기서 '영업 중인 선박'은 제외된다는 것이 중앙선관위의 입장이다(2010. 3. 11. 중앙선관위 질의회답).

자동차·선박을 이용한 선거운동(중앙선관위 질의회답)

- 일정한 게시대를 설치한 **자전거**를 선거법 제79조 제3항의 규정에 의한 자동차 또는 같은 법 제91조 제4항의 규정에 의한 선전벽보 등 첩부용 자동차에 대신하여 사용하는 것은 무방할 것임(2006. 3. 22)
- 해당 선거구의 염원 사업인 전철의 조기 개통을 선전하기 위하여 당해 선거구에 전철 이미지(KTX와 유사)를 유세차량 외 5대(지원유세차량, 선거지원 차량 등)에 선거지원차량에 후보와의 관계(기호, 이름, 당명) 등은 전혀 관계없는 랩핑[39]을 하는 것은 선거법 제91조에 따라 선전벽보, 선거공보를 부착하여 운행할 수 있는 자동차에 선전벽보·선거공보 외에 선거에 영향을 미치는 내용의 광고물을 부착하는 것은 같은 법 제90조 및 제91조에 위반될 것임(2008. 3. 18)

39 차량랩핑: 기업의 브랜드, 상품이미지를 그래픽 프로그램을 이용하여 디자인한 후 특수하게

17. 영화 등 이용 금지

가. 의 의

누구든지 선거기간 중에는 선거운동을 위하여 저술·연예·연극·영화 또는 사진을 선거법에 규정되지 아니한 방법으로 배부·공연·상연·상영 또는 게시할 수 없는 것을 말한다(법§92).

나. 내 용

(1) 주 체

누구든지이다(법§92).

(2) 제한 대상

'선거운동을 위하여' 저술(著述)·연예(演藝)·연극·영화 또는 사진을 선거법에 규정되지 아니한 방법으로 배부·공연·상연·상영 또는 게시하는 행위이다(법§92). 따라서 특정 정당이나 후보자를 선전하는 연극이나 영화 또는 사진을 공연·상영하거나 게시하는 행위는 허용되지 않는다.

다. 벌 칙

선거법 제92조(영화 등을 이용한 선거운동금지)의 규정에 위반하여 저술·연예·연극·영화나 사진을 배부·공연·상연·상영 또는 게시하거나 하게 한 자는 3년 이하의 징역 또는 600만 원 이하의 벌금에 처한다(법§255①15호).

18. 탈법방법에 의한 문서 등 규제

가. 의 의

누구든지 선거일 전 180일부터 선거일까지 선거에 영향을 미치게 하기 위하여 정당 또는 후보자를 지지·추천하거나 반대하는 내용이 포함되어 있거나 정당의 명칭 또는 후보자의 성명을 나타내는 광고, 인사장, 벽보, 사진,

---

제작된 PVC필름에 확대출력하여 승용차, 탑차, 버스 등 다양한 차량외관에 홍보를 목적으로 부착하는 방법을 말함.

문서·도화, 인쇄물이나 녹음·녹화테이프 그 밖에 이와 유사한 것을 배부·첩부·살포·상영 또는 게시할 수 없는 것을 말한다(법§93①). 이는 선거법 시설물 등의 설치 금지(법§90) 등과 더불어 선거운동의 자유에 관한 대표적인 포괄적 규제 조항이다.

이와 관련하여 헌법재판소는, "이 사건 법률조항(제93조 제1항을 말함)은 헌법 제116조 제1항의 선거운동 기회균등 보장의 원칙에 입각하여 선거운동의 부당한 경쟁 및 후보자들 간의 경제력 차이에 따른 불균형이라는 폐해를 막고, 선거의 평온과 공정을 해하는 결과의 발생을 방지함으로써 선거의 자유와 공정의 보장을 도모하여 선거관계자를 포함한 선거구민 내지는 국민 전체의 공동이익을 달성하고자 하는 것으로 그 입법목적이 정당하다"고 설시한 바 있다(헌재 2009. 7. 30. 2007헌마718).

나. 내 용

(1) 주 체

누구든지이다(법§93①).

(2) 시 기

선거일 전 180일(보궐선거 등에 있어서는 그 선거의 실시사유가 확정된 때)부터 선거일까지이다(법§93①).

(3) 금지되는 행위

'선거에 영향을 미치게 하기 위하여' 정당(창당준비위원회와 정당의 정강·정책을 포함) 또는 후보자(후보자가 되고자 하는 자를 포함)를 지지·추천하거나 반대하는 내용이 포함되어 있거나 정당의 명칭 또는 후보자의 성명을 나타내는 광고, 인사장, 벽보, 사진, 문서·도화, 인쇄물이나 녹음·녹화테이프 그 밖에 이와 유사한 것을 배부·첩부·살포·상영 또는 게시하는 행위이다(법§93①).

(가) 선거에 영향을 미치기 위한 행위

선거에 영향을 미치게 하기 위한 행위이다. 이와 관련하여 대법원 2009. 5. 28. 선고 2008도11857 판결은, "선거법 제93조 제1항에서 '<u>선거에 영향을 미치게 하기 위하여</u>'라는 전제 아래 그에 정한 행위를 제한하고 있는 것은 고의 이외에 초과주관적 요소로서 '선거에 영향을 미치게 할 목적'을 범죄성립요건으로 하는 목적범으로 규정한 것이라 할 것인바, 그 목적에 대하여는 적극적 의욕이나 확정적 인식을 필요로 하는 것이 아니라 미필적 인식만으로도 족하고, 그 목적이 있었는지 여부는 피고인의 사회적 지위, 피고인과 후보자·경쟁후보자 또는 정당과의 관계, 행위의 동기 및 경위와 수단 및 방법, 행위의 내용과 태양, 행위 당시의 사회상황 등 여러 사정을 종합하여 사회통념에 비추어 합리적으로 판단해야 할 것이다"라고 판단한 바 있다.

(나) 인쇄물 등의 내용

정당(창당준비위원회와 정당의 정강·정책을 포함) 또는 후보자(후보자가 되고자 하는 자를 포함)를 지지·추천하거나 반대하는 내용이 포함되어 있거나 정당의 명칭 또는 후보자의 성명을 나타내는 것이어야 한다(법§93①). 여기서 '지지'(支持)는 후보자 등에 대해 찬성하는 의사표현을, '추천'(推薦)은 후보자 등에 대한 찬성 의사표현을 넘어서 후보자 또는 당선자로서의 자격 있음을 적극적으로 알리는 행위이다. '정당의 명칭 또는 후보자 성명을 나타낸다는 것'은 직접적으로 이를 명기(明記)하는 것뿐만 아니라, 그렇지 않더라도 후보자나 정당을 쉽게 알 수 있는 경우도 포함된다고 본다.

(다) 금지되는 대상

광고, 인사장, 벽보, 사진, 문서·도화, 인쇄물이나 녹음·녹화테이프 그 밖에 이와 유사한 것이다(법§93①). '기타 이와 유사한 것'은 선거에 영향을 미치게 하기 위하여 정당 또는 후보자를 지지, 추천하거나 반대하는 내용을 포함할 수 있는 가독성(可讀性)·가청성(可聽性)을 가진 선거법 제93조 제1항에 열거된 매체와 유사한 매체, 관념이나 의사전달의 기능을 가진 매체나 수단을 의미하는 것이다(헌재 2009. 7. 30. 2007헌마718). 헌법재판소가 선거법 제93조 제1항 등의 '기타 이와 유사한 것' 부분에 '정보통신망을 이용하여 인터넷홈페이지 또는 그 게시판·대화방 등에 글이나 동영상 등 정보를 게시하거나 전자우편을 전송하는 방법'이 포함된다고 해석한다면, 선거운동의 자유를 침해한다고 하여 한정위헌결정을 한 것은 앞서 본 바와 같다[40](헌재 2011. 12. 29. 2007헌

40 241~242면 참조.

마1001). 이와 관련하여 중앙선관위는 문자나 숫자, 도형, 모양 등을 만들어 낼 수 있는 **로드프린터**(순수한 물을 이용하여 도로나 골목 등에 후보자 등의 정보를 직접 인쇄하는 기술)를 자전거(전기 자전거 포함), 전동손수레, 자동차에 장착하여 운행하면서 기호 등 후보자의 정보를 도로 등의 표면에 표시되게 하는 방법으로 선거운동을 하는 것은 선거법 제93조 제1항에 위반된다고 하였으나(2013. 7. 19. 중앙선관위 질의회답), 이는 의문이다. 왜냐하면 도로 위에 기재되는 것은 물에 불과하여 '그 밖에 이와 유사한 것'에 포섭된다고 보기 어렵기 때문이다.

한편, 현직 구청장인 피고인은 예비후보자 등록신청 개시일 2개월 전에 구청의 자동동보시스템을 통해 소속 공무원 910명에게 자신이 저서를 출판했다는 사실을 알리면서 거기에 저자의 출판기념회 강의 동영상을 링크할 수 있는 문자메시지를 자동 동보통신으로 전송하였고, 이러한 행위에 대해 선거법 제255조 제2항 제5호, 제93조 제1항 위반(탈법방법에 의한 문서 등 배부 죄)으로 기소된 사안에서, 대법원 2015. 8. 19. 선고 2015도5789 판결은 동영상을 직접 첨부하여 보내는 것이 아니라 링크할 수 있는 문자메시지를 전송하는 행위는 게시물의 전송에 해당하지 않는다고 판단하였고, 후보자·예비후보자가 아닌 자가 자동 동보통신의 방법으로 휴대전화 문자메시지를 대량으로 전송한 경우에는 제93조 제1항의 구성요건에 해당한다고 판단한 바 있다.[41] 그러나, 위와 같은 2007헌마1001 결정에 따라 2012. 2. 29. 문자와 이메일 등에 의한 선거운동을 원칙적으로 허용하는 입법이 이뤄진 점을 감안하면, 문자가 '이와 유사한 것'에 포함되는지는 의문이 아닐 수 없다.

(라) 금지되는 행위의 태양

위와 같은 인쇄물 등을 배부·첩부·살포·상영 또는 게시하는 행위이다(법§93①). 여기서 '배부(配付)행위'라 함은 같은 조항에 규정된 문서·도서 등을 불특정 다수인에게 교부하는 행위를 말하지만, 문서·도서 등을 개별적으로 어느 한 사람에게 교부하였더라도 그로부터 불특정 다수인에게 그 문서·도서 등이 전파될 가능성이 있다면 교부행위의 요건은 충족된다는 것이 판례의 태도이다(대법원 2002. 1. 25. 선고 2000도1696 판결). 이와 관련하여 대법원은 "직접

41 이에 대한 평석으로는 황정근, "판례해설: 대법 '공선법 위반' 이○○ 대구 수성구청장, 벌금 90만 원 확정", 2015. 8. 27.자 법률신문 참조.

배부행위의 상대방에게 문서·도화 등이 도달되지 않는 이상 배부행위자의 사자 또는 그 내용을 모르는 운송기관 등에게 교부된 것만으로는 배부행위가 기수에 이르렀다고 할 수 없으므로, 이 사건의 경우 피고인들이 발송의뢰한 이 사건 문서가 교부상대방에게 도달되기 이전에 우체국에서 선관위의 우송중지 요청에 의하여 우송이 중지되고 압수된 이상, 피고인들의 행위가 선거법 제93조 제1항에서 금지하는 '배부행위'에 해당한다고 볼 수 없다"고 판단하였다.[42] '첩부(貼付)' 불특정 또는 다수인이 이를 인식할 수 있도록 건물 외벽 등에 이를 붙이는 것을 말하고, '살포(撒布)'는 불특정 또는 다수인에게 인쇄물 등을 뿌리는 것으로, 특정 장소에 인쇄물 등을 놓고 가져가게 하는 경우도 포함된다. '상영(上映)'은 불특정 또는 다수인에게 영화 등 영상을 보여주는 것을 말하고, '게시(揭示)'는 불특정 또는 다수인이 볼 수 있게 붙이거나 내거는 행위를 말한다.

그리고 대법원은 "문서·도화의 배부·게시 등 행위가 일상적·의례적·사교적 행위에 불과한 것인지 아니면 선거에 영향을 미치게 하기 위한 목적을 가진 탈법행위인지 여부를 판단할 때에는, 위 조항의 입법 목적이 그에 정한 행위가 비록 선거운동에까지는 이르지 않더라도 선거의 공정성과 평온성을 침해하므로 그러한 탈법적인 행위를 차단함으로써 공공의 이익을 도모하려는 것임을 염두에 두고, 행위의 시기, 동기, 경위와 수단 및 방법, 행위의 내용과 태양, 행위 당시의 상황 등 모든 사정을 종합하여 사회통념에 비추어 합리적으로 판단해야 한다"고 판단하였다(대법원 2009. 5. 28. 선고 2009도1937 판결).

탈법방법에 의한 문서·도화 등 배부·게시에 해당 여부(중앙선관위 질의회답)

– 후보자가 되고자 하는 광역·기초지방자치단체장이 퇴직에 즈음하여 평소 지면이나 친교가 있거나, 시·구정에 협조해 준 시·구·동의 유관단체장에게 **선거운동기간이 아닌 때**에 선거운동의 목적없이 **의례적인 인사장**을 발송하는 것은 무방할 것이나, 퇴직에 즈음하여 통·반장에게까지 퇴임인사장을 발송하

42 본조항 위반죄에 대한 미수범 처벌조항이 없기 때문에 기수인지가 문제된 것이다. 참고로 선거법에는 미수범이나 예비·음모범를 처벌하는 규정을 두고 있지 않다.

는 행위는 의례적인 범위를 벗어나 선거운동의 목적이 있거나 선거에 영향을 미치게 하기 위한 행위가 될 것이므로 선거법 제93조에 위반될 것임(1995. 4. 3)

- 국회의원이 탈당을 하면서 **탈당성명서**를 당해 국회의원후원회의 회원이나 탈당 전 지구당의 당직자 등 **한정된 범위** 안의 인사들에게 우송하는 것은 무방할 것이나, 선거가 임박한 시기에 탈당 전 지구당의 당원을 포함한 **선거구민**을 대상으로 우송하는 때에는 선거법 제93조의 규정에 위반될 것임(2002. 11. 7)
- 「정치자금법」에서는 후원회 회원의 수와 회원 모집방법에 대하여 제한하고 있지 아니함. 다만, 불특정 다수의 선거구민에게 **회원입회**를 권유하는 것은 그 방법 및 내용에 따라 선거법의 규정에 위반될 수 있을 것임(2004. 8. 13)
- 후원회 지정권자인 국회의원이 후원금 기부자에게 자신을 지지·선전하는 등 선거운동에 이르지 아니하는 **의례적인 내용의 감사서신**이나 전보 등을 발송하고 그 발송경비를 정치자금으로 지출하는 것은 선거법 및 「정치자금법」에 위반되지 아니할 것임(2006. 12. 27)
- 지방자치단체장이 자신의 사진과 직명·성명이 게재된 의례적인 내용의 **연하장**을 통장, 주민자치위원, 직능 및 사회단체와 자원봉사단체의 장, 지방자치단체가 운영하는 각종 위원회의 위원 등 지방자치단체의 업무에 직접적으로 협조해 준 **제한된 범위의 인사**에게 발송하는 것은 무방할 것이나, 그 외 직능 및 사회단체와 자원봉사단체의 회원 모두에게 위와 같은 연하장을 발송하는 것은 직무상 의례적인 행위라기보다는 해당 지방자치단체장을 선전하는 행위에 해당할 것이므로 행위의 시기 및 양태에 따라 선거법 제93조 또는 제254조에 위반될 것임(2013. 12. 17)

(4) 금지되는 행위의 예외

(가) 명함 배부행위

'후보자', '후보자의 배우자와 직계존비속', '후보자와 함께 다니는 선거사무장·선거사무원·선거연락소장 및 제62조 제4항에 따른 활동보조인', '후보자 또는 그의 배우자가 그와 함께 다니는 사람 중에서 지정한 각 1명'이 선거운동기간 중에 후보자의 명함을 직접 주는 행위는 허용된다(법§93②1호). 또한 예비후보자의 명함 배부행위는 선거법 제60조의3 제1항 제2호와 동조 제2항에서 허용되어 있다.

이와 관련하여 중앙선관위는 '후보자가 되려는 사람'이 통상적으로 사용하는 업무용 명함에 자신의 학력이나 경력을 게재하여 통상적인 수교(授交)방법으로 교부하는 것은 무방하나, 그 명함에 비정규학력을 게재하여 교부하거나 통상적인 수교방법을 벗어나 **불특정 다수의 선거구민**에게 **배부**하는 때에는 행위태양에 따라 선거법 제93조, 제250조, 제254조에 위반될 수 있다고 하였다(2013. 10. 21. 중앙선관위 의결).

명함의 제작·사용이 탈법방법에 의한 문서·도화 등 배부·게시에 해당하는지 여부(중앙선관위 질의회답)

□ 명함의 기재 내용

- 국회의원이 통상적으로 사용하는 명함 안쪽면에 용산-익산 간 **KTX 시간표**를 넣는 것은 **통상적인 명함으로 볼 수 없을 것**이므로 후보자가 되고자 하는 자가 이를 선거구민과 인사시 교부하는 것은 비록 의례적인 범위 안에서의 교부라 할지라도 자기선전행위에 해당되어 행위 시기에 따라 선거법 제93조 또는 제254조에 위반될 것임(2006. 12. 22), 국회의원이 명함에 지역 **관광서 전화번호**를 게재하는 것은 **통상적인 명함으로 볼 수 없을 것**이므로 행위 시기에 따라 선거법 제93조 또는 제254조에 위반될 것임(2007. 3. 19)
- 대통령선거후보자 팬클럽의 대표자가 '**명박사랑** 인천지부장(운영자) 홍길동', 'www.mblove.org 인천지부장 홍길동' 등으로 기재한 명함은 통상적인 명함이라기보다 대통령선거의 후보자를 선전하기 위한 것이므로 이를 배부하는 행위 시기에 따라 선거법 제93조 또는 제254조에 위반될 것임(2007. 1. 19)
- 명함에 간단한 문구나 구호(슬로건, 캐치프레이즈)를 게재하는 것은 선거운동에 이르지 않는 한 무방할 것이나, 그 범위를 벗어나 고싸움 사진과 함께 고싸움놀이의 배경과 취지 등을 설명하면서 명함을 받는 사람들에 대한 행운을 기원하는 내용을 명함에 게재하여 이를 선거구민에게 교부하는 것은 통상의 명함수교의 목적을 넘어 선거와 관련하여 자신을 선전하기 위한 행위로 볼 수 있을 것이므로, 선거구민에게 이를 교부하는 것은 행위 시기에 따라 선거법 제93조 또는 제254조에 위반될 것임(2007. 5. 17)

□ 명함의 배부 방법

- 정당의 선거대책기구에서 상근하는 자가 '당로고', '정당명칭', '선거대책기구에서 지위'가 명시된 명함을 제작하여 **의례적인 방법**으로 수교하는 것은 무방할 것임(2007. 11. 15)
- 선거법 제93조에 따라 후보자가 그와 함께 다니는 자 중에서 지정한 1인은 선거운동을 하는 후보자를 수행하면서 후보자를 대신하여 그의 명함을 배부할 수 있는 것이므로, 유세차량에서 후보자가 연설하는 동안 후보자와 함께

다니는 자로 지정한 1인이 유세차량(연설·대담용차량) 주변에서 **후보자가 연설하는 동안**에는 명함을 배부할 수 없을 것임(2008. 4. 2)

(나) 통상적인 정당활동

선거기간이 아닌 때에 행하는 「정당법」 제37조 제2항에 따른 통상적인 정당활동은 예외적으로 허용된다(법§93②2호). 이 통상적인 정당활동은 자당이나 상대당 또는 자당·상대당의 후보자(후보자가 되고자 하는 자 포함)에 대한 지지·추천 또는 반대 없이 자당의 정책 또는 정치적 현안에 관한 입장을 인쇄물·시설물·광고 등을 이용하여 홍보하는 행위, 정책·공약의 연구개발과 이에 대한 세미나·강연·강좌 등 집회나 기타 수단을 통한 전파·보급, 당원을 모집하는 행위가 포함된다(「정당법」§37②). 여기서 '지지'(支持)는 후보자 등에 대해 찬성하는 의사표현을, '반대'(反對)는 후보자 등에 대해 찬성하지 않고 거스르는 의사표현을, '추천'(推薦)은 후보자 등에 대한 찬성 의사표현을 넘어서 후보자 또는 당선자로서의 자격 있음을 적극적으로 알리는 행위이다. 다만 시설물 설치 등 금지의 예외에 대해서는 선거규칙으로 그 예외를 설정하고 있는데, 본조에서의 예외에 대하여는 선거규칙이 정한 바가 없다.

통상적인 정당활동 등이 탈법방법에 의한 문서·도화 등 배부·게시에 해당하는지 여부(중앙선관위 질의회답)

□ 정당활동 관련

- 정당의 당사, (예비)선거사무소에 **연고자추천서**를 비치하여 방문자들로 하여금 작성·제출하게 하는 행위, 정당의 후보자 추천대회, 당원집회, 선거사무소 개소식 행사장에 연고자추천서를 비치 또는 배부하여, 참가자로 하여금 작성·제출하게 하는 행위 또는 행사 보조요원이 대신 작성·제출하게 하는 행위는 무방할 것이나, 선거운동기간 전에 특정 예비후보자의 향후 선거운동을 위하여 거리에서 일반 선거구민을 대상으로 연고자 추천서를 배부하여 작성하게 하거나 선거사무관계자나 자원봉사자가 작성하는 것은 그 예비후보자를 선전하는 행위가 되어 선거법 제254조에 위반될 것이며, 예비후보자의 명의가 표시되는 때에는 같은 법 제93조에 위반되어 선거운동기간 중에도 배부할 수

없을 것임(2009. 3. 31)

- 당원협의회의 통상적인 정당활동사무를 처리하기 위하여 당헌·당규에 따라 내부기구로 중소기업지원특위를 구성하고 임명권한이 있는 자의 명의로 **임명장**을 **수여**하는 것은 무방할 것임. 다만, 그 기구의 구성인원수나 운영양태 및 임명장 수여 등이 선거법 제87조 제2항, 제89조 제1항 또는 제93조 제3항에 위반되어서는 아니 될 것임(2009. 6. 1)
- 정당이 선거기간이 아닌 때에 특정 정당이나 공직선거의 후보자가 되고자 하는 자를 지지·추천하거나 반대함이 없이 순수하게 당원을 모집하기 위하여 소속 당원으로 하여금 불특정 다수의 일반 선거구민에게 입당원서를 배부(호별방문을 제외)하게 하는 것은 「정당법」 제37조 제2항에 따른 통상적인 정당활동으로 볼 수 있을 것이나, 당원이 정당의 의사와 무관하게 **불특정 다수**의 일반 선거구민에게 **입당원서**를 배부하는 것은 행위자의 신분, 행위의 양태 및 시기에 따라 선거법 제93조 또는 제254조에 위반될 수 있을 것임(2010. 9. 27)
- 정당의 **정책홍보물**에 '**야권연대**의 중심, **정권교체**의 주역이 되겠습니다' 또는 '국민참여당이 야권에 대안을 제시하고 새로운 희망을 불어넣을 것입니다' 또는 '2012년은 정권교체의 해가 될 것입니다' 등의 문구를 넣어 재·보궐선거가 실시되는 지역에서 선거구민을 대상으로 배부하는 때에는 선거법 제93조에 위반될 것이며, 배부 시기·대상·수량 등 양태에 따라 같은 법 제254조에도 위반될 수 있을 것임(2011. 4. 4)
- 정당이 정당활동의 일환으로 위촉한 **해외동포 자문위원**에게 해당 정당의 대통령선거후보자로 선출된 자의 명의로 **위촉장**을 수여하는 것은 선거법 제93조 또는 제254조에 위반될 것임(2012. 9. 11)

□ 국회의원 등 직무행위 관련

- 국회의원이 **정책자료집**을 언론사, 도서관, 관련기관·단체·시설의 장 등 제한된 범위안의 자에게 통상적인 방법으로 배부하는 것은 무방할 것이나, 그 범위를 넘어 **다수의 선거구민**에게 배부하는 것은 행위 시기에 따라 선거법 제93조 또는 제254조의 규정에 위반될 것임. 다만, 그 정책자료집의 내용이 게재된 의정활동보고서를 선거일 전 90일 전에 선거구민에게 배부하는 것은 무방할 것임
- 국회의원이 **출판기념회**를 개최하면서 저서를 소개하는 등 저서의 내용에 관한 동영상을 상영하는 것은 무방할 것이나, 그 범위를 벗어나 국회의원 업적을 홍보하는 등 선거와 관련하여 자신을 지지·선전하는 내용의 동영상을 상영할 때에는 시기 및 양태에 따라 선거법 제93조 또는 제254조에 위반될 수 있을 것임(2013. 12. 16)
- 후보자가 되려는 사람의 출판기념회에서 선거와 무관하게 저서 내용에 포함

된 저자의 약력·소개글 또는 저서의 주요내용을 동영상으로 상영하는 것은 무방할 것이나, 초청장 봉투에 주최자명·일시·장소 외에 저자의 **사진을 게재**하여 발송하는 것은 일상적·의례적 행위의 범위를 벗어나 후보자가 되려는 저자를 선전하는 행위가 되어 행위 시기에 따라 선거법 제93조 또는 제254조에 위반될 것임. 다만, 공직선거의 후보자가 되려는 저자가 사회통념상 의례적인 범위의 인사에게 발송하는 출판기념회 **초청장**에 주최자명·일시·장소·저자의 사진을 게재하는 것은 무방할 것임(2013. 12. 18)

(5) 벌 칙

선거법 제93조(탈법방법에 의한 문서·도화의 배부·게시 등 금지) 제1항의 규정에 위반하여 문서·도화 등을 배부·첩부·살포·게시·상영하거나 하게 한 자는 2년 이하의 징역 또는 400만 원 이하의 벌금에 처한다(법§255②5호).

다. 후보자 명의에 의한 광고 등 금지

(1) 의 의

누구든지 선거일 전 90일부터 선거일까지는 정당 또는 후보자의 명의를 나타내는 저술·연예·연극·영화·사진 그 밖의 물품을 선거법에 정하지 않은 방법으로 광고할 수 없으며, 후보자는 방송·신문·잡지 기타의 광고에 출연할 수 없는 것을 말한다(법§93②).

(2) 내 용

(가) 주 체

누구든지이다(법§93②).

(나) 시 기

선거일 전 90일부터 선거일까지이다(법§93②).

(다) 금지되는 행위

정당 또는 후보자의 **명의를 나타내는** 저술·연예·연극·영화·사진 그 밖의 물품을 선거법에 정하지 않은 방법으로 광고하는 행위와 후보자가 방송·신문·잡지 기타의 광고에 출연하는 행위이다(법§93②본문). 선거법에는 광고의 방법으로 제69조의 신문광고, 제70조의 방송광고, 제82조의7의 인터넷광고, 제137조의 정강·정책의 신문광고가 규정되어 있다.

그러나 선거기간이 아닌 때에 「신문 등의 진흥에 관한 법률」 제2조 제1호에 따른 신문 또는 「잡지 등 정기간행물의 진흥에 관한 법률」 제2조에 따른 정기간행물의 **판매를** 위하여 **통상적인 방법**으로 광고하는 경우에는 위와 같은 제한을 받지 않는다(법§93②단서). '통상적인 방법에 의한 광고'는 선거에 상관 없이 기존에 해오던 방식에 따라 광고를 하는 것을 말한다.

후보자 명의에 의한 광고 등 금지(중앙선관위 질의회답)

□ 광고 관련

- **신문의 창간 축하광고**를 함에 있어 선거기간 전에 광고의 규격·형태·게재방법 등에 있어 후보자가 되고자 하는 특정 정당의 지구당위원장의 **직명과 성명을 부각시키지 아니하는 범위** 내에서 신문창간 축하광고를 하는 것은 의례적인 행위로써 무방할 것이나, 후보자가 되고자 하는 지구당위원장 1인이 또는 같은 정당에 소속된 **다수**의 지구당위원장이 그 직명과 성명을 게재하여 신문창간 축하광고를 하거나, 동 광고에 정강·정책구호·홍보내용 또는 후보자가 되고자 하는 자의 **사진을 게재**하는 것은 후보자가 되고자 하는 자를 선전하는 행위가 되어 그 시기에 따라 선거법 제93조 또는 제254조에 위반될 수 있을 것임(1999. 12. 27)
- **서적판매광고**에 수입금의 일부를 특정 **정당의 후원금**이나 **당비**로 납부하겠다는 내용을 게재하는 것은 특정 정당을 선전하는 행위가 될 것이므로 행위시기에 따라서 선거법 제93조이나 제254조의 규정에 위반될 것임(2004. 3. 30)
- '국회의원이 의정활동의 일환으로 법안을 발의하면서 법안발의 사실을 신문에 광고하는 행위', '국회의원이 자신의 주장을 성명서로 발표하면서 성명서 내용과 발표사실을 신문에 광고하는 행위', '국회의원이 국정감사 등의 일환으로 피감기관의 문제점을 지적하는 보도 자료를 발표하면서 보도자료 내용과 발표사실을 신문에 광고하는 행위', '국회의원이 법안발의 또는 정책개발을 준비하면서 자신의 취지 설명과 국민 의견수렴 의사를 신문에 광고하는 행위'는 통상적인 의정활동의 범위를 넘어 후보자가 되고자 하는 자를 **선전하기 위한 행위**로 볼 수 있을 것이므로 광고목적·내용 및 행위시기에 따라 선거법 제93조 또는 제254조에 위반될 수 있을 것임(2005. 10. 19)
- 대통령선거의 선거기간 중 일반 영화관에서 영화 상영 전에 TV광고(선거법

제70조의 방송광고)와 동일한 내용의 광고를 상영하는 것은 선거법에 의한 선거운동 광고가 아니므로 같은 법 제93조 및 제100조에 위반될 것임(2007. 11. 12)

– 선거일 전 90일부터 선거일까지 선거구민과 **연고가 없는 지역**을 주된 방송권역으로 하는 지역케이블 TV에 단순한 상품광고에 모델로 출연하는 것이더라도 선거법 제93조 제2항에 위반될 것임(2008. 1. 16)

- 인터넷언론사의 인터넷홈페이지가 아닌 **페이스북**에 선거운동을 위한 스폰서 광고를 하는 것은 행위시기 및 양태에 따라 선거법 제93조 또는 제254조에 위반될 것임(2012. 10. 31)
- 단체의 홍보 및 자원봉사자 모집을 위한 **모바일 광고**를 하면서 후보자가 되려는 사람인 대표자의 성명 및 사진을 게재하는 것은 무방할 것임. 다만, 해당 대표자의 학력·경력 등을 게재하거나 선거일 전 180일부터 선거일까지 대표자의 성명 및 사진을 게재하여 광고하는 때에는 후보자가 되려는 사람을 선전하는 행위가 되어 그 시기에 따라 선거법 제89조 제2항 및 제93조 또는 제254조에 위반될 것임(2013. 3. 20)

□ 광고 출연 관련

– 방송도중 MC의 소개 후 지자체장, 정치인이 객석에서 일어나서 인사(목례)하거나, 이러한 경우에 인사말을 하거나 또는 방송녹화 전 통상적인 지자체장, 정치인의 인사말(녹화 전이기 때문에 방송에 나가지 않음)을 하는 것은 무방하고, 공연장에서 배포되는 팸플릿에 지자체장, 정치인 인사말을 게재하는 것도 무방함(2004. 9. 9)

(3) 벌 칙

선거법 제93조 제2항의 규정에 위반하여 광고 또는 출연을 하거나 하게 한 자는 2년 이하의 징역 또는 400만 원 이하의 벌금에 처한다(법§255②5호).

라. 선거운동 권유 등을 위한 인쇄물의 징구 금지

(1) 의 의

누구든지 선거운동을 하도록 권유·약속하기 위하여 선거구민에 대하여 신분증명서·문서 기타 인쇄물을 발급·배부 또는 징구하거나 하게 할 수 없는 것을 말한다(법§93③).

(2) 내 용

(가) 주 체

누구든지이다(법§93③).

(나) 시 기

상시(常時)적으로 금지된다(법§93③).

(다) 금지되는 행위

선거운동을 하도록 권유·약속하기 위하여 **선거구민**에 대하여 신분증명서·문서 기타 인쇄물을 발급·배부 또는 징구하거나 이를 하게 하는 행위이다(법§93③). 여기서 '발급'(發給)은 어떤 문서 등을 발행하여 내어주는 것을, '배부'(配付)는 어떤 문서 등을 나누어 주는 것을, '징구'(徵求)는 어떤 문서 등을 걷는 것을 말한다.

(3) 벌 칙

선거법 제93조 제3항의 규정에 위반하여 신분증명서·문서 기타 인쇄물을 발급·배부 또는 징구하거나 하게 한 자는 2년 이하의 징역 또는 400만 원 이하의 벌금에 처한다(법§255②5호).

19. 신문 등 광고 금지

가. 의 의

누구든지 선거기간 중 선거운동을 위하여 선거법에 규정되지 아니한 방법으로 방송·신문·통신 또는 잡지 기타의 간행물 등 언론매체를 통하여 광고할 수 없는 것을 말한다(법§94).

나. 내 용

(1) 주 체

누구든지이다(법§94).

(2) 시 기

선거기간 중에 일정한 행위가 금지된다.

(3) 금지되는 행위

선거운동을 위하여 선거법에 규정되지 아니한 방법으로 방송·신문·통신 또는 잡지 기타의 간행물 등 언론매체를 통하여 광고하는 행위이다(법§94). 선거법에는 광고의 방법으로 제69조의 신문광고, 제70조의 방송광고, 제82조의7의 인터넷광고, 제137조의 정강·정책의 신문광고가 규정되어 있고, 이러한 광고는 가능하다. 이러한 광고금지와 관련하여 대법원은 '광고'는 특정한 내용을 불특정 또는 다수인에게 널리 알리는 것을 말하는 것으로서 일반공중에게 널리 알려질 수 있는 상태에 놓이는 것으로 족하다고 하였다(대법원 2004. 11. 12. 선고 2004도6010 판결).

다. 벌 칙

선거법 제94조의 규정에 위반한 자는 3년 이하의 징역 또는 600만 원 이하의 벌금에 처한다(법§252①).

20. 신문·잡지 등의 통상방법 외의 배부 금지

가. 의 의

누구든지 선거법의 규정에 의한 경우를 제외하고는 선거에 관한 기사를 게재한 신문·통신·잡지 또는 기관·단체·시설의 기관지 기타 간행물을 **통상방법 외의 방법**으로 배부·살포·게시·첩부하거나 그 기사를 복사하여 배부·살포·게시·첩부할 수 없는 것을 말한다(법§95①).

나. 내 용

(1) 주 체

누구든지이다(법§95①).

(2) 시 기

상시(常時)이다. 이와 관련하여 "그 시기를 제한하는 규정을 두고 있지 않은바, 위 규정의 문언 형식과 입법 취지 그리고 선거법이 규정하고 있는 다른 선거운동 규제조항들의 문언 형식 등을 종합하여 보면, 선거에 관한 기사를 게재한 신문·잡지 등의 간행물을 평소에 실시되던 배부방법 및 범위와 다른 이례적인 방법으로 배부하는 행위는 그것이 선거법이 정한 선거운동기간 중에 이루어진 것이든 아니면 선거운동기간이 아닌 기간 동안에 이루어진 것이든 구분 없이 모두 선거법 제95조 제1항의 금지대상에 포함된다고 할 것"이라고 판단한 바 있다(대법원 2008. 8. 11. 선고 2008도4492 판결).

(3) 금지되는 행위

선거법의 규정에 의한 경우를 제외하고는 **선거에 관한 기사**를 게재한 신문·통신·잡지 또는 기관·단체·시설의 기관지 기타 간행물을 **통상방법 외의 방법**으로 배부·살포·게시·첩부하는 행위 또는 그 기사를 복사하여 배부·살포·게시·첩부하는 행위이다(법§95①). 여기서 신문은 「신문 등의 진흥에 관한 법률」 제2조[43]에 따른 신문을, 통신은 「뉴스통신진흥에 관한 법률」 제2조 제1호[44]에 따른 뉴스통신을, 잡지는 「잡지 등 정기간행물의 진흥에 관한 법률」 제2조 제1호[45]에 따른 잡지를 각각 의미한다. 또한 기관·단체·시설의 기관지는

---

43 1. '신문'이란 정치·경제·사회·문화·산업·과학·종교·교육·체육 등 전체 분야 또는 특정 분야에 관한 보도·논평·여론 및 정보 등을 전파하기 위하여 같은 명칭으로 월 2회 이상 발행하는 간행물로서 다음 각 목의 것을 말한다.
가. 일반일간신문: 정치·경제·사회·문화 등에 관한 보도·논평 및 여론 등을 전파하기 위하여 매일 발행하는 간행물
나. 특수일간신문: 산업·과학·종교·교육 또는 체육 등 특정 분야(정치를 제외)에 국한된 사항의 보도·논평 및 여론 등을 전파하기 위하여 매일 발행하는 간행물
다. 일반주간신문: 정치·경제·사회·문화 등에 관한 보도·논평 및 여론 등을 전파하기 위하여 매주 1회 발행하는 간행물(주 2회 또는 월 2회 이상 발행하는 것을 포함)
라. 특수주간신문: 산업·과학·종교·교육 또는 체육 등 특정 분야(정치를 제외)에 국한된 사항의 보도·논평 및 여론 등을 전파하기 위하여 매주 1회 발행하는 간행물(주 2회 또는 월 2회 이상 발행하는 것을 포함)
2. '인터넷신문'이란 컴퓨터 등 정보처리능력을 가진 장치와 통신망을 이용하여 정치·경제·사회·문화 등에 관한 보도·논평 및 여론·정보 등을 전파하기 위하여 간행하는 전자간행물로서 독자적 기사 생산과 지속적인 발행 등 대통령령으로 정하는 기준을 충족하는 것을 말한다.

44 1. '뉴스통신'이란 「전파법」에 따라 무선국의 허가를 받거나 그 밖의 정보통신기술을 이용하여 외국의 뉴스통신사와 뉴스통신계약을 체결하고 국내외의 정치·경제·사회·문화·시사 등에 관한 보도·논평 및 여론 등을 전파하는 것을 목적으로 하는 유무선을 포괄한 송수신 또는 이를 목적으로 발행하는 간행물을 말한다.

45 1. '정기간행물'이란 동일한 제호로 연 2회 이상 계속적으로 발행하는 간행물로서 「신문 등의 자유와 기능보장에 관한 법률」 제2조에 따른 신문을 제외한 다음 각 목의 것을 말한다.
가. 잡지: 정치·경제·사회·문화·시사·산업·과학·종교·교육·체육 등 전체분야 또는 특정분야에 관한 보도·논평·여론 및 정보 등을 전파하기 위하여 동일한 제호로 월 1회 이하

기관이나 단체 등이 소식을 알리기 위해 발행하는 신문이나 잡지 등 매체를 말하고, '간행물'(刊行物)은 기관지나 신문 또는 잡지 등에 유사한 것으로 소식 등을 알리기 위해 인쇄하여 발행하는 매체를 말한다. 또한 '선거에 관한 기사'라 함은 후보자(후보자가 되려는 사람을 포함)의 당락이나 특정 정당(창당준비위원회를 포함)에 유리 또는 불리한 기사를 말하며, '통상방법에 의한 배부'라 함은 종전의 방법과 범위 안에서 발행·배부하는 것을 말한다(법§95②).

이와 관련하여 대법원 2005. 5. 13. 선고 2004도3385 판결은, "1. 구 「공직선거 및 선거부정방지법」(2004. 3. 12. 법률 제7189호로 개정되기 전의 것, 이하 '공직선거법'이라고만 함) 제93조에 대한 특칙으로서 제95조를 규정한 취지와 선거운동과 관련하여 엄격한 제한주의를 취하고 있는 공직선거법의 전체적인 체제에 비추어 볼 때, 제95조의 해석에 의하여 배부가 허용되는 '신문 등'은 제93조의 규율대상인 단순한 문서·도화의 수준을 넘어서서 상당한 기간 반복적으로 제호(題號), 발행인, 발행일 등을 표기하면서 일정한 격식을 갖추어 발행되는 것에 한정되는 것으로 보아야 할 것이며, 특히 신문·통신·방송과 같은 언론기관의 경우 공직선거법 등 관련 법에 의하여 그 보도 내용의 공정성에 관한 규제를 받고 있음에 반하여 그와 같은 심의절차조차 마련되어 있지 아니한 일반 기관·단체·시설에서 종래 계속적으로 발행해오던 정규 기관지도 아닌 호외성 간행물 또는 임시호를 발행하여 배부하는 경우까지 제95조의 해석에 의하여 허용된다고 볼 수는 없다"고 설시하면서, 현대자동차노조의 부위원장 겸 정치위원회 위원장으로서, 발행인 김○○, 발행처 현자노조정치위원회 명의로 앞면 상단에 '민주노동당 대통령 당선확정 2012년 12월 20일'이라는 소제목으로 발행한, 민주노동당을 지지하자는 내용의 유인물을 위와 같은 '단체 등의 기관지'가 아니라고 판시하였다.[46] 그러나 이러한 판례는 선거법 제93조가 포괄적으로 선거에서의 국민의 자유 및 선거참여를 옥죄는 부당한 성격이 있는데, 이를 가급적 완화하는 방향으로 해석하기 위해서는 제93조의 예외에 해당하는 제95조[47]상의 위와 같은 '단체 등의 기관지'를 탄력적이고도 유연하게

정기적으로 발행하는 책자 형태의 간행물

46 이 판례에 보다 자세한 내용은 권순익, "노동조합이 발행한 유인물을 통한 선거운동의 허용범위", 대법원판례해설 통권 제56호(2005. 상반기), 399면 이하 참조.

47 선거법 제93조와 제95조의 관계에 대해서는 세 가지의 견해가 가능하다. ⅰ) 선거법 제95조

해석할 필요가 있다는 점에 비춰볼 때 부당하다고 본다. 또한, 대법원 2005. 5. 13. 선고 2005도836 판결은, "선거법 제93조에 대한 특칙으로서 제95조를 규정한 취지와 선거운동에 관하여 엄격한 제한주의를 취하고 있는 선거법의 전체적 구조 등을 고려하면, 위 조항에서의 '신문 등'이라 함은 단순한 문서·도화의 수준을 넘어서서 상당한 기간 반복적으로 제호, 발행인, 발행일 등을 표기하면서 일정한 격식을 갖추어 발행되는 것에 한정되고, 비록 신문·잡지의 형식을 취하였다고 하더라도 통상방법에 의한 배부인지 여부를 판단할 수 있을 정도로 상당한 기간 반복적으로 발행·배부되어 오던 것이 아니라면 제93조 제1항에 규정된 '문서·도화·인쇄물 등'에 해당할 뿐 이에는 해당하지 않는다고 봄이 상당하다"고 설시한 다음, 국회의원선거에 관한 기사가 게재된 유가잡지의 창간호를 무료로 배부한 사안에서, 위 조항의 적용을 부정하였다. 또한 대법원 2005. 5. 13. 선고 2004도3385 판결은 "특히 신문·통신·방송과 같은 언론기관의 경우 선거법 등 관련법에 의하여 그 보도 내용의 공정성에 관한 규제를 받고 있음에 반하여 그와 같은 심의절차조차 마련되어 있지 아니한 일반 기관·단체·시설에서 종래 계속적으로 발행해오던 정규 기관지도 아닌 **호외성 간행물 또는 임시호**를 발행하여 배부하는 경우까지 제95조의 해석에 의하여 허용된다고 볼 수는 없다"고 판시한 바 있다. 또한, 대법원 2005. 6. 23. 선고 2004도8969 판결은 "같은 조 제1항에서 말하는 '통상방법 외의 방법'이라 함은 그 발행 목적을 달성하기 위하여 종래 실시되던 방법과 범위에서 일탈한 경우를 의미한다 할 것이고 반드시 특정인에 대한 지지를 유도하기 위한 선거홍보물의 일종으로 배부하는 경우만을 의미한다고 볼 수는 없"다고 판시하였다.

의 적용대상이 되는 신문 등은 제93조의 적용대상이 되는 인쇄물 등에서 제외된다고 보는 견해로, 이 견해에 의하면, 선거에 관한 기사를 게재한 신문 등을 배부한 경우에는 비록 제93조에 규정된 금지기간이나 선거에 영향을 미칠 목적이 인정되더라도 제93조 위반으로는 처벌할 수 없고, 다만 그 배부방법이 통상방법인지의 여부에 따라 제95조 위반으로 처벌할 수 있을 뿐이다. ii) 선거법 제95조의 적용대상이 되는 신문 등이 모두 제93조의 적용대상이 되는 인쇄물 등에 포함됨을 전제로 하여, 제95조의 구성요건과 제99조의 구성요건은 서로 다르므로, 어느 하나의 행위가 두 죄를 모두 구성할 수 있고, 그 경우 두 죄의 관계는 상상적 경합범에 해당한다고 보는 견해이다. iii) ii)와 같은 입장에 서면서도 제95조 위반죄의 형량이 제93조 위반죄의 형량보다 무거운 점을 들어 제95조 위반죄가 성립하는 경우에는 제93조 위반죄는 이에 흡수되고 별도로 성립하지 않는다는 견해이다. 이들 견해 중 위와 같은 이유에서 위 i) 견해가 타당하다고 본다. 이들 견해에 관한 보다 자세한 내용은 위 권순익, 앞의 논문, 405~406면 참조.

그리고 '선거법의 규정에 의한 경우'와 관련하여 대법원 2000. 12. 12. 선고 99도3097 판결, "선거에 관한 기사를 게재한 신문 등 간행물은 원칙적으로 통상방법 외의 방법으로 배부하거나 그 기사를 복사하여 배부할 수 없고, 다만 '이 법의 규정에 의한 경우'는 예외적으로 이를 허용하고 있다 할 것인바, 같은 법 제64조 제5항, 제6항, 제66조 제1항, 제9항의 규정들을 종합하면 선거운동에 사용하는 소형인쇄물에는 후보자의 경력뿐 아니라 정견 및 소속정당의 정강·정책·기타 홍보에 필요한 사항을 폭넓게 게재할 수 있고, 그 내용이 다른 후보자, 그의 배우자 또는 직계존비속이나 형제자매의 사생활에 대한 사실을 적시하여 비방하는 경우에 해당하는 때에는 선관위가 이를 고발하고 공고할 의무가 부여되어 있는 등 인쇄물의 내용에 대해서는 일정한 제한이 있으나, 그 내용의 표현방법에 있어서는 아무런 제한이 없으므로 선거에 관한 기사를 복사·인쇄하여 선거홍보물에 게재하는 것 역시 하나의 표현방법으로서 허용된다고 보아야 할 뿐 아니라 이처럼 모든 후보자들이 공평하게 이용할 수 있도록 보장되어 있는 소형인쇄물 등 선거홍보물에 신문 등의 기사를 게재할 수 있도록 허용하는 것이 같은 법 제95조의 입법취지에 반하지도 아니한다 할 것이므로, 지방자치단체장선거 입후보자가 책자형 소형인쇄물을 제작하여 선관위로 하여금 선거구민들에게 배부함에 있어 상대후보자의 공직수행 중의 실정을 다룬 기사를 책자형 소형인쇄물에 복사·인쇄한 행위는 같은 법 제66조에 의하여 허용되는 것으로서 같은 법 제95조 제1항에서 규정한 '이 법의 규정에 의한 경우'에 해당된다"고 판시한 바 있다.

한편, 중앙선관위는 정당이 **단독** 또는 **시민단체와 공동**으로 특정 정당이나 후보자가 되고자 하는 자를 지지·추천하거나 반대함이 없이 시국현안에 관한 집회를 개최하면서 참석자들에게 시국현안과 관련된 해당정당의 정책 및 입장을 배부하는 것은 무방할 것이나, **시민단체**에서 **단독**으로 **주최**하는 집회에서 정당의 당보를 배부하는 때에는 선거법 제95조에 위반될 것이라고 하였고(2006. 11. 10. 중앙선관위 질의회답), 또 후원회지정권자인 국회의원이 후원회 회원들을 대상으로 후보자가 되고자 하는 국회의원을 지지·추천하거나 선거운동에 이르는 내용 없이 통상적인 신년인사장을 발송하는 것은 무방할 것이나, 선거에 관한 기사를 복사하여 배부하는 것은 선거법 제95조에 위반될 것이라고 하였다(2010. 1. 25. 중앙선관위 질의회답).

다. 벌 칙

선거법 95조 제1항의 규정에 위반한 자는 3년 이하의 징역 또는 600만 원 이하의 벌금에 처한다(법§252①).

21. 허위논평·보도 등 금지

가. 의 의

누구든지 선거에 관한 여론조사결과를 왜곡하여 공표 또는 보도할 수 없거나, 언론인은 낙선 목적 또는 당선 목적으로 선거에 관하여 허위의 사실을 보도하거나 사실을 왜곡하여 보도 또는 논평을 하는 행위, 객관적 자료를 제시하지 아니하고 선거결과를 예측하는 보도를 하는 행위가 금지되는 것을 말한다(법§96①,②).

나. 내 용

(1) 여론조사결과의 왜곡 보도 등 금지

(가) 주 체

누구든지이다(법§96①).

(나) 시 기

상시적으로 금지된다(법§96①).

(다) 금지되는 행위

선거에 관한 여론조사결과를 왜곡하여 공표 또는 보도하는 행위이다(법§96①). 여기서 '공표'(公表)는 불특정 또는 다수인이 그 내용을 알 수 있게 널리 알리는 행위를 말하고, '보도'(報道)는 신문이나 방송 매스미디어를 통해 불특정 또는 다수인이 그 내용을 알 수 있게 객관적인 사실을 전달하는 것을 의미한다.

(2) 허위보도·논평의 금지 등

(가) 주 체

언론인으로, 방송·신문·통신·잡지, 그 밖의 간행물을 경영·관리하는 자 또는 편집·취재·집필·보도하는 자를 말한다(법§96②).

(나) 시 기

상시적으로 금지된다(법§96②).

(다) 금지되는 행위

특정 후보자를 당선되게 하거나 되지 못하게 할 목적으로 선거에 관하여 허위의 사실을 보도하거나 사실을 왜곡하여 보도 또는 논평을 하는 행위가 금지된다. 여기서 허위의 사실은 진실에 부합하지 않는 사항으로서 선거인으로 하여금 후보자에 대한 정확한 판단을 그르치게 할 수 있을 정도로 구체성을 지닌 것으로 충분하다(대법원 2003. 9. 26. 선고 2003도2230 판결). 또 '보도'란 객관적인 사실의 전달을 말하고 '논평'이란 정당 후보자 등의 정강 정책 정견 언동 등을 대상으로 이를 논의·비판하는 것을 말한다(대법원 2002. 4. 9. 선고 2000도4469 판결). '사실의 왜곡'(歪曲)은 진실인 부분과 허위인 부분이 뒤섞여 있는 경우로, 전체적으로 보아서 선거인이 객관적 진실과 다르게 인식하도록 사실을 표현하는 것을 말하고, 그 태양으로는 일부 사실의 은폐나 일부 사실의 부가(附加) 또는 그 과장(誇張)·윤색(潤色) 등이 포함된다.

그리고, 여론조사결과 등과 같은 객관적 자료를 제시하지 아니하고 선거결과를 예측하는 보도를 하는 행위도 금지된다. 즉, 객관적 자료 없이 하는 선거의 당락을 예측하는 보도 행위가 금지된다.

다. 벌 칙

선거법 제96조 제2항을 위반한 자는 7년 이하의 징역 또는 500만 원 이상 3천만 원 이하의 벌금에 처하고(법§252①), 동법 제96조 제1항을 위반한 자는 5년 이하의 징역 또는 300만 원 이상 2천만 원 이하의 벌금에 처한다(법§252②).

22. 방송·신문의 불법이용을 위한 행위 등의 제한

가. 의 의

누구든지 선거운동을 위하여 언론사관계자에게 기타 이익을 제공하거나, 후보자 등이 선거에 관한 보도 등과 관련하여 언론사관계자에게 금품 등 이익을 제공하는 것이 금지되고, 언론사관계자는 이러한 금품 등을 요구하는 것이 금지된 것을 말한다(법§97).

나. 내 용

(1) 선거운동을 위한 언론사관계자에 대한 금품 등 제공의 금지

(가) 주 체

누구든지이다(법§97①).

(나) 시 기

상시이다.

(다) 금지되는 행위

선거운동을 위하여 방송·신문·통신·잡지 기타의 간행물을 경영·관리하는 자 또는 편집·취재·집필·보도하는 자에게 금품·향응 기타의 이익을 제공하거나 제공할 의사의 표시 또는 그 제공을 약속하는 행위이다(법§97②).

이와 관련하여 대법원 2010. 12. 9. 선고 2010도10451 판결은, "한편 법 제97조 제1항은 누구든지 선거운동을 위하여 방송·신문·통신·잡지 기타의 간행물을 경영·관리하는 자 또는 편집·취재·집필·보도하는 자에게 금품·향응 기타의 이익을 제공하거나 제공할 의사의 표시 또는 그 제공을 약속할 수 없다고 규정하고 있는바, 여기의 '선거운동을 위하여'에는 선거에서 당선을 위한 유리한 보도를 하게 하려는 적극적인 목적뿐만 아니라 불리한 보도를 회피하려는 소극적인 목적도 포함된다고 할 것이다"고 판시하였다.

(2) 정당 또는 후보자 등의 언론사관계자에 대한 금품 등 제공의 금지

(가) 주 체

정당, 후보자, 선거사무장, 선거연락소장, 선거사무원, 회계책임자, 연설

원, 대담·토론자 또는 제114조(정당 및 후보자의 가족 등의 기부행위 제한) 제2항의 '후보자 또는 그 가족과 관계있는 회사 등'이다. '후보자 또는 그 가족과 관계있는 회사 등에 관하여 기부행위금지 부분에서 살핀다(법§97②).

(나) 시 기

정당과, '후보자 또는 그 가족과 관계있는 회사 등'의 행위는 상시적으로 금지된다(법§97②). 다만, 후보자, 선거사무장, 선거연락소장, 선거사무원, 회계책임자, 연설원, 대담·토론자는 그 지위를 취득한 때부터 아래의 일정한 행위가 금지된다고 본다.

(다) 금지되는 행위

정당, 후보자, 선거사무장, 선거연락소장, 선거사무원, 회계책임자, 연설원, 대담·토론자 또는 제114조(정당 및 후보자의 가족 등의 기부행위 제한) 제2항의 후보자 또는 그 가족과 관계있는 회사 등이 선거에 관한 보도·논평이나 대담·토론과 관련하여 당해 언론사관계자에게 금품·향응 기타 이익을 제공하거나 제공할 의사의 표시 또는 그 제공을 약속하는 행위이다(법§97②). 여기서 언론사관계자는 방송·신문·통신·잡지 기타 간행물을 경영·관리하거나 편집·취재·집필·보도하는 자 또는 그 보조자를 말한다(법§97②).

(3) 언론사관계자의 금품 등 요구 금지

(가) 주 체

언론사관계자, 즉, 방송·신문·통신·잡지 기타 간행물을 경영·관리하거나 편집·취재·집필·보도하는 자이다. 제97조 제2항에 비하여 본항의 언론사관계자에서 보조자는 제외된다.

(나) 시 기

원칙적으로 상시이나, 선거법 제97조 제2항의 '후보자, 선거사무장, 선거연락소장, 선거사무원, 회계책임자, 연설원, 대담·토론자'는 그 지위를 취득한 때부터 아래의 일정한 행위가 금지된다고 본다.

(다) 금지되는 행위

위와 같은 선거운동을 위한 언론사관계자에 대한 금품 등 제공의 금지,

정당 또는 후보자 등의 언론사관계자에 대한 금품 등 제공의 금지와 관련된 금품·향응 기타의 이익을 받거나 권유·요구 또는 약속하는 행위이다.

다. 벌 칙

선거법 제97조(방송·신문의 불법이용을 위한 행위 등의 제한) 제1항·제3항의 규정에 위반한 자는 5년 이하의 징역 또는 1천만 원 이하의 벌금에 처한다(법§235①). 선거법 제97조 제2항의 규정에 위반한 자는 7년 이하의 징역 또는 2천만 원 이하의 벌금에 처한다(법§235②).

23. 선거운동을 위한 선거방송 및 방송시설 이용의 금지

가. 의 의

누구든지 선거법에 의하지 않고 방송시설을 이용하여 선거운동을 위한 방송을 할 수 없거나, 교통수단 등의 방송시설을 이용한 선거운동이 금지되는 것을 말한다(법§98,§99).

나. 내 용

(1) 방송시설을 이용한 선거방송의 금지

(가) 주 체

누구든지이다(법§98).

(나) 시 기

상시이다(법§98).

(다) 금지되는 행위

선거법의 규정에 의하지 아니하고 그 방법의 여하를 불문하고 방송시설을 이용하여 선거운동을 위한 방송을 하거나 하게 하는 행위이다. 선거법에 의하여 허용되는 것은 제70조(방송광고), 제71조(후보자 등의 방송연설), 제72조(방송시설주관 후보자연설의 방송), 제73조(경력방송), 제74조(방송시설주관 경력방송), 제82조(언론기관의 후보자 등 초청 대담·토론회), 제82조의2(선거방송토론위원회 주관 대담·토론회), 제82조의3(선거방송토론위원회 주관 정책토론회), 제94조(방송·신문 등에 의한 광고의 금지) 등이다.

이와 관련하여 중앙선관위는 한국노총이 제17대 대통령선거에서 정책연대를 할 후보자를 결정하기 위하여 조합원을 대상으로 ARS 설문조사를 실시한다는 내용의 라디오방송광고를 하는 것은 한국노총이 정책연대하게 될 후보자를 선전하는 광고에 해당하므로 선거법 제98조에 위반될 것이라고 하였다(2007. 11. 19. 중앙선관위 질의회답).

(2) 구내방송 등에 의한 선거운동의 금지

(가) 주 체

누구든지이다(법§99).

(나) 시 기

상시이다(법§99).

(다) 금지되는 행위

선거법의 규정에 의하지 아니하고는 선거기간 중 교통수단·건물 또는 시설안의 방송시설을 이용하여 선거운동을 하는 행위이다(법§99). 다만, 현행 선거법에는 교통수단·건물 또는 시설의 안에서 방송되는 구내방송에 관하여 허용하는 별도의 규정이 존재하지 않으므로, 구내방송을 이용한 선거운동은 허용되고 있지 않는 것이다.

다. 벌 칙

선거법 제98조 또는 제99조의 규정에 위반한 자는 3년 이하의 징역 또는 600만 원 이하의 벌금에 처한다(법§252①).

24. 녹음기·녹화기 사용 금지

가. 의 의

누구든지 선거기간 중 선거법의 규정에 의하지 아니하고 녹음기나 녹화기 등을 사용하여 선거운동을 할 수 없는 것을 말한다(법§100).

나. 내 용

(1) 주 체

누구든지이다(법§100).

(2) 시 기

선거기간 중에 아래의 행위가 금지된다(법§100).

(3) 금지되는 행위

선거법의 규정에 의하지 아니하고는 녹음기나 녹화기(비디오 및 오디오기기를 포함)를 사용하여 선거운동을 하는 행위이다. 녹음기나 녹화기의 사용이 선거법에 의하여 허용된 경우는 제79조(공개장소에서의 연설·대담) 제10항의 경우가 유일하다.

다. 벌 칙

선거법 제100조(녹음기 등의 사용금지)의 규정에 위반하여 녹음기 또는 녹화기를 사용하여 선거운동을 하거나 하게 한 자는 2년 이하의 징역 또는 400만 원 이하의 벌금에 처한다(법§255②6호).

25. 각종 집회 등 제한

가. 의 의

선거기간에, 국가나 지방자치단체의 출연 또는 보조를 받는 특정 단체나 주민자치위원회가 일체의 모임을 할 수 없거나, 선거에 영향을 미치는 향우회 등 집회나 모임의 개최가 금지되거나, 반상회 또는 출판기념회의 개최가 제한되는 것을 말한다(법§103①).

선거법 제103조 제1항과 관련하여 헌법재판소는, "과거 여러 선거에서 선거기간 중 개최된 각종 집회에 후보자들이 참석하는 등으로 사실상 특정후보에 대한 선거운동이 이루어졌고, 이러한 집회를 통하여 후보자측에게 금품을 요구하는 등 선거분위기의 과열·타락이 조장되는 사례가 빈발하였는데, 특히 국가나 지방자치단체와 관련된 단체의 경우 그 영향력이 더 크다는 점에서 폐해가 지적되어 왔다. 심판대상조항은 이러한 과거의 선거현실에 대한 반성의 산물로서, 특별법에 의하여 설립된 국민운동단체로서 국가나 지방자치단체의 출연 또는 보조를 받는 단체인 바르게살기운동협의회가 선거기간 중에 모임을 개최하는 경우 그 모임의 성격, 개최 장소, 개최 목적, 모임의 내용 등을 불문하고 선거에 영향을 미친다고 보고 그 모임을 개최한 자를 처벌하기 위한 규정이다"이라고 판시한 바 있다.

나. 내 용

(1) 새마을운동협의회 등의 모임 개최 금지

특별법에 따라 설립된 국민운동단체로서 국가나 지방자치단체의 출연 또는 보조를 받는 단체(바르게살기운동협의회·새마을운동협의회·한국자유총연맹을 말함) 및 주민자치위원회는 '선거기간 중' 회의 그 밖에 어떠한 명칭의 모임도 개최할 수 없다(법§103②). 이들 단체는 개최하려는 모임이 선거에 영향을 미치는지 여부를 불문하고 그 개최가 금지된다.

(2) 향우회·동창회 등 집회 또는 모임의 개최 금지

(가) 주 체

누구든지이다(법§103③). 후보자나 선거사무원 등으로 그 개최 금지의 주체가 제한되지 않는다. 다만, 후보자나 선거사무원 등이 개최하거나 이들이 참여하는 향우회 등 집회나 모임은 특별한 사정이 없는 한 선거에 영향을 미치기 위한 것이라는 점이 추정된다고 본다.

(나) 시 기

선거기간 중이다(법§103③). 선거기간 이전에는 그 집회나 모임의 개최가 금지되지 않는다.

(다) 금지되는 집회나 모임

선거에 영향을 미치게 하기 위한 향우회·종친회·동창회·단합대회 또는 야유회, 그 밖의 집회나 모임이다(법§103③). 집회나 모임은 여러 사람이 특정한 목적을 위하여 일시적으로 모이는 것을 말하는데, 여기서 '금지되는 집회나 모임'은 '선거에 영향을 미치기 위한 것'으로, 특정 단체 또는 조직이 개최하는

지 여부나 계속적이거나 반복적인 것인지 여부를 불문한다. 따라서 시민단체가 선거에 쟁점이 된 사항(예컨대 4대강사업 시행 여부나 4대강의 자연복원사업 시행 여부 등)에 대하여 관련 전문가를 모아서 개최하는 토론회나 대담회 등도 그것이 특정 후보자나 정당의 당선 또는 낙선에 영향을 주기 위한 목적 또는

실전팁(타운홀미팅 형식의 대담·토론회)

- 타운홀미팅(town hall meeting)은 지역 주민들이 정책결정권자나 선거 입후보자들과 만나 정책과 공약에 대한 설명을 듣고 이에 대해 자유롭게 의견을 교환할 수 있는 장(場)으로, 미국 참여민주주의의 중요한 토대로 평가되는 제도임[48]
- 우리나라의 선거에서도 근자에 이러한 타운홀미팅 방식에 의한 선거운동을 하는 경우가 많은데, 이는 타운홀미팅이 위와 같은 의미를 지닌 제도에서 출발한 제도로 선거에서 유권자들에게 '좋은 인상과 그림'을 제공할 수 있기 때문임
- 이러한 선거에서 이용되는 타운홀미팅은 지역주민과 후보자가 선거에 관하여 의견을 교환하는 특수한 대담·토론회라고 할 수 있음
- 현행 선거법에 의하면, 대담·토론회의 경우 선거운동이 허용된 단체의 후보자 등 초청 대담·토론회(법§81), 언론기관의 후보자 등 초청 대담·토론회(법§82), 선거방송토론위원회 주관 대담·토론회(법§82의2), 그 주제가 정강·정책인 특수한 형태 대담·토론회인 선거방송토론위원회 주관 정책토론회(법§82의3), 다른 사람이 개최한 실내모임에 후보자가 일시적으로 참석하여 하는 연설·대담(법§79⑦)만이 허용되고, 그 이외의 대담·토론회는 포괄적으로 금지되어 있고(법§101), 선거기간 중 선거에 영향을 미치기 위한 일체의 집회 또는 모임이 금지되어 있음(법§103③)
- 따라서, 후보자 측이 타운홀미팅의 **개최자**가 되거나, 그렇지 않더라도 후보자 측에서 타운홀미팅 참석자를 모으는 등 타운홀미팅을 **주도적으로 개최**하거나 그 주최자와 **상호연락하에 이를 개최**하게 하는 것은 위와 같은 선거법 제103조 제2항 등에 따라 허용되지 않음
- 그러므로, 후보자 측에서는 위와 같은 방식의 타운홀미팅의 개최·참석을 하지 않는 대신, 선거법 제79조 제7항이 허용하는 **다른 사람이 개최한 실내모임**에 **참석**하여 선거에 관하여 **대담**을 하는 방식으로 해야 할 것임

---

48 http://terms.naver.com/entry.nhn?docId=1346272&cid=40942&categoryId=31661

의도로 개최되는 것이라면 이에 해당하게 된다. 다만, 선거와 관련 없이 집회나 모임이 개최되었는데, 그곳에서 참석자들 간에 자연스럽게 선거나 후보자 또는 정당에 대한 지지나 반대 또는 호불호(好不好)가 오고가는 것은 여기에 해당하지 않는다.

(3) 반상회 개최 금지

선거기간 중에는 특별한 사유가 없는 한 반상회를 개최할 수 없다(법§103④). 반상회 개최의 특별한 사정이 있거나 부득이한 사유가 있는 경우에는 이를 개최할 수 있다.

(4) 후보자 관련 저서의 출판기념회 개최의 금지

(가) 주 체

누구든지이다(법§103⑤). 따라서 후보자 본인이든 제3자이든 모두 금지된다.

(나) 기 간

선거일 전 **90일**(선거일 전 90일 후에 실시사유가 확정된 보궐선거 등에 있어서는 그 선거의 실시사유가 확정된 때)부터 선거일까지이다(법§103⑤).

(다) 금지되는 출판기념회

후보자(후보자가 되고자 하는 자를 포함)와 '관련 있는' 저서의 출판기념회를 개최할 수 없다. 여기서 '관련 있다'는 의미가 모호한데, 이는 저자와 후보자 등과의 관계, 저서 출판의 목적이나 의도, 책의 제목·사진·내용 등을 통해 일반 유권자에게 책에서 받는 후보자 등에 관한 인상, 저서 출판의 시기, 본 조항에 의해 발생하는 언론·출판·영업의 자유에 대한 제약의 정도 등을 종합적으로 고려해서 판단할 수밖에 없다고 본다. 대표적으로는 후보자 등이 '저자'이거나, 후보자 등을 선전하거나 홍보하는 내용이 주된 경우에는 그 관련성을 인정할 수 있을 것이다.

다. 벌 칙

선거법 제103조 제2항을 위반하여 모임을 개최한 자는 3년 이하의 징역 또는 600만 원 이하의 벌금에 처한다(법§256①1호). 동법 제103조(각종집회 등의 제한) 제3항 내지 제5항의 규정에 위반하여 각종집회 등을 개최하거나 하게 한 자는 2년 이하의 징역 또는 400만 원 이하의 벌금에 처한다(법§256③1호카목).

26. 행렬 등 금지

가. 의 의

선거운동을 위하여 후보자 등이 '거리를 행진하는 행위', '다수의 선거구민에게 인사하는 행위', '연호행위'를 하는 경우에 '5인 또는 10인'을 초과하여 하지 못하는 것을 말한다(법§105①).

이와 관련하여 헌법재판소는 "이 사건 인사조항[49]은 다수에 의하여 발생하는 시민의 통행권과 평온한 사생활에 대한 침해를 방지함으로써 질서를 유지하고, 무분별한 경쟁으로 인한 후보자들 간의 선거의 자유와 공정의 보장을 도모하여 선거관계자를 포함한 선거구민 내지는 국민 전체의 공동이익을 위하는 것으로서 그 입법목적의 정당성이 인정된다. 인사행위에 참여하는 선거운동원의 수를 무제한으로 허용할 경우 주민이나 행인들의 통행을 방해하고 소음으로 말미암아 생활의 평온을 해치며 선거운동이 과열될 수 있으므로, 인사행위자를 일정하게 제한하면 이러한 폐해를 막을 수 있고, 제한없는 다수에 의한 인사행위가 가능해지면 당해 운동원들이 인사 이후 이동하거나 인사말을 연이어 함으로써 행진이나 연호행위를 하는 것과 같은 효과를 얻을 수 있어 금지규정을 회피하는 수단으로 사용될 수 있으므로, 인사행위에 대한 참여자의 수를 제한하면 이러한 금지된 행위로 변질되는 폐해 역시 방지할 수 있다"고 설시한 바 있다(헌재 2006. 7. 27. 2004헌마215).

나. 내 용

(1) 주 체

누구든지이다(법§105①). 따라서 선거사무원, 선거사무원으로 등록되지 않은 자원봉사자, 자원봉사자 아닌 일반인을 모두 포함한다.

49 선거법 제105조 제1항을 말함.

(2) 금지되는 행위

선거운동을 위하여 5인(후보자와 함께 있는 경우에는 후보자를 포함하여 10인)을 초과하여 무리를 지어서 하는, '거리를 행진하는 행위', '다수의 선거구민에게 인사하는 행위' 및 '연달아 소리지르는 행위(연호행위)'이다. 이러한 거리를 행진하는 행위에는 걸어서 행진하는 경우뿐만 아니라 자전거를 타거나 하차한 상태로 무리를 지어서 행진하는 경우도 포함한다. 이와 관련하여 중앙선관위는 국회의원선거의 선거운동기간 중 후보자에 관한 홍보물을 전혀 부착하지 아니한 상태의 이동수단, 예를 들면 자전거, 삼륜자전거, 전기자전거, 전동킥보드, 전동스쿠터, 세그웨이(이륜전동보드의 일종) 등 일반적인 **자동차 이외의 개인 이동수단**으로, 선거법에서 정한 금액 범위의 유니폼(윗옷)을 착용한 신고된 선거사무원이 최대 5명(후보자와 함께 있는 경우에는 후보자를 포함하여 10명)을 넘지 아니한 상태에서 단체로 이동하는 행위는 선거법상 허용된다고 하였다(2013. 3. 14. 중앙선관위 질의회답). 다만 연호의 경우 제79조(공개장소에서의 연설·대담)의 규정에 의한 공개장소에서의 연설·대담에서 당해 정당 또는 후보자에 대한 지지를 나타내기 위하여 연달아 소리지르는 경우에는 그 제한 대상이 아니다. 또한, 다만, 위 인사행위를 하는 경우에는 후보자와 그 배우자(배우자 대신 후보자가 그의 직계존비속 중에서 신고한 1인을 포함), 선거사무장, 선거연락소장, 선거사무원, 후보자와 함께 있는 활동보조인 및 회계책임자는 그 수에 산입하지 아니한다.

이와 관련하여, 대법원 2005. 6. 9. 선고 2004수54 판결은, "참가인의 선거운동원 6명이 한조가 되어 2004. 4. 14. 인천광역시 남구을선거구 13개동을 순회하면서 참가인이 연설하는 유세차 옆에서 음악에 맞춰 단체율동을 한 사실을 인정할 수 있으나 위와 같은 행위만으로 선거법 제105조 제1항 각호의 불법선거운동에 해당한다고 볼 수 없고, 오히려 위와 같은 행위는 공개장소에서의 연설에서 당해 정당 또는 후보자에 대한 지지를 나타내기 위하여 한 행위로서 선거법 제105조 제1항 제3호 단서에 해당되어 불법선거운동에 해당하지 아니한다고 할 것이다"고 판단하였다. 한편 중앙선관위는 선거기간 중에 낮에 어깨띠를 두른 후보자가 선거사무원 2인(선거사무원 1인은 장구를, 다른 1인은 북을 치면서 후보자를 뒷따름, 다만 장구나 북에는 아무런 표시를 하지 않음)과 3인이 1조가 되어 후보자가 앞장서서 아는 체하는 행인과 말로 인사를 하고 지지를 부탁하거나(3인 중 누구도 노래를 부르거나 소리를 치지 않고, 장구나 북을 두드리는 음악은 악보에 의하지 않고 일정한 리듬과 박자만 유지함), 선거기간 중에 어깨띠를 두른 후보자가 선거사무원 2인(선거사무원 1인은 봉고를, 다른 1인은 기타를 연주하며 실내가 시끄럽지 않은 정도로 선거로고송을 조그만 소리로 부르면서 후보자를 뒷따름, 다만 봉고나 기타에는 아무런 표시를 하지 않음) 3인이 1조가 되어 기타와 휴대용 봉고를 치면서 밤에 공중이 출입하는 장소(장소는 선거법에 의하여 금지되지 않는 장소)에 들어가 한바퀴 돌고 나오면서 후보자는 아는 체 하는 사람과 악수하고 지지를 부탁하는 행위는, 그것이 선거법 제92조 및 제113조에서 금지하는 **연예의 공연**에 이르지 아니하는 경우에는 허용된다고 보았다(2008. 3. 25. 중앙선관위 질의회답).

다. 벌 칙

선거법 제105조(행렬 등의 금지) 제1항의 규정에 위반하여 무리를 지어 거리행진·인사 또는 연달아 소리 지르는 행위를 한 자는 3년 이하의 징역 또는 600만 원 이하의 벌금에 처한다(법§255①16호).

27. 호별방문 제한

가. 의 의

선거운동을 위하여 또는 선거기간 중 입당의 권유를 위하여 호별로 방문하거나, 선거기간 중 공개장소에서의 연설·대담의 통지를 위하여 호별로 방문하는 하는 것이 금지된 것을 말한다(법§106①,③).

이와 관련하여, “첫째, 일반 공중의 눈에 띄지 않는 장소에서의 대화가 의리나 인정 등 다분히 정서적이고 비본질적인 요소에 치우쳐 선거인의 냉정하고 합리적인 판단을 방해할 우려가 있고, 둘째, 비공개적인 장소에서의 만남을 통하여 매수 및 이해유도죄 등의 부정행위가 행하여질 개연성이 상존하며, 셋째, 선거인의 입장에서는 전혀 모르는 후보자측의 예기치 않는 방문을 받게 되어 사생활의 평온이 침해될 우려가 있고, 넷째, 후보자측의 입장에서도 필요 이상으로 호별방문의 유혹에 빠지게 됨으로써 경제력이나 선거운동원의 동원력이 뛰어난 후보자가 유리하게 되는 등 후보자간의 선거운동의 실질적 평등을 보장하기 어려운 폐해가 예상되기 때문이다"라고 그 금지 취지를 판시한 바 있다(대구고등법원 2007. 3. 15. 선고 2007노38 판결).

나. 내 용

(1) 호별방문의 목적

선거운동을 위하여 또는 선거기간 중 입당의 권유를 위하여 호별로 방문하거나, 선거기간 중 공개장소에서의 연설·대담의 통지를 위하여 호별로 방문하는 것이다. 호(戶)의 의미에 대해서는 앞서 본 바와 같다.[50]

(2) 호별방문의 성립

판례는 다음과 같은 경우에 호별방문(죄)이 성립한다고 보았다.

판례상 호별방문이 성립하는 경우

- 타인과 면담하기 위하여 그 거택 등에 들어간 경우는 물론 타인을 면담하기 위하여 방문하였으나 피방문자가 부재중이어서 들어가지 못한 경우(대법원 1999. 11. 12. 선고 99도2315 판결)
- 호별방문죄는 연속적으로 두 집 이상을 방문함으로써 성립하고, 반드시 그 거택 등에 들어가야 하는 것은 아니므로, 방문한 세대수가 3세대에 불과하다거나 출입문 안으로 들어가지 아니한 채 대문 밖에 서서 인사를 하였다는 이유만으로 가벌적 위법성이 없다고 할 수 없음(대법원 2000. 2. 25. 선고 99도4330 판결)
- 호별방문죄는 연속적으로 두 집 이상을 방문함으로써 성립하고, 또 타인과 면담하기 위하여 그 거택 등에 들어간 경우는 물론 타인을 면담하기 위하여 방문하였으나 피방문자가 부재중이어서 들어가지 못한 경우에도 성립함(대법원 2007. 3. 15. 선고 2006도9042 판결)

---

50 229~231면 참조.

그리고, 판례는 “위 호별방문죄는 연속적으로 두 호 이상을 방문함으로써 성립하는 범죄로서, 연속적인 호별방문이 되기 위해서는 각 방문행위 사이에 어느 정도의 시간적 근접성은 있어야 하지만 반드시 각호를 중단 없이 방문해야 하거나 동일한 일시 및 기회에 방문해야 하는 것은 아니므로 해당 선거의 시점과 법정 선거운동기간, 호별방문의 경위와 장소, 시간, 거주자와의 관계 등 제반 사정을 종합하여 단일한 선거운동의 목적으로 둘 이상 조합원의 호를 계속해서 방문한 것으로 볼 수 있으면 그 성립이 인정되고, 이와 같이 연속성이 인정되는 각 호별방문행위는 그 전체가 포괄일죄의 관계에 있게 된다”고 판시한 바 있다(대법원 2010. 7. 8. 선고 2009도14558 판결). 또한, “각 방문행위 사이에는 어느 정도의 시간적 근접성이 있어야 할 것이고, 이러한 시간적 근접성이 없다면 ‘연속적’인 것으로 인정될 수는 없다”고 하였다(대법원 2007. 3. 15. 선고 2006도9042 판결).

다. 호별방문의 예외

위와 같은 호별방문의 규정에 불구하고 관혼상제의 의식이 거행되는 장소와 도로·시장·점포·다방·대합실 기타 ‘다수인이 왕래하는 공개된 장소’에서 정당 또는 후보자에 대한 지지를 호소할 수 있다(법§106②). 여기서 ‘다수인이 왕래하는 공개된 장소’는 다수의 일반인이 오고가거나 불특정인의 출입이 제한되지 않은 장소를 말하는 것으로, ‘공원·운동장·주차장·선착장·방파제·대합실(검표원에게 개표하기 전의 대기장소를 말함) 또는 경로당 등이 포함된다(법§79②, 규칙§43①의 유추적용).

라. 벌 칙

선거법 제106조(호별방문의 제한) 제1항 또는 제3항의 규정에 위반하여 호별로 방문하거나 하게 한 자는 3년 이하의 징역 또는 600만 원 이하의 벌금에 처한다(제255①17호).

28. 서명·날인운동 금지

가. 의 의

누구든지 선거운동을 위하여 선거구민에 대하여 서명이나 날인을 받을 수 없는 것을 말한다(법§107).

나. 내 용

선거운동을 위하여 선거구민에 대하여 서명이나 날인을 받는 것을 말한다. 이와 관련하여 판례는 "원심이 적법하게 조사 채택한 증거들에 의하면 피고인은 광역의회의원선거의 후보자등록을 앞두고 지역구민들에게 영향력 있는 기초의회의원선거의 출마예상자들을 대상으로 여당의 후보자추천을 받기 위한다는 명목을 빙자하여 당선가능성에 대한 일반의 여론과 지지상황을 미리 조사하면서 이 사건 추천서에 서명 날인을 받은 사실을 인정할 수 있는바, 위 인정사실에 의하면 피고인은 위 추천서에 서명 날인을 받을 당시 명시적 내지는 묵시적으로 피고인이 입후보한 후에는 피고인을 지지하거나 피고인에게 투표하여 줄 것을 부탁하는 의사를 겸한 상태에 있었다고 할 것이므로 피고인의 위 행위는 선거법 제58조 제1항 본문 소정의 선거운동에 해당하는 만큼 피고인에 대한 원심판시의 범죄사실을 충분히 인정할 수 있다"고 판시한 바 있다(대구고등법원 1995. 10. 25 선고 95노520 판결).

중앙선관위는 단체가 단순히 소속원 중 1인을 특정 정당의 비례대표국회의원후보자로 추천되게 하기 위한 추천서를 당해 정당에 제출하기 위하여 그 소속원으로부터 서명을 받는 것은 정당의 후보자 추천에 관하여 단순한 의견개진 및 의사표시를 위한 준비행위로 보아 무방하다고 하였다(2000. 3. 14. 중앙선관위 질의회답). 또 국회의원이 사회단체와 공동으로 대학등록금 결제 관행의 개선방안을 찾고 앞으로 정부가 이를 해결하도록 촉구하기 위하여 서명운동을 전개하는 것은 무방하다고 하였다(2006. 2. 9. 중앙선관위 질의회답).

다. 벌 칙

선거법 제107조(서명·날인운동의 금지)의 규정에 위반하여 서명이나 날인을 받거나 받게 한 자는 3년 이하의 징역 또는 600만 원 이하의 벌금에 처한다(제255①18호).

29. 여론조사결과공표 제한 등

가. 의 의

선거일 전 6일부터 선거일의 투표마감시각까지 선거에 관하여 정당에 대한 지지도나 당선인을 예상하게 하는 여론조사의 경위와 그 결과를 공표하거나 인용하여 보도하는 것을 금지하거나, 일정기간 동안에 언론사 등을 제외하고 정당 또는 후보자 명의의 여론조사가 금지되는 것을 말한다(법§108①,②).

나. 여론조사의 순기능과 역기능

(1) 순기능

여론조사를 통하여 국민은 정당이나 정치인의 정책에 대한 자신의 의사를 표명할 기회를 갖게 됨으로써 간접적이나마 국가정책에 참여할 수 있고, 정당이나 정치인들은 자신들이 추진하고 있는 정책에 대한 지지도를 파악하여 국민이 거부하는 정책을 시정할 수 있으므로 선거와 선거 사이의 공백이나 선거의 결과가 정책보다는 후보자의 개인적인 인기에 좌우되기 쉽다는 선거의 문제점을 어느 정도 보완할 수 있게 된다. 또한 여론조사는 선거와 관련하여 예비선거의 기능을 수행하고, 무엇보다도 국민으로 하여금 선거에 대하여 높은 관심을 갖도록 하는 구실을 한다(헌재 1995. 7. 21. 92헌마177).

(2) 역기능

여론조사 결과가 공표되면, 투표자로 하여금 승산이 있는 쪽으로 가담하도록 만드는 우세자효과(bandwagon effect)나 이와 반대로 불리한 편을 동정하여 열세에 놓여 있는 쪽에 가담하게 하는 열세자효과(Underdog Effect)가 나타날 수 있고, 이는 선거일이 가까워질수록 심화되고, 결국 유권자의 의사를 왜곡하는 결과를 낳을 수 있다. 또한 의도적으로 여론조사를 통해 유권자의 의사가 왜곡되는 경우도 있다. 보다 근본적으로는 여론조사 자체의 부정확성·불공정성으로 인하여 유권자의 정확한 의사를 담아내는 것 자체에 한계가 있다.

다. 여론조사결과 공표 제한 등의 내용

(1) 여론조사 결과 공표 금지

(가) 주 체

언론사, 여론조사기관 등 누구든지 그 제한을 받는다(법§108①).

(나) 시 기

선거일 전 6일부터 선거일의 투표마감시각까지이다(법§108①). 선거일이 2014년 6월 4일인 경우에는 선거일 전 6일인 5월 29일 0시부터 여론조사 결과 공표 금지기간이다. 이와 관련하여 선관위는 선거일 전 6일부터 선거일의 투표마감시각까지 기간에 조사된 여론조사 결과의 공표를 금지하는 것으로 해석하여, 그 기간 이전에 조사된 여론조사는 위와 같은 공표금지기간에 공표하는 것이 가능한 것으로 해석하고 있다. 이러한 해석은 법 문언에 반하는 해석으로 볼 수도 있는데, 언론에 의한 여론조사 결과 공표가 그 기간 동안에도 계속되자 위와 같이 변형된 해석을 하고 있는 것 아닌가 한다. 아무튼 위 기간 동안에도 그 이전에 조사된 여론조사의 결과는 공표되는 것이 현실이다.

(다) 금지대상

정당에 대한 지지도나 당선인을 예상하게 하는 여론조사 또는 모의투표나 인기투표의 경위·결과의 공표 또는 그 인용 보도이다(법§108①).

(2) 후보자나 정당 명의의 선거여론조사 금지 등

(가) 주 체

언론사, 여론조사기관 등 누구든지 그 제한을 받는다(법§108②).

(나) 시 기

선거일 전 60일(선거일 전 60일 후에 실시사유가 확정된 보궐선거 등에서는 그 선거의 실시사유가 확정된 때)부터 선거일까지이다(법§108②).

(다) 금지대상

투표용지와 유사한 모형에 의한 방법을 사용한 선거여론조사 또는 후보자(후보자가 되고자 하는 자를 포함) 또는 정당(창당준비위원회를 포함)의 명의로 한 선거여론조사가 금지된다. 다만, 당내경선의 일환으로 실시되는 여론조사는 금지대상이 아니다(법§108②단서).

(3) 여론조사의 신고

(가) 주 체

다음 각호의 어느 하나에 해당하는 자를 제외하고는 누구든지이다(법§108③).

1. 제3자로부터 여론조사를 의뢰받은 여론조사 기관·단체(제3자의 의뢰 없이 직접 하는 경우는 제외)
2. 정당[창당준비위원회와 「정당법」 제38조(정책연구소의 설치·운영)에 따른 정책연구소를 포함]
3. 「방송법」 제2조(용어의 정의)에 따른 방송사업자
4. 전국 또는 시·도를 보급지역으로 하는 「신문 등의 진흥에 관한 법률」 제2조(정의)에 따른 신문사업자 및 「잡지 등 정기간행물의 진흥에 관한 법률」 제2조(정의)에 따른 정기간행물사업자
5. 「뉴스통신 진흥에 관한 법률」 제2조(정의)에 따른 뉴스통신사업자
6. 제3호부터 제5호까지의 사업자가 관리·운영하는 인터넷언론사
7. 전년도 말 기준 직전 3개월 간의 일일 평균 이용자 수 10만 명 이상인 인터넷언론사

(나) 신고대상, 신고내용, 신고시기

선거에 관하여 정당에 대한 지지도나 당선인을 예상하게 하는 여론조사(공표·보도를 목적으로 하지 아니하는 여론조사를 포함)를 실시하는 경우이다(법§108③).

신고내용은 여론조사의 목적, 표본의 크기, 조사지역·일시·방법, 전체 설문내용 등 선거여론조사기준으로 정한 사항이고, 여론조사 개시일 전 2일까지 별지 제33호서식[여론조사 실시(변경) 신고서]에 의하여 관할 선관위에 신고해야 하는데, 그 관할 선관위는 다음과 같다(법§108③, 규칙§48의4①). 이러한 신고에 있어 관할 선관위는 신고 내용이 선거여론조사기준을 충족하지 못한다고 판단되는 때에는 여론조사실시 전까지 보완할 것을 요구할 수 있고, 이 경우 보완요구에 이의가 있는 때에는 관할 선거여론조사공정심의위원회에 서면으로 이의신청을 할 수 있다(법§108④).

1. 전국 또는 2 이상 시·도의 선거구민을 대상으로 하는 여론조사: 중앙선관위
2. 하나의 시·도의 선거구민 또는 하나의 시·도 안에서 2 이상 자치구·시·군(하나의 국회의원지역구가 2 이상의 자치구·시·군으로 된 경우에는 국회의원지역구를 말함)의 선거구민을 대상으로 하는 여론조사: 관할시·도선관위
3. 하나의 자치구·시·군의 선거구민을 대상으로 하는 여론조사: 관할 선거구선관위

(4) 여론조사 절차와 금지되는 행위

선거에 관한 여론조사를 하는 경우에는 누구든지 피조사자에게 여론조사기관·단체의 명칭과 전화번호와 조사자의 신분을 밝혀야 하고, 해당 조사대상의 전 계층을 대표할 수 있도록 피조사자를 선정해야 한다(법§108⑤전문). 또한 다음 각호의 어느 하나에 해당하는 행위를 하여서는 안 된다(법§108⑤후문). 이와 관련하여 선거에 관한 여론조사의 표본이 될 대상자를 모집하면서 참여자에게 추첨에 의하여 **경품**을 제공한다는 의사를 표시하여 모집하는 때에는 아래 3호에 해당한다는 것이 중앙선관위의 판단이다(2002. 5. 20. 중앙선관위 질의회답).

1. 특정 정당 또는 후보자에게 편향되도록 하는 어휘나 문장을 사용하여 질문하는 행위
2. 피조사자에게 응답을 강요하거나 조사자의 의도에 따라 응답을 유도하는 방법으로 질문하거나, 피조사자의 의사를 왜곡하는 행위
3. 오락 기타 사행성을 조장할 수 있는 방법으로 조사하는 행위
4. 피조사자의 성명이나 성명을 유추할 수 있는 내용을 공개하는 행위

(5) 여론조사 보도시 제한과 자료의 보관

누구든지 선거에 관한 여론조사의 결과를 공표 또는 보도하는 때에는 선거여론조사기준으로 정한 사항, 조사의뢰자와 조사기관·단체명, 피조사자의 선정방법, 표본의 크기(연령대별·성별 표본의 크기를 포함), 조사지역·일시·방법, 표본오차율, 응답률, 질문내용, 조사된 연령대별·성별 표본 크기의 오차를

보정한 방법 등을 함께 공표 또는 보도해야 한다(법§108⑥1문). 또한 선거에 관한 여론조사 결과를 공표·보도하려는 때에는 그 결과의 공표·보도 전에 해당 여론조사를 실시한 기관·단체가 선거여론조사기준으로 정한 사항을 중앙선거여론조사공정심의위원회 홈페이지에 등록하여야 한다. 이 경우 여론조사 기관·단체가 제3자로부터 의뢰를 받아 여론조사를 실시한 때에는 해당 여론조사를 의뢰한 자는 여론조사를 실시한 기관·단체에 해당 여론조사 결과의 공표·보도 예정일시를 통보하여야 하며, 여론조사를 실시한 기관·단체는 통보받은 공표·보도 예정일시 전에 해당 사항을 등록하여야 한다(법§108⑦).

그리고 선거에 관한 여론조사를 실시한 기관·단체는 조사설계서·피조사자선정·표본추출·질문지작성·결과분석 등 조사의 신뢰성과 객관성의 입증에 필요한 자료와 수집된 설문지 및 결과분석자료 등 해당 여론조사와 관련있는 자료일체를 해당 선거의 선거일 후 6개월까지 보관해야 한다(법§108⑥2문). 또한, 다음 각호의 어느 하나에 해당하는 때에는 해당 여론조사를 실시한 기관·단체에 위와 같이 보관 중인 여론조사와 관련된 자료의 제출을 요구할 수 있으며, 그 요구를 받은 기관·단체는 지체 없이 이에 따라야 한다(법§108⑨).

1. 관할 선거구선관위가 공표 또는 보도된 여론조사와 관련하여 선거법을 위반하였다고 인정할 만한 상당한 이유가 있다고 판단되는 때
2. 선거여론조사공정심의위원회가 공표 또는 보도된 여론조사결과의 객관성·신뢰성에 대하여 정당 또는 후보자로부터 서면으로 이의신청을 받거나 제8조의8 제7항 제2호에 따른 심의를 위하여 필요하다고 판단되는 때

(6) 여론조사와 관련된 특정행위의 금지

누구든지 다음 각호의 어느 하나에 해당하는 행위를 하여서는 아니 된다(법§108⑧).

1. 제7항에 따라 중앙선거여론조사공정심의위원회 홈페이지에 등록되지 아니한 선거에 관한 여론조사 결과를 공표 또는 보도하는 행위
2. 선거여론조사기준을 따르지 아니하고 공표 또는 보도를 목적으로 선거에 관한 여론조사를 하거나 그 결과를 공표 또는 보도하는 행위

그리고 누구든지 야간(**20시부터 다음날 07시**까지를 말함)에는 전화를 이용하여 선거에 관한 여론조사를 실시할 수 없다(법§108⑩). 이는 전화를 이용한 선거운동이 **21시부터 다음날 06시**까지 금지된 것과 다른 것이다.

여론조사의 제한 등(중앙선관위 질의회답)

- 지방자치단체장의 명의 또는 육성을 녹음하여 ARS 여론조사시스템을 이용하여 여론조사하는 행위는 허용되지 않음(2004. 9. 22)
- 국회의원이 **탈당** 여부를 결정하기 위하여 지역주민을 대상으로 여론조사를 하는 경우 후보자가 되고자 하는 자의 선거운동에 이르거나 선거법 제108조의 규정에 위반되지 아니하는 방법으로 여론조사를 실시하는 것은 무방함(2007. 7. 25)
- 후보자가 되고자 하는 자(국회의원여부를 불문함)가 선거가 임박한 시기에 선거구민을 대상으로 자신의 **육성녹음**으로 선거에 관련된 여론조사를 하는 것은 자신의 인지도를 높여 선거에서 유리하게 하려는 행위로 허용되지 않음(2008. 1. 28)
- 국회의원이 지역현안과 그 밖의 **민원사항**에 대하여 설명하거나, 필요 이상으로 자주 또는 통상적인 여론조사의 표본크기를 벗어나 광범위한 선거구민을 대상으로 조사하거나, 조사자인 국회의원의 명의를 밝히는 외에 **업적을 홍보**하는 등 조사방법이나 내용이 선거구민에게 자신을 선전하거나 지지를 유도하는 행위에 이르는 때에는 허용되지 않음(2008. 1. 28)
- 후보자가 되고자 하는 국회의원이 조사원을 고용하여 **호별방문**의 방법으로 선거와 관련한 여론조사를 하는 경우나 여론조사 전문기관이 실시하는 경우에도 필요 이상으로 자주 또는 광범위한 선거구민을 대상으로 실시하거나 후보자가 되고자 하는 자인 국회의원을 지지·선전하는 행위가 부가되는 경우에는 허용되지 않음(2008. 1. 28)
- 특정 입후보예정자의 **선거 공약** 중 가장 관심이 많은 사항을 선택하도록 하는 여론조사는 허용되지 않음(2008. 2. 28)
- 지방자치단체가 휴대전화 홍보동영상을 전송하여 시정 등 주요 현안에 대하여 찬반을 묻는 여론조사를 실시하는 것은 무방하나, 지방자치단체장 명의로 하거나 **업적홍보**하는 등 선거에 영향을 미치기 위한 내용으로 하면 안 됨(2009. 10. 15)
- 당원 전체를 대상으로 하는 여론조사는 허용되지 않음(2010. 4. 9)
- 통상의 표본 크기를 대상으로 선거법 제108조를 준수하여 **스마트폰**을 이용한

후보자의 인지도 또는 지지도 여론조사를 하고 그 **여론조사의 결과를 공표**하는 것은 선거법상 무방함(2014. 1. 15)

– 선거에 관한 여론조사에 해당하는 경우에는 실시간으로 그 결과를 공표하는 것은 해당 조사대상의 전 계층을 대표할 수 있도록 피조사자를 선정할 수 없고 표본오차율·응답률·오차보정방법 등을 함께 공표할 수 없어 허용되지 않음(2014. 7. 7)

라. 벌칙 등 제재

선거법 제108조 제5항을 위반하여 여론조사를 한 자 또는 같은 조 제9항에 따른 요구를 받고 거짓의 자료를 제출한 자는 3년 이하의 징역 또는 600만 원 이하의 벌금에 처한다(법§256①2호). 또 제108조 제1항을 위반하여 여론조사의 경위와 그 결과를 공표 또는 인용하여 보도한 자, 같은 조 제2항을 위반하여 여론조사를 한 자, 같은 조 제6항을 위반하여 여론조사와 관련 있는 자료일체를 해당 선거의 선거일 후 6개월까지 보관하지 아니한 자, 같은 조 제9항을 위반하여 정당한 사유 없이 여론조사와 관련된 자료를 제출하지 아니한 자 또는 같은 조 제10항을 위반하여 여론조사를 한 자는 2년 이하의 징역 또는 400만 원 이하의 벌금에 처한다(법§256③1호파목).

그리고 다음 각호의 어느 하나에 해당하는 행위를 한 자에게는 3천만 원 이하의 과태료를 부과한다(법§261②).

1. 제8조의8 제9항에 따른 시정명령·정정보도문의 게재명령을 통보받고 이를 이행하지 아니한 자
2. 제108조 제6항을 위반하여 선거여론조사기준으로 정한 사항을 함께 공표 또는 보도하지 아니한 자
3. 제108조 제7항을 위반하여 선거여론조사기준으로 정한 사항을 등록하지 아니한 자. 이 경우 해당 여론조사를 의뢰한 자가 여론조사 결과의 공표·보도 예정일시를 통보하지 아니하여 등록하지 못한 때에는 그 여론조사 의뢰자를 말한다.
4. 제108조 제8항을 위반하여 여론조사를 실시하거나 그 결과를 공표 또는 보도한 자

또한 선거법 제108조 제3항을 위반하여 관할 선관위에 신고하지 아니하거나 신고내용과 다르게 여론조사를 실시하거나 같은 조 제4항을 위반하여 보완사항을 보완하지 아니하고 여론조사를 실시한 자에게는 1천만 원 이하의 과태료를 부과한다(법§261③4호).

30. 정책·공약에 대한 비교평가결과 공표 제한

가. 의 의

언론기관과 선거운동이 가능한 단체가 정당·후보자(후보자가 되려는 자를 포함)의 정책이나 공약에 관하여 비교평가하고 그 결과를 공표하는 행위에 대하여 일정한 제한을 가하는 것을 말한다(법§108의2).

나. 내 용

(1) 주 체

선거법 제82조의 언론기관과 제87조상 선거운동이 가능 단체(양자를 이하 언론기관 등)이다(법§108의2①).

(2) 제한대상 행위

언론기관 등이 후보자 등의 정책이나 공약에 관한 비교평가를 하거나 그 결과를 공표하는 때에는 다음 각호의 어느 하나에 해당하는 행위를 하여서는 아니 된다(법§108의2②). 여기서 서열화(序列化)는 점수부여 또는 순위나 등급을 정하는 등의 방법으로 정책이나 공약의 우열(優劣)을 나타내는 것을 말한다. 그러나 이를 너무 엄격하게 해석하는 경우 언론사 등이 일반인들을 위하여 그 정책 또는 공약의 비교평가를 어렵게 하는 문제가 있으므로 이를 유연하게 해석할 필요가 있다고 본다.

1. 특정 후보자 등에게 유리 또는 불리하게 평가단을 구성·운영하는 행위
2. 후보자등별로 점수부여 또는 순위나 등급을 정하는 등의 방법으로 **서열화**하는 행위

언론기관 등이 후보자 등의 정책이나 공약에 관한 비교평가의 결과를 공표하는 때에는 평가주체, 평가단 구성·운영, 평가지표·기준·방법 등 평가의 신뢰성·객관성을 입증할 수 있는 내용을 공표해야 하며, 이 경우 선거운동을 하거나 할 것을 표방한 단체는 지지하는 후보자 등을 함께 공표해야 한다(법§108의2③1문).

(3) 자료의 보관

위와 같은 비교평가와 관련 있는 자료 일체를 해당 선거의 선거일 후 6개월까지 보관해야 한다(법§108의2③2문).

다. 벌 칙

선거법 제108조의2를 위반하여 비교평가를 하거나 그 결과를 공표한 자 또는 비교평가와 관련 있는 자료 일체를 해당 선거의 선거일 후 6개월까지 보관하지 아니한 자는 2년 이하의 징역 또는 400만 원 이하의 벌금에 처한다(법§256③1호하목).

31. 서신·전보 등에 의한 선거운동의 금지

가. 의 의

누구든지 선거법상 정해지지 않은 방법으로 선거권자에게 서신·전보·모사전송 그 밖에 전기통신의 방법을 이용하여 선거운동을 할 수 없는 것을 말한다(법§109).

이와 관련하여 헌법재판소는 "후보자들 간의 치열한 경쟁이 전개되는 선거의 현실에서 서신에 의한 선거운동을 허용할 경우 인쇄서신·복사서신·대필서신·자필서신 등이 그 종류와 양을 가리지 않고 작성·발송됨으로써 초래되는 사회경제적 손실을 예방하고, 후보자가 타인을 대량으로 고용하여 서신을 대신 작성하도록 하는 등 후보자들 간 경제력의 차이에 따른 선거운동기회의 불균형과 불공정이 발생하는 것을 방지하기 위하여 서신을 이용한 선거운동을 금지하고 있다. 이는 헌법 제116조 제1항의 선거운동 기회균등보장의 요청에 부응하여 위와 같은 폐해를 방지하고 선거의 자유와 공정을 확보함으로써 선거관계자를 포함한 국민전체의 공동이익을 위한 조치라 할 것이므로 그 입법목적의 정당성이 인정된다"고 판단하였다(헌재 2007. 8. 30. 2004헌바49).

나. 내 용

(1) 서신 등에 의한 선거운동 금지

누구든지 선거기간 중 선거법에 규정되지 아니한 방법으로 선거권자에게 서신·전보·모사전송 그 밖에 전기통신의 방법을 이용하여 선거운동을 할 수 없다(법§109①). 여기서 '전기통신'은 유선·무선·광선 및 기타의 전자적 방식에 의하여 부호·문언·음향 또는 영상을 송신하거나 수신하는 것을 말한다(「전기통신기본법」§2조1호). 이와 관련하여 중앙선관위는 선거벽보 등 법정홍보물에 게재된 QR코드를 유권자가 가지고 있는 스마트폰으로 코드를 스캔하면 후보자의 홈페이지 주소로 접속될 수 있도록 하는 것은 무방하다고 하였다(2010. 4. 30. 중앙선관위 질의회답).

(2) 전화이용 선거운동의 시간 제한

전화를 이용한 선거운동은 23시부터 다음 날 06시까지에는 이를 할 수 없다(법§109②).

(3) 전화이용 협박 금지

누구든지 선거운동을 위하여 후보자, 선거사무장, 선거연락소장, 선거사무원, 회계책임자, 연설원, 대담·토론자 또는 선거권자 등을 전화 기타의 방법으로 협박할 수 없다. 여기서 '협박'은 타인을 외포하게 하는 해악을 고지하는 것을 말한다.

32. 후보자 등 비방금지

가. 의 의

누구든지 선거운동을 위하여 후보자(후보자가 되고자 하는 자를 포함. 이하 이 조에서 같음), 후보자의 배우자와 직계존비속이나 '형제자매의 출생지·가족관계·신분·직업·경력 등·재산·행위·소속단체', '특정인 또는 특정단체로부터의 지지 여부' 등에 관하여 허위의 사실을 공표할 수 없으며, 공연히 사실을 적시하여 사생활을 비방해서는 안 되거나(법§110①), 누구든지 선거운동을 위하여 정당, 후보자, 후보자의 배우자 또는 직계존비속이나 형제자매와 관련하여 특정 지역·지역인 또는 성별을 공연히 비하·모욕해서는 안 되는 것을 말한다(법§110②).

이러한 선거법 제110조 제2항은 2015. 12. 9. 국회를 통과한 개정 선거법에 의해 정해진 내용인데, 아무리 지역감정을 조장하는 발언을 규제하여 건전한 정치문화를 정착하기 위한 것일지라도 이러한 규제는 국민의 표현의 자유를 침해할 수 있는 과도한 입법이어서 삭제되어야 한다고 본다. 이는 '빈대 잡으려고 초가삼간 태우는 격'이다.

나. 허위사실공표 및 비방금지 등의 내용

이러한 '허위사실공표 및 비방금지'와 '특정지역인 모욕금지'에 대하여는 '허위사실공표죄'(법§250), '후보자비방죄'(법§251), '특정지역인모욕죄'(법§256⑤10의2호) 부분에서 자세하게 살펴본다.[51]

다. 허위사실 등에 대한 이의제기

(1) 의 의

누구든지 후보자 또는 예비후보자의 출생지·가족관계·신분·직업·경력 등·재산·행위·소속단체, 특정인 또는 특정단체로부터의 지지 여부 등에 관하여 공표된 사실이 거짓임을 이유로 해당 선거구선거관리위원회를 거쳐에 직근(直近) 상급선관위에 서면으로 이의제기하여 그 시정을 구할 수 있는 것을 말한다(법§110의2①). 이는 2015. 12. 9. 국회를 통과한 개정 선거법에 의해 규정된 것이다.

(2) 내 용

(가) 이의제기권자

누구든지이다(법§110의2①). 다만, 제기권자는 주로 공표된 허위사실로 피

---

51 662면 이하, 723면 이하 각 참조.

해를 입은 '후보자 또는 예비후보자(후보자가 되고자 하는 자 제외) 또는 그 선거사무관계자' 등이 될 것이다.

(나) 이의의 원인

후보자 또는 예비후보자(후보자가 되고자 하는 자 제외)의 출생지·가족관계·신분·직업·경력 등·재산·행위·소속단체, 특정인 또는 특정단체로부터의 지지 여부 등에 관하여 공표된 사실이 거짓임을 이유로 해야 한다(법§110의2①). 따라서 공표된 사실의 일부가 허위이거나 전체적으로 사실이 왜곡(歪曲)된 경우에도 포함된다고 본다.

(다) 관할 기관과 이의 방식

해당 선거구선관위를 거쳐 '**직근(直近) 상급선관위**'에 서면으로 이의제기를 할 수 있다(법§110의2①). 이에 대해서는 앞서 본 바와 같다.[52]

(라) 선관위의 자료 제출 요구

이러한 이의제기를 받은 직근 상급선관위는 후보자 또는 예비후보자, 소속 정당, 이의제기자, 관련 국가기관·지방자치단체, 그 밖의 기관·단체에 대하여 증명서류 및 관련자료의 제출을 요구할 수 있다(법§110의2②1문). 이 경우 제출요구를 받은 자는 정당한 사유가 없으면 지체 없이 이에 따라야 한다(법§110의2②2문).

(마) 허위로 판명난 경우의 선관위의 조치

직근 상급선관위는 증명서류 및 관련자료의 제출이 없거나 제출한 증명서류 및 관련자료를 통하여 확인한 결과 공표된 사실이 거짓으로 판명된 때에는 이를 지체 없이 공고해야 한다(법§110의2③1문). 이 경우 이의제기서와 제출받은 서류·자료를 「개인정보 보호법」을 위반하지 아니하는 범위에서 편집·수정 없이 선거관리위원회 홈페이지에 공개해야 한다(법§110의2③2문).

라. 벌 칙

선거법 제110조 제1항, 제2항에 위반되는 행위를 하는 경우 '허위사실공표죄'(법§250), '후보자비방죄'(법§251), '특정지역인모욕죄'(법§256⑤10의2호) 등으

52 47면 참조.

로 처벌된다(법§250~§251). 이에 관하여는 후술한다.[53]

33. 의정활동보고 제한

가. 의 의

국회의원 또는 지방의회의원은 보고회 등 집회, 보고서, 인터넷, 문자메시지, 송·수화자 간 직접 통화방식의 전화 또는 축사·인사말(게재하는 경우를 포함)을 통하여 의정활동을 선거구에게 보고할 수 있고, 대통령선거·국회의원선거 등 선거의 선거일 전 90일부터 선거일까지 직무상의 행위 그 밖에 명목 여하를 불문하고 의정활동을 인터넷홈페이지 또는 그 게시판·대화방 등에 게시하거나 전자우편·문자메시지로 전송하는 외의 방법으로 의정활동을 보고할 수 없는 것을 말한다(법§111).

이와 관련하여 헌법재판소는, "국회의원의 의정활동보고는 국회의원이 국민의 대표로서 행한 의회에서의 정치적 활동을 자신을 선출한 선거구민에게 직접 보고하는 행위로서 국회의원이 주권자인 국민의 의사를 대변하여 대의정치가 구현되도록 하는 기능을 가지는 것이다. 따라서 이는 국회의원의 정치적 책무이고 고유한 직무활동이므로 특별한 사정이 없는 한 자유롭게 허용됨이 상당하다"고 판시한 바 있다(헌재 1996. 3. 28. 96헌마18).

나. 내 용

(1) 의정활동보고의 의미와 그 주체

'의정보고활동'은 국회의원 또는 지방의회의원이 국회의원이나 지방의회의원으로서 선거구활동·일정고지, 그 밖에 업적의 홍보에 필요한 사항을 포함하여 '**자신의 원내외의 의정활동 내용**'을 선거구민(행정구역 또는 선거구역의 변경으로 새로 편입된 구역의 선거구민을 포함)에게 인쇄물이나 인터넷 등을 통하여 보고하는 것을 말한다. 따라서 그 주체는 국회의원 또는 지방의회원이고, 이에는 비례대표의원도 포함된다(법§111①). 중앙선관위는 비례대표의원의 옛이름인 **전국구의원**은 '**전국을 대상**'으로 하거나 '특정 지역'을 대상으로 한 의

---

53 662면 이하, 723면 이하 각 참조.

정활동 보고가 가능하다고 하였다(1994. 5. 13. 중앙선관위 의결).

의정활동보고의 의미와 한계와 관련하여 대법원 2006. 3. 24. 선고 2005도3717 판결은, "여기서 허용되는 것은 국회의원이 지역주민 대표로서의 지위에서 행하는 순수한 의정활동보고일 뿐이고, 의정활동보고라는 명목하에 이루어지는 형태의 선거운동은 허용되지 않는다 할 것인바(대법원 2003. 7. 11. 선고 2003도1789 판결 등 참조), 국회의원이 선거일 전 180일부터 선거일까지의 기간에 의정보고서를 제작하여 선거구민들에게 배부함에 있어 그 내용 중 선거구활동 기타 업적의 홍보에 필요한 사항 등 의정활동보고의 범위를 벗어나서 선거에 영향을 미치게 하기 위하여 특정 정당이나 후보자를 지지·추천하거나 반대하는 내용이 포함되어 있다면 그 부분은 선거법 제93조 제1항에서 금지하고 있는 탈법방법에 의한 문서배부행위에 해당되어 위법하다고 할 것이다(대법원 2005. 3. 10. 선고 2004도8717 판결 등 참조). 그런데 이러한 낙천대상자 선정에 대한 해명이나 반론은 차기 선거에 있어서의 정당의 후보자 추천에 관한 것으로서 원칙적으로 국회의원의 의정활동에 관한 보고와는 아무런 관련이 없는 것이고, 한편, 국회의원이 선거일 전 180일부터 선거일까지의 기간 동안에 의정보고서를 제작하여 배부함에 있어 자신이 낙천대상자로 선정된 데 대한 반론으로서 그 선정사유에 대하여 해명하는 내용의 글이나 낙천대상자 선정에 대한 제3자의 반론 등을 게재하거나 이러한 내용을 보도한 글을 전재하는 것은, 결국 선거구 활동 기타 업적의 홍보에 필요한 사항 등 의정활동보고의 범위를 벗어나서 선거에 영향을 미치게 하기 위하여 특정 정당이나 후보자를 지지·추천하거나 반대하는 내용을 포함하고 있는 것으로 볼 수밖에 없고, 그 부분은 선거법 제93조 제1항에서 금지하고 있는 탈법방법에 의한 문서배부행위에 해당되어 위법하다고 해야 한다"고 판시한 바 있다.

의정활동보고의 내용(중앙선관위 질의회답)

– 의정보고서를 작성함에 있어 정치적 소신, 학력·경력, 본인의 신상에 관한 해명, 신문기사 등 의정활동과 **직접 관련이 없는 내용**이라도 의정활동보고서와 일체가 되는 형태로 작성·배부하는 것은 무방할 것이나, 이를 별책으로 작성·

배부할 수는 없을 것임(1996. 1. 22)

- 의정보고서에 소속정당의 선전구호·선거구호 등을 게재할 수 없음(1996. 2. 17)
- 의정활동보고서에 **생일축하 내용**을 게재하여 생일을 맞은 지역구민들에게만 의정활동보고서를 발송하는 것은, 설령 의정활동내용이 그 주류를 이루고 있다 하더라도 선거법 제93조 등에 저촉될 것임(1994. 6. 10)
- 의정활동보고서에 통상적인 범위를 넘는 경력을 기재하고, 후보자가 되고자 하는 국회의원을 **지지·추천**하는 내용의 **타인**의 **인사말, 시** 등을 게재하는 것은 허용되지 않음(1995. 8. 1)
- 의정활동보고서의 **광고**내용이 선거에 영향을 미치거나 선거운동에 이르지 아니한다 하더라도 이는 정당한 의정활동보고의 범위를 벗어난 것으로 같은 법 제93조 등에 위반될 것이며, 또한 상업광고의 대가로 받는 비용이 정당한 대가의 범위를 벗어나 정치자금으로 제공되는 때에는 정치자금에 관한 법률 제2조(기본원칙) 또는 제30조(벌칙)의 규정에도 위반 또는 저촉될 것임(1998. 2. 16)
- 지명유래나 고사성어 등을 의정활동보고서의 일부 지면에 부수적으로 게재할 수 있을 것임(1998. 5. 19)
- 의정활동보고서에 정당의 구청장 후보자추천을 위한 **내부경선** 사실이나 그 결과를 의정보고서 또는 의정보고회를 통하여 구청장선거의 선거구민에게 알리는 것은 제93조 등에 위반될 것임(2002. 2. 18)
- 국회의원의 당직 재직시에 2007년 대선예비주자와 함께 했던 활동사항 및 의원의 생각을 게재함과 동시에 **대선예비주자의 사진**을 함께 게재하는 경우에 있어 **선거구민의 이해를 돕기 위한 정도**의 사진과 내용을 게재하는 것은 무방할 것이나, 의정활동상황과 무관하게 대통령선거의 입후보예정자를 부각하여 선전에 이르게 하는 경우에는 선거법 제254조에 위반될 것임(2007. 2. 26)
- 국회의원이 의정활동보고가 제한되는 기간 중에 선거구민(당원 여부를 불문함)에게 의정보고서가 배부하지 못한 이유를 설명하는 서신을 발송하는 것은 같은 법조에 위반될 것임(2007. 3. 5)
- 국회의원이 자신의 의정보고서에 **언론보도에 대한 반론 또는 해명**의 내용을 일부 게재하여 이를 선거구민에게 배부하는 것은 무방할 것이나, 언론에 발표한 보도자료·인사장을 선거구민에게 발송하는 것은 언론보도에 대한 반론 또는 해명을 위한 것이라고 하더라도 행위 시기에 따라 선거법 제93조 등에 위반될 것임(2007. 5. 14)
- **축사**라는 형식의 범위 안에서 의정활동보고를 할 수 있도록 한 것으로 축사 중에 당해 행사와 관련이 없는 의정활동 내용이 일부 포함되더라도 전체적인 축사의 내용·시간(또는 분량)·방법 등이 통상적인 축사의 범위를 넘지 않는다면 무방할 것임(2009. 1. 15)

(2) 의정활동보고의 방법과 그 제한되는 시기

의정활동보고의 방법으로는 집회, 보고서(인쇄물, 녹음·녹화물 및 전산자료 복사본을 포함), 인터넷, 문자메시지, 송·수화자 간 직접 통화방식의 전화 또는 축사·인사말(게재하는 경우를 포함)을 들 수 있다(법§111①본문).

그러나, 대통령선거·국회의원선거·지방의회의원선거 및 지방자치단체의 장선거의 선거일 전 **90일**부터 선거일까지는 '직무상의 행위 그 밖에 명목 여하를 불문'하고 의정활동을 인터넷홈페이지 또는 그 게시판·대화방 등에 게시하거나 전자우편·문자메시지로 전송하는 외의 방법으로 의정활동을 보고할 수 없다(법§111①단서). 이는 위와 같은 시기에 행하는 의정활동보고는 그 자체로 선거에 영향을 끼치는 행위이어서, 이와 같은 제한을 둔 것이다. 다만, 인터넷홈페이지 등을 통한 의정활동보고가 허용되는 것은 그러한 수단을 통해서는 선거운동기간의 제한의 규제를 받지 않고 선거운동이 허용된 것과 같은 맥락에서 허용된 것이고(법§59제3호), 인터넷홈페이지 등을 통한 의정활동보고는 선거당일에도 허용된다는 점이 다르다.

의정활동보고 방법(중앙선관위 질의회답)

□ 의정활동보고서의 '형태' 관련

- **탁상형 달력** 또는 **연하장** 형태의 의정보고서를 일반 선거구민에게 배부하는 것은 선거법 제93조, 제250조 등에 위반될 것임(1994. 12. 7)
- **벽보** 형태 또는 **현수막**의 의정활동보고서는 선거법 제93조 등 위반임(1996. 7. 26, 1996. 10. 29)
- **명함** 형태의 의정활동보고서를 작성·배부하는 것은 선거법 제93조 등에 위반될 것임(1999. 12. 30)
- **탁상용 달력** 형태의 의정활동보고서를 작성·배부하는 것은 선거법 제254조에 위반될 것임(2006. 12. 15)
- **관제엽서** 형태의 의정활동보고서의 작성도 무방함(2006. 9. 5), 의정활동보고서신 또는 **일반서신** 형식의 의정활동보고서를 제작하여 발송하는 것은 무방함(2008. 9. 18)
- **책갈피** 형태의 의정활동보고서의 작성·배부는 선거법 제93조 등에 위반되고, 특히 통상적인 책갈피로 사용될 수 있을 때에는 동법 제113조에도 위반됨

(2011. 12. 8)

- 국회의원이 통상적인 **명함에 QR코드**(Quick Response Code)를 인쇄하여 자신의 홈페이지를 연결한 후 자신의 의정활동 사진 및 의정활동보고서를 볼 수 있도록 하는 것은 무방함(2011. 6. 28)
- '**의정보고서**'라는 사실만을 표기하고 **QR코드**만을 기재하여 이를 스캔할 경우 의정보고서 또는 의정활동 동영상 등을 직접 확인할 수 있도록 제작하는 것도 무방함(2011. 7. 20)

□ 의정활동 보고방법 관련

- 「종합유선방송법」에 의한 종합유선방송사가 특정 선거구역을 주된 방송권역으로 하는 방송사가 그 구역에서 입후보할 예정인 국회의원의 의정활동보고회 전체 내용을 녹화하여 선거구민에게 방송하는 것은 언론기관의 통상적인 취재·보도의 범위를 벗어나 후보자가 되고자 하는 당해 의원의 당선을 유리하게 하는 행위가 될 것이므로 선거법 제98조(선거운동을 위한 방송이용의 제한) 또는 제254조(선거운동기간위반죄)의 규정에 위반 또는 저촉될 수 있을 것임(1999. 9. 20)
- 의정보고용 **비디오 녹화테이프**를 선거구 내의 아파트 우편함에 넣는 경우나 부동산중개소 등 미용실, 식당 등에 나눠주는 방법으로 선거구민에게 배부하는 방법에 관하여 선거법상 제한하는 규정은 없으나 호별방문·지지호소 등 선거운동에 이르는 방법으로 배부하여서는 아니될 것임(1999. 10. 11)
- USB **저장장치**에 의정활동보고서를 저장하여 선거구민에게 배부하는 것은 의정활동보고에 부가하여 재산상의 이익을 제공하는 것이 되어 선거법 제113조(후보자등의 기부행위 제한)의 규정에 위반될 것임(2004. 11. 19)
- 국회의원이 자신의 의정활동내용이 수록된 **CD-ROM**을 제작하여 선거일 전 90일까지 선거구민에게 도달되도록 배부하는 것은 선거법상 무방할 것임. 이 경우 당해 국회의원이 아닌 자가 동 CD-ROM의 내용을 인쇄물화하여 배부하거나 당해 국회의원이 참석하지 아니한 채 다수의 선거구민에게 보여주기 위하여 상영하여서는 아니되며, CD-ROM과 수록내용에는 '의정보고서'임을 표시해야 할 것임(2000. 2. 16), **DVD** 형태의 의정보고도 가능함(2009. 4. 1)
- 의정보고회장에서 의원보좌관, 지구당당직자, 자원봉사자 등이 의정보고서를 배부하는 것은 무방함(2003. 5. 13)
- 후원회지정권자인 국회의원이 **후원회의 창립총회**에 참석한 후원회원에게 의정활동보고서를 배부하거나 의정활동보고용 영상물을 방영하는 것은 무방할 것임(2004. 11. 8)
- 국회의원이 의정보고서를 선거일 전 90일 전에 선거구민에게 **모사전송**의 방법으로 배부하는 것은 무방할 것임. 이 경우 인터넷팩스발송대행사이트와 같

은 용역대행사에 의뢰하여 전송할 수 있을 것임(2007. 7. 26)

- 순수하게 의정활동에 필요한 의견이나 자료의 수집을 위하여 개최하는 지역 현안에 대한 **토론회**의 경우 그 시기를 제한하는 규정은 없으나 토론의 내용과 현안의 시급성, 토론회 개최 시기·방법, 참석대상 등 행위 양태를 종합적으로 고려하여 선거운동에 이르거나 선거에 영향을 미치게 하기 위한 집회에 이르는 때에는 시기에 따라 같은 법 제101조 또는 제254조에 위반될 것임(2010. 1. 12)
- 국회의원 및 보좌진이 거리 및 **시장** 등에 칸막이를 한 행사용 **천막** 등 임시 시설물을 설치(행사용 천막은 지역 동별로 1일 정도 설치할 예정이며, 천막에 국회의원의 직·성명 등은 표시하지 아니할 것임)하여 **의정보고서를 배부**하는 것은 무방함(2010. 7. 16)
- 선거일 전 90일 전에 의정보고서를 **가두**나 **지하철역**에서 선거구민을 대상으로 배부하는 것은 무방할 것임. 다만, 의정보고서를 **가두살포·가두비치** 또는 **호별방문**의 방법으로 배부하거나 의정보고서에 예비후보자임을 나타내거나 선거법 제60조의3에 따른 예비후보자의 선거운동을 하면서 배부하는 경우에는 같은 법 제93조 또는 제254조에 위반될 것임(2011. 11. 30)
- 국회의원이 '**예비후보자임**을 표시함이 없이' 그 직무상 행하는 의정활동보고는 **자동 동보통신**에 의하여 **문자메시지**를 전송하는 방법으로 할 수 있으며, 이 경우 전송횟수는 제한되지 아니하고, '선거운동정보' 등을 명시하도록 규정한 선거법 제82조의5 제2항이 적용되지 않으며, 제목 등에 '의정활동보고'라고 표시하지 않아 무방할 것임(2012. 3. 14), 이러한 경우 소요되는 비용은 정치자금으로 지출할 수 있음(2013. 4. 3)

(3) 의정보고회에 관한 특칙

의정보고회는 집회를 통한 의정활동의 보고인데, 국회의원 또는 지방의회의원이 의정보고회를 개최하는 때에는 '고지벽보'와 의정보고회 '장소표지'를 첩부·게시할 수 있으며, 고지벽보와 표지에는 보고회명과 개최일시·장소 및 보고사항(후보자가 되고자 하는 자를 선전하는 내용을 제외)을 게재할 수 있다(법§111②1문). 이 경우 의정보고회를 개최한 국회의원 또는 지방의회의원은 고지벽보와 표지를 의정보고회가 끝난 후 지체 없이 철거해야 한다(법§111②2문). 국회의원 또는 지방의회의원이 의정활동보고회를 개최하는 때에는 다음 각호에서 정하는 방법에 따라 보고자명과 개최일시 및 장소를 알리는 벽보를 붙이거나 장소표지를 내걸 수 있다(규칙§49①).

1. 고지벽보

   의정활동보고회의 개최단위가 구·시·군인 때에는 1회 100매 이내, 읍·면·동인 때에는 1회 20매 이내, 통·리·반 또는 자연마을 단위인 때에는 1회 3매 이내로 하되, 그 규격은 길이 53센티미터 너비 38센티미터 이내로 하고, 의정활동보고회 개최일 전 3일부터 보고일까지 붙일 수 있다.

2. 장소표지

   의정활동보고회 장소의 입구(의정보고회장을 벗어난 구역을 제외)에 1회 1매 이내에서 게시해야 하고, 의정활동보고회 개최일에 한하여 그 의정활동보고회가 끝나는 때까지 게시할 수 있다.

중앙선관위는 의정보고회의 장소와 관련하여 "의정보고회는 장소와 시간을 정하여 의정활동내용을 알고자 참석한 선거구민을 대상으로 개최하는 것이므로, **다수인이 왕래하는 장소** 또는 의정보고회에 참석하지 아니한 **일반 선거구민**이 의정보고회 개최상황을 보거나 들을 수 있는 장소에서는 의정보고회를 개최할 수 없을 것"이라고 하여 그 **개최장소**를 '**다수인이 왕래하지 않은 실내 장소**'로 제한하는 해석을 하고 있는데(2010. 6. 30. 중앙선관위 질의회답 등), 이는 선거법이 규제하고 있지 않은 과도한 해석으로 판단되는 감이 없지 않으나, 의원 아닌 후보자와의 '형평성'을 고려한 해석으로 보인다. 다만, 이를 명확하게 선거법에 규율할 필요가 있다고 본다.

의정활동보고회(중앙선관위 질의회답)

- 지방의회의원이 의정활동보고회를 개최함에 있어 보고자의 직명·성명, 개최일시·장소, 진행순서 등을 신문에 광고로 게재하는 것은 무방함. 다만, 의정활동보고자의 사진·업적홍보·선전구호 등을 게재하거나 광고의 규모·횟수 등이 과도한 때에는 고지목적을 벗어나 보고자를 선전하는 행위가 되어 선거법 제254조(선거운동기간위반죄)의 규정에 위반될 것임(1994. 10. 24)

- **선거구가 중첩**된 국회의원과 시의원, 국회의원과 구의원, 시의원과 구의원이, 서로에 대한 언급이 전혀 없이 각각 면을 달리하여 **공동의 의정활동보고서**를 작성하여 선거구가 중첩되는 지역에 국한하여 배부하거나, **공동의 의정활동보고회**를 개최하는 것은 무방함(1994. 11. 14)
- 의정활동보고는 당해 국회의원이 **직접** 자신을 선출한 선거구민에게 해야 할 것인바, 녹화물에 의한 의정활동보고를 함에 있어서도 본인이 직접 참석하지 아니하고 제3자로 하여금 의정활동보고용 녹화물을 선거구민에게 상영하여 주게 하는 것은 국회의원의 의정활동보고라기보다는 후보자가 되고자 하는 자의 선전행위로 볼 수 있을 것이므로 선거법 제254조(선거운동기간위반죄)의 규정에 위반될 것임(1999. 12. 18), 다만, 국회의원이 의정보고용 녹화물을 상영하는 중에 의정보고회장을 떠나지 않으면 안 될 **부득이한 사유**가 있어 **일시적**으로 의정보고회장을 떠나는 경우에는 무방할 것임(2003. 5. 13)
- • 집회에 의한 의정활동보고는 일정한 장소와 시간을 정하여 의정활동내용을 알고자 참석한 선거구민을 대상으로 하는 것으로서, 오고가는 사람들을 대상으로 **거리**에서 의정활동보고를 하는 것은 집회에 의한 통상적인 의정활동보고라기보다는 선거법 제79조(공개장소에서의 연설·대담)의 공개장소에서의 연설과 유사한 선거운동이 되어 같은 법 제254조(선거운동기간위반죄)의 규정에 저촉될 것임
  • 동사무소, 노인정, 교회 등의 장소를 이용해 의정보고회를 개최하는 것은 호별방문에 이르지 아니하는 범위 안에서는 무방할 것임. 다만, 누구나 오갈 수 있는 공개된 장소가 아닌 **당직자**의 **가정집**에서 개최하는 경우에는 의정보고회 장소임을 알 수 있도록 같은 법 제111조(의정활동 보고) 제2항의 규정에 의한 표지를 첩부 또는 게시하는 등 참석을 원하는 선거구민의 출입을 제한하여서는 아니될 것임(2000. 2. 21)
- 국회의원이 의정보고회를 개최하면서 선거구민에게 참석한 지구당 당직자를 의례적으로 인사시키는 것은 무방할 것이나, 후보자가 되고자 하는 지구당 당직자로 하여금 참석자들에게 일일이 인사를 하게 하거나 정당의 후보자 추천 또는 입후보예정사실을 알리는 때에는 의정활동보고의 범위를 벗어나 후보자가 되고자 하는 자를 선전하는 행위가 되어 선거법 제254조(선거운동기간위반죄)의 규정에 위반될 것임, 또 후보자가 되고자 하는 지구당 당직자나 시의회의원이 국회의원의 의정보고회에 **단순**히 **수행**하거나 **의례적**으로 **참석**하는 것은 무방할 것임(2002. 5. 22)
- 아파트 엘리베이터 내에 설치되어 있는 **LCD모니터**를 이용해서 의정보고회 개최를 고지하는 것은 선거규칙 제49조 제1항 제1호에 따른 고지벽보의 첩부 시기·수량·규격 범위 내에서는 가능함(2010. 1. 29)

(4) 의정보고서 발송 관련 특칙

의정보고서를 우편으로 발송하고자 하는 국회의원 또는 지방의회의원은 그 발송수량의 범위 안에서 선거구민인 세대주의 성명·주소(이하 '세대주명단'이라 함)의 교부를 연 1회에 한하여 구·시·군의 장에게 서면으로 신청할 수 있으며, 신청을 받은 구·시·군의 장은 다른 법률의 규정에도 불구하고 지체 없이 그 세대주명단을 작성·교부해야 한다(법§112③). 이러한 세대주명단의 작성비용의 납부, 교부된 세대주명단의 양도·대여 및 사용의 금지에 관하여는 제46조(명부사본의 교부) 제3항 및 제4항의 규정이 준용된다(법§112④). 또한, 세대주명단의 작성 및 교부에 대하여는 그 성질에 반하지 아니하는 범위 안에서 선거규칙 제26조의2 제13항부터 제16항까지의 규정을 준용한다(규칙§49②).

그리고 구·시·군의 장은 매년 1월말까지 세대주명단의 작성비용을 별지 제32호의2서식에 의하여 공시해야 한다(규칙§49③).

V. 선거제도 개혁론(선거운동자유의 대폭적인 확대)

앞서 본 바와 같이 우리 선거법은 선거운동과 관련하여 지나칠 정도의 규제를 가하고 있다. '선거운동'에 관한 규제인 제7장, '선거와 관련 있는 정당활동의 규제'인 제9장에서 총 78개 조항으로 선거운동과 선거에 관한 정당활동에 관하여 광범위하고도 포괄적으로 규제하고 있다. 이는 전체 선거법 조항의 25%를 넘는 방대한 양으로 독일 연방선거법 전체 조문 개수인 57개보다 20여개 조항이 많고, 그 내용도 아주 세세하고 종잡을 수 없을 정도로 난해한 부분이 많다. 선거법 제58조 제2항이 "누구든지 선거운동을 할 수 있다. 그러나 이 법 또는 다른 법률의 규정에 의하여 금지 또는 제한되는 경우에는 그러하지 아니하다"고 '선거운동의 자유'를 '원칙'으로 채택하고 있으나, 실제로는 '선거운동의 금지'가 '원칙'이고, '선거운동의 자유'는 '예외'로, 원칙과 예외가 전도(顚倒)되고 있는 것이다. 선거일 전 180일 전부터 선거일까지의 선거에 영향을 미치기 위한 시설물 등의 포괄적 금지(법§90), 선거기간 중 영화·연극 등을 이용한 선거운동의 포괄적 금지(법§92), 선거일 전 180일 전부터 선거일까지의 선거에 영향을 미치기 위한 탈법방법에 의한 문서·도화의 배부·게시의 포괄적 금지(법§93), 방송과 구내방송을 이용한 선거운동의 포괄적 금지(법§98,§99), 선거기간 중 녹음기·녹화기를 이용한 선거운동의 포괄적 금지(법§99), 선거기간 중 선거에 영향을 미치기 위한 대담·토론회와 연설회의 포괄적 금지(법§101), 선거기간 중 선거에 영향을 미치기 위한 집회의 포괄적 금지(법§103), 선거운동을 위한 6인 이상의 행렬 등의 금지(법§105), 선거기간 중 호별방문의 금지(법§106), 선거기간 중 서신·전보 등에 의한 선거운동의 포괄적 금지(법§109) 등을 보면, 위와 같은 전도현상을 잘 알 수 있다.

그러나 대의민주주의에서 선거는 국민의 대의기관을 선출하는 행위로, 그 선거를 통하여 국민의 대표자와 대표세력인 정당이 정해지고 그 대표자와 정당은 의회에서의 입법활동 등을 통하여 국가의 의사결정을 하여 국정을 주도하며 국가를 경영하게 된다. 이렇듯 선거는 대의민주주의에서 중요한 기능과 역할을 하기에 민주주의 심장이라고 일컬어지고 있는 것이다. 따라서 선거에서 주권자인 국민이 적극 참여하여 자신이 지지하는 후보자나 정당을 선택하거나 반대하는 후보자나 정당을 비판하는 활동을 전개하는 것이 국민주권의 원리에 비춰 당연한 것이다. 그럼에도 불구하고, 우리 선거법은 선거의 공정성(fairness of elections)의 이름으로 앞서 본 바와 같이 '선거운동의 자유'를 '숨이 막히게 할 정도'로 규제를 가하고 있다.

물론 선거의 공정성(fairness of elections)이 중요하지 않는 것은 아니다. 선거의 공정성이 흔들리거나 의심되면 선출된 대표자의 대표성(representativeness)에도 치명적인 문제가 발생하고, 이는 민주주의 자체의 위기로 이어질 여지가 있기 때문이다. 그러나 그 정도에 이르지 않는 선거에서의 과열이나 경쟁, 어느 정도의 혼탁은 선거에서 필연적이고도 어떤 면에서는 필요하기도 하다. 그럼에도 선거의 공정이라는 미명으로 국민의 선거에 대한 참여와 후보자 및 정당의 선거운동자유를 압살(壓殺)한다면, 이는 국민주권원리에 정면으로 반하는 것일 뿐만 아니라, 민주주의에 대한 압살로 이어질 우려도 있다.

여기서 다시 독일 연방선거법에서의 선거운동 등에 관한 규제를 언급하지 않을 수 없다. 독일 연방선거법에는 선거운동의 개념이 존재하지 않고 선거운동에 대한 제한으로 볼 수 있는 조항이 단 하나 있으며, 선거운동을 방임하고 규제하지 않는 체계를 가지고 있다. 즉, 독일 연방선거법 제32조는 '허용되지 않는 선거운동 및 서명모으기운동, 허용되지 않는 여론조사의 공표'라는 표제로 선거운동에 관하여 일정한 규제를 가하고 있다. 즉, 제32조 제1항은 "투표시간 동안에 투표소가 있는 건물의 안팎에서, 그리고 그 건물 입구 앞에서, 서명모으기운동(Unterschriftensammlung)을 비롯하여 말, 음향, 문자, 그림에 의해 투표권자에게 영향을 주는 일체의 행위는 금지된다"고, 동조 제2항은 "투표한 내용에 관한 출구여론조사의 결과(Ergebnissen von Wählerbefragungen nach der Stimmabgabe)의 공표는 투표시간의 경과 이전에는 허용되지 않는다"고 각각 규정하고 있을 뿐이다.[54] [55] 후보자와 정당이 어떻게 선거운동을 하고 유권자들이 정당과 후보자의 선거운동에 어떻게 지지를 보내고 반대를 하는지와 관련하여 선거일 투표시간에 투표장소와 그 부근에서만 규제가 이뤄질 뿐 전혀 규제가 이뤄지고 있지 않는 것이다. 요컨대 정당, 후보자 또는 유권자가 선거운동을 어떻게 할 것인지는 '선거문화'에 일임하고 있다고 해도 과언이 아닌 것이다. 이는 위와 같이 어떻게 보면 억압적인 규제를 가하고 있는 우리 선거법체계와는 극단에 서 있는 선거법체계라고 하지 않을 수 없다. 물론 독

---

54 § 32 Unzulässige Wahlpropaganda und Unterschriftensammlung, unzulässige Veröffentlichung von Wählerbefragungen

(1) Während der Wahlzeit sind in und an dem Gebäude, in dem sich der Wahlraum befindet, sowie unmittelbar vor dem Zugang zu dem Gebäude jede Beeinflussung der Wähler durch Wort, Ton, Schrift oder Bild sowie jede Unterschriftensammlung verboten.

(2) Die Veröffentlichung von Ergebnissen von Wählerbefragungen nach der Stimmabgabe über den Inhalt der Wahlentscheidung ist vor Ablauf der Wahlzeit unzulässig.

55 유권자에게 영향을 미치는 행위를 금지하고 있는 이유는 선거 당일에 선거가 실시되는 투표장에서 직접적으로 행해지는 선거운동은 그 내용이나 형태가 유권자의 투표행위에 영향을 미칠 수 있다는 것을 고려하여 허용되지 않는다는 것을 입법화한 것이다. 여기서 허용되지 않는 선거운동은 그 주체를 불문한다. 그것이 후보자나 정당에 의해서 이루어지든 아니면 유권자나 그 밖의 다른 집단 또는 단체에 의하여 이루어지든 허용되지 않는다는 점에서는 차이가 없다. 하지만 투표장에서 특정한 정당을 상징하는 휘장을 달고 다니는 것은 그것이 선거와 관련된 공무를 수행하는 위원들이 아닌 한, 헌법에서 보장하는 의사표현의 자유로서 금지되지는 않는다고 보고 있다. '서명모으기운동'을 금지하고 있는 것은 자유선거원칙의 효과적인 보장을 위해서 소극적 의사표현의 자유 및 선거의 비밀유지의 보장을 그 목적으로 하고 있는 규정이다. 그리고 '선거일에 투표가 진행되고 있는 동안 출구여론조사결과를 공표하는 것'은 유권자의 투표행위에 영향을 미칠 수 있다는 것을 고려하여 입법자들은 제2항의 규정을 둔 것으로, 선거일에 여론조사결과의 공표를 금지하는 것은 선거의 자유와 비밀선거의 원칙을 보장하는 기본법의 정신과도 일치하는 것으로 불가피한 선거운동 제한이라고 보고 있다[이상의 내용은 조재현, "자유선거의 원칙", 공법연구 제30집 제4호(2002년), 108면 참조].

일에서도 우리의 선거자유방해죄[56]에 해당하는 선거인강요죄, 우리의 매수이해유도죄에 해당하는 선거인매수죄(독일형법 제108b조[57]) 등 선거범죄에 대한 규율이 '독일형법'(Strafgesetzbuch)에 존재하고, 이외에도 그 대표적인 선거범죄 조항으로 선거방해죄(제107조), 선거조작죄(제107a조), 선거문서위조(제107b조), 투표비밀침해죄(제107c조), 선거인에 대한 사기죄(제108a조), 부수효과(제108c조), 적용범위(제108d조), 의원직매수(제108e조) 등이 있다.[58]

물론 선거운동에 관한 규제와 이와 연관된 규제를 무한정으로 풀 수는 없을 것이다. 그렇게 된다면, 선거가 너무 혼탁해지고 금권 및 관권 동원과 조직동원이 난무해 선거의 공정성이 깨질 우려가 있기 때문이다. 저자의 견해로는 규제를 가하지 않으면 선거의 공정성이 심대하게 침해될 우려가 있는 몇 가지 규제, 즉 기부행위를 비롯한 **금권선거**에 관한 규제, 2012년 대선에서도 논란이 된, 공무원 등에 의한 **관권선거**에 관한 규제, 당락에 지대한 영향을 끼치는

---

56 제108b조(선거인매수죄)

① 타인이 투표하지 않도록 하거나 특정한 의미로 투표를 하도록 뇌물이나 기타 이익을 제공하거나 이를 약속 또는 보장한 자는 5년 이하의 징역 또는 벌금형에 처한다.

② 타인이 투표하지 않도록 하거나 특정한 의미로 투표하도록 뇌물이나 기타 이익을 요구하거나 약속을 받거나 이를 승낙한 자도 제1항과 같다.

§ 108b Wählerbestechung

(1) Wer einem anderen dafür, daß er nicht oder in einem bestimmten Sinne wähle, Geschenke oder andere Vorteile anbietet, verspricht oder gewährt, wird mit Freiheitsstrafe bis zu fünf Jahren oder mit Geldstrafe bestraft.

(2) Ebenso wird bestraft, wer dafür, daß er nicht oder in einem bestimmten Sinne wähle, Geschenke oder andere Vorteile fordert, sich versprechen läßt oder annimmt.

57 제108조(선거인강요죄)

① 폭행하거나 상당한 해악으로써 협박하거나, 직업적 또는 경제적 종속관계를 남용하거나 기타 경제적 압력을 행사하여, 투표하게 하거나 특정한 의미로 투표하게 하도록 타인을 위법하게 강요 또는 방해한 자는 5년 이하의 징역 또는 벌금에 처한다. 특히 중한 경우에는 1년 이상 10년 이하의 징역형에 처한다.

② 미수범은 처벌한다.

§ 108 Wählernötigung

(1) Wer rechtswidrig mit Gewalt, durch Drohung mit einem empfindlichen Übel, durch Mißbrauch eines beruflichen oder wirtschaftlichen Abhängigkeitsverhältnisses oder durch sonstigen wirtschaftlichen Druck einen anderen nötigt oder hindert, zu wählen oder sein Wahlrecht in einem bestimmten Sinne auszuüben, wird mit Freiheitsstrafe bis zu fünf Jahren oder mit Geldstrafe, in besonders schweren Fällen mit Freiheitsstrafe von einem Jahr bis zu zehn Jahren bestraft.

(2) Der Versuch ist strafbar.

58 http://www.gesetze-im-internet.de/stgb/BJNR001270871.html

방송, 신문 등 **언론매체 이용**하는 부분(이는 규제라기보다 그 이용권리를 형성하는 것이라고 볼 것임), **선거일 당일**의 **선거운동과 여론조사 공표 금지**에 관한 규제를 제외하고는 이를 혁명적으로 풀 필요가 있다고 본다.

이러한 혁명적인 규제 완화가 당장 실현되기는 어렵겠지만, 멀지 않은 장래에는 실현될 수 있고, 실현되어야 한다고 본다.

제 3 장 기부행위 제한

The Public Official Election Act

Ⅰ. 기부행위의 제한의 의의와 그 규제의 개관

1. 기부행위 제한의 의의

'기부행위'는 당해 선거구 안에 있는 자나 기관·단체·시설 및 선거구민의 모임이나 행사 또는 당해 선거구의 밖에 있더라도 그 선거구민과 연고가 있는 자나 기관·단체·시설에 대하여 금전·물품 기타 재산상 이익의 제공, 이익제공의 의사표시 또는 그 제공을 약속하는 행위를 말하는데(법§112), 이러한 기부행위가 일정한 예외를 제외하고는 상시적으로 금지되는 것을 말한다.

이러한 기부행위 제한 규정의 취지와 관련하여 대법원 2009. 4. 23. 선고 2009도834 판결은, "선거법에서의 기부행위는 일방이 상대방에게 무상의 이익을 제공하거나 약속하는 것으로서, 이를 제한하는 것은 그것이 후보자 등의 지지기반을 조성하는 데에 기여하거나 매수행위와 결부될 가능성이 높아 이를 허용할 경우 선거 자체가 후보자의 인물·식견 및 정책 등을 평가받는 기회가 되기보다는 후보자의 자금력을 겨루는 과정으로 타락할 위험성이 있어 이를 방지하기 위하여 마련된 것"이라고 판시한 바 있다.

2. 기부행위 규제 개관

기부행위의 제한은 그 주체를 중심으로 일부 기부행위 시기가 가미돼 규정되어 있는데, ⅰ) 국회의원·지방의회의원·지방자치단체의 장·정당의 대표자·후보자(후보자가 되고자 하는 자 포함)와 그 배우자의 기부행위의 제한(법§113), ⅱ) 정당, 정당선거사무소의 소장, 후보자(후보자가 되고자 하는 자 포함)나 그 배우자의 직계존·비속과 형제자매, 후보자(후보자가 되고자 하는 자 포함)의 직계비속 및 형제자매의 배우자, 선거사무장, 선거연락소장, 선거사무원, 회계책임자, 연설원, 대담·토론자나 후보자(후보자가 되고자 하는 자 포함) 또는 그 가족과 관계있는 회사, 그 밖의 법인·단체 또는 그 임·직원의 기부행위의 제한(법§114), ⅲ) 선거법 제113조 또는 제114조에 규정된 이외의 제3자의 선거에 관하여 후보자(후보자가 되고자 하는 자 포함) 또는 그 소속정당을 위하여 행하는 기부행위의 제한(법§115), ⅳ) 일반인들의 선거에 관한 기부행위의 요구 또는 기부행위 수령의 제한(법§116,§117), ⅴ) 후보자와 후보자의 가족 또는 정당의 당직자의 선거일 후 답례의 금지(법§118)가 바로 그것이다.

위와 같은 규제를 개관하면 [그림 3-1]과 같다.

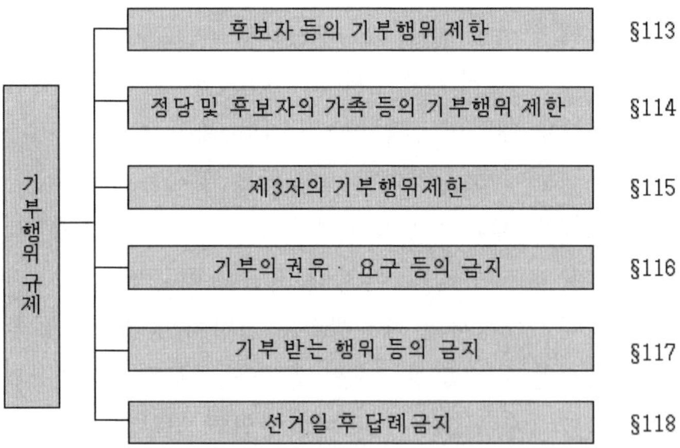

[그림 3-1] 선거와 관련 있는 기부행위 규제 체계도

3. 기부행위의 정의

기부행위 정의는 앞서 본 바와 같은데, 이를 분설하면 다음과 같다.

가. 선거와의 관련성의 존재

선거법이 금지하는 기부행위가 되기 위해서는 그 기부행위의 '선거 관련성'이 있을 것이 요구된다. 이에 대하여 선거법 제112조는 "당해 선거구 안에 있는 자나 기관·단체·시설 및 선거구민의 모임이나 행사 또는 당해 선거구의 밖에 있더라도 그 선거구민과 연고가 있는 자나 기관·단체·시설에 대하여"라고 표현하고 있다. 이는 이러한 선거 관련성이 있는 기부행위만이 선거에 영향을 미치기 때문이다.

(1) 당해 선거구 안에 있는 자

선거가 치러지는 당해 선거구 안에 있는 자(者)는 선거 관련성이 인정되고, 여기서 문제되는 자는 단체 등이 별도로 규정된 점을 고려하면, 자연인을 의미한다. 또 '선거구 안에 있는 자'의 범위가 문제되는데, 가장 전형적으로 생각할 수 있는 사람은 선거권이 있는 선거구민(選擧區民)이다. 다만 선거권이 없는 선거구민에 대한 기부행위인 경우에도 선거에 영향을 미치기 때문에 그들도 '선거구 안에 있는 자'에 포함된다. 또한 그러한 자가 아니고 '단순히 선거구에 체재하고 있는 자'에 대한 기부행위도 선거에 영향을 미치기 때문에(예컨대, 그러한 자가 선거운동을 하는 자인 경우를 생각하면 그 점은 비교적 명확함), 그들에 대한 제한도 필요하게 된다. 또 당해 선거구는 선거법 제20조에 따라 정해지는데, 국회의원의 경우에 지역구국회의원선거구는 당해 지역구이고, 비례대표국회의원의 선거구는 전국이다.

이와 관련하여 대법원 1996. 11. 29. 선고 96도500 판결은, "선거법 제112조 제1항이 기부행위의 상대방으로 규정하고 있는 '당해 선거구 안에 있는 자'는 그 문구 자체도 후단의 '당해 선거구민과 연고가 있는 자'에 사용된 '당해 선거구민'과는 다르고, <u>그 입법취지도 당해 선거구 내에서는 선거구민은 물론 선거구민이 아닌 사람에게라도 금품이나 재산상 이익이 제공되면 선거구민에게 영향을 미칠 우려가 있으므로 이러한 경우도 금지하려는 취지</u>로 보이므로,

위의 '당해 선거구 안에 있는 자'란 선거구 내에 **주소**나 **거소**를 갖는 자는 물론 선거구 안에 **일시적**으로 **체재**하는 자도 포함한다"고 판시한 바 있다.

(2) 당해 선거구 안에 있는 기관·단체·시설

이는 선거가 치러지는 선거구 안에 '주소'가 있거나 활동의 근거지가 있는, '자연인' 이외의 기관·단체·시설이다. 여기서 '단체·기관'은 특정한 목적을 위하여 설립된 계속적 결사체를 말하는 것이고, 판례는 정당도 이러한 단체 등에 포함[1]된다고 하였다(대법원 2007. 7. 12. 선고 2007도172 판결). 또 '시설'(施設)은 특정 목적으로 설치된 물적(物的) 결합체이다.

(3) 선거구민의 모임이나 행사

'모임'은 특정한 목적 아래 일시적으로 여러 사람이 모이는 것을 말하고, '행사'(行事)는 그러한 모임을 개최하거나 그 모임 자체를 말한다. 다만, 이는 선거구민이 주최자가 되거나 주도하여 개최하거나, 그렇지 않더라도 불특정 또는 다수의 선거구민이 참여하는 경우라야 한다.

(4) 선거구의 밖에 있지만 그 선거구민과 연고가 있는 자 또는 기관·단체·시설

'연고'(緣故)라고 함은 혈연·학연·지연 등 어느 정도의 친밀성이 있는 일정한 사회적 관계를 의미한다. 이와 관련하여 대법원 2006. 12. 21. 선고 2006도7087 판결은, "여기서 '선거구민과 연고가 있는 자'란 당해 선거구민의 가족·친지·친구·직장동료·상하급자나 향우회·동창회·친목회 등 일정한 혈연적·인간적 관계를 가지고 있어 그 선거구민의 의사결정에 직접적 또는 간접적으로 어떠한 영향을 미칠 수 있는 가능성이 있는 사람을 말하며 그 연고를 맺게 된 사유는 불문한다"고 판시한 바 있다. 또 대법원은 "제112조 제1항에서 기부행위 제한기간 중에 기부행위를 할 수 없는 상대방으로 규정하고 있는 '기관·단체·시설'이라고 함은 당해 선거구 안에 활동의 근거를 두고 있는 다수인의 계속적인 조직이나 시설이면 충분하고, 반드시 「민법」상의 법인과 같이 형식적·실질적인 요건을 모두 갖춘 단체에 한정된다고 할 수 없다"고 판시한 바 있다(대법원 1996. 6. 28. 선고 96도1063 판결). 또한, 대법원 2007. 10. 26. 선고 2006

1 이에 관한 자세한 견해 대립에 대하여는 이원범, "정당도 기부행위의 상대방으로서 공직선거법 제113조 제1항에 정한 '특정 선거구민과 연고가 있는 기관·단체'에 해당될 수 있는지 여부", 대법원판례해설 제74호(2007. 하반기), 561~562면.

도8590 판결은, "정당의 시·도당 당직자 또는 공천심사위원회 위원장이라고 하더라도, 그 선거구민과 일정한 혈연적·인간적 관계를 가지고 있다는 점에 대한 입증이 없다면, 그와 같은 직책을 맡고 있다는 사정만으로 당연히 그 시·도당이 소재하는 특별시·광역시·도내의 선거구민들과 '연고가 있는 자'에 해당한다고 할 수는 없다"고 판시하면서, '혈연적·인간적 관계를 가지고 있어 그 선거구민의 의사결정에 직접적 또는 간접적으로 어떠한 영향을 미칠 수 있는 가능성이 있다는 사실'에 관하여는 검사가 증명해야 한다고 판단하였다.

(5) 기부행위 상대방의 특정의 정도

이외 관련하여 대법원 2003. 10. 23. 선고 2003도3137 판결은, "어떠한 행위가 선거법에서 말하는 기부행위라고 인정하기 위하여는 기부행위의 상대방이 위 규정에 정해진 자로 특정되어야 할 뿐만 아니라 그 상대방은 금품이나 재산상 이익 등을 제공받는 구체적이고 직접적인 상대방이어야 하고 추상적이고 잠재적인 수혜자에 불과할 경우에는 여기에 해당되지 않는다고 할 것인바, 이 사건의 경우 피고인의 발언은 '당선이 되면 속초시장 급료 전액을 속초시 재정력 향상과 지역인재 육성을 위한 장학회 발족에 기탁하고자 한다'는 것으로서 비록 그와 같은 기탁의 결과 속초시민들이 속초시 재정을 위하여 부담해야 할 각종 세금 납부의무 등이 경감되고 불특정 다수의 속초시민들이 장학금 수혜대상이 될 수 있는 기회가 제공된다고 하더라도 '속초시 선거구민 전체'는 추상적이고 잠재적인 수혜자가 될 수 있을지언정 기부행위 자체의 구체적이고 직접적인 상대방이라고 할 수 없으므로 피고인이 위와 같은 발언을 하여 속초시 선거구민 전체를 상대로 기부행위를 하였다고 볼 수는 없다"고 판단하였다.[2]

나. 금전, 금품, 기타 재산상 이익의 제공 등

(1) 판례가 의미하는 기부행위의 의미

'기부행위'라 함은 원칙적으로 당사자의 일방이 상대방에게 무상으로 금품이나 재산상 이익 등을 제공하는 것을 말한다(대법원 2007. 3. 29. 선고 2006도

---

2 '속초시'도 위와 같은 발언에서 기부행위 상대방이 된다고 할 수 없다고 하였다.

9392 판결 다수 판례). 따라서 '무상성(無償性)'이 결여된 '유상성(有償性)'이 있는 경우에는 특별한 사정이 없는 한 원칙적으로 기부행위에 해당하지 않는다.

이와 관련하여 대법원은, i) 일부 대가관계가 있더라도 급부와 반대급부 간의 현저한 불균형이 있는 경우에는 정당한 반대급부로 볼 수 없는 부분은 기부행위가 되고(대법원 2005. 9. 29. 선고 2005도2554 판결), ii) 유상으로 선거운동을 하기로 약정하였더라도 제공하는 노무에 비하여 비정상적으로 과다하게 대가를 지급하거나 노무는 형식적으로 제공받고 대가만 지급하는 경우에는 노무에 대한 대가로 볼 수 없는 금품제공 부분은 '기부행위'에 해당한다고 하였다(대법원 1996. 11. 29. 선고 96도500 판결). 또한, iii) 유상으로 행하여지는 경우에도 그것으로 인하여 다른 일반인은 얻기 어려운 재산상 이익을 얻게 되는 경우(대법원 1996. 12. 23. 선고 96도1558 판결), iv) 진정한 의미의 자원봉사자를 모집하여 선거운동을 하게 한 후 금품을 제공한 경우(대법원 1996. 11. 29. 선고 96도500 판결)에도 기부행위가 된다고 보았다.

그러나 대법원은 i) 채무의 이행 등 정당한 대가관계로 행하는 경우(대법원 2014. 1. 16. 선고 2013도10316 판결), ii) 명목상 자원봉사자라고 부르더라도 처음부터 대가를 지급하기로 하고 선거운동을 할 사람을 모집하여 선거운동을 하게 하고 그 대가로서 일당을 지급한 경우(대법원 1996. 11. 29. 선고 96도500 판결), iii) 후보자에 의하여 타인에게 금품의 제공되었다고 할지라도 그것이 실질적으로 같은 법 제135조 소정의 선거사무관계자에 대한 수당 및 실비보상과 같이 법이 허용하는 선거비용으로 지출된 경우(대법원 1998. 7. 10. 선고 98도477 판결)는 기부행위에 해당하지 않는다고 보았다.

(2) 기부행위의 대상

금지되는 기부행위의 대상은 금전·물품 기타 재산상 이익이다. '금전'(金錢)은 돈이나 화폐를 의미하고, '물품'(物品)은 쓸 만한 가치가 있는 물건을 의미하고, 물건에 해당하는지 여부는 유체물(有體物)·전기(電氣)나 기타 관리할 수 있는 자연력(自然力)인지(「민법」§98)에 따라 결정한다. 또한, '재산상 이익'(利益)은 금전이나 물품 이외의 '재산적 가치 있는 일체의 이익'이나,[3] 재산적 가

3 이재상, 『형법각론』, 박영사, 2000, 284면 참조.

치를 산정하기 곤란하더라도 그 제공을 통해 기부행위 상대방의 '욕망·욕구 또는 수요'를 충족시켜줄 수 있는 '일체의 이익'을 의미하고, 따라서 비록 재산적 가치를 산정하기 어려운, '이성간의 정교'나 '성행위'도 이에 포함된다고 본다.[4] 이와 관련하여 "이익에 재산적 이익뿐만 아니라 모든 이익을 포함된다고 한다면 금지되는 범위가 너무 확대되어 선거운동의 자유가 본질적으로 침해될 우려가 있는 점 등에 비추어 보면 위 이익은 재산적 이익에 한한다고 보는 것이 타당하다고 할 것이다"고 판시한 다음, '선거구민들과 즉석사진을 함께 찍고 이를 무료로 나누어 준 행위'에 대하여 기부행위에 해당한다고 판단한 판례가 있다(서울고등법원 1998. 4. 3. 선고 97노2263 판결).

(3) 기부행위의 태양

위와 같은 금전·물품이나 기타 재산상 이익을 제공하거나 그 이익제공의 의사표시를 하거나 그 제공을 약속하는 행위이다.

먼저 제공과 관련해서 보면, '제공'(提供)은 사전적으로는 '가지거나 누리도록 주는 것'을 의미하는 것이다. '후보자의 배우자와 선거사무원 사이의 현금 수수'가 그 제공에 해당하는지와 관련하여 대법원 2002. 2. 21. 선고 2001도2819 전원합의체 판결은, "선거법 제112조 제1항의 '제공'이라 함은 반대의견이 주장하는 바와 같이 반드시 금품을 '상대방에게 귀속'시키는 것만을 뜻하는 것으로 한정해석해서는 안 된다는 것인즉, 중간자에게 금품을 주는 경우라 하더라도 그 중간자가 단순한 보관자이거나 특정인에게 특정금품을 전달하기 위하여 심부름을 하는 사자에 불과한 자가 아니고 그에게 금품배분의 대상이나 방법, 배분액수 등에 대한 어느 정도의 판단과 재량의 여지가 있는 한 비록 그에게 귀속될 부분이 지정되어 있지 않은 경우라 하더라도 그에게 금품을 주는 것이 위 규정에서 말하는 '제공'에 포함"된다고 판단하였다.[5] 또 판례는 "기

---

4 다만, 위와 같이 해석하는 경우 유추해석금지 원칙에 어긋날 소지가 있으므로, 입법적으로 '재산상 이익 등 일체의 이익'으로 개정할 필요성이 있다고 본다.

5 이에 비하여 "다수의견의 견해를 후보자나 그 배우자가 유권자에게 제공하라는 용도로 선거사무원에게 금전을 교부하는 행위도 기부행위에 해당한다는 것으로 이해하더라도, '제공'은 '가지거나 누리도록 주는 것'을 의미하여 단순히 '내주는 일'을 의미하는 '교부'와 그 사전적 의미도 다를 뿐만 아니라, 선거법상으로도 '제공'이라는 용어와 단순한 '교부'라는 용어를 구분하여 규정하고 있으므로, 단순한 교부행위는 선거법 제112조 제1항 제1호의 '제공행위'에 해당하지 아니함이 분명하고, 따라서 금전 등 물품을 제3자에게 전달하여 달라는 용도로 상

부행위는 행위자가 기부한 물품을 돌려받을 의사를 일부 가지고 있었다고 하더라도 그 물품을 돌려받지 못할 수도 있다는 점을 인식하였다면 그 물품을 교부하는 것만으로도 성립한다"고 판시한 바 있다(대법원 2004. 3. 11. 선고 2003도6650 판결 참조).

그리고 대법원은 '이익제공의 의사표시'에 관하여, "선거법 제112조 제1항의 기부행위 중 금품이나 이익제공의 의사표시는 사회통념상 쉽게 철회하기 어려울 정도로 진정한 의지가 담긴 것으로 외부적·객관적으로 나타나는 정도에 이르러야 하고, 금품이나 이익제공과 관련하여 어떤 대화가 있었다고 하더라도 그것이 단지 의례적이나 사교적인 인사치레 표현에 불과하다면 금품이나 이익제공의 의사표시라고 볼 수 없다"고 판시한 다음, 여러 사람이 식사를 함께 한 경우 참석자 중 한 사람 또는 그 일부가 식사대금 전부를 지급하는 우리 사회의 관행 등에 비추어 볼 때, 찻값을 내겠다고 말하였다는 사정만 가지고 실제로 찻값을 내지 않은 사람은 그 이익제공의 의사표시를 했다고 할 수 없다고 판단하였다(대법원 2007. 3. 15. 선고 2006도8869 판결).

끝으로, '약속'(約束)은 금전·물품이나 재산상 이익의 제공에 관하여 제공자와 그 상대방 사이에 합의(合意)에 이르거나 의견 일치를 보는 것을 말한다.

기부행위 해당 여부(중앙선관위 질의회답)

- 국회의원이 학부모로 구성된 자원봉사단에 **공공기관이 운영하는 무료 프로그램**에 대한 **정보**를 제공하고, 자원봉사단이 현장학습을 진행하는 것은 선거법상 제한되지 않음(2009. 7. 14)
- 지방자치단체장이 당해 지방자치단체를 방문한 재외동포 언론인에게 **오찬** 또는 **만찬**을 제공하고 지방자치단체의 현황을 설명하는 것은 무방할 것임(2010. 3. 12)

대방에게 교부하는 것은 기부행위에 해당하지 아니함에도 다수의견과 같이 선거사무원에 대한 금전 교부행위가 기부행위에 해당한다고 보는 것은 형벌법규의 유추해석을 금지하는 죄형법정주의에도 어긋나는 위헌적인 법률해석으로서, 후보자가 선거사무원에게 수당으로 지급하라고 지역 책임자에게 돈을 '교부'한 행위는 선거법 제112조 제1항의 기부행위에 해당하지 아니한다는 종전 판례(대법원 1998. 7. 10. 선고 98도477 판결)와도 어긋난다"는 반대의견이 있다.

- 후보자가 되려는 사람이 나머지 **주식**(100만 주)에 대해서 50만 주는 이미 설립된 **재단에 기부**하고, 50만 주는 재단법인을 수익자로 하여 신탁기관에 **신탁하는 행위**는 무방함(2012. 10. 9)
- 국회의원이 학계 연구자들의 의견을 구해 정책개발과 입법활동에 참고하고 그들의 연구활동 자료로 활용하게 할 목적으로 자신의 **학술연구서 요약본(비매품)**을 학계 연구자들에게 제공하거나, 이를 자신이 운영하는 인터넷홈페이지에 게시하는 것은 무방할 것임(2013. 6. 20)

4. 기부행위의 예외

통상적인 정당활동과 관련한 행위(1호), 의례적 행위(2호), 구호적·자선적 행위(3호), 직무상의 행위(4호), 법령의 규정에 근거한 금품 등을 찬조·출연 또는 제공하는 행위(5호), 그 밖에 선거규칙으로 정하는 행위(6호)는 기부행위로 보지 않는다(법§112②). 이러한 기부행위 예외와 관련하여 '통상적인 범위에서 제공하는 음식물 또는 음료'라 함은 일상적인 예를 갖추는데 필요한 정도로 현장에서 소비될 것으로 제공하는 것을 말하고 기념품 또는 선물로 제공하는 것은 제외하는데(법§112③), 선거규칙은 '1인당 한도 금액으로' '식사류는 1만 원', '다과류는 3천 원', '음료는 1천 원'으로 규정하고 있다(규칙§50⑥).

이와 관련하여 대법원 1996. 12. 23. 선고 96도1558 판결은, "「공직선거 및 선거부정방지법」 제112조 제1항이 처벌대상이 되는 기부행위의 종류를 포괄적으로 규정한 것과는 대조적으로, 제2항에서 의례적이거나 직무상의 행위로서 기부행위로 보지 아니하는 경우를 규정함에 있어서는 이를 구체적으로 열거하고, 나아가 「선관위규칙」과 중앙선관위의 결정에 의하여 구체적으로 특정되도록 규정하고 있는 법령규정방식에 비추어 볼 때, 일응 「공직선거 및 선거부정방지법」 제112조 제1항에 해당하는 금품 등의 제공행위가 제2항과 이에 근거한 선거규칙 및 같은 위원회의 결정에 의하여 의례적이거나 직무상 행위로서 허용되는 것으로 열거된 행위에 해당하지 아니하는 이상, 후보자 등의 기부행위금지 위반을 처벌하는 「공직선거 및 선거부정방지법」 제257조 제1항 제1호의 범죄 구성요건해당성이 있다"고 판시하였다.

가. 통상적인 정당활동과 관련한 행위

(1) 개 관

다음과 같은 통상적인 정당활동과 관련한 행위는 기부행위로 보지 않는다(법§112②1호).

기부행위 예외인 통상적인 정당활동과 관련한 행위(법§112②1호)

- 정당이 각급 당부(黨部)에 당해 당부의 **운영경비**를 지원하거나 유급사무직원에게 **보수**를 지급하는 행위(가목)
- 정당의 당헌·당규 기타 정당의 내부규약에 의하여 정당의 당원이 **당비** 기타 **부담금**을 납부하는 행위(나목)
- 정당이 소속 국회의원, 선거법에 따른 공직선거의 후보자·예비후보자에게 **정치자금**을 지원하는 행위(다목)
- 제140조 제1항에 따른 창당대회 등과 제141조 제2항에 따른 당원집회 및 당원교육, 그 밖에 소속 당원만을 대상으로 하는 당원집회에서 참석당원 등에게 정당의 경비로 **교재**, 그 밖에 정당의 **홍보인쇄물**, 싼 값의 정당의 **배지** 또는 **상징마스코트**나 통상적인 범위에서 **차·커피 등 음료**(주류는 제외)를 제공하는 행위(라목)
- 통상적인 범위안에서 선거사무소·선거연락소 또는 정당의 사무소를 방문하는 자에게 **다과·떡·김밥·음료**(주류는 제외) 등 다과류의 음식물을 제공하는 행위(마목)
- 중앙당의 대표자가 참석하는 당직자회의(구·시·군단위 이상의 지역책임자급 간부와 시·도수의 10배수에 상당하는 상위직의 간부가 참석하는 회의를 말함) 또는 시·도당의 대표자가 참석하는 당직자회의(읍·면·동단위 이상의 지역책임자급 간부와 관할 구·시·군의 수에 상당하는 상위직의 간부가 참석하는 회의를 말함)에 참석한 당직자에게 통상적인 범위에서 **식사류의 음식물**을 제공하는 행위(바목)
- 정당이 소속 유급사무직원을 대상으로 실시하는 교육·연수에 참석한 유급사무직원에게 정당의 경비로 **숙식·교통편의 또는 실비**의 여비를 제공하는 행위(사목)
- 정당의 대표자가 소속 당원만을 대상으로 개최하는 신년회·송년회에 참석한 사람에게 정당의 경비로 통상적인 범위에서 **다과류의 음식물**을 제공하는 행위(아목)
- 정당이 그 명의로 재해구호·장애인돕기·농촌일손돕기 등 대민 자원봉사활동

을 하거나 그 자원봉사활동에 참석한 당원에게 정당의 경비로 **교통편의**(여비는 제외)와 통상적인 범위에서 **식사류의 음식물**을 제공하는 행위(자목)
- 정당의 대표자가 개최하는 정당의 정책개발을 위한 간담회·토론회에 참석한 직능·사회단체의 대표자, 주제발표자, 토론자 등에게 정당의 경비로 **식사류의 음식물**을 제공하는 행위(차목)
- 정당의 대표자가 개최하는 정당의 각종 행사에서 모범·우수당원에게 정당의 경비로 **상장**과 통상적인 **부상**을 수여하는 행위(카목)
- 제57조의5 제1항 단서에 따른 의례적인 행위(타목)
- 정당의 대표자가 주관하는 당무에 관한 회의에서 참석한 각급 당부의 대표자·책임자 또는 유급당직자에게 정당의 경비로 **식사류의 음식물**을 제공하는 행위(파목)
- 정당의 중앙당의 대표자가 당무파악 및 지역여론을 수렴하기 위하여 시·도당을 방문하는 때에 정당의 경비로 방문지역의 기관·단체의 장 또는 사회단체의 간부나 언론인 등 제한된 범위의 인사를 초청하여 간담회를 개최하고 **식사류의 음식물**을 제공하는 행위(하목)
- 정당의 중앙당이 당헌에 따라 개최하는 전국 단위의 최고 대의기관 회의에 참석하는 당원에게 정당의 경비로 **교통편의**를 제공하는 행위(거목)

(2) 구체적 내용

아래에서는 위 개관에서 본 기부행위의 예외 유형 중 특별히 설명할 부분이 있는 경우에 설명한다. 다만, 식사류의 음식물에서 주류를 포함하는데(이는 1호 이외의 나머지 기부행위 예외를 규정한 각호에서도 마찬가지라고 봄), 이는 다과류의 음식물(위 라목,마목 참조)에서는 주류를 명시적으로 제외하고 있지만, 식사류의 음식물에서는 주류를 제외하고 있지 않기 때문이다.

(가) 당비 등 부담금 납부(가목)

이와 관련하여 대법원 2007. 4. 26. 선고 2007도218 판결은, "정당의 당원이 당비를 납부하는 행위가 선거법 제112조 제2항에 의하여 기부행위로 보지 아니하는 같은 항 제1호 (나)목의 '정당의 당헌·당규 기타 정당의 내부규약에 의하여 정당의 당원이 당비 기타 부담금을 납부하는 행위'에 해당하려면, 위 규정의 문언상 당해 정당의 당헌·당규 기타 내부규약에 따른 경우라야 한다"고 설시한 다음, "이 사건 당시 (정당명 생략)당의 당비규정은 특별당비는 중앙당에 납부해야 하며, 당비의 입금은 자동계좌이체, 휴대전화·유선전화 결제와 그 외에 당 중앙위원회가 정한 결제 방식 중의 하나로만 하도록 규정되어 있는 점, 피고인은 이 사건 당시 위와 같은 규정에 의하지 아니하고 (정당명 생략)당 전북도당 조직국장인 공소외 1에게 현금으로 1,000만 원을 전달하는 방법을 취하면서 이를 중앙당이 아닌 전북도당의 특별당비로 납부한 점을 알 수 있는바, 그렇다면 피고인의 이러한 특별당비 납부행위는 선거법 제112조 제2항 제1호 (나)목의 '정당의 당헌·당규 기타 정당의 내부규약에 의하여 정당의 당원이 당비 기타 부담금을 납부하는 행위'에 해당하지 않는다고 할 것"이라고 판단하였다.

실전팁(당비대납이 기부행위 예외에 해당하는지 여부)

□ 당비대납의 의미와 그 유형

– 당비대납(黨費代納)은 당비나 기타 당원으로서 권리를 행사하기 위하여 정해진 금품을 당해 당원이 아닌 제3자가 대신 납부해주는 행위를 의미하고, 이는 주로 당내경선 과정에서 주로 발생함

– 이에는 제3자가 그 당원 대신 당비 등 금품을 직접 납부하는 경우와 당해 당원이 자신의 당비 등 금품을 직접 납부하지만 그에 대하여 제3자 보전에 대한 약속이 있는 경우가 있음

□ 선거법 제257조상 기부행위위반죄 해당 여부

– 제257조상 기부행위위반죄에 해당한다는 것이 판례의 태도임

– 다만 대법원 2007. 2. 22. 선고 2006도7058 판결은 "어느 정당의 소속 당원이 정당에 납부해야 할 당비를 그 소속 당원 대신 납부하는 행위가 그 소속 당원에 대한 기부행위로서 위 선거법 제257조 제1항 제1호 위반죄에 해당하는 경우, 그 당비는 이를 기부받은 당원이 그 정당에 납부한 것으로 보아야 하므로, 이러한 당비의 대납행위를 그 소속 당원의 명의를 빌리거나 가장하여 스스로 정당에 정치자금을 기부하는 행위로서 위 「정치자금법」 제48조 제3호 위반죄에도 동시에 해당하여 위 선거법 위반죄와 상상적 경합관계가 된다고 볼 수는 없다"고 판시함

(나) 선거사무소 등 방문자에 대한 다과류의 음식물 제공(마목)

본목의 '선거사무소 등을 방문하는 자'는 내빈, 손님 등 '정당의 간부·당

원들'이나 '선거사무관계자'들 이외의 자들을 말한다. 또한 본목에서 허용되는 것은 주류를 제외한 다과·떡·김밥·음료 등 다과류의 음식물이고, 식사류의 음식물은 아니다. 이와 관련하여 대법원 2007. 7. 27. 선고 2007도3541 판결은, "비록 다과인 차와 과자가 아니더라도 떡·김밥·음료 등과 같이 간식으로 혹은 다과회 등에서 가볍게 먹을 수 있는 음식물은 위 법조항에 의한 '다과류의 음식물'에 해당한다 할 것이다"고 판시하였다. 대법원 2007. 2. 9. 선고 2006도7417 판결은 범충청하나로연합의 사무실 겸 선거사무소로 쓰는 사무실 안에 식당을 설치하고 그 사무실을 방문하는 하루 평균 20명 이상의 사람들에게 **떡국, 국수 등의 식사**를 제공한 행위는 이 기부행위 예외에 해당하지 않는다고 판단하였다.

이와 관련하여 중앙선관위는 창당기념행사를 개최함에 있어 행사참석자가 음식물 등의 가액에 상당하는 경비를 부담하고, 그에 상응하는 음식물을 제공하는 것은 무방할 것이라고 하였다(2008. 10. 8. 중앙선관위 질의회답).

(다) 우수당원 등에게 상장과 부상을 수여하는 행위(카목)

정당의 대표자 또는 그 대표자의 위임하에 실시하는 정당의 각종 행사에서 우수당원 등에게 상장과 부상을 수여하는 행위이다. 이와 관련하여 중앙선관위는 정당의 대표자가 개최하는 성평등수칙 제정을 위한 공모에서 정당의 경비로 우수 아이디어를 제출한 당원에게 통상적인 범위에서 문화상품권을 제공하는 것은 선거법 제112조 제2항 제1호 카목에 따라 무방할 것이라고 하였다(2013. 6. 3. 중앙선관위 질의회답).

(라) 선거법 제57조의5 제1항 단서에 따른 의례적인 행위(타목)

이에 대하여 '당내경선에서 당원 등 매수금지' 부분에서 기술한 바와 같다.[6]

나. 의례적 행위

(1) 개 관

다음과 같은 의례적인 행위는 기부행위로 보지 않는다(법§112②2호).

---

6 608~610면 참조.

기부행위 예외인 의례적인 행위(법§112②2호)

- 「민법」 제777조(친족의 범위)의 규정에 의한 친족의 관혼상제의식 기타 경조사에 **축의·부의금품**을 제공하는 행위(가목)
- 정당의 대표자가 중앙당 또는 시·도당에서 근무하는 해당 유급사무직원(중앙당 대표자의 경우 시·도당의 대표자와 상근 간부를 포함)·그 배우자 또는 그 직계존비속이 결혼하거나 사망한 때에 통상적인 범위에서 **축의·부의금품**(화환 또는 화분을 포함)을 제공하거나 해당 유급사무직원(중앙당 대표자의 경우 시·도당 대표자를 포함)에게 연말·설·추석·창당기념일 또는 그의 생일에 정당의 경비로 **의례적인 선물**을 정당의 명의로 제공하는 행위(나목)
- 국가유공자의 위령제, 국경일의 기념식, 「각종 기념일 등에 관한 규정」 제2조에 규정된 정부가 주관하는 기념일의 기념식, 공공기관·시설의 개소·이전식, 합동결혼식, 합동분향식, 산하 기관·단체의 준공식, 정당의 창당대회·합당대회·후보자선출대회, 그 밖에 이에 준하는 행사에 **의례적인 화환·화분·기념품**을 제공하는 행위(다목)
- 공익을 목적으로 설립된 재단 또는 기금이 선거일 전 4년 이전부터 그 설립목적에 따라 정기적으로 지급하여 온 **금품**을 지급하는 행위. 다만, 선거일 전 120일(선거일 전 120일 후에 실시사유가 확정된 보궐선거 등에 있어서는 그 선거의 실시사유가 확정된 때)부터 선거일까지 그 금품의 금액과 지급 대상·방법 등을 확대·변경하거나 후보자(후보자가 되려는 사람을 포함, 이하 이 조에서 같음)가 직접 주거나 후보자 또는 그 소속 정당의 명의를 추정할 수 있는 방법으로 지급하는 행위는 제외한다(라목).
- 친목회·향우회·종친회·동창회 등 각종 사교·친목단체 및 사회단체의 구성원으로서 당해 단체의 정관·규약 또는 운영관례상의 의무에 기하여 종전의 범위 안에서 **회비**를 납부하는 행위(마목)
- 종교인이 평소 자신이 다니는 교회·성당·사찰 등에 **통상의 예**에 따라 **헌금**(물품의 제공을 포함)하는 행위(바목)
- 선거운동을 위하여 후보자와 함께 다니는 자나 국회의원·후보자·예비후보자가 관할구역안의 지역을 방문하는 때에 함께 다니는 자에게 통상적인 범위에서 **식사류의 음식물**을 제공하는 행위. 이 경우 함께 다니는 자의 범위에 관하여는 선거규칙으로 정한다(사목).
- 기관·단체·시설의 대표자가 소속 상근직원(「지방자치법」 제6장 제3절과 제4절에서 규정하고 있는 소속 행정기관 및 하부행정기관과 그 밖에 명칭 여하를 불문하고 이에 준하는 기관·단체·시설의 직원은 제외)이나 소속 또는 차하급기관·단체·시설의 대표자·그 배우자 또는 그 직계존비속이 결혼하거나 사망한 때에 통상적인 범위에서 **축의·부의금품**(화환 또는 화분을 포함)을 제

공하는 행위와 소속 상근직원이나 소속 또는 차하급기관·단체·시설의 대표자에게 연말·설·추석·창립기념일 또는 그의 생일에 자체사업계획과 예산에 따라 **의례적인 선물**을 해당 기관·단체·시설의 명의로 제공하는 행위(아목)

- 읍·면·동 이상의 행정구역단위의 정기적인 문화·예술·체육행사, 각급학교의 졸업식 또는 공공의 이익을 위한 행사에 의례적인 범위에서 **상장**(부상은 제외)을 수여하는 행위와 구·시·군단위 이상의 조직 또는 단체(향우회·종친회·동창회, 동호인회, 계모임 등 개인 간의 사적모임은 제외)의 정기총회에 의례적인 범위에서 연 1회에 한하여 **상장**을 수여하는 행위. 다만, 제60조의2(예비후보자등록) 제1항의 규정에 따른 예비후보자등록신청개시일부터 선거일까지 후보자(후보자가 되고자 하는 자를 포함)가 직접 수여하는 행위를 제외한다(자목).
- 의정활동보고회, 정책토론회, 출판기념회, 그 밖의 각종 행사에 참석한 사람에게 통상적인 범위에서 **차·커피 등 음료**(주류는 제외)를 제공하는 행위(차목)
- 선거사무소·선거연락소 또는 정당선거사무소의 개소식·간판게시식 또는 현판식에 참석한 정당의 간부·당원들이나 선거사무관계자들에게 해당 사무소 안에서 통상적인 범위의 **다과류의 음식물**(주류를 제외)을 제공하는 행위(카목)
- 제114조 제2항에 따른 후보자 또는 그 가족과 관계있는 회사 등이 개최하는 정기적인 창립기념식·사원체육대회 또는 사옥준공식 등에 참석한 소속 임직원이나 그 가족, 거래선, 한정된 범위의 내빈 등에게 회사 등의 경비로 통상적인 범위에서 유공자를 **표창**(지방자치단체의 경우 소속 직원이 아닌 자에 대한 부상의 수여는 제외)하거나 **식사류의 음식물** 또는 **싼 값의 기념품**을 제공하는 행위(타목)
- 제113조 및 제114조에 따른 기부행위를 할 수 없는 자의 관혼상제에 참석한 하객이나 조객 등에게 통상적인 범위에서 **음식물 또는 답례품**을 제공하는 행위(파목)

(2) 구체적 내용

아래에서는 위 개관에서 본 기부행위의 예외 유형 중 특별히 설명할 부분이 있는 경우에 설명한다. 특히, **축의금·부의금**은 친족 범위에 있는 자에게 하는 경우, 정당의 대표자가 유급사무직원 등에게 하는 경우, 시설 등의 대표자가 그 소속 상근직원 등에게 하는 경우로 엄격하게 제한되어 있다(**법§112②2호가목,나목,아목**).

(가) 관혼상제의식시 축의·부의금품 제공(가목)

본목의 친족의 범위는 '8촌 이내의 혈족', '4촌 이내의 인척', '배우자'를 말하고(「민법」§777), 그 금액의 한도는 설정되지 않아서 축의금·부의금의 액수는 불문하고, 다만 지나치게 고액인 경우이어서 '뇌물' 등에 해당하는지는 별론으로 한다.

(나) 공익목적 재단 등을 통한 금품 지급(라목)

선거일 전 120일(선거일 전 120일 후에 실시사유가 확정된 보궐선거 등에 있어서는 그 선거의 실시사유가 확정된 때)부터 선거일까지 그 금품의 금액과 지급대상·방법 등을 확대·변경하거나 후보자(후보자가 되려는 사람을 포함)가 직접 주거나 후보자 또는 그 소속 정당의 명의를 추정할 수 있는 방법으로 지급하는 행위는 제외한다(위 단서). 이는 공익목적 재단 등을 통한 통상적인 금품 지급이더라도, 위 기간에 후보자가 직접 주거나 그 명의를 추정할 수 있는 방법으로 지급하는 경우에는 선거에 영향을 끼치기 때문이다.

이와 관련하여 중앙선관위는 선거일 전 4년 이전에 설립된 공익재단이 재단의 설립목적에 따라 선발된 장학생에게 정기적으로 지급하여 온 장학금을 대신하여 재단에 재능을 기부한 사람으로 하여금 선거운동에 이르는 행위 없이 학습지도·예능교육 등을 하게 하는 것은 선거법 제112조 제2항 제2호 라목에 따른 행위로 보아 무방할 것이나, 선거일 전 120일부터 선거일까지 학습지도·예능교육 등을 후보자가 되려는 국회의원이 직접 하거나 그 국회의원 또는 그 소속정당의 명의를 추정할 수 있는 방법으로 하여서는 안 된다고 하였다(2013. 6. 21. 중앙선관위 질의회답). 또한, 국회의원이 자신이 대표로 있는 장학재단의 장학금 수여식에서 격려사를 하는 행위는 후보자가 되고자 하는 자인 국회의원의 명의를 추정할 수 있는 방법으로 지급하는 행위에 해당한다고 하였다(2004. 12. 28. 중앙선관위 질의회답).

(다) 동창회 등 구성원으로서 종전의 범위 안에서 회비를 납부하는 행위(마목)

'종전의 범위 안'에서 정관·규약 또는 운영관례상 의무에 기하여 회비를 납부해야 한다. 따라서 종전의 범위를 벗어나 '이례적으로 특별회비'를 납부하는 경우에 본목에 해당하지 않고, 다만, 그 특별회비 납부가 규약 등에 규정되어 있거나 관행화되어 있는 경우에는 본목 규정에 해당할 것이다.

(라) 헌금 또는 시주 등을 하는 행위(바목)

'종교인'이 '평소 자신이 다니는' 교회·성당·사찰 등에 **통상의 예에 따라** 헌금(물품의 제공 포함)하는 행위는 기부행위 제한의 예외이다. ⅰ) 종교인이 아닌 경우에는 원칙적으로 이에 해당하지 않는다. ⅱ) 종교인이 자신이 평소 다니지 않는 교회나 사찰 등에 헌금을 하는 행위는 원칙적으로 이에 해당하지 않는다. 다만, 이러한 경우이더라도 그 기부금 액수가 그 목적에 부합하는 의례적인 금액에 머무는 경우(예컨대, 부처님 오신 날에 평소 다니지 않는 절에 단순히 몇 개의 등불을 다는 행위 등)에는 이에 해당한다고 본다. 중앙선관위는 국회의원이 특정행사의 추진을 위하여 일시적으로 구성된 '부산시 부처님오신날 봉축위원회'에 '고문이 되어 분담금을 납입'하는 것은 허용되지 않는다고 하였다(2005. 4 20. 중앙선관위 질의회답). ⅲ) 통상의 예를 벗어나는 경우, 즉 그 헌금 액수가 지나치게 고액(매월 헌금의 100배에 달하는 1억원의 헌금: 대법원 2007. 7. 26. 선고 2007도2336 판결)이거나 헌금이 이례적으로 행해진 경우는 그 예외가 아니다.

(마) 선거운동을 위하여 후보자 등과 함께 다니는 자 등에게 식사류의 음식물 제공하는 행위(사목)

이와 관련하여 선거규칙 제50조 제2항은 법 제112조(기부행위의 정의 등) 제2항 제2호 사목의 규정에 따라 '후보자·예비후보자 및 국회의원과 함께 다니는 자'의 범위에 대하여, 선거사무관계자·정당의 간부 및 보좌관 등 수행원을 모두 합하여 다음 각호에 해당하는 수 이하로 하고, 이 경우 가족[가족의 범위는 법 제10조(사회단체 등의 공명선거추진활동) 제1항 제3호의 규정을 준용함]은 함께 다니는 자의 수에 산입하지 않는 것으로 규정하고 있다.

1. 후보자·예비후보자
   가. 대통령선거에 있어서는 30인
   나. 시·도지사선거에 있어서는 15인
   다. 지역구국회의원선거 및 자치구·시·군의 장선거에 있어서는 10인
   라. 지역구지방의회의원선거에 있어서는 5인
2. 국회의원: 10인. 다만, 예비후보자 또는 후보자가 된 경우에는 제1호에서 정한 수로 한다.

(바) 단체 등 소속 직원에 대한 축의·부의금품 제공 등(아목)

본목이 "기관·단체·시설의 대표자가 소속 상근직원(「지방자치법」 제6장 제3절과 제4절에서 규정하고 있는 소속 행정기관 및 하부행정기관과 그 밖에 명칭 여하를 불문하고 이에 준하는 기관·단체·시설의 직원은 제외)"으로 규정하고 있으므로, 지방자치단체의 경우에는 소속 행정기관 등을 제외한 **본청 소속 상근직원만**을 말한다(2004. 8. 23. 중앙선관위 질의회답). 또 그 소속 또는 차하급기관·단체·시설의 경우에는 **대표자**·그 배우자·그 직계존비속만 해당하고, 그 **직원**이나 그 배우자 등은 포함되지 아니한다. 또한, 본목에서 말하는 의례적인 선물은, 연말·설·추석·창립기념일 또는 생일이라는 명목에 부합하는 것으로 예의에 어긋나지 않는 정도의 금품, 물품, 기타 재산상 이익을 말한다.

(사) 선거사무소 개소식에 참석자에 대한 다과류의 음식물 제공 행위(카목)

선거사무소·선거연락소 또는 정당선거사무소의 개소식·간판게시식 또는 현판식에 참석한 **'정당의 간부·당원들'이나 '선거사무관계자들'**에게 해당 사무소 안에서 통상적인 범위의 다과류의 음식물(주류를 제외)을 제공하는 행위가 허용되어 있다. 또한 이들 이외의 선거사무소 등 방문자에 대해서는 선거법 제112조 제2항 제1호 마목에서 규율하고 있는데, **선거사무소 방문자** 등에게 통상적인 범위 안에서 다과류의 음식물(주류 제외)을 제공하는 행위가 허용되는 것으로 규정되어 있다.

(아) 후보자 등이 개최하는 창립기념식 등에서 식사류의 음식물 또는 기념품 제공 행위(타목)

본목에서 의미하는 '표창'은 부상(副賞)을 금지하고 있지 아니하므로 이를 포함하는 의미로 본다. 본목에서 기부행위의 상대방은 **소속 임직원이나 그 가족, 거래선, 한정된 범위의 내빈** 등으로 규정되어 있다. 이는 비록 싼 값의 기념품이긴 하나 이를 제공할 수 있어 그 범위가 확대되는 경우 선거의 공정성이 해쳐질 수 있기 때문이다. 이와 관련하여 중앙선관위는 후원회 지정권자인 국회의원이 후원회 정관에 따라 후원회 총회의 기능을 대신하는 운영위원회 회의에서 전임 후원회대표자 및 사무국장에게 후원회로부터 기부 받은 정치자금으로 통상적인 범위에서 감사패(부상 포함)를 수여하는 것은 선거법 제112

조 제2항 제2호 타목에 따라 무방할 것이나, **선거구민** 또는 **선거구민과 연고가 있는 후원회 운영위원회 위원**들에게 식사를 제공하는 것은 같은 법 제113조에 위반될 것이라고 하였다(2013. 7. 29. 중앙선관위 질의회답).

다. 구호적·자선적 행위

(1) 개 관

다음과 같은 구호적·자선적 행위는 기부행위로 보지 않는다(법§112②3호).

기부행위 예외인 구호적·자선적 행위(법§112②3호)

- 법령에 의하여 설치된 사회보호시설 중 수용보호시설에 **의연금품**을 제공하는 행위(가목)
- 「재해구호법」의 규정에 의한 구호기관(전국재해구호협회를 포함) 및 「대한적십자사 조직법」에 의한 대한적십자사에 천재·지변으로 인한 재해의 **구호**를 위하여 **금품**을 제공하는 행위(나목)
- 「장애인복지법」 제58조에 따른 장애인복지시설(유료복지시설을 제외)에 **의연금품·구호금품**을 제공하는 행위(다목)
- 「국민기초생활 보장법」에 의한 수급권자인 중증장애인에게 **자선·구호금품**을 제공하는 행위(라목)
- 자선사업을 주관·시행하는 국가·지방자치단체·언론기관·사회단체 또는 종교단체 그 밖에 국가기관이나 지방자치단체의 허가를 받아 설립된 법인 또는 단체에 **의연금품·구호금품**을 제공하는 행위. 다만, 광범위한 선거구민을 대상으로 하는 경우 제공하는 개별 물품 또는 그 포장지에 직명·성명 또는 그 소속 정당의 명칭을 표시하여 제공하는 행위는 제외한다(마목).
- 자선·구호사업을 주관·시행하는 국가·지방자치단체, 그 밖의 공공기관·법인을 통하여 소년·소녀가장과 후원인으로 결연을 맺고 정기적으로 제공하여 온 **자선·구호금품**을 제공하는 행위(바목)
- 국가기관·지방자치단체 또는 구호·자선단체가 개최하는 소년·소녀가장, 장애인, 국가유공자, 무의탁노인, 결식자, 이재민, 「국민기초생활 보장법」에 따른 수급자 등을 돕기 위한 후원회 등의 행사에 **금품**을 제공하는 행위. 다만, 개별 물품 또는 그 포장지에 직명·성명 또는 그 소속 정당의 명칭을 표시하여 제공하는 행위는 제외한다(사목).
- 근로청소년을 대상으로 무료학교(야학을 포함)를 운영하거나 그 학교에서 **학생들을 가르치는 행위**(아목)

(2) 구체적 내용

아래에서는 위 개관에서 본 기부행위의 예외 유형 중 특별히 설명할 부분이 있는 경우에 설명한다. 특히, 중앙선관위는 국회의원이 '**경로당**'이나 선거법 제112조 제2항 제3호 다목상 **복지시설 이외의 복지시설**을 방문하여 음료수 등을 제공하는 행위는 본항의 예외에 해당하지 않는다고 본다(2004. 9. 1. 중앙선관위 질의회답). 또, 국회의원이 지역구내 지역봉사단체 또는 선거구민에게 사무실·사무기기·용품 등을 무상으로 사용하게 하는 것도 본항의 예외에 해당하지 않는다고 보았다(2008. 7. 7. 중앙선관위 질의회답).

(가) 「재해구호법」에 의한 구호기관 등에 금품을 제공하는 행위(나목)

「재해구호법」상 '구호기관'은 이재민 및 일시대피자의 거주지를 관할하는 특별시장·광역시장·특별자치시장·도지사·특별자치도지사 및 시장·군수·구청장(자치구의 구청장을 말함)을 말한다(「재해구호법」§2조3호). 전국재해구호협회는 이재민의 구호에 필요한 의연금품의 모집·관리 및 구호활동 등을 위하여 「재해구호법」 제29조에 따라 설립된 법인을 말한다.

(나) 장애인복지시설에 대한 의연금품 등 제공(다목)

「장애인복지법」 제58조상의 복지시설은, 거주공간을 활용하여 일반가정에서 생활하기 어려운 장애인에게 일정 기간 동안 거주·요양·지원 등의 서비스를 제공하는 동시에 지역사회생활을 지원하는 시설인 '장애인 거주시설', 장애인을 전문적으로 상담·치료·훈련하거나 장애인의 일상생활, 여가활동 및 사회참여활동 등을 지원하는 시설인 '장애인 지역사회재활시설', 일반 작업환경에서는 일하기 어려운 장애인이 특별히 준비된 작업환경에서 직업훈련을 받거나 직업 생활을 할 수 있도록 하는 시설인 '장애인 직업재활시설', 장애인을 입원 또는 통원하게 하여 상담, 진단·판정, 치료 등 의료재활서비스를 제공하는 시설인 '장애인 의료재활시설', 장애인이 생산한 물품을 판매하는 시설인 '장애인 생산품판매시설'을 의미한다.

또한, '의연금품'은 「기부금품의 모집 및 사용에 관한 법률」 제2조 제1호에 따른 기부금품 중 재해의 구호를 위하여 반대급부 없이 취득하는 금전 또는 물품을 말한다(「재해구호법」§2조5호 참조).

(다) 국민기초생활보장법상 중증장애인에게 자선·구호금품을 제공하는 행위(라목)

대법원 2007. 3. 16. 선고 2007도617 판결은 "'「국민기초생활 보장법」에 의한 수급권자인 중증장애인에게 자선·구호금품을 제공하는 행위'에 해당되기 위해서는 기부행위의 상대방이 국민기초생활 보장법에 의한 수급권자인 중증장애인이어야 할 뿐만 아니라 기부행위자에게 자선 내지 구호의 의사가 있어야 할 것이고, 일종의 의례적 행위나 직무상의 행위로서 사회상규에 위배되지 아니하여 위법성이 조각되기 위해서는 그것이 지극히 정상적인 생활형태의 하나로서 역사적으로 생성된 사회질서의 범위 안에 있는 것이라고 볼 수 있어야 할 것이다"고 판시한 바 있다. 이와 관련하여, 중앙선관위는 정당의 대표자가 「국민기초생활 보장법」에 의한 수급권자인 중증장애인의 합동결혼식에서 **주례**를 서는 행위는 본목에 해당한다고 하였다(2005. 9. 28. 중앙선관위 질의회답).

(라) 자선사업을 주관·시행하는 국가나 사회단체 등에 의연금품 등을 제공하는 행위(마목)

여기서 자선사업(慈善事業)이라 함은 주로 종교적·도덕적 동기에서 고아, 병자, 노약자, 빈민 등을 구제할 목적으로 이뤄지는 사회사업을 말한다(대전고등법원 2013. 5. 13. 선고 2103노3 판결). 어느 단체가 본목에 해당하는 단체에 해당하는지 여부는 그 단체의 정관이나 규약 등에 나타난 주된 사업목적이 자선사업의 시행·주관인지 여부에 따라 결정된다고 본다. 이와 관련하여 대법원 2006. 11. 23. 선고 2006도5909 판결은 "이른바 1사 1촌 운동과 관련된 ○○영농회는 그 성격이 불이이웃돕기와는 직접적으로 관련이 없는 단체로서 선거법 제112조 제2항 제3호 마목에서 말하는 '자선사업을 주관·시행하는 사회단체 등'에 해당하기 어렵다"고 판시한 바 있다.

그리고, 대법원 2007. 1. 25. 선고 2006도7242 판결은 '울산동구 자활후견기관'은 '자선사업을 주관·시행하는' 단체로서 기타 국가기관이나 지방자치단체의 허가를 받아 설립된 법인 또는 단체에 해당된다고 볼 수 없다고 하여, 기초의원후보자가 자신의 남편이 운영하는 금은방 홍보 연필꽂이 80여 개를 위 기관에 주면서 소속된 국민기초생활보장법상 급여수급권자에게 주라고 요청한 행위에 대하여 기부행위에 해당한다고 판단하였다. 또한, 대법원 2012. 10.

25. 선고 2012도10146 판결은 강동·송파예비군훈련대훈련대(부대원수 424명으로 피고인의 지역구에 근무하는 사람은 사병 2명임)에 축구공 100개, 맛김 500개, 소보로빵 200개를 종이박스 14개에 담아 그중 피고인의 이름을 4박스에 표시한 사안에서, 본목의 국가에 해당한다고 판단한 다음, 위와 같은 행위가 본목 단서상의 "광범위한 선거구민을 대상으로 하는 경우 제공하는 개별 물품 또는 그 포장지에 직명·성명 또는 그 소속 정당의 명칭을 표시하여 제공하는 행위"에 해당하지 않는다고 판단하였다.

이와 관련하여, 중앙선관위는 국회의원이 관내 장학회에 **장학금**을 기부한 행위는 본목에 해당한다고 하였다(2008. 12. 22. 중앙선관위 질의회답). 또 학교운영위원회에 장학사업을 위한 학교발전기금을 제공하는 행위도 본목에 해당한다고 하였다(2011. 11. 8. 중앙선관위 질의회답). 국회의원이나 정치인이 장학회의 회장·이사장 또는 임원이 되는 것은 선거법상 기부행위가 아니라고 하였다(2009. 6. 11. 중앙선관위 질의회답).

(마) 구호·자선단체가 개최하는 소년·소녀가장 등을 위한 행사에 금품을 제공하는 행위(바목)

어느 단체의 정관이나 규약 등에 나타난 주된 사업목적이 구호·자선사업인지 여부에 따라 구호·자선단체에 해당하는지가 결정된다고 본다. '개별 물품 또는 그 포장지에 직명·성명 또는 그 소속 정당의 명칭을 표시하여 제공하는 행위'는 제외된다(단서).

라. 직무상의 행위

(1) 개 관

다음과 같은 직무상 행위는 기부행위로 보지 않는다(법§112②4호).

기부행위 예외인 직무상 행위(법§112②4호)

- 국가기관 또는 지방자치단체가 자체사업계획과 예산으로 행하는 법령에 의한 금품제공행위(지방자치단체가 표창·포상을 하는 경우 부상의 수여를 제외(가목)
- 지방자치단체가 자체사업계획과 예산으로 대상·방법·범위 등을 구체적으로

정한 당해 지방자치단체의 조례에 의한 금품제공행위(지방자치단체가 표창·포상을 하는 경우 부상의 수여를 제외)(나목)

- 구호사업 또는 자선사업을 행하는 국가기관 또는 지방자치단체가 자체사업계획과 예산으로 당해 국가기관 또는 지방자치단체의 명의를 나타내어 행하는 구호행위·자선행위(다목)
- 선거일 전 60일까지 국가·지방자치단체 또는 공공기관(「공공기관운영법」 제4조에 따라 지정된 기관이나 그 밖에 선거규칙으로 정하는 기관을 말함)의 장이 업무파악을 위한 초도순시 또는 연두순시차 하급기관을 방문하여 업무보고를 받거나 주민여론 등을 청취하면서 자체사업계획과 예산에 따라 참석한 소속공무원이나 임·직원, 유관기관·단체의 장과 의례적인 범위안의 주민대표에게 통상적인 범위 안에서 **식사류**(지방자치단체의 장의 경우에는 다과류를 말함)의 **음식물**을 제공하는 행위(라목)
- 국가기관 또는 지방자치단체가 긴급한 현안을 해결하기 위하여 자체사업계획과 예산으로 해당 국가기관 또는 지방자치단체의 명의로 **금품**이나 그 밖에 **재산상의 이익**을 제공하는 행위(마목)
- 선거기간이 아닌 때에 국가기관이 효자·효부·모범시민·유공자등에게 **포상**을 하거나, 국가기관·지방자치단체가 관할구역 안의 환경미화원·구두미화원·가두신문판매원·우편집배원 등에게 **위문품**을 제공하는 행위(바목)
- 국회의원 및 지방의회의원이 자신의 직무 또는 업무를 수행하는 상설사무소에서 행하거나, 정당이 해당 당사에서 행하는 **무료의 민원상담행위**(사목)
- 변호사·의사 등 법률에서 정하는 일정한 자격을 가진 전문직업인이 업무활동을 촉진하기 위하여 자신이 개설한 인터넷홈페이지를 통하여 법률·의료 등 자신의 전문분야에 대한 **무료상담**을 하는 행위(아목)
- 제114조 제2항에 따른 후보자 또는 그 가족과 관계있는 회사가 영업활동을 위하여 달력·수첩·탁상일기·메모판 등 **홍보물**(후보자의 성명이나 직명 또는 사진이 표시된 것은 제외)을 그 명의로 종업원이나 제한된 범위의 거래처, 영업활동에 필요한 유관기관·단체·시설에 배부하거나 영업활동에 부가하여 해당 기업의 영업범위에서 **무료강좌**를 실시하는 행위(자목)
- 물품구매·공사·역무의 제공 등에 대한 대가의 제공 또는 부담금의 납부 등 채무**를 이행하는 행위**(차목)

다만, 제2항 제4호 각 목 중 **지방자치단체**의 직무상 행위는 법령·조례에 따라 **표창·포상**하는 경우를 제외하고는 해당 지방자치단체의 명의로 해야 하며, 해당 지방자치단체의 장의 직명 또는 성명을 밝히거나 그가 하는 것으로 추정할 수 있는 방법으로 하는 행위는 기부행위로 본다. 이 경우에 '종전의 대상·방법·범위·시기 등을 법령 또는 조례의 제정 또는 개정 없이 확대 변경하는 경우', '해당 지방자치단체의 장의 업적을 홍보하는 등 그를 선전하는 행위가 부가되는 경우'에는 '그가 하는 것으로 추정할 수 있는 방법'에 해당하는 것으로 본다(법§112④).

(2) 구체적 내용

(가) 국가나 지방자치단체가 예산으로 행하는 법령상 금품제공행위(가목)

본목에 해당하기 위해서는, ⅰ) 당해 금품제공행위가 국가나 지방자치단체에 의해 행해질 것(주체적 요건), ⅱ) 당해 금품제공행위에 대하여 '자체사업계획과 예산'으로 행할 것(방법적 요건), ⅲ) 당해 금품제공행위가 '법령에 근거'하여 행해질 것(근거적 요건), ⅳ) 금품제공행위일 것(기부적 요건)이 각각 요구된다. 다만, 지방자치단체가 표창·포상을 하는 경우 **부상**의 수여를 제외한다. 이러한 ⅲ) 요건과 관련해서 보면, 지방자치단체의 금품지출과 관련해서는 「지방자치단체 업무추진비 집행에 관한 규칙」이 상세하게 규율하고 있는데(별표 참조), 여기서 규정된 내용은 그 법령상 근거를 갖춘 것이다. 또한, 금품제공행위에서 '금품(金品)'은 기부행위의 개념과 마찬가지로 금전, 물품, 기타 재산상 이익을 포함하는 것이다(법§112①).

이와 관련하여, 서울고등법원 2006. 3. 23. 선고 2005초71 판결은, "선거법 제112조 제2항 제4호 나목과 다목이, 가목과 달리 그 허용되는 금품제공행위의 요건과 내용 및 방법 등을 다시 구체적으로 제한하여 설시하고 있는 것과의 균형을 고려하면, 위 가목의 '법령에 의한 금품제공행위'에서 말하는 '법령'이란 단순히 지방자치단체 행정의 목적이나 방향 등에 관하여 일반적이고 추상적이거나 선언적으로 규정하고 있는 모든 법령을 의미하는 것이 아니고, 보다 구체적으로 의무를 부과하는 법령만을 의미하는 것으로 제한적으로 해석함이 상당"하다고 판시한 바 있다.

그리고, 중앙선관위는 지방자치단체의 근거리 무선망(Wi-Fi)을 제공하거나 문화바우처 사업추진은 각각 「국가정보화기본법」과 「문화예술진흥법」에 근거한 것으로 본목에 해당한다고 보았다(2011. 6. 10. 중앙선관위 질의회답, 2012.

3. 15. 중앙선관위 질의회답). 그러나 지방자치단체가 국민기초수급자에게 **수학여행비**를 지급하는 것은 「국민기초생활 보장법」 제4조 제2항 및 제12조 등에 따라 보건복지가족부장관이 정한 **교육급여의 범위**를 벗어나는 행위에 해당되어 선거법 제114조에 위반될 것이라고 하였다(2009. 5. 4. 중앙선관위 질의회답).

(나) 지방자치단체가 예산으로 행하는 조례에 의한 금품제공행위(나목)

본목에 해당하기 위해서는, i) 당해 금품제공행위가 지방자치단체에 의해 행해질 것(주체적 요건), ii) 당해 금품제공행위에 대하여 자체사업계획과 예산으로 행할 것(방법적 요건), iii) 당해 금품제공행위가 당해 지방자치단체의 조례에 근거하여 행해질 것(근거적 요건), iv) 금품제공행위일 것(기부적 요건) 각각 요구된다. 다만, 지방자치단체가 표창·포상을 하는 경우 **부상**의 수여를 제외한다. 역시 금품제공행위에서 '금품'은 기부행위의 개념과 마찬가지로 금전, 물품, 기타 재산상 이익을 포함하는 것이다(법§112①).

이와 관련하여 대법원 2007. 11. 16. 선고 2007도7205 판결은, "선거법 제112조 제2항 제4호 (가)목 또는 (나)목에서 국가기관 또는 지방자치단체의 직무상의 행위 중 하나로 열거된 '법령' 또는 '지방자치단체의 조례'에 의한 금품제공행위에 해당하려면, 그 금품제공행위와 관련된 '자체사업계획과 예산'과는 별도로 존재하는 법령 또는 조례에서 이를 직접적으로 뒷받침하고 있는 경우여야 하고, 단순히 자체사업계획에 의하여 예산을 그 편성 목적 및 절차에 따라 지출하였다는 것만으로는 위 조항에 의한 금품제공행위에 해당한다고 볼 수 없으므로, 국가기관 또는 지방자치단체가 행하는 금품제공행위에 관하여 이를 직접적으로 뒷받침하는 별도의 법령이나 조례가 존재하지 않는 이상, 어떠한 금품제공행위가 업무추진비의 지출이라는 형식으로 이루어지고 이러한 업무추진비가 그 편성 목적 및 절차에 따라 지출되었다는 이유만으로 그와 같은 금품제공행위를 선거법 제112조 제2항 제4호 (가)목 또는 (나)목에서 정한 법령 또는 조례에 의한 금품제공행위에 해당하여 기부행위의 개념에서 제외된다고 할 수는 없다"고 판시한 바 있다.

(다) 국가 또는 지방자치단체의 자신의 명의를 나타내는 구호·자선행위(다목)

본목에 해당하기 위해서는, i) 당해 구호·자선행위가 국가 또는 지방자치단체에 의해 행해질 것(주체적 요건), ⅱ) 당해 구호·자선행위에 대하여 자체사업계획과 예산으로 행할 것(방법적 요건), ⅲ) 국가 또는 지방자치단체장의 명의로 행해질 것(명의상 요건). ⅳ) 구호·자선행위일 것(기부적 요건)이 각각 요구된다. 다만, 위 (1)목 내지 (2)목과는 달리 법령 또는 조례상의 '직접적인' 근거를 요하지는 않는다.

이와 관련하여 중앙선관위는 '노숙인'을 대상으로 저축왕 선발대회를 개최하고 입상자에게 시상(상금 포함)을 하는 것은 본목에 해당한다고 하였다(2008. 3. 7. 중앙선관위 질의회답).

(라) 초도순시 등의 경우에 식사류의 음식물 제공행위(라목)

본목에 해당하기 위해서는, ⅰ) 당해 음식물의 제공행위가 국가, 지방자치단체 또는 공공기관의 장에 의해 행해질 것(주체적 요건), ⅱ) 그 행위가 선거일 전 60일까지 행해질 것(시기적 요건), ⅲ) 그 행위가 업무파악을 위한 초도순시 또는 연두순시차 하급기관을 방문하여 업무보고를 받거나 주민여론 등을 청취하면서 행해질 것(상황적 요건), ⅳ) 그 행위에 대하여 자체사업계획과 예산으로 행할 것(방법적 요건), ⅴ) 참석한 소속공무원이나 임·직원, 유관기관·단체의 장과 의례적인 범위 안의 주민대표에게 통상적인 범위 안에서 식사류(지방자치단체의 장의 경우에는 다과류를 말함)의 음식물을 제공할 것(기부적 요건)이 요구된다. 역시 이 경우도 법령 또는 조례상의 '직접적인' 근거를 요하지는 않는다.

특히, 위 주체적 요건과 관련해서 보면, 「공공기관운영법」 제4조에 따라 지정된 공공기관인, 공기업(시장형 공기업과 준시장형 공기업), 준정부기관(기금관리형 준정부기관과 위탁집행형 준정부기관) 및 기타공공기관과 다음과 같은 공공기관이 포함된다(규칙§50③,§47⑤).

1. 국가기관·지방자치단체
2. 「공공기관운영법」 제4조에 따라 기획재정부장관이 지정한 공공기관
3. 「공공기관의 정보공개에 관한 법률」 제2조 및 같은 법 시행령 제2조에 따른 기관
4. 한국은행

5. 「농업협동조합법」·「수산업협동조합법」·「산림조합법」·「엽연초생산협동조합법」에 따라 설립된 조합과 그 중앙회
6. 「지방공기업법」에 의한 지방공사 및 지방공단
7. 특별법에 의하여 설립된 국민운동단체로서 국가 또는 지방자치단체의 출연 또는 보조를 받는 단체(바르게살기운동협의회·새마을운동협의회·한국자유총연맹을 말하며, 시·도조직 및 구·시·군조직을 포함)
8. 법령·조례에 의하여 지방자치단체의 장이 당연직으로 대표자 또는 임원으로 되는 기관
9. 중앙행정기관의 장 또는 지방자치단체의 장이 임원을 선임하거나 선임의 승인을 하는 기관
10. 그 밖에 위 각호의 어느 하나에 준하는 기관

(마) 국가나 지방자치단체가 긴급현안을 해결하기 위하여 금품을 제공하는 행위(마목)

본목에 해당하기 위해서는, i) 당해 금품제공행위가 국가 또는 지방자치단체에 의해 행해질 것(주체적 요건), ii) 긴급한 현안을 해결하기 위한 것일 것(목적적 요건), iii) 그 행위에 대하여 자체사업계획과 예산으로 행할 것(방법적 요건), iv) 국가 또는 지방자치단체장의 명의로 행해질 것(명의상 요건), iv) 금품제공행위일 것(기부적 요건)이 각각 요구된다. 여기서 '금품'도 기부행위의 개념과 마찬가지로 금전, 물품, 기타 재산상 이익을 포함하는 것이다(법§112①). 다만, 역시 법령 또는 조례상의 '직접적인' 근거를 요하지는 않는다. 여기서 '긴급한 현안'이란 국가·지방자치단체가 국민 또는 주민의 생명·신체의 안전보호, 재난 및 안전사고 수습을 위한 긴급지원, 중대한 재정·경제상의 위기와 관련된 현안을 해결하기 위하여 금품 그 밖에 재산상의 이익을 제공할 필요가 있고 법령이나 조례를 제정 또는 개정할 시간적 여유가 없는 경우를 말한다(규칙§50④).

(바) 국가기관의 효자 등에 대한 포상 또는 국가기관이나 지방자치단체의 환경미화원 등에게 위문품을 제공하는 행위(바목)

본목상 '포상'에 해당하기 위해서는, i) 당해 포상행위가 **국가기관**에 의

해 행해질 것(주체적 요건), ii) 그 행위가 선거기간이 아닌 때에 행해질 것(시기적 요건), iii) 효자·효부·모범시민·유공자 등에게 포상을 할 것(기부적 요건)이 요구된다.

그리고 본목상 위문품제공행위가 되기 위해서는, i) 당해 포상행위가 국가기관 또는 지방자치단체에 의해 행해질 것(주체적 요건), ii) 그 행위가 선거기간이 아닌 때에 행해질 것(시기적 요건), iii) 관할구역 안의 환경미화원·구두미화원·가두신문판매원·우편집배원 등에게 위문품을 제공하는 행위일 것(기부적 요건)이 요구된다. 여기서 위문품(慰問品)은, 기부행위의 정의에서 금전이 당연하게 포함되므로 금전을 포함하는 의미로 볼 여지가 있으나, 의문품의 사전적 의미가 '군인이나 이재민 등을 위문하기 위해 보내는 각종 물품(物品)'이고, 선거법 제112조 제2항 제3호에서 규정한 것과는 달리 금전을 포함하는 '금품'이라는 용어를 사용하지 않았으므로 금전은 여기서 제외된다고 본다.

(사) 무료민원상담행위(사목)

본목에 해당하기 위해서는, i) 무료민원상담행위를 국회의원, 지방의회의원, 정당이 행할 것(주체적 요건), ii) 당사나, 국회의원·지방의회의원이 자신의 직무 또는 업무를 수행하는 상설사무소일 것(장소적 요건), iii) 무료의 민원상담행위일 것(기부적 요건)이 요구된다. 특히, 2004. 3. 12. 「선관위규칙」 제209호로 개정되기 이전까지의 선거규칙은 '국회의원 및 지방의회의원이 자신의 직무 또는 업무를 수행하는 상설사무소에서 행하는 무료의 민원상담 또는 인권옹호적 차원의 **무료변론행위**'라고 규정하였다는 점을 고려하면, '인권옹호적 차원의 무료변론행위'는 민원상담행위에 포함되지 않는다고 본다.

이와 관련하여 중앙선관위는 국회의원이 자신의 지역사무실에서 무료의 민원상담으로서 단순한 **취업상담**을 하는 것은 무방할 것이나, **취업을 중개·알선**하는 경우에는 선거구민에 대한 이익제공행위가 되어 선거법 제113조에 위반될 것이라고 하였다(2009. 2. 20. 중앙선관위 질의회답). 국회의원이 자신의 직무를 수행하는 상설사무소에서 민원상담을 위한 무료법률지원실을 운영하는 것은 무방하나, 변호사 등 전문직업인을 통하여 전문분야에 관하여 무료의 법률상담을 하게 하는 것은 행위태양에 따라 선거법 제113조 또는 제115조에 위반될 것이라고 하였다(2012. 8. 8. 중앙선관위 질의회답).

(아) 변호사 등 전문직업인의 법률·의료 전문분야에 대한 무료상담을 하는 행위(아목)

본목에 해당하기 위해서는, i) 무료상담행위가 변호사·의사 등 법률에서 정하는 일정한 자격을 가진 전문직업인이 행할 것(주체적 요건), ii) 그 행위가 자신의 업무활동을 촉진하기 위한 것일 것(목적적 요건), iii) 그 행위가 자신이 개설한 인터넷홈페이지를 통하여 행해질 것(방법적 요건), iv) 무료상담 행위일 것(기부적 요건)이 요구된다.

(자) 영업활동을 위한 홍보물 배부행위 또는 무료강좌행위(자목)

본목에 해당하기 위해서는, i) 홍보물 배부행위 또는 무료강좌행위가 선거법 제114조 제2항에 따른 후보자 또는 그 가족과 관계있는 회사에 의해 행해질 것(주체적 요건), ii) 그 행위가 영업활동을 위한 것일 것(목적적 요건), iii) 후보자 또는 그 회사 명의로 행할 것(명의적 요건), 그 행위가 자신이 개설한 인터넷홈페이지를 통하여 행해질 것(방법적 요건), iv) 달력·수첩·탁상일기·메모판 등 홍보물(후보자의 성명이나 직명 또는 사진이 표시된 것은 제외)을 종업원이나 제한된 범위의 거래처, 영업활동에 필요한 유관기관·단체·시설에 배부하거나 영업활동에 부가하여 해당 기업의 영업범위에서 무료강좌를 실시하는 행위일 것(기부적 요건)이 요구된다.

(차) 대가제공 또는 부담금의 납부 등 채무이행행위(차목)

물품구매·공사·역무의 제공 등에 대한 대가의 제공 또는 부담금의 납부 등 채무를 이행하는 행위는 기부행위의 예외이다.

이와 관련하여, 중앙선관위는 지방자치단체가 지역축제 개최시 노무를 제공하는 진행요원이나 행렬 등에 직접 참여하는 자에게 행사현장에서 불가피하게 식사를 제공하는 행위(2005. 8. 25. 중앙선관위 질의회답), 정당이 중요사건의 정보제공자에게 정당한 대가로서 포상금을 지급하는 행위, 지방자치단체의 행정착오로 인해 행정청을 방문한 민원인에게 해당 지방자치단체가 그 명의로 적정한 보상금품을 제공하는 행위(2013. 2. 1. 중앙선관위 질의회답)는 모두 본목에 해당한다고 하였다(2006. 12. 19. 중앙선관위 질의회답). 또한, 국회의원 등

후보자가 되려는 사람이 '**제작두레**' 방식을 통한 영화제작에 참여하여 영화제작에 필요한 비용을 제공하고 영화제작사로부터 그에 상응하는 정당한 대가로 시사회 초대권이나 영화 DVD 등을 받는 것은 본목에 따른 행위로 보아 무방하고, 또 영화제작사가 '제작두레' 방식을 통하여 영화제작에 참여한 국회의원 등 후보자가 되려는 사람의 명의를 부각되지 않게 일반적인 참여자들과 동일한 기준과 방법에 따라 영화의 종영자막으로 처리하는 것은 무방할 것이라고 하였다(2013. 5. 22. 중앙선관위 질의회답).

마. 법령의 규정에 근거하여 금품 등을 찬조·출연 또는 제공하는 행위

이와 관련하여 중앙선관위는 비례대표국회의원의 모친이 「공유재산 및 물품관리법」등 법률에 근거하여 자신이 소유하는 공유재산에 편입될 토지를 지방자치단체에 기부하는 것은 선거법 제112조 제2항 제5호에 따라 무방할 것이라고 하였다(2007. 7. 12. 중앙선관위 질의회답).

Ⅱ. 후보자 등의 기부행위 제한

1. 의 의

국회의원·지방의회의원·지방자치단체의 장·정당의 대표자·후보자(후보자가 되고자 하는 자를 포함)와 그 배우자는 상시적으로 기부행위(그 기부행위 약속·알선 등 포함)가 금지되어 있는 것을 말한다(법§113①).

이와 관련하여, "이 사건 심판의 대상이 되는 구법 제113조는 개인의 자유로운 의사결정에 의하여 행하여져야 할 선거에서, 부정한 경제적 이익 등으로 개인의 자유의사를 왜곡시키는 선거운동을 범죄로 하여 처벌함으로써, 선거의 공정성을 보장하기 위한 규정이다. 이것은 각종 선거에서 온갖 유형의 금품수수행위가 자행되고, 그로 인하여 혼탁한 선거풍토를 노정하였던 과거의 선거사에 대한 반성에서 비롯된 것이다. 매수 및 이해유도행위와 후보자 등의 부정한 기부행위를 근절하여 공정하고 깨끗한 선거의 실현을 도모하고자 함이 위 법률조항의 입법취지인 것이다"라고 판시한 바 있다(헌재 2005. 6. 30. 2003헌바90). 헌재 2009. 4. 30. 2007헌바29 등은, "이 사건 심판 대상 조항이 선거기간 등과 관계없이 상시로 일체의 기부행위를 할 수 없도록 규정한 취지는, 그러한 기부행위가 후보자 등의 지지 기반을 조성하는 데에 기여하거나 매수행위와 결부될 가능성이 높아 이를 허용할 경우 선거가 후보자 등의 인물·식견 및 정책 등을 평가받는 기회가 되기보다는 후보자 등의 자금력을 겨루는 과정으로 타락할 위험성이 있어 이를 방지하기 위한 데에 있다(대법원 2002. 2. 21. 선고 2001도2819 판결)"고 설시한 바 있다.

2. 내 용

가. 주 체

국회의원·지방의회의원·지방자치단체장·정당의 대표자·후보자·후보자가 되고자 하는 자이다(법§113①). 본조의 '후보자가 되고자 하는 자'에 대하여는 앞서 본 바와 같다.[7]

판례는 '비례대표 국회의원' 후보자나 후보예정자의 경우 선거법 제113조의 규정의 '당해 선거구'란 전국을 의미하고 기부행위가 금지되는 대상은 전국의 선거구민이 되는 것으로 해석하는 것이 충분히 가능한 점, 비례대표 국회의원의 경우에 전국적인 차원에서 기부행위를 금할 실질적인 필요성이 지역구 국회의원보다 더 강하다고 볼 수도 있는 점 등을 들어 '비례대표 국회의원 후보자'나 그 후보예정자도 본 조의 적용을 받는다고 본다(대법원 2009. 4. 23. 선고 2009도834 판결). 또한, 정당법 제3조에서는 정당을 중앙당과 시·도당으로 엄격히 구분·사용하면서 같은 법 제12조, 제13조에서는 중앙당과 시·도당에 각각 대표자를 두도록 하고 있는 점을 고려하면, **시·도당의 대표자**도 본조의 정당 대표자에 포함된다고 판단하였다(대구고등법원 2008. 1. 21. 선고 2007노483 판결).

---

7 199~201면 참조.

나. 시 기

그 기부행위가 상시적으로 금지된다(법§113①). 특히 후보자가 되고자 하는 자나 그 배우자의 기부행위도 상시적으로 금지되는 결과 과도한 제한이라는 시비가 일고 있으나, 이에 대하여는 우리 헌법재판소는 합헌이라고 판단한 바 있다(헌재 2009. 4. 30. 2007헌바29 등).

다. 금지되는 기부행위

당해 선거구 안에 있는 자나 기관·단체·시설 또는 당해 선거구의 밖에 있더라도 그 선거구민과 연고가 있는 자나 기관·단체·시설에 기부행위(결혼식에서의 주례행위를 포함)가 금지된다. 이에 대하여는 앞서 본 바와 같다.[8]

이와 관련하여 대법원 2007. 7. 12. 선고 2007도172 판결은, "정당은 선거에서 선거인들의 의사결정에 영향을 미치는 것을 고유한 존립 이유로 가지고 있고 각 선거구별로 이에 필요한 조직을 갖추고 실제로 그와 같은 활동하고 있으며, 선거법 제112조 제2항 제1호 (나)목에서 '정당의 당헌·당규 기타 정당의 내부규약에 의하여 정당의 당원이 당비 기타 부담금을 납부하는 행위'를 제한적으로 기부행위의 범위에서 제외하고 있는 점, 「정치자금법」상 정치자금을 규율하는 것과 선거법에서 기부행위를 규율하는 것은 그 취지가 다르므로 「정치자금법」상 관련 규정이 있다고 하더라도 정당이 금품을 제공받은 경우 반드시 위 선거법상 기부행위규정이 배제된다고는 할 수 없는 점, … 정당도 선거법 제113조 제1항에서 정한 특정 선거구민과 연고가 있는 기관·단체에 해당될 수 있다"고 판시하였다.

그리고, 이러한 기부행위의 약속·지시·권유·알선 또는 요구하는 행위도 모두 금지된다(법§113②). 여기서 '지시'(指示)는 기부행위를 하도록 시키는 것을, '권유'(勸誘)는 기부행위를 하도록 권하거나 유인하는 것을, '알선'(斡旋)은 기부행위를 중간에서 소개하거나 매개하는 것을, '요구'(要求)하는 것은 기부행위를 하도록 청하는 것을 각각 말한다. 이 알선과 관련하여, 판례는 후보자나 선거사무장이 선거와 관련하여 선거인에게 금전 등을 제공하도록 유발하는

---

8 462~463면 참조.

행위뿐만 아니라 금전 제공이 용이하도록 선거인을 후보의 선거사무실로 데리고 가는 행위도 알선행위에 포함된다고 보았다(대전고등법원 2006. 8. 18. 선고 2006노225 판결).

Ⅲ. 정당 및 후보자의 가족 등의 기부행위 제한

1. 의 의

정당, 정당선거사무소의 소장, 후보자(후보자가 되고자 하는 자를 포함)나 그 배우자의 직계존·비속과 형제자매, 후보자의 직계비속 및 형제자매의 배우자, 선거사무장, 선거연락소장, 선거사무원, 회계책임자, 연설원, 대담·토론자나 후보자 또는 그 가족과 관계있는 회사 그 밖의 법인·단체 또는 그 임·직원은 선거기간 전에는 당해 선거에 관하여, 선거기간에는 당해 선거에 관한 여부를 불문하고 후보자 또는 그 소속정당을 위하여 일체의 기부행위를 할 수 없는 것을 말한다(법§114①).

2. 내 용

가. 주 체

(1) 정당 관계자

① 정당, 「정당법」 제37조 제3항에 따른 당원협의회, 창당준비위원회와 정당선거사무소의 소장이 이에 포함된다(법§114①). 본조의 문언상 그 소장 배우자의 직계존·비속과 형제자매도 포함되는지가 모호하게 규정되어 있는데,[9] 정당선거사무소의 가족은 특별히 규율할 필요성이 없어 이는 포함되지 않는다고 본다.

9 즉 본조의 '그 배우자'에서의 '그'가 후보자만을 받는지, 아니면 정당선거사무소의 소장도 받는지가 문제되는 것이다.

(2) 후보자나 배우자의 가족

후보자(후보자가 되고자 하는 자를 포함, 이하 본조에서 같음)나 그 배우자의 직계존·비속과 형제자매, 후보자의 직계비속 및 형제자매의 배우자이다(법§114①). 후보자 또는 그 배우자는 제113조의 규율을 받으므로, 그들은 본 문언의 적용이 없고, 본조의 규율대상은 후보자와 그 배우자의 **직계존·비속과 형제자매**이고, 또 후보자(배우자는 아님)의 직계비속 및 형제자매의 **배우자**이다.

(3) 선거사무관계자

선거사무장, 선거연락소장, 선거사무원, 회계책임자, 연설원, 대담·토론자도 본조의 주체가 된다(법§114①).

(4) 후보자 또는 후보자의 가족과 관계있는 회사 등과 그 임·직원

후보자 또는 그 가족과 관계있는 회사 그 밖의 법인·단체 또는 그 임·직원이 이에 포함된다(법§114①). 여기서 가족은 후보자의 '배우자'와 후보자 또는 그 배우자의 '직계존·비속'과 '형제자매'나 후보자의 직계비속 및 형제자매의 '배우자'를 말한다(법§114,§10①3호). 또한, '후보자 또는 그 가족과 관계있는 회사 등'이라 함은 다음 각호의 어느 하나에 해당하는 회사 등을 말한다(법§114②).

1. 후보자가 임·**직원** 또는 구성원으로 있거나 기금을 출연하여 설립하고 운영에 참여하고 있거나 관계법규나 규약에 의하여 의사결정에 실질적으로 영향력을 행사할 수 있는 회사 기타 법인·단체
2. 후보자의 가족이 임원 또는 구성원으로 있거나 기금을 출연하여 설립하고 운영에 참여하고 있거나 관계법규 또는 규약에 의하여 의사결정에 실질적으로 영향력을 행사할 수 있는 회사 기타 법인·단체
3. 후보자가 소속한 정당이나 후보자를 위하여 설립한 「정치자금법」에 의한 후원회

이와 관련하여, 위 회사 등의 '임·직원'이 '후보자'(후보자가 되고자 하는 자 포함)인데, 그가 회사 등의 자금으로 기부행위를 한 경우에(아래 ②, ③의 경우), 그 임·직원인 후보자에 대하여 선거법 제113조를 적용할 것인지, 아니면 제

114조를 적용할 것인지가 문제된다. 이러한 경우에 있어 구체적인 행위 내용을 살펴 후보자로서의 행위였는지, 아니면 회사 등의 집행기관으로서의 행위였는지에 따라 그 적용법조를 결정하고,[10] 이를 정리하면 다음과 같다(서울고등법원 2006. 12. 13. 선고 2006노2037 판결[11] 참조).

순번	기부행위 행위자	기부행위 자금출연자	후보자인 임·직원에 대한 적용법조
①	회사 등(집행기관으로 행위)	후보자	§114
②	회사 등(집행기관으로 행위)	**회사 등**	§114
③	후보자(후보자로서 행위)	**회사 등**	§113
④	후보자(후보자로서 행위)	후보자	§113

위와 같은 경우와 관련 있는 대법원 2008. 3. 13. 선고 2007도9507 판결은, "선거법 제112조 제1항의 기부행위는 그에 의한 기부의 효과를 후보자 또는 후보자가 되려는 자에게 돌리려는 의사를 가지고 선거법 제112조 제1항에 규정된 사람에게 금품 등을 제공하는 것으로서 그 출연자가 기부행위자가 되는 것이 통례이지만, <u>그 기부행위를 한 것으로 평가되는 주체인 기부행위자는 항상 그 물품 등의 사실상 출연자에 한정되는 것은 아니고, 또 출연자와 기부행위자가 일치하지 않거나 외형상 기부행위에 함께 관여하는 듯이 보여서 어느 쪽이 기부행위자인지 분명하지 않은 경우</u>에는 <u>그 물품 등이 출연된 동기 또는 목적, 출연행위와 기부행위의 실행 경위, 기부자와 출연자 그리고 기부받는 자와의 관계 등 모든 사정을 종합하여 기부행위자를 특정</u>해야 한다(대법원 2007. 3. 30. 선고 2006도9043 판결; 대법원 2007. 4. 26. 선고 2007도309 판결 등 참조). 따라서 선거법 제115조(제3자의 기부행위 제한) 위반의 <u>주체는 위와 같은 사정을 종합하여 기부행위자로 평가되는 자에 해당하면 충분</u>하고, 반드시 제공한 물품에 대한 소유권 또는 처분권을 가지는 자에 해당해야 하는 것은 아니다"고 판시한 바 있다.

---

10 대검찰청, 앞의 책, 878~879면.

11 본 사안은 '재단법인의 임원인 후보자'가 '그 임원으로서' '재단법인의 자금'으로 기부행위를 한 사안인데, 이 경우 판례는 그 임원인 후보자에 대하여 114조의 적용을 긍정하였다.

(5) 정당의 간부나 사용인의 경우

선거법 제114조에는 정당선거사무소의 소장을 제외하고 정당의 간부나 사용인은 본조의 주체로 규정되어 있지 않다. '정당의 간부나 사용인'이 제114조상 기부행위의 주체가 될 수 있는지와 관련하여, 판례는 "선거법 제113조 내지 제115조, 제260조 등의 체계와 그 내용, 입법취지 등을 종합하면 피고인 등과 같이 정당에 소속된 간부나 사용인은 선거법 제114조에 규정된 기부행위의 주체에 해당한다고 판단하였는바, 관련 법리와 기록에 비추어 보면 원심의 판단은 정당"하다고 판시한 바 있다(대법원 2009. 4. 9. 선고 2009도1260 판결).

나. 시기 및 선거관련 요건

'**선거기간 전**'에는 '**당해 선거**에 관하여', '**선거기간**'에는 '당해 선거에 관한 여부를 불문'한다(법§114①). 이 '당해 선거의 의미'와 관련해서, '해당 선거구의 선거'라는 견해, ii) 같은 선거일의 같은 종류의 선거라는 견해(국회의원의 경우 '같은 선거일에 실시된 각 지역구 및 비례대표 선거를 모두 포함한 하나의 국회의원 선거'라는 견해임), iii) '같은 선거일에 실시된 동시선거에 포함되는 모든 선거'라는 견해의 대립이 있을 수 있는데, 본조의 주체로 정당이 규정되어 있는 점, 금품으로 선거가 혼탁해지는 것을 방지하고 공명선거를 실현하기 위해서는 그 범위를 보다 넓게 설정할 필요성이 있다는 점 등을 고려하면, iii)의 견해가 타당하다고 본다. 또한, '선거에 관하여'는 당해 선거의 선거운동으로 행하거나, 당해 선거를 위한 선거운동이 되지 아니하더라도 당해 선거를 동기로 하거나 빌미로 하는 등 당해 선거와 관련이 있으면 족하고, 선거와는 관계없이 회사 등의 일상적인 직무상의 행위로 행해진 경우에는 이에 포함되지 않는다는 것이 판례의 태도이다(대법원 2008. 10. 26. 선고 2007도717 판결).

다. 금지되는 기부행위

후보자 또는 그 소속정당을 '위하여' 하는 일체의 기부행위이다(법§114①). 여기서 위한다는 것은 후보자의 당선에 유리하게 작용하게 하거나 그에 기여하는 경우나, 선거에서 그 소속정당에 전반적으로 유리하게 하거나 그 승리에 기여하게 하는 경우를 말한다. 판례도 이와 관련하여 특정 후보자 또는 소속

정당에게 유리하도록 한다는 인식을 가지고 행하는 경우를 뜻하는 것이라고 한 바 있다(광주고등법원 2002. 12. 5. 선고 2002노504 판결). 이 경우 후보자 또는 그 소속정당의 명의를 밝혀 기부행위를 하거나 후보자 또는 그 소속정당이 기부하는 것으로 추정할 수 있는 방법으로 기부행위를 하는 것은 당해 선거에 관하여 후보자 또는 정당을 위한 기부행위로 본다.

이와 관련하여 중앙선관위는 한나라당 중앙여성위원회에서 여성의 구직난 해소, 민생경제살리기, 여성네트워크 구축을 위해 「2006 여성취업박람회」를 2006년 10월 12일 대한상공회의소에서 개최하는데, 당 주최로 50~60여 개 여성직종(경리, 무역, 할인마트 주부사원, 가사도우미 등) 기업을 참여하게 하여 구인·구직 상담 및 부대행사로 증명사진 무료촬영, 직업심리테스트 등의 취업박람회를 개최하고, 이에 여성관련 신문사에 광고를 하며, 그 행사에 당소속 여성국회의원, 지방의원, 보좌관이 한명씩 나와 국회의원·지방의원 진출정보, 보좌관 취업 등의 정치상담(정치컨설팅)을 하는 것은 선거법 제114조에 위반될 것이라고 하였다(2006. 9. 23. 중앙선관위 질의회답). 또한, 전국동시지방선거가 임박한 시기에 지방자치단체가 건립한 축구센터의 준공기념행사를 지방자치단체의 예산으로 개최하면서 참석한 다수의 선거구민에게 통상 유료인 국제축구경기를 무료로 관람하게 하는 것은 선거에 관하여 후보자가 되고자 하는 자인 지방자치단체장을 위한 기부행위에 해당되어 선거법 제114조에 위반될 것이라고 하였다(2009. 10. 15. 중앙선관위 질의회답).

Ⅳ. 제3자 기부행위 제한

1. 의 의

선거법 제113조와 제114조 이외의 자(제3자)가 선거에 관하여 후보자(후보자가 되고자 하는 자를 포함) 또는 그 소속정당(창당준비위원회를 포함)을 위하여 기부행위를 하거나 하게 할 수 없는 것을 말한다(법§115).

2. 내 용

가. 주 체

선거법 제113조(후보자 등의 기부행위 제한) 또는 제114조(정당 및 후보자의 가족 등의 기부행위 제한)에 규정된 자를 제외한 누구든지이다(법§115). 이를 본조의 표제에서는 제3자로 표현하고 있다.

나. 시 기

상시적으로 그 기부행위가 금지된다(법§115).

다. 금지되는 기부행위

'선거에 관하여' 후보자(후보자가 되고자 하는 자를 포함) 또는 그 소속정당(창당준비위원회를 포함)을 '위하여' 하는 기부행위가 금지된다(법§115본문). 이 경우 후보자 또는 그 소속정당의 명의를 밝혀 기부행위를 하거나 후보자 또는 그 소속정당이 기부하는 것으로 추정할 수 있는 방법으로 기부행위를 하는 것은 당해 선거에 관하여 후보자 또는 정당을 위한 기부행위로 본다(법§115단서). 후보자나 정당을 위한다는 의미는 제114조에 대한 해설에서 본 바와 같다. 다만, '당해 선거에 관하여'로 규정한 제114조와는 달리 '**선거에 관하여**'로만 규정하고 있으므로 어느 선거이든지 상관없이 선거에 관한 일체의 기부행위가 금지된다고 볼 것이다. 따라서 '선거에 관하여'는 선거의 선거운동으로 행하거나, 선거운동이 되지 아니하더라도 선거를 동기로 하거나 빌미로 하는 등 선거와 관련이 있으면 족하다.

이와 관련하여 정당의 지역위원회(당원협의회)에서 연말을 맞아 '당원 송년의 밤'을 준비하는 과정에서 당원간의 화합과 결속을 다지고자 해당 지역의 선출직 의원(국회의원, 지방의원 등) 및 입후보예정자를 제외하고 행사에 참석한 당원들이 자발적으로 자신의 소장품이나 자비로 구입한 물품을 협찬품 '송년의 밤' 행사에 참여한 참가자들 중에서 장기자랑 수상자에게 지급(물품에 제공자의 명의를 표시하여 지급)되는 경우 선거법 제113조 내지 제115조에서 금지하는 후보자가 되고자 하는 자 또는 그 소속정당이 기부하거나 이를 추정할 수 있는 방법으로 기부하는 것에 해당하지 아니하므로 같은 법에 위반되지 않는다고 하였다(2008. 12. 26. 중앙선관위 질의회답). 또한, 국회의원이 지역구 내 지방자치단체의 청사에서 「당진시 전통시장 발전을 위한 새로운 방향 모색 토론회」를 개최하고, 토론회의 후원기관인(명칭후원 외에 재정적인 후원은 없으며, 시장경영진흥원장이 참석하여 축사를 함) 시장경영진흥원에서 자체적으로 전통시장 활성화와 관련하여 홍보하고자 제작한 홍보 팸플릿과 2천 원 상당의 기념품(시장경영진흥원 로고가 들어가 있는 전통시장 활성화를 홍보하는 앞치마 등)을 참석자들에게 배부하는 것은 무방하다고 하였다(2013. 3. 21. 중앙선관위 질의회답).

Ⅴ. 기부의 권유·요구 등의 금지

1. 의 의

누구든지 선거에 관하여 선거법 제113조부터 제115조까지에 규정된 기부행위가 제한되는 자로부터 기부를 받거나 기부를 권유 또는 요구할 수 없는 것을 말한다(법§116). 선거법 제113조부터 제115조가 기부행위를 하는 자에 대한 규제인 반면, 본조는 일종의 대항범관계에 있는 자로서 기부행위를 받는 자와 그 기부행위를 권유하거나 요구하는 행위를 금지하는 규정이다.

2. 내 용

가. 주 체

누구든지이다(법§116).

나. 시 기

원칙적으로 상시이다. 다만, 선거법 제114조에서 금지되는 기부행위 중 '선거기간 전'에 '당해 선거에 관하여' 하는 기부행위는 '선거기간 전'에 한하여 금지된다고 본다.

다. 금지되는 행위

선거에 관하여 제113조부터 제115조까지에 규정된 기부행위가 제한되는 자로부터 기부를 받는 행위, 또는 그 기부를 권유하거나 요구하는 행위이다(법§116). '선거에 관하여'의 의미는 앞서 본 바와 같다.[12]

Ⅵ. 기부받는 행위 등의 금지

1. 의 의

누구든지 선거에 관하여 「정치자금법」 제31조(기부의 제한)의 규정에 따라 정치자금을 기부할 수 없는 자에게 기부를 요구하거나 그로부터 기부를 받을 수 없는 것을 말한다(법§117).

2. 내 용

가. 주 체

누구든지이다(법§117).

나. 시 기

상시적으로 그 행위가 금지된다(법§117).

다. 금지되는 행위

선거에 관하여 「정치자금법」 제31조(기부의 제한)의 규정에 따라 정치자금을 기부할 수 없는 자, ⅰ) 외국인, 국내·외의 법인 또는 단체, ⅱ) 국내·외의 법인 또는 단체와 관련된 자금으로 정치자금을 기부하려는 자에게 기부를 요구하거나 그로부터 기부를 받는 행위이다(법§117).

12 234~235면 참조.

Ⅶ. 선거일 후 답례금지

1. 의 의

후보자와 후보자의 가족 또는 정당의 당직자는 선거일 후 당선되거나 되지 아니한 데 대하여 선거구민에게 축하 또는 위로 그 밖의 답례를 하기 위하여 금품 또는 향응을 제공하는 행위 등 일정한 행위가 금지되는 것을 말한다(법§118). 당선사례나 낙선사례로 하는 일정한 행위가 금지되는 것이다.

2. 내 용

가. 주 체

후보자와 후보자의 가족 또는 정당의 당직자이다(법§118). 후보자가 되려고 하는 자는 여기서 제외되는데, 이는 선거일 후 답례금지의 주체로 적절하지 않기 때문이다. 후보자의 가족의 범위는 후보자의 '배우자'와 후보자 또는 그 배우자의 '직계존·비속'과 '형제자매'나 후보자의 직계비속 및 형제자매의 '배우자'를 말한다(법§10①3호).

나. 시 기

그 개념상 선거일 후에 금지된다(법§118).

다. 금지되는 행위

선거일 후에 당선되거나 되지 아니한 데 대하여 선거구민에게 축하 또는 위로 그 밖의 답례를 하기 위하여 다음 각호의 어느 하나에 해당하는 행위이다(법§118). 여기서 선거구민은 선거운동에 관여하지 않은 일반 유권자를 말한다(대법원 2007. 10. 25. 선고 2007도4069 판결).

1. 금품 또는 향응을 제공하는 행위
2. 방송·신문 또는 잡지 기타 간행물에 광고하는 행위

3. 자동차에 의한 행렬을 하거나 다수인이 무리를 지어 거리를 행진하거나 거리에서 연달아 소리지르는 행위. 다만, 제79조(공개장소에서의 연설·대담) 제3항의 규정에 의한 자동차를 이용하여 당선 또는 낙선에 대한 거리인사를 하는 경우에는 그 예외이다.
4. 일반 선거구민을 모이게 하여 당선축하회 또는 낙선에 대한 위로회를 개최하는 행위
5. 현수막을 게시하는 행위. 다만, 선거일의 다음 날부터 13일 동안 해당 선거구 안의 읍·면·동마다 1매의 현수막을 게시하는 행위는 그 예외이다.

그리고 서신발송은 금지되어 있지 않으므로 당선의 감사인사를 적은 서신으로써 당해 선거에 관하여 단순한 의례적인 인사장을 배부하는 것은 허용된다(1996. 4. 17. 중앙선관위 질의회답). 또한, 정당이 그 명의로 벽보를 이용하여 당선·낙선사례를 하는 것도 역시 무방하다(2007. 12. 19. 중앙선관위 질의회답).

Ⅷ. 기부행위금지에 대한 벌칙

1. 기부행위를 한 자에 대한 벌칙

다음 각호의 1에 해당하는 자는 5년 이하의 징역 또는 1천만 원 이하의 벌금에 처한다(법§257①).

1. 제113조(후보자 등의 기부행위 제한)·제114조(정당 및 후보자의 가족 등의 기부행위 제한) 제1항 또는 제115조(제3자의 기부행위 제한)의 규정에 위반한 자
2. 제81조(단체의 후보자 등 초청 대담·토론회) 제6항[제82조(언론기관의 후보자 등 초청 대담·토론회) 제4항에서 준용하는 경우를 포함]의 규정을 위반한 자

2. 기부행위를 받는 자 등에 대한 벌칙

선거법 제81조 제6항·제82조 제4항·제113조·제114조 제1항 또는 제115조에서 규정하고 있는 정당(창당준비위원회를 포함)·정당의 대표자·정당선거사무소의 소장, 국회의원·지방의회의원·지방자치단체의 장, 후보자(후보자가 되고자 하는 자를 포함), 후보자의 배우자, 후보자나 그 배우자의 직계존·비속과 형제자매, 후보자의 직계비속 및 형제자매의 배우자, 선거사무장, 선거연락소장, 선거사무원, 회계책임자, 연설원, 대담·토론자, 후보자 또는 그 가족과 관계있는 회사 등이나 그 임·직원과 제3자[제116조(기부의 권유·요구 등의 금지)에 규정된 행위의 상대방을 말함]에게 기부를 지시·권유·알선·요구하거나 그로부터 기부를 받은 자(제261조 제9항 제1호·제6호에 해당하는 사람은 제외)는 3년 이하의 징역 또는 500만 원 이하의 벌금에 처한다. 여기서, 제261조 제9항 제1호·제6호에 해당하는 사람은 '제116조를 위반하여 금전·물품·음식물·서적·관광 기타 교통편의를 제공받은 자'와 '제230조 제1항 제7호에 규정된 자로서 같은 항 제5호의 자로부터 금품, 그 밖의 이익을 제공받은 자'를 말한다(법§257②).

그리고 선거법 제117조(기부받는 행위 등의 금지)의 규정에 위반한 자는 3년 이하의 징역 또는 500만 원 이하의 벌금에 처한다(법§257③).

3. 몰수와 추징

위와 같이 기부행위금지위반죄를 범한 자가 받은 이익은 이를 몰수하되, 그 전부 또는 일부를 몰수할 수 없을 때에는 그 가액을 추징한다(법§257④).

제 4 장 정치자금과 선거비용의 규제

The Public Official Election Act

Ⅰ. 선거공영제와 선거비용

1. 선거공영제의 의의

우리 헌법 제116조 제2항은 "선거에 관한 경비는 법률이 정하는 경우를 제외하고는 정당 또는 후보자에게 부담시킬 수 없다"고 하여 이른바 선거공영제를 선언하고 있다. 이러한 선거공영제는 선거 자체가 국가의 공적 업무를 수행할 국민의 대표자를 선출하는 행위이므로 이에 소요되는 비용은 원칙적으로 국가가 부담하는 것이 바람직하다는 점과 선거경비를 개인에게 모두 부담시키는 것은 경제적으로 넉넉하지 못한 자의 입후보를 어렵거나 불가능하게 하여 국민의 공무담임권을 부당하게 제한하는 결과를 초래할 수 있다는 점을 고려하여, '선거의 관리·운영에 필요한 비용'을 후보자 개인에게 부담시키지 않고 국민 모두의 공평부담으로 하고자 하는 원칙이다.[1] 요컨대, 선거공영

1 이승엽, "공직선거법 제265조의2 제1항 위헌소원; 선거범죄로 처벌받아 당선무효된 자로 하여금 기탁금과 선거비용을 반환하도록 하는 것이 헌법에 위반되는지 여부", 헌법재판소결정해설집 2011호(2012. 11), 107면.

제의 기본취지는 정당이나 후보자의 정상적인 선거운동을 위한 기본비용의 대부분을 국고에서 지원함으로써 재력은 없으나 능력이나 자질이 있는 정치인의 선거운동을 가능하게 하고자 하고, 금권선거를 방지하며 선거비용의 관점에서 선거에서의 기회균등을 꾀하고자 하는 것이다.[2]

이러한 선거공영제와 관련하여 헌법재판소는, "우리 헌법은 제116조 제2항에서 '선거에 관한 경비는 법률이 정하는 경우를 제외하고는 정당 또는 후보자에게 부담시킬 수 없다'고 규정하고 있는바, 이는 단지 선거공영제도를 천명하고 있는 것이므로(헌재 1991. 3. 11. 91헌마21, 판례집 제3권, 91, 102 참조) 위 규정이 있다고 하여 각종 선거의 선거비용 부담 주체가 정당이나 후보자 이외에는 반드시 국가여야 한다는 것은 아니며, 선거의 성격이 무엇이냐에 그 경비 부담 주체도 달라질 수 있다"고 판시한 바 있다(헌재 2008. 6. 26. 2005헌라7).

2. 정치자금과 선거비용의 관계

'선거비용'은 선거운동을 위해 소요되는 비용이고, '정치자금'은 정당이나 정치인이 정치활동에 하는 데 필요한 비용이다. 이와 관련하여 「정치자금법」 제3조 제1호는 "'정치자금'이라 함은 당비, 후원금, 기탁금, 보조금과 정당의 당헌·당규 등에서 정한 부대수입 그 밖에 정치활동을 위하여 정당(중앙당창당준비위원회를 포함), 공직선거에 의하여 당선된 자, 공직선거의 후보자 또는 후보자가 되고자 하는 자, 후원회·정당의 간부 또는 유급사무직원 그 밖에 정치활동을 하는 자에게 제공되는 금전이나 유가증권 그 밖의 물건과 그 자의 정치활동에 소요되는 비용을 말한다"고 규정되어 있다. 이러한 모든 정치자금은 회계장부에 정치자금의 수입과 지출에 관한 사항을 기재해야 하고, 이 경우 보조금과 보조금 외의 정치자금, 선거비용과 선거비용 외의 정치자금은 각각 별도의 계정을 설정하여 구분·경리해야 한다(「정치자금법」§37①). 즉 수입의 측면에서 '보조금'과 '보조금 외의 정치자금'으로 구분하여 경리하고, 지출의 측면에서 '선거비용'과 '선거비용 외의 정치자금'으로 구분하여 경리해야 하는 것이다.

---

2 한수웅, 앞의 책, 188면.

그러므로 정치자금과 선거비용의 관계에 대해서 보면, 정치자금의 지출 측면에서 정치자금은 '선거비용인 정치자금'과 '선거비용 외의 정치자금'으로 구분된다고 할 것이다. 한편, 선거비용은 정치자금법 제3조 제8호 아목에서 규율하고 있는데, 동 규정은 "'선거비용'이라 함은 선거법 제119조(선거비용 등의 정의)의 규정에 의한 선거비용을 말한다"고 정해져 있다.

Ⅱ. 「정치자금법」상 선거비용에 관한 규율

1. 「정치자금법」 총설

선거비용은 선거운동을 위해 소요되는 비용이고, 정치자금은 정당이나 정치인이 정치활동에 하는 데 필요한 비용인데, 앞서 본 바와 같이 정치자금은 선거비용을 포함하는 개념이다.

정치자금의 종류, 정치자금의 제공자 및 수요자 등 정치자금의 주요행위자 등에 관한 규율은 [그림 4-1]의 정치자금흐름도와 같다.[3] 현행 「정치자금법」은 선거와 관련된 정치자금이나 선거비용에 대하여 상당 부분을 규율하고 있고, 그에 대한 벌칙도 다수 규정하고 있다. 이하에서는 이러한 내용에 대해 구체적으로 해설한다.

가. 정치자금법상 기본 개념

(1) 정치자금

이는 당비, 후원금, 기탁금, 보조금과 정당의 당헌·당규 등에서 정한 부대수입 그 밖에 **정치활동을 위하여** 정당(중앙당창당준비위원회를 포함), 공직선거에 의하여 당선된 자, 공직선거의 후보자 또는 후보자가 되고자 하는 자, 후원회·정당의 간부 또는 유급사무직원 그 밖에 정치활동을 하는 자에게 제공되는 금전이나 유가증권 그 밖의 물건과 그 자의 **정치활동에 소요**되는 비용을 말한다(「정치자금법」§3조1호).

---

3 중앙선관위, 『정당·국회의원·후원회를 위한 정당·정치자금법규 운용자료』, 2012, 44면.

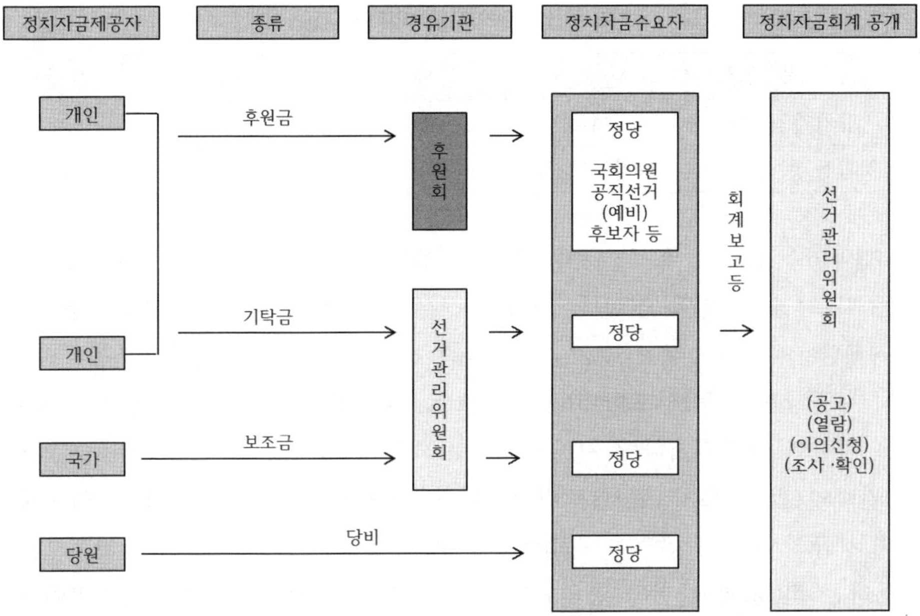

[그림 4-1] 정치자금 흐름도

이러한 정치자금의 요건을 분설하면 다음과 같다.

(가) 위 정치자금 주체에게 제공되는 금전 등일 것

「정치자금법」이 그 의미를 명시하고 있는 당비 등을 제외한 정치자금으로 인정되기 위해서는 i) 공직선거 후보자 등 정치자금 주체에게 제공되는 것일 것(**정치자금의 주체성**), ii) 정치활동을 위하여 제공되거나, 정치활동에 소요되는 것일 것의 두 가지 요건을 필요로 한다(**정치활동성**). 먼저, **정치자금의 주체성**은 정치자금으로 볼 수 있는 금전 등의 지출의 주체가 정치자금의 주체이거나, 그 수입의 주체가 정치자금의 주체인 경우을 말한다. 정치자금의 주체와 관련해서 보면, 「정치자금법」 제3조 제1호는 '정당(창준위 포함), 공직선거 당선자·후보자·후보자가 되고자 하는 자, 후원회·정당의 간부·유급사무직원, 그 밖에 정치활동을 하는 자'를 정치자금의 주체로 규정하고 있다. 특히 '그 밖에 정치활동을 하는 자'와 관련해서 보면, '정치활동'(政治活動)은 권력의 획득과 유지를 둘러싼 투쟁 및 권력을 행사하는 활동을 말하는데(헌재 2004. 6. 24.

〈표 4-1〉 정치자금 여부의 판단

정치자금 인정 여부	긍정	부정	부정	부정
정치자금 주체성 긍정 여부	○	○	×	×
정치활동성 긍정 여부(사적 용도성)	○	×	○	×

2004헌바16), '권력의 획득·유지·행사에 종사하는 자'를 '그 밖에 정치활동'을 하는 자로 볼 수 있을 것이다. 이에는 정무직 공무원(특히 국회·청와대 등 선출직 공무원이 수장인 선출직 공무원과 그 소속 정무직 공무원), 선거캠프관계자,[4] 정당의 무급당직자 등도 포함된다. 다음으로, **정치활동성**은 당해 자금이 정치활동을 위하여 제공되거나 정치활동에 소요되는 것이어야 한다. 이는 당해 자금이 권력의 획득·유지·행사를 위하거나 이에 쓰이는 것을 말한다. 특히 이는 당해 자금의 용도나 목적이 직접적으로 또는 밀접하게 선거 또는 선거에 의해 획득하는 직(職)과 관련된 경우이고, 이를 보다 구체적으로 보면, 선거법이 규율하고 있는 선거 프로세스마다 불법화시킨, 금품이나 물건의 수수나 제공 또는 그 약속이 금지의 대상으로 선거의 관련성이 인정되는 경우이다. 그 대표적으로 후보자 추천과 관련된 자금이다(법§47의2). 그리고 소극적으로 당해 자금의 **사적 용도성**이 긍정되는 것 이외에는 모두 정치활동성이 긍정된다고 보아야 한다. 이 사적 용도성은 그 자금의 제공 목적이나 그 용도가 정치활동과는 무관하게 사적 목적으로 당해 자금이 제공되거나 사용되는 것을 말한다. 사적 용도성 긍정 여부는, 주체와 상대방 간의 관계, 평소의 양자 간의 금전거래 관계 등 거래관계, 자금 수수 경위·시기, 자금이 수수된 방식 등 거래의 형식 등을 종합적이고도 실질적으로 고려하여 판단한다. 이 사적 용도성이 긍정되는 경우에는 정치자금의 용도성(즉 정치활동성)이 부인된다(**양자는 일종의 상반관계임**).

(나) 후원금, 기탁금, 보조금과 정당의 당헌·당규 등에서 정한 부대수입일 것

이는 정치자금이 별도로 정치자금으로 규정한 것들이다. 이는 다음에서 보는 바와 같다.

---

4 대법원 2009. 2. 26. 선고 2008도10422 판결.

(2) 기 부

'기부'라 함은 정치활동을 위하여 개인 또는 후원회 그 밖의 자가 정치자금을 제공하는 일체의 행위를 말한다(「정치자금법」§3조1호1문). 이 기부는 교부 또는 제공의 약속을 포함하는 개념이다. ⅰ) 정치자금을 제공하는 일체의 행위를 말하므로 기부의 상대방이 (예비)후보자나 후보자가 되고자 하는 자와 일정한 연고가 있을 것을 필요로 하지 않는다. 이 점에서 기부행위 제한에서의 기부행위[5]와 다르다. ⅱ) 이 경우 제3자가 정치활동을 하는 자의 정치활동에 소요되는 비용을 부담하거나 지출하는 경우와 금품이나 시설의 무상대여, 채무의 면제·경감 그 밖의 이익을 제공하는 행위 등은 이를 기부로 본다(「정치자금법」§3조1호1문). 앞서 본 바와 같이, '일정한 이익'은 정치자금의 대상이 아닌데, 이 규정으로 인하여 위와 같은 일정한 이익의 제공도 정치자금의 기부로 볼 수 있는 것이다.

이와 관련하여 판례는 국회의원인 피고인 갑이 피고인 을과 공모하여, 병에게서 비밀번호와 함께 돈이 입금된 예금계좌에 연결된 현금카드를 교부받음으로써 「정치자금법」에 정하지 아니한 방법으로 정치자금을 기부받았다는 내용으로 기소된 사안에서, 병이 정치자금을 기부받는 자인 피고인 갑의 지시에 따라 그가 지정하는 피고인 을에게 <u>비밀번호와 함께 현금카드를 교부한 것은 정치자금의 기부에 해당</u>하고, 위 현금카드의 교부행위로써 「정치자금법」상 정치자금의 기부는 완성되며, 그 후 피고인 갑 등이 위 돈을 어떻게 사용하였는지는 정치자금부정수수죄 성립에 영향을 미치지 않는다고 판단한 바 있다(대법원 2011. 6. 9. 선고 2010도17886 판결).

(3) 당 비

이는 명목 여하에 불구하고 정당의 당헌·당규 등에 의하여 정당의 당원이 부담하는 금전이나 유가증권 그 밖의 물건을 말한다(「정치자금법」§3조3호). 이러한 당비와 관련해서는 기부행위의 예외로도 규정되어 있다(법§112②1호나목).

---

5 '기부행위'는 당해 선거구 안에 있는 자나 기관·단체·시설 및 선거구민의 모임이나 행사 또는 당해 선거구의 밖에 있더라도 그 선거구민과 연고가 있는 자나 기관·단체·시설에 대하여 금전·물품 기타 재산상 이익의 제공, 이익제공의 의사표시 또는 그 제공을 약속하는 행위를 말한다(법§112).

(4) 후원금

「정치자금법」의 규정에 의하여 후원회에 기부하는 금전이나 유가증권 그 밖의 물건을 말한다(「정치자금법」§3조4호).

(5) 기탁금

정치자금을 정당에 기부하고자 하는 개인이 「정치자금법」의 규정에 의하여 선관위에 기탁하는 금전이나 유가증권 그 밖의 물건을 말한다(「정치자금법」§3조5호).

(6) 보조금

이는 정당의 보호·육성을 위하여 국가가 정당에 지급하는 금전이나 유가증권을 말한다(「정치자금법」§3조6호).

(7) 후원회

이는 「정치자금법」의 규정에 의하여 정치자금의 기부를 목적으로 설립·운영되는 단체로서 관할 선관위에 등록된 단체를 말한다. 후원회를 둘 수 있는 후원회지정권자는 다음과 같다.

2. 국회의원(국회의원선거의 당선인을 포함)
2의2. 대통령선거의 후보자 및 예비후보자
3. 정당의 대통령선거후보자 선출을 위한 당내경선후보자
4. 지역선거구국회의원선거의 후보자 및 예비후보. 다만, 후원회를 둔 국회의원의 경우에는 그 예외이다.
5. 중앙당의 대표자 선출을 위한 당내경선후보자
6. 지방자치단체의 장선거의 후보자

나. 정치자금 기본 원칙

(1) 정치자금의 포괄적 규제주의

「정치자금법」은 음성적으로 이뤄지는 불법적인 정치자금수수를 근절하기 위하여 '누구든지 이 법에 의하지 아니하고는 정치자금을 기부하거나 받을 수 없다'는 '정치자금의 포괄적 규제주의'를 채택하고 있다(「정치자금법」§①). 「정치자금법」상 정하지 아니한 방법으로 정치자금을 기부하거나 기부받은 자는 동

법 제45조 제1항에 따라 5년 이하의 징역 또는 1천만 원 이하의 벌금에 처해진다. 이와 관련하여 “정치자금의 조달을 정당 또는 정치인에게 맡겨 두고 아무런 규제를 하지 않는다면 정치권력과 금력의 결탁이 만연해지고, 필연적으로 기부자의 정치적 영향력이 증대될 것이다. 금력을 가진 소수 기득권자에게 유리한 정치적 결정이 이루어진다면 민주주의의 기초라 할 수 있는 1인 1표의 기회균등원리가 심각하게 훼손될 수 있다. 그러므로, 정치자금에 대한 규제는 대의제 민주주의의 필연적 귀결이다”고 판시하여 대의민주주의 원리상 정치자금 필요성을 인정하였다(헌재 2004. 6. 24. 2004헌바16).

(2) 회계의 공개주의

정치자금은 국민의 의혹을 사는 일이 없도록 공명정대하게 운용되어야 하고, 그 회계는 공개되어야 하는 원칙을 말한다(「정치자금법」§2②). 외국의 저명학자 Bretton은 ‘정치자금은 그 속성상 정부와 정치의 중추로 통하는 가장 신뢰할 수 있는 직접적인 수단이다’라고 하기도 하였다.[6] 이렇듯 정치자금이 불투명하게 운영되고 그 지출이나 수입의 내역이 공개되지 않으면 정치자금이 부정부패의 온상으로 전락하기 쉽다. 따라서 이러한 규정은 그와 같은 폐단을 없애기 위함이다. 나아가 이는 유권자가 해당 정치인을 평가할 자료를 제공하는 방법이기도 하다.[7]

(3) 정치자금 용도규제주의

이는 정치활동을 위하여 소요되는 경비로만 지출해야 하며, 사적 경비로 지출하거나 부정한 용도로 지출하여서는 안되는 원칙을 말한다(「정치자금법」§2③1문). 정치자금이 정치활동이라는 일종의 공적인 용도가 아닌 사적 경비나 부정한 용도로 사용되는 경우에는 역시 부정부패의 수단으로 정치자금이 이용되기에 이를 금지하는 것이다. 여기서 사적 경비는 ‘**가계**의 지원·보조’, ‘개인적인 **채무**의 변제 또는 대여’, ‘향우회·동창회·종친회, 산악회 등 동호인회, 계모임 등 개인 간의 **사적 모임**의 회비 그 밖의 지원경비’, ‘개인적인 **여가** 또

6 김민배, “선거자금의 실태와 정당국고보조제도의 법적 문제점에 대한 실증적 접근”, 157면에서 재인용.

7 김태업, “「정치자금법」상 정치활동을 위하여 소요되는 경비의 개념 및 범위”, 형사재판의 제문제 제7권(2014), 632면.

는 **취미활동**에 소요되는 비용'을 말한다(「정치자금법」§2③2문). 또한, 부정(不正)한 용도(用途)는 정치자금의 본연의 목적이 아닌, 위법하거나 부당한 목적으로 사용되는 것을 말한다. 이와 관련하여 판례는 "이러한 사적 경비 이외의 경우로서 정치자금의 지출목적이 위법한 것뿐만 아니라 사회상규나 신의성실의 원칙에 위배되는 부당한 경우를 의미한다"고 판단하였다(대법원 2008. 6. 12. 선고 2006도4982 판결[8]).

(4) 다액 정치자금에 대한 투명주의

이는 「정치자금법」에 의하여 **1회 120만 원**을 초과하여 정치자금을 기부하는 자, 선거비용 외의 정치자금의 경우 50만 원(다만, 공직선거의 후보자·예비후보자의 정치자금은 20만 원), 선거비용은 20만 원의 금액을 초과하여 정치자금을 지출하는 자는 수표나 신용카드·예금계좌입금 그 밖에 실명이 확인되는 방법으로 기부 또는 지출해야 하는 원칙을 말한다(「정치자금법」§2④).

(5) 정치자금 실명주의

이는 누구나 타인의 명의나 가명으로 정치자금을 기부할 수 없고, 오로지 실명으로 정치자금을 기부해야는 것을 말한다(「정치자금법」§2⑤). 타인의 명의는 차명(借名)을 말하고 이는 대개는 그 타인의 승낙을 받는 경우가 대부분이지만 승낙을 받지 않더라도 이에 포함된다. 가명(假名)은 존재하지 않는 사람인 허무인명(虛無人名)도 포함하는 개념이라고 본다.

2. 선거와 관련된 선거비용 등 정치자금의 규율

가. 회계책임자의 선임신고

다음 각호에 해당하는 자(이하 '선임권자'라 함)는 정치자금의 수입과 지출을 담당하는 회계책임자 1인을 공직선거의 선거운동을 할 수 있는 자 중에서 선임하여 '지체 없이' 관할 선관위에 서면(별지 제27호서식)으로 신고해야 한다(「정치자금법」§34①, 정치자금규칙§32①).

---

8 이 판례에 대한 평석으로는 김태업, 앞의 논문, 621면 이하 참조.

1. 정당(정책연구소 및 정당선거사무소를 포함)의 대표자
2. 후원회의 대표자
3. 후원회를 둔 국회의원
4. 대통령선거경선후보자, 당대표경선후보자
5. 공직선거의 후보자·예비후보자(선거사무소 및 선거연락소의 회계책임자를 선임하는 경우를 말함). 이 경우 대통령선거의 정당추천후보자, 비례대표국회의원선거 및 비례대표지방의회의원선거에 있어서는 그 추천정당이 선임권자가 되며, 그 선거사무소 및 선거연락소의 회계책임자는 각각 정당의 회계책임자가 겸한다.
6. 선거연락소장(선거연락소의 회계책임자에 한함)

누구든지 2 이상의 회계책임자가 될 수 없다(「정치자금법」§34②). 다만, 후원회를 둔 국회의원이 대통령후보자등후원회·대통령선거경선후보자후원회 또는 당대표경선후보자후원회를 두는 등 정치자금규칙이 이에 대한 예외를 규정하고 있다(정치자금규칙§33). 또한, 공직선거의 후보자·예비후보자 또는 그 선거사무장이나 선거연락소장은 회계책임자를 겸할 수 있고, 이 경우 그 뜻을 지체 없이 관할 선관위에 서면으로 신고해야 한다(「정치자금법」§34③). 만일 공직선거의 예비후보자가 후보자등록신청시 회계책임자를 선임하지 않은 경우에는 예비후보자의 회계책임자를 선거사무소의 회계책임자로 보는 것이 실무의 태도이다.[9] [10]

위와 같이 회계책임자를 신고하는 때에는 '정치자금의 수입 및 지출을 위한 예금계좌', '선거비용제한액 한도 내에서 회계책임자가 지출할 수 있는 금액의 최고액을 정하고 회계책임자와 선임권자가 함께 서명·날인한 약정서(선거사무소의 회계책임자에 한함)'를 첨부해야 한다(「정치자금법」§34④). 여기서 그 예금계좌는 후보자 또는 회계책임자 명의로 할 수 있고, 별도의 회계책임자가

9 후보자나 예비후보자가 지체 없이 회계책임자 선임신고를 하지 않는 경우에는 제49조 제2항 제2호에 따라 2년 이하의 징역 또는 400만 원 이하의 벌금에 처해지므로, 그러한 경우는 상정하기 어렵다.

10 서울특별시선관위, 『정치자금회계실무』, 2014, 16면.

선임되는 경우에도 후보자로 예금계좌를 신고할 것을 권장하는 것이 선관위의 태도인바, 이는 회계책임자가 변경되는 경우 그 번거로움을 방지하기 위한 것이다.[11] 회계책임자 선임신고시에 그 예금계좌도 신고할 의무가 있게 된다.

실전팁(후보자가 되고자 하는 자의 정치자금의 처리)

□ 후보자가 되고자 하는 자의 정치자금 지출을 위한 예금계좌 신고 의무

- 후보자나 예비후보자의 경우 회계책임자를 선임시에 예금계좌 신고의무도 있으나, 그 이전에는 예금계좌의 신고의무도 발생하지 않음
- 이를 하지 않은 경우에 「정치자금법」 제49조 제2항 제2호에 따라 2년 이하의 징역 또는 400만 원 이하의 벌금에 처해짐
- 그러나 '후보자가 되고자 하는 자'는 정치자금의 수입·지출을 위한 예금계좌를 신고할 의무가 없고, 이를 신고하지 않는다고 하더라도 이에 대하여 형사처벌을 할 수 없음

□ 후보자가 되고자 하는 자의 정치자금 수입·지출의 방법

- 후보자가 되고자 하는 자도 (예비)후보자 등록신청 전에 선거사무소 임대차계약에 따른 임차보증금 등 지출, 예비홍보물의 제작계약에 따른 계약금 등의 지출 등 부득이하게 선거준비를 행하는 경우가 있고, 이에 따른 자금을 지출할 필요가 있음 이런 경우에 후보자가 되고자 하는 자가 회계책임자가 됨
- 후보자가 되고자 하는 자는 정치자금 수입·지출을 위한 예금계좌 신고의무는 없으나, 가급적 자신의 명의로 예금계좌를 개설하고 이 계좌를 결제계좌로 하는 체크카드를 발급받아 수입·지출을 하는 것이 바람직함
- 그리고 회계책임자가 선임되는 경우 선임 신고 전의 정치자금 수입·지출에 대한 인계·인수서를 작성하여 인계·인수자가 서명·날인하여 예금통장, 회계장부, 영수증 등 증빙서류와 함께 이를 인계해야 함

나. 회계책임자의 변경신고

위와 같은 선임권자는 회계책임자의 변경이 있는 때에는 14일 이내에[제34조(회계책임자의 선임신고 등) 제1항 제5호 및 제6호의 규정에 의한 선임권자는 지체없이] 관할 선관위에 서면(별지 제27호서식)으로 변경신고해야 한다(「정치자금법」 §35①, 정치자금규칙§32①). 이처럼 '회계책임자의 변경이 있는 때'에 인계자와 인

---

11 서울특별시선관위, 『정치자금회계실무』, 17면.

수자는 지체 없이 인계·인수서(별지 제28호서식)를 작성하여 서명·날인한 후 재산, 정치자금의 잔액과 회계장부, 예금통장·신용카드 및 후원회인(後援會印)·그 대표자 직인 등 인장 그 밖의 관계 서류를 인계·인수해야 한다(「정치자금법」§35②). 위에서 본 바와 같이 회계책임자가 '후보자가 되고자 하는 자'에서 정식의 '회계책임자'로 변경되는 경우에도 이러한 조항이 적용된다고 보는 것이 선관위의 태도이다. 위와 같이 회계책임자의 변경신고를 하는 때에는 이러한 인계·인수서를 함께 제출해야 한다(「정치자금법」§35③).

다. 회계책임자에 의한 수입·지출

(1) 회계책임자에 의한 수입·지출과 그 예외

정당(정책연구소 및 정당선거사무소를 포함), 후원회, 후원회를 둔 국회의원, 대통령선거경선후보자, 당대표경선후보자 또는 공직선거의 후보자·예비후보자의 정치자금 수입·지출은 그 회계책임자(공직선거의 후보자·예비후보자의 경우 그 선거사무소·선거연락소의 회계책임자를 말함)만이 이를 할 수 있다(「정치자금법」§36①본문). 다만, 다음 각호의 어느 하나에 해당하는 경우에는 그 예외이고(「정치자금법」§36①단서), 이러한 경우에는 「정치자금법」 제39조(영수증 그 밖의 증빙서류)의 규정에 의한 영수증 그 밖의 증빙서류(제2항의 규정에 의하여 회계사무보조자가 개설하여 수입·지출한 예금계좌 사본을 포함)를 회계책임자에게 제출하고 정산해야 한다(정치자금규칙§35③).

1. 회계책임자로부터 대강의 지출 내역을 알 수 있는 정도의 지출 목적과 금액의 범위를 정하여 서면(별지 제27호서식)으로 **위임받은 회계사무보조자**(공직선거의 선거운동을 할 수 있는 자에 한함)가 지출하는 경우
2. 회계책임자의 관리·통제 아래 제34조(회계책임자의 선임신고 등)에 따라 신고된 정치자금 지출을 위한 예금계좌를 결제계좌로 하는 **신용카드·체크카드**, 그 밖에 이에 준하는 것으로 지출하는 경우

(2) 신고된 예금계좌에 의한 수입·지출

회계책임자가 정치자금을 수입·지출하는 경우에는 위와 같은 제34조(회계책임자의 선임신고 등) 제4항의 규정에 의하여 관할 선관위에 신고된 예금계

좌를 통해서 해야 한다(「정치자금법」§36②1문). 이 경우 정치자금의 지출을 위한 예금계좌는 1개만을 사용해야 한다(「정치자금법」§36②2문). 다만, 수입을 위한 예금계좌는 2개 이상을 사용할 수 있다.

대통령선거경선후보자, 당대표경선후보자 또는 공직선거의 후보자·예비후보자가 '자신의 재산'으로 정치자금을 지출하는 경우에도 그 회계책임자를 통하여 지출해야 한다(「정치자금법」§36③1문). '후원회를 둔 국회의원'이 당해 국회의원선거의 '예비후보자로 신고하지 아니한 경우'로서 '선거일 전 120일'부터 자신의 재산으로 정치자금을 지출하는 경우에도 그 회계책임자를 통하여 지출해야 한다(「정치자금법」§36③2문). 공직선거의 후보자나 예비후보자가 별도의 회계책임자를 선임하지 않은 경우에는 후보자나 예비후보자 자신이 회계책임자가 되므로, 이런 경우에도 정치자금 지출·수입을 위한 별도의 계좌로 정치자금을 지출해야 한다.

(3) 지정한 예금계좌로 선거사무장 등의 수당 등의 지급

선거법 제135조(선거사무관계자에 대한 수당과 실비보상)의 규정에 의한 선거사무장 등의 수당·실비는 당해 선거사무장 등이 지정한 금융기관의 예금계좌에 입금하는 방법으로 지급해야 한다(「정치자금법」§36④).

(4) 후원회를 둔 공직선거의 후보자·예비후보자의 경우

후원회를 둔 공직선거의 후보자·예비후보자의 회계책임자는 후원회로부터 기부받은 후원금을 '**후원회 등록 전**'에 '지출의 원인이 발생한 용도'로 지출할 수 없다(「정치자금법」§36⑤본문). 다만, 선거법 제7장에서 허용하는 선거운동(같은 법 제59조 제3호에 따른 인터넷홈페이지를 이용한 선거운동과 같은 법 제60조의4에 따른 예비후보자공약집은 제외)을 위한 경우에는 그 예외이다(「정치자금법」§36⑤단서).

(5) 대통령선거의 정당추천후보자의 경우

대통령선거에 있어 예비후보자가 정당추천후보자로 된 경우 그 예비후보자의 선거사무소 회계책임자는 예비후보자의 선거비용의 지출에 관한 내역을 지체 없이 별지 제32호서식에 의하여 후보자의 선거사무소 회계책임자에게 통지하여 선거비용의 지출에 지장이 없도록 해야 한다(「정치자금법」§36⑥, 정치자금규칙§35⑤).

(6) 정당의 회계책임자의 경우

정당의 회계책임자가 정책연구소, 시·도당, 정당선거사무소, 소속 국회의원, 공직선거의 소속 후보자 또는 예비후보자에게 정치자금을 지원하는 때에는 위와 같이 관할 선관위에 신고된 수입을 위한 예금계좌(후원회를 두지 아니한 국회의원의 경우에는 그 명의로 하여 별도로 개설한 예금계좌를 말함)에 입금하는 방법으로 지급해야 하며, 이를 지원받은 회계책임자(정책연구소 및 시·도당의 회계책임자를 제외)는 정치자금을 지출하고 남은 잔액이 있는 때에는 그 정당의 회계책임자에게 반납해야 한다(정치자금규칙§35④1문). 이 경우 후원회를 두지 아니한 국회의원은 「정치자금법」 제39조의 규정에 의한 영수증 그 밖의 증빙서류를 정당의 회계책임자에게 제출하고 정산해야 한다(정치자금규칙§35④2문).

라. 회계장부의 비치 및 기재

(1) 선거비용과 선거비용 외의 정치자금 등으로 구분·경리

회계책임자는 회계장부를 비치·기재함에 있어서 '보조금'과 '보조금 외의 정치자금', '선거비용'과 '선거비용 외의 정치자금'은 각각 별도의 계정을 설정하여 구분·경리해야 한다(「정치자금법」§37①2문).

(2) 회계장부 기재사항

회계책임자는 회계장부를 비치하고 <표 4-2>에서 정하는 바에 따라 모든 정치자금의 수입과 지출에 관한 사항을 기재해야 한다(「정치자금법」§37①1문).

여기서 '수입의 상세내역'은 수입의 일자·금액과 제공한 자의 성명·생년월일·주소·직업 및 전화번호 그 밖의 명세를 말한다(「정치자금법」§37②1호). 또한, '지출의 상세내역'은 지출의 일자·금액·목적과 지출을 받은 자의 성명·생년월일·주소·직업 및 전화번호를 말한다(「정치자금법」§37②2호1문). 이 경우 선거운동을 위한 인쇄물·시설물 그 밖에 물품·장비 등을 시중의 통상적인 거래가격보다 현저히 싼 값 또는 무상으로 사용한 경우에는 회계책임자가 정치자금규칙으로 정하는 시중의 통상적인 거래가격 또는 임차가격에 상당하는 가액을 계상한 금액을 지출금액으로 처리하는데, 정치자금규칙은 이에 대하여 다음 각호의 기준에 따르되, 제1호와 제2호에 따라 계산한 가격이 서로 다른 경우에는 그 평균한 가격을 기준으로 한다(정치자금규칙§37, 규칙§51의2②).

〈표 4-2〉 회계책임자 종류별 수입 및 지출 기재사항

회계책임자의 종류	수입 기재사항	지출 기재사항	서식
정당의 회계책임자(대통령선거의 정당추천후보자와 비례대표국회의원선거 및 비례대표지방의회의원선거의 선거사무소와 선거연락소의 회계책임자를 포함)	당비, 기탁금, 보조금, 차입금, 지원금 및 기관지의 발행 그 밖에 부대수입 등 수입의 상세내역	지출(대통령선거와 비례대표국회의원선거 및 비례대표지방의회의원선거에 있어서 추천후보자의 정치자금의 지출을 포함)의 상세내역	별지 제33호 서식
후원회의 회계책임자	후원금 등 수입의 상세내역. 다만, 제11조(후원인의 기부한도 등) 제3항의 규정에 의한 익명기부의 경우에는 일자·금액 및 기부방법	후원회지정권자에 대한 기부일자·금액과 후원금 모금에 소요된 경비 등 지출의 상세내역	
후원회를 둔 국회의원의 회계책임자	소속 정당의 지원금과 후원회로부터 기부받은 후원금의 기부일자·금액 및 후원금에서 공제하고자 하는 선임권자의 재산(차입금을 포함) 등 수입의 상세내역	지출의 상세내역	별지 제34호 서식
대통령선거경선후보자, 당대표경선후보자의 회계책임자, 공직선거의 후보자·예비후보자의 회계책임자[12]	소속 정당의 지원금과 후원회로부터 기부받은 후원금의 기부일자·금액, 선임권자의 재산(차입금을 포함) 및 선거사무소 회계책임자의 지원금(선거연락소의 회계책임자에 한함) 등 수입의 상세내역	지출의 상세내역	

12 대통령선거의 정당추천후보자와 비례대표국회의원선거 및 비례대표지방의회의원선거의 선거사무소와 선거연락소의 회계책임자를 제외됨.

1. 정부고시가격 또는 정부의 기준요금(「국가재정법」 제29조 제1항에 따른 예산안편성지침의 기준단가와 요금을 포함)
2. 「국가를 당사자로 하는 계약에 관한 법률 시행규칙」 제5조에 따른 전문가격조사기관이 조사하여 공표한 가격
3. 위 각호의 어느 하나의 기준에 따라 계산할 수 없는 가격의 경우에는 「부가가치세법」 제5조에 따라 등록된 해당 업종 3 이상의 사업자가 계산한 견적가격을 평균한 가격 또는 최근 실시한 임기만료에 따른 선거에서 산정한 가격에 「통계법」 제3조에 따라 통계청장이 고시한 전국소비자물가변동률을 감안하여 중앙선관위가 정한 가격

회계책임자는 정치자금의 수입·지출이 있는 때마다 회계장부에 이를 기재해야 하고, 이 경우 수입·지출이 금전 외의 재산상의 이익인 경우에는 그 품명 및 가액을, 수표인 경우에는 발행금융기관명·금액과 수표번호를 기재해야 한다(정치자금규칙§36②). 또한, 회계책임자는 법 제40조(회계보고)의 규정에 의하여 회계보고를 하는 때에는 회계를 마감하고, 회계장부의 끝부분에 서명·날인해야 한다(정치자금규칙§36③).

마. 회계보고

(1) 일반적인 경우

회계책임자는 <표 4-3>에서 보는 바와 같은 기한까지 관할 선관위에 정치자금의 수입과 지출에 관한 회계보고를 해야 한다(「정치자금법」§40①).

〈표 4-3〉 회계책임자 종류별 회계보고 시기

<table>
<tr><th rowspan="2">회계책임자의 종류</th><th colspan="2">회계보고 시기</th></tr>
<tr><th>구분</th><th>회계보고 시기</th></tr>
<tr><td rowspan="3">정당의 회계책임자(대통령선거의 정당추천후보자와 비례대표국회의원선거 및 비례대표지방의회의원선거의 선거사무소와 선거연락소의 회계책임자를 포함)(1호)</td><td>공직선거에 참여하지 않은 연도</td><td>매년 1월 1일부터 12월 31일 현재로 다음 연도 2월 15일(시·도당의 경우에는 1월 31일)까지(가목)</td></tr>
<tr><td>전국을 단위로 실시하는 공직선거에 참여한 연도</td><td>매년 1월 1일(정당선거사무소의 경우에는 그 설치일)부터 선거일 후 20일(20일 후에 정당선거사무소를 폐쇄하는 경우에는 그 폐쇄일을 말함) 현재로 당해 선거일 후 30일(대통령선거 및 비례대표국회의원선거에 있어서는 40일)까지, 선거일 후 21일부터 12월 31일 현재로 다음 연도 2월 15일(시·도당은 1월 31일)까지(나목)</td></tr>
<tr><td>전국의 일부지역에서 실시하는 공직선거의 보궐선거 등에 참여한 연도</td><td>중앙당과 정책연구소는 가목에 의하고, 당해 시·도당과 정당선거사무소는 나목에 의한다(다목).</td></tr>
<tr><td rowspan="2">후원회의 회계책임자(2호)</td><td>공직선거에 참여하지 아니한 연도</td><td>매년 1월 1일부터 12월 31일 현재로 다음 연도 1월 31일까지</td></tr>
<tr><td>공직선거에 참여한 연도</td><td>매년 1월 1일부터 선거일 후 20일 현재로 선거일 후 30일까지, 선거일 후 21일부터 12월 31일 현재로 다음 연도 1월 31일까지</td></tr>
<tr><td rowspan="2">후원회를 둔 국회의원의 회계책임자(3호)</td><td>연간 모금한도액을 모금할 수 있는 연도</td><td>매년 1월 1일부터 6월 30일 현재로 7월 31일까지, 7월 1일부터 12월 31일 현재로 다음 연도 1월 31일까지</td></tr>
<tr><td>연간 모금한도액의 2배를 모금할 수 있는 연도</td><td>매년 1월 1일부터 선거일 후 20일 현재로 선거일 후 30일까지, 선거일 후 21일부터 12월 31일 현재로 다음 연도 1월 31일까지. 다만, 선거일이 12월 중에 있는 경우에는 가목에 의한다.</td></tr>
</table>

대통령선거경선후보자·당대표경선후보자 및 그 후원회의 회계책임자(4호)	후원회를 둔 국회의원의 회계책임자	제2호의 규정에 불구하고 매년 1월 1일부터 경선일 후 20일 현재로 경선일 후 30일까지, 경선일 후 21일부터 12월 31일 현재로 다음 연도 1월 31일까지
	그 이외의 경우	정당의 경선일 후 20일 현재로 경선일 후 30일까지
공직선거의 후보자·예비후보자 및 그 후원회의 회계책임자(5호)	대통령선거의 정당추천 후보자와 비례대표국회의원선거 및 비례대표지방의회의원선거의 선거사무소·선거연락소의 회계책임자	제1호 나목 또는 다목에 의한다.
	그 이외의 경우	선거일 후 20일(대통령선거의 정당추천후보자의 경우 그 예비후보자의 회계책임자는 후보자등록일 전일) 현재로 선거일 후 30일(대통령선거의 무소속후보자는 40일)까지

(2) 특수한 경우

위와 같은 규정에 불구하고 다음 각호에 해당하는 사유가 있는 때에는 그 회계책임자는 그 날부터 **14일** 이내에 관할 선관위에 회계보고를 해야 한다(「정치자금법」§40②).

1. 정당이 등록취소되거나 해산한 때
3. 후원회가 제19조(후원회의 해산 등) 제1항의 규정에 의하여 해산한 때(선거 또는 경선의 종료로 후원회지정권자가 후원회를 둘 수 있는 자격을 상실하여 해산한 때는 제외)
4. 후원회를 둔 국회의원, 대통령선거경선후보자 또는 당대표경선후보자가 후원회지정을 철회하거나 후원회를 둘 수 있는 자격을 상실한 때(경선의 종료로 인하여 자격을 상실한 때는 제외)
5. 공직선거의 예비후보자 또는 그 후원회가 선거기간개시일 30일 전에

그 자격을 상실하거나 해산할 때

(3) 회계보고사항

이와 같은 규정에 의하여 회계보고하는 사항은 ＜표 4-4＞와 같다(「정치자금법」§40③).

〈표 4-4〉 회계책임자 종류별 회계보고사항

회계책임자의 종류	보고사항	
정당 및 후원회의 회계책임자(대통령선거의 정당추천 후보자, 비례대표국회의원선거 및 비례대표지방의회의원선거 포함)	재산상황	정당에 있어서는 12월 31일 현재의 회계보고에 한한다.
	정치자금의 수입내역	1회 30만 원 초과 또는 연간 300만 원(대통령후보자등후원회·대통령선거경선후보자후원회의 경우에는 500만 원)을 초과하여 수입을 제공한 자의 경우에는 성명·생년월일·주소·직업·전화번호와 수입일자 및 그 금액을, 그 이하 금액의 수입을 제공한 자의 경우에는 일자별로 그 건수와 총금액. 다만, 당비의 경우에는 그 예외이다.
	제37조(회계장부의 비치 및 기재) 제1항의 규정에 의하여 회계장부에 기재하는 지출의 상세내역	
후원회지정권자·대통령선거경선후보자, 당대표경선후보자, 공직선거의 후보자·예비후보자의 회계책임자	후원금 및 소속 정당의 지원금으로 구입·취득한 재산상황	
	제37조 제1항의 규정에 의하여 회계장부에 기재하는 수입·지출의 상세내역	

(4) 첨부서류

위와 같은 규정에 의해 회계보고를 하는 때에는 다음 각호의 서류를 첨부해야 한다(「정치자금법」§40④). 또한, 선거사무소·선거연락소의 회계책임자가 회계보고를 하는 때에는 정당의 대표자 또는 공직선거후보자와 선거사무장의 연대 서명·날인을 받아야 한다. 다만, 선거연락소의 경우에는 선거연락소장의 서명·날인을 받아야 한다(「정치자금법」§40⑤).

1. 정치자금의 수입과 지출명세서
2. 제39조(영수증 그 밖의 증빙서류) 본문의 규정에 의한 영수증 그 밖의 증빙서류 사본
3. 정치자금을 수입·지출한 예금통장 사본
4. 제41조 제1항 본문에 따른 자체 감사기관의 감사의견서와 대의기관(그 수임기관을 포함)·예산결산위원회의 심사의결서[제38조(정당의 회계처리) 제3항의 규정에 의한 공개자료를 포함] 사본[정당(정당선거사무소를 제외)과 후원회의 회계책임자에 한함]
5. 제41조 제1항 단서의 규정에 의한 공인회계사의 감사의견서(중앙당에 한함). 다만, 정치자금의 수입·지출이 없는 경우에는 그 예외이다.
6. 잔여재산의 인계·인수서(인계의무자에 한함). 이 경우 제58조(후보자의 반환기탁금 및 보전비용의 처리) 제1항의 규정에 의한 반환·보전비용의 인계·인수서는 반환·보전받은 날부터 30일까지 제출한다.
7. 제36조(회계책임자에 의한 수입·지출) 제6항의 규정에 의한 예비후보자의 선거비용 지출내역서 사본(대통령선거의 정당추천후보자의 선거사무소의 회계책임자와 그 예비후보자의 회계책임자에 한함)

(5) 수입과 지출명세서의 서식

회계책임자가 법 제40조에 따라 관할 선관위에 보고하는 재산상황 및 정치자금의 수입과 지출명세서는 <표 4-5>와 같다(정치자금규칙§40①).

〈표 4-5〉 회계책임자 종류별 보고서식

회계책임자의 종류	보고서식
정당(정책연구소, 정당선거사무소, 대통령선거의 정당추천후보자, 비례대표국회의원선거 및 비례대표지방의회의원선거의 선거사무소·선거연락소를 포함)의 회계책임자	별지 제33호서식의 수입·지출부(이 경우 수입내역 중 당비는 일자별 납입건수와 총금액을 기재), 별지 제37호서식의 재산명세서, 별지 제38호서식의 정당의 수입·지출총괄표, 별지 제39호서식의 정당의 재산 및 수입·지출총괄표
후원회의 회계책임자	별지 제33호서식의 수입·지출부(이 경우 1회 30만 원 이하의 후원금을 기부한 자의 경우에는 일자별 기부건수와 총금액을 보고), 별지 제37호서식의 재산명세서, 별지 제40호서식의 후원회의 수입·지출총괄표
후원회를 둔 국회의원, 대통령선거경선후보자, 당대표경선후보자 및 공직선거의 후보자(대통령선거정당추천후보자, 비례대표국회의원선거 및 비례대표지방의회의원선거의 후보자를 제외)·예비후보자의 회계책임자	별지 제34호서식의 정치자금 수입·지출부, 별지 제37호서식의 재산명세서, 별지 제41호서식의 정치자금 수입·지출보고서
선거연락소(대통령선거의 정당추천후보자의 선거연락소를 제외)의 회계책임자	별지 제34호서식의 정치자금 수입·지출부, 별지 제37호서식의 재산명세서, 별지 제41호서식의 정치자금 수입·지출보고서

(6) 정당의 회계책임자의 관할 선관위에 보고

정당의 회계책임자가 정치자금규칙 제35조(회계책임자에 의한 수입·지출) 제4항의 규정에 의하여 정치자금을 지원함에 있어 다음 각호의 어느 하나에 해당하는 정치자금을 지원한 때에는 당해 공직선거의 선거일 후 10일 이내에 그 지원내역을 별지 제42호서식에 의하여 관할 선관위에 보고해야 한다(정치자금규칙§40②).

1. 정당이 시·도당, 정책연구소 또는 소속 국회의원에게 선거법 제60조의 2(예비후보자 등록) 제1항의 규정에 의한 예비후보자 등록신청개시일부

터 선거일까지 지원한 모든 정치자금. 이 경우 일부지역에서 실시하는 선거에 있어 중앙당이 시·도당에 지원한 정치자금의 지원내역을 보고하는 때에는 그 선거구를 관할하는 시·도당에 지원한 정치자금에 한한다.

2. 정당이 정당선거사무소 및 공직선거의 소속 후보자·예비후보자에게 지원한 모든 정치자금

(7) 후원회의 회계책임자의 보고

후원회의 회계책임자가 위와 같이 회계보고를 하는 경우에는 1회 30만 원을 초과하여 후원금을 제공한 자와 연간 300만 원(대통령후보자등후원회·대통령선거경선후보자후원회의 경우에는 500만 원)을 초과하여 제공한 자의 성명·생년월일·주소·직업·전화번호, 기부일자 및 기부금액 등에 대하여 각각 별지 제43호서식에 의하여 보고해야 한다(정치자금규칙§40③).

바. 회계보고서 등의 열람 및 사본교부

(1) 필요한 비용 등의 공고

이처럼 회계보고를 받은 관할 선관위는 회계보고 마감일부터 7일 이내에 그 사실과 열람·사본교부기간 및 사본교부에 필요한 비용 등을 공고해야 한다(「정치자금법」§42①).

(2) 공람과 인터넷홈페이지 이용한 공개

관할 선관위는 위와 같이 보고된 재산상황, 정치자금의 수입·지출내역 및 첨부서류를 그 사무소에 비치하고 위와 같은 공고일부터 3월간(이하 '열람기간'이라 함) 누구든지 볼 수 있게 해야 한다(「정치자금법」§42②본문). 다만, 선거비용에 한하여 열람대상 서류 중 제40조(회계보고) 제4항 제1호의 수입과 지출명세서를 선관위의 인터넷홈페이지를 통하여 공개할 수 있되, 열람기간이 아닌 때에는 이를 공개하여서는 안 된다(「정치자금법」§42②단서). 그러나, 후원회에 연간 300만 원(대통령후보자등·대통령선거경선후보자의 후원회의 경우 500만 원을 말함) 이하를 기부한 자의 인적 사항과 금액은 이를 공개하지 않는다(「정치자금법」§42④). 이는 이른바 소액기부자의 사생활을 보호함과 동시에 정치자금

기부의 위축을 방지하기 위한 규정이다.

(3) 사본교부의 신청

누구든지 회계보고서, 정치자금의 수입·지출내역과 위와 같은 첨부서류(제2호 및 제3호의 서류를 제외)에 대한 사본교부를 관할 선관위에 서면으로 신청할 수 있고, 이 경우 사본교부에 필요한 비용은 그 사본교부를 신청한 자가 부담한다(「정치자금법」§42③). 그러나, 후원회에 연간 300만 원(대통령후보자등·대통령선거경선후보자의 후원회의 경우 500만 원을 말함) 이하를 기부한 자의 인적사항과 금액은 이를 공개하지 않는다(「정치자금법」§42④).

(4) 이의신청과 조사 및 결과 통지

위와 같이 관할 선관위에 보고된 재산상황, 정치자금의 수입·지출내역 및 첨부서류에 관하여 이의가 있는 자는 그 이의에 대한 증빙서류를 첨부하여 열람기간 중에 관할 선관위에 서면으로 이의신청을 할 수 있다(「정치자금법」§42⑥). 이러한 이의신청을 받은 관할 선관위는 이의신청을 받은 날부터 60일 이내에 이의신청사항을 조사·확인[제39조(영수증 그 밖의 증빙서류) 단서의 규정에 해당하는 사항을 제외]하고 그 결과를 신청인에게 통보해야 한다(「정치자금법」§42⑦).

그리고, 선거비용에 관하여 위와 같은 이의신청을 받은 관할 선관위는 회계책임자 그 밖의 관계인에게 이의사실에 대한 소명자료를 제출하도록 통지해야 하며, 회계책임자 그 밖의 관계인은 통지를 받은 날부터 7일 이내에 소명자료를 제출해야 한다(「정치자금법」§42⑧1문). 이 경우 관할 선관위는 그 소명자료를 제출받은 때에는 그 이의신청내용과 소명내용을, 그 소명자료의 제출이 없는 때에는 이의신청내용과 소명이 없음을 공고하고 지체 없이 그 사실을 당해 이의신청인에게 통지해야 한다(「정치자금법」§42⑧2문).

(5) 정치적 목적의 이용 금지

누구든지 이처럼 공개된 정치자금 기부내역을 인터넷에 게시하여 정치적 목적에 이용하여서는 안 된다(「정치자금법」§42⑤).

사. 선관위의 자료제출 요구와 고발·수사의뢰

(1) 자료제출 요구

각급 선관위(읍·면·동선관위를 제외) 위원·직원은 선거비용의 수입과 지출에 관하여 확인할 필요가 있다고 인정되는 때에는 회계장부 그 밖의 출납서류를 보거나, 정당, 공직선거의 후보자·예비후보자·회계책임자 또는 선거비용에서 지출하는 비용을 지급받거나 받을 권리가 있는 자 그 밖의 관계인에 대하여 조사할 수 있으며, 보고 또는 자료의 제출을 요구할 수 있다(「정치자금법」 §43①). 선관위로부터 이러한 요구를 받은 자는 지체 없이 이에 따라야 한다(「정치자금법」 §43②).

이러한 조사와 관련하여, 정치자금규칙은 각급 선관위 위원·직원(이하 '위원·직원'이라 함)은 다음 각호의 어느 하나에 해당하는 사유가 있는 때에는 조사를 해야 한다고 규정하고 있다(정치자금규칙§43).

1. 선거비용의 수입·지출에 관하여 확인할 필요가 있다고 인정되는 때
2. 선거비용의 수입·지출과 관련한 범죄의 신고를 받거나 인지한 때
3. 정치자금법 제42조(회계보고서 등의 열람 및 사본교부) 제6항 및 제8항의 규정에 의한 이의신청내용과 소명내용에 의하여 회계보고서나 관련 회계서류의 내용 중 허위사실의 기재 그 밖의 법에 위반되는 사실을 발견한 때

(2) 고발·수사의뢰 등

선관위는 정치자금법 제42조(회계보고서 등의 열람 및 사본교부) 제6항의 이의신청과 위와 같은 규정에 의한 열람·보고 또는 제출된 자료 등에 의하여 회계장부 그 밖의 출납서류 또는 회계보고서의 내용 중 허위사실의 기재·불법지출이나 초과지출 그 밖에 이 법에 위반되는 사실이 있다고 인정되는 때에는 관할 수사기관에 고발 또는 수사의뢰 그 밖에 필요한 조치를 해야 한다(「정치자금법」§43③).

아. 회계장부 등의 인계·보존

회계책임자는 「정치자금법」 제40조(회계보고)의 규정에 의하여 회계보고

를 마친 후 지체 없이 선임권자에게 이 법의 규정에 의한 당비영수증원부, 정치자금영수증 원부, 회계장부, 정치자금의 수입·지출에 관한 명세서, 영수증 그 밖의 증빙서류, 예금통장, 지출결의서 및 구입·지급품의서(이하 '회계장부 등'이라 함)를 인계해야 하며, 선임권자는 회계책임자가 회계보고를 마친 날부터 3년간 보존해야 한다(「정치자금법」§44①). 이러한 규정에도 불구하고 회계책임자는 선임권자의 동의를 얻어 관할 선관위에 회계장부 등의 보존을 위탁할 수 있다(「정치자금법」§44②).

3. 「정치자금법」상 선거관련 벌칙조항

가. 정치자금부정수수죄

(1) 규정 내용

「정치자금법」에 정하지 아니한 방법으로 정치자금을 기부하거나 기부받은 자(정당·후원회·법인 그 밖의 단체에 있어서는 그 구성원으로서 당해 위반행위를 한 자를 말함. 이하 같음)는 5년 이하의 징역 또는 1천만 원 이하의 벌금에 처한다. 다만, 정치자금을 기부하거나 기부받은 자의 관계가 「민법」 제777조(친족의 범위)의 규정에 의한 친족인 경우에는 그 예외이다(「정치자금법」§45①).

다음 각호의 어느 하나에 해당하는 자는 5년 이하의 징역 또는 1천만 원 이하의 벌금에 처한다(「정치자금법」§45②).

1. 제6조(후원회지정권자)의 규정에 의한 후원회지정권자가 아닌 자로서 정치자금의 기부를 목적으로 후원회나 이와 유사한 기구를 설치·운영한 자
2. 제11조(후원인의 기부한도 등) 제1항의 규정을 위반하여 기부한 자와 제11조 제2항, 제12조(후원회의 모금·기부한도) 제1항·제2항 또는 제13조(연간 모금·기부한 도액에 관한 특례) 제1항의 규정을 위반하여 후원금을 받거나 모금 또는 기부를 한 자
3. 제14조(후원금 모금방법) 내지 제16조(정치자금영수증과의 교환에 의한 모금) 제1항의 규정을 위반하여 고지·광고하거나 후원금을 모금한 자
4. 제22조(기탁금의 기탁) 제1항의 규정을 위반하여 선관위에 기탁하지 아

니하고 정치자금을 기부하거나 받은 자

5. 제31조(기부의 제한) 또는 제32조(특정행위와 관련한 기부의 제한)의 규정을 위반하여 정치자금을 기부하거나 받은 자
6. 제33조(기부의 알선에 관한 제한)의 규정을 위반하여 정치자금의 기부를 받거나 이를 알선한 자

(2) 관련 판례

이와 관련하여 판례는 "「정치자금법」에 의하여 수수가 금지되는 정치자금은 정치활동을 위하여 정치활동을 하는 사람에게 제공되는 금전 등 일체를 의미한다. 한편 「정치자금법」에 정하지 아니한 방법으로 정치자금을 기부받음으로써 정치자금부정수수죄가 기수에 이른 이후에 정치자금을 기부받은 사람이 실제로 그 자금을 정치활동을 위하여 사용하였는지 여부는 범죄의 성립에 영향을 미치지 아니한다"고 판시한 바 있다(대법원 2013. 7. 12. 선고 2013도3940 판결). 또 판례는 정치자금부정수수죄와 관련하여, "정치활동을 위하여 제공되는 금품으로서 정치활동을 위하여 소요되는 경비로 지출될 것임이 객관적으로 명확히 예상되는 금전 등의 수수행위에 한하여 처벌하여 이로써 정치활동을 하는 자의 직업선택의 자유가 침해되어 형해화될 정도에 이른다고 볼 수 없고, 「정치자금법」의 입법 목적과 취지 등에 비추어 볼 때 위 규정에 의하여 보호되는 정치자금의 투명성 확보 등의 가치는 민주정치의 건전한 발전이라는 공공의 이익에 있어 중요한 의미를 지니는 반면, 그로 인한 기본권 제한은 입법 목적 달성에 필요한 범위에 한정되어 그 본질적 내용을 침해한다고 볼 수 없으므로, 과잉금지원칙에 반한다고 할 수 없다"고 판단하였다(대법원 2014. 10. 30. 선고 2012도12394 판결).

그리고 판례는, "「정치자금법」 제45조 제1항은 '이 법에 정하지 아니한 방법으로 정치자금을 기부하거나 기부받은 자는 5년 이하의 징역 또는 1천만 원 이하의 벌금에 처한다. 다만, 정치자금을 기부하거나 기부받은 자의 관계가 「민법」 제777조의 규정에 의한 친족인 경우에는 그러하지 아니하다'라고 규정하고 있는바, 위 조항의 단서 규정은 정치자금을 기부하는 자와 받는 자 사이에 「민법」상 친족관계가 있는 경우에는 친족 간의 정의(정의)를 고려할 때 「정

치자금법」에서 정한 방법으로 돈을 주고 받으리라고 기대하기 어려움을 이유로 책임이 조각되는 사유를 정한 것이지 범죄의 구성요건해당성이 조각되는 사유를 정한 것이 아니므로, 정치자금을 기부받는 자와 「민법」 제777조의 규정에 의한 친족관계에 있는 자가 그러한 친족관계 없는 자와 공모하여 「정치자금법」에 정하지 아니한 방법으로 정치자금을 기부한 경우에는 「형법」 제33조 본문에서 말하는 '신분관계로 인하여 성립될 범죄에 가공한 행위'에 해당한다고 볼 수 없으며, 친족관계에 있는 자의 책임은 조각된다고 할 것이다. 그리고 위 단서 규정이 「정치자금법」 제45조 제1항 위반죄를 범한 공동정범 중에서 실제로 자금을 출연하여 기부를 실행한 자에 대해서만 적용되고 사실상 기부의 알선에 가까운 행위를 한 공동정범에게는 적용되지 않는다고 해석할 수는 없다. 한편, 혈족의 범위를 정한 「민법」 제768조에서 말하는 '형제자매'라 함은 부계 및 모계의 형제자매를 모두 포함하는 것이므로(대법원 1997. 11. 28. 선고 96다5421 판결 참조), 이복형제가 여기에서 제외되는 것은 아니다"고 판시한 바 있다(대법원 2007. 11. 29. 선고 2007도7062 판결).

나. 선거비용관련 위반행위에 관한 벌칙

(1) 회계보고서 허위기재 등

회계책임자가 정당한 사유 없이 선거비용에 대하여 제40조(회계보고) 제1항·제2항의 규정에 의한 회계보고를 하지 아니하거나 허위기재·위조·변조 또는 누락(선거비용의 수입·지출을 은닉하기 위하여 누락한 경우를 말함)한 자는 5년 이하의 징역 또는 2천만 원 이하의 벌금에 처한다(「정치자금법」§49①).

(2) 선거비용 관련 위반죄

선거비용과 관련하여 다음 각호의 어느 하나에 해당하는 자는 2년 이하의 징역 또는 400만 원 이하의 벌금에 처한다(「정치자금법」§49②).

1. 제2조(기본원칙) 제4항의 규정을 위반한 자
2. 제34조(회계책임자의 선임신고 등) 제1항·제4항 제1호 또는 제35조(회계책임자의 변경신고 등) 제1항의 규정을 위반하여 회계책임자·예금계좌를 신고하지 아니한 자

3. 제36조(회계책임자에 의한 수입·지출) 제1항·제3항·제5항의 규정을 위반한 자, 동조 제2항의 규정을 위반하여 신고된 예금계좌를 통하지 아니하고 수입·지출한 자와 동조 제4항의 규정을 위반하여 예금계좌에 입금하지 아니하는 방법으로 지급한 자
4. 제36조 제6항의 규정을 위반하여 선거비용의 지출에 관한 내역을 통지하지 아니한 자
5. 제37조(회계장부의 비치 및 기재) 제1항의 규정을 위반하여 회계장부를 비치·기재하지 아니하거나 허위기재·위조·변조한 자
6. 제39조(영수증 그 밖의 증빙서류) 본문의 규정에 의한 영수증 그 밖의 증빙서류를 허위기재·위조·변조한 자
7. 제40조 제4항 제3호의 규정을 위반하여 예금통장 사본을 제출하지 아니한 자
8. 제43조 제2항을 위반하여 선관위의 보고 또는 자료의 제출 요구에 정당한 사유없이 응하지 아니하거나 보고 또는 자료의 제출을 허위로 한 자
9. 제44조(회계장부 등의 인계·보존) 제1항의 규정을 위반한 자

(3) 선거비용 관련 의무위반

선거비용과 관련하여 다음 각호의 어느 하나에 해당하는 자는 200만 원 이하의 과태료에 처한다(「정치자금법」§49③).

1. 제34조 제1항·제3항 또는 제35조 제1항의 규정을 위반하여 회계책임자의 선임·변경·겸임신고를 해태한 자
2. 제34조 제4항 제2호의 규정에 의한 약정서를 제출하지 아니한 자
3. 제35조 제2항의 규정을 위반하여 인계·인수서를 작성하지 아니한 자
4. 제40조 제5항의 규정을 위반한 자

Ⅲ. 선거법상 선거비용에 관한 규율

1. 선거법상 선거비용의 범위

가. 선거비용의 의의

(1) 개 관

선거법 제119조는 "'선거비용'이라 함은 당해 선거에서 선거운동을 위하여 소요되는 금전·물품 및 채무 그 밖에 모든 재산상의 가치가 있는 것으로서 당해 후보자(후보자가 되려는 사람을 포함하며, 대통령선거에 있어서 정당추천후보자와 비례대표국회의원선거 및 비례대표지방의회의원선거에 있어서는 그 추천정당을 포함. 이하 이 항에서 같음)가 부담하는 비용과 다음 각호의 어느 하나에 해당되는 비용을 말한다"고 규정하고 있고, 그 각호는 다음과 같이 정하고 있다.

1. 후보자가 선거법에 위반되는 선거운동을 위하여 지출한 비용과 기부행위제한규정을 위반하여 지출한 비용
2. 정당, 정당선거사무소의 소장, 후보자의 배우자 및 직계존비속, 선거사무장·선거연락소장·회계책임자가 해당 후보자의 선거운동(위법선거운동을 포함. 이하 이 항에서 같음)을 위하여 지출한 비용과 기부행위제한규정을 위반하여 지출한 비용
3. 선거사무장·선거연락소장·회계책임자로 선임된 사람이 선임·신고되기 전까지 해당 후보자의 선거운동을 위하여 지출한 비용과 기부행위제한규정을 위반하여 지출한 비용
4. 제2호 및 제3호에 규정되지 아니한 사람이라도 누구든지 후보자, 제2호 또는 제3호에 규정된 자와 통모하여 해당 후보자의 선거운동을 위하여 지출한 비용과 기부행위제한규정을 위반하여 지출한 비용

(2) 선거비용의 분설

첫째, '당해 선거'에서 선거운동을 위하여 소요되는 것이라야 한다. 여기서 '당해 선거'는 '후보자'가 '후보자등록 신청한(예비후보등록 포함) 선거'이거나, '후보자가 되려는 사람'이 '입후보하려고 한 그 선거'를 의미하고, 이는 선거법

제265조상의 해당 선거와 같은 의미이다.

둘째, 금전·물품 및 채무 그 밖에 모든 재산상의 가치가 있는 것이어야 한다. 선거비용은 주로 금전을 의미하는 것이지만, 물품(物品), 채무(債務)도 포함되고, 모든 재산상 가치가 있는 것도 포함된다. 여기서 '재산상(財産上) 가치가 있다는 것'은 그 재산적 가치의 산정이나 평가가 가능한 경우를 말한다.

셋째, 당해 후보자가 부담하는 비용이어야 한다. 이 당해 후보자에는 '후보자가 되려는 사람'과 대통령선거에 있어서 '정당추천후보자'와 '비례대표국회의원선거 및 비례대표지방의회의원선거'에 있어서는 '그 추천정당'이 포함된다.

넷째, 위와 같은 요건을 갖춘 경우에 선거비용으로 인정되는데, ⅰ) 사항적 측면과 ⅱ) 주체적 측면에서 그 범위가 확대된다. 즉, 선거법에 위반되는 선거운동을 위하여 지출한 비용과 기부행위제한규정을 위반하여 지출한 비용(사항적 측면), 선거사무관계자와 후보자나 후보자가 되려는 자의 배우자 및 직계존비속 등이 해당 후보자의 선거운동을 위하여 지출한 비용(주체적 측면)도 선거비용에 포함되는 것이다. 특히 전자가 선거비용에 포함되는 것은 이러한 경우에 선거비용에서 제외된다면 불법적으로 지급되는 선거비용이 속출하게 되고 그렇게 되면 선거법상 선거비용에 대한 통제는 불가능하게 되기 때문이다. 이와 같이 확대된 선거비용은 구체적으로 위 제1호 내지 제4호에 규정된 내용과 같다.

(3) 선거비용에 포함되지 않은 비용

(가) 의 의

위에서 본 바와 같이 선거비용에 포섭되면 원칙적으로 선거법상 선거비용으로 보는 것이 타당하다. 그런데, 선거법 제120조는 선거비용으로 보지 않는 비용에 대하여 정하고 있다. 이처럼 그 성격상 선거비용에 해당함에도 선거비용에 포함시키지 않은 것은 정책적 판단에서 제외된 것으로 보이고, 입법론적으로는 제4호 내지 제6호는 경우는 전형적인 선거비용으로 볼 수 있는 것들임에도, 이를 선거비용에서 제외한 것은 앞서 본 선거공영제의 원리상 바람직하다고 할 수 없다.

(나) 그 비용의 범위

1. 선거권자의 추천을 받는데 소요된 비용 등 **선거운동을 위한 준비행위**에 소요되는 비용
2. 정당의 후보자선출대회비용 기타 선거와 관련한 **정당활동에 소요되는 정당비용**
3. 선거에 관하여 국가·지방자치단체 또는 선관위에 납부하거나 지급하는 **기탁금과 모든 납부금 및 수수료**
4. 선거사무소와 선거연락소의 전화료·전기료 및 수도료 기타의 유지비로서 **선거기간 전부터** 정당 또는 후보자가 지출하여 온 **경비**
5. **선거사무소와 선거연락소**의 설치 및 유지**비용**
6. 정당, 후보자, 선거사무장, 선거연락소장, 선거사무원, 회계책임자, 연설원 및 대담·토론자가 승용하는 **자동차**[제91조(확성장치와 자동차 등의 사용제한) 제4항의 규정에 의한 자동차와 선박을 포함]의 **운영비용**
7. 제3자가 정당·후보자·선거사무장·선거연락소장 또는 회계책임자와 통모함이 없이 특정 후보자의 선거운동을 위하여 지출한 **전신료 등의 비용**
8. 제112조 제2항에 따라 **기부행위로 보지 아니하는 행위**에 소요되는 **비용**. 다만, 같은 항 제1호 마목(정당의 사무소를 방문하는 사람에게 제공하는 경우는 제외) 및 제2호 사목(후보자·예비후보자가 아닌 국회의원이 제공하는 경우는 제외)의 행위에 소요되는 비용은 선거비용으로 본다.
9. 선거일 후에 지출원인이 발생한 **잔무정리비용**

판례는 국회의원 선거에 출마한 갑 후보자의 회계책임자인 피고인이 을과 선거컨설팅 용역계약(이하 '용역계약'이라고 함)을 체결하고 선거운동과 관련하여 용역대금을 지급함으로써 선거비용을 초과 지출하였다고 하여 선거법 위반으로 기소된 사안에서, "제반 사정에 비추어 을이 용역계약을 위하여 한 행위들 중 선거운동기간이 시작되기 전에 한 행위들, 즉 선거전략, 콘셉트, 기본공약에 관한 프레젠테이션을 실시하고, 선거사무소 개소식을 준비하고 사회

를 보는 행위 등은 모두 선거운동을 위한 준비행위로서 거기에 소요되는 비용은 선거비용이라고 할 수 없"다고 판시한 바 있다(대법원 2014. 1. 23. 선고 2013도4146 판결).

2. 선거비용제한액의 산정과 그 공고

가. 산정기준

선거비용제한액은 선거별로 <표 4-6>과 같이 산정되는 금액으로 하고, 이 경우 100만 원 미만의 단수는 100만 원으로 한다(법§121①).

〈표 4-6〉 선거종류별 선거비용제한액

선거의 종류	선거비용제한액
대통령선거	인구수×950원
지역구국회의원선거	1억 원+(인구수×200원)+(읍·면·동수×200만 원)
비례대표국회의원선거	인구수×90원
지역구시·도의원선거	4천만 원+(인구수×100원)
비례대표시·도의원선거	4천만 원+(인구수×50원)
특별시장·광역시장·특별자치시장선거	4억 원(인구수 200만 미만인 때에는 2억 원)+(인구수×300원)
도지사선거	8억 원(인구수 100만 미만인 때에는 3억 원)+(인구수×250원)
지역구자치구·시·군의원선거	3천500만 원+(인구수×100원)
비례대표자치구·시·군의원선거	3천5백만 원+(인구수×50원)
자치구·시·군의 장 선거	9천만 원+(인구수×200원)+(읍·면·동수×100만 원)

이러한 선거비용제한액을 산정하는 때에는 당해 선거의 직전 임기만료에 의한 선거의 선거일이 속하는 달의 말일부터 제122조(선거비용제한액의 공고)의 규정에 의한 공고일이 속하는 달의 전전달 말일까지의 전국소비자물가변동률(「통계법」 제3조의 규정에 의하여 통계청장이 매년 고시하는 전국소비자물가변동률을 말함)을 감안하여 정한 비율(이하 '제한액산정비율'이라 함)을 적용하여 증감할 수 있다(법§121②1문). 다만, 이러한 규정에도 불구하고 임기만료에 의한 선거의 선거일 후 1년 이내에 실시되는 보궐선거 등에 있어서 선거비용제한액을 산정하는 경우에는 그 제한액산정비율을 적용하지 아니하되, 제한액산정비율이 10%를 초과하는 경우에는 제한액산정비율을 적용한다(규칙§50의3②).

나. 선거비용제한액의 절차

중앙선관위는 선거비용제한액 공고일이 속하는 달의 전달 15일까지 선거법 제121조(선거비용제한액의 산정) 제2항의 규정에 따른 제한액산정비율의 결정에 필요한 전국소비자물가변동률을 조사하여 관할 선거구선관위에 통보해야 한다(규칙§50의3①). 이러한 통보를 받은 관할 선거구선관위가 해당 선거 때마다 그 제한액산정비율을 정한다(법§121②2문).

다. 선거비용제한액의 공고

선거구선관위는 선거별로 제121조(선거비용제한액의 산정)의 규정에 의하여 산정한 선거비용제한액을 선거규칙이 정하는 바에 따라 공고해야 하는데(법§122), 그 구체적인 내용은 다음과 같다.

즉, 관할 선거구선관위는 '예비후보자등록신청개시일 전 10일'(예비후보자등록신청개시일 전 10일 후에 실시사유가 확정된 보궐선거 등에 있어서는 그 선거의 실시사유가 확정된 때부터 10일)까지 선거비용제한액을 공고해야 한다(규칙§51①). 또한, 관할 선거구선관위는 이와 같이 선거비용제한액을 공고한 때에는 이를 정당·정당선거사무소·예비후보자 및 후보자에게 통지해야 하고, 이 경우 통지는 공고문의 사본교부로 갈음할 수 있다(규칙§51②).

이와 같이 관할 선거구선관위가 선거비용제한액을 공고한 후 다음 각호의 어느 하나에 해당하는 사유가 발생한 때에는 선거비용제한액을 변경할 수 있으며, 관할 선거구선관위가 선거비용제한액을 변경한 때에는 지체 없이 그 내용과 사유를 공고하고 이를 위와 같은 통지절차에 준하여 알려야 한다(규칙 §51③).

1. 선거구역이 변경된 때
2. 선거법 제121조 제1항에 따른 선거비용제한액 산정기준이 변경된 때
3. 선거법 제121조 제2항에 따른 제한액산정비율이 변경된 때
4. 제2조 제3항에 따른 인구수가 현저하게 변경되는 등 부득이한 사유가 있는 때. 이 경우 선거일 전 30일이 속하는 달의 전달 말일 후에는 선거비용제한액을 변경할 수 없다.

3. 선거비용의 보전

가. 의 의

후보자가 당선되거나 사망하거나, 후보자의 득표수가 일정비율 이상인 경우 등 일정한 사유가 있는 경우에 관할 선거구선관위가 선거운동을 위하여 지출한 선거비용을 공고된 선거비용제한액의 범위 안에서 대통령선거 및 국회의원선거에 있어서는 국가의 부담으로, 지방자치단체의 의회의원 및 장의 선거에 있어서는 당해 지방자치단체의 부담으로 선거일 후에 후보자 또는 후보자추천 정당에게 보전해주는 것을 말한다(법§122의2①).

나. 선거비용 보전의 주체·보전요건 등

(1) 보전 및 비용부담의 주체

보전의 주체는 관할 선거구선관위이고, 그 보전에 대한 비용부담의 주체는 '대통령선거 및 국회의원선거'에서는 '국가'이고 '지방자치단체의 의회의원 및 장의 선거'에서는 당해 '지방자치단체'이다(법§122의2①).

(2) 보전의 상대방

후보자가 그 상대방이나, 대통령선거에서는 '정당추천후보자', 비례대표국회의원선거 및 비례대표지방의회의원선거에 있어서는 후보자를 추천한 정당

이 보전의 상대방이 된다(법§122의2①).

(3) 보전의 요건과 보전액

선거종류별 선거비용 보전요건과 그 보전액은 <표 4-7>과 같다(법§122의2①). 사망한 경우와 관련해서 보면, 후보자가 사망한 경우에 보전이 되므로, 예비후보자나 후보자가 되려는 사람이 사망한 경우에는 보전이 되지 않는다. 그 사망 시기는 후보자등록신청이 마쳐진 이후 선거일 당선인결정 전까지이다. 이는 후보자이어야 하기 때문에 후보자등록신청이 마쳐진 후에 후보자로서의 지위를 획득하고 당선인결정에 의해서 후보자의 지위가 상실되기 때문이다.

〈표 4-7〉 선거종류별 선거비용 보전요건과 그 보전액

<table>
<tr><th>선거의 종류</th><th>보전의 요건</th><th>보전액</th><th>보전액의 상한</th></tr>
<tr><td rowspan="2">대통령선거, 지역구국회의원선거, 지역구지방의회의원선거 및 지방자치단체의 장선거</td><td>후보자가 당선되거나 사망한 경우 또는 후보자의 득표수가 유효투표총수의 100분의 15 이상인 경우</td><td>후보자가 지출한 선거비용의 전액</td><td rowspan="3">공고된 선거비용제한액의 범위 내</td></tr>
<tr><td>후보자의 득표수가 유효투표총수의 100분의 10 이상 100분의 15 미만인 경우</td><td>후보자가 지출한 선거비용의 100분의 50에 해당하는 금액</td></tr>
<tr><td>비례대표국회의원선거 및 비례대표지방의회의원선거</td><td>후보자명부에 올라 있는 후보자 중 당선인이 있는 경우</td><td>당해 정당이 지출한 선거비용의 전액</td></tr>
</table>

〈표 4-8〉 실전사례: 선거비용보전 청구

선거비용 보전청구서[13]

1. 선 거 명 : ○○장선거
2. 후보자명 : ○○○
3. 청구내역

구분	청구액						비고
	선거사무소	○○선거연락소	○○선거연락소	○○선거연락소	○○선거연락소	합계	
후보자 자산	15,000,000	10,000,000				25,000,000	
후원회기부금							
정당의지원금							
합계	15,000,000	10,000,000				25,000,000	

4. 보전청구 총액 : 금이천오백만 원(₩25,000,000)
5. 수령계좌명 : 한국은행(예금주명: ○○○) 계좌번호 : 123-34-56789

2014년 6월 4일 실시한 제6회 전국동시지방선거의 보전비용을 위와 같이 청구합니다. 아울러 선거법 제122조의2(선거비용의 보전 등) 제2항 제8호의 규정에 의한 비용은 감액된 금액을 지급받겠으며, 위 보전비용을 청구함에 있어 위법·부당하게 청구한 사실이 있는 때에는 귀 선관위에 반환하는 등 어떠한 책임도 감수하겠습니다.

붙임 1. 정치자금 수입·지출명세서(선거비용과목) 사본 1부
2. 영수증 등 증빙서류(선거규칙 별표1의2에 따른 사진 등 객관적인 증빙자료 포함) 사본 1부
3. 선거연락소별 선거비용보전청구서(선거연락소가 있는 경우에 한함) 원본 부

2014년 월 일

청구인
- 후 보 자 ○ ○ ○ (인)
- 선거사무장 ○ ○ ○ (인)
- 회계책임자 ○ ○ ○ (인)

○○○ 선관위 귀중

주 1. 청구인란에는 선거사무소의 경우 후보자·선거사무장과 회계책임자가 연대 서명·날인을, 선거연락소의 경우 선거연락소장과 회계책임자가 서명·날인을 해야 함.
2. 선거연락소가 있는 경우 선거사무소는 각 선거연락소의 보전청구액을 함께 기재하고, 선거사무소의 보전청구 세부내역 및 증빙서류사본을 제출해야 함.
3. 선거연락소는 선거연락소에 대응하는 선관위에 당해 선거연락소의 보전 청구 세부내역 및 증빙서류사본을 첨부하여 청구해야 함.
4. 선거연락소는 위 "3. 청구내역"란의 선거연락소란에 당해 선거연락소만 기재해야 함.

13 서울특별시선관위, 『정치자금회계실무』, 137면.

(4) 선거비용 보전의 범위

후보자가 선거법의 규정에 의한 선거운동을 위하여 지출한 선거비용으로, 「정치자금법」 제40조(회계보고)의 규정에 따라 제출한 회계보고서에 보고된 선거비용으로서 정당하게 지출한 것으로 인정되는 선거비용이 그 보전대상이다(법§122의2①). 그러나 이러한 선거비용의 보전에 있어서 다음 각호의 어느 하나에 해당하는 비용은 이를 보전하지 않는다(법§122의2②, 규칙§51의2③).

1. **예비후보자**의 선거비용
2. 「정치자금법」 제40조(회계보고)의 규정에 따라 제출한 회계보고서에 **보고되지 아니하거나 허위로 보고**된 비용
3. **선거법**에 **위반**되는 선거운동을 위하여 또는 기부행위제한규정을 **위반**하여 지출된 비용
4. 제64조 또는 제65조에 따라 **선거벽보**와 **선거공보**를 관할 구·시·군선관위에 제출한 후 그 내용을 **정정**하거나 **삭제**하는 데 소요되는 비용
5. **선거법에 따라 제공하는 경우 외**에 선거운동과 관련하여 지출된 **수당·실비 그 밖의 비용**
6. 정당한 사유 없이 지출을 증빙하는 적법한 영수증 **그 밖의 증빙서류가 첨부되지 아니한 비용**
7. 후보자가 자신의 차량·장비·물품 등을 사용하거나 후보자의 가족·소속 정당 또는 제3자의 차량·장비·물품 등을 무상으로 제공 또는 대여받는 등 정당 또는 후보자가 **실제로 지출하지 아니한 비용**
8. 청구금액이 선거규칙으로 정하는 기준에 따라 산정한 통상적인 거래가격 또는 임차가격과 비교하여 정당한 사유 없이 **현저하게 비싸다고 인정되는** 경우 그 **초과**하는 가액의 **비용**
9. 선거운동에 **사용하지 아니한** 차량·장비·물품 등의 **임차·구입·제작비용**
10. **휴대전화 통화료와 정보이용요금**. 다만, 후보자와 그 배우자, 선거사무장, 선거연락소장 및 회계책임자가 선거운동기간 중 선거운동을 위하여 사용한 휴대전화 통화료 중 후보자가 부담하는 통화료는 보전한다.
11. 선거법 제59조 제3호에 따른 인터넷홈페이지 또는 그 게시판·대화방

등에 글이나 동영상 등을 게시하는 방법의 선거운동에 소요된 비용과 **선거운동기간이 아닌 때**에 법 제59조 제2호·제3호에 따른 **문자메시지·전자우편 전송**에 의한 선거운동에 소요된 **비용**

12. 선거법 제112조 제2항 제1호 마목에 따른 **선거사무소 또는 선거연락소**를 방문하는 자에게 통상적인 범위에서 **다과류의 음식물을 제공**하는데 소요되는 **비용**
13. 「정치자금법」 제36조 제2항을 위반하여 **예금계좌를 통하지 아니하고** 지출한 **비용**
14. 그 밖에 위 각호의 어느 하나에 준하는 비용으로서 중앙선관위가 정하는 비용[14]

위 제6호에서 '적법한 영수증'이란 「부가가치세법」 제32조에 따라 세금계산서를 교부해야 하는 사업자, 「소득세법」 제163조에 따라 계산서 또는 영수증을 교부해야 하는 사업자 또는 「법인세법」 제121조에 따라 계산서를 교부해야 하는 사업자로부터 재화 또는 용역을 공급받고 그 대가를 지출하는 경우 해당 사업자가 발급해야 하는 '세금계산서·계산서 또는 영수증'을 말한다(규칙§51의2①). 또한, 위 제8호에 따른 통상적인 거래가격 또는 임차가격의 계산은 다음 각호의 기준에 따르되, 제1호와 제2호에 따라 계산한 가격이 서로 다른 경우에는 그 평균한 가격을 기준으로 한다(규칙51의2②).

1. 정부고시가격 또는 정부의 기준요금(「국가재정법」 제29조 제1항에 따른 예산안편성지침의 기준단가와 요금을 포함)
2. 「국가를 당사자로 하는 계약에 관한 법률 시행규칙」 제5조에 따른 전문가격조사기관이 조사하여 공표한 가격
3. 위 각호의 어느 하나의 기준에 따라 계산할 수 없는 가격의 경우에는 「부가가치세법」 제8조에 따라 등록된 해당 업종 3 이상의 사업자가 계산한 견적가격을 평균한 가격 또는 최근 실시한 임기만료에 따른 선거에서 산정한 가격에 「통계법」 제3조에 따라 통계청장이 고시한 전국소비자물가변동률을 감안하여 중앙선관위가 정한 가격

14 위 제11호 내지 제14호는 선거규칙에 정해진 것이다(규칙§51의2③).

[별표 1의2] 선거비용 보전청구 증빙자료

<table>
<tr><th colspan="2">항목구분</th><th colspan="2">제출자료</th></tr>
<tr><th>항목명</th><th>세부구분</th><th>자료형태</th><th>포함내용</th></tr>
<tr><td>선거사무소 등 간판·현판·현수막 (법§61)</td><td>설치·철거·교체</td><td>사 진</td><td>• 간판·현판·현수막 설치·철거·교체 장소, 규격, 재질, 내용
• 스테인리스, 합판, 철골 등 보조구조물
• 특수장비(크레인 등) 사용</td></tr>
<tr><td>거리게시용 현수막 (법§67)</td><td>설치·철거·교체 및 이동게시</td><td>사 진</td><td>• 현수막 설치·철거·교체 장소, 규격, 재질, 내용
• 오·훼손에 따른 교체
• 특수장비(크레인 등) 사용
• 이동게시 내역 및 장소</td></tr>
<tr><td colspan="2">어깨띠 등 소품(법§68)</td><td>사 진</td><td>• 어깨띠·윗옷·모자·마스코트·표찰·수기, 그 밖의 소품의 종류, 수량, 규격, 재질</td></tr>
<tr><td colspan="2">신문광고(법§69)</td><td>신문스크랩</td><td>• 게재 신문사, 내용 및 횟수</td></tr>
<tr><td colspan="2">방송광고(법§70)</td><td>파 일 (영상)</td><td>• 방송광고 내용</td></tr>
<tr><td rowspan="3">공개장소 연설·대담 (법§79)</td><td>연설·대담차량</td><td>사 진</td><td>• 차종, 차량번호, 연단·조명·래핑 등 각종 홍보·설치물
• 발전기 종류, 용량
• 최초 및 최종 차량운행일 당시의 주행거리(계기판)</td></tr>
<tr><td>확성장치, 녹화기(LED 전광판) 등</td><td>사 진</td><td>• 확성장치 종류, 수량, 규격, 용량
• 녹화기(LED 전광판 등) 종류, 수량, 규격, 해상도</td></tr>
<tr><td>로고송 및 녹화물</td><td>파 일 (음원·영상)</td><td>• 로고송 수량, 종류, 내용
• 녹화물 수량, 종류, 내용</td></tr>
<tr><td colspan="2">전화(법§82의4)</td><td>사 진</td><td>• 선거운동용 임차전화 설치장소, 대수
• 전화홍보시스템(일반전화홍보시스템, 서버운영시스템 등) 운영장비</td></tr>
<tr><td colspan="2">전자우편 및 문자메시지 (법§82조의5)</td><td>사진 또는 화면스크랩</td><td>• 전자우편 및 문자메시지 발송일시, 횟수, 통수, 내용</td></tr>
</table>

인터넷 광고(법§82의7)	파일 또는 화면스크랩	• 광고(동영상·팝업 등)의 종류 및 규격
명 함(법§93)	사진 또는 실물	• 명함의 종류 및 규격

주: 1. 자료형태는 사진, 신문스크랩, 파일 외에 객관적으로 증빙 가능한 다른 형태의 자료도 제출할 수 있습니다.

2. 그 밖의 선거운동에 사용한 항목에 대하여 보전을 받고자 하는 때에는 선거운동에 사용한 것을 증명할 수 있는 사진 등 객관적 증빙자료를 제출해야 합니다.

(5) 선거비용보전의 제한

(가) 선거비용보전의 사전 제한

㉮ 그 제출마감일까지 회계보고서의 미제출

선거구선관위는 위와 같은 규정에 의하여 선거비용을 보전함에 있어서 선거사무소의 '회계책임자'가 정당한 사유없이 「정치자금법」 제40조(회계보고)의 규정에 따른 회계보고서를 그 제출마감일까지 제출하지 아니한 때에는 그 비용을 보전하지 않는다(법§135의2①). 여기서 보전되지 않은 금액은 보전받으려는 금액 전체이다.

㉯ 선거법 위반 등으로 인한 유죄판결이나 선거비용제한액을 초과한 지출

선거구선관위는 후보자·예비후보자·선거사무장 또는 선거사무소의 회계책임자가 당해 선거와 관련하여 선거법 또는 **「정치자금법」 제49조**(선거비용관련 위반행위에 관한 벌칙)에 규정된 죄를 범함으로 인하여 유죄의 판결이 확정되거나 선거비용제한액을 초과하여 지출한 경우에는 선거법의 규정에 의하여 보전할 비용 중 '그 위법행위에 소요된 비용' 또는 '선거비용제한액을 초과하여 지출한 비용의 **2배**'에 해당하는 금액은 보전하지 않는다(법§135의2②).

이러한 규정에 의하여 보전하지 아니할 비용의 산정은 다음 각호에 의한다(규칙§59의2①). 그 규정에 의한 위법행위에 소요된 비용은 관련비용의 지급영수증·본인확인서 등의 관련자료에 의하여 산정하되, 위법행위자 등 관계자가 관련자료를 제출하지 아니하는 때에는 시중의 통상적인 소요비용을 계상하여 산정한다(규칙§59의2②).

1. 적법한 행위에 위법행위가 부가된 때에는 그 부가된 일부의 위법행위에 소요된 비용의 2배에 상당하는 금액
2. 위법행위가 그 행위의 일부이더라도 당해행위의 전부에 영향을 미치므로 인하여 그 행위의 전부가 위법행위에 이르렀다고 인정되는 때에는 그 모든 비용의 2배에 상당하는 금액

그리고, 정당, 후보자(예비후보자를 포함) 및 그 가족, 선거사무장, 선거연락소장, 선거사무원, 회계책임자 또는 연설원이 당해 선거와 관련하여 선거법 또는 「정치자금법」 제49조에 규정된 죄를 범함으로 인하여 기소되거나 선관위에 의하여 고발된 때에는 판결이 확정될 때까지 '그 위법행위에 소요된 비용의 2배'에 해당하는 금액의 보전을 **유예**한다(법§135의2③). 이는 보전한 후 사후에 반환받는 번거로움을 피하는 동시에 그러한 보전사유로 인한 국고 낭비를 사전에 방지하기 위한 규정이다. 이와 같이 미룬 선거비용은 유죄의 판결 또는 결정의 통지가 있는 때에는 20일 이내에 대통령선거 및 국회의원선거에서는 중앙선관위의 수입징수관에게, 지방자치단체의 의회의원 및 장의 선거에서는 해당 지방자치단체의 징수관에게 내고, 무죄의 판결 또는 결정의 통지가 있는 때에는 20일 이내에 해당 정당 또는 후보자에게 지급해야 한다(규칙§59의2③). 이러한 경우에 있어 국가 또는 지방자치단체에 납입하거나 당해 정당 또는 후보자에게 지급하는 때에는 법원의 판결에 따라 정산해야 한다(규칙§59의2④).

㉰ 과태료를 부과받은 경우

위와 같은 규정에도 불구하고 선거구선관위는 정당, 후보자(예비후보자를 포함) 및 그 가족, 선거사무장, 선거연락소장, 선거사무원, 회계책임자 또는 연설원으로부터 기부를 받은 자가 '선거법 제261조 제9항에 따른 과태료를 부과받은 경우' 선거법에 따라 보전할 비용 중 '그 기부행위에 사용된 비용의 **5배**'에 해당하는 금액을 보전하지 않는다(법§135의2③).

(나) 보전금액의 사후적 반환명령

선거구선관위는 정당 또는 후보자에게 선거비용을 '보전한 후'에 위와 같

은 규정(선거보전비용의 사전 제한, 과태료 부과 경우는 제외)에 따라 보전하지 아니할 사유가 발견된 때에는 당해 정당 또는 후보자에게 그 사실을 통지하고, 보전비용액 중 제1항부터 제3항까지의 규정에 해당하는 금액의 반환을 명해야 한다(법§135의2⑤1문). 이 경우 정당 또는 후보자는 그 반환명령을 받은 날부터 30일 이내에 당해 선거구선관위에 이를 반환해야 한다(법§135의2⑤2문).

이러한 반환명령을 받은 정당 또는 후보자가 위 30일의 반환기한 안에 해당금액을 반환하지 아니한 때에는 선거구선관위는 대통령선거와 국회의원선거에 있어서는 관할세무서장에게 징수를 위탁하고 관할세무서장이 국세체납처분의 예에 따라 이를 징수하여 국가에 납입해야 하며, 지방자치단체의 의회의원 및 장의 선거에 있어서는 당해 지방자치단체의 장에게 징수를 위탁하고 지방자치단체의 장이 지방세체납처분의 예에 따라 이를 징수하여 지방자치단체에 납입해야 한다(법§135의2⑥).

다. 보전의 절차

정당 또는 후보자는 선거법 제122조의2(선거비용의 보전 등) 제1항 각호의 규정에 따라 선거비용을 보전받고자 하는 때에는 선거비용을 지출한 영수증·계약서·비용청구서 기타 증빙서류(별표 1의2에 따른 자료를 포함)를 첨부하여 '선거일 후 10일'(대통령선거에 있어서는 20일)까지 서면으로 관할 선거구선관위에 청구해야 한다(규칙§51의3①1문). 이 경우 청구내역 중 누락된 사항에 대하여는 「정치자금법」 제40조(회계보고) 제1항의 규정에 따라 회계보고서를 제출하는 때에 추가로 청구할 수 있다(규칙§51의3①2문). 관할 선거구선관위가 이러한 그 청구내역을 검산 및 조사하여 선거일 후 60일(대통령선거에 있어서는 70일) 이내에 당해 정당 또는 후보자에게 보전하고 영수증을 받아야 하고, 이 경우 예금계좌를 통하여 지급한 때에는 그 입금표를 영수증으로 갈음할 수 있다(규칙§51의3②).

한편, 선거법 제122조의2 제3항 제2호·제3호 및 제3호의2에 따른 점자형 선거공보와 점자형 선거공약서의 작성비용 및 활동보조인의 수당과 실비에 대한 청구 및 지급도 위와 같은 절차에 따른다(규칙§51의3③).

라. 보전요건 흠결시 보전금액의 반환명령

관할 선거구선관위는 정당 또는 후보자에게 선거비용을 보전한 후에 선거법 제122조의2 제2항의 규정에 따라 보전하지 아니할 사유가 발견된 때에는 해당 정당 또는 후보자에게 그 사실을 통지하고, 보전비용액 중 해당하는 금액의 반환을 명해야 한다(규칙§51의3④1문). 이러한 명령을 받은 정당 또는 후보자는 그 반환명령을 받은 날부터 30일 이내에 관할 선거구선관위에 이를 반환해야 한다(규칙§51의3④2문).

관할 선거구선관위는 정당 또는 후보자가 이러한 반환 기한까지 해당 금액을 반환하지 아니한 때에는 대통령선거와 국회의원선거에 있어서는 관할세무서장에게 징수를 위탁하고 관할세무서장이 국세체납처분의 예에 따라 이를 징수하여 국가에 납입해야 하며, 지방자치단체의 의회의원 및 장의 선거에 있어서는 당해 지방자치단체의 장에게 징수를 위탁하고 지방자치단체의 장이 지방세체납처분의 예에 따라 이를 징수하여 지방자치단체에 납입해야 한다(규칙§51의3⑤).

마. 후보자의 반환기탁금 및 보전비용의 처리

(1) 정당 등에 반환의 원칙

공직선거의 후보자가 '후원회의 후원금' 또는 '정당의 지원금'으로 선거법 제56조(기탁금)의 규정에 의한 기탁금을 납부하거나 선거비용을 지출하여 같은 법 제57조(기탁금의 반환 등) 또는 제122조의2(선거비용의 보전 등)의 규정에 의하여 반환·보전받은 경우 그 반환·보전비용[자신의 재산(차입금을 포함)으로 지출한 비용을 모두 공제한 잔액을 말함]은 선거비용을 보전받은 날부터 **20일** 이내(이하 이 조에서 '인계기한'이라 함)에 정당추천후보자는 소속정당에, 무소속후보자는 공익법인 또는 사회복지시설에 별지 50호서식에 의해 인계해야 한다(「정치자금법」§58①, 정치자금규칙§48①). 여기서 그 기한 도과시 동조 제4항에 의한 국고귀속이 되는 점을 고려할 때 위 기한은 불변기간으로 해석된다.

인계비용은 다음과 같이 계산된다.[15]

실전사례(반환기탁금 및 보전비용의 인계비용의 계산)

A=반환기탁금(정당지원금 또는 후원회후원금으로 기탁금을 납부한 경우에 한함)
B=보전비용(정당지원금 또는 후원회후원금으로 선거비용을 지출하고 보전받은 경우에 한함)
C=「후보자 자산계정」의 『선거비용』 과목의 지출액(확정된 미지급채무 포함)
D=「후보자 자산계정」의 『선거비용외 정치자금』 과목의 지출액(확정된 미지급채무 포함)
☞ 지출액에는 선거사무소가 선거연락소에 정치자금을 지원하고 그 지원금을 받은 선거연락소가 지원금을 지출한 후 그 잔액을 선거사무소로 반환한 경우 선거사무소가 선거연락소로부터 반환받은 지원금은 포함되지 아니함
E=선거사무소(선거연락소 포함) 임차보증금 등 자산가치가 있는 비용(자산계정)
F=점자형 선거공보 등 부담비용(자산계정)
G=위법비용(자산계정)
H=후보자의 차량·장비·물품 등을 사용하고 통상적인 거래가격 또는 임차가격을 회계장부의 수입·지출계정에 기재한 경우 등 선거사무소(선거연락소 제외)에서 후보자가 실제로 지출하지 아니한 비용 등의 총액(자산계정)
I=정당의 지원금, 후원회 후원금으로 후보자 차입금을 변제한 비용
J=인계대상비용

《정당 등에 인계해야 할 비용 계산예시》

J=(A+B)−[(C+D)−(E+F+G+H+I)] (단, J≦0인 경우 J=0임)

⇒ 후보자 자산 실제 지출액: (C+D)−(E+F+G+H+I)

∴ J=0: 후보자 재산의 실지출액이 반환기탁금 및 보전비용보다 많으므로 인계대상 비용 없음

∴ J>0: 후보자 재산의 실지출액이 반환기탁금 및 보전비용보다 적으므로 그 차액을 인계해야 함

---

15 서울특별시선관위, 『정치자금 회계실무』, 150~151면.

(2) 당선인에 대한 예외

국회의원선거의 당선인은 제1항의 규정에 불구하고 그 반환·보전비용을 자신의 정치자금으로 사용할 수 있으며, 이 경우 제34조(회계책임자의 선임신고 등) 제4항 제1호의 규정에 의한 예금계좌(후원회를 두지 아니한 경우에는 자신의 명의로 개설한 예금계좌를 말함)에 입금하여 정치자금으로 사용해야 한다(「정치자금법」§58②). 이 경우에 있어, 후원회를 두지 아니한 국회의원이 자신 명의로 개설한 예금계좌에 입금한 위와 같은 자금을 모두 지출한 때에는 별지 51호서식에 의하여 관할 선관위에 보고해야 한다(「정치자금법」§58③, 정치자금규칙§48②).

(3) 국고 귀속

공직선거의 후보자가 위와 같이 인계해야 하는 반환·보전비용을 그 인계기한 이내에 소속 정당 등에 인계하지 아니한 경우에는 이를 국고에 귀속시켜야 한다(「정치자금법」§58④1문). 이 경우 국고귀속절차에 관하여는 제4조(당비) 제3항 및 제4항의 규정을 준용한다(「정치자금법」§58④2문).

4. 국가 또는 지자체가 부담하는 선거비용

가. 의 의

국가 또는 지자체가 부담하는 선거비용은 '선거의 관리경비의 성격의 비용'으로서 선거공영제에 따라 국가 또는 지방자치단체가 부담해야 할 성격의 돈으로, 이는 후보자나 정당이 자신의 선거운동을 위하여 지출한 선거비용과는 구분되는 비용이다(법§122의2③).

나. 그 선거비용의 범위

다음 각호의 어느 하나에 해당하는 비용은 국가 또는 지방자치단체가 후보자를 위하여 부담하고, 이 경우 제3호의2 및 제5호의 비용은 국가가 부담한다(법§122의2③).

1. 제64조에 따른 선거벽보의 첩부 및 철거의 비용
2. 제65조에 따른 점자형 선거공보의 작성비용과 책자형 선거공보(점자형 선거공보 및 같은 조 제9항의 후보자정보공개자료를 포함) 및 전단형 선거공보의 발송비용과 우편요금
3. 제66조(선거공약서) 제8항의 규정에 따른 점자형 선거공약서의 작성비용

3의2. 활동보조인(예비후보자로서 선임하였던 활동보조인을 포함)의 수당과 실비

4. 제82조의2(선거방송토론위원회 주관 대담·토론회)의 규정에 의한 대담·토론회(합동방송연설회를 포함)의 개최비용
5. 제82조의3(선거방송토론위원회 주관 정책토론회)의 규정에 의한 정책토론회의 개최비용
6. 제161조(투표참관)의 규정에 의한 투표참관인 및 제162조에 따른 사전투표참관인의 수당과 식비
7. 제181조(개표참관)의 규정에 의한 개표참관인의 수당과 식비

이러한 비용의 산정은 다음 각호에서 정한 기준에 따르는 것으로 선거규칙이 정하고 있다(규칙§51의2④).

1. 점자형 선거공보 등의 작성비용 점자형 선거공보, 점자형 후보자정보공개자료 및 점자형 선거공약서의 지대(150g/㎡ 이내의 백상지를 기준으로 함)·인쇄 및 제본에 소요되는 비용. 이 경우 선거공보와 점자형 선거공보를 같은 종이에 통합하여 작성한 경우에는 점자 인쇄비용에 한한다.

1의 2. 선거공보 등의 발송비용 선거공보(점자형 선거공보를 포함) 및 후보자정보공개자료(점자형 후보자정보공개자료를 포함)의 운반, 발송용 봉투의 제작·기재, 봉투에 투입·봉함 및 우체국에 넘겨주는 데 드는 모든 비용

1의 3. 활동보조인의 수당과 실비 제59조 제1항 제5호에 따른 금액

2. 투표참관인 및 사전투표참관인의 수당 제90조(투표참관인의 수당 등)의 규정에 의한 금액

3. 개표참관인의 수당 제103조(개표참관인의 수당 등)의 규정에 의한 금액
4. 투표참관인·사전투표참관인 및 개표참관인의 식비 정부예산의 급식비 단가
5. 선거방송토론위원회 주관 대담·토론회(합동방송연설회를 포함. 이하 이 호에서 같음) 또는 정책토론회 개최비용 대담·토론회 또는 정책토론회의 준비·질문선정 및 진행에 소요되는 비용

5. 선거사무관계자에 대한 수당과 실비보상과 이에 대한 제한

가. 수당과 실비보상의 원칙

선거사무장·선거연락소장·선거사무원·활동보조인 및 회계책임자(이하 이 조에서 '선거사무장 등'이라 함)에 대하여는 수당과 실비를 지급할 수 있다(법§135①본문). 다만, 정당의 유급사무직원, 국회의원과 그 보좌관·비서관·비서 또는 지방의회의원이 선거사무장 등을 겸한 때에는 실비만을 보상할 수 있으며, 후보자등록신청개시일부터 선거기간개시일 전일까지는 후보자로서 신고한 선거사무장 등에게 수당과 실비를 지급할 수 없다(법§135①단서).

나. 선거사무장 등에 대한 수당·실비의 종류 및 금액

위와 같은 선거사무장 등의 수당과 실비의 종류와 금액은 <표 4-9>와 같고, '회계책임자의 수당과 실비'는 해당 회계책임자가 소속된 선거사무소 또는 선거연락소의 선거사무장 또는 선거연락소장의 수당·실비와 같은 금액으로 하고, 같은 사람이 회계책임자·선거사무장·선거연락소장 또는 선거사무원·활동보조인을 함께 맡은 때에는 다음 각호의 금액 중 많은 금액으로 한다(규칙§59①). 다만, 회계책임자는 선거사무장 등에게 '식사 또는 교통편의를 제공한 때'(즉 현물로 이를 지급한 때)에는 지급될 실비의 금액에서 그 금액을 공제하고 지급해야 한다(규칙§59②).

〈표 4-9〉 선거사무원별 수당·실비의 종류 및 금액

선거사무자 등	수당과 실비의 종류와 금액
• 대통령선거 및 비례대표국회의원선거의 선거사무장	7만 원 이내의 수당과 「공무원여비규정」 별표 2의 제1호에 해당하는 실비(숙박료를 제외)
• 비례대표시·도의원선거와 시·도지사선거의 선거사무장 • 대통령선거의 시·도선거연락소장	7만 원 이내의 수당과 「공무원여비규정」 별표 2의 제1호에 해당하는 실비(숙박료를 제외)
• 지역구국회의원선거 및 자치구·시·군의 장선거의 선거사무장 • 대통령선거 및 시·도지사선거의 구·시·군선거연락소장	5만 원 이내의 수당과 「공무원여비규정」 별표 2의 제2호에 해당하는 실비(숙박료를 제외)
• 지역구시·도의원선거 및 자치구·시·군의원선거의 선거사무장 • 지역구국회의원선거 및 자치구·시·군의 장선거의 선거연락소장	5만 원 이내의 수당과 「공무원여비규정」 별표 2의 제2호에 해당하는 실비(숙박료를 제외)
• 선거사무원·활동보조인	3만 원 이내의 수당과 「공무원여비규정」 별표 2의 제2호에 해당하는 실비(숙박료를 제외)

그리고 위와 같은 규정에 따른 수당과 실비의 지급에 있어서 같은 정당의 후보자추천을 받은 2인 이상의 후보자가 선거사무장 등을 공동으로 선임한 경우에는 해당 후보자간의 약정에 따라 1후보자의 선거사무장 등에 대한 수당과 실비금액만을 지급해야 한다(규칙§59③).

다. 선거운동과 관련한 금품 등의 제공 등의 금지

선거법의 규정에 의하여 수당·실비 기타 이익을 제공하는 경우를 제외하고는 수당·실비 기타 자원봉사에 대한 보상 등 명목 여하를 불문하고 누구든지 선거운동과 관련하여 금품 기타 이익의 제공 또는 그 제공의 의사를 표시하거나 그 제공의 약속·지시·권유·알선·요구 또는 수령할 수 없다(법§135③). 이러한 규정에 위반하여 수당·실비 기타 자원봉사에 대한 보상 등 명목 여하를 불문하고 선거운동과 관련하여 금품 기타 이익의 제공 또는 그 제공의 의사를 표시하거나 그 제공을 약속한 자는 제230조(매수 및 이해유도죄)에 따라 5년 이하의 징역 또는 3천만 원 이하의 벌금에 처한다(법§230①4호).

제 5 장 선거운동과 관련된 정당활동 제한

The Public Official Election Act

I. 의의와 정당활동 제한 개관

1. 정당활동 규제의 의의

앞서 본 바와 같이 '통상적인 정당활동'은 선거운동이 아니므로 선거법상 선거운동의 장이 규정한 각종 규제를 받지 않는다. 그럼에도 선거법은 제9장에서 선거와 관련 있는 정당활동을 규제하고 있는데, 이와 같이 규제를 하는 것은 선거운동의 방법과 횟수 등에 대하여 엄격한 제한을 가하고 있는 선거법의 다른 법 조항들의 실효성을 확보하기 위한 것으로서 정당활동이 선거법 제7장이 정하고 있는 각종 선거운동의 제한을 회피하는 탈법수단으로 악용될 가능성을 사전에 차단함으로써 선거의 공정이라는 궁극적인 법목적의 실현을 도모하기 위한 것이다.[1]

1 정형식, "공직선거 및 선거부정방지법 제93조 제1항에 의하여 금지되는 행위에 통상적인 정당활동이 포함되는지 여부 및 그 판단 방법", 대법원판례해설 제41호(2002), 675면 참조.

2. 정당활동 규제 개관

선거법은 제9장에서 신문·정기간행물에 의한 정강·정책의 홍보나 당원 모집 등을 제한하고(법§137), 방송시설에 의한 방송연설을 제한한다(법§137의2). 또 정강·정책홍보물의 배부를 제한하고(법§138), 정책공약집의 배부도 통상적인 방법으로 판매하도록 제한하고 있으며(법§138의2), 정당기관지도 통상적인 방법 이외의 방법으로 발행·배부할 수 없는 것으로 정하고 있다. 아울러 창당대회나 개편대회 등의 개최를 제한하며 당원집회도 이를 제한하고 있다(법§140,§141). 정당활동의 규제는 선거기간 중 당원 모집에도 미치고 있으며(법§144), 당사에 게시하는 간판 등 선전물 등에 대해서도 미친다(법§145).

위와 같은 규제를 개관하면 [그림 5-1]과 같다.

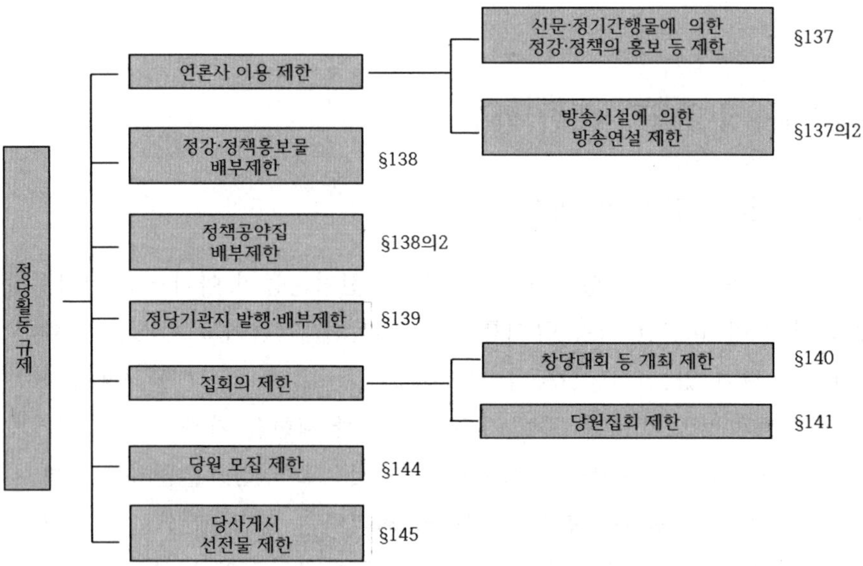

[그림 5-1] 선거와 관련 있는 정당활동 규제 체계도

Ⅱ. 선거와 관련 있는 정당활동 규제의 내용

1. 정강·정책의 신문광고 등의 제한

가. 횟수 제한

선거가 임박한 시기에 있어서 정당이 행하는 「신문 등의 진흥에 관한 법률」 제2조 제1호에 따른 신문과 「잡지 등 정기간행물의 진흥에 관한 법률」 제2조 제1호에 따른 정기간행물(이하 '일간신문 등'이라 함)에 의한 **정강·정책의 홍보, 당원·후보지망자의 모집, 당비모금, 정치자금모금**(대통령선거에 한함) 또는 선거에 있어 당해 정당이나 추천후보자가 사용할 **구호·도안·정책 그 밖에 선거에 관한 의견수집**을 위한 광고는 다음 각호의 범위 안에서 해야 하며, 그 선거기간 중에는 이를 할 수 없다(법§137①). 이러한 광고기간의 기준은 당해 광고가 게재된 일간신문 등이 발행되는 날을 기준으로 한다(규칙§60).

1. 임기만료에 의한 선거의 경우 정당의 중앙당이 행하되, 선거일 전 90일부터 선거기간개시일 전일까지 일간신문 등에 총 **70회** 이내
2. 대통령의 궐위로 인한 선거·재선거[제197조(선거의 일부무효로 인한 재선거)의 규정에 의한 재선거를 제외] 및 연기된 선거의 경우 정당의 중앙당이 행하되, 그 선거의 실시사유가 확정된 때부터 선거기간개시일 전일까지 일간신문 등에 총 **20회** 이내
3. 제2호 외의 보궐선거·재선거 및 연기된 선거의 경우 정당의 중앙당이 행하되, 그 선거의 실시사유가 확정된 때부터 선거기간개시일 전일까지 일간신문 등에 총 **10회** 이내

나. 규격과 내용의 제한

이 경우 일간신문 등의 광고 1회의 규격은 가로 37센티미터 세로 17센티미터 이내로 해야 하며, 후보자가 되고자 하는 자의 사진·성명(성명을 유추할 수 있는 내용을 포함) 기타 '선거운동에 이르는 내용'을 게재할 수 없다(법§137②). 또 선거법 제69조 제1항 후단(광고횟수를 말함)·제2항·제5항·제8항 및 제

9항2은 제1항의 규정에 의한 일간신문 등의 광고에 이를 준용하게 된다(법 §137③).

여기서는 '선거운동에 이르는 내용의 광고'에 관하여 본다. 정강·정책의 홍보광고, 당원·후보지망자의 모집광고, 당비모금광고, 정치자금모금광고(대통령선거에 한함) 또는 선거에 있어 당해 정당이나 추천후보자가 사용할 구호·도안·정책 그 밖에 선거에 관한 의견수집을 위한 광고이므로, 이러한 광고 목적과 상관이 없거나 그 목적에서 뚜렷하게 벗어나는 경우의 광고는 '선거운동에 이르는 내용의 광고'일 것이다. ⅰ) 특정 후보자나 후보자가 되고자 하는 자에 대한 경력·이력·학력 등을 위 목적과 무관하게 홍보 또는 부각하는 경우, ⅱ) 다른 당 후보자 또는 후보자가 되고자 하는 자에 대해 폄하·공격하거나 그 자에 대해 위 목적과 무관하게 지나치게 언급하는 경우, ⅲ) 특정 후보자나 후보자가 되고자 하는 자에 대한 지지호소를 드러내놓고 하는 경우에는 선거운동에 이르는 내용의 광고이다. 그러나 ⅳ) 특정 후보자나 후보자가 되고자 하는 자에 대한 경력·이력 등에 대한 부각 또는 언급이 자당 또는 다른 정당의 정강·정책 등 위 목적과 밀접하게 연관된 경우에는 선거운동에 이르는 내용의 광고로 보기는 어려울 것이다.

다. 벌 칙

정당(당원협의회를 포함)이 선거법 제137조(정강·정책의 신문광고 등의 제한)의 규정에 위반하여 일간신문 등에 광고를 한 때에는 해당 정당에 대하여는 1천만 원 이하의 벌금에 처하고, 해당 정당의 대표자·간부 또는 소속 당원으로

---

2 제69조(신문광고) ① … 이 경우 일간신문에의 광고횟수의 계산에 있어서는 하나의 일간신문에 1회 광고하는 것을 1회로 본다.
② 제1항의 광고에는 광고근거와 광고주명을 표시하여야 한다.
⑤ 후보자가 광고를 하고자 하는 때에는 광고전에 이 법에 의한 광고임을 인정하는 관할 선거구선거관리위원회의 인증서를 교부받아 광고를 하여야 하며, 일간신문을 경영·관리하는 자 또는 광고업무를 담당하는 자는 인증서가 첨부되지 아니한 후보자의 광고를 게재하여서는 아니 된다.
⑧ 제1항의 규정에 의한 신문광고를 게재하는 일간신문을 경영·관리하는 자는 그 광고비용을 산정함에 있어 선거기간 중에 같은 지면에 같은 규격으로 게재하는 상업·문화 기타 각종 광고의 요금중 최저요금을 초과하여 후보자에게 청구하거나 받을 수 없다.
⑨ 인증서의 서식, 광고근거의 표시, 그 밖에 필요한 사항은 중앙선거관리위원회규칙으로 정한다.

서 그 위반행위를 하거나 하게 한 자는 2년 이하의 징역 또는 400만 원 이하의 벌금에 처한다(법§256④1호).

2. 정강·정책의 방송연설의 제한

가. 횟수 제한

정당이 방송시설[제70조(방송광고) 제1항의 규정에 의한 텔레비전 및 라디오 방송시설을 말함]을 이용하여 정강·정책을 알리기 위한 방송연설을 하는 때에는 다음 각호의 범위 안에서 해야 한다(법§137의2①).

1. 임기만료에 의한 선거의 경우 정당의 중앙당 대표자 또는 그가 선거운동을 할 수 있는 자 중에서 지명한 자가 행하되, 선거일 전 90일이 속하는 달의 초일부터 선거기간개시일 전일까지 1회 20분 이내에서 텔레비전 및 라디오방송별로 월 2회(선거기간개시일 전일이 해당 달의 10일 이내에 해당하는 경우에는 1회) 이내
2. 대통령의 궐위로 인한 선거, 재선거[제197조(선거의 일부무효로 인한 재선거)의 규정에 의한 재선거를 제외] 및 연기된 선거의 경우 정당의 중앙당 대표자 또는 그가 선거운동을 할 수 있는 자 중에서 지명한 자가 행하되, 그 선거의 실시사유가 확정된 때부터 선거기간개시일 전일까지 1회 10분 이내에서 텔레비전 및 라디오 방송별 각 5회 이내

이와 관련하여 중앙선관위는 KBS 1라디오가 원내 교섭단체 정당대표를 '초청하여' 자체적으로 편성하는 '원내 교섭단체 정당대표 방송연설'에 응하여 연설을 하는 것은 위 조항의 적용이 없다고 하였다(2010. 3. 25. 중앙선관위 질의회답).

나. 방식과 내용의 제한

선거법 제137조 제1항에 따라 텔레비전 방송시설을 이용한 방송연설을 하는 때에는 연설하는 모습, 정당명(해당 정당을 상징하는 마크나 심벌의 표시를

포함), 연설의 요지 및 통계자료 외의 다른 내용이 방영되게 하여서는 아니 되며, 방송연설을 녹화하여 방송하고자 하는 때에는 당해 방송시설을 이용해야 한다(법§137의2②).

그리고 위와 같이 방송연설을 함에 있어서는 '선거운동에 이르는 내용의 연설'을 하여서는 안 된다(법§137의2③). 즉, 방송연설이 정당의 정강·정책을 유권자나 국민들에게 널리 알리기 위해서 시행되는 것이므로, ⅰ) 특정 후보자나 후보자가 되고자 하는 자에 대한 경력·이력·학력 등을 그 정강·정책과 무관하게 홍보하거나 부각시키는 경우, ⅱ) 그 방송연설자로 출연한 후보자·후보자가 되고자 하는 자가 정강·정책과 무관하게 자신에 대하여 지나치게 홍보하거나 부각시키는 경우, ⅲ) 다른 당 후보자 또는 후보자가 되고자 하는 자에 대해 폄하·공격 또는 그 자에 대해 정강·정책과 무관하게 지나치게 언급하는 경우, ⅳ) 특정 후보자나 후보자가 되고자 하는 자에 대한 지지호소를 드러내놓고 하는 경우에는 선거운동에 이르는 내용의 연설일 것이다. 그러나 특정 후보자나 후보자가 되고자 하는 자에 대한 경력·이력 등에 대한 부각 또는 언급이 자당 또는 다른 정당의 정강·정책과 밀접하게 연관된 경우에는 선거운동에 이르는 내용의 연설로 보기는 어려울 것이다.

다. 비용부담관계

방송연설의 비용은 당해 정당이 부담하되, 국회에 교섭단체를 구성한 정당이 공영방송사를 이용하여 방송연설을 하는 때에는 각 공영방송사마다 텔레비전 및 라디오 방송별로 행하는 월 1회의 방송연설비용(제작비용을 제외)은 당해 공영방송사가 이를 부담해야 한다(법§137의2④). 이 경우 방송광고를 행하는 방송시설을 경영·관리하는 자는 그 광고비용을 산정함에 있어 선거기간 중 같은 방송시간대에 광고하는 상업·문화 기타 각종 광고의 요금 중 최저요금을 초과하여 후보자에게 청구하거나 받을 수 없다(법§137의2⑥,§70⑧). 또한, 위와 같이 공영방송사가 비용을 부담하는 방송연설을 하고자 하는 경우 그 방송연설의 일시·시간대 기타 필요한 사항은 당해 공영방송사와 당해 정당이 협의하여 정한다(법§137의2⑤).

라. 방송연설에 대한 종합유선방송사업자 등의 중계방송

위와 같은 방송연설에 대하여 「방송법」에 따른 종합유선방송사업자(보도전문편성의 방송채널사용사업자를 포함)·중계유선방송사업자 및 인터넷언론사는 중계방송을 할 수 있으나, 이 경우 방송연설을 행한 모든 후보자에게 공평하게 해야 한다(법§137의2⑥,§71⑫).

마. 선관위 신고

관할 선거구선관위에 대한 방송연설 대한 신고는 서면[별지 제22호서식의(라)]에 의한다(규칙§60의2).

바. 벌 칙

정당(당원협의회를 포함)이 선거법 제137조의2(정강·정책의 방송연설의 제한) 제1항 내지 제3항의 규정에 위반하여 정강·정책의 방송연설을 한 때에는 해당 정당에 대하여는 1천만 원 이하의 벌금에 처하고, 해당 정당의 대표자·간부 또는 소속 당원으로서 그 위반행위를 하거나 하게 한 자는 2년 이하의 징역 또는 400만 원 이하의 벌금에 처한다(법§256④2호).

3. 정강·정책홍보물의 배부제한

가. 종류와 방식의 제한

정당이 **선거기간 중**에 후보자를 추천한 선거구의 **소속당원**에게 배부할 수 있는 정강·정책홍보물은 정당의 중앙당이 제작한 책자형 정강·정책홍보물 1종으로 하고(법§138①), 그 배부 수량은 후보자를 추천한 선거구의 소속당원에 상당하는 수를 넘지 못한다(법§138②). 이러한 정강·정책홍보물을 제작·배부하는 때에는 그 표지에 '당원용'이라 표시해야 한다(법§138③).

위와 같은 정강·정책홍보물은 길이 27센티미터 너비 19센티미터 이내에서 대통령선거의 경우에는 16면 이내로, 지역구국회의원선거, 지역구지방의회의원선거 및 지방자치단체장선거의 경우에는 8면 이내로 작성한다(법§138⑥). 또 정강·정책홍보물에는 작성근거, 제작정당명과 인쇄소의 명칭·주소·전화번호를 표시해야 한다(규칙§61①).

나. 내용의 제한

이 정강·정책홍보물에는 해당 정당이 추천한 후보자의 기호·성명·사진·경력 등을 제외하고는 후보자와 관련된 사항을 게재할 수 없다(법§138⑤). 여기서 경력 등에는 후보자의 성명·기호·소속 정당명과 경력·학력·학위·상벌이 포함된다(법§64⑤).

다. 중앙선관위에 대한 제출

정당이 정강·정책홍보물을 배부하고자 하는 때에는 배부 전까지 중앙선관위에 2부를 제출해야 하되(별지 제38호서식), 전자적 파일로 대신 제출할 수 있다(법§138④, 규칙§61③).

라. 벌 칙

정당(당원협의회를 포함)이 선거법 제138조(정강·정책홍보물의 배부제한 등)의 규정(제4항을 제외)에 위반하여 정강·정책홍보물을 제작·배부한 때에는 해당 정당에 대하여는 1천만 원 이하의 벌금에 처하고, 해당 정당의 대표자·간부 또는 소속 당원으로서 그 위반행위를 하거나 하게 한 자는 2년 이하의 징역 또는 400만 원 이하의 벌금에 처한다(법§256④3호).

4. 정책공약집의 배부제한

가. 배포방식의 제한

정당이 자당의 **정책**과 선거에서 **공약**을 게재한 정책공약집(도서의 형태로 발간된 것임)을 배부하고자 하는 때에는 **통상적인 방법으로 판매**해야 하되, 방문판매의 방법으로 정책공약집을 판매할 수 없다(법§138의2①). 여기서 '통상적인 방법에 의한 판매'는 일반 서적처럼 합리적 가격을 정하고 그 가격에 따라 판매하는 것을 말한다.

그리고 정당은 이러한 판매 이외에 해당 '정당의 당사'와 선거법 제79조에 따라 소속 정당추천후보자가 개최한 '공개장소에서의 연설·대담 장소'에서 정책공약집을 판매할 수 있다(법§138의2②1문). 이 경우 정당의 당사에서 판매할 때에는 공개된 장소에 별도의 판매대를 설치하는 등 정책공약집의 판매사실을 공개적으로 확인할 수 있는 방법으로 판매해야 한다(법§138의2②2문). 이와 관련하여 중앙선관위는 연설·대담 장소와 당사 등에서 판매시 이를 현금으로 판매하는 경우에는 판매수량·금액 등 판매내역을 알 수 있도록 증빙서류를 갖추어야 할 것이며, 판매 수익금은 정당의 부대수입으로 회계처리해야 할 것이라고 하였다(2007. 10. 25. 중앙선관위 질의회답). 또 정책공약집의 여백을 이용하여 기업 등의 이미지 광고를 게재하고 통상적인 범위의 광고료를 받아 정당의 부대수입으로 회계처리하는 것은 무방할 것이지만, 통상적인 범위를 넘어 과도한 액수의 광고료를 받는 것은 「정치자금법」에 정하지 아니한 방법으로 정치자금을 수수하는 행위에 해당되어 같은 법 제45조에 위반될 것이라고 하였다(2007. 10. 29. 중앙선관위 질의회답).

나. 내용의 제한

정책공약집에는 후보자의 기호·성명·사진·학력·경력 등 후보자와 관련된 사항 및 다른 정당에 관한 사항을 게재할 수 없다(법§138의2④). 여기서 경력 등에는 후보자의 성명·기호·소속 정당명과 경력·학력·학위·상벌이 포함된다(법§64⑤). 정책공약집은 정책과 공약에 관한 사항을 적은 도서이므로, 위와 같은 사항은 담을 수 없는 것이다.

정책공약집의 앞면에는 '정책공약집'이라 표시하고, 정당명을 한글로 게재해야 하며, 정책공약집의 뒷면에는 '이 정책공약집은 선거법 제138조의2의 규정에 따른 것입니다'라고 표시하고, 판매가격 및 인쇄소의 명칭·주소·전화번호를 게재해야 한다(규칙§61②).

다. 관할 선거구선관위에 대한 제출

정책공약집을 판매하고자 하는 때에는 발간 즉시 「정당법」의 규정에 따라 해당 정당의 등록사무를 처리하는 관할 선거구선관위에 2권을 제출해야 하되(별지 제38호서식), 전자적 파일로 대신 제출할 수 있다(법§138의2③, 규칙§61③).

라. 벌 칙

정당(당원협의회를 포함)이 선거법 제138조의2(정책공약집의 배부제한 등)의 규정(제3항을 제외)을 위반하여 정책공약집을 발간·배부한 때에는 해당 정당에 대하여는 1천만 원 이하의 벌금에 처하고, 해당 정당의 대표자·간부 또는 소속 당원으로서 그 위반행위를 하거나 하게 한 자는 2년 이하의 징역 또는 400만 원 이하의 벌금에 처한다(법§256④3의2호).

5. 정당기관지의 발행·배부제한

가. 배부방식의 제한

정당의 중앙당은 선거기간 중 기관지를 '**통상적인 방법 외의 방법**'으로 발행·배부할 수 없다. 다만, 선거기간 중 통상적인 주기에 의한 발행횟수가 **2회** 미만인 때에는 2회(증보·호외·임시판을 포함하며, 배부되는 지역에 따라 게재내용 중 일부를 달리하더라도 동일한 것으로 봄) 이내로 한다(법§139①1문).

여기서, 정당기관지(機關紙)란 정당의 중앙당이 당해 정당의 정책방향과 활동상황 등을 당원 등에게 알리기 위하여 발행하는 신문이나 잡지 등 매체(1994. 7. 8. 중앙선관위 질의회답은 '신문'에 한정하였으나 이에 한정할 필요가 없다고 봄), 즉 당보(黨報)를 의미한다. 선거법 제59조 제3호에 의하면 선거일을 제외한 때에 전자메일 등을 이용한 선거운동은 선거운동기간 이전에도 허용되는 점과 '뉴스레터'나 '사이버정당기관지'는 종이로 만들어서 발간하는 것이 아니어서 뉴스레터 등을 기관지에 포함된다고 보는 것은 유추해석에 해당하는 점을 고려하면, 이러한 규제를 받는 기관지(機關紙)에 이메일을 통하여 발간하는 뉴스레터(newsletter)나 이와 유사한, 전자메일 또는 인터넷을 이용하여 발간하는 이른바 '사이버정당기관지'는 포함되지 않는다고 본다. 이에 대하여 선관위도 같은 입장이다.

'통상적인 발행'은 '통상적인 발간 주기에 의한 제작·간행'을 말하고, '증보·호외·임시판' 또는 '특별판'의 제작·간행은 여기에 포함되지 않는다고 본다. 선거법은 정당의 중앙당 외의 당부(黨部)가 발행하는 경우에는 통상적인 발행으로 보지 않는다고 특별하게 규정하고 있다(법§139①2문). 또 통상적인 배부는 우편 배송, 택배 배송, 정당원을 통한 배부 등 기존에 정당이 해오던 방식에 의한 기관지의 배부를 의미한다. 다만, 공개장소에서의 연설·대담장소(법§79) 또는 대담·토론회장(법§81,§82,§82의2,§82의3)에서의 배부, 거리에서의 판매·배부, 첩부(貼付), 게시(揭示), 살포(撒布)는 통상적인 방법에 의한 배부로 보지 않는다(법§139①2문).

나. 내용의 제한

정당기관지에는 당해 정당이 추천한 후보자의 기호·성명·사진·학력·경력 등 외에 후보자의 홍보에 관한 사항을 게재할 수 없다. 여기서 경력 등에는 후보자의 성명·기호·소속 정당명과 경력·학력·학위·상벌이 포함된다(법§64⑤). 또 다른 정당의 후보자에 관한사항은 게재할 수 없다(2002. 11. 11. 중앙선관위 질의회답).

다. 중앙선관위에 대한 제출

기관지를 발행·배부하고자 하는 때에는 발행 즉시 2부를 중앙선관위에 제출해야 하되[별지 제38호서식], 전자적 파일로 대신 제출할 수 있다(법§139③, 규칙§61③).

라. 벌 칙

정당(당원협의회를 포함)이 선거법 제139조(정당기관지의 발행·배부제한)의 규정(제3항을 제외)에 위반하여 정당기관지를 발행·배부한 때에는 해당 정당에 대하여는 1천만 원 이하의 벌금에 처하고, 해당 정당의 대표자·간부 또는 소속 당원으로서 그 위반행위를 하거나 하게 한 자는 2년 이하의 징역 또는 400만 원 이하의 벌금에 처한다(법§256④4호).

6. 창당대회 등의 개최와 고지의 제한

가. 창당대회 등의 개최 제한

(1) 제한 대상

선거법 제140조의 규제를 받는 정당행사는 '창당대회·합당대회·개편대회 및 후보자선출대회'이다(법§140①). 여기서 '개편대회'는 정당의 대표자의 변경, 시·도당 등 조직의 변경[3] 등 당헌·당규상의 조직개편에 관한 안건을 처리하기 위하여 개최하는 당원총회 또는 그 대의기관의 회의 등 집회를 말하고, '후보자선출대회'는 정당의 각급 당부(黨部)가 선거법에 의한 선거의 당해 정당추천후보자를 선출하기 위하여 제57조의2(당내경선의 실시)의 규정에 의하여 개최하는 집회를 말한다(법§140③).

이와 관련하여 중앙선관위는, 민주노동당 당헌 제17조 및 제46조에 따르면 국회의원 지역구후보는 당해 선거구의 지역위원회 당원의 직선으로 선출하고, 중앙선관위가 인준하도록 규정하고 있는바, 이미 당해 선거구의 당원의 직선으로 선거를 실시하여 후보자를 선출하였으므로 중앙선관위의 인준 절차를 거치지 아니하였다고 하더라도 국회의원후보자 선출확정의 건으로 개최하는 당원총회는 위 후보자선출대회에 해당되지 않는다고 하였다(2008. 3. 4. 중앙선관위 질의회답). 또, 창당대회 개최 후에 '정치적 현안에 대한 시국강연회'를 선거와 무관하게 일회성으로 일반 선거구민을 대상으로 개최하는 것은 무방하나, 정당이 선거가 임박한 시기에 '특별한 정치적 현안 없이' 시국강연회를 일반 선거구민을 대상으로 여러 지역을 순회·개최하는 것은 선거에 영향을 미치게 하거나 선거운동의 목적이 있는 것으로 볼 수 있다고 판단한 바 있다(1996. 2. 7. 중앙선관위 질의회답).

(2) 제한 시기

선거일 전 120일(선거일 전 120일 후에 실시사유가 확정된 보궐선거 등에서는 그 선거의 실시사유가 확정된 때)부터 **선거일**까지이다(법§140①).

---

3 정당법 제19조 제3항 참조.

(3) 개최 방식

위와 같은 정당행사는 '**다수인이 왕래하는 공개된 장소가 아닌 장소**'에서 소속당원(후보자선출대회의 경우에는 당해 정당의 공직선거후보자를 선출하기 위한 투표권이 있는 당원이 아닌 자를 포함)만을 대상으로 개최해야 하되, '사회통념상 인정되는 범위 안'에서 당원이 아닌 자를 초청할 수 있다(법§140①). 창당대회 등의 개최장소인 위와 같은 장소는 '다수인이 왕래하는' '**공개된 장소가 아닌 장소**, 즉, 다수인이 왕래하는 '**비공개장소**'를 의미한다.[4] 이와 같은 장소로 창당대회 개최 장소를 제한하는 것은, 창당대회 등이 선거에 영향을 미치는 집회이므로 그 영향이 당원 아닌 일반 선거구민에 미치는 것을 차단하면서도('비공개장소'), 창당대회 등의 행사의 성격상 대규모의 사람이 참석할 수 있는 장소이어야 하는 점('다수인이 왕래하는 장소')을 고려한 입법이다. 이와 관련하여 중앙선관위는 체육관·예식장·공연장 등 옥내장소나 종합운동장·축구경기장 등은 창당대회 등의 개최가 금지되는 장소에 해당하지 않는다고 하였다(2007. 7. 12. 중앙선관위 질의회답). 또한 '사회통념상 인정되는 범위 안에서 당원 아닌 자를 초청하는 것'은 그 행사의 축사 또는 축하를 위하여 외빈(外賓)이나 연사(演士), 공연에 이르지 않는 정도의 공연을 위한 사람(예컨대 비전문연주자) 등을 초청하는 경우를 말하고, '선거운동에 이르는 대규모 초청'의 경우는 이에 포함되지 않는다. 창당대회 등에 사회통념상 인정되는 범위 안에서 당원이 아닌 자를 초청하기 위하여 초청장을 발송하는 경우에는 창당대회 등의 주최당부 명의로 해야 한다(규칙§62①).

나. 창당대회 등의 고지 제한

위와 같은 창당대회 등을 주관하는 정당은 「정당법」 제10조(창당집회의 공개) 제2항의 **신문공고**를 하는 외에 창당대회 등의 장소에 5매 이내의 **표지**를 게시할 수 있다. 이 경우 신문공고·표지에는 후보자(후보자가 되고자 하는 자를

---

4 이를 '다수인이 왕래하는 공개된 장소(=A)가' '아닌 장소'(끊어서 읽는 위치가 다름), 즉 다수의 일반인이 오고가거나 불특정인의 출입이 제한되지 않은 장소(=A)가 아닌 장소(=일반인 또는 불특정인의 출입이 제한되는 장소)로 이해할 수도 있지만, 위와 같은 이유에서 다수인이 왕래하는 '비공개장소'로 이해해야 할 것이다.

포함)의 사진·성명(성명을 유추할 수 있는 내용을 포함) 또는 선전구호 등 후보자를 선전하는 내용을 게재할 수 없다(법§140②). 이러한 창당대회 등의 '표지'에는 대회명·개최일시·개최장소·주최당부명 그 밖에 정당의 홍보에 필요한 사항을 게재할 수 있다(규칙§62②). 다만, 이러한 표지는 당해 집회종료 후 지체 없이 주최자가 철거해야 한다(법§140④).

이와 관련하여 중앙선관위는 그 신문공고의 횟수는 제한되어 있지 않고(2000. 1. 18. 중앙선관위 질의회답), 정당을 설립하고자 하는 단체가 순수히 창당활동의 일환으로 정당의 명칭공모 또는 창당발기인대회 개최 안내 등을 위하여 신문광고를 하는 것은 무방하다고 하였다(2002. 9. 17. 중앙선관위 질의회답). 또한 단순히 창당대회일정을 알리는 **가두방송**은 선거법상 금지되지 않는데, 고지목적의 범위를 벗어나 과다하게 고지를 하거나 후보자가 되고자 하는 자 또는 정당을 홍보·선전해서는 안 된다고 하였다(1995. 12. 27. 중앙선관위 질의회답).

라. 벌 칙

정당(당원협의회를 포함)이 선거법 제140조(창당대회 등의 개최와 고지의 제한) 제1항 및 제2항의 규정에 위반하여 창당대회 등을 개최한 때에는 해당 정당에 대하여는 1천만 원 이하의 벌금에 처하고, 해당 정당의 대표자·간부 또는 소속 당원으로서 그 위반행위를 하거나 하게 한 자는 2년 이하의 징역 또는 400만 원 이하의 벌금에 처한다(법§256④5호).

7. 당원집회의 제한

가. 선거구민 대상으로 한 당원집회 제한

정당(당원협의회를 포함)은 **선거일 전 30일부터 선거일**까지 소속당원의 단합·수련·연수·교육 그 밖에 명목 여하를 불문하고 선거가 실시중인 **선거구 안이나 선거구민인 당원을 대상**으로 당원수련회 등 당원집회를 개최할 수 없다(법§141①본문). 선거구민인 당원을 대상으로 한 집회 또는 선거구 안에서의 당원집회가 제한 대상이므로, 대통령선거나 국회의원총선거는 전국이 선거구이므로 선거일 전 30일 전부터는 당원집회가 금지된다.

그러나, 당무에 관한 연락·지시 등을 위하여 일시적으로 이루어지는 당원 간의 면접(面接)은 당원집회에 해당하지 않아(법§141①단서), 위와 같은 제한을 받지 않고 가질 수 있다. 이러한 면접은, i) 당무에 관한 연락·지시 등 당무처리를 위할 것(**당무처리 필요성**), ii) 당원간의 면접일 것(**당원한정성**), iii) 일시적으로 이루어질 것(**일시성**)을 그 요건으로 한다. 여기서 당무(黨務)는 '선거에 관한 당무'나 '선거에 관한 당무가 아닌 당무'인지를 불문하는바, 이는 선거에 관한 당무일지라도 선거기간이나 선거일에도 그 '필요한 범위 내의 당원'이 일시적으로 면접하거나 회합하여 업무처리를 할 필요성이 있기 때문이다.

이와 관련하여 중앙선관위는 선거법 제140조(창당대회 등의 개최와 고지의 제한)의 규정에 의한 후보자선출대회(경선을 하지 않고 후보자로 추대하는 추천대회를 포함)와 **별도로** 선거일 전 30일부터 선거일까지 선거구민인 소속당원들을 모이게 하여 후보자로 선출된 자에 대한 **공천장 수여식이나 공천자 대회**를 개최하는 것은 선거법 제141조에 위반된다고 하였다(1995. 6. 9. 중앙선관위 질의회답). 그러나 중앙선관위는 정당의 시·도당 또는 당원협의회가 『하나TV』 안에 **당원들만** 볼 수 있도록 CUG(Closed users group, 폐쇄이용자그룹) 채널을 개설하고 메인서버에 저장된 당원교육용 동영상 콘텐츠를 제공하여 당원교육을 실시하는 것은 허용된다고 보았다(2007. 11. 29. 중앙선관위 질의회답).

나. 당원집회 개최에 대한 신고와 그 집회에 대한 장소적 제한

정당이 **선거일 전 90일**(선거일 전 90일 후에 실시사유가 확정된 보궐선거 등에서는 그 선거의 실시사유가 확정된 때)부터 당원집회를 개최하는 때(중앙당이 그 연수시설에서 개최하는 경우를 제외)에는 개최지역을 관할하는 구·시·군선관위에 신고한 후 당해 정당의 사무소, 주민회관, 공공기관·단체의 사무소 그 밖의 공공시설 또는 '**다수인이 왕래하는 장소가 아닌 공개된 장소**[5]'에서 개최해야 한다(법§141②). 여기서 '다수인이 왕래하는 장소가 아닌 공개된 장소'는 불특정 또는 다수인에게 그 출입 여부 자체는 제한없이 개방된 장소로('**공개장소**'), 집

5 이는 공개장소에서의 연설·대담의 장소인 '다수인이 왕래하는 공개장소'(법§79②), 호별방문의 예외 장소인 '다수인이 왕래하는 공개된 장소'(법§106②), 창당대회 등 개최장소인 '다수인이 왕래하는 공개된 장소가 아닌 장소'(법§140①)와는 달리 규정된 것이다.

회시 실제로 다수인 또는 불특정인의 왕래가 제한된 장소를 말한다.

그리고 이와 같은 당원집회 장소의 외부에는 선거법에 의한 당원집회임을 표시하는 표지를 첩부 또는 게시해야 하되, 그 개최자는 당해 집회종료 후에는 지체 없이 철거해야 한다. 이 경우 그 표지에는 후보자가 되고자 하는 자의 사진·성명 또는 선전구호 기타 후보자가 되고자 하는 자를 선전하는 내용을 게재하여서는 안 된다(법§141④). 여기서 당원집회의 표지의 매수는 1매로 하고, 그 표지에는 집회명·일시·장소·주최당부명·참석대상 외의 사항을 게재할 수 없다(규칙§63②).

정당은 위와 같이 당원집회를 개최하는 때에는 해당 당원집회의 개최일 전일까지 그 개최지역을 관할하는 구·시·군선관위에 별지 제40호서식(당원집회개최신고서)에 의하여 당원집회의 신고를 해야 하나, 정당의 사무소 및 당원연수시설에서 개최하는 당원집회, 선거법 제112조 제2항 제1호 바목에 따른 당직자회의에 대해서는 신고를 하지 않아도 된다(규칙§63①).

다. 국가 등에 대한 당원집회 장소의 사용청구

「정치자금법」 제27조(보조금의 배분)의 규정에 의하여 보조금의 배분대상이 되는 정당은 국가 또는 지방자치단체나 제53조(공무원 등의 입후보) 제1항 제4호 또는 제6호에 규정된 기관이 소유하거나 관리하는 주민회관·체육관 또는 문화원 기타 **다수인이 모일 수 있는** 시설이나 장소를 당원집회의 장소로써 무료로 사용할 수 있다(법§141③1문). 여기서 제4호 또는 제6호에 규정된 위 기관 「공공기관의 운영에 관한 법률」 제4조 제1항 제3호에 해당하는 기관 중 정부가 100분의 50 이상의 지분을 가지고 있는 기관(4호), 「농업협동조합법」·「수산업협동조합법」·「산림조합법」·「엽연초생산협동조합법」에 의하여 설립된 조합(5호), 「지방공기업법」 제2조에 규정된 지방공사와 지방공단(6호)을 말한다.

그리고, 이 경우 시설의 손괴 또는 전력의 사용 등 재산상의 손실을 끼친 때에는 당해 정당이 보상해야 한다(법§141③2문). 이러한 사용신청을 받은 공공시설의 관리자는 정당한 사유가 있는 경우를 제외하고는 그 사용을 거부할 수 없다(법§141⑤).

라. 벌 칙

정당(당원협의회를 포함)이 선거법 제141조(당원집회의 제한) 제1항 및 제4항(철거하지 아니한 경우를 제외)의 규정에 위반하여 당원집회를 개최한 때에는 해당 정당에 대하여는 1천만 원 이하의 벌금에 처하고, 해당 정당의 대표자·간부 또는 소속 당원으로서 그 위반행위를 하거나 하게 한 자는 2년 이하의 징역 또는 400만 원 이하의 벌금에 처한다(법§256④6호).

8. 정당의 당원모집 등의 제한

가. 제한 내용

정당은 **'선거기간 중'** 당원을 모집하거나 입당원서를 배부할 수 없다(법§144본문). 이는 당원모집이나 입당원서 배부가 선거운동으로서의 성격을 지닐 수밖에 없어, 정당활동의 자유에도 불구하고 입법화된 것이다. 다만, 시·도당의 창당 또는 개편을 위하여 창당대회·개편대회를 개최하는 경우에는 그 집회일까지는 예외이다(법§144단서).

나. 벌 칙

정당(당원협의회를 포함)이 선거법 제144조(정당의 당원모집 등의 제한) 제1항의 규정에 위반하여 당원을 모집하거나 입당원서를 배부한 때에는 해당 정당에 대하여는 1천만 원 이하의 벌금에 처하고, 해당 정당의 대표자·간부 또는 소속 당원으로서 그 위반행위를 하거나 하게 한 자는 2년 이하의 징역 또는 400만 원 이하의 벌금에 처한다(법§256④9호).

9. 당사에 게시하는 간판 등 선전물의 제한

가. 제한 내용

(1) 당사 게시 선전물 제한

정당(제61조 제1항에 따라 해당 정당의 사무소에 선거대책기구를 설치한 정당은 제외)은 선거기간 중 구호, 그 밖에 정당의 홍보에 필요한 사항과 당해 당부(黨

部)명 및 그 대표자 성명, 해당 정당이 추천한 후보자의 기호·성명·사진·경력 등에 관한 사항을 게재한 간판·현판 또는 현수막을 선거규칙으로 정하는 바에 따라 당해 당사의 외벽면 또는 옥상에 설치·게시할 수 있다(법§145①). 여기서 경력 등에는 후보자의 성명·기호·소속 정당명과 경력·학력·학위·상벌이 포함된다(법§64⑤).

(2) 후원회의 사무소의 간판 등의 제한

그리고, 「정치자금법」에 따른 후원회의 사무소에는 선거규칙으로 정하는 바에 따라 **간판**을 달 수 있다(법§145②). 이에 따라, 선거규칙 제66조 제1항은 간판·현판·현수막(간판 등이라 함)은 해당 정당의 사무소 또는 후원회의 사무소가 있는 건물이나 그 담장을 벗어난 장소에 설치·게시할 수 없으며, 애드벌룬을 이용하는 방법으로 설치·게시할 수 없다고 규정하고 있다. 또 제66조 제2항은 간판 등에는 선거법 및 선거규칙의 규정에 의하지 아니하고는 후보자(후보자가 되려는 사람을 포함)를 **지지·추천**하거나 **반대**하는 **내용**을 게재하여서는 안 된다고 규정하고 있다.

이와 관련하여, 중앙선관위는 '대한민국 좋은 정치, 깨끗한 후원이 만듭니다. 서울강서을 국회의원(예비)후보자 김성호후원회'라는 문구를 기재한 현수막을 예비후보자후원회 사무소의 외벽면에 게시하는 것은 후원회사무소의 간판이라기보다는 당해 예비후보자를 선전하기 위한 광고물에 해당될 것이므로 선거법 제90조에 위반될 것이라고 하였다(2008. 2. 28. 중앙선관위 질의회답). 또 주상복합건물의 외벽에 가로 6m, 세로 10m 크기 정도의 국회의원후원회 현수막을 설치하는 것은, 후원회사무소의 현수막은 상시 게시할 수 있어, 이를 대형으로 설치하는 것은 선거운동 또는 선거에 영향을 미치는 것으로 선거법 제145조 제2항에 따라 허용되는 현수막이 아니라고 하였다(2011. 4. 20. 중앙선관위 질의회답).

나. 제 재

선거법 제145조(당사게시 선전물 등의 제한)의 규정에 위반하여 당사 또는 후원회의 사무소에 선전물 등을 설치·게시한 자에 대하여는 100만 원 이하의 과태료를 부과한다(법§261⑧4호사목).

제 6 장 동시선거에 관한 특례

The Public Official Election Act

Ⅰ. 동시선거의 의의와 그 선거일

1. 동시선거의 의의

가. 동시선거의 개념

동시선거는 '선거구'의 일부 또는 전부가 서로 겹치는 구역에서 2 이상의 다른 종류의 선거를 같은 선거일에 실시하는 것을 말한다(법§202①). 여기서 선거구는 앞서 본 바와 같이 국회의원 등 대의기관을 선출하는 '지역적 단위구역'을 말하고, 이는 다음 표와 같다. '같은 종류의 선거'는 '동일한 시기에 임기가 만료하는 동일한 직(職)을 가지는 선거'를 말하고, 대통령선거, 국회의원선거, 기초자치단체장선거, 광역자치단체장선거, 기초의원선거, 광역의원선거는 각각 같은 종류의 선거가 된다. 따라서 대통령선거, 국회의원선거, 기초자치단체장선거, 광역자치단체장선거, 기초의원선거, 광역의원선거의 '상호간'은 다른 종류의 선거가 된다. 이렇게 되면, 지역구국회의원선거와 비례대표국회의원, 지역구광역의원과 비례대표광역의원, 지역구기초의원과 비례대표기초의원은 같은 선거일에 선거가 실시된다고 하더라도 동시선거가 아니다.

〈표 6-1〉 선거종류별 선거구

선거의 종류	선거구
대통령 및 비례대표국회의원	전국
비례대표시·도의원의 선거구	당해 시·도
비례대표자치구·시·군의원	당해 자치구·시·군
지역구국회의원, 지역구지방의회의원	당해 의원의 선거구(선거구는 별표 1-2)
지방자치단체장	당해 지방자치단체의 관할구역

이처럼 동시선거의 특례를 규정하는 것은 선거의 관리집행의 편의와 용이함을 도모하기 위한 것이다.

나. 동시선거의 범위와 선거일

(1) 지방의회의원과 지방자치단체장의 동시선거

임기만료일이 같은 지방의회의원 및 지방자치단체의 장의 선거는 그 임기만료에 의한 선거의 선거일에 동시실시한다(법§203①).

(2) 지방자치단체의 합병 등에 의한 지방자치단체장선거와 임기만료에 의한 선거의 동시선거

선거법 제35조 제2항 제2호에 따른 지방자치단체의 장 선거가 다음 각호에 해당되는 때에는 임기만료에 의한 선거의 선거일에 동시실시한다(법§203②).

1. 임기만료에 의한 선거의 선거기간 중에 그 선거를 실시할 수 있는 기간의 만료일이 있는 보궐선거 등
2. 선거를 실시할 수 있는 기간의 만료일이 임기만료에 의한 선거의 선거일 후에 해당되나 그 선거의 실시사유가 임기만료에 의한 선거의 선거일 30일 전까지 확정된 보궐선거 등

(3) 보궐선거 등과 임기만료에 의한 선거의 동시선거

임기만료에 따른 국회의원선거 또는 지방의회의원 및 지방자치단체의 장

의 선거가 실시되는 연도에는 제35조 제2항 제1호 전단에 따른 보궐선거 등은 그 선거일에 실시하지 아니하고 임기만료에 따른 선거의 선거일에 동시 실시한다(법§203③).

(4) 보궐선거 등과 대통령선거의 동시선거

대통령선거가 실시되는 연도에는 선거법 제35조 제2항 제1호 전단에 따른 선거일(제203조 제3항에 따라 보궐선거 등을 임기만료에 따른 선거와 동시에 실시하는 경우에는 해당 임기만료에 따른 선거의 선거일을 말함)전 30일 후부터 대통령선거의 선거일 전 30일까지 실시사유가 확정된 제35조 제2항 제1호 전단에 따른 보궐선거 등은 대통령선거의 선거일에 동시 실시한다(법§203④).

다. 선거관리집행에 관한 특례

(1) 선거기간과 선거사무일정의 특례

동시선거에 있어 선거기간 및 선거사무일정이 서로 다른 때에는 선거법의 다른 규정에 불구하고 선거기간이 긴 선거의 예에 의한다(법§202②). 이는 후보자 등에게 중요한 이해관계가 걸린 선거법상 정해진 선거운동기간 등 선거기간이 동시선거의 실시로 인하여 단축되는 것을 방지하여 선거법상 선거기간 및 선거사무일정을 보장하기 위한 것이다.

(2) 인구수 등의 통보 등에 관한 특례

동시선거에 있어서 선거규칙 제2조 제1항에 따른 인구의 기준일이 서로 다른 때에는 선거법 제60조의2 제1항에 따른 예비후보자등록신청개시일이 빠른 선거의 예에 따른다(규칙§118①).

(3) 선거인명부에 관한 특례명부작성의 특례

동시선거에 있어서 선거인명부와 거소·선상투표신고인명부는 선거법 제44조 제1항에도 불구하고 각각 하나의 선거인명부와 거소·선상투표신고인명부로 하고, 이는 별지 제2호서식의(가) 내지 (라)에 의한다(규칙§120①). 또 동시선거에 있어서 거소투표신고는 동시에 실시하는 선거의 수에 불구하고 하나의 거소투표신고로 한다(규칙§120②). 동시선거에서 국내거소신고가 되어 있는 선거권자 중 일부의 선거에 대해서만 선거권을 가지는 사람이 있는 경우에는 해당 선거권자를 선거인명부의 맨 끝에 적는다(규칙§120③1문). 이 경우 해당 선거권자를 선거인명부 및 거소·선상투표신고인명부의 비고란에 표시하는 방법에 관하여는 제10조 제3항 후단·제11조 제8항의 규정을 준용하되, '비례대표 선거권자'는 '○○ 선거권자'로 한다(규칙§120③2문).

Ⅱ. 동시선거에서 선거운동에 관한 특례

1. 선거운동기구의 설치 및 선거사무관계자의 선임에 관한 특례

가. 선거사무소·선거연락소의 공동 설치와 선거사무관계자의 공동 선임

동시선거에 있어서 '같은 정당의 추천을 받은' 2인 이상의 후보자(비례대표 지방의회의원선거에 있어서는 후보자를 추천한 정당을 포함. 이하 이 조에서 같음)는 선거사무소와 선거연락소를 공동으로 설치할 수 있다(법§205①). 이처럼 선거운동기구를 공동으로 설치한 경우 법 제61조 제6항에 따라 첩부·게시하는 선전물은 공동설치한 후보자마다 각각 첩부·게시하는 것으로 하고, 이 경우 책자형 선거공보를 공동으로 작성한 경우에도 또한 같다(규칙§122②). 이와 관련하여 같은 정당 소속 예비후보자간에 선거구가 서로 겹치는 구역 안에서 선거사무소를 공동으로 설치하는 것이 가능하다는 것이 선관위의 태도이다(2006. 4. 4. 중앙선관위 질의회답).

그리고 동시선거에 있어서 같은 정당의 추천을 받은 2인 이상의 후보자는 선거사무장·선거연락소장 또는 선거사무원을 공동으로 선임할 수 있다(법§205②). 다만, 후보자는 다른 선거 후보자의 선거사무장·선거연락소장·선거사무원 또는 회계책임자가 될 수 없다(법§205④).

이처럼 선거사무소와 선거연락소를 공동으로 설치하거나, 선거사무장·선거연락소장 또는 선거사무원을 공동으로 선임한 때의 설치·선임의 신고(변경신고를 포함)는 공동으로 설치·선임한 자가 '공동명의'로 해야 하며, 그 설치·선임의 신고와 선거사무관계자의 표지는 별지 제16호서식의(가)·(나)·(다)에 의한다(규칙§122①1문). 이 경우 신고하는 관할선관위가 다른 때에는 해당선관위마다 각각 신고해야 한다(규칙§122①2문).

나. 비용약정의 특례

위와 같이 공동으로 하는 설치 또는 선임은 후보자가 각각 설치·선임한 것으로 보며, 그 설치·선임신고서에 그 사실을 명시해야 하고 공동설치·선임에 따른 비용은 당해 후보자간의 약정에 의하여 분담할 수 있되, 그 분담내역을 설치·선임신고서에 명시해야 한다(법§205③).

2. 선거벽보에 관한 특례

가. 선거벽보 매수에 관한 특례

선거법 제203조 제1항에 따라 동시선거를 실시하는 때의 선거벽보의 매수는 2개의 선거를 동시에 실시하는 때에는 제64조 제1항에 따른 기준매수의 3분의 2, 3개 이상의 선거를 동시에 실시하는 때에는 기준매수의 2분의 1에 각 상당하는 수로 한다(법§206).

나. 선거벽보의 첩부에 관한 특례

동시선거에 있어서 같은 장소에 2 이상의 선거의 선거벽보를 첩부하는 때에는 선거별로 명확히 구분되도록 사이를 두어 첩부해야 한다(규칙§123).

3. 책자형 선거공보에 관한 특례

가. 책자형 선거공보의 공동 작성

동시선거에 있어서 '같은 정당의 추천을 받은' 2인 이상의 후보자(대통령선거의 정당추천후보자와 비례대표국회의원선거 및 비례대표지방의회의원선거에 있어서는 후보자를 추천한 정당을 말함. 이하 이 조에서 같음)는 제65조(선거공보)의 규정에 따른 '책자형 선거공보'를 공동으로 작성할 수 있으며, 책자형 선거공보는 공동으로 작성한 때에는 후보자마다 각각 1종을 작성한 것으로 본다(법§207①). 또한, 관할구역이 '큰 선거구의 후보자'가 책자형 선거공보의 일부 지면에 '작은 선거구의 후보자'에 관한 내용을 선거구에 따라 달리 게재하는 방법으로 공동작성하였을 경우 큰 선거구의 후보자에 관한 내용이 동일한 책자형 선거공보는 1종으로 본다(법§207②).

이와 관련하여, 2006. 5. 31. 실시되는 제4회 전국동시지방선거와 관련하여 책자형 선거공보를 공동작성함에 있어 선거비용을 줄이고자 같은 정당의 후보자추천을 받은 자치구·시·군의 장선거 후보자와 지역구시·도의원선거후보 및 자치구·시·군의원선거 후보자 등 모든 후보자가 공동으로 1개의 책자형 선거공보를 작성함에 있어, 지방자치단체의 장 선거의 작성 면수인 12면 이내로 작성할 수 있고, 둘째 면에 게재하되 그 면을 초과하는 경우에는 다음 면에 연이어 게재할 수 있으며, 이 경우 후보자정보공개자료를 게재한 면에는 다른 홍보 내용을 게재하여서는 안 된다는 것이 중앙선관위의 태도이다(2006. 3. 30. 중앙선관위 질의회답).

나. 비용부담의 특례

선거법 제207조 제1항의 규정에 의하여 책자형 선거공보를 공동으로 작성하는 경우에는 후보자간의 약정에 의하여 그 비용을 분담할 수 있다(법§207③). 이 경우 그 분담내역을 관할구·시·군선관위에 책자형 선거공보를 제출하는 때에 각각 서면[별지 제17호서식의(나)]으로 신고해야 한다(규칙§124).

4. 공개장소에서의 연설·대담에 관한 특례

동시선거에 있어서 '같은 정당의 추천을 받은' 2인 이상의 후보자는 한 장소에서 제79조에 따른 공개장소에서의 연설·대담을 공동으로 할 수 있다(법§209).

5. 동시선거에서 정당활동 규제에 관한 특례

동시선거에 있어서 제9장 선거와 관련있는 정당활동의 규제를 적용하는데 있어서 기준이 되는 선거는 동시에 실시하는 선거의 수에 불구하고 '하나의 선거'를 기준으로 하되, 임기만료에 의한 선거와 제35조(보궐선거 등의 선거일) 제2항 및 제3항의 보궐선거 등이나 제36조(연기된 선거 등의 선거일)의 연기된 선거를 동시에 실시하는 경우에는 '임기만료에 의한 선거'를 기준으로 하고, 제35조 제2항 및 제3항의 규정에 의한 보궐선거 등을 동시에 실시하는 때의 '그 선거의 실시사유가 확정된 때'는 '동시에 실시하는 보궐선거 등 가운데 최초로 그 선거의 실시사유가 확정된 보궐선거 등의 실시사유가 확정된 때'로 본다(법§210).

제 4 편

선거범죄에 대한 벌칙

제 1 장 선거범죄 총설

The Public Official Election Act

Ⅰ. 선거범죄의 의의

선거법은 제16장 벌칙의 장에서 선거범죄(법§230~§260)와 질서벌에 해당하는 과태료부과 대상이 되는 선거질서벌위반행위(법§261)에 대하여 규정하고 있다. 이처럼 선거범죄는 선거질서벌위반행위(법§261)를 제외한 선거법상 범죄를 말한다. 선거범죄를 범한 선거범에 대하여는 100만 원 이상의 벌금형의 선고를 받고 그 형이 확정된 후 5년 또는 형의 집행유예의 선고를 받고 그 형이 확정된 후 10년을 경과하지 아니하거나 징역형의 선고를 받고 그 집행을 받지 아니하기로 확정된 후 또는 그 형의 집행이 종료되거나 면제된 후 10년을 경과하지 아니한 경우(형이 실효된 자도 포함)에는 선거권과 피선거권이 없는 것으로 규정하고 있다(법§18①3호,§19조1호).

Ⅱ. 선거범죄에 대한 특칙 및 특례

1. 선거범죄의 법문상 '하게 한 때(자)'의 의미

선거법은 일정한 행위를 '하게 하거나'나 '하게 한 때'의 법문을 사용하여 선거범죄에 관하여 규율하고 있다. 즉 제234조, 제237조 제2항, 제238조, 제239조, 제239조의2 제1항, 제240조 제2항, 제241조 제2항, 제242조 제3항, 제243조 제2항, 제247조 제2항, 제248조 제2항, 제250조 제1항, 제2항, 제255조 제1항 제2호, 제9호, 제11호, 제15호, 제17호, 제19호, 제2항 제1의3호, 제5호, 제6호, 제256조 제3항 제1호 사목, 아목, 자목, 카목, 타목, 제2호 다목, 마목, 바목, 아목, 제4항, 제8항 제2호 가목, 나목, 다목은 각각 '하게 한 때(자)'의 법문을 사용하여 범죄의 구성요건을 기술하고 있다. 또한 동법 제248조 제1항, 제256조 제3항 제1호 타목에서 '하게 하거나'의 법문을 사용하여 범죄의 구성요건을 기술하고 있다.

이러한 법문을 사용한 범죄구성요건의 기술은 선거범죄에 있어 교사범을 각 범죄의 구성요건으로 포함 것으로, 실제 위반행위를 한 자 외에 뒤에서 그 자를 조종한 배후인물도 함께 처벌하겠다는 의지를 명백히 표명함으로써 금지되는 행위에 대한 예방의 효과를 거두려는 의도에서 비롯된 것이다.[1]

이러한 법문과 관련하여 피교사자(被教唆者)의 범행실행 여부와는 관계없이 피교사자에 대한 지시행위 그 자체를 처벌하는 새로운 구성요건을 만든 것은 아니고, 피교사자가 그 범죄행의의 실행을 승낙하지 않거나 당해 범죄행위의 실행의 착수에 나아가지 않는 경우에는 그 교사자(教唆者)는 처벌할 수 없다는 견해가 있다.[2] 그러나 이러한 해석은 그와 같은 법문을 사용하여 범죄구성요건을 기술하려는 의도를 감안하지 않은 해석이어서 채택하기 어렵다. 특히 '하게 한 때(자)'의 법문이 범죄의 구성요건으로 기술된 이상 이는 독자적인 범죄의 일유형으로 설정된 것으로 보아야 한다고 본다. 그러므로 교사자가 피

1 대검찰청, 앞의 책, 137면 참조.
2 대검찰청, 앞의 책, 137~138면.

교사자에 대하여 해당 범죄행위를 할 것을 교사하였으나, 피교사자가 해당 범죄행의의 실행을 승낙하지 않거나 당해 범죄행위의 실행의 착수에 나아가지 않는 경우에도 그 범죄행위의 기수범으로 처벌된다고 본다.

2. 선거법상 양벌규정

가. 양벌규정의 의의

양벌규정(兩罰規定)은 형벌법규를 직접 위반한 행위자를 벌하는 외에 그 행위자와 일정한 관계를 맺고 있는 자도 함께 처벌하는 규정이다.[3] 이러한 양벌규정은 대부분의 행정법규에 규정되어 있어 형법총칙의 기능을 가지는 것을 말하는 소형법총칙적(小刑法總則的) 기능(機能), 범죄능력이 부정되는 법인에 대한 형사처벌이 가능하게 되는 기능인 형사처벌(刑事處罰) 긍정기능(肯定機能), 「행정형법」이 의무주체를 일정한 신분자로 한정하거나 업무주 등을 일정한 신분자의 행위를 처벌하는 규정을 둔 경우에 신분자 아닌 행위자를 처벌할 수 있게 되는 것을 말하는 수범자(受範者) 확대기능(擴大機能)을 가진다.[4] 이 수범자 확대기능 인정과 관련하여 학설은 대립하고 있으나, 우리 판례는 이를 인정하고 있다(대법원 1999. 7. 15. 선고 95도2870 전원합의체 판결[5]).

---

3 신동운, 『형법총론』, 109면.

4 이재상, 『형법총론』, 박영사, 2011, 98면.

5 [다수의견] 구 건축법(1991. 5. 31. 법률 제4381호로 전문 개정되기 전의 것) 제54조 내지 제56조의 벌칙규정에서 그 적용대상자를 건축주, 공사감리자, 공사시공자 등 일정한 업무주로 한정한 경우에 있어서, 같은 법 제57조의 양벌규정은 업무주가 아니면서 당해 업무를 실제로 집행하는 자가 있는 때에 위 벌칙규정의 실효성을 확보하기 위하여 그 적용대상자를 당해 업무를 실제로 집행하는 자에게까지 확장함으로써 그러한 자가 당해 업무집행과 관련하여 위 벌칙규정의 위반행위를 한 경우 위 양벌규정에 의하여 처벌할 수 있도록 한 행위자의 처벌규정임과 동시에 그 위반행위의 이익귀속주체인 업무주에 대한 처벌규정이라고 할 것이다.
[반대의견] 이 종래 양벌규정에 의하여 업무주 등이 아닌 행위자도 벌칙규정의 적용대상이 된다고 해석하여 온 구 「건설업법」(1995. 12. 30. 법률 제5137호로 개정되기 전의 것) 등의 양벌규정은 모두 그 벌칙 본조에서 그에 선행하는 의무규정 또는 금지규정과 별도로 처벌대상자의 범위에 관하여 규정하고 있지 아니한데 비하여, 구 「건축법」 제57조의 양벌규정은 그 벌칙 본조인 같은 법 제54조 내지 제56조에서 그에 선행하는 의무규정 또는 금지규정상 이미 그 적용대상자의 범위가 건축주 등으로 제한되어 있는 같은 법 제7조의2와 제7조의3 및 제29조 위반행위에 대하여는 처벌대상자에 관하여 별도로 규정함이 없이 단지 그 각 조에 위반한 자를 처벌한다고 규정하면서도(제55조 제3호) 그 의무규정 또는 금지규정에서 적용대상자의 범위를 명시적으로 제한하고 있지 아니한 경우에는 그 벌칙 본조 자체에서 명시

나. 선거법상 양벌규정의 내용

(1) 법조항

정당·회사, 그 밖의 법인·단체(이하 '단체 등'이라 함)의 대표자, 그 대리인·사용인, 그 밖의 종업원과 정당의 간부인 당원이 그 단체 등의 업무에 관하여 제230조 제1항부터 제4항까지·제6항부터 제8항까지, 제231조, 제232조 제1항·제2항, 제235조, 제237조 제1항·제5항, 제240조 제1항, 제241조 제1항, 제244조, 제245조 제2항, 제246조 제2항, 제247조 제1항, 제248조 제1항, 제250조부터 제254조까지, 제255조 제1항·제2항·제4항·제5항, 제256조, 제257조 제1항부터 제3항까지, 제258조, 제259조의 어느 하나에 해당하는 위반행위를 하면 그 행위자를 벌하는 외에 그 단체 등에도 해당 조문의 벌금형을 과한다(법§260①본문). 다만, 단체 등이 그 위반행위를 방지하기 위하여 해당 업무에 관하여 상당한 주의와 감독을 게을리하지 아니한 경우에는 그러하지 아니하다(법§260①단서).

단체 등의 대표자, 그 대리인·사용인, 그 밖의 종업원과 정당의 간부인 당원이 그 단체 등의 업무에 관하여 제233조, 제234조, 제237조 제3항·제6항, 제242조 제1항·제2항, 제243조 제1항, 제245조 제1항, 제246조 제1항, 제249조

적으로 처벌대상자를 건축주, 설계자, 공사감리자 또는 공사시공자로 한정함으로써 다른 법률에 있어서의 벌칙 본조와는 규정 내용을 명백히 달리하고 있으므로(제55조 제4호), 다른 법률의 양벌규정을 행위자 처벌규정이라고 해석하여 왔다고 하여 위와 같이 벌칙 본조의 내용을 달리하고 있는 구 「건축법」의 양벌규정의 해석을 그와 같이 해야 할 이유가 없는 점, 「환경범죄의 처벌에 관한 특별조치법」 제5조 및 「법무사법」 제76조의 양벌규정은 구 「건축법」의 양벌규정과 유형을 같이 하고 있지만, 행위자의 처벌은 모두 벌칙 본조에 의하고 위 양벌규정이 그 처벌 근거가 될 수 없음이 규정상 명백하므로 구 「건축법」의 양벌규정이 다른 법률의 양벌규정과 그 유형을 같이 하고 있다고 하여 벌칙 본조와 관계없이 행위자 처벌의 근거가 된다고 해석할 수 없는 점, 구 「건축법」의 양벌규정에서처럼 단지 그 소정의 '행위자를 벌하는 외에'라고만 규정하여 그 규정에서 행위자 처벌을 새로이 정한 것인지 여부가 명확하지 않음에도 불구하고 형사처벌의 근거 규정이 된다고 해석하는 것은 죄형법정주의의 원칙에 배치되는 온당치 못한 해석이라는 점, 종래 판례가 구 「건축법」의 양벌규정이 행위자 처벌의 근거 규정이 될 수 없다고 일관되게 해석하여 옴으로써 국민의 법의식상 그러한 해석이 사실상 구속력이 있는 법률해석으로 자리잡게 되었다고 할 수 있음에도 불구하고 단지 다른 법률의 양벌규정과 해석을 같이 하려는 취지에서 국민에게 불이익한 방향으로 그 해석을 변경하고 그에 따라 종전 판례들을 소급적으로 변경하려는 것은 「형사법」에서 국민에게 법적안정성과 예측가능성을 보장하기 위하여 소급입법 금지의 원칙을 선언하고 있는 헌법의 정신과도 상용될 수 없는 점 등에 비추어 구 「건축법」의 양벌규정 자체가 행위자 처벌의 근거 규정이 될 수는 없다.

제1항, 제255조 제3항의 어느 하나에 해당하는 위반행위를 하면 그 행위자를 벌하는 외에 그 단체 등에도 3천만 원 이하의 벌금에 처한다. 다만, 단체 등이 그 위반행위를 방지하기 위하여 해당 업무에 관하여 상당한 주의와 감독을 게을리하지 아니한 경우에는 그러하지 아니하다(법§260②).

(2) 관련 쟁점

먼저, 선거범죄에 대한 처벌로 '벌금형'이 규정된 경우에 관한 양벌규정과 선거범죄에 대한 처벌로 벌금형이 규정되지 않은 경우가 있다. 후자는 그 사용인이나 종업원 등에 대한 사업주가 '국가나 지방자치단체' 등이 아닌 경우[6]에 관한 양벌규정이 있다.

다음으로, 여기서 '정당의 간부(幹部)인 당원'은 중앙당이나 지구당의 간부인 당원으로 일반당원 이외의 자를 말한다. '단체 등의 업무(業務)에 관하여'는 해당행위가 단체 등의 업무수행 자체이거나 그 업무수행의 일환이거나 그 업무수행과 밀접(密接)하거나 상당(相當)한 관련성을 가지는 경우를 말한다. 또한, 단체 등에는 공공기관, 각종 협동조합 및 농지개량조합, 수리조합, 지방공사나 지방공단 등 공공적 성격이 강한 단체나 기관은, 이들 기관이나 단체의 임·직원에 의해 선거범죄가 자행될 수 있다는 점, 이들 기관은 국가와는 달리 형벌부과의 주체도 아니라는 점을 고려하면, 이 단체 등에 포함된다고 본다.[7]

끝으로, 선거법 제81조 제1항, 제8항, 제71조 제12항, 제82조 제4항과 같이 당해 행위의 '**수범자**가 **법인**이나 **단체**인 경우'에 있어 정당 등의 대표자나 기타 구성원이 정당 등의 의사실현행위로서 그 죄에 위반되는 행위는 하는 경우에, 선거법 제260조 양벌규정을 근거로 해서 '실제 행위자'에 대해서도 처벌할 수 있는지에 관하여 보면, 앞서 본 판례가 설시한 바와 같이, 위 벌칙규정의 실효성을 확보하기 위하여 그 행위자에 대하여도 양벌규정을 근거로 처벌

---

6 가령 선거사무에 관계있는 공무원 등의 투표비밀침해죄(법§241②)의 경우 징역형만 규정되어 있다. 그 죄에 대하여 양벌규정을 규정하는 경우에 국가가 그 양벌규정에 의하여 처벌되는 경우가 발생하는데, 국가는 형벌부과의 주체이므로 양벌규정에 의한 처벌대상이 되지 아니하므로, 이러한 경우에까지 양벌규정을 확대하고 있지 않은 것이다. 지방자치단체에 대해서도 그 국가에 버금가는 공공적 성격 인해 양벌규정을 확대하고 있지 않다.

7 대검찰청(앞의 책, 133면)에서는 이들 단체에 벌금형을 부과하는 것은 징벌적 의미도 없다는 점 등을 들어, 이를 부인하고 있다.

할 수 있다고 본다.[8][9]

3. 자수자에 대한 특례

가. 자수의 의의

범인이 스스로 수사책임이 있는 관서에 자기의 범행을 자발적으로 신고하고 그 처분을 구하는 의사표시를 자수라 한다. 따라서 수사기관의 직무상의 질문 또는 조사에 응하여 범죄사실을 진술하는 것은 자백일 뿐 자수로는 되지 아니하고, 나아가 자수는 범인이 수사기관에 의사표시를 함으로써 성립하는 것이므로 내심적 의사만으로는 부족하고 외부로 표시되어야 이를 인정할 수 있는 것이다(대법원 2011. 12. 22. 선고 2011도12041 판결). 이러한 자수는 「형법」 제52조에 근거한 것이고, 「형법」상 자수는 형을 감경하거나 면제할 수 있다.

나. 선거법상 자수자에 대한 특례

선거법상 자수자의 특례규정은 일정한 선거범죄를 범한 범인이 자수를 한 경우에 그 형을 감경 또는 면제하도록 규정하고 있다(법§262). 이처럼 필요적 감면의 대상이 되는 선거범죄는 **매수 및 이해유도죄**(법§230①,②), **재산상의 이익목적의 매수 및 이해유도죄**(법§231①), **기부행위의 금지제한 등 위반죄**(법§257)를 범한 사람 중 금전·물품, 그 밖의 이익 등을 받거나 받기로 승낙한 사람에 국한되고, 이 경우에도 후보자와 그 가족의 경우에는 제외되며 또 사위의 방법으로 이익 등을 받거나 받기로 승낙한 사람은 제외된다(법§230①1호). 또한 다른 사람의 지시에 따라 위와 같은 자수감경 특례 선거범죄를 위반하여 금전·물품, 그 밖의 재산상의 이익이나 공사의 직을 제공하거나 그 제공을 약

---

8 이영란 교수는 이에 반대한다, 이영란 "「공직선거 및 선거부정방지법」의 벌칙에 관한 연구; 형법이론적 관점에서", 인권과 정의 제338호(2004), 82~83면. 반면, 대검검찰청은 이에 대해 찬성한다, 대검찰청, 앞의 책, 133면.

9 즉, 선거법 제81조 제8항, 제82조 제4항의 규정을 위반하는 경우 동법 제252조 제2항에 의하여 종합유선방송사업자 등의 사업주가 처벌되는데, 이 경우에 제260조 양벌규정에 의하여 실제 행위자도 처벌되게 되는 것이다. 또 동법 제81조 제1항의 규정을 위반하는 경우 동법 제255제 제1항 제7호에 의해 단체가 처벌되는데, 이 경우에 양벌규정에 의하여 실제 행위자도 처벌되는 것이다.

속한 사람도 포함되고, 이 경우에는 후보자와 그 가족 또는 사위의 방법으로 이익 등을 받거나 받기로 승낙한 사람도 모두 포함된다.

선거법이 일정한 금전이나 재산상 이익 관련 범죄에 대해서만 자수감경의 특례를 규정한 것은 그러한 범죄의 경우 처벌의 필요성이 매우 크다는 점이 고려된 것이다. 또한 그러한 금품 등 수수행위는 당사자 사이에 은밀하게 이뤄어져 단속이 어렵다는 점을 고려하여 금품 등을 받거나 받기로 한 사람으로 하여금 사실상 신고를 하도록 유도함으로써 이를 효과적으로 단속하기 위한 규정이다.[10]

나아가 선거법은 선관위가 앞서 본 바와 같이 조사권을 갖는 조사기관에 불과하나 선관위가 선거관리를 책임지고 수행한다는 점에서 특칙을 두고 있다. 즉 선거법 제262조 제1항에 규정된 자가 각급 선관위(읍·면·동선관위를 제외)에 자신의 선거범죄사실을 신고하여 선관위가 관계수사기관에 이를 통보한 때에는 선관위에 신고한 때를 자수한 때로 보는 것이다(법§262②).

선거법상 자수의 의미에 대한 해석 사건(대법원 1997. 3. 20. 선고 96도1167 전원합의체 판결)

□ 사건의 개요

- 피고인은 1995. 3. 25. 안양시의회의원당시 공소외 1을 당선되게 할 목적으로 조직을 동원해주기로 하고 그 활동비 명목으로 공소외 1로부터 금품을 교부받았는데, 공소외 2 등에 대한 수사를 통하여 피고인의 위 범행을 인지하고 피고인을 지명수배하는 한편, 두 차례에 걸쳐 피고인에 대한 구속영장까지 발부받아 집행하려 하였으나 피고인의 도피로 영장을 집행하지 못하자 기소중지를 하였고, 그 후 피고인이 검찰청에 자진 출두하여 위 범행을 자백한 사안임

□ 결론과 이유

- 선거법상 자수 특례규정을 적용하여 형을 필요적으로 면제함
- 형벌법규의 해석에 있어서 법규정 문언의 가능한 의미를 벗어나는 경우에는 유추해석으로서 죄형법정주의에 위반하게 된다. 그리고 유추해석금지의 원칙은 모든 형벌법규의 구성요건과 가벌성에 관한 규정에 준용되는데, 위법성 및 책임의 조각사유나 소추조건, 또는 처벌조각사유인 형면제 사유에 관하여 그

10 정병욱, 앞의 책, 335면 참조.

범위를 제한적으로 유추적용하게 되면 행위자의 가벌성의 범위는 확대되어 행위자에게 불리하게 되는바, 이는 가능한 문언의 의미를 넘어 범죄구성요건을 유추적용하는 것과 같은 결과가 초래되므로 죄형법정주의의 파생원칙인 유추해석금지의 원칙에 위반하여 허용될 수 없다. 한편 「형법」 제52조나 「국가보안법」 제16조 제1호에서도 선거법 제262조에서와 같이 모두 '범행발각 전'이라는 제한 문언 없이 '자수'라는 단어를 사용하고 있는데 「형법」 제52조나 「국가보안법」 제16조 제1호의 '자수'에는 범행이 발각되고 지명수배된 후의 자진출두도 포함되는 것으로 판례가 해석하고 있으므로 이것이 '자수'라는 단어의 관용적 용례라고 할 것인바, 선거법 제262조의 '자수'를 '범행발각 전에 자수한 경우'로 한정하는 풀이는 '자수'라는 단어가 통상 관용적으로 사용되는 용례에서 갖는 개념 외에 '범행발각 전'이라는 또 다른 개념을 추가하는 것으로서 결국은 '언어의 가능한 의미'를 넘어 선거법 제262조의 '자수'의 범위를 그 문언보다 제한함으로써 선거법 제230조 제1항 등의 처벌범위를 실정법 이상으로 확대한 것이 되고, 따라서 이는 단순한 목적론적 축소해석에 그치는 것이 아니라, 형면제 사유에 대한 제한적 유추를 통하여 처벌범위를 실정법 이상으로 확대한 것으로서 죄형법정주의의 파생원칙인 유추해석금지의 원칙에 위반된다.

Ⅲ. 선거범죄에 대한 양형기준과 양형의 실례

1. 선거범죄 양형기준

이하에서는 양형위원에서 마련하여 시행 중인 선거범죄에 대한 양형기준표와 그에 대한 구체적 양형인자를 살펴본다. 이는 양형위원회에서 마련한 기준(2012. 8. 20. 의결, 2012. 9. 1. 시행)을 발췌하여 그대로 싣는 것이다.[11]

가. 매수 및 이해유도

매수 및 이해유도죄에 대한 양형기준표와 구체적 양형인자에 대한 기준은 아래와 같다.

11 보다 자세한 내용은 http://www.scourt.go.kr/sc/krsc/criterion/down/standard_down.jsp 참조.

유형	구분	감경	기본	가중
1	당내경선 관련 매수	~8월, 50만 원~300만 원	4월~1년	8월~2년
2	일반 매수, 정당의 후보자 추천 관련 매수	~10월, 100만 원~500만 원	6월~1년4월	10월~2년6월
3	후보자 등에 의한 일반 매수	4월~1년, 150만 원~700만 원	8월~2년	1년~3년
4	재산상 이익 목적 매수, 후보자 매수	6월~1년4월, 500만 원~1,500만 원	10월~2년6월	2년~4년
5	당선인에 대한 매수	8월~1년6월	1년~3년	2년6월~5년

* 일반인의 방송·신문 등 불법 이용을 위한 매수죄(법§235①)는 제2유형에, 후보자나 선거관계자의 방송·신문 등 불법 이용을 위한 매수죄(법§235②)는 제3유형에 포섭

구분		감경요소	가중요소
특별양형인자	행위	• 사실상 압력 등에 의한 소극적 범행 가담 • 제공 또는 수수한 금품이나 이익이 극히 경미한 경우 • 상대방의 적극적 요구에 수동적으로 응한 경우 • 선거운동에 대한 실비보상적 또는 위로적 차원에서 경미한 금품 등을 제공 또는 수수한 경우 • 의사표시·약속·승낙에 그친 경우	• 제공 또는 수수한 금품이나 이익이 다액인 경우 • 지시·권유·요구·알선의 경우 • 계획적·조직적 범행 • 불특정 또는 다수의 상대방을 대상으로 하거나 상당한 기간에 걸쳐 반복적으로 범행한 경우
	행위자/기타	• 농아자 • 자수 또는 내부비리 고발	• 동종 전과(벌금형 포함)

<table>
<tr><td rowspan="2">일반양형인자</td><td>행위</td><td>• 소극 가담</td><td>• 사회적 지위나 영향력을 이용하여 범행한 경우
• 선관위로부터 경고 등을 받고도 범행한 경우
• 선거법 제230조 제1항 제2호, 제3호 및 제235조를 위반한 경우</td></tr>
<tr><td>행위자/기타</td><td>• 진지한 반성
• 형사처벌 전력 없음
• 자진 사퇴, 불출마</td><td>• 범행 후 도피하거나 증거 은폐 또는 은폐 시도
• 이종 누범</td></tr>
</table>

나. 기부행위 금지·제한 위반

기부행위 금지·제한 위반죄에 대한 양형기준표와 구체적 양형인자에 대한 기준은 아래와 같다.

유형	감경	기본	가중
기부행위	50만 원~300만 원	~10월, 100만 원~500만 원	8월~2년

<table>
<tr><th colspan="2">구분</th><th>감경요소</th><th>가중요소</th></tr>
<tr><td>특별양형인자</td><td>행위</td><td>• 선거법 제112조 제2항 이외의 관례적 의례적 행위
• 사실상 압력 등에 의한 소극적 범행 가담
• 제공된 금품이나 이익이 극히 경미한 경우
• 상대방의 적극적 요구에 수동적으로 응한 경우
• 의사표시·약속에 그친 경우</td><td>• 선거일에 임박한 경우
• 제공된 금품이나 이익이 다액인 경우
• 계획적·조직적 범행
• 후보자, 후보자의 배우자나 직계존·비속, 선거관계인의 범행
• 불특정 또는 다수의 상대방을 대상으로 하거나 상당한 기간에 걸쳐 반복적으로 범행한 경우
• 피지휘자에 대한 교사</td></tr>
</table>

	행위자/ 기타	• 농아자 • 자수 또는 내부비리 고발	• 동종 전과(벌금형 포함)
일반양형인자	행위	• 소극 가담 • 우연한 기회에 친분관계 등에 기한 범행	• 사회적 지위나 영향력을 이용하여 범행한 경우(피지휘자에 대한 교사가 적용되는 경우는 제외) • 선관위로부터 경고 등을 받고도 범행한 경우
	행위자/ 기타	• 진지한 반성 • 형사처벌 전력 없음 • 자진 사퇴, 불출마	• 범행 후 도피하거나 증거은폐 또는 은폐 시도 • 이종 누범

다. 허위사실공표·후보자비방

허위사실공표죄와 후보자비방죄에 대한 양형기준표와 구체적 양형인자에 대한 기준은 아래와 같다.

유형	구분	감경	기본	가중
1	후보자비방	50만 원~150만 원	~8월, 100만 원~300만 원	6월~1년, 250만 원~400만 원
2	당선목적 허위사실공표	70만 원~300만 원	~10월, 200만 원~800만 원	8월~2년, 500만 원~1,000만 원
3	낙선목적 허위사실공표	~8월, 300만 원~600만 원	6월~2년, 500만 원~1,000만 원	1년~3년

* 당내경선과 관련된 허위사실공표죄(법§250③)는 제2유형에 포섭

* 여론조사결과 왜곡 논평·보도 금지 등 위반죄(법§250③)는 제1유형에 포섭

구분		감경요소	가중요소
특별양형인자	행위	• 사실상 압력 등에 의한 소극적 범행 가담 • 허위사실공표나 후보자비방의 정도가 약한 경우 • 상대방이 소수이거나 전파성이 낮은 경우 • 배포 목적 선전문서 소지 • 당선목적 당내경선 허위사실공표	• 허위사실 또는 비방내용이 후보자 평가에 관한 선거구민의 매우 중요한 판단 사항에 관계되는 경우 • 선거일에 임박한 경우 • 상대방이 상당히 다수이거나 전파성이 매우 높은 경우 • 범행수법이 매우 불량한 경우 • 사회적 지위나 영향력을 이용하여 범행한 경우(피지휘자에 대한 교사가 적용되는 경우는 제외) • 피지휘자에 대한 교사
	행위자/기타	• 농아자 • 심신미약(본인책임 없음) • 자수 • 선거 전 처벌불원(피해 회복을 위한 진지한 노력 포함)	• 동종 전과(벌금형 포함)
일반양형인자	행위	• 소극 가담	• 선관위로부터 경고 등을 받고도 범행한 경우 • 비속어 등 저속한 표현을 사용한 경우
	행위자/기타	• 진지한 반성 • 형사처벌 전력 없음 • 자진 사퇴, 불출마 • 선거 후 처벌불원	• 후보자, 후보자의 배우자나 직계존·비속, 선거관계인의 범행 • 범행 후 도피하거나 증거은폐 또는 은폐 시도 • 이종 누범

라. 선거운동기간 위반·부정선거운동

선거운동기간 위반·부정선거운동 관련 범죄에 대한 양형기준표와 구체적 양형인자에 대한 기준은 아래와 같다.

유형	구분	감경	기본	가중
1	선거운동기간 위반	30만 원~90만 원	70만 원~150만 원	~8월, 100만 원~300만 원
2	선거운동방법 위반	50만 원~90만 원	70만 원~200만 원	4월~1년, 100만 원~400만 원
3	공무원의 지위 이용 선거운동	~10월	8월~1년6월	1년~3년

구분		감경요소	가중요소
특별양형인자	행위	• 사실상 압력 등에 의한 소극적 범행 가담 • 선거운동방법 위반의 정도가 경미한 경우 • 위법성의 인식이 현저히 약한 경우	• 선거일에 임박한 경우 • 계획적·조직적 범행 • 사회적 지위나 영향력을 이용하여 범행한 경우(제3유형은 제외)(피지휘자에 대한 교사가 적용되는 경우는 제외) • 불특정 또는 다수의 상대방을 대상으로 하거나 상당한 기간에 걸쳐 반복적으로 범행한 경우 • 피지휘자에 대한 교사
	행위자/기타	• 농아자 • 심신미약(본인책임 없음) • 자수	• 동종 전과(벌금형 포함)
일반양형인자	행위	•소극 가담	• 선관위로부터 경고 등을 받고도 범행한 경우 • 비속어 등 저속한 표현을 사용한 경우

	행위자/ 기타	• 진지한 반성 • 형사처벌 전력 없음 • 자진 사퇴, 불출마	• 후보자, 후보자의 배우자나 직계존·비속, 선거관계인의 범행 • 범행 후 도피하거나 증거은폐 또는 은폐 시도 • 이종 누범

2. 구체적 선거범죄의 양형 실례

지난 제18대 및 제19대 국회의원총선의 당선인 및 그 관련자에 대한 양형 분포를 보면 <표 1-1>과 같다.[12]

〈표 1-1〉 18대·19대 총선 국회의원 당선인 관련 사건의 제1심 양형 분포

구분		실형	집행유예	300만 원 이상 벌금	100만 원 이상 벌금	100만 원 미만 벌금	선고유예	기타(무죄)	합계
18대	본인	4	2	7	3	17	1	2	36
		11.1%	5.6%	19.4%	8.3%	47.2%	2.8%	5.6%	100.0%
	관련인	1	1	2	4	1			9
		11.1%	11.1%	22.2%	44.4%	11.1%	0.0%	0.0%	100.0%
	합계	5	3	9	7	18	1	2	45
		11.1%	6.7%	20.0%	15.6%	40.0%	2.2%	4.4%	100.0%
19대	본인	3	7	5	2	10	1	6	34
		8.8%	20.6%	14.7%	5.9%	29.4%	2.9%	17.6%	100.0%
	관련인	1	4	1	4	1		1	12
		8.3%	33.3%	8.3%	33.3%	8.3%	0.0%	8.3%	100.0%
	합계	4	11	6	6	11	1	7	46
		8.7%	23.9%	13.0%	13.0%	23.9%	2.2%	15.2%	100.0%

12 이범균, "선거범죄 사건의 양형 분석", 『제10회 전국 선거범죄 전담재판장 회의 결과보고서』, 156면.

제 2 장 매수 및 이해유도행위에 대한 벌칙

The Public Official Election Act

Ⅰ. 의의와 개관

1. 의 의

매수 및 이해유도죄는 선거구민(선거인), 후보자 또는 후보자가 되고자 하는 자, 선거사무관계자, 당선인 등에 대한 매수행위를 처벌함으로써 '선거의 공정성'과 '선거 결과의 공정성'(당선인에 대한 매수 및 이해유도죄)을 확보하거나 유지하기 위한 벌칙이다.

이와 관련하여 "매수 및 이해유도죄의 규정은 선거운동의 자유라는 국민의 기본권보장과 선거의 공정성을 위한 과도한 금권선거운동의 규제라는 헌법상의 법익을 합리적으로 조화시키고 조정한다는 관점에서 합헌적 규정이다"고 판시한 바 있다(헌재 1997. 11. 27. 96헌바60).

그리고, 판례는 "선거법에서의 기부행위는 일방이 상대방에게 무상의 이익을 제공하거나 약속하는 것으로서, 이를 제한하는 것은 그것이 후보자 등의 지지기반을 조성하는 데에 기여하거나 매수행위와 결부될 가능성이 높아 이를 허용할 경우 선거 자체가 후보자의 인물·식견 및 정책 등을 평가받는 기회가 되기보다는 후보자의 자금력을 겨루는 과정으로 타락할 위험성이 있어 이를 방지하기 위하여 마련된 것이고, 공천과 관련한 금품수수행위는 정당이 특정인을 후보자로 추천하는 일과 관련하여 재산상 이익이나 공사의 직을 제공하는 등의 행위를 하는 것으로서, 이를 제한하는 것은 정당의 후보자 추천의 공정성과 정당 운영의 투명성·도덕성을 제고하고 나아가 공직선거에 있어서 후보자 추천 단계에서부터 금권의 영향력을 원천적으로 봉쇄함으로써 궁극적으로 공명정대한 선거를 보장하기 위한 것으로서, 양자는 범죄구성요건과 입법 취지를 달리하고 있다. 한편, 지역구 국회의원이 공천과 관련하여 자신의 선거구 밖에서 연고가 없는 상대방에게 금품 등을 교부한 경우나, 혹은 공천과 관련하여 제공된 금품이 적절한 대가관계에 있는 등 무상성이 인정되지 아니하는 경우에는 공천관련금품수수죄가 성립하는데도 기부행위제한위반죄에는 해당하지 않을 경우를 상정할 수도 있다. 이러한 점들을 종합하여 보면, 공천관련금품수수죄가 기부행위제한위반죄에 대하여 특별관계에 있다고는 볼 수 없다"고 판시한 바 있다(대법원 2009. 4. 23. 선고 2009도834 판결).

2. 개 관

위와 같은 매수 및 이해유도죄에 대한 벌칙을 개관하면 [그림 2-1]과 같다.

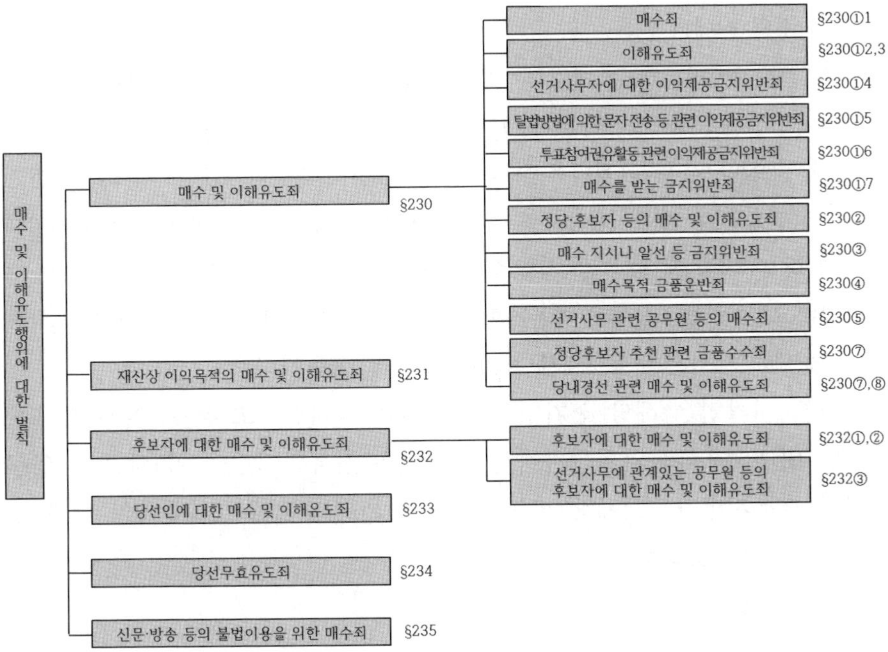

[그림 2-1] 매수 및 이해유도행위에 대한 벌칙

Ⅱ. 매수 및 이해유도죄(법§230)

1. 매수죄(법§230①1호)

가. 의 의

본호는 투표의 자유 및 공정성과 특정인의 당선에 관한 자유 및 공정성을 확보하기 위하여 선거인 등에 대한 매수행위를 처벌하는 조항이다.

나. 내 용

(1) 주 체

누구든지 본죄의 주체가 될 수 있다.

(2) 매수의 상대방

선거인(선거인명부 또는 재외선거인명부 등을 작성하기 전에는 그 선거인명부 또는 재외선거인명부 등에 오를 자격이 있는 사람[1]을 포함하고 이는 벌칙장에서 같음) 또는 다른 정당이나 후보자(예비후보자를 포함)의 선거사무장·선거연락소장·선거사무원·회계책임자·연설원(제79조 제1항·제2항에 따라 연설·대담을 하는 사람과 제81조 제1항·제82조 제1항 또는 제82조의2 제1항·제2항에 따라 대담·토론을 하는 사람을 포함하고 이는 벌칙장에서 같음) 또는 참관인(투표참관인·사전투표참관인과 개표참관인을 말하고 이는 벌칙장에서 같음)·선장·입회인이다.

여기서 선거인은 해당 선거구의 선거인을 의미한다고 본다. 따라서 대통령선거나 비례대표국회의원선거에서 선거인은 전국의 선거인이 되고, 지역구국회의원이나 지방자치단체장 또는 지방의회의원의 경우 그 선거의 해당 선거인을 의미하는 것으로 볼 것이다.[2]

(3) 행위태양

금전·물품·차마·향응 그 밖에 재산상의 이익이나 공사의 직을 제공하거나 그 제공의 의사를 표시하거나 그 제공을 약속하는 행위이다. 여기서 '향응'(饗應)은 사람의 욕망이나 욕구를 충족시켜주는 일체의 대접(待接)을 말하고, 따라서 이성간의 정교도 여기에 포함한다. '재산상 이익'(利益)은 금전이나 물품 이외의 '재산적 가치 있는 일체의 이익'이나, 재산적 가치를 산정하기 곤란하더라도 그 제공을 통해 기부행위 상대방의 '욕망·욕구 또는 수요'를 충족시켜줄 수 있는 일체의 이익'을 의미한다. 또한, 공사(公私)의 직(職)은 상근·비상근을 불문하고 보수나 금품을 지급받을 수 있는지를 불문하고 특정 조직에

---

1 "선거인명부 작성기준일 **이전**이라 할지라도 상대방의 주민등록현황, 연령 등 제반 사정을 기초로 하여 다가올 선거일을 기준으로 판단할 때 위와 같은 선거인으로 될 수 있는 자이면 이를 '선거인명부에 오를 자격이 있는 자'로 봄이 상당하고, 달리 여기서의 '선거인명부에 오를 자격이 있는 자'의 의미를 선거인명부 작성기준일 현재 당해 선거구 안에 주민등록이 되어 있는 선거권자만으로 제한함으로써 선거인명부 작성기준일 이전의 향응제공 등과 관련하여 같은 법 제230조 제1항 제1호 소정의 선거인에 대한 매수죄가 성립하지 않는다고 볼 수는 없다."[대법원 2005. 8. 19. 선고 2005도2245 판결, 이 판결에 관한 보다 자세한 내용에 대하여는 오준근, "공직선거 및 선거부정방지법 제230조 제1항 제1호에 정한 선거인에 대한 매수죄에 있어서 '선거인명부에 오를 자격이 있는 자'의 의미", 대법원판례해설 통권 제59호(2006), 532면 이하 참조]

2 대검찰청, 앞의 책, 191면.

서의 일정한 지위나 자리를 말한다. 그리고 '제공'(提供)은 금전 등을 '가지거나 누리도록 주는 것'을 의미하는 것이다.

이와 관련하여 대법원 2008. 10. 9. 선고 2008도6233 판결은, '피고인들이 대통령 선거를 앞두고 특정 대통령 후보자의 지지에 타격을 줄 수 있는 내용이 담겨 있는 CD를 폭로하거나 폭로하지 않는 대가로 위 후보자측 또는 상대방 후보자측에게 금원의 제공을 요구한 사안에서, "선거법 제230조 제1항 제1호는 '투표를 하게 하거나 하지 아니하게 하거나 당선되거나 되게 하거나 되지 못하게 할 목적으로' 선거인에게 금품 등을 제공하는 경우에 처벌한다고 규정하고 있으므로, 위 매수죄는 금품 등을 제공받은 당해 선거인의 투표행위에 직접 영향을 미칠 목적으로 금품 등을 제공하는 경우에만 성립하는 것이 아니라, 금품 등을 제공받은 선거인으로 하여금 타인의 투표의사에 영향을 미치는 행위나 특정 후보자의 당락에 영향을 미치는 행위를 하게 만들 목적으로 금품 등을 제공하는 경우에도 성립하는 것이다"고 판시한 바 있다.

(4) 주관적 구성요건

당해 매수행위에 대한 고의 이외에 초과주관적 구성요건으로 '투표를 하게 하거나 하지 아니하게 하거나 당선되거나 되게 하거나 되지 못하게 할 목적'이 있어야 하고, 이를 '투표 목적' 또는 '투표 단념목적', '당선 목적' 또는 '낙선 목적'이라고도 한다.

(5) 처 벌

이에 위반하는 자는 5년 이하의 징역 또는 3천만 원 이하의 벌금에 처한다.

2. 이해유도죄(법§230①2호,3호)

가. 의 의

본호는 선거운동에 이용할 목적으로 행하는 기관·단체·시설 또는 선거구민의 행사·모임에 대한 이해유도행위를 금지하여 선거의 공정성을 확보하기 위한 것이다. 제1호가 선거인 개인에 대한 매수행위를 금지한 것이라면, 본호는 개인이 아닌 단체나 모임 등에 대한 매수행위를 금지한 것이다.

나. 내 용

(1) 주 체

누구든지 본죄의 주체가 될 수 있다.

(2) 매수의 상대방

학교, 그 밖에 공공기관·사회단체·종교단체·노동단체·청년단체·여성단체·노인단체·재향군인단체·씨족단체 등의 기관·단체·시설과 야유회·동창회·친목회·향우회·계모임 기타의 선거구민의 모임이나 행사이다(법§230①2호,3호). '단체·기관'은 특정한 목적을 위하여 설립된 계속적 결사체를 말하는 것이고, '시설'(施設)은 특정 목적으로 설치된 물적(物的) 결합체이다. 여기서 단체 등은 그 매수로 선거의 공정성이 해쳐질 우려가 있는 이상 선거구 내의 존재를 불문한다. 또한, 모임은 특정한 목적 아래 일시적으로 여러 사람이 모이는 것을 말하고, '행사'(行事)는 그러한 모임을 개최하거나 그 모임 자체를 말한다. 여기서 모임이나 행사는 불특정 또는 다수의 선거구민이 참여할 수 있는 선거구민의 모임이나 행사이어야 한다.

(3) 행위태양

금전·물품·음식물 기타 재산상의 이익을 제공하거나 그 제공의 의사를 표시하거나 그 제공을 약속하는 행위이다(법§230①2호,3호).

(4) 주관적 구성요건

당해 매수행위에 대한 고의 이외에 초과주관적 구성요건으로 '선거운동에 이용할 목적'이 있어야 한다. 선거운동에 이용할 목적은 그 행위를 통해 단체나 모임 등을 선거운동에 이용하는 목적을 말한다. 선거운동은 앞서 본 바와 같다.[3]

(5) 처 벌

이에 위반하는 자는 5년 이하의 징역 또는 3천만 원 이하의 벌금에 처한다.

---

3 211면 이하 참조.

3. 선거사무관계자에 대한 이익제공금지위반죄(법§230①4호)

가. 의 의

선거법 제135조 제3항은 "수당·실비 기타 이익을 제공하는 경우를 제외하고는 수당·실비 기타 자원봉사에 대한 보상 등 명목 여하를 불문하고 누구든지 선거운동과 관련하여 금품 기타 이익의 제공 또는 그 제공의 의사를 표시하거나 그 제공의 약속·지시·권유·알선·요구 또는 수령할 수 없다"고 규정하고 있는데, 본호는 이러한 규정에 위반하여 선거운동과 관련하여 금품 등의 제공 등의 행위를 처벌함으로써 선거의 공정성을 확보하기 위한 규정이다.

이러한 선거법 제135조의 '선거운동 관련하여'의 의미에 관하여 판례는, "선거법 제135조 제3항의 '선거운동과 관련하여'는 '선거운동에 즈음하여, 선거운동에 관한 사항을 동기로 하여'라는 의미로서, '선거운동을 위하여'보다 광범위하며, 선거운동의 목적 또는 선거에 영향을 미치게 할 목적이 없었다 하더라도 그 행위 자체가 선거의 자유·공정을 침해할 우려가 높은 행위를 규제할 필요성에서 설정된 것이므로, 반드시 금품제공이 선거운동의 대가일 필요는 없고, 선거운동 관련 정보제공의 대가, 선거사무관계자 스카우트 비용 등과 같이 선거운동과 관련된 것이면 무엇이든 이에 포함된다(헌재 2002. 4. 25. 2001헌바26)"고 판시하였다(대법원 2014. 1. 23. 선고 2013도4146 판결).

나. 내 용

(1) 주 체

누구든지 본죄의 주체가 될 수 있다. 대법원 2005. 2. 18. 선고 2004도6795 판결도 "선거사무장 등에 대한 공직선거관리규칙이 정한 수당과 실비 이외의 금품제공은 물론, 그 이외의 자에 대한 선거운동과 관련한 어떠한 명목의 금품제공도 모두 선거법 제135조 제3항에 위배되는 것으로 선거법 제230조 제1항 제4호에 의하여 처벌되는 것이다"고 판시한 바 있다.

(2) 행위태양

제135조(선거사무관계자에 대한 수당과 실비보상) 제3항의 규정에 위반하여 수당·실비 기타 자원봉사에 대한 보상 등 명목 여하를 불문하고 선거운동과

관련하여 금품 기타 이익의 제공 또는 그 제공의 의사를 표시하거나 그 제공을 약속하는 행위이다(법§230①4호). 여기서 이익은 재산적 가치 있는 이익뿐만 아니라 재산적 가치의 산정이 곤란한 이익도 포함한다.

그 제공의 시기와 관련하여 대법원 2007. 10. 25. 선고 2007도4069 판결은, "선거사무관계자에 대한 수당과 실비보상을 규정한 선거법이 제135조 제3항의 위반행위와 관련하여 그 시기에 제한을 두고 있지 않으므로 그 문리적 의미에 의하면 선거일 후의 위반행위에 대하여도 적용되는 것으로 보아야 하는 점, 선거일 후에 위반행위를 하더라도 처벌의 필요성이 있다고 보아야 할 것인데 선거법에서 그에 관한 별도의 처벌규정을 두고 있지 않은 점 등에 비추어, 선거법 제135조 제3항이 선거일 전의 행위에 대하여만 적용되는 것으로 볼 수 없다"고 판시하여, 선거일 이후의 제공도 본호의 제공에 포함된다고 판단하였다.

(3) 주관적 구성요건

당해 매수행위에 대한 고의 이외에 초과주관적 구성요건은 필요로 하지 않는다.

(4) 처 벌

5년 이하의 징역 또는 3천만 원 이하의 벌금에 처한다.

4. 탈법방법에 의한 문자 전송 등 관련 이익제공금지위반죄 (법§230①5호)

가. 의 의

본호는 선거에 영향을 미치게 하기 위하여 선거법에 따른 경우를 제외하고 문자 등을 전송하게 하는 것 등에 대한 대가로 금품 등의 제공 등의 행위를 처벌하여 선거의 공정성을 도모하기 위한 규정이다.

나. 내 용

(1) 주 체

누구든지 본죄의 주체가 될 수 있다.

(2) 행위태양

선거에 영향을 미치게 하기 위하여 선거법에 따른 경우를 제외하고 문자·음성·화상·동영상 등을 인터넷홈페이지의 게시판·대화방 등에 게시하거나 전자우편·문자메시지로 전송하게 하고 그 대가로 금품, 그 밖에 이익의 제공 또는 그 제공의 의사표시를 하거나 그 제공을 약속하는 행위이다(법§230①5호). 따라서 선거법에 따른 문자 전송 등에 대하여 대가를 제공하는 것은 본호에 해당하지 않는다.

(3) 주관적 구성요건

'선거에 영향을 미치게 하기 위하여'라는 초과주관적 구성요건을 필요로 하고, 이는 목적범이라 할 수 있다. 그 의미에 관하여는 앞서 본 바와 같다.[4]

(4) 처 벌

5년 이하의 징역 또는 3천만 원 이하의 벌금에 처한다.

5. 투표참여권유활동 관련 이익제공금지위반죄(법§230①6호)

가. 의 의

본호의 투표참여권유활동은 앞서 본 바와 같은데, 일정한 투표참여권유활동에 대한 대가로 이익의 제공 등을 처벌하여 선거의 공정성을 확보하기 위한 규정이다.

나. 내 용

(1) 주 체

누구든지 본죄의 주체가 될 수 있다.

(2) 행위태양

정당의 명칭 또는 후보자(후보자가 되려는 사람을 포함)의 성명을 나타내거나 그 명칭·성명을 유추할 수 있는 내용으로 제58조의2에 따른 투표참여를

---

4 233~234면 참조.

권유하는 행위를 하게 하고 그 대가로 금품, 그 밖에 이익의 제공 또는 그 제공의 의사표시를 하거나 그 제공을 약속하는 행위이다(법§230①6호). 여기서 성명을 나타낸다는 것은 성명을 기재하거나 표시하는 것을 말하고, 유추(類推)한다는 내용은 그 명칭이나 성명의 귀속주체를 사회통념상 알아볼 수 있게 기재하거나 표시하는 것을 말한다.

(3) 주관적 구성요건

당해 매수행위에 대한 고의 이외에 초과주관적 구성요건은 필요로 하지 않는다.

(4) 처 벌

5년 이하의 징역 또는 3천만 원 이하의 벌금에 처한다.

6. 매수를 받는 금지위반죄(법§230①7호)

가. 의 의

본호는 위와 같은 매수의 상대방의 행위를 처벌함으로써 선거의 공정성을 확보하기 위한 규정이다.

나. 내 용

(1) 주 체

선거법 제230조 제1항 제1호부터 제7호까지 매수죄의 상대방이다(법§230①7호).

(2) 행위태양

선거법 제230조 제1항 제1호부터 제7호까지는 이익이나 직의 제공을 받거나 그 제공의 의사표시를 승낙하는 행위이다(법§230①7호). '승낙'(承諾)은 그 매수를 받아들이는 행위를 말하고, 명시적이든 묵시적이든 불문한다.

(3) 주관적 구성요건

당해 매수행위에 대한 고의 이외에 초과주관적 구성요건은 필요로 하지 않는다.

(4) 처 벌

5년 이하의 징역 또는 3천만 원 이하의 벌금에 처한다.

7. 정당·후보자 등의 매수 및 이해유도죄(법§230②)

가. 의 의

본항는 정당·후보자나 선거사무관계자 등이 선거법 제230조 제1항 제1호부터 제7호까지의 매수죄를 범한 경우에 이를 가중처벌하는 규정이다.

나. 내 용

(1) 주 체

정당·후보자(후보자가 되고자 하는 자를 포함) 및 그 가족·선거사무장·선거연락소장·선거사무원·회계책임자·연설원 또는 제114조(정당 및 후보자의 가족 등의 기부행위제한) 제2항의 규정에 의한 후보자 또는 그 가족과 관계 있는 회사 등이다(법§230②). 여기서 '제114조(정당 및 후보자의 가족 등의 기부행위제한) 제2항의 규정에 의한 후보자 또는 그 가족과 관계 있는 회사'는 기부행위제한 부분에서 본 바와 같다.

(2) 행위태양

선거법 제230조 제1항 제1호부터 제7호까지의 매수죄를 범하는 것이다(법§230②).

(3) 처 벌

7년 이하의 징역 또는 5천만 원 이하의 벌금에 처한다.

8. 매수 지시나 알선 등의 죄(법§230③)

가. 의 의

본항은 선거법 제230조 제1항 내지 제2항의 매수죄를 지시·권유·요구하거나 알선하는 행위를 처벌함으로써 선거의 공정성을 확보하기 위한 규정이다.

나. 내 용

(1) 주 체

누구든지 본죄의 주체가 될 수 있다.

(2) 행위태양

선거법 제230조 제1항 각호의 1 또는 제2항에 규정된 행위에 관하여 지시·권유·요구하거나 알선하는 행위이다(법§230③). 여기서 '지시'(指示)는 그 매수를 하도록 시키는 행위를 말하고, '권유'(勸誘)는 그 매수를 하도록 권하거나 유인하는 것을 말한다. 또 '요구'(要求)는 그 매수행위를 하도록 요청하는 것을 말하고, '알선'(斡旋)은 그 매수행위를 중간에서 소개하거나 매개하는 것을 말한다.

이와 관련하여 판례는 피고인들이 대통령선거후보자의 지지에 타격을 줄 수 있는 내용이 담겨 있는 이 사건 CD를 폭로하거나 폭로하지 않는 대가로 대통령선거 후보자측 또는 상대방 후보자측 관계자로부터 명시적 또는 묵시적으로 금원의 제공을 요구한 행위는 선거법 제230조 제3항의 매수요구죄가 성립한다고 판단하였다(대법원 2008. 10. 9. 선고 2008도6233 판결).

(3) 처 벌

7년 이하의 징역 또는 5천만 원 이하의 벌금에 처한다.

9. 매수목적 금품운반죄(법§230④)

가. 의 의

본항은 당선 목적 또는 낙선 목적으로 선거기간 중 돈봉투 등 다수의 선거인에게 배부하도록 구분된 형태로 되어 있는 금품을 운반한 자를 처벌하는 규정이다. 이는 매수 및 이해유도행위에 사용될 우려가 있는 금품을 운반하다가 적발되었으나 아직 매수 및 이해유도 행위에 직접 나아가지 않는 행위를 처벌할 목적으로 선거법에서 신설한 규정이다.[5]

---

5 대검찰청, 앞의 책, 234면.

나. 내 용

(1) 주 체

누구든지 본죄의 주체가 될 수 있다.

(2) 행위태양

당선 목적 또는 낙선 목적으로 선거기간 중 돈봉투 등 다수의 선거인에게 배부하도록 구분된 형태로 되어 있는 금품을 운반하는 행위이다(법§230④). 선거기간과 관련해서 보면, '대통령선거'에서는 '후보자등록마감일의 다음 날부터 선거일'까지로 23일이고, '국회의원선거'와 '지방자치단체의 의회의원 및 장'의 선거에서는 '후보자등록마감일 후 6일'부터 '선거일'까지로 14일이다(법§33).

그리고 '복수'(複數)가 둘 이상의 수를 말한다는 점을 고려하면 '다수'(多數)는 최소한 3인 이상을 말하고, 다수의 선거인에게 배부하도록 되어 있는 것을 말하므로 애당초 다수인에게 배부할 목적이 아니라면, 여기에 해당하지 않는다. 또 여기서 구분(區分)의 의미와 관련하여 판례는 "'구분'이란 같은 조에서 정한 금품을 일정한 기준에 따라 전체를 크게 또는 작게 몇 개로 갈라 나누는 것을 말하고, 구분의 방법에는 제한이 없어 돈을 포장 또는 봉투에 넣거나 물건으로 싸거나 띠지로 감아매는 것은 물론, 몇 개의 단위로 나누어 접어 놓는 등 따로따로 배부할 수 있도록 분리하여 소지하는 것도 포함된다"고 판시하였다(대법원 2009. 2. 26. 선고 2008도11403 판결). 따라서 구분된 형태가 아니라면 본항의 적용대상이 아니다. 또한, '운반'(運搬)은 금품을 장소적으로 이전(옮기는 것)을 말한다.[6]

(3) 처 벌

7년 이하의 징역 또는 5천만 원 이하의 벌금에 처한다.

---

6 이재상, 『형법각론』, 415면.

10. 선거사무 관련 공무원 등의 매수죄(법§230⑤)

가. 의 의

본항은 선거사무에 관계있는 공무원이 선거법 제230조 제1항 또는 제2항의 행위를 범한 경우에 이를 가중처벌하는 규정이다. 선거사무에 관계있는 공무원이 매수 및 이해유도죄를 범한 경우에 선거의 공정성이 크게 훼손되기 때문에 이를 가중처벌하는 것이다.

나. 내 용

(1) 주 체

선관위의 위원·직원(투표관리관 및 사전투표관리관을 포함하고 이는 벌칙장에서 같음) 또는 선거사무에 관계있는 공무원(선장을 포함)이나 경찰공무원(사법경찰관리 및 군사법경찰관리를 포함)이다(법§230⑤). 선거사무에 관계있는 공무원은 투표 및 개표에 종사하는 공무원과 선거사무에 관하여 선관위의 협조요구를 받아 이를 처리하는 공무원을 말한다.

여기서 가중처벌되는 선관위 직원의 행위가 그 공무원의 직무와 관계있는 선거구 내의 선거에 관한 것으로 해석해야 한다는 견해가 있으나,[7] 이는 선거에 관계있는 공무원에 대한 매수죄를 범하는 것을 차단하여 선거의 공정성이 저해되는 것을 방지하기 위한 규정이므로 그와 같이 한정해석할 필요가 없고, 자신의 직무와 관계없는, 직무관할지가 아닌 선거구 선거에 관한 행위도 포함된다고 본다.

(2) 행위태양

선거법 제230조 제1항 또는 제2항의 매수행위이다(법§230⑤).

(3) 처 벌

7년 이하의 징역에 처한다. 벌금형이 별도로 규정되어 있지 않다.

---

7 대검찰청, 앞의 책, 239면.

11. 정당후보자 추천 관련 금품수수죄(법§230⑥)

가. 의 의

본항은 정당후보자 추천 관련하여 금품수수금지에 위반되는 행위를 한 자를 처벌하여 정당후보자 추천의 공성성과 선거의 공정성을 도모하기 위한 규정이다.

나. 내 용

(1) 주 체

누구나 본죄의 주체가 될 수 있다.

(2) 행위태양

정당이 특정인을 후보자로 추천하는 일과 관련하여 금품이나 그 밖의 재산상의 이익 또는 공사의 직을 제공하거나 그 제공의 의사를 표시하거나 그 제공을 약속하는 행위를 하거나, 그 제공을 받거나 그 제공의 의사표시를 승낙하는 행위이다(법§47의2①1문). 판례는 "'후보자로 추천하는 일과 관련하여'라 함은 금품 또는 재산상 이익의 제공이 후보자 추천의 대가 또는 사례에 해당하거나, 그렇지 않다 하더라도 후보자 추천에 있어서 정치자금의 제공이 어떠한 형태로든 영향을 미칠 수 있는 경우를 의미한다고 할 것이다"고 판시한 바 있다(대법원 2009. 5. 14. 선고 2008도11040 판결).

이 경우 후보자(후보자가 되려는 사람을 포함)와 그 배우자(이하 '후보자 등'이라 함), 후보자 등의 직계존비속과 형제자매가 선거일 전 150일부터 선거일 후 60일까지 「정치자금법」에 따라 후원금을 기부하거나 당비를 납부하는 외에 정당 또는 국회의원[「정당법」 제37조(활동의 자유) 제3항에 따른 국회의원지역구 또는 자치구·시·군의 당원협의회 대표자를 포함하며, 이하 이 항에서 '국회의원 등'이라 함], 국회의원 등의 배우자, 국회의원 등 또는 그 배우자의 직계존비속과 형제자매에게 채무의 변제, 대여 등 명목 여하를 불문하고 금품이나 그 밖의 재산상의 이익을 제공한 때에는 정당이 특정인을 후보자로 추천하는 일과 관련하여 제공한 것으로 본다(법§47의2①2문).

이러한 금품수수 행위에 관하여 지시·권유 또는 요구하거나 알선행위도 금지대상이다(법§47의2②).

(3) 처 벌

5년 이하의 징역 또는 500만 원 이상 3천만 원 이하의 벌금에 처한다.

12. 당내경선 관련 매수 및 이해유도죄(법§230⑦,⑧)

가. 의 의

본항은 정당의 공직후보자 추천을 위한 당내경선 관련하여 매수 및 이행유도행위를 처벌하여 당내경선 및 선거의 공정성을 확보하기 위한 규정이다.

나. 경선선거인 등에 대한 매수 및 이해유도죄(법§230⑦1호,2호)

(1) 주 체

누구나 본죄의 주체가 될 수 있다.

(2) 매수의 상대방

경선선거인(당내경선의 선거인명부에 등재된 자를 말함) 또는 그의 배우자나 직계존·비속이다(법§230⑦1호,§57의5①).

(3) 행위태양

당내경선과 관련하여, 후보자로 선출되거나 되게 하거나 되지 못하게 할 목적으로 경선선거인(당내경선의 선거인명부에 등재된 자를 말함) 또는 그의 배우자나 직계존·비속에게 명목 여하를 불문하고 금품 그 밖의 재산상의 이익 또는 공사의 직을 제공하거나 그 제공의 의사를 표시하거나 그 제공을 약속하는 행위이다(법§230⑦1호,§57의5①). 선거규칙 제25조의3이 정한 행위는 그 예외이다(이에 대하여는 당내경선운동 부분 참조). 여기서 '당내경선 관련하여'는 '특정한 당내경선에 있어서 투표 또는 당내경선운동, 당내 후보자 선출 등 당내경선에 관한 사항을 동기로 하여'라는 의미이다.[8]

당내경선과 관련하여, 후보자로 선출되거나 되게 하거나 되지 못하게 하거나, 경선선거인(당내경선의 선거인명부에 등재된 자를 말함)으로 하여금 투표를

8 대검찰청, 앞의 책, 254면 참조.

하게 하거나 하지 아니하게 할 목적으로 경선후보자·경선운동관계자·경선선거인 또는 참관인에게 금품·향응 그 밖의 재산상의 이익이나 공사의 직을 제공하거나 그 제공의 의사를 표시하거나 그 제공을 약속하는 행위이다(법§230⑦2호). 이와 관련하여 대법원 2007. 6. 1. 선고 2006도8134 판결은, "선거법 제230조 제6항 제2호에서 말하는 '경선운동관계자'는, 널리 당내경선운동에 관여하거나 기타 당내경선에 관한 사무를 담당하고 처리하는 자를 포괄적으로 지칭하는 것으로 해석하여야 할 것이어서, 직접적으로 당내경선사무에 종사하거나 그 절차에 관여하는 자 및 다른 경선후보자의 경선운동관계자는 물론, 행위자가 어떤 특정 경선후보자의 선출을 돕기 위하여 금품 제공 등의 행위에 나아간 경우 해당 경선후보자의 경선운동관계자 역시 이에 포함되는 것으로 해석된다"고 판시한 바 있다.[9]

다. 경선후보자에 대한 매수 및 이해유도죄(법§230⑦1호,§57의5②)

(1) 주 체

누구나 본죄의 주체가 될 수 있다.

(2) 매수의 상대

경선후보자나 경선후보자가 되고자 하는 자이다(법§230⑦1호). '경선후보자'(競選候補者)는 특정 정당의 당내경선의 후보자로 당헌과 당규에 따라 등록이 적법하게 마쳐진 사람을 말한다. '경선후보자가 되고자 하는 자'는 당헌과 당규에 따라 등록이 적법하게 마쳐지기 전의 사람을 말하고, 이는 '후보자가 되고자 하는 자'와 마찬가지로,[10] 당내경선 입후보의사가 확정적으로 외부에 표출된 사람뿐만 아니라 그 신분·접촉대상·언행 등에 비추어 당내경선에 입후보할 의사를 가진 것을 객관적으로 인식할 수 있을 정도에 이른 사람을 말한다.

(3) 행위태양

그리고 당내경선과 관련하여, 후보자가 되지 아니하게 하거나 후보자가

---

9 이 판례에 대한 보다 자세한 내용은 강승준, "공직선거법 제230조 제6항 제2호에서 말하는 '경선운동관계자'의 범위", 대법원판례해설 제70호(2008. 상반기), 372면 이하 참조.

10 대법원 2005. 12. 22. 선고 2004도7116 판결 참조.

된 것을 사퇴하게 할 목적으로 후보자(후보자가 되고자 하는 자를 포함)에게 명목 여하를 불문하고 금품 그 밖의 재산상의 이익 또는 공사의 직을 제공하거나 그 제공의 의사를 표시하거나(법§57의5②전단), 그 제공을 약속하는 행위와 후보자가 그 이익이나 직의 제공을 받거나 그 제공의 의사표시를 승낙하는 행위이다(법§57의5②후단).

라. 경선운동에서 매수를 받는 죄(법§230⑦3호)

(1) 주 체

선거법 제57조의5 제1항 또는 제2항의 행위의 상대방이다(법§230⑦3호). 동법 제230조 제7항 제2호의 행위의 상대방은 본조의 주체가 아니다.

(2) 행위태양

선거법 제57조의5 제1항 또는 제2항에 규정된 이익이나 직의 제공을 받거나 그 제공의 의사표시를 승낙하는 행위이다.

마. 당내경선 관련 매수에 관한 지시나 알선 등의 죄(법§230⑧)

(1) 주 체

누구나 본죄의 주체가 될 수 있다.

(2) 행위태양

선거법 제230조 제7항 제2호·제3호에 규정된 행위에 관하여 지시·권유·요구하거나 알선행위이다(법§230⑧). 그 행위 태양의 의미에 대하여는 앞서 본 바와 같다.[11] 또한 선거법 제57조의5 제3항의 규정을 위반한 자, 즉 당내경선 관련 매수금지에 관하여 지시·권유 또는 요구하는 행위도 금지대상이다.

바. 벌 칙

위 나항 내지 라항에 해당하는 자는 3년 이하의 징역 또는 1천만 원 이하의 벌금에 처한다. 또, 위 마항에 해당하는 자는 5년 이하의 징역 또는 3천만 원 이하의 벌금에 처한다.

---

11 604면 참조.

Ⅲ. 기타 매수 및 이해유도죄

1. 재산상 이익목적의 매수 및 이해유도죄(법§231①,②)

가. 의 의

본죄는 재산상 이익을 취득할 목적으로 선거법 제230조 제1항의 매수죄를 범한 경우에 이를 가중처벌하기 위한 규정이다.

나. 내 용

(1) 주 체

누구나 본죄의 주체가 될 수 있다.

(2) 매수의 상대방

선거인·선거사무장·선거연락소장·선거사무원·회계책임자·연설원 또는 참관인이다(법§231①1호). 선거인의 의미는 선거법 제230조의 매수 및 이해유도죄에서 본 바와 같다.

(3) 행위태양

선거법 제230조 제1항 각호의 어느 하나에 해당하는 매수행위이다(법§231①1호). 이러한 매수행위에는 제230조 제1항 각호에서 정한 초과주관적 구성요건, 즉 투표를 하게 하거나 하지 아니하게 하거나, 당선되거나 되게 하거나 되지 못하게 하거나(법§230①1호), 선거운동에 이용할 목적으로(법§230①2호,3호), 선거에 영향을 미치게 하기 위하여(법§230①5호)도 있어야 한다.

그리고 선거법 제231조 제1항 제1호에 규정된 행위의 대가로 또는 그 행위를 하게 할 목적으로 금전·물품, 그 밖에 재산상의 이익 또는 공사의 직을 제공하거나 그 제공의 의사를 표시하거나 그 제공을 한 행위(법§231①2호), 동항 제1호에 규정된 행위의 대가로 또는 그 행위를 약속하고 제2호에 규정된 이익 또는 직의 제공을 받거나 그 제공의 의사표시를 승낙하는 행위(법§231①3호)와 선거법 제231조 제1항에 규정된 행위에 관하여 지시·권유·요구하거나 알선하는 행위(법§231②)이다.

(4) 주관적 구성요건

정당 또는 후보자나 후보자가 되고자 하는 자를 위하여 본호의 매수행위를 해야 한다(법§231①1호). 여기서 '후보자 등을 위한다는 것'은 후보자 등의 선거운동이나 후보자의 당선 또는 선거에서 유리한 상황이나 여건의 조성의 의도를 지니는 것을 말한다. 이는 고의 이외의 초과주관적 구성요건이다.

그리고 초과주관적 구성요건으로 '재산상의 이익을 얻거나 얻을 목적'이 있어야 한다. 이는 재산상 이익을 현재 '얻은' 목적과 장래에 '얻을' 목적을 말한다. 또한, 선거법 제231조 제1항 제2호의 경우에는 제231조 제1항 제1호에 규정된 행위의 대가로 또는 그 행위를 하게 할 목적이 추가로 요구된다.

(5) 벌 칙

선거법 제231조 제1항 제1호 내지 제3호에 해당하는 사람은 7년 이하의 징역 또는 300만 원 이상 5천만 원 이하의 벌금에 처한다. 동조 제2항에 해당하는 사람은 10년 이하의 징역 또는 500만 원 이상 7천만 원 이하의 벌금에 처한다.

2. 후보자에 대한 매수 및 이해유도죄(법§232①,②)

가. 의 의

본죄는 후보자, 후보자가 되고자 하는 자 또는 후보자가 되고자 하였던 자나 후보자이었던 자에 대한 매수행위를 처벌함으로써 피선거권의 공정한 행사와 이를 통한 선거의 공정성을 확보하기 위한 규정이다.

나. 내 용

(1) 주 체

누구나 본죄의 주체가 될 수 있다.

(2) 매수의 상대방

'후보자'나 '후보자가 되고자 하는 자'(법§232①1호), **'후보자이었던 자'**나 **'후보자가 되고자 하였던 자'**(법§232①2호)이다. 1호의 매수의 상대방은 매수 당시에 '후보자'나 '후보자가 되고자 하는 자'이다. 제2호의 매수의 상대방은 매수 당시에는 '후보자'나 '후보자가 되고자 하는 자'는 아니지만, 과거에 '후보자'나 '후보자가 되고자 하는 자'로, '후보자이었던 자'는 후보자로 등록이 적법하게 마쳐진 후 후보자를 사퇴한 자를 의미하고, '후보자가 되고자 하였던 자'는 후보자가 되고자 하였으나 후보자로 등록이 적법하게 마쳐지기 전에 이를 그만둔 자이다.

(3) 행위태양

후보자가 되고자 하는 자나 후보자에게 금전·물품·차마·향응 그 밖에 재산상의 이익이나 공사의 직을 제공하거나 그 제공의 의사를 표시하거나 그 제공을 약속하는 행위이다(법§232①1호). 또 후보자가 되고자 하였던 자나 후보자이었던 자에게 금전·물품·차마·향응 그 밖에 재산상의 이익이나 공사의 직을 제공하거나 그 제공의 의사를 표시하거나 그 제공을 약속하는 행위 또는 그 이익이나 직의 제공을 받거나 제공의 의사표시를 승낙하는 행위이다(법§232①2호). 또한, 이러한 행위에 관하여 지시·권유·요구하거나 알선하는 행위이다(법§232②).

이와 관련하여 판례는, "선거법 제232조 제1항 제2호의 죄는 후보자를 사퇴한 데 대한 대가를 목적으로 후보자이었던 사람에게 재산상의 이익 등을 제공하거나 후보자이었던 사람이 위와 같은 재산상의 이익 등을 수수함으로써 성립하고, 그 밖에 후보자 사퇴가 있기 전에 제공자와 수수자 사이에 재산상의 이익제공에 관한 사전합의가 이루어지거나 위와 같은 이익제공 등의 행위가 당해 선거의 투표 종료 이전에 행해져야만 위 범죄가 성립하는 것은 아니다"고 판시한 바 있다(대법원 2012. 9. 27. 선고 2012도4637 판결).

(4) 주관적 구성요건

후보자가 되지 아니하게 하거나 후보자가 된 것을 사퇴하게 할 목적이 있어야 한다. 그 목적은 후보자의 지위에 따라 구분되는데, 후보자로 적법하게 등록이 마쳐진 이후에는 '후보자가 된 것을 사퇴하게 할 목적'으로 되는 것이고, 그 전에는 '후보자가 되지 아니하게 할 목적'으로 되는 것이다. 또한, 후보자가 되고자 하는 것을 중지하거나 후보자를 사퇴한 데 대한 대가의 목적이 있어야 한다. 역시 그 목적도 후보자의 지위에 따라 구분되는데, 후보자로 적법하게 등록이 마쳐진 이후에는 '후보자를 사퇴한데 대한 대가 목적'으로 되고, 그 전에는 '후보자가 되고자 하는 것을 중지하는 데 대한 대가 목적'이 된다.

이와 관련하여 판례는, "형사재판에서 공소가 제기된 범죄의 구성요건을 이루는 사실에 대한 증명책임은 검사에게 있으므로, 선거법 제232조 제1항 제2호의 죄에서 행위자에게 후보자를 사퇴한 데 대한 대가를 지급하거나 받을 목적이 있었다는 점은 검사가 증명해야 하고, 재산상의 이익 등 제공자가 후보자를 사퇴한 사람에게 이를 제공한다는 점을 인식하거나, 후보자이었던 사람이 위와 같은 재산상의 이익 등을 제공받는다는 점을 인식하고 행위를 하였다는 사실만으로 행위자에게 후보자를 사퇴한 데 대한 대가를 지급할 목적 또는 그 대가를 받을 목적이 있었다고 추정하여서는 아니 된다. 이때 행위자에게 위와 같은 목적이 있었는지는 재산상의 이익 등 제공자와 사퇴한 후보자와 관계, 후보자 사퇴가 재산상의 이익 등 제공자에게 미친 영향, 행위자가 재산상의 이익 등을 제공하거나 수수한 동기, 경위 및 과정, 수단과 방법, 재산상의 이익 등 내용과 가치 등 당해 제공·수수행위에 관한 여러 사정을 종합하여 사회통념에 비추어 합리적으로 판단해야 한다"고 판시하였다(대법원 2012. 9. 27. 선고 2012도4637 판결[12]).

(5) 벌 칙

선거법 제232조 제1항 제1호 내지 제2호에 해당하는 사람은 7년 이하의 징역 또는 500만 원 이상 5천만 원 이하의 벌금에 처한다. 동조 제2항에 해당하는 사람은 10년 이하의 징역 또는 500만 원 이상 7천만 원 이하의 벌금에 처한다.

---

12 본 판례에 대한 비판적 견해는 한상희, "공직선거법의 위헌성과 합헌적 해석", 민주법학 통권 제47호(2011. 11), 50면 이하 참조.

3. 선거사무에 관계있는 공무원 등의 후보자에 대한 매수 및 이해유도죄(법§232③)

가. 의 의

본죄는 선거사무에 관계있는 공무원 등이 후보자에 대한 매수 및 이해유도죄를 범한 경우에 이를 가중처벌하여 피선거권의 공정한 행사와 선거의 공정성을 확보하기 위한 규정이다.

나. 내 용

(1) 주 체

선관위의 위원·직원 또는 선거사무에 관계있는 공무원이나 경찰공무원(사법경찰관리 및 군사법경찰관리를 포함)이다(법§232③).

(2) 행위태양

선거법 제232조 제1항 내지 제2항의 매수행위이다(법§232③).

(3) 벌 칙

10년 이하의 징역에 처한다. 벌금형은 규정되어 있지 않다.

4. 당선인에 대한 매수 및 이해유도죄(법§233)

가. 의 의

본죄는 당선인에 대한 매수를 처벌함으로써 당선의 불가매수성을 보장하여 선거결과의 공정한 유지를 도모하기 위한 규정이다.[13]

나. 내 용

(1) 주 체

누구나 본죄의 주체가 될 수 있다.

---

13 대검찰청, 앞의 책, 272면.

(2) 행위태양

당선인에 대하여 금전·물품·차마·향응 기타 재산상의 이익 또는 공사의 직을 제공하거나 그 제공의 의사를 표시하거나 그 제공을 약속하는 행위(1호), 제1호에 규정된 이익 또는 직의 제공을 받거나 그 제공의 의사표시를 승낙하는 행위(2호), 이러한 1호 및 2호의 행위에 관하여 지시·권유·요구하거나 알선하는 행위이다.

(3) 주관적 구성요건

'당선을 사퇴하게 할 목적'이 있어야 한다. 이 목적은 후보자 중에서 당선인으로 결정된 사람이 있는 경우에 그 사람의 당선(當選)을 사퇴하게 할 목적을 말하고(법§233①1호), 이는 초과주관적 구성요건이다.

(4) 벌 칙

1년 이상 10년 이하의 징역에 처한다.

5. 당선무효유도죄(법§234)

가. 의 의

선거법 제263조에 의하면 공고된 선거비용제한액의 200분의 1을 초과지출한 이유로 선거사무장 등이 징역형 또는 300만 원 이상의 벌금형을 선고받을 때에는 후보자의 당선은 무효로 되지만, 다른 사람의 도발 내지 유도에 의하여 당해 후보자의 당선을 무효로 되게 하기 위하여 지출하는 것은 그러한 당선무효의 예외이다. 또한, 선거사무장 등이 해당 선거에 있어서 제230조부터 제234조까지, 제257조 제1항 중 기부행위를 한 죄 또는 「정치자금법」 제45조 제1항의 정치자금 부정수수죄를 범함으로 인하여 징역형 또는 300만 원 이상의 벌금형의 선고를 받은 때에는 그 선거구 후보자(대통령후보자, 비례대표국회의원후보자 및 비례대표지방의회의원후보자를 제외)의 당선은 무효로 하지만, 다른 사람의 유도 또는 도발에 의하여 당해 후보자의 당선을 무효로 되게 하기 위하여 죄를 범한 경우는 그러한 무효의 예외이다(법§265).

이처럼, 선거법 제263조 또는 제265조의 당선무효의 예외에 해당하는, '다른 사람의 유도 또는 도발'에 의한 무효사유에 관련된 행위를 처벌하는 것이 본조항이다.

나. 내 용

(1) 주 체

누구나 본죄의 주체가 될 수 있다.

(2) 행위태양

선거법 제263조 또는 제265조에 규정된 자를 유도 또는 도발하여 그 자로 하여금 제230조(매수 및 이해유도죄) 제1항 내지 제5항·제231조(재산상의 이익목적의 매수 및 이해유도죄) 내지 제233조(당선인에 대한 매수 및 이해유도죄)·제257조(기부행위의 금지제한 등 위반죄) 제1항 또는 제258조(선거비용부정지출 등 죄) 제1항에 규정된 행위를 하게 하는 행위이다(법§234).

선거법 제263조에 규정된 자는 선거사무장, 선거사무소의 회계책임자이고, 선거법 제265조에 규정된 자는 선거사무장·선거사무소의 회계책임자(선거사무소의 회계책임자로 선임·신고되지 아니한 자로서 후보자와 통모하여 당해 후보자의 선거비용으로 지출한 금액이 선거비용제한액의 3분의 1 이상에 해당되는 자를 포함) 또는 후보자(후보자가 되려는 사람을 포함)의 직계존비속 및 배우자이다. 또 '유발'(誘發)은 매수행위를 발생하게 하는 행위이고, '도발'(挑發) 그러한 유발 중 의도성이 강한 행위를 말한다.

(3) 주관적 구성요건

제263조(선거비용의 초과지출로 인한 당선무효) 또는 제265조(선거사무장 등의 선거범죄로 인한 당선무효)에 해당되어 후보자의 당선을 무효로 되게 할 목적이 있어야 한다.

(4) 벌 칙

1년 이상 10년 이하의 징역에 처한다.

6. 신문·방송 등의 불법이용을 위한 매수죄(법§235)

가. 의 의

본죄는 선거에 지대한 영향을 미치는 신문이나 방송의 불법적 이용을 위한 매수행위를 처벌함으로써 선거의 공정성을 확보하기 위한 조항이다.

나. 내 용

(1) 주 체

선거법 제97조 제1항을 위반하는 매수죄의 경우 누구나 본죄의 주체가 된다(법§235①). 그러나 선거법 제97조 제2항을 위반하는 매수죄의 경우에는 정당, 후보자, 선거사무장, 선거연락소장, 선거사무원, 회계책임자, 연설원, 대담·토론자 또는 제114조(정당 및 후보자의 가족 등의 기부행위제한) 제2항의 후보자 또는 그 가족과 관계있는 회사 등이 주체가 된다(법§235②). 또 선거법 제97조 제3항을 위반하는 매수죄의 경우에는 방송·신문·통신·잡지 기타 간행물을 경영·관리하거나 편집·취재·집필·보도하는 자가 주체이다(법§235①).

(2) 행위태양

선거운동을 위하여 방송·신문·통신·잡지 기타의 간행물을 경영·관리하는 자 또는 편집·취재·집필·보도하는 자에게 금품·향응 기타의 이익을 제공하거나 제공할 의사의 표시 또는 그 제공을 약속하는 행위(법§235①,§97①)이다. 여기서 '선거운동을 위하여'는 '선거운동의 목적으로'라는 의미로 이해할 수 있어, 본죄는 목적범이다.

선거에 관한 보도·논평이나 대담·토론과 관련하여 당해 방송·신문·통신·잡지 기타 간행물을 경영·관리하거나 편집·취재·집필·보도하는 자 또는 그 보조자에게 금품·향응 기타 이익을 제공하거나 제공할 의사의 표시 또는 그 제공을 약속하는 행위(법§235②,§97②)와, 이러한 규정에 의한 금품·향응 기타의 이익을 받거나 권유·요구 또는 약속하는 행위이다(법§235①,§97③).

(3) 벌 칙

1년 이상 10년 이하의 징역에 처한다.

7. 매수와 이해유도죄로 인한 이익의 몰수 및 추징(법§236)

가. 의 의

'몰수'는 범죄행위와 관련된 일정한 물건의 소유권을 국가에 강제로 귀속시키는 처분이고, 또 '추징'은 몰수에 갈음하여 그 가액의 납부를 명하는 사법행정처분이다.[14] 「형법」상 몰수와 추징은 임의적이나(「형법」§48), 선거법에서는 그 불법적 이득을 차단하여 선거의 공정성을 확보하기 위하여 이를 필요적으로 하도록 규정하고 있다.

나. 내 용

제236조(매수와 이해유도죄로 인한 이익의 몰수) 제230조(매수 및 이해유도죄) 내지 제235조(방송·신문 등의 불법이용을 위한 매수죄)의 죄를 범한 자가 받은 이익은 이를 몰수한다(법§236본문). 다만, 그 전부 또는 일부를 몰수할 수 없는 때에는 그 가액을 추징한다(법§236단서).

14 신동운, 『형법총론』, 788·791면.

제 3 장 선거의 자유방해행위에 대한 벌칙

The Public Official Election Act

Ⅰ. 의의와 개관

1. 의 의

선거가 민주주의를 작동시키는 심장으로서 제대로 기능하기 위해서는 자유로운 선거가 보장되어야 한다. 이는 곧 헌법상 선거에 관한 원칙 중 하나인 자유선거의 원칙에 따라 선거가 국가기관이나 타인에 의해 방해받지 않고 자유롭게 실시되어야 함을 의미하는 것이다. 이러한 선거의 자유를 보장하기 위한 선거법상 벌칙이 일련의 '선거의 자유방해죄' 규정이다. 여기서 '선거의 자유'는 당내경선에서의 투표 및 당내경선운동의 자유를 포함하여 유권자들의 '투표의 자유'와 유권자나 후보자 등의 '선거운동의 자유'가 포함된다.

2. 개 관

위와 같은 선거의 자유방해죄에 대한 벌칙을 개관하면 [그림 3-1]과 같다.

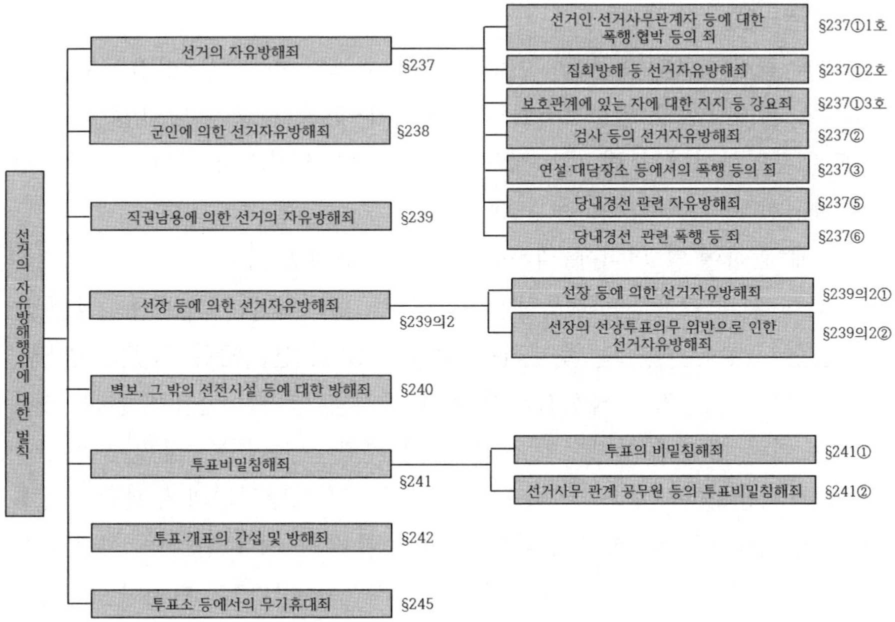

[그림 3-1] 선거의 자유방해행위에 대한 벌칙

Ⅱ. 선거의 자유방해죄(법§237)

1. 선거인·선거사무관계자에 대한 폭행·협박 등의 죄(법§237①1호)

가. 의 의

본죄는 선거에 관하여 후보자, 후보자가 되고자 하는 자, 선거사무장 등 선거사무관계자 등에 대한 폭행·협박이나 체포·감금 등의 행위를 처벌함으로써 선거의 자유를 확보하기 위한 조항이다.

나. 내 용

(1) 주 체

누구나 본죄의 주체가 될 수 있다.

(2) 행위태양

선거에 관하여 선거인·후보자·후보자가 되고자 하는 자·선거사무장·선거연락소장·선거사무원·활동보조인·회계책임자·연설원 또는 당선인을 폭행·협박 또는 유인하거나 불법으로 체포·감금하거나 선거법에 의한 선거운동용 물품을 탈취한 행위이다(법§237①1호).

'선거에 관하여'의 의미에 대하여 판례는, "선거법 제237조 제1항 소정의 '선거에 관하여'라 함은 '특정한 선거에 있어서 투표 또는 선거운동, 당선 등 선거에 관한 사항을 동기로 하여'라는 의미로서, 선거에 관한 행위는 반드시 특정 후보자를 당선 또는 낙선시키기 위한 목적의 행위일 필요는 없고, 선거운동 기간 내의 행위에 한정되지 않으며, 그 기간 전이나 투·개표 종료 후의 행위도 포함되는 것이고, 또한 위 조항의 선거의 자유방해죄의 주관적 구성요건으로는 행위의 객체와 태양에 대한 인식과 함께 '선거에 관하여' 한다는 인식이 필요함은 물론이나 이는 미필적인 것으로도 족하다"고 판시한 바 있다.

그리고 본죄에서의 '폭행'(暴行)은 후보자 등의 '신체에 대한' 유형력을 행사하는 것을 말하고, '협박'(脅迫)은 후보자 등에게 해악(害惡)을 고지하여 그에게 공포심을 일으키게 하는 것을 말한다.[1] 또한, '체포'(逮捕)는 후보자 등의 신체에 대하여 직접적·현실적 구속을 가하여 행동의 자유를 빼앗는 것을 말하고, '감금'(監禁)은 후보자 등을 일정한 장소 밖으로 나가지 못하게 하여 신체적 활동의 자유를 장소적으로 제한하는 것을 말한다.[2] 또, 유인(誘引)은 기망 또는 유혹을 수단으로 하여 후보자 등을 보호받는 상태 — 자유로운 생활관계로부터 자기 또는 제3자의 실력적 지배하에 옮기는 것을 말한다.[3]

나아가 선거운동용 물품은 어깨띠, 소품, 현수막 등 선거운동에 쓰이는 물품을 말한다. 이에는 선거법상 허용되는 물품에 한하고 불법적인 선거운동용 물품은 포함되지 않는다고 본다. 이는 합법적인 경우만을 본조의 보호대상이 된다고 보기 때문이다. 그리고 '탈취'(奪取)는 선거운동용 물품을 소지자의 의사에 반하여 그 장비를 자신의 지배 아래로 옮기는 행위를 말한다.[4]

---

1 이재상, 『형법각론』, 60면·110면.
2 이재상, 『형법각론』, 118면.
3 이재상, 『형법각론』, 128~129면.
4 대법원 2007. 1. 25. 선고 2006도8588 판결(선거법 제244조 1항상의 탈취의 의미에 관한 판례

이러한 행위로 인하여 선거의 자유가 침해되었는지는 불문한다. 판례도 마찬가지이다(대법원 1996. 6. 28. 선고 96도886 판결).

다. 벌 칙

10년 이하의 징역 또는 500만 원 이상 3천만 원 이하의 벌금에 처한다.

2. 집회방해 등 선거자유방해죄(법§237①2호)

가. 의 의

본죄는 선거에 관하여 집회, 연설 등을 방해하거나 기타 선거의 자유에 대한 방해행위를 처벌함으로써 선거의 자유를 확보하기 위한 조항이다.

나. 내 용

(1) 주 체

누구나 본죄의 주체가 될 수 있다.

(2) 행위태양

선거에 관하여 집회·연설 또는 교통을 방해하거나 위계·사술 기타 부정한 방법으로 선거의 자유를 방해하는 행위이다(법§237①2호).

선거에 관하여는 위에서 본 바와 같다. '선거에 관한 집회나 연설의 방해'(妨害)는 선거에 관한 집회 또는 연설의 지장을 초래하는 일체의 행위를 말한다. 여기서 집회나 연설은 선거법에 의한 적법한 경우만을 말한다. 선거에 관한 교통(交通)의 방해는 선거에 관한 교통을 불가능하게 하는 경우뿐만 아니라 이를 현저히 곤란하게 하는 경우를 포함한다.[5] '위계'(僞計)는 상대방의 착오, 부지 등을 이용하는 행위이고, '사술'(詐術)은 상대방을 속이는 행위를 말한다.

그리고 기타 부정(不正)한 방법에 의한 선거의 자유 방해의 의미와 관련하여 판례는, "선거법 제237조 제1항이 선거의 자유를 방해하는 행위로서 열거한 제1호, 제2호, 제3호는 어느 것이나 선거운동 및 투표에 관한 행위 그 자

임) 참조.

5 이재상, 『형법각론』, 499면.

체를 직접 방해하는 행위들인 점에 비추어 보면, 같은 항 제2호에서 정한 '위계·사술 그 밖의 부정한 방법으로 선거의 자유를 방해'하는 행위는 같은 호 전단의 집회·연설 또는 교통을 방해하는 행위에 준하는 것, 즉 선거운동이나 투표에 관한 행위 그 자체를 직접 방해하는 행위를 말한다(대법원 2008. 7. 10. 선고 2008도2737 판결 참조). 한편 선거법 제237조 제1항 제2호 후단에서 정한 선거의 자유방해죄가 성립하기 위해서는 선거의 자유가 침해되는 결과가 발생해야 하지만, 반드시 선거운동이나 투표에 관한 행위가 불가능하게 되어야 하는 것은 아니며, 통상적인 선거운동이나 투표에 관한 행위에 어려움을 주거나 지장을 초래하는 경우도 포함된다"고 판시하였다(대법원 2013. 3. 28. 선고 2012도16086 판결).

다. 벌 칙

10년 이하의 징역 또는 500만 원 이상 3천만 원 이하의 벌금에 처한다.

3. 보호관계에 있는 자에 대한 지지 등 강요죄(법§237①3호)

가. 의 의

본죄는 업무·고용 기타의 관계로 인하여 자기의 보호·지휘·감독하에 있는 자에게 특정 정당이나 후보자를 지지·추천하거나 반대하도록 강요하는 행위를 처벌함으로써 선거의 자유를 확보하기 위한 조항이다.

나. 내 용

(1) 주 체

업무·고용 기타의 관계로 인하여 자기의 보호·지휘·감독관계에 있는 자이어야 한다(법§237①3호). '업무'(業務)는 사회적 지위에 기하여 계속적으로 행하는 사무를 말하고, '고용'(雇傭)은 고용계약관계가 있는 경우를 말하며 이에는 묵시적이거나 명시적인 경우를 포함한다. 기타의 관계는 업무나 고용에 준하는 관계를 말한다.

이와 관련하여 판례는 "선거법 제237조 제1항 제3호는 '업무·고용 기타의 관계로 인하여 자기의 보호·지휘·감독하에 있는 자에게 특정정당이나 후보자를 지지·추천하거나 반대하도록 강요한 자'를 선거의 자유방해죄로 처벌하도록 규정하고 있는바, 그 입법 취지는 피해자가 보호·감독·지휘를 받는 지위로 인하여 선거의 자유가 부당하게 침해받지 아니하도록 보호하기 위하여 규정된 것이므로, 여기서의 '자기의 보호·지휘·감독을 받는 자' 중에는 사실상의 보호·지휘·감독을 받는 상황에 있는 자도 포함되고 법률상 법인 기타 단체가 그 구성원에 대한 관계에서 보호·지휘·감독의 주체로 인정되는 경우에는 그 구성원은 그 대표기관 내지 보호·지휘·감독업무를 수행하는 기관의 보호·지휘·감독을 받는 자에 해당한다고 볼 수 있는 것이다"고 판시한 바 있다(대법원 2005. 1. 28. 선고 2004도227 판결).

(2) 행위태양

업무·고용 기타의 관계로 인하여 자기의 보호·지휘·감독하에 있는 자에게 특정 정당이나 후보자를 지지·추천하거나 반대하도록 강요하는 행위이다(법§237①3호). 여기서 '강요'(強要)는 정당이나 후보자의 지지·추천 또는 반대에 관한 의사결정과 활동의 자유를 침해하거나 그 침해를 야기할 우려 있는 일체의 행위를 말한다. 이러한 강요와 관련하여 판례는 "'강요'는 반드시 상대방의 반항을 불가능하게 하거나 곤란하게 할 정도에 이를 필요는 없으며, 상대방의 자유로운 의사결정과 활동에 영향을 미칠 정도의 폭행이나 협박이면 충분하고 현실적으로 선거의 자유가 방해되는 결과가 발생해야 하는 것은 아니라고 할 것이다"고 판시한 바 있다(대법원 2005. 1. 28. 선고 2004도227 판결).

다. 벌 칙

10년 이하의 징역 또는 500만 원 이상 3천만 원 이하의 벌금에 처한다.

4. 검사 등의 선거자유방해죄(법§237②)

가. 의 의

본죄는 검사나 경찰공무원이 선거의 자유방해죄를 범하는 경우에 가중처벌하는 조항이다.

나. 내 용

(1) 주 체

검사 또는 경찰공무원(사법경찰관리를 포함)이 선거법 제237조 제1항 각호의 1에 규정된 행위를 하거나 하게 하는 행위이다(법§237②). 선거법 제230조 제5항과는 달리 군사법경찰관리는 본조의 주체에서 제외되어 있다.

(2) 벌 칙

1년 이상 10년 이하의 징역과 5년 이하의 자격정지에 처한다.

5. 연설·대담장소 등에서의 폭행 등의 죄(법§237③)

가. 의 의

본죄는 연설·대담장소 또는 대담·토론회장에서의 폭행 등 행위를 처벌함으로써 선거운동의 자유를 확보하기 위한 규정이다.

나. 내 용

(1) 주 체

누구든지 본죄의 주체가 될 수 있다.

(2) 행위태양

선거법에 규정된 연설·대담장소 또는 대담·토론회장에서 위험한 물건을 던지거나 후보자 또는 연설원을 폭행하는 행위이다(법§237③). 여기서 '위험(危險)한 물건'은 이를 사용하면 상대방이나 제3자가 생명 또는 신체에 위험을 가할 수 있는 물건을 말하고, 이러한 물건에 해당하는지 여부는 구체적 사안에서 사회통념에 따라 판단한다(대법원 2010. 4. 29. 선고 2010도930 판결). 폭행의 의미는 앞서 본 바와 같다.[6]

6 622면 참조.

(3) 벌 칙

주모자는 5년 이상의 유기징역, 다른 사람을 지휘하거나 다른 사람에 앞장서서 행동한 자는 3년 이상의 유기징역, 부화하여 행동한 자는 7년 이하의 징역에 각각 처한다. 여기서 '주모자'(主謀者)는 그 사건의 주된 책임자이고, 1인일 필요는 없다. '지휘'(指揮)한다는 것은 그 사건에 관하여 지시를 내려 사건을 주도하는 것을 말하고, 부화하여 행동한자는 주모자나 지휘자의 지시를 받아 사건을 실행하거나 현장에서 부화뇌동[7](附和雷同)하는 자를 말한다.

6. 당내경선 관련 자유방해죄(법§237⑤)

가. 의 의

본죄는 정당의 후보자선출을 위한 당내경선의 자유를 방해하는 행위를 처벌함으로써 당내경선의 자유를 확보하기 위한 규정이다.

나. 내 용

(1) 주 체

누구든지 본죄의 주체가 될 수 있다.

(2) 행위태양

당내경선과 관련하여, 경선후보자(경선후보자가 되고자 하는 자를 포함) 또는 후보자로 선출된 자를 폭행·협박 또는 유인하거나 체포·감금하는 행위(1호), 경선운동 또는 교통을 방해하거나 위계·사술 그 밖의 부정한 방법으로 당내경선의 자유를 방해하는 행위(2호), 업무·고용 그 밖의 관계로 인하여 자기의 보호·지휘·감독을 받는 자에게 특정 경선후보자를 지지·추천하거나 반대하도록 강요하는 행위(3호)이다.

경선후보자와 경선후보자가 되고자 하는 자는 앞서 본 바와 같다.[8] 경선운동은 선거법 제57조의3에 따른 경선운동으로서, 정당후보자를 선출하기 위한 당내 선거운동을 말한다. 위 제2호는 당내경선의 자유가 현실적으로 방해

---

7 일정한 주견이 없이 남의 의견에 따라 같이 행동하는 것을 말한다.
8 140면 참조.

받아야 한다.

이와 관련하여 대법원 2008. 7. 10. 선고 2008도2737 판결은, “어느 것이나 경선운동 및 투표에 관한 행위 그 자체를 직접 방해하는 행위들인 점에 비추어 보면, 같은 항 제2호에서 정한 ‘위계·사술 그 밖의 부정한 방법으로 당내경선의 자유를 방해’하는 행위는 같은 호 전단의 경선운동 또는 교통을 방해하는 행위에 준하는 것, 즉 경선운동이나 투표에 관한 행위 그 자체를 직접 방해하는 행위를 말하고, 단순히 ‘경선 선거인단에 등록되지 않을 자유’를 방해할 뿐인 행위는 이에 포함되지 않는다”고 판시한 바 있다.

(3) 벌 칙

5년 이하의 징역 또는 1천만 원 이하의 벌금에 처한다.

7. 당내경선 관련 폭행 등의 죄(법§237⑥)

가. 의 의

본죄는 정당의 후보자선출을 위한 당내경선에서의 폭행 등 행위를 처벌함으로써 당내경선의 자유를 확보하기 위한 규정이다.

나. 내 용

(1) 주 체

누구든지 본죄의 주체가 될 수 있다.

(2) 행위태양

당내경선과 관련하여 다수인이 경선운동을 위한 시설·장소 등에서 위험한 물건을 던지거나 경선후보자를 폭행하는 행위이다(법§237⑥). 여기서 다수인은 본죄가 가담 정도를 구분하여 처벌하는 점에 비추어 주모자, 지휘·솔선행위자, 부화수행자 등으로 구분할 수 있을 정도로 다수로 해석함이 상당하다.[9]

9 대검찰청, 앞의 책, 366면.

(3) 벌 칙

주모자는 3년 이상의 유기징역, 다른 사람을 지휘하거나 다른 사람에 앞장서서 행동한 자는 7년 이하의 징역, 다른 사람의 의견에 동조하여 행동한 자는 2년 이하의 징역에 각각 처한다. 주모자나 지휘의 의미는 앞서 본 바와 같다.[10] 의견에 동조(同調)하여 행동한 자는 앞서 부화하여 행동한 자를 순화한 용어이다.

8. 군인에 의한 선거자유방해죄(법§238)

가. 의 의

본죄는 군인이나 일정한 군무원이 선거자유방해죄를 범한 경우에 이를 가중처벌하는 규정으로, 군인 등이 선거운동의 자유를 방해하는 경우에 선거의 공정성의 크게 훼손된다. 본죄는 과거의 군대 내에서 있었던 선거부정에 대처하기 위하여 규정된 것이다.

나. 내 용

(1) 주 체

군인과 군수사기관 소속의 군무원으로, 다른 군인 또는 군무원에 대한 영향력을 가진 군인이나 군무원이다(법§238). 이는 전형적으로 명령복종관계에서 명령권을 가진 상관(上官)을 말하고(「군형법」§2조1호), 그 영향력이 있는 상서열자도 포함한다(「군인사법」§3,§4). 여기서 군인은 전시와 평시를 막론하고 군에 복무하는 사람으로서(「국군조직법」§4①), '현역에 복무하는 장교, 준사관, 부사관 및 병', '사관생도, 사관후보생 및 부사관후보생', '소집되어 군에 복무하는 예비역 및 보충역'을 말한다(「군인사법」§2). 군무원은 국군에 속한 군인 이외의 자로 군무에 종사하는 사람을 말하는데(「국군조직법」§16①), 군수사기관 소속 군무원은 범죄수사업무에 종사하거나 보안업무에 종사하는 자로서 군사법경찰관으로서 범죄를 수사하는 권한을 가진 군무원을 말한다(「군사법원법」§43①).

---

10 627면 참조.

(2) 행위태양

선거법 제237조(선거의 자유방해죄) 제1항 각호의 1에 규정된 행위를 하거나, 특정한 후보자를 당선되게 하거나 되지 못하게 하기 위하여 그 영향하에 있는 군인 또는 군무원의 선거권행사를 폭행·협박 또는 그 밖의 방법으로 방해하거나 하게 하는 행위이다(법§238). 여기서 '당선되게 하거나 당선되지 못하게 하기 위하여'는 당선 또는 낙선의 의도를 가진 경우를 말하고, 선거권 행사를 방해(妨害)한다는 것은 선거권 행사에 관한 의사결정의 자유나 의사활동의 자유에 지장을 초래하는 일체의 행위를 말한다.

(3) 벌 칙

1년 이상 10년 이하의 징역과 5년 이하의 자격정지에 처한다.

Ⅲ. 기타 선거의 자유방해죄

1. 직권남용에 의한 선거의 자유방해죄(법§239)

가. 의 의

본죄는 선거사무에 종사하는 공무원 등이 자신의 직권을 남용하여 선거인명부의 열람을 방해하는 등으로 선거의 자유를 방해하는 행위를 처벌함으로써 선거의 자유를 확보하기 위한 규정이다.

나. 내 용

(1) 주 체

선관위의 위원·직원, 선거사무에 종사하는 공무원 또는 선거인명부(재외선거인명부 등을 포함하고 벌칙의 장에서 같음) 작성에 관계있는 자나 경찰공무원(사법경찰관리 및 군사법경찰관리를 포함)이다(법§239).

(2) 행위태양

선거에 관한 직권을 남용하여 다음 각호의 어느 하나에 해당하는 행위를 하거나 하게 하는 행위이다(법§239).

1. 선거인명부의 열람을 방해하거나 그 열람에 관한 직무를 유기하는 행위
2. 정당한 사유없이 후보자를 미행하거나 그 주택·선거사무소 또는 선거연락소에 승낙없이 들어가거나 퇴거요구에 불응하는 행위

여기서 '직권(職權)을 남용(濫用)'한다는 것은, 위 선거사무종사 공무원 등이 그의 일반적 권한에 속하는 사항에 관하여 그것을 불법하게 행사하는 것, 즉 형식적, 외형적으로는 직무집행으로 보이나 실질적으로는 정당한 권한 이외의 행위를 하는 경우를 의미한다(대법원 2013. 11. 28. 선고 2011도5329 판결). 또 '직무유기'(職務遺棄)는 선거인명부 열람에 관한 직무를 의식적으로 방임하거나 포기하는 것[11]을 말하고, '퇴거요구'(退去要求)에 불응하는 것은 정당한 주거권자의 퇴거요구를 받고도 이에 응하지 않는 것을 말한다. 또 '미행'(尾行)은 타인의 뒤를 밟으며 그 행동을 감시하는 행위를 말한다.

(3) 벌 칙

7년 이하의 징역에 처한다.

2. 선장 등에 의한 선거자유방해죄 등(법§239의2①)

가. 의 의

본죄는 선장이나 입회인이 선상투표의 자유를 방해하는 행위를 하는 경우나 선장이 선거에 관한 자신의 의무를 위반하는 경우에 이를 처벌함으로써 선거의 자유와 선거의 공정성을 확보하기 위한 규정이다.

나. 내 용

(1) 주 체

선장 또는 입회인이다(법§239의2①). 여기서 선장은 선상투표를 하는 사람이 승선한 배의 선장을 말하고, 입회인은 선상투표가 진행되는 동안에 해당 선박에 승선하고 있는 선원 중 대한민국 국민으로서 공정하고 중립적인 사람

11 대법원 1977. 11. 22. 선고 77도2952 판결.

으로, 선상투표 진행을 감시하기 위한 사람이다(법§158의3③).

(2) 행위태양

선장 등이 다음 각호의 어느 하나에 해당하는 행위를 하거나 하게 하는 경우이다(법§239의2①).

1. 선상투표신고 또는 선상투표를 하지 못하게 하거나 선상투표용지에의 서명을 거부하는 등 투표를 방해하는 행위
2. 다른 사람의 선상투표용지를 이용하여 선상투표를 하는 행위
3. 선상투표자에게 특정 정당이나 후보자를 지지·추천하거나 반대하도록 강요하는 등 부정한 방법으로 선거의 자유를 방해하는 행위
4. 선상투표소에서 특정 정당이나 후보자에게 투표하도록 권유하는 등 투표에 영향을 미치는 행위

여기서 투표를 방해하는 행위는 투표에 지장을 초래하는 일체의 행위를 말하고, '부정(不正)한 방법으로 선거의 자유를 방해하는 행위'는 투표와 선거운동에 관한 선거인의 의사결정 및 의사활동의 자유에 영향을 미쳐 이에 지장을 초래하는 행위를 말한다. 이는 앞에서 열거하고 있는 문언이 다르다는 점을 고려하면, 선거법 제237조 제1항 제2호의 부정한 방법으로 선거의 자유를 방해하는 행위와는 그 의미가 다르다고 본다. 또한, 투표에 영향을 미치는 행위는 특정 정당이나 후보자에 대한 투표권유행위에 준하는 행위로 선상투표의 공정성을 해치는 일체의 행위를 말한다고 본다.

(3) 벌 칙

1년 이상 10년 이하의 징역에 처한다.

3. 선장의 선상투표의무불이행으로 인한 선거자유방해죄 (법§239의2②)

가. 의 의

선거법 제158의3은 선상투표에 관하여 선장의 일정한 의무를 부과하고

있는데, 본죄는 선장이 이러한 의무를 위반하여 선상투표의 공정성을 침해하는 하는 경우에 이를 처벌하여 선상투표 및 선거의 공정성을 확보하기 위한 규정이다.

나. 내 용

(1) 주 체

선장은 선상투표를 하는 사람이 승선한 배의 선장이다(법§239의2②).

(2) 행위태양

선거법 제158조의3 제1항에 의하면, 선장은 선거일 전 8일부터 선거일 전 5일까지의 기간 중 해당 선박의 선상투표자의 수와 운항사정 등을 고려하여 선상투표를 할 수 있는 일시를 정하고, 해당 선박에 선상투표소를 설치해야 하고, 이 경우 선장은 지체 없이 선상투표자에게 선상투표를 할 수 있는 일시와 선상투표소가 설치된 장소를 알려야 한다. 이러한 규정에 위반하여 선상투표의 일시와 장소를 선상투표자에게 알리지 아니하는 행위이다(1호).

선거법 제158조의3 제2항에 의하면, 선장은 선상투표소를 설치할 때 선상투표자가 투표의 비밀이 보장된 상태에서 투표한 후 팩시밀리로 선상투표용지를 전송할 수 있도록 설비해야 한다. 위와 같은 제158조의3 제1항의 규정을 위반하여 선상투표소를 설치하지 아니하거나 같은 조 제2항을 위반하여 선상투표소를 설비하는 행위이다(2호).

선거법 제158조의3 제3항에 의하면, 선장은 해당 선박에 승선하고 있는 대한민국 국민이 1명뿐인 경우를 제외하고 선상투표가 진행되는 동안에는 해당 선박에 승선하고 있는 선원 중 대한민국 국민으로서 공정하고 중립적인 사람 1명 이상을 입회시켜야 한다. 이러한 규정에 위반하여 입회인을 입회시키지 아니하는 행위이다(3호).

또한 선거법 제158조의3 제7항에 의하면, 선장은 해당 선박의 선상투표를 마친 후 입회인의 입회 아래 제6항에 따라 제출된 선상투표지 봉투와 제4항 후단에 따른 선상투표용지 봉투를 구분하여 함께 포장한 다음 자신과 입회인이 각각 봉인한 후 보관해야 한다. 이러한 규정에 따른 선상투표지 봉투와 선상투표용지 봉투를 보관하지 아니하는 행위이다(4호).

마지막으로, 선거법 제158조의3 제8항에 의하면, 선장은 해당 선박의 선상투표를 마친 때에는 선상투표관리기록부를 작성하여 선거일 전일까지 해당 선박의 선박원부를 관리하는 지방해양항만청의 소재지(대한민국국적취득조건부 나용선의 경우 해당 선박회사의 등록지, 외국국적 선박은 선박관리업 등록을 한 지방해양항만청의 소재지를 말함)를 관할하는 시·도선관위에 팩시밀리로 전송하고, 국내에 도착하는 즉시 선상투표관리기록부와 제7항에 따라 보관 중인 봉투를 해당 시·도선관위에 제출해야 하고, 이 경우 국내에 도착하기 전이라도 외국에서 국제우편을 이용하여 제출할 수 있다. 이러한 규정에 위반하여 선상투표관리기록부를 작성·전송하지 아니하거나 선상투표관리기록부와 제158조의3 제7항에 따른 선상투표지 봉투와 선상투표용지 봉투를 제출하지 아니하는 행위이다.

(3) 벌 칙

10년 이하의 징역 또는 500만 원 이상 3천만 원 이하의 벌금에 처한다.

4. 벽보, 그 밖의 선전시설 등에 대한 방해죄(법§240)

가. 의 의

벽보나 현수막 등 선전시설의 설치 등을 방해하거나 이를 훼손·철거하거나 선관위 직원 등이 선거벽보 등을 부정하게 작성하거나 정당한 사유 없이 그 직무를 행하지 않은 행위를 처벌하여 선거의 자유와 공정성을 확보하기 위한 규정이다. 본죄는 광의의 선거 자유방해죄에 포함된다고 할 것이다.

나. 벽보 등에 대한 방해죄(법§240①)

(1) 주 체

누구든지 본죄의 주체가 될 수 있다.

(2) 행위태양

정당한 사유 없이 선거법에 의한 벽보·현수막 기타 선전시설의 작성·게시·첩부 또는 설치를 방해하거나 이를 훼손·철거하는 행위이다(법§240①). 여기서 '정당한 사유 없이'는 당해 행위를 법적으로 합리화할 만한 사유가 없는 경우를 말한다. '선전시설'(宣傳施設)은 선거운동을 위하여 선거법에 의하여 설치된 시설을 말한다. '작성'(作成)은 벽보 등을 만드는 것을, '게시'(揭示)나 첩부(貼付)는 벽보 등을 불특정 또는 다수인이 볼 수 있게 붙이거나 내거는 행위를, '설치'(設置)는 현수막 등을 선거운동용으로 쓰일 수 있게 하는 행위를 말한다. '훼손'(毁損)은 벽보 등이 그 용도에 쓰이지 못하게 효용을 해치는 행위를, '철거'(撤去)는 설치되거나 붙여진 벽보 등을 제거하는 행위를 말한다.

(3) 처 벌

2년 이하의 징역 또는 400만 원 이하의 벌금에 처한다.

다. 선거사무에 관계있는 공무원 등의 벽보 등에 대한 방해죄(법§240②)

(1) 의 의

본죄는 선관위의 위원·직원 또는 선거사무에 관계있는 공무원 등이 벽보 등에 대한 방해죄를 범한 경우 이를 가중처벌하여 선거의 자유와 공정성을 확보하기 위한 규정이다.

(2) 주 체

선관위의 위원·직원 또는 선거사무에 관계있는 공무원이나 경찰공무원(사법경찰관리 및 군사법경찰관리를 포함)이다(법§240②).

(3) 행위태양

위와 같은 선거법 제240조 제1항상 행위를 하거나 하게 하는 행위이다(법§240②).

(4) 처 벌

3년 이하의 징역 또는 600만 원 이하의 벌금에 처한다.

라. 선거사무에 종사하는 자의 직무유기죄(법§240③)

(1) 의 의

본죄는 선관위의 직원 또는 선거사무에 종사하는 자 등이 선거벽보 등을 부정하게 작성·첩부·발송하거나 정당한 사유 없이 이에 관한 직무를 행하지 아니한 행위를 처벌하여 선거의 원활한 진행과 선거의 공정성을 확보하기 위한 규정이다.

(2) 주 체

선관위의 위원·직원 또는 선거사무에 종사하는 자로서, 선거벽보·선거공보(후보자정보공개자료를 포함) 또는 투표안내문(점자형 투표안내문을 포함)에 관한 선거사무를 담당하는 자이다(법§240③). 여기서 선거사무에 종사하는 자는 본래부터 선거사무를 담당하지 않는 자라도 선관위의 협조요구(법§5)에 따라 이러한 업무를 담당하는 자로, 공무원인지는 불문한다.

(3) 행위태양

선거법 제64조의 선거벽보·제65조의 선거공보(같은 조 제9항의 후보자정보공개자료를 포함) 또는 제153조의 투표안내문(점자형 투표안내문을 포함)을 부정하게 작성·첩부·발송하거나 정당한 사유 없이 이에 관한 직무를 행하지 않은 행위이다(법§240③). 여기서 '발송'(發送)은 선거벽보 등을 선거법에 따른 곳으로 보내는 것을 말하고, '이에 관한 직무를 행하지 않는 행위'는 그에 관한 직무를 의식적으로 방임하거나 포기하는 직무유기를 말한다.

(4) 처 벌

3년 이하의 징역 또는 600만 원 이하의 벌금에 처한다.

5. 투표의 비밀침해죄(법§241①)

가. 의 의

본죄는 투표의 비밀이 침해하는 행위나 일정한 여론조사결과 공표 방법 위반행위를 처벌함으로써 선거의 자유와 선거의 공정성을 확보하기 위한 규정이다.

나. 내 용

(1) 주 체

누구나 본죄의 주체가 될 수 있다.

(2) 행위태양

비밀투표의 원칙에 따라 투표의 비밀은 보장되고(법§167①), 선거인은 투표한 후보자의 성명이나 정당명을 누구에게도 또한 어떠한 경우에도 진술할 의무가 없으며, 누구든지 '선거일의 투표마감시각까지' 이를 질문하거나 그 진술을 요구할 수 없다(법§167②본문). 다만, 텔레비전방송국·라디오방송국·「신문 등의 진흥에 관한 법률」 제2조 제1호 가목 및 나목에 따른 일간신문사가 선거의 결과를 예상하기 위하여 선거일에 '투표소로부터 50미터 밖에서' '투표의 비밀이 침해되지 않는 방법'으로 질문하는 경우에는 그러하지 아니하며 이 경우 '투표마감시각까지' 그 경위와 결과를 공표할 수 없다(이른바 '출구여론조사', 법§167②단서). 또한, 선거인은 자신이 기표한 투표지를 공개할 수 없으며, 공개된 투표지는 무효로 한다(법§167③).

이러한 제167조(제218조의17 제9항에서 준용하는 재외투표소의 경우를 포함)를 위반하여 투표의 비밀을 침해하는 행위이다(법§241①전단). 이에는 i) 선거일의 투표마감시각까지[12] 투표한 후보자 성명 또는 정당명을 질문하거나 그 진술을 요구하는 행위(법§167②본문), ii) '투표시간마감시간 종료 여부와 무관하게' 위와 같은 출구여론조사에서 투표의 비밀이 침해되는 방법에 의한 질문하는 행위(예컨대 투표한 정당 또는 후보자를 알 수 있게 선거인에게 답하게 하는 방법, 법§167②단서), iii) 출구여론조사의 주체가 아닌 자가 위와 같은 출구여론조사 방법을 준수하거나 이를 준수하지 않는 방식으로 질문하거나, 이러한 출구여론조사 결과를 그 공표 방법을 준수하거나 준수하지 않은 방식으로 공표하는 행위(법§167②단서), iv) '투표시간마감시간 종료 여부와 무관하게' 선거인이 자신이 기표한 투표지를 공개하는 행위(법§167③)가 포함된다. 위 i) 행위에서 질문이나 진술은 누구에게 투표했는지, 어느 정당에 투표했는지를 알 수 있을 정도의 경우를 포함한다.

---

12 대검찰청, 앞의 책, 331면에서는 투표한 정당이나 후보자의 표시를 요구는 투표마감시간 종료 이후도 포함한다고 기술하고 있으나, '투표마감시각 종료 이전'이라는 법문이 '투표한 정당이나 후보자의 표시를 요구' 부분을 수식하고 있다는 점을 고려하면, 이러한 해석은 의문이다. '투표마감시각 종료후'에 투표한 정당이나 후보자의 표시를 요구하는 행위는, 비록 투표의 비밀을 침해하는 행위로 비밀투표 원칙에 반하는 행위일지라도 선거의 공정성을 해칠 우려가 없기 때문에, 비범죄화한 것으로 봄이 타당하다.

그리고 v) 선거일의 '투표마감시각 종료 이전'에 선거인에 대하여 그 투표하고자 하는 정당이나 후보자 또는 투표한 정당이나 후보자의 표시를 요구하는 행위이다. 또한, vi) 투표결과를 예상하기 위하여 '투표소로부터 50미터 이내'에서 질문하는 행위, vii) '투표마감시각 전'에 그 경위와 결과를 공표하는 행위이다. 여기서 표시(表示)는 투표하려거나 투표한 후보자 등이 누구인지 알 수 있게 드러내는 행위로 그 방식은 언동(言動)에 의한 경우이며, 공표(公表) 다수인 또는 불특정인이 이를 알 수 있는 상태에 놓이게 하는 행위를 말한다.

(3) 벌 칙

3년 이하의 징역 또는 600만 원 이하의 벌금에 처한다.

6. 선거사무 관계 공무원 등의 투표비밀침해죄(법§241②)

가. 의 의

선거사무에 관계 있는 공무원 등이 투표비밀침해죄를 범한 경우에 이를 가중처벌하여 선거의 자유 및 공정성을 확보하기 위한 규정이다.

나. 내 용

(1) 주 체

선관위의 위원·직원, 선거사무에 관계있는 공무원, 검사, 경찰공무원(사법경찰관리를 포함) 또는 군인(군수사기관소속 군무원을 포함)이다(법§241②).

(2) 행위태양

선거법 제241조 제1항의 행위[위 i) 내지 vii)]를 하거나 하게 하는 행위이다.

(3) 벌 칙

5년 이하의 징역에 처한다.

7. 투표·개표의 간섭 및 방해죄(법§242)

가. 의 의

본죄는 투표 또는 개표에 영향을 미치는 행위 등을 한 자를 처벌함으로써 투표와 개표사무의 원활한 진행을 확보하고 이를 통하여 선거의 자유 및 공정성을 보장하기 위한 규정이다.

나. 투표·개표의 간섭 및 방해죄(법§242①)

(1) 의 의

본죄는 투표 또는 개표에 영향을 미치는 행위를 한 자를 처벌함으로써 투표와 개표사무의 원활한 진행을 확보하고 이를 통하여 선거의 자유 및 공정성을 보장하기 위한 규정이다.

(2) 주 체

누구든지 본죄의 주체가 될 수 있다.

(3) 행위태양

다음 각호의 어느 하나에 해당하는 행위이다(법§242①).

1. 투표를 방해하기 위하여 선거법에서 규정한 투표에 필요한 신분증명서를 맡기게 하거나 이를 인수한 사람 또는 투표소(재외투표소·사전투표소 및 선상투표소를 포함하고 이는 벌칙장과 같음)나 개표소에서 정당한 사유 없이 투표나 개표에 간섭한 사람 또는 투표소에서 특정 정당이나 후보자에게 투표를 권유하거나 투표를 공개하는 등 투표 또는 개표에 영향을 미치는 행위를 한 사람
2. 정당한 사유 없이 거소투표자의 투표를 간섭하거나 방해한 사람, 거소투표자의 투표를 공개하거나 하게 하는 등 거소투표에 영향을 미치는 행위를 한 사람

여기서 '신분증명서를 맡기게 하거나' 투표에 필요한 신분증명서의 보관을 일시적으로 의뢰하게 하는 행위를, '이를 인수(引受)하는 것'은 그 보관을

일시적으로 행하는 것을, '투표나 개표에 간섭'(干涉)하는 것은 투표에 지장을 초래할 정도로 투표 등에 끼어드는 것을 말한다. 또한, '영향을 미치는 행위'는 투·개표나 거소투표의 공정성을 해치는 일체의 행위를 말한다고 본다. 위 1호의 투표에 영향을 미치는 행위에는 후보자나 정당이 선거구민에게 교통편의를 제공하여 자신에 대한 투표를 유도하거나 권한도 포함된다.

(4) 벌 칙

3년 이하의 징역에 처한다.

다. 통신설비파괴죄(법§242②)

(1) 의 의

본죄는 개표참관인이 설치한 통신설비를 파괴 또는 훼손한 자를 처벌함으로서 개표참관인의 참관사무를 원활하게 확보하고 이를 통해 선거의 자유 및 공정성을 보장하기 위한 규정이다.

(2) 주 체

누구든지 본죄의 주체가 될 수 있다.

(3) 행위태양

개표소에서 제181조(개표참관)의 규정에 의하여 개표참관인이 설치한 통신설비를 파괴 또는 훼손하는 행위이다(법§242②). 여기서 '통신설비'(通信設備)는 전화, 컴퓨터 등 통신을 위해 설치된 장비나 도구를 말한다(법§181⑧). '훼손'(毁損)은 통신설비가 그 용도에 쓰이지 못하게 효용을 해치는 행위를, '파괴'(破壞)는 그 기능·용법의 전부나 일부를 불가능하게 할 정도의 파손[13]을 의미한다.

(4) 벌 칙

5년 이하의 징역에 처한다.

---

13 대법원 2009. 4. 23. 선고 2008도11921 판결(선박파괴죄에서의 파괴의 의미에 관한 판례임) 참조.

라. 검사 등의 투표·개표의 간섭 및 방해죄(법§242③)

(1) 의 의

본죄는 검사나 경찰공무원이 투표·개표의 간섭 및 방해죄를 범한 경우에 이를 가중처벌하기 위한 규정이다.

(2) 주 체

검사·경찰공무원(사법경찰관리를 포함) 또는 군인(군수사기관소속 군무원을 포함)이다(법§242③).

(3) 행위태양

선거법 제242조 제1항상 행위를 하거나 하게 하는 행위이다(법§242③).

(4) 벌 칙

1년 이상 5년 이하의 징역에 처한다.

8. 투표소 등에서의 무기휴대죄(법§245)

가. 의 의

본죄는 투표소나 연설·대담장소 또는 대담·토론회장에 무기를 휴대하고 들어간 자를 처벌함으로써 투표소나 연설·대담장소 등의 평온을 보존하여 선거의 자유와 선거의 공정성을 확보하기 위한 규정이다.

나. 투표소에서의 무기휴대죄(법§245①)

(1) 주 체

누구나 본조의 주체가 될 수 있다.

(2) 행위태양

무기·흉기·폭발물, 그 밖에 사람을 살상할 수 있는 물건을 지니고 투표소(제149조 제3항 및 제4항에 따른 기표소가 설치된 장소를 포함)·개표소 또는 선관위 사무소에 함부로 들어간 행위이다(법§245①). 여기서 '무기'(武器)는 전쟁이나 전투 등 군사목적을 위해 사용되는 인명살상용으로 제작된 각종 병사용 기구(兵器)이다. 이에는 권총·소총·기관총·포·엽총, 금속성 탄알이나 가스등을 쏠 수 있는 장약총포, 공기총(압축가스를 이용하는 것을 포함) 등이 있다(「총포·도검·화약류 등 단속법」§2① 참조). '흉기'(凶器)는 본래 살상용·파괴용으로 만들어진 것이거나 이에 준할 정도의 위험성을 가진 것을 말하고,[14] '그 밖에 사람을 살상할 수 있는 물건'은 사람을 살상할 수 있는 위험한 물건을 말하는 것으로, 여기서 '위험한 물건'은 흉기는 아니라고 하더라도 널리 사람의 생명, 신체에 해를 가하는 데 사용할 수 있는 일체의 물건을 의미하고, 이에는 본래 살상용·파괴용으로 만들어진 것뿐만 아니라 다른 목적으로 만들어진 칼·가위·유리병·각종 공구·자동차 등은 물론 화학약품 또는 사주된 동물 등도 그것이 사람의 생명·신체에 해를 가하는 데 사용되었다면 여기에 포함된다(대법원 1997. 5. 30. 선고 97도597 판결). 또한, '폭발물'(爆發物)은 그 폭발작용의 위력이나 파편의 비산 등으로 사람의 생명, 신체, 재산 및 공공의 안전이나 평온에 직접적이고 구체적인 위험을 초래할 수 있는 정도의 강한 파괴력을 가지는 물건을 의미한다.[15] 그리고 '함부로 들어간다'는 것은 정당한 주거권자의 의사에 반하여 투표소 등에 들어가는 행위를 말한다.

(3) 벌 칙

7년 이하의 징역에 처한다.

다. 연설·대담장소 등에서의 무기휴대죄(법§245①)

(1) 주 체

누구나 본조의 주체가 될 수 있다.

(2) 행위태양

정당한 사유 없이 무기·흉기·폭발물, 그 밖에 사람을 살상할 수 있는 물건을 지니고 선거법에 규정된 연설·대담장소 또는 대담·토론회장에 들어간

---

14 대법원 2012. 6. 14. 선고 2012도4175 판결(특수절도에서 흉기에 관한 판례임) 참조. 이 판례는 "그러한 위험성을 가진 물건에 해당하는지 여부는 그 물건의 본래의 용도, 크기와 모양, 개조 여부, 구체적 범행 과정에서 그 물건을 사용한 방법 등 제반 사정에 비추어 사회통념에 따라 객관적으로 판단할 것이다"고 판시하였다.

15 대법원 2012. 4. 26. 선고 2011도17254 판결(「형법」 제119조의 폭발물사용죄에서의 폭발물에 관한 판례임) 참조.

행위이다(법§245①). 위 제1항과는 달리 정당한 사유 없이 구성요건으로 정해져 있는데, 이 의미는 '정당한 사유 없이'는 당해 행위를 법적으로 합리화할 만한 사유가 없는 경우를 말한다.

(3) 벌 칙

3년 이하의 징역 또는 600만 원 이하의 벌금에 처한다.

라. 무기 등의 몰수

위와 같은 무기휴대죄를 범한 경우에는 그 지닌 무기 등 사람을 살상할 수 있는 물건은 이를 몰수한다.

제 4 장 투·개표사무 등 선거사무의 공정성 침해에 대한 벌칙

The Public Official Election Act

Ⅰ. 의의와 개관

1. 의 의

선거의 공정성을 확보하기 위해서는 해당 선거에서의 투·개표사무의 공정한 진행을 비롯한 선거사무의 공정한 진행이 필수적이다. 또한 투·개표사무 등을 비롯한 선거사무의 공정한 진행을 위해서는 그 사무를 담당하는 공무원이나 선거사무 관계자에 대한 보호도 필수적이다. 선거법은 제242조의2부터 제249조에서 투·개표사무 등 선거사무의 공정성 침해에 대한 벌칙을 규정하고 있다.

2. 개 관

이러한 투·개표사무 등 선거사무의 공정성 침해에 대한 벌칙을 개관하면 [그림 4-1]과 같다.

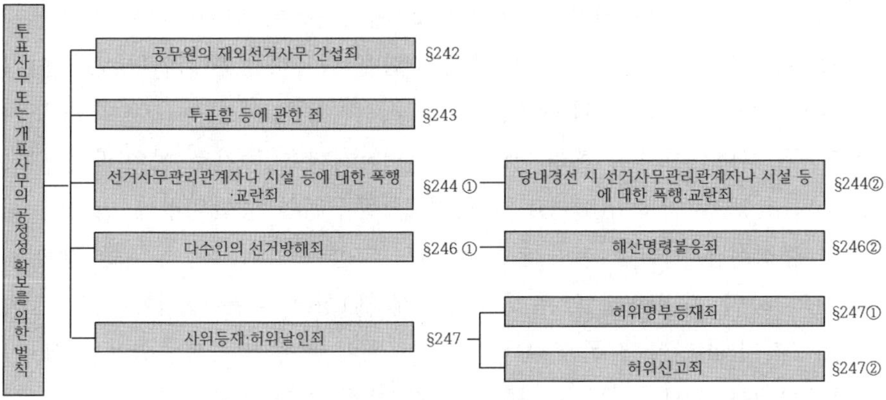

[그림 4-1] 투표사무 또는 개표사무의 공정성 확보를 위한 벌칙

Ⅱ. 투표사무 또는 개표사무의 공정성 확보를 위한 조문별 벌칙 내용

1. 공무원의 재외선거사무 간섭죄(법§242의2)

가. 의 의

본죄는 공무원이 선거에 있어서 특정 정당이나 후보자(후보자가 되고자 하는 자를 포함)에게 유리 또는 불리하게 할 목적으로 재외선관위 위원이나 공무원에게 재외선거사무 처리와 관련하여 부당한 영향력을 행사한 경우 이를 처벌하여 재외선거사무, 재외선거 및 선거의 공정성을 확보하기 위한 규정이다.

나. 내 용

(1) 주 체

공무원(1항) 또는 다른 공무원에 대한 지휘·감독관계에 있는 공무원(2항)이다. 여기서 공무원은 「국가공무원법」 및 「지방공무원법」상의 공무원이다.

(2) 행위태양

공무원이 선거에 있어서 특정 정당이나 후보자(후보자가 되고자 하는 자를 포함)에게 유리 또는 불리하게 할 목적으로 재외선관위 위원이나 공무원에게 재외선거사무 처리와 관련하여 부당한 영향력을 행사하는 행위이다(1항). 여기서 '재외선거사무 처리와 관련하여'는 '특정한 선거에 있어서 투표나 개표 또는 선거운동 등 재외선거사무 처리(법§218)에 관한 사항을 동기로 하여'라는 의미이다. '부당(不當)한 영향력(影響力)의 행사'는 공무원의 중립의무에 반하여 재외선거의 공정성을 해칠 우려가 있는 일체의 영향력을 끼치는 행위를 말한다.

자신의 지휘·감독하에 있는 공무원에게 제1항에 따른 행위를 하는 행위이다(1항). '지휘(指揮)나 감독(監督)하에 있는 공무원'은 명령복종관계 등에 기하여 업무처리를 지시하거나 지시한 업무에 대한 처리 여부를 감시하거나 확인하는 관계에 있는 공무원을 말한다.

(3) 주관적 구성요건

선거에 있어서 특정 정당이나 후보자(후보자가 되고자 하는 자를 포함)에게 유리 또는 불리하게 할 목적이 있어야 한다.

(4) 벌 칙

위 제1항에 해당하는 자는 3년 이하의 징역 또는 600만 원 이하의 벌금에 처하고, 제2항에 해당하는 자는 1년 이상 5년 이하의 징역에 처한다.

2. 투표함 등에 관한 죄(법§243)

가. 의 의

투표함의 보존은 개표사무의 공정한 처리를 위하여 필요불가결한 것인데, 본죄는 이러한 선거법에 규정된 절차를 준수하지 않고 투표함을 개함하거나 투표함이나 투표함 안의 투표지를 취거·파괴 등의 행위를 한 자를 처벌하여 개표사무 및 선거의 공정성을 도모하기 위한 규정이다.

나. 내 용

(1) 주 체

선거법 제243조 제1항은 누구나 그 범죄의 주체가 되고, 동조 제2항의 경우는 검사·경찰공무원(사법경찰관리를 포함) 또는 군인(군수사기관소속 군무원을 포함)이다.

(2) 행위태양

i) 법령에 의하지 아니하고 투표함을 열거나 투표함(빈 투표함을 포함)이나 투표함 안의 투표지를 취거·파괴·훼손·은닉 또는 탈취하는 행위이다(법§243①). 여기서 '투표함'(投票函)은 선거법 제151조 제1항에 따라 구·시·군선관위가 만든 투표용지를 넣기 위해 제작한 상자이다. '법령에 의하지 아니하고'에 관하여 보면, 투표함을 개함하는 때에는 구·시·군선관위위원장은 개표참관인의 참관하에 투표함의 봉쇄와 봉인을 검사한 후 이를 열어야 하는데(법§177①), 이러한 절차에 의하지 않고 투표함을 개함하는 경우를 말한다. 개표가 끝난 후에는 다시 봉인하되 재개표 등을 위하여 투표함을 개함하는 경우에도 이러한 절차에 준하여 할 것이므로 다시 봉인된 투표함을 함부로 개함하는 경우에도 여기에 해당한다고 본다.[1] 또한, '취거'(取去)는 투표함의 점유를 취득하여 이를 가져가는 행위를, '은닉'(隱匿)은 투표함 등을 소재를 파악하기 어렵게 이를 숨기는 행위를 말한다. '탈취'(奪取)는 투표함 등에 유형력을 행사하여 그 소지자의 의사에 반하여 그 장비를 자신의 지배 아래로 옮기는 행위를 말한다.

ii) 검사·경찰공무원 등이 선거법 제243조 제1항상 행위를 하거나 하게 하는 행위이다(법§243②).

(3) 벌 칙

위 제1항에 해당하는 자는 1년 이상 10년 이하의 징역에 처하고, 제2항에 해당하는 자는 2년 이상 10년 이하의 징역에 처한다.

3. 선거사무관리관계자나 시설 등에 대한 폭행·교란죄(법§244)

가. 의 의

본죄는 선관위의 위원·직원 등 선거사무관리관계자에 대하여 폭행 등의 범죄를 범하거나 폭행·협박을 가하여 투표소 등에 대하여 소요·교란하는 등

1 대검찰청, 앞의 책, 349면.

의 범죄를 범한 자를 처벌하여 선거사무의 원활한 진행과 선거의 공정성을 확보하기 위한 규정이다. 본조 제2항의 범죄는 당내경선의 원활한 진행과 정당의 후보자 추천의 공정성과 이를 통한 선거사무의 공정성을 확보하기 위한 규정이다.

나. 선거사무관리관계자나 시설 등에 대한 폭행·교란죄(법§244①)

(1) 주 체

누구나 그 범죄의 주체가 될 수 있다.

(2) 행위태양

ⅰ) 선관위의 위원·직원, 선거부정감시단원·사이버선거부정감시단원, 투표사무원·사전투표사무원·개표사무원, 참관인 기타 선거사무에 종사하는 자를 폭행·협박·유인 또는 불법으로 체포·감금하거나, 폭행이나 협박을 가하여 투표소·개표소 또는 선관위 사무소(재외선거사무를 수행하는 공관과 그 분관 및 출장소의 사무소를 포함)를 소요·교란행위이다(법§244①). 여기서 '선거사무에 종사하는 자'는 본래부터 선거사무를 담당하지 않는 자라도 선관위의 협조요구(법§5)에 따라 이러한 업무를 담당하는 자뿐만 아니라, '각급 선관위가 자체규정에 의하여 위촉한 자로서 당해 선관위의 지휘·감독하에 선거법상의 선거사무에 종사하는 자[2]'도 포함한다. 폭행·협박 등의 행위는 제237조 제1항의 선거운동의 자유방해죄에서 설명한 바와 같다. '선거사무를 집행하고 있거나 집행 중으로 볼 수 있는 경우의 선거사무종사자'에 대한 폭행 등의 행위에 대해서 본조를 적용할 수 있을 뿐이고,[3] 그렇지 않은 경우, 예컨대 사무(私務)에 있는 선관위 직원을 폭행하더라도 본조를 적용할 수 없다.

그리고 '투표소'(投票所)는 선거법 제147조에 따라 투표구마다 학교, 관공서, 주민회관 등에 설치되는 투표를 위한 장소이다. 이에는 동법 제148조에 따라 설치되는 사전투표를 위한 장소인 '사전투표소'도 포함되며, 제149조 제3항에 따라 설치되는 투표소의 일종으로, 병원이나 구치소 등에 거주하는 선거인의 거소투표를 위한 장소인 '기표소'(記票所)도 포함된다. '개표소'(開票所)는 선

---

2 대법원 2002. 4. 26. 선고 2001도4516 판결.

3 대검찰청, 앞의 책, 274면 참조.

거법 제173조에 따라 구·시·군선관위가 관할구역 등에 개표를 위하여 설치되는 장소이다. 선관위 사무소는 각급 선관위의 직무를 위한 장소로, 선거법 개정으로 재외선거사무를 수행하는 공관과 그 분관 및 출장소의 사무소가 포함된다. 이 투표소, 기표소, 개표소, 선관위 사무소는 선거사무가 진행 중이거나 진행 중으로 볼 수 있는 경우에만 본조의 객체가 된다고 본다. 예컨대 선거가 시행되지 않아 선거사무가 진행되지 않은 선거사무소에 있는 선관위 직원을 폭행하더라도, 본죄는 성립하지 않는다. 또한, '소요'(騷擾)는 일정장소에서의 폭력적인 질서문란행위를 말하고, '교란'(攪亂)은 특정구역 내의 평온을 해치는 위계와 위력을 말한다.[4] 동조 제1항은 소요와 교란의 수단으로 폭행과 협박을 기술하고 있으므로, 여기서의 폭행은 선거사무에 종사하는 자의 '신체'에 대한 유형력을 행사하는 협의의 폭행이 아니라, 그 자에 대한 직접적이거나 간접적인 유형력 행사를 말한다.[5] 이와 관련하여 판례는 "국회의원 입후보자가 개표진행상황을 참관하여 위법사항이 있을 시는 이의를 제기하여 그 시정을 구하는 것은 국회의원 입후보자로서의 당연한 권리라 하겠으나 잘못된 개표에 관한 입후보자의 이의를 선관위가 받아들여 해당표에 대한 무효선언을 한 후 개표를 진행하였는데도 불구하고 입후보자가 이의서를 개표록에 첨부하여 주지 않는다는 이유만으로 개표장 마루바닥에 침구를 깔고 누워 농성을 하고 자신의 선거운동원들을 동원하여 개표함의 봉인 등 업무를 방해하였음은 사회상규에 반하여 정당행위에 해당한다 할 수 없다"고 판시하여 본죄에 해당한다고 판시한 바 있다.

나아가, 은닉, 훼손, 탈취는 이미 살펴본 바와 같고, '손괴'(損壞)는 그 물질

4 대검찰청, 앞의 책, 358면.

5 이와 관련하여 통합선거법에 의하여 폐지된 구 「국회의원선거법」 제171조(「대통령선거법」 제154조도 동일)는 "선관위의 위원이나 직원 또는 그 선거사무에 관계있는 공무원을 폭행·협박하거나 투표소 또는 개표소를 교란하거나 투표용지·투표지·선거인명부 기타 선거에 관한 서류 또는 인장을 억류·훼손 또는 탈취한 자는 7년 이하의 징역이나 금고 또는 300만 원 이상 700만 원 이하의 벌금에 처한다"고 하여, 교란의 수단을 명시하고 있지 않고 있음에 반하여, 본죄의 경우에는 교란과 소요의 수단을 폭행·협박으로 명시하고 있고, 법문의 구조상 그 폭행·협박도 선거사무에 종사하는 자에 대한 폭행·협박으로 해석되도록 되어 있다. 이와 관련하여, 대검찰청은(앞의 책, 358면)에서는 소요와 교란의 수단의 방법에는 폭행이나 협박에 한정되지 않고 방법의 제한이 없다고 해석하고 있으나, 위와 같은 점에 비추어 볼 때, 이러한 해석은 의문이다.

적인 파괴행위로 인하여 선거인명부 등을 본래의 목적에 공할 수 없는 상태로 만드는 경우뿐만 아니라 일시적으로 선거인명부 등의 구체적 역할을 할 수 없는 상태로 만드는 것도 효용을 해하는 경우에 해당한다.[6]

ii) 투표용지·투표지·투표보조용구·전산조직 등 선거관리 및 단속사무와 관련한 시설·설비·장비·서류·인장 또는 선거인명부(거소·선상투표신고인명부를 포함)를 은닉·손괴·훼손 또는 탈취한 행위이다(법§244①).

여기서 '투표용지(投票用紙)'는 후보자의 기호·정당추천후보자의 소속정당명 및 성명이 표시된 것으로, 선거인이 투표의사를 표시하기 위하여 제작된 용지를 말하고(법§151①), '투표지(投票紙)'는 선거인이 실제로 투표를 행한 투표용지를 말한다(법§167③,§158의3 등 참조). 선거법 제243조가 '투표함의 투표지'에 대하여 규율하고 있는 점을 고려하면, 여기서의 투표지는 그 이외의 투표지로, 투표함에 투함되기 이전의 투표지나 투함된 후 다시 꺼내진 투표지를 말한다. '투표용구'(投票用具)는 투표에 쓰이기 위해 제작된 도구로 대표적으로 기표기구가 있다. '투표보조용구'(投票補助用具)는 시각장애인의 원활한 투표를 위하여 선거법 제151조, 선거규칙 제74조 제2항에 따라 제작된 도구를 말한다. '전산설비'(電算設備)는 개표나, 재외선거인명부 등에 사용되는 전산설비를 말한다(법178②,§218의8③).

그리고 '선거관리 관련한 시설이나 설비'는 선거사무에 사용되는 시설이나 설비로, 기표소 등을 말하고, '선거관리 관련한 서류'는 투표록(법§169), 개표록·집계록 및 선거록의 작성(법§185) 등 선거관리에 관한 기본적인 제반서류를 말한다. '선거관리 관련 인장'은 투표용지에 날인하기 위해 쓰이는 관할 구·시·군선관위의 청인(법§151④), 투표록(법§169)이나 개표록·집계록 및 선거록의 작성(법§185)에 쓰이는 인장 등 선거관리에 쓰이는 모든 인장을 말한다. 또한, 단속사무와 관련한 시설·설비·장비는 불법선거운동 단속에 사용되는 시설이나 설비 또는 장비를 말한다. 이와 관련하여 판례는 "선거법 제244조 제1항 소정의 '단속사무와 관련한 장비'라 함은 선거부정감시단원 등이 <u>불법선거운동의 단속사무에 사용하기 위하여 소지하고 있는 물건</u>을 뜻하고, 그 장

6 대법원 2006. 12. 22. 선고 2006도7219 판결(「형법」상 재물손괴죄에 대한 판례임) 참조.

비를 '탈취'한다고 함은 유형력을 행사하여 그 소지자의 의사에 반하여 그 장비를 자신의 지배 아래로 옮기는 행위를 뜻하며, 단속사무와 관련한 장비임을 알면서 이를 탈취하면 위 조항 소정의 죄가 성립하는 것이고, 단속사무와 관련한 장비의 탈취 당시 그 소지자가 단속업무를 수행 중인 상태에 있거나 탈취자에게 단속사무를 방해할 의사가 있어야만 위 죄가 성립하는 것은 아니다"고 판단한 바 있다(대법원 2007. 1. 25. 선고 2006도8588 판결).

(3) 벌 칙

1년 이상 10년 이하의 징역 또는 500만 원 이상 3천만 원 이하의 벌금에 처한다.

다. 당내경선시 선거사무관리관계자나 시설 등에 대한 폭행·교란죄 (법§244②)

(1) 의 의

당내경선을 선관위에 위탁하여 관리하게 할 수 있고(법§57의4), 이러한 선관위의 당내경선사무 위탁사무 수행을 위하여 「당내경선 위탁사무 관리규칙」이 「중앙선관위규칙」으로 제정되어 있다. 이처럼 본죄는 정당의 당내경선의 위탁관리시에 선거사무관리관계자나 시설 등에 대한 폭행·교란행위 등을 처벌하여 당내경선 및 선거의 공정성을 확보하기 위한 규정이다.

(2) 주 체

누구나 그 범죄의 주체가 될 수 있다.

(3) 행위태양

앞서 본 선거법 제244조 제1항의 행위이다(법§244②).

4. 다수인의 선거방해죄(법§246)

가. 의 의

본죄는 다수인이 집합하여 제243조(투표함 등에 관한 죄) 내지 제245조(투표소 등에서의 무기휴대죄)에 규정된 행위를 한 때에 이를 가중처벌하는 규정이다

(1항). 또 동조 제2항은 그러한 행위를 할 목적으로 집합한 다수인이 해산명령에 불응한 경우 이를 처벌하는 규정이다.

나. 다수인의 선거방해죄(법§246①)

(1) 행위태양

다수인이 집합하여 선거법 제243조(투표함 등에 관한 죄), 제244조(선거사무관리관계자나 시설 등에 대한 폭행·교란죄), 제245조(투표소 등에서의 무기휴대죄)에 규정된 행위를 하는 것이다(법§246①). 여기서 다수인은 한 지방에 있어서 공공의 평온을 해할 수 있을 정도의 폭행·협박·손괴를 해낼 만한 다수임을 요하지는 않으나 본죄가 가담정도를 구분하여 처벌하는 점에 비추어 주모자, 지휘·솔선행위자, 부화수행자 등으로 구분할 수 있을 정도로 다수로 해석함이 상당하다.[7] 또 '집합'(集合)은 다수인이 일정한 장소로 모이는 것을 말한다.

(2) 벌 칙

주모자는 3년 이상의 유기징역, 다른 사람을 지휘하거나 다른 사람에 앞장서서 행동한 자는 2년 이상 10년 이하의 징역, 부화하여 행동한 자는 5년 이하의 징역에 처한다.

다. 해산명령불응죄(법§246②)

(1) 주 체

제243조 내지 제245조에 규정된 행위를 할 목적으로 집합한 다수인이다.

(2) 행위태양

위 다수인이 관계공무원으로부터 3회 이상의 해산명령을 받았음에도 불구하고 해산하지 아니하는 행위이다(법§246②). 여기서 관계공무원은 「경찰관직무집행법」 제20조에 따라 해산명령을 발할 수 있는 경찰서장과 동법 제6조에 따라 제재를 할 수 있는 경찰관을 말한다. 다만, 선거법 제166조 제1항에 따른 투표관리관과 투표사무원은 여기에 포함되지 않는다고 본다.[8] '해산명

7 대검찰청, 앞의 책, 366면.

8 대검찰청(앞의 책, 367면)에서는 투표관리관, 투표사무원이 위 관계공무원에 포함된다고 해석하고 있으나, 제166조에서 정한 것은 범죄로 보기 어려운 소란 정도로 볼 것이라는 점, 동

령'(解散命令)은 다수인에게 군집한 장소에서 이동하여 흩어지라는 명령이다.

(3) 벌 칙

그 주도적 행위자는 5년 이하의 징역에 처하고, 기타의 자는 1년 이하의 징역 또는 200만 원 이하의 벌금에 처한다.

5. 사위등재·허위날인죄(법§247)

가. 의 의

본죄는 사위로 선거인명부에 등재되게 하거나 거소투표나 국외부재신고를 하게 하거나 재외선거인 등록신청 또는 변경등록신청을 하거나 투표목적으로 허위의 주민등록을 한 자 등을 처벌하여 선거사무의 공정성을 확보하여 선거의 공정성을 보장하기 위한 규정이다. 제2항의 죄는 선거사무에 종사하는 공무원 등이 고의로 선거권자를 등재하거나 허위의 사실을 기재하거나 하게 하는 행위를 처벌함으로써 선거사무 및 선거의 공정성을 확보하기 위한 규정이다.

나. 허위명부등재죄(법§247①)

(1) 주 체

누구나 본죄의 주체가 될 수 있다.

(2) 행위태양

사위(詐僞)의 방법으로 선거인명부(거소·선상투표신고인명부를 포함, 이하 같음)에 오르게 하는 행위이다(법§247①). '사위(詐僞)의 방법'은 '거짓의 방법으로'라는 의미이다. '선거인명부'(選擧人名簿)는 선거권자의 성명·주소·성별 및 생년월일이 기재된 선거사무관리서류이다(법§37②). '거소·선상투표신고인명부'는 구·시·군의 장이 거소투표신고 또는 선상투표신고가 있는 때에 해당 신고서의 신고사항을 확인한 후 정당한 거소투표신고 또는 선상투표신고인 경우에 선거인명부에 이를 표시하고 작성한 선거인명부를 말한다(법§38⑤). '사위

조 제1항 2문이 경찰관의 원조요구를 정하고 있다는 점을 고려하면, 위와 같은 해석은 의문이다.

(詐僞)의 방법으로 선거인명부에 오르게 하는 행위'는 거짓의 방법으로 해당 선거구의 선거인이 아님에도 그 선거인으로 등재하게 하는 행위이다. 예컨대, 이에는 위 선거인명부작성을 위한 전산처리장치에 해킹 등으로 침입하여 해당 선거구에 주민등록이 되어 있지 않음에도 주민등록이 된 것으로 가장하여 선거인명부에 오르게 하는 경우 등의 행위가 포함된다.

그리고 해당 선거구에 거주하고 있지 않음에도 거주하는 것으로 주민등록을 신고하는 '위장전입'(僞裝轉入)의 경우에 본조의 행위태양에 포섭되는지가 문제되는지 살펴본다. 선거법 제37조[9]에 따르면 선거인명부의 작성은 선거인의 신고에 따라 하는 것이 아니라 일정 기준일 현재 그 관할구역에 주민등록이 되어 있는 선거권자를 투표구별로 조사하여 하게 된다. 위장전입은 해당 선거구에 거주하고 있지 않음에도 거주하는 것으로 주민등록을 허위로 신고하는 경우이므로 본조의 허위의 방법으로 선거인명부에 등재한 경우에 일응 본죄의 행위에 포섭된다. 그런데, 이러한 위장전입과 관련해서는 선거법 제247조가 제1항 후단에서 별도로, '특정한 선거구에서 투표할 목적으로 선거인명부작성기준일 전 180일부터 선거인명부작성만료일까지 주민등록에 관한 허위의 신고를 한 자'를 처벌하도록 규정함으로써 기간을 설정하여 그 목적이 있는 경우만을 처벌하고 있다는 점, '투표목적이 없는 모든 위장전입'을 '선거범죄'로 법정책적으로도 바람직하다고 할 수 없다는 점을 고려하면, 위장전입에 의한 경우에는 기간과 투표목적 여부를 불문하고(다만 선거인명부작성기준일 전 180일부터 선거인명부작성만료일까지의 투표목적의 경우에는 아래의 허위신고죄에 해당할 것임), 허위선거인명부등재죄의 행위태양으로 포섭시키는 것은 어렵다고 본다.

---

9 선거를 실시하는 때마다 구(자치구가 아닌 구를 포함)·시(구가 설치되지 아니한 시를 말함)·군(이하 '구·시·군'이라 함)의 장은 대통령선거에서는 선거일 전 28일, 국회의원선거와 지방자치단체의 의회의원 및 장의 선거에서는 선거일 전 22일(이하 '선거인명부작성기준일'이라 함) 현재 제15조에 따라 그 관할 구역에 주민등록이 되어 있는 선거권자(지방자치단체의 의회의원 및 장의 선거의 경우 제15조 제2항 제3호에 따른 외국인을 포함하고, 제218조의13에 따라 확정된 재외선거인명부 또는 다른 구·시·군의 국외부재자신고인명부에 올라 있는 사람은 제외)를 투표구별로 조사하여 선거인명부작성기준일부터 5일 이내(이하 '선거인명부작성기간'이라 함)에 선거인명부를 작성해야 하고, 이 경우 제218조의13에 따라 확정된 국외부재자신고인명부에 올라 있는 사람은 선거인명부의 비고란에 그 사실을 표시해야 한다.

다. 허위신고죄(법§247①)

(1) 주 체

누구나 본죄의 주체가 될 수 있다.

(2) 행위태양

ⅰ) '거짓으로' 거소투표신고·선상투표신고 또는 국외부재자신고를 하거나 재외선거인 등록신청 또는 변경등록신청을 하는 행위이다(법§247①). '거소투표(居所投票)신고'는 선거인명부에 오를 자격이 있는 국내에 거주하는 사람으로서 법령에 따라 영내 또는 함정에 장기기거하는 군인이나 경찰 등 일정한 사람(법§38④[10])의 투표권 보장을 위하여 그 사유, 성명·성별 등에 관하여 하는 신고이다(법§38①,③). 또 '선상투표(船上投票)신고'는 대통령선거와 임기만료에 따른 국회의원선거에서 선거인명부에 오를 자격이 있는 사람으로서 일정한 선박[11]에 승선하고 있는 선원이 사전투표소 및 투표소에서 투표할 수 없는 경우에 그 사유, 성명·성별 등에 관하여 하는 신고이다(법§38②,③).

그리고 '국외부재자(國外不在者)신고'는 주민등록이 되어 있는 사람으로서[12] 외국에서 투표하려는 선거권자(지역구국회의원선거에서는 「주민등록법」 제6

---

10 1. 법령에 따라 영내 또는 함정에 장기기거하는 군인이나 경찰공무원 중 사전투표소 및 투표소에 가서 투표할 수 없을 정도로 멀리 떨어진 영내 또는 함정에 근무하는 자
2. 병원·요양소·수용소·교도소 또는 구치소에 기거하는 사람
3. 신체에 중대한 장애가 있어 거동할 수 없는 자
4. 사전투표소 및 투표소에 가기 어려운 멀리 떨어진 외딴 섬 중 선거규칙으로 정하는 섬에 거주하는 자
5. 사전투표소 및 투표소를 설치할 수 없는 지역에 장기기거하는 자로서 선거규칙으로 정하는 자
6. 제2항에 해당하는 선원

11 1. 다음 각 목의 어느 하나에 해당하는 선박으로서 대한민국 국민이 선장을 맡고 있는 「선박법」 제2조에 따른 대한민국 선박(대한민국국적취득조건부 나용선을 포함)
가. 「원양산업발전법」 제6조 제1항에 따라 해양수산부장관의 허가를 받아 원양어업에 사용되는 선박
나. 「해운법」 제4조 제1항에 따라 해양수산부장관의 면허를 받아 외항 여객운송사업에 사용되는 선박
다. 「해운법」 제24조 제2항에 따라 해양수산부장관에게 등록하여 외항 화물운송사업에 사용되는 선박
2. 「해운법」 제33조 제1항에 따라 해양수산부장관에게 등록하여 선박관리업을 경영하는 자가 관리하는 외국국적 선박 중 대한민국 국민이 선장을 맡고 있는 선박

12 1. 사전투표기간 개시일 전 출국하여 선거일 후에 귀국이 예정된 사람
2. 외국에 머물거나 거주하여 선거일까지 귀국하지 아니할 사람

조 제1항 제3호에 해당하는 사람과 같은 법 제19조 제4항에 따라 재외국민으로 등록·관리되는 사람은 제외)는 대통령선거와 임기만료에 따른 국회의원선거를 실시하는 때마다 선거일 전 150일부터 선거일 전 60일까지(이하 '국외부재자 신고기간'이라 함) 서면 또는 전자우편으로 관할 구·시·군의 장에게 성명, 주민등록번호, 주소 등에 관하여 하는 신고를 말한다(법§218의4①). 또한, '재외선거인등록신청신고'는 주민등록이 되어 있지 아니한 사람으로서 외국에서 투표하려는 선거권자는 대통령선거와 임기만료에 따른 비례대표국회의원선거를 실시하는 때마다 해당 선거의 선거일 전 60일까지(이하 '재외선거인 등록신청기간'이라 함) 다음 일정한 방법[13]으로 중앙선관위에 성명, 여권번호 등에 관하여 하는 등록신청을 말한다(법§218의5①).

ii) '특정한 선거구에서 투표할 목적'으로 선거인명부작성기준일 전 180일부터 선거인명부작성만료일까지 주민등록에 관한 허위의 신고를 하는 행위이다(법§247①). 여기서 특정한 선거구이므로 '투표할 목적이라 함'은 특정한 선거구에서 투표를 함으로써 그 선거구의 특정 후보자의 당선이나 그 후보자의 투표수를 증대시킬 목적이라는 의미이다. 따라서 대통령선거나 비례대표국회의원선거에서 출장 등으로 인하여 투표 장소의 편의를 도모할 목적은 여기에 해당하지 않는다고 본다. '주민등록에 관한 허위의 신고'는 실제로 거주하지 않음에도 거주하는 것으로 하는 위장전입의 신고를 비롯한 해당 선거구에서 투표 여부를 좌우할 수 있는 주민등록에 관한 거짓의 신고를 말한다.

라. 허위서명·무인죄(법§247①)

(1) 주 체

누구나 본죄의 주체가 될 수 있다.

13 1. 공관을 직접 방문하여 서면으로 신청하는 방법. 이 경우 대한민국 국민은 가족(본인의 배우자와 본인·배우자의 직계존비속을 말함)의 재외선거인 등록신청서를 대리하여 제출할 수 있으며, 대리하여 제출하는 사람은 자신의 여권사본을 함께 제출해야 한다.
2. 관할구역을 순회하는 공관에 근무하는 직원에게 직접 서면으로 신청하는 방법. 이 경우 제1호 후단을 준용한다.
3. 전자우편을 이용하여 신청하는 방법

(2) 행위태양

선거법 제157조 제1항[14]에 의하면, 선거인은 자신이 투표소에 가서 투표참관인의 참관하에 주민등록증(주민등록증이 없는 경우에는 관공서 또는 공공기관이 발행한 증명서로서 사진이 첩부되어 본인임을 확인할 수 있는 여권·운전면허증·공무원증 또는 선거규칙으로 정하는 신분증명서를 말함. 이하 '신분증명서'라 함)을 제시하고 본인임을 확인받은 후 선거인명부에 서명이나 날인 또는 무인하고 투표용지를 받아야 하는데, 이 경우에 있어서 허위의 서명이나 날인 또는 무인을 하는 행위이다(법§247①).

'허위의 서명이나 날인 또는 무인을 하는 행위'는 투표용지 수령권자 본인 또는 제3자가 투표용지를 수령하지 않았음에도 이를 수령한 것으로 서명 등을 하거나 투표용지 수령권자 본인이 아닌 제3자가 투표용지를 수령한 후 서명 등을 하는 행위이다. 투표용지 수령권자가 자기의 서명이나 날인 또는 무인이 아닌 타인 또는 허무인(虛無人)의 서명이나 날인 또는 무인을 하는 행위도 포함된다고 본다. 본죄가 '허위**로**' 서명이나 날인 또는 무인을 하는 행위로 규정된 것이 아니라, '허위**의**' 서명 등으로 규정되어 있기 때문에, 그러한 경우도 포함된다고 본다.

마. 선거인명부불실기재죄(법§247②)

(1) 주 체

선관위의 위원·직원, 선거사무에 종사하는 공무원 또는 선거인명부작성에 관계있는 자이다(법§247②). 선거인명부작성에 관계있는 자는 선거법 제5조에 따라 선관위의 협조요구에 따르거나 선관위의 위촉 등으로 선거인명부작성을 사무로 처리하는 자로서, 공무원인지를 불문한다.

(2) 행위태양

고의로 선거권자를 기재하지 아니하거나 허위의 사실을 기재하거나 하게

14 선거인은 자신이 투표소에 가서 투표참관인의 참관하에 주민등록증(주민등록증이 없는 경우에는 관공서 또는 공공기관이 발행한 증명서로서 사진이 첩부되어 본인임을 확인할 수 있는 여권·운전면허증·공무원증 또는 선거규칙으로 정하는 신분증명서를 말함. 이하 '신분증명서'라 함)을 제시하고 본인임을 확인받은 후 선거인명부에 서명이나 날인 또는 무인하고 투표용지를 받아야 한다.

하는 행위이다(법§247②). '고의로 선거권자를 기재하지 않은 행위'는 선거일 현재 선거연령에 도달하여 선거권이 있음에도 고의로 선거권자로 등재하지 않거나, 선거일 현재 선거연령에 도달하여 선거권이 있고 해당 선거구에 주민등록 등이 되어 있음에도 해당 선거구의 선거인으로 등재하지 않는 행위를 말한다. '고의로 허위의 사실을 기재하는 행위'는 선거일 현재 선거연령에 도달하지 않아 선거권이 없음에도 고의로 선거권자로 등재하거나, 선거일 현재 선거연령에 도달하지 않아 선거권이 없고 해당 선거구에 주민등록 등이 되어 있지 않음에도 해당 선거구의 선거인으로 등재하는 행위와, 선거인명부(법§37①), 거소·선상투표신고인명부(법§38⑤), 재외신고인명부(법§218의8①), 국외부재자신고인명부(법§218의9①) 등에 있어서 성명이나 주민등록번호 등에 관하여 허위로 기재하는 경우를 말한다. 이러한 행위를 제3자로 하여금 하게 하는 행위도 포함된다.

바. 처 벌

위 허위명부등재죄, 허위신고죄 및 허위서명·무인죄에 해당하는 사람은 3년 이하의 징역 또는 500만 원 이하의 벌금에 처한다. 위 선거인명부불실기재죄에 해당하는 사람은 5년 이하의 징역 또는 1천만 원 이하의 벌금에 처한다.

6. 사위투표죄(법§248)

가. 의 의

본죄는 성명을 사칭하거나 신분증명서를 위조·변조하여 사용하거나 기타 사위의 방법으로 투표하거나 하게 하거나 또는 투표를 하려고 한 자를 처벌함으로써 투표사무 및 선거의 공정성을 확보하기 위한 규정이다.

나. 사위투표죄(법§ 248①)

(1) 주 체

누구라도 본죄의 주체가 될 수 있다.

(2) 행위태양

성명을 사칭하거나 신분증명서를 위조·변조하여 사용하거나 기타 사위의 방법으로 투표하거나 하게 하거나 또는 투표를 하려고 하는 행위이다(법 §248①). 성명을 사칭(詐稱)하는 것은 투표권을 행사하려는 자가 투표를 함에 있어서 제3자나 허무인의 성명을 대거나 하여 자신을 제3자나 허무인으로 속이는 행위를 말한다. '신분증명서의 위조'(僞造)는 신분증명서의 작성권한 없는 자가 그 작성권자의 명의를 도용하여 신분증명서를 작성하는 것을 말하고, '신분증명서의 변조'(變造)는 권한 없이 이미 진정하게 성립한 신분증명서의 내용에 그 동일성을 해하지 않을 정도로 변경을 가하는 것을 말한다.[15] 또한 '사위(詐僞)의 방법'은 투표권 행사에 있어서 투표사무를 담당하는 공무원 등을 속이는 일체의 행위를 말한다. 또한 투표를 하게 한다는 것은 타인을 교사하여 투표하게 하는 행위를 말하고, 투표하려고 하는 행위는 투표를 마치지 않았으나 투표에 착수하여 이를 시도한 행위를 말하다.

이와 관련하여 판례는 피고인이 군수선거에 단독으로 출마한 후보자에 대한 지지율을 높이기 위하여 투표구위원장, 부위원장, 참관인 등에게 지역발전을 위하여는 투표율을 높여야 한다면서 투표에 참가하지 않은 선거인들의 명의를 도용하여 대리로 투표하고자 제의하고 이에 나머지 피고인들이 승낙하여 대리투표를 한 행위는 공모에 의한 사위투표죄에 해당된다고 하였다(대법원 1999. 4. 23. 선고 99도28 판결). 시각장애인의 의사에 반하여 다른 후보자에게 투표한 경우(대전지방법원 서산지원 1995. 8. 31. 선고 95고합52 판결), 마을 이장이 거소투표자를 대신하여 기표하면서 특정 후보에게 기표할 것을 권유한 후 위 투표자가 명시적인 반대의사를 표시하지 않자 직접 위 후보에게 기표한 행위[16]도 사위투표죄가 성립한다고 판단하였다(대구지방법원 2006. 11. 22. 선고 2006고합721 판결).

---

15 이재상, 『형법각론』, 541·544면.

16 판례는 "피고인의 행위는 선거인이 아닌 사람이 기표행위에 도움을 준다는 이유로 투표행위에 실질적으로 개입한 것이므로, 선거법 제248조에 규정된 '기타 사위의 방법으로 투표하거나 투표하게 한 행위'로 인정된다"고 하였으나, 이는 의문이다. 본죄가 제3자가 투표행위에 실질적으로 개입하는 행위를 처벌하려는 것으로 볼 수 없을 뿐만 아니라, 위와 같은 경우를 사위라고 할 수도 없다. 왜냐하면 그 투표행위에 투표권자가 동의했다고 볼 여지가 충분하기 때문이다.

(3) 처 벌

5년 이하의 징역 또는 1천만 원 이하의 벌금에 처한다.

다. 선계사무에 관계있는 공무원 등의 사위투표죄(법§248②)

(1) 주 체

선관위의 위원·직원 또는 선거사무에 관계있는 공무원(투표사무원·사전투표사무원 및 개표사무원을 포함)이다(법§248②).

(2) 행위태양

선거법 제248조 제1항상 행위를 하거나 하게 하는 행위이다(법§248②).

(3) 벌 칙

7년 이하의 징역에 처한다.

7. 투표위조 또는 증감죄(법§249)

가. 의 의

본죄는 투표를 위조하거나 투표수를 증감하는 행위를 처벌함으로써 투표사무 및 선거의 공정성을 확보하기 위한 규정이다.

나. 투표위조 또는 증감죄(법§249①)

(1) 주 체

누구라도 본죄의 주체가 될 수 있다.

(2) 행위태양

투표를 위조하거나 투표수를 증감하는 행위이다(법§249①). '투표를 위조(僞造)하는 것'은 투표용지를 위조하여 투표하는 것, 모종의 방법으로 투표용지를 입수하여 여기에 기표하여 투표하는 것, 갑 후보자에게 한 투표를 을 후보자에게 한 것으로 고치거나, 유효표투표를 무효투표로 만들거나 또는 그 반대의 경우이다.[17] 투표수를 증감하는 행위는 어느 후보자나 정당에 대한 투표

17 대검찰청, 앞의 책, 386면.

수를 증대(增大)시키거나 감소(減少)시키는 일체의 행위를 말한다. 이에는 투표의 계산·분배에 관한 부정행위, 예컨대 무효표를 유효표로 하거나 유효표를 무효표로 하는 경우도 포함한다.[18]

(3) 처 벌

1년 이상 7년 이하의 징역에 처한다.

다. 선거사무 관계있는 공무원 등의 투표위조 또는 증감죄(법§249②)

(1) 주 체

선관위의 위원·직원 또는 선거사무에 관계있는 공무원(투표사무원·사전투표사무원 및 개표사무원을 포함)이나 종사원이다(법§249②).

(2) 행위태양

위와 같은 투표위조 또는 증감행위이다(법§249②).

(3) 처 벌

3년 이상 10년 이하의 징역에 처한다.

18 대검찰청, 앞의 책, 387면.

제 5 장 허위사실공표와 후보자비방 등에 대한 벌칙

The Public Official Election Act

Ⅰ. 의의와 개관

1. 의 의

선거는 서문에서 말한 바와 같이 전쟁이다. 선거가 무력과 전쟁에 의한 권력의 획득이 합법적인 틀로서 제도화된 것이라는 점에서 그 총이나 칼 대신, 언어가 무기로 쓰인다는 점에서 기존 무력에 의한 권력쟁취와 구분될 뿐이다. 선거에서 비방이나 허위사실 적시 등 언어가 총이나 칼이 되어 상대방 후보자를 겨냥하는 무기로, 자신의 당선을 위한 병기로 쓰이게 된다. 이러한 언어의 사용을 규제하는 조항이 허위사실공표죄와 후보자비방죄의 규정이다. 선거에서 후보자나 선거사무관계자에게 가장 중요한 범죄는 당연 이들 범죄이다. 따라서 이들 범죄에 대해서는 특별히 자세하게 기술하기로 한다.

2. 개 관

허위사실공표죄와 후보자비방죄 등에 대한 벌칙을 개관하면 [그림 5-1]과 같다.

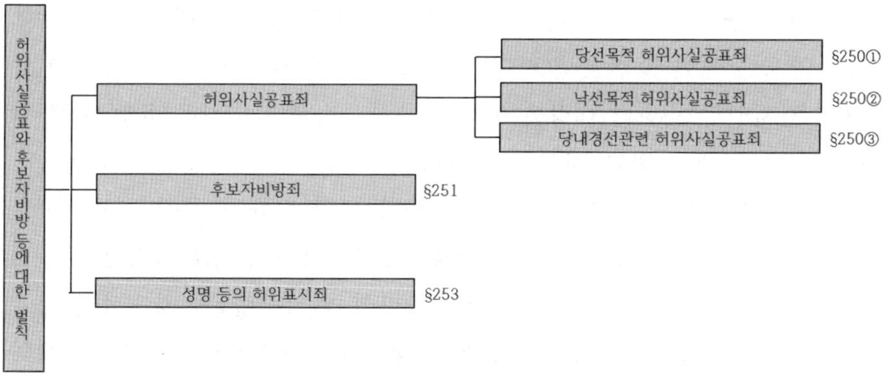

[그림 5-1] 허위사실공표와 후보자비방 등에 대한 벌칙

Ⅱ. 허위사실공표죄 및 후보자비방죄의 총설[1](허위사실의 의미 등)

1. 사실진술과 의견의 개념

'사실(事實)의 진술'은 일정하거나 특정한 사항에 관한 구체화된 진술로 문제되는 표현의 존부(存否) 등 진위(眞僞) 여부가 증명대상으로서 증명될 수 있는 진술을 말한다.[2][3][4] 여기서 진위 여부는 진실인지 아니면 허위인지 하는 것으로, 또 진실은 역사적으로 존재했거나 존재하고 있는 상태나 객관적으로

1 이 부분은 오윤식, "공직선거법상 허위사실공표죄 등에서 사실진술과 의견의 구별, 그리고 허위성의 증명", 사법 제33호(2015. 9), 201면 이하를 본고에 맞게 수정하고 또 내용을 보강하였다.

2 '사실 자체'는 일정하거나 특정한 사항에 관한 것으로 존부(存否) 등 진위(眞僞) 여부가 증명대상으로서 증명될 수 있는 것을 말한다. 허위사실공표죄과 후보자비방죄나 명예훼손죄 등에서 문제되는 것은 사실 자체가 아니라 인간의 사실에 관한 표현인 사실의 진술이다. 이에 비하여 '의견(意見) 자체'는 인간의 외부화된 진술 자체가 내포된 용어이므로, 의견표명이라고 하지 않더라도 의견에는 그 표명을 함축하는 것이다. 그러므로 '사실과 의견의 구별'이라기보다 더욱 적절한 것으로 판단되는 '사실진술과 의견의 구별'이라는 용어를 사용하는 것이다.

3 「언론중재 및 피해구제 등에 관한 법률」 제2조 제14호는 "'사실적 주장'이란 증거에 의하여 그 존재 여부를 판단할 수 있는 사실관계에 관한 주장을 말한다"고 규정하고 있다.

4 박용상 변호사에 의하면, 사실의 진술은 사실관계 자체의 전달을 의미하며, 그 내용이 인식과 현실 간의 일치 여부로서 진위인가 허위인가(wahr oder unwahr)가 문제되는 경우라고 한다[박용상, 『명예훼손법』, 현암사(2008), 79].

확인되는 상태[5]를, 허위[6]는 그러한 진실에 부합하지 않은 상태[7]를 의미한다. 그러므로 미래에 관한 표현은 그것이 표현행위 당시 기준으로 예측이나 예상의 대상은 될지언정 증명의 대상은 아니어서 사실진술의 대상은 표현 시점 기준으로 과거나 현재에 관한 것이어야 한다. 다만, 장래의 일을 적시하더라도 그것이 과거 또는 현재의 사실을 기초로 하거나 이에 대한 주장을 포함하는 경우에는 그와 같이 기초로 되거나 주장된 사실이 문제된다.[8] 이러한 사실진술과 관련하여 판례는 "선거법 제250조 제2항의 허위사실공표죄에서 말하는 '사실의 공표' 및 같은 법 제251조 본문의 후보자비방죄에서 말하는 '사실의 적시'란 모두 가치판단이나 평가를 내용으로 하는 의견표현에 대치되는 개념으로서 시간과 공간적으로 구체적인 과거 또는 현재의 사실관계에 관한 보고 내지 진술을 의미하는 것이며 그 표현내용이 증거에 의한 입증이 가능한 것"이라고 판시한 바 있다.[9]

그런데 사실에 관한 진술도 그 존부(存否) 등 진위(眞僞) 여부에 대한 증명이 가능할 수 있는 요소만을 포함하는 것이 아니라 때로는 그 사실의 진술이 일정한 가치판단이 고도로 압축되어 담겨 있거나 내포된 경우가 있다. 예컨대 '갑은 사람이다'라는 진술에서 동물에 반대되는, '지구상에서 가장 지능이 발달한 것으로서의 사람'은 순수하게 사실적 요소만을 포함한 것으로 볼 수 있지만, 죽은 시체(屍體)에 반대되는 의미에서 '살아 있는 생명체라는 의미로서

5 '역사적으로 존재했거나 존재하고 있는 상태'는 주로 어떤 '사건성 사항'에 관한 것이고, '객관적으로 확인되는 상태'는 '지구가 화성보다 태양에서 가까운 거리에서 공전한다'와 같이 주로 과학적 사항에 관한 것이다. 허위사실공표죄와 후보자비방죄나 명예훼손죄 등에서 주로 문제되는 것은 전자일 것이다.

6 헌법재판소는 "공익을 해할 목적으로 전기통신설비에 의하여 공연히 허위의 통신을 한 자는 5년 이하의 징역 또는 5천만 원 이하의 벌금에 처한다"는 「전기통신기본법」 제47조 제1항이 명확성의 원칙에 반하는지 등과 관련하여 판단하면서, "'허위'란 일반적으로 '바르지 못한 것', 또는 '참이 아닌 것'을 말하고, 그 안에는 내용의 거짓이나 형식의 오류가 모두 포함될 수 있"다고 판시한 바 있다(헌재 2010. 12. 28. 2008헌바157 등).

7 대법원 2006. 4. 14. 선고 2004도207 판결 등은 "적시된 사실이 객관적으로 진실에 부합하지 아니하여 허위일 뿐만 아니라"고 하여 '객관적 진실'이라는 표현을 사용한다.

8 대법원 2003. 5. 13. 선고 2002도7420 판결 참조. 이 판례는 "장래의 일을 적시하는 것이 과거 또는 현재의 사실을 기초로 하거나 이에 대한 주장을 포함하는지 여부는 그 적시된 표현 자체는 물론 전체적인 취지나 내용, 적시에 이르게 된 경위 및 전후 상황, 기타 제반 사정을 종합적으로 참작하여 판단하여야 한다"고 판시하였다.

9 대법원 2007. 3. 15. 선고 2006도8368 판결.

의 사람'은 생사(生死)라는 가치판단적 요소를 포함하고 있는 것이다. 이러한 점은 '뇌사한 갑은 사람이다'라는 진술을 보면 더욱 두드러지는데, 뇌사한 갑이 사람인지는 법률적 평가[10]를 포함하고 있고, 이 경우 그 진술이 의견인지, 사실진술인지 애매한 영역으로 들어서는 것이다. '을은 범야권단일후보다[11]'의 경우도 마찬가지이다. 을이 범야권단일후보인지는 증명대상이 되는 사실진술의 범주에 포함되지만, 범야권단일후보와 관련해서 보면, 어디까지가 야권인지(즉 원내 정당만을 말하는지, 원외 정당을 포함하는지, 나아가 정당만을 말하는지 시민단체 등 사회단체까지 포함하는지 여부), 어떤 경우에 단일후보라 칭할 수 있는지, 즉 그에 관한 합의가 이뤄진 경우만을 말하는지, 아니면 합의가 이뤄지지 않았지만, 지지만을 받는 경우나 지지나 합의가 섞여 있는 경우도 포함하는지 등의 고도의 가치판단을 담고 있는 것이다.

이에 비하여 의견(意見)은 불특정하거나 일정한 사항에 대한 가치판단 내지 평가에 관한 진술을 말하고, 이는 진위에 관한 문제로 증명의 대상이 되는 것이 아니라 당부(當否; 옳고 그름)나 선악(善惡; 좋고 나쁨) 또는 미추(美醜; 아름답고 추함) 등으로 타인이나 사회의 평가대상이 된다.[12] 따라서 의견은 기본적으로 증명의 대상이 될 수 없다. 다만, 앞서 본 바와 같이 사실진술이 일정한 평가적 요소를 포함할 수 있는 것처럼, 이러한 의견 중에는 순수하게 가치판단만을 진술하는 경우 이외에도, 표현된 의견 속에 일정한 사실진술이 암시되거나 내포된 경우가 있다. 후자의 경우에는 일정한 사실진술이 명시적으로 표현된 경우와 묵시적 또는 암시적으로 일정한 사실진술이 표현된 경우가 있을 수 있다.

2. 사실진술과 의견의 종류

헌법상 표현의 자유로서 보호받는 표현 내용은 인간의 정신작용에 의해

---

10 사람의 종기(終期)를 어디로 볼 것인지 하는 이른바 뇌사설과 심장설의 대립.

11 이에 관한 판례는 후술한다.

12 박용상 변호사에 의하면, 의견표현은 가치척도에 따른 판단의 표현이며, 존재하는 사실관계에 대한 평가로서 옳고 그름(richtig oder falsch)이 문제된다고 한다(박용상, 『명예훼손법』, 79면).

인식될 수 있는 모든 종류의 정보를 포괄하지만, 그 내용은 크게 보아 '의견의 진술'과 '사실의 진술'라는 2대 요소로 구분된다.[13] 이처럼 사실을 나타내거나 의견을 진술하는 것은 표현행위를 이룬다. 이 표현행위에는 표현대상자의 사회적 가치 또는 평가를 떨어뜨리거나, 역으로 사회적 가치나 평가를 올리거나 증대시키는 표현행위가 있을 수 있는데, 전자는 부정적 표현행위로 칭할 수 있고, 후자는 긍정적 표현행위로 칭할 수 있다. 사람의 사회적 평가를 저하시키는 표현행위와 사회적 가치나 평가를 올리거나 증대시키는 표현행위는 의견표명이나 사실적시의 형태 또는 양자의 혼합 형태로 이루어지게 된다.

민형사상 문제되는 명예훼손의 경우 문제가 되는 표현행위는 표현대상자의 사회적 가치 또는 평가를 떨어뜨리는 경우이지만, 당선목적 허위사실공표죄에서는 사회적 가치 또는 평가를 올리거나 증대시키는 표현행위가, 낙선목적 허위사실공표죄에서는 사회적 가치 또는 평가를 떨어뜨리는 표현행위가 각각 문제된다.

3. 의견과 사실진술의 구별

가. 구별의 어려움과 그 필요성

사실의 전달은 절대적인 객관성이 없기 때문에 주관적으로 채색되며, 따라서 가치평가와 결부되기 마련이고, 가치평가 역시 진실하지 않거나 평가에 따라서는 달리 묘사될 수 있는 사실을 전제로 하기 때문에 혼란을 가중시키고, 이렇게 사실진술과 가치판단으로서의 의견표명은 서로 중복될 수 있고 융합되어 있기 때문에 그 양자 간의 경계는 유동적인 것이다.[14] 이처럼 사실은 평가적 요소를 포함하고, 의견은 일정한 사실을 전제로 하거나 일정 사실과 밀접한 관련하에서 표현되기에 양자는 수렴되기도 하는 것이다. 이러한 특성으로 인하여 헌법재판소가 판시한 바[15]와 같이 그 구별하는 것은 상당한 어려

13 박용상, 『명예훼손법』, 78~79면 참조.
14 박용상, 『명예훼손법』, 102~103면 참조.
15 "'허위사실'이라는 것은 언제나 명백한 관념은 아니다. 어떠한 표현에서 '의견'과 '사실'을 구별해내는 것은 매우 어렵고, 객관적인 '진실'과 '거짓'을 구별하는 것 역시 어려우며, 현재는 거짓인 것으로 인식되지만 시간이 지난 후에 그 판단이 뒤바뀌는 경우도 있을 수 있다. 이에

움이 따를 수밖에 없다.

그럼에도 불구하고, 선거법상 허위사실공표죄나 후보자비방죄 또는 「형법」상 명예훼손죄처럼 범죄구성요건이 사실의 적시나 공표를 구성요건으로 하고 의견표명을 제외하는 경우가 있어, 사실진술과 의견을 구별해야만 한다. 또 「언론중재법」상 정정보도청구권 및 반론보도청구권은 '사실적 주장'에 대해서만 인정되고 논평 등 의견성 보도에 대해서는 인정되지 아니하므로,[16] 그 구별의 필요성이 있다(동법§14,§16). 또한, 가치판단(의견)의 경우, 발언자의 주관적 견해에 대하여 상대방이 거리를 두고 나름대로 의견을 형성하거나 자신의 의견을 유지하는 것이 용이하지만, 이와 달리 사실주장은 객관적 진실의 형태를 취하여 사실에 근거한 특별한 설득력과 증명력의 지지를 받기 때문에, 상대방이 그에 거리를 두고 독자적으로 판단하는 것이 용이하지 않으며, 발언자보다 정확한 정보를 가지고 있지 않는 한, 발언을 그대로 받아들이는 상황에 처하게 된다고 한다.[17] 이러한 점으로 인해 의견보다는 사실진술에 의해서 법익 침해의 가능성이 크기 때문에 그만큼 사실주장의 경우에는 의견표명보다 그 표현이 덜 보호받게 된다는 것이다. 보다 근본적으로는, 헌법상 표현의 자유는 의견표명의 자유를 본질적인 내용으로 하므로, 의견표명은 그러한 표현의 자유에 의해 사실적시보다 더 두텁게 보호되기 때문에 이러한 점에서도 역시 사실적시와 의견표명의 구별의 필요성이 있게 된다.

나. 의견과 사실진술의 구별기준

(1) 미국의 경우

(가) 제2차 리스테이트먼트 기준

제2차 리스테이트먼트[18]는 의견의 형식을 갖추고 있는 어떠한 진술이 명

따라 '허위사실의 표현'임을 판단하는 과정에는 여러 가지 난제가 뒤따른다"(헌재 2010. 12. 28. 2008헌바157 등).

16 반론보도청구권에 대하여는 대법원 2006. 2. 10. 선고 2002다49040 판결 등, 정정보도청구권에 대하여는 대법원 2011. 9. 2. 선고 2009다52649 전원합의체 판결 등 참조.

17 한수웅, "표현의 자유와 명예의 보호; 한국, 독일과 미국에서의 명예훼손 법리에 관한 헌법적 고찰과 비판을 겸하여", 저스티스 제84호(2005. 4), 33면.

18 제2차 리스테이트먼트 기준에 대한 자세한 내용은 신평, 한국의 언론법, 높이깊이(2015), 457~461면 참조.

예훼손으로 제소될 수 있는 것인지를 판단함에 있어서, 단 한 가지의 심사방법을 사용하고 있는데, 이는 '어떤 의견이, 드러내지 않은 명예훼손적 사실의 주장을 그 의견의 근거로서 암시하고 있는가'하는 것이다.[19] 순수의견이란 그 진술을 하는 자가 이미 발언한 사실에 기초를 두거나 혹은 상대방이 알고 있는 사실에 기초를 두고 진술하는 의견이다. 이에 반하여 혼합의견은 의견의 전제사실이 드러나지 않으며, 다만 그 의견의 전제가 된 숨겨진 명예훼손적 사실의 존재가 암시되고 있는 경우이다.[20] 전자는 명예훼손소송의 대상이 되지 않지만, 후자는 명예훼손소송의 대상이 된다고 한다.

(나) 판　례

위와 같은 순수의견과 혼합의견의 구별기준으로 완전한 해결이 되는 것은 아니어서 사실진술과 의견의 구별을 위한 구체적인 고려 요소들을 열거하고 이들을 분석하여 판단하는 전체적 상황 접근법('totality of the circumstances' approach)이 제기되기도 하였다.[21] 즉, 미국 콜럼비아 특별구 연방항소법원은 1984년 12월 6일에 선고한 Ollman v. Evans 판결[22]에서 Starr 판사가 집필한 법정의견을 통하여, 의견표명과 사실진술을 구별하기 위한 기준으로 전체적 상황 접근법[23]을 제시하면서, 그 하위기준으로 ⅰ) 표현된 진술 자체의 특정한

---

19 전원열, "명예훼손 불법행위에 있어서 위법성요건의 재구성", 서울대학교대학원 법학박사학위논문(2001), 224.

20 김경환, "의견에 의한 명예훼손(1)", 『언론관계소송』, 사법행정학회(2007), 210면 참조.

21 김경환, 앞의 논문, 211면 참조.

22 750 F. 2d 970(D. C. Cir, 1984). 본 판결서 전문은 아래 URL 참조(최종검색일: 2015. 5. 2). http://openjurist.org/750/f2d/970/ollman-v-evans

23 The degree to which such kinds of statements have real factual content can, of course, vary greatly. We believe, in consequence, that courts should analyze the totality of the circumstances in which the statements are made to decide whether they merit the absolute First Amendment protection enjoyed by opinion. To evaluate the totality of the circumstances of an allegedly defamatory statement, we will consider four factors in assessing whether the average reader would view the statement as fact or, conversely, opinion. While necessarily imperfect, these factors will, we are persuaded, assist in discerning as systematically as possible what constitutes an assertion of fact and what is, in contrast, an expression of opinion(물론, 이런 종류의 진술에 실제 사실적 내용이 포함된 정도는 매우 다양하다. 따라서 법원이 그 진술이 의견으로서 누리는 수정헌법 제1조상 절대적 보호를 받을 가치가 있는지 여부를 결정하기 위해서는 전제적 상황을 분석해야 한다고 본다. 명예훼손이라고 지목된 진술에 대한 전체적 상황을 평가하기 위해서는 네 가지 판단요소를 고려해야 하고, 이를 통하여 평균적인 표현수용자가 해당 진술을 사실진술로 보는지, 반대로 의견으로 보는지 하는 것을 확인하는 것이다. 이 판단요소들이, 반드시 완전하지는 않을지라

언어의 통상적인 용법 또는 의미(the common usage or meaning of the specific language of the challenged statement itself), ii) 진술의 증명가능성(the statement's verifiability), iii) 진술의 전체적 문맥(the full context of the statement), iv) 진술이 이뤄진 더 넓은 맥락 또는 배경(the broader context or setting in which the statement appears)을 제시한 바 있다.

위 i) 판단요소는, 명예훼손이라고 지목된 문구 자체의 통상적인 용법 또는 의미를 분석하는 것인데, 이 하위 분석에서, 명예훼손이라고 지목된 진술이 명확한 의미를 가지는지 여부, 이로 인해 분명한 사실적 암시를 불러일으키는지 여부의 결정을 시도하는 것이다.[24] 사실적 암시를 불러일으키도록 잘 정의된 의미가 있는 진술의 전형적인 예로 범죄행위에 대한 진술(accusation of a crime)이 있다.[25] 반면, '파시스트'(fascists)나 '어느 기자가 엉성하고도 무책임하게 보도를 했다'(a reporter had engaged in 'sloppy and irresponsible reporting') 라는 진술과 같이, 느슨하게 정의될 수 있거나 다의적으로 해석될 수 있는 진술(statements that are 'loosely definable' or 'variously interpretable')은 사실적 암시를 불러일으키기에 충분하지 않은 진술이다. ii) 판단요소는, 그 진술이 증명가능한 정도를 고려하는 것이고, 이는 진술이 객관적으로 본증 또는 반증에 의해 증명될 수 있는지 여부를 고려하는 것이다.[26] 이는 해당 진술에 대하여 증명가능성이라는 그럴듯한 수단이 없는 이상, 표현수용자[27](表現受容者)는 그 진술이 구체적인 사실적 내용을 갖는 것으로 생각하지 않기 때문이다. iii) 판단요소는 그 진술이 나타난 전후문맥을 점검하는 것이고, 이는 표현수용자의

도, 사실의 주장인지 반대로 의견표명인지를 가능한 한 체계적으로 구별함에 있어서 도움을 준다는 것에 우리는 동의하지 않을 수 없다).

24 The first factor of our inquiry is to analyze the common usage or meaning of the alleg-edly defamatory words themselves. We seek in this branch of our analysis to determine whether the allegedly defamatory statement has a precise meaning and thus is likely to give rise to clear factual implications.

25 R.I. 지방의 시장이 강간죄를 범했고 주장된 피해자가 고소하지 않도록 돈을 지급했다고 그 시장을 비난한 것을 함축하는 기사에 대한 판결[Cianci v. New Times Publishing Co., 639 F.2d 54, 63 (2d Cir.1980)]이 설시되고 있다.

26 In assessing whether the challenged statements are facts, rather than opinion, courts should, secondly, consider the degree to which the statements are verifiable — is the statement objectively capable of proof or disproof?

27 원문에서는 신문사의 칼럼 속 표현이 문제되기 때문에 'reader'가 사용되었으나, 보다 보편적인 표현으로 위와 같이 번역하였다.

경우 불가피하게 진술의 문맥에 의해 영향을 받고, 따라서 사실진술과 의견의 구별은 문맥에서만 이뤄질 수 있기 때문이다.[28] 위 iv) 판단요소는, 그 진술에 부합하는 더 넓은 사회적 맥락을 점검하는 것이고, 이는 일정한 구술진술과 서면진술의 유형의 경우 관행이나 관습에 의해 표현수용자들이 표현된 것을 사실진술이 아닌 의견으로 받아들이도록 교시(signal)를 받고 있기 때문이다.[29] [30]

이러한 판지에 기초하여 위 법원은, '올만은 정치학계에서 사회적 지위를 인정받는 사람이 아니라, 순전히 활동가에 불과하다'라는 진술[31] 등 문제가 된 표현에 대하여 6 대 5의 다수결로 절대적으로 면책된다는 결론을 내렸다.[32] 그러나 이러한 판단기준도 의견과 사실진술 구분에 일정한 한계를 지닐 수밖에 없다. 이는 올만에 대한 그와 같은 평판에 관한 진술이 의견인가 사실진술인가를 둘러싸고 판단이 위와 같이 크게 갈린 점에서 드러나고 있다.[33]

그리고, 연방은 1990년 6월 21일에 선고한 Milkovich v. Lorain Journal Co 판결[34]에서, '언론사가 피고가 된 경우에, 공적 관심사(matters of public concern)에 대한 진술은, 책임이 평가되기 이전에 허위로 증명될 수 있어야만 한다. 이로써 허위사실을 암시한 것으로 증명될 수 없는 의견진술에 대한 온전한 헌법적인 보호가 보장된다. 어떤 개인에 대한 실제 사실을 언급한 것으

28 In addition to evaluating the precision–indefiniteness and verifiability–unverifiability of a challenged statement, courts should, thirdly, examine the context in which the statement occurs. Readers will inevitably be influenced by a statement's context, and the distinction between fact and opinion can therefore be made only in context.

29 Besides looking to the immediate context of the allegedly defamatory statement, courts should examine, finally, the broader social context into which the statement fits. Some types of writing or speech by custom or convention signal to readers or listeners that what is being read or heard is likely to be opinion, not fact.

30 그 예로서, '가두연설가가 부패한 공무원이라고 공격하는 것과 공공서비스의 부패의 원인과 치료를 상론하는 연구논문에서 부패했다고 명예훼손을 하는 것은 상당한 차이가 있다'(It is one thing to be assailed as a corrupt public official by a soapbox orator and quite another to be labelled corrupt in a research monograph detailing the causes and cures of corruption in public service)는 점이 거론되고 있다.

31 'Ollman has no status within the profession, but is a pure and simple activist'

32 전원열, 앞의 논문, 232면 참조.

33 신평, 앞의 책, 477면 참조.

34 497 U.S. 1(1990). 이 판결 전문은 다음 URL 참조(최종검색일: 2015. 5. 2). http://openjurist.org/497/us/1/milkovich–v–lorain–journal–co

로 합리적으로 해석될 수 없는 진술은 헌법적으로 보호된다.'[35] '심지어 그 진술자가 자신의 의견에 기초한 사실을 진술하는 경우에도, 그 사실이 부정확하거나 불완전하거나 또는 사실에 대한 진술자의 평가가 잘못된 경우에는 그 진술은 여전히 허위사실의 주장을 함축하는 것일 수 있다'[36]고 판시하였다. 또한 'Gertz 판결의 방론[37](dictum)이 '의견'으로 분류할 수 있는 모든 것에 대하여 명예훼손책임에서의 전면적인 면책을 인정하려고 했던 것이라고 생각하지 않는다. 이러한 해석은 그 방론의 취지와 맥락(the tenor and context)에 반할 뿐만

---

35 Foremost, where a media defendant is involved, a statement on matters of public concern must be provable as false before liability can be assessed, thus ensuring full constitutional protection for a statement of opinion having no provably false factual connotation. Next, statements that cannot reasonably be interpreted as stating actual facts about an individual are protected.

36 Even if the speaker states the facts upon which he bases his opinion, if those facts are either incorrect or incomplete, or if his assessment of them is erroneous, the statement may still imply a false assertion of fact.

37 그 방론의 핵심적 부분을 기술하면 다음과 같다. "수정헌법 제1조하에서는 허위의 의견(a false idea)이란 없다. 어떤 의견(an opinion)이 해로운 것으로 보일지라도, 그것의 교정(correction)은 판사와 배심원의 양심에 의존하는 것이 아니라 다른 의견의 경쟁(the competition of other ideas)에 의존한다. 그러나 허위사실의 진술에는 어떤 헌법적 가치도 없다. 의도적인 거짓말(the intentional lie)과 부주의하게 오류를 말하는 것(the careless error; 의도적인 거짓말과 이는 허위사실의 진술의 양태를 말하는 것으로 볼 수 있음 — 저자 주, 이하 같음)은 공적 사안에 대하여 제한 없고 건전하며 널리 개방된(uninhibited, robust, and wide-open) 토론에서 사회의 이익을 실질적으로 증진시키지 못한다. … 이것들(즉 허위사실의 진술을 말함)은 의견표명의 본질적인 일부가 아닌 진술의 범주에 속한다. 또한 이것들은, 진리를 향한 발걸음으로서 조금의 사회적 가치도 없으므로, 이것들로부터 도출될 수도 있는 어떤 이익도, 질서와 도덕에 관한 사회적 이익(the social interest in order and morality)보다 분명 중요하지 않다. 허위사실의 진술이 헌법적 보호를 받을 가치가 없을지라도, 그것은 자유로운 토론에 필수불가결하다. 제임스 메디슨이 1798년의 버지니아 결의안에 관한 보고서에서 지적한 바와 같이, 모든 사물에 대한 어느 정도의 남용(Some degree of abuse)은 그 사물의 올바른 사용(the proper use)에서 분리될 수 없다. … 오류(즉 허위사실의 진술을 말함)에 대한 처벌은, 헌법적으로 보장된 언론출판의 자유에 대하여 신중하고 제한적으로 행사하도록 하는 위험을 야기한다. 신문사나 방송사(a publisher or broadcaster)로 하여금 사실적 주장의 정확성을 담보하도록 강제하는 엄격책임의 법리(a rule of strict liability)는, 용인할 수 없는 자기검열(intolerable self-censorship)을 야기할지도 모른다는 점을 인정한다. 모든 해로운 진술에 대한 진실을 증명하는 경우에만 언론사에 대하여 면책을 인정하는 것은 수정헌법 제1조상 언론의 자유에 대한 충분한 보호(adequate protection)와 부합하지 않는다. New York Times Co. v. Sullivan 판결에서 연방이 판시한 바와 같이, 진실을 증명하는 증명책임을 피고에게 부담시키는 진실항변의 허용(Allowance of the defense of truth)은 허위언론은 물론 진실언론도 제지되는 것을 의미한다. 수정헌법 제1조에 의하면, 중요한 언론을 보호하기 위하여 어느 정도의 허위사실의 진술(some falsehood)도 보호하게 된다"(http://openjurist.org/418/us/323). 이 Gertz 판결의 내용과 의미에 대하여는 신평, 앞의 책, 452~456면 참조.

아니라, 의견표명이 종종 객관적 사실진술을 함축한다는 점을 간과하는 것이다'고 그 방론에 대해서도 입장을 표명하였다.

이러한 판지에 기초하여 연방대법원은, '합리적 사실인정자(factfinder)는 Diadiun이 쓴 칼럼 속의 진술[38]은 Milkovich가 재판절차에서 위증죄를 범했다는 사실의 주장을 암시하는 것으로 결론을 내릴 수 있을 것이다. 그 칼럼은, Diadiun이 진지하게 Milkovich가 위증죄를 범했다고 주장하는 인상을 없애주는 덜 직접적이거나 비유적이거나 과장하는(loose, figurative, or hyperbolic) 그런 종류의 언어를 사용하지 않았다. 그 기사의 전체적 취지(general tenor)도 이런 인상을 없애지는 못한다. 게다가 Milkovich가 위증죄를 범했다는 암시는, 그중에서도, 오하이오주 고교체육협회 조사청문회에서의 그의 증언과 재판에서의 그의 후속 증언을 비교함으로써 진실 또는 허위임을 증명할 수 있을 정도로 충분히 사실적이다'고 판단하였다.

이러한 Milkovich 사건 판결은 사실진술과 의견의 구별에 관하여 어떤 선험적인 분류기준을 채용했다기보다는 진술의 객관성과 입증가능성에 우선을 두는 접근방법을 취했고, 올만 사건 판결처럼 명시적이고 분명한 어조로 의견과 사실진술의 구별기준을 제시한 것은 아니라도, 해당 사건을 해결하기 위한 기준으로서 3가지 기준을 제시[39]한 것으로 평가되고 있다.[40]

(2) 우리나라의 경우

우리나라의 형사 판례가 사실진술과 의견의 구별기준에 관하여 언급한 최초의 판결은 대법원 1996. 11. 22. 선고 96도1741 판결로 보이고, 그 판결은 "「공직선거 및 선거부정방지법」 제251조 본문의 '사실의 적시'란 가치판단이나 평가를 내용으로 하는 의견표현에 대치하는 개념으로서 시간과 공간적으

---

38 "Maple Heights 고등학교나 Mentor 고등학교 출신이든 아니든 간에 또 양 학교 중 어디도 편들지 않는 관람자이든 아니든 간에, 그 경기에 참석한 사람은 누구든지, Milkovich와 Scott이 각각 진실을 말하겠다고 엄숙하게 선서를 한 후 조사청문회에서 거짓말을 한 것으로 마음속으로 느낄 것이다"(Anyone who attended the meet, whether he be from Maple Heights, Mentor, or impartial observer, knows in his heart that Milkovich and Scott lied at the hearing after each having given his solemn oath to tell the truth)는 등의 기사 내용을 말한다.

39 위 '그 기사~ 충분히 사실적이다'는 부분을 말한다.

40 신평, 앞의 책, 482면.

로 구체적인 과거 또는 현재의 사실관계에 관한 보고 내지 진술을 의미하는 것이며 그 표현내용이 증거에 의한 입증이 가능한 것을 말하고, 판단할 진술이 사실인가 또는 의견인가를 구별함에 있어서는 언어의 통상적 의미와 용법, 입증가능성, 문제된 말이 사용된 문맥, 그 표현이 행하여진 사회적 정황 등 전체적 정황을 고려하여 판단하여야 한다"고 판시하였다.[41] 또 대법원 2000. 4. 25. 선고 99도4260 판결은 "「공직선거 및 선거부정방지법」 제250조 제2항에서 규정하는 허위사실공표죄가 성립하려면, … 어떤 진술이 사실주장인가 또는 의견표현인가를 구별함에 있어서는 선거의 공정을 보장한다는 입법취지를 염두에 두고 언어의 통상적 의미와 용법, 문제된 말이 사용된 문맥, 입증가능성, 그 표현이 행하여진 사회적 상황 등 전체적 정황을 고려하여 판단하여야 한다"고 판시하였다.[42] 또한, 대법원 2004. 6. 25. 선고 2004도2062 판결은 위 96도1741 판결이 설시한 의견과 사실의 구별기준을 동일하게 설시한 다음, "의견표현과 사실의 적시가 혼재되어 있다고 하더라도 이를 전체적으로 보아 사실을 적시하여 비방한 것인지 여부를 판단하여야 한다"고 판시하였다.[43] 이러한 96도1741 판결의 판지는 명예훼손죄에 관한 판단에서도 동일하게 이어지고 있다.[44]

한편, 민사판결에서는 "의견 또는 논평을 표명하는 표현행위로 인한 명예훼손에 있어서는 그 의견 또는 논평 자체가 진실인가 혹은 객관적으로 정당한 것인가 하는 것은 위법성 판단의 기준이 될 수 없고, 그 의견 또는 논평의 전제가 되는 사실이 중요한 부분에 있어서 진실이라는 증명이 있는가, 혹은 그러한 증명이 없다면 표현행위를 한 사람이 그 전제가 되는 사실이 중요한 부분에 있어서 진실이라고 믿을 만한 상당한 이유가 있는가 하는 것이 위법성 판단의 기준이 되는 것이므로, 어떠한 표현행위가 명예훼손과 관련하여 문제가 되는 경우 그 표현이 사실을 적시하는 것인가 아니면 의견 또는 논평을 표

41 대법원 1997. 4. 25. 선고 96도2910 판결; 대법원 2002. 6. 14. 선고 2000도4595 판결.

42 대법원 2002. 4. 10.자 2001모193 결정; 대법원 2002. 11. 13. 선고 2001도6292 판결; 대법원 2009. 3. 12. 선고 2008도11443 판결.

43 대법원 2011. 3. 10. 선고 2011도168 판결.

44 대법원 1998. 3. 24. 선고 97도2956 판결; 대법원 2007. 10. 26. 선고 2006도5924 판결; 대법원 2007. 12. 14. 선고 2006도2074 판결.

명하는 것인가, 또 의견 또는 논평을 표명하는 것이라면 그와 동시에 묵시적으로라도 그 전제가 되는 사실을 적시하고 있는 것인가 그렇지 아니한가를 구별할 필요가 있고, 신문 등 언론매체가 특정인에 대한 기사를 게재한 경우 그 기사가 특정인의 명예를 훼손하는 내용인지 여부는 당해 기사의 객관적인 내용과 아울러 일반의 독자가 보통의 주의로 기사를 접하는 방법을 전제로 기사에 사용된 어휘의 통상적인 의미, 기사의 전체적인 흐름, 문구의 연결 방법 등을 기준으로 하여 판단하여야 할 것인데, 이는 사실 적시와 의견 또는 논평 표명의 구별, 의견 또는 논평 표명의 경우에 전제되는 사실을 적시하고 있는 것인지 여부의 판별에 있어서도 타당한 기준이 될 것이고, 아울러 사실 적시와 의견 또는 논평 표명의 구별, 의견 또는 논평 표명의 경우에 전제되는 사실을 적시하고 있는 것인지 여부의 판별에 있어서는 당해 기사가 게재된 보다 넓은 문맥이나 배경이 되는 사회적 흐름 등도 함께 고려하여야 할 것"이라고 판시한 판례가 있다.[45]

그리고, 증명가능성을 그 판단기준으로 우선하는 판시를 하는 판례도 있는데, "신문 등 언론매체의 어떠한 표현행위가 명예훼손과 관련하여 문제가 되는 경우 그 표현이 사실을 적시하는 것인가, 아니면 단순한 의견의 표명인지를 구별하는 척도로서는, 그것이 객관적으로 입증 가능하고 명확하며 역사성이 있는 것으로서 외부적으로 인식 가능한 과정이나 상태를 포함하여 보도대상이 된 타인의 동기, 목적, 심리상태 등이 외부로 표출된 것은 사실을 적시한 것으로 판단할 수 있다. 그러나 이와 같은 추상적 판단 기준 자체도 언제나 명확한 것은 아니므로, 당해 기사의 객관적인 내용과 아울러 일반의 독자가 보통의 주의로 기사를 접하는 방법을 전제로 기사에 사용된 어휘의 통상적인 의미, 기사의 전체적인 흐름, 문구의 연결 방법 등을 기준으로 판단하여야 하고, 여기에다가 당해 기사가 게재된 보다 넓은 문맥이나 배경이 되는 사회적

---

45 대법원 1999. 2. 9. 선고 98다31356 판결; 대법원 2002. 1. 22. 선고 2000다37524,37531 판결; 대법원 2003. 1. 24. 선고 2000다37647 판결; 대법원 2004. 8. 16. 선고 2002다16804 판결; 대법원 2007. 6. 15. 선고 2004도4573 판결; 대법원 2008. 1. 24. 선고 2005다58823 판결; 대법원 2008. 2. 14. 선고 2005다75736 판결; 대법원 2009. 2. 26. 선고 2008다77771 판결. 이 판결들은 증명가능성을 언급하지 않고 있는 것이 특이하고, 이들 판례는 위 설시내용과는 약간씩은 다르나 위 밑줄 그은 부분이 포함된 판결들이다.

흐름 등을 고려하여야 할 것이다"고 판시하였다.[46]

(3) 검 토

(가) 의견과 표현의 구별기준의 의미와 내용

위와 같이 우리나라 판례는 위 Ollman v. Evans 판결에서 제시된 전체적 상황 접근법의 강한 영향을 받은 것으로 보인다. 그러므로 Ollman v. Evans 판결이 제시하는 네 가지 기준에 따라 의견과 사실진술을 구별하는 것이 타당하다고 본다. 다만, ⅰ) '진술에 사용된 언어의 통상적인 용법 또는 의미', ⅱ) '진술의 전체적 문맥', ⅲ) '진술의 증명가능성', ⅳ) '진술이 이뤄진 사회적 맥락'으로 표현하기로 한다.

여기서 '진술에 사용된 언어의 통상적인 용법 또는 의미'는 진술에 사용된 해당 언어의 사전적, 문법적 및 언어학적 분석을 통한 해당 언어에 대한 '통상적인 의미'를 파악하는 것이다. 이 통상적인 의미 파악은 그 표현의 객관적 의미를 파악하는 것이고, 따라서 표현한 사람의 주관적 의도나 피해자의 주관적 이해는 그 기준이 될 수 없고, '이성적이고 편견 없는 대중의 이해'에 따라 얻어진 의미만이 기준이 된다.[47] 여기서 진술에서 사용된 언어가 가치평가를 응축한 것이어서 그 진술이 추상화되었는지, 아니면 구체화된 것인지 여부, 또 추상화되었다면 어느 정도인지(고도 또는 중간 정도)를 살펴야 한다.[48] 해당 진술에 대한, 대다수 또는 상당 정도의 이성적이고 편견 없는 표현수용자가 그 말에 대해 '도대체 무슨 말이지' 하고 의문을 품는다면, 그 진술은 추상화된 표현인 것이다. 또한, '진술의 전체적 문맥'은 위 98다31356 판결 등이 설시한 '기사(진술)의 전체적인 흐름, 문구의 연결 방법'을 포함하며, 또 문장이 의문문인지 서술문인지 여부, 단정적 표현을 사용했는지 여부나 그러한 단정적 표현을 중화시키는 표현을 사용했는지 여부, '내 생각으로는'이나 '~으로 볼 수 있다' 또는 '~으로 보이는', '일종의 ~' 등 평가적 언어로 의견임을 드러내는 문

---

46 대법원 2006. 2. 10. 선고 2002다49040 판결; 대법원 2011. 1. 13. 선고 2008다60971 판결; 대법원 2011. 9. 2. 선고 2009다52649 전원합의체 판결.

47 독일 연방헌법재판소 1995. 10. 10. BVerfGE 93, 266(이른바 군인은 살인자 판결) 참조[박용상, 『명예훼손법』, 27면에서 재인용].

48 이는 위 올만 판결에서 설시된, '덜 직접적이거나 비유적이거나 과장하는(loose, figurative, or hyperbolic) 그런 종류의 언어'가 사용되었는지 여부를 가리는 것과 일맥상통하는 것이다.

구를 사용했는지 등의 '문장의 표현방식', '문제되는 해당 진술의 이전 또는 이후에 별개로 이뤄진 진술의 내용·의미·성격'을 포함하는 것이다. 그리고 '진술이 이뤄진 사회적 맥락'은, 신문 등 기타 출판물, 방송, 라디오, 인터넷 게시판, 이메일, 문자, 트위터나 페이스북 등 SNS, 기타 육성에 의한 것인지 여부, 그 매체의 전파성의 강도 내지 정도 등 '진술이 이뤄진 매체의 종류·특성', 해당 법률규정이 형벌을 가하는 것인지, 아니면 손해배상책임을 인정하는 것인지 여부, 형벌을 가하더라도 선거법상 허위사실공표죄 등으로 문제되는 것인지, 아니면 일반 「형법」이 문제되는지 여부, 헌법상 표현의 자유, 선거의 자유 등 기본권을 중대하게 제한하거나 침해할 소지가 있는지 등 기본권과의 관계, 명확성 원칙49에 위반되는지 등 헌법적 시각에서 검토 등 당해 '진술을 규제하는 법률규정의 해당 영역 또는 취지·목적' 등을 포함하는 것이다.

(나) 의견과 사실진술의 구별기준에 있어 선거의 특수성 고려 여부

위 사회적 맥락과 관련하여, '선거의 특수성'을 고려할 수 있는지 본다. 국민의 선거의 자유와 선거의 공정성은 일견 충돌하는 가치로 보인다. 즉 선거의 자유가 거의 제한 없이 허용되어 선거권자의 선거에서의 자유로운 발언이 보장되는 경우 무분별한 네가티브성 발언이 자유롭게 행해질 우려가 있고, 그로 인한 폐해로 선거의 공정성이 저해될 우려도 있기 때문이다.

선거에서는 선거일이 정해지고, 그 기간에서 역산하여 선거운동기간이 정해진다. 후보자와 그 선거운동원들은 선거운동기간 사력을 다하여 자기 측의 유리한 점을 부각시키고, 상대방의 불리한 점을 드러내려고 노력하고, 이러한 과정에서 흑색선전 등 부정적 선거운동도 펼치게 된다. 특히나 흑색선전 등 네가티브성 선거운동은 선거일이 임박한 시점에 기승을 부리게 되고, 이에 대하여 상대방이 대응할 시간적 여유가 없거나 대응이 곤란한 경우에는 그 흑색선전의 대량유포는 공명선거를 저해하고 선거 자체의 공정성을 근본적으로

49 윤지영 박사는 선거법 제250조 제2항의 사실의 개념이 명확성 원칙에 반하지 않지만, 동 조항을 적용하는 과정에서 대법원은 과거나 현재의 일에 대한 불확실한 판단을 표현하는 추측성 발언이라 하더라도 간접적이고 우회적인 방법으로 특정 내용을 암시하고 있다면 허위사실공표죄가 성립한다고 판단함으로써 동죄의 성립범위를 확대하고 있고, 이러한 판례의 태도 명확성 원칙에 부합하지 않는다고 비판하고 있다[윤지영, "공직선거법 제250조 제2항 허위사실 공표죄의 구성요건과 허위성의 입증", 형사판례연구 제20호(2012. 6), 615면].

의심케 할 수 있다.

그러나 선거는 오늘날 대의민주주의하에서 국민주권주의를 구현하기 위한 가장 유력한 수단 중의 하나인 동시에 제도화된 유일한 수단으로,[50] 독재체제나 전제체제 등에서 행해지는 요식적 선거를 제외하고, 선거는 말하자면 대의민주주의를 작동시키는 수단이자 원동력으로 민주주의의 심장(the heart of democracy)인 것이다. 이처럼 대의민주주의에서 선거가 국민의 참여를 통하여 민주주의를 작동시키는 핵심적 기제이므로 선거에서의 국민의 자유로운 참여는 무엇보다도 중요할 수밖에 없다. 이러한 참여를 증진시키기 위해서는 국민의 자유로운 선거 참여가 보장되어야 하고, 그 핵심적 부분은 선거운동의 자유를 비롯한 선거의 자유이다. 나아가 앞서 본 바와 같이 그러한 선거의 자유가 선거의 공정성에 우선하는 가치이다. 그러므로 정당이나 후보자에 대한 것이든, 정책이나 공약에 관한 것이든 선거에서 '유권자의 판단을 위한 중요한 정보를 담고 있는 표현'이라면, 문제되는 표현이 선거시기가 아니라면 구성요건해당성이나 위법성이 인정되는 것일지라도, 그러한 선거 자유의 보장의 원리상 선거운동의 폭이 최대한 확장될 것이 헌법적으로 요청되므로 그 위법성 등의 인정의 범위는 현저히 좁아진다고 보아야 한다.[51]

이러한 점에서 의견과 사실진술의 구분에 있어, 위와 같은 선거의 특수성을 고려할 필요가 있다. 이는 의견성 표현에서 일정한 암시적 또는 내포적 사실의 존재를 쉽게 인정하면, 그만큼 표현의 자유가 위축될 여지가 있고, 그 표현을 한 사람이 후보자나 후보자 측의 선거운동원이 아닌 일반 국민인 경우에는 더욱 그러하다. 특히나, 후보자비방죄의 경우 문제되는 표현이 '진실한 사실로서 공공의 이익에 관한 때'에는 처벌되지 않지만, 허위사실공표죄의 경우에는 그러한 위법성조각사유가 없어, 허위사실공표죄의 경우 표현의 자유 신장을 위해 의견과 표현의 구별에서 의견성 표현의 처리에 신중을 기할 필요성이 있다. 그러나, 이러한 신중함도 문제된 표현이 선거일이나 사전투표일에 임박하여 인터넷이나 트위터나 페이스북 등 전파성이 매우 큰 수단을 통해 대량으로 악의적이며 조직적으로 유포되고, 그 상대방이 이에 대하여 반론을 펼

---

50 임종훈, "선거운동의 자유와 현행 선거법상 규제의 문제점", 공법연구 제29집 제4호(2001), 29.
51 김종서, 앞의 논문, 헌법학연구 제18권 제2호(2012), 25면 참조.

시간적 여유가 없는 등 반론을 펴지 못하거나 반론을 개진하긴 하였으나 그 실효성이 거의 없는 등 선거의 공정성이 현저하게 침해되는 경우에는 고려되지 않을 것이다. 이런 경우에는 선거의 자유의 한계를 넘는 것이어서 선거의 공정성이 선거의 자유의 한계로 기능해야 하기 때문이다.

이처럼 선거의 특수성은 사실진술과 의견의 구별에 있어 고려될 수 있고, 이는 그 구별기준 중 '진술이 이뤄진 사회적 맥락'의 기준의 하나로 고려될 수 있다고 본다.[52]

다. 의견과 사실진술의 구별방법

여기서 '구별방법'은 '구별기준'과는 다르다. '구별기준'은 사실진술과 의견을 어느 영역에 포함시킬 것인가 하는 경계획정으로서의 기준이고, '구별방법'은 양자를 구별함에 있어서 그 구별기준을 적용하여 문제되는 해당 진술을 의견과 사실진술의 영역으로 위치지우는 과정이다.

(1) 위 구별기준의 우열관계 등 상호관계

i) 진술에 사용된 언어의 통상적인 용법 또는 의미, ii) 진술의 전체적 문맥, iii) 진술의 증명가능성, iv) '진술이 이뤄진 사회적 맥락'의 우열관계 내지 상호관계에 대하여 살펴본다.

위 i) 판단요소는 의견과 사실진술의 구별에 있어 가장 기본이 되는 요소이고, 이는 위 ii) 판단요소에 의하여 점검되어 그 의미 내용이 다시 심사되어야 한다. 이는 위 i) 및 ii) 판단요소를 도구로 활용하여 문제되는 진술의 의미를 확정하는 단계라 할 수 있다. 이처럼 진술의 의미 내용에 대한 확정이 이뤄지면, 그 진술의 증명가능성을 심사해야 한다. 여기서 '증명가능성'은 그 문제되는 진술이 역사적 또는 객관적인 것으로 확인이 되는지 여부를 평가하는 것으로, 이는 종국적으로는 법관의 규범적 가치판단으로 정해지는 것이다. 따라서 그것은 검사나 피고인 등 당사자의 증명활동에 의하여 범죄사실 등이 증거에 의하여 소송법적으로 이뤄지는 여부를 말하는 '증명 여부'와는 다른 것이다. 이러한 심사 결과 증명가능성이 있는 것은 사실진술로, 증명가능성이

52 위 2001도6292 판결은 '선거의 공정을 보장한다는 입법취지를 염두에 두고'라고 하여 위와 같은 가능성을 열어 두고 있으나, '선거의 자유'를 언급하지 않은 아쉬운 측면이 있다.

없는 것은 의견으로 정해지는 것이 원칙이다. 그러나 해당 진술에 대한 증명가능성이 있어 원칙적으로 사실진술로 볼 수 있더라도, 앞서 본 그 구체적 판단요소인 '진술이 이뤄진 매체의 종류·특성' 및 '진술을 규제하는 법률규정의 해당 영역 또는 취지·목적' 등에 따라, 진술의 사회적 맥락을 검토하여, 다시 사실진술인지 여부를 최종적으로 재심사하는 것이 필요하다. 특히 당해 진술에 대한 처벌이 표현의 자유, 선거의 자유 등 기본권 침해를 발생시키는지 여부를 신중하게 검토해야 하고, 그 결과 기본권 침해를 발생시키거나 기본권의 중대한 제약을 가져오는 경우에는 당해 진술이 비록 사실진술로 볼 수 있더라도 이를 의견으로 보아야 한다고 본다.53

이러한 사실진술과 의견의 구별 판단방법의 흐름을 도식화하면 [그림 5-2]와 같다.

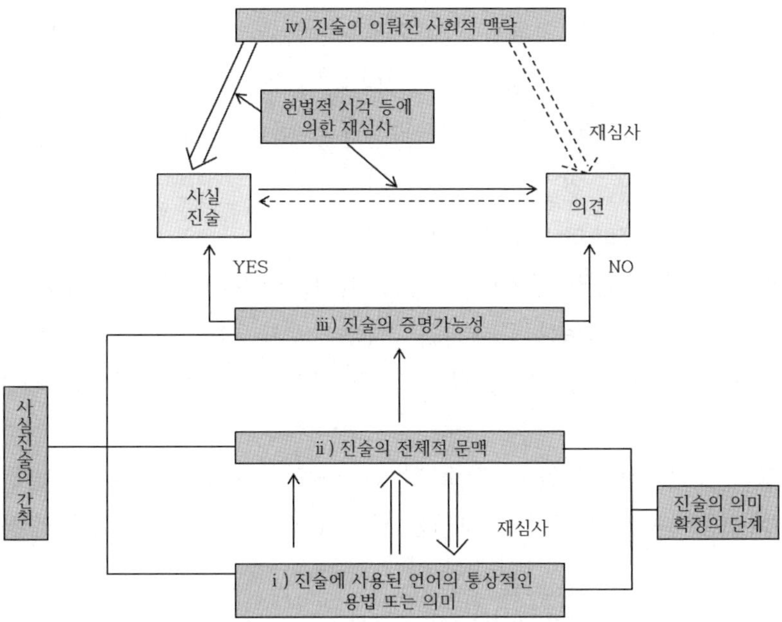

[그림 5-2] 사실진술과 의견의 구별 흐름도

---

53 다음에서 보는 특히 서울고등법원 2013. 11. 21. 선고 2013노1814 판결 참조.

(2) 혼합의견과 그 의견에서 사실진술의 간취의 의미

의견을 통하여 후보자 등의 사회적 가치 또는 평가를 떨어뜨리는 경우에도 그 의견이 후보자 등에 관한 사회적 가치 또는 평가를 저하시키기에 충분한 사실의 주장을 암시(暗示)하거나 내포(內包) 또는 함축(含蓄)하고 있는 경우가 있다. 마찬가지로 의견을 통하여 후보자 등의 사회적 가치 또는 평가를 올리거나 증대하는 경우에도 그 의견이 후보자 등에 관한 사회적 가치 또는 평가를 올리거나 증대시키기에 충분한 사실의 주장을 암시하거나 내포 또는 함축하고 있는 경우가 있다.[54] 이처럼 문제가 되고 있는, 외관상 의견으로 보이는 진술에서 편견 없는 이성을 가진 일반인[55]이 증명가능성이 있는 일정한 사실진술을 간취[56](看取)할 수 있는 경우에 그 의견을 혼합의견이라 할 수 있다. 이처럼 혼합의견에서 그러한 일정한 사실진술을 간취하는 것은, 위 흐름도에서 보는 바와 같이, 의견과 사실진술의 구별과 동일한 의미를 갖게 된다.[57] 여기서 간취한다는 것은 외관상 의견으로 보이는 진술에서 증명가능성이 있는 일정한 사실진술을 추출·정리하는 것이고, 이는 위와 같은 구별기준을 적용하여 사실진술과 의견을 구별하는 과정에서 진술의 사회적 맥락을 고려하기 이전의 과정과 같은 것이다.

(3) 문제되는 진술이 연속하여 여러 개인 경우

위와 같이 사회적 가치나 평가를 떨어뜨리거나, 반대로 사회적 가치를 올리거나 증대시킴으로써 문제되는 진술이 일시, 장소 또는 진술매체 수단을 달리하여 여러 개인 경우에는 각각 그 표현별로 의견과 사실진술을 구별해야 한다.

그러나 그 진술의 일시, 장소 및 진술매체 수단이 모두 같은 경우, 즉 어느 인터넷홈페이지 게시판에 특정한 시간에 접속하여 여러 개의 진술을 적시

54 그러나 선거에서 자신에게 유리한 사정을 노골적으로 드러내는 것이 상례이므로, 위와 같은 경우는 실제로는 드물 것이다. 이에 관한 실제 사례는 다음에서 보는 ⑥ 사안(서울고등법원 2011. 1. 28. 선고 2010노3508 판결) 참조.

55 이는 결국 법관이 될 것이다.

56 후술하는 부산고등법원 1992. 6. 17. 선고 92노215 판결 참조.

57 혼합의견에서 증명가능성이 있는 일정한 사실진술을 간취한다는 것은 사실진술과 의견의 구별의 특수한 유형에 해당한다고 할 것이다.

한 경우나, 후보자 등이 같은 장소 및 시간에 연설을 하면서 연속하여 여러 개의 진술을 하는 경우에는 문제되는 진술별로 의견과 사실진술을 구분하는 것이 원칙이다. 또 일정한 진술을 함에 있어서 상당한 시간이 소요되는 것은 상례이므로, 진술의 매체 수단과 그 장소가 동일하다면, 연속된 상당한 정도의 시간적 간격 내에서 이뤄진 진술도 동일하게 취급될 것이다. 그러나 이러한 경우에 표현수용자는 각각의 진술 상호 간에 영향을 받으며 이를 수용하게 되므로, 각각의 진술 상호간의 관계 내지 영향을 참작해야 한다. 이는 각각의 진술별로 의미 내용을 확정하기 이전에 진술의 전체맥락에서 그 진술별 의미를 다시 점검하는 과정을 거쳐 그 의미를 확정하는 것이고, 이는 의견과 사실진술의 구별기준 중 '진술의 전체적 문맥'의 기준이 구체적으로 적용되는 모습이다.

이러한 진술의 전체적 문맥의 구체적 적용 모습은 다음과 같은 판례에서도 확인되고 있다. 즉, 대법원은 다음과 같이 합성 사진의 영상이나 '친일매국'에 의하여 출판물에 의한 명예훼손죄의 성부가 문제된 사안[58]에서 다음과 같

58 목포시 개항 100주년 즈음에 추진하려는 기념사업에 찬반이 있었는데, 이에 반대하는 입장이였던 피고인들이 그 기념사업을 추진해 온 피해자가 목포시장에 출마하자 그 기념사업 반대여론을 환기하기 위하여 피고인들이 출간하는 신문에 다음과 같이 보도하였는데, 이러한 보도행위에 대하여 다음과 같은 공소사실에 의해 출판물에 의한 명예훼손죄로 기소한 사안이다. 피고인 최○○은 주식회사 주간내일신문의 목포지역 사업부장, 같은 김○○은 위 신문사 기자로서 목포시와 목포백년회(목포개항 100주년사업 범시민추진위원회, 이하 백년회라 함)가 사실상 주관하는 개항 100주년 기념사업(이하 기념사업이라 함)에 대하여 위 사업에 친일적인 요소가 있음을 이유로 한 반대의견이 있음에도 불구하고 목포시와 위 백년회가 이를 강행하려 하자 위 행사를 주도하는 백년회 출신의 목포시 시장인 피해자 권○○을 비방하기로 마음먹고, 위 신문사 목포편집팀장인 김○○태와 공모하여, 1996. 10. 9. 서울 영등포구 당산동 6가 336의 4 소재 서진신문인쇄소에서 1996. 10. 16.자 위 신문 제152호 표지에 붉은 일장기를 배경으로 하고 위 권○○이 목포시장 후보로 출마하였을 때 유세 유인물에 인쇄된 두 손을 앞으로 모아 힘껏 쥐고 있는 모습이 촬영된 컬러 사진을 합성하여 마치 위 권○○이 일본에 충성을 맹세하는 것처럼 허위의 사진을 게재하고, 하단에 붉은색 대형문자로 '친일매국'이라고 기입하면서 위 사진 중앙부분에 '권○○ 역사관 확인수순'이라는 제하의 소제하로 '향토사학자 해직'이라고 게재하여 마치 위 권○○이 일본의 앞잡이인 것처럼 보이도록 하고, 계속하여 위 신문 58면 하단에 '민선시대 최초 해직당한 이성열 문화원 전사무국장'이라는 제목하에 "1987. 10. 1. 7인의 일본인들만이 참석한 가운데 열린 제1회 개항기념식은 조선 서남단에 자신들의 교두보 확보를 자축하는 자리였다는 역사적 사실에 목포문화원 소속 향토사학자들이 목포 역사 재조명을 주장하며 개항 100주년 기념행사와 시민의 날에 대한 반역사성을 제기하였고, 뜻있는 향토사가들을 묶어 세우며 계속적인 문제제기 과정에서 결국 민선시장 출범후 최초로 강제해직당한 향토사가 목포문화원 이성열 전사무국장, 개항 100주년 행사를 개최하려는 백년회장 출신의 민선시장과 불협화음 속에 도중하차하는 신세가 되버렸다"라는 기사를 게재하여 마치 민선 목포시장인 위 권○○이 자신의 뜻에 맞지 않는 향토사가인 목포문화원 사무국장인 이○○을 강제해직시킨 것처럼 공연히 허위의 사실을 인쇄하여 보관

이 판시하여 그 합성 사진의 영상이나 '친일매국'에 의한 사실적시 여부가 있는지 판단함에 있어 전체적 문맥에 따라 사안을 판단하고 있는 것이다.[59]

"이 사건 기사를 전체적으로 살펴보면, … (중략[60]) … 이 사건 기사는 그 표지에서 개괄적인 사실의 적시로서 '(1) 백년회 회장, (2) 향토사학자 해직, (3) 10월 1일 시민의 날 고수'를 내세우고, 본문 제58쪽에서 그 구체적인 내용을 적시한 다음, 이러한 사실들을 기초로 피해자의 정책을 반대하는 향토사가들의 입장에 전적으로 찬동한다는 의견 내지 논평을 표명하면서, 앞서 본 합성 사진의 영상과 '친일매국'이라는 일종의 구호를 동원함으로써 시각적이고 압축적이며 상징적인 표현 수법으로 이러한 의견 내지 논평을 강조하는 구조를 취하고 있다고 봄이 상당하므로, 그 문맥 및 구조에 비추어 이 사건 합성 사진의 영상이나 '친일매국'이라는 문구가 위와 같이 적시된 사실을 기초로 의견 내지 논평을 표명하는 것 외에 별도의 사실, 즉 피해자가 일장기 앞에서 실제로 충성을 맹세한 일이 있었다거나 피해자가 과거에 친일 매국 행위를 한 바 있다는 등의 사실 자체를 적시하거나 암시하는 것으로 볼 여지는 없다고 할 것이다."

(4) 의견과 사실진술의 구별이 불가능한 경우의 처리

의견과 사실진술의 구별은 결국 법관에 의한 규범적 가치판단의 문제이므로, 그 구별이 불가능한 경우를 쉽게 상정하기는 어렵지만, 위와 같은 방법에 의해서도 당해 표현이 의견과 사실진술의 구별이 불가능한 경우가 있을 수 있다. 이런 경우에는 그 표현 전체를 의견으로 보아 헌법상 표현의 자유로 보

중, 같은 해 10. 17. 국회의원 ○○○의 비서관인 신○○에게 교부하는 등 배포하여 위 권○○의 명예를 훼손한 것이다.

59 대법원 2000. 2. 25. 선고 98도2188 판결.

60 "신문의 표지 좌측 상단에는 '시 개항. 일제침략에 무릎꿇은 통한의 사건'이라는 소제목하에 '10월 1일 시민의 날이 개정되어야 한다는 여론이 높다. 시 개항은 우리 민족의 자주적 힘에 의한 개항이 아니기 때문이다'라고 기재하면서 관련 기사가 제58쪽에 있음을 알려주고 있고, 위 합성 사진의 상단에는 '600년 전 시진 설치가 항구 시의 시작'이라는 소제목이, 위 '피해자 역사관 확인수순' 바로 밑에는 '(1) 백년회 회장, (2) 향토사학자 해직, (3) 10월 1일 시민의 날 고수'라는 내용이, 위 '친일매국' 바로 아래에는 '개항 100주년 기념사업'이라는 문구가 각기 기재되어 있는 사실, 또한 기사 본문 제58쪽에는 위와 같은 기사 외에도 일본 영사의 종용에 의하여 개항이 이루어진 것이라는 취지의 문제제기 기사가 게재되어 있는 사실, 이 사건 기사가 게재될 당시 시지역에는 매년 10월 1일을 시민의 날로 고수하면서 개항 100주년 기념사업을 추진하려는 피해자 측과 이에 반대하는 향토사가들 사이에 논쟁과 알력이 있어 왔던 사실 등을 알 수 있는바, 앞서 본 바와 같은 법리에 따라 이 사건 기사 중 공소가 제기된 부분을 면밀히 검토하여 보면",

호를 해야 한다고 본다.[61] 이는 일종의 '의심스러울 때는 자유의 이익으로(in dubio pro libertas)'라는 원칙이 적용된 것이다.

라. 허위사실공표죄와 후보자비방죄에서 의견과 사실진술의 구별에 관한 판례의 구체적 검토

(1) 의견표명으로 본 경우

① 피고인이 국회의원 입후보자 합동연설회에서 "유신체제하에서 국민의 피와 땀을 빨아먹던 존재들이 지금 이 자리에 와서 나는 국민의 대표다. 나는 농민의 대표다라고 떠들고 다닌다"고 연설한 행위에 대해 구 「국회의원선거법」상 후보자비방죄로 기소한 사안이다. 이에 대해 대법원은 다음과 같이 사실적시가 없는 것으로 판단하였다.[62] [63]

"피고인의 말이 지나치게 악의적이며 과격한 표현임은 부인할 수 없으나 그 전후 문맥과 견주어 볼 때 한국국민당 소속 입후보자 개인이나 그 소속정당에 관하여 어떠한 구체적 사실을 적시하여 비방한 것이라기보다도 과거 집권당의 소속원들에 대한 피고인 자신의 경멸적인 평가를 추상적으로 표현한 것이라고 할 것이므로 이는 구 「국회의원선거법」 제77조 소정의 비방행위라고 볼 수 없다."

위 표현은 '지금 이 자리에 와서 나는 국민의 대표다고 떠들고 다닌 자(ⅰ)는 유신체제하에서 국민의 피와 땀을 빨아먹던 존재들이다(ⅱ)'라는 표현으로 정리된다. 그러나 '(ⅰ) 표현'은 사실진술에 해당하지만 '비방'으로 보기 어렵고, '유신체제하에서 국민의 피와 땀을 빨아먹던 존재들(ⅱ)'은 그 표현에서 어떤 사실진술이 간취되지 않을 정도로 고도로 추상화된 표현이기 때문에

---

61 "(의견과 사실진술의) 구분이 불가능한 경우 그 표현은 효과적으로 기본권을 보호하기 위하여 전체가 의견표현으로 인정되어야 하고, 표현의 자유의 보호영역에 해당시켜야 한다. 그렇지 않다면 기본권보장이 본질적으로 축소될 위험이 있기 때문이다"{BVerfGE 61, 1, 박용상, 『명예훼손법』, 103면에서 재인용}.

62 대법원 1984. 5. 29. 선고 84도554 판결.

63 이와 비슷한 사안으로, "마르코스도 군에서 옷벗고 나와 장기집권하다 망했다. 군정은 몸서리친다 우리도 박정희 대통령 때부터 현재까지 군정의 연속이다"라는 취지로 발언한 사안에서, 판례는 "말은 당시 정부의 성격을 민간주도의 정부라기보다 군인주도의 정부라는 주관적 판단을 표시한 것으로 볼 것이고 대통령에 불명예가 될 만한 사실의 적시가 있었다고 보기 어렵다"고 판시하였다(대법원 1988. 9. 20. 선고 86도2863 판결).

사실적시를 한 것으로 보기 어렵다. 따라서 위 판결은 타당하다고 본다.

② 피고인이 지방의회 합동연설회에서 "고소인은 자기 목적을 위해서는 즉 당선되기 위해서는 아무데나 눈물을 흘리고, 아무데나 웃고 아무데나 비방하는 몰염치한 사람이다", "위와 같이 비양심적인 행동을 하며, 목적을 위해서 수시로 표정을 바꾸는 고소인은 지방자치제나 지방발전을 위해 기여할 수 없는 사람이니 의원으로 선출하여서는 아니된다"고 연설한 행위에 대해 구 「지방의회의원선거법」 제177조 제1항상 후보자비방죄로 기소한 사안이다. 이에 대해 대법원은 아래와 같이 사실진술이 없다고 판단하였다.[64]

"헌법상 언론은 자유라고 하는 원칙으로 보아 양자가 혼합되어 있는 경우에도 의견으로서의 요소가 우세하고 사실주장으로서의 의미가 무시될 수 있는 경우에는 의견표현으로 해석하여야 할 것이지만, 일응 가치판단이나 의견의 표현으로 보이는 경우에도 그 가치판단이 일정한 사실을 전제로 하고 있는 것이 문맥상 간취되는 경우에는 사실의 적시가 있다고 보아야 할 것이다. … 이러한 표현내용은 상대 경쟁자에 대한 피고인의 주관적, 감정적 평가를 내용으로 하는 것이어서 사실적시로서의 구체성을 결하여 사실적시가 없다."

위 표현 중 "고소인은 자기 목적을 위해서는 즉 당선되기 위해서는 아무데나 눈물을 흘리고, 아무데나 웃고 아무데나 비방하는 몰염치한 사람이다"라는 표현에서, '고소인은 자기의 당선을 위해서는 아무데나 비방하는 몰염치한 사람이다'는 표현이 추출·정리되는데, '아무데나'가 '아무[65]나'로 문맥상 해석될 여지가 있고, 이런 경우에는 '고소인은 자기의 당선을 위해서는 아무나 비방하는 몰염치한 사람이다'라는 사실진술이 간취되는 표현으로 볼 여지가 있다. 하지만, '아무데나 눈물을 흘리고, 아무데나 웃고'라는 문맥을 고려하면, '아무데나'를 '아무 데서'라는 장소적 의미로 파악되고, 이 경우 이 표현은 '고소인은 자기의 당선을 위해서는 '아무 데서' 비방하는 몰염치한 사람이다'로 정리된다. 이러한 표현은 누구를 비방하는지를 알 수 없는 추상적 표현으로 일정한 사실진술이 간취된 경우로 보기 어렵다.

---

64 부산고등법원 1992. 6. 17. 선고 92노215 판결.

65 '아무'는 특별히 누구를 지정하지 않은 사람을 가리킬 때 쓰는 말이다(교학사, 『한국어사전』, 2008, 1336면).

③ 피고인(B)이 "여수를 뇌물비리 도시로 만든 A를 심판해주십시오, 여수시 을 B"라는 문자메시지를 12,000명에게 발송한 행위에 대하여 낙선목적 허위사실공표죄로 기소한 사안이다. 항소심 재판부는 다음과 같이 사실적시가 아니라고 하여 무죄를 선고하였다.[66] 그러나 '여수를 뇌물비리 도시로 만든 A'라는 표현에서 A가 여수시 뇌물비리에 깊이 연루되었다는 사실진술이 간취된다는 점에서 사실적시라고 보아야 할 것이다.[67]

"'여수를 뇌물비리 도시로 만든 A를 심판해 주십시오, 여수 을 B'이라는 문구 자체를 보면 이는 시간과 공간적으로 구체적인 과거 또는 현재의 사실관계를 나열하였다기보다 피고인의 추상적인 판단이나 추측을 나타낸 것이라고 할 수 있는 점, 그런데다가 2012. 5. 22. 현재 판시 블로그에 방문한(누구든지 제한없이 방문할 수 있는 상태였음) 사람 수는 4,159명에 불과한 반면, 판시 문자메시지는 지역구민 약 12,000명에게 발송되었고, 위와 같이 블로그에 방문한 사람들이 모두 판시 1, 2의 점 게시물을 읽었는지 또 위 문자메시지를 전송받은 사람들과 일치하는지도 알 수 없는 상태인바, 이러한 상황에서 섣불리 판시 1, 2[68] 점의 게시물 내용과 연관지워 위 문자메시지 내용의 의미를 해석해서는 아니 되는 점 등을 종합하여 보면, 위 문자메시지 내용이 사실을 적시한 것이라고 보기 어렵다."

④ 피고인이, 국회의원 선거 후보자가 되고자 하는 甲이 한미 FTA 비준동의안의 여야 합의처리 등을 위해 단식하였는데, 이에 대하여 "굿~! 한미 FTA를 빨리 날치기하라고 단식했던 甲 OUT!"이라는 문구를 리트윗하는 방법으로 공표한 행위를 허위사실공표죄로 기소한 사안이다.[69]

"'한미 FTA를 빨리 날치기하라고 단식했던 공소외 1' 부분은 그 언어가

---

66 광주고등법원 2013. 1. 17. 선고 2012노507 판결. 이에 대한 상고심인 대법원 2013. 4. 11. 선고 2013도1463 판결도 별다른 구체적 이유 설시 없이 원심의 판단을 지지하였다.

67 1심 재판부 같은 판단을 하여 유죄로 선고한 바 있다(광주지방법원 순천지원 2012. 11. 1. 선고 2012고합437 판결).

68 판시 2의 공소사실은 다음과 같다.
2012. 2. 18. 19:28경 피고인의 다음 블로그에 "여수를 비리도시로 만든 A을 심판합시다, 갑의 거액 뇌물을 사무실관계자가 받으면 정당합니까, 갑 전 시장과 비리로 그만둔 지방의원들을 공천한 사람이 A 아닙니까, 민주통합당은 이명박 정권 비리 심판에 앞서 여수의 비리부터 심판하라"라는 표지물을 들고 있는 피고인의 사진을 게시하였다.

69 서울고등법원 2013. 11. 21. 선고 2013노1814 판결.

갖는 통상적인 의미로만 국한하여 보면 '공소외 1이 한미 FTA를 빨리 날치기하라고 단식했다'는 구체적인 과거의 사실관계에 대한 내용으로 읽힐 수 있고, 공소외 1이 실제로 어떠한 의도로 단식을 하였는지 여부도 입증이 가능한 것이라고 볼 수는 있다. 그러나 이 사건 트윗 문구가 사용된 문맥에 관하여 보면, 이 사건 트윗 문구는 공소외 1이 한미 FTA를 '빨리 날치기하라고 단식했다'는 취지인바, 국회의원이 어떠한 의안에 대한 국회의 비준 내지 의결을 '날치기'의 방법으로 처리할 것을 촉구하고, 그것도 '빨리' 날치기할 것을 촉구하면서 단식을 한다는 것은 통상적인 국회의원의 행위로서는 매우 이례적인 것으로서 그러한 행위가 실제 존재하였다고 그대로 받아들이기 어려운 내용이다. 즉, 이 사건 문구는 그 문맥에 비추어 보면 실제 있었던 사실을 전달하거나 보고하고 있다기보다는 오히려 반어적이거나 희화적인 견해 내지 평가를 표현하고 있다거나 적어도 그러한 가능성이 있는 문구라는 것을 문맥 자체로서 드러내고 있다고 보인다. … 위 인정사실에 의하면, 피고인이 이 사건 트윗 문구를 리트윗하기 전에, 국회의원 공소외 1이 한미 FTA의 일방처리에 반대하며 합의처리를 촉구하는 단식까지 하였음에도 합의처리가 되지 않고 일방처리 및 물리적 충돌이 발생하는 본회의에 출석한 것에 대하여 의사정족수를 채우는 모순적인 행위라는 비판이 제기되고 그러한 비판적 의견이 반어적, 풍자적인 방법으로 표현되어지고 있었으며, 그러한 비판과 풍자의 내용이 언론을 통하여 알려지고 있었음을 알 수 있다. 이러한 당시의 사회적 정황에 비추어 보면, 이 사건 트윗 문구는 단순히 사실을 전달하거나 보고하는 것이라기보다는 당시 제기되고 있던 공소외 1의 행위에 대한 비판적인 의견을 반어적, 풍자적, 희화적인 방식으로 표현한 것이라고 봄이 상당하다. … 그 언어의 통상적 의미와 용법 및 입증가능성이 앞서 본 바와 같다고 하더라도 이 사건 트윗 문구는 반어적 방법에 의한 비판적 의견을 표현한 것이라고 봄이 상당하고, 선거법 제250조 제2항이 금지하는 행위, 즉 유권자로 하여금 후보자에 관한 정확한 판단을 그르치게 할 위험이 있는 허위의 사실을 적시한 경우에 해당한다고 보기는 어렵다."

'FTA를 빨리 날치기하라고 단식했던 甲'의 표현은 위 판례도 설시한 바와 같이 일정한 사실진술이 간취되는 표현으로 증명가능성이 있는 것이다. 그러나 한미 FTA 일방처리에 반대하여 단식까지 한 갑이 한미 FTA 처리를 위한 본회의에 참석하여 기권을 함으로써 의결정족수 성립에 도움을 주었고, 이는 한미 FTA 처리의 원만한 처리가 아닌 강행처리 또는 날치기 처리에 일조한 것으로 볼 수 있다. 위 진술은 이러한 행위를 한 갑에 대하여 풍자적으로 과장하여 표현 것이다. 이런 행위까지 허위사실공표죄을 적용한다면, 선거에서 국민의 표현의 자유가 중대하게 제한되는 점을 고려한 것으로, 타당한 판결이라고 본다.[70]

(2) 사실의 공표 또는 적시로 본 경우

⑤ 피고인이 정당연설회에서, '공소외 1 후보가 어떻게 이혼을 했는지 그 소문을 이 자리에서 입이 부끄러워서 얘기하지 않겠습니다. 조강지처 버리고 잘된 사내가 없습니다'(iii), "주○○씨는 병원간판을 '주클리닉'으로 붙여서 불법이고, 의료법상 벌금 300만 원 이하에 처하게 되어 있는데, 얼마나 막강하면 벌금을 한 번도 안 냈어요"라고(iv) 연설한 행위에 대하여 후보자비방죄로 기소한 사안이다. 대법원은 다음과 같이 각각 사실진술이 있다고 판단하였다.[71]

"'조강지처 버리고 잘된 사내가 없다'는 표현만으로는 추상적인 의견의 표시에 불과하지만, 그 직전에 한 '공소외 1 후보가 어떻게 이혼을 했는지 그 소문을 이 자리에서 입이 부끄러워서 얘기하지 않겠습니다'라고 한 발언과 종합하여 보면 '공소외 1 후보가 조강지처를 부당하게 버렸고 그 과정에 관하여는 입에 담기 부끄러울 정도로 좋지 않은 소문이 있다'는 사실을 함축하고 있으므로, 비록 피고인이 소문에 나도는 구체적인 이혼의 경위를 적시한 것은 아니지만 '입이 부끄러워 얘기하지 않겠다'는 표현만으로도 선거인으로 하여금 후보자가 이혼에 이른 과정을 그릇되게 추단하도록 하여 그의 평가를 저하시킬 수 있다 할 것이어서, 이 표현은 사실을 적시하여 후보자를 비방한 것 … 위 부분 발언은 직접적으로 '주○○은 병원간판을 주클리닉으로 함으로써 불법을 저질렀음에도 벌금을 낸 적이 없다'는 구체적인 사실을 지적하고 있는 것이고, 그 말속에는 공소외 1의 처인 주○○이 불법을 저질렀음에도 벌금을

70 위 판결과는 달리 1심(서울중앙지방법원 2013. 5. 23. 선고 2012고합1253 판결)은 유죄로 판단하였다.

71 대법원 2002. 6. 14. 선고 2000도4595 판결.

안내고 있어 나쁘다거나 혹은 공소외 1이 영향력을 행사하여 벌금을 안내고 있다는 점이 함축되어 있다고 할 것이므로, 이는 일응 사실을 적시하여 비방하고 있는 것에 해당한다."

위 "주○○씨는 병원간판을 '주클리닉'으로 붙여서 불법이고, 의료법상 벌금 300만 원 이하에 처하게 되어 있는데"라는 표현은 법적인 판단을 표현한 것에 불과하다. 그러나 '얼마나 막강하면 벌금을 한 번도 안 냈어요'라는 표현은 '공소외 1 후보자의 영향력으로 주○○가 벌금을 한 번도 안 냈다'는 사실진술 또는 '불법을 저지른 주○○가 벌금을 한 번도 안 냈다'는 사실진술이 간취되므로 법원의 판단은 타당하다고 본다. 역시 (iii) 표현과 관련해서 보면, 앞서 사실진술과 의견의 판단기준 중 앞뒤 문맥 파악에 의한 전체적 문맥을 고려한 전형적인 판단으로, 타당한 판결이다.

⑥ 피고인이 인터넷 증권포털사이트 '팍○넷'의 자유게시판에 "새누리 병… '탈당, 답변할 가치가 없다' 일축, 혼자 … 처묵은 게 아니니 … 당하다 … 말 … 맞쥐? ㅋㅋㅋ뻔뻔한걸루치믄 … 니 주군놘이랑 붙어묵을 만한 눔인 거 맞다 ㅋㅋㅋㅋ"라고 동일한 방식으로 게시한 행위에 대하여 후보자비방죄로 기소한 사안이다. 항소심 재판부는 다음과 같이 사실의 공표 또는 적시가 있다고 판단하여 유죄로 인정하였다.[72]

"'새누리 소속의 병 …', '혼자 처묵은 게 아니니 당당하다'는 등의 문구를 통해 을이 공천헌금 비리에 연루된 병 의원과 함께 금전을 수수하였다는 사실을 적시하였다고 볼 수 있다."

그러나 '혼자 … 처묵은 게 아니니 … 당당하다'라는 표현은 위 '병이 혼자 금품을 수수한 것이 아니어서 병은 당당하다'라는 것으로 정리되고, 이는 다른 사람과 함께 금품을 수수했을 수도 있었다는 점을 암시할 수는 있어도 대통령 입후예정자 을이 위 병과 같이 금품을 수수하였다는 사실진술이 간취된다고 볼 수 없어, 을에 대한 사실적시에 의한 비방이라고 볼 수 없다. 따라서 이러한 판단은 타당하지 않다.[73]

---

72 서울고등법원 2013. 8. 14. 선고 2013노2010 판결.

73 1심 재판부도 "게시글에는 증거로 입증 가능한 구체적인 과거 또는 현재의 사실관계가 명확하게 나타나 있지 않은 것으로 보이며"라고 하여 이 부분에 대하여 무죄로 판단하였다.

⑦ 피고인이 "범야권 범시민 단일후보 저 C에게 구청장을 맡겨주시면, … 사람 중심의 새로운 관악을 건설하겠습니다", "범야권 단일후보 C입니다. 범야권 단일후보 저 C에게 구청장을 맡겨주십시오"라고 마이크와 앰프를 이용하여 선거유세를 한 행위에 대하여 마치 피고인이 야당 후보자 간에 단일화협상을 거쳐 선정된 후보 또는 야권의 단일한 후보인 것처럼 발표함으로써 당선목적 허위사실공표죄를 범한 것으로 기소한 사안이다. 이에 대하여 항소심 재판부는 다음과 같이 사실진술이 있다고 판단한 다음, 당선목적 허위사실공표죄를 유죄로 인정하였다.[74]

"어휘의 객관적·통상적 의미, 피고인 소속의 민주당과 민주노동당, 창조한국당, 국민참여당 사이의 서울특별시장 후보자 단일화 협상 등과 관련된 당시의 정치적 상황과 배경, 이에 대한 언론의 보도내용과 사용한 용어 등의 사정을 종합하면, 피고인이 사용한 '범야권 단일후보'라는 표현이 모든 야당이 참여한 협상에 의한 후보자만을 지칭하는 것으로 볼 필요는 없지만, 적어도 앞서 본 민주당, 민주노동당, 창조한국당, 국민참여당 사이에 이들 정당을 대표하여 한 명의 후보자만을 입후보시키기로 하는 합의가 이루어진 것을 전제로 위 합의에 따라 입후보한 후보자를 의미하는 취지로 위 표현을 해석하여야 할 것이다. 그리고 위와 같이 주요 야당들의 단일화 협상 내지 합의에 따른 후보자라는 표현은 단순한 정치적 평가 또는 가치판단에 관한 수사가 아니라 후보자의 신분 등에 관한 구체적인 사실적시에 해당한다고 할 것이고, 또한 위 내용은 유권자들로 하여금 적어도 위 4개 정당 사이에 피고인을 단일 후보자로 추천하는 내용의 합의가 이루어졌다고 오인하게 할 수 있는 정도라고 판단된다. 이에 따라 살피건대 위 증거들에 의하면, 원심이 적절하게 설시한 바와 같이 이 사건 전국동시지방선거와 관련하여 위 4개 정당 사이에 이루어진 서울특별시장 후보 단일화 합의에 산하 각 구청장 후보 단일화에 대한 내용까지 포함되어 있지는 않은 사실, … 반면 피고인이 입후보한 서울특별시 관악구청장 선거에서는 민주노동당, 국민참여당, 창조한국당이 내부 사정 등으로 후보자를 공천하지 아니하였을 뿐 피고인 또는 민주당 측과 후보자 단일화에 관한

74 서울고등법원 2011. 1. 28. 선고 2010노3508 판결 확정.

합의를 거치지 아니한 사실 등이 인정되는바, 위 사정들을 종합하면 피고인을 주요 야당들의 단일화 협상 내지 합의에 따른 후보자, 즉 '범야권 단일후보'라고 볼 수는 없다."

그러나, 범야권 단일후보는 주요 야당 간의 합의에 의해 선출된 단일한 후보만을 의미한다고 볼 수 없고, 주요 야당간 그에 관한 합의가 되지 않았더라도 일부 야당 간에는 합의가, 일부 야당은 그에 대한 지지를 하는 경우도 포함한다고 할 것이고, 그 지지는 야당이 공식적으로 그 후보자를 지지하는 경우뿐만 아니라 야당이 자당의 후보자를 내세우지 않아 그 후보자를 지지하는 경우도 포함한다고 본다. 따라서 범야권단일후보라는 용어가 편견 없는 유권자들에 의하더라도 그 의미를 확정하기 어려울 정도로 고도로 추상적으로 표현한 것이다. 또한, 이런 정도의 표현까지 허위사실공표죄상의 사실진술의 간취가 있는 것으로 본다면, '선거운동의 자유와 정당'의 '정당활동의 자유'가 침해될 소지가 있고, 이는 기본권과의 관계상 바람직하다 할 수 없다. 결국, '범야권 단일후보'라는 표현은 그로부터 일정한 사실진술이 간취된다기보다는 범야권의 지지를 받아 출마했다는 점을 고도로 추상화시켜 표현한 것이어서 사실진술로 보기는 어렵다고 본다.

4. 허위사실공표죄에서 허위의 의미와 그 증명

가. 허위의 개념

'허위'(虛僞)는 역사적으로 존재했거나 존재하고 있는 상태나 객관적으로 확인되는 상태에 부합하지 않은 상태[75]를 의미하고, 이러한 허위는 앞서 본 사실진술에 조응하는 개념이다.[76] 이와 관련하여 대법원 1998. 9. 22. 선고 98도1992 판결은, "허위의 사실이라 함은, 진실에 부합하지 않는 사실로서 선거인으로 하여금 후보자에 대한 정확한 판단을 그르치게 할 수 있을 정도로 구체성을 가진 것"이라고 판시한 바 있다.

---

75 대법원 2006. 4. 14. 선고 2004도207 판결 등은 "적시된 사실이 객관적으로 진실에 부합하지 아니하여 허위일 뿐만 아니라"고 하여 '객관적 진실'이라는 표현을 사용한다.

76 정당 또는 부당한 의견(당부의견), 좋은 의견 또는 나쁜 의견(선악의견)은 있을 수 있어도, '허위의견'은 그 자체로 모순이어서 있을 수 없다.

나. 일부 표현이 허위인 경우

표현된 사실진술 전체가 허위인 경우도 있지만, 그 일부가 허위인 경우도 있다. 그 '일부가 허위'인 경우에는 허위인 일부의 표현이 선거인의 후보자나 후보자가 되고자 하는 자에 대한 정확한 판단을 그르치게 하는 정도의 비중이나 중요성을 가지는 경우에는 전체가 허위사실의 진술이 된다고 본다. 이와 관련하여 판례도 "공표된 사실의 내용 전체의 취지를 살펴볼 때 중요한 부분이 객관적 사실과 합치되는 경우에는 세부에 있어서 진실과 약간 차이가 나거나 다소 과장된 표현이 있다 하더라도 이를 허위의 사실이라고 볼 수는 없다"고 판시한 바 있다.[77] 이러한 '일부가 허위'인 특수한 경우로 사실의 왜곡(歪曲)이 있다. '사실의 왜곡'은 진실인 부분과 허위인 부분이 뒤섞여 있는 경우로, 전체적으로 보아서 선거인이 진실에 부합하지 않는 것으로 인식하도록 사실을 진술하는 것을 말하고, 그 태양으로는 일부 사실의 은폐나 일부 사실의 부가(附加) 또는 그 과장(誇張)·윤색(潤色) 등이 포함된다.[78] 다만, 그 과장이나 윤색 등은 선거인의 후보자나 후보자가 되고자 하는 자에 대한 정확한 판단을 그르치게 하는 정도의 비중이나 중요성을 가지는 경우라야 하고, 그렇지 않은 사소하거나 경미한 경우에는 그 윤색이나 과장으로 사실의 왜곡이 있었다고 할 수 없다. 다만, 그 비중이나 중요성을 고려함에 있어서는 선거의 의의와 중요성, 선거일과 선거기간이 정해지고 이에 따라 선거운동이 진행되며 선거일에 이르러서는 과열·혼탁한 네가티브 선거운동이 횡행하기도 하며 선거일에 임박한 시점에서 행해지는 그와 같은 네가티브 선거운동에 대해서는 상대방이 그에 대하여 충분하게 방어하기 어렵다는 선거법의 특수성 혹은 선거의 현실과 이로 인하여 일부의 허위사실에 의해서도 선거의 공정성이 훼손될 우려가 크다는 사정[79] 등을 고려하면서, 선거가 국민의 대표기관을 선출하는 주권

77 대법원 2009. 3. 12. 선고 2009도26 판결.

78 "「사실의 왜곡」이라 함은 객관적으로 보아 허위의 사실에까지는 이르지 아니하였더라도 어떤 사실에 관하여 그 일부를 은닉하거나 반대로 허위의 사실을 부가하거나 또는 분식, 과장, 윤색하는 등으로 선거인의 공정한 판단을 오도할 정도로 전체적으로 보아 사실이라고 할 수 없는 사실을 표현하는 것을 말한다."[일본 동경고재 1976. 8. 6. 판결(판례タイムズ 347호 287) 참조; 황정근. "「공직선거 및 선거부정방지법」상 허위사실공표죄에 관한 고찰", 법조 제49권 제6호(2000), 67면에서 재인용].

79 여기서는 선거의 자유가 특별히 고려될 여지가 없다. 왜냐하면 일부라도 허위의 사실이 있는

자인 국민의 의사표현이고 이러한 의사표현은 가급적 최대한 보장하는 것이 국민주권의 원리상 필요하다는 점도 고려해야 한다고 본다. 다만, 사실의 왜곡은 특정 사실을 왜곡함으로써 선거의 공정성을 해친다는 '의도성'이 있고 그 의도는 자신이나 지지후보의 당선 등의 일정 이익에 향해진 점을 고려하면, 앞서 본 사실진술과 의견의 구별과는 다른 측면에서 이를 바라볼 필요가 있다고 본다.

이와 관련하여 판례는 선거후보자가 그와 경쟁관계에 있는 다른 후보자가 정당한 사유로 종합소득세를 납부하지 않았을 뿐이고 근로소득세는 납부한 사실을 알면서도 그가 소득세를 납부하지 않았다는 취지의 연설을 하면서 그 세금이 종합소득세라고 특정하지 아니한 행위가 허위사실공표인지에 해당하는지 관련하여, "새천년민주당 소속 공소외 1 후보가 1997년부터 1999년까지는 근로소득만 있었고 그 외에 종합소득을 구성할 만한 소득이 없었던 관계로 종합소득 과세표준 확정신고 및 이에 따른 종합소득세 납부를 하지 않은 것이고, 비록 피고인으로서는 공소외 1 후보가 1998년 및 1999년에 종합소득세를 납부한 바가 없음을 알리겠다는 의도에서 그와 같이 연설을 하였다 하더라도, 그가 납부하지 않은 세금이 종합소득세라고 특정하지 않은 이상 이를 허위가 아닌 진실이라 할 수는 없고"라고 판단하여 허위사실의 공표라고 판단한 바 있다.[80] [81]

다. 허위성의 증명

(1) 판례의 법리

허위사실공표죄에서 허위성의 증명과 관련해서 판례는, "증명책임을 다

것은 명백하기 때문이다.

80 대법원 2002. 5. 24. 선고 2002도39 판결.

81 의도적 사실왜곡에 의한 불법행위 성립에 관한 판례로는 다음 판결이 있다. 어느 언론사가 "원고의 쟁의행위로 인하여 체결된 2003년도 단체협약에 따라 원고 조합원들이 연간 165일~177일(또는 170일~180일)의 휴일을 누리면서도 연봉 5,000만 원을 받게 되었다"는 보도를 하면서, 그 휴일일수가 원고인 노조의 조합원들이 실제로 위와 같은 휴일을 사용하는 것이 아니라 제도적으로 보장된 휴일수의 최대한도라는 사실을 시사하는 단서나 표현이 전혀 없는 사안에서, 판례는 "그 의견표명의 전제로 적시한 사실관계 중 일부 보도 내용이 그 표현의 형식 등 제반 사정에 비추어 의도적으로 사실을 왜곡함으로써 노동조합 또는 그 조합원의 인격권을 침해하였으므로, 노동조합에 대한 불법행위를 구성한다"고 판단하였다.

하였는지 여부를 결정함에 있어서는, ① 어느 사실이 적극적으로 존재한다는 것의 증명은 물론 그 사실의 부존재의 증명이라도 특정기간과 특정장소에서의 특정행위의 부존재에 관한 것이라면 적극적 당사자인 검사가 이를 합리적 의심의 여지가 없이 증명하여야 할 것이지만, 특정되지 아니한 기간과 공간에서의 구체화되지 아니한 사실의 부존재를 증명한다는 것은 사회통념상 불가능한 반면 그 사실이 존재한다고 주장, 증명하는 것이 보다 용이한 법이므로 이러한 사정은 검사가 그 입증책임을 다하였는지를 판단함에 있어 고려되어야 할 것이고(대법원 2004. 2. 26. 선고 99도5190 판결 참조), ② 따라서 의혹을 받을 일을 한 사실이 없다고 주장하는 사람에 대하여 의혹을 받을 사실이 존재한다고 적극적으로 주장하는 자는 그러한 사실의 존재를 수긍할 만한 소명자료를 제시할 부담을 진다고 할 것이며, ③ 검사는 제시된 그 자료의 신빙성을 탄핵하는 방법으로 허위성의 입증을 할 수 있다고 할 것인데(대법원 2003. 2. 20. 선고 2001도6138 전원합의체 판결 참조), 이 때 제시하여야 할 소명자료는 위의 법리에 비추어 단순히 소문을 제시하는 것만으로는 부족하고 적어도 허위성에 관한 검사의 입증활동이 현실적으로 가능할 정도의 구체성은 갖추어야 할 것이며, 이러한 소명자료의 제시가 없거나 제시된 소명자료의 신빙성이 탄핵된 때에는 허위사실 공표로서의 책임을 져야 할 것이다"고 판시한 바 있다.[82]

이러한 법리는 허위사실적시 출판물에 의한 명예훼손죄[83]나 「정보통신망 이용촉진 및 정보보호 등에 관한 법률」 제70조 제2항상의 허위사실 적시에 의한 명예훼손죄[84]에서의 공표사실의 허위성에 관한 증명책임과 관련해서도 동일하게 확인되고 있다. 다만, 대법원 2006. 4. 14. 선고 2004도207 판결은, "형사재판에서 공소가 제기된 범죄의 구성요건을 이루는 사실은 그것이 주관적 요건이든 객관적 요건이든 그 증명책임이 검사에게 있으므로 「형법」 제309조 제2항의 출판물에 의한 명예훼손죄로 기소된 사건에서, 사람의 사회적 평가를

82 대법원 2005. 7. 22. 선고 2005도2627 판결; 대법원 2014. 3. 13. 선고 2013도12507 판결; 대법원 2011. 12. 22. 선고 2008도11847 판결; 대법원 2006. 11. 10. 선고 2005도6375 판결 등 다수 판례. 이러한 법리는 확립된 것으로 보인다. 다만, 위 판례에서 번호는 임의로 저자가 첨언한 것이다.

83 대법원 2008. 11. 13. 선고 2006도7915 판결.

84 대법원 2010. 11. 25. 선고 2009도12132 판결.

떨어뜨리는 사실이 적시되었다는 점, 그 적시된 사실이 객관적으로 진실에 부합하지 아니하여 허위일 뿐만 아니라 그 적시된 사실이 허위라는 것을 피고인이 인식하고서 이를 적시하였다는 점은 모두 검사가 입증하여야 하고"라고 설시한 판결[85]이 있는데, 이 판례는 위와 같은 법리를 설시한 판례와 결이 조금 다르긴 하지만, 그 판례들과 모순되거나 배치되는 판결은 아니라고 본다. 왜냐하면 위 2004도207 판결은 그 허위성 증명책임이 검사에 있다는 점을 원칙적으로 설시한 판결이고, 위 판결들은 그런 전제 위에서 증명책임의 분배를 시도하는 판결이라고 보여지기 때문이다.

(2) 판례 법리 검토

위와 같은 판결의 취지는 형사증명책임분배의 원칙에 대한 예외를 인정하는 것이 아니라 구체적으로 특정되지 아니한 막연한 의혹사실의 부존재의 증명이 현실적으로 불가능하다는 점 및 선거법의 입법취지 등을 감안하여 법관의 심증 형성의 과정에 있어서 경험법칙에 입각한 합목적적인 사실인정의 기준을 제시한 것으로 보아야 하고, 다만 위 판례의 심리 및 판단의 기준을 적용함에 있어서 형사증명책임분배의 원칙에 따른 피고인의 이익이 침해되지 않도록 피고인에게 소명자료 제출의 부담 및 그 위반에 따르는 불이익에 관하여 충분히 고지함으로써 소명자료의 제출 및 그 신빙성에 대한 탄핵과정을 통해 공표사실의 허위성에 대한 법관의 적극적 심증형성이 우선적으로 시도되어야 한다는 점 또한 간과되어서는 안 될 것이다고 하여, 위와 같은 판례 취지를 긍정적으로 보는 견해가 있다.[86]

반면, 기간이나 장소 및 행위자가 특정되지 아니한 경우에는 검사가 어떤 사실의 부존재에 관해서 합리적 의심의 여지가 남지 않을 정도로 증명하는 것이 사실상 불가능하다는 점에 근거해서 판례가 피고인에게 일정한 소명책임을 부담시킨 것이라면, 피고인의 소명책임은 해당 사실의 부존재와 관련된 사항을 특정할 수 있을 정도이면 족하고, 막연한 의혹이 소명자료를 통해 특정되었다면, 사실의 허위성에 대해서는 검사가 적극적으로 입증해야 할 것인데,

85 대법원 2006. 4. 14. 선고 2004도207 판결.

86 천대엽, "허위사실공표죄의 구성요인인 '허위사실'의 입증문제", 형사재판의 제문제 제5권(2005), 381~383면.

판례에 의할 때 검사는 제시된 소명자료의 신빙성을 탄핵하는 방법으로 허위성을 증명할 수 있으며, 이로 인해 유죄 판결을 피하려는 피고인으로서는 신빙성이 탄핵되지 않을 정도의 엄격한 소명책임을 부담해야 하는바, 이는 사실상 검사의 입증책임이 피고인에게 전가되는 것이고, 국민들로 하여금 설령 진실이라 하더라도 신빙성이 탄핵되지 않을 정도의 소명자료를 구비하지 못했다면 침묵하도록 요구하는 것과 같은 부당한 결과를 가져온다는 점을 지적하며, 위와 같은 판례에 비판적인 견해가 있다.[87][88]

생각건대, 우리 헌법 제27조 제4항은 "형사피고인은 유죄의 판결이 확정될 때까지는 무죄로 추정된다"고 무죄추정의 원칙을 선언하고 있고, 이러한 원칙에 기반하여 「형사소송법」도 제275조의2에서도 '피고인의 무죄추정'을 규정하고 있다. 또 제307조 제2항은 "범죄사실의 인정은 합리적인 의심이 없는 정도의 증명에 이르러야 한다"고, 제325조는 범죄사실의 증명이 없는 때에는 무죄판결을 선고하도록 규정하고 있다. 또한 검사는 공익의 대표자로서 공소를 제기하고(동법§246), 법원은 이에 대하여 심판하는 것이 형사소송의 기본구조이다(동법§248①). 이러한 헌법과 「형사소송법」의 규정을 종합하면, 검사는 범죄사실을 합리적 의심이 없을 정도로 증명을 해야 하고 이를 하지 못한 경우에는 그로 인한 무죄판결 등의 불이익을 받는다는 실질적 거증책임이 검사에게 귀속된다는 원칙이 도출된다.[89] 그런데, 위와 같은 판례의 법리 중 위 ③

---

87 위와 같은 판례는 입증책임의 완화를 통해 의도적으로 전혀 근거 없는 허위의 사실을 유포하고자 하는 권리남용자를 통제하기 위한 고육지책(苦肉之策)의 성격을 가지는 것이라 하면서, 그와 같은 예외적 입증책임의 완화는 허위사실임을 적극적으로 인지한 것으로 객관적으로 증명되지 않고 허위사실의 유무가 오히려 수사에 의해 일정부분 직접 규명될 필요가 있는 표현행위로서 그 행위의 동기가 선거에서 공직검증을 하기 위한 것과 같이 공공의 목적에 부합하는 사안인 경우에는 적용되어서는 아니 된다는 견해도 있다[김종철, "공직선거법 제250조 제2항(낙선목적 허위사실공표죄)와 관련된 판례에 대한 헌법적 검토", 법학연구 제22권 제1호(2012. 3), 20~21면].

88 윤지영, 앞의 논문, 624면.

89 이는 판례도 마찬가지이다.
"<u>이러한 형사재판에 있어서 공소된 범죄사실에 대한 거증책임은 검사에게 있는 것이고 유죄의 인정은 법관으로 하여금 합리적인 의심을 할 여지가 없을 정도로 공소사실이 진실한 것이라는 확신을 가지게 하는 증명력을 가진 증거에 의하여야 하므로</u>, 그와 같은 증거가 없다면 설령 <u>피고인에게 유죄의 의심이 간다 하더라도 피고인의 이익으로 판단할 수밖에 없으며</u>, 민사재판이었더라면 입증책임을 지게 되었을 피고인이 그 쟁점이 된 사항에 대하여 자신에게 유리한 입증을 하지 못하고 있다 하여 위와 같은 원칙이 달리 적용되는 것은 아니다"(대법원 1996. 3. 8. 선고 95도3081 판결).

부분은 위와 같은 실질적인 거증책임[90]에 반하게 된다. 즉, 윤지영 박사가 적절하게 지적한 바와 같이, 검사가 의혹제기자가 제시한 소명자료의 신빙성을 탄핵하는 방법으로 당해 의혹사실의 허위성의 증명이 가능하다고 한다면, 그 의혹제기자는 신빙성이 탄핵되지 않을 정도의 엄격한 소명책임을 부담해야 하고, 이는 위와 같은 실질적 거증책임을 의혹제기자에게 전가하는 부당한 결과를 초래하게 된다. 나아가 선거의 자유의 핵심은 정치적 표현의 자유를 최대한 보장하여 후보자에 대한 공직적격을 심사할 수 있는 충분한 기회가 보장되는 데 있으며 이를 위축시키는 과도한 제한은 선거의 자유의 본질을 훼손시킬 수 있으므로 자유로운 선거권 보장을 저해할 수 있는 표현의 자유에 대한 규제는 매우 엄격한 요건하에서 필요 최소한에 그쳐야 함은 당연한 헌법적 요청인바,[91] 위와 같은 판례는 이러한 헌법적 요청에 반하게 된다. 요컨대, 이러한 판례는 국민의 대표기관을 선출하는 주권자인 국민의 의사표현인 선거에 대한 국민의 참여와 자유를 위축시켜 주권자로서의 국민의 의사를 실질적으로 왜곡시키는 국민주권의 원리상에 반하는 결과를 초래하게 되는 것이다. 이러한 결과의 부당함은 다언을 요하지 않을 것이다.

그러므로 위와 같은 판례는 다음과 같이 수정될 필요가 있다.[92] 이러한 수정된 법리에서도 의혹제기자는 의혹사실의 존재를 수긍할 만한 소명자료를 제시할 책임을 지게 되는데, '수긍할 만한 소명자료'를 제시할 책임을 높게 설정하면, 기존 판례와 동일한 결론에 이르게 되므로 이는 가급적 유연하게 볼 필요가 있는바, 편견 없는 일반인이 당해 의혹사실이 존재할 수 있다는 합리적 의심을 품게 하는 정도의 자료의 제시에 의해 그 책임을 다한 것으로 보는 것이 타당하다고 본다.

"(위 ① 내지 ② 부분은 동일함) 따라서 의혹을 받을 일을 한 사실이 없다고

---

90 (실질적) 거증책임에 대하여는 다음 문헌 각 참조. 신동운, 『형사소송법』, 2014, 1114~1117면; 정웅석, 『형사소송법』, 대명출판사, 2006, 798~800면; 차용석·최용성, 『형사소송법』, 21세기사, 2008, 460~462면; 배종대 외 3, 『신형사소송법』, 홍문사, 2011, 548~550면(다만 거증책임 대신 증명책임이라는 용어를 사용함); 임동규, 『형사소송법』, 법문사, 2011, 460~462면(다만 거증책임 대신 입증책임이라는 용어를 사용함); 손동권, 『형사소송법』, 세창출판사, 2010, 534~536면; 백형구, "형사소송에 있어서의 거증책임; 학설의 정리·논평", 고시계 제46권 제11호(2001. 11), 104~107면.

91 김종철, 앞의 논문, 23면.

92 특히 아래에서 밑줄 그은 부분이 기존 판례 법리와 상이한 결론에 이른 부분이다.

주장하는 사람에 대하여 의혹을 받을 사실이 존재한다고 적극적으로 주장하는 자는 그러한 사실의 존재를 수긍할 만한 소명자료를 제시할 부담을 지고, 그러한 소명자료 제시에 의해 그 사실에 대한 기간 및 장소가 특정된다면 검사는 제시된 자료의 신빙성을 탄핵하는 방법으로 허위성을 증명할 수 없고, 다시 그 기간 및 장소에서의 특정행위의 부존재에 대하여 적극적으로 증명해야 하며, 만일 그러한 소명자료 제시에 의해 그 기간 및 장소가 특정되지 못한다면, 의혹을 받을 사실이 존재한다고 적극적으로 주장하는 자는 허위사실 공표로서의 책임을 져야 할 것이다."

5. 허위사실의 인식과 소문의 공표 등 간접적 방식에 의한 허위사실의 공표

가. 허위의 인식과 증명

공표되는 사실이 허위임을 적극적으로 인식했거나 그렇지 않더라도 최소한 허위사실임에 대한 인용이 있어야 한다. 이러한 허위사실에 관한 인식과 인용에 대한 증명책임은 거증책임의 원리상 검사에게 있다. 피고인이 허위사실을 적극적으로 인식했거나 당해 사실이 허위일지라도 공표를 한다는 미필적 고의를 정황증거나 자백증거를 통해 증명을 하게 된다. 이와 관련하여 광주고등법원 2007. 4. 26. 선고 2006노481 판결은 "김○○으로부터 전해들은 소문의 내용이 <u>진실한 것인지를 확인할 수 있었음에도 그러한 확인의 노력을 하지 아니한 점</u> 등 피고인이 이 사건 범행에 이르게 된 동기 및 경위, 이 사건 행위의 내용과 태양, 피고인의 사회적 지위 및 황○○과의 관계 등을 종합하여 보면, 피고인으로서는 적어도 미필적이나마 황○○을 당선되지 못하게 할 목적이 있었으며, <u>그 발언의 내용이 허위라는 사실을 충분히 인식하고 있었다고 봄이 상당</u>하다"고 판시하여 공표되는 사실에 대한 '진실확인의무의 이행 여부'를 중요한 준거점으로 하여 허위성에 대한 고의를 판단하고 있다.

그런데 선거기간은 비교적 짧고, 당해 공표되는 사실이 상대방 후보자에 관한 것이므로 그의 영역에 있는 것이 보통이므로 그 사실을 공표하는 후보자는 그 진위 여부를 확인하기가 구조적으로 어려우며, 또한 이를 확인할 수 있는 마땅한 수단을 가지고 있지 않은 경우[93]가 대부분이다. 그러므로 공표하는 사실에 대한 진실확인의무 이행 여부를 가지고 허위 인식 여부를 판단하는 것, 다시 말하여 그 확인 노력을 해태하거나 하지 않았으면 허위의 인식이 있는 것으로 보는 것은, 그 공표행위를 원천적으로 차단시키는 결과를 초래할 수 있다. 요컨대, 그 진실확인의무 이행으로 허위의 인식 여부를 판단하는 것은 진실로 확인되지 않은 사실에 대하여는 공표하지 말고 침묵하라고 강제하는 결과를 낳을 여지가 매우 크다. 이러한 결과는 선거에서의 후보자나 국민의 표현의 자유를 지나치게 제한하거나 국민의 선거에 참여를 위축시킬 여지가 아주 다분하다. 그러므로 '진실확인의무 이행 여부'는 허위사실 인식 여부에 대한 하나의 판단요소에 불과한 것으로 보아야 한다. 나아가, 이미 공표되는 사실에 관련하여 언론보도가 있는 등으로 공표되는 그 사실과 관련하여 편견 없는 일반인이 당해 의혹사실이 존재할 수 있다는 합리적 의심을 품게 하는 정도의 근거를 가지고[94] 이를 공표하는 경우에는, 거증책임의 원리상 검사가 정황증거나 자백증거를 통하여 피고인이 그 허위성에 대하여 적극적으로 인식했거나 당해 사실이 허위일지라도 공표를 한다는 미필적 고의의 존재를 적극적으로 증명하지 못하는 이상, '의심스러울 때는 피고인의 이익'이라는 대원칙에 의하여 그 허위성에 관한 피고인의 인식과 의사는 없는 것으로 볼 수 밖에 없다. 만일 위와 같은 경우가 아니라 단순히 시중에 떠도는 소문이나 풍문(風聞)에 근거하여 허위의 사실을 공표하는 등으로 당해 사실에 대한 근거가 대단히 빈약한 경우에는 피고인이 당해 사실이 진실로 인식할 만한 소명자료를 제시할 부담을 지고, 검사는 이에 대하여 제시된 그 자료의 신빙성을 탄핵하는 방법으로 허위인식의 증명을 할 수 있다고 본다.

---

93 이는 조희연 교육감 사례에서 분명하게 나타난다. 상대방 후보자가 미국 영주권을 취득했는지 여부는 조희연 교육감이 객관적으로 확인하기 어렵고, 그것도 짧은 선거기간 중에는 더더욱 확인하기가 어려울 수밖에 없다.

94 서류 등 자료를 가지고 이에 근거하여 진술하거나 어느 정도 신뢰할 수 있는 사람 등 정보원(情報源)에 근거하여 진술한 경우 등을 말한다.

나. 간접적 방식에 의한 허위사실의 공표의 의의

(1) 의 의

허위사실공표죄에서 문제되는 허위의 사실을 직접적으로 공표하는 것이 아니라, '~한 소문이 있다'고 진술하거나 '~한 사실이 있다고 하더라'고 진술하거나 또는 '~한 의혹 또는 제보가 있다'고 진술하는 방식으로 공표의 방식을 순화하여 허위사실을 공표하는 것을 말한다. 이는 선거에서 상대방 후보자에 대한 검증을 하면서 허위사실공표죄의 책임을 부담하지 않으려는 일종의 고육지책의 성격을 지니는 것이다.

(2) 판례의 태도

이러한 간접적 방식에 의한 허위사실공표행위에 대하여도 판례는 허위사실공표죄의 성립을 인정하고 있다. 즉, 대법원 2002. 4. 10.자 2001모193 결정은, "허위사실공표죄에서는 공표되어진 사실이 허위라는 것이 구성요건의 내용을 이루는 것이기 때문에, 행위자의 고의의 내용으로서 그 사항이 허위라는 것의 인식이 필요하나 어떠한 소문을 듣고 그 진실성에 강한 의문을 품고서도 감히 공표한 경우에는 적어도 미필적 고의가 인정될 수 있고, '어떠한 소문이 있다'라고 공표한 경우 그 소문의 내용이 허위이면 소문이 있다는 사실 자체는 진실이라 하더라도 허위사실공표죄가 성립된다"고 판시하였다. 또한, 대법원 2002. 7. 26. 선고 2001도2732 판결은, '최근 부산광역시 영도구에서 시의원을 지낸 이○○씨가 영도구 국회의원 갑씨에게 구청장 후보공천을 조건으로 1억 원가량(정확하게는 9,500만 원임)을 주었다고 고소를 했습니다. 신문과 방송에서도 여러 차례 보도가 되었습니다'고 설문의 전제를 깔면서, '설문 1: 이○○씨가 국회의원 갑씨에게 구청장 후보공천을 조건으로 1억 원 가량을 주었다고 하는데 그 사실을 믿습니까, 믿지 않습니까. 가. 믿는다. ( ), 나. 믿지 않는다. ( ), 설문 2: 국회의원 갑씨가 구청장 후보공천을 조건으로 1억 원을 받았다면, 그것은 잘못된 처사라고 생각하십니까, 아니면 그럴 수도 있는 일이라고 생각하십니까. 가. 잘못된 행동이고, 앞으로 그런 정치인은 하루빨리 없어져야 한다. ( ), 나. 정치인이 그런 돈을 받는 것은 별로 잘못된 일이 아니다. ( ), 설문 3: 다음번 국회의원 선거때 어떻게 하시겠습니까. 가. 위 갑을 찍겠다. ( ), 나. 다른 사람을 찍겠다. ( ), 그렇다면 누구를? ( ), 다. 아직 모르겠다. ( )'라고 설문조사를 한 행위에 대하여 후보자비방죄로 기소한 사안에서, 대법원은, "이러한 설문내용대로 여론조사를 하는 것처럼 영도구 주민 9,000여 명에게 전화를 걸어 통화하게 한 점, 그 설문조사 당시 이미 그와 같은 고소사실이 한겨레신문 등에 보도되었을 뿐만 아니라, 피고인이 이○○을 사주하여 고소하였다는 갑의 주장까지 보도된 점에 비추어 보면, 이 사건 설문조사는 단순히 고소사실을 적시한 데 그치는 것이 아니라 갑에 대한 부정적인 이미지를 갖도록 사실로 확인되지 아니한 '갑이 영도구청장 후보 공천을 조건으로 이○○으로부터 1억 원을 받은 사실'을 은연중에 적시하였다고 보아야 한다"고 판단한 원심을 지지하였다.

(3) 위 판례의 태도에 대한 검토

이처럼 후보자가 방 후보자에 대하여 검증을 시도하면서 '~A라는 소문 또는 의혹이 있다'는 등으로 진술하는 경우에 ~A라는 사실 자체가 공표되는 것은 부인할 수 없는 사실이다. 이는 일종의 대(大)는 소(小)를 포함한다는 논리에 따라 그 전체 진술의 공표에 의하여 그 진술 속에 포함된 ~A라는 진술이 공표되기 때문이다.

그러나, 단순히 시중에 떠도는 소문이나 풍문(風聞)에 근거하여 허위의 사실을 공표한 것이 아니라, 이미 공표되는 사실에 관련하여 언론보도가 있는 등으로 공표되는 그 사실과 관련하여 편견 없는 일반인이 당해 의혹사실이 존재할 수 있다는 합리적 의심을 품게 하는 정도의 근거를 가지고 이를 공표하는 경우에는, 그 사실의 허위성 여부에 대하여 당해 진술자가 구체적으로 조사하거나 확인하지 않았다고 하더라도, 공표되는 허위사실에 대한 허위의 인식이 없는 것으로 보아야 한다. 이렇게 보아야만이 선거 국면에서 후보자 측이나 일반적 유권자가 상대방 후보자나 후보자들에 대하여 허위사실공표죄로 처벌되는 부담을 지지 않고서 '후보자에 대한 공직적격성을 충분하게 검증'할 수 있고, 이러한 공직후보자에 대한 검증을 통하여 공직에 부적합한 후보자는 걸러내게 되고, 이로써 선거에서의 민주주의가 구현될 수 있기 때문이다.

Ⅲ. 허위사실공표죄(법§250)

1. 당선목적 허위사실공표죄(법§250①)

가. 의 의

당선목적으로 후보자나 후보자가 되고자 하는 자 또는 그의 배우자 또는 직계존·비속이나 형제자매의 출생지·신분·인격·행위 등에 관하여 허위의 사실을 공표하거나 공표하게 한 자와 허위의 사실을 게재한 선전문서를 배포할 목적으로 소지한 행위를 처벌하는 규정이다. 이 범죄는 당선목적으로 한다는 점에서 낙선목적으로 하는 '낙선목적 허위사실공표죄'와 구별된다(법§250①).

나. 내 용

(1) 주 체

누구나 본죄의 주체가 될 수 있다(법§250①). 본죄의 주체는 주로 후보자, 후보자가 되고자 하는 자, 예비후보자 또는 그 선거사무관계자이다.

(2) 행위태양

연설·방송·신문·통신·잡지·벽보·선전문서 기타의 방법으로 후보자나 후보자가 되고자 하는 자에게 유리하도록 후보자, 그의 배우자 또는 직계존 비속이나 형제자매의 출생지·가족관계·신분·직업·경력 등·재산·행위·소속단체·특정인 또는 특정단체로부터의 지지 여부 등에 관하여 허위의 사실[학력을 게재하는 경우 제64조 제1항의 규정에 의한 방법으로 게재하지 아니한 경우를 포함]을 공표하거나 공표하게 한 자와 허위의 사실을 게재한 선전문서를 배포할 목적으로 소지한 행위이다(법§250①).

(가) 방송 등에 의한 허위사실의 공표행위

ⅰ) 사실성과 허위성의 의미에 대해서는 앞서 본 바와 같다.[95] 그 행위의 수단은 연설·방송·신문·통신·잡지·벽보·선전문서과 기타의 방법이고, 여기

---

95 663면 이하 참조.

서 '기타의 방법'은 허위사실의 공표수단으로 이용될 만한 선전문서 등과 유사하거나 이에 준하는 방법으로, 명함, 걸개그림, 댓글, 게시판 등을 말한다. ii) 허위사실의 대상은 출생지 · **가족관계** · 신분 · 직업 · 경력 등 · 재산 · 행위 · 소속단체, **특정인 또는 특정단체로부터의 지지 여부** 등에 관한 것이다. 이와 관련하여 2015. 12. 9. 국회를 통과한 개정 선거법은 '가족관계', '특정인 또는 특정단체로부터의 지지 여부'를 추가하고 '인격'을 삭제하였다. '인격'(人格)은 대상자의 사람 됨됨이에 관한 사실을 의미하는 것으로, 그 의미하는 바가 너무 포괄적이어서 개정된 것으로 보인다. '가족관계'나 '특정인 또는 특정단체로부터의 지지 여부'는 당선에 미치는 영향이 큰 사항이어서 이를 추가한 것이고, 특히 후자는 특정 후보자가 자신이 '범야권단일후보자'임을 내세우는 등으로 그 지지세를 과장할 때 특히 문제되는데, 이러한 경우도 당선목적 허위사실공표죄의 규제대상임을 명확히 한 것이다. 여기서 '신분'(身分)은 그 대상자의 사회적 지위나 위치를, '경력 등'은 후보자나 후보자가 되고자 하는 자 등의 성명 · 기호 · 소속 정당명과 경력 · 학력 · 학위 · 상벌을(법§64⑤), '행위'(行爲)는 그 대상자의 '사람 됨됨이'에 관하거나 그 사람을 인식하게 하는 과거 또는 현재의 행동을, '소속단체'는 정당이나 사회단체 등 법인격 유무를 불문하고 그 대상자가 가입하거나 속한 단체를 각각 말한다. 또 '특정단체'에는 '정당'도 넓게 보면 단체의 일종으로 볼 수 있으므로 포함된다고 본다. iii) '소속단체 등'으로 그 대상이 표현되어 있어 위와 같이 적시된 사항 이외의 사항도 허위사실공표의 대상이 된다고 해석될 여지도 있으나, 구 「대통령선거법」에 '경력 등 모든 사항에 관하여'라고 규정되어 있어 그와 같이 해석될 여지가 있었으나 현행법은 위와 같이 규정하고 있고,[96] 또 그렇게 보는 경우에는 명확성의 원칙에 반할 여지가 크므로 위와 같이 적시된 사항 이외의 사항은 그 대상이 아니라고 본다. iv) '공표'(公表)는 그 내용을 다수인 또는 불특정인이 인식할 수 있는 상태에 놓이게 하는 것을 말한다. 자신이 공표의 실행행위를 하는 경우와 제3자로 하여금 공표의 실행행위를 모두 규율하고 있다.

특히 학력에 관해서는 위와 같이 특별히 규정하고 있는데, 이는 엄밀하게

---

96 대검찰청, 앞의 책, 401면.

말하면 허위사실의 공표에 해당하지 않지만, 그 방법을 위반하는 경우에는 허위사실로 볼 여지가 상당히 있고, 이른바 '학력 부풀리기'가 선거의 공정성을 해칠 우려가 크고 선거 현실에서 학력 부풀리기가 횡행할 우려도 있어 선거의 공정성 확보를 위해서, 위와 같이 간주하는 규정을 둔 것이다. 선거법 제64조 제1항은 "학력을 게재하는 경우에는 정규학력과 이에 준하는 외국의 교육과정을 이수한 학력 외에는 게재할 수 없다. 이 경우 정규학력을 게재하는 경우에는 졸업 또는 수료당시의 학교명(중퇴한 경우에는 수학기간을 함께 기재하여야 함)을 기재하고, 정규학력에 준하는 외국의 교육과정을 이수한 학력을 게재하는 때에는 그 교육과정명과 수학기간 및 학위를 취득한 때의 취득학위명을 기재하여야 하며, 정규학력의 최종학력과 외국의 교육과정을 이수한 학력은 제49조 제4항 제6호에 따라 학력증명서를 제출한 학력에 한하여 게재할 수 있다"고 규정하고 있다. 이러한 방법에 위반되는 경우에는 원칙적으로 본 죄에 해당한다. 이러한 정규학력의 의미에 대하여 헌법재판소는 "'정규학력'이라 함은 사전적 의미 그대로 '정식의 규정에 의하여 수학한 이력'을 뜻하므로, 「초·중등교육법」, 「고등교육법」(각 부칙에 의하여 구 「교육법」을 포함)의 규정에 의한 학교 즉 유치원, 초등학교(국민학교)·공민학교, 중학교·고등공민학교, 고등학교·고등기술학교, 특수학교, 대학·산업대학·교육대학·전문대학·방송통신대학·기술대학, 대학원, 각종 학교를 졸업·중퇴·수료·수학하거나 재학 중인 이력만을 말한다"고 판시한 바 있다(헌재 2009. 11. 26. 2008헌마114). 특히 '정규학력 이외의 학력'(최고위과정, 최고경영자과정 등)을 '경력'으로도 기재할 수 없다는 것이 중앙선관위의 태도이고, 기타 학력 기재방법에 관한 중앙선관위의 유권해석은 앞서 본 바와 같다.[97]

(나) 후보자나 후보자가 되고자 하는 자에게 유리한 공표행위

후보자나 후보자가 되고자 하는 자에게 유리하다는 것은 당해 공표행위가 후보자 등의 당선에 기여하거나 이익이 되는 것을 말한다.

(다) 선전문서의 배포목적 소지행위

허위의 사실을 게재한 선전문서를 배포할 목적으로 소지한 행위이다(법

97 313~314면 참조.

§250①). 여기서 '배포'(配布)는 선전문서를 널리 나누어주는 행위를 말하고, '소지[98]'(所持)에 대해 자신의 실력지배관계가 미치는 장소에 보관하는 경우도 포함하는 개념이라고 보는 견해가 있으나,[99] '소지'와 '보관'은 구분되는 개념인데 보관까지 소지에 포함시키면 문언의 가능한 해석 범위를 일탈할 여지가 있으므로, 소지는 자신의 몸이나 몸 주변(예컨대 들거나 메고 있는 가방에 두는 것)에 지니는 것을 말한다고 본다.

(3) 주관적 구성요건

(가) 고 의

허위사실공표행위에 대한 인식과 의사가 있어야 한다(법§250①). 특히, 공표하는 대상사실에 관한 허위의 인식을 물론, 당해 공표행위의 후보자 등에 유리한 점에 관한 인식과 의사도 있어야 한다. 후보나, 후보자가 되고자 하는 자, 예비후보자의 경우 본인에 관한 위와 같은 사실에 대한 허위성의 인식은 원칙적으로 부인되지 않을 것이다. 그들의 배우자 등에 관한 그 사실에 대한 허위성의 인식도 역시 특별한 사정이 없는 한 인정될 것이다.

(나) 당선목적

당선목적이 있어야 한다(법§250①). 후보자나 후보자가 되고자 하는 자, 예비후보자의 경우 자신의 당선목적을 말하고, 그 이외의 자는 그 후보자 등의 당선목적을 말하고 전자는 법문에서 '당선되거나'로 후자는 '당선되게 할'로 표현되어 있다.

(4) 벌 칙

5년 이하의 징역 또는 3천만 원 이하의 벌금에 처한다.

---

98 "「총포·도검·화약류등단속법」에서 말하는 '소지'란 같은 법 소정의 물건의 보관에 관하여 실력지배관계를 갖는 것을 말한다고 할 것이므로, 몸 또는 몸 가까이에 소지하는 것뿐만 아니라 자신의 실력지배관계가 미치는 장소에 보관하는 경우에도 같은 법 소정의 '소지'에 해당한다"(대법원 1999. 8. 20. 선고 98도1304 판결).

99 대검찰청, 앞의 책, 404면.

2. 낙선목적 허위사실공표죄(법§250②)

가. 의 의

낙선목적으로 연설·방송이나 기타의 방법으로 후보자에게 불리하도록 후보자, 그의 배우자 또는 직계존·비속이나 형제자매에 관하여 허위의 사실을 공표하거나 공표하게 한 자와 허위의 사실을 게재한 선전문서를 배포할 목적으로 소지한 행위를 처벌하는 규정이다(법§250②).

나. 내 용

(1) 주 체

본 죄의 주체의 제한은 원칙적으로 없다(법§250②). 다만, 본죄의 주체는 주로 후보자, 후보자가 되고자 하는 자, 예비후보자의 '본인에 대한 낙선목적'을 인정하기 어려우므로 그들은 실질적으로 본 죄의 주체가 되지 못한다. 본 죄의 주체는 주로 '상대방'의 후보자·예비후보자·후보자가 되고자 하는 자 또는 그 선거사무관계자이다.

(2) 행위태양

당선되지 못하게 할 목적으로 연설·방송·신문·통신·잡지·벽보·선전문서 기타의 방법으로 후보자에게 불리하도록 후보자, 그의 배우자 또는 직계존·비속이나 형제자매에 관하여 허위의 사실을 공표하거나 공표하게 하거나, 허위의 사실을 게재한 선전문서를 배포할 목적으로 소지한 행위이다(법§250②).

(가) 후보자나 후보자가 되고자 하는 자 등에 관한 허위사실의 공표행위

당선목적 허위사실공표죄와는 달리 허위사실공표의 대상이 적시되어 있지 않다. 그러나, 동조 제1항상의 '출생지·가족관계·신분·직업·경력 등·재산·행위·소속단체·그 지지 여부'를 포함하여 사상, 성적지향, 정치성향 등 그 대상자에 관한 일체의 사항이 포함된다고 본다. 이와 관련하여 대법원 2007. 3. 15. 선고 2006도8368 판결은, "선거법 제250조 제2항에서 말하는 '후보자에 관한 사실' 중에는 직접 후보자 본인에 관한 사실뿐 아니라 후보자의 소속 정당이나 그 정당의 소속 인사에 관한 사항 등과 같은 간접사실이라도 후보자와 직접적으로 관련된 사실이고 그 공표가 후보자의 당선을 방해하는 성질을 가진 것인 경우에는 후보자에 관한 사실에 해당한다고 할 것이지만, 공표된 사실이 후보자와 직접적인 관련이 없어 후보자의 선거에 관한 신용을 실추시키거나 이에 영향을 미치는 것이 아닌 경우에는 후보자에 관한 사실에 포함되지 아니한다"고 판시한 바 있다.

(나) 후보자나 후보자가 되고자 하는 자에게 불리한 행위

후보자나 후보자가 되고자 하는 자에게 유리하다는 것은 당해 공표행위가 후보자 등의 낙선에 기여하거나 이익이 되는 것을 말한다.

(다) 선전문서의 배포목적 소지행위

당선목적 허위사실공표죄에서 본 바와 같다.

(3) 주관적 구성요건

(가) 고 의

허위사실공표행위에 대한 인식과 의사가 있어야 한다(법§250①). 특히, 공표하는 대상사실에 관하여 허위의 인식도 있어야 한다. 일정한 의혹을 제기하는 경우에 제시된 소명자료 등에 의하여 그러한 의혹이 진실인 것으로 믿을 만한 상당한 이유가 있는 경우에는 허위사실의 인식이 없는 것으로 보아 본죄의 성립을 인정하지 않은 것이 실무의 태도이다(대법원 2003. 2. 20. 선고 2001도6138 전원합의체 판결[100]).

---

100 본 판결에서 선고유예의 요건 중 '개전의 정상이 현저한 때'의 의미 및 이에 대한 원심 판단의 당부를 상고심의 심판대상으로 삼을 수 있는지 여부가 아래와 같이 다투어진 바 있다. "[다수의견] 선고유예의 요건 중 '개전의 정상이 현저한 때'라고 함은, 반성의 정도를 포함하여 널리 「형법」 제51조가 규정하는 양형의 조건을 종합적으로 참작하여 볼 때 형을 선고하지 않더라도 피고인이 다시 범행을 저지르지 않으리라는 사정이 현저하게 기대되는 경우를 가리킨다고 해석할 것이고, 이와 달리 여기서의 '개전의 정상이 현저한 때'가 반드시 피고인이 죄를 깊이 뉘우치는 경우만을 뜻하는 것으로 제한하여 해석하거나, 피고인이 범죄사실을 자백하지 않고 부인할 경우에는 언제나 선고유예를 할 수 없다고 해석할 것은 아니며, 또한 「형법」 제51조의 사항과 개전의 정상이 현저한지 여부에 관한 사항은 널리 형의 양정에 관한 법원의 재량사항에 속한다고 해석되므로, 상고심으로서는 「형사소송법」 제383조 제4호에 의하여 사형·무기 또는 10년 이상의 징역·금고가 선고된 사건에서 형의 양정의 당부에 관한 상고이유를 심판하는 경우가 아닌 이상, 선고유예에 관하여 「형법」 제51조의 사항과 개전의 정상이 현저한지 여부에 대한 원심 판단의 당부를 심판할 수 없고, 그 원심 판단이 현저하게 잘못되었다고 하더라도 달리 볼 것이 아니다.

(나) 낙선목적

낙선목적이 있어야 한다(법§250②). 후보자나 후보자가 되고자 하는 자, 예비후보자의 경우 본인의 낙선목적은 인정하기 어렵고, 그 이외의 자는 '당선되지 못하게 할'로 표현된, 그 후보자 등에 대한 낙선목적이 인정되어야 한다.

(4) 벌 칙

7년 이하의 징역 또는 500만 원 이상 3천만 원 이하의 벌금에 처한다. 후보자가 본 죄를 범한 경우에는 본 죄의 유죄가 인정되는 이상 당선무효형을 피하기 어렵다. 다만, 선거법 제264조 당선무효형의 '벌금형'에는 '벌금형의 선고유예형'은 제외되므로, 후보자 벌금형의 선고유예를 받는 경우에는 당선무효형을 피할 수 있지만, 후보자에 대하여 본 죄의 유죄가 인정됨에도 그러한 벌금형의 선고유예를 선고하는 경우는 극히 드물 것이다.

3. 당내경선관련 허위사실공표죄 등(법§250③)

가. 의 의

당내경선과 관련하여 위 당선목적 또는 낙선목적 허위사실공표죄를 범한 자를 처벌하는 규정이다(법§250③).

나. 내 용

(1) 주 체

누구든지이다(법§250③).

(2) 행위태양

당내경선과 관련한 제1항(제64조 제1항의 규정에 따른 방법으로 학력을 게재하지 아니한 경우를 제외)에 규정된 행위 또는 제2항에 규정된 행위이다(법§250③). 이 경우 '후보자' 또는 '후보자(후보자가 되고자 하는 자를 포함)'는 '경선후보자'로

[반대의견] 선고유예의 요건 중 '개전의 정상이 현저한 때'에 관한 판단이 기본적으로는 하급심의 재량에 속한다고 할 것이지만 그 재량판단이 '현저하게 잘못된 경우'에는 선고유예의 요건에 관한 법리오해의 위법이 있는 것으로 보아 형사소송법 제383조 제1호의 '판결에 영향을 미친 법률위반이 있는 때'에 해당하여 상고심이 그 당부를 심판할 수 있다."

본다(법§250③2문). 여기서 당내경선은 선거법 제6장의2에서 규정된 당내경선이다.

(3) 주관적 구성요건

위 당선목적 및 낙선목적 허위사실공표죄의 기본적으로 그것과 같다(법§250③). 다만, 당내경선과 관련된 것도 고의의 범위에 포함되는 것이 추가될 뿐이다.

(4) 벌 칙

당선목적 허위사실공표죄를 범한 자는 3년 이하의 징역 또는 6백만 원 이하의 벌금에, 낙선목적 허위사실공표죄를 범한 자는 5년 이하의 징역 또는 1천만 원 이하의 벌금에 각각 처한다(법§250③).

실전팁(허위사실공표죄의 책임을 지지 않는 후보자 검증요령)

- 현행 판례하에서 상대방 후보자가 공직적격성을 갖춘 후보자인지를 검증하는 것은 지극히 어려움. 이는 앞서 본 바와 같이 당해 사실의 공표가 진실이라거나 진실로 믿은 충분한 근거를 갖추지 못하는 경우에는 허위사실공표죄의 죄책을 면하기 어렵기 때문임
- 따라서 후보자는 당해 사실이 진실이라거나 진실로 믿은 충분한 근거를 갖추지 못한 상태에서 후보자 검증을 시도하는 것은 대단히 위험함. 이는 조희연 교육감 사례가 웅변하고 있음
- 따라서 당해 사실이 진실이라거나 진실로 믿은 충분한 자료나 근거를 갖추지 못한 상태에서는 **후보자**는 이에 관여하지 않는 것이 상책(上策)임
- 당해 사실의 공표를 통한 후보자 검증이 꼭 필요한 경우에는 **후보자**를 제외한 사람이 **후보자와 의사 연락**이나 관여 없이(검증 기자회견 자리에 후보자가 참석하는 것도 해서는 안 됨) **독자적으로** 할 수밖에 없음

4. 선거제도 개혁론(선거운동자유 확대를 위한 허위사실공표죄의 순치)

앞서 본 바와 같이 낙선목적 허위사실공표죄에 해당하는 이상 당선무효형을 피하는 것은 거의 필연적이다. 왜냐하면 벌금형 또는 징역형의 선고유예가 나올 가능성도 거의 없고, 유죄가 인정되는 이상 100만 원 미만으로 벌금

형이 선고되는 것도 현재 양형기준에 의할 때 거의 불가능하기 때문이다.

그런데 조희연 교육감 사례에서 보는 바와 같이, 후보자가 '~A라는 소문 또는 의혹이 있다'고 상대방 후보자에 대하여 검증을 시도할 때, 공표되는 사실은 그 소문 또는 의혹이 있다는 것이 아닌, 다름 아닌 그 '~A'라는 사실 그 자체라는 것이 판례의 일관된 태도이다.[101] [102] 이러할 판례에 의할 때 무분별한 후보자 검증뿐만 아니라 그 후보자가 과연 공직을 맡을 자격이 되는지를 알아보려는 정당한 검증마저도 차단되고 형사처벌될 우려가 있다. 이러함 점은 현재 진행되고 있는 조희연 교육감 재판이 웅변하고 있다.[103]

이러한 문제점을 인식한, 특히 정봉주 사건에 자극받은 정치권에서는 다음과 같이 선거 등에서 표현의 자유를 확대하기 위하여 허위사실공표죄를 비롯한 명예훼손죄의 개정안을 발의한 바 있다.[104] 이러한 입법안 중 후보자비방죄에 규정되어 있는 위법성조각사유를 허위사실공표죄에도 입법화하는 것이 필요하다고 본다. 다만 아래와 같은 개정 내용 중에서 허위임을 현실적으로 인식한 경우, 즉 지정고의(知情故意)가 있는 경우에는 그러한 위법성조각사유는 적용되지 않을 것이다. 왜냐하면 허위임을 현실적으로 인식한 경우마저도 위법성을 조각하는 것은 부당하기 때문이다.[105]

---

101 예컨대, '상대 후보가 미국 영주권을 취득한 사실이 있다는 의혹이 있다'고 문제를 제기할 때, 공표되는 사실은 '상대 후보가 미국 영주권을 취득했다'는 것이다.

102 대법원 2002. 4. 10.자 2001모193 결정; 대법원 2002. 7. 26. 선고 2001도2732 판결; 대법원 2007. 7. 27. 선고 2007도3598 판결.

103 조희연 후보자는 선거 당시 상대 후보자인 고○○ 후보가 미국 영주권을 취득한 의혹이 있다고 기자회견을 통하여 문제를 제기하였고, 이러한 행위가 낙선목적 허위사실공표죄에 해당한다고 하여 1심에서 당선무효형에 해당하는 500만 원의 벌금형을 받은 바 있다. 항소심 선고를 앞둔 2015. 8.말 현재 노엄 촘스키 등 세계적 석학들은 "후보자 간 공방에 대해 진실과 허위에 관한 최종적인 판단을 하는 건 원칙적으로 유권자의 몫"이라며 조희연 교육감을 동죄로 처벌할 수 없음을 항소심 재판부에 탄원하고 있다. 보다 자세한 것은 다음의 URL 참조. http://www.pressian.com/news/article.html?no=129213. 항소심 재판부는 250만 원의 벌금형의 선고유예를 선고하였고, 이는 앞서 본 대법원 판례에 의할 때 대단히 전향적인 판결이다.

104 김종철, 앞의 논문, 24~25면.

105 다시 말해 위와 같이 위법성조각사유를 입법화한다면, 이러한 입법안 중 "허위의 사실임을 알고"(제1항 및 제2항), "후보자를 비방할 목적으로"(제2항) 공표할 것을 명시하는 것은 불필요하다고 본다.

구분	선거법 제250조 (허위사실공표죄)	형법 제307조 이하 (명예훼손 등)	「정보통신망 이용촉진 및 정보보호에 관한 법률」 제70조(벌칙)
구성요건 개정내용	• “허위의 사실임을 알고”(제1항 및 제2항), “후보자를 비방할 목적으로”(제2항) 공표할 것을 명시함	• 진실의 사실 공개하는 경우 처벌규정 삭제함 • 허위의 사실 공개하는 경우에는 ‘허위의 사실임을 알고’ 할 것을 명시함	
	• 처벌하지 아니하는 경우를 명시함: “제1항의 행위가 진실한 사실이라고 믿을 만한 상당한 이유”가 있으면서, “공공의 이익을 주된 목적으로 한 때”(제1호)이거나, 그 행위가 “공공성 또는 사회성이 있는 공적 관심 사안에 관한 것으로써 사회의 여론형성 내지 공개토론에 기여하는 경우”(제2호)	• 처벌하지 아니하는 경우를 명시함: 좌측 란의 두 경우에 더하여, “상대방이 공인이거나 「부패방지 및 국민권익위원회의 설치와 운영에 관한 법률」 제2조 제3호에서 정의하는 공직자”인 경우	
경과규정 및 소추조건 개정내용	• 부칙(경과규정): 제2항 개정규정 시행 전 종전의 규정에 의하여 확정판결을 받은 자에 대하여는 형의 집행을 면제함	• 피해자의 고소가 있어야 공소를 제기할 수 있음(친고죄) (현행법은 반의사불벌죄로 규정하고 있음)	

이와 같이 위법성조각사유를 입법화한다면, 선거의 자유 확대를 통하여 국민의 선거에 참여를 촉진하여 민주주의를 심화시킬 것으로 기대된다.

Ⅳ. 후보자비방죄(법§251)

1. 의 의

당선되거나 되게 하거나 되지 못하게 할 목적으로 연설·방송·신문·통신·잡지·벽보·선전문서 기타의 방법으로 공연히 사실을 적시하여 후보자 등이나 그의 배우자 또는 직계존·비속이나 형제자매를 비방한 행위를 처벌하는 규정이다(법§251). 이 후보자비방죄는 앞서 본 허위사실공표죄와 함께 실제 선거에서 가장 문제가 되고, 후보자 또는 후보자가 되고자 하는 자 등의 입장에서 가장 중요한 선거범죄의 하나이다.

이 '후보자비방죄와 허위사실공표죄'는 모두 사실의 적시를 필요로 한다는 점에서 공통된다(사실진술과 의견의 구별에 관하여는 앞서 본 바와 같고, 그 논의가 후보자비방죄에 그대로 적용됨). 전자는 허위성을 요건으로 하지 않지만 후자는 이를 그 요건으로 한다는 점에서, 또한 전자는 위법성조각사유가 있지만 후자는 위법성조각사유가 없다는 점에서, 또한 전자는 500만 원 이하의 벌금으로 규정되어 있어 당선무효형인 100만 원 미만의 벌금형도 선고가 가능하나, 후자 중 '낙선목적 허위사실공표죄'는 500만 원 이상 3,000만 원 이하의 벌금으로 규정되어 있어 후보자에 대하여 유죄가 인정되는 이상 '원칙적으로' 당선무효형에 해당하는 벌금형 또는 징역형의 선고가 이뤄질 수밖에 없다는 점[106]에서 각각 구분된다.

2. 내 용

가. 주 체

누구나 본 죄의 주체가 될 수 있어, 그 주체의 제한이 없다(법§251).

나. 행위태양

연설·방송·신문·통신·잡지·벽보·선전문서 기타의 방법으로 공연히 사실을 적시하여 후보자 등의 배우자 또는 직계존·비속이나 형제자매를 비방하는 행위이다(법§251).

(1) 기타의 방법

기타의 방법은 연설·방송·신문·통신·잡지·벽보·선전문서과 유사하거나 이에 준하는 방법으로 공연히 사실을 적시할 수단이면 족하다.

(2) 공연성

공연성은 불특정 또는 다수의 사람이 그 내용을 알 수 있는 상태에 놓이

106 다만, 징역형이나 벌금형에 대한 '선고유예형'은 당선무효를 가져오는 형의 선고에 포함되지 않는다.

게 하는 것이다. 「형법」상 명예훼손죄와 같이 전파성이론이 적용되어, 개별적으로 한 사람에 대하여 사실을 유포하더라도 이로부터 불특정 또는 다수인에게 전파될 가능성이 있다면 공연성의 요건을 충족한다는 것이 판례의 태도이다(대법원 1996. 7. 12. 선고 96도1007 판결).

(3) 사실의 적시

사실의 적시는 앞서 본 사실진술과 같은 의미로서, 사실을 비방에 이를 정도로 구체성 있게 지적하는 것을 말한다. 이 사실 적시는 허위성을 필요로 하지 않으므로 진실한 사실이든, 진실하지 않은 사실이든 모두 이에 포함된다.

(4) 행위의 객체

후보자나 후보자가 되고자 하는 자, 이들의 배우자 또는 직계존·비속이나 형제자매이고, 이 배우자 등의 개념은 「민법」상 배우자 개념에 따른다.

(5) 비 방

'비방'(誹謗)은 정당한 이유 없이 상대방을 깎아내리거나 헐뜯는 것을 의미한다는 것이 판례의 태도이다(대법원 2009. 6. 25. 선고 2009도1936 판결).

다. 주관적 구성요건

'당선되거나 되게 하거나 되지 못하게 할 목적'이 있어야 한다. 당선목적과 낙선목적이 있어야 하는데, 당선목적은 자신의 당선목적과 제3자의 당선목적을 말하고, 이는 '당선되거나 되게 하거나'로 표현되어 있다. 또 낙선목적은 제3자의 낙선목적을 말하고 이는 '당선되지 못하게'로 표현되어 있다.

이러한 목적과 관련하여 판례는, "'당선되거나 되게 하거나 되지 못하게 할 목적'은 적극적 의욕이나 확정적 인식인 것을 요하지 아니하고 미필적 인식이 있으면 충분하고, 그 목적이 있었는지 여부는 피고인의 사회적 지위, 피고인과 후보자 또는 경쟁 후보자와의 인적 관계, 행위의 동기 및 경위와 수단·방법, 행위의 내용과 태양, 상대방의 성격과 범위, 행위 당시의 사회상황 등 여러 사정을 종합하여 사회통념에 비추어 합리적으로 판단하여야 한다"는 입장이다(대법원 2011. 3. 10. 선고 2011도168 판결).

3. 위법성조각사유

가. 의 의

적시된 사실이 진실한 사실로(진실성) 공공의 이익에 관한 것인 때(공익성)에는 처벌되지 않는데, 이 진실성과 공익성은 후보자비방죄의 위법성조각사유이다.

나. 진실성

'허위'(虛僞)는 역사적으로 존재했거나 존재하고 있는 상태나 객관적으로 확인되는 상태에 부합하지 않은 상태[107]를 의미하고, 진실은 이러한 허위에 반대되는 개념이다.

따라서 진실은 역사적으로 존재했거나 존재하고 있는 상태나 객관적으로 확인되는 상태에 부합되는 것을 의미한다.

다. 공익성

공익성은 적시된 사실이 국가나 사회 전체 또는 특정한 부분사회(部分社會)나 사회집단의 공동의 이익에 관련되거나 이러한 이익의 증진을 위한 것을 말한다.

그리고, 사실 적시가 이러한 공익성에 기한 경우도 있지만, 사적 이익을 추구하는 경우도 있을 수 있는데, 이와 관련하여 공익의 우월성이 요구되는지와 관련하여 공익의 우월성이 요구되지 않는다는 견해, 공익의 우월성이 요구된다는 견해가 있다.[108] 판례는 이에 대하여 "위 조항 단서의 규정에 의하여 위법성이 조각되기 위해서는 적시된 사실이 전체적으로 보아 진실에 부합하고, 그 내용과 성질에 비추어 객관적으로 볼 때 공공의 이익에 관한 것으로서 행위자도 공공의 이익을 위하여 그 사실을 적시한다는 동기를 가지고 있어야 하되, 반드시 공공의 이익이 사적 이익보다 우월한 동기에서 된 것이 아니더

---

107 대법원 2006. 4. 14. 선고 2004도207 판결 등은 "적시된 사실이 객관적으로 진실에 부합하지 아니하여 허위일 뿐만 아니라"고 하여 '객관적 진실'이라는 표현을 사용한다.

108 이에 대한 보다 자세한 논의는 강용현, "상대 후보자의 전과공개와 후보자비방죄의 위법성조각", 대법원판례해설 제26호(1996), 489~490면 참조.

라도 양자가 동시에 존재하고 거기에 상당성이 인정되어야 한다"고 판시한 바 있다(대법원 2009. 6. 25. 선고 2009도1936 판결). 생각건대, 본래 선거라는 것이 근대 이전의 전쟁이나 무력에 의한 권력획득이 문명화가 이뤄지고 민주주의가 발전됨에 따라 비로소 제도화된 것이므로 언어에 의한 상대방의 공격은 거의 필연적일 수밖에 없고, 이를 처벌하는 것은 이러한 선거제도 발전사에 역행하는 측면이 있음은 물론이거니와 선거에서 자유로운 국민의 참여를 어렵게 하는 것이다. 그러므로, 후보자비방죄에서의 위법성조각사유는 되도록 유연하고도 탄력적으로 해석할 필요가 있고, 따라서 공공의 이익이 유일한 동기일 필요는 없고 공공의 이익과 사적 이익이 병존하고 공공의 이익에 상당성이 인정되면 족하다고 본다.[109]

라. 위법성조각사유 전제사실의 착오와 위법성조각사유 적용에 관한 판례의 태도

당해 행위자가 적시하는 사실이 허위임에도 이를 진실로 인식하고 그러한 인식에 상당한 이유가 있는 경우에 위법성조각을 할 것인지가 문제된다. 선거법 제251조의 위법성조각사유와 그 구조가 유사한 「형법」 제310조의 위법성조각사유의 적용과 관련하여 판례는, "「형법」 제310조의 규정은 인격권으로서의 개인의 명예의 보호와 헌법 제21조에 의한 정당한 표현의 자유의 보장이라는 상충되는 두 법익의 조화를 꾀한 것이라고 보아야 할 것이므로, 두 법익 간의 조화와 균형을 고려한다면 적시된 사실이 진실한 것이라는 증명이 없더라도 행위자가 진실한 것으로 믿었고 또 그렇게 믿을 만한 상당한 이유가 있는 경우에는 위법성이 없다"고 판시하여, 위와 같은 경우에 위법성조각사유 적용을 긍정하고 있다.

그러나 후보자비방죄의 위법성조각사유 적용과 관련해서 판례는 적시된 사실이 전체적으로 진실에 부합하고 그 표현에 비하적 어구가 사용되지 아니한 경우에는 위법성조각을 인정하고 있으며, 적시된 사실이 진실인 사안에서 위법성조각을 부인하지 않고, 적시된 사실 중 진실에 부합하지 아니한 부분이 있거나 그 사실의 적시에 있어서 과장 또는 왜곡된 표현이 사용된 경우에는

109 여기서 상당한 정도를 수치로 표현하자면, 35%~50% 정도 이상이라고 본다.

위법성조각을 부인한다.[110] 요컨대, 적시된 사실의 진실성 여하에 따라서 위법성조각사유 인정 여부를 달리보며, 적시되는 사실을 진실로 인식하고 그러한 인식에 상당한 이유가 있는 경우일지라도 위법성조각을 인정하고 있지 않는 것이다. 이러한 판례의 태도는 선거의 공정성 확보를 고려한 것이나, 위법성조각사유의 탄력적인 적용과 이를 통한 선거에서의 표현이 자유 보호 측면에서는 바람직하다고 볼 수 없다.

마. 진실성과 공익성에 관한 거증책임

이러한 진실성과 공익성의 거증책임은 피고인에게 있다는 것이 검찰의 태도이다.[111] [112] 이와 관련하여 참고할 판례가 「형법」 제310조에 관한 거증책임에 관한 판례이다. 즉, 대법원 1996. 10. 25. 선고 95도1473 판결은, "공연히 사실을 적시하여 사람의 명예를 훼손한 행위가 형법 제310조의 규정에 따라서 위법성이 조각되어 처벌대상이 되지 않기 위하여는 그것이 진실한 사실로서 오로지 공공의 이익에 관한 때에 해당된다는 점을 행위자가 증명하여야 하는 것이나, 그 증명은 유죄의 인정에 있어 요구되는 것과 같이 법관으로 하여금 의심할 여지가 없을 정도의 확신을 가지게 하는 증명력을 가진 엄격한 증거에 의하여야 하는 것은 아니므로, 이 때에는 전문증거에 대한 증거능력의 제한을 규정한 「형사소송법」 제310조의2는 적용될 여지가 없다"고 판시하여, 검사가 아닌

110 문용선, "「공직선거 및 선거부정방지법」 제251조 단서의 위법성조각", 대법원판례해설 제48호(2004), 460면.

111 대검찰청, 앞의 책, 441면.

112 그러면서 검찰은, "근거가 박약한 의혹의 제기를 광범위하게 허용할 경우 비록 나중에 그 의혹이 사실무근으로 밝혀지더라도 잠시나마 후보자의 명예가 훼손됨은 물론 임박한 선거에서 유권자들의 선택을 오도하는 중대한 결과가 야기되고 이는 오히려 공익에 현저히 반하는 결과가 되므로 후보자의 비리 등에 관한 의혹의 제기는 비록 그것이 공직적격 여부의 검증을 위한 것이라 하더라도 무제한 허용될 수는 없고 그러한 의혹이 진실인 것으로 믿을 만한 상당한 이유가 있는 경우에 한하여 허용되어야 하고, 이때 의혹사실의 존재를 적극적으로 주장하는 자는 그러한 사실의 존재를 수긍할 만한 소명자료를 제시할 부담을 진다고 할 것이고, 그러한 소명자료를 제시하지 못한다면 달리 그 의혹사실의 존재를 인정할 증거가 없는 한 허위사실의 공표로서의 책임을 져야 할 것인 반면, 제시된 소명자료 등에 의하여 그러한 의혹이 진실인 것으로 믿을만한 상당한 이유가 있는 경우에는 비록 사후에 그 의혹이 진실이 아닌 것으로 밝혀지더라도 표현의 자유 보장을 위하여 이를 벌할 수 없다"는 대법원 2003. 2. 20. 선고 2001도6138 전원합의체 판결의 판례번호를 적시하고 있으나, 이 판례는 위법성조각사유로서의 진실성에 관한 거증책임이 아니라, '낙선목적 허위사실공표죄'의 구성요건요소로서의 허위성에 관한 거증책임에 대한 것이다.

피고인이 진실성과 공익성에 관하여 거증책임을 지는 것으로 판단하였다.

그러나, 이러한 판례의 거증책임전환이론은 독일 형법전 제186조[113]의 “사실이 진실한 것으로 증명되지 아니한 경우에는(wenn nicht diese Tatsache erweislich wahr ist)”이라는 법문언의 해석에 적합할 뿐이고,[114] “제307조 제1항의 행위가 진실한 사실로서 오로지 공공의 이익에 관한 때에는 처벌하지 아니한다”고 규정한 우리 「형법」 제310조의 해석에는 적용하기 어렵다고 본다.[115] 결국, 피고인은 위법성조각사유나 책임조각사유가 존재함을 주장할 필요는 있으나 적극적으로 이를 증명할 필요가 없고, 피고인은 구성요건해당사실의 증명에 의한, 위법성 및 책임의 존재의 사실상 추정을 깨뜨리기만 하면 족하다고 본다.[116]

4. 처 벌

3년 이하의 징역 또는 500만 원 이하의 벌금에 처한다(법§251).

Ⅴ. 성명 등의 허위표시죄(법§253)

1. 의 의

당선되거나 되게 하거나 되지 못하게 할 목적으로 진실에 반하는 성명·

113 § 186 Üble Nachred(명예훼손죄)
Wer in Beziehung auf einen anderen eine Tatsache behauptet oder verbreitet, welche denselben verächtlich zu machen oder in der öffentlichen Meinung herabzuwürdigen geeignet ist, wird, wenn nicht diese Tatsache erweislich wahr ist, mit Freiheitsstrafe bis zu einem Jahr oder mit Geldstrafe und, wenn die Tat öffentlich oder durch Verbreiten von Schriften (§11 Abs. 3) begangen ist, mit Freiheitsstrafe bis zu zwei Jahren oder mit Geldstrafe bestraft[타인을 경멸하거나 세평(öffentlichen Meinung)을 저하하기에 적합한 타인에 관한 사실을 주장하거나 유포한 자는, 그 사실이 진실한 것으로 증명되지 않은 경우에는, 1년 이하의 징역 또는 벌금에 처해진다. 그 행위가 공연히 또는 제11조 제3항상 문서의 배포에 의한 경우에는 2년 이하의 징역 또는 벌금에 처해진다].

114 이상돈, 『형법강론』, 박영사, 2015, 906면.

115 거증책임전환 긍정설, 거증책임전환 부정설에 대하여는 신동운, 앞의 책, 1126~1128면 참조.

116 신동운, 형사소송법, 1120면.

명칭 또는 신분의 표시를 하여 우편이나 전보 또는 전화 기타 전기통신의 방법에 의한 통신을 한 행위를 처벌하는 규정이다(법§253).

2. 내 용

가. 주 체

누구든지이다(법§253).

나. 행위태양

진실에 반하는 성명·명칭 또는 신분의 표시를 하여 우편이나 전보 또는 전화 기타 전기통신의 방법에 의한 통신을 하는 행위이다(법§253).

여기서 '신분'(身分)은 '사회적 지위'나 당해 행위의 '귀속 주체의 표시'를 의미한다. 또 '전기통신'(電氣通信)은 유선·무선·광선 및 기타의 전자적 방식에 의하여 부호·문언·음향 또는 영상을 송신하거나 수신하는 것을 의미한다(「전기통신기본법」§2조1호). '통신'(通信)은 전보 등에 의하여 의사 또는 정보 등을 전달하거나 주고받는 것을 말한다. 본 죄는 성명·명칭 또는 신분의 표시를 허위로 하는 것을 의미하고 통신내용의 허위인지는 불문한다.

다. 주관적 구성요건

당선되거나 되게 하거나 되지 못하게 할 목적이 있어야 한다(법§253). 이는 당선목적과 낙선목적을 말하고, 이는 앞서 본 바와 같다.[117]

3. 처 벌

3년 이하의 징역 또는 600만 원 이하의 벌금에 처한다(법§253).

---

117 704면, 707면 각 참조.

제 6 장 기타 범죄

The Public Official Election Act

Ⅰ. 서술의 범위

선거법 제252조(방송·신문 등 부정이용죄), 제255조(부정선거운동죄), 제266조(각종제한규정위반죄), 제257조(기부행위 금지제한 등 위반죄)의 경우에는 앞서 선거운동과 이에 제한, 기부행위 제한 등의 장을 서술하면서 벌칙도 같이 서술하였으므로, 지면관계상 이를 별도로 서술하지 않는다. 특히, 부정선거운동죄나 각종제한규정위반죄의 경우에는 본 책에서 서술하지 않는 투표·개표 부분과 재외선거에 관한 벌칙도 있으나, 그 부분을 별도로 설명하지 않은 것이 본 책의 방향이므로 그에 대한 벌칙도 별도로 서술하지 않기로 한다.

Ⅱ. 선거운동기간위반죄(법§254)

1. 의 의

선거운동은 선거운동기간에만 할 수 있는데, 이러한 제한을 위반하여 선거운동기간 이외에 선거운동을 한 행위에 대하여 처벌하는 규정이다(법§254).

2. 선거일선거운동죄(법§254①)

가. 주 체

누구든지이다(법§254①).

나. 행위태양

선거일에 투표마감시각 전까지 선거운동을 하는 행위이다. 선거운동의 개념은 앞서 선거운동과 이에 관한 제한의 장에서 본 바와 같다(법§254①).

다. 처 벌

3년 이하의 징역 또는 600만 원 이하의 벌금에 처한다(법§254①).

3. 사전선거운동죄(법§254②)

가. 의 의

본죄는 선거운동기간 이전에 선거운동을 한 자를 처벌하는 규정이다(법§254②).

나. 주 체

누구든지이다(법§254②).

다. 행위태양

선거운동기간 전에 선거법에 규정된 방법을 제외하고 선전시설물·용구 또는 각종 인쇄물, 방송·신문·뉴스통신·잡지, 그 밖의 간행물, 정견발표회·좌담회·토론회·향우회·동창회·반상회, 그 밖의 집회, 정보통신, 선거운동기구나 사조직의 설치, 호별방문, 그 밖의 방법으로 선거운동을 한 행위이다(법§254②).

(가) 선거운동 전

선거운동기간은 선거법상 선거운동을 할 수 있는 기간으로, '선거기간개시일부터 선거일 **전일**'까지의 기간을 말한다(법§59). 여기서 선거기간은 '대통령선거'에서는 '후보자등록마감일의 다음 날부터 선거일'까지로 **23일**이고, '국회의원선거'와 '지방자치단체의 의회의원 및 장'의 선거에서는 '후보자등록마감일 후 6일'부터 '선거일'까지로 **14일**이다(법§33).

(나) 선거법상 규정된 방법을 제외한 선거운동

선거운동은 역시 앞서 본 바와 같다.[1] 또 '선거법상 규정된 방법을 제외한 선거운동'은 선거법상 적법한 방법 이외의 방법으로 선거운동을 하는 것이다. 주로 선거법 제58조부터 제145조, 제202조부터 제201조까지가 '선거법상 규정'에 해당한다. 또한, '그 밖의 방법'은 위와 같이 적시된 방법 이외의 방법이므로, 그 적시된 방법은 예시적 규정에 불과하다. 선거법은 누구나 자유롭게 선거운동을 할 수 있는 선거운동자유의 원칙을 선언하고(법§58②), 예외적으로 허용되지 않은 선거운동의 방법을 열거하는 방법을 채택하고 있으나, 허용되지 않은 방법의 그 광범위성으로 말미암아 사실상 선거운동부자유 원칙이 채택된 형국이다.

라. 처 벌

2년 이하의 징역 또는 400만 원 이하의 벌금에 처한다(법§254②).

Ⅲ. 선거비용부정지출죄(법§258)

1. 의 의

정당·후보자·선거사무장·선거연락소장·회계책임자 또는 회계사무보조자가 공고된 선거비용제한액의 200분의 1 이상을 초과하여 선거비용을 지출하는 행위를 처벌하는 규정이다(법§258①).

---

1 211면 이하 참조.

2. 내 용

가. 주 체

정당·후보자·선거사무장·선거연락소장·회계책임자 또는 회계사무보조자이다(법§258①).

이와 관련하여 판례는 "「공직선거 및 선거부정방지법」 제123조 제1항,[2] 제125조 제1항,[3] 제127조 제1항, 제2항,[4] 제258조 제2항 제1호 규정의 내용에 비추어 보면, 같은 법 제125조 제1항의 규정에도 불구하고 후보자는 회계책임자를 선임·신고하기 전까지는 선거비용의 수입과 지출을 위한 예금계좌를 개설하여 신고할 의무가 있다고 할 수 없으므로, <u>후보자가 회계책임자를 선임·신고하기 전에 예금계좌를 개설·신고하지 아니한 채 선거비용의 수입과 지출을 하였다고 하더라도 그 행위를 「공직선거 및 선거부정방지법」 제258조 제2항 제1호,[5] 제127조 제2항을 적용하여 처벌할 수 없다</u>"고 판시한 바 있다(대법원 1996. 11. 15. 선고 96도1030 판결[6]). 이 판례는 현행 선거법하에서도 그 내용이 유효한 판례이다.

---

2 아래 조항은 그 범행 당시 시행된 법조항이다. 이하 같다.
제123조(회계책임자의 선임 등) ① 정당(대통령선거와 전국구국회의원선거 및 비례대표시·도의원선거에 한함) 또는 후보자(선거연락소의 계계책임자는 선거연락소장을 포함. 이하 이 조에서 같음)는 후보자등록신청후 지체 없이 선거사무소와 선거연락소마다 선거비용에 관한 수입과 지출을 행할 회계책임자 1인을 선거운동을 할 수 있는 자 중에서 선임하여 그 성명·주소 및 주민등록번호를 당해 선관위에 서면으로 신고해야 한다.

3 ① 회계책임자의 선임·신고 전의 선거비용의 수입과 지출에 관한 사무는 제127조(선거비용의 목입·지출)의 규정에 준하여 후보자 또는 후보자가 되고자 하는 자(대통령선거에 있어서는 정당의 회계귀임자를 포함)가 담당한다.

4 제127조(선거비용의 목입·지출) ① 정당 또는 후보자가 회계책임자를 선임·신고한 때에는 즉시 당해 선거사무소 또는 선거연락소의 소재지를 주된 영업구역으로 하는 금융기관에 선거비용의 수입과 지출을 위한 예금계좌를 개설하고, 당해 정당 또는 후보자의 성명·예금주명·금융기관명·예금의 종류·예금계좌번호를 관할 선관위에 서면으로 신고해야 한다.
② 회계책임자는 모든 선거비용의 수입과 지출을 제1항의 예금계좌를 통해서만 해야 한다.

5 제258조(선거비용부정지출 등 죄) ① 다음 각호의 1에 해당하는 때에는 5년 이하의 징역 또는 2천만 원 이하의 벌금에 처한다.
1. 정당·후보자·선거사무장·선거연락소장·회계책임자 또는 회계사무보조자가 제122조(선거비용제한액 등의 공고)의 규정에 의하여 공고한 선거비용제한액의 200분의 1 이상을 초과하여 선거비용을 지출한 때

6 본 판결에 대한 자세한 평석은, 강용현, "선거비용부정지출죄와 죄형법정주의", 형사재판의 제문제 제1권(1997. 1), 19면 이하 참조.

나. 행위태양

선거법 제122조(선거비용제한액의 공고)의 규정에 의하여 공고한 선거비용제한액의 200분의 1 이상을 초과하여 선거비용을 지출하는 행위이다(법§258①).

3. 처 벌

5년 이하의 징역 또는 2천만 원 이하의 벌금에 처한다(법§258①).

Ⅳ. 선거범죄선동죄(법§259)

1. 의 의

매수 및 이해유도죄 등 일정한 범죄를 범할 것을 선동한 행위를 처벌하는 규정이다(법§259).

2. 내 용

가. 주 체

누구든지이다(법§259).

나. 행위태양

연설·벽보·신문 기타 어떠한 방법으로든지 제230조(매수 및 이해유도죄) 내지 제235조(방송·신문 등의 불법이용을 위한 매수죄)·제237조(선거의 자유방해죄)의 죄를 범할 것을 선동하는 행위이다. 여기서 '선동'(煽動)은 당해 범죄가 실행되는 것을 목표로 하여 피선동자들에게 그 범죄행위를 결의, 실행하도록 충동하고 격려하는 일체의 행위를 말하는 것으로, 피선동자의 구성 및 성향, 선동자와 피선동자의 관계 등에 비추어 피선동자에게 당해 범죄의 결의를 유발하거나 증대시킬 위험성이 인정되어야만 한다.[7]

---

7 다음과 같은 내란선동죄에 관한 전원합의체 판결 참조.
"내란선동이란 내란이 실행되는 것을 목표로 하여 피선동자들에게 내란행위를 결의, 실행하

3. 처 벌

3년 이하의 징역 또는 600만 원 이하의 벌금에 처한다(법§259).

V. 특정지역인모욕죄 등(법§256⑤10의2호)

1. 의 의

누구든지 선거운동을 위하여 정당, 후보자(후보자가 되고자 하는 자를 포함, 이하 본조에서 같음), 후보자의 배우자 또는 직계존비속이나 형제자매와 관련하여 특정 지역·지역인 또는 성별을 공연히 비하·모욕해서는 안 되는데, 이를 위반하여 특정 지역·지역인 또는 성별을 공연히 비하·모욕한 자를 처벌하는 규정이다(법§256⑤10의2호).

본조항이 '선거운동을 위하여 정당 또는 후보자 및 그 가족과 관련하여 특정 지역·지역인 또는 성별을 공연히 비하·모욕하는 경우를 처벌하여 건전한 정치문화를 정착'시키기 위하여 신설되었다고는 하나, 국민의 표현의 자유를 침해할 소지가 매우 큰 과도한 입법으로서 삭제되어야 한다고 본다. 다만, 선거법에 처벌규정으로서 현실적으로 규정되어 있는 만큼 선거 시기에 정당, 후보자, 후보자의 배우자 또는 직계존비속이나 형제자매와 관련하여 특정 지역·지역인 또는 성별을 공연히 비하·모욕하는 발언을 하지 않도록 신중할 필요가 있다. 가령, "이번 총선에 출마한 갑은 전라도 출신인데 전라도민은 홍어

도록 충동하고 격려하는 일체의 행위를 말한다. 내란선동은 주로 언동, 문서, 도화 등에 의한 표현행위의 단계에서 문제되는 것이므로 내란선동죄의 구성요건을 해석함에 있어서는 국민의 기본권인 표현의 자유가 위축되거나 본질이 침해되지 아니하도록 죄형법정주의의 기본정신에 따라 엄격하게 해석해야 한다. 따라서 내란을 실행시킬 목표를 가지고 있다 하여도 단순히 특정한 정치적 사상이나 추상적인 원리를 옹호하거나 교시하는 것만으로는 내란선동이 될 수 없고, 그 내용이 내란에 이를 수 있을 정도의 폭력적인 행위를 선동하는 것이어야 하고, 나아가 피선동자의 구성 및 성향, 선동자와 피선동자의 관계 등에 비추어 피선동자에게 내란 결의를 유발하거나 증대시킬 위험성이 인정되어야만 내란선동으로 볼 수 있다. 언어적 표현행위는 매우 추상적이고 다의적일 수 있으므로 그 표현행위가 위와 같은 내란선동에 해당하는지를 가림에 있어서는 선동행위 당시의 객관적 상황, 발언 등의 장소와 기회, 표현 방식과 전체적인 맥락 등을 종합하여 신중하게 판단해야 한다."(대법원 2015. 1. 22. 선고 2014도10978 전원합의체 판결).

같은 족속들이다. 이런 전라도 홍어들이 당선되면 안 된다"고 선거 시기에 언급하는 것은 원칙적으로 처벌대상이 된다.

2. 내 용

가. 주 체

누구든지이다(법§256⑤10의2호).

나. 행위태양

정당, 후보자, 후보자의 배우자 또는 직계존비속이나 형제자매와 관련하여 특정 지역·지역인 또는 성별을 공연히 비하·모욕하는 행위이다. i) 정당, 후보자나 후보자가 되고자 하는 자, 그 배우자 또는 직계존비속이나 형제자매와 관련성을 있을 것이 요구되고 그 관련성이 없는 경우에는 본죄가 성립하지 않는다. 여기서 '관련성'은 문제가 되고 있는 글 또는 말의 내용이 후보자나 후보자가 되고자 하는 자 등에 관한 것이어야 한다. ii) 또한 말 또는 글의 내용이 '**특정 지역·지역인 또는 성별**'에 대하여 언급되거나 진술된 것이어야 한다. 또 지역(地域) 또는 지역인(地域人) 또는 성별(性別)이 **특정**되어서 말이나 글의 내용이 진술되거나 언급되어야 한다. 예컨대 '전라도 사람들은 홍어이다', '경상도민은 문둥이다'라고 진술한 것이라면, 특정성이 있는 것이다. 다만, '우리나라 전체' 또는 '우리 국민 전체'를 언급하거나 모든 성(性)을 언급하는 경우에는 특정성이 없는 경우이다. iii) 공연히 모욕하거나 비하하는 행위가 있어야 한다. 여기서 '공연'(公然)은 '다수인 또는 불특정인이 인식할 수 있는 상태'를 말하고(대법원 1984. 2. 28. 선고 83도3124 판결), '**모욕**'(侮辱)은 '사실을 적시하지 아니하고 사람의 사회적 평가를 저하시킬 만한 추상적 판단이나 경멸적 감정을 표현하는 것'이다(대법원 2008. 12. 11. 선고 2008도8917 판결). 또 '**비하**'(卑下)는 '특정 지역·지역인 또는 성별'의 언급대상에 대해 낮추어 업신여기는 표현을 사용하는 것을 말한다. 다만 '비하'라는 용어는 죄형법정주의의 일내용인 '명확성의 원칙'상 형벌을 정한 문언으로는 적절하지 못한 것으로 위헌성이 커서, 본조항 전체가 삭제되지 않더라도 '비하'는 최소한 삭제되어야 한다고 본다.

3. 처 벌

1년 이하의 징역 또는 200만 원 이하의 벌금에 처한다(법§256⑤10의2호).

제 5 편

당선인결정과 재선거, 보궐선거, 연기된 선거

제 1 장 당선인의 결정·공고·통지와 당선인결정의 무효·착오 등

The Public Official Election Act

Ⅰ. 당선인의 의의

당선인은 유효투표의 다수표(plurality of vote)를 얻는 등 선거법상 선거에서 정한 당선인결정 방법에 따라 대표자로 결정된 사람을 말한다. 당선인의 결정은 선관위에서 행하는데, 이러한 당선인결정에 의하여 그 후보자가 당선인의 신분으로 변경되고, 다른 후보자도 후보자의 지위를 상실한다(대법원 1970. 7. 24. 선고 70수2 판결 참조).

Ⅱ. 각 선거에서 당선인의 결정·공고·통지

1. 대통령선거의 당선인의 결정·공고·통지

가. 당선인의 결정·통지

대통령선거에서 후보자가 2인 이상인 경우에는 중앙선관위가 '유효투표의 다수'를 얻은 자를 당선인으로 결정한다(법§187①본문). 후보자가 1인인 때에는 그 득표수가 선거권자총수의 3분의 1 이상에 달해야 당선인으로 결정한다(「헌법」§67③, 법§187①단서). 이 경우 천재·지변 기타 부득이한 사유로 인하여 개표를 모두 마치지 못하였다 하더라도 개표를 마치지 못한 지역의 투표가 선거의 결과에 영향을 미칠 염려가 없다고 인정되는 때에는 중앙선관위는 우선 당선인을 결정할 수 있다(법§187④). 중앙선관위는 이러한 당선 결정을 국회의장에게 통지해야 한다.

최고득표자가 2인 이상인 때에는 중앙선관위의 통지에 의하여 국회는 재적의원 과반수가 출석한 공개회의에서 다수표를 얻은 자를 당선인으로 결정한다(헌법§67②, 법§187②).

나. 당선인결정공고와 당선증 교부

선거법 제187조 제1항의 규정에 의하여 당선인이 결정된 때에는 중앙선관위위원장이, 동조 제2항의 규정에 의하여 당선인이 결정된 때에는 국회의장이 이를 공고하고, 지체 없이 당선인에게 당선증(별지 제58호서식)을 교부해야 한다(법§187③, 규칙§108).

2. 지역구국회의원당선인의 결정·공고·통지

가. 당선인의 결정·통지

지역구국회의원선거에서는 선거구선관위가 당해 국회의원지역구에서 '유효투표의 다수'를 얻은 자를 당선인으로 결정하되, 최고득표자가 2인 이상인 때에는 연장자를 당선인으로 결정한다(법§188①). 이 경우 천재·지변 기타 부득이한 사유로 인하여 개표를 모두 마치지 못하였다 하더라도 개표를 마치지 못한 지역의 투표가 선거의 결과에 영향을 미칠 염려가 없다고 인정되는 때에는 당해 선거구선관위는 우선 당선인을 결정할 수 있다(법§188⑦,§187④).

그런데, **후보자등록마감시각**에 지역구국회의원후보자가 1인이거나, **후보자등록마감 후 선거일 투표개시시각 전**까지 지역구국회의원후보자가 사퇴·사망하거나 등록이 무효로 되어 지역구국회의원후보자수가 1인이 된 때에는 지역구국회의원후보자에 대한 투표를 실시하지 아니하고, 선거일에 그 후보자를 당선인으로 결정한다(법§188②). 이와 같은 경우를 **무투표당선**이라고 한다. 또 선거일의 **투표개시시각부터 투표마감시각**까지 지역구국회의원후보자가 사퇴·사망하거나 등록이 무효로 되어 지역구국회의원후보자수가 1인이 된 때에는 나머지 투표는 실시하지 아니하고 그 후보자를 당선인으로 결정한다(법§188③). 이처럼 투표를 실시하지 아니하는 때에는 당해 선거구선관위는 지체 없이 이를 공고하고 상급선관위에 보고해야 하며, 하급선관위에 통지해야 한다(법§188⑤).

그리고 **선거일의 투표마감시각 후 당선인결정 전**까지 지역구국회의원후보자가 사퇴·사망하거나 등록이 무효로 된 경우에는 개표결과 유효투표의 다수를 얻은 자를 당선인으로 결정하되, 사퇴·사망하거나 등록이 무효로 된 자가 유효투표의 다수를 얻은 때에는 그 국회의원지역구는 당선인이 없는 것으로 한다(법§188④).

나. 당선인결정공고와 당선증 교부

선거법 제188조 제1항 내지 제4항의 규정에 의하여 국회의원지역구의 당선인이 결정된 때에는 당해 선거구선관위위원장은 이를 공고하고 지체 없이 당선인에게 당선증(별지 제58호서식)을 교부해야 하며, 상급선관위에 보고해야 한다(법§1878⑥, 규칙§108).

3. 비례대표국회의원 의석의 배분과 당선인의 결정 등

가. 의석의 배분

중앙선관위는 '비례대표국회의원선거'에서 유효투표총수의 '100분의 3 이상을 득표'하였거나 '지역구국회의원총선거'에서 '5석 이상의 의석을 차지'한 각 의석할당정당에 대하여 당해 의석할당정당이 비례대표국회의원선거에서 얻은 득표비율(이 득표비율은 각 의석할당정당의 득표수를 모든 의석할당정당의 득표수의 합계로 나누어 산출함)에 따라 비례대표국회의원 의석을 배분한다(법§189①~②). 각 의석할당정당의 득표비율에 비례대표국회의원 의석정수를 곱하여 산출된 수의 정수의 의석을 당해 정당에 먼저 배분하고 잔여의석은 소수점 이하 수가 큰 순으로 각 정당에 1석씩 배분하되, 그 수가 같은 때에는 당해 정당 사이의 추첨에 의한다(법§189③).

현행 선거법상 비례대표국회의원의 의석수 배분(헤어/니마이어 방식에 해당)

19대 총선(유효투표총수: 25,000,000표)에서 가당, 나당, 다당, 라당, 마당의 정당이 각각 11,750,000표(가당), 9,500,000표(나당), 2,000,000표(다당), 600,000표(라당), 500,000표(마당)를 득표했고, 라당과 마당은 지역구선거에서 각각 5석 미만을 차지하였다고 가정하자. 이 경우 각 당에 대한 비례대표의석수(54석)는 다음과 같이 배분됨

	득표비율	의석 배분 계산	배분된 의석수
가당	11,750,000/23,250,000×100=50.53%	54명×50.53%=27.28명	27석+1석=28석
나당	9,500,000/23,250,000×100=40.86%	54명×40.86%=22.06명	21석+0석=21석
다당	2,000,000/23,250,000×100=8.6%	54명×8.6%=4.64명	4석+1석=5석

나. 당선인의 결정

중앙선관위는 제출된 정당별 비례대표국회의원후보자명부에 기재된 당선인으로 될 순위에 따라 정당에 배분된 비례대표국회의원의 당선인을 결정한다(법§189④). 정당에 배분된 비례대표국회의원 의석수가 그 정당이 추천한 비례대표국회의원후보자수를 넘는 때에는 그 넘는 의석은 공석으로 한다(법§189⑤). 따라서 각 당에서는 충분하게 비례대표국회의원후보자로 추천해야 한다.

중앙선관위는 비례대표국회의원선거에서 천재·지변 기타 부득이한 사유로 인하여 어느 투표구의 투표를 실시하지 못한 때와 투표함의 분실·멸실 등의 사유가 발생한 때(제198조 천재·지변 등으로 인한 재투표)에는 그 투표구의 선거인수를 전국선거인수로 나눈 수에 의석정수를 곱하여 얻은 수의 정수(1 미만의 단수는 1로 봄)를 의석정수에서 뺀 다음 선거법 제189조 제1항 내지 제4항의 규정에 따라 비례대표국회의원 의석을 배분하고 당선인을 결정한다[1](법§189

1 예컨대, 서울시에서 투표가 실시되지 못하였고, 우리나라의 전체 선거인수가 3,000만 명이고, 서울시의 선거인수가 500만 명이며, 재투표결과에 따라 의석할당정당이 1개가 추가될 것으로 예상되는 것으로 가정하면, 44석[54석－10석{9석(54/6)＋1석(54×3/100)}]에 대해서만

⑥본문). 다만, 재투표결과에 따라 의석할당정당이 추가될 것으로 예상되는 경우에는 추가가 예상되는 정당마다 의석정수의 100분의 3에 해당하는 정수(1미만의 단수는 1로 봄)의 의석을 별도로 빼야 한다(법§189⑥단서).

위와 같은 당선인결정에 있어 천재·지변 기타 부득이한 사유로 인하여 개표를 모두 마치지 못하였다 하더라도 개표를 마치지 못한 지역의 투표가 선거의 결과에 영향을 미칠 염려가 없다고 인정되는 때에는 중앙선관위는 우선 당선인을 결정할 수 있다(법§189⑧,법§187④).

다. 당선인결정공고와 당선증 교부

위와 같이 당선인이 결정된 때에는 중앙선관위위원장은 그 명단을 공고하고 지체없이 각 정당에 통지하며, 당선인에게 당선증(별지 제58호서식)을 교부하여야 한다(법§189⑦, 규칙§108).

4. 지역구지방의회의원당선인의 결정·공고·통지

가. 당선인의 결정·통지

지역구시·도의원 및 지역구자치구·시·군의원의 선거에서는 선거구선관위가 당해 선거구에서 '유효투표의 다수'를 얻은 자(지역구자치구·시·군의원선거에서는 유효투표의 다수를 얻은 자 순으로 의원정수에 이르는 자를 말함)를 당선인으로 결정하되, 최고득표자가 2인 이상인 때에는 연장자순에 의하여 당선인을 결정한다(법§190①). 이 경우 천재·지변 기타 부득이한 사유로 인하여 개표를 모두 마치지 못하였다 하더라도 개표를 마치지 못한 지역의 투표가 선거의 결과에 영향을 미칠 염려가 없다고 인정되는 때에는 당해 선거구선관위는 우선 당선인을 결정할 수 있다(법§190③,법§187④).

그런데, **후보자등록마감시각**에 후보자가 당해 선거구에서 선거할 의원정수를 넘지 아니하거나 **후보자등록마감 후 선거일 투표개시시각**까지 후보자가 사퇴·사망하거나 등록이 무효로 되어 후보자수가 당해 선거구에서 선거할 의

선거법 제189조 제1항 내지 제4항에 따라 의석배분이 이뤄진다.

원정수를 넘지 아니하게 된 때에는 투표를 실시하지 아니하고, 선거일에 그 후보자를 당선인으로 결정한다(법§190②). 또 선거일의 **투표개시시각부터 투표마감시각까지** 지역구지방의회의원후보자가 사퇴·사망하거나 등록이 무효로 되어 지역구지방의회의원후보자수가 의원정수를 넘지 않게 된 때에는 나머지 투표는 실시하지 아니하고 그 후보자를 당선인으로 결정한다(법§190③, 법§188③).

그리고 **선거일의 투표마감시각 후 당선인결정 전**까지 지역구지방의회의원후보자가 사퇴·사망하거나 등록이 무효로 된 경우에는 개표결과 유효투표의 다수를 얻은 자를 당선인으로 결정하되, 사퇴·사망하거나 등록이 무효로 된 자가 유효투표의 다수를 얻은 때에는 그 선거구는 당선인이 없는 것으로 한다(법§190③,§188④).

위와 같은 경우에도 천재·지변 기타 부득이한 사유로 인하여 개표를 모두 마치지 못하였다 하더라도 개표를 마치지 못한 지역의 투표가 선거의 결과에 영향을 미칠 염려가 없다고 인정되는 때에는 당해 선거구선관위는 우선 당선인을 결정할 수 있다(법§190③,§187④).

나. 당선인결정공고와 당선증 교부

위와 같이 지역구의원후보자의 당선인이 결정된 때에는 당해 선거구선거구선관위위원장은 이를 공고하고 지체없이 당선인에게 당선증(별지 제58호서식)을 교부하여야 하며, 상급선관위에 보고하여야 한다(법§190③,§188⑥, 규칙§108).

5. 비례대표지방의회의원 의석의 배분과 당선인의 결정 등

가. 의석의 배분

(1) 의석배분의 원칙

비례대표지방의회의원선거에서는 당해 선거구선관위가 유효투표총수의 '100분의 5' 이상을 득표한 각 의석할당정당에 대하여 당해 선거에서 얻은 득표비율(이 득표비율은 각 의석할당 정당의 득표수를 모든 의석할당정당의 득표수의 합계로 나누고 소수점 이하 제5위를 반올림하여 산출)에 비례대표지방의회의원정수를 곱하여 산출된 수의 정수의 의석을 그 정당에 먼저 배분하고 잔여의석은 단수가 큰 순으로 각 의석할당정당에 1석씩 배분하되, 같은 단수가 있는 때에는 그 득표수가 많은 정당에 배분하고 그 득표수가 같은 때에는 당해 정당 사이의 추첨에 의한다(법§190의2①). 이러한 배분 방식은 비례대표국회의원의 배분과 대동소이하다.

(2) 하나의 정당에 의석정수의 3분의 2 이상의 의석이 배분되는 경우

그러나, 비례대표시·도의원선거에서 하나의 정당에 의석정수의 3분의 2 이상의 의석이 배분될 때에는 그 정당에 3분의 2에 해당하는 수의 정수의 의석을 먼저 배분하고, 잔여의석은 나머지 의석할당정당 간의 득표비율에 잔여의석을 곱하여 산출된 수의 정수의 의석을 각 나머지 의석할당정당에 배분한 다음 잔여의석이 있는 때에는 그 단수가 큰 순위에 따라 각 나머지 의석할당정당에 1석씩 배분한다(법§190의2②본문). 다만, 의석정수의 3분의 2에 해당하는 수의 정수에 해당하는 의석을 배분받는 정당 외에 의석할당정당이 없는 경우에는 의석할당정당이 아닌 정당 간의 득표비율에 잔여의석을 곱하여 산출된 수의 정수의 의석을 먼저 그 정당에 배분하고 잔여의석이 있을 경우 단수가 큰 순으로 각 정당에 1석씩 배분한다(법§190의2②단서). 이 경우 득표비율은 각 의석할당 정당의 득표수를 모든 의석할당정당의 득표수의 합계로 나누고 소수점 이하 제5위를 반올림하여 산출하고, 같은 단수가 있는 때에는 그 득표수가 많은 정당에 배분하고 그 득표수가 같은 때에는 당해 정당 사이의 추첨에 의한다(법§190의2②3문,§190의2①). 이러한 의석 배분방식은 특정 지역에서 특정 정당이 지역주의로 인하여 2/3 초과하여 편중되게 의석수를 차지하는 것을 완화하기 위한 것이다.

나. 당선인의 결정

관할 선거구선관위는 제출된 정당별 비례대표지방의원후보자명부에 기재된 당선인으로 될 순위에 따라 정당에 배분된 비례대표지방의원의 당선인을 결정한다(법§190의2④,§189④). 정당에 배분된 비례대표지방의원 의석수가 그 정

당이 추천한 비례대표지방의원후보자수를 넘는 때에는 그 넘는 의석은 공석으로 한다(법§190의2④,§189⑤). 또한 천재·지변 기타 부득이한 사유로 인하여 개표를 모두 마치지 못하였다 하더라도 개표를 마치지 못한 지역의 투표가 선거의 결과에 영향을 미칠 염려가 없다고 인정되는 때에는 중앙선관위는 우선 당선인을 결정할 수 있다(법§190의2④,§187④).

관할 선거구선관위는 비례대표지방의회의원선거에서 천재·지변 기타 부득이한 사유로 인하여 어느 투표구의 투표를 실시하지 못한 때와 투표함의 분실·멸실 등의 사유가 발생한 때(제198조 천재·지변 등으로 인한 재투표)에는 그 투표구의 선거인수를 당해 선거구의 선거인수로 나눈 수에 비례대표지방의회의원 의석정수를 곱하여 얻은 수의 정수(1 미만의 단수는 1로 봄)를 비례대표지방의회의원 의석정수에서 뺀 다음 선거법 제190조의2 제1항 및 제2항의 규정에 따라 비례대표지방의회의원 의석을 배분하고 당선인을 결정한다(법§190의2③본문). 다만, 비례대표지방의회의원 의석배분이 배제된 정당 중재투표결과에 따라 의석할당정당이 추가될 것으로 예상되는 때에는 추가가 예상되는 정당마다 비례대표지방의회의원정수의 100분의 5에 해당하는 정수(1 미만의 단수는 1로 봄)의 의석을 별도로 빼야 한다(법§190의2③단서).

다. 당선인결정공고와 당선증 교부

비례대표지방의원의 당선인이 결정된 때에는 관할 선거구선관위위원장은 그 명단을 공고하고 지체 없이 각 정당에 통지하며, 당선인에게 당선증(별지 제58호서식)을 교부해야 한다(법§190의2④,§189의⑦, 규칙§108).

6. 지방자치단체장당선인의 결정·공고·통지

가. 당선인결정공고

지방자치단체장선거에서는 선거구선관위가 '유효투표의 다수'를 얻은 자를 당선인으로 결정하되, 최고득표자가 2인 이상인 때에는 연장자를 당선인으로 결정한다(법§191①). 선거구선관위는 이러한 당선인 결정을 당해 지방의회 의장에게 통지해야 한다. 이 경우 천재·지변 기타 부득이한 사유로 인하여 개표를 모두 마치지 못하였다 하더라도 개표를 마치지 못한 지역의 투표가 선거의 결과에 영향을 미칠 염려가 없다고 인정되는 때에는 선거구선관위는 우선 당선인을 결정할 수 있다(법§191③,§187④).

그런데, **후보자등록마감시각**에 지방자치단체장후보자가 1인이거나, **후보자등록마감 후 선거일 투표개시시각 전까지** 지방자치단체장후보자가 사퇴·사망하거나 등록이 무효로 되어 지방자치단체장후보자수가 1인이 된 때에는 지방자치단체장후보자에 대한 투표를 실시하지 아니하고, 선거일에 그 후보자를 당선인으로 결정한다(법§191③,§187②). 또 선거일의 **투표개시시각부터 투표마감시각까지** 지방자치단체장후보자가 사퇴·사망하거나 등록이 무효로 되어 지방자치단체장후보자수가 1인이 된 때에는 나머지 투표는 실시하지 아니하고 그 후보자를 당선인으로 결정한다(법§191③,§187③).

그리고 **선거일의 투표마감시각 후 당선인결정 전**까지 지방자치단체장후보자가 사퇴·사망하거나 등록이 무효로 된 경우에는 개표결과 유효투표의 다수를 얻은 자를 당선인으로 결정하되, 사퇴·사망하거나 등록이 무효로 된 자가 유효투표의 다수를 얻은 때에는 그 선거구는 당선인이 없는 것으로 한다(법§191③,§187④).

나. 당선인결정공고와 당선증 교부

선거법 제191조 제1항 내지 제3항의 규정에 의하여 지방자치단체장 당선인이 결정된 때에는 당해 선거구선관위위원장은 이를 공고하고 지체 없이 당선인에게 당선증(별지 제58호서식)을 교부해야 하며, 상급선관위에 보고해야 한다(법§191③,§187⑥, 규칙§108).

7. 당선인결정의 효력

관할 선거구선관위가 한 당선인결정의 효력으로 후보자는 당선인으로 전환되고, 당선인으로 결정되지 못한 다른 후보자는 후보자 지위를 상실하고 낙선자로 된다. 당선인 공고를 하거나 통지하는 것은 이를 대외적으로 알리거나 후속 행정절차를 위한 행정절차에 불과하여 이에 의하여 당선인으로 되는 것은 아니다. 이러한 점은 선거법 제219조 제2항이 당선소청을 '당선인결정일'로부터 14일 이내에 제기하도록 규정하고 있고 동법 제223조 제1항이 '당선인결정일'로부터 30일 이내에 당선소송을 제기하도록 정하고 있는 점에서도 확인할 수 있다.

이러한 당선인결정 효력은 선거법 제192조의 당선무효(동조②,③), 제193조의 당선인결정의 착오시정, 제194조의 당선인재결정과 비례대표국회의원 의석·지방의회의원 의석의 재배분·재당선인결정의 각 규정에 의하지 아니하고는 당선인결정의 효력이 번복되지 않는다. 이러한 당선인결정에 대해 이의가 있는 경우에는 당선소청 또는 당선소송을 제기해야 한다. 이에 대하여는 자세한 것은 당선소청과 당선소송 부분에서 서술한다.

Ⅲ. 당선인의 사퇴신고와 당선무효 등

1. 당선인의 사퇴신고

당선인이 임기개시 전에 사퇴하려는 때에는 '직접' 해당 선거구선관위에 서면으로 신고해야 하고, 비례대표국회의원선거 또는 비례대표지방의회의원선거의 당선인이 사퇴하려는 때에는 소속정당의 사퇴승인서를 첨부해야 한다(법§191의2).

2. 피선거권 상실로 인한 당선인결정의 효력 상실

가. 의 의

당선인에 대한 당선결정의 효력이 '임기개시 전에' 피선거권이 없게 된 때에 해당되어 상실되는 것을 말한다. 선거일을 기준으로 피선거권이 없는 자는 당선인이 될 수 없다는 제1항의 규정과 대조하여 보면, 선거일 후 임기개시 전까지 피선거권이 없는 경우를 말하는 것으로 볼 수밖에 없으므로, 이 경우는 일련의 선거를 통한 선거공고시부터 당선인결정에 이르기까지는 선관위의 선거관리나 집행상에 아무런 선거관련 법령의 위반이 없는 등 아무런 하자가 없어 선거쟁송이나 당선쟁송의 사유가 될 수 없는 것이고, 단지 다른 사유로 당선인을 상대로 당선소송이 제기된 경우에 당선의 효력이 상실된 자 대신에 다른 자를 피고로 할 필요가 있는 경우를 정하기 위한 요건에 해당할 뿐이다(법§219④,§223④ 참조).[2]

나. 피선거권 상실에 의한 당선무효의 결정

관할 선거구선관위는 당선인이 그 임기개시 전에 위와 같은 피선거권 상실에 해당되는 것이 확인된 때에는 지체 없이 그 당선을 '무효'로 결정하는데(규칙§110), 여기서 무효는 당선인결정의 효력이 상실되었음을 확인하는 의미로서의 무효이다.

3. 당선무효

가. 의 의

당선인에게 '임기개시 전'에 피선거권 상실 등 일정한 사유가 있는 때에 그 당선인결정이 무효로 되는 것을 말한다(법§192의③). 이는 부정선거를 엄벌할 뿐만 아니라 금권선거를 뿌리 뽑겠다는 당국의 공명선거 추진의지가 선거법에 반영된 제도이다.[3]

나. 당선무효사유

(1) 당선무효사유와 등록무효사유의 관계

등록무효사유의 적용은 선거일 이전에 등록무효사유가 있는 후보자를 배제하여 투표를 실시함으로써 유권자의 민의가 왜곡되지 않도록 하는 것이 원칙적인 모습일 것이나, 이중당적보유나 후보자의 사망 등 일정사유는 그 때까지도 그 여부가 확인되지 않을 수 있다. 따라서 선거법은 등록무효사유 전부를 당선무효사유로 정하고 있다. 그러므로 당선인이 결정된 후의 등록무효사

2 김재협, "선거 쟁송을 둘러싼 몇 가지 문제점", 『사법논집』 제33집, 2001, 31면.
3 임성식·이경렬, 앞의 책, 103면.

유는 더 이상 등록무효사유가 아니라 당선무효사유로 볼 것이다.[4] 이와 관련해서 보면, 선거법 제188조 제2항 내지 제4항은 그 시각을 구분하여 후보자가 사망·사퇴하거나 그 등록이 무효가 된 경우에 당선인결정에 대하여 규정하고 있는데, 특히 동조 제4항은 "선거일의 투표마감시각 후 **당선인결정 전까지** 지역구국회의원후보자가 사퇴·사망하거나 **등록이 무효로 된 경우에는** 개표결과 유효투표의 다수를 얻은 자를 당선인으로 결정하되, 사퇴·사망하거나 등록이 무효로 된 자가 유효투표의 다수를 얻은 때에는 그 국회의원지역구는 당선인이 없는 것으로 한다"고 규정하고 있고, 동조에서 **당선인결정 이후**에 대한 규정이 존재하지 않고 제192조에서 '**당선인**에 대한 **당선무효**'를 규정하고 있다는 점에서, 등록무효사유는 당선인결정 이후부터 당선무효사유가 된다고 볼 수 있는 것이다.

(2) 구체적 당선무효사유

(가) 개 관

당선무효사유를 개관하면 다음과 같다.

당선무효사유(법§192③)

1. 당선인이 선거법 제192조 제1항의 규정에 위반하여 당선된 것이 **발견**된 때
2. 당선인이 제52조 제1항 각호의 어느 하나 또는 같은 조 제2항·제3항의 등록무효사유에 해당하는 사실이 **발견**된 때
3. 비례대표국회의원 또는 비례대표지방의회의원의 당선인이 소속정당의 합당·해산 또는 제명 외의 사유로 당적을 이탈·변경하거나 2 이상의 당적을 가지고 있는 때(당선인결정시 2 이상의 당적을 가진 자를 포함)

□ 제192조의 등록무효사유

– 선거일에 피선거권이 없는 경우

□ 제52조의 등록무효사유

– 후보자등록 후 다음 각호의 어느 하나에 해당하는 경우에는 그 후보자등록은 무효로 함(법§52①)

1. 후보자의 피선거권이 없는 것이 발견된 때

---

4 이는 시기에 따라 명칭만 달라질 뿐 그 실체는 동일한 것이다.

2. 제47조(정당의 후보자추천) 제1항 본문의 규정에 위반하여 선거구별로 선거할 정수범위를 넘어 추천하거나, 비례대표지방의회의원선거에 있어 같은 조 제3항의 규정에 의한 여성후보자 추천의 비율과 순위를 위반하거나, 제48조(선거권자의 후보자추천) 제2항의 규정에 의한 추천인수에 미달한 것이 발견된 때
3. 제49조 제4항 제2호부터 제5호까지의 규정에 따른 서류를 제출하지 아니한 것이 발견된 때
4. 제49조 제6항의 규정에 위반하여 등록된 것이 발견된 때
5. 제53조 제1항부터 제3항까지 또는 제5항을 위반하여 등록된 것이 발견된 때
6. 정당추천후보자가 당적을 이탈·변경하거나 2 이상의 당적을 가지고 있는 때(후보자등록신청시에 2 이상의 당적을 가진 경우를 포함), 소속정당의 해산이나 그 등록의 취소 또는 중앙당의 시·도당창당승인취소가 있는 때
7. 무소속후보자가 정당의 당원이 된 때
8. 제57조의2 제2항 또는 제266조 제2항·제3항을 위반하여 등록된 것이 발견된 때
9. 정당이 그 소속 당원이 아닌 사람이나 「정당법」 제22조에 따라 당원이 될 수 없는 사람을 추천한 것이 발견된 때
10. 다른 법률에 따라 공무담임이 제한되는 사람이나 후보자가 될 수 없는 사람에 해당하는 것이 발견된 때
11. 정당 또는 후보자가 정당한 사유 없이 제65조 제9항을 위반하여 후보자정보공개자료(점자형 후보자정보공개자료는 제외)를 제출하지 아니한 것이 발견된 때

– 제47조 제5항을 위반하여 등록된 것이 발견된 때(법§52②)
– 후보자가 같은 선거의 다른 선거구나 다른 선거의 후보자로 등록된 때(법§52③)

그 사유의 시기(始期)와 관련해서 보면, 모두 그 주체가 '당선인'인데, 당선인은 '당선인결정'을 전제로 한 개념이므로, 그 시기(始期)는 '당선인결정 후부터'라고 보는 견해의 입론이 가능하다. 그러나, 당선무효는 당선인결정 당시에 당선인에게 당선인으로 결정할 수 없는 하자가 존재함에도 당선인으로 결정한 것에 대하여 당선무효를 통하여 그 당선결정의 하자를 치유하는 것이므로, 그 하자는 '당선인결정 당시나 그 전'에 존재하는 것이어야 한다. 따라서 선거법 제192조 제3항 제1호 내지 제2호의 경우에는 **'당선인결정 당시나 그 전**'부터 '**임기개시 전까지**'에 존재하는 경우를 규정한 것이다. 또 동항 제3호의

경우에는 당선인결정 후 당적 이탈·변경을 막고자 하는 제도적 취지를 고려할 때, **'당선인결정 후 임기개시 전까지'** 당적·이탈 등의 사유가 발생하는 경우를 규율하고 있는 것이다.[5]

(나) 구체적 당선무효사유

㉮ 선거일에 피선거권이 없는 경우

선거일에 피선거권이 없는 경우에는 당선이 무효가 된다. 이는 선거법 제52조 제1항 제1호상의 등록무효사유로서 피선거권이 없는 경우와 동일한 의미이고, 다만 문제되는 시기만이 달라진 것이다.

㉯ 등록무효사유

선거법 제52조 제1항 내지 제3항에 따른 등록무효사유는 앞서 본 바와 같다.[6]

㉰ 비례대표의원의 당적의 이탈·변경 또는 2 이상의 당적 보유하는 경우

비례대표국회의원 또는 비례대표지방의회의원의 당선인이 소속정당의 '합당·해산 또는 제명' 외의 사유로 '당적을 이탈·변경'하거나 '2 이상의 당적을 가지고 있는 때'(당선인결정시 2 이상의 당적을 가진 자를 포함)에도 당선무효사유이다. 이러한 당선무효제를 포함한 '당적이탈시 의원직 상실제도'는 오늘날의 정당국가적 대의민주주의에서 국민의 국회의원선거는 국회를 구성하는 과정에서 정당을 매개로 하여 국가의사결정구도와 권력통제구도를 정한다는 것을 고려하여 이를 지키기 위한 것이므로 이는 국민의 선거권을 실질적으로 보장하고 나아가서 국민주권의 규범적 내용인 통치권의 민주적 정당성과 통치권행사의 절차적 정당성을 실현하기 위한 것이며, 야당의 존립과 활동을 보호하고 의원의 당내민주화의무의 이행을 촉구하게 한다는 점에서 헌법상의 정당국가원리를 실현하기 위한 것이기도 하다.[7]

한편, 「정당법」에 따르면, '입당'의 경우 시·도당이 당원자격 심사기관의

---

5 '당선인결정 전'에 그와 같은 사유가 존재하는 경우에는 등록무효사유(법§52①4호,6호)에 해당한다.

6 176~184면 참조.

7 박경철, "공직선거 및 선거부정방지법 제192조 제3항 제3호와 제4항의 문제점", 헌법의 규범력과 법질서: 연천 허영박사 정년기념논문집(2002), 754면 참조.

심의를 거쳐 입당허가 여부를 결정하되 정당한 이유가 있는 경우(예컨대, 입당하고자 하는 정당의 노선에 반하는 기존 활동이 존재하거나 입당하고자 하는 사람이 그 정당의 당헌·당규를 부정하거나 그 당의 노선이나 기본 정책 등을 부인하거나 이에 동조하지 않는 경우 등) 그 입당을 불허할 수 있으나(「정당법」§23①~③), '탈당'은 이를 제한할 수 없다(이는 다음과 같은 「정당법」 제25조[8] 탈당 여부를 심사하지 않는 점을 보더라도 명확함). 따라서 정당추천후보자로 당선된 비례대표의원이 당선된 이후에 탈당할 자유는 보장된다. 그런데 이런 경우에 있어 탈당할 자유는 인정된다고 하더라도, 비례대표의원은 정당차원에서 마련된 비례대표후보자명부에 의하여 당선되고 그 순위 변경이나 후보자의 추가나 변경이 안 되는 점을 고려하면, 지역구국회의원에 비하여 상대적으로 정당에 강한 기속을 받는 위치에 있다. 이러한 점이 감안되어 당선인결정 이후에 당적의 이탈·변경 또는 2 이상의 당적 보유하는 경우(2 이상 당적 보유는 당선일경정시도 포함)에 당선을 무효로 하는 것이다.[9]

합당·해산 또는 제명외의 사유로 당적을 이탈·변경하거나 2 이상의 당적을 가지고 있는 때이어야 한다. 합당·해산 또는 제명은 비자발적 사유이고, 이러한 비자발적 사유에 의해 당적의 변경 등이 있어야 한다. '등록취소'로 인한 당적 일탈·변경이나 헌법재판소의 위헌정당해산심판에 의한 '정당해산결정'에 따른 당적 일탈·변경의 경우는 이에 포함되지 않는다고 보는바, 이는 비자발적 사유에 포함된다고 보는 것이 타당하고 또 그런 경우까지 당선무효로 보는 경우 비례대표의원의 공무담임권이나 피선거권을 지나치게 제한하게 되기 때문이다.

---

8 제25조(탈당) ① 당원이 탈당하고자 할 때에는 탈당신고서를 소속 시·도당에 제출해야 하며, 소속 시·도당에 제출할 수 없을 때에는 그 중앙당에 제출할 수 있다. 이 경우 「전자서명법」 제2조(정의) 제3호의 규정에 의한 공인전자서명이 있는 전자문서로도 탈당신고서를 제출할 수 있다.
② 제1항의 규정에 의한 탈당의 효력은 탈당신고서가 소속 시·도당 또는 중앙당에 접수된 때에 발생한다.

9 비례대표의원이든 지역구의원이든 모두 국민의 선택을 받은 것이므로 비례대표의원에 대해서만 의원직을 상실케하는 것은 양자를 합리적 이유 없이 차별하는 것이라는 견해가 있다(박경철, 앞의 논문, 757~758면).

(다) 임기개시 전 피선거권의 상실

임기개시 전 피선거권이 상실된 경우(법§192②)는 제192조 제3항이 당선무효사유로 정하고 있지 않음에도 제219조 제2항과 제223조 제1항에서는 당선소송의 사유로 정하고 있다. 선거법 제52조 제1항 제1호에 의한 등록무효사유와 제192조 제1항과의 관계를 고려할 때, 이 경우는 '선거일 후 피선거권이 상실된 경우'를 의미한다.[10]

다. 당선무효의 결정과 그 통지

관할 선거구선관위는 당선인이 그 임기개시 전에 법 제192조(피선거권상실로 인한 당선무효 등) 제1항 내지 제3항에 해당되는 것이 확인된 때에는 지체 없이 그 당선을 무효로 결정해야 한다(규칙§110). 다만 이러한 당선무효 결정은 확인적 의미의 결정이라고 본다.

이러한 결정 후 관할 선거구선관위(제187조 제2항의 규정에 의하여 국회에서 대통령당선인을 결정한 경우에는 국회)는 그 사실을 공고하고 당해 당선인 및 그 당선인의 추천정당에 통지해야 하며, 당선의 효력이 상실되거나 무효로 된 자가 대통령당선인 및 국회의원당선인인 때에는 국회의장에게, 지방자치단체의 의회의원 및 장이 당선인인 때에는 당해 지방의회의장에게 통지해야 한다(법§192⑤).

한편, 위와 같은 당선무효의 경우에는 당해 선거에 대해 재선거를 실시한다(법§195①5호).

4. 비례대표의원의 당적의 이탈·변경에 따른 퇴직

비례대표국회의원 또는 비례대표지방의회의원이 소속정당의 합당·해산

10 이와 같은 사유에 대하여, 일련의 선거를 통한 선거공고시부터 당선인결정에 이르기까지는 선관위의 선거관리나 집행상에 아무런 선거관련 법령의 위반이 없는 등 아무런 하자가 없어 선거쟁송이나 당선쟁송의 사유가 될 수 없는 것이고, 단지 다른 사유로 당선인을 상대로 당선소송이 제기된 경우에 당선의 효력이 상실된 자 대신에 다른 자를 피고로 할 필요가 있는 경우를 정하기 위한 요건에 해당할 뿐임에도, 입법형식으로 당선인을 피고로 하는 당선쟁송을 인정함에 있어 마치 그 사유도 당선소청이나 당선무효사유가 되는 것처럼 규정하고 있으나, 이는 명백한 입법상의 착오라는 견해가 있다(김재협, 앞의 논문, 31면).

또는 제명 외의 사유로 당적을 이탈·변경하거나 2 이상의 당적을 가지고 있는 때에는 「국회법」 제136조(퇴직) 또는 「지방자치법」 제78조(의원의 퇴직)의 규정에 불구하고 퇴직된다(법§192④본문). 이 조항은 비례대표의원이 그 임기개시 전까지 당선무효결정을 받지 않아 적법하게 임기가 개시된 후에 위와 같은 퇴직사유가 발생하거나 그 사유가 확인되는 경우를 규율하기 위한 조항이다. 이러한 경우에는 선거법 '제194조 제3항에 따른 당선인결정'이 아닌 동법 '제200조의 궐원에 따른 의석승계자'를 정해야 한다. 다만, 비례대표국회의원이 국회의장으로 당선되어 「국회법」 규정에 의하여 당적을 이탈한 경우에는 퇴직되지 않는데(법§192④단서), 국회의장이 당적을 갖지 못하도록 되어 있는 규정에 따른 것이다(「국회법」§20의2).

이와 관련하여 중앙선관위는, 서울특별시 중구의회 비례대표의원인 갑은 지방의회선거일인 2010. 6. 2. 기준으로, 그 전인 2007. 4. 13.에 한나라당에 입당하고, 2010. 4. 24.에 민주당에 복당함으로써 선거일 당시 이중당적으로 보유하고 있었고, 이러한 각 사실에 대해 중구선관위는 2011. 3. 29. 및 2011. 3. 30.에 민주당 및 한나라당의 각 당적조회회신결과를 통보받아 확인한 사안에서, 선거법 제192조 제4항에 따라 해당 의원은 당연퇴직되며, 해당 의원이 소속된 의회는 이중당적을 확인한 때에 당연퇴직 사실을 지체 없이 통지해야 할 것이라고 하였다(2011. 5. 16. 중앙선관위의 질의회답).[11]

11 갑이 임기개시 전에 2 이상의 당적을 가지고 있었음이 명백한 사안이고, 한편 선거법 제192조 제4항은 제192조 제3항 제3호와의 반대해석상 비례대표지방의회의원이 적법하게 임기가 개시된 후 의원재직기간 중에 2개 이상의 당적을 가지게 된 경우에 적용되는 규정으로 보아서, 갑에게 적용할 법적 근거가 선거법 제192조 제4항이 아니라 제192조 제3항 제3호나 동항 제1호(동법§52①6호 해당)에 해당하여 '퇴직'이 아닌 '당선무효'로 보아야 한다는 견해도 있을 수 있다. 이와 같이 보는 경우에는 선거법 제194조 제3항에 의한 '당선인재결정'이 이뤄져야 한다. 그럼에도 중앙선관위가 위와 같이 본 것은 그 사유의 발생시기를 기준으로 본 것이 아니라 해당 사유 발견시(확인시)를 기준으로 본 것이고, 이는 선거규칙 제110조에 근거한 것으로 보인다.

통합진보당 강제해산과 그 소속 비례대표지방의회의원직 상실 여부 (중앙선관위 해석례)

□ 결정 내용

- 헌법재판소가 2014. 12. 19. 통합진보당의 해산과 그 소속 국회위원 5명에 대한 의원직 상실결정을 선고하자 중앙선관위는 12. 22. 전체 위원회의를 열어, 헌법재판소의 위헌정당 해산 결정에 따라 해산된 정당 소속 '비례대표지방의회의원'은 그 직에서 퇴직된다고 의결함
- 즉, 선거법 제192조 제4항은 '비례대표지방의회의원은 소속정당의 합당·해산 또는 제명 외의 사유로 당적을 이탈·변경하는 때에는 「지방자치법」 제78조(의원의 퇴직)의 규정에 불구하고 퇴직된다'고 규정하고 있는데, 여기서 그 해산은 자진해산을 의미하므로, 헌법재판소의 위헌정당 해산결정에 따라 해산된 정당 소속 비례대표지방의회의원은 헌법재판소의 위헌정당 해산결정이 선고된 때부터 위 조항에 따라 그 직에서 퇴직된다고 결정한 바 있음

□ 검토

- 선거법 제192조 제4항상 '합당·해산 또는 제명'의 사유에 따른 당적의 이탈·변경은 소속의원의 '비자발적 의사'에 기한 당적의 이탈·변경에 해당함
- 따라서 헌법재판소의 위헌정당해산 결정에 의한 해산도 비자발적 의사에 의한 당적의 이탈·변경으로 볼 수 있는 것이다. 그러므로 위 해산을 '자진해산' 만을 의미하는 것으로 한정해석을 할 근거가 빈약함
- 문언해석의 원칙상 해산에는 '강제해산'도 포함된다고 보는 것이 타당하다. 결국 위와 같은 결정은 납득하기 어려운 결정임
- 다만, 독일 연방선거법 제46조 제1항 제5호[12]와 같이 위헌정당해산의 경우에 그 소속 국회의원 또는 지방의회 의원의 의원직 상실을 규정할 필요가 있다고 봄

---

12 § 46 Verlust der Mitgliedschaft im Deutschen Bundestag

(1) Ein Abgeordneter verliert die Mitgliedschaft im Deutschen Bundestag bei

1. Ungültigkeit des Erwerbs der Mitgliedschaft,
2. Neufeststellung des Wahlergebnisses,
3. Wegfall einer Voraussetzung seiner jederzeitigen Wählbarkeit,
4. Verzicht,
5. Feststellung der Verfassungswidrigkeit der Partei oder der Teilorganisation einer Partei, der er angehört, durch das Bundesverfassungsgericht nach Artikel 21 Abs. 2 Satz 2 des Grundgesetzes.

Verlustgründe nach anderen gesetzlichen Vorschriften bleiben unberührt.

[제46조 연방의회 의원직의 상실

연방의회의원은 다음 각호의 경우에 그 직을 상실한다.

Ⅳ. 당선인결정의 착오시정

1. 의 의

당선인결정의 착오시정(錯誤是正)은 당선인의 결정에 '명백한 착오, 즉 명백한 오류(誤謬)'가 있어 이를 바로 잡는 것을 말하고, 이 '명백한 착오'에는 계산 또는 집계상의 착오, 갑(甲) 후보를 당선인으로 결정한다는 것이 을(乙) 후보로 잘못 결정하는 것 등을 말한다(법§193①).

2. 착오시정 주체와 시기와 절차

가. 주체와 시기

그 주체는 선거구선관위와 국회(제187조 제2항의 규정에 의하여 국회에서 대통령당선인을 결정하는 경우)이다. 그 시기는 선거일 후 10일 이내이다(법§193①).

나. 절 차

선거구선관위(중앙선관위를 제외)가 제1항의 규정에 의한 시정을 하는 때에는 지역구국회의원선거, 비례대표시·도의원선거, 지역구세종특별자치시의회의원선거 및 시·도지사선거에서는 중앙선관위의, 지역구시·도의원선거(지역구세종특별자치시의회의원선거 제외) 및 자치구·시·군의 의회의원과 장의 선거에서는 시·도선관위의 심사를 받은 후, 당선인의 결정을 시정한다(법§193②).

---

1. 당선무효,
2. 선거결과의 재확정,
3. 피선거권 전제요건의 흠결,
4. 사임,
5. 기본법 제21조 제2항 제2문에 따라 헌법재판소에 의한, 그 의원의 소속 정당 또는 그 정당의 일부조직에 대한 위헌결정.

다른 법률 규정에 의원자격 상실에 관한 규정이 있는 경우에는 그에 따른다.]

Ⅴ. 당선인재결정과 비례대표국회의석·비례대표지방의회의석의 재분배 등

1. 당선인재결정

대통령당선인의 결정·공고·통지(법§187), 지역구국회의원당선인의 결정·공고·통지(법§188), 지역구지방의회의원의 결정·공고·통지(법§190) 또는 지방자치단체장의 당선인의 결정·공고·통지(법§191)의 각각의 규정에 의한 **당선인결정의 위법**을 이유로 **당선무효의 판결이나 결정이 확정된 때**에 당선인결정 등의 주체인 당해 선거구선관위 또는 국회가 당선인을 다시 결정하는 것을 말한다(법§194①).

2. 비례대표의석재배분과 당선인재결정

비례대표국회의회의원당선인의 결정·공고·통지(법§189) 또는 비례대표지방의회의원당선인의 결정·공고·통지(법§190의2)의 각각의 규정에 의한 비례대표국회의원 의석 또는 비례대표지방의회의원 **의석의 배분 및 그 당선인결정의 위법**을 이유로 **당선무효의 판결이나 결정이 있는 때**와, 선거의 일부무효의 판결 또는 결정이 확정된 때에는 관할 선거구선관위가 선거가 무효로 된 당해 투표구에 대해 재선거를 실시한 때에 당선인결정 등의 주체인 관할 선거구선관위가 그 의석을 다시 배분하고 당선인을 다시 결정하는 것을 말한다(법§194②). 여기서 의석의 배분 및 그 당선인결정의 위법은 동조 제3항의 관계상 임기개시 전의 사퇴·사망 또는 당선의 효력상실·무효를 제외한 위법사유를 말한다. 이러한 '의석재배분·당선인재결정'은 의석의 재배분이 없는 동조 제3항의 '당선인재결정'과 차이가 있다.

착오없는 당선인결정을 한 뒤에는 사후에 의석을 재배분할 수 있는 사유는 동법상 한정적으로 규정되어 있고, 사후에 각 지역구에서의 선거소송이나 당선소송의 결과 어느 당의 득표수가 증가된 경우에 전국구의석의 재배분을 할 수 있는 규정이 없으므로 사후의 득표수의 변경을 이유로 전국구의석수를 재분배를 할 수는 없다는 것이 판례의 입장이다(대법원 1969. 2. 4. 선고 67수128 판결).

3. 임기개시 전에 사퇴·사망 등의 사유로 인한 당선인결정

비례대표국회의원선거 또는 비례대표지방의회의원선거의 당선인이 그 임기개시 전에 **사퇴·사망**하거나 제192조(피선거권상실로 인한 당선무효 등) 제2항의 규정에 의하여 **당선의 효력이 상실**되거나 동조 제3항의 규정에 의하여 **당선이 무효**로 된 때에 선거구선관위가 그 선거 당시의 소속정당이 추천한 후보자를 비례대표국회의원후보자명부 또는 비례대표지방의회의원후보자명부에 기재된 순위에 따라 당선인으로 결정하는 것을 말한다(법§194③).

4. 천재·지변 등으로 인한 재투표에 따른 당선인결정

관할 선거구선관위는 비례대표국회의원선거 또는 비례대표지방의회의원선거에 있어서 제198조의 사유로 인한 재투표를 실시한 때에는 당초 선거에서의 득표수와 재투표에서의 득표수를 합하여 득표비율을 산출하고 그 득표비율에 당해 선거구의 의석정수를 곱하여 얻은 수에서 각 정당이 이미 배분받은 의석수를 뺀 수가 큰 순위에 따라 잔여의석을 배분하고 당선인을 결정한다(법§194④1문). 이 경우 비례대표국회의원선거에 있어서는 앞서 본 제189조 제1항 내지 제5항의 규정을, 비례대표지방의회의원선거에 있어서는 앞서 본 제190조의2의 규정을 준용한다(법§194④2문).

예컨대, 비례대표국회의원선거의 재투표 사유가 확정된 투표구의 선거인수의 합계가 전체 선거인수의 10%라고 가정을 하면, 49석(19대 비례대표국회의원수 54－그 10%에 해당하는 의석정수 5)에 대해서만 제189조 제6항에 따라 의석을 배분한 다음 당선인을 결정하고, 나머지 5석에 대해서는 위와 같은 조항에 의하여 의석을 배분하게 된다. 말하자면, 위 조항은 선거법 제189조 제6항 및 제190조의2 제3항과 '쌍둥이 조항'인 것이다.

제 2 장 재선거, 보궐선거, 연기된 선거

The Public Official Election Act

Ⅰ. 재선거

1. 의　의

당선인이 없거나 의원정수에 미달하거나, 또는 임기개시 전에 당선인의 사망·사퇴 또는 일정한 당선무효가 있는 경우에 다시 실시하는 선거를 말한다(법§195).

2. 재선거사유

가. 개　관

아래와 같은 각호의 어느 하나에 해당하는 경우 재선거를 실시한다(법§195).

1. 당해 선거구의 후보자가 없는 때
2. 당선인이 없거나 지역구자치구·시·군의원선거에 있어 당선인이 당해

선거구에서 선거할 지방의회의원정수에 달하지 아니한 때
3. 선거의 전부무효의 판결 또는 결정이 있는 때
4. 당선인이 임기개시 전에 사퇴하거나 사망한 때
5. 당선인이 임기개시 전에 제192조(피선거권상실로 인한 당선무효 등) 제2항의 규정에 의하여 당선의 효력이 상실되거나 같은 조 제3항의 규정에 의하여 당선이 무효로 된 때
6. 제263조(선거비용의 초과지출로 인한 당선무효) 내지 제265조(선거사무장 등의 선거범죄로 인한 당선무효)의 규정에 의하여 당선이 무효로 된 때

나. 구체적인 재선거사유

(1) 적법한 당선인이 없는 경우

선거법이 정한 적법한 당선인이 없는 경우로는, 당해 선거구의 후보자가 없어 당선인이 있을 수 없는 때(제1호), 후보자는 있었으나 당선인이 없는 때(제2호 전단), 중대선거구제인 지역구자치구·시·군의원선거에서 당선인이 당해 선거구에서 선거할 지방의회의원정수에 달하지 아니한 때(제2호 후단, 예컨대 2인이 의원정수인데 1인의 당선인만 있는 경우)가 여기에 포함된다.

(2) 선거의 전부무효의 판결 또는 결정이 있는 때

전부무효는 선거절차의 위법효과가 그 선거의 결과 전체에 미침으로써 그 해당 선거전체가 무효로 되는 경우를 말하고, 이에 대하여 법원 판결 또는 해당 선관위의 결정이 있는 경우에는 재선거 실시사유가 된다. 반면, 일부무효는 선거절차의 위법효과가 그 선거의 일부, 즉 투표구에 미침으로써 그 일부 선거가 무효로 되는 경우를 말하고, 이에 대하여 법원 판결 또는 해당 선관위의 결정이 있는 경우에는 '해당 투표구의 재선거'가 실시된다(법§197①).

(3) 임기개시 전의 당선인의 사망·사퇴

먼저 그 사유의 존재 시기(時期)와 관련해서 보면, 당선인의 사망·사퇴의 존재 시기(始期)는 '당선인결정 후부터'인데, 이는 당선인은 당선인결정 후에 성립되는 개념이기 때문이다. 당선인결정 '당시'에 사망한 경우에는 동조 제2호의 '당선인이 없는 경우'에 해당하거나 제195조 제5호에 의한 재선거사유가

후보자등록 이전에 사망한 자를 당선자로 결정한 사건(대법원 2007. 9. 7. 선고 2006우15 판결)

□ 사건의 개요

- 2006. 5. 31. 실시된 제4회 전국동시지방선거 중 부산광역시 금정구 마선거구의 의원정수는 3명인데, 그 선거구의 금정구의회의원선거에서 최종개표결과 총 유효투표수 33,243표 중 갑이 9,169표를, 을이 4,743표, 병이 4,090표를, 원고가 3,766표를 얻었는데, 금정구선관위는 유효투표의 다수를 얻은 순으로 갑, 을, 병을 당선인으로 결정함
- 그 후 병이 2006. 6. 10.에 변사체로 발견되었는데, 시체검안결과 사망일시는 입후보등록개시일 이전인 2006. 5. 12. 07:30경으로 추정됨
- 이러한 사안에서 원고는 후보자등록 이전에 사망한 자에 대해 당선인결정을 하는 것은 선거법 제190조 제1항상의 "유효표의 다수를 얻은 자"에 대한 당선인결정이 아니므로, 재선거가 아닌 동법 제194조 제1항에 의한 당선인재결정과 동법 제193조상 당선인결정의 착오시정을 해야 한다고 주장하여 당선소송을 제기한 사안임

□ 결론과 이유

- 원고청구를 기각함
- 선거법 제16조, 제52조, 제190조, 제192조의 각 규정에 의하면, <u>지방의회 의원선거의 후보자로 등록된 자가 그 등록 전에 이미 사망하였음에도 불구하고 이를 알지 못한 채 선거가 이루어져 그 사망한 자가 당선인으로 결정된 경우</u>에 있어서는, 그 사망한 자의 후보자등록은 피선거권 없는 자의 후보자등록으로서 무효이고, <u>그의 당선 역시 무효이므로 제195조 제1항 제5호의 규정에 따라 재선거를 실시할 사유에 해당</u>한다고 할 것이고, 제193조 제1항 소정의 당선인결정의 착오시정은 후보자등록 및 선거가 유효함을 전제로 하는 것이므로 위와 같은 경우에 적용될 수 있는 것이 아니며, 그 사망사실이 선거 직후에 확인되었다고 하여 달리 볼 것도 아니다.

□ 판례 분석

- 위와 같은 사안이 선거법 제195조 제4호(당선인이 임기개시 전에 사퇴하거나 사망한 경우)에 해당한다고 판시하지 않았는데, 이는 제4호의 적용 범위를 '당선인결정 후 임기개시 전'에 당선인이 사망하거나 사퇴한 경우로 제한되는 것으로 이 해석하였다고 볼 수 있음
- 이러한 경우는 동법 제194조 제1항이 정하고 있는 당선인재결정사유, 즉 제190조 규정에 의한 당선인결정의 위법에 해당하는 것은 아니라는 것임

되고, 당선결정 전에 사망한 경우에는 제195조 제5호에 의한 재선거사유가 된다. 또 선거법 제191조의2에 따라 당선인이 임기개시 전에 '사퇴신고서'를 해당 선거구선관위에 접수한 경우에는 재선거사유이고, 반면 임기개시 후에 사퇴를 하는 경우에는 선거법 제200조의 보궐선거사유가 된다. 이는 당선인결정 후 임기개시 전에 '사망'한 경우도 재선거사유이고, 임기개시 후에 사망한 경우는 보궐선거사유이다.

다음으로 그 사유는 '발생 자체의 시기'가 기준이 되고, 그 사유의 '확인 시기'가 기준이 되는 것은 아니다. 이와 관련하여 보면, 당선인이 실종되어 임기개시 후에 사망한 사실이 밝혀졌는데 그 사망이 임기개시 이전인 경우에는 제195조 제1항 제4호가 '당선인이 임기개시 전에 사망한 때'라고 규정하고 있고, '당선인이 임기개시 전에 사망한 것이 밝혀진 때'라고 되어 있지 않으므로, 문언해석상 재선거사유가 된다고 본다. 보궐선거는 적법하게 임기가 개시된 이후의 궐원 또는 궐위가 있어 선거가 실시되는 것이라는 점을 고려할 때, 사망한 자의 적법한 임기개시가 있는 것으로 보기 어렵다는 점을 고려하더라도 위와 같이 볼 것이다.

(4) 임기개시 전의 당선무효 등

이에 대해서는 앞서 본 바와 같다.[1] 임기개시 전에 피선거권이 없게 되어 당선인결정의 효력이 상실되거나(법§192②), 동조 제3항상의 당선무효로 되는 경우에 재선거를 실시하게 된다.

(5) 일정한 당선무효형(刑)의 선고가 있는 경우

선거법 제263조의 선거비용의 초과지출로 인한 당선무효, 제264조의 당선인의 선거범죄로 인한 당선무효, 제265조의 선거사무장 등의 선거범죄로 인한 당선무효의 경우에도 재선거를 실시한다. 이에 대하여는 후술한다.[2]

다. 특정 비례대표의원이 위와 같은 당선무효에 해당하는 경우에 재선거실시사유가 되는지 여부

비례대표의원인 당선인이 임기개시 전에, 사망·사퇴하거나 피선거권이

1 739~744면 참조.
2 769면 이하 참조.

없게 되어 당선인결정의 효력이 상실되거나(법§192②), 동조 제3항상의 당선무효로 되는 경우에는 선거법 제173조 제3항이 비례대표의원 의석의 재분배의 사유로 규정하고 있다. 그러므로 비록 선거법 제195조 제4호 내지 제5호가 위와 같이 재선거사유로 정하고 있지만, 비례대표의원인 경우에는 이러한 사유가 있더라도 재선거를 실시하는 것이 아니라, 비례대표의원 의석의 재분배를 해야 한다. 다만, 제173조 제3항에 따른 의석 재분배를 받을 후보자가 아예 없거나 그 정당에게 배분된 의석수에 모자라는 후보자만 있어 그 후보자에게 의석 배분이 되더라도 그 정당에게 배분된 의석수를 다 채우지 못하는 경우에 재선거사유가 되는지 문제된다. 선거법 제195조 제2호가 기초의원의 선거구에서 선거할 의원정수에 미달하는 경우에는 재선거를 실시하도록 규정하고 있고, 비례대표국회의원정수나 비례대표지방의회의원정수가 명시된 점을 고려하면, 이런 경우에는 재선거사유가 된다고 본다.

3. 재선거로의 의제

하나의 선거로 같은 선거구에서 선거법 제200조(보궐선거)의 규정에 의한 보궐선거의 실시사유가 확정된 후 재선거 실시사유가 확정된 경우로서 그 선거일이 같은 때에는 재선거로 본다(법§195②).

Ⅱ. 선거의 일부무효로 인한 재선거

1. 의 의

선거에 대한 무효사유가 당해 선거의 일부에만 있는 경우에는 그 선거의 전부를 무효화시키는 것이 아니라, 그 해당 부분만을 무효화시키는 것이 필요하다. 이처럼 일부무효사유로 인해 당해 선거에 대한 일부무효의 판결 또는 결정이 확정된 때에는 선거가 무효로 된 '당해 투표구'에 대해서만 실시하는 재선거를 말한다(법§197①).

2. 선거인명부의 특칙

선거인명부는 선거일을 기준으로 작성하고 확정된 선거인명부는 해당 선거에 한하여 효력을 가지므로(법§44①,§37①), 일부 재선거의 경우 선거인명부를 다시 하는 것이 원칙이나, 일부 투표구에서만 실시되는 점을 감안하여, 판결 또는 결정에 특별한 명시가 없는 한 당초 선거에 사용된 선거인명부를 사용한다. 다만, 판결 또는 결정에 당초 선거인명부의 위법으로 인하여 일부 재선거 판결 또는 결정이 내려진 경우에는 새로이 선거인명부에 작성하고 이에 따라 선거를 해야 한다.

3. 정당 합당시의 특칙

가. 정당의 합당과 합당의 효과

「정당법」에 따르면 정당은 신설합당과 흡수합당이 있는데, 전자는 기존 정당이 새롭게 신설정당을 만들어 기존 정당은 모두 소멸하고 이 신설정당에 합쳐지는 방식의 합당이고, 후자는 기존 정당 중 어느 한 정당이 소멸되지 않는 존속정당이 되고 나머지 정당은 이 존속정당에 흡수되는 방식의 합당을 말한다(「정당법」§19①).

합당이 있는 경우 합당으로 신설되거나 존속하는 정당(신설정당 또는 존속정당)은 합당 전 정당의 권리·의무를 포괄적으로 승계하게 된다(「정당법」§19①).

나. 일부재선거에서의 합당시 특칙

위와 같이 합당의 효과에 의하면, 재선거에서도 신설정당 또는 존속정당이 소멸한 정당의 권리의무까지 포괄적으로 승계하여 행사하는 것이 원칙이지만, 선거법에서는 이에 대한 특칙규정을 두고 있다. 즉, 합당된 정당은 그 재선거의 선거기간개시일부터 그 다음 날까지 당해 선거구선관위에 합당 전 후보자 중 1인을 후보자로 추천하고, 비례대표국회의원선거 및 비례대표지방의회의원선거에서는 하나의 후보자명부를 제출하되 합당 전 각 정당이 제출한 후보자명부에 등재되지 아니한 자를 추가할 수 없는 것이다(법§197③). 또,

이러한 기간 내에 추천이 없는 때에는 합당 전 정당의 당해 선거구의 후보자의 등록은 모두 무효가 된다(법§197④). 또한, 합당된 정당의 후보자(비례대표국회의원선거 및 비례대표지방의회의원선거에서는 후보자를 추천한 정당을 말함)의 기호는 당초 선거 당시의 그 후보자의 기호로 한다(법§197⑤). 그리고 득표수 계산에 있어서도 특칙을 두고 있는데, 위와 같이 추천된 후보자의 득표계산에 있어서는 합당으로 인하여 추천을 받지 못한 후보자의 득표는 이를 계산하지 않게 된다(법§197⑥).

4. 비례대표의원 의석 배분의 특칙

비례대표국회의원선거에서 선거법 제197조 제1항의 규정에 의한 재선거 사유가 확정된 경우에는 그 투표구의 선거인수를 당해 선거구의 선거인수로 나눈 수에 당해 선거구의 의석정수를 곱하여 얻은 수의 정수(1 미만의 단수는 1로 봄)를 의석정수에서 뺀 다음 제189조 제1항 내지 제4항 또는 제190조의2의 규정에 따라 의석을 재배분하고, 그 재배분에서 제외된 비례대표국회의원 및 비례대표지방의회의원의 당선은 무효로 한다(법§197⑦).

예컨대, 비례대표국회의원선거의 재투표 사유가 확정된 투표구의 선거인수의 합계가 전체 선거인수의 10%라고 가정을 하면, 49석(19대 비례대표국회의원수 54－그 10%에 해당하는 의석정수 5)에 대해서만 제189조에 따라 의석을 배분한 다음 당선인을 결정하고, 나머지 5석은 무효로 한 후, 다음과 같이 배분하게 된다. 즉, 비례대표국회의원선거에서 제197조의 사유로 인한 재선거를 실시한 때에는 선거구선관위가 당초 선거에서의 득표수와 재선거에서의 득표수를 합하여 득표비율을 산출하고 그 득표비율에 당해 선거구의 의석정수를 곱하여 얻은 수에서 각 정당이 이미 배분받은 의석수를 뺀 수가 큰 순위에 따라 **잔여의석**을 배분하고 당선인을 결정한다(법§197⑧,§194④1문). 이 경우 비례대표국회의원선거에서는 제189조 제1항 내지 제5항의 규정을 준용한다(법§197⑧,§194④2문).

위와 같이 선거의 일부무효로 인한 재선거에 따른 당선인결정 방식은 비례대표지방의회의원에서도 같이 적용된다(법§197⑧).

5. 일부재선거의 선거운동 범위와 선거비용제한액

이에 대하여 선거법 제197조 제9항에 따라 선거규칙에 위임되어 있는데, 그에 관한 선거규칙 제114조는 방송시설을 이용한 선거운동은 실시하지 않고, 선거운동을 할 수 있는 구역은 당해 선거를 실시하는 구역안으로 한정되는 등의 선거운동의 특칙이 규정되어 있다(규칙§114①).

그리고 선거비용제한액은 일부재선거 등 실시구역의 당초 선거시의 인구수를 당해 선거구의 당초 선거시의 인구수로 나누어 얻은 수에 그 선거구의 당초 선거시의 후보자 1인의 선거비용제한액을 곱하여 얻은 금액에 중앙선관위가 일부재선거 등 실시구역의 넓고 좁음·물가지수 및 선거규칙 제114조 제1항 각호의 기준에 의한 선거운동방법 등을 감안하여 정한 금액을 더하거나 뺀 금액으로 하고, 이 경우 10만 원 미만의 단수는 10만 원으로 한다(규칙§114②).

Ⅲ. 천재·지변 등으로 인한 재투표

1. 의 의

천재·지변 기타 부득이한 사유로 인하여 어느 투표구의 투표를 실시하지 못한 때와 투표함의 분실·멸실 등의 사유가 발생한 때에 관할 선거구선관위가 당해 '투표구'의 재투표를 실시한 후 당해 선거구의 당선인을 결정하는 것을 말한다(법§198①).

2. 재투표 실시사유

가. 천재·지변 기타 부득이한 사유로 인한 특정 투표구의 투표 실시의 불가

여기서 '천재나 지변(天災地變)'은 지진, 홍수, 태풍 따위의 자연 현상으로 인한 재앙을 말하고, '기타 부득이한 사유'는 '전쟁', '내란', '변란', '폭동' 또는 이에 준하는 '국가기능이 마비되는 사회재난'(예컨대 '체르노빌 사태')을 의미한다. '투표를 실시하지 못한 때'에는 투표를 실제로 실시하지 못한 경우를 의미한다.

나. 투표함의 분실·멸실 등의 사유

이는 득표수를 산정하는 데 필수적인 각자의 투표용지가 들어 있는 투표함을 잃어버리거나 없어지는 것을 말한다.

다. 재투표 실시의 예외

그러나, 위와 같은 사유가 있더라도, 그 재투표가 당해 선거구의 선거결과에 영향을 미칠 염려가 없다고 인정되는 때, 즉 당락의 결과를 번복시키는 결과를 가져오지 못할 때에는 재투표를 실시하지 아니하고 당선인을 결정한다(법§198②).

3. 정당 합당시의 특칙

합당된 정당은 그 재선거의 선거기간개시일부터 그 다음 날까지 당해 선거구선관위에 합당 전 후보자 중 1인을 후보자로 추천하고, 비례대표국회의원선거 및 비례대표지방의회의원선거에서는 하나의 후보자명부를 제출하되 합당전 각 정당이 제출한 후보자명부에 등재되지 아니한 자를 추가할 수 없다(법§198④,§197③). 또, 이러한 기간 내에 추천이 없는 때에는 합당 전 정당의 당해 선거구의 후보자 등록은 모두 무효가 된다(법§198④,§197④). 또한, 합당된 정당의 후보자(비례대표국회의원선거 및 비례대표지방의회의원선거에서는 후보자를 추천한 정당을 말함)의 기호는 당초 선거 당시의 그 후보자의 기호로 한다(법§198④,§197⑤).

그리고 득표수 계산에 있어서도 특칙을 두고 있는데, 위와 같이 추천된 후보자의 득표계산에 있어서는 합당으로 인하여 추천을 받지 못한 후보자의 득표는 이를 계산하지 않게 된다(법§198④,§197⑥). 특히 제194조의 비례대표국회의원 및 비례대표지방의회의원의 의석재배분을 위한 득표수의 계산은 그 후보자의 합당 전 정당의 득표수에 합산한다(법§198③).

4. 재투표의 선거운동 범위와 선거비용제한액

이에 대하여는 일부재선거의 선거운동 범위와 선거비용제한액과 마찬가지로 선거규칙 제114조가 정하고 있다.

5. 재투표의 실시

재투표는 가능한 한 제35조(보궐선거 등의 선거일)의 규정에 의한 선거와 함께 실시해야 한다(법§199).

Ⅳ. 연기된 선거

1. 의 의

'연기된 선거'는 천재·지변 기타 부득이한 사유로 인하여 선거를 실시할 수 없거나 실시하지 못한 때에 대통령선거와 국회의원선거에서는 대통령이, 지방의회의원 및 지방자치단체장의 선거에서는 관할 선거구선관위위원장이 당해 지방자치단체장(직무대행자를 포함)과 협의하여 실시되는 선거를 말한다(법§196①).

2. 선거연기사유

여기서 '천재나 지변(天災地變)'이나 '기타 부득이한 사유'는 천재·지변 등으로 인한 재투표에서 본 바와 같다. '선거를 실시할 수 없거나 실시하지 못한 때'에는 선거를 실시하려고 해도 그 실시가 '객관적(客觀的)'으로 불가능한 '물리적(物理的)' 불가능사유를 의미한다. 따라서, 세월호 참사 사건 이후 전 국민적 애도분위기 속에서 실종자 구조 등 사고수습에 만전을 기하기 위하여 6. 4.

지방선거를 연기하여 7. 30. 국회의원 보궐선거와 같이 실시하자는 의견이 우리 사회 일각에서 대두된 바 있는데, 선장과 항해사 및 조타수 등의 과실 내지 고의가 그 사고의 원인으로 밝혀지고 있는 세월호 참사의 발생과 이의 수습을 이유로 한 선거연기는 위와 같은 선거연기사유에 해당하지 않는다고 본다.

3. 선거연기의 주체와 그 절차

가. 주 체

대통령선거와 국회의원에서는 대통령이, 지방의회의원 및 지방자치단체장의 선거에서는 관할 선거구선관위위원장이 선거연기권자이다(법§196①).

나. 절 차

위와 같은 선거연기권자는 당해 지방자치단체장(직무대행자를 포함)과 협의하여 선거 연기 여부를 결정하고(법§196①), 이를 연기한 때에는 연기할 선거명과 연기사유 등을 공고하고, 지체없이 대통령은 관할 선거구선관위위원장에게, 관할 선거구선관위위원장은 당해 지방자치단체장에게 각각 통보해야 한다(법§196③). 또 처음부터 선거절차를 다시 진행해야 하고, 선거일만을 다시 정한 때에는 이미 진행된 선거절차에 이어 계속해야 한다(법§196②).

4. 연기된 선거의 실시

연기된 선거는 가능한 한 제35조(보궐선거 등의 선거일)의 규정에 의한 선거와 함께 실시해야 한다(법§199).

Ⅴ. 보궐선거와 비례대표의원의 의원승계

1. 보궐선거

가. 의 의

'보궐선거'는 국회의원 등 선출직 공직자의 임기가 적법하게 개시된 후, 지역구국회의원·지역구지방의회의원·지방자치단체장에 궐원(闕員) 또는 궐위(闕位)가 생긴 때에 실시하는 선거를 말한다(법§200①).

나. 보궐선거사유

(1) 대통령의 경우

우리 헌법 제68조 제2항이 "대통령이 궐위된 때 또는 대통령 당선자가 사망하거나 판결 기타의 사유로 그 자격을 상실한 때에는 60일 이내에 후임자를 선거한다"고 규정하고 있는데, 대통령의 경우 사망, 탄핵결정에 의한 파면, 피선거권상실, 사임 등으로 인해 그 자격을 상실하는 경우가 그 보궐선거사유이다.

(2) 지역구국회의원·지역구지방의회의원·지방자치단체장의 경우

지역구국회의원·지역구지방의회의원·지방자치단체장에 궐원(闕員) 또는 궐위(闕位)가 생긴 때이다(법§200①). 여기서의 궐원과 궐위는 적법하게 임기가 개시된 이후의 사유이다. 여기서 '궐원'(闕員)은 결원(缺員)과 동의어로 국회의원·지방의회의원의 총의정원수에 미달하는 것으로, 사직, 사망 등이 있다. '궐위'(闕位)는 지방자치단체장이나 대통령의 경우에 그 직에서 이탈한 모든 상태를 말한다.[3] 이에는 대표적으로 사망, 사임 등이 있다. 지방자치단체장의 경우는 사망(법§195①4호 반대해석), 사임(「지방자치법」§98), 겸직금지직에 취임·피선거권상실·지방자치단체의 폐치 및 분합에 따른 직의 상실(동법§98) 등을 말하고, 지역구지방의회의원의 경우는 사망(법§195①4호 반대해석), 사직(「지방자치법」§77), 겸직금지직에 취임·피선거권상실·징계에 따른 제명(동법§78), 자격심사에 따른 자격상실 확정(동법§80) 등이 있다.

3 정종섭, 앞의 책, 1273~1274면 참조.

다. 절 차

대통령이 궐위된 때에는 대통령권한대행자는 지체 없이 중앙선관위에 이를 통보해야 한다(법§200③). 또 국회의원에 궐원이 생긴 때에는 국회의장은 대통령 및 중앙선관위에 이를 통보해야 한다(법§200④). 또한, 그 지방의회의원에 궐원이 생긴 때에는 지방의회의장은 당해 지방자치단체장과 관할 선거구선관위에 이를 통보해야 하며, 지방자치단체장이 궐위된 때에는 궐위된 지방자치단체장의 직무를 대행하는 자가 당해 지방의회의장과 관할 선거구선관위에 이를 통보해야 한다(법§200⑤).

이러한 경우에 있어 국회의원 또는 지방의회의원이 제53조(공무원 등의 입후보)의 규정에 의하여 그 직을 그만두었으나 후보자등록신청시까지 위와 같은 궐원통보가 없는 경우에는 후보자로 등록된 때에 그 통보를 받은 것으로 본다(법§200⑥).

2. 비례대표의원의 의원승계

가. 의 의

비례대표국회의원 및 비례대표지방의회의원에 궐원이 생긴 때에는 선거구선관위는 궐원통지를 받은 후 10일 이내에 그 궐원된 의원이 그 선거 당시에 소속한 정당의 비례대표국회의원후보자명부 및 비례대표지방의회의원후보자명부에 기재된 순위에 따라 궐원된 국회의원 및 지방의회의원의 의석을 승계할 자를 결정하는 것을 말한다.

나. 비례대표의원 승계사유와 예외

비례대표의원의 임기가 적법하게 개시된 후 궐원(闕員)이 생긴 때이다. 여기서 궐원의 의미는 위에서 본 바와 같다.

그러나, 그 정당이 해산되거나 임기만료일 전 120일 이내에 궐원이 생긴 때에는 의원승계를 하지 않는다. 여기서 정당 해산은 「정당법」상 등록취소(「정당법」§44)와 해산(「정당법」§45)은 달리 규정되어 있으므로 해산을 의미하고, 다만 헌법 제8조 제3항의 위헌정당해산심판에 따른 정당해산도 포함된다고 본다.

다. 절 차

비례대표국회의원에 궐원이 생긴 때에는 국회의장은 대통령 및 중앙선관위에 이를 통보해야 하고(법§200④), 비례대표지방의회의원에 궐원이 생긴 때에는 그 지방의회의장은 당해 지방자치단체장과 관할 선거구선관위에 이를 통보해야 한다(법§200⑤). 이러한 통지를 받은 선거구선관위가 궐원통지를 받은 후 10일 이내에 그 궐원된 의원이 그 선거 당시에 소속한 정당의 비례대표국회의원후보자명부 및 비례대표지방의회의원후보자명부에 기재된 순위에 따라 궐원된 국회의원 및 지방의회의원의 의석을 승계할 자를 결정한다(법§200②).

3. 보궐선거 실시에 관한 특례

가. 보궐선거 등을 실시하지 않는 경우

(1) 실시하지 않는 사유

지역구국회의원과 지역구지방의회의원에 대한 보궐선거나 재선거·연기된 선거 또는 재투표사유로 인한 경우(이하 보궐선거 등)는 그 선거일부터 임기만료일까지의 기간이 1년 미만이거나, 지방의회의 의원정수 4분의 1 이상이 궐원(임기만료일까지의 기간이 1년 이상인 때에 재선거·연기된 선거 또는 재투표사유로 인한 궐원의 경우는 제외)되지 아니한 경우에는 실시하지 아니할 수 있다(법§201①전단). 이는 재량적으로 그 보궐선거 등을 실시하지 않을 수 있다.

그러나 제219조(선거소청) 제2항 또는 제223조(당선소송)의 규정에 의하여 당선의 효력에 관한 쟁송이 계속 중인 때에는 보궐선거를 실시하지 아니한다(법§201②).

(2) 절 차

보궐선거 등의 사유가 발생하였으나 선거법 제201조 제1항 전단의 규정에 해당되어 보궐선거 등을 실시하지 아니하고자 하는 때에는 보궐선거 등의 실시사유가 확정된 날부터 10일 이내에 그 뜻을 공고하고, 국회의원보궐선거 등에서는 대통령이 관할 선거구선관위에, 지방자치단체의 의회의원 및 장의 보궐선거 등에서는 관할 선거구선관위위원장이 당해 지방의회의장 및 지방자치단체장에게 통보해야 한다(법§201④1문). 이 경우에는 제35조 제5항의 규정에 불구하고 선거의 실시사유가 확정되지 아니한 것으로 본다(법§201④2문).

나. 보궐선거 등을 실시하는 경우

(1) 실시 사유

지방의회 의원정수의 4분의 1 이상이 궐원되어 보궐선거 등을 실시하는 때에는 그 궐원된 의원 전원에 대하여 실시해야 한다(법§201①후단). 이 경우 그 '선거의 실시사유가 확정된 때'란 제35조 제5항에도 불구하고 관할 선거구선관위가 해당 지방의회의장으로부터 그 지방의회 의원정수의 4분의 1이상의 궐원에 해당하는 의원의 궐원을 통보받은 날을 말한다(법§201⑥).

(2) 절 차

보궐선거 등을 실시하게 된 때에는 제35조 제2항 제1호에도 불구하고 그 실시사유가 확정된 때부터 60일 이내에 실시해야 하며, 관할 선거구선관위 위원장은 선거일 전 30일까지 선거일을 정하여 공고해야 한다(법§201⑤본문). 다만, 그 보궐선거 등의 선거일이 제35조 제2항 제1호에 따른 4월 중 첫 번째 수요일에 실시되는 보궐선거 등의 선거기간개시일 전 40일부터 선거일 후 30일까지의 사이에 있는 경우에는 그 보궐선거 등과 함께 선거를 실시한다(법§201⑤단서).

(3) 선거구역의 특례

지방의회의원의 보궐선거 등을 실시하는 경우에 지방자치단체의 관할구역의 변경에 따라 그 선거구의 구역이 그 지방의회의원이 속하는 지방자치단체에 상응하는 다른 지방자치단체의 관할구역에 걸치게 된 때에는 당해 지방자치단체에 속한 구역만을 그 선거구의 구역으로 한다(법§201③).

(4) 거소자투표자 특례

보궐선거 등(대통령의 궐위로 인한 선거·재선거 및 연기된 선거, 임기만료에 따른 선거와 동시에 실시하는 보궐선거 등은 제외)에서 제38조 제4항 제1호부터 제5

호까지에 해당하는 사람(거소투표가능자) 외에 보궐선거 등이 실시되는 선거구(선거구가 해당 구·시·군의 관할구역보다 작은 경우에는 해당 구·시·군의 관할구역을 말함) 밖에 거소를 둔 사람도 거소투표신고를 하고 제158조의2에 따른 거소투표자의 예에 따라 투표할 수 있다(법§201⑦).

제 6 편

선거범죄로 인한 제재와 선거수사, 선거재판 및 선거쟁송

제 1 장 선거범죄로 인한 제재

The Public Official Election Act

Ⅰ. 당선무효

1. 의 의

당선인이 선거범죄 등으로 징역형 또는 100만 원 이상의 벌금형의 선고를 받거나, 선거사무장·회계책임자, 후보자(후보자가 되려는 사람 포함)의 직계존비속 및 그 배우자가 징역형 또는 300만 원 이상의 벌금형의 선고를 받은 경우에 그 당선인의 당선을 무효로 하는 것을 말한다(법§263,§264,§265).

선거법 제263조 및 제265조와 관련하여 대법원 2014. 7. 24. 선고 2013도6785 판결은, "선거법 제263조, 제265조가 선거사무장 등의 일정한 선거범죄에 대한 판결 결과를 후보자의 당선무효 사유로 규정하고 있는 것은, 선거사무장 등이 저지른 일정한 중대 선거범죄는 선거에 있어서 전적으로 후보자의 당선을 위하여, 또한 후보자와의 의사연락하에 이루어진 행위로서 총체적으로 후보자 자신의 행위와 다를 바 없다고 보아, 후보자를 공범으로 인정하여 형사처벌은 하지 않더라도 그러한 불법행위에 따른 이익을 박탈하는 것이 정당하다는 고려에서, 후보자와 불가분의 선거운명공동체를 형성하여 활동하게 마련인 선거사무장 등의 실질적 지위와 역할을 근거로 후보자에게 연대책임을 부여한 것이다(헌재 2011. 9. 29. 2010헌마68)"고 판시하였다.

2. 당선무효요건

가. 선거비용의 초과지출로 인한 당선무효

선거법 제122조(선거비용제한액의 공고)의 규정에 의하여 공고된 선거비용제한액의 200분의 1 이상을 초과지출한 이유로 **선거사무장, 선거사무소의 회계책임자**가 징역형 또는 300만 원 이상의 벌금형의 선고를 받은 때에는 그 후보자의 당선은 무효가 된다(법§263①본문). 이러한 선거비용제한액의 200분의 1 이상을 초과지출한 경우에는 선거사무장, 선거사무소의 회계책임자 등이 동법 제258조상의 '**선거비용부정지출죄**'로 처벌되는데, 그 선거비용부정지출죄의 주체 중 '선거사무장', '선거사무소(선거연락소는 제외)의 회계책임자'(회계사무보조자도 제외)가 그 죄로 처벌되는 경우라야 한다.

그러나, 다른 사람의 유도 또는 도발에 의하여 당해 후보자의 당선을 무효로 되게 하기 위하여 지출한 경우에는 예외이다(법§263①단서). 이는 상대방 후보자 측의 유도나 도발에 의한 그 초과지출까지 당선인의 책임으로 돌릴 수 없기 때문이다. 또 '유도'(誘導)는 위와 같은 매수행위나 기부행위 등을 발생하도록 이끄는 행위로, 「형법」총칙상 교사(教唆)보다 넓은 범주의 개념이다. 따라서 유도의 상대방이 이미 그 범죄행위를 하기로 마음먹은 경우라도 그 범죄행위를 하게 하거나 그 행위를 강화시키는 경우에도 여기의 유도에 해당한다고 본다. 또한, '도발'(挑發)은 그러한 유도 중 의도성(意圖性)이 강한 행위를 말한다.

나. 정치자금법위반죄의 처벌로 인한 당선무효

「정치자금법」에 의하면, **회계책임자**가 정당한 사유 없이 선거비용에 대하여 제40조(회계보고) 제1항·제2항의 규정에 의한 회계보고를 하지 아니하거나 허위기재·위조·변조 또는 누락(선거비용의 수입·지출을 은닉하기 위하여 누락한 경우를 말함)한 자는 5년 이하의 징역 또는 2천만 원 이하의 벌금에 처해진다. 또한, '선거비용과 관련하여' 동법 제39조(영수증 그 밖의 증빙서류) 본문의 규정에 의한 영수증 그 밖의 증빙서류를 허위기재·위조·변조한 자는 2년 이하의 징역 또는 400만 원 이하의 벌금에 처해지게 된다. 여기서 '허위기재'(虛僞記載)는 회계보고사항과 관련하여 거짓으로 기재하는 것을, '위조'(僞造) 회계보고서 등 문서의 작성권한이 없는 자가 그 작성권한 있는 자의 명의를 모용하여 작성하는 것을, '누락'(漏落) 기재할 의무가 있는 사항에 대하여 이를 부당하게 기재하지 않는 것을 말한다. 또 '변조'(變造)는 권한없는 자가 그 문서의 동일성을 해치지 않는 범위 내에서 문서내용에 변경을 가하는 것을 말한다.[1] 이러한 범죄를 범함으로 인하여 '선거사무소의 회계책임자'가 징역형 또는 300만 원 이상의 벌금형의 선고를 받은 때에는 그 후보자(대통령후보자, 비례대표국회의원후보자 및 비례대표지방의회의원후보자를 제외)의 당선은 무효가 된다(법§263②).

그러나, 다른 사람의 유도 또는 도발에 의하여 당해 후보자의 당선을 무효로 되게 하기 위하여 그 범죄를 범한 경우는 제외된다(법§263②단서). 본 단서의 취지와 그 의미는 선거비용의 초과지출로 인한 당선무효의 경우와 같다.

다. 당선인의 선거범죄 등으로 인한 당선무효

당선인이 '**당해 선거**'에 있어 선거법에 규정된 죄 또는 「정치자금법」 제49조의 죄를 범함으로 인하여 '징역형' 또는 '100만 원 이상'의 벌금형의 선고를 받은 때에는 그 당선은 무효로 한다(법§264).[2]

이러한 '당해 선거'의 의미와 관련하여 판례는, "구 선거법(2010. 1. 25. 법률 제9974호로 개정되기 전의 것, 이하 같음) 제264조의 당선무효 사유를 '당해'의 사전적 의미에 터잡아 문리적으로 해석하면, '<u>당선인이 당선된 그 선거에 있어 위 법에 규정된 죄 등을 범함으로써 징역 등 형의 선고를 받은 때</u>'라고 풀이할 수 있고, '<u>당선된 그 선거'의 범위는 구 선거법이 규정하고 있는 선거의 단위를 기준으로 판단</u>해야 한다. 그런데 구 선거법은 선거의 단위에 관한 정의규정을

1 오영근, 『형법각론』, 박영사, 2002, 840면.

2 동조항이 평등권을 규정한 헌법 제11조, 공무담임권을 규정한 헌법 제25조 등에 반하지 않는다는 것이 판례의 태도이다(대법원 1996. 6. 28. 선고 96초111 판결; 헌재 2011. 12. 29. 2009 헌마476).

따로 두지는 않았지만, 그 적용범위를 '대통령선거 · 국회의원선거 · 지방의회의원 및 지방자치단체의 장의 선거'라고 구분하여 규정하고 있고(제2조), 동시선거의 개념을 '선거구의 일부 또는 전부가 서로 겹치는 구역에서 2 이상의 다른 종류의 선거를 같은 선거일에 실시하는 것'이라고 정의하면서도(제202조 제1항), 선거구의 일부 또는 전부가 서로 겹치는 구역에서 같은 선거일에 실시하는 선거임이 명백한 임기만료에 의한 각 지역구 국회의원선거와 비례대표 국회의원선거는 동시선거의 대상으로 규정하지 아니하므로(제203조), 임기만료에 의한 각 지역구 국회의원선거와 비례대표 국회의원선거는 그 전체가 하나의 선거를 구성한다고 해석함이 타당하다. 또한 구 선거법을 위반한 자는 설혹 당선되었다고 하더라도 당선을 무효로 함으로써 헌법과 「지방자치법」에 의한 선거가 국민의 자유로운 의사와 민주적인 절차에 의하여 공정히 행하여지도록 하고, 선거와 관련한 부정을 방지하여 민주주의의 발전에 기여하는 데 구 선거법 제264조의 입법 취지가 있음을 고려할 때, 구 선거법 제264조에 규정된 '당해 선거'의 의미를 '당선인이 당선된 그 지역구 선거구에 관한 국회의원선거'로만 제한하여 해석하게 되면 위와 같은 입법 취지와 목적을 달성하기가 어렵게 될 우려가 있다. 따라서 구 선거법 제264조에 규정된 '당해 선거'는 임기만료에 의한 국회의원선거의 당선인이 지역구 국회의원인 경우에 그 당선된 지역구는 물론 다른 지역구와 비례대표를 포함한 전체 국회의원선거를 의미한다고 새길 것이다"고 판시하였다(대법원 2012. 10. 11. 선고 2010두28069 판결[3]).

---

3 본 판례에 대한 자세한 평석은, 김동국, "구 선거법 제264조에 규정된 '당해 선거'의 의미", 대법원판례해설 제93호(2012년 하) 참조. '당해 선거'의 의미에 대하여 ⅰ) 제264조는 당선인의 지위를 박탈하는 규정으로서 선거로 확인된 투표자의 의사를 무효로 만들어 국민주권·민주주의 원칙에 제한을 가하는 성질을 가지므로, 다른 어떤 규정보다 엄격하게 해석해야 한다는 점 등을 논거로 하는 **'해당 선거구의 선거'라는 견해**, 선거법 제264조의 역사적·주관적 해석, 목적론적·규범적 해석방법에 의하면, 그 입법 취지나 목적을 고려할 때 '당해 선거'의 의미는 '해당 선거구의 선거'를 의미한다고 제한적으로 볼 것이 아니라, '그 해당 연도 국회의원 선거'(즉 해당 선거일의 같은 종류의 선거)를 의미한다고 보는 것이 보다 더 타당하다고, 또한 선거법 제264조의 '당해 선거'를 동시에 실시된 수개의 선거를 모두 포함하는 것으로 해석하는 것은, 법문에 '당해 선거'라고 규정되어 있을 뿐 '당해 선거들'라고 규정되어 있지 아니하므로 그 문언이 가지는 통상적이고 객관적인 범위를 벗어나는 확장해석에 해당할 여지가 크다고 생각되는 점을 들어, ⅱ) **같은 선거일의 같은 종류의 선거라는 견해**(국회의원의 경우 '같은 선거일에 실시된 각 지역구 및 비례대표 선거를 모두 포함한 하나의 국회의원

그리고, 대통령선거에서의 당선인의 경우에는 그 당선인의 임기가 개시되면, "대통령은 내란 또는 외환의 죄를 범한 경우를 제외하고는 재직 중 형사상의 소추를 받지 아니한다"고 규정된 우리 헌법 제84조에 의하여 형사소추 자체가 금지되고, 따라서 임기 중에 위와 같은 범죄로 처벌되는 경우도 없을 것이므로(물론 임기개시 전에 기소되어 처벌되는 경우를 상정할 수 있겠지만, 대통령선거일 후 임기개시 이전의 기간 동안에 그 처벌이 확정되는 경우란 없을 것이고, 당선인이 기소되는 경우도 실제로 상정하기 어려움), 대통령 당선인의 경우에 있어 위와 같은 규정은 별다른 의미를 갖지 못한다.[4]

한편, 선거법 제263조 제1항, 제2항 또는 동법 제265조와는 달리, '다른 사람의 유도 또는 도발에 의하여 당해 후보자의 당선을 무효로 되게 하기 위하여 그 범죄를 범한 경우'를 예외로 설정하고 있지 않은데, 이는 후보자 본인이 자신의 낙선을 위해 스스로 범죄에 가담한다는 것은 상식적으로 상정하기 어렵기 때문이다.

라. 선거사무장 등의 선거범죄 등으로 인한 당선무효

선거사무장[5]·선거사무소의 회계책임자(선거사무소의 회계책임자로 선임·신고되지 아니한 자로서 후보자와 통모하여 당해 후보자의 선거비용으로 지출한 금액이 선거비용제한액의 3분의 1 이상에 해당되는 자를 포함) 또는 **후보자(후보자가 되려는 사람을 포함)의 직계존비속 및 배우자**가 '해당 선거'에 있어서 제230조부터 제234조까지, 제257조 제1항 중 기부행위를 한 죄 또는 「정치자금법」 제45조 제

선거'라는 견해임), iii) 동시선거가 실시되는 경우에 단일 선거가 실시되는 경우보다 선거범죄를 억제해야 할 필요성이 더 크다고 점 등을 논거로 하는 '**같은 선거일에 실시된 동시선거에 포함되는 모든 선거**'라는 견해의 입론가능하다. 판례는 ii)의 견해를 취한 것으로 보이나, 선거법 제20조가 각 종류의 선거마다 선거의 단위로써 선거구를 달리 정하고 있는 점, 국민에 의하여 선택받은 당선자의 지위를 함부로 무효로 하는 것은 국민주권의 원리에 반하게 되므로 당해 선거의 의미를 가급적 축소해석을 하는 것이 필요하다는 점 등을 고려하면, 당해 선거는 '해당 선거구선거'를 의미하는 것으로 볼 것이다. 다만, 이렇게 해석하기 위해서는 제264조의 문언을 '**당해 선거**'에서 '**해당 선거구선거**'로 개정하는 것이 바람직해 보인다.

4 대통령이 퇴임한 이후에 취임 이전의 선거범죄로 기소되어 처벌이 확정되는 경우가 있을 수 있고(물론 이 경우도 실제로는 거의 없을 것임), 이 경우는 기존 대통령 임기 중 행위에 대하여는 전혀 영향을 미치지 못하나, 선거법 제252의2의 비용반환 문제가 발생할 뿐이다.

5 예비후보자의 선거사무장도 포함된다고 하는 것이 중앙선관위의 유권해석이다(2005. 7. 18. 중앙선관위 질의회답).

1항의 정치자금부정수수죄를 범함으로 인하여 '징역형' 또는 '300만 원 이상'의 벌금형의 선고를 받은 때(선거사무장, 선거사무소의 회계책임자에 대하여는 선임·신고되기 전의 행위로 인한 경우를 포함)에는 그 '선거구 후보자'(대통령후보자, 비례대표국회의원후보자 및 비례대표지방의회의원후보자를 제외)의 당선은 무효가 된다.[6]

여기서 그 대상범죄는 '매수 및 이해유도죄(법§230)', '재산상의 이익목적의 매수 및 이해유도죄(법§231)', '후보자에 대한 매수 및 이해유도죄(법§232)', '당선인에 대한 매수 및 이해유도죄(법§233)', '당선무효유도죄(법§234)', '제257조 제1항 중 기부행위를 한 죄'와 위 '정치자금부정수수죄'이다.

그리고, '해당 선거'는 '후보자'가 '후보자등록 신청한(예비후보등록 포함) 선거'이거나, '후보자가 되려는 사람'이 '입후보하려고 한 그 선거'를 의미한다. 이와 관련하여 헌법재판소는 "'해당 선거'란 배우자의 범행 시점에 후보자가 되려는 사람이 입후보하고자 한 특정선거로서 그 사람의 신분·접촉 대상·언행 등 객관적 징표를 고려하여 합리적으로 판단할 수 있는 것"이라고 판단한 바 있다(헌재 2011. 9. 29. 2010헌마68). 그러므로, 가령 어느 당의 사무총장을 맡고 있는 후보자의 배우자가 그 후보자가 출마한 선거와 무관하게 다른 지역구의원 후보자로부터 부정한 정치자금을 수수하여 정치자금부정수수죄로 징역형을 선고받더라도 당 사무총장을 맡고 있는 후보자의 당선은 무효로 되지 않는다.[7]

또한, 당선무효가 되는 범위는 '해당 선거구후보자'의 당선이고, '대통령후보자', '비례대표국회의원후보자' 및 '비례대표지방의회의원후보자'의 당선은 제외된다. 또한, 다른 사람의 유도 또는 도발에 의하여 당해 후보자의 당선을 무효로 되게 하기 위하여 그 범죄를 범한 경우는 제외된다(법§265①단서). 본 단서의 취지와 그 의미는 선거비용의 초과지출로 인한 당선무효의 경우와 같다.

---

6 헌법재판소는 본 조항이 명확성의 원칙, 연좌제를 금지한 헌법 제13조 제3항, 적법절차원칙, 헌법 제37조 제1항의 과잉금지원칙에 모두 위반되지 않는다고 하였다(헌재 2011. 9. 29. 2010헌마68).

7 따라서 선거법 제264조의 '당해 선거'와 제265조의 '해당 선거'는 그 범위가 다르다고 본다. 전자는 '본래의 자기책임'에 해당하는 부분인 만큼 그 범위를 후자보다 더 넓게 설정할 수 있을 것이지만, 후자는 '본래의 자기책임'이 아닌 '제3자의 행위에 대한 연대책임'이므로 그 범위를 보다 엄격하게 볼 필요가 있다.

마. 당선무효의 정리와 그 비교

위와 같은 당선무효의 유형과 그 요건을 정리하면 <표 1-1>과 같다.

〈표 1-1〉 선거법상 당선무효요건

당선무효의 종류	당선무효요건	예외
선거비용의 초과지출(법§263①)	□ 주체 • **선거사무장** • 선거사무소의 **회계책임자** □ 대상범죄 §122조(선거비용제한액의 공고)의 규정에 의하여 공고된 선거비용제한액의 **200분의 1** 이상을 초과지출한 이유 □ 처벌요건 징역형 또는 **300만 원** 이상의 벌금형의 선고를 받은 때	다른 사람의 유도 또는 도발에 의하여 당해 후보자의 당선을 무효로 되게 하기 위하여 죄를 범한 때
「정치자금법」 제49조 위반(법§263②)	□ 주체 선거사무소의 **회계책임자** □ 대상범죄 「정치자금법」 §49(선거비용관련 위반행위에 관한 벌칙) 제1항 또는 제2항 제6호의 죄 □ 처벌요건 징역형 또는 **300만 원** 이상의 벌금형의 선고를 받은 때 □ 제외 후보자 대통령후보자, 비례대표국회의원후보자 및 비례대표지방의회의원후보자	다른 사람의 유도 또는 도발에 의하여 당해 후보자의 당선을 무효로 되게 하기 위하여 죄를 범한 때
당선인의 선거범죄(법§264)	□ 주체 **당선인** ㅁ 대상범죄 • **선거법상 죄** • 「정치자금법」 §49의 죄 ㅁ 처벌요건 징역 또는 **100만 원 이상**의 벌금형의 선고를 받은 때	

선거사무장등의 선거범죄 (법§265)	□ 주체 • **선거사무장** • 선거사무소의 **회계책임자**(선거사무소의 회계책임자로 선임·신고되지 아니한 자로서 후보자와 통모하여 당해 후보자의 선거비용으로 지출한 금액이 선거비용제한액의 3분의 1 이상에 해당되는 자를 포함) • **후보자**의 **직계존비속 및 배우자** • **후보자가 되려는 사람**의 **직계존비속 및 배우자** □ 대상범죄 • **매수 및 이해유도죄(법§230)** • **재산상의 이익목적의 매수 및 이해유도죄(법§231)** • **후보자에 대한 매수 및 이해유도죄(법§232)** • **당선인에 대한 매수 및 이해유도죄(법§233)** • **당선무효유도죄(법§234)** • **제257조 제1항 중 기부행위를 한 죄** • **「정치자금법」 제45조 제1항의 정치자금부정수수죄** □ 처벌요건 징역형 또는 **300만 원** 이상의 벌금형의 선고를 받은 때(선거사무장, 선거사무소의 회계책임자에 대하여는 선임·신고되기 전의 행위로 인한 경우를 포함) □ 제외 후보자 대통령후보자, 비례대표국회의원후보자 및 비례대표지방의회의원후보자	다른 사람의 유도 또는 도발에 의하여 당해 후보자의 당선을 무효로 되게 하기 위하여 죄를 범한 때

그리고, 위와 같은 당선무효 조항을 비교하면 <표 1-2>와 같다. 특히 선거법 제263조상의 당선무효에 있어서는 선거요건을 구체적으로 규정하고 있지 않는데, 그 당선무효의 요건의 성격상 '해당 선거'에 관련한 경우이고, 이 '해당 선거'는 '후보자'가 '후보자등록 신청한(예비후보등록 포함) 선거'이거나, '후보자가 되려는 사람'이 '입후보하려고 한 그 선거'를 의미한다. 선거법 제263조 내지 제265조상의 '징역형'에는 '징역형의 집행유예형'은 포함되지만, '징역형의 선거유예형'은 제외되고[8] 또 '벌금형'에는 '벌금형의 선고유예형'은

8 대검찰청, 앞의 책, 146면 참조.

〈표 1-2〉 선거법상 당선무효의 비교

조항	당선무효의 법률요건			
	선거주체 요건	선거 요건	벌칙조항 요건	양형 요건
§263①	선거사무장, 선거사무소 회계책임자	**해석상 해당선거**	법§122(선거비용제한액의 공고)의 규정에 의하여 공고된 선거비용제한액의 200분의 1 이상을 초과지출한 이유로 처벌(법§258①1호)	징역형, 300만 원 이상 벌금형
§263②	선거사무소 회계책임자	**해석상 해당선거**	「정치자금법」 §49①,②6호의 죄로 처벌	징역형, 300만 원 이상 벌금형
§264	당선인	**당해선거**에 있어	선거법에 규정된 죄	징역형, 100만 원 이상 벌금형
			「정치자금법」 제49조의 죄	
§265	선거사무장, 선거사무소 회계책임자, 후보자(후보자가 되려는 사람 포함)의 직계존비속 및 배우자	**해당**선거에 있어서	• 매수 및 이해유도죄(법§230) • 재산상의 이익목적의 매수 및 이해유도죄(법§231) • 후보자에 대한 매수 및 이해유도죄(법§232) • 당선인에 대한 매수 및 이해유도죄(법§233) • 당선무효유도죄(법§234) • §257① 중 기부행위를 한 죄	징역형, 300만 원 이상 벌금형
			「정치자금법」 제45조(정치자금부정수수죄) 제1항의 정치자금부정수수죄	

제외된다고 본다. 또 그 100만 원은 하나의 형이 100만 원 이상인 경우를 의미하고 각각 선고된 100만 원 미만의 벌금형의 합산액이 100만 원 이상인 경우는 제외된다(2003. 5. 24. 중앙선관위 질의회답). 또한 제263조 내지 제265조상의 '형의 선고를 받은 때'는 형의선고를 받아 확정된 경우를 의미하고 그 형이 미확정인 경우에는 당선무효가 되는 것은 아니다.

선거법 제263조 또는 제265조의 적용 범위와 관련하여 대법원 2014. 7. 24.

선고 2013도6785 판결은, "위와 같이 선거법 제263조, 제265조가 선거사무장 등의 일정한 선거범죄 행위에 대하여 이례적으로 그 직접 행위자가 아닌 후보자에게 당선무효라는 무거운 연대책임을 묻고 있는 점, 선거법 제18조 제3항 후단이 선거사무장 등에 대하여 선거법 제263조, 제265조에 규정된 죄와 같은 법 제18조 제1항 제3호에 규정된 죄의 경합범으로 그 후보자의 당선을 무효로 하는 형을 선고하는 때에는 이를 분리 선고하도록 규정하여 당선의 효력 등에 영향을 미치는 형의 양정을 엄격하게 판단하도록 하고 있는 점 등 선거법 관련 규정들의 취지, 내용과 형식 등을 종합적으로 살펴보면, 선거사무장 등의 지위 상실 이후의 행위에 대하여는 특별한 사정이 없는 한 선거사무장 등의 지위로 인하여 당선무효를 규정하는 선거법 제263조, 제265조의 적용이 배제된다고 봄이 타당하다. … 따라서 선거사무장 등이 그 지위 상실 전후로 연속하여 선거법 제263조 및 제265조에 규정된 죄를 범한 경우에는, 그 연속된 여러 개의 행위를 지위 상실 시점을 기준으로 구분하여, 선거사무장 등의 지위를 보유하고 있을 때의 행위만을 당선무효형 대상범죄가 되는 하나의 포괄일죄로, 선거사무장 등의 지위를 상실한 이후의 행위는 이와 달리 당선무효형 대상범죄가 아닌 별도의 포괄일죄로 각각 평가함이 타당하고, 그 경우 위 두 죄는 서로 실체적 경합관계에 있다 할 것이다"고 판시한 바 있다.

Ⅱ. 반환기탁금과 선거비용 보전에 대한 제재로서의 비용반환

1. 의 의

선거법 제263조부터 제265조까지의 규정에 따라 당선이 무효로 된 사람과, 당선되지 아니한 사람으로서 제263조부터 제265조까지에 규정된 자신 또는 선거사무장 등의 죄로 당선무효에 해당하는 형이 확정된 사람은 선거법 제57조 기탁금반환 규정에 따라 반환받은 기탁금과 선거법 제122조의2에 따른 선거비용 보전금액을 반환해야 하는 것을 말한다(법§265의2①).

2. 반환의 요건·주체·액수

가. 비례대표국회의원선거 및 비례대표지방의회의원선거 이외의 경우

(1) 비용반환의 요건·주체

i) 선거법 제263조부터 제265조까지의 규정에 따라 당선이 무효로 된 사람(그 기소 후 확정판결 전에 사직한 사람을 포함), ii) 당선되지 아니한 사람으로서 제263조부터 제265조까지에 규정된 자신 또는 선거사무장 등의 죄로 당선무효에 해당하는 형이 확정된 사람이 각각 그 반환주체이다(법§265의2①). 이 i)의 반환주체는 '당선인인 경우'이고, 위 ii)의 반환주체는 '당선인이 아닌 경우'로 위와 같은 사람이라는 점에서 차이가 나고, 그 이외에 그 반환요건을 달리 해석할 이유도 근거도 없으므로, '제263조부터 제265조까지에 규정된 자신 또는 선거사무장 등의 죄로 당선무효에 해당하는 형이 확정된 사람'은 '제263조부터 제265조까지의 규정에 따라' '당선무효에 해당하는 형이 확정된 사람'을 의미한다. 따라서 선거법 제263조 내지 제265조상의 '법률효과'를 규정한 법문을 제외한 그 조항상의 '법률요건'을 규정한 법문에 관한 설명이 원칙적으로 비용반환에도 그대로 적용된다고 본다. 그 반환요건을 정리하면 <표 1-3>과 같다.[9] 다만, 대통령 선거에서의 정당추천후보자는 그 추천 정당이 반환의 주체가 된다(법§265의2①2문전문). 이는 반환요건은 위와 같고 반환의 주체가 후보자나 당선인이 아닌 추천정당이 되는 것에 불과하다.

---

9 예비후보자도 선거사무소를 설치할 수 있고(법§60의3①1호), 선거사무장을 둘 수 있으며(법§63①), 회계책임자를 선임해야 하므로(「정치자금법」§34①5호), 예비후보자의 선거사무장, 회계책임자 또는 직계존비속이 선거법 제263조, 제264조, 제255조에 의해 당선무효형의 처벌을 받을 수 있다.

〈표 1-3〉 당선인의 비용반환요건

조항	반환주체	비용반환의 법률요건			
		선거주체 요건	선거 요건	벌칙조항 요건	양형 요건
§263 ①	당선인	선거사무장, 선거사무소 회계책임자	해석상 해당선거	법§122(선거비용제한액의 공고)의 규정에 의하여 공고된 선거비용제한액의 200분의 1 이상을 초과지출한 이유로 처벌(법§258①1호)	징역형, 300만 원 이상 벌금형
§263 ②	당선인	선거사무소 회계책임자	해석상 해당선거	「정치자금법」 §49①,②6호의 죄로 처벌	징역형, 300만 원 이상 벌금형
§264	당선인	**당선인**	당해선거에 있어	선거법에 규정된 죄 「정치자금법」 제49조의 죄	징역형, 100만 원 이상 벌금형
§265	당선인	선거사무장, 선거사무소 회계책임자, 후보자(후보자가 되려는 사람 포함)의 직계존비속 및 배우자	해당선거에 있어서	• 매수 및 이해유도죄(법§230) • 재산상의 이익목적의 매수 및 이해유도죄(법§231) • 후보자에 대한 매수 및 이해유도죄(법§232) • 당선인에 대한 매수 및 이해유도죄(법§233) • 당선무효유도죄(법§234) • 법§257① 중 기부행위를 한 죄 정치자금법 제45조(정치자금부정수수죄) 제1항의 정치자금부정수수죄	징역형, 300만 원 이상 벌금형

〈표 1-4〉 당선되지 아니한 사람의 비용반환요건

<table>
<tr><th rowspan="2">조항</th><th rowspan="2">반환주체</th><th colspan="4">비용반환의 법률요건</th></tr>
<tr><th>선거주체 요건</th><th>선거 요건</th><th>벌칙조항 요건</th><th>양형 요건</th></tr>
<tr><td>§263 ①</td><td>당선되지 아니한 사람</td><td>선거사무장, 선거사무소 회계책임자</td><td>해석상 해당선거</td><td>법§122(선거비용제한액의 공고)의 규정에 의하여 공고된 선거비용제한액의 200분의 1 이상을 초과지출한 이유로 처벌(법§258①1호)</td><td>징역형, 300만 원 이상 벌금형</td></tr>
<tr><td>§263 ②</td><td>당선되지 아니한 사람</td><td>선거사무소 회계책임자</td><td>해석상 해당선거</td><td>「정치자금법」 §49①,②6호의 죄로 처벌</td><td>징역형, 300만 원 이상 벌금형</td></tr>
<tr><td rowspan="2">§264</td><td rowspan="2">당선되지 아니한 사람</td><td rowspan="2">당선되지 아니한 사람</td><td rowspan="2">당해선거에 있어</td><td>선거법에 규정된 죄</td><td rowspan="2">징역형, 100만 원 이상 벌금형</td></tr>
<tr><td>「정치자금법」 제49조의 죄</td></tr>
<tr><td rowspan="2">§265</td><td rowspan="2">당선되지 아니한 사람</td><td rowspan="2">선거사무장, 선거사무소 회계책임자, 후보자(후보자가 되려는 사람 포함)의 직계존비속 및 배우자</td><td rowspan="2">해당선거에 있어서</td><td>• 매수 및 이해유도죄(법§230)
• 재산상의 이익목적의 매수 및 이해유도죄(법§231)
• 후보자에 대한 매수 및 이해유도죄(법§232)
• 당선인에 대한 매수 및 이해유도죄(법§233)
• 당선무효유도죄(법§234)
• §257① 중 기부행위를 한 죄</td><td rowspan="2">징역형, 300만 원 이상 벌금형</td></tr>
<tr><td>「정치자금법」 제45조(정치자금부정수수죄) 제1항의 정치자금부정수수죄</td></tr>
</table>

(2) 비용반환의 범위

그 반환범위는 '보전을 받은 지출선거비용 전액'과 '반환된 기탁금 전액'이다(법§265의2①).

나. 비례대표국회의원선거 및 비례대표지방의회의원선거의 경우

(1) 비용반환의 요건·주체

비례대표국회의원선거 및 비례대표지방의회의원선거의 경우 **후보자의 당선**이 **모두 무효**로 된 때에 그 추천 정당이 반환의 주체가 된다(법§265의2①). 이는 반환요건에 있어 위와 같은 내용에 일부 특칙을 규정하고, 반환주체에 있어 위와 같은 규정의 특칙을 규정한 것이다. 그러므로 비례대표의원의 경우에는 당선된 사람이 1명이라도 당선인으로 남아 있으면 그 추천정당의 비용반환의 의무는 없게 된다. 또 여기서 '후보자의 당선이 무효로 되는 때'는 '선거법 제263조 제1항과 제264조'에 따라 후보자의 당선무효가 되는 경우를 말한다. '선거법 제263조 제2항과 제265조'에서는 비례대표의원의 경우 당선무효에서 제외되어 있으므로 그 조항들에 의한 당선무효의 경우란 있을 수 없다.

(2) 비용반환의 범위

보전받은 지출선거비용 전액과 반환된 기탁금 전액이다(법§265의2①).

다. 비용반환절차

관할 선거구선관위는 제1항의 규정에 의한 반환사유가 발생한 때에는 지체 없이 당해 정당·후보자에게 반환해야 할 금액을 고지해야 하고, 당해 정당·후보자는 그 고지를 받은 날부터 30일 이내에 선거구선관위에 이를 납부해야 한다(법§265조의2①). 이와 관련하여, 선거규칙은 선거법 제265조의2 제1항에 해당하는 '당선이 무효로 된 사람'과 '당선되지 아니한 사람'의 경우에는 '확정판결의 판결서등본을 송부받은 때'에, '기소 후 확정판결 전에 사직한 자'의 경우에는 '사직서사본을 송부받은 때'에 위와 같은 고지를 서면[별지 제62호 서식의(마)]으로 해야 하고, 이 경우 관할 선거구선관위는 해당 서면을 직접 교부하거나 배달증명등기우편의 방법으로 고지해야 한다고 규정하고 있다(규칙

§144의2①,⑥). 이러한 고지를 받은 반환대상자는 반환해야 할 금액을 제1항의 규정에 의한 고지를 받은 날부터 30일 이내에 관할 선거구선관위가 지정하는 예금계좌에 자신의 명의로 입금하는 방법으로 반환해야 한다(규칙§144의2②). 관할 선거구선관위는 이처럼 반환된 금액을 반환일부터 15일 이내에 대통령선거 및 국회의원선거에 있어서는 중앙선관위의 수입징수관에게, 지방의회의원 및 지방자치단체의 장의 선거에 있어서는 당해 지방자치단체의 징수관에게 납입해야 한다(규칙§144의2③).

관할 선거구선관위는 위와 같은 납부기한까지 당해 정당·후보자가 납부하지 아니한 때에는 당해 후보자의 주소지(정당에서는 중앙당의 사무소 소재지)를 관할하는 세무서장에게 징수를 위탁하고 관할세무서장이 국세체납처분의 예에 따라 이를 징수한다(법§265의2③).

Ⅲ. 공무담임 등의 제한

1. 의 의

선거법상 중요선거범죄나 「정치자금법」 제49조의 죄를 범함으로 인하여 징역형의 선고를 받은 자는 그 집행을 받지 아니하기로 확정된 후 또는 그 형의 집행이 종료되거나 면제된 후 10년간, 형의 집행유예의 선고를 받은 자는 그 형이 확정된 후 10년간, 100만 원 이상의 벌금형의 선고를 받은 자는 그 형이 확정된 후 5년간 공무원 등 일정직에 취임하거나 임용될 수 없으며, 이미 취임 또는 임용된 자의 경우에는 그 직에서 퇴직하는 것을 말한다(법§266①).

2. 공무담임 등 제한의 내용

가. 주 체

다음과 같은 범죄(굵게 처리된 범죄는 그중에서 보다 중요한 선거범죄를 의미)를 범함으로 인하여 **징역형**의 선고를 받은 자, 형의 **집행유예**의 선고를 받은 자 또는 **100만 원 이상의 벌금형**의 선고를 받은 자이다(법§266①).

공무담임 등 제한받는 중요선거범죄(법§266①)

- **매수 및 이해유도죄(법§230)**
- **재산상의 이익목적의 매수 및 이해유도죄(법§231)**
- **후보자에 대한 매수 및 이해유도죄(법§232)**
- **당선인에 대한 매수 및 이해유도죄(법§233)**
- **당선무효유도죄(법§234)**
- 선거의 자유방해죄(법§237)
- 군인에 의한 선거자유방해죄(법§238)
- 직권남용에 의한 선거의 자유방해죄(법§239)
- 선장 등에 의한 선거자유방해죄 등(법§239의2)
- 벽보, 그 밖의 선전시설 등에 대한 방해죄(법§240)
- 투표의 비밀침해죄(법§241)
- 투표·개표의 간섭 및 방해죄(법§242)
- 공무원의 재외선거사무 간섭죄(법§242의2)
- 투표함 등에 관한 죄(법§243)
- 선거사무관리관계자나 시설 등에 대한 폭행·교란죄(법§244)
- 투표소 등에서의 무기휴대죄(법§245)
- 다수인의 선거방해죄(법§246)
- 사위등재·허위날인죄(법§247)
- 사위투표죄(법§248)
- 투표위조 또는 증감죄(법§249)
- **허위사실공표죄(법§250)**
- **후보자비방죄(법§251)**
- 방송·신문 등 부정이용죄(법§252)
- 성명 등의 허위표시죄(법§253)
- **선거운동기간위반죄(법§254)**
- **부정선거운동죄(법§255)**
- **각종제한규정위반죄(법§256①~③)**
- **기부행위의 금지제한 등 위반죄(법§257)(당내경선과 관련한 죄는 제외)**
- **선거비용부정지출 등 죄(법§258)(당내경선과 관련한 죄는 제외)**
- 선거범죄선동죄(법§259)(당내경선과 관련한 죄는 제외)
- 선거비용관련 위반행위에 관한 벌칙(「정치자금법」§49)

나. 공무담임 등의 제한을 받는 직의 범위

그 취임·임용 또는 퇴직의 제한을 받는 직의 범위는 다음과 같다(법§266①).

제한대상 직의 범위(법§266①)

□ 제1호

1. 「국가공무원법」 제2조(공무원의 구분)에 규정된 국가공무원과 「지방공무원법」 제2조(공무원의 구분)에 규정된 지방공무원, 다만, 「정당법」 제22조(발기인 및 당원의 자격) 제1항 제1호 단서의 규정에 의하여 정당의 당원이 될 수 있는 공무원(정무직공무원을 제외)은 제외하되, 「고등교육법」 제14조 제1항·제2항[10]에 따른 교원은 포함한다.
2. 각급 선관위위원 또는 교육위원회의 교육위원
3. 다른 법령의 규정에 의하여 공무원의 신분을 가진 자
4. 「공공기관운영법」 제4조 제1항 제3호에 해당하는 기관 중 정부가 100분의 50 이상의 지분을 가지고 있는 기관(한국은행을 포함)의 상근 임원
5. 「농업협동조합법」·「수산업협동조합법」·「산림조합법」·「엽연초생산협동조합법」에 의하여 설립된 조합의 상근임·직원 및 조합장과 이들 조합의 중앙회장
6. 「지방공기업법」 제2조(적용범위)에 규정된 지방공사와 지방공단의 상근 임원
7. 「정당법」 제22조 제1항 제2호의 규정에 의하여 정당의 당원이 될 수 없는 사립학교교원
8. 대통령령으로 정하는 언론인[11]
9. 특별법에 의하여 설립된 국민운동단체로서 국가 또는 지방자치단체의 출연 또는 보조를 받는 단체(바르게살기운동협의회·새마을운동협의회·한국자유총연맹을 말하며, 시·도조직 및 구·시·군조직을 포함)의 대표자

---

10 ① 학교(각종학교는 제외. 이하 이 조에서 같음)에는 학교의 장으로서 총장 또는 학장을 둔다. ② 학교에 두는 교원은 제1항에 따른 총장이나 학장 외에 교수·부교수·조교수 및 강사로 구분한다.

11 그 범위는 다음과 같다.

1. 「신문 등의 진흥에 관한 법률」 제9조에 따라 등록한 신문 및 인터넷신문과 「잡지 등 정기간행물의 진흥에 관한 법률」 제15조에 따라 등록하거나 같은 법 제16조에 따라 신고한 정기간행물(분기별 1회 이상 발행하는 것으로 등록된 것만 해당) 중 다음 각 목의 어느 하나에 해당하는 것을 제외한 신문, 인터넷신문 및 정기간행물을 **발행·경영**하는 자와 이에 상시 고용되어 **편집·취재 또는 집필**의 업무에 종사하는 자

가. **정당의 기관지**와 「고등교육법」 제2조의 규정에 의한 대학, 산업대학, 교육대학, 전문대

□ 제2호(제60조 제1항 제6호 내지 제8호에 해당하는 직)

6. 향토예비군 중대장급 이상의 간부
7. 통·리·반의 장 및 읍·면·동주민자치센터(그 명칭에 관계없이 읍·면·동사무소 기능전환의 일환으로 조례에 의하여 설치된 각종 문화·복지·편익시설을 총칭. 이하 같음)에 설치된 주민자치위원회위원(주민자치센터의 운영을 위하여 조례에 의하여 읍·면·동사무소의 관할구역별로 두는 위원회를 말함. 이하 같음)
8. 특별법에 의하여 설립된 국민운동단체로서 국가 또는 지방자치단체의 출연 또는 보조를 받는 단체(바르게살기운동협의회·새마을운동협의회·한국자유총연맹을 말함)의 상근 임·직원 및 이들 단체 등(시·도조직 및 구·시·군조직을 포함)의 대표자

□ 제3호(「공직자윤리법」 제3조 제1항 제12호 또는 제13호에 해당하는 기관·단체의 임·직원

12. 제3조의2[12]에 따른 공직유관단체(이하 '공직유관단체'라 함)의 임원
13. 그 밖에 「국회규칙」, 「규칙」, 「헌법재판소규칙」, 「중앙선관위규칙」 및 「대통령령」으로 정하는 특정 분야의 공무원과 공직유관단체의 직원

□ 제4호

4. 「사립학교법」 제53조(학교의 장의 임면) 또는 같은 법 제53조의2(학교의 장이 아닌 교원의 임면)의 규정에 의한 교원

□ 제5호

5. 방송통신심의위원회의 위원

학, 원격대학, 기술대학 및 각종학교의 **학보**

나. 산업·경제·사회·과학·종교·교육·문화·체육 등 전문분야에 관한 **순수한 학술 및 정보**의 제공·교환을 목적으로 발행하는 것

다. **기업체**가 소속원에게 그 동정 또는 공지사항을 알리거나 기업의 홍보 또는 제품의 소개를 위하여 발행하는 것

라. **법인·단체** 등이 소속원에게 그 동정이나 공지사항을 알릴 목적으로 발행하는 것

마. **정치**에 관한 **보도·논평**의 목적없이 발행하는 것

바. 기타 **여론형성**의 목적없이 발행하는 것

2. 「방송법」에 의한 방송사업(방송채널사용사업은 **보도**에 관한 전문편성을 행하는 방송채널사용사업에 한함)을 **경영하는 자**와 이에 상시 고용되어 **편집·제작·취재·집필 또는 보도**의 업무에 종사하는 자

12 ① 제9조 제2항 제8호에 따른 정부 공직자윤리위원회는 정부 또는 지방자치단체의 재정지원 규모, 임원선임 방법 등을 고려하여 다음 각호에 해당하는 기관·단체를 공직유관단체로 지정할 수 있다.

1. 한국은행

다. 공무담임 등의 제한을 받는 기간과 그 내용

징역형의 선고를 받은 자는 그 집행을 받지 아니하기로 확정된 후 또는 그 형의 집행이 종료되거나 면제된 후 **10년**간, 형의 집행유예의 선고를 받은 자는 그 형이 확정된 후 **10년**간, 100만 원 이상의 벌금형의 선고를 받은 자는 그 형이 확정된 후 **5년**간 위 직에 취임하거나 임용될 수 없으며, 이미 취임 또는 임용된 자의 경우에는 그 직에서 퇴직된다(법§266①). 퇴직의 경우 별도의 퇴직의 의사표시 없이 그 사유의 발생에 의하여 자동적으로 해당 직에서 퇴직된다.

Ⅳ. 피선거권의 제한

1. 의 의

선거법 제263조 또는 제265조에 따라 당선이 무효로 된 사람 등 또는 당선되지 아니한 사람 등으로서 제263조 또는 제265조에 규정된 선거사무장 등의 죄로 당선무효에 해당하는 형이 확정된 사람이 당선인의 당선무효로 실시사유가 확정된 재선거 등의 후보자가 될 수 없거나, 다른 공직선거 등에 입후보하기 위하여 임기 중 그 직을 그만둔 국회의원·지방의회의원 및 지방자치단체의 장은 그 사직으로 인하여 실시사유가 확정된 보궐선거의 후보자가 될 수 없는 제한을 받은 것을 말한다(법§266②,③).

---

2. 공기업
3. 정부의 출자·출연·보조를 받는 기관·단체(재출자·재출연을 포함), 그 밖에 정부 업무를 위탁받아 수행하거나 대행하는 기관·단체
4. 「지방공기업법」에 따른 지방공사·지방공단 및 지방자치단체의 출자·출연·보조를 받는 기관·단체(재출자·재출연을 포함), 그 밖에 지방자치단체의 업무를 위탁받아 수행하거나 대행하는 기관·단체
5. 임원 선임시 중앙행정기관의 장 또는 지방자치단체의 장의 승인·동의·추천·제청 등이 필요한 기관·단체나 중앙행정기관의 장 또는 지방자치단체의 장이 임원을 선임·임명·위촉하는 기관·단체

② 제1항에 따른 공직유관단체의 지정기준 및 절차, 그 밖에 필요한 사항은 대통령령으로 정한다.

2. 당선무효된 사람 등의 재선거 등의 입후보 제한

가. 주 체

선거법 제263조 또는 제265조에 따라 당선이 무효로 된 사람이 그 주체이고, 이에는 그 기소 후 확정판결 전에 사직한 사람이 포함된다(법§266②1호). 또한 당선되지 아니한 사람으로서 제263조 또는 제265조에 규정된 선거사무장 등의 죄로 당선무효에 해당하는 형이 확정된 사람이 포함되고, 역시 이에는 후보자가 되고자 하는 자도 포함된다(법§266②2호). 후보자가 되고자 하는 자의 범위는 앞서 본 바와 같다.[13]

나. 제한받는 후보자의 범위

당선인의 당선무효로 실시사유가 확정된 '재선거'와 당선인이 그 기소 후 확정판결 전에 사직함으로 인하여 실시사유가 확정된 '보궐선거'의 후보자가 될 수 없다(법§266②).

3. 임기 중 사임한 국회의원 등의 그 보궐선거의 입후보 제한

가. 주 체

교육의원선거 및 교육감선거를 포함하여 다른 공직선거에 입후보하기 위하여 '임기 중 그 직을 그만둔' '국회의원·지방의회의원 및 지방자치단체의 장'이 그 주체이다(법§266③).

나. 제한받는 후보자의 범위

그 사직으로 인하여 실시사유가 확정된 보궐선거의 후보자가 될 수 없다(법§266③).

---

13 199~200면 참조.

실전 팁(중요선거범죄로 처벌되는 경우의 불이익)

- 보통 재판에서 100만 원 벌금을 받는 것은 형사처벌로서는 경미한 것임
- 그럼에도 선거법에 정해진 허위사실공표, 후보자비방죄 등 중요선거범죄 등으로 처벌되어 그 형량이 100만 원 이상의 벌금으로 정해지는 경우에는 정치세계에서는 물론이거니와 앞서 본 직(職)에서 5년간 격리될 수 있는 불이익이 발생하는 것이고, 이로써 정치생명이 끝났다고 봐도 과언이 아님
- 특히 당선된 후보자가 100만 원 이상의 벌금을 받는 경우에는 그 재판이 확정되는 순간부터 그 공직에서 물러나야 한다는 점(법§266), 기탁금의 반환과 선거비용의 보전을 받을 수 없는 점(법§265의2)을 고려하면, 그 불이익은 엄청나다는 점에 유념할 필요가 있음
- 특히 선거법 제265의2가 규정한 불이익은 패가망신(敗家亡身)에 이를 정도로 실로 엄청난 것임을 유념해야 함

제 2 장 선거수사, 선거재판, 선거쟁송

The Public Official Election Act

Ⅰ. 선거수사

1. 수사 일반론

가. 수사와 조사의 의의

「형사소송법」 제195조는 "검사는 범죄의 혐의가 있다고 사료하는 때에는 범인, 범죄사실과 증거를 수사해야 한다"고 규정하고 있다. 이렇듯 수사기관이 범죄혐의가 있다고 판단되는 때에 범인을 발견·확보하며 범죄사실과 관련된 증거를 수집하고 보전하는 활동을 수사라고 하고, 수사활동이 연속적으로 진행되는 일련의 과정을 수사절차라 한다.[1] 수사는 보통 임의수사와 강제수사로 구분되는데, 임의수사로는 보통 피의자신문, 참고인조사 등이 거론되고 있다. 피의자신문은 피의자에 대하여 조사하는 것을 말하고, 참고인조사는 피의자 이외의 제3자에 대하여 조사하는 것을 말한다. 강제수사는 「형사소송법」상 특별한 규정이 있는 경우로 주로 영장에 실시되는 수사로서, 체포·구속(「형사

1 신동운, 『형사소송법』, 35면 참조.

소송법」§200의2,§200의3,§201,§212), 압수·수색(「형사소송법」§215), 증거보전(「형사소송법」§184) 등이 있다.

수사기관에는 대표적으로 검사, 사법경찰관리가 있다. 또, 「사법경찰관리 직무법」에 따라 사법경찰관리의 직무를 행할 자로 지정된 자도 수사기관이다.

한편, 행정기관의 조사(調査)는 행정기관이 정책을 결정하거나 직무를 수행하는 데 필요한 정보나 자료를 수집하기 위하여 현장조사·문서열람·시료채취 등을 하거나 조사대상자에게 보고요구·자료제출요구 및 출석·진술요구를 행하는 활동을 말한다(「행정조사법」§2조1호). 이러한 행정조사에 관한 일반법으로 2007. 5. 17. 「행정조사법」이 제정되어 있다. 다만, '조세·형사·행형 및 보안처분에 관한 사항' 등 일정한 사항은 「행정조사법」을 적용하지 않는다(동법§3②).

나. 수사절차의 흐름

수사의 단서로는 변사자 검시(「형사소송법」§222), 고소(「형사소송법」§223), 고발(「형사소송법」§234), 자수(「형사소송법」§240), 「경직법」상 불심검문(동법§3), 「도로교통법」상 자동차검문(동법§47)이 있다. 이러한 수사의 단서와 범죄가 발생하는 경우에 수사기관의 수사가 개시되고, 특히 경찰에서 수사한 사건은 수사가 마무리되거나 검찰의 송치명령이 있는 경우에는 전부를 검찰에 송치하게 된다(전건송치). 검찰에서는 자신이 직접수사하거나 경찰이 수사지휘를 받으며 수사한 사건이 송치되면, 그 혐의 유무, 증거 확보 등 공소유지의 가능성 등을 고려하여, 기소 내지 불기소 결정을 하게 된다. 불기소결정으로는 공소권이 없을 때 하는 '공소권없음처분', 구성요건에 해당하나 위법성조각사유가 있어 범죄가 성립하지 않는 '죄안됨처분', 범죄의 구성요건해당성이 없거나 범죄가 성립하지만 그에 대한 증거가 부족할 때 하는 '혐의없음처분'이 있다. 그리고 범죄가 성립하나 「형법」 제51조상 양형조건을 참작하여 기소를 유예하는 '기소유예처분', 피의자의 소재불명시 등에 행하는 '기소중지처분', 참고인의 소재불명시 등에 행하는 '참고인 중지', 「국가보안법」 사건에서 일정한 기간을 설정하여 공소제기를 보류하는 '공소보류처분'이 있다. 이러한 불기소처분에 대하여 관할고등검찰청에 대응하는 고등법원에 그 당부에 관한 판단을 구하는 재정신청이 있다(「형사소송법」§240).

이 밖에도 사건이 소속 검찰청에 대응하는 법원의 관할에 속하지 아니할 때 하는 타관송치, 소년에 대한 피의사건을 수사한 결과 보호처분에 해당하는 사유가 있을 때 하는 소년보호사건의 송치, 「가족폭력범죄의 처벌 등에 관한 특례법」에 따라 가정폭력범죄로 동법의 보호처분을 하는 것이 상당할 때 하는 가정보호사건의 송치 등이 있다.

이러한 수사절차의 흐름을 도식화하면 [그림 2-1]과 같다.

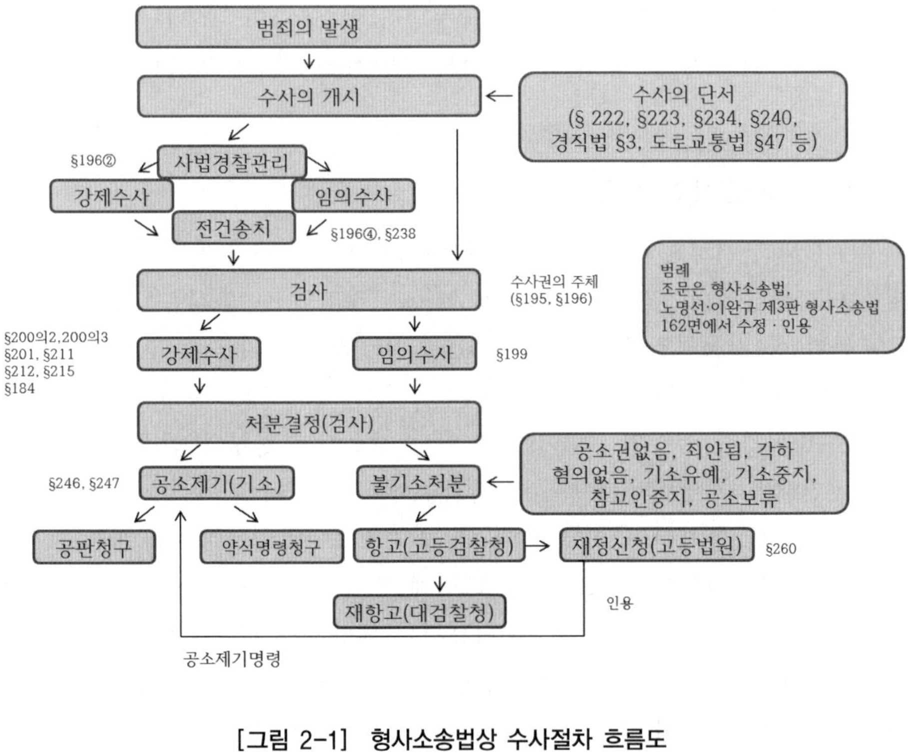

[그림 2-1] 형사소송법상 수사절차 흐름도

2. 선거법상 수사 관련 제도

가. 선관위의 조사

(1) 선관위의 조사권[2]

이는 선거범죄에 관하여 그 범죄의 혐의가 있다고 인정되거나, 후보자(경선후보자를 포함)·예비후보자·선거사무장·선거연락소장 또는 선거사무원이 제기한 그 범죄의 혐의가 있다는 소명이 이유있다고 인정되는 경우 또는 현행범의 신고를 받은 경우에 그 장소에 출입하여 관계인에 대하여 질문·조사를 하거나 관련서류 기타 조사에 필요한 자료의 제출을 요구할 수 있는 읍·면·동 선관위를 제외한 각급 선관위의 위원·직원의 권한을 말한다(법§272의2). 이러한 조사권은 「행정조사법」이 규정하는 행정조사의 일종이다.

이와 관련하여 대법원 2001. 7. 13. 선고 2001도16 판결은, "질문·조사 또는 자료제출 요구의 상대방이 되는 '관계인'은 당해 혐의사실을 알거나 알고 있을 것으로 보이는 사람과 그 혐의사실과 관련된 자료를 소지한 사람을 모두 포함하고 당해 혐의의 혐의자 본인이라고 하여 이에서 제외되는 것은 아니다"고 판단한 바 있다.

이 조사권에는 선거범죄의 장소에 출입할 수 있는 '출입권', 그 관계인에 대하여 질문하고 그 진상에 대하여 파악하는 '혐의의 조사권', 관계서류 기타 조사에 필요한 자료의 제출을 요구할 수 있는 '자료제출요구권'(법§272의2①), 선거범죄 현장에서 선거범죄에 사용된 증거물품으로서 증거인멸의 우려가 있다고 인정되는 때에는 조사에 필요한 범위 안에서 현장에서 이를 가져갈 수 있는 '수거권'(법§272의2②), 선거범죄 조사와 관련하여 관계자에게 질문·조사하기 위하여 필요하다고 인정되는 때에는 선관위에 동행 또는 출석할 것을 요구할 수 있는 동행·출석요구권(법§272의2④), 선거의 자유와 공정을 현저히 해할 우려가 있는 선거법에 위반되는 행위가 눈앞에 행하여지고 있거나, 행하여질 것이 명백하다고 인정되는 경우에는 그 현장에서 행위의 중단 또는 예방에

2 읍·면·동선관위를 제외한 각급 선관위는 「정치자금법」 제52조에 의하여 「정치자금법」을 위반한 혐의가 있다고 인정되나 현행범의 신고를 받은 경우에도 조사권을 갖게 된다. 이하에서는 「정치자금법」은 선거법상 조사권과 대동소이한바, 선거법상 조사권을 중심으로 설명하기로 한다.

필요한 조치를 할 수 있는 '범법행위중단권·범행행위사전예방권'(법§272의2⑤)이 있다('범법행위'는 제재로 형벌이 정해진 '범죄행위'와 제재로 과태료 정해진 '선거법위반행위'를 포함). 또 아래에서 별도의 항으로 보는 통신관련 선거범죄의 조사권 있다(법§272의3).

선관위 직원 등은 조사업무에 필요하다고 인정되는 때에는 경찰공무원·경찰관서의 장이나 행정기관의 장에게 원조를 요구할 수 있고, 조사업무 수행 중 필요하다고 인정되는 때에는 질문답변내용의 기록, 녹음·녹화, 사진촬영, 선거범죄와 관련있는 서류의 복사 또는 수집 기타 필요한 조치를 취할 수 있다(규칙§146의3②~③).

(2) 선관위의 조사 상대방의 권리

선관위의 직원이나 위원이 출입권, 혐의의 조사권, 자료제출요구권(선거법에는 이 권한 행사시만을 적시하고 있으나 위 수거권, 동행·출석요구권, 범법행위중단권·범행행위사전예방권의 행사의 경우에도 당연하게도 인정된다고 봄. 이는 그러한 권한의 행사가 상대방의 권리를 더욱 침해할 가능성이 있기 때문에 법해석의 균형상 그렇다고 봄)을 행사하는 경우에는 그 권한을 행사받는 상대방은 직원 등에게 그 신분을 표시하는 **증표를 제시하고 소속과 성명을 밝히며 그 목적과 이유를 설명**받을 권리가 있다(법§272의2⑥).

이와 관련하여, "선거법 제272조의2는 영장주의 원칙의 예외로서 일정한 경우 선관위 위원·직원에게 선거범죄의 혐의가 있는 장소에 관계인의 의사에 상관없이 출입할 권한을 부여하고, 선거법 제256조 제4항 제12호는 그 출입을 방해하는 행위에 대하여 형사처벌을 하도록 규정하고 있다. 그 입법 취지 및 내용 등에 비추어 볼 때, 선관위 위원·직원이 선거법 제272조의2 제1항에 근거하여 해당 장소에 적법하게 출입을 하기 위해서는 반드시 같은 조 제6항에서 정하고 있는 실체적·절차적 요건을 모두 갖추어야 한다. 만약 그러한 요건 중 일부라도 갖추지 못한 상태에서는 해당 장소에 적법하게 출입할 권한이 인정되지 않고, 선관위 위원·직원이 해당 장소에 출입하려는 것을 제지하더라도 선관위 위원·직원에 대한 출입방해죄가 성립하지 않는다. 한편, 선거법 제272조의2 제6항에서 정하고 있는 요건 중 하나인 관계인에게 그 신분을 표시하는 증표를 제시할 때 공직선거관리규칙 제146조의3 제3항의 양식에 의한 증표 또는 관할 선관위가 발행하는 위원신분증이나 공무원증을 반드시 제시해야 한다. 설사 관계인이 해당 장소에 출입하고자 하는 선관위 위원·직원에게 증표제시를 요구하지 않았다거나, 해당 장소에 출입하고자 하는 사람이 선관위 위원·직원이라는 사실을 이미 알고 있었던 경우에도 마찬가지이다"고 판시하였다(대법원 2008. 11. 13. 선고 2008도6228 판결).

그리고, 선거법 제272조 제3항은 '그 장소의 출입을 방해하여서는 아니되며 질문·조사를 받거나 자료의 제출을 요구받은 자는 이에 응해야 한다'고 '무조건적인 응할 의무'를 규정하면서, 이에 위반하여 출입을 방해하거나 자료제출요구에 응하지 아니한 자 또는 허위의 자료를 제출한 자는 1년 이하의 징역 또는 벌금에 처하도록 규정하고 있다(법§256⑤12호). 이와 관련하여, 이를 거부할 '정당한 이유'가 있는 경우에는 이에 응하지 않아도 된다고 본다. 이러한 해석은 공직선거관리규칙 제146조의3 제1항이 '정당한 사유없이 출입을 방해하거나 자료의 제출요구에 불응하거나 허위의 자료를 제출하는 때에는 법 제256조 제5항 제12호에 따라 처벌받을 수 있음을 알려야 한다'고 규정하고 있는 점에서 뒷받침되고 있다. 가령 그 자료가 자신과 무관한 제3자의 지배하에 놓인 경우, 질문에 대답하는 경우에 자신과 자신의 친족의 범죄를 자백하게 되는 등의 경우에는 그 정당한 이유가 있는 것으로 볼 것이다. 판례도 "위 규정에 의하여 처벌의 대상이 되는 자료제출요구에 불응한 자는 제272조의2 제1항 소정의 자료제출요구를 받은 자로서 당해 자료를 소지하고 있었음에도 불구하고 이를 제출하지 아니한 자라고 할 것이다"고 하였다(대법원 2001. 7. 13. 선고 2001도16 판결). 다만, 대법원 2003. 1. 10. 선고 2002도5981 판결은 "피고인이 지방선거에 즈음하여 지역주민들에게 법무사인 자신을 소개하는 연하장을 발송 및 배부한 사실을 인지하게 된 선관위가 피고인의 연하장 발송이 <u>사전 선거운동에 해당한다는 혐의를 갖기에 상당한 이유가 있어 자료제출을 요구한 이상</u>, 설사 <u>피고인의 연하장 배부행위가 실질적으로 법무사로서의 통상적인 업무상 행위일 뿐 사전 선거운동 등 「공직선거 및 선거부정방지법」 소정의 선거범죄에 해당하지 아니한다고 하더라도 피고인은 선관위 위원이나 직원의 자료제출 요구에 응할 의무가 있으며</u>, 이에 불응한 경우 「공직선거 및 선거부정방지법」 제256조 제4항 제12호에 의하여 처벌할 수 있다"고 판시하였다. 이 판결은 그러한 경우 정당한 이유가 없어 위 범죄가 성립하는 것이라고 판시한 것으로 볼 수 있다.

(3) 선관위의 조사와 진술거부권, 변호인조력을 받을 권리, 조사시 변호인 참여권

"모든 국민은 고문을 받지 아니하며, 형사상 자기에게 불리한 진술을 강요당하지 아니한다"고 규정하고 있는 우리 헌법은 제12조 제2항에 근거하여, 선거법 제272조의2 제7항은 피조사자 자신에게 불리한 진술을 거부할 수 있는 권리를 피조사자에게 부여하고 있는데, 이러한 권리를 진술거부권이라 한다. 「형사소송법」 제244조의3 제1항이 규정하고 있는 것과 같이, 이 진술거부권에는 '일체의 진술'을 하지 아니하거나 '개개의 질문'에 대하여 진술을 거부할 수 있다고 본다.

변호인의 조력을 받을 권리에는 형사 피의자·피고인과 마찬가지로, 선관위의 조사를 받은 피조사자에게 변호인의 도움을 받을 수 있는 권리를 말한다(법§272의2⑦). 선관위의 조사의 경우 피조사자를 체포하거나 구속하는 강제수사권한이 없으므로 이 권리에는 형사 피의자·피고인이 가지는 변호인과 접견교통권[3]과 달리, 조사 사건에 대해 법적 조언을 받을 수 있는 권리, 변호사로 하여금 의견제출권(「행정조사법」§21)이나 조사원의 교체를 요구할 수 있는 권리(동법§22)를 대리하여 행사할 수 있는 권리, 조사 참여 및 의견진술권 등이 인정된다고 본다.

그리고 조사에서의 변호인 참여권은 선관위의 조사시 변호인이 참여하거나 참여하여 의견을 진술할 수 있는 권리를 말한다. 「형사소송법」 제243조의2 제1항은 "검사 또는 사법경찰관은 피의자 또는 그 변호인·법정대리인·배우자·직계친족·형제자매의 신청에 따라 변호인을 피의자와 접견하게 하거나 **정당한 사유가 없는 한** 피의자에 대한 신문에 참여하게 해야 한다"고, 제3항

3 접견교통권은 피고인 또는 피의자를 직접 대면하여 대화로써 상호교류하고 방어권 행사를 위한 내용·정보로써 소통하는 **접견권**, 피의자 등의 방어권 행사에 도움이 되거나 피고인 또는 피의자의 기본적 생활수준의 유지를 위해 필요하거나 심리적 고립감의 해소에 필요한 물건을 주고받을 수 있는 **물건수수권**, 인도적 견지에서 의사로 하여금 피의자 또는 피고인의 심리적, 육체적 건강상태를 확인하여 진료하게 함으로써 부당한 인권침해를 감시·방지하는 **수진권**을 그 내용으로 한다.

은 "신문에 참여한 변호인은 신문 후 의견을 진술할 수 있다. 다만, 신문 중이라도 부당한 신문방법에 대하여 이의를 제기할 수 있고, 검사 또는 사법경찰관의 승인을 얻어 의견을 진술할 수 있다"고 하여 변호인의 피의자신문 참여권을 명문화하였는데, 선거법 제272조의2 제8항도 "피조사자가 변호인의 조력을 받으려는 의사를 밝힌 경우 지체 없이 변호인(변호인이 되려는 자를 포함)으로 하여금 조사에 참여하게 하거나 의견을 진술하게 해야 한다"고 규정하여 이를 명문화하였다. 다만, 피조사자가 변호인의 조력을 받으려는 의사를 밝혔으나 변호인이 상당한 시간 안에 출석하지 아니하거나 출석할 수 없는 경우에는 피조사자의 의사를 확인한 후 변호인의 참여 없이 피조사자에 대하여 질문·조사할 수 있다(규칙§146의3⑨).

이러한 참여권은 변호인이 조사의 위법사항을 감시하는 것, 변호인이 피조사자에게 조사에 관한 조언과 상담을 제공하는 것, 변호인이 조사 협의와 피조사자에게 유리한 내용을 진술하는 등 의견을 진술하는 것이 포함된다고 본다. 또한 변호인은 참여시 '조사를 방해'하거나 '조사기밀을 누설'할 염려가 있음이 '객관적으로 명백'한 경우가 아닌 한,[4] 피조사자의 대답에 개입하여 진술하거나 피조사자 대신 답변할 수도 있다고 본다. 이와 같이 해석할 수 있는 것은 위 제8항에는 '정당한 사유가 없는 한 참석하게 한다'고 규정한 「형사소송법」 제243의2 제1항과는 달리 그러한 부분이 없고, 또 「형사소송법」 같은 조 제3항과 같은 조항도 없기 때문이다. 다만, 그 변호인의 참여권의 한계는 입법으로 정하는 것이 바람직해 보인다.

---

4 이와 관련하여 「형사소송법」상 변호인 참여권과 관련된 판례를 참조할 필요가 있다. 대법원 2008. 9. 12.자 2008모793 결정은 "변호인의 피의자신문 참여권을 규정한 「형사소송법」 제243조의2 제1항에서 '정당한 사유'란 변호인이 피의자신문을 방해하거나 수사기밀을 누설할 염려가 있음이 객관적으로 명백한 경우 등을 말하는 것"이라고 판시하면서, 피의자신문을 하면서 위와 같은 정당한 사유가 없는데도 변호인에 대하여 피의자로부터 떨어진 곳으로 옮겨 앉으라고 지시를 한 다음 이러한 지시에 따르지 않았음을 이유로 변호인의 피의자신문 참여권을 제한하는 것은 허용될 수 없다고 판시한 바 있다.

실전팁(선관위 조사 대응요령)

□ 공통사항
- 선관위 직원의 이름, 전화번호를 메모함
- 선관위 직원에게 무슨 용건인지 알아봄. 다만, 선관위 직원은 최소한만 알려주고 자세하게는 알려주지 않는다고 생각해야 함
- 선거사무장, 선거회계책임자, 기타 선거사무원이나 선거운동원인 경우에는 그 사실을 후보자에게 반드시 보고함

□ 선거일(투표일) 이전
- 선관위 출석 요구에 불응한다고 하더라도 '정당한 이유'가 있으면 아무런 제재가 없고, '정당한 이유'가 없으면 100만 원 이하(법§261⑧6호)의 과태료 제재를 받을 뿐임
- 후보자는 선거운동기간 중에 출석 거부가 법적으로 보장되어 있으므로(법§272의2④단서) 출석을 거부하고, 선거운동기간 중이 아니더라도 이미지 타격, 상대 후보자에 대한 공격 빌미 제고 등을 고려하면, 출석을 거부하는 것이 맞음
- 그 외 선거사무관계자는 선거운동기간 중에 선거운동에 지장을 초래하는 경우라면 변호사의 자문하에 출석을 거부하고, 그 외의 경우는 변호사의 자문을 받아 신중하게 결정해야 함

□ 선거일 지난 경우
- 출석 여부를 신중히 결정하고, 이 때부터 변호사의 자문을 구해 결정하는 것도 좋음
- 출석 거부하는 경우에는 체포영장을 받아 강제로 신병을 확보하는 검찰 등 수사기관과는 달리, 선관위 조사의 경우에는 출석을 거부하더라도 이를 강제할 체포나 구속의 방법이 없고, 과태료의 제재나 혐의에 따라 수사의뢰나 고발을 할 수 있을 뿐임
- 출석일을 선관위 직원과 협의하여 변호사의 도움을 얻어 출석이 가능한 날짜로 조정함
- 자신의 선거운동을 되돌아보고 법 위반사항이 없는지를 점검함. 만일 법위반사항이 있거나 그런 사항으로 보여지는 점이 있는 경우에는 신속하게 '선거법에 정통한 변호사'(선거법은 특별법으로 아주 복잡하고 어렵게 되어 있어 대개의 변호사는 선거법을 잘 모른다고 보면 맞음)로 '자신의 변호에 최선을 다해줄 변호사'를 선임하여 법률적 조언을 받음
- 보통 선관위에서 조사를 받으라고 하는 경우에는 자신에 대한 상당한 혐의가 포착되거나 그에 관한 증거가 어느 정도는 수집된 경우라고 보아야 함
- 출석일 직전에는 변호인과 대면하여 선거법 위반으로 의심이 되는 사항에 대

하여 점검하면서 법률적 조언을 받음
- 출석시 선관위 질문을 예상해가면서 어떻게 대답할 것인지 신중하게 개략적인 메모를 해가면서 준비함(다만 메모는 적당한 시기에 폐기)
- 출석시 유리하다고 생각하는 자료가 있으면 챙겨하고, 유리한 자료인지는 변호인의 도움을 받아 결정함. 불리하거나 의심나는 자료는 가져가지 않음
- 출석하여 조사를 받을 때에는 기본 인적 사항 등에는 친절하게 대답하되, 혐의를 구체적으로 확인하는 점에 대하여는 모른다고 하거나 진술을 거부함(처음부터 그런 마음가짐을 가지고 조사에 임해야 함)
- 선관위 직원이 맞장구를 쳐주거나 아무 일 아니라는 듯 안심시켜 가면서 하는 질문이나 유도신문에는 절대 방심하거나 안심하고 대답해서는 안 됨
- 그런 경우 그 대답이 나중에 재판이나 수사기관의 처분에 불리하게 작용할 수 있음을 명심해야 함
- 만일 별문제가 없어 질문에 대답한 경우라면, 기본적으로 대답은 본인이 한다고 생각하고, 변호인은 아주 특별한 경우에 대답을 해주는 것으로 생각해야 함(이는 선관위 조사 직원과의 마찰 등을 방지하기 위해서도 필요함). 다만, 대답을 해도 되는지 의심이 가면 변호인에게 도움을 받아 그 대답 여부를 결정하여 대답하되, 이러한 경우를 많지 않게 함[5]
- 자신이 말한 내용이 말한 내용대로 기재되어 있는지 꼼꼼하게 점검하고, 만일 다른 내용으로 기재되어 있거나 불리한 내용으로 기재된 경우라면 고쳐줄 것을 요구해서 이를 고침

---

5 그러나 만일 검찰에서 조사를 받는 경우에는 변호인의 도움을 받는 범위가 상당히 제한적이라고 봐야 한다. "사법경찰관은 변호인의 참여로 인하여 다음 각호의 어느 하나에 해당하는 사유가 발생하여 신문 방해, 수사기밀 누설 등 수사에 현저한 지장이 있을 때에는 피의자신문 중이라도 변호인의 참여를 제한할 수 있다. 1. **사법경찰관의 승인 없이 부당하게 신문에 개입하거나** 모욕적인 말과 행동 등을 하는 경우, 2. **피의자를 대신하여 답변하거나 특정한 답변 또는 진술 번복을 유도하는 경우**, 3. 법 제243조의2 제3항 단서에 반하여 부당하게 이의를 제기하는 경우, 4. 피의자신문 내용을 촬영·녹음·기록하는 경우. 다만, 기록의 경우 피의자에 대한 법적 조언을 위하여 변호인이 기억을 되살리기 위해 하는 간단한 메모는 제외한다"고 규정하고 있는데(「검사의 사법경찰관리에 대한 수사지휘 및 사법경찰관리의 수사준칙에 관한 규정」§21⑤), 도움을 받아가면서 하는 대답은 부당하게 신문에 개입하는 경우라고 볼 여지가 많다. 실무에서도 그렇게 운영된다. 이와는 달리 선관위 조사 시는 조금 더 융통성이 있게 변호인의 도움을 받을 수 있다.

(4) 통신관련 선거범죄의 조사

선거법 제272조의3은 정보통신망이나 전화를 이용한 위반행위의 혐의가 있다고 인정되는 상당한 이유가 있는 때에는 당해 선거구선관위의 소재지를 관할하는 고등법원(구·시·군선관위의 경우에는 지방법원임) 수석부장판사 등의 승인을 얻어, 정보통신망의 경우에는 정보통신서비스 이용자의 성명(이용자를 식별하기 위한 부호를 포함)·주민등록번호·주소(전자우편주소·인터넷 로그기록자료 및 정보통신망에 접속한 정보통신기기의 위치를 확인할 수 있는 자료를 포함)·이용기간·이용요금에 대한 자료, 전화의 경우 이용자의 성명·주민등록번호·주소·이용기간·이용요금, 송화자 또는 수화자의 전화번호, 설치장소·설치대수에 대한 자료의 열람 또는 제출을 정보통신서비스제공자에게 요구할 수 있는 선관위 직원의 권한을 규정하고 있다(법§272의3①~②). 이는 인터넷이나 전화 등을 이용한 선거운동이 활발하게 진행되고 그 영향도 날로 커져가는 현실에 부응하여 인터넷이나 전화 등을 이용한 선거운동범죄에 효율적으로 대처하고 그에 관한 증거를 용이하게 수집하기 위해서 인정된 권한이다.

이러한 통신관련 선거범죄의 조사의 예외로, i) 인터넷홈페이지 게시판·대화방 등에 글이나 동영상 등을 게시하거나 전자우편을 전송한 사람의 성명·주민등록번호·주소 등 인적사항, ii) 문자메시지를 전송한 사람의 성명·주민등록번호·주소 등 인적사항 및 전송통수에 대한 자료의 열람이나 제출을 요청하는 경우에는 그 승인을 필요로 하지 않는다(법§272의3③).

그리고, 위와 같이 취득한 자료의 목적 외 사용금지의무와 비공개 의무가 그 직원에게 부여되어 있는데(법§272의3⑤), 이는 그 정보권자의 사생활 보호나 인격권 침해, 정보권 침해의 방지를 위해서 인정된 것이다.

나. 선관위의 조치사항

선관위가 선거법 위반(범법행위)과 관련하여 취할 수 있는 조치는 다음과 같다.[6]

6 서인석·조성재, 『안전한 당선을 위한 선거법 해설』, 타커스, 2014, 69면.

조치권한의 종류	판단기준
공명선거 협조요청	현재 법위반은 아니지만, 향후 선거법 위반 소지가 있을 때
선거법 준수 촉구	현재 법위반이지만, 경미하여 행위자가 즉시 수용할 때
중지·시정명령·구두경고	① 계속 중인 위법행위 중단을 위해 중지명령 또는 철거, 수거 등의 시정을 명령함 ② 경미한 위법행위로서 현장에서 신속하게 중지, 시정할 필요가 있는 경우 선거법 위반사실통지서를 발부하거나 구두로 중지·시정을 명령함 ③ 경미한 위법행위를 스스로 중지 또는 시정한 경우 구두경고함
위법사실 통지	경고에 해당하는 위법행위가 있으나, 이미 선거가 종료돼 조치의 실익이 없을 때
경고	① 위법행위는 있으나, 그 사안이 중하지 않을 때 ② 공명선거 협조요청, 선거법 준수 촉구, 중지·시정명령·구두경고를 받은 자가 재차 유사한 위법행위를 한 때
대집행	선거법에 위반되는 선거벽보, 인쇄물, 현수막, 기타 유사기관, 사조직 또는 시설 등에 대해 중지, 철거, 수거 또는 폐쇄 등을 명령했으나 이에 불응한 때
과태료 부과	선거법 제261조(과태료 부과징수)의 규정을 위반한 때
고발	**① 위법 정도가 중하여 선거에 현저한 영향을 미칠 때** **② 경고 또는 중지·시정명령에 불응해 계속 위법행위를 한 때** **③ 장소 출입, 자료제출 등의 선거범죄 조사를 정당한 이유 없이 방해한 때** **④ 선관위 종사자를 폭행·협박하거나 투개표소 또는 투개표 관련 시설에 해를 가할 때**
수사의뢰	**① 고발에 상당하는 위법행위 및 그 증거를 확보했으나 위법행위자를 특정할 수 없거나 밝히기 어려운 때** **② 고발에 상당하는 위법행위가 있으나 증거수집을 위한 수사기관의 압수수색 등 강제수사가 필요한 경우**

3. 선거법상 재정신청제

가. 의 의

선거법상 재정신청제도는 아래와 같은 일정한 선거법위반죄에 관한 불기소처분에 대하여 고발을 한 후보자 및 중앙당과 당해 선거구선관위가 그 검사 소속의 지방검찰청 소재지를 관할하는 고등법원에 그 당부에 관한 재정을 신청할 수 있는 제도를 말한다. 이는 법원을 통하여 검사가 가지는 기소재량에 대한 통제수단이다.

나. 재정신청권자

「형사소송법」상 재정신청제도는 「형법」상 일정한 공무원 범죄(법§123~§126)를 제외하고 고소인만이 신청할 수 있는 제도이나, **고발을 한 후보자 및 중앙당과 선관위**로 그 범위를 확대하였다. 선거범죄가 기본적으로 개인적 법익에 관한 범죄가 아니므로 고발인으로 재정신청권자를 확대한 것은 타당하고, 또 고발인 중 일반 고발인을 제외한 선거와 직접적인 이해관계가 있는 고발한 후보자 및 정당으로 국한한 것은 「형사소송법」과의 균형상 타당하다. 선거는 선거일이 지나면 후보자였던 사람도 당선인 또는 낙선인이 되고 후보자 지위는 상실하게 되고, 재정신청을 할 단계에서는 대개는 선거일이 지나 '후보자'가 아닌 '후보자였던 자'로 된다. 이 후보자였던 자도 법문의 구조상 재정신청권자에 포함된다.[7] '낙선목적 허위사실공표죄'는 개인적 법익도 침해하는 범죄이므로, 그 '피해 후보자'는 '고소'를 할 수 있을 것인데, 그 경우에는 당연히 재정신청을 제기할 수 있다.

다. 재정신청 대상 선거범죄

이는 다음과 같다. 하나 주목할 점이 선거범죄로 흔히 있을 수 있고 또 '후보자 입장에서 중요하게' 다뤄져야 할 '후보자비방죄'는 재정신청 대상 범죄가 아니라는 사실이다. 이는 후보자비방죄가 기본적으로 「형법」상 모욕죄의 특별법적 성질을 지닌 것으로 죄질이 중하지 않다는 정책적 판단에서 비롯된 것이다.

---

7 정병욱, 앞의 책, 338면.

재정신청을 할 수 있는 선거범죄(법§273①)

- 매수 및 이해유도죄(법§230)
- 재산상의 이익목적의 매수 및 이해유도죄(법§231)
- 후보자에 대한 매수 및 이해유도죄(법§232)
- 당선인에 대한 매수 및 이해유도죄(법§233)
- 당선무효유도죄(법§234)
- 선거의 자유방해죄(법§237)
- 군인에 의한 선거자유방해죄(법§238)
- 직권남용에 의한 선거의 자유방해죄(법§239)
- 사위투표죄(법§248)
- 투표위조 또는 증감죄(법§249)
- 허위사실공표죄(법§250)
- 부정선거운동죄(법§255) 중 ①1호·2호·10호·11호,③,⑤
- 기부행위의 금지제한 등 위반죄(법§257)
- 선거비용부정지출 등 죄(법§258)

라. 재정신청 절차

(1) 형사소송법상 재정신청 절차

재정신청을 제기하려는 후보자 등은 검사의 '불기소처분'에 대하여 「형사소송법」 제260조 제2항상 '항고전치주의'에 따라 동조 제2항 단서가 규정하는 일정한 경우(아래 그림에서 곡선 화살표로 진행되는 경우)를 제외하고는 「검찰청법」 제10조에 따른 항고를 제기한 후 그 기각결정에 대하여 재정신청을 해야 한다. 항고 신청 후 항고에 대한 처분이 행하여지지 아니하고 3개월이 경과한 경우에 재정신청을 하는 경우(「형사소송법」§260②2호)에는 항고를 제기하였기 때문에 엄밀한 의미에서 항고전치주의의 예외는 아니고 항고결정을 3월 내에 하지 않은 것으로 인한 피의자와 고소·고발인의 법적 지위가 불안정해지는 것을 막기 위해 인정된 것이다. 또 항고 이후 재기수사가 이루어진 다음에 다시 공소를 제기하지 아니한다는 통지를 받은 경우(「형사소송법」§260②1호)는 재불기소처분에 대하여 다시 항고를 거치게 하는 것은 고소·고발인에게 두 번째 항고절차를 거치게 하는 것으로 지나친 불편을 초래한다는 점에서 인정된 경우이다.

이러한 내용을 도식화하면 [그림 2-2]와 같다.

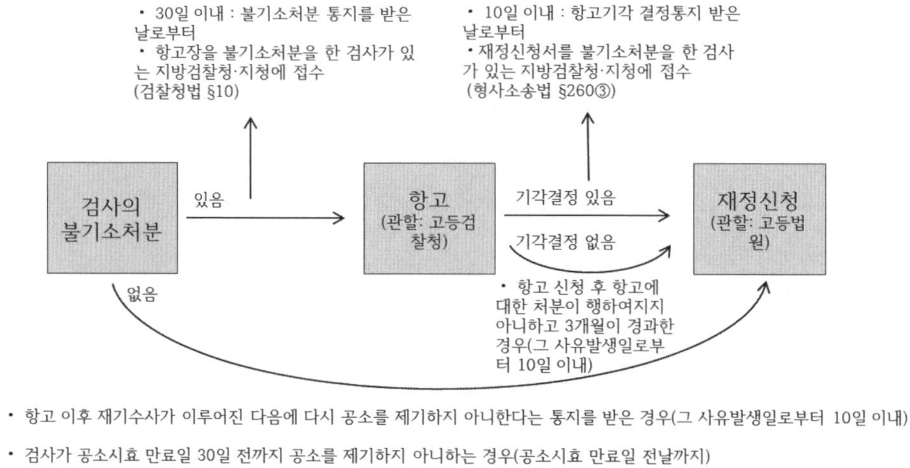

[그림 2-2] 재정신청 흐름도

(2) 선거법상 선거범죄에 대한 재정신청 절차

선거법상 선거범죄에 대한 재정신청 절차는 위와 같은 「형사소송법」에 의한 재정신청 절차를 따르도록 되어 있다(법§273③).

다만, 검사가 당해 선거범죄의 공소시효만료일 전 10일까지 공소를 제기하지 아니한 때에는 그 때, 선관위가 고발한 선거범죄에 대하여 고발을 한 날부터 3월까지 검사가 공소를 제기하지 아니한 때에는 그 3월이 경과한 때 각각 검사로부터 공소를 제기하지 아니한다는 통지가 있는 것으로 본다(법§273④). 이 경우 전자의 경우는 검사가 공소시효 만료일 30일 전까지 공소를 제기하지 않는 경우에 항고를 거지치 않고 재정신청을 할 수 있다는 「형사소송법」 제260조 제2항 제3호와의 균형상 항고를 거치지 않고 바로, 후자의 경우에는 항고를 거친 후 재정신청을 제기할 수 있다고 본다.

마. 재정신청 신청 제기의 효과

재정신청서가 「형사소송법」 제260조 제3항에 따른 지방검찰청검사장 또는 지청장에게 접수된 때에는 그때부터 「형사소송법」 제262조 제2항의 결정이 있을 때까지 공소시효의 진행이 정지된다(법§273③).

바. 재정신청에 대한 재판

재청신청을 제기받은 관할고등법원은 재정신청서를 송부받은 날부터 3개월 이내에 필요한 때에는 증거조사를 거친 후(다만 실무에서는 거의 별도의 증거조사를 거의 하지 않음), 신청이 법률상의 방식에 위배되거나 이유 없는 때에는 재정신청을 기각하고, 신청이 이유 있는 때에는 사건에 대한 공소제기를 명하는 결정을 한다(「형사소송법」§262②).

4. 선거법상 공소시효

가. 공소시효의 의의와 형사소송법상 공소시효

'공소시효'는 검사가 공소를 제기할 수 있는 기한을 말한다. 공소시효 제도는 시간의 경과로 인해 생성·축적되는 사실상태의 변화를 법률적으로 존중하여 사회생활의 안정을 꾀하려는 제도이다.[8] 환언하자면 형사법에서 '법적 안정성'을 도모하기 위한 제도가 공소시효제도이다.

형사소송법 제249조는 25년(사형에 해당하는 범죄)부터 1년(장기 5년 미만의 자격정지, 구류, 과료 또는 몰수에 해당하는 범죄)의 공소시효 기간을 정하고 있다. 공소시효는 범죄행위가 종료한 때로부터 기산하고(「형사소송법」§252), 그 기간은 범죄행위가 종료된 날을 초일로 산입하여 계산한다. 예컨대 2009년 1월 5일에 행해진 절도행위의 공소시효는 1월 5일부터 기산하여 7년 후인 2016년 1월 4일 24시에 완성한다.

8 신동운, 『형사소송법』, 550면.

나. 선거범죄에 일반에 대한 공소시효

선거법 제268조 제1항은 "이 법에 규정한 죄의 공소시효는 당해 **선거일 후 6개월**(**선거일 후에 행하여진 범죄**는 그 **행위가 있는 날**부터 **6개월**)을 경과함으로써 완성한다"고 규정하여 선거법상 선거범죄에 대해 6개월의 단기의 공소시효를 규율하고 있다. 이와 관련하여, 판례는 선거일까지 발생한 범죄의 공소시효 기산일인 '선거일 후'는 '선거일 당일'이 아니라 '선거일 다음 날'을 의미한다고 해석하는 것이 우선 위 조항의 문언에 부합한다고 판단하였다(대법원 2012. 10. 11. 선고 2011도17404 판결). 따라서 선거일 당일에 범해진 낙선목적 허위사실공표죄의 공소시효는 선거일 다음 날부터 진행하여 6월이 경과하여 완성한다. 또한, 공소장 변경이 있는 경우에 선거법상의 공소시효의 완성 여부는 당초의 공소제기가 있었던 시점을 기준으로 판단할 것이고 공소장 변경시를 기준으로 삼는 것은 아니다(대법원 2002. 1. 22. 선고 2001도4014 판결).

이러한 6개월의 공소시효와 관련하여, 대법원은 "선거일 전의 범죄에 대해서는 법적 안정성을 우선적으로 고려하여 개별적인 범죄 일시와 관계없이 일률적으로 '당해 선거일 후 6월'로 규정하면서도 선거일 후의 범죄에 대해서는 '그 행위가 있는 날부터 6월'로 규정하고 있는데, 이는 입법자가 선거의 공정성을 보장하고 선거부정을 방지하기 위하여 선거일 후의 선거범죄에 대하여도 선거일 전의 선거범죄와 마찬가지로 실효성 있는 단속과 처벌을 유지하고자 내린 결단이라고 할 것"이라고 판시하면서 자의적인 입법재량권의 행사라고 볼 수 없다고 판단한 바 있다(대법원 2012. 9. 27. 선고 2012도4637 판결).

모 교육감 당선자 선거범죄 사건(대법원 2012. 9. 27. 선고 2012도4637 판결)[9]

□ 사건의 개요

- 피고인 갑이 **2010. 6. 2.** 실시된 서울특별시 교육감 선거 후보단일화 합의와 관련하여 후보자를 사퇴한 데 대한 대가 목적으로 피고인을(교육감 당선자)로부터 피고인 병을 통하여 돈을 제공받고, 피고인 을은 피고인 갑에게 위 돈을 제공하였다고 하여 '「지방교육자치에 관한 법률」' 위반으로 기소된 사안임
- 피고인은 을은 피고인 갑에게 **2011. 2. 19.경부터** **2011. 4. 8.**경까지 모두 6차례에 걸쳐 합계 2억 원을 건네주었는데, 검사는 이 범죄를 포괄일죄로 보고

2011. 4. 8.부터 공소시효가 진행된다고 판단하여, 2011. 9. 14.에 2011. 2. 19.부터의 6차례 금전 수수 모두에 대하여 제232조(후보자에 대한 매수 및 이해유도죄) 제1항 제2호 위반죄로 공소를 제기한 사안임

□ 공소시효 관련의 판단

- 피고인은 '선거일 후에 행하여진 범죄는 그 행위가 있는 날부터 6월'이라는 부분은 선거일 후 행하여진 모든 범죄에 대하여 적용되어서는 아니되고, 다만 당해 선거일로부터 6월 내에 행하여진 범죄에 대하여만 한정하여 적용되어야 한다고 주장함
- 이에 대하여, 대법원은 "선거법 제268조 제1항 본문 괄호 부분의 '선거일 후에 행하여진 범죄'를 '선거일 후 **6월 이내**에 행하여진 범죄'로 제한해석해야 한다거나 같은 법 제232조 제1항 제2호의 범죄는 위 괄호 부분의 범죄에 해당하지 아니한다는 취지의 상고이유의 주장은 이유 없다"고 판시함
- "단일하고 계속된 범의 하에 피해법익이 같은 동종의 범행을 일정 기간 반복하여 행함에 따라 각 범행이 포괄일죄가 되는 경우 그 공소시효는 최종의 범죄행위가 종료한 때부터 진행한다"는 법리를 확인 후, 원심은, "2011. 2. 19.부터 2011. 4. 8.까지 모두 6차례에 걸쳐 행하여진 이 사건 금품 제공·수수행위가 위와 같은 포괄일죄에 해당하고, 이 사건 공소제기는 그 최종 범죄행위가 종료한 2011. 4. 8.부터 선거법 제268조 제1항 본문 괄호 부분의 6월의 기간이 경과하기 전에 이루어졌으므로, 위 공소사실 전체에 대하여 공소시효가 완성되지 아니하였다고 보아 본안판단에 나아갔다. … 원심의 위와 같은 조치는 정당하다."

다. 범인 도피나 공범 또는 참고인을 도피시킨 경우

선거법 제268조 제1항은 단서는 '범인이 도피한 때나 범인이 공범 또는 범죄의 증명에 필요한 참고인을 도피시킨 때에는 그 기간은 3년으로 한다'고 규정하여 **3년의 공소시효**를 정하고 있다.

'범인 도피'와 관련하여, 대법원 2010. 5. 13. 선고 2010도1386 판결은, "위 조항 단서의 사유가 발생한 경우 공소시효는 <u>당해 선거일 후 3년(선거일 후에 행하여진 범죄는 그 행위가 있는 날부터 3년)을 경과함으로써 완성된다고 해석함이 상당</u>하고, 위 단서 소정의 '<u>범인이 도피한 때</u>'에 해당하기 위해서는 범인이

9 본 판례에 대한 비판은 한상희, "공직선거법의 위헌성과 합헌적 해석", 민주법학 통권 제47호(2011. 11), 50면 이하 참조.

주관적으로 수사기관의 검거·추적으로부터 벗어나려는 도피의사가 있어야 하고, 객관적으로 수사기관의 검거·추적이 불가능한 도피상태[10]에 있어야 한다. 이때 도피의사는 수사기관의 검거·추적으로부터 벗어남으로써 수사, 재판 및 형의 집행 등 형사사법의 작용을 곤란 또는 불가능하게 한다는 인식으로 족하고, 궁극적으로 형사처분을 면할 목적이나 공소시효를 도과시키려는 목적을 필요로 하는 것은 아니다. 그리고 도피상태는 소재가 분명하더라도 검거·추적이 불가능한 경우를 포함하지만, 단순히 수사기관의 소환에 응하지 않고 있을 뿐 검거·추적이 가능한 경우에는 도피상태라고 볼 수 없다"고 판시하였다.

'범인'이 '참고인'이나 '공범'을 도피시킨 경우는 범인이 자신에 대한 수사기관의 검거나 추적을 곤란하게 하거나 불가능하게 하기 위하여 자신과 공범관계에 있는 자나 자신의 범죄에 대한 참고인을 도피시키는 경우를 말한다. 여기서 '도피'는 '은닉'이나 '은닉 이외의 방법'으로 범인에 대한 형사사법 작용을 곤란하게 하거나 불가능하게 하는 일체의 행위를 말하는 것으로 본다. 이는 '범인의 도피'에서 '도피'를 판례가 '객관적으로 수사기관의 검거·추적이 불가능한 도피상태'로 보기 때문에, 같은 조문에서 쓰인 '도피'도 '은닉'을 포함하는 의미로 보는 것이 맞다고 보기 때문이다.

라. 공무원의 직무관련 또는 지위이용 선거범죄의 공소시효

(1) 의 의

2014. 2. 13.부터 시행된 개정 선거법은 '제1항 및 제2항에도 불구하고 공무원(제60조 제1항 제4호 단서에 따라 선거운동을 할 수 있는 사람은 제외)이 **직무와 관련하여** 또는 **지위를 이용하여 범한 이 법에 규정된 죄**의 공소시효는 해당 선거일 후 10년(선거일 후에 행하여진 범죄는 그 행위가 있는 날부터 10년)을 경과함으로써 완성된다'고 하여 공무원이 직무와 관련하여 또는 지위를 이용하여 범한 죄의 공소시효는 해당 **선거일 후 10년**으로 하였다(법§268③).

(2) 공무원의 직무관련 또는 지위이용 선거범죄의 범위

위 개정 선거법 제85조 제1항이 "공무원 등 법령에 따라 정치적 중립을 지켜야 하는 자는 **직무와 관련하여 또는 지위를 이용하여** 선거에 부당한 영향

---

10 수사기관의 검거·추적이 불가능하거나 **곤란한** 도피상태를 의미한다고 본다.

력을 행사하는 등 선거에 영향을 미치는 행위를 할 수 없다"고 규정하고, 이에 대한 벌칙을 신설하였다(법§255⑤). 따라서 이 벌칙만이 10년의 공소시효가 적용되는 공무원의 직무관련 또는 지위이용 선거범죄라고 볼 여지도 없지는 않으나, '직무와 관련하여 또는 지위를 이용하여 범한 **이 법에 규정된 죄**'로 포괄적으로 이를 규정한다는 점에서 위와 같은 견해는 채택하기 어렵다.

그러므로 선거법 제268조 제3항이 적용되는 '공무원의 지위이용 선거범죄'의 범위를 보면, ⅰ) 공무원의 직무관련 또는 지위를 이용한 전형적인 선거범죄가 있고, 이에는 공무원의 지위를 이용한 선거운동금지위반죄(법§255⑤,§255①10호), 공무원의 선거에 영향을 미치는 행위금지위반죄(법§256③1호바목), 직권남용에 의한 선거의 자유방해죄(법§239)가 있다. 또한, ⅱ) '공무원이 선거범죄의 주체로 규정된 선거범죄'가 있고 이에는 다음과 같은 선거범죄가 있으며, 이러한 선거범죄를 범함에 있어 공무원이 그 지위를 이용하거나 직무관련하여 이를 행한 경우에는 선거법 제268조 제3항에 따라 10년의 공소시효가 적용되는 것이다.

공무원이 선거범죄의 주체로 규정된 선거범죄

- §230⑤(공무원의 매수 및 이해유도)
- §232③(공무원의 후보자에 대한 매수 및 이해유도죄)
- §240②(공무원의 벽보, 그 밖의 선전시설 등에 대한 방해죄)
- §241②(공무원의 투표의 비밀침해죄)
- §242③(공무원의 투표·개표의 간섭 및 방해죄)
- §243②(공무원의 투표함 등에 관한 죄)
- §247②(공무원의 사위등재·허위날인죄)
- §248②(공무원의 사위투표죄)
- §249②(투표위조 또는 증감죄) 등

나아가, ⅲ) 위와 같은 ⅰ)이나 ⅱ)의 경우가 아니더라도, 선거법 제268조 제3항에 적용되는 경우가 있다. 가령, 시청에서 과장으로 근무하고 있는 공무원인 갑이 선거기간에 부당하게 선거에 영향을 미칠 의도를 가지고 특정 후보의 낙선 목적으로 자신의 지위를 명기하여 그 후보자에 대한 허위의 사실을 공표하는 경우에는, 갑에게 '낙선목적 허위사실공표죄'가 성립하고, 이러한 경우는 공무원인 갑이 자신의 지위를 이용하여 선거범죄를 범한 것으로, 역시 10년의 공소시효가 적용되는 것이다.

Ⅱ. 선관위의 조사권 이외의 선거 관련 권한

1. 불법시설물 등에 대한 조치 및 대집행권

가. 행정대집행의 의의

'행정대집행'은 법률에 근거하여 타인이 대신하여 행할 수 있는 행위를 의무자가 이행하지 아니하는 경우에 다른 수단으로써 그 이행을 확보하기 곤란하고 또한 그 불이행을 방치함이 심히 공익을 해할 것으로 인정될 때에, 행정기관이 스스로 의무자가 해야 할 행위를 하거나 제3자로 하여금 이를 하게 한 후, 그 비용을 의무자로부터 징수하는 제도를 말한다(「행정대집행법」§2). 이는 행정법상 대체적(代替的) 작위의무(作爲義務)에 대한 의무이행확보수단이다.

나. 선거법상 행정대집행

(1) 의 의

선거법상 행정대집행은 각급 선관위가 선거법에 위반되는 선거에 관한 벽보·인쇄물·현수막 기타 선전물이나 정당의 당사게시선전물 또는 유사기관·사조직 또는 시설 등을 발견한 때에 지체 없이 그 첩부 등의 중지 또는 철거·수거·폐쇄 등을 명하고, 이에 불응하는 경우에는 각급 선관위가 대집행을 할 수 있는 제도를 말한다(법§271①).

(2) 절 차

각급 선관위가 불법시설물 등의 첩부 등의 중지 또는 철거·수거·폐쇄 등을 명하는 때에는 이행기한을 정하여 그 기한 안에 이행하지 아니할 때에는 계고절차를 거치지 아니하고 대집행을 한다는 뜻을 당해 의무자에게 통지하고, 당해 의무자가 동 이행기한 안에 이행하지 아니하는 때에는 「행정대집행법」

제3조(대집행의 절차)의 규정에 의한 절차, 즉 별도의 계고절차와 대집행영장에 의한 대집행시기·집행책임자 및 대집행비용의 개산견적액을 의무자에게 통지하는 절차를 거치지 않고 대집행을 할 수 있다(규칙§146①). 이 경우 선거법 제56조 제3항에 따라 기탁금에서 부담하는 대집행비용의 공제·납입·징수위탁 등에 관하여는 선거법 제261조 제10항을 준용한다(법§271③).

2. 선거에 관한 광고의 제한권

선거에 관한 광고의 제한은 선관위가 선거법의 규정에 의한 광고를 제외한 광고로, 방송·신문·잡지 기타 간행물에 방영·게재하고자 하는 광고 내용이 후보자나 후보자가 되고자 하는 자의 당락이나 특정정당(창당준비위원회를 포함)에 유리 또는 불리한 경우에 당해 방송사 또는 일간신문사 등을 경영·관리하는 자와 광고주에게 광고중지를 요청할 수 있는 것을 말한다. 이는 행정법상 부대체적(不代替的) 부작위의무(不作爲義務)에 대한 의무이행확보수단이다(법§271의2①).

이러한 선관위의 중지요청을 받은 자는 이에 따라야 하며, 당해 선거구선관위는 중지요청에 불응하고 광고를 하는 때에는 지체 없이 관할수사기관에 수사의뢰 또는 고발해야 한다(법§271의2②).

3. 불법선전물의 우송중지권

가. 의 의

이는 읍·면·동선관위를 제외한 각급 선관위는 직권으로 또는 정당·후보자의 요청에 의하여 선거법상 선거범죄에 해당하는 범죄의 혐의가 있는 선전물을 우송하려 하거나 우송중임을 발견한 때에는 당해 우체국장에게 그 선전물에 대한 우송의 금지 또는 중지를 요청할 수 있는 제도를 말한다(법§272①). 이 제도는 우체국장을 통해서 불법선전물을 우송하려고 하는 자에 대한 「행정법」상 부대체적(不代替的) 부작위의무(作爲義務)에 관한 의무이행을 확보하는 수단이다.

나. 절 차

선거법상 선거범죄에 해당하는 범죄의 혐의가 있는 선전물을 우송하려 하거나 우송중임을 발견한 때에는 위 선관위는 당해 우체국장에게 그 선전물에 대한 우송의 금지 또는 중지를 요청하고, 그 요청을 받은 우체국장은 그 우편물의 우송을 즉시 중지하고, 발송인에 대하여 그 사실을 통보해야 하되, 다만, 발송인의 주소가 기재되지 아니한 때에는 발송우체국 게시판에 우송중지의 사실을 공고해야 한다(법§272②). 이 경우 당해 선관위는 지체 없이 수사기관에 조사를 의뢰하거나 고발하고, 해당 우편물의 압수를 요청해야 한다(법§272③). 이러한 요청을 받은 수사기관은 「형사소송법」 제200조의4(긴급체포와 영장청구기간)의 기간 내, 즉 그 요청을 받은 때로부터 48시간에 해당 우편물에 대한 압수영장의 발부 여부를 당해 선거구선관위 및 우체국장에게 통보해야 하되, 이 기간 내에 압수영장을 발부받지 못한 때에는 우체국장은 즉시 그 우편물의 우송중지를 해제해야 한다(법§272④).

각급 선관위는 우편관서에서 취급 중에 있는 우편물 중 선거법상 선거범죄에 해당하는 범죄의 혐의가 있는 불법선전물이 있다고 판단되는 때에는 당해 우체국장에 우송의 금지 또는 중지 요청과 함께 「우편법」 제28조(법규 위반 우편물의 개봉)에 의한 조치를 하여 줄 것을 요청할 수 있다. 이 경우에 불법선전물이 아닌 합법선전물일지라도 「우편법」 제48조(우편물 개봉 훼손의 죄) 및 「통신비밀보호법」 제16조(벌칙)의 규정은 적용하지 아니한다(법§272⑦).

다. 불법선전물 우송과 관련된 자의 인적사항 등 필요한 자료요구

이는 각급 선관위는 선거법상 선거범죄에 해당하는 범죄의 혐의가 있는 선전물이 우송된 것을 발견한 때에는 그 선전물의 우송에 관련된 자의 성명·주소 등 인적사항과 발송통수·배달지역 기타 선거범죄의 조사에 필요한 자료의 제출을 관계 우체국장에게 요구할 수 있는 제도를 말한다(법§272⑤). 이러한 자료제출의 요구를 받은 우체국장은 이에 응해야 한다. 이 경우 우체국장이 각급 선관위의 요청에 의하여 우편물의 우송을 중지하거나 선전물의 우송에 관련된 자의 인적사항 등 자료를 제출한 때에는 「우편법」 제3조(우편물의 비밀보장)·제50조(우편취급 거부의 죄)·제51조(서신의 비밀침해의 죄)·제51조의2(비밀누설의 죄), 「우편환법」 제19조(비밀의 보장) 및 「통신비밀보호법」 제3조(통신 및 대화비밀의 보호)의 규정을 적용하지 않는다.

Ⅲ. 선거쟁송

1. 선거쟁송의 의의

'선거쟁송'(選擧爭訟)은 선거에 관한 분쟁을 다투는 절차로 행정심판적 성격을 지닌 선거소청과 선거소송을 포괄하는 용어이다. 선거쟁송은 개인의 권리보호에 주안점이 있는 것이 아니라 선거의 적법한 실시와 선거결과의 적정을 기하기 위하여 인정되므로 선거쟁송의 제기권자가 반드시 자기의 구체적 권리가 침해되었음을 주장할 필요가 없다는 점에서 민중소송적 성질을 가진다고 설명된다.[11]

2. 선거소청

가. 선거소청의 의의와 종류

넓은 의미의 선거소청은 선거인명부에 대한 이의신청(법§41)·불복신청(법§42), 명부누락자의 구제(법§43), 투표소설비에 대한 시정요구(법§147⑦,§149⑤), 투표절차의 위법시정요구(법§161⑪), 투표의 효력에 대한 이의신청(법§180) 등 선거진행 과정 중의 행정구제절차와 선거종료 후의 선거의 효력·당선의 효력 등에 대한 쟁송절차를 포함한 공식선거에 대한 법적분쟁을 선거관리기관이 심리·판단하는 쟁송절차라고 할 수 있다. 좁은 의미의 선거소청이란 넓은 의미의 선거소청 중 소송의 전심단계로서 집합적 의미로서의 선거 및 당선의 효력에 관한 불복제도만을 말한다.[12]

---

11 한견우, "공직선거 및 선거부정방지법상 선거쟁송의 현황과 개혁방향", 공법연구 제28집 제4권 제1호(2000), 135면.

12 중앙선관위, 『선거소청실무편람』, 1998, 1~2면.

우리 선거법은 **지방의회의원·지방자치단체장의** 선거에 대해서만 위와 같은 **선거소청을 제기**할 수 있도록 규정하고, 국회의원과 대통령의 선거에 대해서는 선거소청을 채택하지 않고 있다. 이 선거소청에는 '선거의 효력'에 관하여 이의가 있는 경우에 제기하는 것을 협의의 '선거소청'이라 하고, '당선의 효력'에 관하여 이의가 있는 경우에 제기하는 것을 '당선소청'이라 한다(법§219 ①,②).

나. 행정심판과의 관계

행정청의 위법 또는 부당한 처분이나 부작위로 침해된 국민의 권리 또는 이익을 구제하는 절차를 '행정심판'이라고 한다.[13] 이처럼 행정심판의 국민의 권리 또는 이익이 침해된 경우 이를 구제하는 주관적 권리구제 절차의 성격을 지닌다. 반면, 선거소청은 개개의 권리보호를 목적으로 한다기보다는 국가와 국민의 공동행위에 의하여 행해진 선거결과의 공법적 법률행위의 적법성을 확보하는 데 있는 이른바 민중쟁송의 성격을 보유하는 것이다.[14] 그러나 선거소청도 선관위라는 행정청이 행한 선거사무와 관련하여 쟁송을 벌이는 것이므로 넓게 보면 행정심판과 본질을 같이하는 것이므로, 「행정심판법」상 다수의 조항이 그 절차에 준용된다(법§221).

다. 협의의 선거소청과 당선소청의 비교

지방의회의원·지방자치단체장선거에 있어 협의의 선거소청과 당선소청을 비교하면 <표 2-1>과 같다. 특히 당선소청에서 당선인의 결정·공고·통지(법§190~§191)의 규정에 의한 당선인결정에 대해서 제기하는 경우에는 당선인결정의 '부당(不當)'이 아닌 '위법(違法)'이 있어야 한다.

---

13 홍준형, 『행정법특강』, 박영사, 737면.
14 중앙선관위, 『선거소청실무편람』, 2면.

〈표 2-1〉 협의의 선거소청과 당선소청의 비교

<table>
<tr><th></th><th>협의의 선거소청</th><th>당선소청</th></tr>
<tr><td>제기권자</td><td>선거인, 후보자 추천 정당, 후보자</td><td>정당, 후보자</td></tr>
<tr><td>상대방</td><td>• 당해 선거구선관위위원장
• 궐위시 선관위위원 전원</td><td rowspan="2">• 등록무효(법§52①~③), 당선무효(법§192①~③): 당선인
• 당선인의 결정·공고·통지(법§190~§191)의 규정에 의한 당선인결정의 위법:
– 당해 선거구선관위위원장
– 궐위시 선관위위원 전원</td></tr>
<tr><td>제기 사유</td><td>선거의 효력에 관하여 이의가 있는 경우</td></tr>
<tr><td>제기 기한</td><td>14일</td><td>14일</td></tr>
<tr><td>관할</td><td>• 지역구시도의원선거, 자치구·시·군의원선거(지역구세종특별자치시의회의원선거는 제외), 자치구·시·군의 장선거: 시·도 선관위
• 비례대표시도의원선거, 지역구세종특별자치시의회의원선거, 시도지사선거: 중앙선관위</td><td>• 지역구시도의원선거(지역구세종특별자치시의회의원선거는 제외), 자치구·시·군의원선거, 자치구·시·군의 장선거: 시·도 선관위
• 비례대표시도의원선거, 지역구세종특별자치시의회의원선거, 시도지사선거: 중앙선관위</td></tr>
<tr><td>결정</td><td colspan="2">소청을 접수한 날로부터 60일 이내</td></tr>
</table>

라. 심리의 기본원칙

협의의 선거소청과 당선소청의 심리절차에는 다음과 같은 기본원칙이 적용된다.[15] 첫째, 대립당사자주의(대심주의)가 적용되는데, 서로 대립하는 분쟁당사자의 공격과 방어에 의해 심리를 진행시키는 것을 말한다. 둘째, 구술심리나 서면심리의 방식에 의하되, 당사자가 구술심리를 신청한 경우에는 서면심리만으로 결정할 수 있다고 인정되는 경우 외에는 구술심리를 해야 한다(법§221, 「행정심판법」§40①). 셋째, 심리에 필요한 자료의 수집·제출책임을 당사자에게만 맡기지 않고 심판기관도 그에 관여하는 '직권심리주의'를 채택하고 있

15 한견우, 앞의 논문, 143~144면 참조.

다(법§221, 「행정심판법」§36,§35).[16] 넷째, 심리·결정에 일반인이 방청할 수 없는 '비공개심리주의'가 적용된다.

마. 협의의 선거소청과 당선소청의 결정

(1) 의의와 종류

소청의 결정은 소청에 대하여 심리의 결과를 판단하는 행위로, 각하결정, 기각결정, 인용결정이 있다. 각하결정은 소청청구가 그 청구요건의 흠결로 적법하지 아니한 경우에, 기각결정은 소청청구가 이유가 없다고 인정하는 경우에 하는 결정이다(법§221, 「행정심판법」§43①,②).

(2) 결정의 방식과 절차

소청을 접수한 중앙선관위 또는 시·도선관위는 소청을 접수한 날부터 60일 이내에 그 소청에 대한 결정을 해야 하고, 그 결정은 다음 각호의 사항을 기재한 서면으로 해야 하며, 결정에 참여한 위원이 기명하고 서명 또는 날인해야 한다(법§220①,②).

1. 사건번호와 사건명
2. 당사자·참가인 및 대리인의 성명과 주소
3. 주문
4. 소청의 취지
5. 이유
6. 결정한 날짜

---

16 이러한 직권심리주의는 다음과 같은 조항에 의하여 드러난다.
제36조(증거조사) ① 선관위는 사건을 심리하기 위하여 필요하면 직권으로 또는 당사자의 신청에 의하여 다음 각호의 방법에 따라 증거조사를 할 수 있다.
1. 당사자나 관계인(관계 행정기관 소속 공무원을 포함. 이하 같음)을 선관위의 회의에 출석하게 하여 신문하는 방법
2. 당사자나 관계인이 가지고 있는 문서·장부·물건 또는 그 밖의 증거자료의 제출을 요구하고 영치하는 방법
3. 특별한 학식과 경험을 가진 제3자에게 감정을 요구하는 방법
4. 당사자 또는 관계인의 주소·거소·사업장이나 그 밖의 필요한 장소에 출입하여 당사자 또는 관계인에게 질문하거나 서류·물건 등을 조사·검증하는 방법

제35조(자료의 제출 요구 등) ① 선관위는 사건 심리에 필요하면 관계 행정기관이 보관 중인 관련 문서, 장부, 그 밖에 필요한 자료를 제출할 것을 요구할 수 있다.
② 선관위는 필요하다고 인정하면 사건과 관련된 법령을 주관하는 행정기관이나 그 밖의 관계 행정기관의 장 또는 그 소속 공무원에게 선관위 회의에 참석하여 의견을 진술할 것을 요구하거나 의견서를 제출할 것을 요구할 수 있다.

중앙선관위 또는 시·도선관위는 지체 없이 그 결정서의 정본을 소청인·피소청인 및 참가인에게 송달해야 하며, 그 결정요지를 공고해야 하며, 소청의 결정은 소청인에게 이러한 송달이 있는 때에 그 효력이 생긴다(법§220③,④).

(3) 인용결정

소청이 이유가 있는 때에는 인용결정을 하는데, 이유가 있는 때는 선거법 제224조가 "소청이나 소장을 접수한 선관위 또는 대법원이나 고등법원은 선거쟁송에 있어 선거에 관한 규정에 위반된 사실이 있는 때라도 선거의 결과에 영향을 미쳤다고 인정하는 때에 한하여 선거의 전부나 일부의 무효 또는 당선의 무효를 결정하거나 판결한다"고 규정하고 있는 점을 고려할 때, ⅰ) 선거에 관한 규정에 위반된 사실 있고, ⅱ) 그 위반 사실로 인하여 선거의 결과에 영향을 미쳤다고 인정되는 경우를 말한다.

선거법 제221조가 「행정심판법」상 제33조의 사정재결 조항을 준용하고 있지 아니하므로 그 인용이 공공복리에 크게 위배된다고 할지라도 사정재결을 할 수 없다. 특히 득표수의 다소를 다투는 당선소청에서는 당선인 결정에 의하여 당선된 자에 대한 당선무효만을 결정해야 하며, 소청인이 아닌 후보가가 최다득표로 판단된 때 그 후보자에 대한 당선까지 판정하는 것은 아니다.[17]

ⅰ) 선거에 관한 규정에 위반된 사실 있고, ⅱ) 그 위반 사실로 인하여 선거의 결과에 영향을 미쳤다고 인정되는 경우에 한하여 당선무효결정 또는 선거무효결정을 한다(법§224). 이에 대한 증명책임은 피청구인이 아닌 청구인이 해야 하는데, 이 점과 위와 같은 사실의 의미는 뒤에서 보는 '협의의 선거소송과 당선소송'에서 보는 것과 같다.

3. 선거소송과 당선소송

가. 선거소송과 당선소송의 법적 성질

협의의 '선거소송'은 대통령선거와 국회의원선거에서 그 '선거의 효력'에 관하여 이의가 있는 경우에 선거구선관위위원장 등을 피고로 하여 제기하는 소송 또는 앞서 본 '협의의 선거소청에 불복'하여 제기하는 소송을 말한다(법

17 중앙선관위, 『선거소청실무편람』, 185면.

§222①,②). 이에 비하여, '당선소송'은 '대통령선거와 국회의원선거'에서 '당선의 효력'에 관하여 이의가 있는 경우에 당선인 등을 피고로 하여 제기하는 소송 또는 앞서 본 '당선소청에 불복'하여 제기하는 소송을 말한다(법§223①,②). 전자는 선거 그 자체의 효력에 관하여 제기하는 것이고, 후자는 선거 자체의 효력은 인정하되, 개별적 당선인의 결정의 효력에 대하여 제기하는 것이고, 어느 하나에 대해 선택적으로 제기하거나 예비적 병합청구가 가능하다.[18]

위 '협의'의 선거소송과 당선소송을 포괄하여 '광의'의 선거소송으로 칭할 수 있을 것이고, 이러한 광의의 선거소송은 선거라는 공법상 법률행위의 적법성을 확보하기 위하여 인정되기 때문에 객관적 소송의 성질을 지닌다.[19] 당선소송은 선관위의 당선인 결정 그 자체의 효력을 소멸시키고자 하는 형성소송이므로, 그 효력을 다투는 후보자가 그 외에 별도로 바로 자신의 당선확인을 구하는 것은 허용되지 아니한다.[20]

나. 행정소송과의 관계

'행정소송'이란 행정법규의 적용과 관련하여 위법하게 권리(법률상 이익)가 침해된 자가 소송을 제기하고, 법원이 이에 대하여 심리·판단을 행하는 정식의 행정쟁송을 말한다.[21] 광의의 선거소송은 개개의 권리보호를 목적으로 한다기보다는 국가와 국민의 공동행위에 의하여 행해진 선거결과의 공법적 법률행위의 적법성을 확보하는 데 있는 이른바 민중소송적 성격을 보유하는 것이다. 다만, 광의의 선거소송도 행정소송의 일환이라고 볼 수 있으므로, 「행정소송법」상 다수의 조항이 그 절차에 준용된다(법§227).

다. 협의의 선거소송과 당선소송의 관계

협의의 선거소송은 선거 자체의 효력을 다투는 소송이고, 당선소송은 선거가 유효한 것을 전제로 당선인 결정을 둘러싼 위법이 있을 때 당선인 결정의 효력을 다투는 소송이다.[22] 대체로 선거의 투표전반의 공정성에 의심이 있

18 권영설, "선거소송의 문제점과 과제", 저스티스 통권 제66호(2002. 4), 10면 참조.
19 중앙선관위, 『소송실무편람; 국가·행정·선거소송』, 2007, 189면.
20 김재협, 앞의 논문, 16면.
21 홍준형, 앞의 책, 2010. 628면.
22 김재협, 앞의 논문, 46면. 당선소송의 의미에 대하여는 대법원 1989. 3. 14. 선고 88수47 판결 참조.

는 사유가 선거무효원인이 되고, 개개 투표의 효력, 개개 득표의 귀속을 좌우하는 사유가 당선무효원인이 되는데, 법규의 성질에 착안하여 보면 선거관리기관이 선거관리집행을 함에 있어 준수해야 할 절차규정을 위반한 경우에는 대체로 선거무효원인이 된다고 할 것이다.[23]

라. 협의의 선거소송과 당선소송의 내용과 비교

(1) 소송의 대상

협의의 선거소송의 대상은 선거구·투표구·개표구 또는 선관위 등에 있어서 집합적 행위로서 선거의 효력이고, 개개의 투표에 대한 유효·무효는 본 소송의 대상이 되지 않는다.[24] 당선소송의 대상은 선거가 유효하게 실시된 것을 전제로 당선인결정의 효력을 다투는 것이다.

협의의 선거소송의 요건으로서 선거의 위법성에 관한 예를 다음과 같이 들 수 있다.[25] ⅰ) 선거인명부의 작성 및 열람 등에 관한 하자, ⅱ) 선거에 관한 공고에 있어서의 하자, ⅲ) 선거의 기일에 관한 하자, ⅳ) 투표시각 및 장소에 관한 하자, ⅴ) 투표참가인·개표참가인 등의 참여에 관한 하자, ⅵ) 투표함의 관리에 관한 하자, ⅶ) 투표록·개표록 및 선거록 등에 관한 하자, ⅷ) 선거공영에 관한 하자, ⅸ) 부정계산(不正計票), 부정환표(換票), 무효표조작 등 개표의 부정 등이 있다.

선거 자체가 선거법에 위반되어 무효라거나(대법원 1981. 7. 8. 선고 81수4 판결), 당선이 또는 다른 후보자가 선거범죄를 범하였다는 사유(대법원 1982. 1. 29. 선고 81수7 판결 등)는 선거무효사유에 해당하거나 형사처벌의 대상이 될 뿐이고, **당선인결정**의 **내용상의 오류**, 즉 구체적으로 득표수 산정이나 확정에 있어서의 판단의 위법이나 당선인 자격에 관한 판단상의 위법만이 그 사유가 될 수 있다.[26]

당선소송의 대상은 문제되는 선거에서의 당선인결정의 유·무효 여부이다. 이 당선인결정의 유·무효 여부의 구체적 사유로는 등록무효(법§52①,③) 및

---

23 김재협, 앞의 논문, 47면.
24 한견우, 앞의 논문, 153면.
25 한견우, 앞의 논문, 154~157면.
26 김재협, 앞의 논문, 20면.

당선무효(법§192①~③)가 있고, 당선인의 결정·공고·통지(법§187①,②,§188①~④,§189,§194④,§190,§191)의 규정에 의한 당선인결정의 위법이 있다.

(2) 지방의회의원과 지방자치단체장에 대한 선거·당선소송의 대상과 청구취지 등

(가) 지방의회의원과 지방자치단체장에 대한 협의의 선거무효소송 및 당선무효소송

지방의회의원과 지방자치단체장에 대한 선거무효소송 및 당선무효소송은 소청전치주의를 따르는데, 소청이 '**기각 또는 각하**'된 경우에 있어 양 소송의 대상은 중앙선관위나 시·도선관위의 소청결정인지, 아니면 당해 선관위의 당선 또는 선거에 관한 결정인지 문제되는데, 양 소송 모두 '**원처분주의**'에 따른다고 본다. i) 양 소송의 피고가 소청결정을 한 중앙선관위가 아니라 당해 선관위원장인 점, ii) 행정소송법 제19조가 원처분주의를 원칙으로 하고 있는 점, iii) 일본 공직선거법 제203조 제2항은 이의신청에 대한 결정 내지 심사청구에 대한 재결에 대하여만 협의의 선거소송을 제기할 수 있다는 명문의 규정을 두고 있으나 우리 법에는 그러한 규정이 없는 점을 고려하면, 양 소송의 대상은 선거소청 담당기관인 중앙선관위 또는 시·도선관위의 소청결정이 아니라 당해 선관위의 당선 또는 선거에 관한 결정이다.[27]

그러나 협의의 선거무효소청이나 당선무효소청이 **인용**된 경우에는 그 인용결정에 의하여 비로소 당선인으로 결정된 사람이 불이익을 받게 되므로,[28] 그 자가 제기하는 소송의 대상은 그 소청인용결정이고, 이는 **재결주의**가 적용된 경우라 할 것이다.

이상의 논의를 종합하여, 당선소청과 협의의 선거소청을 거쳐 소송을 제기하는 지방의회의원과 지방자치단체장에 대한 협의의 선거무효소송 및 당선무효소송의 청구취지 기재례와 소송의 대상 및 소송당사자를 정리하면, 다음과 같다. 여기서 이 협의의 선거무효소송 및 당선무효소송의 소의 성질은 유효로 결정한 것을 선거무효 또는 당선무효로 변경시키는 것이므로 형성소송이라 할 것이다.

---

27 조용호, "선거에 관한 보도·평론과 선거의 효력", 판례해설 제24호(1996), 336~337면 참조

28 김재협, 앞의 논문, 18면.

□ '선거무효소송'의 경우

– 소청이 기각되거나 각하된 경우

- 소송의 대상: '원처분주의'에 따름
- 소송당사자: 원고–불복하는 소청인(후보자 추천 정당, 후보자 또는 선거인),
  피고–해당 선거구선거관리위원장(궐위시 선관위위원 전원)
- 청구취지 기재례: 2014. 6. 4. 실시된 전국동시지방선거의 서울시특별시관악구청장선거를 무효로 한다.

– 소청이 인용된 경우

- 소송의 대상: '재결주의'(이 경우에는 '당선인'으로 결정된 후보자가 비로소 선거무효결정에 의해 불이익을 받게 되므로 당선인이 그 결정에 대하여 소송을 제기해야 함)
- 소송당사자: 원고–당선인,
  피고–인용결정을 한 선관위위원장(궐위시 선관위위원 전원)
- 청구취지 기재례: 서울특별시선관위가 2014. 6. 4. 실시된 서울특별시관악구청장 선거무효소청사건에 관하여 한 2014. 6. 20.자 결정을 취소한다.

□ '당선무효소송'의 경우

– 소청이 기각되거나 각하된 경우

- 소송의 대상: '원처분주의'에 따름
- 소송당사자: 원고– 불복하는 소청인(후보자 추천 정당, 후보자), 피고– 당선인(당선인의 사망·사퇴, 당선인결정 효력상실 및 당선무효: 관할고등검찰청장) 또는 법§219②후단(당선인결정·공고·통지의 규정에 의한 당선인결정의 위법)의 경우에는 관할 선거구선관위위원장(궐위시 선관위위원 전원)
- 청구취지 기재례: 2014. 6. 4. 실시된 전국동시지방선거의 서울특별시관악구청장선거에서 관악구선관위가 피고 박당선을 당선인으로 한 결정을 무효로 한다.

– 소청이 인용된 경우[29]

- 소송의 대상: '재결주의'(이 경우에는 당선인으로 결정된 피소청인이 비로소 당선무효결정에 의해 불이익을 받게 되므로, 그 당선인이 그 결정에 대해 제소를 해야 함)
- 소송당사자: 원고–당선인,
  피고–인용결정을 한 선관위위원장(궐위시 선관위위원 전원)
- 청구취지 기재례: 서울특별시선관위가 2014. 6. 4. 실시된 서울특별시관악구청장 당선무효소청사건에 관하여 한 2014. 6. 20.자 결정을 취소한다.

---

29 대법원 1996. 7. 12. 선고 96우16 판결.

〈표 2-2〉 협의의 선거무효소송과 당선무효소송에서의 청구취지 기재례

	소청의 기각결정 또는 각하결정 시		소청의 인용결정 시	
	청구취지 기재례	소송대상/원고	청구취지 기재례	소송대상/원고
선거 소송	"2014. 6. 4. 실시된 전국동시지방선거의 서울특별시관악구청장선거를 무효로 한다."	원처분주의/불복소청인(후보자 추천정당, 후보자 또는 선거인)의 제소	"**서울특별시선관위**가 2014. 6. 4. 실시된 서울특별시관악구청장 선거무효소청사건에 관하여 한 2014. 6. 20.자 결정을 취소한다."	재결주의/당선인 제소
당선 소송	"2014. 6. 4. 실시된 전국동시지방선거의 서울특별시관악구청장선거에서 관악구선관위가 피고 박당선을 당선인으로 한 결정을 무효로 한다."	원처분주의/후보자 추천정당, 후보자의 제소	"**서울특별시선관위**가 2014. 6. 4. 실시된 서울특별시관악구청장 당선무효소청사건에 관하여 한 2014. 6. 20.자 결정을 취소한다."	재결주의/당선인인 피소청인의 제소

(나) 국회의원과 대통령선거에 대한 협의의 선거무효소송 및 당선무효소송

대통령선거와 국회의원선거의 경우 소청을 거치지 않고 바로 대법원에 제소를 할 수 있으므로, 원처분주의 및 재결주의의 대립이 없다. 이 경우 협의의 선거무효소송과 당선무효소송의 청구취지 기재례와 소송의 대상 및 소송당사자를 정리하면, 다음과 같다. 이 협의의 선거무효소송 및 당선무효소송의 소의 성질은 유효로 결정한 것을 선거무효 또는 당선무효로 변경시키는 것이므로 형성소송이라 할 것이다.

□ '선거무효소송'의 경우
- 소송의 대상: 당해 선거구선관위의 결정
- 소송당사자: 원고－후보자 추천 정당, 후보자 또는 선거인,
  피고－당해 선거구선거관리위원장(궐위시 선관위위원 전원)
- 청구취지 기재례: 2016. 4. 13. 실시된 제20대 관악구갑선거구국회의원선거를 무효로 한다.

□ '당선무효소송'의 경우
- 소송의 대상: 당해 선거구선관위의 결정

- 원고－후보자 추천 정당, 후보자
- 피고－• 등록무효(법§52①,③) 및 당선무효(법§192①~③)에는 원칙적으로 당선인이고, 당선인의 사망·사퇴, 당선인결정 효력상실, 당선무효에는 대통령선거에서는 법무부장관이, 국회의원선거에서는 관할고등검찰청장이 피고로 됨
  • 당선인의 결정·공고·통지(법§187①,②,§188①~④,§189,§194④)의 규정에 의한 당선인결정의 위법의 경우에는 대통령선거에서는 중앙선관위위원장 또는 국회의장(궐위시 선관위위원 전원 또는 국회부의장)이, 국회의원선거에서는 당해 선거구선관위위원장(궐위시 선관위위원 전원)이 피고로 됨
- 청구취지 기재례: 2016. 4. 13. 실시된 제20대 관악구갑선거구국회의원선거에서 관악구선관위가 피고 박당선을 당선인으로 한 결정을 무효로 한다.

〈표 2-3〉 실전사례: 국회의원선거무효 등 청구의 소장

소 장

원 고	홍길동(500924－1******) 주소: 서울시 관악구 관악로 ○○
피 고	1. 관악구선관위위원장 주소: 서울시 관악구 청룡1길 34 (청룡동, 882－5) KT관악지사 1층(우편번호: 151－716) 2. 박당선(510815－1******) 주소: 서울시 관악구 관악로 ○○

국회의원선거무효 등 청구의 소

청 구 취 지

1. 가. 주위적으로,
   2016. 4. 13. 실시된 제20대 관악구갑선거구국회의원선거를 무효로 한다.
   나. 예비적으로,
   2016. 4. 13. 실시된 제20대 관악구갑선거구국회의원선거에서 관악구선관위가 피고 박당선을 당선인으로 한 결정을 무효로 한다.[30]

---

30 또는 청구취지를 다음과 같이 적을 수 있다.
1. 2016. 4. 13. 실시된 제20대 관악구갑선거구국회의원선거에서,

2. 소송비용은 피고들이 부담한다.

청 구 원 인

1. 당사자의 지위

원고는 2016. 4. 13. 실시된 제20대 관악구갑선거구국회의원선거(이하 '이 사건 선거')에 '민주개혁당'의 공천을 받아 출마한 후보자이고(갑제1호증), 피고 관악구선관위위원장은 이 사건 선거를 관리·집행하는 관할 선거구선관위의 위원장이며, 피고 박당선은 '누리보수당'의 공천을 받아 출마한 자로서, 관악구선관위에 의해 이 사건 선거의 당선인으로 결정(이하 '이 사건 당선인결정')된 사람이다(갑제2호증).

2. 이 사건 선거의 무효성(주위적 청구)

가. 이 사건 선거에서 투표를 실시한 후 개표소에 도착한 총 55개의 투표함을 개표참관인이 검사한 결과 21개 투표함에 봉쇄·봉인상의 중대한 이상이 발견되었으므로, 선거법 제168조 제1항에서 정한 투표함의 봉쇄·봉인 방법 등에 관한 규정을 위반하였다.

나. 관악구선관위 소속 투표관리관 등은 투표가 종료된 후 투표참관인들의 참관 아래 투표함의 봉쇄·봉인을 마친 다음, 투표참관인들에게 '집에 돌아가도 좋다'고 말하여 사실상 투표함 송부과정에 동행하는 것을 막았으므로, 선거법 제170조에서 정한 투표참관인들의 투표함 송부과정 동반에 관한 규정을 위반하였다.

다. 이 사건 선거의 개표과정에서, 원고가 추천한 소외 2 후보 측에서 개표의 전면 중단과 투표함 이상 원인의 우선 파악을 요구하였음에도, 관악구선관위가 이러한 요구를 받아들이지 아니하고 개표를 강행하였기 때문에 소외 2 후보 측 개표참관인들은 개표과정을 참관하지 아니하였다. 관악구선관위가 투표함에 중대한 이상이 있음을 인정하면서도 소외 2 후보 측 개표참관인들의 참관 없이 개표를 강행하였으므로, 선거의 공정한 관리를 규정한 헌법 제114조, 개표참관인으로 하여금 개표소 안에서 개표상황을 참관하도록 한 선거법 제181조 제1항을 위반하였다.

가. 주위적으로, 위 선거를 무효로 한다.
나. 예비적으로, 관악구선관위가 피고 박당선을 당선인으로 한 결정을 무효로 한다.

본 소송의 성질이 '형성소송'이므로 위와 같이 청구취지를 기재한 것이고, 만일 '확인소송'으로 본다면, 다음과 같이 청구취지를 적을 것이다. 다만, 실무적으로 '형성소송'으로 운영되고 있다.

1. 가. 주위적으로, 2016. 4. 13. 실시된 제20대 관악구갑선거구국회의원선거가 **무효임을 확인**한다.
   나. 예비적으로, 2016. 4. 13. 실시된 제20대 관악구갑선거구국회의원선거에서 관악구선관위가 피고 박당선을 당선인으로 한 결정이 **무효임을 확인**한다.

3. 이 사건 당선결정의 무효성(예비적 청구)

가. 선거법 제52조 제1항 제3호에 의한 등록무효와 이에 따른 당선무효

피고 박당선이 2004. 4. 1.경 후보자등록신청을 하면서 선거법 제49조 제4항 제2호 및 「공직자윤리법」 제10조의2 제1항의 규정에 의한 등록대상재산에 관한 신고서를 제출함에 있어서 소외 2에 대한 채무 2,240,995,000원과 소외 3에 대한 채무 350,000,000원을 고의로 등록하지 아니하였는바, 이와 같은 거액의 채무를 등록하지 아니한 것은 「공직자윤리법」 제10조의2 제1항의 규정에 의한 재산신고라고 할 수 없으므로 이는 선거법 제192조 제3항 제2호, 제52조 제1항 제3호에 의하여 당선무효사유에 해당한다.

나. 개표상의 유·무효표의 판정에 오류로 인한 당선무효

선거법 제179조는 제1항에서 2 이상의 난에 표를 한 것(제3호), 어느 난에 표를 한 것인지 식별할 수 없는 것(제4호)의 투표는 무효로 한다고 규정하고 있는데, 이 사건 선거의 갑투표구의 개표상의 유·무효표의 판정에 오류가 있어, 결국 위 선관위가 피고 박당선인을 당선자로 결정한 것은 위법하다.

4. 결 론

– 생략

증 명 방 법

1. 갑제1호증 후보자등록신청서 접수확인증
1. 갑제2호증 당선인결정공고

첨 부 서 류

1. 위 증명방법 각 1부
1. 소송대리위임장 및 담당변호사지정서 1부
1. 인지대 및 송달료 납부서 1부
1. 소장부본 2부

2016. 4. 30.[31]

위 원고의 소송대리인

법무법인 공간

담당변호사 ○○○

대법원 귀중

31 제척기간이 선거일 또는 당선결정일로부터 30일이므로, 이 기간 내에 제소해야 한다.

(다) 이른바 선거유효소송 및 당선유효소송의 허용 여부

㉮ 문제점

이상의 소송의 형태는 **유효한** 선거결정이나 당선인결정을 **선거무효** 또는 **당선무효**로의 변경을 구하는 소송의 형태였다. 그런데, 선거가 '**적법**'함에도 불구하고 해당 선관위가 '**선거무효**'로 결정하거나 당선인결정이 '**적법**'함에도 불구하고 '**당선무효**'로 결정하는 경우를 상정할 수 있다. 이런 경우에는 실무에서는 거의 문제되지 않는 유형의 분쟁이지만, 이론적으로는 얼마든지 있을 수 있는 분쟁 유형이다.

예컨대, 갑과 을이 서울시관악구청장선거에 출마하여 갑이 1위로, 을이 2위로 득표를 하였다. 그런데 갑을 당선인으로 결정한 관악구선관위는 갑이 등록무효사유가 있는 것을 뒤늦게 발견하고 그 결정을 취소한 다음, 을도 등록무효사유가 있음을 뒤늦게 인지하고서 당선인없음결정을 하였다. 이 경우 갑은 자신에 대한 당선인결정취소결정에 대해 이의를 제기하고자 하고, 을도 당선인없음 결정에 대하여 이의를 제기하고자 한다. 이러한 경우에 있어 소송은 갑은 '당선인결정취소결정'에 대한 무효소송을 제기하는 형태가, 을은 '당선인없음결정'에 대한 무효소송을 제기하는 형태가 될 것이다.

㉯ 이른바 선거유효소송 및 당선유효소송의 허부

이와 관련하여 대법원 1989. 2. 28.자 88두8 결정은, "「국회의원선거법」상 국회의원선거에 관한 쟁송방법으로는 같은 법 제145조가 정하는 선거'무효'소송과 제146조가 정하는 당선'무효'소송만이 인정되어 있고, 이들 소송은 선거일 또는 당선결정일로부터 일정한 기간 내에 을 전속 관할법원으로 하여서만 제기할 수 있도록 규정하고 있는 취지에 비추어보면, 선거종료 전의 선거관리기관의 개개의 행위를 대상으로 하는 쟁송은 허용될 수 없고, 설사 선거 전의 선거관리기관의 어떤 개별적인 위법행위가 있다 하더라도 이에 대하여는 선거종료 후에 선거무효소송으로써만 그 시정을 구할 수 있을 뿐이고 이에 대하여 곧바로 행정소송을 제기할 수 없다 할 것이다"고 판시한 바 있는데, 이러한 판례에 따르면 '선거유효소송'과 '당선유효소송'은 허용되지 않는다고 볼 여지가 있다.

그러나 위 판례는 위와 같은 당선유효소송이나 선거유효소송이 허용 여부에 대하여 정면에서 판단한 것이 아니라, 선거종료 전의 선거관리기관의 개

개의 행위를 대상으로 하는 쟁송은 허용되는지 여부에 관하여 판단한 판결이라고 볼 것이다. 또한, 위 사례에서 본 바와 같이 위와 같은 결정이 실제로 있었음에도, 이에 대한 법적 구제를 허용하지 않은 것은 법치국가원리에 반하므로, 그에 대한 쟁송을 허용하는 것이 타당하다고 본다. 따라서 '선거유효소송'과 '당선유효소송'의 경우에도 선거무효를 구하는 소송이나 당선무효를 구하는 소송과 마찬가지로 선거법 제222조 내지 제223조를 유추적용하여 허용된다고 볼 것인바,[32] 이는 이들 조항이 모두 '선거의 무효'나 '당선의 무효'라고 규정하지 않고 '선거의 효력' 또는 '당선의 효력'이라고 규정하고 있다는 점에서도 그 근거를 찾을 수 있을 것이다.

㈐ 지방의회의원과 지방자치단체장에 대한 선거·당선소송의 대상과 청구취지 등

지방의회의원과 지방자치단체장에 대한 협의의 선거유효소송 및 당선유효소송의 청구취지 기재례와 소송의 대상 및 소송당사자를 정리하면, 다음과 같다. 이 협의의 선거유효소송 및 당선유효소송의 소의 성질 역시 형성소송이다.

□ '선거유효소송'의 경우
– 소청이 기각되거나 각하된 경우
- 소송의 대상: '원처분주의'에 따름
- 소송당사자: 원고–불복하는 소청인(후보자 추천 정당, 후보자 또는 선거인),
피고–해당 선거구선거관리위원장(궐위시 선관위위원 전원)
- 청구취지 기재례: 2014. 6. 4. 실시된 전국동시지방선거의 서울특별시관악구청장선거를 **유효**로 한다.

– 소청이 인용된 경우
- 소송의 대상: 이 경우에 있어 선거무효결정이 선거유효결정으로 되고 또 '특정 후보자에 대한 당선인결정이 있는 경우'에는 '당선인으로 결정되지 않은'

---

32 김재협은 당선인이 관할 선관위의 당선무효결정에 불복하는 경우에 어떠한 방법으로 그 효력을 다툴 수 있는가에 대하여도 법령상 아무런 규정이 없으나, 그 당선무효결정이 위법한 경우에도 당초의 당선인이 이를 다툴 수 없다는 것은 지나치게 불합리하고 이는 당초의 선거의 관리나 당선인의 결정의 위법 여부 등과도 관련이 있는 것이며 그에 관련된 쟁송은 조속히 확정될 필요가 있으므로, 그 당선무효결정의 위법을 이유로 하는 당선소청이나 당선소송을 제기할 수 있다고 할 것이고, 그 제소기간은 그 당선무효결정일로부터 14일 또는 30일 이내라고 한다(김재협, 앞의 논문, 36면).

후보자(법§222② 유추적용)가 비로소 그 결정에 의해 불이익을 받게 되므로 '선거유효결정 및 당선인결정'이 소송의 대상이 됨('재결주의')

- 소송당사자: 원고－당선인으로 결정되지 않은 후보자,
  피고－그 인용결정을 한 선관위위원장(궐위시 선관위위원 전원), 당선인으로 결정되지 않은 후보자는 그 인용결정을 한 선관위가 당선인결정공고(법§191③,§187③ 등)에 의해 당선인이 누구로 결정되었는지를 파악하고 소송을 제기할 수 있다.[33]
- 청구취지 기재례: 서울특별시선관위가 2014. 6. 4. 실시된 서울특별시관악구청장 선거소청사건에 관하여 한 2014. 6. 20.자 결정을 취소한다.

□ '당선유효소송'의 경우

－ 소청이 기각되거나 각하된 경우

- 소송의 대상: '원처분주의'에 따름
- 소송당사자: 원고－불복하는 소청인(후보추천정당, 후보자),
  피고－해당 선거구선거관리위원장[34](궐위시 선관위위원 전원)
- 청구취지 기재례: 2014. 6. 4. 실시된 전국동시지방선거의 서울특별시관악구청장선거에서 관악구선관위가 원고에 대하여 한 2014. 6. 20.자 당선인결정취소 결정을 무효로 한다.[35]

－ 소청이 인용된 경우

- 소송의 대상: '재결주의'(이 경우에는 당선인으로 결정되지 않은 후보자가 비로소 당선인결정취소의 무효결정에 의해 불이익을 받게 되므로, 그 당선인으로 결정되지 않은 후보자가 그 결정에 대해 제소를 해야 함)
- 소송당사자: 원고－당선인으로 결정되지 않은 후보자,
  피고－인용결정을 한 선관위위원장(궐위시 선관위위원 전원)
- 청구취지 기재례: 서울특별시선관위가 2014. 6. 4. 실시된 서울특별시관악구청장 당선소청사건에 관하여 한 2014. 6. 20.자 결정[36]을 취소한다.

---

33 당선무효의 경우 선거법 제192조 제4항에 따라 당선무효결정을 당선인과 당선인의 추천정당에 통지하는데, 입법론적으로는 당선인공고에 의해 당선인결정을 인지하는 것으로는 불완전한 측면이 없지 않으므로, 당선인으로 결정되지 않은 후보자의 절차 참가를 위해 선거에 입후보한 후보자들에게 당선인통지를 하도록 하는 규정을 신설할 필요가 있다.

34 이러한 경우 소송에서 관할 선관위의 당선무효결정에 대해서 다투는 것이므로, 당선인을 피고로 하는 것이 아니라 그 선관위위원장을 피고로 해야 한다고 본다.

35 위 문제제기의 사례에 대한 청구취지 기재례임. 이 소송에서 원래의 당선인결정취소를 무효화시키는 경우(이를 유효로 변경시키는 경우)에는 자동적으로 당선인없음결정은 취소되는 결과를 가져오므로, 별도로 당선인없음결정의 무효를 구하는 청구취지를 적을 필요는 없다고 본다.

36 위 문제제기의 사례에 대한 청구취지 기재례, 위 결정은 당선인취소결정을 무효화하고 다시

〈표 2-4〉 협의의 선거유효소송과 당선유효소송에서의 청구취지 기재례

	소청의 기각결정 또는 각하결정 시		소청의 인용결정 시	
	청구취지 기재례	소송대상/원고	청구취지 기재례	소송대상/원고
선거 소송	"2014. 6. 4. 실시된 전국동시지방선거의 서울특별시관악구청장선거를 유효로 한다."	원처분주의/불복소청인(후보자 추천정당, 후보자 또는 선거인)의 제소	"**서울특별시선관위**가 2014. 6. 4. 실시된 서울특별시관악구청장 선거 소청사건에 관하여 한 2014. 6. 20.자 결정을 취소한다."	재결주의/당선되지 않은 후보자의 제소
당선 소송	"2014. 6. 4. 실시된 전국동시지방선거의 서울특별시관악구청장선거에서 관악구선관위가 원고에 대하여 한 2014. 6. 20.자 당선인결정취소결정을 무효로 한다."	원처분주의/후보자 추천정당, 후보자의 제소	"**서울특별시선관위**가 2014. 6. 4. 실시된 서울특별시관악구청장 당선 소청사건에 관하여 한 2014. 6. 20.자 결정을 취소한다."	재결주의/당선되지 않은 후보자의 제소

㉣ 국회의원과 대통령선거에 대한 협의의 선거유효소송 및 당선유효소송

대통령선거와 국회의원선거의 경우 소청을 거치지 않고 바로 대법원에 제소를 할 수 있으므로, 이 역시 원처분주의 및 재결주의의 대립이 없다. 이 경우 협의의 선거유효소송과 당선유효소송의 청구취지 기재례와 소송의 대상 및 소송당사자를 정리하면, 다음과 같다. 이 협의의 선거유효소송 및 당선유효소송의 소의 성질도 형성소송이다.

□ '선거유효소송'의 경우
- 소송의 대상: 당해 선거구선관위의 결정
- 소송당사자: 원고－후보자 추천 정당, 후보자 또는 선거인,
  피고－당해 선거구선거관리위원장(궐위시 선관위위원 전원)
- 청구취지 기재례: 2016. 4. 13. 실시된 제20대 관악구갑선거구국회의원선거를 유효로 한다.

원당선인을 당선인으로 결정한 결정을 말한다.

□ '당선유효소송'의 경우
- 소송의 대상: 당해 선거구선관위의 결정
- 소송당사자: 원고 – 후보자 추천 정당, 후보자,
  피고 – 해당 선거구선거관리위원장(궐위시 선관위위원 전원)
- 청구취지 기재례: 2016. 4. 13. 실시된 제20대 관악구갑선거구국회의원선거에서 관악구선관위가 원고에 대하여 한 2014. 6. 20.자 당선인결정취소결정을 무효로 한다.[37]

(2) 협의의 선거소송 및 당선소송의 비교

협의의 선거소청과 당선소청을 거쳐 소송을 제기하는 지방의회의원과 지방자치단체장의 선거에 대한 협의의 선거소송과 당선소송을 비교하면 <표 2-5>와 같다.

〈표 2-5〉 협의의 선거소청과 당선소청에 대한 협의의 선거소송과 당선소송의 비교

	협의의 선거소송(법§222②)	당선소송(법§223②)
제소권자	협의의 선거소청 결정에 불복하는 소청인 또는 당선인	당선소청 결정에 불복하는 '소청인' 또는 '당선인인 피소청인', 법§219②후단에 따라 선거구선관위위원장이 피소청인인 경우에는 '당선인'
피고	• 기각결정, 각하결정: 해당 선거구선관위위원장 • 인용결정: 그 인용결정을 한 선관위위원장 • 궐위시 선관위위원 전원	• 소청에 대한 기각결정 또는 각하결정 – 당선인(당선인의 사망·사퇴, 당선인결정 효력상실, 당선무효: 관할고등검찰청장) – 법§219②후단의 경우 관할 선거구선관위위원장(궐위시 선관위위원 전원) • 인용결정: 그 인용결정을 한 선관위위원장(궐위시 선관위위원 전원)
제소 기한	그 결정서를 받은 날로부터 10일	그 결정서를 받은 날로부터 10일

37 위 문제제기의 사례에서 '구청장선거'를 '국회의원선거'로 한 것에 대한 청구취지 기재례임. 이 소송에서 원래의 당선인결정취소를 무효화시키는 경우(이를 유효로 변경시키는 경우)에는 자동적으로 당선인없음결정은 취소되는 결과를 가져오므로, 별도로 당선인없음결정의 무효를 구하는 청구취지를 적을 필요는 없다고 본다.

관할	• 비례대표시·도의원선거, 시·도지사선거: 대법원 • 지역구시·도의원선거, 자치구·시·군의원선거, 자치구·시·군의 장 선거: 그 선거구를 관할하는 고등법원	• 비례대표시·도의원선거, 시·도지사선거: 대법원 • 지역구시·도의원선거, 자치구·시·군의원선거, 자치구·시·군의 장 선거: 그 선거구를 관할하는 고등법원
재판	• 소가 제기된 날부터 180일 이내에 선고 • '선거쟁송에 있어 선거에 관한 규정에 위반된 사실이 있는 때'라도 '선거의 결과에 영향을 미쳤다고 인정하는 때'에 한하여 선거의 전부나 일부의 무효의 재판	

대통령선거와 국회의원선거에서의 협의의 선거소송과 당선소송을 비교하면 <표 2-6>과 같다.

《표 2-6》 대통령선거와 국회의원선거에서의 협의의 선거소송과 당선소송의 비교

	협의의 선거소송(법§222①)	당선소송(법§223①)
제소권자	선거인, 후보자 추천 정당, 후보자	후보자 추천 정당, 후보자
피고	당해 선거구선관위위원장 (궐위시 선관위위원 전원)	• 등록무효(법§52①,③) 및 당선무효(법§192 ①~③): – 원칙: 당선인 – 당선인의 사망·사퇴, 당선인결정 효력상실, 당선무효: 대통령선거에서는 법무부장관, 국회의원선거에서는 관할고등검찰청장
제소 사유	선거의 효력에 관하여 이의가 있는 경우	• 당선인의 결정·공고·통지(법§187①,②,§188 ①~④,§189,§194④)의 규정에 의한 당선인결정의 위법: – 대통령선거: 중앙선관위위원장 또는 국회의장(궐위시 선관위위원 전원 또는 국회부의장) – 국회의원선거: 당해 선거구선관위위원장(궐위시 선관위위원 전원)

제소 기한	선거일로부터 **30일**	당선인결정일부터 **30일**
관할		
재판	• 소가 제기된 날부터 180일 이내에 선고 • '선거쟁송에 있어 선거에 관한 규정에 위반된 사실이 있는 때'라도 '선거의 결과에 영향을 미쳤다고 인정하는 때'에 한하여 선거의 전부나 일부의 무효의 재판	

마. 심리의 진행

(1) 재판의 기본원칙

협의의 선거소송과 당선소송의 재판절차에는 다음과 같은 기본원칙이 적용된다. 첫째, 서로 대립하는 분쟁당사자의 공격과 방어에 의해 심리를 진행시키는 '당사자주의'가 적용된다. 둘째, 절차의 개시, 심판의 대상, 절차의 종결을 당사자의 처분에 맡기는 '처분권주의'가 적용된다(「민사소송법」§203). 셋째, 재판에 필요한 소송자료의 수집·제출책임을 당사자에게만 맡기지 않고 법원이 직권에 의한 증거조사를 할 수 있고 당사자가 주장하지 아니한 사항에 대하여 판단할 수 있는 '직권심리주의'를 채택하고 있다(법§227). 넷째, 재판의 심리와 선고를 일반인에게 원칙적으로 공개하는 '공개심리주의'가 적용된다(「법원조직법」§57①). 다섯째, 변론을 구두로 하는 '구술심리주의'(「민사소송규칙」§28①)와 판결은 기본이 되는 변론에 관여한 법관이 하는 '직접주의'(「민사소송법」§204)가 적용된다.

(2) 소의 병합청구와 소의 변경 여부

대법원 1993. 5. 11. 선고 92수150 판결은, "주관적 예비적 청구의 병합은 예비적 당사자 특히 예비적 피고에 대한 청구의 당부에 관한 판단이 제1차적 피고에 대한 청구의 당부판단 결과에 따라 결정되어 예비적 피고의 소송상의 지위가 현저하게 불안정, 불이익하게 되므로 허용할 수 없다고 할 것인바, 이러한 법리는 선거에 관한 소송에 있어서도 마찬가지라 할 것이다"고 하여, 주위적으로 관할 지역구선거관리위원장을 피고로 하여 선거무효를 구하고 예비적으로 당선인을 피고로 하여 당선결정의 무효를 구하는 경우 당선인에 대한 당선무효의 소는 주관적 예비적 청구의 병합에 해당하여 허용되지 않는다고 하였다.[38] 그러나, 「행정소송법」 제8조 제2항의 준용을 받는 「민소소송법」 제70조[39]는 예비적·선택적 공동소송을 허용하고 있으므로, 주위적으로 관할 지역구선거관리위원장을 피고로 하여 선거무효를 구하고 예비적으로 당선인을 피고로 하여 당선인결정의 무효를 구하는 경우 당선인에 대한 당선무효의 소송도 허용된다고 본다. 또한, 소송계속 중 '후발적으로' 주위적 청구로 관할 지역구선거관리위원장을 피고로 하여 선거무효를 구하고 예비적 청구로 당선인을 피고로 하여 당선인결정의 무효를 구하는 것도 가능하다고 본다. 실무적으로도 그렇게 운영되고 있다.

그리고 관할 지역구선거관리위원장을 피고로 하여 선거무효를 구하는 소송에서 당선인을 피고로 하여 당선결정의 무효를 구하는 소송으로의 소의 변경도 허용되고, 그 역의 경우도 허용된다고 본다. 실무적으로도 그렇게 운영되고 있다.

(3) 증거보전절차

후보자를 추천한 정당이나 후보자는 개표완료 후에 선거쟁송을 제기하는 때의 증거를 보전하기 위하여 그 구역을 관할하는 지방법원 또는 그 지원에 투표함·투표지 및 투표록 등의 보전신청을 할 수 있다(법§228①). 이는 시간의 경과로 투표지 등의 증거가 없어지는 것을 미연에 방지하기 위한 사전 조치이다. 이 증거보전 신청을 접수받은 법관은 신청이 이유 있는 때에는 현장에 출장하여 조서를 작성하고 적절한 보관방법을 취해야 한다(법§228②). 다만, 그 처분은 선거소청의 제기가 없거나 협의의 선거소송 또는 당선소송의 제기가 없는 때에는 그 효력을 상실한다(법§228③).

---

38 그런데 주위적으로 당선무효청구를, 예비적으로 선거무효청구를 제기한 사안에서, 주위적 청구를 기각하고 예비적 청구를 인용한 판결이 있다(대법원 1989. 3. 14. 선고 88수47 판결). 이 사안도 실질적으로 주관적·예비적 병합인데, 이를 허용한 것은 위 판례와 수미일관하지 않은 측면이 있다.

39 제70조(예비적·선택적 공동소송에 대한 특별규정) ① 공동소송인 가운데 일부의 청구가 다른 공동소송인의 청구와 법률상 양립할 수 없거나 공동소송인 가운데 일부에 대한 청구가 다른 공동소송인에 대한 청구와 법률상 양립할 수 없는 경우에는 제67조 내지 제69조를 준용한다. 다만, 청구의 포기·인낙, 화해 및 소의 취하의 경우에는 그러하지 아니하다.
② 제1항의 소송에서는 모든 공동소송인에 관한 청구에 대하여 판결을 해야 한다.

바. 판결의 선고

(1) 의의와 종류

당사자가 청구한 사항에 대하여 판단하는 행위로, 각하판결, 기각판결, 인용판결이 있다. 각하판결은 소송요건의 흠결이 있어 소가 부적법한 경우에, 기각판결은 청구가 이유 없는 경우에 하는 재판이다.

(2) 협의의 선거소송의 전부무효와 일부무효

전부무효는 선거절차의 위법효과가 그 선거의 결과 전체에 미침으로써 그 해당 선거전체가 무효로 되는 경우를 말하고, 이에 대하여 법원 판결 또는 해당 선관위의 결정이 있는 경우에는 재선거가 실시된다(법§195①3호). 일부무효는 선거절차의 위법효과가 그 선거의 일부, 즉 투표구에 미침으로써 그 일부 선거가 무효로 되는 경우를 말하고, 이에 대하여 법원 판결 또는 해당 선관위의 결정이 있는 경우에는 '해당 투표구의 재선거'가 실시된다(법§197①).

(3) 협의의 선거소송에서의 요건사실과 증명책임

협의의 선거소송에서 원고는 i) 선거에 관한 규정에 위반된 사실, ii) 그 위반 사실로 인하여 선거의 결과에 영향을 미쳤다고 인정되는 때를 주장·증명해야 한다. 여기서 선거에 관한 규정에 위반한 것이라 함은 주로 선거관리기관의 선거관리와 집행절차에 관한 규정위반, 명문의 규정이 없더라도 선거의 관리집행의 절차상 선거의 기본이념인 선거의 자유공정 원칙이 현저히 저해된 때를 지칭한다.[40] 후자의 경우 선거에 관한 규정의 위반이 없었더라면 선거의 결과, 즉 후보자의 당락에 관하여 현실로 있었던 것과 다른 결과가 발생하였을지도 모른다고 인정되는 때를 말한다. 이는 예상 결과가 확실할 것까지 요하는 것은 아니고 가능성만 있으면 족하나, 선거를 다시 하면 추상적으로 그 결과가 달라질 가능성은 항상 있으므로 주관적인 가능성이 아니라 객관적인 가능성이 있어야 한다.[41] 그 구체적 판단방법으로 규정위반의 영향 범위를 유권자수와 득표수로 파악하는 경우에는 그 수에 의하여 해당규정의 위반이

---

40 이주영, "민중소송, 기관소송", 재판자료 제68집(1995) 105면. 그 구체적 사유에 대하여는 이주영 앞의 논문, 106~109면 참조.

41 김재협, 앞의 논문, 63면. 그 가능성은 후술하는 대법원 2013. 4. 11. 선고 2012수35 판결 참조.

당선인의 당락에 미치는 영향을 파악할 수 있고, 이에 의하여 선거결과에 영향을 미칠 우려가 있는지 여부가 판단될 수도 있으며, 이 경우 판정방법으로는 규정위반의 영향이 당선인에게 가장 불리하게, 차점자에게는 가장 유리하게 작용하는 경우를 생각하여 당락에 영향을 미칠 것인지 판단하게 된다.[42] 규정위반의 영향 범위가 유권자수와 득표수로 파악할 수 없는 경우에는 선거의 관리집행의 절차상 선거의 기본이념인 선거의 자유공정 원칙이 현저히 저해되었는지 여부에 따라 판정해야 한다고 본다.[43] 이러한 경우로 i) 선거관리의 주무기관인 선관위가 특정 정당 또는 후보자에 유리하거나 불리하게 편파적으로 진행하는 등 선거의 관리집행을 현저히 불공정하게 진행하는 경우, ii) 국정원, 기타 정보기관 등 국가기관을 조직적으로 동원하여 광범위한 여론조작 등 부정선거를 자행하는 경우, iii) 대통령이 특정 정당이나 후보자에게 유리하거나 또는 불리한 영향을 미치는 선거중립의무에 반하여 선거에 개입하는 경우 등을 들 수 있다. 또한, iv) 선거의 관리집행이 헌법상 선거의 원칙인 보통·평등·직접·비밀선거 원칙에 위반하여 그 각 원칙이 현저하게 침해되는 경우(예컨대, 실제의 예로 상정하기는 어려우나, 1인 2표의 투표권이 주어진 사람이 광범위하게 투표에 참여하거나, 선거권자가 아닌 사람에 의하여 대규모로 간접선거가 시행되거나, 비밀선거의 원칙이 공공연하게 침해되는 경우)로, 그 침해 범위가 득표수로 특정되지 않는 경우도 역시 마찬가지이다. 이러한 경우에는 규정위반의 영향의 범위가 유권자수와 득표수로 파악할 수 없을지라도, 즉 그 규정위반이 득표수에 미치는 영향을 계량적으로 파악할 수 없을지라도 선거무효로 인정되는 것이다.

이에 관련하여 대법원은, "선거법 제222조와 제224조에서 규정하고 있는 선거소송은 집합적 행위로서의 선거에 관한 쟁송으로서 선거라는 일련의 과정에서 선거에 관한 규정에 위반된 사실이 있고, 그로써 선거의 결과에 영향을 미쳤다고 인정하는 때에 선거의 전부나 일부를 무효로 하는 소송을 가리키며, 이러한 선거소송에서 선거무효의 사유가 되는 '선거에 관한 규정에 위반된 사실'이라 함은 기본적으로 선거관리의 주체인 선관위가 선거사무의 관리집행

42 김재협, 앞의 논문, 63~64면.
43 대법원 2001. 7. 13. 선고 2000수216 판결 참조.

에 관한 규정에 위반한 경우와 후보자 등 제3자에 의한 선거과정상의 위법행위에 대하여 적절한 시정조치를 취함이 없이 묵인·방치하는 등 그 책임에 돌릴 만한 선거사무의 관리집행상의 하자가 따로 있는 경우를 말하지만, 그 밖에도 후보자 등 제3자에 의한 선거과정상의 위법행위로 인하여 선거인들이 자유로운 판단에 의하여 투표를 할 수 없게 됨으로써 선거의 기본이념인 선거의 자유와 공정이 현저히 저해되었다고 인정되는 경우를 포함하고, '선거의 결과에 영향을 미쳤다고 인정하는 때'라고 함은 선거에 관한 규정의 위반이 없었더라면 선거의 결과, 즉 후보자의 당락에 관하여 현실로 있었던 것과 다른 결과가 발생하였을지도 모른다고 인정되는 때를 말한다"고 판시한 바 있다(대법원 2005. 6. 9. 선고 2004수54 판결).

이러한 판결에 입각하여, 대법원은 선관위가 시민단체 등의 위법한 낙선운동에 대처함에 있어 그 책임에 돌릴 만한 선거의 관리나 집행상 하자가 있었다고 볼 수 없고, 시민단체의 낙선운동으로 인하여 **선거의 공정이 현저하게 저해**되었다고 인정할 수 없다는 이유로 선거무효청구를 기각하였다(대법원 2002. 2. 26. 선고 2000수162 판결). 반면, 대법원 2001. 7. 13. 선고 2000수216 판결은, "구로 5, 6동을 담당한 애경유화 1개회사만 하더라도 선거운동기간 전에 무려 70명이 동원되어 571회에 걸쳐 1,000여 명을 상대로 활동하면서 향응경비 1,486만여 원을 지출하였고, 선거구민 입당 1,278명의 실적을 올렸다. 그리고 앞에서 추인한 바와 같이 다른 계열사들도 이 사건 선거구 관내의 다른 동(예컨대, 애경화학은 구로 1동)을 담당하면서 그와 유사한 불법선거운동을 하였는바, 앞에서 인정한 바와 같은 다른 계열사들의 수와 규모, 이 사건 선거구 지역에 본사나 사무소를 두고 수십 년 동안(애경유지공업은 1954년에 설립되었음) 영업을 하여 오면서 가지게 된 지역적 연고와 영향력, 구로 5, 6동의 유권자수(30,257명)가 선거구 관내 10개동 전체(135,033명)에서 차지하는 비율 등을 참작하면 다른 계열사를 동원한 불법선거운동의 규모는 위 애경유화 1개회사에서 확인된 정도를 현저하게 능가할 것임을 쉽게 짐작할 수 있다. 여기에다가 위 2항에서 인정한 나머지 법위반사실까지 아울러 참작하여 보면 참가인측의 법위반행위는 그로 인하여 가히 이 사건 선거의 공정을 현저히 저해하였다 할 것이고 이 사건 선거의 결과에 영향을 미쳤을 가능성이 있다고 평가할 만

하다"고 판단하여 그 선거의 무효를 인정하였다. 한편, 증명책임과 관련하여 대법원 1992. 9. 22. 선고 92우18 판결은, "선거의 효력을 다투는 소송에서 후보자 등의 선거법위반행위에 선관위가 공모, 가담하였거나 이를 알고서도 묵인하였다는 점에 관하여는 이와 같은 사실을 주장하는 원고에게 그 입증책임이 있다"고 선고하였다. i) 선거에 관한 규정에 위반된 사실, ii) 그 위반 사실로 인하여 선거의 결과에 영향을 미쳤다고 인정되는 때, 즉 후보자의 당락이 뒤바뀌는 결과가 발생하는 사실에 대하여는 원고가 이를 증명해야 한다.

(4) 당선소송에서의 요건사실과 증명책임

당선소송에서 원고는 i) 등록무효(법§52①,③), 당선무효(법§192①~③) 또는 당선인의 결정·공고·통지(법§187①,②,§188①~④,§189,§194④,§190,§191)의 규정에 위반된 사실, ii) '그 위반 사실로 인하여 선거의 결과에 영향을 미쳤다고 인정되는 때, 다시 말하여 **당선자의 변경**이 이뤄질 수 있는 사실'을 주장·증명해야 한다(법§224).

이와 관련하여 대법원 2004. 11. 12. 선고 2004수16 판결은 '지역구국회의원선거의 투표지가 비례대표국회의원선거의 투표함에서 발견되었다는 사유 그 자체는 「공직선거 및 선거부정방지법」에서 규정하고 있는 당선무효사유가 아니다'고 판시하였다. 또한 '투표구(9개)에서 투표용지 교부수보다 투표지 수가 각 1매 내지 3매가 부족하거나 각 1매가 더 많다는 사정만으로는 선거의 결과에 영향을 미쳤다고 단정할 수 없다고 하였다(대법원 2004. 11. 12. 선고 2004수16 판결). 사실과 일부 다른 학력과 경력이 선거공보와 벽보 등에 기재되어 선거구민에게 선전되었다는 사실만으로는 선거의 결과에 영향을 미쳐 당선이 무효가 된다고 할 수 없다는 것이 판례의 입장이다(대법원 1965. 2. 25. 선고 63수19 전원합의체 판결).

(5) 협의의 선거소송과 당선소송에 관한 구체적 판례 검토

아래에서는 선거무효소송과 당선무효소송 중 대표적인 사례를 보기로 한다. 먼저 선거무효소송을 본다.

대법원 2013. 4. 11. 선고 2012수35 판결(투표함 봉인 결함 사건)

□ 사건의 개요

- 19대 총선에서 민주통합당 정동영 후보자가 서울 '강남구을'에 출마하여 48,419표(39.26) 득표를 하여 73,346표(59.47) 득표한 새누리당 후보자에 패배한 사건으로, 투표함 하부의 봉함·봉인을 하지 않은 등의 투표함 결함 등이 발생하여 민주통합당이 관할 강남구선관위위원장을 피고로 **선거무효소송**을 제기한 사건임

□ 판결의 결론과 이유

- 원고청구 기각
- 선거법 제168조 제1항은 '투표관리관은 투표소를 닫는 시각이 된 때에는 투표소의 입구를 닫아야 하며, 투표소 안에 있는 선거인의 투표가 끝나면 투표참관인의 참관 아래 투표함의 투입구와 그 자물쇠를 봉쇄·봉인하여야 한다'고 규정하고 있다. 이러한 규정의 입법 취지는 투표함의 안전을 보장하고 선거부정의 개입을 방지하려는 데 있으므로(대법원 1959. 7. 8. 선고 4291선39 판결 참조), 투표함의 봉쇄·봉인은 투표함의 안전 보장이라는 목적을 달성하는 데 적합한 기능을 갖추도록 행해야 할 것이다. … 여기에서 '선거의 결과에 영향을 미쳤다고 인정하는 때'라고 함은 선거에 관한 규정의 위반이 없었더라면 선거의 결과, 즉 후보자의 당락에 관하여 현실로 있었던 것과 다른 결과가 발생하였을지도 모른다고 인정되는 때를 말한다.
- 수서동 제4투표구의 투표 결과가 당선인인 소외 1 후보(새누리당 후보자를 말함)에게 가장 불리하게, 차점자인 소외 2 후보(정동영 후보자)에게 가장 유리하게 작용하는 경우를 가정하더라도, <u>소외 1 후보는 72,752표(=소외 1 후보의 전체 득표수 73,346표－소외 1 후보의 위 투표구 득표수 594표)를, 소외 2 후보는 49,053표[=소외 2 후보의 전체 득표수 48,419표+(위 투표구의 투표수 1,279표－소외 2 후보의 위 투표구 득표수 645표)]를 각각 득표하게 되어 당선인인 소외 1 후보와 차점자인 소외 2 후보의 전체 득표수 우열에 변동이 없으므로</u> 당선인의 당락에 영향을 미쳤다고 보기 어렵고, 결국 이 부분 선거사무 관리집행의 잘못이 이 사건 선거의 결과에 영향을 미쳤다고 볼 수 없다.

다음으로 당선무효소송을 본다.

대법원 2004. 11. 12. 선고 2004수16 판결(투표용지 교부수와 투표지 수 불일치 사건)

□ 사건의 개요

- 17대 총선에서 열린우리당 후보자(원고)의 유효득표가 17,702표, 자유민주연합 후보자(참가인)의 유효득표가 17,711표로, 참가인이 차점자인 원고보다 9**표**를 더 득표하여 당선되자, 원고가 관할 당진군선관위위원장을 피고로 **당선무효소송**을 제기한 사건임

□ 판결의 결론과 이유

- 원고청구를 기각함
- 위 선관위가 개표 당시 유·무효표의 판정을 일부 잘못한 바 있으나, 원고와 참가인의 유효득표수를 산정하여 보면, 원고의 유효득표는 17,699표{17,693표+6표(유치표 3의 1 내지 6)}인데 비하여 참가인의 유효득표는 17,706표{17,692표+14표(유치표 3의 8, 10 내지 22)}여서, 참가인이 차점자인 원고보다 7표를 더 득표한 최대득표자임이 분명하므로, 위와 같이 위 선관위가 참가인을 당선자로 결정한 것은 결국, 결과에 있어 정당하다.
- 이 사건 선거에 있어 당진군선거구 46개 투표구(부재자투표구 포함) 중 당진읍 제2, 5투표구, 고대면 제2투표구, 우강면 제2투표구, 신평면 제3투표구, 송산면 제3투표구에서 투표지 수가 투표용지 교부수보다 각각 1매, 2매, 1매, 1매, 1매, 3매씩 부족한 반면 순성면 제1투표구, 송악면 제3, 5투표구에서 투표지 수가 투표용지 교부수보다 각 1매씩 많은 사실을 인정할 수 있으나, 위 각 투표구의 투표용지 교부수와 투표지 수, 투표용지 교부수와 투표지 수의 차이 등에 비추어 볼 때 이와 같이 위 각 투표구에서 투표용지 교부수보다 투표지 수가 각 1매 내지 3매가 부족하거나 각 1매가 더 많다는 사정만으로 그것이 바로 당진군선관위의 선거법규에 위배된 선거관리상의 하자로 인한 것으로서 이 사건 선거나 위 9개 투표구에서 실시된 선거의 결과에 영향을 미쳤다고 단정할 수 없고, 달리 이를 인정할 만한 증거가 없다.

4. 선거제도 개혁론(선거쟁송제도 개혁)

현행 우리 헌법과 선거법은 선거 과정에서의 하자로 인한 당선무효와 선거무효에 대한 재판관할을 대법원 등 법원 관할로 정하고 있다(헌법§111, 법§222~223). 그러나 당선무효를 포함한 선거무효에 관한 다툼은 국민의 대의기관의 구성의 하자에 관한 것으로 전형적인 헌법문제에 해당하므로, 이에 대하여 '대법원' 등이 아닌 헌법적 분쟁 전문담당기관인 '헌법재판소'의 관할로 할 필요가 있다고 본다. 물론 이는 헌법개정사항이므로 단기간에 달성될 성질의 것은 아니지만, 장기적인 관점에서 볼 때 반드시 그 재고가 필요한 부분이다.

그리고, 당선무효사유가 너무 많고, 그 위반에 대한 처벌과 제재가 너무 엄(嚴)한 것을 지적하지 않을 수 없다. 앞서 본 바와 같이 당선무효사유가 선거비용의 초과지출(법§263①), 「정치자금법」 제49조 위반(법§263②), 당선인의 선거범죄(법§264), 선거사무장 등의 선거범죄(법§265)로 정해져 있다. 이뿐만이 아니다. 당선무효로 된 자 등의 비용반환의무에 대하여 선거법 제265조의 2가, 선거범죄로 인한 공무담임 등의 제한에 대하여는 제266조가 규율하고 있어, 당선무효에 해당하는 자는 일종의 '패가망신'을 각오해야 하고 '정치권이나 선거직'에서 반영구적으로 퇴출될 가능성이 농후하다. 이러한 엄한 선거법은 우리 선거제도 및 선거문화가 부패와 타락으로 얼룩진 역사에서 기인한 것이긴 하나, 당선무효에 해당한 사람도 그 정도가 심하지 않은 이상 국민의 심판과 선택을 받았다고 볼 여지도 충분하므로 그 당선은 무위로 돌리는 것은 국민주권의 원리상 바람직하다고만 할 수 없다. 또한 위와 같은 엄한 규정은, 검찰의 권력에 대한 예속이 해결되지 않는 상황에서 공명정대한 검찰권 행사의 어려움으로 인해 자칫 '검찰공화국화'와 이로 인한 '민주공화국의 압살'을 초래할 위험이 있다.

여기서 다시 독일 연방선거법을 거론하지 않을 수 없다. 독일 연방선거법에는 '선거비용의 초과지출로 인한 당선무효'도(선거비용지출 제한 자체가 존재하지 않음), '「정치자금법」 제49조 위반으로 인한 당선무효'도, 당선인 및 선거사무장 등의 선거범죄로 인한 당선무효도 규정하고 있지 않다. 독일 연방선거법과 연방선거심사절차법에 따르면, 선거심사위원회의 선심사(先審査)를 거쳐 연방의회에서 당선무효를 포함한 '선거무효 여부'와, 선거 준비 또는 시행 과정에서 이의신청을 제기한 개인 등의 권리가 침해된 경우로서 선거무효로 결정하지 않는 경우에는 '위법 여부'를 결정하고(독일선거심사절차법§1), 이러한 연방의회의 결정에 대해서는 항고제기권자[44]의 항고에 의하여 연방헌법재판소가 최종적으로 결정한다. 이 때 연방헌법재판소는 '선거의 하자'[이는 법률상 선거규정(연방선거법 및 형법전 §107~§108)에서 도출되고 다른 한편으로 보통선거·평등선거 등 일반적 선거원칙에서 도출되는 선거의 하자를 말함]가 '의원직배분에 영향을 미칠 수 있는지 여부'에 따라 그 인용 여부를 결정하는데, 연방헌법재판소가 선거과정의 중대한 문제점을 확인하는 경우에도 곧바로 선거무효를 선언하지는 않는바, 이는 선거하자의 중요성과 선출된 국민대표의 존립성 보호라는 원칙이 상호 조정·적용되는 것이다.[45] 이렇듯 선거의 하자가 존재한다고 하더라도 선거의 무효 선언을 자제하고 국민주권의 원리에 따른 선거결과의 존중을 시도하는바, 우리의 선거법도 너무 엄한 처벌과 제재로 일관할 것이 아니라 선거에 대한 주권자인 국민의 의사의 존중을 선행시킬 필요가 있는 것이다.

참고로, 위와 같은 독일 연방선거법 및 연방선거심사절차법 등에 따른 선거심사절차의 흐름을 개관하면 [그림 2-3]과 같다.

---

44 Bundesverfassungsgerichtsgesetz(BVerfGG) § 48
(1) Die Beschwerde gegen den Beschluß des Bundestages über die Gültigkeit einer Wahl, die Verletzung von Rechten bei der Vorbereitung oder Durchführung der Wahl, soweit sie der Wahlprüfung nach Artikel 41 des Grundgesetzes unterliegen, oder den Verlust der Mitgliedschaft im Bundestag kann der Abgeordnete, dessen Mitgliedschaft bestritten ist, eine wahlberechtigte Person oder eine Gruppe von wahlberechtigten Personen, deren Einspruch vom Bundestag verworfen worden ist, eine Fraktion oder eine Minderheit des Bundestages, die wenigstens ein Zehntel der gesetzlichen Mitgliederzahl umfaßt, binnen einer Frist von zwei Monaten seit der Beschlußfassung des Bundestages beim Bundesverfassungsgericht erheben; die Beschwerde ist innerhalb dieser Frist zu begründen(① 연방의회에 의해 이의신청에 대해 기각의결을 받은 '선거권자나 선거권자집단', 연방의회 재적의원의 1/10 이상을 포함하는 '연방의회원내교섭단체' 또는 '소수의원집단'은, 연방의회의 결의 후 2개월 이내에, 기본법 제41조에 따른 선거심사와 관련이 있는 한, 선거의 유효성 여부와 선거의 준비나 시행 과정에서의 위법 여부에 관한 연방의회의 의결에 대한 항고를 연방헌법재판소에 제기할 수 있다. 자신의 의원직 상실 의결에 대하여 이의가 있는 '의원'은 그에 관한 연방의회의 의결에 대한 항고를 위와 같이 제기할 수 있다; 항고장 위 기한 내에 이유를 적시해야 한다).

45 Christoph Degenhart 저/홍일선 역, 『독일헌법총론』, 2015, 피앤씨미디어, 67면, 513면 참조.

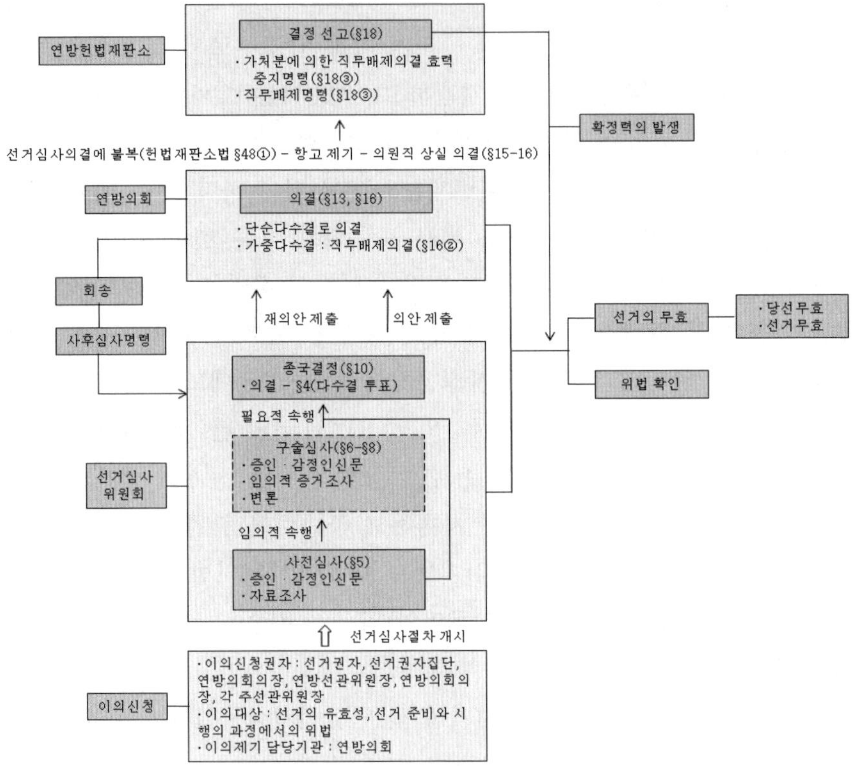

[그림 2-3] 독일연방선거심사절차의 흐름도

- **단순다수결**(einfacher Mehrheit): 표결에 참여한 연방의회의원의 과반수가 찬성한 다수결을 의미함, 이 단순다수결이 연방의회 의결의 기본임(기본법§42②)
- **가중다수결**: 연방의회 **재적의원의** 2/3가 찬성한 다수결(einer Mehrheit von zwei Dritteln seiner Mitglieder)을 의미함[46]
- **다수결투표**: 선거심사위원회의 재적위원 과반수의 출석과 출석의원 과반수가 찬성한 다수결투표를 의미함

46 '가중다수결'은 연방의회 재적의원 과반수의 찬성을 의미하는 '**재적과반수**'(der Mehrheit der Mitglieder des Bundestages)로 사용되거나(기본법§66②,③,§67①,§68①), 표결에 참여한 연방의회의원의 2/3를 의미하는 '**가중표결다수**'(einer Mehrheit von zwei Dritteln der abgegebenen Stimmen)로 사용되기도 함(기본법§42①,§80a①).

제 7 편

「지방교육자치법」에 의한 교육감선거

이상에서는 선거법상 선거에 관한 규율 내용을 살펴보았다. 「지방교육자치에 관한 법률」에 의한 교육감선거도 그 주된 내용이 그 선거법을 준용하여 시행되므로, 이하에서는 그 내용을 살펴보기로 한다.

제 1 장 교육감 일반론

The Public Official Election Act

Ⅰ. 교육감의 의의

「교육자치법」에 의하면, 지방자치단체의 교육·과학·기술·체육 그 밖의 학예(이하 '교육·학예'라 함)에 관한 사무는 특별시·광역시 및 도(이하 '시·도'라 함)의 사무인데(「교육자치법」§2), '교육감'은 이러한 시·도의 교육·학예에 관한 사무의 집행기관으로, 교육·학예에 관한 소관 사무로 인한 소송이나 재산의 등기 등에 대하여 당해 시·도를 대표하는 지방자치기관을 말한다(「교육자치법」§18). 교육감은 교육·학예에 관한 사무에 대하여 다양한 권한을 가지고 있어 '교육대통령'이라고까지 불리운다.

Ⅱ. 교육감의 직무상 지위와 교육·학예사무에 관한 관장사무

1. 교육감의 직무상 지위

이러한 교육감은 다음과 같은 직무상 지위를 갖는다.[1] ⅰ) 위와 같은 교

1 홍정선, 『지방자치법』, 박영사, 2015, 425~426면.

육·학예에 관한 사무 지방자치단체의 '대표기관의 지위', ii) 교육·학예사무를 관리하고 집행함에 있어서 자기의 이름으로 의사를 결정하고 이를 대외적으로 표시하는 '행정청의 지위', iii) 교육·학예사무에 관하여 주민의 대표자로서 자치권을 행사하는 '자치권 행사기관의 지위'가 바로 그것이다. 또 iv) 법령에 다른 규정이 있는 경우를 제외하고 국가행정사무 중 시·도에 위임하여 시행하는 사무로서 교육·학예사무는 교육감에게 위임하여 행하는데(「교육자치법」 §19), 이런 경우에 교육감은 교육·학예사무에 관한 '국가행정기관의 지위'도 갖는다.

2. 교육·학예사무에 관한 관장사무

교육감은 교육·학예에 관한 다음 각호의 사항에 관한 사무를 관장한다(「교육자치법」§20).

1. 조례안의 작성 및 제출에 관한 사항
2. 예산안의 편성 및 제출에 관한 사항
3. 결산서의 작성 및 제출에 관한 사항
4. 교육규칙의 제정에 관한 사항
5. 학교, 그 밖의 교육기관의 설치·이전 및 폐지에 관한 사항
6. 교육과정의 운영에 관한 사항
7. 과학·기술교육의 진흥에 관한 사항
8. 평생교육, 그 밖의 교육·학예진흥에 관한 사항
9. 학교체육·보건 및 학교환경정화에 관한 사항
10. 학생통학구역에 관한 사항
11. 교육·학예의 시설·설비 및 교구(敎具)에 관한 사항
12. 재산의 취득·처분에 관한 사항
13. 특별부과금·사용료·수수료·분담금 및 가입금에 관한 사항
14. 기채(起債)·차입금 또는 예산 외의 의무부담에 관한 사항
15. 기금의 설치·운용에 관한 사항
16. 소속 국가공무원 및 지방공무원의 인사관리에 관한 사항

17. 그 밖에 당해 시·도의 교육·학예에 관한 사항과 위임된 사항

Ⅲ. 교육감 선출방식과 현행 교육감 선출방식

1. 교육감 선출방식의 유형[2]

가. 시·도지사 임명제

시·도지사가 복수의 교육감 후보자를 시·도의회에서 추천하고, 시·도의회가 인사청문회 등의 검증정차를 거친 후 동의를 하면, 시·도지사가 최종적으로 교육감을 임명하는 제도이다. 영국·독일·프랑스·핀란드·일본 및 미국의 많은 주에서 실시하고 있는 제도이다.

나. 제한적 주민직선제

제한적 주민직선제는 학부모 전원, 학교 교직원·교육청 직원 전원, 학교운영위원회위원 전원, 사립학교법인 이사장·이사 전원 등 '교육과 밀접한 이해를 가진 당사자들'이 제한적으로 선거에 참여하여 교육감을 선출하는 제도이다. 이 제도를 실시할 경우 현재 유권자의 3분의 1 수준만이 투표에 참가하게 되므로 선거비용을 줄이면서 직선제의 취지도 살릴 수 있다고 한다.

다. 러닝메이트형 주민직선제

일반적으로 러닝메이트(running mate: 동반후보자)제라 함은 미국의 부통령제와 유사한 특징을 가지는 정·부후보자의 선출방식을 의미한다. 이 경우 유권자는 정후보자에 대해서만 투표하고, 부후보자는 정후보자 선거의 결과에 따라 당락이 결정된다. 교육감 선출에서 러닝메이트형 주민직선제를 채택하게 되면 시·도지사 후보자가 정후보자로 되고 교육감 후보자는 부후보자로 등록을 한다. 그리고 유권자는 시·도지사 후보자에 대해서만 투표를 하고 교육감

---

2 기현석, "교육감 선출제도의 대안별 적실성에 관한 연구", 공법연구 제40집 제2호(2011. 12), 85~88면 참조. 다만 그 명칭은 다소 수정을 가했다.

후보자에 대해서는 투표를 하지 않는다. 교육감 당선자는 시·도지사의 투표 결과에 따라 결정된다.

라. 공동등록형 주민직선제

공동등록형 주민직선제는 교육감 후보와 시·도지사 후보의 공동등록과 공동 선거운동을 허용하는 주민직선제 방안이다. 여기에는 다시 공동등록만을 허용하는 안과, 단독 등록도 허용하는 안이 구분된다. 이 방안은 러닝메이트제와는 달리, 시·도지사 후보와 교육감 후보의 관계를 수직적인 상하관계가 아닌 수평적인 협력관계로 상정한다. 또한 러닝메이트제와 달리 교육감 후보의 당적은 배제된다. 다만 비용절감 등을 위하여 시·도지사 후보와의 공동 선거운동은 허용한다.

마. 정당공천형 주민직선제

정당공천제 하에서 각 정당은 시·도지사 선거와 마찬가지로, 교육감 후보자를 공천할 수 있다. 공천을 받은 후보자에 대해 전체 주민은 직접·보통·평등·비밀선거에 참여하여 교육감을 선출한다. 교육감 후보자는 투표용지에 정당에게 부여되는 기호를 표시할 수 있다. 유권자는 정당을 통하여 보다 용이하게 후보자를 선택할 수 있다.

바. 정책연대허용형 주민직선제

정책연대는 현행의 주민직선제의 틀을 대부분 유지하되, 교육감 후보자가 정당이나 시·도지사 후보자와 그 정책에 관하여는 지지·반대 및 정책연대를 할 수 있도록 하는 것을 주된 내용으로 한다. 정책연대는, 정당공천제에 비하여 정당관의 관련성이 약한 수준이지만, 현 제도에 비해서는 주민들이 후보자의 성향을 어느 정도는 알 수 있고 정책선거를 활성화시킬 수 있다.

사. 시·도별 선택제

교육감 선출방법(시·도지사임명제, 후보지명제, 주민직선제)을 시·도 조례에 위임하자는 주장이다. 이는 지역주민의 의견이 반영된 시·도 조례에 의해 교육감을 시·도지사가 임명하거나 시·도지사와의 러닝메이트제로 선출하거나 주민직선으로 선출하는 방식을 채택하도록 한다. 이 제도는 일률적인 직선제 규정에 비하여 교육수요자인 지역 주민의 의사를 반영할 수 있다는 장점을 가진다.

2. 현행 교육감 선출방식 등

교육감은 주민들의 선거에 의하여 선출된다. 이에 대하여 항을 달리하여 서술한다.

그리고 교육감의 임기는 4년이며, 교육감의 **계속 재임**은 **3기**에 한한다(「교육자치법」§21). 따라서 계속 재임이 아닌 경우에는 3기를 넘어서 재임할 수 있다.

제 2 장 교육감선거

The Public Official Election Act

Ⅰ. 교육감의 자격과 겸직 제한

1. 자 격

가. 피선거권의 보유와 비정당원

교육감선거 후보자가 되려는 사람은 당해 '시·도지사의 피선거권'이 있는 사람으로서 '후보자등록신청개시일'부터 과거 **1년** 동안 정당의 당원이 아닌 사람이어야 한다(「교육자치법」§24①). '시·도지사의 피선거권'은 선거일 현재 계속하여 60일 이상(공무로 외국에 파견되어 선거일 전 60일 후에 귀국한 자는 선거인명부작성기준일부터 계속하여 선거일까지) 해당 지방자치단체의 관할구역에 주민등록이 되어 있는 주민으로서 **25세** 이상의 국민이다(법§15②). 이처럼 비정당원일 것을 요구하는 것은 교육감의 정파성 내지 당파성을 배제하여 교육의 정치적 중립성을 확보하기 위한 것이다.

나. 교육경력 또는 교육행정경력의 보유

교육감선거 후보자가 되려는 사람은 후보자등록신청개시일을 기준으로 다음 각호의 어느 하나에 해당하는 경력이 3년 이상 있거나 다음 각호의 어느 하나에 해당하는 경력을 합한 경력이 3년 이상 있는 사람이어야 한다(「교육자치법」§24②).

1. 교육경력: 「유아교육법」 제2조 제2호에 따른 유치원, 「초·중등교육법」 제2조 및 「고등교육법」 제2조에 따른 학교(이와 동등한 학력이 인정되는 교육기관 또는 평생교육시설로서 다른 법률에 따라 설치된 교육기관 또는 평생교육시설을 포함)에서 교원으로 근무한 경력
2. 교육행정경력: 국가 또는 지방자치단체의 교육기관에서 국가공무원 또는 지방공무원으로 교육·학예에 관한 사무에 종사한 경력과 「교육공무원법」 제2조 제1항 제2호 또는 제3호에 따른 교육공무원으로 근무한 경력

2. 겸직 제한

교육감은 다음 각호의 어느 하나에 해당하는 직을 겸할 수 없다(「교육자치법」§23①). 교육감이 당선 전부터 제1항의 겸직이 금지된 직을 가진 경우에는 임기개시일 전일에 그 직에서 당연 퇴직된다(「교육자치법」§23②).

1. 국회의원·지방의회의원·교육의원
2. 「국가공무원법」 제2조에 규정된 국가공무원과 「지방공무원법」 제2조에 규정된 지방공무원 및 「사립학교법」 제2조의 규정에 따른 사립학교의 교원
3. 사립학교경영자 또는 사립학교를 설치·경영하는 법인의 임·직원

Ⅱ. 교육감선거에 관한 규율 중 선거법과 다른 규율 내용

1. 선거구와 선거구선거관리

가. 선거구

교육감의 선거구는 시·도이다(「교육자치법」§45). 이는 지방자치단체의 교

육·학예사무는 특별시·광역시 및 도(이하 '시·도'라 함)의 사무로(「교육자치법」 §2), 교육감은 이러한 시·도의 교육·학예에 관한 사무의 집행기관이므로, 그 선거구도 시·도 단위이다.

나. 선거구선거관리

「선관위법」에 따른 시·도선관위가 교육감선거에 관한 사무 중 선거구선거사무를 수행할 선관위('선거구선관위'라 함)의 역할을 수행한다(「교육자치법」§44①). 여기서 '선거구선거사무'는 선거에 관한 사무 중 후보자등록 및 당선인결정 등과 같이 당해 선거구를 단위로 행하여야 하는 선거사무를 말한다(「교육자치법」§44②, 법§13②).

'선거구선관위' 또는 '직근(直近) 상급선관위'는 선거관리를 위하여 특히 필요하다고 인정하는 때에는 중앙선관위가 정하는 바에 따라 당해 선거에 관하여 선거구선관위가 행할 선거사무의 범위를 조정하거나 하급선관위 또는 그 위원으로 하여금 선거구선관위의 직무를 행하게 할 수 있다(「교육자치법」§44②, 법§13③). 여기서 '선거구선관위'는 당해 선거에 대하여 선거구선거사무를 수행하는 위와 같은 시·도선관위를 말하고, '직근(直近) 상급선관위'는 '시·도선관위'에 대한 중앙선관위이다. 이처럼 선거구선거사무를 행하는 하급선관위의 위원은 선거구선관위위원의 정수에 산입하지 아니하며, 선거구선관위의 의결에 참가할 수 없다(「교육자치법」§44②, 법§13④).

그리고 선거구선관위가 천재·지변 기타 부득이한 사유로 그 기능을 수행할 수 없는 때에는 직근 상급선관위인 중앙선관위는 직접 또는 다른 선관위로 하여금 그 선거구선관위의 기능이 회복될 때까지 그 선거사무를 대행하거나 대행하게 할 수 있다. 다른 선관위로 하여금 대행하게 하는 경우에는 대행할 업무의 범위도 함께 정해야 한다(「교육자치법」§44②, 법§13⑤). 이처럼 선거사무를 대행하거나 대행하게 한 때에는 대행할 선관위와 그 업무의 범위를 지체없이 공고해야 한다(「교육자치법」§44②, 법§13⑥).

2. 정당의 선거관여행위 금지 등

가. 정당의 교육감선거 후보자추천의 금지

정당은 교육감선거에 후보자를 추천할 수 없다(「교육자치법」§46①). 이는 '정당 관계자의 선거관여행위의 금지', '후보자의 특정정당의 지지·반대 등의 표방 금지'와 더불어 정당의 교육감선거의 관여를 원천적으로 배제하여 교육의 정치적 중립성을 확보하기 위한 것이다.

나. 정당 관계자의 선거관여행위의 금지

(1) 주 체

정당의 대표자·간부(「정당법」 제12조부터 제14조까지의 규정에 따라 등록된 대표자·간부를 말함), 유급사무직원과 그 이외 당원이다(「교육자치법」§46②).

(2) 선거관여행위의 내용

ⅰ) 정당의 대표자·간부(「정당법」 제12조부터 제14조까지의 규정에 따라 등록된 대표자·간부를 말함), 유급사무직원의 경우는 특정 후보자나 후보자가 되려는 사람을 '지지·반대하는 등 선거에 영향을 미치게 하기 위하여 선거에 관여하는 행위'를 할 수 없다(「교육자치법」§46②1문). 여기서 '선거에 관여하는 행위'는 교육감선거의 공정성을 해칠 우려가 있는 행위로 그 선거에 개입하거나 이에 준하는 일체의 행위를 말하고, 또 '선거에 영향을 미치게 하기 위하여'는 선거에 영향을 미칠 의도 또는 목적이 있는 경우를 말한다. 그러므로 '선거에 영향을 미치게 하기 위하여 선거에 관여하는 행위'는 교육감선거에 영향을 미칠 의도 또는 목적을 가지고 그 선거에 개입하거나 이에 준하는, 선거의 공정성을 해칠 우려가 있는 일체의 행위를 의미한다고 본다. ⅱ) '그 밖의 당원'은 '소속 정당의 명칭을 밝히거나 추정할 수 있는 방법'으로 '지지·반대하는 등 선거에 영향을 미치게 하기 위하여 선거에 관여하는 행위'를 할 수 없다(「교육자치법」§46②2문). 소속 정당의 명칭을 밝히는 방법은 그 명칭을 명시적으로 언급하는 것이고, 소속 정당의 명칭을 추정할 수 있는 방법은 그 명칭을 명시하거나 적시하지 않지만 그 전후맥락 등에 비춰 볼 때 그 소속 정당을 알 수 있게 언급하는 경우를 말한다.

이와 관련해서 보면, 정당 소속 후보자가 기자회견 또는 토론회 등에서 특정 교육감선거 후보자의 정책에 대한 질문에 수동적으로 해당 교육감선거 후보자를 지지·반대함이 없이 자신의 견해를 밝히는 행위나 정당 또는 정당 소속 후보자가 교육 관련 정책을 제시하거나 공표하는 행위는 허용되지만, 정당이 특정 교육감선거 후보자와 정책연대를 하거나 이를 공표하는 행위, 정당 소속 후보자가 유권자로 하여금 특정 교육감선거 후보자를 지지·반대하는 것으로 인식하게 할 수 있도록 하는 행위, 정당 소속 국회의원 등이 교육감선거 후보자와 함께 다니며 교육감선거 후보자 선거운동을 지원하는 행위, 정당 소속 후보자가 교육감선거 후보자와 함께 공개장소에서 연설·대담을 하는 등 선거운동을 하는 행위는 허용되지 않는다.[1]

요컨대 교육감선거 후보자와 그 이외 정당 소속 후보자가 각각 의사연락 없이 자신의 선거운동을 하는 것은 제한 없이 허용되지만, 공동으로 선거운동을 하거나 상대방 선거운동을 지원하거나 개입·관여하는 행위는 허용되지 않는다고 본다.

다. 후보자의 특정정당의 지지·반대 등의 표방 금지

교육감선거 후보자는 특정 정당을 지지·반대하거나 특정 정당으로부터 지지·추천받고 있음을 표방(당원경력의 표시를 포함)하여서는 아니 된다(「교육자치법」§46③).

실전팁(교육감선거에서 공동기자회견 및 공동정책협약 등 허용 여부)[2]

- 교육단체를 통한 공동기자회견 및 공동정책협약(교육단체, 광역자치단체장 후보자 및 교육감선거 후보자의 3자간 정책협약서로 정책협약을 체결하는 방식과, 그 교육단체가 정당 소속 광역자치단체장 후보자 및 교육감선거 후보자와 각각 별개의 정책협약서로 정책협약을 체결하는 방식)을 체결하는 경우
  ⇒ 허용되지 않음
- 교육단체를 통한 공동기자회견 및 공동정책협약 체결로 홍보하고 실제로는

1 중앙선관위, 『정치관계 사례예시집』, 172~173면.

2 교육감선거에 대한 정당 소속 후보자가 관여하는 행위는 이처럼 포괄적으로 허용되지 않는

같은 날 같은 장소에서 시간간격을 두고 정당 소속 광역자치단체장 후보자와 교육감선거 후보자가 각각 기자회견을 갖고 정책협약을 체결하는 경우
⇒ 허용되지 않음

- 교육단체가 후보자 초청 대담·토론회 개최 차원에서 정당 소속 광역자치단체장 후보자와 교육감선거 후보자를 초청하여 그 후보자들이 이에 응하여 대담·토론회를 하는 경우
⇒ 허용되지 않음
- 정당 소속 광역자치단체장 후보자와 교육감선거 후보자 공동기자회견만을 갖고 공동의 교육정책을 발표하는 경우
⇒ 허용되지 않음
- 공동의 기자회견 없이, 공동교육정책의 캐치프레이즈 또는 슬로건을 적은 백월(back wall)에 정당 소속 광역자치단체장 후보자와 교육감선거 후보자가 사진을 찍는 퍼포먼스 진행하고 이를 기자에 노출·보도하게 하는 행위
⇒ 허용되지 않음
- 교육단체가 교육감선거 후보자를 초청하여 대담토론회를 개최하고 그 대담토론회 중간에 정당 소속 광역단체장 후보자를 화상이나 라디오를 통하여 실시간으로 연결하여 10분 내외로 대담토론회를 가지는 경우
⇒ 허용되지 않음
- 교육감선거 후보자와 정당 소속 광역자치단체장 후보간의 공통되는 교육정책을 마련하고 교육감선거 후보자에 대한 지지 없이, 이시(異時)에 각각의 기자회견을 통해 이를 발표하는 행위와, 정당 소속 광역자치단체장 후보자가 교육감선거 후보자에 대한 지지 없이, 이시(異時)에 개최된 기자회견을 통해 교육감선거 후보자와 일정 부분 공통되거나 거의 동일한 교육정책 마련하여 이를 발표하는 경우
⇒ 모두 허용되지 않음

라. 벌 칙

「지방교육자치법」 제46조를 위반한 자는 2년 이하의 징역 또는 400만 원 이하의 벌금에 처한다(「교육자치법」§59). 만일 교육감선거의 당선인이 당해 선거에 있어 이러한 「교육자치법」 제59조를 범함으로 인하여 징역형 또는 100만

다. 허용되는 행위는 선거운동 기간에 **상호간 의사 연락 없이 우연의 일치로 같은 장소에 방문하여 언론에 노출되게 하는 정도**이다. 이 경우에도 물론 상호간 의사연락이 있다면 허용되지 않을 것이다.

원 이상의 벌금형의 선고를 받은 때에는 그 당선은 무효로 되고(「교육자치법」 §49①,③12호), 이 당선무효에 따라 보전받은 선거비용과 반환받은 기탁금도 모두 반환해야 한다(「교육자치법」§49①).

3. 공무원 등의 입후보 제한

선거법 제53조 제1항 각호의 어느 하나에 해당하는 사람[3] 중 후보자가 되려는 사람은 선거일 전 90일(제49조 제1항에서 준용되는 선거법 제35조 제4항의 보궐선거 등의 경우에는 후보자등록신청 전을 말함)까지 그 직을 그만두어야 한다(「교육자치법」§47①본문). 다만, 교육감선거에서 해당 지방자치단체의 교육의원이나 교육감이 그 직을 가지고 입후보하는 경우에는 그 사직의 예외로, 사직을 하지 않아도 된다(「교육자치법」§47①단서). 여기서 그 소속 기관·단체의 장 또는 소속 위원회에 사직원이 접수된 때에 그 직을 그만둔 것으로 본다(「교육자치법」 §47②).

---

3 1. 「국가공무원법」 제2조(공무원의 구분)에 규정된 국가공무원과 「지방공무원법」 제2조(공무원의 구분)에 규정된 지방공무원. 다만, 「정당법」 제22조(발기인 및 당원의 자격) 제1항 제1호 단서의 규정에 의하여 정당의 당원이 될 수 있는 공무원(정무직공무원을 제외)은 그 예외이다.
2. 각급 선관위위원 또는 교육위원회의 교육위원
3. 다른 법령의 규정에 의하여 공무원의 신분을 가진 자
4. 「공공기관운영법」 제4조 제1항 제3호에 해당하는 기관 중 정부가 100분의 50 이상의 지분을 가지고 있는 기관(한국은행을 포함)의 상근 임원
5. 「농업협동조합법」·「수산업협동조합법」·「산림조합법」·「엽연초생산협동조합법」에 의하여 설립된 조합의 상근 임원과 이들 조합의 중앙회장
6. 「지방공기업법」 제2조(적용범위)에 규정된 지방공사와 지방공단의 상근 임원
7. 「정당법」 제22조 제1항 제2호의 규정에 의하여 정당의 당원이 될 수 없는 사립학교교원
8. 대통령령으로 정하는 언론인
9. 특별법에 의하여 설립된 국민운동단체로서 국가 또는 지방자치단체의 출연 또는 보조를 받는 단체(바르게살기운동협의회·새마을운동협의회·한국자유총연맹을 말하며, 시·도조직 및 구·시·군조직을 포함)의 대표자

Ⅲ. 교육감선거에 관한 규율 중 선거법과 정치자금법을 준용하는 내용

1. 선거법 준용

교육감선거에 관하여 이 법에서 규정한 사항을 제외하고는 선거법 제3조부터 제8조까지, 제8조의2부터 제8조의4까지, 제8조의6, 제9조, 제10조, 제10조의2, 제10조의3, 제11조, 제12조, 제14조, 제15조, 제17조부터 제19조까지, 제30조부터 제46조까지, 제48조부터 제50조까지, 제52조, 제54조부터 제57조까지, 제58조부터 제60조까지, 제60조의2부터 제60조의4까지, 제61조, 제62조부터 제74조까지, 제79조부터 제82조까지, 제82조의2, 제82조의4부터 제82조의7까지, 제85조, 제86조(제2항 제2호 단서·제3호 및 제6항 단서는 제외), 제87조부터 제108조까지, 제108조의2, 제109조부터 제122조까지, 제122조의2, 제135조(제1항 단서는 제외), 제135조의2, 제146조, 제146조의2, 제147조부터 제149조까지, 제149조의2, 제151조부터 제159조까지, 제161조부터 제166조까지, 제166조의2, 제167조부터 제186조까지, 제191조부터 제206조까지, 제211조부터 제217조까지, 제219조부터 제262조까지, 제262조의2, 제262조의3, 제263조부터 제265조까지, 제265조의2, 제266조부터 제270조까지, 제270조의2, 제271조, 제271조의2, 제272조, 제272조의2, 제272조의3, 제273조부터 제277조까지, 제277조의2, 제278조, 제279조 중 **시·도지사 및 시·도지사선거에 관한 규정**을 준용한다(「교육자치법」§49①1문). 이 경우 정당추천후보자와 무소속후보자에게 적용되는 규정이 다른 경우에는 무소속후보자에 관한 규정을 준용한다(「교육자치법」§49①1문). 교육감선거와 관련하여 선거법의 벌칙(과태료를 포함)을 준용하는 경우 선거법의 벌칙 외의 규정 중 이 법에서 준용하고 있지 아니한 규정에 대한 벌칙은 준용하지 아니한다(「교육자치법」§49②).

위와 같이 선거법을 준용하는 경우 다음 각호에 따른다(「교육자치법」§49③).

1. 선거법 제49조 제4항 제5호 중 '증명서류'는 '증명서류 및 「지방교육자치법」 제24조 제2항에 따른 경력에 관한 증명서류'로 본다.
2. 선거법 제52조 제1항 제5호 중 '제53조 제1항부터 제3항까지 또는 제5

항을 위반하여 등록된 것이 발견된 때'는 '「지방교육자치법」 제47조 제1항을 위반하여 등록된 것이 발견된 때'로 본다.

3. 선거법 제60조 제1항 제4호 단서 중 '정당의 당원이 될 수 있는 공무원(국회의원과 지방의회의원외의 정무직공무원을 제외)'은 '정당의 당원이 될 수 있는 공무원(정무직공무원, 국회의원의 보좌관·비서관·비서, 국회 교섭단체의 정책연구위원은 제외)'으로 본다.
4. 선거법 제60조의2 제2항 제2호·제3항 전단 및 제4항 제1호의2 중 '증명서류'는 각각 '증명서류 및 「지방교육자치법」 제24조 제2항에 따른 경력에 관한 증명서류'로 본다.
5. 선거법 제60조의2 제4항 제2호 중 '제53조 제1항부터 제3항까지 또는 제5항'은 '「지방교육자치법」 제47조 제1항'으로 본다.
6. 선거법 제61조 제5항 중 '공중위생영업소'는 '공중위생영업소, 국회의원 및 지방의회의원의 사무소와 「정치자금법」에 따른 국회의원후원회의 사무소'로 본다.
7. 선거법 제65조 제9항 중 '제150조(투표용지의 정당·후보자의 게재순위 등)의 규정에 따라 투표용지에 게재할 후보자의 기호순'은 '「지방교육자치법」 제48조에 따른 후보자의 투표용지 게재순'으로 본다.
8. 선거법 제86조 제1항 각호 외의 부분 중 '공무원(국회의원과 그 보좌관·비서관·비서 및 지방의회의원을 제외)'은 '공무원'으로 본다.
9. 선거법 제111조 제1항을 준용하는 경우 국회의원 또는 지방의회의원은 교육감선거의 선거기간 중에 직무상의 행위, 그 밖의 어떤 명목으로도 인터넷에 의정활동보고서를 게재하는 방법 외의 방법으로 의정활동을 보고할 수 없다.
10. 선거법 제112조 제2항 제2호 자목 본문 중 '상장(부상은 제외. 이하 이 목에서 같음)'은 '상장(부상은 제외하되, 각급 학교의 졸업식 등 학생을 대상으로 하는 행사에서 부상을 수여하는 행위를 포함. 이하 이 목에서 같음)'으로 본다.
11. 선거법 제14장의 해당 규정을 준용하는 경우 같은 법 제202조 제1항에 따른 구역에서 교육감선거와 선거법에 따른 공직선거를 동시에 실시하는 경우에는 그 교육감선거와 공직선거를 동시선거로 본다.

12. 선거법 제11조 제2항·제3항, 제135조의2 제2항·제4항, 제262조의2 제1항, 제264조, 제266조 제1항, 제267조 제2항, 제268조 제1항 본문, 제272조 제1항·제5항 전단·제7항 전단, 제273조 제1항의 '죄' 또는 '범죄'에는 '「지방교육자치법」 제59조에 규정된 죄'를 각각 포함하며, 선거법 제260조 제1항 중 '제259조'는 '제259조, 「지방교육자치법」 제59조'로 본다.
13. 선거법 제18조 제2항, 제269조 본문, 제270조, 제270조의2 제1항의 '선거범'에는 '「지방교육자치법」 제59조에 규정된 죄를 범한 자'를 포함한다.
14. 선거법 제271조 제1항 전단, 제271조의2 제1항, 제272조의2 제5항, 제272조의3 제1항·제2항·제4항의 '이 법'에는 '「지방교육자치법」의 교육감선거에 관한 규정'을 포함한다.

교육감의 선거운동은 선거법상 **시·도지사 및 시·도지사선거에 관한 규정**이 준용되어 전개된다. 교육감선거에 대하여 준용되는 선거법 조항 중 선거운동에 관한 조항은 <표 2-1>과 같다.

〈표 2-1〉 「지방교육자치법」에 따라 교육감선거에 준용되는 선거법상 '선거운동 조항[4]'

• 선거운동 정의 등(법§58)	• 투표참여 권유활동(법§58의2)
• 선거운동기간(법§59)	• 선거운동을 할 수 없는 자(법§60)
• 예비후보자등록(법§60의2)	• 예비후보자 등의 선거운동(법§60의3)
• 예비후보자공약집(법§60의4)	• 선거운동기구의 설치(법§61)
• 선거사무관계자의 선임(법§62)	• 선거운동기구 및 선거사무관계자의 신고(법§63)
• 선거벽보(법§64)	• 선거공보(법§65)
• 선거공약서(법§66)	• 현수막(법§67)
• 어깨띠 등 소품(법§68)	• 신문광고(법§69)
• 방송광고(법§70)	• 후보자 등의 방송연설(법§71)
• 방송시설주관 후보자연설의 방송(법§72)	• 경력방송(법§73)
• 방송시설주관 경력방송(법§74)	• 공개장소에서의 연설·대담(법§79)

4 이들 조항을 포함하여 위 준용규정에 대한 보다 자세한 내용은 이미 기술한 각 해당 부분 참조.

• 연설금지장소(법§80)	• 단체의 후보자 등 초청 대담·토론회(법§81)
• 언론기관의 후보자 등 초청 대담·토론회(법§82)	• 선거방송토론위원회 주관 대담·토론회(법§82의2)
• 정보통신망을 이용한 선거운동(법§82의4)	• 선거운동정보의 전송제한(법§82의5)
• 인터넷언론사 게시판·대화방 등의 실명확인(법§82의6)	• 인터넷광고(법§82의7)
• 공무원 등의 선거관여 등 금지(법§85)	• 공무원 등의 선거에 영향을 미치는 행위금지(법§86, 단 §86②2호단서·3호·⑥단서 제외)
• 단체의 선거운동금지(법§87)	• 타후보자를 위한 선거운동금지(법§88)
• 유사기관의 설치금지(법§89)	• 시설물설치 등의 금지(법§90)
• 확성장치와 자동차 등의 사용제한(법§91)	• 영화 등을 이용한 선거운동금지(법§92)
• 탈법방법에 의한 문서·도화의 배부·게시 등 금지(법§93)	• 방송·신문 등에 의한 광고의 금지(법§94)
• 신문·잡지 등의 통상방법 외의 배부 등 금지(법§95)	• 허위논평·보도 등 금지(법§96)
• 방송·신문의 불법이용을 위한 행위 등의 제한(법§97)	• 선거운동을 위한 방송이용의 제한(법§98)
• 구내방송 등에 의한 선거운동금지(법§99)	• 녹음기 등의 사용금지(법§100)
• 타연설회 등의 금지(법§101)	• 야간연설 등의 제한(법§102)
• 각종집회 등의 제한(법§103)	• 연설회장에서의 소란행위 등의 금지(법§104)
• 행렬 등의 금지(법§105)	• 호별방문의 제한(법§106)
• 서명·날인운동의 금지(법§107)	• 여론조사의 결과공표금지 등(법§108)
• 정책·공약에 관한 비교평가결과의 공표제한 등(법§108의2)	• 서신·전보 등에 의한 선거운동의 금지(법§109)
• 후보자 등의 비방금지(법§110)	• 허위사실 등에 대한 이의제기(법§110의2)
• 의정활동 보고(법§111)	• 기부행위의 정의 등(법§112)
• 후보자 등의 기부행위제한(법§113)	• 정당 및 후보자의 가족 등의 기부행위제한(법§114)
• 제3자의 기부행위제한(법§115)	• 기부의 권유·요구 등의 금지(법§116)
• 기부받는 행위 등의 금지(법§117)	• 선거일 후 답례금지(법§118)

2. 정치자금법 준용

교육감선거에 관하여는 「정치자금법」의 시·도지사선거에 적용되는 규정을 준용한다(「교육자치법」§50).

Ⅳ. 선거제도 개혁론(교육감 선거방식의 개선)

현행 교육자치법은 교육감선거에 있어 정당의 후보자추천을 배제하고 그 선거에 영향을 미치는 정당의 일체의 선거관여행위를 금지하며, 교육감선거 후보자도 정당의 지지·추천을 받고 있음을 표방할 수 없는 등 교육감선거에서 정당이 철저하게 배제되고 있다. 그런데 현행 교육감선거의 선거구는 시·도인데 그 지역적 광범위성으로 인하여 선거비용이 많이 소요되는 구조적 특성을 가지고 있다. 그런데 어느 개인이 수십억에 이르는 선거비용을 감당하면서 선거에 뛰어든다는 것은 대단히 어려울 뿐만 아니라, 그 광범위한 지역에서 선거운동을 전개하기도 개인으로서는 대단히 어려운 것이 현실이다.

이런 측면에서 현행 교육감 선출방식을 개선할 필요가 있다. 앞서 본 바와 같이 교육감 선출방식은 크게 간선제와 직선제로 구분되고, 전자에는 시·도지사 임명제, 중앙정부 임명제가, 후자에는 제한적 주민직선제, 러닝메이트형 주민직선제, 공동등록형 주민직선제, 정당공천형 주민직선제, 정책연대허용형 주민직선제가 있다. '제한적 주민직선제'는 그 선거권자 범위 획정의 난점 내지 그 정당성에 대한 의문이 제기된다는 점에서 바람직하다고 할 수 없다. '정당공천형 주민직선제'는 교육감선거 후보자를 정당이 정면에서 관여한다는 점에서 헌법 제31조 제4항에 근거한 교육의 '정치적 중립성' 훼손의 시비를 낳을 우려가 있다.[5] 그리고 '중앙정부 임명제'는 현행 지방자치제에 역행하

5 교육감의 정당가입 여부와 정당의 선거의 개입 여부는 헌법상의 정치적 중립성과 직접적·필연적 관련성이 약한바, 그 이유는 헌법의 요청인 '교육의 정치적 중립성'은 교육내용의 정치적 악용을 차단하는 것이지, 교육자나 교육감의 정당가입을 원칙적으로 차단하는 헌법상의 요청은 아니기 때문이다[김성배, "지방교육행정기관의 구성논의에 대한 헌법적 검토", 헌법학연구 제19권 제1호(2013. 3), 40면]. 또한, 중앙정부의 교육부장관의 당적을 가진 의원 또는 기타 사람이 임명될 수 있으므로, 교육감이 당적을 보유한다고 해서 교육의 정치적 중립

는 것이므로 채택하기 어렵다고 본다. 또한 '정책연대허용형 주민직선제'는 교육감선거 후보자 개인으로서 선거운동을 감당하는 문제가 근본적으로 해결된 것은 아니므로 아주 바람직한 제도라고 할 수 없다. 시·도지사 임명제의 경우 직선으로 선출한 시·도지사가 교육감을 간선으로 임명한다는 것이어서 민주적 정당성이 취약해질 우려가 있다. 결론적으로 교육감의 민주적 정당성 확보와 현행 제도의 보완 차원에서 '공동등록형 주민직선제'가 바람직하다고 본다. 이 공동등록형 주민직선제 중에서도 교육감선거 후보자와 광역자치단체장 후보자가 공동으로 등록하는 공동등록방식과 공동등록의 여건이 되지 않은 교육감선거 후보자의 단독등록을 허용하는 방식 모두를 허용하는 것이 교육감선거의 '입후보자유를 보장'한다는 점에서 바람직하다고 본다.

성을 훼손한다고 할 수 없다. 나아가, 선거에서만 정당의 교육감선거에 관여를 허용하고 교육감 취임 후 정당의 관여와 교육감의 정당 당적 보유 금지 등 정당의 교육행정에 대한 관여 금지대책을 철저하게 시행한다면, 교육의 정치적 중립성이 훼손될 염려는 없다고 볼 여지도 충분하다.

부 록

- 독일 연방선거법(Bundeswahlgesetz) 대역문
- 독일 연방선거심사절차법 대역문
- 선거방송심의위원회의 구성 및 운영에 관한 규칙
- 선거방송심의에 관한 특별규정
- 선거기사심의위원회규칙
- 인터넷선거보도심의위원회의 구성 및 운영에 관한 규칙
- 20대 국회의원총선(2016. 4. 13. 실시) 주요 일정표
- 19대 대통령선거(2017. 12. 20. 실시) 주요 일정표
- 7회 전국지방동시선거(2018. 6. 13. 실시) 주요 일정표

독일 연방선거법(Bundeswahlgesetz) 대역문

※ 독일 연방선거법은 제1조부터 제55조까지(제1장부터 제9장) 있는데, 이하는 제9장(종결규정)을 제외한 전체 선거법 조항을 대역(對譯)한 것임

※ 독일 연방대통령은 연방의회에서 간선되고(기본법§54), 연방참사원의원은 각 주정부에서 임명되는(기본법§51) 관계로, 독일 연방선거법은 연방의회의원의 선거에만 적용됨

※ 특이하게도 그리고 놀랍게도, 독일 연방선거법에는 우리 선거법상 '선거운동 개념' 자체가 존재하지 않으며, 우리 선거법상 선거운동에 관한 제한으로 볼 수 있는 조항은 제32조가 유일하고, 선거범죄에 대하여는 형법전(Strafgesetzbuch)에서 규율하고 있음

Bundeswahlgesetz(독일 연방선거법)

1956. 5. 7. 제정
1993. 7. 23. 개정
2013. 5. 3. 개정

Erster Abschnitt
Wahlsystem

§ 1 Zusammensetzung des Deutschen Bundestages und Wahlrechtsgrundsätze

(1) Der Deutsche Bundestag besteht vorbehaltlich der sich aus diesem Gesetz ergebenden Abweichungen aus 598 Abgeordneten. Sie werden in allgemeiner, unmittelbarer, freier, gleicher und geheimer Wahl von den wahlberechtigten Deutschen nach den Grundsätzen einer mit der Personenwahl verbundenen Verhältniswahl gewählt.

(2) Von den Abgeordneten werden 299 nach Kreiswahlvorschlägen in den Wahlkreisen und die übrigen nach Landeswahlvorschlägen (Landeslisten) gewählt.

§ 2 Gliederung des Wahlgebietes

(1) Wahlgebiet ist das Gebiet der Bundesrepublik

제1장
선거제도

제1조(연방의회의 구성과 선거법의 원칙)

① 연방의회는 연방선거법의 규정에 의해 발생하는 편차가 생기는 경우를 제외하고 598명의 의원으로 구성된다.

그 의원들은, 비례대표제가 가미된 인물선거(지역구의원선거를 말함; 저자 주임, 이하 같음) 원칙에 따라 독일 선거권자의 보통선거, 직접선거, 자유선거, 평등선거 및 비밀선거로 선출된다.

② 그 의원 중 299명은 지역선거구의 지역구의원후보공천서에 따라, 나머지 의원은 주별의원후보자공천서인 주비례대표후보자명부(Landeslisten)에 따라 선출된다.

제2조(선거구역의 편제)

① 선거구역(Wahlgebiet)은 독일연방공화국

Deutschland.

의 영토로 한다.

(2) Die Einteilung des Wahlgebietes in Wahlkreise ergibt sich aus der Anlage zu diesem Gesetz.

② 선거구역의 지역선거구(Wahlkreise)로 분할은 연방선거법의 별지에서 정한 바와 같다.

(3) Jeder Wahlkreis wird für die Stimmabgabe in Wahlbezirke eingeteilt.

③ 각 지역선거구는 투표를 위해 투표구(Wahlbezirke)로 분할된다.

§ 3 Wahlkreiskommission und Wahlkreiseinteilung

제3조(선거구획정위원회와 지역선거구의 획정)

(1) Bei der Wahlkreiseinteilung sind folgende Grundsätze zu beachten;

① 지역선거구획정에서 다음과 같은 원칙이 지켜져야 한다.

1. die Ländergrenzen sind einzuhalten.

1. 주의 경계가 준수되어야 한다.

2. Die Zahl der Wahlkreise in den einzelnen Ländern muß deren Bevölkerungsanteil soweit wie möglich entsprechen.
   Sie wird mit demselben Berechnungsverfahren ermittelt, das nach § 6 Abs. 2 Satz 2 bis 7 für die Verteilung der Sitze auf die Landeslisten angewandt wird.

2. 각 주의 지역선거구수는 각 주의 인구수 비율에 가능한 상응해야 한다.
   각 주의 지역선거구수는 제6조 제2항 2문 내지 제7문에 따른 주비례대표후보자명부에 의한 의석배분에 적용되는 동일한 산정절차에 의해 조사된다.

3. Die Bevölkerungszahl eines Wahlkreises soll von der durchschnittlichen Bevölkerungszahl der Wahlkreise nicht um mehr als 15 vom Hundert nach oben oder unten abweichen; beträgt die Abweichung mehr als 25 vom Hundert, ist eine Neuabgrenzung vorzunehmen.

3. 지역선거구의 인구수는 지역선거구의 평균적 인구수에서 상하 15% 이상의 편차를 벗어나서는 안 된다; 상하 25% 편차를 벗어나는 경우에는 새롭게 지역선거구획정이 이뤄져야 한다.

4. Der Wahlkreis soll ein zusammenhängendes Gebiet bilden.

4. 지역선거구는 상호연관된 지역으로 구성되어야 한다.

5. Die Grenzen der Gemeinden, Kreise und kreisfreien Städte sollen nach Möglichkeit eingehalten werden.
   Bei Ermittlung der Bevölkerungszahlen bleiben Ausländer (§ 2 Abs. 1 des Aufenthaltsgesetzes) unberücksichtigt.

5. 기초자치단체(Gemeinde), 상급자치단체(Kreise), 자유시(kreisfreien Städte)의 경계는 가능한 한 준수되어야 한다. 인구수의 조사에서 체류법 제2조 제1항에 의한 외국인은 고려되지 않는다.

(2) Der Bundespräsident ernennt eine ständige Wahlkreiskommission. Sie besteht aus dem Präsidenten des Statistischen Bundesamtes, einem Richter des Bundesverwaltungsgerichts und fünf weiteren Mitgliedern.

② 연방대통령은 상설의 선거구획정위원회를 구성한다. 그 위원회는 연방통계청장, 1명의 연방행정법원의 판사와 5명의 기타 위원으로 구성된다.

(3) Die Wahlkreiskommission hat die Aufgabe, über Änderungen der Bevölkerungszahlen im Wahlgebiet zu berichten und darzulegen, ob und welche Änderungen der Wahlkreiseinteilung sie im Hinblick darauf für erforderlich hält.

③ 선거구획정위원회에는, 선거구역의 인구수의 변화, 이를 고려한 지역선거구획정의 변경 여부와 그 변경의 방향에 대해 보고하고 설명할 임무가 있다.

Sie kann in ihrem Bericht auch aus anderen Gründen Änderungsvorschläge machen.

선거구획정위원회는 그 보고서에서 위 인구수 변화 이외의 다른 이유에서도 지역선거구획정의 변경에 대한 제안을 할 수 있다.

Bei ihren Vorschlägen zur Wahlkreiseinteilung hat sie die in Absatz 1 genannten Grundsätze zu beachten; ergeben sich nach der Berechnung in Absatz 1 Nr. 2 mehrere mögliche Wahlkreiszuteilungen, erarbeitet sie hierzu Vorschläge.

선거구획정위원회는 지역선거구획정의 변경 제안에서 제3조 제1항상의 원칙을 준수해야 한다; 제3조 제1항 제2호에 의한 산정에 따라 다수의 지역선거구획정이 가능한 경우에는, 선거구획정위원회는 이에 관한 제안서를 작성한다.

(4) Der Bericht der Wahlkreiskommission ist dem Bundesministerium des Innern innerhalb von fünfzehn Monaten nach Beginn der Wahlperiode des Deutschen Bundestages zu erstatten.

④ 선거구획정위원회의 보고서는 연방의회 임기 개시 후 15일 이내에 연방내무부에게 제출되어야 한다.

Das Bundesministerium des Innern leitet ihn unverzüglich dem Deutschen Bundestag zu und veröffentlicht ihn im Bundesanzeiger.

연방내무부는 지체 없이 연방의회에 이를 전달하고 연방관보에 공고한다.

Auf Ersuchen des Bundesministeriums des Innern hat die Wahlkreiskommission einen ergänzenden Bericht zu erstatten; für diesen Fall gilt Satz 2 entsprechend.

선거구획정위원회는 연방내무부의 요청이 있는 경우 보완 보고서를 제출해야 한다; 이 경우 제3조 제4항 2문이 준용된다.

(5) Werden Landesgrenzen nach den gesetzlichen Vorschriften über das Verfahren

⑤ 주경계가 기본법 제29조 제7항에 따른, '주의 영토에 대한 기타 변경시의 절차에 관

bei sonstigen Änderungen des Gebietsbestandes der Länder nach Artikel 29 Abs. 7 des Grundgesetzes geändert, so ändern sich entsprechend auch die Grenzen der betroffenen Wahlkreise.

한 법률' 규정에 따라 변경되는 경우에는 관련 지역선거구의 경계도 상응하여 변경된다.

Werden im aufnehmenden Land zwei oder mehrere Wahlkreise berührt oder wird eine Exklave eines Landes gebildet, so bestimmt sich die Wahlkreiszugehörigkeit des neuen Landesteiles nach der Wahlkreiszugehörigkeit der Gemeinde, des Gemeindebezirks oder des gemeindefreien Gebietes, denen er zugeschlagen wird.

편입되는 주에서 2개 또는 다수의 지역선거구가 증가되거나 주의 격지영토(隔地領土; Exklave)가 형성된 경우에, 그 새로운 주 영토의 지역선거구의 귀속은, 그 행정구역이 편입되는, 기초자치단체(Gemeinde), 기초자치단체행정구역(Gemeindebezirk), 또는 특별기초자치단체구역(gemeindefreien Gebiet)의 지역선거구의 귀속을 기준으로 결정된다.

Änderungen von Landesgrenzen, die nach Ablauf des 32. Monats nach Beginn der Wahlperiode vorgenommen werden, wirken sich auf die Wahlkreiseinteilung erst in der nächsten Wahlperiode aus.

그 임기 개시 후 32개월이 경과 후에 이뤄진 주 경계의 변경은 차기 임기의 지역선거구획정에 비로소 영향을 미친다.

§ 4 Stimmen

Jeder Wähler hat zwei Stimmen, eine Erststimme für die Wahl eines Wahlkreisabgeordneten, eine Zweitstimme für die Wahl einer Landesliste.

제4조(투표권)

모든 유권자는 두 개의 투표권을 가지고, 지역구의원선거에서 제1투표를, 주비례대표후보자명부선거에서 제2투표를 각각 행사한다.

§ 5 Wahl in den Wahlkreisen

In jedem Wahlkreis wird ein Abgeordneter gewählt. Gewählt ist der Bewerber, der die meisten Stimmen auf sich vereinigt. Bei Stimmengleichheit entscheidet das vom Kreiswahlleiter zu ziehende Los.

제5조(지역선거구에서의 선거)

각 지역선거구에서는 1명의 의원이 선출된다. 다수득표를 얻는 후보자가 의원으로 선출된다. 득표수가 같은 경우에는 지역구선거관리위원장이 추첨으로 결정한다.

§ 6 Wahl nach Landeslisten

(1) Für die Verteilung der nach Landeslisten zu besetzenden Sitze werden die für jede Landesliste abgegebenen Zweitstimmen zusammengezählt.

제6조(주비례대표후보자명부에 따른 선거)

① 주비례대표후보자명부에 따라 배분될 의석 배분을 위해서는 각 정당이 제2투표(비례대표후보자에 대한 정당투표를 말함)에서 얻은 득표수를 모두 합산한다.

Nicht berücksichtigt werden dabei die Zweitstimmen derjenigen Wähler, die ihre Erststimme für einen im Wahlkreis erfol- greichen Bewerber abgegeben haben, der gemäß § 20 Absatz 3 oder von einer Partei vorgeschlagen ist, die nach Absatz 3 bei der Sitzverteilung nicht berücksichtigt wird oder für die in dem betreffenden Land keine Landesliste zugelassen ist.

이 때 제20조 제3항(무소속 지역구의원후보자추천임)에 따라 추천된 지역구의원선거에서 당선된 지역구의원후보자에게 제1투표를 행사한 유권자의 제2투표와, 제6조 제3항(봉쇄조항임)에 따라 의석배분에서 제외되는 정당 또는 해당 주에서 주비례대표후보자명부를 제출하는 것이 허용되지 않은 정당에서 공천한 지역구의원선거에서 당선된 지역구의원후보자에게 제1투표를 행사한 유권자의 제2투표는 이 합산에서 제외된다.

Von der Gesamtzahl der Abgeordneten (§ 1 Absatz 1) wird die Zahl der erfolgreichen Wahlkreisbewerber abgezogen, die in Satz 2 genannt sind.

위 제6조 제1항 2문에서 언급된 지역구의원선거에서 당선된 의석수는 제1조 제1항상 총의석수(598명임)에서 공제된다.

(2) In einer ersten Verteilung wird zunächst die Gesamtzahl der Sitze (§ 1 Absatz 1) in dem in Satz 2 bis 7 beschriebenen Berechnungsverfahren den Ländern nach deren Bevölkerungsanteil (§ 3 Absatz 1) und sodann in jedem Land die Zahl der dort nach Absatz 1 Satz 3 verbleibenden Sitze auf der Grundlage der zu berücksichtigenden Zweitstimmen den Landeslisten zugeordnet.

② 제1차 의석배분에서는, 먼저 제1조 제1항상 총의석수를 제6조 제1항 2문 내지 7문이 규정한 의석산정절차에서 제3조 제1항상의 각 주의 인구수비율에 따라 각 주에 배분하고, 그리고 나서 각 주에서는 위 제6조 제1항 3문에 따라 남은 의석수(총의석수에서 지역구의원선거에서 당선된 총의석수를 뺀 의석수임)를 득표수 산정에서 고려되는 제2투표의 득표수를 토대로 주비례대표후보자명부에 배분한다.

Jede Landesliste erhält so viele Sitze, wie sich nach Teilung der Summe ihrer erhal- tenen Zweitstimmen durch einen Zuteilungsdivisor ergeben.

각 정당에서 얻은 제2투표의 총득표수를 배분기준수(Zuteilungsdivisor)로 나눈 비율만큼의 의석수를 각 주비례대표후보자명부에 배분한다.

Zahlenbruchteile unter 0,5 werden auf die darunter liegende ganze Zahl abgerundet, solche über 0,5 werden auf die darüber liegende ganze Zahl aufgerundet. Zahlenbruchteile, die gleich 0,5 sind, werden so aufgerundet oder abgerundet, dass die Zahl der zu ver-

0.5 미만 소수점은 바로 아래 자연수로 내림하고, 0.5 초과 소수점은 바로 위 자연수로 올림한다. 정확히 0.5인 소수점은 바로 아래 자연수로 내리거나 바로 위 자연수로 올려서 배분된 의석수를 유지한다; 이때에 (배분된 의석보다) 더 많은 의석이 배분될 가능

gebenden Sitze eingehalten wird; ergeben sich dabei mehrere mögliche Sitzzuteilungen, so entscheidet das vom Bundeswahlleiter zu ziehende Los.	성이 있으면, 이것은 연방선거관리위원장이 제비뽑기로 결정한다.
Der Zuteilungsdivisor ist so zu bestimmen, dass insgesamt so viele Sitze auf die Landeslisten entfallen, wie Sitze zu vergeben sind.	배분기준수는 배분될 의석수만큼 모든 의석이 각 주비례대표후보자명부에 배분되도록 정해져야 한다.
Dazu wird zunächst die Gesamtzahl der Zweitstimmen aller zu berücksichtigenden Landeslisten durch die Zahl der jeweils nach Absatz 1 Satz 3 verbleibenden Sitze geteilt.	이를 위해 먼저 득표수 산정시 고려되는 모든 정당이 제2투표에서 얻은 (연방차원의) 총득표수를 위 제6조 제1항 3문에 따라 남은 의석수(총의석수에서 지역구의원선거에서 당선된 총의석수를 뺀 의석수임)로 나눈다.
Entfallen danach mehr Sitze auf die Landeslisten, als Sitze zu vergeben sind, ist der Zuteilungsdivisor so heraufzusetzen, dass sich bei der Berechnung die zu vergebende Sitzzahl ergibt; entfallen zu wenig Sitze auf die Landeslisten, ist der Zuteilungsdivisor entsprechend herunterzusetzen.	그 후 배분될 의석보다 주비례대표후보자명부에 더 많은 의석이 배분될 경우에는 배분기준수는 이 배분에서 배분될 의석수가 나오도록 상향조정되어야 한다; 너무 적은 의석이 주비례대표후보자명부에 배분되는 경우에는 배분기준수는 그에 상응하여 하향조정되어야 한다.
(3) Bei Verteilung der Sitze auf die Landeslisten werden nur Parteien berücksichtigt, die mindestens 5 Prozent der im Wahlgebiet abgegebenen gültigen Zweitstimmen erhalten oder in mindestens drei Wahlkreisen einen Sitz errungen haben.	③ 비례대표명부에 의한 의석배분에서 유효제2투표의 최소한 5%를 얻은 정당 또는 지역구의원선거에서 최소한 3석을 얻은 정당만을 고려한다.
Satz 1 findet auf die von Parteien nationaler Minderheiten eingereichten Listen keine Anwendung.	위 제6조 제3항 1문의 규정은 소수민족정당(Parteien nationaler Minderheiten)에서 제출한 비례대표후보자명부에는 적용되지 않는다.
(4) Von der für jede Landesliste so ermittelten Sitzzahl wird die Zahl der von der Partei in den Wahlkreisen des Landes errungenen Sitze (§ 5) abgerechnet.	④ 각 정당에서 제5조에 따라 해당 주의 지역구의원선거에서 얻은 의석수는 각 주비례대표후보자명부에 의해 위와 같이 배분된 의석수에서 공제된다.

In den Wahlkreisen errungene Sitze ver－bleiben einer Partei auch dann, wenn sie die nach den Absätzen 2 und 3 ermittelte Zahl übersteigen.

지역구의원선거에서 제5조에 따라 각 정당에서 얻은 의석은, 그것이 제6조 제2항 및 제3항 따라 배분된 의석수를 넘는 경우에도, 그 정당에게 모두 귀속된다.

(5) Die Zahl der nach Absatz 1 Satz 3 ver－bleibenden Sitze wird so lange erhöht, bis jede Partei bei der zweiten Verteilung der Sitze nach Absatz 6 Satz 1 mindestens die bei der ersten Verteilung nach den Absätzen 2 und 3 für sie ermittelten zuzüglich der in den Wahlkreisen errungenen Sitze erhält, die nicht nach Absatz 4 Satz 1 von der Zahl der für die Landesliste ermittelten Sitze ab－gerechnet werden können.

⑤ 위 제6조 제1항 3문에 따라 남은 의석수(총의석수에서 지역구의원선거에서 당선된 총의석수를 뺀 의석수임)는, 각 정당에서 제6항 1문에 따른 제2차 의석배분에서, 최소한 제6조 제4항 1문에 따라 주비례대표후보자명부에 배분된 의석수에서 공제될 수 없는 의석인 지역구의원선거에서 얻은 의석에 가산하여, 제6조 제2항 및 제3항에 따른 제1차 의석배분에서 각 정당에 배분된 의석을 얻을 때까지 증가된다.

Die Gesamtzahl der Sitze (§ 1 Absatz 1) erhöht sich um die Unterschiedszahl.

제1조 제1항상의 총의석수(598명임)는 그 편차수(초과의석을 말함)만큼 증가된다.

(6) Die nach Absatz 5 Satz 1 zu verge－benden Sitze werden in jedem Fall bun－desweit nach der Zahl der zu ber－ücksichtigenden Zweitstimmen in dem in Absatz 2 Satz 2 bis 7 beschriebenen Berechnungsverfahren auf die nach Absatz 3 zu berücksichtigenden Parteien verteilt.

⑥ 위 제6조 제5항 1문에 따라 배분될 의석은, 위 제6조 제2항 2문 내지 7문이 규정한 의석배분에서 득표수 산정시 고려되는 제2투표의 득표수에 따라, 반드시 연방차원에서, 제6조 제3항(봉쇄조항)에 의한 의석산정에서 고려되는 정당에게 배분된다.

In den Parteien werden die Sitze nach der Zahl der zu berücksichtigenden Zweitstimmen in dem in Absatz 2 Satz 2 bis 7 beschrie－benen Berechnungsverfahren auf die Landeslisten verteilt; dabei wird jeder Landesliste mind－estens die Zahl der in den Wahlkreisen des Landes von der Partei errungenen Sitze zugeteilt.

그 정당 내에서 그 의석은, 제6조 제2항 2문에서 7문까지가 규정한 의석배분에서 득표수 산정시 고려되는 제2투표의 득표수에 따라 주비례대표후보자명부에게 배분된다; 이때 각 주비례대표후보자명부에 최소한 각 정당에서 주의 지역구의원선거에서 얻은 의석수가 배분된다.

Von der für jede Landesliste ermittelten Sitzzahl wird die Zahl der von der Partei in

각 정당이 제5조에 따라 해당 주의 지역구의원선거에서 얻은 의석수는 각 주비례대표

den Wahlkreisen des Landes errungenen Sitze (§ 5) abgerechnet.

후보자명부에 배분된 의석수에서 공제된다.

Die restlichen Sitze werden aus der Landesliste in der dort festgelegten Reihenfolge besetzt.

그 나머지 의석은 고정된 순번에 의한 주비례대표후보자명부에 따라 배분된다.

Bewerber, die in einem Wahlkreis gewählt sind, bleiben auf der Landesliste unberücksichtigt.

지역구의원선거에서 당선된 비례대표후보자는 주비례대표후보자명부에서 제외된다.

Entfallen auf eine Landesliste mehr Sitze, als Bewerber benannt sind, so bleiben diese Sitze unbesetzt.

주비례대표후보자명부에 등재된 후보자보다 그 주비례대표후보자명부에 더 많은 의석이 배분된다면, 그 의석은 배분되지 않은 채로 남는다.

(7) Erhält bei der Verteilung der Sitze nach den Absätzen 2 bis 6 eine Partei, auf die mehr als die Hälfte der Gesamtzahl der Zweitstimmen aller zu berücksichtigenden Parteien entfallen ist, nicht mehr als die Hälfte der Sitze, werden ihr weitere Sitze zugeteilt, bis auf sie ein Sitz mehr als die Hälfte der Sitze entfällt.

⑦ 제6조 제2항 내지 제6조 제6항에 따른 의석배분에서 득표수 산정시 고려되는 제2투표의 총득표수의 절반 이상을 얻었으나 의석수의 절반 이상을 얻지 못한 정당은, 의석수의 절반 이상을 얻을 때까지 초과의석(보정의석을 말함)을 배분받는다.

Die Sitze werden in der Partei entsprechend Absatz 6 Satz 2 bis 6 verteilt.

그 의석은 제6조 제6항 제2문에서 제6문까지에 상응하여 위 정당에 배분된다.

In einem solchen Falle erhöht sich die nach Absatz 5 ermittelte Gesamtzahl der Sitze (§ 1 Absatz 1) um die Unterschiedszahl.

이런 경우에 제1조 제1항상의 총의석수는 제6조 제5항에 따라 배분된 의석총수의 편차(보정의석을 말함)만큼 증가된다.

§ 7 (weggefallen)

제7조 (삭제)

Zweiter Abschnitt
Wahlorgane

제2장
선거기관

§ 8 Gliederung der Wahlorgane

제8조(선거기관의 편성)

(1) Wahlorgane sind

der Bundeswahlleiter und der Bundeswahlausschuß für das Wahlgebiet,

ein Landeswahlleiter und ein Landeswahlausschuß

① 선거기관은,

선거구역을 담당하는 연방선거관리위원회와 그 위원장,

각 주를 담당하는 1개의 주선거관리위원회

für jedes Land,
ein Kreiswahlleiter und ein Kreiswahlausschuß für jeden Wahlkreis,
ein Wahlvorsteher und ein Wahlvorstand für jeden Wahlbezirk und
mindestens ein Wahlvorsteher und ein Wahlvorstand für jeden Wahlkreis zur Feststellung des Briefwahlergebnisses.

와 1인의 그 위원장,
각 지역선거구를 담당하는 1개의 지역구선거관리위원회와 1인의 그 위원장,
각 투표구를 담당하는 1개의 투표구선거관리위원회와 1인의 그 위원장,
그리고 우편투표의 확정을 위한, 각 지역선거구에 설치되는 최소한 1개의 우편투표관리위원회와 최소한 1인의 그 위원장으로 구성된다.

(2) Für mehrere benachbarte Wahlkreise kann ein gemeinsamer Kreiswahlleiter bestellt und ein gemeinsamer Kreiswahlausschuß gebildet werden; die Anordnung trifft der Landeswahlleiter.

② 인접한 다수의 지역선거구에 대하여는 1명의 공동 지역구선거관리위원장이 임명될 수 있고, 1개의 공동 지역구선거관리위원회가 설치될 수 있다; 주선거관리위원장이 이에 관한 명령을 발령한다.

(3) Zur Feststellung des Briefwahlergebnisses können Wahlvorsteher und Wahlvorstände statt für jeden Wahlkreis für einzelne oder mehrere Gemeinden oder für einzelne Kreise innerhalb des Wahlkreises eingesetzt werden; die Anordnung trifft die Landesregierung oder die von ihr bestimmte Stelle.

③ 우편투표의 확정을 위해 우편투표관리위원회와 그 위원장은, 각 기초자치단체(Gemeinden)나 다수의 기초자치단체 또는 각 상급자치단체(Kreise)의 각 지역선거구를 대신하여, 그 지역선거구 내에 설치될 수 있다; 주정부나 주정부에 의해 지정된 기관이 그에 관한 명령을 발령한다.

§ 9 Bildung der Wahlorgane

제9조(선거기관의 구성)

(1) Der Bundeswahlleiter und sein Stellvertreter werden vom Bundesministerium des Innern, die Landeswahlleiter, Kreiswahlleiter und Wahlvorsteher sowie ihre Stellvertreter von der Landesregierung oder der von ihr bestimmten Stelle ernannt.

① 연방선거관리위원장과 직무대리자(Stellvertreter)는 연방내무부에서 임명하고, 주선거관위원장, 지역선거구선거관리위원장, 투표구선거관리위원장과 각 그 직무대리자는 주정부 또는 주정부에 의해 지정된 기관이 임명한다.

(2) Der Bundeswahlausschuß besteht aus dem Bundeswahlleiter als Vorsitzendem sowie acht von ihm berufenen Wahlberechtigten als Beisitzern und zwei Richtern des Bundesverwaltungsgerichts.

② 연방선거관리위원회는 의장인 연방선거관리위원장과 그에 의해 위원으로 위촉된 8명의 선거권자와 2명의 연방행정법원 판사로 구성된다.

Die übrigen Wahlausschüsse bestehen aus dem Wahlleiter als Vorsitzendem und sechs von ihm berufenen Wahlberechtigten als Beisitzern; in die Landeswahlausschüsse sind zudem zwei Richter des Oberverwaltungsgerichts des Landes zu berufen.

기타 선거관리위원회는 의장인 선거관리위원장과 그에 의해 위원으로 위촉된 6명의 선거권자로 구성된다; 주선거관리위원회에는 그 이외에도 주행정의 2명의 판사가 위촉되어야 한다.

Die Wahlvorstände bestehen aus dem Wahlvorsteher als Vorsitzendem, seinem Stellvertreter und weiteren drei bis sieben vom Wahlvorsteher berufenen Wahlberechtigten als Beisitzern;

투표구선거관리위원회는 의장인 투표구선거관리위원장과 그 직무대리자와 추가적으로 그 위원장에 의해 위원으로 위촉된 3명 내지 7명의 선거권자로 구성된다.

die Landesregierung oder die von ihr bes-timmte Stelle kann anordnen, daß die Beisitzer des Wahlvorstandes von der Gemeindebehörde und die Beisitzer des Wahlvorstandes zur Feststellung des Briefwahlergebnisses vom Kreiswahlleiter, im Falle einer Anordnung nach § 8 Abs. 3 von der Gemeindebehörde oder von der Kreisverwaltungsbehörde allein oder im Einvernehmen mit dem Wahlvorsteher ber-ufen werden.

주정부나 주정부에 의해 지정된 기관은, 투표구선거관리위원회의 위원을 그 기초자치단체 관청에서 위촉하도록 명령할 수 있고, 또한 우편투표결과의 확정을 위한 우편투표위원회의 위원을 지역구선거관리위원장이, 제8조 제3항에 따른 명령이 있는 경우에는, 우편투표결과의 확정을 위한 우편투표위원회의 위원을 단독으로 또는 투표구선거관리위원장과 합의에 의해, 기초자치단체의 관청 또는 상급자치단체의 행정관청에서 각각 위촉하도록 명령할 수 있다.

Bei Berufung der Beisitzer sind die in dem jeweiligen Bezirk vertretenen Parteien nach Möglichkeit zu berücksichtigen.

위원의 위촉의 경우에 각각의 투표구를 대표하는 정당을 가능한 고려해야 한다.

(3) Niemand darf in mehr als einem Wahlorgan Mitglied sein. Wahlbewerber, Vertrauenspersonen für Wahlvorschläge und stellvertretende Vertrauenspersonen dürfen nicht zu Mitgliedern eines Wahlorgans bes-tellt werden.

③ 누구도 2개 이상의 선거기관의 위원이 될 수 없다. 선거후보자, 의원후보자추천서에 대한 명부관리인 및 그 직무대리자는 선거기관의 위원으로 위촉될 수 없다.

(4) Die Gemeindebehörden sind befugt, personenbezogene Daten von Wahlberechtigten

④ 기초자치단체의 관청은 투표구선거관리위원회 위원의 위촉 목적을 위하여 선거권

zum Zweck ihrer Berufung zu Mitgliedern von Wahlvorständen zu erheben und zu verarbeiten.

자의 개인정보를 수집하고 처리할 권한을 갖는다.

Zu diesem Zweck dürfen personenbezogene Daten von Wahlberechtigten, die zur Tätigkeit in Wahlvorständen geeignet sind, auch für künftige Wahlen verarbeitet werden, sofern der Betroffene der Verarbeitung nicht widersprochen hat.

투표구선거관리위원회의 활동에 적합한, 위와 같은 목적을 위한 선거권자의 개인정보는, 관계인이 그 처리에 대해 반대하지 않는 한, 향후 선거를 위해서도 처리될 수 있다.

Der Betroffene ist über das Widerspruchsrecht zu unterrichten.

그 관계인은 그 반대권에 관한 고지를 받아야 한다.

Im Einzelnen dürfen folgende Daten erhoben und verarbeitet werden; Name, Vorname, Geburtsdatum, Anschrift, Telefonnummern, Zahl der Berufungen zu einem Mitglied der Wahlvorstände und die dabei ausgeübte Funktion.

다음의 정보가 개별적으로 수집되고 처리될 수 있다; 성명, 이름, 생일, 주소, 전화번호, 투표구선거관리위원회의 구성원으로 임명된 횟수와 이 경우에 수행한 역할이 그 정보들이다.

(5) Auf Ersuchen der Gemeindebehörden sind zur Sicherstellung der Wahldurchführung die Behörden des Bundes, der bundesunmittelbaren Körperschaften, Anstalten und Stiftungen des öffentlichen Rechts, der Länder, der Gemeinden, der Gemeindeverbände sowie der sonstigen der Aufsicht des Landes unterstehenden juristischen Personen des öffentlichen Rechts verpflichtet, aus dem Kreis ihrer Bediensteten unter Angabe von Name, Vorname, Geburtsdatum und Anschrift zum Zweck der Berufung als Mitglieder der Wahlvorstände Personen zu benennen, die im Gebiet der ersuchenden Gemeinde wohnen.

⑤ 기초자치단체의 관청의 요구에 의하여, 선거의 실행의 보장을 위해서, 연방, 연방직할의 공법상 사단(Körperschaftendes öffentlichen Rechts), 연방직할의 영조물(Anstalten des öffentlichen Rechts) 및 연방직할의 공법상 재단(Stiftungen des öffentlichen Rechts)의 각 관청과, 주정부, 기초자치단체 및 기초자치단체연합(Gemeindeverbände)의 각 관청과 기타 주정부의 감독하에 있는 공법상 법인(juristischen Personen des öffentlichen Rechts)은, 투표구선거관리위원회의 구성원으로서 임명 목적으로, 자신의 직원들 중에서 성명, 이름, 생년월일 및 주소에 관한 진술을 기재하여, 요구하는 그 기초자치단체에 거주하는 사람을 추천할 의무를 부담한다.

Die ersuchte Stelle hat den Betroffenen über die übermittelten Daten und den Empfänger zu benachrichtigen.

그 요구를 받은 기관은 그 관계인에게 전달한 정보 및 수령자에 관하여 고지해야 한다.

§ 10 Tätigkeit der Wahlausschüsse und Wahlvorstände

제10조(각 선거관리위원회와 투표구선거관리위원회의 활동)

(1) Die Wahlausschüsse und Wahlvorstände verhandeln, beraten und entscheiden in öffentlicher Sitzung.

① 각 선거관리위원회와 투표구선거관리위원회는 공개된 회의에서 심리하고 토론하여 결정해야 한다.

Soweit nicht in diesem Gesetz etwas anderes bestimmt ist, entscheidet bei den Abstimmungen Stimmenmehrheit; bei Stimmengleichheit gibt die Stimme des Vorsitzenden den Ausschlag.

연방선거법에서 달리 규정하지 않는 한, 과반수의 찬성으로 그 결정을 한다; 가부동수인 경우에는 의장이 자신의 투표권으로 결정한다.

(2) Die Mitglieder der Wahlorgane, ihre Stellvertreter und die Schriftführer sind zur unparteiischen Wahrnehmung ihres Amtes und zur Verschwiegenheit über die ihnen bei ihrer amtlichen Tätigkeit bekanntgewordenen Angelegenheiten verpflichtet.

② 선거기관의 구성원, 그 직무대리자와 서기는, 자신의 직무를 공정하게 처리하고 자신의 직무상 활동에서 알게 된 사안에 대한 비밀을 준수할 의무가 있다.

§ 11 Ehrenämter

제11조(명예직)

(1) Die Beisitzer der Wahlausschüsse und die Mitglieder der Wahlvorstände üben ihre Tätigkeit ehrenamtlich aus.

① 각 선거관리위원회의 위원과 투표구선거관리위원회의 구성원은 명예직으로 자신의 직무를 수행한다.

Zur Übernahme dieses Ehrenamtes ist jeder Wahlberechtigte verpflichtet. Das Ehrenamt darf nur aus wichtigen Gründen abgelehnt werden.

이러한 명예직을 수용하는 것은 모든 선거권자의 의무이다. 이 명예직은 중대한 이유가 있는 경우에만 거부될 수 있다.

(2) (weggefallen)

② (삭제)

(3) (weggefallen)

③ (삭제)

Dritter Abschnitt Wahlrecht und Wählbarkeit	제3장 선거권과 피선거권
§ 12 Wahlrecht	**제12조(선거권)**
(1) Wahlberechtigt sind alle Deutschen im Sinne des Artikels 116 Abs. 1 des Grundgesetzes, die am Wahltage	① 기본법 제116조[1] 제1항상의 모든 독일인은 선거일 기준으로 다음 사람의 경우에 선거권을 갖는다.
1. das achtzehnte Lebensjahr vollendet haben,	1. 만 18세 이상으로,
2. seit mindestens drei Monaten in der Bundesrepublik Deutschland eine Wohnung innehaben oder sich sonst gewöhnlich aufhalten,	2. 독일연방공화국에서 3개월 이상 주거를 가지거나 기타 통상적으로 체류한 경우로서,
3. nicht nach § 13 vom Wahlrecht ausgeschlossen sind.	3. 제13조에 따라 선거권이 상실되지 않는 자.
(2) Wahlberechtigt sind bei Vorliegen der sonstigen Voraussetzungen auch diejenigen Deutschen im Sinne des Artikels 116 Absatz 1 des Grundgesetzes, die am Wahltag außerhalb der Bundesrepublik Deutschland leben, sofern sie	② 선거일에 독일연방공화국 이외의 지역에서 살고 있는, 기본법 제116조 제1항상의 독일인도 다음 각호의 기타 전제요건이 충족된 경우에는 선거권을 갖는다.

1 Grundgesetz für die Bundesrepublik Deutschland(독일연방공화국 기본법)
Art 116
(1) Deutscher im Sinne dieses Grundgesetzes ist vorbehaltlich anderweitiger gesetzlicher Regelung, wer die deutsche Staatsangehörigkeit besitzt oder als Flüchtling oder Vertriebener deutscher Volkszugehörigkeit oder als dessen Ehegatte oder Abkömmling in dem Gebiete des Deutschen Reiches nach dem Stande vom 31. Dezember 1937 Aufnahme gefunden hat(기본법에서 의미하는 독일인은 법률상 별도의 규정이 있는 경우를 제외하고, 독일 국적을 보유한 사람, 또는 1937년 12월 31일 현재 독일제국의 영토에서의, 망명자나 추방된 독일민족인으로서 또는 그 배우자나 후손으로서 인정된 사람이다).
(2) Frühere deutsche Staatsangehörige, denen zwischen dem 30. Januar 1933 und dem 8. Mai 1945 die Staatsangehörigkeit aus politischen, rassischen oder religiösen Gründen entzogen worden ist, und ihre Abkömmlinge sind auf Antrag wieder einzubürgern. Sie gelten als nicht ausgebürgert, sofern sie nach dem 8. Mai 1945 ihren Wohnsitz in Deutschland genommen haben und nicht einen entgegengesetzten Willen zum Ausdruck gebracht haben(1933년 1월 30일과 1945년 5월 8일 사이에 정치적, 인종적 또는 종교적 이유에서 독일국적이 박탈된 사람과 그 후손의 종전 독일 국적은, 신청에 의하여 회복된다. 그들은, 1945년 5월 8일 이후 독일에서 자신들의 주소(Wohnsitz)를 가지고 있고 그에 대하여 반대의 의사를 표시하지 않는 한, 비시민권자로 간주되지 않는다).

1. nach Vollendung ihres vierzehnten Lebensjahres mindestens drei Monate ununterbrochen in der Bundesrepublik Deutschland eine Wohnung innegehabt oder sich sonst gewöhnlich aufgehalten haben und dieser Aufenthalt nicht länger als 25 Jahre zurückliegt oder	1. 18세 이상인 자로 3개월 이상 연속하여 독일연방공화국에 주거를 가지거나 기타 통상적으로 체류한 경우로, 이러한 체재(앞의 주거와 체류를 말함)가 25년전 이내에 있었던 경우, 또는
2. aus anderen Gründen persönlich und unmittelbar Vertrautheit mit den politischen Verhältnissen in der Bundesrepublik Deutschland erworben haben und von ihnen betroffen sind.	2. 기타 이유에 의해 독일연방공화국에서 정치적 상황(Verhältnissen)에 대하여 개인적이고 직접적인 친교를 맺고, 이 정치적 상황에 관계된 경우
Als Wohnung oder gewöhnlicher Aufenthalt im Sinne von Satz 1 gilt auch eine frühere Wohnung oder ein früherer Aufenthalt in dem in Artikel 3 des Einigungsvertrages genannten Gebiet.	통일조약 제3조에서 언급된 지역(구 동독지역을 말함)에서의 종전의 거주 또는 체류도 제12조 제2항 1문상 거주나 통상적인 체류로 간주된다.
Bei Rückkehr eines nach Satz 1 Wahlberechtigten in die Bundesrepublik Deutschland gilt die Dreimonatsfrist des Absatzes 1 Nr. 2 nicht.	제12조 제2항 1문에 따른 선거권자가 독일연방공화국으로 귀화한 경우에는 제12조 제1항 1호상의 3개월 기간규정이 적용되지 않는다.
(3) Wohnung im Sinne des Gesetzes ist jeder umschlossene Raum, der zum Wohnen oder Schlafen benutzt wird. Wohnwagen und Wohnschiffe sind jedoch nur dann als Wohnungen anzusehen, wenn sie nicht oder nur gelegentlich fortbewegt werden.	③ 연방선거법상 주거는, 거주와 취침을 위해 사용되는 모든 폐쇄된 공간이다. 그러나, 거주용차량과 거주용선박은 고정되어 있거나 거의 움직이지 않는 경우에만 주거로 볼 수 있다.
(4) Sofern sie in der Bundesrepublik Deutschland keine Wohnung innehaben oder innegehabt haben, gilt als Wohnung im Sinne des Absatzes 1 Nr. 2 oder des Absatzes 2 Satz 1	독일연방공화국에서 주거를 가지고 있지 않거나 가지고 있지 않았던 경우에는, 다음 각 호의 경우는 제12조 제1항 2문 또는 제2항 1문상의 주거로 간주된다.
1. für Seeleute sowie für die Angehörigen ihres Hausstandes das von ihnen bezo–	1. 선원 및 그 세대 소속인(Angehörigen ihres Hausstandes)에 대하여는, 이들이 소속된

gene Schiff, wenn dieses nach dem Flaggenrechtsgesetz in der jeweils gel–tenden Fassung die Bundesflagge zu führen berechtigt ist,

선박이 현행 국기법(Flaggenrechtsgesetz)에 따라 연방국기를 게양할 자격이 있는 선박인 경우,

2. für Binnenschiffer sowie für die Angehörigen ihres Hausstandes das von ihnen bezo–gene Schiff, wenn dieses in einem Schiffsregister in der Bundesrepublik Deutschland eingetragen ist,

2. 내수면 운항 선박의 선원(Binnenschiffer) 및 그 세대 소속인에 대하여는, 이들이 소속된 선박이 독일연방공화국의 선박등록부(Schiffsregister)에 등록된 선박인 경우,

3. für im Vollzug gerichtlich angeordneter Freiheitsentziehung befindliche Personen sowie für andere Untergebrachte die Anstalt oder die entsprechende Einrichtung.

3. 법원 판결에 의하여 자유형의 집행 중에 있는 사람과 기타 수용자(andere Untergebrachte[2])에 대하여는 수용소 또는 이에 준하는 수용시설(형 집행을 위한 교도소, 치료감호자가 수용되는 정신병원 등 수용자가 거주하는 시설을 말함)

(5) Bei der Berechnung der Dreimonatsfrist nach Absatz 1 Nr. 2 und Absatz 2 Satz 1 ist der Tag der Wohnungs– oder Aufenthaltsnahme in die Frist einzubeziehen.

⑤ 제12조 제1항 2문과 제12조 제2항 2문에 의한 3개월의 산정에서, 주거 또는 체류의 취득 당일은 그 기간에 포함된다.

§ 13 Ausschluß vom Wahlrecht

제13조(선거권의 상실)

Ausgeschlossen vom Wahlrecht ist,

1. wer infolge Richterspruchs das Wahlrecht nicht besitzt,
2. derjenige, für den zur Besorgung aller seiner Angelegenheiten ein Betreuer nicht nur durch einstweilige Anordnung bestellt ist; dies gilt auch, wenn der Aufgabenkreis des Betreuers die in § 1896 Abs. 4 und § 1905 des Bürgerlichen Gesetzbuchs be–zeichneten Angelegenheiten nicht erfaßt,

다음 각호의 경우에 선거권이 상실된다.

1. 판결에 의하여 선거권이 상실된 자,
2. 자신의 모든 사무의 처리를 위해 후견인 임명이 확정된 자; 후견인의 임무범위가 민법전 제1896조 제4항과 제1905조에 의한 사무를 포괄하지 않은 경우에도 이 규정은 적용된다,

2 '기타 수용자'는, 독일형법전(Strafgesetzbuch)상 자유박탈적 보안처분(Freiheitsentziehende Maßregeln)의 일종으로 규정된, 치료감호(die Unterbringung in einem psychiatrischen Krankenhaus; 독일형법전 제63조), 금단치료수용(die Unterbringung in einer Entziehungsanstalt; 독일형법전 제64조) 및 보안감호(die Unterbringung in der Sicherungsverwahrung; 독일형법전 제66조)의 명령을 받아 수용된 자를 말한다(한국법제연구원, 『독일법령용어집』, 2008, 503면 참조).

3. wer sich auf Grund einer Anordnung nach § 63 in Verbindung mit § 20 des Strafgesetzbuches in einem psychia-trischen Krankenhaus befindet.	3. 형법전 제20조[3]와 관련된 형법전 제63조[4]에 따른 치료감호명령에 근거하여 정신병원에 수용된 자
4. (weggefallen)	4. (삭제)
§ 14 Ausübung des Wahlrechts	**제14조(선거권의 행사)**
(1) Wählen kann nur, wer in ein Wählerverzeichnis eingetragen ist oder einen Wahlschein hat.	① 선거인명부에 등록하거나 선거증을 가진 사람만이 선거할 수 있다.
(2) Wer im Wählerverzeichnis eingetragen ist, kann nur in dem Wahlbezirk wählen, in dessen Wählerverzeichnis er geführt wird.	② 선거인명부에 등록된 사람은, 선거인명부가 작성된 해당 투표구에서만 선거할 수 있다.
(3) Wer einen Wahlschein hat, kann an der Wahl des Wahlkreises, in dem der Wahlschein ausgestellt ist, a) durch Stimmabgabe in einem beliebigen Wahlbezirk dieses Wahlkreises oder b) durch Briefwahl teilnehmen.	③ 선거증을 가진 사람은, 선거증이 발행된 지역구의원선거에서 a) 그 지역선거구의 임의의 투표구에서 투표를 통해 참여하거나, b) 우편투표를 통해 참여할 수 있다.
(4) Jeder Wahlberechtigte kann sein Wahlrecht nur einmal und nur persönlich ausüben.	④ 모든 선거권자는 한 차례에 한하여 오로지 자신이 직접 선거권을 행사할 수 있다.

3 § 20 Schuldunfähigkeit wegen seelischer Störungen(제20조 정신적 장애로 인한 책임무능력) Ohne Schuld handelt, wer bei Begehung der Tat wegen einer krankhaften seelischen Störung, wegen einer tiefgreifenden Bewußtseinsstörung oder wegen Schwachsinns oder einer schweren anderen seelischen Abartigkeit unfähig ist, das Unrecht der Tat einzuse-hen oder nach dieser Einsicht zu handeln(행위시에 병적인 정신 장애, 심한 의식장애, 정신박약 또는 기타 중한 정신적 변종(變種)으로 인하여 행위의 불법을 인식하거나 이 인식에 따라 행위할 능력이 없는 자는 책임 없이 행위를 한 것이다).

4 § 63 Unterbringung in einem psychiatrischen Krankenhaus(제63조 치료감호) Hat jemand eine rechtswidrige Tat im Zustand der Schuldunfähigkeit (§ 20) oder der verminderten Schuldfähigkeit (§ 21) begangen, so ordnet das Gericht die Unterbringung in einem psychiatrischen Krankenhaus an, wenn die Gesamtwürdigung des Täters und seiner Tat ergibt, daß von ihm infolge seines Zustandes erhebliche rechtswidrige Taten zu erwarten sind und er deshalb für die Allgemeinheit gefährlich ist(형법 제20조상의 책임무능력 또는 제21조상의 한정책임능력의 상태에서 위법행위를 자행한 경우에는, 행위자와 그 행위에 대한 전체적 평가에 의할 때, 그의 상태로 보아 그에게서 중대한 위법행위를 예상할 수 있고, 그로 인하여 공공(公共)의 안전(Allgemeinheit)이 위태로워진다는 점이 인정되는 경우에는, 법원은 치료감호를 명령한다).

§ 15 Wählbarkeit	**제15조(피선거권)**
(1) Wählbar ist, wer am Wahltage	① 선거일 기준으로 다음의 사람은 피선거권이 있다.
1. Deutscher im Sinne des Artikels 116 Abs. 1 des Grundgesetzes ist und	1. 기본법 제116조상의 독일인으로서,
2. das achtzehnte Lebensjahr vollendet hat.	2. 만 18세 이상의 자
(2) Nicht wählbar ist,	② 다음의 사람은 피선거권이 없다.
1. wer nach § 13 vom Wahlrecht ausgeschlossen ist oder	1. 제13조에 따라 선거권을 상실한 사람, 또는
2. wer infolge Richterspruchs die Wählbarkeit oder die Fähigkeit zur Bekleidung öffentlicher Ämter nicht besitzt.	2. 판결에 의하여 피선거권 또는 공무담임권을 상실한 사람
Vierter Abschnitt **Vorbereitung der Wahl**	**제4장** **선거의 준비**
§ 16 Wahltag	**제16조(선거일)**
Der Bundespräsident bestimmt den Tag der Hauptwahl (Wahltag). Wahltag muß ein Sonntag oder gesetzlicher Feiertag sein.	연방대통령은 총선거(Hauptwahl)의 선거일을 결정한다. 그 선거일은 일요일 또는 법정 공휴일로 한다.
§ 17 Wählerverzeichnis und Wahlschein	**제17조(선거인명부와 선거증)**
(1) Die Gemeindebehörden führen für jeden Wahlbezirk ein Verzeichnis der Wahlberechtigten.	① 기초자치단체의 관청은 각 투표별로 선거인명부를 작성한다.
Jeder Wahlberechtigte hat das Recht, an den Werktagen vom 20. bis zum 16. Tag vor der Wahl während der allgemeinen Öffnungszeiten die Richtigkeit oder Vollständigkeit der zu seiner Person im Wählerverzeichnis eingetragenen Daten zu überprüfen.	모든 선거권자는 선거일 20일 전부터 16일 전까지의 평일의 통상적 관청업무시간에, 선거인명부에 자신에 관해 등재된 정보의 정확성(Richtigkeit)이나 완전성(Vollständigkeit)을 검사할 권리가 있다.
Zur Überprüfung der Richtigkeit oder Vollständigkeit der Daten von anderen im Wählerverzeichnis eingetragenen Personen haben Wahlberechtigte während des in Satz 2 genannten Zeitraumes nur dann ein Recht	선거권자는, 그 선거인명부의 부정확성이나 불완전성을 발생시킬 수 있는 사실이 있는 것으로 믿을 만한 경우에만, 선거인명부에 등재된 다른 사람의 정보에 관한 정확성(Richtigkeit)이나 완전성(Vollständigkeit) 검사

auf Einsicht in das Wählerverzeichnis, wenn sie Tatsachen glaubhaft machen, aus denen sich eine Unrichtigkeit oder Unvollständigkeit des Wählerverzeichnisses ergeben kann.

를 위하여 제17조 제1항 1문에서 언급된 시간 동안에, 선거인명부에 대한 열람권을 갖는다.

Das Recht zur Überprüfung gemäß Satz 3 besteht nicht hinsichtlich der Daten von Wahlberechtigten, für die im Melderegister ein Sperrvermerk gemäß den § 21 Abs. 5 des Melderechtsrahmengesetzes entsprechenden Vorschriften der Landesmeldegesetze eingetragen ist.

주민등록기본법 제21조 제2항에 상응하는 주의 주민등록법의 규정에 따라 공개금지표시(Sperrvermerk)가 그 주민등록부에 기재된 선거권자의 정보에 대해서는 제17조 제1항 3문에 의한 검사권은 존재하지 않는다.

(2) Ein Wahlberechtigter, der im Wählerverzeichnis eingetragen ist, oder der aus einem von ihm nicht zu vertretenden Grund in das Wählerverzeichnis nicht aufgenommen worden ist, erhält auf Antrag einen Wahlschein.

② 선거인명부에 등재된 선거권자 또는 자신의 책임으로 돌릴 수 없는 사유로 인하여 선거인명부에 등재되지 않은 사람은 신청에 의하여 선거증을 받는다.

§ 18 Wahlvorschlagsrecht, Beteiligungsanzeige

제18조(의원후보자추천권, 선거참여의 통지)

(1) Wahlvorschläge können von Parteien und nach Maßgabe des § 20 von Wahlberechtigten eingereicht werden.

① 의원후보자추천은 정당과 제20조의 내용(Maßgabe)에 따른 선거권자가 할 수 있다.

(2) Parteien, die im Deutschen Bundestag oder einem Landtag seit deren letzter Wahl nicht auf Grund eigener Wahlvorschläge un-unterbrochen mit mindestens fünf Abgeordneten vertreten waren, können als solche einen Wahlvorschlag nur einreichen, wenn sie spätestens am siebenundneunzigsten Tage vor der Wahl bis 18 Uhr dem Bundeswahlleiter ihre Beteiligung an der Wahl schriftlich angezeigt haben und der Bundeswahlausschuß ihre Parteieigenschaft festgestellt hat.

② 연방의회 또는 주하원의 최근 선거에서 자당의 의원후보자공천에 의하여 연속하여 최소한 5석의 의석을 얻지 못한 정당은, 늦어도 선거일 97일 전 18시까지 연방선거관리위원장에게 그 선거에 대한 참여를 서면으로 통지하고 연방선거관리위원회가 정당의 자격(Parteieigenschaft)을 확인한 경우에만 그러한 의원후보자공천을 할 수 있다.

In der Anzeige ist anzugeben, unter welchem Namen sich die Partei an der Wahl beteiligen will.

그 통지에 정당에서 어떤 명칭으로 선거에 참여하려고 하는지가 명시되어야 한다.

Die Anzeige muß von mindestens drei Mitgliedern des Bundesvorstandes, darunter dem Vorsitzenden oder seinem Stellvertreter, persönlich und handschriftlich unterzeichnet sein.	그 통지는 연방당의장과 그 직무대리자를 포함하여 최소한 3명의 연방정당지도부의 자필로 된(persönlich und handschriftlich) 서명이 있어야 한다.
Hat eine Partei keinen Bundesvorstand, so tritt der Vorstand der jeweils obersten Parteiorganisation an die Stelle des Bundesvorstandes.	정당에 연방지도부가 없는 경우에는, 정당의 최고기관이 그 연방지도부를 대신한다.
Die schriftliche Satzung und das schriftliche Programm der Partei sowie ein Nachweis über die satzungsgemäße Bestellung des Vorstandes sind der Anzeige beizufügen.	서면에 의한 정당의 당헌 및 정강과 당헌에 따른 지도부의 임명에 관하여 증명하는 서면이 그 통지에 첨부되어야 한다.
Der Anzeige sollen Nachweise über die Parteieigenschaft nach § 2 Absatz 1 Satz 1 des Parteiengesetzes beigefügt werden.	그 통지에는 정당법 제2조 제1항 1문에 따른 정당의 자격에 관한 증명서도 첨부되어야 한다.
(3) Der Bundeswahlleiter hat die Anzeige nach Absatz 2 unverzüglich nach Eingang zu prüfen. Stellt er Mängel fest, so benachrichtigt er sofort den Vorstand und fordert ihn auf, behebbare Mängel zu beseitigen.	③ 연방선거관리위원장은 제18조 제2항에 따라 통지를 받은 후 지체 없이 그 통지를 심사해야 한다. 흠결을 확인한 경우에는 연방선거관리위원장은 이를 즉시 그 지도부에게 알리고 시정할 수 있는 흠결의 보완을 요구한다.
Nach Ablauf der Anzeigefrist können nur noch Mängel an sich gültiger Anzeigen behoben werden. Eine gültige Anzeige liegt nicht vor, wenn	통지기간 경과 후에는 그 자체로 유효한 통지의 흠결만이 시정될 수 있다. 다음 각호의 경우에는 유효한 통지로 보지 않는다.
1. die Form oder Frist des Absatzes 2 nicht gewahrt ist,	1. 제18조 제2항의 형식 또는 기한을 준수하지 않은 경우,
2. die Parteibezeichnung fehlt,	2. 정당의 명칭이 흠결된 경우,
3. die nach Absatz 2 erforderlichen gültigen Unterschriften und die der Anzeige beizufügenden Anlagen fehlen, es sei denn, diese Anlagen können infolge von	3. 제18조 제2항에 따라 요구된 유효한 서명과 첨부서류의 흠결이 있는 경우, 단 이 첨부서류가 정당에서 책임질 수 없는 사정으로 인하여 적시에 제출되지 않는 경

Umständen, die die Partei nicht zu vertreten hat, nicht rechtzeitig vorgelegt werden,

우에는 예외로 한다,

4. die Vorstandsmitglieder mangelhaft bezeichnet sind, so daß ihre Person nicht feststeht.

4. 그 인적사항이 확정되지 않을 정도로 정당지도부의 구성원에 대해 불완전하게 표기한 경우,

Nach der Entscheidung über die Feststellung der Parteieigenschaft ist jede Mängelbeseitigung ausgeschlossen. Gegen Verfügungen des Bundeswahlleiters im Mängelbeseitigungsverfahren kann der Vorstand den Bundeswahlausschuß anrufen.

정당의 자격 확인에 관한 결정 이후에는 모든 흠결의 보완을 할 수 없다. 그 정당지도부는 이 흠결보완절차에서의 연방선거관리위원장의 처분에 대하여 연방선거관리위원회에 이의를 제기할 수 있다.

(4) Der Bundeswahlausschuß stellt spätestens am neunundsiebzigsten Tage vor der Wahl für alle Wahlorgane verbindlich fest,

④ 연방선거관리위원회는 늦어도 선거일 69일 전까지 모든 선거관리기관에 대해 구속력 있게 다음 사항을 확정한다.

1. welche Parteien im Deutschen Bundestag oder in einem Landtag seit deren letzter Wahl auf Grund eigener Wahlvorschläge ununterbrochen mit mindestens fünf Abgeordneten vertreten waren,

1. 연방의회 또는 주하원의 최근 선거에서 자당의 의원후보자공천에 의하여 연속하여 최소한 5석의 의석을 확보한 정당,

2. welche Vereinigungen, die nach Absatz 2 ihre Beteiligung angezeigt haben, für die Wahl als Parteien anzuerkennen sind; für die Ablehnung der Anerkennung als Partei für die Wahl ist eine Zweidrittelmehrheit erforderlich.

2. 그 선거에서 정당으로 승인된, 제18조 제2항에 따라 선거참여를 통지한 결사체; 그 선거에서 정당으로 승인을 거부하는 것에는 2/3의 다수의 찬성이 필요하다.

Die Feststellung ist vom Bundeswahlleiter in der Sitzung des Bundeswahlausschusses bekannt zu geben. Sie ist öffentlich bekannt zu machen.

이 확정은 연방선거관리위원회의 회의에서 연방선거관리위원장에 의해 공표되어야 한다. 이 확정은 공고되어야 한다.

(4a) Gegen eine Feststellung nach Absatz 4, die sie an der Einreichung von Wahlvorschlägen hindert, kann eine Partei oder Vereinigung

(4a) 정당 또는 결사체는 그 통지 후 4일 이내에, 의원후보자공천서의 제출을 저지하는 제18조 제4항에 따른 확정에 대하여 연방헌

binnen vier Tagen nach Bekanntgabe Beschwerde zum Bundesverfassungsgericht erheben.	법재판소에 항고를 제소할 수 있다.
In diesem Fall ist die Partei oder Vereinigung von den Wahlorganen bis zu einer Entscheidung des Bundesverfassungsgerichts, längstens bis zum Ablauf des neu-nundfünfzigsten Tages vor der Wahl wie eine wahlvorschlagsberechtigte Partei zu behandeln.	이 경우에 그 정당 또는 결사체는, 연방헌법재판소의 결정이 있을 때까지, 늦어도 선거일 59일 전일의 경과 시까지 선거관리기관에 의해 의원후보자를 추천할 자격이 있는 정당으로 취급되어야 한다.
(5) Eine Partei kann in jedem Wahlkreis nur einen Kreiswahlvorschlag und in jedem Land nur eine Landesliste einreichen.	⑤ 하나의 정당은 각 지역선거구에서 한 명의 지역구의원후보자공천서와 각 주에서 하나의 주비례대표후보자명부만을 제출할 수 있다.
§ 19 Einreichung der Wahlvorschläge	**제19조(의원후보자추천서의 제출)**
Kreiswahlvorschläge sind dem Kreiswahlleiter, Landeslisten dem Landeswahlleiter spätes-tens am neunundsechzigsten Tage vor der Wahl bis 18 Uhr schriftlich einzureichen.	지역구의원후보자추천서는 해당 지역구선거관리위원장에게 제출하고, 주비례대표후보자명부는 늦어도 선거일 69일 전 18시까지 서면으로 주선거관리위원장에게 제출되어야 한다.
§ 20 Inhalt und Form der Kreiswahlvorschläge	**제20조(지역구의원후보자공천서의 내용과 형식)**
(1) Der Kreiswahlvorschlag darf nur den Namen eines Bewerbers enthalten. Jeder Bewerber kann nur in einem Wahlkreis und hier nur in einem Kreiswahlvorschlag be-nannt werden. Als Bewerber kann nur vorgeschlagen werden, wer seine Zustimmung dazu schriftlich erteilt hat; die Zustimmung ist unwiderruflich.	① 지역구의원후보자공천서에는 오로지 1인의 후보자의 성명만을 기재해야 한다. 모든 후보자는 하나의 지역선거구의 하나의 지역구의원후보자공천서에서만 공천될 수 있다. 그 공천에 대하여 서면으로 동의를 한 후보자만이 공천될 수 있다. 이 동의는 철회될 수 없다.
(2) Kreiswahlvorschläge von Parteien müssen von dem Vorstand des Landesverbandes oder, wenn Landesverbände nicht bestehen, von den Vorständen der nächstniedrigen	② 정당의 지역구의원후보자공천서는 주당(州黨) 지도부 또는 주당이 없는 경우에 지역선거구 내에 있는 직하(直下)지구당(nächstniedrigen Gebietsverbände)의 지도부의 자필로 된 서

Gebietsverbände, in deren Bereich der Wahlkreis liegt, persönlich und handschriftlich unterzeichnet sein.

명이 있어야 한다.

Kreiswahlvorschläge der in § 18 Abs. 2 genannten Parteien müssen außerdem von mindestens 200 Wahlberechtigten des Wahlkreises persönlich und handschriftlich unterzeichnet sein; die Wahlberechtigung muß im Zeitpunkt der Unterzeichnung gegeben sein und ist bei Einreichung des Kreiswahlvorschlages nachzuweisen.

第18조 제2항상의 정당의 지역구의원후보자 공천서는 그 이외에도 최소한 해당 지역구 의원 선거권자의 200명의 자필로 된 서명이 있어야만 한다; 선거권은 서명한 시점 기준으로 있어야 하고 지역구의원후보자공천서의 제출 시에 증명되어야 한다.

Das Erfordernis von 200 Unterschriften gilt nicht für Kreiswahlvorschläge von Parteien nationaler Minderheiten.

이 200명 이상의 서명 요구는 소수민족정당(Parteien nationaler Minderheiten)에서 제출하는 지역구의원후보자공천서에는 적용되지 않는다.

(3) Andere Kreiswahlvorschläge müssen von mindestens 200 Wahlberechtigten des Wahlkreises persönlich und handschriftlich unterzeichnet sein. Absatz 2 Satz 2 zweiter Halbsatz gilt entsprechend.

③ 기타 무소속 지역구의원후보자추천서에는 해당 지역구의 선거권자 200명 이상의 자필로 된 서명이 있어야 한다.

(4) Kreiswahlvorschläge von Parteien müssen den Namen der einreichenden Partei und, sofern sie eine Kurzbezeichnung verwendet, auch diese, andere Kreiswahlvorschläge ein Kennwort enthalten.

④ 정당의 지역구의원후보자공천서에 제출하는 정당의 명칭과 약칭을 사용하는 경우에는 약칭을 기재해야 하고, 기타 무소속 지역구의원후보자추선서에 표식어를 기재해야 한다.

§ 21 Aufstellung von Parteibewerbern

제21조(정당후보자의 공천)

(1) Als Bewerber einer Partei kann in einem Kreiswahlvorschlag nur benannt werden, wer nicht Mitglied einer anderen Partei ist und in einer Mitgliederversammlung zur Wahl eines Wahlkreisbewerbers oder in einer besonderen oder allgemeinen Vertreterversammlung hierzu gewählt worden ist.

① 다른 정당의 당원이 아닌 사람으로서 지역구의원후보자 선출을 위한 당원총회나 이를 위한 특별대의원대회 또는 일반대의원대회에서 선출된 사람만이 정당후보자로서 지역구의원후보자로 공천될 수 있다.

Mitgliederversammlung zur Wahl eines

지역구의원후보자 선출을 위한 당원총회는

Wahlkreisbewerbers ist eine Versammlung der im Zeitpunkt ihres Zusammentritts im Wahlkreis zum Deutschen Bundestag wahlberechtigten Mitglieder der Partei.	그 집회시점 기준으로 해당 지역선거구에서의 연방의회 선거권자인 정당의 당원들의 집회이다.
Besondere Vertreterversammlung ist eine Versammlung der von einer derartigen Mitgliederversammlung aus ihrer Mitte gewählten Vertreter.	특별대의원대회는 이러한 당원총회에 의하여 당원 중에서 선출된 대표자들의 집회이다.
Allgemeine Vertreterversammlung ist eine nach der Satzung der Partei (§ 6 des Parteiengesetzes) allgemein für bevorstehende Wahlen von einer derartigen Mitgliederversammlung aus ihrer Mitte bestellte Versammlung.	일반대의원대회는 정당법 제6조상의 정당의 당헌에 따라 이러한 당원총회에 의하여 당원 중에서 차기선거를 위해 일반적으로 선출된 인사들의 집회이다.
(2) In Kreisen und kreisfreien Städten, die mehrere Wahlkreise umfassen, können die Bewerber für diejenigen Wahlkreise, deren Gebiet die Grenze des Kreises oder der kreisfreien Stadt nicht durchschneidet, in einer gemeinsamen Mitglieder- oder Vertreterversammlung gewählt werden.	② 수 개의 지역선거구가 있는, 상급자치단체(Kreisen)와 자유시(kreisfreien Städte)에서는, 상급자치단체의 경계나 자유시의 경계를 분할하지 않는 그 지역선거구의 후보자는 공동의 당원총회 또는 대의원대회에서 선출될 수 있다.
(3) Die Bewerber und die Vertreter für die Vertreterversammlungen werden in geheimer Abstimmung gewählt.	③ 지역구의원후보자와 대의원대회의 대표자는 비밀투표로 선출된다.
Jeder stimmberechtigte Teilnehmer der Versammlung ist hierbei vorschlagsberechtigt. Den Bewerbern ist Gelegenheit zu geben, sich und ihr Programm der Versammlung in angemessener Zeit vorzustellen.	이 경우 그 총회 또는 대의원대회의 투표권이 있는 모든 참가자는 지역구의원후보자를 추천할 권리가 있다. 지역구의원후보자들은 자신과 후보자공약(Programm der Versammlung)에 대해 상당한 시간 동안 발표할 기회를 부여받아야 한다.
Die Wahlen dürfen frühestens 32 Monate, für die Vertreterversammlungen frühestens 29 Monate nach Beginn der Wahlperiode	지역구의원후보자 선거는 빨라도 연방의회의 회기 개시후 32개월째에, 대의원대회의 대표자 선출은 일러도 연방의회의 회기 개

des Deutschen Bundestages stattfinden; dies gilt nicht, wenn die Wahlperiode vorzeitig endet.

시 후 29개월째에 실시될 수 있다. 그 회기가 조기에 종료된 경우에는 그러하지 아니하다.

(4) Der Vorstand des Landesverbandes oder, wenn Landesverbände nicht bestehen, die Vorstände der nächstniedrigen Gebietsverbände, in deren Bereich der Wahlkreis liegt, oder eine andere in der Parteisatzung hierfür vorgesehene Stelle können gegen den Beschluß einer Mitglieder- oder Vertreterversammlung Einspruch erheben.

④ 주당의 지도부 또는 주당이 없는 경우에 지역선거구 내에 있는 직하(直下)지구당의 지도부나 이를 위해 당헌에서 규정된 기타 기관은 당원총회나 대의원대회의 결정에 대하여 이의(Einspruch)를 제기할 수 있다.

Auf einen solchen Einspruch ist die Abstimmung zu wiederholen. Ihr Ergebnis ist endgültig.

이러한 이의에 의하여 표결이 다시 시행되어야 한다. 그 결과는 더 이상 번복될 수 없다.

(5) Das Nähere über die Wahl der Vertreter für die Vertreterversammlung, über die Einberufung und Beschlußfähigkeit der Mitglieder- oder Vertreterversammlung sowie über das Verfahren für die Wahl des Bewerbers regeln die Parteien durch ihre Satzungen.

⑤ 대의원대회의 대표자의 선출에 관한 세부사항, 지역구의원후보자 선출을 위한 절차 등 당원총회 또는 대의원대회 소집 및 의결정족수(Beschlußfähigkeit)에 관한 세부사항은 정당에서 당헌으로 정한다.

(6) Eine Ausfertigung der Niederschrift über die Wahl des Bewerbers mit Angaben über Ort und Zeit der Versammlung, Form der Einladung, Zahl der erschienenen Mitglieder und Ergebnis der Abstimmung ist mit dem Kreiswahlvorschlag einzureichen.

⑥ 집회의 장소 및 일시, 소집 형식, 출석한 당원의 수와 표결 결과에 관한 진술이 기재된 지역구의원후보자 선출에 관한 의사록의 정본은(Ausfertigung der Niederschrift), 지역구의원후보자공천서와 함께 제출되어야 한다.

Hierbei haben der Leiter der Versammlung und zwei von dieser bestimmte Teilnehmer gegenüber dem Kreiswahlleiter an Eides Statt zu versichern, dass die Anforderungen gemäß Absatz 3 Satz 1 bis 3 beachtet worden sind.

이 때 당원총회나 대의원대회의 의장과 이 결정에 참여한 2명은 지역구선거관리위원장에게 선서에 갈음하여, 제21조 제3항 제1문 내지 3문에 따른 요건이 준수되었다는 점을 보증해야 한다.

Der Kreiswahlleiter ist zur Abnahme einer solchen Versicherung an Eides Statt zuständig; er gilt als Behörde im Sinne des § 156 des Strafgesetzbuches.	지역구선거관리위원장은 그러한 선서에 갈음한 보증을 인수함으로써 그 주무관청이 된다; 이로써 그는 형법전 제156조상의 관청으로 간주된다.
§ 22 Vertrauensperson	**제22조(명부관리인)**
(1) In jedem Kreiswahlvorschlag sollen eine Vertrauensperson und eine stellvertretende Vertrauensperson bezeichnet werden. Fehlt diese Bezeichnung, so gilt die Person, die als erste unterzeichnet hat, als Vertrauensperson, und diejenige, die als zweite unterzeichnet hat, als stellvertretende Vertrauensperson.	① 각 지역구의원후보자공천서에는 한 명의 명부관리인(Vertrauensperson)과 그 직무대리자(stellvertretende Vertrauensperson)가 기재되어야 한다. 이러한 기재가 흠결된 경우에는 첫 번째로 서명한 사람이 명부관리인으로, 두 번째로 서명한 사람이 그 직무대리자로 간주된다.
(2) Soweit in diesem Gesetz nichts anderes bestimmt ist, sind nur die Vertrauensperson und die stellvertretende Vertrauensperson, jede für sich, berechtigt, verbindliche Erklärungen zum Kreiswahlvorschlag abzugeben und entgegenzunehmen.	② 연방선거법에 달리 규정되어 있지 않는 한, 명부관리인과 그 직무대리자는 각자(jede für sich) 지역구의원후보자공천에 대한 구속력 있는 의사표시를 할 수 있는 권한이 있고 또 이에 관한 의사표시를 수령할 수 있는 권한이 있다.
(3) Die Vertrauensperson und die stellvertretende Vertrauensperson können durch schriftliche Erklärung der Mehrheit der Unterzeichner des Kreiswahlvorschlages an den Kreiswahlleiter abberufen und durch andere ersetzt werden.	③ 명부관리인과 직무대리자는 서면에 의한, 지역구의원후보자공천서에 서명한 과반수의 지역구선거관리위원장 대한 의사표시로 해임될 수 있고 또 다른 사람으로 교체될 수 있다.
§ 23 Zurücknahme von Kreiswahlvorschlägen	**제23조(지역구의원후보자공천의 철회)**
Ein Kreiswahlvorschlag kann durch gemeinsame schriftliche Erklärung der Vertrauensperson und der stellvertretenden Vertrauensperson zurückgenommen werden, solange nicht über seine Zulassung entschieden ist.	지역구의원후보자공천은, 그에 대한 승인이 결정되기 이전에는 명부관리인과 그 직무대리자의 공동의 서면에 의한 의사표시로 철회될 수 있다.
Ein von mindestens 200 Wahlberechtigten unterzeichneter Kreiswahlvorschlag kann	200명 이상의 선거권자가 서명한 지역구의원후보자공천은 그 서명자의 과반수가 자필

auch von der Mehrheit der Unterzeichner durch eine von ihnen persönlich und handschriftlich vollzogene Erklärung zurückgenommen werden.

로 한 의사표시에 의해서도 철회될 수 있다.

§ 24 Änderung von Kreiswahlvorschlägen

Ein Kreiswahlvorschlag kann nach Ablauf der Einreichungsfrist nur durch gemeinsame schriftliche Erklärung der Vertrauensperson und der stellvertretenden Vertrauensperson und nur dann geändert werden, wenn der Bewerber stirbt oder die Wählbarkeit verliert.

Das Verfahren nach § 21 braucht nicht eingehalten zu werden, der Unterschriften nach § 20 Abs. 2 und 3 bedarf es nicht. Nach der Entscheidung über die Zulassung eines Kreiswahlvorschlages (§ 26 Abs. 1 Satz 1) ist jede Änderung ausgeschlossen.

제24조(지역구의원후보자공천의 변경)

지역구의원후보자공천은, 그 제출기한의 경과 후에는 그 후보자가 사망하거나 피선거권을 상실한 경우에 한하여, 명부관리인과 그 직무대리자의 공동의 서면에 의한 의사표시로만 변경될 수 있다.

이 때에는 제21조에 의한 절차는 준수될 필요가 없고, 제20조 제2항 및 제3항에 의한 서명은 필요하지 않는다. 제26조 제1항 1문에 의한 지역구후보자공천의 승인에 관한 결정 후에는 일체의 변경이 허용되지 않는다.

§ 25 Beseitigung von Mängeln

(1) Der Kreiswahlleiter hat die Kreiswahlvorschläge unverzüglich nach Eingang zu prüfen. Stellt er bei einem Kreiswahlvorschlag Mängel fest, so benachrichtigt er sofort die Vertrauensperson und fordert sie auf, behebbare Mängel rechtzeitig zu beseitigen.

(2) Nach Ablauf der Einreichungsfrist können nur noch Mängel an sich gültiger Wahlvorschläge behoben werden.

Ein gültiger Wahlvorschlag liegt nicht vor, wenn

1. die Form oder Frist des § 19 nicht gewahrt ist,
2. die nach § 20 Abs. 2 Sätze 1 und 2 sowie Absatz 3 erforderlichen gültigen Unterschriften

제25조(흠결의 보완)

① 지역구선거관리위원장은 그 서류 접수후 지체 없이 지역구의원후보자공천서를 심사해야 한다. 지역구의원후보자공천서에 흠결을 확인한 경우에는 그는 즉시 명부관리인에게 통지해서 시정할 수 있는 흠결을 적시에 보완할 것을 요구해야 한다.

② 그 제출기한의 경과 후에는 그 자체로 유효한 지역구의원후보자공천서의 흠결에 한하여 보완될 수 있다.

다음 각호의 경우에 유효한 지역후보자공천서의 제출로 보지 않는다.

1. 제19조의 형식 또는 기한이 준수되지 않은 경우,
2. 제20조 제2항 1문 및 2문, 동조 제3항에 따라 요구된, 서명자의 선거권을

mit dem Nachweis der Wahlberechtigung der Unterzeichner fehlen, es sei denn, der Nachweis kann infolge von Umständen, die der Wahlvorschlagsberechtigte nicht zu vertreten hat, nicht rechtzeitig erbracht werden,	증명하는 유효한 서명의 흠결이 있는 경우, 다만, 지역구의원후보자의 선거권자(Wahlvorschlagsberechtigte)의 책임질 수 없는 사정으로 인하여 적시에 증명할 수 없는 경우에는 예외로 한다,
3. bei einem Parteiwahlvorschlag die Parteibezeichnung fehlt, die nach § 18 Abs. 2 erforderliche Feststellung der Parteieigenschaft abgelehnt ist oder die Nachweise des § 21 nicht erbracht sind,	3. 정당의 지역구의원후보자공천서에 제18조 제2항에 따라 요구되는 정당의 자격(Parteieigenschaft)에 대한 확인이 거부되거나 제21조상의 증명이 되지 않은 정당의 명칭이 흠결된 경우,
4. der Bewerber mangelhaft bezeichnet ist, so daß seine Person nicht feststeht, oder	4. 그 인적사항이 확정되지 않을 정도로 지역구의원후보자에 대하여 불완전하게 표기한 경우,
5. die Zustimmungserklärung des Bewerbers fehlt.	5. 후보자의 그 동의의 의사표시가 없는 경우
(3) Nach der Entscheidung über die Zulassung eines Kreiswahlvorschlages (§ 26 Abs. 1 Satz 1) ist jede Mängelbeseitigung ausgeschlossen.	③ 제26조 제1항 1문에 의하여 지역구의원후보자공천의 승인에 관한 결정이 이뤄진 후에는 모든 흠결의 보완을 할 수 없다.
(4) Gegen Verfügungen des Kreiswahlleiters im Mängelbeseitigungsverfahren kann die Vertrauensperson den Kreiswahlausschuß anrufen.	④ 명부관리인은 흠결보완절차에서 지역구선거관리위원장이 한 처분에 대하여 지역구선거관리위원회에게 이의를 제기할 수 있다.
§ 26 Zulassung der Kreiswahlvorschläge	**제26조(지역구의원후보자공천의 승인)**
(1) Der Kreiswahlausschuß entscheidet am achtundfünfzigsten Tage vor der Wahl über die Zulassung der Kreiswahlvorschläge.	① 지역구선거관리위원회는 선거일 58일 전까지 지역구의원후보자공천의 승인에 대하여 결정한다.
Er hat Kreiswahlvorschläge zurückzuweisen, wenn sie	지역구선거관리위원회는 다음 각호의 경우에 승인을 하지 않는다.
1. verspätet eingereicht sind oder	1. 그 제출기한을 도과하여 제출된 경우, 또는
2. den Anforderungen nicht entsprechen,	2. 연방선거법의 규정이 달리 규정하지 않

die durch dieses Gesetz und die Bundeswahlordnung aufgestellt sind, es sei denn, daß in diesen Vorschriften etwas anderes bestimmt ist.	는 한, 연방선거법과 동법 시행령이 규정한 요건에 부합하지 않는 경우
Die Entscheidung ist in der Sitzung des Kreiswahlausschusses bekanntzugeben.	그 결정은 지역구선거관리위원회의 회의에서 공표되어야 한다.
(2) Weist der Kreiswahlausschuß einen Kreiswahlvorschlag zurück, so kann binnen drei Tagen nach Bekanntgabe der Entscheidung Beschwerde an den Landeswahlausschuß eingelegt werden.	② 지역구선거관리위원회가 지역구의원후보자공천을 승인하지 않는 경우에, 그 결정에 대한 통지를 받은 후 3일 이내에 주선거관리위원회에 항고(Beschwerde)를 제기할 수 있다.
Beschwerdeberechtigt sind die Vertrauensperson des Kreiswahlvorschlages, der Bundeswahlleiter und der Kreiswahlleiter. Der Bundeswahlleiter und der Kreiswahlleiter können auch gegen eine Entscheidung, durch die ein Kreiswahlvorschlag zugelassen wird, Beschwerde erheben.	항고제기권자는 지역구의원후보공천서 관리인, 연방선거관리위원장, 지역구선거관리위원장이다. 연방선거관리위원장과 지역구선거관리위원장은 지역구후보자공천을 승인하는 결정에 대하여도 항고를 제기할 수 있다.
In der Beschwerdeverhandlung sind die erschienenen Beteiligten zu hören. Die Entscheidung über die Beschwerde muß spätestens am zweiundfünfzigsten Tage vor der Wahl getroffen werden.	항고심리절차에서 출석한 이해관계인을 심문해야 한다. 그 항고에 대한 결정은 늦어도 선거일 52일 전까지 이뤄져야 한다.
(3) Der Kreiswahlleiter macht die zugelassenen Kreiswahlvorschläge spätestens am achtundvierzigsten Tage vor der Wahl öffentlich bekannt.	③ 지역구선거관리위원장은 늦어도 선거일 48일까지 승인된 지역구의원후보자공천을 공고해야 한다.
§ 27 Landeslisten	**제27조(주비례대표후보자명부)**
(1) Landeslisten können nur von Parteien eingereicht werden.	① 주비례대표후보자명부는 정당만이 제출할 수 있다.
Sie müssen von dem Vorstand des Landesverbandes oder, wenn Landesverbände nicht bestehen, von den Vorständen der	주비례대표후보자명부에는 주당(州黨) 지도부 또는 주당(州黨)이 없는 경우에는 해당 주에 있는 직하(直下)지구당의 지도부의 자

nächstniedrigen Gebietsverbände, die im Bereich des Landes liegen, bei den in § 18 Abs. 2 genannten Parteien außerdem von 1 vom Tausend der Wahlberechtigten des Landes bei der letzten Bundestagswahl, jedoch höchstens 2.000 Wahlberechtigten, persönlich und handschriftlich unterzeichnet sein.

필로 된 서명이 있어야 하고, 제18조 제2항상의 정당에서 제출하는 주비례대표후보자명부에는 그 지도부의 자필로 된 서명 이외에도 해당 주의 최근 연방의회의원선거 시의 1/1,000의 선거권자(단 2,000명 이하)의 자필로 된 서명도 있어야만 한다.

Die Wahlberechtigung der Unterzeichner eines Wahlvorschlages einer der in § 18 Abs. 2 genannten Parteien muß im Zeitpunkt der Unterzeichnung gegeben sein und ist bei Einreichung der Landesliste nachzuweisen.

제18조 제2항상의 정당의 후보자공천에 대한 서명자의 선거권은 서명 시점에 있어야만 하고, 주비례대표후보자명부 제출 시에 증명되어야 한다.

Das Erfordernis zusätzlicher Unterschriften gilt nicht für Landeslisten von Parteien nationaler Minderheiten.

이러한 추가적인 서명 요구규정은 소수민족정당(Parteien nationaler Minderheiten)에서 제출하는 주비례대표후보자명부에는 적용되지 않는다.

(2) Landeslisten müssen den Namen der einreichenden Partei und, sofern sie eine Kurzbezeichnung verwendet, auch diese enthalten.

② 주비례대표후보자명부에는 제출하는 정당명과, 정당에서 약칭을 사용하는 경우에는 이 약칭이 포함되어야 한다.

(3) Die Namen der Bewerber müssen in erkennbarer Reihenfolge aufgeführt sein.

③ 비례대표후보자의 성명은 식별할 수 있는 순번에 따라 기재되어야 한다.

(4) Ein Bewerber kann nur in einem Land und hier nur in einer Landesliste vorgeschlagen werden. In einer Landesliste kann nur benannt werden, wer seine Zustimmung dazu schriftlich erklärt hat; die Zustimmung ist unwiderruflich.

④ 비례대표후보자는 하나의 주(州)의 하나의 주비례대표후보자명부에서만 공천될 수 있다. 그 공천에 대한 동의를 서면으로 표시한 사람만이 주비례대표후보자명부에 공천될 수 있다; 그 동의는 철회할 수 없다.

(5) § 21 Abs. 1, 3, 5 und 6 sowie die §§ 22 bis 25 gelten entsprechend mit der Maßgabe, daß die Versicherung an Eides Statt nach § 21 Abs. 6 Satz 2 sich auch darauf zu erstrecken hat, daß die Festlegung der Reihenfolge der

⑤ 제21조 제1항, 제3항, 제5항, 제6항 및 제22조 내지 제25조까지의 규정은, 제21조 제6항 2문에 따른 선서에 갈음한 보증이 비밀투표에 의해서 주비례대표후보자명부상 후보자의 순번이 확정된 점에 대하여 이뤄지

Bewerber in der Landesliste in geheimer Abstimmung erfolgt ist.

는 조건하에서 준용된다.

§ 28 Zulassung der Landeslisten

(1) Der Landeswahlausschuß entscheidet am achtundfünfzigsten Tage vor der Wahl über die Zulassung der Landeslisten.

Er hat Landeslisten zurückzuweisen, wenn sie

1. verspätet eingereicht sind oder
2. den Anforderungen nicht entsprechen, die durch dieses Gesetz und die Bundeswahlordnung aufgestellt sind, es sei denn, daß in diesen Vorschriften etwas anderes bestimmt ist.

   Sind die Anforderungen nur hinsichtlich einzelner Bewerber nicht erfüllt, so werden ihre Namen aus der Landesliste gestrichen. Die Entscheidung ist in der Sitzung des Landeswahlausschusses bekanntzugeben.

(2) Weist der Landeswahlausschuß eine Landesliste ganz oder teilweise zurück, so kann binnen drei Tagen nach Bekanntgabe der Entscheidung Beschwerde an den Bundeswahlausschuß eingelegt werden.

Beschwerdeberechtigt sind die Vertrauensperson der Landesliste und der Landeswahlleiter. Der Landeswahlleiter kann auch gegen eine Entscheidung, durch die eine Landesliste zugelassen wird, Beschwerde erheben.

In der Beschwerdeverhandlung sind die erschienenen Beteiligten zu hören. Die Entscheidung über die Beschwerde muß spätestens am zweiundfünfzigsten Tage vor

제28조(주비례대표후보자명부의 승인)

① 주선거위원회는 선거일 58일 전까지 비례대표후보자명부 승인 여부를 결정한다.

다음 각호의 경우에는 이를 승인해서는 안 된다.

1. 제출 일자를 도과하여 제출된 경우, 또는
2. 연방선거법의 규정이 달리 정하지 않는 한, 연방선거법과 동법 시행령이 정한 요건에 부합하지 않는 경우

   개별적인 비례대표후보자에 대해서만 요건이 흠결된 경우에는 그의 성명만이 주비례대표후보자명부에서 삭제된다. 이 결정은 주선거위원회의 회의에서 공표되어야 한다.

② 주선거위원회가 어느 주비례대표후보자명부에 대하여 전체적으로 또는 부분적으로 승인하지 않는 경우에는, 그에 대한 공표 후 3일 이내에 그 결정에 대한 항고(Beschwerde)를 연방선거위원회에 제출할 수 있다.

항고제기권자는 주비례대표후보의 명부관리인(Vertrauensperson)과 주선거관리위원장이다. 주선거관리위원장은 주비례대표후보자명부가 승인된 경우에 그 결정에 대해서도 항고를 제기할 수 있다.

그 항고심리절차에서는 출석한 이해관계인에 대하여 심문해야 한다. 그 항고에 대한 결정은 늦어도 선거일 52일 전까지 이뤄져야 한다.

der Wahl getroffen werden.

(3) Der Landeswahlleiter macht die zugelassenen Landeslisten spätestens am achtundvierzigsten Tage vor der Wahl öffentlich bekannt.

③ 주선거관리위원장은 늦어도 선거일 48일 전에 승인한 주비례대표후보자명부를 공고해야 한다.

Nichtamtliches Inhaltsverzeichnis

§ 29 (weggefallen)

제29조 (삭제)

§ 30 Stimmzettel

제30조(투표용지)

(1) Die Stimmzettel und die zugehörigen Umschläge für die Briefwahl (§ 36 Abs. 1) werden amtlich hergestellt.

① 투표용지와 제36조 제1항에 따라 우편투표에 사용되는 부속봉투(우편봉투와 투표용지봉투를 말함)는 관청에서 제작한다.

(2) Der Stimmzettel enthält

1. für die Wahl in den Wahlkreisen die Namen der Bewerber der zugelassenen Kreiswahlvorschläge, bei Kreiswahlvorschlägen von Parteien außerdem die Namen der Parteien und, sofern sie eine Kurzbezeichnung verwenden, auch diese, bei anderen Kreiswahlvorschlägen außerdem das Kennwort,
2. für die Wahl nach Landeslisten die Namen der Parteien und, sofern sie eine Kurzbezeichnung verwenden, auch diese, sowie die Namen der ersten fünf Bewerber der zugelassenen Landeslisten.

② 투표용지는 다음 각호 사항이 기입된다.

1. 지역구선거에 대하여는 승인된 지역구의원후보자공천서의 후보자 성명, 그 이외에도 정당의 지역구의원후보자공천서에는 정당의 명칭, 정당에서 약칭을 사용하는 경우 그 약칭, 기타 지역구의원후보자공천서에는 그 이외에도 표식어,
2. 주비례대표후보자명부에 따른 선거에 대하여는 정당의 명칭, 정당에서 약칭을 사용하는 경우 그 약칭 및 승인된 주비례대표후보자명부상의 첫째부터 5번째까지의 후보자의 성명

(3) Die Reihenfolge der Landeslisten von Parteien richtet sich nach der Zahl der Zweitstimmen, die sie bei der letzten Bundestagswahl im Land erreicht haben.

Die übrigen Landeslisten schließen sich in alphabetischer Reihenfolge der Namen der Parteien an.

Die Reihenfolge der Kreiswahlvorschläge richtet sich nach der Reihenfolge der entsprechenden Landeslisten. Sonstige

③ 정당에서 제출한 주비례대표후보자명부의 기호(Reihenfolge)는, 해당 주의 최근 연방의회선거에서 획득한 제2투표의 득표수에 따라 정해진다.

위 제30조 제3항 1문 이외의 기타 주비례대표후보자명부는 정당의 알파벳 순서에 따라 정해진다.

지역구의원후보자공천의 기호(Reihenfolge)는 주비례대표후보자명부에 상응하는 기호에 따라 정해진다. 그 이외의 지역구의원후

Kreiswahlvorschläge schließen sich in alphabetischer Reihenfolge der Namen der Parteien oder der Kennwörter an.

보자공천의 기호는 정당의 명칭 또는 그 표식어의 알파벳 순서에 따라 정해진다.

Fünfter Abschnitt
Wahlhandlung

제5장
투표행위

§ 31 Öffentlichkeit der Wahlhandlung

Die Wahlhandlung ist öffentlich. Der Wahlvorstand kann Personen, die die Ordnung und Ruhe stören, aus dem Wahlraum verweisen.

제31조(선거의 공개성)

선거(Wahlhandlung)는 공개적으로 행해진다. 투표구선거관리위원회는 질서와 평온을 교란시키는 자를 투표소에서 퇴장할 것을 명할 수 있다.

§ 32 Unzulässige Wahlpropaganda[5] und Unterschriftensammlung, unzulässige Veröffentlichung von Wählerbefragungen

(1) Während der Wahlzeit sind in und an dem Gebäude, in dem sich der Wahlraum befindet, sowie unmittelbar vor dem Zugang zu dem Gebäude jede Beeinflussung der Wähler durch Wort, Ton, Schrift oder Bild sowie jede Unterschriftensammlung verboten.

(2) Die Veröffentlichung von Ergebnissen von Wählerbefragungen nach der Stimmabgabe über den Inhalt der Wahlentscheidung ist vor Ablauf der Wahlzeit unzulässig.

제32조(허용되지 않는 선거운동 및 서명모으기운동, 허용되지 않는 여론조사의 공표)

① 투표시간 동안에 투표소가 있는 건물의 안팎에서, 그리고 그 건물 입구 앞에서, 서명모으기운동(Unterschriftensammlung)를 비롯하여 말, 음향, 문자, 그림에 의해 투표권자에게 영향을 주는 일체의 행위는 금지된다.

② 투표한 내용에 관한 출구여론조사의 결과(Ergebnissen von Wählerbefragungen nach der Stimmabgabe)의 공표는 투표시간의 경과 이전에는 허용되지 않는다.

§ 33 Wahrung des Wahlgeheimnisses

(1) Es sind Vorkehrungen dafür zu treffen, daß der Wähler den Stimmzettel unbeobachtet kennzeichnen und falten kann.

Für die Aufnahme der Stimmzettel sind Wahlurnen zu verwenden, die die Wahrung des Wahlgeheimnisses sicherstellen.

(2) Ein Wähler, der des Lesens unkundig ist

제33조(투표의 비밀보장)

① 선거권자가 타인이 알아보지 못하게 투표용지에 기표하고 접을 수 있도록 대비책을 취해야 한다.

투표함에 투표용지를 수용(Aufnahme)함에 있어 투표의 비밀을 보장하는 투표함이 사용되어야 한다.

② 읽지 못하는 선거권자 또는 신체적 장애

5 이는 선거유세 또는 선거선전에 해당하는 용어이나, 독일 연방선거법상에는 존재하지 않는, 우리 선거법상 '선거운동'을 의미하는 것으로 볼 것이다.

oder der wegen einer körperlichen Beeinträchtigung gehindert ist, den Stimmzettel zu kennzeichnen, zu falten oder selbst in die Wahlurne zu werfen, kann sich der Hilfe einer anderen Person bedienen.	로 인하여 스스로 투표용지에 기표하거나 이를 접거나 또는 투함할 수 없는 사람은 다른 사람의 도움을 받을 수 있다.
§ 34 Stimmabgabe mit Stimmzetteln	**제34조(투표용지에 의한 투표)**
(1) Gewählt wird mit amtlichen Stimmzetteln.	① 투표는 관청에서 제작한 투표용지에 의해 의한다.
(2) Der Wähler gibt	② 선거권자의 투표는 다음과 같다.
1. seine Erststimme in der Weise ab, daß er durch ein auf den Stimmzettel gesetztes Kreuz oder auf andere Weise eindeutig kenntlich macht, welchem Bewerber sie gelten soll,	1. 투표용지에 'X'를 기표하거나, 어느 지역구의원후보자에게 투표했는지를 분명하게 알아볼 수 있는 다른 방식의 기표에 의한 제1투표를 행사할 수 있다,
2. seine Zweitstimme in der Weise ab, daß er durch ein auf den Stimmzettel gesetztes Kreuz oder auf andere Weise eindeutig kenntlich macht, welcher Landesliste sie gelten soll.	2. 투표용지에 'X'를 기표하거나, 어느 주비례대표후보자명부에 투표했는지를 분명하게 알아볼 수 있는 다른 방식의 기표에 의한 제2투표를 행사할 수 있다.
§ 35 Stimmabgabe mit Wahlgeräten	**제35조(투표장치에 의한 투표)**
(1) Zur Erleichterung der Abgabe und Zählung der Stimmen können anstelle von Stimmzetteln und Wahlurnen Wahlgeräte benutzt werden.	① 투표와 득표수의 산정의 편익을 위해 투표용지 및 투표함 대신에 투표장치가 사용될 수 있다.
(2) Wahlgeräte im Sinne von Absatz 1 müssen die Geheimhaltung der Stimmabgabe gewährleisten.	② 제35조 제1항상의 투표장치는 투표의 비밀을 보장해야 한다.
Ihre Bauart muß für die Verwendung bei Wahlen zum Deutschen Bundestag amtlich für einzelne Wahlen oder allgemein zugelassen sein.	그 구조는, 연방의회선거에서 개별 선거용 또는 전체 선거용으로 사용되도록 승인되어야만 한다.
Über die Zulassung entscheidet das Bundesministerium des Innern auf Antrag des Herstellers des Wahlgerätes.	연방내무부에서 그 투표장치의 제조업자의 신청에 의하여 그 승인 여부를 결정한다.

Die Verwendung eines amtlich zugelassenen Wahlgerätes bedarf der Genehmigung durch das Bundesministerium des Innern. Die Genehmigung kann für einzelne Wahlen oder allgemein ausgesprochen werden.	관청이 공식적으로 승인하는 투표장치의 사용에는 연방내무부에 의한 승인을 필요로 한다. 이 승인에는 개별 선거 또는 전체 선거에 대하여 행해질 수 있다.
(3) Das Bundesministerium des Innern wird ermächtigt, durch Rechtsverordnung, die nicht der Zustimmung des Bundesrates be-darf, nähere Bestimmungen zu erlassen über	③ 연방내무부는 연방참사원의 동의를 필요로 하지 않는 법규명령을 통해, 다음과 같은 상세한 규정을 발령할 수 있는 권한을 갖는다.
1. die Voraussetzungen für die amtliche Zulassung der Bauart von Wahlgeräten sowie für die Rücknahme und den Widerruf der Zulassung,	1. 투표장치 구조에 대한 공식적 승인과 그 승인의 취소 및 철회에 대한 전제요건,
2. das Verfahren für die amtliche Zulassung der Bauart,	2. 그 구조의 공식적 승인 절차,
3. das Verfahren für die Prüfung eines Wahlgerätes auf die der amtlich zuge-lassenen Bauart entsprechende Ausführung,	3. 공식적으로 승인된 구조에 맞게 제작되었는지에 관한 투표장치의 검사에 대한 절차,
4. die öffentliche Erprobung eines Wahlgerätes vor seiner Verwendung,	4. 그 사용 전 투표장치의 공식적 시험,
5. das Verfahren für die amtliche Genehmigung der Verwendung sowie für die Rücknahme und den Widerruf der Genehmigung,	5. 그 사용에 대한 공식적 승인과 그 승인의 취소 및 철회에 대한 절차,
6. die durch die Verwendung von Wahlgeräten bedingten Besonderheiten im Zusammenhang mit der Wahl.	6. 투표장치의 사용을 통해 야기된, 선거와 관련된 특별사항
Die Rechtsverordnung ergeht in den Fällen der Nummern 1 und 3 im Einvernehmen mit dem Bundesministerium für Wirtschaft und Technologie.	제35조 제3항 제1호와 제3호의 법규명령의 경우에는 연방경제기술부의 합의에 의해 공포된다.
(4) Für die Betätigung eines Wahlgerätes gilt § 33 Abs. 1 Satz 1 und Abs. 2 entsprechend.	④ 투표장치의 실제 작동에는 제33조 제1항 1문과 제2항이 준용된다.

§ 36 Briefwahl

(1) Bei der Briefwahl hat der Wähler dem Kreiswahlleiter des Wahlkreises, in dem der Wahlschein ausgestellt worden ist, im verschlossenen Wahlbriefumschlag

a) seinen Wahlschein,

b) in einem besonderen verschlossenen Stimmzettelumschlag seinen Stimmzettel so rechtzeitig zu übersenden, daß der Wahlbrief spätestens am Wahltage bis 18 Uhr eingeht.

§ 33 Abs. 2 gilt entsprechend.

(2) Auf dem Wahlschein hat der Wähler oder die Hilfsperson gegenüber dem Kreiswahlleiter an Eides Statt zu versichern, daß der Stimmzettel persönlich oder gemäß dem erklärten Willen des Wählers gekennzeichnet worden ist.

Der Kreiswahlleiter ist zur Abnahme einer solchen Versicherung an Eides Statt zuständig; er gilt als Behörde im Sinne des § 156 des Strafgesetzbuches.

(3) Im Falle einer Anordnung der Landesregierung oder der von ihr bestimmten Stelle nach § 8 Abs. 3 tritt an die Stelle des Kreiswahlleiters in Absatz 1 Satz 1 und in Absatz 2 die Gemeindebehörde, die den Wahlschein ausgestellt hat, oder die Verwaltungsbehörde des Kreises, in dem diese Gemeinde liegt.

(4) Wahlbriefe können von den Absendern bei einem vor der Wahl amtlich bekannt gemachten Postunternehmen als Briefsendungen

제36조(우편투표)

① 우편투표에서 선거권자는, 선거증이 발행된 지역구선거관리위원장에게 봉인된 선거봉투에 a) 자신의 선거증과, b) 별도로 봉인된 투표용지봉투에 투표용지를 넣어서, 우편투표가 늦어도 선거일 18시까지 도착할 수 있도록 적시에 송부해야 한다.

이 경우 제33조 제2항이 준용된다.

② 그 선거증상에, 선거권자 또는 그 보조인은 지역구선거관리위원장에 대한 선거에 갈음하여 선거권자가 직접 또는 선거권자의 표시된 의사에 따라 기표했다는 것을 보증해야 한다.

그 지역구선거관리위원장은 그 선서에 갈음하는 그러한 보증의 인수로써 그 주무관청이 된다. 이로써 그는 형법전 제156조상의 관청으로 간주된다.

③ 주정부의 명령 또는 제8조 제3항에 따라 주정부에 의해 지정된 기관에 의한 명령의 경우에는, 선거증을 발행한 기초자치단체의 관청 또는 그 기초자치단체가 속한 상급자치단체의 행정관청은 제36조 제1항 1문과 제2항의 지역구선거관리위원장을 대신한다.

④ 우편투표는, 그것이 관청에서 제작한 선거봉투 안에 있는 경우에는, 특별한 발송형식 없이 무료로, 선거전에 우편발송업자로

ohne besondere Versendungsform un–entgeltlich eingeliefert werden, wenn sie sich in amtlichen Wahlbriefumschlägen befinden.

공지된 우편회사 중 어느 회사를 통하여 발송인에 의해 발송될 수 있다.

Bei Inanspruchnahme einer besonderen Versendungsform hat der Absender den das jeweils für die Briefbeförderung gültige Leistungsentgelt übersteigenden Betrag zu tragen.

특별한 발송형식의 이용 시에는 발송인은 위와 같은 우편배송에 적용되는 우편요금(특별한 형식 없이 행해지는 무료의 우편요금을 말함)을 초과하는 각각의 금액을 부담해야 한다.

Der Bund trägt die Kosten für die un–entgeltliche Wahlbriefbeförderung.

무료의 선거우편배송에 비용은 연방정부가 부담한다.

Sechster Abschnitt
Feststellung des Wahlergebnisses

제6장
선거결과의 확정

§ 37 Feststellung des Wahlergebnisses im Wahlbezirk

Nach Beendigung der Wahlhandlung stellt der Wahlvorstand fest, wieviel Stimmen im Wahlbezirk auf die einzelnen Kreiswahlvorschläge und Landeslisten abgegeben worden sind.

第37조(투표구 선거결과의 확정)

투표의 종료 후 투표구선거관리위원회는 해당 투표구에서 각 지역구의원후보자 및 주비례대표후보자명부에게 행사된 득표수를 확정한다.

§ 39 Ungültige Stimmen, Zurückweisung von Wahlbriefen, Auslegungsregeln

(1) Ungültig sind Stimmen, wenn der Stimmzettel

1. nicht amtlich hergestellt ist,
2. keine Kennzeichnung enthält,
3. für einen anderen Wahlkreis gültig ist,
4. den Willen des Wählers nicht zweifelsfrei erkennen läßt,
5. einen Zusatz oder Vorbehalt enthält.

In den Fällen der Nummern 1 und 2 sind beide Stimmen ungültig; im Fall der Nummer 3 ist nur die Erststimme un–

第39조(무효투표, 우편투표의 반송, 해석규칙)

① 투표용지가 다음 각호에 해당하는 경우에 투표는 무효로 한다.

1. 관청에서 제작되지 않은 경우,
2. 어떤 기표도 없는 경우,
3. 다른 지역선거구용인 경우,
4. 선거권자의 의사를 분명하게 식별할 수 없는 경우,
5. 부가어나 조건이 있는 경우

第39조 제1항 제1호 및 제2호의 경우에는 제1투표와 제2투표 모두를 무효로 한다. 제3호의 경우에는, 투표용지가 동일

gültig, wenn der Stimmzettel für einen anderen Wahlkreis in demselben Land gültig ist.	한 주의 다른 지역선거구용으로 쓰이는 경우에는 제1투표만 무효로 한다.
Bei der Briefwahl sind außerdem beide Stimmen ungültig, wenn der Stimmzettel nicht in einem amtlichen Stimmzettelumschlag oder in einem Stimmzettelumschlag abgegeben worden ist, der offensichtlich in einer das Wahlgeheimnis gefährdenden Weise von den übrigen abweicht oder einen deutlich fühlbaren Gegenstand enthält, jedoch eine Zurückweisung gemäß Absatz 4 Nr. 7 oder 8 nicht erfolgt ist.	우편투표에서는, 그 이외에도, 투표용지가 관청에서 제작한 투표용지봉투 속에 들어 있지 않거나, 또는 명백하게 투표의 비밀을 침해하는 방식으로 되어 있어 나머지 (정상적인) 투표용지봉투와 구분되거나, 분명하게 감지할 수 있는 이물질(Gegenstand)이 포함되어 있으나, 제37조 제4항 제7호 또는 제8호에 따른 반송이 행해지는 않는 투표용지봉투 속에 투표용지가 들어 있는 경우에는, 제1투표와 제2투표 모두를 무효로 한다.
Enthält der Stimmzettel nur eine Stimmabgabe, so ist die nicht abgegebene Stimme ungültig.	투표용지에 하나의 투표만 있는 경우에는 행사되지 않은 투표는 무효로 한다.
(2) Mehrere in einem Stimmzettelumschlag enthaltene Stimmzettel gelten als ein Stimmzettel, wenn sie gleich lauten oder nur einer von ihnen gekennzeichnet ist; sonst zählen sie als ein Stimmzettel mit zwei ungültigen Stimmen.	② 하나의 투표용지봉투 속에 들어 있는 투표용지가 여러 개인 경우에는, 그 투표용지가 동일하게 기표되거나 하나의 투표용지에만 기표된 경우에는 하나의 투표용지로 간주하고, 그렇지 않은 경우에는 제1투표 및 제2투표가 무효인 하나의 투표용지로 계산한다.
(3) Ist der Stimmzettelumschlag leer abgegeben worden, so gelten beide Stimmen als ungültig.	③ 투표용지봉투에 투표용지가 없는 경우에는 제1투표 및 제2투표를 무효로 간주한다.
(4) Bei der Briefwahl sind Wahlbriefe zurückzuweisen, wenn	④ 우표투표에서 다음 각호의 경우에는 우편투표를 반송해야 한다.
1. der Wahlbrief nicht rechtzeitig eingegangen ist,	1. 우편투표가 적시에 도착하지 않는 경우,
2. dem Wahlbriefumschlag kein oder kein gültiger Wahlschein beiliegt,	2. 우편투표봉투에 선거증이 동봉되어 있지 않거나 유효한 선거증이 동봉되어 있지 않은 경우,

3. dem Wahlbriefumschlag kein Stimmzettelumschlag beigefügt ist,

3. 우편투표봉투에 투표용지봉투가 동봉되지 않는 경우,

4. weder der Wahlbriefumschlag noch der Stimmzettelumschlag verschlossen ist,

4. 우편투표봉투나 투표용지봉투가 봉인되지 않은 경우,

5. der Wahlbriefumschlag mehrere Stimmzettelumschläge, aber nicht eine gleiche Anzahl gültiger und mit der vorgeschriebenen Versicherung an Eides Statt versehener Wahlscheine enthält,

5. 우표투표봉투에 여러 개의 투표용지봉투가 있으나, 유효하고도 선서에 갈음하는 것으로 규정된 보증이 있는 선거증이 그 투표용지봉투와 동수로 없는 경우,

6. der Wähler oder die Hilfsperson die vorgeschriebene Versicherung an Eides Statt zur Briefwahl auf dem Wahlschein nicht unterschrieben hat,

6. 선거인 또는 그 보조인이 선거증상에 있는, 우편투표를 위한 선거에 갈음하는 것으로 규정된 보증에 서명하지 않은 경우,

7. kein amtlicher Stimmzettelumschlag benutzt worden ist,

7. 관청에서 제작한 투표용지봉투를 사용하지 않는 경우,

8. ein Stimmzettelumschlag benutzt worden ist, der offensichtlich in einer das Wahlgeheimnis gefährdenden Weise von den übrigen abweicht oder einen deutlich fühlbaren Gegenstand enthält.

8. 명백하게 투표의 비밀을 침해하는 방식으로 되어 있어 다른 (정상적인) 투표용지봉투와 구분되거나, 분명하게 감지할 수 있는 이물질(Gegenstand)이 포함된 투표용지봉투가 사용된 경우

Die Einsender zurückgewiesener Wahlbriefe werden nicht als Wähler gezählt; ihre Stimmen gelten als nicht abgegeben

반송된 우편투표인의 발송인은 투표자(Wähler)로 계산하지 않는다; 그들의 투표권은 행사되지 않는 것으로 간주한다.

(5) Die Stimmen eines Wählers, der an der Briefwahl teilgenommen hat, werden nicht dadurch ungültig, daß er vor dem oder am Wahltage stirbt oder sein Wahlrecht nach § 13 verliert.

우표투표에 참여한 선거권자의 투표는, 선거일 전에 또는 선거일에 사망하거나 제13조에 따라 선거권을 상실한 경우에도, 무효로 되지 않는다.

§ 40 Entscheidung des Wahlvorstandes

Der Wahlvorstand entscheidet über die Gültigkeit der abgegebenen Stimmen und über alle bei der Wahlhandlung und bei der

제40조(투표구선거관리위원회의 결정)

투표구선거관리위원회는 행사된 투표의 유효성과 투표와 선거결과 산정에서 나타나는 모든 문제에 대하여 결정한다. 지역선거구

Ermittlung des Wahlergebnisses sich ergebenden Anstände. Der Kreiswahlausschuß hat das Recht der Nachprüfung.

선거관리위원장은 이에 대한 재심사권한을 갖는다.

§ 41 Feststellung des Wahlergebnisses im Wahlkreis

Der Kreiswahlausschuß stellt fest, wieviel Stimmen im Wahlkreis für die einzelnen Kreiswahlvorschläge und Landeslisten abgegeben worden sind und welcher Bewerber als Wahlkreisabgeordneter gewählt ist.

제41조(지역선거구 선거결과의 확정)

지역구선거관리위원회는 해당 지역구에서의 각 지역구의원후보자공천서와 주비례대표후보자명부에 대한 득표수와 지역구의원 당선자를 확정한다.

Der Kreiswahlleiter benachrichtigt den gewählten Bewerber und weist ihn darauf hin, dass er nach der abschließenden Feststellung des Ergebnisses für das Wahlgebiet durch den Bundeswahlausschuss (§ 42 Abs. 2 Satz 1) die Mitgliedschaft im Deutschen Bundestag mit Eröffnung der ersten Sitzung nach der Wahl erlangt und eine Ablehnung des Erwerbs der Mitgliedschaft gegenüber dem Landeswahlleiter erfolgen muss.

지역구선거관리위원장은 당선된 후보자에게, 그 선거구역의 선거결과에 대한 종국적인 확정 다음, 선거 후 최초의 연방의회 집회(Sitzung)가 개최됨으로써 연방선거관리위원회에 의해 연방의회 의원자격을 얻는다는 점[6]과 그 의원자격 취득의 거부는 주선거관리위원장에 대하여 행해져야 한다는 점을 알리고 고지한다.

---

6 Art 39(위 기본법§39)

(1) Der Bundestag wird vorbehaltlich der nachfolgenden Bestimmungen auf vier Jahre gewählt. Seine Wahlperiode endet mit dem Zusammentritt eines neuen Bundestages. Die Neuwahl findet frühestens sechsundvierzig, spätestens achtundvierzig Monate nach Beginn der Wahlperiode statt. Im Falle einer Auflösung des Bundestages findet die Neuwahl innerhalb von sechzig Tagen statt[연방의회의원은 바로 다음의 규정(연방의회가 해산된 경우를 말함)의 경우를 제외하고, 4년의 임기로 선출된다. 그 임기는 새 연방의회가 최초로 집회함으로써 종료된다. 새로운 연방의회선거는 임기 개시 후 빨라도 46개월째에, 늦어도 48개월째에 실시된다. 연방의회가 해산된 경우에는 새로운 연방의회선거는 (그로부터) 60일 이내에 실시된다].

(2) Der Bundestag tritt spätestens am dreißigsten Tage nach der Wahl zusammen(연방의회는 늦어도 선거 후 30일 이내에 집회한다).

(3) Der Bundestag bestimmt den Schluß und den Wiederbeginn seiner Sitzungen. Der Präsident des Bundestages kann ihn früher einberufen. Er ist hierzu verpflichtet, wenn ein Drittel der Mitglieder, der Bundespräsident oder der Bundeskanzler es verlangen(연방의회는 폐회(閉會)와 재회(再會)를 결정한다. 연방의회의 의장은 그 이전에 회의를 소집할 수 있다. 그는 연방의회의원의 1/3의 의원이나 연방대통령 또는 연방총리가 그 개최를 요구하는 경우에는 이를 소집할 의무를 부담한다).

§ 42 Feststellung des Ergebnisses der Landeslistenwahl

(1) Der Landeswahlausschuß stellt fest, wieviel Stimmen im Land für die einzelnen Landeslisten abgegeben worden sind.

(2) Der Bundeswahlausschuß stellt fest, wieviel Sitze auf die einzelnen Landeslisten entfallen und welche Bewerber gewählt sind. Der Landeswahlleiter benachrichtigt die gewählten Bewerber und weist sie darauf hin, dass sie nach der abschließenden Feststellung des Ergebnisses für das Wahlgebiet durch den Bundeswahlausschuss die Mitgliedschaft im Deutschen Bundestag mit Eröffnung der ersten Sitzung nach der Wahl erlangen und eine Ablehnung des Erwerbs der Mitgliedschaft gegenüber dem Landeswahlleiter erfolgen muss.

(3) (weggefallen)

제42조(주비례대표후보자명부 선거결과의 확정)

① 주선거위원회는 해당 주에서 각 주비례대표후보자명부에 행사된 제2투표의 득표수를 확정한다.

② 연방선거위원회는 각 주비례대표후보자명부에 배분된 의석수와 당선자를 확정한다. 주선거관리위원장은 당선된 비례대표후보자에게, 그 선거구역의 선거결과에 대한 종국적인확정 다음, 선거후 최초의 연방의회 집회(Sitzung)가 개최됨으로써 연방선거관리위원회에 의해 연방의회 의원자격을 얻는다는 점과 의원자격 취득의 거부는 주선거관리위원장에 대하여 행해져야 한다는 점을 알리고 고지한다.

③ (삭제)

Siebenter Abschnitt
Besondere Vorschriften für Nachwahlen und Wiederholungswahlen

§ 43 Nachwahl

(1) Eine Nachwahl findet statt,

1. wenn in einem Wahlkreis oder in einem Wahlbezirk die Wahl nicht durchgeführt worden ist,
2. wenn ein Wahlkreisbewerber nach der Zulassung des Kreiswahlvorschlages, aber noch vor der Wahl stirbt.

(2) Die Nachwahl soll im Fall des Absatzes 1 Nr. 1 spätestens drei Wochen nach dem Tag der Hauptwahl stattfinden. Im Fall des

제7장
연기된 선거와 재선거에 관한 특별규정

제43조(연기된 선거)

① 연기된 선거는 다음 각호의 경우에 실시된다.

1. 지역선거구나 투표구에서 선거가 실시되지 않은 경우,
2. 지역구의원후보자공천에 대한 승인 후 선거일 전에 지역구의원후보자가 사망한 경우

② 제43조 제1항 제1호의 경우의 연기된 선거는 늦어도 총선거(Hauptwahl)일로부터 3주 이내에 실시된다. 제43조 제1항 2호의 경

Absatzes 1 Nr. 2 kann sie am Tag der Hauptwahl stattfinden; sie soll spätestens sechs Wochen nach dem Tag der Hauptwahl stattfinden. Den Tag der Nachwahl bestimmt der Landeswahlleiter.	우의 연기된 선거는 총선거(Hauptwahl)일에 실시될 수 있다. 그 선거(제43조 제1항 제2호의 경우의 연기된 선거를 말함)는 늦어도 총선거(Hauptwahl)일로부터 6주 이내에 실시되어야 한다. 연기된 선거의 선거일은 주선거관리위원장이 정한다.
(3) Die Nachwahl findet nach denselben Vorschriften und auf denselben Grundlagen wie die Hauptwahl statt.	③ 연기된 선거는 총선거와 동일한 규정 및 원칙에 따라 실시된다.
(4) Im Fall einer Nachwahl ist das vorläufige Ergebnis der Hauptwahl unmittelbar im Anschluss an die Wahlhandlung der Hauptwahl auf der Grundlage der erfolgten Stimmabgaben zu ermitteln, festzustellen und bekannt zu geben.	④ 연기된 선거에서 총선거의 잠정적 선거결과는, 총선의 투표 직후에 얻은 득표를 토대로 산정되고 확정되며 공표되어야 한다.
§ 44 Wiederholungswahl	**第44조(재선거)**
(1) Wird im Wahlprüfungsverfahren eine Wahl ganz oder teilweise für ungültig er- klärt, so ist sie nach Maßgabe der Entscheidung zu wiederholen.	선거심사절차[7]에서 선거의 전부 또는 일부가 무효로 결정된 경우에는 결정 내용에 따라 재선거가 실시되어야 한다.
(1) Wird im Wahlprüfungsverfahren eine Wahl ganz oder teilweise für ungültig er- klärt, so ist sie nach Maßgabe der Entscheidung zu wiederholen.	① 선거심사절차에서 선거의 전부 또는 일부가 무효로 결정된 경우에는 결정 내용(Maßgabe der Entscheidung)에 따라 재선거가 실시되어야 한다.
(2) Die Wiederholungswahl findet nach denselben Vorschriften, denselben Wahlvorschlägen und, wenn seit der Hauptwahl noch nicht sechs Monate verflossen sind, auf Grund	② 재선거는, 동일한 선거규정 및 의원후보자추천서에 따라 실시되며, 또한 선거심사절차의 결정에서 의원후보자추천서와 선거인명부를 고려하여 다른 정함(Abweichungen)이

7 선거심사절차는 다음과 같은 기본법 제41조에 따라 연방의회가 담당하는 절차이고, 그 심사절차의 결정에 대해서는 연방헌법재판소에 항고를 제기할 수 있다. 이러한 선거심사절차를 규율하는 법률로 선거심사법(Wahlprüfungsgesetz)이 단행법률로 시행되고 있다.

(1) Die Wahlprüfung ist Sache des Bundestages. Er entscheidet auch, ob ein Abgeordneter des Bundestages die Mitgliedschaft verloren hat(선거심사는 연방의회가 담당한다. 연방의회는 연방의회 의원자격 상실 여부도 결정한다).

(2) Gegen die Entscheidung des Bundestages ist die Beschwerde an das Bundesverfassungsgericht zulässig(연방의회의 위 결정에 대하여는 연방헌법재판소에 항고를 제기할 수 있다).

(3) Das Nähere regelt ein Bundesgesetz(그 세부사항은 연방법률로 정한다).

derselben Wählerverzeichnisse wie die Hauptwahl statt, soweit nicht die Entscheidung im Wahlprüfungsverfahren hinsichtlich der Wahlvorschläge und Wählerverzeichnisse Abweichungen vorschreibt.

없고, 총선으로부터 6개월이 경과되지 않은 경우에는, 총선거와 동일한 선거인명부를 기초로 실시된다.

(3) Die Wiederholungswahl muß spätestens sechzig Tage nach Rechtskraft der Entscheidung stattfinden, durch die die Wahl für ungültig erklärt worden ist. Ist die Wahl nur teilweise für ungültig erklärt worden, so unterbleibt die Wiederholungswahl, wenn feststeht, daß innerhalb von sechs Monaten ein neuer Deutscher Bundestag gewählt wird.

③ 재선거는, 그 선거 전부를 무효로 선언한 선거심사 결정의 확정후 늦어도 60일 이내에 실시되어야 한다. 선거의 일부만 무효로 결정된 경우에는 6개월 이내에 새로운 연방의회 총선이 실시되는 것으로 확정된 경우에는 재선거는 실시되지 않는다.

Den Tag der Wiederholungswahl bestimmt der Landeswahlleiter, im Falle einer Wiederholungswahl für das ganze Wahlgebiet der Bundespräsident.

재선거일은 주선거관리위원장이 결정하고 전체 선거구역에 대하여 재선거가 실시되는 경우에는 연방대통령이 결정한다.

(4) Auf Grund der Wiederholungswahl wird das Wahlergebnis nach den Vorschriften des Sechsten Abschnittes neu festgestellt. Die nach § 41 Satz 2 und § 42 Abs. 2 Satz 2 zuständigen Wahlleiter benachrichtigen die gewählten Bewerber und fordern sie auf, binnen einer Woche schriftlich zu erklären, ob sie die Wahl annehmen.

선거결과는 연방선거법 제6장의 규정에 따라 재선거를 토대로 새롭게 확정된다. 제41조 2문과 제42조 제2항 2문에 따른 관할 선거관리위원장은 당선된 후보자에게 알려, 당선을 수락할 것인지 여부를 1주일 이내에 서면으로 밝힐 것을 요구해야 한다.

Achter Abschnitt
Erwerb und Verlust der Mitgliedschaft im Deutschen Bundestag

제8장
연방의회 의원자격의 득실(得失)

§ 45 Erwerb der Mitgliedschaft im Deutschen Bundestag

제45조(연방의회 의원자격의 획득)

(1) Ein gewählter Bewerber erwirbt die Mitgliedschaft im Deutschen Bundestag nach der abschließenden Feststellung des

① 당선된 후보자는, 제42조 제1항 1문에 따라 연방선거관리위원회에서 행한 해당 선거구역의 종국적인 선거결과가 확정된 다음,

Ergebnisses für das Wahlgebiet durch den Bundeswahlausschuss (§ 42 Abs. 2 Satz 1) mit der Eröffnung der ersten Sitzung des Deutschen Bundestages nach der Wahl.	선거 후 연방의회의 최초의 집회가 개최됨으로써 연방의회 의원자격을 획득한다.
Eine Ablehnung des Erwerbs der Mitgliedschaft muss vor der ersten Sitzung gegenüber dem Landeswahlleiter schriftlich erklärt werden.	의원자격 획득의 거부는 그 최초의 집회 이전에 주선거관리위원장에게 서면으로 표시되어야 한다.
Eine Erklärung unter Vorbehalt gilt als Ablehnung. Die Erklärung kann nicht widerrufen werden.	조건을 붙인 의사표시는 그 거부로 간주된다. 그 의사표시는 철회될 수 없다.
(2) Bei einer Ersatzwahl (§ 48 Abs. 2) gilt Absatz 1 entsprechend mit der Maßgabe, dass ein gewählter Bewerber die Mitgliedschaft im Deutschen Bundestag nach der Feststellung des endgültigen Wahlergebnisses für die Ersatzwahl erwirbt.	② 제45조 제1항은, 당선된 후보자가 보궐선거에 대한 종국적인 선거결과의 확정후 연방의회 의원자격을 획득한다는 조건하에서 제48조 제2항에 의한 보궐선거에서 준용된다.
(3) Bei einer Listennachfolge (§ 48 Abs. 1) oder einer Wiederholungswahl (§ 44) wird die Mitgliedschaft im Deutschen Bundestag mit dem frist- und formgerechten Eingang der auf die Benachrichtigung erfolgenden Annahmeerklärung beim zuständigen Wahlleiter, jedoch nicht vor Ausscheiden des ursprünglich gewählten Abgeordneten erworben.	③ 제48조 제1항에 다른 비례대표승계 또는 제44조에 따른 재선거에서 연방의회 의원자격은, 당선고지 후에 관할 선거관리위원장에게 한 당선 수락의 의사표시가 기한 내에 적법한 형식으로 도달됨으로써 취득된다. 그러나, 본래 당선된 의원(재선거나 비례대표승계의 원인이 된 당선의원을 말함)에 대한 제명 전에는 예외로 한다.
Liegt bei Ablehnung des Erwerbs der Mitgliedschaft im Deutschen Bundestag durch einen gewählten Bewerber die Annahmeerklärung des Listennachfolgers bereits vor der ersten Sitzung des Deutschen Bundestages nach der Wahl vor, erwirbt der Listennachfolger das Mandat mit der Eröffnung dieser Sitzung.	당선된 의원에 의하여 연방의회 의원자격 취득 거부가 있는 때에, 선거 후 연방의회의 최초 집회 이전에 이미 비례대표승계권자의 승계의 의사표시가 선행한 경우에는, 비례대표승계권자는 이 집회의 개최로써 의원직을 취득한다.
Gibt der Listennachfolger oder durch	비례대표승계권자나 재선거에 의해 당선된

Wiederholungswahl gewählte Bewerber bis zum Ablauf der Frist keine oder keine formgerechte Erklärung ab, so gilt die Nachfolge oder Wahl zu diesem Zeitpunkt als angenommen. Absatz 1 Satz 3 und 4 gilt entsprechend.

후보자가, 그 기한의 경과까지 적법한 형식의 의사표시를 하지 않거나 아무런 의사표지를 하지 않는 경우에는 그 시점에 승계 또는 당선을 수락한 것으로 간주된다. 제45조 제1항 3문과 4문이 준용된다.

§ 46 Verlust der Mitgliedschaft im Deutschen Bundestag

(1) Ein Abgeordneter verliert die Mitgliedschaft im Deutschen Bundestag bei

1. Ungültigkeit des Erwerbs der Mitgliedschaft,
2. Neufeststellung des Wahlergebnisses,
3. Wegfall einer Voraussetzung seiner jederzeitigen Wählbarkeit,
4. Verzicht,
5. Feststellung der Verfassungswidrigkeit der Partei oder der Teilorganisation einer Partei, der er angehört, durch das Bundesverfassungsgericht nach Artikel 21 Abs. 2 Satz 2 des Grundgesetzes.

Verlustgründe nach anderen gesetzlichen Vorschriften bleiben unberührt.

(2) Bei Ungültigkeit seiner Wahl im Wahlkreis bleibt der Abgeordnete Mitglied des Bundestages, wenn er zugleich auf einer Landesliste gewählt war, aber nach § 6 Absatz 6 Satz 5 unberücksichtigt geblieben ist.

(3) Der Verzicht ist nur wirksam, wenn er zur Niederschrift des Präsidenten des Deutschen Bundestages, eines deutschen Notars, der seinen Sitz im Geltungsbereich dieses Gesetzes hat, oder eines zur Vornahme von Beurkundungen ermächtigten Bediensteten einer deutschen Auslandsvertretung erklärt

第46조(연방의회 의원자격의 상실)

① 연방의회의원은 다음 각호의 경우에 연방의회 의원자격을 상실한다.

1. 당선무효,
2. 선거결과의 재확정,
3. 피선거권 전제요건의 흠결,
4. 사임,
5. 기본법 제21조 제2항 제2문에 따라 헌법재판소에 의한, 그 의원의 소속 정당 또는 그 정당의 일부조직에 대한 위헌결정.

다른 법률 규정에 의원자격 상실에 관한 규정이 있는 경우에는 그에 따른다.

② 지역구의원선거의 무효의 경우에, 주비례대표후보자명부에 의해서 당선될 수 있었으나, 제6조 제6항 5문에 의하여 주비례대표의원 당선자로 고려되지 않는 지역구의원 당선자는 그 의원직을 유지한다.

③ 연방의회 의장이나 연방선거법의 효력범위 내에서 직위를 가진 독일 공증인 또는 공증할 권한이 있는 독일외교대표부 공무원에 의하여 사임이 기록된 경우에만 그 사임은 유효하다.

wird.
Die notarielle oder bei einer Auslandsvertretung abgegebene Verzichtserklärung hat der Abgeordnete dem Bundestagspräsidenten zu übermitteln. Der Verzicht kann nicht widerrufen werden.

공증인 또는 위 독일외교대표부에 대한 사임의 의사표시는 그 연방의원이 연방의회의 장에게 전달해야 한다. 그 사임의 의사표시는 철회될 수 없다.

(4) Wird eine Partei oder die Teilorganisation einer Partei durch das Bundesverfassungsgericht nach Artikel 21 Abs. 2 Satz 2 des Grundgesetzes für verfassungswidrig erklärt, verlieren die Abgeordneten ihre Mitgliedschaft im Deutschen Bundestag und die Listennachfolger ihre Anwartschaft, sofern

④ 기본법 제21조 제2항 2문[8]에 의하여 정당 또는 정당의 일부조직에 대하여 위헌결정이 있는 경우에, 연방헌법재판소법 제43조[9]에 따른 심판의 제기(Antragstellung)와 동법 제46조[10]에 의한 결정의 선고 사이의 기간 동안에 그 정당 또는 정당의 일부조직에 소속된 연방의원은 연방의회의 의원자격

---

8 (2) Parteien, die nach ihren Zielen oder nach dem Verhalten ihrer Anhänger darauf ausgehen, die freiheitliche demokratische Grundordnung zu beeinträchtigen oder zu beseitigen oder den Bestand der Bundesrepublik Deutschland zu gefährden, sind verfassungswidrig. Über die Frage der Verfassungswidrigkeit entscheidet das Bundesverfassungsgericht(그 목적 또는 추종자의 행동에 의하여, 자유민주적 기본질서를 침해하거나 이를 폐지하거나 또는 독일연방공화국의 존립을 위태롭게 하는 것을 추구하는 정당은 헌법에 위반된다. 그 위헌 여부는 연방헌법재판소가 결정한다).

9 (1) Der Antrag auf Entscheidung, ob eine Partei verfassungswidrig ist (Artikel 21 Abs. 2 des Grundgesetzes), kann von dem Bundestag, dem Bundesrat oder von der Bundesregierung gestellt werden(기본법 제21조 제2항에 따른 정당의 위헌 여부의 결정에 대한 심판은 연방의회, 연방참사원 또는 연방정부가 제기할 수 있다).
(2) Eine Landesregierung kann den Antrag nur gegen eine Partei stellen, deren Organisation sich auf das Gebiet ihres Landes beschränkt(주정부는, 정당의 조직이 자신의 주 영토에 국한되어 있는 경우에 한하여, 정당에 대한 위 심판을 제기할 수 있다).

10 (1) Erweist sich der Antrag als begründet, so stellt das Bundesverfassungsgericht fest, daß die politische Partei verfassungswidrig ist(위 심판이 이유 있는 것으로 증명되는 경우에는, 연방헌법재판소는 정당이 헌법에 위반되는 것으로 결정한다).
(2) Die Feststellung kann auf einen rechtlich oder organisatorisch selbständigen Teil einer Partei beschränkt werden(이 결정은 정당 또는 조직적으로 독립된 정당의 일부조직에 한정될 수 있다).
(3) Mit der Feststellung ist die Auflösung der Partei oder des selbständigen Teiles der Partei und das Verbot, eine Ersatzorganisation zu schaffen, zu verbinden. Das Bundesverfassungsgericht kann in diesem Fall außerdem die Einziehung des Vermögens der Partei oder des selbständigen Teiles der Partei zugunsten des Bundes oder des Landes zu gemeinnützigen Zwecken aussprechen[이 결정으로 정당과 독립된 정당의 일부는 해산되고, 대체조직(Ersatzorganisation)을 창설하거나 연합하여 조직하는 것은 금지된다. 연방헌법재판소는 이 경우에 정당 또는 정당의 독립된 일부조직의 재산에 대한 몰수 이외에도 연방과 주를 위하여 (그 사용에 대한) 공익 목적을 결정할 수 있다].

sie dieser Partei oder Teilorganisation in der Zeit zwischen der Antragstellung (§ 43 des Gesetzes über das Bundesverfassungsgericht) und der Verkündung der Entscheidung (§ 46 des Gesetzes über das Bundesverfassungsgericht) angehört haben.

을, 비례대표승계권자(Listennachfolger)는 비례대표승계권한(Anwartschaft)을 각각 상실한다.

Soweit Abgeordnete, die nach Satz 1 ihre Mitgliedschaft verloren haben, in Wahlkreisen gewählt waren, wird die Wahl eines Wahlkreisabgeordneten in diesen Wahlkreisen bei entsprechender Anwendung des § 44 Abs. 2 bis 4 wiederholt; hierbei dürfen die Abgeordneten, die nach Satz 1 ihre Mitgliedschaft verloren haben, nicht als Bewerber auftreten.

제46조 제4항 1문에 의해 의원직을 상실한 의원으로 지역구의원선거에서 당선된 의원의 경우에는, 제44조 제2항 내지 제4항의 준용에 의하여 지역구의원선거가 해당 지역선거구에서 다시 시행된다. 이 경우 제46조 제4항 1문에 의해 의원직을 상실한 의원은 입후보할 수 없다.

Soweit Abgeordnete, die nach Satz 1 ihre Mitgliedschaft verloren haben, nach einer Landesliste der für verfassungswidrig erklärten Partei oder Teilorganisation der Partei gewählt waren, bleiben die Sitze unbesetzt.

제46조 제4항 1문에 의해 의원직을 상실한 의원으로, 위헌으로 결정된 정당 또는 정당의 일부조직에서 제출한 주비례대표후보자명부에 의해 당선된 의원의 경우에는 그 의석은 공석으로 남는다.

Im übrigen gilt § 48 Abs. 1.

기타의 경우에는 제48조 제1항이 적용된다.

§ 47 Entscheidung über den Verlust der Mitgliedschaft

(1) Über den Verlust der Mitgliedschaft nach § 46 Abs. 1 wird entschieden

1. im Falle der Nummer 1 im Wahlprüfungsverfahren,
2. im Falle der Nummern 2 und 5 durch Beschluß des Ältestenrates des Deutschen Bundestages,
3. im Falle der Nummer 3, wenn der Verlust der Wählbarkeit durch rechtskräftigen

제47조(의원직 상실에 관한 결정)

① 제46조 제1항에 따른 의원직 상실에 관하여 다음 각호와 같은 절차에 따라 결정한다.

1. 제46조 제1항 제1호의 경우에는 선거심사절차,
2. 제46조 제1항 제2호와 제5호의 경우에는 연방의회의 원로회의의 결정,
3. 제46조 제1항 제3호의 경우로 확정력 있는 판결(rechtskräftigen Richterspruch)에

Richterspruch eingetreten ist, durch Beschluß des Ältestenrates des Deutschen Bundestages, im übrigen im Wahlprüfungsverfahren,	의해 피선거권이 상실된 경우에는 연방의회의 원로회의의 결정, 기타의 경우에는 선거심사절차,
4. im Falle der Nummer 4 durch den Präsidenten des Deutschen Bundestages in der Form der Erteilung einer Bestätigung der Verzichtserklärung.	4. 제46조 제1항 제4호의 경우에는 연방의회의장에 의한 사임의사표시의 확인에 관한 공포의 형식,
(2) Wird über den Verlust der Mitgliedschaft im Wahlprüfungsverfahren entschieden, so scheidet der Abgeordnete mit der Rechtskraft der Entscheidung aus dem Deutschen Bundestag aus.	② 선거심사절차에서 의원직 상실에 관하여 의결하는 경우 그 의원은 그 의결의 확정력(der Rechtskraft der Entscheidung)에 의해서 연방의회에서 제명된다.
(3) Entscheidet der Ältestenrat oder der Präsident des Deutschen Bundestages über den Verlust der Mitgliedschaft, so scheidet der Abgeordnete mit der Entscheidung aus dem Deutschen Bundestag aus.	③ 연방의회 원로회의 또는 연방의회의장이 의원직 상실에 관하여 결정한 경우에는, 그 결정으로써 연방의회에서 제명된다.
Die Entscheidung ist unverzüglich von Amts wegen zu treffen.	그 결정은 그 직권으로 지체 없이 이뤄져야 한다.
Innerhalb von zwei Wochen nach Zustellung der Entscheidung kann der Betroffene die Entscheidung des Deutschen Bundestages über den Verlust der Mitgliedschaft im Wahlprüfungsverfahren beantragen. Die Zustellung erfolgt nach den Vorschriften des Verwaltungszustellungsgesetzes.	그 의결의 송달이 있은 후 2주 이내에 이해관계인은 선거심사절차에 의한 의원직 상실에 관한 연방의회의 의결에 대하여 항고를 제기할 수 있다. 이 결정은 행정송달법의 규정에 따른다.
§ 48 Berufung von Listennachfolgern und Ersatzwahlen	**제48조(비례대표승계권자의 승계와 보궐선거)**
(1) Wenn ein gewählter Bewerber stirbt oder dem Landeswahlleiter schriftlich die Ablehnung des Erwerbs der Mitgliedschaft erklärt oder wenn ein Abgeordneter stirbt	① 당선된 의원이 사망하거나 주선거관리위원장에게 서면으로 의원자격 취득을 거부하거나 또는 의원이 사망 또는 기타 사후적으로(nachträglich) 독일연방의원직에서 제명

oder sonst nachträglich aus dem Deutschen Bundestag ausscheidet, so wird der Sitz aus der Landesliste derjenigen Partei besetzt, für die der gewählte Bewerber oder ausgeschiedene Abgeordnete bei der Wahl aufgetreten ist.	된 경우에는, 해당 의석은 당선된 후보자나 제명된 의원이 해당 선거에서 입후보한 동일한 정당의 주비례대표후보자명부에 귀속된다.
Bei der Nachfolge bleiben diejenigen Listenbewerber unberücksichtigt, die seit dem Zeitpunkt der Aufstellung der Landesliste aus dieser Partei ausgeschieden oder Mitglied einer anderen Partei geworden sind.	주비례대표후보자명부의 제출한 이후에 당에서 제명되거나 다른 정당의 당원이 된 비례대표후보자는 그 비례대표승계에서 제외된다.
Unberücksichtigt bleiben ebenso Listenbewerber, die als gewählte Bewerber im Wahlkreis ihren Mitgliedschaftserwerb abgelehnt oder als Abgeordnete auf ihre Mitgliedschaft im Deutschen Bundestag verzichtet haben.	지역구의원선거에서 당선된 후보자로서 의원직 취득을 거부하였거나 의원으로서 연방의회의원직을 포기하였던 비례대표후보자도 역시 그 승계에서 제외된다.
Ist die Liste erschöpft, so bleibt der Sitz unbesetzt. Die Feststellung, wer als Listennachfolger eintritt, trifft der Landeswahlleiter.	승계할 주비례대표후보자가 없는 경우에는 그 의석은 공석으로 남는다. 비례대표승계권자의 확정은 주선거관리위원장이 한다.
Er benachrichtigt den Listennachfolger und fordert ihn auf, binnen einer Woche schriftlich zu erklären, ob er die Nachfolge annimmt.	주선거관리위원장은, 이를 비례대표승계권자에게 알리고 1주일 이내에 승계에 동의할 것인지를 서면으로 알려줄 것을 요구한다.
(2) Ist der Ausgeschiedene als Wahlkreisabgeordneter einer Wählergruppe oder einer Partei gewählt, für die im Land keine Landesliste zugelassen worden war, so findet Ersatzwahl im Wahlkreis statt.	② 제명된 의원이, 해당 주에서 주비례대표후보자명부가 승인되지 않은 유권자집단(Wählergruppe) 또는 정당 소속의 지역구의원으로 당선된 경우에, 해당 지역선거구에서 보궐선거가 실시된다.
Die Ersatzwahl muß spätestens sechzig Tage nach dem Zeitpunkt des Ausscheidens stattfinden. Sie unterbleibt, wenn feststeht, daß innerhalb von sechs Monaten ein neuer Deutscher Bundestag gewählt wird.	보궐선거는 늦어도 제명 시점 후 60일 이내에 실시되어야 한다. 6개월 이내에 새로운 연방의회선거의 실시가 확정된 경우에는 보궐선거는 실시되지 않는다.

Die Ersatzwahl wird nach den allgemeinen Vorschriften durchgeführt. Den Wahltag bestimmt der Landeswahlleiter. § 41 gilt entsprechend.

보궐선거는 선거법 일반적 규정에 따라 실시된다. 선거일은 주선거관리위원장이 결정한다. 제41조가 준용된다.

Neunter Abschnitt Schlußbestimmungen

제9장 종결규정

§ 49 Anfechtung

Entscheidungen und Maßnahmen, die sich unmittelbar auf das Wahlverfahren beziehen, können nur mit den in diesem Gesetz und in der Bundeswahlordnung vorgesehenen Rechtsbehelfen sowie im Wahlprüfungsverfahren angefochten werden.

제49조(취소)

선거절차에 직접적으로 관련된 결정 및 처분은 연방선거법과 동법 시행령에서 규정된 법적 구제수단과 선거심사절차에 의해서만 취소될 수 있다.

§ 49a Ordnungswidrigkeiten

(1) Ordnungswidrig handelt, wer

1. entgegen § 11 ohne wichtigen Grund ein Ehrenamt ablehnt oder sich ohne genügende Entschuldigung den Pflichten eines solchen entzieht oder
2. entgegen § 32 Abs. 2 Ergebnisse von Wählerbefragungen nach der Stimmabgabe über den Inhalt der Wahlentscheidung vor Ablauf der Wahlzeit veröffentlicht.

(2) Die Ordnungswidrigkeit nach Absatz 1 Nr. 1 kann mit einer Geldbuße[11] bis zu fünfhundert Euro, die Ordnungswidrigkeit nach Absatz 1 Nr. 2 mit einer Geldbuße bis zu fünfzigtausend Euro geahndet werden.

제49조a조(질서위반행위)

다음 각호 사람은 질서위반행위를 한 사람이다.

1. 제11조에 위반하여 중대한 이유 없이 명예직 수락을 거부하거나 충분한 양해(Entschuldigung) 없이 그러한 명예직상의 의무를 회피한 자, 또는
2. 제32조를 위반하여 투표시간 경과 이전에 투표한 내용에 관한 출구여론조사 결과를 공표한 자

② 제49조a조 제1항에 따른 질서위반행위(Ordnungswidrigkeit)는 500유로 이하의 범칙금을, 동항 제2호에 따른 질서위반행위는 50,000유로의 범칙금을 각각 부과한다.

---

11 범칙금으로 이는 질서위반행위에 부과되는 제재금이다. 범칙금은 형벌의 성격을 지니는 벌금(Geldstrafe)과는 다르지만 형사법적 불법행위에 부과되는 제재라는 점에서 행정적 징계인 과태료(Ordnungsgeld)와 구별된다(법제연구원, 앞의 책, 315면).

(3) Verwaltungsbehörde im Sinne des § 36 Abs. 1 Nr. 1 des Gesetzes über Ordnungswidrigkeiten ist

③ 법위반에 관한 법률 제36조 제1항 제1호상의 행정관청은 다음과 같다.

1. bei Ordnungswidrigkeiten nach Absatz 1 Nr.

1. 그 제49조a조 제1항 제1호에 따른 질서위반행위의 경우에는 다음과 같다.

1a) der Kreiswahlleiter, wenn ein Wahlberechtigter das Amt eines Wahlvorstehers, stellvertretenden Wahlvorstehers oder eines Beisitzers im Wahlvorstand oder im Kreiswahlausschuß,

1a) 유권자가 투표구선거관리위원장, 그 직무대리인 또는 투표구선거관리위원회나 지역구선거관리위원회의 직무의 수락을 부당하게 거부하거나 충분한 양해(Entschuldigung) 없이 그러한 직무상의 의무를 회피한 경우에는 지역구선거관리위원장,

b) der Landeswahlleiter, wenn ein Wahlberechtigter das Amt eines Beisitzers im Landeswahlausschuß,

b) 유권자가 주선거관리위원회의 위원의 직무의 수락을 부당하게 거부하거나 충분한 양해(Entschuldigung) 없이 그러한 직무상의 의무를 회피한 경우에는 주선거관리위원장,

c) der Bundeswahlleiter, wenn ein Wahlberechtigter das Amt eines Beisitzers im Bundeswahlausschuß

unberechtigt ablehnt oder sich ohne genügende Entschuldigung den Pflichten eines solchen Amtes entzieht,

c) 유권자가 연방선거관리위원회의 위원의 직무의 수락을 부당하게 거부하거나 충분한 양해(Entschuldigung) 없이 그러한 직무상의 의무를 회피한 경우에는 연방선거관리위원장,

2. bei Ordnungswidrigkeiten nach Absatz 1 Nr. 2 der Bundeswahlleiter.

2. 그 제49조a조 제1항 제2호에 따른 법위반의 경우에는 연방선거관리위원장

§ 49b Staatliche Mittel für andere Kreiswahlvorschläge

제49b조(기타 지역구의원후보자 공천을 위한 국가자금)

(1) Bewerber eines nach Maßgabe der §§ 18 und 20 von Wahlberechtigten eingereichten Wahlvorschlages, die mindestens 10 vom Hundert der in einem Wahlkreis abgegebenen gültigen Erststimmen erreicht haben, erhalten je gültige Stimme 2,80 Euro. Die Mittel sind im Bundeshaushaltsplan auszubringen.

① 제18조 및 제20조의 내용에 따라 선거권자가 제출한 후보자공천서에 의한 후보자로, 지역선거구의 유효 제1투표의 1/100 이상을 얻은 후보자는, 유효투표당 2.80 유로를 지급받는다. 이 자금은 연방예산에서 지출되어야 한다.

(2) Die Festsetzung und die Auszahlung der staatliche Mittel sind von dem Bewerber innerhalb von zwei Monaten nach dem Zusammentritt des Deutschen Bundestages beim Präsidenten des Deutschen Bundestages schriftlich zu beantragen; danach eingehende Anträge bleiben unberücksichtigt. Der Betrag wird von dem Präsidenten des Deutschen Bundestages festgesetzt und ausgezahlt.

② 국가자금의 확정 및 지출은, 그 후보자가 연방의회에 집회후 2개월 이내에 그 의장에게 서면으로 신청해야 한다. 그 기한을 도과한 신청은 (그 지급 대상에서) 고려되지 않는다. 그 신청은 연방의회의장이 확정하고 그에 대하여 지출한다.

(3) Die Vorschriften des Parteiengesetzes über die absolute und relative Obergrenze finden keine Anwendung.

③ 절대적 상한 및 상대적 상한에 관한 정당법 규정은 적용되지 않는다.

§ 50 Wahlkosten

第50조(선거비용)

(1) Der Bund erstattet den Ländern zugleich für ihre Gemeinden (Gemeindeverbände) die durch die Wahl veranlassten notwendigen Ausgaben.

① 연방정부는 지출한 선거필요경비를 주정부에게, 그리고 기초자치단체(기초자치단체연합)를 위하여도 보전한다.

(2) Die Kosten für die Versendung der Wahlbenachrichtigungen und der Briefwahlunterlagen sowie die Erfrischungsgelder für die Mitglieder der Wahlvorstände werden den Ländern im Wege der Einzelabrechnung ersetzt.

② 선거통지서 발송비용과 우편투표 서류비용 및 투표구선거관리원회의 위원에 대한 격려수당(Erfrischungsgelder)은 개별정산(Einzelabrechnung) 방식으로 주에 보전된다.

Bei zeitgleicher Durchführung von Landtags- oder Kommunalwahlen sowie von Abstimmungen mit Wahlen zum Deutschen Bundestag werden diese Kosten dem jeweiligen Land anteilig ersetzt.

주의회선거나 지방선거(Kommunalwahlen) 및 주민투표(Abstimmungen)가 연방의회선거와 동시에 실시되는 경우에는 이 비용은 해당 주에 그 몫에 따라 보전된다.

(3) Die übrigen Kosten werden durch einen festen Betrag je Wahlberechtigten erstattet. Er beträgt für Gemeinden bis zu 100.000 Wahlberechtigten 0,45 Euro und für Gemeinden mit mehr als 100.000 Wahlberechtigten

③ 나머지 선거비용은 선거권자당 고정된 금액으로 보전된다. 그 비용은 100,000명 이하의 선거권자가 있는 기초자치단체에 대하여는 0.45유로이고, 이를 초과하는 유권자가 있는 기초자치단체에는 0.70유로이다.

0,70 Euro.[12]

Notwendige Anpassungen des festen Betrages nach Satz 2 an die Preisentwicklung werden frühestens für eine Wahl nach dem 1. Januar 2005 vom Bundesministerium des Innern durch Rechtsverordnung mit Zustimmung des Bundesrates festgesetzt.

물가변동(Preisentwicklung)에 따른 제49조 제3항 2문에 의한 고정금액에 대한 필요적 조정은 일러도 2005년 1월 1일 이후의 선거에 대하여 연방내무부에서 연방참사원의 동의를 얻은 법규명령에 따라 확정한다.

(4) Der Bund erstattet den Blindenvereinen, die ihre Bereitschaft zur Herstellung von Stimmzettelschablonen erklärt haben, die durch die Herstellung und die Verteilung der Stimmzettelschablonen veranlassten notwendigen Ausgaben.

④ 연방정부는, 점자투표용지(Stimmzet－telschablonen)의 생산을 위한 준비의 의사를 표한 맹인단체에 대하여 점자투표용지의 생산과 배포에 의해 필수적으로 발생한 비용을 보상한다.

§ 52 Bundeswahlordnung

(1) Das Bundesministerium des Innern er－läßt die zur Durchführung dieses Gesetzes erforderliche Bundeswahlordnung. Es trifft darin insbesondere Rechtsvorschriften über

1. die Bestellung der Wahlleiter und Wahlvorsteher, die Bildung der Wahlausschüsse und Wahlvorstände sowie über die Tätigkeit, Beschlußfähigkeit und das Verfahren der Wahlorgane,
2. die Berufung in ein Wahlehrenamt, über den Ersatz von Auslagen für Inhaber von Wahlehrenämtern und über das Bußgeldverfahren,
3. die Wahlzeit,
4. die Bildung der Wahlbezirke und ihre Bekanntmachung,
5. die einzelnen Voraussetzungen für die Aufnahme in die Wählerverzeichnisse,

제52조(연방선거법 시행령)

① 연방내무부는 이 연방선거법의 시행을 위하여 필요한 연방선거법 시행령을 공포한다. 연방내무부는 다음 각호 사항에 관한 특별 법규정(Rechtsvorschriften)을 이에서 규율한다.

1. 선거관리위원장 및 투표구관리위원장의 임명, 선거관리위원회 및 투표구관리위원회의 구성과 그 기관의 활동, 의결정족수 및 절차에 관한 사항,
2. 선거명예직에 위촉, 선거명예직 수락자에 대한 경비보상과 범칙금부과 절차에 관한 사항,
3. 투표시간에 관한 사항,
4. 투표구의 구성과 그 공고에 관한 사항,
5. 선거인명부의 등재, 기록, 정정 및 폐쇄에 대한 세부적인 전제요건, 선거인명부의

12 2009. 1. 1.부터는 100,000명 이하의 선거권자가 있는 기초자치단체에 대하여는 0.48유로이고, 이를 초과하는 유권자가 있는 기초자치단체에는 0.74유로로 변경된다.

deren Führung, Berichtigung und Abschluss, über die Einsicht in die Wählerverzeichnisse, über den Einspruch und die Beschwerde gegen das Wählerverzeichnis sowie über die Benachrichtigung der Wahlberechtigten,	열람, 선거인명부에 대한 이의 및 항고와 선거권자에 대한 통지에 관한 사항,
6. die einzelnen Voraussetzungen für die Erteilung von Wahlscheinen, deren Ausstellung, über den Einspruch und die Beschwerde gegen die Ablehnung von Wahlscheinen,	6. 선거증의 교부 및 교부에 대한 세부적인 전제요건, 그 발급 거부에 대한 이의 및 항고에 대한 사항,
7. den Nachweis der Wahlrechtsvoraussetzungen,	7. 선거권의 전제요건에 대한 증명에 관한 사항,
8. das Verfahren der Wahlorgane nach § 18 Absatz 2 bis 4a,	8. 제18조 제2항 내지 제4a항에 따른 선거기관의 절차에 관한 사항,
9. Einreichung, Inhalt und Form der Wahlvorschläge sowie der dazugehörigen Unterlagen, über ihre Prüfung, die Beseitigung von Mängeln, ihre Zulassung, die Beschwerde gegen Entscheidungen des Kreiswahlausschusses und des Landeswahlausschusses sowie die Bekanntgabe der Wahlvorschläge,	9. 의원후보자추천서의 제출, 내용 및 형식과 그 부속서류, 의원후보자추천서의 심사, 하자의 보완 및 승인, 지역구선거관리위원회 및 주선거관리위원회의 결정에 대한 항고와 의원후보자추천의 공고에 관한 사항,
10. Form und Inhalt des Stimmzettels und über den Stimmzettelumschlag,	10. 투표용지의 형식과 내용, 투표용지봉투에 관한 사항,
11. Bereitstellung, Einrichtung und Bekanntmachung der Wahlräume sowie über Wahlschutzvorrichtungen und Wahlzellen,	11. 투표소의 준비, 설치 및 공고와 투표보호장치, 기표소에 관한 사항,
12. die Stimmabgabe, auch soweit besondere Verhältnisse besondere Regelungen erfordern,	12. 투표에 관한 사항, 특별한 사정(Verhältnisse)이 특별한 규정을 필요로 하는 경우에도 그 투표에 관한 사항,
13. die Briefwahl,	13. 우편투표에 관한 사항,
14. die Abgabe und Aufnahme von Versicherungen an Eides statt,	14. 선거에 갈음하는 보증서의 교부 및 그 접수에 관한 사항,
15. die Wahl in Kranken− und Pflegeanstalten, Klöstern, gesperrten Wohnstätten sowie sozialtherapeutischen und Justizvollzugsanstalten,	15. 병원 및 요양소, 수도원, 격리된 주거시설과 사회병리치료시설, 형집행시설에서의 투표에 관한 사항,

16. die Feststellung der Wahlergebnisse, ihre Weitermeldung und Bekanntgabe sowie die Benachrichtigung der Gewählten,	16. 선거결과의 확정, 그 보도 및 공고와 당선자에 대한 고지에 관한 사항,
17. die Durchführung von Nachwahlen, Wiederholungswahlen und Ersatzwahlen sowie die Berufung von Listennachfolgern.	17. 연기된 선거, 재선거 및 보궐선거의 시행과 비례대표후보승계권자의 승계에 관한 사항
(2) Die Rechtsvorschriften bedürfen nicht der Zustimmung des Bundesrates.	② 위 법규정은 연방참사원의 동의를 필요로 하지 않는다.
(3) Das Bundesministerium des Innern wird ermächtigt, im Falle einer Auflösung des Deutschen Bundestages die in dem Bundeswahlgesetz und in der Bundeswahlordnung bestimmten Fristen und Termine durch Rechtsverordnung ohne Zustimmung des Bundesrates abzukürzen.	③ 연방내무부는 연방의회가 해산하는 경우에는 연방선거법과 연방선거법 시행령에 규정된 기간 및 기일을 연방참사원의 동의 없이 법규명령으로 단축할 권한이 있다.
§ 53	제53조
(weggefallen)	(삭제)
§ 54 Fristen, Termine und Form	**제54조(기간, 기일 및 형식)**
(1) Die in diesem Gesetz und in der auf Grund dieses Gesetzes erlassenen Bundeswahlordnung vorgesehenen Fristen und Termine verlängern oder ändern sich nicht dadurch, daß der letzte Tag der Frist oder ein Termin auf einen Sonnabend, ei-nen Sonntag, einen gesetzlichen oder staatlich geschützten Feiertag fällt.	① 이 연방선거법과 이 법률에 기초하여 공포된 연방선거법 시행령이 규정한 기간 및 기일은, 기간과 기일의 마지막날 또는 기일이 토요일, 일요일, 법정공휴일, 국가적으로 보호되는 경축일인 경우에도 연장되거나 변경되지 않는다.
(2) Soweit in diesem Gesetz oder in der auf Grund dieses Gesetzes erlassenen Bundeswahlordnung nichts anderes bestimmt ist, müssen vorgeschriebene Erklärungen per-sönlich und handschriftlich unterzeichnet sein und bei der zuständigen Stelle im Original vorliegen.	② 이 연방선거법 또는 이 법률에 기초하여 공포된 연방선거법 시행령이 달리 규정하지 않는 한, 규정된 의사표시에는 자필로 된 서명이 있어야 하고 이는 원본으로 주무기관에 보관되어야 한다.
§ 55	제55조
Inkrafttreten	법시행

독일 연방선거심사절차법 대역문

1951. 3. 12. 제정
2012. 7. 12. 개정

§ 1	제1조
(1) Über die Gültigkeit der Wahlen[1] zum Bundestag und die Verletzung von Rechten bei der Vorbereitung oder Durchführung der Wahl, soweit sie der Wahlprüfung nach Artikel 41 des Grundgesetzes unterliegen, entscheidet vorbehaltlich der Beschwerde gemäß Artikel 41 Abs. 2 des Grundgesetzes der Bundestag.	① 연방의회는, 기본법 제41조 제2항에 따른 항고를 제외하고 기본법 제41조에 따른 선거심사와 관련되어 있는 한, 연방의회선거의 유효 여부와 선거 준비와 시행의 과정에서의 위법에 관하여 결정한다.
(2) Soweit eine Wahl für ungültig erklärt wird, sind die sich daraus ergebenden Folgerungen festzustellen. Sofern bei der Vorbereitung oder Durchführung der Wahl Rechte einer einsprechenden Person oder einer Gruppe einsprechender Personen verletzt wurden, stellt der Bundestag die Rechtsverletzung fest, wenn er die Wahl nicht für ungültig erklärt.	② 선거의 무효를 결정하는 경우에는, 그로부터 발생하는 후속조치(Folgerungen)이 확정되어야 한다. 선거의 준비 또는 시행의 과정에서 이의신청을 한 개인 또는 이의신청을 한 개인들이 속한 집단의 권리가 침해되는 경우로, 선거의 무효로 결정하지 않는 경우에는, 연방의회에서 위법(Rechtsverletzung)으로 확인해야 한다.
§ 2	제2조
(1) Die Prüfung erfolgt nur auf Einspruch.	① 선거심사(Prüfung)는 이의신청이 있어야만 개시된다.
(2) Den Einspruch kann jeder Wahlberechtigte, jede Gruppe von Wahlberechtigten und in amtlicher Eigenschaft jeder Landeswahlleiter, der Bundeswahlleiter und der Präsident des Bundestages einlegen.	② 모든 선거권자 또는 선거권자집단(Gruppe von Wahlberechtigten)는 이의신청을 제기할 수 있고, 각 주선거관리위원장, 연방선거관리위원장 및 연방의회의장은 그 직무자격에 기하여 이를 제기할 수 있다.

1 여기서 말하는 '선거의 무효'는 우리 선거법상의 '당선무효'와 '협의의 선거무효'를 포괄하는 개념이다(연방선거법§46①,§47①). 이는 제1조 제2항, 제11조에서도 마찬가지이다. 또한 'Wahlmangel'(제2조 제4항), 'mangel'(제19조 제1항)에서도 '당선무효의 하자'나 '협의의 선거무효의 하자'가 포함된 개념이다.

(3) Der Einspruch ist schriftlich beim Bundestag einzureichen und zu begründen; bei gemeinschaftlichen Einsprüchen soll ein Bevollmächtigter benannt werden.	③ 그 이의신청은 서면으로 연방의회에 제기해야 하고, 그 이유를 적시해야 한다; 공동의 이의신청 시에는 대표자(Bevollmächtigter)가 정해져야 한다.
(4) Der Einspruch muß binnen einer Frist von zwei Monaten nach dem Wahltag beim Bundestag eingehen. Werden dem Präsidenten des Bundestages nach Ablauf dieser Frist in amtlicher Eigenschaft Umstände bekannt, die einen Wahlmangel begründen könnten, kann er innerhalb eines Monats nach Bekanntwerden dieser Umstände Einspruch einlegen.	④ 이의신청은 선거 후 2개월 이내에 연방의회에 제기되어야 한다. 선거하자(Wahlmangel)에 근거가 될 수 있는 사정이 위 기간의 경과 후 연방의회의장에게 직무자격상 알려지는 경우에는, 연방의회의장은 이 상황을 인지한 후 1개월 이내에 이의신청을 제기할 수 있다.
(5) Die Vorschriften gelten entsprechend beim späteren Erwerb der Mitgliedschaft.	⑤ 본 규정은 향후 연방의회 의원자격의 취득에 준용된다.
(6) Wird der Einspruch zurückgenommen, kann der Bundestag das Verfahren einstellen.	⑥ 이의신청이 철회된 경우에는 연방의회는 그 절차를 중단할 수 있다.
§ 3	**제3조**
(1) Die Entscheidung des Bundestages wird durch den Wahlprüfungsausschuß vorbereitet.	① 연방의회의 선거심사의 의결은 선거심사위원회에서 선심사(先審査)된다.
(2) Der Wahlprüfungsausschuß besteht aus neun ordentlichen Mitgliedern, neun Stellvertretern und je einem ständigen beratenden Mitglied der Fraktionen, die in ihm nicht durch ordentliche Mitglieder vertreten sind.	② 선거심사위원회는, 9명의 정규심사위원(ordentlichen Mitgliedern)과 9명의 직무대리인(Stellvertretern)과 정규심사위원에 의해 대표되지 않는 원내교섭단체에 대한 1명씩의 상임심사위원으로 구성된다.
Der Bundestag kann aus der Mitte einer Vereinigung von Mitgliedern des Bundestages, die nach der Geschäftsordnung des Bundestages als parlamentarische Gruppe anerkannt ist, zusätzlich ein beratendes Mitglied wählen.	연방의회는, 연방의회의사규칙에 따라 의회그룹(parlamentarische Gruppe)로 인정된 단체로 연방의회의원이 속한 집단의 구성원 중에서, 추가로 그 심사위원을 선출할 수 있다.

Der Wahlprüfungsausschuß wird vom Bundestag für die Dauer der Wahlperiode gewählt.

선거심사위원회는 연방의회의 임기가 지속하는 동안 연방의회에 의해 설치된다.

§ 4

제4조

Der Wahlprüfungsausschuß ist beschlußfähig, wenn mindestens die Hälfte der Mitglieder anwesend ist. Er beschließt mit Stimmenmehrheit; bei Stimmengleichheit ist ein Antrag abgelehnt.

선거심사위원회에서는 재적위원 절반 이상이 출석한 경우에 의결할 수 있다. 그 위원회는 다수결투표로 결정한다; 가부동수인 경우에는 그 안건은 부결된다.

§ 5

제5조

(1) Der Vorsitzende bestimmt für jeden Einspruch einen Berichterstatter.

① 선거심사위원회의 위원장은 각 이의신청에 대한 보고자(Berichterstatter)를 임명한다.

(2) Der Ausschuss tritt in eine Vorprüfung ein, insbesondere darüber, ob der Einspruch form- und fristgerecht eingelegt ist und ob Termin zur mündlichen Verhandlung anzuberaumen ist.

② 선거심사위원회에서는 사전심사(Vorprüfung)를 진행하고, 특히 이의신청이 적법한 형식으로 적법한 기한 내에 제출되었는지 여부와 구술심사기일을 지정할 것인지 여부를 결정한다.

Findet eine mündliche Verhandlung statt, so ist der Verhandlungstermin durch die Vorprüfung so vorzubereiten, dass möglichst nach einem einzigen Verhandlungstermin die Schlussentscheidung erfolgen kann.

구술심사가 열린 경우에는, 가능한 몇 차례의 구술심사기일 후 종국결정(Schlussentscheidung)이 이뤄질 수 있도록 사전심사(Vorprüfung)를 통해 구술심사기일이 준비되어야 한다.

(3) Im Rahmen der Vorprüfung ist der Ausschuß berechtigt, Auskünfte einzuziehen und nach Absatz 4 Zeugen und Sachverständige vernehmen und beeidigen zu lassen, soweit deren Anwesenheit im Verhandlungstermin nicht erforderlich ist oder nicht zweckmäßig erscheint.

③ 사전심사(Vorprüfung) 일련의 과정에서, 선거심사위원회에서는 자료(Auskünfte)를 조사하고, 심사기일에 그 출석이 필요하지 않거나 합목적적으로 보이지 않는 한, 제5조 제4항에 따라 증인과 감정인을 심리하고 선서하게 할 권한이 있다.

Zur Prüfung der Feststellung, dass bei der Vorbereitung oder Durchführung der Wahl Rechte einer einsprechenden Person oder einer Gruppe einsprechender Personen verletzt

선거의 준비나 시행에서 이의신청을 한 개인 또는 이의신청을 한 개인들이 속한 집단의 권리가 침해된 것으로 확인하는 선거심사(Prüfung)를 위해서는, 선거심사위원회는

wurden, führt der Wahlprüfungsausschuss Ermittlungen, die über die Einholung von Auskünften hinausgehen, in der Regel nur dann durch, wenn eine Auswirkung der Rechtsverletzung auf die Verteilung der Sitze im Bundestag nicht auszuschließen ist.

그 위법이 연방의회의 의석배분에 영향을 미친 것을 배제할 수 없는 경우에 한하여 취합된 자료(Einholung von Auskünften)에 벗어난 조사를 필요적으로 수행한다.

(4) Alle Gerichte und Verwaltungsbehörden haben dem Ausschuß Rechts- und Amtshilfe zu leisten. Bei Vernehmung von Zeugen und Sachverständigen sind die Beteiligten des § 6 Abs. 2 eine Woche vorher zu benachrichtigen; sie haben das Recht, Fragen stellen zu lassen und den Vernommenen Vorhalte zu machen.

④ 모든 법원 및 행정관청은 그 위원회에 대한 법적 및 행정적 원조를 수행해야 한다. 증인 및 감정인 신문에서 제6조 제2항상 이해관계인(이의신청 제기자와 해당 선거에 대해 이의신청이 제기된 연방의회의원을 말함)은 일주일 전에 통지를 받아야 한다; 그들은 질문을 하고 신문에서 서류를 제출할 권리가 있다.

§ 6

제6조

(1) Vor der Schlussentscheidung wird Termin zur mündlichen Verhandlung nur dann anberaumt, wenn die Vorprüfung ergibt, dass davon eine weitere Förderung des Verfahrens zu erwarten ist.

① 선거심사위원회의 종국결정 전에, 그에 관하여 추가적인 절차의 속행이 필요한 것으로 사전심사(Vorprüfung)의 결론이 난 경우에 한하여 구술심사기일을 지정한다.

(1a) (weggefallen)

1a (삭제)

(2) Zu den Verhandlungsterminen sind mindestens eine Woche vorher derjenige, der den Einspruch eingelegt hat, und der Abgeordnete, dessen Wahl angefochten ist, zu laden.

② 이의신청을 제기한 바로 그 자와 해당 선거에 대해 이의신청이 제기된 연방의회의원은 최소한 그 일주일 전에 구술심사기일에 소환되어야 한다.

Wenn mehrere Personen gemeinschaftlich Einspruch eingelegt haben, genügt die Ladung eines Bevollmächtigten (§ 2 Abs. 3) oder eines der Antragsteller.

다수의 사람이 공동의 이의신청을 제기한 경우에는 제2조 제3항에 따른 대표자 또는 이의신청권자 중 1인의 소환으로 충분하다.

(3) Von dem Verhandlungstermin sind gleichzeitig zu benachrichtigen:

③ 구술심사기일은 다음 각호의 사람에게 적시에 통지되어 한다.

a) der Präsident des Bundestages,

a) 연방의회의장,

b) der Bundesminister des Innern,

b) 연방내무부장관,

c) der Bundeswahlleiter,

c) 연방선거관리위원장,

d) der zuständige Landeswahlleiter,

d) 해당 주선거관리위원장,

e) die Fraktion des Bundestages, der der Abgeordnete angehört, dessen Wahl ange-fochten ist.

e) 해당 선거에 대해 이의신청이 제기된 연방의회의원이 속한 연방하원 원내교섭단체

(4) Die nach den Absätzen 2 und 3 gen-annten Personen sind Beteiligte an dem Verfahren. Sie haben ein selbständiges Antragsrecht.

④ 제6조 제2항 및 제3항에서 언급된 자들은 선거심사절차에 대한 이해관계인이다. 이들은 독립된 신청권(Antragsrecht)을 갖는다.

(5) Alle Beteiligten haben das Recht auf Akteneinsicht im Büro des Bundestages.

⑤ 모든 위 이해관계인은 연방의회의 사무실에서 서류를 열람할 권리를 갖는다.

§ 7

제7조

(1) Zu Beginn der mündlichen Verhandlung trägt der Berichterstatter die Sachlage vor und berichtet über das Ergebnis der Vorprüfung.

① 구술심사의 모두(冒頭)에서 보고자는 사건의 상황(Sachlage)에 관해 진술하고 사전심사(Vorprüfung) 결과에 대하여 보고한다.

Alsdann erhalten auf Verlangen der Einsprechende (bei mehreren der Bevollmächtigte gemäß § 2 Abs. 3), die sonstigen Beteiligten und der Abgeordnete, dessen Wahl angefochten ist, das Wort.

그리고 나서 제2조 제3항에 따른 다수의 대표자가 있는 경우의 이의신청권자, 기타 이해관계인과 해당선거에 대해 이의신청이 제기된 연방의회의원은 신청에 따라 진술한다.

(2) Etwa geladene Zeugen und Sachverständige sind zu hören und, falls der Ausschuß dies für geboten hält, zu beeidigen. Die Beteiligten haben das Recht, Zeugen und Sachverständigen Fragen vor-legen zu lassen.

② 소환된 증인 및 감정인을 신문해야 하고, 선거심사위원회에서 선서를 필요한 것으로 보는 경우에는 이들에 대해 선서하게 해야 한다. 그 이해관계인은 증인과 감정인에게 질문을 할 권리가 있다.

Nach Abschluß einer etwaigen Beweisaufnahme ist den Beteiligten Gelegenheit zu Ausführungen zu geben. Das Schlußwort gebührt dem Anfechtenden.

임의적인 증거조사(etwaigen Beweisaufnahme)가 종료된 후, 이해관계인에게 변론(Aus-führungen)할 기회가 주어져야 한다. 마무리 변론(Schlußwort)은 이의신청권자가 한다.

(3) Über die Verhandlung ist eine Niederschrift aufzunehmen, in der die Aussagen der Zeugen und Sachverständigen wiederzugeben sind.

③ 증인과 감정인의 진술을 재현한, 심리에 관한 조서가 작성되어야 한다.

§ 8

제8조

(1) Die mündliche Verhandlung findet öf－fentlich statt.

① 구술심사는 공개하여 진행한다.

(2) Für die mündliche Verhandlung gilt § 4, doch sollen an ihr alle Mitglieder oder ihre Stellvertreter teilnehmen.

② 구술심사에 대하여 제4조가 적용된다. 그러나 모든 선거심사위원(정규심사위원과 상임심사위원을 포함하는 것임)이나 그 직무대리인은 그 구술심사에 참여해야 한다.

(3) Der Vorsitzende hat in der mündlichen Verhandlung die Befugnisse, die sich aus der sinngemäßen Anwendung der für den Zivilprozeß geltenden Bestimmungen ergeben.

③ 선거심사위원회의 위원장은 구술심사에서 현행 민사소송법의 규정의 적정한 적용(준용을 말함)에 따라 발생하는 (문제에 대한) 결정권한을 갖는다.

§ 9

제9조

Für das gesamte Verfahren sind die für den Zivilprozeß geltenden Bestimmungen en－tsprechend anzuwenden auf Fristen, Ladungen, Zustellungen, Vereidigungen und die Rechte und Pflichten von Zeugen und Sachverständigen.

현행 민사소송법상 기간, 소환, 송달, 선서와 증인 및 감정인의 권리의무에 관한 규정이 전체 선거심사절차에서 준용된다.

§ 10

제10조

(1) Der Wahlprüfungsausschuß berät ge－heim über das Ergebnis der Verhandlung.

① 선거심사위원회에서는 비공개로 구술심사의 결과에 대하여 심의한다.

(2) An der Schlußberatung können nur diejenigen ordentlichen und beratenden Mitglieder des Ausschusses oder ihre Stellvertreter teilnehmen, die der münd－lichen Verhandlung beigewohnt haben.

② 구술심사에 참여한 선거심사위원회의 정규심사위원과 상임심사위원 또는 그 직무대리인만이 종국심의(Schlußberatung)에 참석할 수 있다.

(3) Bei der Schlußentscheidung gilt Stimmenthaltung als Ablehnung.

③ 종국결정에서 기권은 거부로 간주된다.

§ 11

제11조

Der Beschluß des Ausschusses ist schriftlich niederzulegen; er muß dem Bundestag eine Entscheidung vorschlagen.

선거심사위원회의 의결은 문서로 작성되어야 한다; 선거심사위원회에서는 연방의회에 그 의결서를 제출해야 한다.

Diese muß über die Gültigkeit der ange-fochtenen Wahl und die sich aus einer Ungültigkeit ergebenden Folgerungen bestimmen.

이 의결은 이의제기된 선거의 유효성 여부와 그 무효에 따른 후속결과(Folgerungen)에 대해 정해야 한다.

Wurden bei der Vorbereitung oder Durchführung der Wahl Rechte der ein-sprechenden Person oder der ein-sprechenden Personen verletzt, wird dies in dem Beschluss festgestellt.

선거의 준비나 시행 과정에서 이의신청을 한 개인 또는 이의신청을 한 개인들이 속한 단체의 권리가 침해된 경우에는, 이는 그 의결에서 확인된다.

Der Beschluß hat die wesentlichen Tatsachen und Gründe, auf denen die Entscheidung beruht, anzugeben. Wegen der Einzelheiten ist eine Bezugnahme auf den Akteninhalt zulässig.

그 의결에는 결정의 기초가 되는 중요한 사실과 이유가 기술되어야 한다. 상세한 그 기술을 위하여 서류의 내용의 참조는 허용된다.

§ 12

제12조

Der Beschluß ist als Antrag des Wahlprüfungsausschusses an den Bundestag zu leiten und spätestens drei Tage vor der Beratung im Bundestag an sämtliche Abgeordnete zu verteilen.

선거심사위원회의 의결은 선거심사위원회의 의안(Antrag)으로 연방의회로 송부되어야 하고, 그 의결서는 늦어도 연방의회에서의 심의(Beratung) 3일 전에 전체 연방의회 의원에게 배포되어야 한다.

Bei der Beratung kann der Antrag durch mündliche Ausführungen des Berichterstatters ergänzt werden.

그 심의에서 그 의안(Antrag)에 대해 보고자의 구술에 의한 상세보고(Ausführungen)가 보충될 수 있다.

§ 13

제13조

(1) Der Bundestag beschließt über den

① 연방의회는 단순다수결[2](einfacher Mehrheit)

2 단순다수결은 다음과 같은 기본법 제42조 제2항에 따라, 투표에 참가한 연방의회의원 과반수의 찬성('투표수의 과반수'로 규정되어 있고, 몇 명의 의원이 그 투표에 참석해야하는지에 관한 요건은 정해지지 않음)을 말한다.
[Zu einem Beschlusse des Bundestages ist die Mehrheit der abgegebenen Stimmen er-forderlich, soweit dieses Grundgesetz nichts anderes bestimmt(연방의회의 의결에는, 기본

Antrag des Ausschusses mit einfacher Mehrheit. Soweit er ihm nicht zustimmt, gilt er als an den Ausschuß zurückverwiesen. Dabei kann der Bundestag dem Ausschuß die Nachprüfung bestimmter tatsächlicher oder rechtlicher Umstände aufgeben.

로 선거심사위원회에서 제출한 그 의안(Antrag)에 대해 의결한다. 연방의회에서 그 의안을 승인하지 않는 경우에는, 선거심사위원회에 이를 회송(回送)한 것으로 간주한다. 이 경우 연방의회에서는 선거심사위원회에 대하여 특정한 사실적 또는 법적 사항(Umstände)에 관한 사후심사(Nachprüfung)를 명령할 수 있다.

(2) Der Ausschuß hat nach neuer Schlussentscheidung dem Bundestag einen neuen Antrag vorzulegen. Dieser Antrag kann nur abgelehnt werden durch Annahme eines anderen Antrages, der den Vorschriften des § 11 genügt.

② 선거심사위원회에서는 새롭게 종국결정(Schlussentscheidung)을 한 후 연방의회의 새로운 의안(Antrag)을 제출해야 한다. 이 의안(Antrag)은 제11조의 규정을 충족하는 다른 의안(Antrag)의 가결에 의해서만 거부될 수 있다.

(3) Der Beschluß des Bundestages ist den Beteiligten (§ 6 Abs. 2 und 3) mit einer Rechtsmittelbelehrung zuzustellen.

③ 연방의회의 그 의결은 법적통지절차(Rechtsmittelbelehrung)에 의해 제6조 제2항 및 제3항상의 이해관계인에게 통지되어야 한다.

§ 14

제14조

Ergeben sich Zweifel, ob ein Abgeordneter im Zeitpunkt der Wahl wählbar war, so kann auch nach Ablauf der Einspruchsfrist (§ 2 Abs. 4) der Präsident des Bundestages Einspruch gegen die Gültigkeit der Wahl einlegen. Er muß dies tun, wenn eine Minderheit von einhundert Abgeordneten es verlangt.

선거일 기준으로 연방의회의원의 피선거권 존부에 대해 의문이 있는 경우에는, 연방의회의장은 제2조 제4항상의 이의신청 기간이 도과하였다고 하더라도 당선유효 여부[3](Gültigkeit der Wahl)에 대하여 이의신청을 제기할 수 있다. 그는 연방의회의원의 100명의 의원이 이를 요구하는 경우에는 이를 제기해야만 한다.

법이 달리 정하지 않는 한, '투표수의 과반수'가 필요함)].

3 연방선거법 제15조에 따라 선거일 기준으로 피선거권이 있어야 하고 그 피선거권이 없는 경우에는 동법 제46조 제1항 제3호(피선거권 전제요건의 흠결)에 따라 연방의회 의원자격을 상실하므로[이러한 것은 우리 선거법에서도 마찬가지임(우리 선거법§192③2호)], '선거의 유효성'이 아닌 '당선유효성'으로 번역하는 것이 적절하다.

§ 15

Nach den Vorschriften dieses Gesetzes ist auch zu verfahren, wenn darüber zu entscheiden ist, ob ein Abgeordneter des Bundestages die Mitgliedschaft nachträglich verloren hat (Artikel 41 Abs. 1 Satz 2 des Grundgesetzes).

Der Antrag auf Entscheidung des Bundestages kann mit Ausnahme der Fälle, in denen der Ältestenrat oder der Präsident des Bundestages über den Verlust der Mitgliedschaft entschieden hat (§ 47 Abs. 1 und 3 des Bundeswahlgesetzes), jederzeit gestellt werden.

제15조

기본법 제41조 제1항 2문에 따라 연방의회 의원이 의원자격을 사후적으로 상실했는지 여부에 대해서 결정해야 하는 것도 이 법률의 규정에 따라 그 절차가 진행되어야 한다.

연방의회의 의결에 대한 항고는, 연방선거법 제47조 제1항 및 제3항에 따라 독인연방의회 원로회의나 연방의회의장이 의원자격 상실에 관하여 결정한 경우를 제외하고 제기될 수 있다.

§ 16

(1) Stellt der Bundestag in den Fällen, in denen über den Verlust der Mitgliedschaft im Wahlprüfungsverfahren zu entscheiden ist (§ 47 Abs. 1 Nr. 1 und 3 des Bundeswahlgesetzes), den Verlust fest, so behält der Abgeordnete seine Rechte und Pflichten bis zur Rechtskraft der Entscheidung.

(2) Der Bundestag kann jedoch mit einer Mehrheit von zwei Dritteln seiner Mitglieder beschließen, daß der Abgeordnete bis zur Rechtskraft der Entscheidung nicht an den Arbeiten des Bundestages teilnehmen kann.

(3) Wird gegen die gemäß Absatz 1 ergangene Entscheidung des Bundestages Beschwerde eingelegt, so kann das Bundesverfassungsgericht auf Antrag des Beschwerdeführers den gemäß Absatz 2 ergangenen Beschluß durch einstweilige

제16조

① 연방의회에서 선거법 제47조 제1항 제1호 및 제3호에 따라 선거심사절차에서 의원자격 상실에 관하여 결정해야 하는 경우에 있어, 의원자격 상실을 의결하는 경우에는, 그 연방의회의원은 그 의결의 확정력이 발생할 때까지 자신의 권리의무를 보유한다.

② 그러나 연방의회에서 재적의원 2/3의 찬성으로써, 당해 연방의회의원이 그 의결의 확정력이 발생할 때까지 연방의회의 직무에 참여하지 못하도록 의결할 수 있다.

③ 제16조 제1항에 따른 공표된 연방의회의 의결에 대하여 항고가 제기된 경우에는, 연방헌법재판소는 항고제기권자의 신청에 따라 가처분으로 제16조 제2항에 따른 공표된 의결의 효력을 중지하거나, 그러한 의결이 되지 않는 경우에는 재적의원 1/10 이상의

Anordnung aufheben oder, falls ein solcher Beschluß nicht gefaßt worden ist, auf Antrag einer Minderheit des Bundestages, die wenigstens ein Zehntel seiner Mitglieder umfaßt, eine Anordnung gemäß Absatz 2 treffen.

연방의회의원의 요구에 따른 연방의회의 신청에 의해서 제16조 제2항상 직무배제명령을 발령할 수 있다.

§ 17

제17조

(1) Von der Beratung und Beschlußfassung im Wahlprüfungsverfahren ist der Abgeordnete ausgeschlossen, dessen Wahl zur Prüfung steht.

① 자신의 선거에 대해 선거심사가 행해지고 있는 연방의회의원은 선거심사절차에서의 심의 및 결의에서 배제된다.

(2) Dies gilt nicht, wenn in einem Verfahren die Wahl von mindestens zehn Abgeordneten angefochten wird.

② 이 규정은 선거심사절차에서 10명 이상의 연방의회의원에 의해 그 선거에 대해 이의신청이 제기된 경우에는 적용되지 않는다.

§ 18

제18조

Für die Beschwerde an das Bundesver－fassungsgericht gelten die Vorschriften des Gesetzes über das Bundesverfassung－sgericht.

연방헌법재판소에 대한 항고에 대하여는 연방헌법재판소법의 규정에 따른다.

§ 19

제19조

(1) Die Kosten des Verfahrens beim Bundestag trägt der Bund.

Dem in nichtamtlicher Eigenschaft Einsprechenden können notwendige Auslagen erstattet werden, wenn dem Einspruch stattgegeben oder der Einspruch nur de－shalb zurückgewiesen wurde, weil der geltend gemachte Mangel keinen Einfluß auf das Wahlergebnis gehabt hat.

① 연방의회에서의 선거심사절차의 비용은 연방정부가 부담한다.

직무자격에 기한 이의신청권자가 아닌 자에 대해서는, 이의신청이 인용되거나 또는 존재한 그 선거하자가 선거결과에 어떤 영향도 미치지 않는다는 이유로 이의신청이 기각되는 경우에만 필수경비를 부담시킬 수 있다.

(2) Über die Erstattung von Auslagen nach Absatz 1 Satz 2 ist in dem Beschluß des Bundestages zu entscheiden.

② 제19조 제1항 2문에 따른 경비부담은 연방의회의 의결에서 정해져야 한다.

§ 20	제20조
–	–
§ 21	제21조
Dieses Gesetz tritt am Tage nach seiner Verkündung in Kraft.	이 법률은 공포된 날에 발효한다.

선거방송심의위원회의 구성 및 운영에 관한 규칙

제정 2008. 6. 24. 방송통신심의위원회 규칙 제 24호
개정 2010. 3. 16 .방송통신심의위원회 규칙 제 57호
2012. 12. 6. 방송통신심의위원회 규칙 제 93호
2014. 1. 9. 방송통신심의위원회 규칙 제103호

제1장 총 칙

제1조(목적) 이 규칙은 「공직선거법」(이하 "선거법"이라 한다) 제8조의2(선거방송심의위원회)의 규정에 의하여 설치하는 선거방송심의위원회(이하 "심의위원회"라 한다)의 구성 및 운영에 필요한 사항을 규정함을 목적으로 한다.

제2조(운영 등) 이 규칙에 명시되지 아니한 사항 중 심의위원회 운영 및 절차에 관하여 필요한 사항은 방송통신심의위원회 기본규칙을 준용한다.

제2장 구성 및 운영

제3조(설치 등) ① 방송통신심의위원회는 선거방송의 공정성을 유지하기 위하여 다음 각호의 기간 동안 심의위원회를 설치하여 운영한다. <개정 2010.3.16, 2012.12.6>

1. 임기만료에 의한 선거
   선거법 제60조의2 제1항에 따른 예비후보자등록신청개시일 전일부터 선거일 후 30일까지
2. 보궐선거 등
   선거일 전 60일(선거일 전 60일 후에 실시사유가 확정된 보궐선거 등의 경우에는 그 선거의 실시사유가 확정된 후 10일)부터 선거일 후 30일까지

② 방송통신심의위원회는 국회에 교섭단체를 구성한 정당과 중앙선거관리위원회가 추천하는 각 1명, 방송사(선거법 제70조 제1항에 따른 방송시설을 경영 또는 관리하는 자를 말한다.)·방송학계·대한변호사협회·언론인단체 및 시민단체(이하 "추천단체"라 한다)등이 추천하는 사람을 포함하여 9명 이내의 위원으로 심의위원회를 구성한다. 다만, 심의위원회를 구성한 후에 국회에 교섭단체를 구성한 정당의 수가 증가하여 위원정수를 초과하게 되는 경우에는 현원을 위원정수로 본다. <개정 2010.3. 16>

③ 방송통신심의위원회는 제2항에 따라 심의위원의 추천을 의뢰함에 있어 추천단체의 대표성과 전문성을 감안하여야 하며, 심의위원의 결격사유 등을 고지하여야 한다.

④ 방송통신심의위원회 위원장은 추천단체와 추천정당이 추천한 자의 심의위원

위촉 동의여부, 결격사유 유무 등을 확인한 후 방송통신심의위원회의 동의를 얻어 당해 선거방송의 심의에 필요한 기간을 정하여 심의위원을 위촉한다.

⑤ 심의위원 중 결원이 생긴 때에는 제2항의 규정에 의하여 그 보궐위원을 위촉할 수 있다.

제4조(위원장 등) ① 심의위원회에 정·부위원장 각 1인을 둔다.

② 심의위원회의 위원장(이하 "심의위원장"이라 한다)과 부위원장은 방송사 및 정당이 추천한 자 이외의 심의위원 중에서 호선한다.

③ 심의위원장은 심의위원회 회의의 의장이 되며, 그 직무와 관련하여 사무를 통괄한다.

④ 심의위원장, 부위원장 및 심의위원은 비상임으로 한다.

제5조(심의위원회의 직무) ① 심의위원회의 직무는 다음과 같다.

1. 선거법 제8조의2 제5항에 규정된 사항의 심의·의결
2. 선거법 제8조의2 제6항에 규정된 시정요구사항의 심의·의결
3. 선거법 제8조의4 제3항에 규정된 반론보도청구의 심의·의결
4. 기타 선거방송과 관련한 사항 중 방송통신심의위원회 위원장이 부의하는 안건의 심의

② 심의위원회는 선거법 제8조의2 제4항의 필요한 사항을 선거법, 「방송법」, 방송통신심의위원회 규칙의 범위 내에서 정할 수 있으며, 이를 방송통신심의위원회에 요청하여 공표한다.

제6조(회의 등) ① 방송통신심의위원회 위원장은 심의위원회를 소집하며, 그 통보는 구두 등의 방법으로 할 수 있다.

② 심의위원회의 회의는 정기회의와 임시회의로 구분하며, 그 일시와 횟수는 선거일정과 안건을 감안하여 심의위원회의 의결로 정한다.

③ 임시회의는 방송통신심의위원회 위원장이 필요하다고 인정하는 때와 심의위원장 또는 심의위원회 재적위원 3분의 1이상의 요구가 있는 때에 소집한다.

④ 방송통신심의위원회 위원장은 회의소집전 안건을 심의위원에게 미리 통보하여야 하며, 부득이한 사유로 안건을 통보하지 못한 경우에는 심의에 앞서 그 사유를 밝혀야 한다.

⑤ 심의위원회의 회의는 공개를 원칙으로 하되, 심의위원회의 결정으로 비공개로 할 수 있다.

제7조(의결 등) ① 심의위원회의 의사는 재적위원 3분의 2이상의 출석과 출석위원 과반수의 찬성으로 의결한다.

② 의장은 표결권을 가지며, 가부동수인 때에는 부결된 것으로 본다.

제8조(위원의 대우) 심의위원은 명예직으로 한다. 다만, 방송통신심의위원회는 예산의 범위내에서 수당·여비 기타 실비를 지급할 수 있다.

제3장 심의 및 시정

제9조(심의기준) ① 선거방송의 심의기준은 선거법, 「방송법」 및 「선거방송심의에 관한 특별규정」을 따른다. <개정 2014.1.9>

② 심의위원회는 선거방송의 공정성을 유지하기 위하여 심의에 필요한 사항을 정할 수 있다.

제10조(심의안건) ① 선거방송 심의안건은 방송통신심의위원회 사무처가 작성한다.

② 심의위원회 위원은 필요하다고 인정하는 사안을 심의안건으로 상정할 수 있다.

제11조(제재조치 등) ① 심의위원회는 선거방송의 내용이 심의기준에 위반된다고 판단하는 경우 「방송법」제100조제1항에 따른 제재조치를 정하여 이를「방송통신위원회의 설치 및 운영에 관한 법률」 제3조 제1항에 따른 방송통신위원회(이하 "방송통신위원회"라 한다)에 통보하여야 한다. <개정 2014.1.9>

② 제1항의 규정에도 불구하고 심의위원회는 심의기준을 위반한 정도가 경미하다고 판단되는 경우 해당 사업자 또는 해당 방송프로그램의 책임자나 관계자에 대하여 권고를 하거나 의견을 제시할 수 있다.

③ 삭제 <2014.1.9>

제12조(당사자 등의 의견진술) ① 심의위원회가 제11조 제1항 및 제14조의 제재조치 또는 시정요구를 정하고자 하는 경우에는 미리 당사자 또는 그 대리인(이하 "당사자 등"이라 한다)에게 의견을 진술할 기회를 주어야 한다. <개정 2014.1.9>

② 심의위원회는 신속하고 원활한 심의를 위하여 의견진술절차를 별도로 정할 수 있다.

제13조(방송통신위원회의 조치) 방송통신위원회는 심의위원회로부터 제11조 제1항 또는 제14조 제4항의 결정을 통보받은 경우 「방송법」 제100조에서 정하고 있는 절차에 따라 지체 없이 해당 방송사에 제재조치를 명하여야 한다. <개정 2014.1.9.>

제14조(시정요구사항의 처리) ① 후보자 및 후보자가 되려는 사람(그 대리인을 포함한다. 이하 "후보자 등"이라 한다)은 심의위원회가 설치된 때부터 선거방송의 내용이 불공정하다고 인정되는 경우 선거법 제8조의2 제6항에 따라 심의위원회에 그 시정을 요구할 수 있다.

② 제1항에 따라 후보자 등이 심의위원회에 선거방송 내용의 시정을 요구하는 때에는 별지 제1호 서식의 시정요구서를 작성하여 심의위원회에 제출하여야 한다.

③ 심의위원장은 제1항에 따라 선거방송에 대한 시정을 요구받은 경우 지체 없이 심의위원회를 소집하여 이를 심의·의결하여야 한다.

④ 심의위원회는 제1항에 따라 시정을 요구받은 선거방송의 내용이 불공정하다고 판단하는 때에는 지체 없이 해당 방송사에 시정을 요구할 수 있다. 이 경우 심의위원회가 필요하다고 인정하는 때에는 「방송법」 제100조 제1항에 따른 제재조치를 정하여 방송통신위원회에 통보할 수 있다.

⑤ 후보자등의 시정요구 사항에 대한 심의절차 등 그 밖에 필요한 사항은 심의위원회가 별도로 정할 수 있다.

[전문개정 2014.1.9.]

제14조의2(재심청구 등) ① 제13조에 따른 방송통신위원회의 제재조치 명령에 이의가 있는 당사자 또는 그 대리인은 해당 명령을 받은 날부터 3일 이내에 방송통신위원회에 재심을 청구할 수 있다. 다만, 심의위원회의 재심결정에 대해서는 다시 재심을 청구할 수 없다.

② 방송사가 제1항에 따라 방송통신위원회에 재심을 청구하려는 때에는 별지 제2호 서식의 재심청구서를 작성하여 방송통신위원회에 제출하여야 한다. 이 경우 방송통신위원회는 지체 없이 심의위원회에 재심을 요청하여야 한다.

③ 심의위원회가 제2항에 따라 방송통신위원회로부터 재심을 요청받은 때에는 지체 없이 이를 심의·의결하고 그 결정을 방송통신위원회에 통보하여야 한다.

④ 심의위원회의 재심은 서면심의를 원칙으로 한다. 다만, 당사자 또는 그 대리인의 요청이 있거나, 심의위원회가 필요하다고 인정하는 때에는 구술심의를 할 수 있다.

⑤ 제3항에 따른 심의위원회의 재심결정은 방송통신위원회가 당사자 또는 그 대리인에게 재심결과를 통지한 때부터 효력을 발생한다.

[본조신설 2014.1.9.]

제14조의3(집행정지 등) ① 재심청구는 원심결정의 효력이나 집행 또는 절차의 속행에 영향을 주지 아니한다.

② 제1항에도 불구하고, 당사자 또는 그 대리인의 요청이 있는 경우 방송통신위원회는 원심결정의 집행 또는 절차의 속행으로 인하여 생길 회복하기 어려운 손해를 예방하기 위하여 긴급한 필요가 있다고 인정될 때에는 원심결정의 효력이나 집행 또는 절차의 속행의 전부 또는 일부의 정지를 결정할 수 있다.

[본조신설 2014.1.9]

제4장 반론보도 청구

제15조(반론보도청구의 심의위원회 회부) ① 정당(중앙당에 한한다. 이하 이 조 및 제16조에서 같다), 후보자 등 또는 방송사는 선거법 제8조의4 제3항에 따라 반론보도청구를 심의위원회에 회부할 수 있다. <개정 2014.1.9>

② 제1항에 따라 반론보도청구를 심의위원회에 회부하려는 자는 별지 제3호 서식의 반론보도청구회부서를 작성하여 심의위원회에 제출하여야 한다. <개정 2014.1.9>

③ 심의위원장은 제2항에 따른 반론보도청구회부서를 접수하는 즉시 제6조 제1항에 따라 심의위원회를 소집하고 반론보도 청구의 양측 당사자 등의 심의위원회 출석을 통보하여야 한다. <개정 2014.1.9.>

제16조(반론보도청구의 심의·결정) ① 심의위원회는 회부된 반론보도청구를 심의함에 있어서 사실을 조사하고, 청구인과 방송사 등 양측 당사자등의 의견을 청취한 후 회부받은 때부터 48시간 이내에 심의하여 각하·기각 또는 인용결정을 한 후 지체 없이 이를 해당 정당, 후보자 등 또는 방송사에 통지하여야 한다. <개정 2014.1.9>

② 심의위원회가 제1항에 따라 반론보도의 인용결정을 하는 때에는 반론방송의 내용·크기·횟수 및 그 밖에 반론보도에 필요한 사항을 함께 결정하여야 한다. <신설 2014.1.9>

③ 심의위원회는 당사자등이 제15조 제3항에 의한 심의위원회의 출석통보를 받고도 출석하지 아니하거나 의견진술을 거부한 때에는 당해 당사자등의 의견청취 절차를 생략할 수 있다. <개정 2014.1.9>

④ 방송사는 제1항의 심의위원회 결정에 대하여 이를 이행한 후 지체 없이 그 결과를 심의위원장에게 보고하여야 한다. <개정 2014.1.9.>

제17조(특례절차) 이 규칙에서 정하지 아니한 사항과 신속한 심의·결정을 위하여 필요한 사항은 심의위원회 의결로 따로 정할 수 있다.

제5장 보 칙

제18조(사무처리등) ① 심의위원회의 의사, 관리, 홍보 등의 사무는 방송통신심의위원회 사무처가 담당한다.

② 방송통신심의위원회는 제1항의 사무를 처리하기 위하여 사무처에 별도의 기구를 둘 수 있다.

제19조(예산) 방송통신심의위원회는 심의위원회를 운영하는데 필요한 예산을 편성한다.

부 칙 <제24호, 2008.6.24>

이 규칙은 공포한 날부터 시행한다.

부 칙 <제57호, 2010.3.16>

이 규칙은 공표한 날부터 시행한다.

부 칙 <제93호, 2012.12.6.>

이 규칙은 공표한 날부터 시행한다.

부 칙 <제103호, 2014.1.9.>

이 규칙은 공표한 날부터 시행한다.

선거방송심의에 관한 특별규정

제정 2008. 6. 24. 방송통신심의위원회 규칙 제 23호
개정 2010. 3. 18. 방송통신심의위원회 규칙 제 58호
2014. 1. 9. 방송통신심의위원회 규칙 제104호
2014. 12. 24. 방송통신심의위원회 규칙 제112호

제1장 총 칙

제1조(목적) 이 규정은 「방송법」 제33조에 따라 「공직선거법」(이하 "선거법"이라 한다)이 정한 선거방송, 기타 선거에 관련한 내용이 포함된 프로그램의 방송(이하 "선거방송"이라 한다)을 심의하기 위하여 필요한 사항을 정함을 목적으로 한다.

제2조(법규정의 준수) 방송은 선거방송에 관한 사항으로서 이 규정에 정하지 아니한 것은 「방송법」, 선거법, 「방송심의에 관한 규정」 및 중앙선거관리위원회의 「공직선거관리규칙」 등 관련 법규정을 준수하여야 한다.

제3조(적용범위) ① 이 규정은 선거법 제8조의2 제1항에 따른 심의위원회가 설치된 때부터 선거일의 투표마감시각까지의 선거방송에 적용한다.<개정 2010.3.16>

② 이 규정은 선거법 제2조 소정의 선거(이하 "선거"라 한다)에 입후보할 후보자의 선출과 관련된 내용의 프로그램을 방송하는 경우에도 이를 적용한다.

제2장 심의기준

제4조(정치적 중립) ① 방송은 선거의 후보자(후보자가 되고자 하는 자를 포함한다. 이하 "후보자"라 한다)와 선거에 참여하는 정당(이하 "정당"이라 한다)에 대하여 정치적 중립을 지켜야 한다. <개정 2014.1.9>

② 방송은 특정한 후보자나 정당의 주의·주장 또는 이익을 지지·대변하거나 옹호하여서는 아니된다.

제5조(공정성) ① 방송은 선거에 관한 사항을 공정하게 다루어야 한다.

② 방송은 방송프로그램의 배열과 그 내용의 구성에 있어서 특정한 후보자나 정당에게 유리하거나 불리하지 않도록 하여야 한다. <개정 2014.1.9>

③ 방송은 선거법에 따른 선거일의 0시부터 투표마감시각까지 해당 선거결과에 영향을 미칠 수 있는 내용을 다루어서는 아니 된다. 다만, 투표율, 투표 참여의 독려 또는 선거와 관련된 사건·사고 등을 방송하는 경우에는 그러하지 아니 한다. <신설 2014.1.9.>

제6조(형평성) ① 방송은 선거방송에서 후보자와 정당에 대하여 실질적 형평의

원칙에 따라 공평한 관심과 처우를 제공하여야 한다.

② 방송은 선거방송에서 선거가 실시되는 방송구역내의 각 지역을 균형있게 다루어야 하며, 여러종류의 선거를 다룸에 있어서 적절한 균형을 유지하여야 한다.

제7조(소수자에 대한 기회 부여) 방송은 제5조 및 제6조의 규정에 따른 공정성 및 형평성을 유지하는 범위 안에서 소수자나 소외계층을 대변하는 정당 또는 후보자에게 출연기회를 부여할 수 있다.

제8조(객관성) ① 방송은 선거에 관련된 사실을 객관적으로 정확히 다루어야 한다.

② 방송은 선거의 쟁점이 된 사안에 대한 여러 종류의 상이한 관점이나 견해를 객관적으로 다루어야 한다.

제9조(특집기획프로그램) 특집기획프로그램은 선거기간 중에는 선거와 직접 관련이 없는 경우에도 특정한 후보자나 정당에 유리하거나 불리하지 않도록 하여야 한다.

제10조(시사정보프로그램) ① 선거법에 의한 선거방송을 제외한 선거 관련 대담·토론, 인터뷰, 다큐멘터리 등 시사정보프로그램은 선거쟁점에 관한 논의가 균형을 이루도록 출연자의 선정, 발언횟수, 발언시간 등에서 형평을 유지하여야 한다.

② 제1항에 따른 시사정보프로그램에서의 진행자 또는 출연자는 특정 정당·후보자 등을 조롱 또는 희화화하여서는 아니 된다.

[전문개정 2014.1.9.]

제11조(제작기술상의 균형) 선거에 관련된 모든 프로그램은 음향과 음성, 촬영, 화면구성, 조명 등의 기술적 측면에서 후보자나 정당에 대하여 가능한 한 동등한 조건으로 제작하여야 한다.

제12조(사실보도) ① 방송은 선거방송에서 유권자의 판단에 영향을 미칠 수 있는 중요한 사실을 과장·부각 또는 축소·은폐하는 등으로 왜곡하여 보도하여서는 아니된다.

② 방송은 선거결과에 대한 예측보도로 유권자를 오도하여서는 아니되며, 실제 결과와 예측이 다를 경우 지체 없이 이를 정정보도하여야 한다.

③ 방송은 선거와 관련한 보도에서 감정 또는 편견이 개입된 용어를 사용하여서는 아니된다.

제13조(대담·토론의 중계) 방송은 선거와 관련하여 다른 언론기관 또는 단체등이 개최하는 대담·토론 등을 다룰 때에는 형평을 유지하여야 한다.

제14조(균등한 기회 부여) ① 방송은 후보자를 초청하는 대담·토론 프로그램의 경우 공정한 기준을 마련하여 후보자들이 균등한 참여기회를 가질 수 있도록 유의하여야 한다.

② 방송은 뉴스(정규뉴스 및 종합구성 형식의 프로그램에서 방송되는 보도기사를 말한다) 보도의 경우 후보자들에 대한 방송내용이 전체적으로 형평을 유지하게 하여야 한다. <개정 2014.1.9>

제15조(계층, 종교, 지역에 따른 보도) 방송은 선거와 관련하여 계층, 종교, 지역에 따른 지지 또는 반대를 조장하는 내용

을 방송하여서는 아니된다.

제16조(사실과 의견의 구별) 방송은 선거방송에서 사실보도와 해설·논평 등을 구별하여야 하며, 해설이나 논평 등에 있어서도 사실의 전달과 의견을 명백히 구분하여야 한다.

제17조(출처명시) 방송은 선거와 관련하여 확인되지 않은 내용을 보도하여서는 아니되며, 특정 개인이나 집단의 의견 또는 다른 매체의 보도내용을 인용할 때에는 그 출처를 밝혀야 한다.

제18조(여론조사의 보도) ① 방송은 선거와 관련된 여론조사(이하 "여론조사"라 한다)의 결과를 보도할 경우, 그 조사의 공정성이나 정확성에 상당한 의심이 있을 때에는 이를 방송하여서는 아니된다.

② 방송은 여론조사의 결과를 보도할 경우에는 조사기관, 의뢰기관, 조사대상, 조사기간, 조사방법, 응답률, 질문내용 및 오차한계 등을 시청자가 명확하게 인식할 수 있도록 자막 또는 음성으로 밝혀야 한다. <개정 2014.1.9, 2014.12.24>

③ 방송이 영상기술과 도표(그래프, 그림, 표 등)를 이용하여 여론조사의 결과를 보도할 경우에는 경쟁자나 경쟁집단 사이의 차이가 과장 또는 축소되지 아니하도록 하여야 한다.

④ 방송이 여론조사의 결과를 해설하는 경우에는 그 조사의 전제여건과 현저히 다른 여건을 가진 상황에 대하여 그 조사결과를 임의로 적용하여서는 아니된다.

⑤ 제2항에도 불구하고, 다른 언론에서 이미 공표된 복수의 여론조사 결과를 인용하여 전체적인 여론의 추이를 언급하는 경우에는 여론조사의 의뢰기관 및 조사기간 만을 밝혀 방송할 수 있다. <신설 2014.1.9>

⑥ 방송은 여론조사결과가 오차범위 내에 있는 경우에는 이를 사전에 명확히 밝혀야 하며, 이를 밝히지 않고 서열화 또는 우열을 묘사하여 시청자를 오인하게 하여서는 아니 된다. <신설 2014.1.9>

⑦ 방송은 선거일 전 6일부터 선거일의 투표마감시각까지 선거에 관하여 정당에 대한 지지도나 당선인을 예상하게 하는 여론조사(모의투표나 인기투표에 의한 경우를 포함한다)의 경위와 그 결과를 공표하거나 인용하여 보도할 수 없다. <신설 2014.1.9>

⑧ 방송은 여론조사 결과를 보도하는 경우 전체 질문지를 홈페이지 등에서 확인할 수 있음을 자막 또는 음성으로 고지하여야 한다. <신설 2014.12.24.>

제19조(연예오락프로그램) 방송은 연예오락프로그램에서 후보자 또는 선거관련 내용을 소재로 다룰 경우에는 후보자나 정당의 품위를 손상하거나 선거에 대하여 부정적으로 표현하여서는 아니된다.

제20조(정당 등에 의한 협찬방송의 금지) 방송은 정당 또는 후보자에 의한 협찬방송을 하여서는 아니된다.

제21조(후보자 출연 방송제한등) ① 방송은 선거일 전 90일부터 선거일까지 선거법의 규정에 의한 방송 및 보도·토론방송을 제외한 프로그램에 후보자를 출연시키거나 후보자의 음성·영상 등 실질적

인 출연효과를 주는 내용을 방송하여서는 아니된다. 다만, 선거에 특별한 영향을 미칠 우려가 없거나 프로그램의 성질상 다른 것으로 변경 또는 대체하는 것이 현저히 곤란한 경우에는 그러하지 아니하다.

② 방송은 제1항에서 규정한 기간 중 후보자를 보도·토론 프로그램의 진행자로 출연시켜서는 아니된다.

③ 방송은 특정한 후보자나 정당에 대한 지지를 공표한 자 및 정당의 당원을 선거기간 중 시사정보프로그램의 진행자로 출연시켜서는 아니된다.

제22조(광고방송의 제한) 방송은 선거일 전 90일부터 선거일까지 후보자 모델이 된 광고를 방송하여서는 아니된다. 후보자의 성명, 경력, 사진, 음성 또는 상징을 이용하는 등 후보자에게 선거운동효과를 주는 광고 또한 같다.

제23조(방송사고등) ① 방송은 선거와 관련한 방송의 과실송출이나 일시적인 방송중단 등의 사고 또는 과실로 혼란을 일으키게 하거나 특정한 후보자 또는 정당 등에 피해를 주어서는 아니된다.

② 방송은 제1항의 방송사고 등에 대하여는 지체 없이 그 사유를 밝히거나 정정방송을 하여야 한다.

③ 방송은 선거방송의 내용이 사실과 다른 내용으로 판명된 때에는 지체 없이 이를 정정하여야 한다.

제3장 보 칙

제24조(유용성·다양성) ① 방송은 유권자에게 그 의사결정에 도움이 될 풍부하고 깊이있는 정보를 제공할 다양한 프로그램의 개발을 위하여 노력한다.

② 선거에 관련된 프로그램은 생활시간대를 고려하여 많은 사람들이 시청취할 수 있도록 편성한다.

③ 방송은 방송국이 주관하여 그 부담으로 실시할 수 있는 후보자의 방송연설 및 경력방송과 대담·토론방송 등을 능동적으로 방송한다.

제25조(참여와 감시) ① 방송은 선거의 의의와 중요성을 적극 알림으로써 국민의 선거참여에 기여한다.

② 방송은 선거운동의 불법·탈법 및 타락을 방지하기 위하여 힘쓴다. 다만, 그로 인하여 다른 사람의 권리를 침해하거나 선거에 대한 유권자의 불신감을 조성하거나 또는 주요쟁점이 흐려지지 않도록 유의한다.

제26조(반론권) 방송은 특정한 후보자나 정당이 명백한 인신공격 또는 사실로 확인되지 않은 내용의 방송으로 피해를 입었다고 주장하는 경우 이를 검토하여 합당한 반론의 기회를 제공한다.

제27조(의견진술의 특례) 방송통신심의위원회는 의견진술지정일 7일 전에 서면으로 통지를 함에 있어서 필요하다고 인정하는 경우에는 당사자 등의 명시한 의사에 반하지 아니하는 한 위 조항에서 정한 기간의 여유를 두지 아니하고 의견진술일을 정할 수 있으며, 그 통지도 구두 등의 방법으로 할 수 있다.

부 칙 <제23호, 2008.6.24>

이 규정은 공포한 날부터 시행한다.

부 칙 <제58호, 2010.3.16>

이 규정은 공표한 날부터 시행한다.

부 칙 <제104호, 2014.1.9>

이 규정은 공표한 날부터 시행한다.

부 칙 <제112호, 2014.12.24>

이 규정은 공표한 날부터 시행한다.

선거기사심의위원회규칙

제정 2000. 2. 15. 규칙 제2000- 5호
개정 2002. 4. 24. 규칙 제2002- 3호
2004. 10. 26. 규칙 제2004-16호
2005. 7. 22. 규칙 제2005-14호
2007. 6. 20. 규칙 제2007- 7호
2010. 1. 26. 규칙 제2010- 2호
2010. 9. 6. 규칙 제2010-14호
2012. 2. 20. 규칙 제2012- 5호
2014. 11. 24. 규칙 제2014-15호
2015. 2. 24. 규칙 제2015- 7호

제1장 총 칙

제1조(목적) 이 규칙은 「공직선거법」(이하 "선거법"이라 한다) 제8조의3(선거기사심의위원회)에 따라 설치하는 선거기사심의위원회(이하 "심의위원회"라 한다)의 구성 및 운영에 필요한 사항을 규정함을 목적으로 한다.

제2조(적용범위) 심의위원회의 설치·운영 및 절차 등에 관하여 선거법, 그 밖의 다른 법률에 특별히 규정한 것을 제외하고는 이 규칙으로 정하는 바에 따른다. 다만, 이 규칙에 명시되지 아니한 사항 중 심의위원회 운영 및 절차에 필요한 사항은 언론중재위원회 각종 규칙을 준용한다.

제2장 심의위원회의 구성 및 운영

제3조(심의위원회 직무) ① 심의위원회의 직무는 다음 각호와 같다.

1. 선거법 제8조의3 제3항에 따른 선거기사 심의
2. 선거법 제8조의3 제6항에 따른 선거기사 관련 후보자(후보자가 되고자 하는 자를 포함한다. 이하 같다)의 시정요구사항 심의
3. 선거법 제8조의4 제3항에 따른 반론보도청구의 심의

② 심의위원회는 선거법 제8조의3 제6항에 따라 선거기사의 정치적 중립성·형평성·객관성 및 권리구제 기타 선거기사의 공정성을 보장하기 위하여 필요한 사항을 정하여 이를 언론중재위원회에 요청하여 공표한다.

제4조(심의위원의 추천 및 위촉) ① 선거법 제8조의3 제2항에 따른 국회에 교섭단체를 구성한 정당(이하 "추천정당"이라 한다)과 중앙선거관리위원회, 그리고 언론학계·대한변호사협회·언론인단체

및 시민단체 등(이하 "추천단체"라 한다)이 심의위원회 심의위원(이하 "심의위원"이라 한다)을 추천할 경우에는 별지 제1호 서식에 따른 추천서를 제출하여야 한다.

② 심의위원이 되려는 사람은 별지 제2호 서식에 따른 본인승낙서를 제출하여야 한다.

③ 언론중재위원회는 심의위원의 추천을 의뢰할 경우 추천단체의 대표성과 전문성을 감안하여야 한다.

④ 심의위원은 언론중재위원회 위원장이 결격사유 유무 등을 확인하여 위촉한다. 다만, 선거법 제8조의3 제2항에 따른 경우를 제외한 피추천자는 운영위원회의 동의를 받아 위촉하여야 한다.

제5조(심의위원장 등) ① 심의위원회에 정·부위원장 각 1명을 두며, 언론인단체 및 정당이 추천한 사람 이외의 심의위원 중에서 호선(互選)한다.

② 심의위원회의 위원장(이하 "심의위원장"이라 한다)은 심의위원회 회의의 의장이 되며, 그 직무와 관련하여 사무를 총괄한다.

③ 심의위원장이 부득이한 사유로 직무를 수행할 수 없을 때에는 부위원장이 그 직무를 대행한다.

④ 심의위원장, 부위원장 및 심의위원은 비상임으로 한다.

제6조(임기 등) ① 심의위원의 임기는 해당 선거와 관련하여 설치되는 심의위원회 운영기간으로 한다.

② 심의위원 중 결원이 생긴 때에는 제4조에 따라 그 후임자를 위촉하며, 그 임기는 전임자 임기의 남은 임기로 한다.

제7조(위원의 해촉) 심의위원이 다음 각호의 어느 하나에 해당하는 경우 언론중재위원회 위원장은 운영위원회의 동의를 얻어 해당 위원을 해촉(解囑)할 수 있다.

1. 선거법 제8조의2 제3항을 위반하는 경우
2. 「국가공무원법」 제33조 각호에 해당하는 경우
3. 정당추천위원으로서 그 추천정당이 국회에 교섭단체를 구성할 수 없게 된 경우

제8조(의결정족수) ① 심의위원회의 회의는 재적위원 3분의 2 이상의 출석과 출석위원 과반수의 찬성으로 의결한다.

② 의장은 표결권을 가지며, 가부동수인 때에는 부결된 것으로 본다.

제9조(회의 소집) 심의위원회 회의는 언론중재위원회 위원장이 필요하다고 인정할 경우와 심의위원장 또는 심의위원회 재적위원 3분의 1 이상의 요구가 있을 경우에 소집한다.

제10조(회의의 비공개) 심의위원회 회의는 비공개를 원칙으로 하며, 심의위원회의 결정으로 공개로 할 수 있다.

제11조(위원의 대우) 심의위원은 명예직으로 한다. 다만, 언론중재위원회는 예산의 범위에서 수당, 여비, 그 밖의 실비를 지급할 수 있다.

제3장 심의 및 시정요구

제12조(심의안건) ① 언론중재위원회는 선

거법 제8조의3 제1항 및 제3항에 따른 정기간행물 등의 선거기사에 대한 심의안건을 작성한다.

② 심의위원은 선거기사 심의에 필요하다고 인정하는 사안을 심의안건으로 상정할 수 있다.

제13조(정기간행물등 제출 요구) ① 심의위원회는 선거법 제8조의3 제4항에 따라 정기간행물 등의 제출 의무자가 이를 제출하지 아니하는 경우에는 서면으로 2회 이상 그 제출을 요구하여야 한다.

② 제1항에 따른 요구에도 불구하고 이를 제출하지 아니한 경우 심의위원회는 과태료부과대상임을 증명할 수 있는 자료를 해당 정기간행물등의 발행소 소재지를 관할하는 시·도선거관리위원회에 통보하여야 한다.

제14조(시정요구) ① 후보자가 선거법 제8조의2 제6항 및 제8조의3 제6항에 따라 시정요구를 할 경우 불공정하다고 주장하는 선거기사 전문과 시정요구사항을 별지 제3호 서식에 따라 제출하여야 한다.

② 시정을 요구한 후보자는 해당 언론사가 시정요구에 대한 심의위원회의 결정사항을 이행하기 전까지 서면으로 시정요구를 취하할 수 있다.

제15조(심의·의결) ① 심의위원회는 선거기사의 내용이 선거법과 심의기준에 위반된다고 판단하는 경우 다음 각호의 제재조치를 결정할 수 있다.

1. 사과문 게재
2. 정정보도문 또는 반론보도문 게재
3. 경고결정문 게재
4. 주의사실 게재
5. 경고 또는 주의

② 심의위원회는 해당 기사의 내용이 심의기준을 위반한 정도가 경미하다고 판단되는 경우 제1항의 제재조치 외에 권고 등 그 밖의 필요한 조치를 할 수 있다.

③ 심의위원회는 선거법 제8조의2 제6항 및 제8조의3 제6항에 따른 시정요구 내용이 이유 없음이 명백할 때에는 이를 기각할 수 있다.

④ 심의위원회는 선거법 제8조의2 제6항 및 제8조의3 제6항에 따른 시정요구가 부적법할 경우에는 이를 각하(却下)하여야 한다.

제16조(의견진술) ① 심의위원회는 당사자 또는 그 대리인(이하 "당사자 등"이라 한다)에게 의견진술을 할 기회를 주어야 한다. 다만, 제15조 제2항의 조치사유에 해당하는 경우 또는 제15조 제4항에 따른 결정인 경우에는 그러하지 아니하다.

② 제1항에 따른 심의위원회의 의견진술 요구의 통지는 서면, 전화, 팩시밀리, 전자우편 등으로 할 수 있다.

③ 제1항에도 불구하고 당사자 등이 정당한 사유 없이 이에 응하지 아니한 경우에는 의견진술을 포기한 것으로 본다.

④ 제2항에 따른 통지를 받은 당사자 등은 서면, 팩시밀리, 전자우편 등을 이용하여 의견을 제출할 수 있다.

⑤ 심의위원회는 신속하고 원활한 심의를 위하여 의견진술 절차를 별도로 정할 수 있다.

제17조(언론중재위원회의 조치 등) ① 언론중재위원회 위원장은 심의위원회로부터 정기간행물 등에 대한 제15조의 결

정을 통보받은 경우 선거법 및 이 규칙으로 정하는 절차에 따라 지체 없이 해당 언론사에 결정사항의 이행을 명하여야 한다.

② 언론중재위원회는 제15조 제1항의 결정에 대하여 해당 언론사에 그 이행여부를 확인하여야 한다.

③ 언론중재위원회는 제15조 제1항의 결정을 해당 언론사가 이행하지 않을 경우 그 불이행 사실을 정기간행물등의 발행소 소재지를 관할하는 시·도선거관리위원회에 통보하여야 한다.

④ 언론중재위원회는 제14조제1항의 시정요구에 대한 심의 결과를 지체 없이 시정요구인에게 통지하여야 한다.

제18조(재심청구) ① 제15조에 따른 결정에 이의가 있는 사람은 해당 결정을 송달받은 날로부터 3일 이내에 심의위원회에 재심을 청구할 수 있다. 단, 재심의 청구는 한 번만 할 수 있다.

② 재심을 청구하는 사람(이하 "재심청구인"이라 한다)은 별지 제5호 서식에 따른 재심청구서를 제출하여야 한다.

③ 재심청구인(또는 위임받은 대리인) 및 관련 당사자는 재심절차에 출석하여 발언할 수 있다.

④ 심의위원회는 제1항에 따른 재심의 청구를 받은 경우 지체 없이 이를 심의·결정하고, 그 결과를 재심청구인 및 관련 당사자에게 지체 없이 통지하여야 한다.

제 4 장 반론보도청구

제19조(반론보도청구회부) ① 후보자, 정당(중앙당에 한한다) 및 언론사가 선거법 제8조의4 제3항에 따라 반론보도청구를 심의위원회에 회부할 때에는 그 취지를 별지 제7호 서식에 따른 서면(이하 "청구서"라 한다)으로 작성하여 심의위원회에 제출하여야 한다.

② 반론보도청구 회부서에는 다음 각호의 사항을 첨부하여야 한다.

1. 반론보도청구인의 반론보도청구서
2. 당사자간 협의경위와 협의가 불성립한 사유 등
3. 해당 사건 취재경위 등을 포함한 언론사의 의견(언론사가 심의위원회에 회부하는 경우)

③ 심의위원장은 청구서를 접수한 즉시 제9조에 따라 심의위원회를 소집하고 반론보도청구의 양측 당사자 등에게 심의위원회 출석을 통보하여야 하며, 그 통보는 구두, 팩시밀리 등으로 할 수 있다.

제20조(반론보도청구회부의 결정 및 통보) ① 심의위원회는 회부된 반론보도청구를 심의하는 경우, 사실을 조사하고, 청구인과 언론사 등 양측 당사자 등의 의견을 청취한 후 반론보도의 내용과 방법을 결정하여야 한다.

② 심의위원회는 당사자 등이 제19조 제3항에 따른 심의위원회의 출석 통보를 받고도 출석하지 아니하거나 의견진술을 거부할 경우 해당 당사자 등의 의견청취 절차를 생략할 수 있다.

③ 선거법 제8조의4 제3항에 따른 결정문은 참석 심의위원들이 서명 또는 날인한다.

④ 반론보도청구회부의 재심청구에 관

하여는 제18조를, 이행여부 등에 관하여는 제17조 제2항 및 제3항을 준용한다.

⑤ 선거기사관련 반론보도청구사건 심의절차 중 이 규칙에서 정하지 아니한 사항은 언론조정중재규칙을 준용한다.

제21조(특례절차) 신속한 심의·결정을 위하여 필요한 사항은 심의위원회 의결로 따로 정할 수 있다.

제5장 보 칙

제22조(사무처리 등) 심의위원회의 의사, 관리, 홍보 등의 사무는 언론중재위원회 사무처가 담당한다.

제23조(예산) 언론중재위원회는 심의위원회를 운영하는 데 필요한 예산을 편성·집행한다.

부 칙<규칙 제2000-5호>

제1조(시행일) 이 규칙은 2000년 2월 15일부터 시행한다.

제2조(다른 규정의 폐지) 정기간행물의선거보도에대한반론보도청구사건심의규칙은 이 규칙 시행과 동시에 폐지한다.

부 칙<규칙 제2002-3호>

이 규칙은 2002년 4월 24일부터 시행한다.

부 칙<규칙 제2004-16호>

이 규칙은 2004년 11월 12일부터 시행한다.

부 칙<규칙 제2005-14호>

이 규칙은 2005년 7월 28일부터 시행한다.

부 칙<규칙 제2007-7호>

이 규칙은 2007년 7월 1일부터 시행한다.

부 칙<규칙 제2010-2호>

이 규칙은 2010년 1월 26일부터 시행한다.

부 칙<규칙 제2010-14호>

이 규칙은 2010년 9월 7일부터 시행한다.

부 칙<규칙 제2012-5호>

이 규칙은 2012년 3월 5일부터 시행한다.

부 칙<규칙 제2014-15호>

이 규칙은 2014년 11월 24일부터 시행한다.

부 칙<규칙 제2015-7호>

이 규칙은 2015년 2월 24일부터 시행한다.

인터넷선거보도심의위원회의 구성 및 운영에 관한 규칙

일부개정 2014. 7. 29. 중앙선거관리위원회 규칙 제415호

제1장 총 칙

제1조(목적) 이 규칙은 「공직선거법」(이하 "법"이라 한다)에서 인터넷선거보도심의위원회(이하 "심의위원회"라 한다)의 구성·운영 등에 관하여 법에서 위임된 사항과 그 시행에 관하여 필요한 사항을 규정함을 목적으로 한다. <개정 2005.8.4.>

제2조(인터넷언론사의 범위) ① 법 제8조의5 제1항에 따른 인터넷언론사는 다음 각호의 어느 하나에 해당하는 인터넷홈페이지를 경영·관리하는 자를 말한다.

1. 독자적인 기사 생산과 지속적인 발행을 하는 「신문 등의 진흥에 관한 법률」제2조 제4호의 인터넷신문사업자와 「인터넷 멀티미디어 방송사업법」제2조 제5호의 인터넷 멀티미디어 방송사업자가 운영하는 인터넷홈페이지
2. 신문 및 방송사업자 등이 직접 운영하거나 별도 법인으로 운영하는 인터넷홈페이지로서 다음 각 목의 어느 하나에 해당하는 인터넷홈페이지
   가. 「신문 등의 진흥에 관한 법률」제2조 제3호의 신문사업자가 운영하는 인터넷홈페이지
   나. 「방송법」제2조 제3호의 방송사업자가 운영하는 인터넷홈페이지
   다. 「잡지 등 정기간행물의 진흥에 관한 법률」제2조 제2호의 정기간행물사업자가 운영하는 인터넷홈페이지
   라. 「뉴스통신 진흥에 관한 법률」제2조 제3호의 뉴스통신사업자가 운영하는 인터넷홈페이지
3. 제1호 및 제2호의 인터넷언론사로부터 제공받은 기사를 인터넷을 통하여 계속적으로 제공하거나 매개하는 「신문 등의 진흥에 관한 법률」제2조 제6호의 인터넷뉴스서비스사업자가 운영하는 인터넷홈페이지
4. 그 밖에 위 각호와 유사한 언론의 기능을 행하는 인터넷홈페이지를 경영·관리하는 자가 운영하는 인터넷홈페이지로서 심의위원회가 정하는 인터넷홈페이지

② 제1항에도 불구하고 다음 각호의 어느 하나에 해당하는 때에는 인터넷언론사의 인터넷홈페이지로 보지 아니한다.

1. 정당 또는 후보자(후보자가 되고자 하는 자를 포함한다. 이하 같다)가 설치·운영하는 인터넷홈페이지
2. 선거운동을 하는 기관·단체가 설치·운영하는 인터넷홈페이지
3. 그 밖에 심의위원회가 인터넷홈페이지에 게재된 보도내용 및 운영양태 등을 고려하여 인터넷언론사로 인정

하지 아니하는 인터넷홈페이지
[전문개정 2011.11.30.]

제2조의2(인터넷언론사의 공정한 선거보도) ① 인터넷언론사는 선거와 관련된 보도를 하는 때에는 그 내용이 특정 정당이나 후보자에게 유리 또는 불리하지 않도록 공정하게 하여야 한다.

② 인터넷언론사는 선거와 관련된 보도를 하는 때에는 그 구성과 비중 등에 있어 각 정당 또는 후보자간에 적절한 균형을 유지하여야 한다.

③ 인터넷언론사는 선거와 관련된 사실을 보도하는 때에는 객관적으로 하여야 하며, 사실과 의견이 구분될 수 있도록 하여야 한다.

[본조신설 2011.11.30.]

제 2 장 심의위원회의 구성 및 운영

제3조(직무) ① 심의위원회의 직무는 다음 각호와 같다.<개정 2005.8.4, 2011.11.30>

1. 법 제8조의5 제6항에 따른 인터넷언론사의 선거보도에 대한 심의기준(이하 "심의기준"이라 한다)의 제·개정에 관한 사무
2. 법 제8조의6 제1항에 따른 선거보도 심의
3. 법 제8조의6 제3항에 따른 이의신청(이하 "이의신청"이라 한다)에 관한 사무
4. 법 제8조의6 제6항에 따른 반론보도(이하 "반론보도"라 한다)청구에 관한 사무
5. 인터넷 선거보도의 공정한 심의를 위한 연구활동
6. 인터넷 선거보도의 공정성 보장을 위한 교육·안내 및 지원
7. 그 밖에 심의위원회 활동의 홍보 등

② 심의위원회는 심의기준을 제·개정한 때에는 지체 없이 인터넷홈페이지에 게시하는 등의 방법으로 이를 공표하여야 한다.<개정 2011.11.30>

③ 심의위원회는 인터넷언론사가 법 제256조 제2항 제3호 라목에 해당하는 때에는 고발 등 필요한 조치를 취하여야 한다.<개정 2011.11.30>

제4조(위원의 추천 및 위·해촉) ① 법 제8조의5 제2항에 따라 정당·방송통신심의위원회 등이 심의위원회 위원(이하 "위원"이라 한다)을 추천하는 때에는 별지 제1호서식에 의한 추천서를 제출하여야 한다.<개정 2008.12.23, 2011.11.30>

② 위원이 되고자 하는 자는 별지 제2호서식에 의한 본인승낙 및 비당원확인서를 제출하여야 한다.

③ 중앙선거관리위원회가 위원을 위촉하는 때에는 위촉장을 교부하여야 하며, 위원발령대장 및 위원명부를 비치하고 기록·관리하여야 한다. 이 경우 위촉장·위원발령대장 및 위원명부의 서식은 「선거관리위원회법 시행규칙」의 관련 서식을 준용한다.<개정 2005.8.4, 2011.11.30>

④ 중앙선거관리위원회가 위원을 해촉·해임하는 때에는 본인의 사직원이나 제8조에 규정된 해임사유를 증명하는 서류가 있어야 한다.<개정 2011.11.30>

[제목개정 2011.11.30]

제5조(위원장) ① 위원장은 심의위원회를 대표하고 업무를 통할한다.

② 위원장이 궐위되거나 사고가 있을 때에는 상임위원이 그 직무를 대행한다.

제6조(상임위원) ① 심의위원회에 위원장을 보좌하고 그 명을 받아 사무국의 사무를 감독하게 하기 위하여 상임위원 1인을 둔다.

② 상임위원은 1급 또는 1급 상당 국가공무원으로 한다.

③ 상임위원은 위원 중 다음 각호의 1에 해당하고 선거 및 정당사무에 식견이 풍부한 자 중에서 중앙선거관리위원회가 지명한다.

1. 법관·검사 또는 변호사의 직에 5년 이상 근무한 자
2. 대학에서 행정학·정치학·언론학 또는 법률학을 담당한 교수이상의 직에 3년 이상 근무한 자
3. 3급 이상 공무원으로서 2년 이상 근무한 자

제7조(위원의 임기) ① 위원의 임기는 3년으로 하며 연임할 수 있다.

② 상임위원의 지명기간은 3년으로 한다.

제8조(위원의 해임사유) 위원은 다음 각호의 어느 하나에 해당하는 경우를 제외하고는 해임·해촉 또는 파면되지 아니한다. <개정 2010.1.25>

1. 정당에 가입하거나 정치에 관여한 때
2. 금고 이상의 형의 선고를 받은 때
3. 직무수행에 있어서 공정성이나 중립성을 현저히 저해한 때
4. 정당추천위원으로서 그 추천정당이 국회에 교섭단체를 구성할 수 없게 된 때
5. 상임위원인 위원으로서 「국가공무원법」 제33조 각호의 어느 하나 또는 같은 법 제74조 제1항에 해당하는 때

제9조(위원의 대우) ① 임위원이 아닌 위원은 명예직으로 한다. 다만, 수당·여비 그 밖의 실비보상을 받을 수 있다. <개정 2010.1.25>

② 심의위원회의 위원이 위원회의에 출석한 때 또는 심의 관련 사무 등에 종사한 때에 지급하는 수당은 「선거관리위원회법 시행규칙」 별표 4를 준용하고, 여비는 「공무원여비규정」 별표 1의 제1호 다목에 따른다. 「선거관리위원회법 시행규칙」 별표 4를 준용하는 경우 "중앙선거관리위원회"는 "인터넷선거보도심의위원회"로 본다. <개정 2007.2.16, 2008.3.24>

제10조(위원의 의무와 권한) ① 위원은 제3조의 규정에 의한 직무를 공정하고 성실하게 수행하여야 한다.

② 위원은 임기 중 직무상 외부의 어떤 지시나 간섭도 받지 아니한다.

제11조(회의소집) 심의위원회의 회의는 위원장이 소집한다. 다만, 재적위원 3분의 1이상의 요구가 있는 경우에는 위원장은 회의를 소집하여야 한다.

제12조(위원회의) ① 심의위원회의 의안은 의결사항과 보고사항으로 구분하고 의결사항은 연도별 일련번호를 붙이며 의안대장에 등재하여야 한다.

② 의결사항으로서 긴급하거나 경미한 사항은 서면으로 의결할 수 있다.

③ 사무국장은 회의록을 작성하여야 하며 다음 회의에 보고하여야 한다.

④ 의안표지·의안대장·의결록 및 회의록 서식은 「선거관리위원회법 시행규칙」의 관련 서식을 준용한다.<개정 2005.8.4>

제13조(위원회의의 비공개) 심의위원회의 회의는 비공개로 한다. 다만, 심의위원회가 필요하다고 결정하는 경우에는 이를 공개 할 수 있다.

제14조(의결정족수) 심의위원회는 재적위원 과반수의 출석과 출석위원 과반수의 찬성으로 의결한다.

제15조(자문위원 등) ① 심의위원회는 필요한 경우 관계 전문가 중에서 약간 명의 자문위원과 전문위원(이하 이 조에서 "자문위원 등"이라 한다)을 둘 수 있다.

② 자문위원 등은 심의위원회의 요청이 있는 경우에는 그 회의에 참석하여 의견을 개진할 수 있다.

③ 심의위원회는 자문위원 등에게 해당 심의위원회 위원에 준하여 예산의 범위 안에서 수당·여비 그 밖의 실비를 지급할 수 있다.<개정 2010.1.25.>

제3장 사무기구

제16조(사무기구 등) ① 심의위원회의 사무를 처리하게 하기 위하여 사무국을 두고 사무국에 심의팀·심의운영팀 및 심의지원팀을 둔다.<개정 2008.12.23>

② 사무국장은 부이사관 또는 서기관으로, 팀장은 행정사무관 또는 그에 상응하는 전문경력관이나 임기제공무원으로 보한다.<개정 2010.1.25, 2013.11.25, 2014.5.27>

③ 사무국장은 다음 각호의 사무를 맡아 처리한다.<개정 2008.12.23, 2010.1.25, 2011.11.30>

1. 심의업무 기획 및 총괄·조정에 관한 사무
2. 선거보도의 심의·결정 및 재심청구에 관한 사무
3. 이의신청에 따른 정정보도문·반론보도문 게재 등 심의·결정에 관한 사무
4. 공정한 심의를 위한 연구 및 제도개선에 관한 사무
5. 선거보도심의의 평가 및 백서발간에 관한 사무
6. 심의위원회 직무 등의 홍보에 관한 사무
7. 인터넷언론사의 불공정선거보도에 대한 모니터링
8. 공정성 보장을 위한 대외협력사업 등에 관한 사무
9. 인터넷언론사 등에 대한 교육·안내 및 지원에 관한 사무
10. 위원회의 및 사무국 운영에 관한 사무
11. 심의위원회 규칙·훈령 등의 제정 및 개정에 관한 사무
12. 예산집행 및 청사·물품의 관리에 관한 사무
13. 보안업무 및 문서관리에 관한 사무
14. 그 밖에 선거보도심의에 필요한 사무

④ 팀별 사무분장에 관하여는 심의위원회가 정한다.<개정 2010.1.25>

⑤ 삭제<2010.1.25.>

제4장 심의 및 피해구제 <개정 2005.3.29.>

제17조(심의기준) 선거보도의 심의는 관련 법규 및 심의위원회가 정하는 심의기준 등에 따른다.<개정 2005.3.29, 2011.11.30>

제18조(심의안건) ① 심의위원회 사무국장은 선거보도에 대한 심의안건을 작성한다. <개정 2005.8.4>

② 심의위원회 위원은 선거보도 심의에 관하여 필요하다고 인정하는 사안을 심의안건으로 상정할 수 있다.<개정 2005.8.4>

제19조(이의신청) 정당 또는 후보자가 법 제8조의6 제2항의 규정에 의하여 이의신청을 하는 때에는 별지 제3호서식에 의하여야 한다.<개정 2005.8.4>

제20조(심의의결 및 이행명령) ① 심의위원회는 선거보도의 내용이 관련 법규 및 심의기준에 위반된다고 인정되는 때에는 해당 인터넷언론사에 정정보도문 게재, 경고문 게재, 경고, 주의 등 필요한 결정을 하여야 하며, 이 경우 그 기준은 별표와 같다.

② 심의위원회는 제1항에 따른 경고문의 게재를 결정한 때에는 해당 인터넷언론사의 인터넷홈페이지 초기화면에 게재하도록 하여야 하며, 선거보도의 내용과 관련하여 경고문의 게재 또는 경고를 결정한 때에는 필요한 경우 해당 선거보도에 그 처분이 있음을 표시하게 할 수 있다.

③ 심의위원회로부터 제2항에 따른 경고문의 게재 또는 경고 처분이 있음을 표시하도록 조치를 받은 인터넷 언론사는 지체 없이 이를 표시하여 해당 선거보도를 매개한 인터넷뉴스서비스사업자에게 재전송하여야 하며, 인터넷뉴스서비스사업자는 해당 선거보도를 재전송 받은 선거보도로 지체 없이 대체하여야 한다.<신설 2012.8.30>

④ 심의위원회는 제1항에 따른 결정사항에 대하여 지체 없이 해당 인터넷언론사에 그 이행을 명한 후, 그 처분의 이행여부를 확인하는 등 필요한 조치를 하여야 한다.<개정 2012. 8. 30.>

[전문개정 2011. 11. 30]

제21조(재심청구) ① 제20조에 따른 결정 및 처분에 이의가 있는 정당·후보자 또는 인터넷언론사는 해당 결정을 통지받은 날부터 2일 이내에 심의위원회에 재심을 청구할 수 있다. 다만, 재심청구는 1회에 한한다.

② 심의위원회는 제1항에 따른 재심의 청구를 받은 때에는 지체 없이 이를 심의·결정하고 그 결과를 청구인 등에게 통지하여야 한다.

[전문개정 2011.11.30]

제22조(반론보도청구) ① 정당 또는 후보자가 법 제8조의6 제6항의 규정에 의하여 반론보도청구를 하는 때에는 별지 제4호서식에 의한 서면(이하 이 조에서 "청구서"라 한다)으로 제출하여야 한다. <개정 2005.8.4>

② 청구서에는 당사자간 협의경위와 협의가 불성립한 사유 등을 명시하여야 한다.

제23조 (반론보도청구의 결정 및 이행여부 확인) ① 심의위원회는 제22조 제1항에 따른 청구서를 접수한 때부터 특별한 사정이 없는 한 48시간 이내에 이를 심의하여 각하·기각 또는 인용결정을 한 후 당해 정당·후보자 및 인터넷언론사에 통지하여야 한다. 이 경우 반론보도의 인용결정을 하는 때에는 그 형식·내용·크기·횟수 기타 필요한 사항을 함께 결정하여 통지하여야 한다.<개정 2011.11.30>

② 심의위원회는 반론보도청구에 관한 심의를 위하여 필요하다고 인정되는 때에는 그 사실을 조사하여야 한다. 이 경우 관련자 또는 관계 전문가의 의견을 청취할 수 있다.

③ 제1항의 결정에 참여한 위원은 그 결정문에 서명 및 날인하여야 한다.

④ 심의위원회는 제1항에 따른 결정 통지를 한 때에는 해당 인터넷언론사에 대하여 그 이행여부를 확인하는 등 필요한 조치를 하여야 한다.<개정 2011.11.30>

⑤ 제1항에 따른 결정에 이의가 있는 정당·후보자 또는 인터넷언론사는 재심을 청구할 수 있으며, 이 경우 재심청구기간·횟수·절차 등에 관하여는 제21조의 규정을 준용한다.<신설 2011.11.30>

제24조(의견진술) 심의위원회는 심의를 위하여 필요하다고 인정되는 때에는 정당·후보자·인터넷언론사 또는 그 대리인(이하 이 조에서 "당사자"라 한다)에게 의견진술의 기회를 줄 수 있다. 이 경우 의견진술은 구두 또는 서면으로 할 수 있으며, 당사자가 이에 응하지 아니한 때에는 의견진술을 포기한 것으로 본다.<개정 2005.8.4>

제25조(통지) 심의결과의 통지는 「선거관리위원회 사무관리규칙」 제21조(시행문의 작성)의 규정에 따른다. 이 경우 결정문 사본을 첨부할 수 있다.

[전문개정 2005.8.4]

제26조(위임) 신속한 심의·결정과 기타 심의위원회 운영에 필요한 사항은 심의위원회의 의결로 따로 정할 수 있다.<개정 2005.8.4.>

제5장 보 칙

제27조(관계공무원 등의 실비지급) 심의위원회가 법 제8조의5 제7항에 따라 관계공무원 또는 전문가를 초청하는 때에는 예산의 범위안에서 수당·여비 그 밖의 실비를 지급할 수 있다.<개정 2010.1.25>

제28조(사무처리 등) 심의위원회의 조직·인사에 관한 사무는 「선거관리위원회법」 및 「선거관리위원회 공무원규칙」이 정하는 바에 의하며, 예산(편성 및 결산을 말한다)·감사 등에 관한 사무는 중앙선거관리위원회사무처가 담당한다.<개정 2005.8.4>

제29조(임기제공무원의 활용) 심의 등에 필요한 전문성을 확보하기 위하여 예산의 범위안에서 심의위원회에 임기제공무원을 둘 수 있다.<개정 2005.8.4, 2011.11.25, 2013.11.25>

[제목개정 2013.11.25.]

20대 국회의원총선(2016. 4. 13. 실시) 주요 일정표

시행 일자	요일	시행 내용	기준일	관련 법조항
상시		기부행위 제한·금지	상시	법§112
		공무원 등의 선거관여 등 선거개입금지		법§85①~②, 법§86①
		유사기관 설치금지		법§89
		후보자 등의 비방금지		법§110
15. 12. 5.까지	토	선거비용제한액 공고·통지, 예비후보자홍보물 발송수량 공고	예비후보자등록개시일 전 **10일**까지	규칙§51①,②, 규칙§26의2③
15. 10. 16.부터 4. 13까지	금 수	**각종 시설물 설치 등 금지**	선거일 전 **180일**부터 선거일까지	법§90
		탈법방법에 의한 문서·도화의 배부·게시 등 금지		법§93
15. 12. 15.부터	화	**예비후보자등록 신청**	선거일 전 **120일**부터	법§60의2①
1. 14.까지	목	각급선관위 위원, 향토예비군 중대장급 이상의 간부, 주민자치위원, 통·리·반의 장이 선거사무관계자 등이 되고자 하는 때 그 직의 사직	선거일 전 **90일**까지	법§60②
1. 14.부터 4. 13.까지	목 수	의정활동 보고 금지	선거일 전 **90일**부터 선거일까지	법§111①
2. 13.부터 4. 13.까지	토 수	**지방자치단체장의 선거에 영향을 미치는 행위 금지**	선거일 전 **60일**부터	법§86②
2. 13.부터 3. 30.까지	토 수	**언론기관의 후보자 등 초청 대담·토론회**	선거일 전 **60일**부터 선거기간개시일 전일까지	법§82①
3. 22.부터 3. 26.까지	화 토	선거인명부 작성	선거일 전 **22일**부터 **5일** 이내	법§37, 규칙§10
		거소투표신고 및 거소투표신고인명부 작성		법§38, 규칙§11
		군인 등 선거공보 발송신청		
3. 27.에	일	거소투표신고 및 거소투표신고인명부 확정		법§44①
3. 24.부터 3. 25.까지	목 금	**후보자등록 신청**(매일 09시 ~ 18시까지)	선거일 전 **20일**부터 **2일**간	법§49, 규칙§20
3. 30.까지	수	선거벽보 제출	후보자등록마감일 후 **5일**까지	법§64②, 규칙§29④
3. 31.부터 4. 13.까지	목 수	**선거기간**	후보자등록마감일 후 **6일**부터 선거일까지	법§33③
3. 31.부터 4. 12.까지	목 화	**선거운동기간**	선거기간개시일부터 선거일 전일까지	법§59
4. 1.까지	금	**책자형** 선거공보 제출	후보자등록마감일 후 **7일**까지	법§65⑥, 규칙§30⑤
		선거벽보 **첩부**	제출마감일 후 **2일**까지	법§64②, 규칙§29②,⑤
4. 1.에	금	선거인명부 확정	선거일 전 **12일**에	법§44①
4. 3.까지	일	투표소의 명칭과 소재지 공고	선거일 전 **10일**까지	법§147⑧
		거소투표용지 발송(선거공보, 안내문 동봉)		법§154①,⑤, 규칙§77, 법§65⑥
		투표안내문(선거공보 동봉) 발송	선거인명부확정일 후 **2일**까지	법§153①, 규칙§76, 법§65⑥
4. 7.부터 4. 13. 18시까지	목 수	**여론조사의 결과공표금지**	선거일 전 **6일**부터 선거일의 투표마감시각까지	법§108①
4. 8.부터 4. 9.까지	금 토	**사전투표소 투표**(매일 06시 ~ 18시까지)	선거일 전 **5일**부터 **2일**간	법§148①, 법§155②,§158
4. 13.	수	**투표**(06시 ~ 18시까지)	**선거일**	법 제10장
		개표(투표종료 후 즉시)		법 제11장
4. 14.부터 4. 26.까지	목 화	현수막 게시를 통한 당선·낙선사례	선거일의 다음날부터 **13일** 동안	법§118
4. 23.까지	토	후보자 등의 **선거비용 보전 신청**	선거일 후 **10일** 이내	법§122의2①, 규칙§51의3①
6. 14.까지	일	관할 선거구선관위의 선거비용 보전 시행	선거일 후 **60일** 이내	법§122의2①, 규칙§51의3②

19대 대통령선거(2017. 12. 20. 실시) 주요 일정표

시행 일자	요일	시행 내용	기준일	관련 법조항
상시		기부행위 제한·금지 공무원 등의 선거관여 등 선거개입금지 유사기관 설치금지 후보자 등의 비방금지 등	상시	법§112 법§85①~②, 법§86① 법§89 법§110 등
16. 12. 20.부터 17. 11. 27.까지	화 목	**언론기관의 후보자 등 초청 대담·토론회**	선거일 전 **1년**부터 선거기간개시일 전일까지	법§82①
4. 14.까지	금	선거비용제한액 공고·통지, 예비후보자홍보물 발송수량 공고	예비후보자등록개시일 전 **10일**까지	규칙§51①,②, 규칙§26의2③
6. 23.부터 12. 20.까지	금 수	**각종 시설물 설치 등 금지**	선거일 전 **180일**부터 선거일까지	법§90
		탈법방법에 의한 문서·도화의 배부·게시 등 금지		법§93
4. 24.부터	월	**예비후보자등록 신청**	선거일 전 **240일**부터	법§60의2①
9. 21.까지	목	각급선관위 위원, 향토예비군 중대장급 이상의 간부, 주민자치위원, 통·리·반의 장이 선거사무관계자 등이 되고자 하는 때 그 직의 사직	선거일 전 **90일**까지	법§60②
9. 21.부터 12. 20.까지	목 수	의정활동 보고 금지	선거일 전 **90일**부터 선거일까지	법§111①
10. 21.부터 12. 20.까지	토 수	**지방자치단체장의 선거에 영향을 미치는 행위 금지**	선거일 전 **60일**부터 선거일까지	법§86②
11. 22.부터 11. 26.까지	수 일	선거인명부 작성	선거일 전 **28일**부터 **5일** 이내	법§37, 규칙§10
		거소투표신고 및 거소투표신고인명부 작성		법§38, 규칙§11
		군인 등 선거공보 발송신청		
11. 27.에	월	거소투표신고 및 거소투표신고인명부 확정	선거인명부작성기간만료일 다음날	법§44①
11. 26.부터 11. 27.까지	일 월	**후보자등록 신청**(매일 09시 ~ 18시까지)	선거일 전 **24일**부터 **2일**간	법§49, 규칙§20
11. 30.까지	목	선거벽보 제출	후보자등록마감일 후 **3일**까지	법§64②, 규칙§29④
11. 28.부터 12. 20.까지	화 수	**선거기간**	후보자등록마감일 다음날부터 선거일까지	법§33③
11. 28.부터 12. 19.까지	화 화	**선거운동기간**	선거기간개시일부터 선거일 전일까지	법§59
12. 3.까지	일	**책자형** '선거공보 제출'	후보자등록마감일 후 **6일**까지	법§65⑥, 규칙§30⑤
	수	선거벽보 **첩부**	제출마감일 후 **3일**까지	법§64②, 규칙§29②,⑤
12. 6.까지		**책자형** '선거공보 발송'	제출마감일 후 **3일**까지	법§65⑥
12. 7.까지	목	**전단형** '선거공보 제출'	후보자등록마감일 후 **10일**까지	법§65⑥, 규칙§30⑤
12. 8.에	금	선거인명부 확정	선거일 전 **12일**에	법§44①
12. 10.까지	일	투표소의 명칭과 소재지 공고	선거일 전 **10일**까지	법§147⑧
		거소투표용지 발송(선거공보, 안내문 동봉)		법§154①,⑤,규칙§77, 법§65⑥
		투표안내문(선거공보 동봉) 발송	선거인명부확정일 후 **2일**까지	법§153①, 규칙§76, 법§65⑥
12. 14.부터 12. 20. 18시까지	목 수	**여론조사의 결과공표금지**	선거일 전 **6일**부터 선거일의 투표마감시각까지	법§108①
12. 15.부터 12. 16.까지	금 토	**사전투표소 투표**(매일 06시 ~ 18시까지)	선거일 전 **5일**부터 **2일**간	법§148①, 법§155②,§158
12. 20.	수	**투표**(06시 ~ 18시까지)	**선거일**	법 제10장
		개표(투표종료 후 즉시)		법 제11장
12. 21.부터 18. 1. 2.까지	목 화	현수막 게시를 통한 당선·낙선사례	선거일의 다음날부터 **13일** 동안	법§118
18. 1. 9.까지	화	후보자 등의 **선거비용 보전 신청**	선거일 후 **20일** 이내	법§122의2①, 규칙§51의3①
18. 2. 28.까지	수	관할 선거구선관위의 선거비용 보전 시행	선거일 후 **70일** 이내	법§122의2①, 규칙§51의3②

7회 전국지방동시선거(2018. 6. 13. 실시) 주요 일정표

시행 일자	요일	시행 내용	기준일	관련 법조항
상시		기부행위 제한·금지 공무원 등의 선거관여 등 선거개입금지 유사기관 설치금지 후보자 등의 비방금지	상시	법§112 법§85①~②, 법§86① 법§89 법§110
2. 3.까지	토	선거비용제한액 공고·통지, 예비후보자홍보물 발송수량 공고	예비후보자등록개시일 전 **10일**까지	규칙§51①,②, 규칙§26의2③
17. 12. 15.부터 6. 13까지	금 수	**각종 시설물 설치 등 금지** **탈법방법에 의한 문서·도화의 배부·게시 등 금지**	선거일 전 **180일**부터 선거일까지	법§90 법§93
2. 13.부터	화	**예비후보자등록 신청** **[시·도지사 및 교육감 선거]**	선거일 전 **120일**부터	법§60의2①
3. 15.부터	목	**예비후보자등록 신청** **[시·도의원, 구·시의원 및 장의 선거]**	선거일 전 **90일**부터	
3. 15.까지	목	각급선관위 위원, 향토예비군 중대장급 이상의 간부, 주민자치위원, 통·리·반의 장이 선거사무관계자 등이 되고자 하는 때 그 직의 사직	선거일 전 **90일**까지	법§60②
3. 15.부터 6. 13.까지	수 목	의정활동 보고 금지	선거일 전 **90일**부터 선거일까지	법§111①
4. 14.부터	토	**예비후보자등록 신청** **[군의원 및 장의 선거]**	선거일 전 **60일**부터	법§60의2①
4. 14.부터 6. 13.까지	토 수	**지방자치단체장의 선거에 영향을 미치는 행위 금지**	선거일 전 **60일**부터	법§86②
4. 14.부터 5. 30.까지	토 수	**언론기관의 후보자 등 초청 대담·토론회**	선거일 전 **60일**부터 선거기간개시일 전일까지	법§82①
5. 22.부터 5. 26.까지	화 토	선거인명부 작성 거소투표신고 및 거소투표신고인명부 작성 군인 등 선거공보 발송신청	선거일 전 **22일**부터 **5일** 이내	법§37, 규칙§10 법§38, 규칙§11
5 27.에	일	거소투표신고 및 거소투표신고인명부 확정		법§44①
5. 24.부터 5. 25.까지	목 금	**후보자등록 신청**(매일 09시 ~ 18시까지)	선거일 전 **20일**부터 **2일**간	법§49, 규칙§20
5. 30.까지	수	선거벽보 제출	후보자등록마감일 후 **5일**까지	법§64②, 규칙§29④
5. 31.부터 6. 13.까지	목 수	**선거기간**	후보자등록마감일 후 **6일**부터 선거일까지	법§33③
5. 31.부터 6. 12.까지	목 화	**선거운동기간**	선거기간개시일부터 선거일 전일까지	법§59
6. 1.까지	금	**책자형** 선거공보 제출 선거벽보 **첩부**	후보자등록마감일 후 **7일**까지 제출마감일 후 **2일**까지	법§65⑥, 규칙§30⑤ 법§64②, 규칙§29②,⑤
6. 1.에	금	선거인명부 확정	선거일 전 **12일**에	법§44①
6. 3.까지	일	투표소의 명칭과 소재지 공고 거소투표용지 발송(선거공보, 안내문 동봉) 투표안내문(선거공보 동봉) 발송	선거일 전 **10일**까지 선거인명부확정일 후 **2일**까지	법§147⑧ 법§154①,⑤, 규칙§77, 법§65⑥ 법§153①, 규칙§76, 법§65⑥
6. 7.부터 6. 13. 18시까지	목 수	**여론조사의 결과공표금지**	선거일 전 **6일**부터 선거일의 투표마감시각까지	법§108①
6. 8.부터 6. 9.까지	금 토	**사전투표소 투표**(매일 06시 ~ 18시까지)	선거일 전 **5일**부터 **2일**간	법§148①, 법§155②,§158
6. 13.	수	**투표**(06시 ~ 18시까지) **개표**(투표종료 후 즉시)	**선거일**	법 제10장 법 제11장
6. 14.부터 6. 26.까지	목 화	현수막 게시를 통한 당선·낙선사례	선거일의 다음날부터 **13일** 동안	법§118
6. 23.까지	토	후보자 등의 **선거비용 보전 신청**	선거일 후 **10일** 이내	법§122의2①, 규칙§51의3①
8. 12.까지	일	관할 선거구선관위의 선거비용 보전 시행	선거일 후 **60일** 이내	법§122의2①, 규칙§51의3②

참고문헌

1. 단행본

가. 국내문헌

강원택, 『한국의 정치개혁과 민주주의』, 인간사랑, 2005

관악구선관위, 『정당·후보자 등을 위한 선거사무안내』, 2015

__________, 『정치자금 회계실무』, 2015

김옥조, 『미디어법』, 커뮤니케이션북스, 2012

김철수, 『헌법학개론』, 박영사, 2007

김철용, 『행정법』, 박영사, 2011

노명선·이완규, 『형사소송법』, 성균관대학교출판부, 2013

대검찰청, 『공직선거법 벌칙해설』, 2014

박용상, 『표현의 자유』, 현암사, 2002

_____, 『명예훼손법』, 현암사, 2008

_____, 『언론의 자유』, 박영사, 2013

법원행정처, 『제10회 전국 선거범죄 전담재판장 회의 결과보고서』, 2014

서울특별시선관위, 『정당·후보자를 위한 선거사무안내』, 2014

______________, 『정치자금회계실무』, 2014

서인석·조성재, 『안전한 당선을 위한 선거법 해설』, 타커스, 2014

선학태, 『합의제 민주주의 동학』, 전남대학교출판부, 2015

신동운, 『형사소송법』, 법문사, 2014

_____, 『형법총론』, 법문사, 2011

신영호, 『독일법률용어사전』, 한국학술정보(주), 2009

신 평, 『한국의 언론법』, 높이깊이, 2015

심지연 편, 『현대 정당정치의 이해』, 백산서당, 2004

오영근, 『형법각론』, 박영사, 2002

이관희, 『한국민주헌법론Ⅱ』, 박영사, 2015

이부하, 『민주적 선거를 위한 선거제도 개편』, 피앤씨미디어, 2015

이상돈, 『형법강론』, 박영사, 2015

이재상, 『형법총론』, 박영사, 2011

_____, 『형법각론』, 박영사, 2000

임성식·이경렬, 『선거사범의 처벌과 당선무효에 관한 비교법적 연구』, 형사정책연구원, 2006

장동진, 『심의민주주의』, 박영사, 2012
정병욱, 『공직선거법』, 박영사, 2006
정종섭, 『헌법학원론』, 박영사, 2012
조국, 『절제의 형법학』, 박영사, 2014
중앙선관위, 『외국의 선거제도 비교분석집』, 2008
________, 『독일 연방선거법』, 2010
________, 『현안자료』, 2011
________, 『정당·국회의원·후원회를 위한 정당·정치자금법규 운용자료』, 2012
________, 『공직선거법운용자료』, 2014
________, 『정치관계법 사례예시집』, 2014
최장집 외 4, 『논쟁으로서의 민주주의』, 후마니타스, 2013
한국법제연구원, 『독일법령용어집』, 2008
한국헌법학회, 『헌법주석Ⅰ』, 박영사, 2013
한수웅, 『헌법학』, 법문사, 2014
허　영, 『한국헌법론』, 박영사, 2012
_____, 『헌법이론과 헌법』, 박영사, 2013
홍정선, 『행정법특강』, 박영사, 2010
_____, 『지방자치법』, 박영사, 2015
홍준형, 『행정법』, 법문사, 2011
황정근, 『선거부정방지법』, 법영사, 2005

나. 외국 번역서

앤드류 헤이우드 저/ 조현수 역, 『정치학』, 성균관대출판부, 2014
Christoph Degenhart 저/ 홍일선 역, 『독일헌법총론』, 피앤씨미디어, 2015
데이비드 헬드 저/ 박찬표 역, 『민주주의 모델들』, 후마니타스, 2010
데이비드 파렐 저/ 전용주 역, 『선거제도의 이해』, 한울아카데미, 2012
켄트 미들턴·윌리엄 리/ 강명일 역, 『공공커뮤니케이션법』, 커뮤니케이션북스, 2014
Rod Hague·Martin Harrop 저/ 김계동 외 4인 역, 『비교정부와 정치』, 명인문화사, 2013

2. 논문

강승준, "공직선거법 제230조 제6항 제2호에서 말하는 '경선운동관계자'의 범위", 대법원판례해설 제70호(2008. 상반기)1
강용현, "상대 후보자의 전과공개와 후보자비방죄의 위법성조각", 대법원판례해설 제26호

(1996)
______, “선거비용부정지출죄와 죄형법정주의”, 형사재판의 제문제 제1권(1997. 1)
강태수, “선거운동의 자유에 대한 제한의 문제점과 개선방향”, 세계헌법연구 제14권 제2호(2008)
고민수, “유권자의 선거운동의 자유에 대한 제한과 문제점”, 언론과 법 제8권 제2호(2008)
권영설, “선거소송의 문제점과 과제”, 저스티스 제66호(2002. 4)
권오걸, “공직선거법상 후보자비방죄에 대한 연구: 표현의 자유와 선거의 공정과의 조화의 관점에서”, 법학연구 제49집(2013. 3)
기현석, “교육감 선출제도의 대안별 적실성에 관한 연구”, 공법연구 제40집 제2호(2011. 12)
______, “공직선거법상 투표독려운동 규제조항의 개선방향에 대한 연구”, 공법연구 제40집 제3호(2012)
김경제, “선거운동의 자유”, 공법연구 제32권 제5호(2004. 6)
김도협, “선거운동에 관한 규제와 그 개선방안에 관한 고찰”, 세계헌법연구 제18권 제1호(2012)
김동국, “구 공직선거법 제264조에 규정된 ‘당해 선거’의 의미”, 판례해설 제93호(2012. 하)
김래영, “지방선거에 있어서 예비후보자 제도 및 그 문제점에 관한 고찰”, 변호사 제40집(2010. 1)
______, “공직선거법상 표현행위 규제법리에 대한 헌법적 검토”, 언론중재 제30권 제3호(2010)
김민배, “선거자금과 선거비용”, 민주법학 제5호(1992)
______, “선거자금의 실태와 정당국고보조제도의 법적 문제점에 대한 실증적 접근”, 민주법학 제12호(1997)
김상겸, “법정선거비용의 개선에 관한 연구”, 비교법연구 제1권(2000. 6)
김성배, “지방교육행정기관의 구성논의에 대한 헌법적 검토”, 헌법학연구 제19권 제1호(2013. 3)
김승주, “당내경선에서의 당선을 위한 행위가 공직선거법상 ‘선거운동’에 해당하는지 여부”, 판례해설 제96호(2013. 상반기)
김승표, “공직선거 및 선거부정방지법 제87조 단서 소정의 단체의 선거운동허용범위”, 대법원 판례해설 제45호(2004)
김승환, “국회의원선거에서의 정당의 법적 지위”, 현대공법이론의 전개; 석정 허영민 박사화갑기념논문집(1993)
______, “참여민주주의의 공법적 지평, 희망은 있는가?”, 공법연구 제35집 제1호(2006)
김시철, “명예훼손·모욕·사실왜곡에 의한 인격권 침해의 성립요건 및 공통점과 차이점”, 판례해설 제79호(2009. 상반기)
김재선, “트위터(Twitter)를 이용한 선거운동의 공직선거법 적용방안에 관한 공법적 연구”, 고

려법학 제62호(2011)
김재협, "선거 쟁송을 둘러싼 몇 가지 문제점", 사법논집 제33집(2001)
김재환, "구 공직선거 및 선거부정방지법 제87조 제1항에 의하여 그 명의 또는 그 대표의 명의로 선거운동이 금지되는 단체에 해당하지 않는 단체의 선거운동 방법 및 제255조 제1항 제13호, 제89조 제1항에 의해 처벌대상이 되는 유사기관의 설립·설치행위 내지 기존의 기관·단체·조직 또는 시설을 이용하는 행위의 의미", 대법원판례해설 제70호(2008. 상반기)
김종갑, "정당득표와 의석점유의 모순; 독일 연방선거법 개정 논의를 중심으로", 국회입법조사처 정책보고서 제10권(2011. 12)
______, "2013년 독일 연방선거법 개정과 시사점", 이슈와 논점 제676호(2013. 6)
김종서, "인터넷 선거운동의 주요 쟁점 검토", 헌법학연구 제18권 제2호(2012)
김종철, "공직선거법 제250조 제2항(낙선목적 허위사실공표죄)와 관련된 판례에 대한 헌법적 검토", 법학연구 제22권 제1호(2012. 3)
김진곤, "비례대표선거제의 체계와 그 정당화 요건", 공법연구 제41집 제2호(2012)
김태계, "실체법상 단기 공소시효 도입의 법적 성격에 관한 고찰", 법학연구 제14집 제1호(2006. 6)
김태업, "정치자금법상 정치활동을 위하여 소요되는 경비의 개념 및 범위", 형사재판의 제문제 제7권(2014)
김현용, "공직선거법 제237조 제1항에 정한 선거의 자유방해죄에서 '선거에 관하여'의 의미 및 위죄의 주관적 구성요건", 대법원판례해설 제66호(2007. 7)
김형철, "선거와 민주주의", 『민주주의 강의 3 제도』, 민주화운동기념사업회(2009)
문용선, "공직선거 및 선거부정방지법 제251조 단서의 위법성조각", 대법원판례해설 제48호(2004)
문재완, "허위사실의 표현과 표현의 자유; 한국과 미국의 판례 비교를 중심으로", 공법연구 제39집 제3호(2011. 2)
박경신, "허위사실유포죄의 위헌성에 대한 비교법적인 분석", 법학연구 제12집 제1호(2009. 4)
박경철, "공직선거 및 선거부정방지법 제192조 제3항 제3호와 제4항의 문제점", 헌법의 규범력과 법질서 : 연천 허영박사 정년기념논문집(2002)
박선영, "정치적 의견표명과 표현의 자유; 2004년도 언론관련 판례를 중심으로, 헌법학연구 제11권 제2호(2005. 6)
박승재, "선거공영제에 관한 연구", 법학논총 제3집(1986. 2)
박용상, "선거운동과 표현의 자유", 헌법논총 제11집(2000. 12)
박종보, "사회 변화와 헌법재판소의 역할; 선거운동 규제를 중심으로", 저스티스 제121호(2010)

박진우, “선거의 자유와 공정의 측면에서 바라본 현행 공직선거법의 문제점”, 경원법학 제2권 제1호(2009)

박진환, “구 수산업협동조합법 제178조 제5항 본문중 선거일까지 발생한 선거범죄의 공소시효 기산일인 ‘선거일 후’의 의미”, 판례해설 제94호(2013)

성낙인, “선거제도와 선거운동”, 저스티스 제130호(2012. 6)

_____, “선거법과 언론”, 법학 제43권 제3호(2002. 9)

_____, “정치활동의 투명성 확보를 위한 정치자금에 관한 법제도 연구”, 비상근연구위원논문집 제10집(1996)

송석윤, “선거운동 규제입법의 연원; 1925년 일본 보통선거법의 성립과 한국 분단체제에의 유입”, 법학 제46권 제4호(2005. 12)

신정치, “선거소송에 관한 소고”, 사법논집 제8집(1977. 12)

신 평, “한국에서의 의견과 사실의 이분론; 대법원 2006. 2. 10. 선고 2002다49040 사건의 분석과 함께, 법조 통권 제599호(2006. 8)

신현범, “역사드라마가 허위사실을 적시하였는지 여부에 대한 판단 기준”, 판례해설 제84호(2010. 상반기)

_____, “선거쟁점과 관련된 시민단체 활동의 적법성 여부; 2011. 6. 24. 선고 2011도3447 판결”, 특별법연구 제10권(2012)

양 건, “선거과정에서의 국민참여의 확대 선거운동의 자유와 그 한계를 중심으로”, 공법연구 제20집(1992)

오윤식, “공직선거법상 허위사실공표죄 등에서 사실진술과 의견의 구별, 그리고 허위성의 증명”, 사법 제33호(2015. 9)

오준근, “공직선거 및 선거부정방지법 제230조 제1항 제1호에 정한 선거인에 대한 매수죄에 있어서 ‘선거인명부에 오를 자격이 있는 자’의 의미”, 대법원판례해설 통권 제59호(2006)

윤지영, “공직선거법 제250조 제2항 허위사실 공표죄의 구성요건과 허위성의 입증”, 형사판례연구 20호(2012. 6)

음선필, “비례대표선거제의 유형과 헌법적 기능에 관한 연구”, 서울대대학원 법학박사학위논문(1997)

이성환, “선거관리의 공법적 문제”, 공법연구 제28집 제4호 제1권(2000)

이승엽, “공직선거법 제265조의2 제1항 위헌소원; 선거범죄로 처벌받아 당선무효된 자로 하여금 기탁금과 선거비용을 반환하도록 하는 것이 헌법에 위반되는지 여부”, 헌법재판소결정해설집 2011호(2012. 11)

이영란, “공직선거 및 선거부정방지법의 벌칙에 관한 연구; 형법이론적 관점에서”, 인권과 정의 제338호(2004)

이영환, “공명선거와 선거비용의 제한”, 형평과 정의 제9집(1994)

이욱한, “선거운동규제의 법리”, 공법연구 제28집 제4호 제1권(2000)
이원범, “정당도 기부행위의 상대방으로서 공직선거법 제113조 제1항에 정한 ‘특정 선거구민과 연고가 있는 기관·단체’에 해당될 수 있는지 여부”, 대법원판례해설 제74호(2007. 하반기)
이종수, “선거과정의 민주화와 정당”, 헌법학연구 제8권 제2호(2002. 8)
이주영, “민중소송, 기관소송”, 재판자료 제68집(1995)
이준일, “선거관리와 선거소송: 헌법적 쟁점을 중심으로”, 저스티스 제130호(2012. 6)
이태섭, “명예훼손죄에 있어서 적시의 대상이 되는 사실의 범위”, 판례해설 제45호(2004)
이태종, “선거범과 상상적 경합관계에 있는 비선거범의 취급”, 판례해설 제32호(1999)
임종훈, “선거운동의 자유와 현행 선거법상 규제의 문제점”, 공법연구 제29집 제4호(2001)
정만희, “선거에 관한 헌법상의 원칙”, 동아법학 제6호(1988)
______, “정치자금규제의 헌법문제”, 공법이론의 현대적과제; 방산 구병삭박사 정년기념(1991)
______, “선거비용제한과 선거공영제”, 공법연구 제24집 제1권(2000)
______, “현행 선거법제의 문제점과 개선방안”, 저스티스 제66호(2002. 4)
______, “정치관계법의 근본문제와 개정방향”, 헌법학연구 제13권 제3호(2007. 6)
정연주, “민중소송과 선거소송; 동해시 재선거에 관한 헌법소원 등과 관련하여”, 헌법판례연구(2002. 1)
정영화, “헌법상 공무원의 정치적 자유의 제한과 그 한계”, 헌법학연구 제18권 제1호(2012. 3)
정종섭, “시민단체와 참여민주주의; 그 개괄적인 논의”, 공법연구 제26집 제1호(1998)
정태호, “정당국가에서의 당내민주주의의 개념과 본질”, 헌법논총 제16집(2005. 12)
______, “선거권 및 피선거권의 보장과 발전”, 헌법논총 제19집(2008. 12)
______, “보통·평등선거권의 심사구조와 심사기준에 관한 관견; 자유권 심사구조 및 심사기준의 보통·평등선거권심사에의 응용 가능성”, 헌법실무연구 제9권(2008. 7)
정형식, “공직선거 및 선거부정방지법 제93조 제1항에 의하여 금지되는 행위에 통상적인 정당활동이 포함되는지 여부 및 그 판단 방법”, 대법원판례해설 제41호(2002)
조성규, “직접민주주의와 조례제정권의 관계”, 행정판례연구 제11집(2006. 6)
조소영, “인터넷 선거운동의 헌법적 쟁점에 관한 검토; 헌재 2011. 12. 29. 2007헌마1001등 결정을 중심으로”, 헌법실무연구 제13권(2012. 12)
조임곤·김복래, “우리나라 선거비용제도 개선에 관한 연구”, 선거연구 제2호(2011).
조용호, “선거에 관한 보도·평론과 선거의 효력”, 판례해설 제24호(1996)
조재현, “자유선거의 원칙”, 공법연구 제30집 제4호(2002)
조진만, “선거운동의 자유와 규제, 그리고 민주주의 공고화”, 선거관리 제55호(2009. 12)
천대엽, “공직선거 및 선거부정방지법 제86조 제1항 제6호에서 규제하는 ‘정상적 업무 외의 출장행위’의 개념에 ‘업무 관련성’이 요구되는지 여부”, 판례해설 통권 제59호(2006)

______, “허위사실공표죄의 구성요인인 ‘허위사실’의 입증문제”, 형사재판의 제문제 제5권 (2005. 10)

최희경, “정치적 표현에 관한 헌법적 고찰 : 선거운동의 자유를 중심으로”, 법학논집 제15권 제1호(2010)

하재홍, “시민·사회단체의 정치활동 자유와 공직선거법상 선거운동 제한의 법적 문제점”, 형사법과 헌법이념 제4권(2013. 12)

한견우, “공직선거 및 선거부정방지법상 선거쟁송의 현황과 개혁방향”, 공법연구 제28집 제4권 제1호(2000)

한기택, “광의의 의견 또는 논평에 의한 명예훼손”, 판례해설 제32호(1999)

한상희, “공직선거법의 위헌성과 합헌적 해석”, 민주법학 통권 제47호(2011. 11)

한수웅, “표현의 자유와 명예의 보호; 한국, 독일과 미국에서의 명예훼손 법리에 관한 헌법적 고찰과 비판을 겸하여” 저스티스 제84호(2005. 4)

______, “정당의 개념과 정당등록제도의 헌법적 문제점; 헌재 2006. 3. 30. 2004헌마246 결정에 대한 판례평석을 중심으로”, 저스티스 통권 제104호(2008. 6)

홍남희, “피성년후견인의 선거권 등 제한에 대한 법적 고찰”, 사회보장법연구 제4권 제1호 (2015. 6)

홍석한, “선거운동의 자유와 규제에 관한 헌법적 고찰; 헌법재판소 판례에 대한 평가를 중심으로”, 헌법학연구 제19권 제4호(2013. 12)

황성기, “인터넷과 선거운동”, 헌법실무연구 제11권 (2010)

황정근. “공직선거 및 선거부정방지법상 허위사실공표죄에 관한 고찰”, 법조 제49권 제6호 (2000)

______, “선거범죄와 형법총칙 적용상의 몇 가지 문제”, 법조 통권 제532호(2001)

______, “판례해설: 대법 ‘선거법 위반’ 이○○ 대구 수성구청장, 벌금 90만 원 확정”, 2015. 8. 27.자 법률신문

3. 기타 자료

가. 인터넷사이트

한국 법령: 법제처 국가법령정보센터(www.law.go.kr)

한국 판례: 대법원 종합법률정보(glaw.scourt.go.kr)

한국 의안정보: 국회 의안정보시스템(likms.assembly.go.kr/bill)

독일 연방선거법령: 독일연방법무부(http://www.gesetze-im-internet.de)

미국 판례: 오픈쥬리스트(http://openjurist.org)

나. 신문 등 자료
경향신문(http://www.khan.co.kr)
한겨레신문(http://www.hani.co.kr)
프레시안(http://www.pressian.com)
법률신문(http://www.lawtimes.co.kr)

사항색인

◀ **기타** ▶

◂ **대법원 판결·결정** ▸

◂ 헌법재판소 결정 ▸

◀ **하급심** ▶

[저자 약력]

오 윤 식

한양대학교 법학과 졸업
제44회 사법시험 합격
대법원 산하 사법연수원 제34기 수료
서울메트로 비상임이사(현)
서울시 공익변호사단 변호사(현)
서울지방변호사회 인권위원회 인권위원(현)
민주사회를 위한 변호사모임 정치관계법개혁TF 위원(현)
민주사회를 위한 변호사모임 대의원(현)
2015정치개혁시민연대 입법정책위원(현)
법무법인 공간 파트너변호사(현)

주요 저서 및 논문

쫄지마 형사절차(분담 집필, 민주사회를 위한 변호사모임/생각의 길)
공직선거법상 허위사실공표죄 등에서 사실진술과 의견의 구별, 그리고 허위성의 증명(사법발전재단/사법, 학술진흥재단등재지)
고용안정협약에 의한 경영해고의 제한(민변 노동위원회/2013 민변 노동위 판례평석)
노동조합의 사용자에 대한 비재산적 손해배상청구권(사법발전재단/사법, 학술진흥재단등재지)
업무상 재해 요건과 증명책임(한국법학원/저스티스, 학술진흥재단등재후보지)
노동조합이나 조합원에 대한 사용자의 언론자유의 한계와 부당노동행위(법조협회/법조, 학술진흥재단등재지)
긴박한 경영상 필요성의 판단(민변 노동위원회/2012 민변 노동위 판례평석)
공공기관 노사가 체결한 단체협약의 효력; 서울고판 2012. 11. 2, 2012나24172을 중심으로(한국법학원/저스티스, 학술진흥재단등재후보지)
기간제 근로자의 근로계약 갱신기대권 법리(민주주의법학연구회/민주법학, 학술진흥재단등재지)
골프장캐디의 근로자성; 서울고등법원 2011. 8. 26. 선고 2009나112116 판결(법조협회/법조, 학술진흥재단등재지)
노조전임제 변경 법리에 관한 고찰(민변 노동위원회/2011 민변 노동위 판례평석)
위장도급의 준별과 그 법적 효과(민주주의법학연구회/민주법학, 학술진흥재단등재지)

후보자와 정당을 위한
공직선거법 해설

초판인쇄　2016년 1월 11일
초판발행　2016년 1월 15일

지은이　오윤식
펴낸이　박노일

총괄기획　김중용
편　집　심성보 · 김인숙

펴낸곳　pnc publishing and culture 피앤씨미디어
경기도 고양시 일산동구 강송로 153 310-1501
등록 제396-2012-000203호
전　화　070)7550-3758　팩　스　02)718-8554
홈페이지　www.pncmedia.co.kr　이메일　pnc@pncmedia.co.kr
ISBN　979-11-5730-254-3　93360

정 가　40,000원